受浙江大学文科高水平学术著作出版基金资助

数字社会科学丛书编委会

―――――――――

总顾问

吴朝晖 中国科学院副院长、院士

主　编

黄先海 浙江大学副校长、教授

编　委

魏　江 浙江财经大学党委副书记、副校长（主持行政工作）、教授

周江洪 浙江大学副校长、教授

胡　铭 浙江大学光华法学院院长、教授

韦　路 浙江传媒学院党委副书记、副院长（主持行政工作）、教授

张蔚文 浙江大学公共管理学院副院长、教授

马述忠 浙江大学中国数字贸易研究院院长、教授

汪淼军 浙江大学经济学院中国数字经济研究中心主任、教授

DIGITAL TRADE　序

党的十八大以来，党和国家高度重视数字经济发展，多次提出要做强做优做大数字经济，促进数字经济与实体经济深度融合。国家"十四五"发展规划、党的二十大报告均明确提出加快发展数字经济。经过多年的迅猛发展，数字经济已经成为世界经济增长的重要引擎，也成为我国经济高质量发展的重要抓手，全球绝大多数国家已全面迈入数字经济时代。《数字中国发展报告（2022年）》显示，2022年我国数字经济规模达50.2万亿元，稳居世界第二位，占GDP比重提升至41.5%。

伟大的时代孕育伟大的理论。数字经济时代必将产生颠覆性的数字经济新理论。国际商务作为融合经济学、管理学、法学等多学科的交叉学科，率先受到数字经济的多方位冲击和影响，对其进行深入分析研究为构建我国面向数字经济的自主知识体系提供了难得的契机。2022年4月，习近平总书记在中国人民大学考察时指出，"加快构建中国特色哲学社会科学，归根结底是建构中国自主的知识体系"①。

立足现实生活中存在的真实问题是建构自主知识体系的逻辑起点。在数字经济蓬勃发展的当下，自主知识体系的构建当然应当立足于这一时代背景和现实实践，发现并解决蕴含于当今时代的关键科学问题。数字经济日新月异，而传统的

---

① 坚持党的领导传承红色基因扎根中国大地　走出一条建设中国特色世界一流大学新路［N］. 人民日报，2022-04-26（1）.

国际商务理论大多数是在不存在数字和信息技术或这些技术尚处于初期发展阶段的情况下提出的，已经明显滞后于从数字经济时代国际商务和跨国公司活动中观察到的丰富事实。从根本上重新思考国际商务理论的分析框架能够为国际商务学科发展注入新的活力，也能为相关学术研究培育关键竞争优势，进而为积极建构中国自主的知识体系贡献力量。遗憾的是，目前尚没有研究在这一层面做出系统性的尝试。基于此，本书聚焦如下关键问题：新时代下国际商务新现象和新事实不断涌现，经典国际商务理论面临哪些亟须更迭和突破的地方？需要什么样新的理论和范式对国际商务新现象予以解释？

本书通过梳理数字经济时代国际商务理论研究新进展与新发现，尝试构建基于需求驱动的全球公司分析框架，该框架面向数字经济时代消费者偏好更加凸显这一关键特征，以消费者需求为核心驱动，以数字化平台为连接载体，以全球公司为参与主体，突出反映数字经济时代国际商务所呈现的母国区位优势回归、母公司竞争优势回归、全球生态网络迭代全球价值链、国际创新创业普惠化、数字服务时空分离、隐性知识显性化、网络外部性显著化七大特征。

本书共分为上、中、下三篇。上篇主要梳理数字经济时代国际商务理论的新进展，区分了六个富有价值的观点和三个尚待商榷的地方。其中，六个富有价值的观点涉及数字化平台、消费者角色、母国区位优势、国际创新创业、默会知识、网络外部性这些数字经济时代国际商务研究的前沿主题；三个尚待商榷的地方主要关注全球公司是否仅仅是一种国际新创企业、跨国公司是否仍然主要依赖子公司获取竞争优势、全球价值链是否仍然是主流的跨国价值创造方式。

中篇在梳理前沿研究的基础上给出数字经济时代国际商务理论的新发现，每一个新发现对应于本书对数字经济时代国际商务新事实和新现象的一种凝练和判断。不仅包括数字化平台、消费者在国际商务活动价值创造中如何发挥作用，而且涵盖母国区位优势、数字创业生态圈、网络外部性等在数字经济时代国际商务活动中所展示出的新规律。既包含全球公司、数据要素这些数字经济时代国际商务活动的新型重要参与主体，也分析了隐性知识、全球生态网络、跨国服务所呈现的前沿趋势性特征。

下篇在前文基础上提出了一种数字经济时代国际商务研究的新范式，即基于需求驱动的全球公司分析框架，重点讨论了全球公司作为数字经济时代国际商务活动的主体企业所扮演的角色，以及需求在数字经济时代对于国际生产分工与跨

"十四五"时期国家重点出版物出版专项规划项目

数字社会科学丛书

国家出版基金项目
NATIONAL PUBLICATION FOUNDATION

张洪胜 柴宇曦 马述忠 著

国际商务新理论

数字经济时代

New Theory
of International Business
in Digital Economy Era

ZHEJIANG UNIVERSITY PRESS
浙江大学出版社
·杭州·

图书在版编目（CIP）数据

数字经济时代国际商务新理论 / 张洪胜,柴宇曦,
马述忠著. — 杭州：浙江大学出版社，2024.6
ISBN 978-7-308-23795-6

Ⅰ. ①数… Ⅱ. ①张… ②柴… ③马… Ⅲ. ①国际商
务 Ⅳ. ①F740

中国国家版本馆CIP数据核字（2023）第086652号

数字经济时代国际商务新理论
SHUZI JINGJI SHIDAI GUOJI SHANGWU XIN LILUN

张洪胜　柴宇曦　马述忠　著

策划编辑	张　琛　吴伟伟　陈佩钰	
责任编辑	陈逸行	
责任校对	郭琳琳	
封面设计	浙信文化	
出版发行	浙江大学出版社	
	（杭州市天目山路148号　　邮政编码310007）	
	（网址：http://www.zjupress.com）	
排　　版	杭州浙信文化传播有限公司	
印　　刷	杭州宏雅印刷有限公司	
开　　本	710mm×1000mm　1/16	
印　　张	38.5	
字　　数	668千	
版 印 次	2024年6月第1版　2024年6月第1次印刷	
书　　号	ISBN 978-7-308-23795-6	
定　　价	188.00元	

总　序

　　在这个面临百年未有之大变局的时代，在这个数字技术席卷全球的时代，在这个中国面临伟大转型的时代，以习近平同志为核心的党中央放眼未来，在数字经济、数字治理、数字社会等方面做出重大战略部署。《中华人民共和国国民经济和社会发展第十四个五年规划和2035年远景目标纲要》第五篇"加快数字化发展建设数字中国"强调，"迎接数字时代，激活数据要素潜能，推进网络强国建设，加快建设数字经济、数字社会、数字政府，以数字化转型整体驱动生产方式、生活方式和治理方式变革"。2021年10月，在中共中央政治局第三十四次集体学习之际，习近平总书记强调："数字经济发展速度之快、辐射范围之广、影响程度之深前所未有，正在成为重组全球要素资源、重塑全球经济结构、改变全球竞争格局的关键力量。"①

　　随着数字技术不断发展和数字化改革的不断深入，数字经济已经成为驱动经济增长的关键引擎，数字技术正逐步成为推动国家战略、完善社会治理、满足人们美好需要的重要手段和工具。但与此同时，社会科学的理论严重滞后于数字化的伟大实践，面临着前所未有的挑战。无论是基本理论、基本认知，还是基本方法，都面临深层次重构，亟须重新认识社会科学的系统论、认识论和方法论，对新发展阶段、新发展理念和新发展格局有深刻的洞察。

　　浙江大学顺应全球科技创新趋势和国家创新战略需求，以"创建数字社科前

---

① 把握数字经济发展趋势和规律 推动我国数字经济健康发展［N］. 人民日报，2021-10-20（1）.

沿理论，推动中国数字化伟大转型"为使命，启动数字社会科学会聚研究计划（简称"数字社科计划"）。"数字社科计划"将以中国数字化转型的伟大实践为背景，以经济学、管理学、公共管理学、法学、新闻传播学等学科为基础，以计算机和数学等学科为支撑，通过学科数字化和数字学科化，实现社会科学研究对象、研究方法和研究范式的数字化变革。"数字社科计划"聚焦数字经济、数字创新、数字治理、数字法治、数字传媒五大板块。数字经济和数字创新将关注数字世界的经济基础，研究数字世界的经济规律和创新规律；数字治理和数字法治关注数字世界的制度基础，研究数字世界的治理规律；数字传媒关注数字世界的社会文化基础，研究数字世界的传播规律。在此基础上，"数字社科计划"将推动数字科学与多学科交叉融合，促进新文科的全面发展，构建世界顶尖的数字社会科学体系，打造浙江大学数字社科学派，推动中国数字化的伟大转型。

依托"数字社科计划"，集结浙江大学社会科学各学科力量，广泛联合国内其他相关研究机构，我们组织编撰出版了这套数字社会科学丛书。以"数字＋经济""数字＋创新""数字＋治理""数字＋法治""数字＋传媒"等为主要研究领域，将优秀研究成果结集出版，致力于填补数字与社会科学跨学科研究的空白；同时，结合数字实践经验，为当前我国数字赋能高质量发展提供政策建议，向世界展示中国在"数字赋能"各领域的探索与实践。

本丛书可作为国内系统性构建数字社会科学学科研究范式的一次开拓性的有益尝试。我们希望通过这套丛书的出版，能更好地在数字技术与社会科学之间架起一座相互学习、相互理解、相互交融的桥梁，从而在一个更前沿、更完整的视野中理解数字经济时代社会科学的发展趋势。

黄先海

2022 年 4 月

国经营治理的驱动作用，并将其与当前主流的国际商务理论分析范式进行比较，指出了这一数字经济时代国际商务理论研究新范式的理论价值与实践价值。

　　本书的完成集结了浙江大学"大数据＋跨境电子商务"创新团队的集体智慧与努力。本书的整体设计和写作思路源自马述忠、张洪胜、柴宇曦和郭继文的深入讨论，基于需求驱动的全球公司分析框架由马述忠教授最先提出和确立，马述忠、张洪胜、柴宇曦参与了全书的写作工作。本书第 7 章、第 9 章、第 15 章、第 16 章、第 18 章的具体写作由柴宇曦领衔完成，其余章节的具体写作由张洪胜领衔完成。按照章节顺序，参与本书写作的团队成员如下：第 1 章彭茹，第 2 章谈词，第 3 章叶锶，第 4 章杨谦惠，第 5 章唐学朋，第 6 章张小龙和韦淋方，第 7 章王震，第 8 章陈宇航，第 9 章李晓东，第 10 章单熙哲，第 11 章顾妍慧，第 12 章包卓依，第 13 章杜珂瑶，第 14 章刘一怡，第 15 章洪泽军，第 16 章王铮，第 17 章吕琳钰，第 18 章王佳慎，第 19 章胡严妍，第 20 章周希敏，第 21 章朱程红，第 22 章毛纪云，第 23 章叶裘志和詹良胜，第 24 章彭茹和李凯迪。全书由张洪胜、柴宇曦和马述忠统稿和定稿。

　　本书得到了对外经济贸易大学校长赵忠秀教授，山东财经大学校长洪俊杰教授，南开大学副校长盛斌教授，阿里巴巴副总裁、1688 总裁余涌先生，浙江中国小商品城集团股份有限公司党委书记、董事长赵文阁先生的联袂推荐。五位专家长期以来持续支持浙江大学国际商务学科发展以及浙江大学中国数字贸易研究院和"大数据＋跨境电子商务"创新团队的工作，我们深表感谢。

　　本书感谢国家社科基金重大项目（23&ZD084）、国家自然科学基金面上项目（72273125）和浙江大学专业学位研究生硕士校企共建精品教材项目的资助。

　　由于数字经济的影响极其广泛，本书尝试抛砖引玉，但难免挂一漏万，恳请读者批评指正。

作　者

2023 年 6 月

DIGITAL TRADE 目 录

| 中　篇 |

数字经济时代国际商务理论：新发现

| 下　篇 |

数字经济时代国际商务理论：新范式

———

第 1 章
引　言

1.1　数字经济蓬勃发展

1.1.1　数字经济诞生的背景

20 世纪 90 年代，随着个人计算机（PC）的快速普及，信息化成为这一时代的主要特征，全球发展进入"IT 信息经济时代"。信息通信技术的普及与发展推动了商业模式的创新，企业商业模式开始由线下转向线上（张化尧等，2020），电子商务被认为是实现社会经济繁荣的关键商业模式之一（Alsaad et al.，2018）。电子商务下的交易拥有更短的交易时间和更低的交易成本，大幅提高了资金利用率（吴海霓，2016），为交易双方提供了更为便利的信息渠道。但由于各国间通信技术发展存在较大差异，互联网发展的红利并未得到完全的覆盖。

进入 21 世纪，随着智能手机的普及和个性化信息服务的出现，平台商业模式逐渐兴起，各大平台企业快速崛起，社交媒体拉近了人与数字虚拟世界的关系，为新的商业贸易模式创造了新的环境与价值，这一阶段被称为"移动互联网时代"。社交媒体的发展为消费者提供了更多发声的平台和途径，信息交换速度更快，这使得社交媒体盛行下的企业不得不更注重自身形象和品牌的树立，在"口口相传"的消费环境下形成企业的竞争优势。从这一角度来看，社交网络的普及与发展为形成新的商业模式创造了价值。

《纽约时报》在 2012 年 2 月称"大数据时代"已经到来。哈佛大学社会学教授加里·金认为这是一场革命，庞大的数据资源使得各个领域开始了量化进程，各种决策将日益基于数据和分析而做出。大数据时代推动社交媒体平台进一步发展，它把那些没有充分利用资产和愿意短期租赁这些资产的人聚集到一起（Cusumano，2015），通过技术手段实现远程监测和控制，催生了"共享经济"这一新型商业发展模式。共享经济作为"互联网＋"时代下的新商业形态，对实现生产要素社会化流通和提高存量资产的使用效率有重要作用（郑志来，2016）。共享单车、共享充电宝、共享雨伞等共享经济的物品载体，通过共享商品使用权，为使用者提供了便捷的消费体验，同时也在一定程度上形成了价格优势。

2016年后，"AI时代"来临。在世界经济论坛2016年年会中，基于对全球企业战略高管和个人调查发布的报告称，未来五年，机器人和人工智能等技术将崛起，这将是互联网诞生以来第二次技术社会形态在全球的萌芽。

随着互联网的变革式发展，现代通信技术助推传统产业掀起新的时代发展浪潮，世界经济正在逐步向数字化转型，数字经济（digital economy）已经成为当前信息化浪潮催生出的新经济形态。数字经济登上时代舞台，为全球经济发展注入了新的活力，已经成为促进全球经济复苏和增长的核心动力（蓝庆新，窦凯，2019）。据世界银行2018年的调查和分析，数字化程度每提高10%，人均GDP将增长0.50%～0.62%。当前，发展数字经济已经成为全球共识，这一新社会经济发展形态也被称为打开第四次工业革命之门的钥匙。

数字经济推动了全球产业整合与升级，加速了经济全球化步伐。一方面，凭借数字网络技术的支持，跨国公司远程管理成本大幅度下降，企业活动范围更加全球化（何枭吟，2013）。另一方面，数字网络技术的创新及广泛应用推动了全球产业结构进一步知识化、高科技化，知识和技术等"软要素"正在取代资本和劳动力成为决定产业结构竞争力的重要因素，全球产业结构软化趋势愈加明显。

然而，数字经济快速发展带来了严峻的数字鸿沟问题，体现为国家间与各国内部两方面。首先，发达国家和发展中国家网络基础设施普及率差异明显，数字资源全球分布不均。其次，各国内部人与人之间存在数字鸿沟，所处行业、年龄、生活水平等因素显著影响着人们的数字经济活动。

1.1.2　数字经济的定义与特征

目前，对于数字经济的定义与理解各不相同。MIT媒体实验室的创立者尼古拉斯·尼葛洛庞帝（Nicholas Negroponte）提出的数字定义是早期定义中较有影响力的，其将数字经济描述为"利用比特而非原子"的经济（田丽，2017）。中国在 2016 年《二十国集团数字经济发展与合作倡议》中提出，"数字经济是指以使用数字化的知识和信息作为关键生产要素、以现代信息网络作为重要载体、以信息通信技术的有效使用作为效率提升和经济结构优化的重要推动力的一系列经济活动"。美国、法国以及经济合作与发展组织（OECD）则依然将着眼点放在数字经济的测量上。美国经济分析局咨询委员会在《测量数字经济》的展示报告中指出，测量数字经济除应包括电子商务的部分外，还应测量新的数字服务，如共同乘坐等共享经济和广告支持下的免费互联网服务。法国从行业的角度定义数字经济，法国经济财政部下属的数字经济监测中心将数字经济定义为依赖于信息通信技术的行业。英国则侧重于从产出的角度理解数字经济，英国研究委员会认为数字经济是通过人、过程和技术发生复杂关系来创造社会经济效益。

从历史的角度来看，数字经济堪称人类社会自农业经济、工业经济之后，所出现的全新的社会经济发展形态。前两种社会经济形态对应的生产要素分别是土地与劳动力、资本与技术。而在数字经济中，数据是一种新的生产要素已经成为人类社会的共识。Tapscott（1996）曾指出，传统经济和数字经济的信息流动和传输方式有所不同，前者以实体方式（比如书、刊物或者其他印刷品的形式）呈现，后者则以数字化的方式通过网络流动和传输。Mesenbourg（1999）归纳了数字经济的三个识别特征，分别是作为基础设施的通信网络、使电子商务得以在网络上组织和施行的过程，以及电子商务。马化腾在 2017 中国国际数字经济峰会上将数字经济的特点概括为高（关注度高）、深（融合度深）、快（增长速度快）。

1.1.3　数字经济的现状

1. 全球 / 发达国家的数字经济发展现状

随着数字经济的兴起，数字经济治理成为全球经济治理博弈的新焦点，而掌握数字经济规则的制定权已然成为当前国际竞争的制高点（陈友骏，2020）。据国际数据公司（IDC）2020 年的预测，到 2023 年，数字经济产值将占到全球

GDP 的 62%，全球将进入数字经济时代。西方国家较早地认识到了数字经济的重要性，数字经济发展战略布局较早，并展现出了较强的积极性。

美国是全球最早布局数字经济的国家，在 20 世纪 90 年代便启动了"信息高速公路"战略。中国信息通信研究院发布的《全球数字经济新图景》报告显示，2018 年美国数字经济规模蝉联全球第一，达到 12.34 万亿美元。英国最早出台了数字经济政策，于 2009 年发布《数字英国》白皮书，首次以国家顶层设计的形式提出了数字化。后续发展中，英国还出台了《英国数字战略》，明确发展目标，建设数字化强国。日本早在 2001 年就提出了"e-Japan 战略"，随后又相继发布"u-Japan 战略""i-Japan 战略""信息通信技术（ICT）成长战略""智能日本 ICT 战略"等，实现数字经济信息化、网络化、智能化各阶段发展有章可循。随后日本还提出建设"超智能社会"，使网络与现实空间融合发展。时任日本首相安倍晋三在 2019 年初的达沃斯演讲中，首次透露了日本在数字经济治理领域的"宏大政治视野"，之后又将二十国集团（G20）领导人大阪峰会与数字经济治理议题牢牢绑定。借助成功举办 G20 大阪峰会，日本也正式走到了全球数字经济治理的前台，并试图扮演引领性的角色。而德国发布了《数字化战略 2025》，全面实施工业 4.0。

随着全球化的发展，国家利益的内涵和外延也随之发生变化（樊勇明，2006）。数字经济的蓬勃发展吸引着全球经济利益向数字经济领域转移，成为西方发达国家维护和延伸国家利益的重要抓手。西方发达国家凭借更优的经济条件和更高的工业化水平，对全球数字经济的规则制定和体系构建也更具政治和经济影响力，通过积极布局数字经济发展，抢占先机，维护自己的国际地位及国家利益。

2. 新兴经济体 / 发展中国家的数字经济发展现状

在以中国、印度等为代表的新兴市场中，数字经济以互联网、大数据、人工智能等为载体，已经成为推进经济持续发展的重要增长极（刘航等，2019；张勋等，2019）。相比于西方发达国家，发展中国家对数字经济的布局相对滞后，多数发展中国家近几年才开始着手布局相关战略。

2015 年印度推出的"数字印度"计划主要包括普及宽带上网、建立全国数据中心和促进电子政务三个方面。2016 年，巴西颁布《国家科技创新战略（2016—2019 年）》，将数字经济和数字社会明确列为国家优先发展的 11 个领域之一。2017 年，俄罗斯将数字经济列入《俄联邦 2018—2025 年主要战略发展方向目录》，编制完成《俄联邦数字经济规划》，于 2018 年进入实施阶段，借助数字经济提升生产运营各环节效率。在全球主要国家将发展数字经济作为国家发展战略的同时，中国也于 2006 年发布《2006—2020 年国家信息化发展战略》，把推动数字经济发展作为国家战略，不断推动数字经济发展。据统计，2018 年中国数字经济规模已达到 31.3 万亿元，按可比口径计算，名义增长 20.9%，占 GDP 比重为 34.8%。[①]2010 年以来数字经济迎来高速发展期，一方面，移动互联网基础建设加速，2013 年光缆建设长度达到 1745 万公里，并且随着 2017 年 4G 网络建设全面铺开，光缆建设长度已超过 3600 万公里，4G 基站净增 65.2 万个，总数达到 328 万个，中国在移动互联网设施建设方面的成就举世瞩目。另一方面，移动互联网对用户生活不断渗透，移动流量的需求与日俱增，运营商营收进入快速增长期。中国经济在经历了 30 多年的高速增长之后，开始进入一个增速放缓、结构升级、动力转换的新阶段，这一阶段也被称为新常态。以数字化、网络化、智能化为特征的信息革命催生了数字经济，为经济发展新常态提供了新动能。

伴随着数字经济的发展，发展中国家正不断借助此次发展契机，加快数字经济战略布局，改善数字经济发展的营商环境，以此提升经济实力，在国际舞台上争取更多的话语权。

3. 数字经济下的区域合作发展现状

在 2016 年 G20 杭州峰会上，多国领导人共同签署了《二十国集团数字经济发展与合作倡议》，这是全球首个由多国领导人共同签署的数字经济政策文件。G20 作为全球最重要的经济平台，鼓励成员开展多层次的数字经济发展交流。OECD、APEC（亚太经合组织）等多边合作机制近年来在推动数字经济发展中也积极作为。从规模来看，2018 年，G20 的 17 个成员数字经济规模超过 28.3 万亿美元，OECD 的 32 个成员数字经济规模为 23.7 万亿美元，APEC 的 14 个成员数字经济规

---

① 《中国数字经济发展与就业白皮书（2019 年）》：各地数字经济发展成效显著 [EB/OL]．（2019-04-19）[2020-01-10]．http://www.cac.gov.cn/2019-04/19/c_1124389256.htm.

模为 21.9 万亿美元，金砖五国数字经济规模也超过 6 万亿美元。[①]

与此同时，数字丝绸之路建设已成为共建"一带一路"合作的新热点，正在为共建"一带一路"国家带去数字化转型的红利（黄玉沛，2019；王文等，2019）。一方面，"数字丝绸之路"建设缩小了共建"一带一路"国家的"数字鸿沟"。"数字丝绸之路"建设可以加强各国在技术方面的合作，给民众提供低成本教育。例如，聚焦数字教育的网龙网络公司已和埃及、肯尼亚、马来西亚等 20 多个共建"一带一路"国家建立了合作关系，网龙在埃及和俄罗斯建立了智慧教室，印度超过 10 万间教室采用了网龙的互动课堂产品。另一方面，数字平台企业已经成为电子商务、移动支付等领域的中坚力量（汪旭晖，王东明，2018），在共建"一带一路"国家的国际化也将为其在电子商务、移动支付、网络信息流等"数字丝绸之路"的建设方面提供有力支撑（黄玉沛，2019；王文等，2019）。例如，截至 2018 年，蚂蚁金服通过支付宝在共建"一带一路"国家落地了 9 个本地钱包，实现了从技术赋能到生态赋能升级的转化，成为中国连接当地、实现民心相通的一个数字化普惠金融载体。然而，各国在要素禀赋与基础设施、信息通信技术水平以及营商环境与创新环境方面存在较大差异，共建"一带一路"国家在数字经济领域存在进一步深化交流与合作的可行性和必要性（张伯超，沈开艳，2018）。

1.2　数字经济改变国际商务活动面貌

传统的国际商务形式主要包括国际商品贸易、国际服务贸易、国际技术许可和特许经营、国际间接投资、国际直接投资等。国与国之间的经济联系体现为三种相互关联但各有特点的"纽带关系"：纽带之一是各种国际商务活动（包括商品、劳务的进出口，资金外汇的流动和跨国直接投资）；纽带之二是跨国公

---

① 重庆市九龙坡区发展和改革委员会. 重庆市九龙坡区数字经济产业规划（2020—2025 年）［EB/OL］.（2021-04-09）［2023-07-03］. http://cqjlp.gov.cn/bmjz/qzfbm_97119/qfzggw_97712/zwgk_97124/fdzdgknr_97126/ghxx/202104/t20210409_9106711.html.

司，通过跨国公司在世界各国的分支机构把国际商务活动的分工、协调、计划、管理在组织上联系起来；纽带之三表现为由于国际商务活动、跨国公司发展需要而产生的种种双边及多边公约、协议和地区性、国际性政治、经济组织，其总和即构成国际商务体制，它们反过来又促进国际商务活动和跨国公司的健康发展。

数字经济时代背景下，国际商务活动正在经历着深刻的改变，数字经济通过数字数据、数字技术和数字基础设施对国际商务活动产生重要影响。一方面，国际贸易走向数字化，"互联网＋传统产业"的融合发展催生了当下的新型贸易模式——数字贸易，全球产业结构转型升级，新技术、新需求，以及全球贸易治理新规则推动其形式不断增加；另一方面，数字经济改变了国际投资决策和投资风险，扩展了信息渠道以及投资主体，使国际投资形式更加丰富。

1.2.1　数字经济对国际贸易的影响

1. 数字贸易推动了新型贸易发展模式的出现和完善

第一，数字贸易具有经济效益，为经济增长提供了强劲动力。在数字经济时代，通过数字经济所具有的规模效应、范围经济和长尾效应，"破坏式创新"发展了各种形式的新商业模式（裴长洪等，2018；荆文君，孙宝文，2019）。数字贸易的重要组成部分是平台经济，数字平台的大规模出现，扰乱了其他行业已经形成的产业结构（Eisenman et al.，2006；Hagiu，2009；Hagiu，2014），例如滴滴、Uber（优步）、Airbnb（爱彼迎）等。跨境电商等数字平台通过降低贸易成本促进企业进出口（岳云嵩等，2017；马述忠等，2018；马述忠等，2019；沈国兵，袁征宇，2020；鞠雪楠等，2020），提升企业出口技术的复杂度（岳云嵩等，2016）。数字平台的出现降低了进入壁垒和出口门槛，有利于更好、更容易地获取国外市场的有关信息并实施精准匹配，降低了搜索成本和与空间距离相关的成本（Arenius et al.，2005；Mathews，Healy，2007），进一步提高生产效率和交易匹配效率（岳云嵩，李兵，2018）。

第二，数字贸易具有就业效益，促进实现充分就业。互联网提高了劳动力市场信息对称性，使得数字劳动力市场中再就业的机会增加，从业者跳槽机会增加，提高了劳动力市场的流动性（Stevenson，2011）。另外，数字贸易时代催生了新的行业和岗位,许多国家在提出数字贸易发展的同时,也会兼顾就业政策。例如,中国在 2016 年发布的《"十三五"国家信息化规划》中提出,要解放和发展信息生产力,以信息流带动技术流、资金流、人才流、物资流,激发创业就业,优化资源配置,提升全要素生产率;德国也在《数字化战略 2025》中提出,要通过"就业 4.0"计划创造新的、更需责任心、体力与心理压力更小的工作岗位;美国在《数字经济议程》中提出,要增加"数字专员"项目就业岗位;而英国在 2017 年的《英国数字战略》中表示,要大力推进全民数字素养和数字技能培训,投入资金和政策,支持创新和数字创业。

从就业市场层面来看,越来越多的劳动者涌入互联网 IT 行业,各企业也在开展高素质技术人才争夺战。根据 2016 年各行业发布的职位需求量,计算机软件行业的职位需求量最大,互联网 / 电子商务、IT 服务系统 / 数据 / 维护紧随其后,并且三者相差不大。由此可以看出,计算机、互联网、IT 类的职位仍有很大空缺(见图 1-1)。

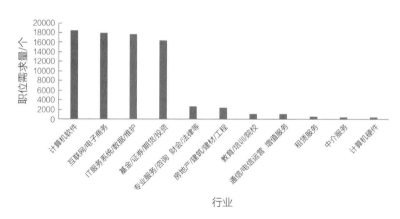

图 1-1   2016 年中国分行业职位需求量

数据来源:多智时代。

第三,数字贸易推动了传统贸易的变革与转型升级。一方面,传统产业加快数字化转型。产业数字化是造成各国数字经济差距的主要因素。从 2018 年全球数字产业化规模数据中可以看出,美国以 1.5 万亿美元的数字产业化规模遥遥领先;中国以 9689 亿美元的数字产业化规模位列第二;日本位列第三,数字产业化规模达到了 3548 亿美元;德国、韩国、英国紧随其后,数字产业化规模均超过 2000 亿美元（见图 1-2）。

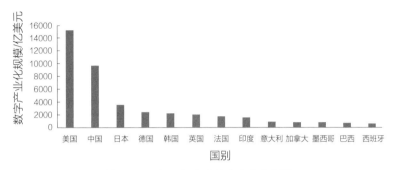

图 1-2 2018 年全球数字产业化规模

数据来源：中国信息通信研究院、OECD、《世界电子数据年鉴（2018）》（*The Yearbook of World Electronics Data 2018*）、各国统计局。

从需求端来看，数字化为消费者的生活带来很多便利，在市场需求的孕育之下诞生了外卖、网购、网络社交媒体等行业，传统餐饮、服饰行业从线下延伸到了线上；而内容电商和社交电商更是以社群资源为商家赋能，倒逼供应链形成一整条从顾客到工厂（customer-to-manufactory，C2M）的产业链。从供应端来看，阿里研究院副院长安筱鹏（2019）指出，过去的数字化解决方案更多是面向局部的一个封闭的技术体系，而今天需要构建一个全局优化的开放技术体系。例如软件开发业务由面向流程逐步过渡到面向角色、场景、需求，解决方案由单一产品解决方案走向集合云、业务中台、数据中台以及快速适应客户需求的一体化价值网络解决方案。

产业数字化转型的本质是在"数据＋算法"定义的世界中，以数据的自动流动化解复杂系统的不确定性，优化资源配置效率，构建企业新型竞争优势（杨卓凡，2020）。例如，2020 年新冠疫情虽然对旅游、娱乐、餐饮等行业造成冲击，却倒逼产业端加快数字化转型步伐，服务贸易领域也出现了包括数字旅游、数字教育、数字医疗、数字金融在内的数字技术赋能传统服务贸易的新业态。当前，产业数字化势在必行。

2. 数字贸易带来的挑战

新型数字贸易的出现和发展给传统贸易体系下的贸易规则体系带来了诸多挑战。现有研究发现，网络市场的虚拟性加剧了信息不对称，大量平台型电商企业存在卖家机会主义行为，控制力不足导致违规行为和平台交易纠纷频繁发生，而这也进一步对电商平台的声誉造成不良影响，难以修复的声誉问题阻碍了平台的健康发展（刘汉民，张晓庆，2017；汪旭晖，王东明，2018）。

另外，数字贸易下数字化产品和服务通过互联网完成传输和交易，这使得传统的关税不再适用，取而代之的是"边境后措施"，包括对跨境数据流动和网络准入的规制（戴龙，2020）。为了减少数字贸易壁垒带来的歧视待遇，《服务贸易总协定》（GATS）颁布了《关于电信服务的附件》，对此做出了一定的约束，并且世界贸易组织（WTO）制定的《信息技术协定》（ITA）也承诺对电子信息类产品免征关税，并通过《全球电子商务宣言》（DGEC）宣布对电子传输暂时免征关税，但这些附件和协定都存在缺陷。一是协定的覆盖范围不广泛，只对签署协定的国家具有约束力；二是附件给一些特殊条例留下了各国的自主空间，各国完全有理由以国家安全问题来对进口产品和服务设置进入壁垒。

传统贸易规则体系本身的滞后性和不完善性已无法有效满足数字贸易发展的要求，并在一定程度上制约了当今数字贸易的快速发展（谢谦等，2020）。因此，需要尽早建立一个全面、统一、规范、透明的数字贸易规则框架，规范数字贸易发展，破除数字贸易壁垒，释放数字贸易市场潜力，持续推动数字贸易健康、有序发展（李忠民，周维颖，2014）。

3. 数字贸易与传统贸易的对比

与传统贸易相比，数字贸易发生的行为本质、内在动因、经济意义、贸易利得并未改变，然而数字贸易在行为主体、比较优势的来源、国际贸易的模式和效率、贸易标的物的构成、贸易监管范围和要求等方面均具有新型的特征（李忠民等，2014；马述忠等，2018；盛斌，高疆，2020）。

行为主体。数字贸易使得中小企业和个人消费者也能成为贸易主体。传统贸易中的贸易主体主要是大型跨国公司，而中小企业和个人消费者由于规模小，缺少完整的资金链，无法参与到传统贸易中去。然而日益完善的数字经济基础设施为中小企业带来了诸多便利，在基于互联网的新型数字经济体内，市场门槛及运营成本极大降低，小企业开始享受技术的普惠、金融的普惠、物流的普惠，使得中小企业也可以加入贸易中（宋江燕，2015）。

比较优势的来源。在传统国际贸易中，资源、劳动、技术、地理位置和制度环境均是一国比较优势的来源（霍伟东，张莉，2008；杨洋等，2013）。然而，随着互联网技术的快速发展，数据和数字技术的重要性日益凸显，数字技术能够逐渐替代不同技术水平的劳动力投入，使得劳动力禀赋在国际贸易中的作用逐渐减弱，并且数字平台能够缩短空间距离，减少贸易手续，提高贸易效率，这使得物理基础设施、跨境手续和空间距离对国际贸易的制约作用也相对降低，而与数字技术相关的知识密集型资本与无形资产的重要性却在显著提升（盛斌，高疆，2020）。

国际贸易的模式和效率。传统贸易需要固定场所和常设机构，以及相关纸质文件，交易受限且烦琐，而数字贸易只需依托互联网即可进行线上交易，快捷便利。并且，传统贸易的交易过程存在代理商、批发商、零售商等中间机构，供给方和需求方并不直接进行交易（马述忠等，2018）。然而数字贸易的出现使得生产者和消费者能够直接进行贸易，直接交流，签订合同，减少了代理、批发、零售等中间环节，在很大程度上节省了传统跨境贸易货物几经周转带来的附加成本，整体贸易成本大大降低，贸易效率提高（王冠凤，2014）。

贸易标的物的构成。传统贸易的交易标的主要是货物、服务和生产要素，而数字贸易强调数字技术在订购、生产或递送等环节发挥的关键性作用（马述忠等，2018）。结合交易属性的差异，数字贸易的标的物可进一步细分为数字订购的产品、数字订购的服务、数字交付的服务以及数字交付的信息四种类型（盛斌，高疆，2020）。

贸易监管范围及要求。20 世纪传统国际贸易的主要形式为"一国生产、一国销售"的最终品贸易，国际经贸治理以互惠关税削减、扩大市场准入为核心内容；21 世纪国际贸易的主要形式演变为"世界生产、全球销售"的价值链贸易，而服务、投资、知识产权保护、竞争政策等"边界后措施"的规制协调成为贸易谈判与协定的主要内容（盛斌，高疆，2020）。针对数字贸易的监管实践，至少有六大核心领域被纳入数字贸易监管的范畴：互联网基础设施及网络通信服务、云计算服务、数字产品、电子商务、数字技术在具体行业中的应用、消费者应用互联设备进行的通信服务（汤婧，2019）。相比于传统贸易时代，数据成为数字贸易时代的重要监管对象。数字贸易的兴起引发了人们对数据隐私问题的担忧。近年来，数据泄露事件频发，例如 2018 年脸书（Facebook）用户数据外泄，亚马逊部分员工涉嫌将客户机密数据出售给第三方公司。各国开始加强对数据跨境流动的监管，先后出台了相应的数据本地化法律和政策。全球数据本地化立法浪潮热度不减，成为数字贸易争论的核心议题之一（宗良等，2019）。

1.2.2　数字经济对国际投资的影响

数字经济的兴起伴随着跨国公司全球价值链的数字化，并对国际投资产生重要影响。

1. 数字经济下的跨国公司

跨国公司是国际商务的重要纽带之一。当前，工业经济向数字经济转型，数字经济对跨国公司的国际发展路径产生了重要影响，全球跨国公司发展走向了一个重要的新方向——数字经济跨国公司（詹晓宁，欧阳永福，2018）。数字经济跨国公司为数字经济提供基础设施、平台以及数字化的工具（包括软件等），是全球数字经济发展的主要推动者（詹晓宁，2016）。

数字经济跨国公司成长迅速。2007 年，全球前十大上市公司当中，仅有 1 家互联网科技公司，2016 年则变成了 5 家，2017 年进一步攀升到 7 家。2010—2015 年，在联合国贸易和发展会议（UNCTAD）发布的全球跨国公司 100 强排名中，数字科技企业与 ICT 跨国公司从 13 家增长到 19 家，企业资产增长了 65%，营业收入和雇员人数增长了约 30%，远高于其他行业跨国公司的成长速度。其资产及销售总额占 100 强的比重也从 10% 增加到 20% 左右，市值更占到 100 强的 26%（詹晓宁，欧阳永福，2018）。数字科技跨国公司的资产以每年 10% 的速度增长，而传统跨国公司资产增长近乎停滞。互联网平台、电子商务和数字内容公司等数字经济跨国公司的扩张速度显著高于其他行业企业，在国际生产中的重要性日益显著。

数字经济跨国公司的核心特点是互联网在公司运营与交易过程中处于核心地位。谷歌、脸书、阿里巴巴和腾讯等都以互联网服务起家，着力建设互联网平台，培育产品生态，业绩和影响力在短期内获得了爆发性增长。以阿里巴巴为例，得益于数字经济的发展，其业绩增长迅速，营业收入逐年攀升，从 2011 年的 200 亿元增长到 2019 年的 5097 亿元（见图 1-3），复合增长率达 49.87%。根据 2020 财年年报，虽然受到新冠疫情的影响，但阿里巴巴的整体业务仍保持强劲增长，数字经济体交易额第一次突破 7 万亿元，平台消费者活跃人数达到了 9.6

亿人。复工复产掀起了新一轮企业数字化浪潮，阿里巴巴的技术能力为政府和更多企业抵御新冠疫情的影响、拥抱数字化转型升级提供了支撑。

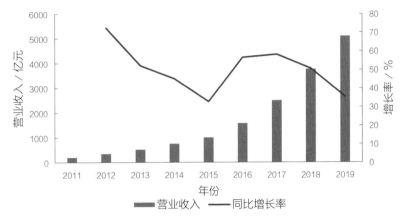

图 1-3　阿里巴巴业绩变化趋势

数据来源：万得（Wind）。

数字经济不仅影响数字化和信息通信公司，也加速了传统行业跨国公司的数字化转型。例如，数字经济加快了传统制造业数字化、网络化、智能化的进程，改变了行业企业的内部运作及供应链管理，数字技术被广泛应用于电子化采购、数字化生产流程等环节。以智能制造为例，据统计，我国智能制造试点示范项目智能化改造后，其生产效率较改造前平均提升 30% 以上，运营成本平均降低20% 左右。[①]

跨国公司数字化以及全球价值链的新趋势将会对数字经济时代背景下的国际投资产生不同的影响。

2. 数字经济和数字跨国公司对国际投资的影响

2017 年，联合国贸易和发展会议发布的主题为"投资与数字经济"的世界投资报告认为，数字经济已改变全球投资模式，并正在改变全球价值链取向。

---

① 黄鑫. 智能制造推进体系已基本形成［EB/OL］.（2017-11-25）［2021-06-01］. http：//www. gov.cn/xinwen/2017-11/25/content_5242098.htm.

自 2008 年金融危机发生以来，全球外国直接投资（FDI）流量增长乏力，尽管之后经济出现了短暂的复苏，但跨境投资停滞不前，贸易增长乏力，全球价值链增长放缓。根据联合国贸易和发展会议发布的《2020 世界投资报告》[①]，受新冠疫情影响，2020 年全球 FDI 流量在 2019 年 1.54 万亿美元的基础上下降近 40%，使全球 FDI 在 2005 年以后首次低于 1 万亿美元。

在全球 FDI 持续低迷的情况下，数字经济跨国公司的国际投资保持强劲增长，数字经济领域的国际并购也在加速。2017 年，全球人工智能领域的并购交易额达 213 亿美元，约为 2016 年的 2 倍、2015 年的 26 倍。虽然全球跨国并购交易额自 2010 年以来年均增长率仅为 9%，但数字经济企业在此期间完成的跨境并购交易额的年均增长率为 30%。

数字化在最近 10 年内飞速发展，包括互联网平台和电子商务公司在内的数字化跨国公司，其扩张速度要远超其他类型的跨国公司，并且在短短几年内便实现了大规模运营，其对国际投资途径、投资风险、投资对象、投资区位选择等因素产生重要影响。

第一，数字经济影响国际投资政策和模式。数字经济或将促使数字化跨国公司转变其国际经营模式，并且令其外国子公司在东道国的影响力发生转变，进而影响投资政策。例如，数字化跨国公司可以通过创立新型公司，支持虚拟全球在线业务，帮助其实现海外扩张并投资海外业务。最终，数字经济将会在企业扩展海外市场的决策、跨境投资流动的数量和方向、数字化跨国公司在海外的经营模式以及全球供应链的治理模式等方面产生重要影响。例如，短视频平台 TikTok 将首个欧洲数据中心设在爱尔兰，该数据中心主要用来存储欧洲用户的数据。该决策将在一定程度上打消欧洲用户的安全顾虑，显示出 TikTok 在保护数据安全和用户隐私方面的努力。TikTok 通过在海外建立数据中心以支持海外市场的开拓和海外投资业务的扩张。

数字经济的出现也导致投资模式发生了变化，实体投资方式不再是主流。数字经济时代，数字化跨国公司可以直接与海外客户进行沟通和销售，并不需要过多地

---

① 上海对外经贸大学国际经济贸易研究所. 联合国贸易和发展会议发布《2020 年世界投资报告》（World Investment Report 2020）［EB/OL］.（2020-06-16）［2021-06-01］. https://www.suibe.edu.cn/gjys/2020/0619/c12020a125361/page.htm.

在海外市场进行实物投资，这样数字化跨国公司就可以利用不同市场在要素成本和资源获取方面的差异，向海外市场拓展业务，并且通过创造新型拓展市场的方式，令实体投资的意义变得微不足道，而这将导致国际产出的倒退。产品和服务的数字化更是促使跨国公司在生产经营中利用非股权投资模式参与全球的对外直接投资。

第二，数字经济影响国际投资信息获取和投资风险。随着服务的数字化和模块化程度的提高，数字平台为许多数字服务提供商提供了在全球范围内扩展并通过服务于多面市场而迅速超越国界的可能性（Ojala et al.，2018）。企业通过互联网等数字技术同外界进行双向信息交流，降低了内部沟通和企业同外部沟通的信息交流成本（沈国兵，袁征宇，2020），提高了双方信息匹配的效率（Dana，Orlov，2014）和信息沟通及组织的效率（Agrawal，Goldfarb，2008）。在互联网未普及的时代，企业不能及时获取投资交易相关信息，信息来源的范围也受到限制，因此出现了乌普萨拉模型，以解释企业对外投资的渐进性。然而数字经济时代，信息来源的广泛性和网络的普及性使得信息传播更加迅速，投资范围扩大，资本流动速度加快。

虽然数字化扩展了企业进行国际投资的信息获取渠道，降低了搜寻成本、复制成本、运输成本、追踪成本和验证成本（Goldfarb，Tucker，2019），但也隐藏着风险。数字信息与纸质信息相比较，无论是信息本身还是所处的环境都存在一定的风险，如果数字信息的真实性、完整性、可靠性、可用性无法保障，将会对企业投资产生严重威胁（李雪梅等，2018）。大量虚假信息的存在将严重干扰企业分析市场环境，这就要求企业具有良好的信息筛选能力和辨别能力（黄凌云等，2018）。

第三，数字经济影响国际投资对象。过去，投资更偏向于传统制造业，而数字经济时代下，投资领域和主体对象出现了变化。一是在制造业领域中出现了新的分支——数字产品制造业。数字产品制造业是全球化分工特征最为显著的行业之一，也是跨境直接投资活动十分活跃的领域。加大数字产业跨境投资不仅仅是为了提升我国数字技术企业投资的全球地位，获得更多和制造技术、服务网络、营销渠道、跨国公司股权等有关的战略性资源，而且有利于我国稳定数字产品制造和服务供应链（申佳平，2020）。二是受数字经济高速发展的影响，中国产业不断转型升级，越来越多的企业将高端服务业、软件和信息技术业作为对外投资重点（黄邦根等，2020）。全球信息技术产业并购整合规模、频度、范围屡创新高。半导体产业巨头纷纷投入巨资，垂直整合产业生态链中的稀缺资源和关键要素，全力打造自身在产业和技术上的竞争优势；谷歌、苹果、脸书等公司持续并购大量人工智能、智能硬件、应用开发、平台服务等公司，传统设备、软件巨头水平整合云计算、大数据和物联网资源，抢占人工智能等新一代信息技术发展先机。

第四，数字经济影响国际投资区位选择。在新形势下，数字经济成为影响国际投资流动日益重要的区位决定因素（齐俊妍，任奕达，2020）。由于数字技术的快速发展以及云计算的出现，数据存储已成为数字基础设施建设的关键构成。从技术层面看，当前数字基础设施主要涉及 5G、数据中心、云计算、人工智能、物联网、区块链等新一代信息通信技术，以及基于上述数字技术而形成的各类数字平台。各国加强数字基础设施建设，以获取国外投资者的青睐。"新基建"为数字经济发展赋能，也为数字金融进一步发展提供了广阔的市场和空间。

正如数字经济在促进全球价值链的出现和传播方面发挥了核心作用（De Backer，Flaig，2017），各国也在不断为更多数字密集型国际产品网络提供所需的数字基础设施，提供数字基础设施的能力有望成为跨国公司选址时日益重要的新的决定因素。移动支付领域的发展尤其看重数字技术及数字基础设施建设方面的能力。近年来，在东南亚国家，互联网正迅猛发展，移动终端普及率也越来越高，传统的信用卡或者借记卡支付方式需要一定的金融基础设施，但是如果采用移动支付，便可省去巨额的设施建设费用，直接进入移动支付时代，进而实现跨越式发展。移动支付的发展需要较高的技术水平、丰富的发展经验以及巨大的资金支持，但是在这些国家，技术、资金和经验都十分欠缺。蚂蚁金服以此为契机，建立了"技术出海＋当地合作伙伴"的发展模式，同共建"一带一路"国家密切配合，由本土厂商进行软件开发，支付宝提供技术支持，成功开拓了多国市场。

1.3　传统国际商务理论滞后于实际

1.3.1　传统国际商务理论的局限

国际商务领域中，大多数传统理论的研究理论和范式起源于 20 世纪 50 年代到 80 年代的欧美地区，而这一时期正是美国和欧洲经济体企业迅速发展并进行国际化扩张的阶段，因此相关理论在很大程度上受到当时的经验主义现象和文化、哲学以及研究传统的影响（王珏等，2019）。然而，在这一背景下提出的理论并没有反映出数字化和信息技术对国际商务的影响。同时，东西方在制度、哲学和文化价值观方面以及当代管理实践中存在较大的差异（Barkema et al., 2015），因此，传统的国际商务理论更加无法满足以数字经济为发展重点之一的新兴经济体的需求。根据 Colquitt 和 Zapata-Phelan（2007）的研究，现有的国际商务理论大体近似于已有的理论范式，并没有针对当下国际形势变化与问题发展产生新的理论或概念，做出新的贡献。

1.3.2　传统理论滞后于实际

目前，数字经济的发展为国际商务活动带来了许多富有价值的想法和观点，例如人们开始关注并不断重视数字化平台的兴起和影响，逐渐看到了消费者在当下的角色转变，并重新思考数字经济跨国公司的母国区位优势。同时，也正是因为数字经济背景下国际商务活动的迅速发展，相关理论研究滞后于数字经济的发展，很多"新现象"得不到合理的理论解释（刘航等，2019）。国际商务理论界出现了讨论热潮，学者们基于传统的国际商务理论，不断对其进行丰富和改进，以解释当下日益蓬勃发展的国际商务事实，但仍然存在理论滞后于实际之处，值得我们思考。

1. 数字平台企业国际化理论存疑

在数字经济时代，对互联网等数字工具的使用提高了企业收集、存储、分析和共享信息的能力，进而重塑了商品和知识国际化的方式（Alcacer et al., 2016；Li et al., 2019）。数字平台企业立足于国际化，其国际化发展问题引起了学者的关注。

现有关于企业国际化的理论主要包括内部化理论、国际生产折衷理论、网络理论等，但是对于现有理论是否可以解释数字经济背景下数字平台企业的国际化问题，相关看法主要分为两派。一部分研究认为，互联网公司与传统公司相似，依赖竞争优势从国内市场转移到国外市场，一项无形资产在公司国内业务模式中的价值越高，就越有可能被部署到国外。现有的国际商务（IB）理论包含了解释互联网企业国际扩张模式的所有基本要素，而数字服务跨国公司（DSMNC）所拥有的网络优势并不属于企业特定优势（FSA）的新范畴，其可以通过现有理论得到很好的解释（Hennart，2019）。Torre 和 Moxon（2001）通过分析以往交通运输革命对国际商务行为的影响，认为通信技术革命所创造的互联网企业、数字平台等的国际化只与其无形资产和战略资产有关，并不存在所谓的网络优势（Hennart，2019）。通过向空间分散的客户销售独特的利基产品，从而降低通信、运输和适应成本，向外国客户销售不需要额外的时间或精力。因此，他们认为该类数字平台和相关企业国际化的原因是偶然的（Hennart，2014），现有的国际商务理论可以用于解释数字平台企业国际化问题。

　　另一部分研究指出，数字平台企业作为一种新兴企业形式，其价值创造并不是在企业内部，其国际化的动机也并非追求交易成本最小化，并且传统的内部化理论忽略了与交易相关的职能，仅关注成本问题（Banalieva，Dhanaraj，2019；Li et al.，2019；Zeng et al.，2019）。因此，现有的国际商务理论不足以解释数字平台企业的国际化问题。

　　本书认为，大量的国际商务事实证明，现有国际商务理论对于解释数字平台企业国际化问题的完整度是不够的。例如，Singh 和 Kundu（2002）较早地研究了跨国电子商务公司的增长问题，他们认为，在互联网技术发展下，传统的层级结构变化为市场关系，企业管理结构更加扁平化，传统资源基础理论、交易成本理论和网络理论是可以帮助解释电子商务公司（e-commerce corporations，ECCs）增长的三个主要理论，但三个理论均只对 ECCs 增长做出了部分解释。资源基础论有助于解释 ECCs 的资源异质性和企业家能力，交易成本理论提出了需要网络治理的条件，而网络理论则在解释 ECCs 增长时检索了网络中的资源。但是，以上方法均不能同时说明资源异质性、企业家能力、网络治理和联盟资本主义兴起的重要性。因此，需要一个总体的分析框架来综合这些不同的观点。

　　基于此，笔者进一步对国际商务理论做出修正和创新，在折衷理论的 OLI（O—所有权优势、L—区位优势、I—市场内部化优势）范式中，引入基于网络的优势（N），构建了 N-OLI 分析框架，讨论网络嵌入和网络外部性等对ECCs 增长的影响。然而，该理论是基于折衷理论的范式，受限于静态的表达方式，随着数字经济的快速发展，该理论框架对动态环境变化的解释力度已经不够了。此外，用户在数字平台的重要性越来越明显，从该理论的架构上来看，其对用户网络的重要性关注不够，只提到了网络的外部性对于网络总体规模的影响，忽视了网络系统的价值。因此，该理论需要进一步关注 ECCs 增长中用户网络的重要性。

2. 消费者参与价值共创

在传统的国际商务理论中，公司是国际商务的一个中心，国际商务活动围绕跨国公司展开。然而数字经济和数字平台的发展使得消费者可以通过多渠道主动接触信息，产生了更加个性化、碎片化的行为，并且平台的价值创造来自消费者之间的互动（Brouthers et al., 2016；Li et al., 2019）。例如消费者更加频繁的网购行为会吸引其他消费者参与进来，带来增量消费。美国咨询机构麦肯锡发布的《中国电子零售业革命》报告，通过分析中国 266 座城市的消费模型，发现 1 美元的网络消费额替代了 0.60 美元的实体店消费，并产生了大约 0.40 美元的增量消费。"买买买"的狂潮下，不仅电商和第三方支付平台获利，银行等金融机构也享受到了红利。在 2019 年的"双十一"中，多家银行除了通过积分活动、免息分期、额度提升、满减优惠等传统方式外，还通过"信贷联营"的方式与多家机构合作参与其中。

可以发现，消费者为数字平台商务创造价值，且通过数字平台开展的商务活动越来越多地由消费者主导，消费者得到了数字平台企业的关注，受到国际商务活动的重视。因此，以公司为中心的传统理论已经不能满足当前国际商务对消费者的重视。

3. 全球价值链正在被重塑

经历了企业内外价值链、价值增值概念、全球商品链的发展演变，Gereffi 等（2001）在 2001 年首次提出了"全球价值链"这一概念。联合国工业发展组织将全球价值链定义为，为实现商品或服务价值而连接生产、销售、回收处理等过程的全球性跨企业网络组织所涉及的从原料采购和运输、半成品和成品的生产和分销，直至最终消费和回收处理的整个过程，包括所有参与者和生产销售等活动的组织及其价值、利润分配。当前散布于全球的处于价值链上的企业进行着从设计、产品开发、生产制造、营销、交货、消费、售后服务到最后的循环利用等各种增值活动。国际分工深化带来全球价值链分工，并推动全球化的进一步发展（高凌云，臧成伟，2020）。李嘉图的比较优势理论和赫克歇尔－俄林模型的要素禀赋理论等传统贸易理论认为，国家间要素禀赋的差别决定了各国的比较优势，从而决定了分工结构和国际贸易格局（杨翠红等，2020）。随着数字经济的发展，全球价值链正在被重塑。

第一，数字化平台生态圈的范围已超出全球价值链。更多不同类型、部门、来源、角色和能力的参与者结合到一起，需求方参与者（客户和用户）也纳入其中。例如，数字产品制造业成为跨境投资的活跃力量；用户和跨国公司可以直接通过数字平台进行交易，省去了很多传统的中间环节；随着跨国公司全球价值链大量利用数字技术以及 3D 打印等新兴制造技术，生产活动更易于复制，更贴近用户，并与用户互动，如在设计或生产环节邀请客户参与，让用户参与到价值创造中（詹晓宁，欧阳永福，2018）

第二，数字技术为跨界经营创造了机遇。数字技术的应用打破了组织内部和外部的边界，为跨界经营创造了机遇，企业不得不面临来自不同领域的颠覆式创新和替代式竞争（戚聿东，肖旭，2020）。例如，数字技术使得银行可以与第三方支付、旅游网站、运营商等外部合作资源对接，借助第三方快速接入各大平台，形成银行、客户、第三方三位一体，以金融服务为核心、客户需求为导向、开源服务为支撑的新型服务模式。

第三，基于劳动力套利的贸易份额正在下降。劳动力套利是将已失去技术优势与技术壁垒的产业转移至劳动力价格低廉的地区，通过降低人力成本来提高利润。21 世纪初，许多行业企业基于劳动力成本来选择生产区位，特别是生产劳动密集型产品和服务的行业。然而，目前基于劳动力套利的贸易份额一直在下降，以劳动密集型产品制造业为例，其劳动力套利的贸易份额从 2005 年的55% 下降到 2017 年的 43%。并且在数字经济时代，自动化和人工智能可能会放大这一趋势，推动劳动密集型制造业转变为资本密集型制造业。劳动力红利优势的减少和逐渐消失，对原来一些以劳动力套利为主的国家参与全球价值链产生重要影响。

第四，货物贸易强度下降，数字技术和数据成为全球化的重要推动力。近年来，新兴经济体经济腾飞，工业体系日趋成熟。以中国为例，中国经济的快速发展使其成为商品生产全球价值链的重要组成部分，随着劳动力红利的消失和产能过剩的出现，"世界工厂"的范围逐渐覆盖至东南亚国家。以中国为代表的新兴经济体逐渐建立纵向一体化的产业结构，以增加国内附加值，对进口中间产品的需求也越来越低，贸易强度下降。然而，数字技术和数据的重要性日益凸显，成为国家间贸易的重要组成部分，这表明全球化正转向以数字技术和数据为主的新阶段。

综上，数字经济对原有的全球价值链布局和运转带来冲击，各国各行业都面临新的挑战，已有的相关理论也不再适用于当下数字平台生态圈的发展。

4. 跨国母子公司区位竞争优势博弈

在过去的国际商务活动中，跨国公司子公司战略是跨国公司国际化的重要发展战略之一。跨国公司在东道国设立并授权于海外子公司，其目的在于借助东道国的地缘优势，实现跨国公司全球资源配置的最优化和整体利润的最大化。内部化理论解释了为什么企业内部跨境优势利用比基于市场的安排更有效率，其认为可利用企业管理手段协调企业内部资源的配置，避免市场不完全对企业经营效率的影响，用企业内部的管理机制代替外部市场机制，以便降低交易成本，拥有跨国经营的内部化优势。

然而，随着数字技术的发展，本地创新型的跨国公司在内部和外部网络中的"双重嵌入"趋势更为明显，跨国公司子公司在本地的专业知识必须与母公司在母国的核心业务知识有效地结合在一起。以移动支付为例，数字技术使得移动支付逐渐融入了人们的生活，改变了人们的支付方式。区别于传统制造业，移动支付企业成立跨国子公司并成功运营最主要的支撑是母公司掌握的支付技术，这是子公司即使拥有本地优势也无法存活下去的核心点。并且，在数字经济时代，跨国公司治理结构变得更加开放和分散，子公司之间会为了获得授权或在公司集团中争夺权力地位而进行竞争，这让母公司不得不对公司治理与授权更加谨慎，将权力更多集中在母公司。因此，子公司的区位优势被逐渐削弱，跨国公司可能不再主要依赖子公司来获取优势。

以上几个例子均说明了传统的国际商务理论已经明显滞后于从数字经济时代国际商务和跨国公司活动中观察到的事实，而相关的事实还有很多，本书也会在接下来的篇幅中做出进一步的解释说明。

1.4 数字经济时代亟待发展理论新范式

1.4.1 发展理论新范式以解释新现象

数字经济和新工业革命的到来已经对国际商务产生了重大影响，并催生出新的国际贸易形式，以及多样的国际投资模式和渠道。数字经济时代的蓬勃发展引起了国际商务学界的关注。国际商务理论已经有 70 多年的发展历史，尽管自 20 世纪中期以来全球经济发生了巨大的变化，但其核心要素到目前为止经受住了时间的考验，其基本的理论范式包含了企业专有能力、区位特征以及企业内部化等（Hernandez，Guillen，2018）。然而数字经济的迅猛发展给传统的国际商务理论带来了巨大的冲击，如何应对数字经济给国际商务带来的挑战不仅让业界重视，也让学术界展开了激烈探讨，对这一问题的探讨推动了国际商务理论的修正和创新。

不少学者根据已有的国际商务理论做出修正和新的阐释，但大多都接近于现有的理论范式，并未出现能够完整解释数字经济发展的国际商务理论。因此，大量的事实进展要求国际商务学者进行新的探索，以期为实践操作提供更好的理论支撑。而在国际商务学界，有必要构建新的理论，为新时代的发展提供理论指导。

为解释新现象，本书提出了数字经济时代背景下的国际商务理论新范式。新范式基于需求驱动，并围绕全球公司建立分析框架，搭建了以全球公司、平台、消费者为中心的全球生态网络，并覆盖了"母国区位优势回归""母公司竞争优势回归""全球生态网络迭代全球价值链""国际创业创新普惠化""数字服务时空分离""隐性知识显性化""网络外部性显著化"等七大议题。

1.4.2 理论新范式与旧范式存在差异

本书提出的理论新范式与已有旧范式相比体现出了明显的差异，围绕全球生态网络的三大中心，新范式与旧范式的区别与创新主要展现为以下三个方面。

其一，强调了"全球公司"的新概念。数字经济时代的跨国公司从生产经营和商业化销售两个维度高度拥抱互联网，区别于传统范式中对跨国公司的定义与理解，新范式进一步将其称为"全球公司"，体现出数字跨国公司全球化经营的战略倾向。

其二，强调了"数字化平台"的媒介作用。数字化平台作为国际新创企业国际化中的一种有效并且高效的媒介正在发挥重要作用，打破了传统范式中以大型跨国公司为主体的国际商务活动局面，新范式将围绕数字化平台形成的全球生态网络展开分析，展现出一个商业模式、组织结构、价值主张全新的国际商务世界。

其三，展现了"消费者"偏好。传统的以公司为中心的国际商务理论范式已经不适用于如今"消费者创造价值"的国际商务活动，新范式将会摒弃"以公司为中心"的传统观念，将消费者纳入分析框架，强调消费者的偏好。

1.4.3 发展理论新范式具有理论价值和实践价值

本书发展的理论新范式在数字经济背景下具有丰富的理论价值与实践价值。

1. 新范式填补数字经济下的国际商务理论空缺

理论价值上，基于需求驱动的全球公司分析框架理论新范式，强调了全球公司在数字经济时代国际商务活动中的主体作用，以及需求在数字经济时代对于国际生产分工与跨国经营治理的驱动作用。对于目前无法解释的新现象，该理论新范式给出了新的解释，一定程度上填补了数字经济下的国际商务理论空白。

2. 新范式具有丰富的内涵和外延

新范式在围绕全球公司、平台、消费者三大中心的同时，覆盖了七大议题，内容包括获取数据资源、默会知识和关键技术，培育革命性的商业模式，重新定义企业和社会的边界，以及通过用户共创内容产生新价值，并强调全球生态网络逐渐迭代全球价值链，成为跨国生产组织与价值创造的主流结构。因此，这一理论新范式具有丰富的内涵和外延，为国际商务学界提供新的思考与发展方向，并对今后国际商务理论的创新与突破产生积极影响。

3. 新范式激发企业战略管理再思考

新范式具有企业层面上的实践价值。数字经济下，全球价值链被重塑，孕育了新的贸易模式和投资方式，企业创造利润的方式、消费者的消费心理和营销模式、企业创造价值的方式都发生了根本性的变化，这使得企业不得不重新思考数字技术和数据快速发展下的战略布局。一方面，跨国公司应该结合数字经济成果，不断创新改革，形成自身的竞争力；另一方面，跨国公司也应该重视消费者的价值创造作用，以需求推动参与国际分工与跨国经营。

4. 新范式推动政府参与数字经济战略布局

新范式具有政府层面上的实践价值。新范式指出，智能制造带来的区位优势和商业模式禀赋使得跨国公司已外包的业务流程、生产和服务重新回到母国，并且在进行跨国投资时，一国提供基础设施的能力也成为重要的考虑因素。因此，对于一国政府来说，应该积极布局数字经济战略发展，增加数字经济投入规模，形成数字经济竞争力。

5. 新范式指导国际组织数字经济结构改革

新范式具有国际组织层面上的实践价值。数字经济下，国际组织的规制和相关监管要求发生了重大变化，要求国际组织开展结构变革，以推动建立更为合理公平的国际经济关系。新范式提出了国际创业创新普惠化、数字服务时空分离、网络外部性显著化等，这就使得国际组织进一步扩大数字经济发展范围，考虑到中小企业和国际创业者的发展需求，同时也要扩大数字经济环境规制范围，加强对数据和数字服务的监管。

1.5 本书安排

在数字经济蓬勃发展的当下，国际商务理论研究滞后于实践发展，而在数字经济时代，发展新的理论将为国际商务学术研究培育关键的竞争优势，并为实践发展提供理论支撑，是值得学界和业界关注的热点领域。

本书将基于此展开研究，为国际商务学界以及数字经济时代发展做出一定贡献。本书上篇将对数字经济时代国际商务理论的已有文献进行梳理，总结富有价值的观点，并对值得商榷的观点进行探讨；中篇将进一步对数字经济时代国际商务理论的新发现进行研究和阐述，针对现有价值研究提供进一步的拓展方向；下篇中，本书对于未能合理解释的数字经济时代背景下的国际商务事实提出理论研究新范式，并将其与已有国际商务理论分析范式进行比较。

参考文献

安筱鹏，2019. 解构与重组，迈向数字化转型 2.0（下）［J］. 今日制造与升级（10）：22-23.

陈友骏，2020. 日本参与全球数字经济治理的构想与实践［J］. 日本学刊（4）：1-27.

戴龙，2020. 数字经济产业与数字贸易壁垒规制：现状、挑战及中国因应［J］. 财经问题研究（8）：40-47.

樊勇明，2006. 西方国际政治经济学［M］. 2 版. 上海：上海人民出版社.

高凌云，臧成伟，2020. 全球价值链发展趋势与我国对外开放战略［J］. 湖南师范大学社会科学学报（5）：55-60.

何枭吟，2013. 数字经济发展趋势及我国的战略抉择［J］. 现代经济探讨（3）：39-43.

黄邦根，夏鸣，吴思雨，2020. 数字经济背景下企业对外投资研究［J］. 长春师范大学学报（5）：48-50.

黄凌云，郑淑芳，王珏，2018. "一带一路"背景下对外投资企业的合作共赢机制研究：基于社会责任视角［J］. 管理评论（2）：172-182.

黄玉沛，2019. 中非共建"数字丝绸之路"：机遇、挑战与路径选择［J］. 国际问题研究（4）：50-63，137.

霍伟东，张莉，2008. 贸易理论：从完善传统到直面挑战［J］. 经济问题（10）：18-20，50.

荆文君，孙宝文，2019. 数字经济促进经济高质量发展：一个理论分析框架［J］. 经济学家（2）：66-73.

鞠雪楠，赵宣凯，孙宝文，2020. 跨境电商平台克服了哪些贸易成本?：来自"敦煌网"数据的经验证据［J］. 经济研究（2）：181-196.

蓝庆新，窦凯，2019. 美欧日数字贸易的内涵演变、发展趋势及中国策略［J］. 国际贸易（6）：48-54.

李雪梅，安小米，明欣，等，2018. 数字连续性风险管理策略及启示：以英国为例［J］. 电子政务（1）：74-84.

李忠民，周维颖，2014. 美国数字贸易发展态势及我国的对策思考［J］. 全球化（11）：60-72，134.

李忠民，周维颖，田仲他，2014. 数字贸易：发展态势、影响及对策［J］. 国际经济评论（6）：131-144.

刘汉民，张晓庆，2017. 网络零售平台治理机制对卖家机会主义行为的影响：以感知不确定性为调节变量［J］. 商业经济与管理（4）：16-27.

刘航，伏霖，李涛，等，2019. 基于中国实践的互联网与数字经济研究：首届互联网与数字经济论坛综述［J］. 经济研究（3）：204-208.

马述忠，房超，梁银锋，2018. 数字贸易及其时代价值与研究展望［J］. 国际贸易问题（10）：16-30.

马述忠，郭继文，张洪胜，2019. 跨境电商的贸易成本降低效应：机理与实证［J］. 国际经贸探索（5）：69-85.

裴长洪，倪江飞，李越，2018. 数字经济的政治经济学分析［J］. 财贸经济（9）：5-22.

戚聿东，肖旭，2020. 数字经济时代的企业管理变革［J］. 管理世界（6）：135-152，250.

齐俊妍，任奕达，2020. 东道国数字经济发展水平与中国对外直接投资：基于"一带一路"沿线43国的考察［J］. 国际经贸探索（9）：55-71.

申佳平，2020. 赵晋平：加强跨境投资　形成数字经济国际竞合新优势［EB/OL］.（2020-05-20）［2021-06-01］. http://it.people.com.cn/GB/n1/2020/0520/c1009-31716566.html.

沈国兵，袁征宇，2020. 企业互联网化对中国企业创新及出口的影响［J］. 经济研究（1）：33-48.

盛斌,高疆,2020. 超越传统贸易:数字贸易的内涵、特征与影响[J]. 国外社会科学(4):18-32.

宋江燕,2015. 论电子商务对国际贸易的创新发展[J]. 商业经济研究(14):15-16.

汤婧,2019. 国际数字贸易监管新发展与新特点[J]. 国际经济合作(1):74-79.

田丽,2017. 各国数字经济概念比较研究[J]. 经济研究参考(40):101-106,112.

汪旭晖,王东明,2018. 互补还是替代:事前控制与事后救济对平台型电商企业声誉的影响研究[J]. 南开管理评论(6):67-82.

王冠凤,2014. 贸易便利化机制下的上海自由贸易试验区跨境电子商务研究:基于平台经济视角[J]. 经济体制改革(3):38-42.

王珏,吕佳,刘夏明,2019. 国际商务理论在新兴经济体研究中的应用与发展[J]. 国际贸易问题(1):160-174.

王文,刘玉书,梁雨谷,2019. 数字"一带一路":进展、挑战与实践方案[J]. 社会科学战线(6):72-81.

吴海霓,2016. 我国国际贸易中应用电子商务的新制度的经济学分析[J]. 商场现代化(11):8-9.

谢谦,姚博,刘洪愧,2020. 数字贸易政策国际比较、发展趋势及启示[J]. 技术经济(7):10-17.

杨翠红,田开兰,高翔,等,2020. 全球价值链研究综述及前景展望[J]. 系统工程理论与实践(8):1961-1976.

杨洋,杨怡爽,刘志坚,2013. 论比较优势演进的逻辑[J]. 经济问题探索(6):149-153.

杨卓凡,2020. 我国产业数字化转型的模式、短板与对策[J]. 中国流通经济(7):60-67.

岳云嵩,李兵,2018. 电子商务平台应用与中国制造业企业出口绩效:基于"阿里巴巴"大数据的经验研究[J]. 中国工业经济(8):97-115.

岳云嵩,李兵,李柔,2016. 互联网会提高企业进口技术复杂度吗:基于倍差匹配的经验研究[J]. 国际贸易问题(12):131-141.

岳云嵩，李兵，李柔，2017. 互联网对企业进口的影响：来自中国制造业企业的经验分析[J]. 国际经贸探索（3）：57-69.

詹晓宁，2016. 全球投资治理新路径：解读《G20 全球投资政策指导原则》[J]. 世界经济与政治（10）：4-18，155.

詹晓宁，欧阳永福，2018. 数字经济下全球投资的新趋势与中国利用外资的新战略[J]. 管理世界（3）：78-86.

张伯超，沈开艳，2018. "一带一路"沿线国家数字经济发展就绪度定量评估与特征分析[J]. 上海经济研究（1）：94-103.

张化尧，金波，许航峰，2020. 数字经济的演进：基于文献计量分析的研究[J]. 燕山大学学报（哲学社会科学版）（3）：107-114.

张勋，万广华，张佳佳，等，2019. 数字经济、普惠金融与包容性增长[J]. 经济研究（8）：71-86.

郑志来，2016. 供给侧视角下共享经济与新型商业模式研究[J]. 经济问题探索（6）：15-20.

宗良，林静慧，吴丹，2019. 全球数字贸易崛起：时代价值与前景展望[J]. 国际贸易（10）：58-63.

Agrawal A, Goldfarb A, 2008. Restructuring research: Communication costs and the democratization of university innovation [J]. American Economic Review, 98（4）：1578-1590.

Alcácer J, Cantwell J, Piscitello L, 2016. Internationalization in the information age: A new era for places, firms, and international business networks？[J]. Journal of International Business Studies, 47（5）:499-512.

Alsaad A, Mohamad R, Taamneh A, et al. , 2018. What drives global B2B e-commerce usage: An analysis of the effect of the complexity of trading system and competition pressure [J]. Technology Analysis & Strategic Management, 30（8）：980-992.

Arenius P, Sasi V, Gabrielsson M, 2005. Rapid internationalisation enabled by the Internet: The case of a knowledge intensive company [J]. Journal of International Entrepreneurship, 3（4）：279-290.

Backer K D, Flaig D, 2017. The future of global value chains: Business as usual or "a new normal"？［R］. OECD Science, Technology and Innovation Policy Papers, No. 41.

Banalieva E R, Dhanaraj C, 2019. Internalization theory for the digital economy［J］. Journal of International Business Studies, 50（8）: 1372-1387.

Barkema H G, Chen X P, George G, et al., 2015. West meets east: New concepts and theories［J］. Academy of Management Journal, 58（2）: 460-479.

Brouthers K D, Geisser K D, Rothlauf F, 2016. Explaining the internationalization of ibusiness firms［J］. Journal of International Business Studies, 47（5）: 513-534.

Colquitt J A, Zapata-Phelan C P, 2007. Trends in theory building and theory testing: A five-decade study of The Academy of Management Journal［J］. Academy of Management Journal, 50（6）: 1281-1303.

Cusumano M A, 2014. How traditional firms must compete in the sharing economy［J］. Communications of the ACM, 58（1）: 32-34.

Dana J D, Orlov E, 2014. Internet penetration and capacity utilization in the US airline industry［J］. American Economic Journal: Microeconomics, 6（4）: 106-137.

Eisenmann T, Parker G, Van Alstyne M W, 2006. Strategies for two-sided markets［J］. Harvard Business Review, 84（10）:92-101.

Gereffi G, Humphrey J, Kaplinsky R, et al., 2001. Introduction: Globalisation, value chains and development［J］. IDS Bulletin, 32（3）: 1-8.

Goldfarb A, Tucker C, 2019. Digital economics［J］. Journal of Economic Literature, 57（1）: 3-43.

Hagiu A, 2009. Two-Sided platforms: Product variety and pricing structures［J］. Journal of Economics & Management Strategy, 18（4）: 1011-1043.

Hagiu A, 2014. Strategic decisions for multisided platforms［J］. MIT Sloan Management Review, 55（2）: 92-93.

Hennart J, 2019. Digitalized service multinationals and international business theory [J]. Journal of International Business Studies, 50 (8): 1388-1400.

Hennart J, 2014. The accidental internationalists: A theory of born globals [J]. Entrepreneurship Theory and Practice, 38 (1): 117-135.

Hernandez E, Guillén M F, 2018. What's theoretically novel about emerging-market multinationals? [J]. Journal of International Business Studies, 49 (10): 24-33.

Li J T, Chen L, Yi J T, et al., 2019. Ecosystem-specific advantages in international digital commerce [J]. Journal of International Business Studies, 50 (9): 1448-1463.

Mathews S W, Healy M J, 2007. The internet and information capability reduces perceived risk of internationalisation: An Australian SME perspective [J]. International Journal of Organisational Behaviour, 12 (1): 71-87.

Mesenbourg T L, 1999. Measuring electronic business [R]. U. S. Bureau of the Census.

Ojala A, Evers N, Rialp A, 2018. Extending the international new venture phenomenon to digital platform providers: A longitudinal case study [J]. Journal of World Business, 53 (5): 725-739.

Singh N, Kundu S, 2002. Explaining the Growth of E-Commerce Corporations (ECCs): An Extension and Application of the Eclectic Paradigm [J]. Journal of International Business Studies, 33 (4): 679-697.

Stevenson B, 2011. Studies of Labor Market Intermediation: The Internet and Job Search [R]. NBER Working Paper 13886.

Tapscott D, 1996. The Digital Economy: Promise and Peril in the Age of Networked Intelligence [M]. New York: McGraw-Hill.

Torre J de la, Moxon R W, 2001. Introduction to the symposium e-commerce and global business: The impact of the information and communication technology revolution on the conduct of international business [J]. Journal of International Business Studies, 32 (4): 617-639.

Zeng J, Khan Z, De Silva M, 2019. The emergence of multi-sided platform MNEs: Internalization theory and networks [J]. International Business Review, 28 (6) : 101598.

| 上　篇 |

数字经济时代国际商务理论：
新进展

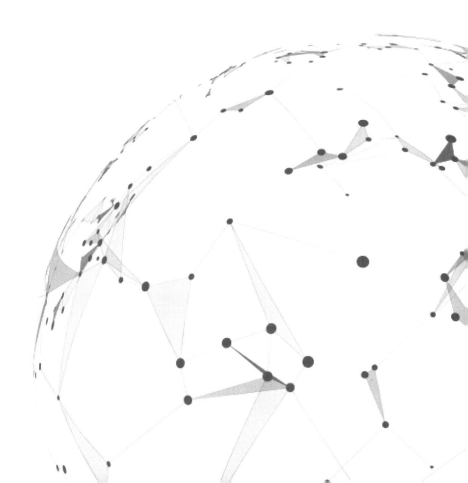

第 2 章
数字化平台的兴起及其影响

2.1 数字化平台兴起的相关事实

当前，新一代信息技术持续突破、迅猛发展，以其为核心的新一轮技术革命来袭，为制造范式、组织模式和产业结构带来了深刻变革。随着越来越多的设备接入互联网，越来越多的人使用数字服务，越来越多的价值链被数字链接，数字经济在推动世界价值创造中所扮演的角色愈发凸显。凭借在消费互联网时代积累的市场和技术基础，近年来，世界各地开始涌现平台型商业模式，在数字经济这一新经济模式中，数字化平台是其核心资源，对创造和获取价值有重大影响，有助于深入推动数字化转型，迎接数字化时代的全面来临。

这些以数字技术为核心驱动力的数字平台企业不断兴起，推动数字技术与实体经济深度融合，对现有行业结构产生了巨大冲击。目前，全球市值排名前十的公司中有不少公司使用基于平台的商业模式，包括微软、苹果、亚马逊、谷歌等。而在 20 年前，全球市值排名前十的公司中，没有一家平台企业，10 年前也仅有微软一家。这一改变凸显了数字化已迸发出巨大的经济活力，并以惊人的速度从经济舞台边缘走向中心。

这些不断涌现的数字平台企业对国内和国际贸易方式产生了愈发重大的影响。由联合国贸易和发展会议的统计数据可知，2015—2017 年，在线购物者仍然主要从国内供应商处购买商品，但到 2017 年，约有 2.77 亿人跨境购买，从外国供应商处购买的比例逐渐增长。跨境在线购物者占在线购物者总数的比例从2015 年的 15% 上升至 2017 年的 21%。

中国通过消费互联网时代的长期耕耘已经积累了大量资源和经验，在发展数字化平台企业方面具有天然优势。中国网民规模全球领先，网民数量连续多年稳居世界第一。5G、云计算等数字科技已进入全球领先梯队且发展潜力巨大。同时，中国还是全世界唯一拥有联合国产业分类目录中所列全部门类的国家，这些产业资源，使中国在发展数字经济、推广工业互联网和加速数字技术与实体产业深度融合中具有天然优势。

在网民、市场双重优势下，中国数字化平台发展迅速。阿里巴巴、百度、腾讯、滴滴、网易、新浪、抖音等一批网络平台企业迅速崛起。全球知名传播服务集团WPP旗下市场调研机构华通明略发布的 2019 年 BranZ 最具价值中国品牌百强榜单显示，最具价值中国品牌前 15 强中，除茅台外皆是数字化程度较高的企业，而新上榜的品牌全是数字化平台企业（见表 2-1）。这充分印证了数字化平台将是未来数字经济的中枢与载体，其兴起必将对现有经济社会产生巨大影响。

表 2-1   2019 年 BranZ 最具价值中国品牌前 15 强

序号	品牌	品类	品牌价值 / 亿美元	2018 年到 2019 年品牌价值变化 /%
1	阿里巴巴	零售	1409.53	+59
2	腾讯	科技	1381.58	+4
3	中国工商银行	银行	407.25	+9
4	中国移动	电信服务	391.03	−21
5	茅台	酒类	365.55	+58
6	华为	科技	331.67	+38
7	中国平安	保险	269.67	+21
8	百度	科技	267.10	+7
9	中国建设银行	银行	228.41	+14
10	京东	零售	211.83	+45
11	小米	科技	206.24	新上榜
12	滴滴出行	出行服务	200.41	新上榜
13	美团	生活服务	199.18	新上榜
14	中国农业银行	银行	184.30	+14
15	海尔	家电 / 物联网	162.72	—

在国际影响力逐步加强的同时，中国的平台企业还不断拓展行业边界，涌现新业态。从以互联网应用为主的单一模式向电子商务、网络医疗、在线出行、数

字治理等各领域延伸渗透。现在居民的传统生活方式正被数字化平台改变,淘宝、微信、滴滴、抖音等一系列数字化平台已渗透进居民购物、社交、出行等生活的方方面面。

　　如前所述,数字化平台的迅速崛起来源于消费互联网时代的积累和经济社会向数字经济的全面转型。因此,对国际贸易来说,从跨境电子商务与数字贸易发展的视角,能更清晰地审视数字化平台的兴起及其影响。

2.1.1　跨境电子商务日益成熟

　　随着大数据、人工智能和云计算等新一代信息技术的迅猛发展,全球经济格局正发生重大变革,世界已进入数字经济时代。作为数字经济的重要组成部分,跨境电子商务(简称跨境电商)起源于 20 世纪 90 年代末,以 1998 年亚马逊和 1999 年易贝(eBAY)这两大电子商务平台跨出美国进入欧洲市场为标志。对中国来说,1999 年阿里巴巴国际站的成立标志着中国跨境电子商务的兴起。此后,国内各类平台企业不断涌现,中国跨境电子商务不断发展,日益成熟(见图 2-1)。

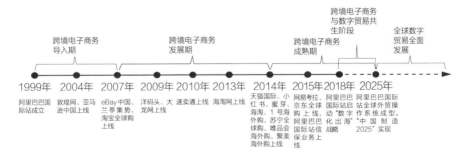

图 2-1　中国跨境电商平台企业兴起进程

图片来源:张夏恒.共生抑或迭代:再议跨境电子商务与全球数字贸易[J].当代经济管理,2020(11):49-56.

　　跨境电商平台成为全球买卖双方间一座经济、高效的沟通"桥梁"。随着经济与技术的飞速发展,全球跨境电子商务规模也呈现爆发式增长。市场研究公司 Statista 的数据显示,2022 年,全球跨境电商零售销售额达到 4.29 万亿美元。据海关总署的数据,2023 年,中国跨境电商进出口总额达到 2.38 万亿元,是

2016 年的近 50 倍，占到了我国货物贸易总规模的 5.7%。跨境电商在当前国际贸易生态系统中占据着愈发重要的地位。根据市场调查机构 Stocklytics 的预测，2024—2028 年全球零售电商年均复合增长率预计为 9.83%，年均复合增长率最高的五个国家预计分别为美国、印度、墨西哥、阿根廷、巴西；中国零售电商市场年均复合增长率预计为 9.97%，排名第六。跨境电商将成为推动全球贸易增长的重要引擎。

主流研究认为，跨境电子商务的异军突起改变了传统贸易模式，推动了贸易便利化，促进了国际贸易发展，助推了国际贸易形态转型。

从宏观上看，跨境电子商务对国际贸易发展、国际分工分化、社会福利等方面影响显著。Bendavid 等（2010）基于射频技术，以从事跨境电子商务的公司为研究对象，分析公司产品类型、规模及运营模式对其进行国际贸易的影响。研究结果显示，跨境电商的应用比公司规模、产品类型更能促进其国际贸易的发展。Terzi（2011）研究了电子商务对就业和国际贸易的影响。研究表明，电子商务给所有国家带来了全面的经济利益。从短期来看，收益可能会集中在发达国家，但从长期来看，发展中国家将受益更多。通过电子商务，国际贸易量将会增加。对高收入经济体的进口开放的国家将受益于知识溢出。此外，电子商务预计会摧毁部分旧有就业机会并创造全新的就业机会。来有为（2014）认为，中国传统外贸发展速度放缓，跨境电子商务却保持了快速增长的态势，成为中国外贸的重要增长点，发展跨境电子商务，不仅降低了国内中小企业进入跨境贸易的门槛，而且能够帮助中国企业降低跨境贸易成本，提升"中国制造"和"中国服务"的国际竞争力。李元旭等（2017）研究发现，跨境电子商务将从文化距离与制度距离方面影响全球贸易，对传统电子商务感知风险产生影响的因素同样会对跨境电子商务的感知风险产生作用，消费者所在国家或地区同跨境电子商务卖方所在国家或地区的文化距离、经济制度距离和法治制度距离都会显著提高消费者在跨境电子商务中的感知风险。消费者在跨境电子商务网站进行消费时，必须注意到跨境电子商务企业所在国家或地区的文化和制度特征同中国的文化和制度特征的差异，减少这种差异给消费者决策带来的干扰，避免因为文化差异和制度差异导致决策失误。郭四维等（2018）认为，跨境电子商务发挥着"外贸新引擎"的作用，文章基于异质性企业理论分析发现，跨境电商降低了企业进入外贸行业的固定成本及边际交易成本，并改善了资源的分配，从而通过增大贸易机会、扩大贸易主体、丰富贸易内容等方式有效促进了中国对外进出口贸易增长与转型升级。马述忠等（2019）认为，跨境电商可以突破地理距离的限制，基于跨境电商物流数据和传统贸易出口数据的研究表明：与传统贸易出口相比，跨境电商出口受地理距离的负面影响较小；贸易伙伴国互联网的发展能够在一定程度上弱化地理距离的负面影响，促进跨境电商出口的增长。从个体层面看，地理距离的负面影响以及互联网的弱化作用，同样会作用于跨境电商企业出口的扩展边际和集约边际，而且两者的作用对于大、中型规模的跨境电商企业而言更加明显。

从微观上看，部分研究则是认为，跨境电子商务会通过平台的互联网效应对买卖双方的交易行为产生影响。鞠雪楠（2020）研究发现，跨境电商能够有效降低国际贸易中的固定成本（如市场规模），但对可变成本（如关税）更加敏感；跨境电商有助于克服生产的固定成本，对生产的可变成本（如劳动力成本）更加敏感。具体而言，在跨境电商的环境中，Gomez-Herrera 等（2014）发现，跨境电商平台提高了贸易效率。同时，与同一商品的线下交易相比，跨境电商与距离相关的贸易成本大大降低。Lendle 等（2016）比较了地理距离对 eBay 和国际贸易总量的影响，发现距离的影响在 eBay 上平均要小 65%，他们认为这种差异由搜索成本降低所致：搜索成本随着产品差异化程度的提高而增加，并且当贸易伙伴使用不同的语言、出口国的腐败较严重以及进口国的不确定性规避程度较高时，搜索成本会较高。李兵和李柔（2017）使用合并后的工业企业数据库和海关数据库，采用倾向得分匹配—双重差分法考察互联网对企业出口的影响，研究发现，互联网的发展显著促进了企业出口，且对企业出口的影响大于国内销售，会提高企业出口密集度。马述忠和陈奥杰（2017）通过建立描述生产企业利用贸易中介和跨境电商 B2C 渠道开展出口贸易的理论模型，对多种情况下生产企业和贸易中介对销售渠道的选择进行研究，结果表明：生产厂商能力较弱而贸易中介能力较强时生产厂商会选择开拓线上销售渠道；只有当生产厂商选择开拓线上销售渠道的时候，能力强的贸易中介才会选择跟随生产厂商开拓线上销售渠道；跨境电商 B2C（business to consumer，企业对消费者）销售渠道的应用有提升消费者福利和降低社会总福利的效应。马述忠和郭继文（2019）研究发现，传统贸易渠道的供应链越长，消费者及生产者选择跨境电商渠道的可能性就越大；单位产品为消费者带来的效用越大，消费者及生产者选择跨境电商渠道的可能性就越小；跨境电商渠道的成本加成率与传统贸易渠道的平均成本加成率之比越大，消费者选择跨境电商渠道的可能性越小，生产者选择跨境电商渠道的可能性越大。

2.1.2　数字贸易模式逐渐崛起

随着跨境电子商务的不断发展，日益成熟，其数字化和平台化的阶段性特征愈发显著，并将在持续量变积累下实现质变，迭代为全球数字贸易。在经济发展、技术进步、消费升级的社会背景下，跨境电子商务最终将通过数字化平台融合，迈入全球数字化贸易（李忠民，2014；马述忠，2018；张夏恒，2020）。在数字贸易的定义上，熊励、刘慧和刘华玲（2010）发现，由于移动电子商务网络覆盖率不断提升，消费市场逐渐被激活，人们已经不满足于传统电子商务的贸易方式，而是更愿意主动去选择或参与自己所需要的移动电子商务的数字贸易方式。2013年，美国国际贸易委员会（United States International Trade Commission，USITC）在《美国和全球经济中的数字贸易Ⅰ》中正式提出数字贸易的概念：通过网络传输而实现的产品和服务的交换活动。具体包括四部分：数字交付内容、社交媒体、搜索引擎、其他数字化产品和服务。可以发现，2013年及之前对数字贸易的研究局限在数字化产品与服务，没有涉及其他有形货物，这种研究相对来说比较狭隘。

2014年，USITC在《美国和全球经济中的数字贸易Ⅱ》中对数字贸易的内涵进行了扩充和延伸。该报告认为，"数字贸易既包括服务也涉及货物，其中互联网和基于互联网的技术在产品订购、生产和交付中发挥重要作用"，更加强调基于互联网技术的数字贸易在金融和保险、制造业等其他行业中的支撑作用。马述忠等（2018）将数字贸易定义为：通过信息通信技术（ICT）的有效使用，以实现传统有形货物、新型数字产品与服务、数字化知识与信息的高效交换，进而推动消费互联网向产业互联网转型并最终实现制造业智能化的新型贸易活动，是传统贸易在数字经济时代的拓展与延伸。马述忠等（2020）认为，数字贸易是以数字化平台为载体，通过人工智能、大数据和云计算等数字技术的有效使用，实现实体货物、数字化产品与服务、数字化知识与信息的精准交换，进而推动消费互联网向产业互联网转型并最终实现制造业智能化的新型贸易活动。这一定义将所有产品和服务纳入数字贸易的范畴中，强调数字技术在贸易中的应用，这极大地拓宽了数字贸易的边界，更符合经济发展实际。但从目前来看，随着数字贸易的发展，国内外学术界对数字贸易的理论研究还将处于演进之中。总体而言，数字贸易是脱胎于数字经济的一种新型贸易模式，是经济全球化、信息通信技术和数字技术发展到一定阶段的产物，具有诸多新的内涵。其虽然与传统贸易具有基本相似的贸易本质、贸易目的以及经济学理论支撑，但是两者在赖以产生的时代背景、贸易参与者、贸易对象、贸易方式、贸易的时效性以及贸易监管政策等方面，均具有显著的差异（刘洪愧，2020）。

此外，部分学者将研究重点放在数字贸易的作用上，李忠民等（2014）认为，数字贸易是互联网经济和知识经济深度融合发展的产物，将成为推动经济发展的重要动力。Shamel 等（2016）认为，数字贸易对全球跨境贸易的发展产生了积极的促进作用。刘洪愧（2020）从微观消费者、市场效率以及全球贸易发展动力等角度来分析，认为数字贸易可以通过降低消费成本、增加贸易品种类来改善消费者福利，有望为提升全球价值链提供新的动力，并推动全球价值链重构，有利于降低贸易壁垒和信息不对称程度以及助推全球服务贸易快速发展。

还有部分学者开始关注跨境电子商务与数字贸易的关系，如马述忠等（2018）、张夏恒（2020）对数字经济、跨境电子商务与数字贸易的关系进行了剖析。全球范围内的数字化应用场景日新月异，无论是跨境电子商务还是全球数字贸易的依附背景，均发生了显著的变化。这些变化体现在如下几个方面。

传统流量经济的衰竭：随着数字技术的发展，各类数字化平台和营销模式不断涌现，存量市场饱和，流量获取难度增加、成本提高、转化率下降，传统互联网时代的流量红利衰竭。进入全球数字贸易时代，需要深挖客户需求，利用更创新的数字手段打破困境。

贸易标的多元化：在传统跨境电子贸易阶段，货物为主要贸易标的。而进入全球数字贸易时代，贸易标的高度多元化。除传统实体货物以外，数字产品和服务也成为重要商品。

数字贸易的全面迭代：在人工智能、物联网、云计算等数字技术与制造业深度融合的背景下，无人生产、远程控制、数字交付等方式成为现实，也为数字时代自动化、无人化应用提供了条件。在数字新技术的推动下，跨境电子商务逐渐向数字贸易迭代，而数字化平台则成为数字贸易跨境电子商务向数字贸易迭代的核心产物。

2.1.3 数字化平台为迭代的核心产物

通过对跨境电子商务与全球数字贸易的对比分析，马述忠（2020）发现，全球数字贸易更聚焦数字化平台、数字技术（见表2-2）。其认为，与跨境电子商务相比，全球贸易的典型特征为：①平台化。数字化平台作为数字贸易的核心，通过数字化技术精准匹配全球数字贸易买卖双方需求，为其提供包括数字化营销、交易、金融及供应链服务的一揽子数字化外贸解决方案，从而在这个完整的商业生态系统中发挥关键的行业引领和服务作用。②全球化。全球数字贸易供应链服务跨国化逐渐成为常态，平台国别属性被进一步削弱，实现平台全球化。一方面，面向世界各国的买家和卖家，平台以"全球买、全球卖"为主要愿景，有利于整合和开发全球数字贸易资源；另一方面，作为多边贸易平台，全球数字贸易平台能够提供广阔的全球市场和便利的贸易服务，吸引来自世界各国的卖家入驻，有助于"全球买、全球卖"愿景早日实现。③数字化。数字贸易所依赖的人工智能、大数据和云计算等核心技术具有典型的数字化特性。大数据技术有利于收集散落在供应链各环节中的离散数据，以降低双方交易成本。云计算则能够帮助企业有效处理大数据并对供应链环节的网络服务进行动态优化。人工智能技术则帮助企业有效开拓大数据应用途径，包括智能客服、智能定价和智能制造等。④个性化。与传统贸易提供标准化的商品及服务不同，数字贸易能够依托全球商品供应资源，迎合不同消费群体的需求。这是因为企业能够借助数字贸易平台掌握全面的数据信息，以直接反映消费者的个性化需求。因此，数字贸易交易中必然出现更多非标准化和个性化的商品及服务。

表 2-2 跨境电子商务与数字贸易对比

跨境电子商务	数字贸易
以现代信息网络为载体	以数字化平台为载体
双边平台（买全球、卖全球）	多边平台（全球买、全球卖）
倚重信息通信技术	倚重人工智能、大数据和云计算技术
对应消费互联网	对应产业互联网/工业互联网（核心为平台数字化）

同个行业中可能包含多个平台，探索它们的"分层"或"互动"方式对于分析更广泛的经济影响非常重要，而当平台在市场中占据主导地位时，从业者或决

策者很难找到替代选择。因此，平台化突出了数字经济中更广泛的、更深刻的变化，在数字经济中，不同的平台是理解价值划分的基础。也就是说，在数字经济的新商业模式中，数字化平台成为跨境电子商务向数字贸易迭代的核心产物，成为协调和配置资源的基本经济组织，其不仅是汇聚各方数据的中枢，更是实现价值创造的核心。

2.2　数字化平台的定义、分类、形成路径和特征

2.2.1　数字化平台的定义

最早明确提到平台概念的是管理学者 Wheelwright 和 Clark（1992）。他们认为，平台是满足核心客户群体需求的产品，但可以通过添加、替换或删除功能来修改。对 McGrath（1995）来说，平台是公共元素的集合，尤其是技术元素，在一系列产品中实现。Meyer 和 Lehnerd（1997）将平台定义为一组子系统和接口，形成一个共同的结构，从这个结构中可以开发出产品流。Robertson 和 Ulrich（1998）提出了一个更广泛的定义：平台是由一组产品共享的资产（组件、过程、知识、人员或关系）。Krishnan 和 Gupta（2001）将平台简单地定义为在一系列产品中共享的组件和子系统资产，而 Muffato 和 Roveda（2002）在平台概念中添加了一组有意规划和开发的子系统和接口，通过这些子系统和接口可以开发产品。

现有平台研究理论范式分为产品平台、产业平台与双边市场三种（Piezunka，2011）。前两者主要从管理学视角出发，侧重企业组织分工，而双边市场的研究最接近主流经济学研究范式。自 21 世纪初以来，一部分产业组织经济学文献开始发展关于平台的理论，这些理论被称为“双边市场”“多边市场”或“多边平台”（Rochet，Tirole，2003，2006；Evans，2003；Rysman，2009）。在基于双边市场的研究中，平台的概念逐渐丰富，从单一的中介功能扩展到商业生态系统。从经济学视角来看，平台是一种特殊的市场，在消费者与购买者之间起到撮合交易的作用。

　　Rochet 和 Tirole（2003）首次提出双边市场这一概念，他们将平台定义为两个或更多方提供交易中介的产品、服务、公司或组织，并认为双边市场是通过一个或多个平台，连通交易双方或多方的市场。Roson（2005）认为，双边市场是一种经济生态，在平台中分别向两边销售产品或服务。Armstrong（2006）在双边市场定义中引入网络外部性概念，认为在双边市场中，平台连接了两种参与者并促进交易，且其中一边参与者的收益取决于加入该平台的另一边参与者的数量。Tiwana（2013）将平台的作用范围从具有某一功能的系统扩展到商业生态系统，在此生态系统中平台所有者扮演了中心角色。平台作用范围的扩展使得平台从单纯的产品或服务平台提升为产业平台。Parker 等（2016）将平台定义为：一项基于生产者和消费者之间创造价值互动的业务，平台为这些互动提供了开放、参与性的基础设施，并为其设定了治理条件。Jacobides 等（2019）认为，平台是市场、企业和供应链之外的一种新的治理模式，平台生态是基于模块化架构协调多边市场的各方参与者共同进行专用性投资的组织形式。

　　在全球产业结构转型升级、新技术、新需求的推动下，数字化技术与平台深度融合，呈现出数字化平台这一新形式。数字化平台可以定义为"一组共享的、通用的服务和体系结构"（Nambisan，2016）。根据 Brouthers 等（2016）的研究，互联网商务企业提供了一个基于网络的平台，以实现用户之间的交互，包括产品或服务交易和信息交换。作为数字贸易的核心，数字贸易平台是指集合了全产业链的上下游，包括商家、海关、服务商、政府、金融机构、买家、海外渠道、行业联盟等形成的数字贸易生态圈。其通过数字化技术精准匹配全球数字贸易买卖双方需求，为其提供包括数字化营销、交易、金融及供应链服务的一揽子数字化外贸解决方案。通过使用深度数字智能，数字化平台能够跨部门或价值链集中进行规划和执行，从而在这个完整的商业生态系统中发挥关键的行业引领和服务作用（UNCTAD，2019）。

2.2.2　数字化平台的分类

　　数字化平台可以分为非营利平台（包括交换平台、捐赠平台、免费服务平台等）和营利平台（包括电子支付平台、众筹平台、社交媒体和电子商务平台等）。在国际贸易的研究背景下,营利平台更具有经济学研究意义。因此,本书仅讨论营利平台。

　　在营利平台的视角下，数字化平台可以是中介，也可以是基础设施。因此，平台通常被分为两个类别：交易平台和创新平台（Gawer，2014；Parker et al.，2016；Cusumano et al.，2019）。

　　交易平台（双边／多边平台或双边／多边市场）：提供一种基础设施，或作为中介，支持交易各方之间的交流（Gawer，2014）。例如，脸书连接用户、广告商、开发商、公司和其他人，优步连接乘客和司机。在交易平台中，有一种特殊类型——共享平台。此类平台企业往往不拥有原始资产，而是创建了一个连接供给者与消费者的平台，作为回报，该平台企业对促成的每笔交易收取费用，例如爱彼迎、滴滴等。这类"轻资产"的平台企业具备"赢家通吃"的效应，以较低的成本实现更快的扩张，可以迅速形成规模经济，对市场造成了较大冲击（Parker et al.，2016）。轻资产扩张的风险在于，用户可以迅速转向竞争对手，例如，如果竞争对手提供更好的条件。为了应对这一风险，平台所有者可能会寻求控制其平台上的某些活动，推动平台锁定或采取不具竞争力的做法（Parker et al.，2016）。

　　创新平台（工程或技术平台）：平台企业与供给端用户基于共同的技术构建来提供新产品和服务的平台（Cusumano et al.，2019）。例如，用户可以在Facebook 上开发个人资料页面，软件开发人员可以为苹果的应用商店构建应用。Gawer（2014）认为，技术平台可以有效地概念化为进化组织（evolving organizations）或元组织（meta-organizations），即：①联合和协调能够进行创新和竞争的组织代理；②通过创造和利用供应或需求的规模经济来创造价值；③需要由核心和外围组成的模块化技术架构。

　　随着新技术、新需求的推动，交易平台开始与创新平台重叠（Sturgeon，2017）。例如，谷歌在安卓操作系统上的领先地位导致了一系列交叉创新平台（例如安卓核心智能手机设计）和交易平台（例如谷歌游戏商店）。但相比之下，经济学的视角更集中在研究平台作为双边或多边市场如何在不同的客户群体之间撮合交易，以及网络如何促进平台竞争。并且，交易平台为数字产业企业的核心商业模式，与全球数字经济的转型密切相关，是数字经济研究的中心。

2.2.3　数字化平台的形成路径

　　数字化平台的两种形成路径分别是工业互联网和产业互联网，工业互联网走的是平台的技术转型路径，产业互联网走的是平台的商业转型路径。

工业互联网，即工业数字化装备通过在传统工业装备加载数字通信、数字控制、智能分析等附加功能的设备、模块或装置，实现数字化感知、分析、推理、决策、控制，是新一代信息技术与工业经济深度融合的全新经济生态、关键基础设施和新型应用模式，定位在解决设备、人、技术之间的通信问题。据工信部测算，2019 年中国工业互联网产业经济增加值规模为 2.13 万亿元，同比增长 47.3%，其中，工业互联网核心产业规模为 5361 亿元，工业互联网融合带动的经济影响规模达 1.6 万亿元，工业互联网对于推动经济增长效果显著。工业互联网走的是平台的技术转型路径，是通过技术解决痛点，利用数字化平台实现对工业数据的全面深度感知、实时传输交换、快速计算处理和高级建模分析。

产业互联网旨在解决经营管理与生产管理之间的协调问题，注重将整个产业链中大量不同体量及分散的上游厂商与下游厂商进行资源整合。在大数据、云计算和人工智能的现代互联网体系下，打造具有全空域、全流程、全场景、全解析和全价值的数字化平台产业，连接产业链上、中、下游，实现产业内各个参与者的互联互通，改变产业内数据采集和流通的方式，推动"互联网＋"时代的转型升级。产业互联网走的是平台的商业转型路径，其核心是在数字化技术基础上建立新型供应链业务网络。

2.2.4　数字化平台的特征

平台模式在组建自己的生态系统上具有先天优势，能在最大范围内实现企业持续创新和产业创新。平台商业模式的力量与其使企业更快积累庞大的用户基础、实现规模经济的能力有关，网络效应是数字化平台的核心特征。

网络效应，即平台用户从更多用户的加入中获得的好处（Van Alstyne et al.，2016），是平台快速增长的核心动力，因为更多的用户使平台更具吸引力。平台往往涉及两种或两种以上不同类型的交易伙伴，因此，除了直接的网络效应，还具有间接的（横向的）网络效应，其中市场一侧的扩张增加了另一组的价值（Rochet，Tirole，2006）。网络效应也能产生"锁定效应"，参与者更有可能留在一个平台上，而不是迁移到相互竞争的平台上，这在确保市场保持竞争力方面对决策者提出了挑战（Gawer，2014）。另外，网络效应还表现在平台提取、控制和分析数据的能力上。因为数字化平台往往被定位为中介或者基础设施，当它们从每次交互中积累数据时，通常会给平台所有者带来比非平台公司更大的竞争优势。实际上，相对于数据量更小的竞争对手，可以访问并转化为数字知识的数据越多，公司就越能降低成本、满足客户需求并改进产品。与网络效应一样，良性循环可能会出现：竞争对手越少意味着用户越多，用户越多意味着数据越多，而数据越多意味着竞争对手越可能被击败。除此之外，路径依赖的动态性也是数字化平台网络效应的推手。一旦数字化平台开始获得牵引力，用户切换到替代平台的成本就会开始增加（Farrell, Klemperer, 2007），因此，用户将更有可能一直留在原有平台。例如，社交媒体的用户投入时间和数据来建立他们的个人资料并获取个性化服务。离开一个平台可能意味着留下多年的消息、帖子、照片，这增加了用户切换到另一个平台的成本。同样，开发者生态系统学习特定创新平台的代码和细微差别，为他们构建定制的应用和功能，迁移到新平台可能需要重新学习这些材料。企业也倾向于围绕在特定平台上工作和与特定平台一起工作来定位其运营。

除了网络效应，平台还具有"轻资产、快扩张、具有网络效应"的特征。以滴滴打车为例，由于其（最初）不拥有核心资产（出租车）和员工（出租车司机是承包商），数字化平台在人力和实物资产上投资较少，从而能够以较低的成本实现更快的扩张（Parker et al., 2016）。"轻资产、快扩张、具有网络效应"的特征使平台企业具备"赢家通吃"的效应。在某一领域中，一旦有一个平台已经积累起相当数量的初始用户，新用户将倾向于涌入这一平台，而提供相似服务的新平台很难占据市场。

2.3 数字化平台的影响

2.3.1 基于贸易中间商研究平台的影响

早期有关贸易平台的影响主要基于贸易中间商功能来促成交易（陶涛，郭宇宸，2016），贸易中间商最早被定义为经纪代理人从供应商处购买商品后再销售或经济代理人帮助买卖双方进行会面和达成交易（Spulber，1998）。一般而言，从事国际贸易分销渠道中间环节的包括批发商、零售商、代理商和经纪人，他们都可以被称为中间商。而贸易平台在进出口贸易中就扮演了贸易中间商的角色，从贸易中间商的角度，平台的作用可以分为以下三类（李少会，2013）。

1. 促进国内出口商与国外进口商的匹配

Rauch（1996）认为，国际贸易是一种买卖双方相互匹配的过程，而作为中间商的平台掌握着买卖双方的大量信息，可以帮助买卖双方更有效率地匹配。作为中间商的平台可以：①通过降低搜索成本匹配进出口贸易企业。随着经济与技术的发展，从事进出口贸易的企业呈爆发式增长，如果仅凭自己搜索企图在众多贸易商中匹配到最合适的贸易伙伴，则需要企业花费大量的时间。Blum 等（2010）基于搜索与匹配模型研究发现，出口商和最终消费者均需要花费资源去寻找和匹配合适的贸易伙伴。而平台越大，聚集的资源越多，越能降低贸易商的匹配成本。②通过减少贸易摩擦促进匹配。国际贸易往往伴随着不同国家或地区的政治制度、法律体系、文化背景和价值观差异进行，这些差异很可能造成洽谈或履约过程中的冲突与摩擦，因而阻碍贸易进程。Antràs 和 Costinot（2011）研究发现，中间商可以缓解贸易摩擦，撮合交易。

2. 促进国际贸易收益的实现

由于平台中汇聚了大量资源与产品，因此能够比较容易地形成数量上的规模效应和种类上的协同效应，降低企业出口成本，降低企业进入国外市场的门槛。Melitz（2003）研究发现，只有生产率较高的企业可以直接进入国际市场并从中获益。但现实经验表明，生产率不是很高的企业也从事出口。中间平台能聚拢一种以上产品的固定出口成本，从而在更广泛的范围内分散出口成本。对于大多数中小企业来说，中间商平台的存在可以帮助其降低固定出口成本（Krüger，2009；Akerman，2018）、扩大出口量，从而实现利润最大化。中间平台的介入将导致制造业企业按生产率进行分类：生产率最高的企业通过支付固定成本自己出口（Melitz，2003），生产率最低的企业不出口，中等生产率水平的企业则通过中间商平台出口。中间平台的存在汇聚了更多的出口企业和出口产品，可以通过出口更多的产品来分散固定成本，从而实现规模经济。

3. 给中小企业提供综合性服务

中间商平台可以提供信息、物流和金融层面的专业化服务，减少信息不对称问题，提高贸易效率。①高效甄别信息。由于地理、文化、沟通等因素的限制，信息不对称成为国际贸易的突出特点。中间商平台可以凭借其专业优势高效地筛选和甄别信息。②提供物流服务。国际贸易往往伴随着较长的运输距离和烦琐的运输过程，尤其对于中小型进出口企业而言，运输费用往往在交易成本中占据较大部分。而贸易中间商可以聚合及分散货物，通过规模效应获得成本优势，通过专业化物流服务降低供求双方的成本（Brousseau，2002）。③提供短期融资。资金是限制中小企业进行进出口贸易的重要因素。而近年来，越来越多的中间商开始提供金融服务，为进出口双方提供以贸易为核心的短期资金融通和担保等服务，如预付、延付及垫付货款等，为中小企业进出口提供了便利。④提供质量担保。有学者研究发现，中间商能够缓解国际贸易中的产品质量不确定和逆向选择等问题。一个值得信任的中间商平台可以最大限度地降低交易履行过程中的不确定性，增强企业对贸易的信心。

在新近的国际贸易文献中，贸易中间商被引入新新贸易理论模型中，研究其对企业贸易方式决策的影响，例如通过实现规模经济，降低出口成本，降低出口门槛，提升贸易便利化程度，提升企业出口销售额等（Felbermayr，Jung，2011；Ahn et al.，2011）。

如今，大数据、云计算、区块链、人工智能等新兴数字技术快速发展，数字化平台也随之发展和演进，这一过程对企业价值创造方式、市场竞争格局、产业演化与变革乃至人们的生活都产生了颠覆性的影响，平台思维已经成为许多行业尤其是高新技术产业取得成功的重要因素之一（Cusumano，2010；王海军，金姝彤，2020）。其对数字化平台影响的研究还需进一步深入。

2.3.2　数字化平台对行业的影响：重塑行业结构，整合与变革贸易生态圈

从行业角度来看，数字化平台的兴起将重塑行业结构。如前文所述，数据已成为数字经济时代的核心资源，为了获取并积累更多的数据，数字化平台将倾向于通过垂直整合（整合平台的不同方面）和跨部门的横向扩张，建立竞争保护，巩固市场地位（Li et al.，2018），在平台的扩张与整合过程中行业结构

将被重塑。由于服务于不同市场的平台提供商有时会有重叠的用户群，并采用相似的组件，因此通过将自己平台的功能与目标平台的功能捆绑在一起，一个平台提供商进入另一个平台提供商的市场，可以利用共享的用户关系和公共组件，并基于此扩大网络效应的影响。因此，如今数字化平台企业并购和扩张的活动愈发频繁，越来越多的平台企业通过收购现有或潜在竞争对手、扩张企业业务来保持市场竞争力（Eisenmann et al., 2011）。例如，Facebook 在 2012年收购 Instagram（照片墙），在 2014 年收购 WhatsApp，成功成为社交媒体行业领导者；谷歌通过将新产品链接到其搜索平台，进入了许多平台市场，包括在线支付服务、网络浏览器软件和手机操作系统等。在中国市场上，此类操作也层出不穷，例如打车平台滴滴合并快滴，成为中国共享汽车市场主导者；携程等旅游平台除了提供酒店信息，还扩展了景点门票、机票、火车票等业务，全方位满足消费者需求。

　　同时，数字化平台的兴起还将助推国际治理规则的变革。数字化平台将从关税壁垒、政府税收、跨境数据流动、隐私保护、技术转让、知识产权、个人隐私保护、垄断等方面推动全球贸易治理方式变革，推动数字贸易国际规则的制定和完善。数字化平台有助于促进贸易便利化，如世界电子贸易平台（eWTP）简化了法规和海关流程方面孵化数字贸易的发展规则。在税收方面，大多数国家在贸易中获取价值的重要途径是税收，但 Li（2014）的研究发现，数字化平台可以很容易地使用税收优化技术来避税，将利润转移到低税管辖区相对容易。数字化平台通过互联网提供服务的能力减少了实体管辖区的限制，通过子公司进行转移定价来减轻税收负担这一方式变得越来越普遍，例如 Facebook 报告的大部分收入都是在低税收地区完成的。数字经济的本质使企业能够通过税收优化对各国的税收产生负面影响，据联合国贸易和发展会议的估计，由于跨国公司的避税计划带来的损失每年达 1000 亿美元，因此需要对数字化平台运行本质有深刻、充分的了解，并据此制定更为合适的税收政策。马述忠和郭继文（2020）认为，数字技术、数字贸易、数字金融、数字政务和数字安全在丰富经济业态、提升贸易福利、优化资本配置、促进跨国协作、增强信息防护等方面会给全球经济治理带来有利影响，但在拉大数字鸿沟、形成市场垄断、加重金融排斥、威胁政务安全、造成理念分歧等方面也会造成不利影响。与传统经济时代相比，数字经济时代的全球经济治理在影响因素、国际格局、侧重领域和治理路径等方面都发生了变化，各国应积极转变治理方法、扩大治理范围，着力完善数字经济时代的全球经济治理机制。

2.3.3　数字化平台对企业的影响：降低交易成本，推动线上线下深度融合

从企业层面出发，首先，数字化平台首要功能是撮合交易。如前文所述，作为中间商，数字化平台可以降低交易成本、信息成本和违约风险，从而撮合买卖双方进行交易。以淘宝为例，淘宝的成功来源于降低了价格的传递成本，从而达成撮合交易的目的。全世界的消费者都可以在这一平台中看到所有商品的公开价格，这不仅极大地降低了消费者寻找产品时花费的时间成本与搜索成本，也提高了交易透明度，可以在一定程度上避免卖家利用信息不对称获得超额利润。

其次，数字化平台将重塑价值链，优化企业资源配置。如图 2-2 所示，传统价值链将供给和需求分离，生产由"从原材料、中间投入、最终产品到消费者"这样一条线性供应链组成，流程中每家参与企业都为最终产品提供一部分增加值。而在平台经济中，这一模式将不再适用，新的经济模式以循环反馈方式运作，其中数据是最核心的资源和最主要的价值来源。

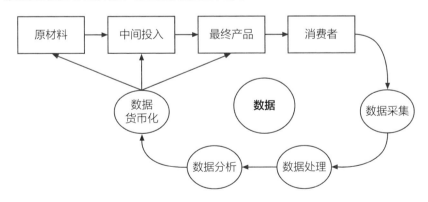

图 2-2　数字化平台重塑价值链示意

资料来源：UNCTAD。

再次，数字化平台有助于推动交易与服务的一体化。营销渠道是把商品从生

产者转移到消费者，消除产品、服务和消费者之间的时间、地点、持有权等缺口，它是商品价值变现的主要途径。营销渠道是企业的一项关键的外部资源，良好的营销渠道可以疏通生产者和消费者之间的障碍，提高交易效率、降低交易成本，其既是消费者与产品接触的最核心界面，也是用户做出决策的主要信息载体。而数字化平台将更大程度地优化营销渠道，充分利用客户信息，重塑用户与生产者的互动，通过将实体经济与虚拟经济、线上与线下有机融合，实现数字产品、交易、营销等数据的共融互通，加快商业运作的节奏，缩短企业与客户之间的距离。

数字化平台将推动交易从线性的"管道"交互模型转向使用平台的交易形式（Eisenmann et al.，2011）。在管道模型中，商品和服务是沿着一系列线性活动生产的，并通过一系列增加价值的阶段"推"给客户。但通过平台，交易模式从"推"转向"拉"，实现交易与服务的一体化。同时，数字化平台有利于发展中国家企业增强与客户的互动，发展定制服务，打造差异化，提升企业价值。例如，中国的一系列线上平台为服装行业的小企业提供了发展机会。随着时间的推移，小企业与当地市场在平台上的频繁互动通常会推动其从普通生产转向生产特定品牌的产品。

最后，数字化平台还有助于降低交易成本，降低参与门槛，提高市场准入度。传统国际贸易中复杂多变的贸易环境所带来的知识产权、反倾销等贸易壁垒的提高，加大了中小企业进入国际市场并在其中生存的难度。数字经济时代，传统企业遭受巨大冲击，产业链条正在被重构。由于数字化平台的多边性特征，其调动和整合全球数字贸易资源的能力趋强，平台提供的基础设施可以实现更有效的交易和信息交流。数字化平台可以降低交易成本，从而给企业，尤其是国内外市场中的中小微企业创造机会（Autio et al.，2018；Lehdonvirta et al.，2018）。它们可以开拓新市场，降低创业壁垒，引入非专业人士和同行，并为小规模初创企业提供新的资金来源（OECD，2017）；Koskinen 等（2018）认为，平台可以缓解发展中国家的体制和基础设施的限制。这些特征使数字化平台可以满足中小企业"走出去"的各类数字化诉求，为品牌出海提供机遇和动力，有助于发展中国家的小公司进入更广阔的市场（熊励等，2019）。

2.3.4　数字化平台对个人的影响：丰富个人选择，颠覆和重塑劳动力市场

从个人层面来讲，数字化平台允许消费者以更低的成本、更便利的渠道获得更多种类的商品和服务。通过数字化平台，由于中间商更少，消费者可以在更短的时间内连接更多的供给者，从而降低交易匹配成本，更快地获得商品和服务。另外，数字化平台还提供定制化或个性化的产品和服务，消费者可以从中进一步受益。

此外，在就业方面，数字化平台将重整劳动力市场。近年来的技术进步正导致不平等加剧和劳动力市场两极分化（Das，Hilgenstock，2018）。伴随着平台化趋势，新就业形态逐渐出现，劳动力市场逐渐转型。发展中国家不断发展的数字经济可以创造新的高技能工作，特别是在核心数字部门和需要相对先进的技术与分析技能的领域。然而，低收入群体获得的就业机会相对较少（UNCTAD，2017；World Bank，2019）。部分国家通过促进其他类型的数字化生产活动来解决这一缺陷，如在参与数字经济时，发展低技能的"数字工作"（Graham，Mann，2013）。部分发展中国家着力促进数字经济与信息技术相关服务行业的增长，从而扩大外包，以便为劳动者提供就业机会（Beerepoot，Keijser，2016；Heeks，Arun，2010）。迄今为止，这些干预措施促进了新数字化工作的产生，这些工作相对工资较低且不稳定，其成功与否仍有待检验。与此同时，除了越来越多的人根据需求为数字化平台工作，随着更广泛的经济部门数字化，更广泛行业中的个人也将面临挑战。生产中新技术的出现和生产率的提高可能会导致技术驱动的就业变化，这可能会压低工资或导致裁员（Frey，Rahbari，2016）。另外，更多传统知识或技术密集型行业也通过数字化平台来提供服务，如医生、律师、教师和摄影师等。

值得注意的是，在带来机遇的同时，数字化平台同样带来了风险。例如，全球数字化平台市场力量的日益集中、垄断可能导致不公平的商业做法和寻租等危害；传统的实体部门和小公司可能在数字化进程中受到损害；数字化平台会对就业产生负面影响，从而导致两极分化和不平等加剧；数字化平台可能采取税收优化措施规避部分税收。除了经济角度，人们还越来越关注数字化平台所带来的隐私和安全、道德问题以及大规模监控和数字殖民主义等风险（Zuboff，2015；Couldry，Mejias，2019）。

2.4 本章小结

本章从全球数字贸易与跨境电子商务的视角梳理了数字化平台的兴起及其影响。跨境电子商务平台的异军突起对传统国际贸易模式产生了巨大冲击，对贸易实体及其运作机制、流程和竞争态势都产生了重大影响，会通过促进国际分工深化、更新国际贸易交易手段、左右国际贸易政策等途径影响国际贸易的发展。随着跨境电子商务的深入发展以及新型数字技术的深度融合，跨境电子商务逐渐迭代为其更高形态——数字贸易。通过分析对比数字贸易与跨境电子商务的异同，我们发现，全球数字贸易呈现流量红利衰退、贸易环节高度扁平化、贸易标的多元化转变等特征。而作为数字贸易的核心特征，数字化平台的兴起是跨境电子商务向全球数字贸易全面迭代的核心产物。

近年来，世界各地涌现出了大量基于数据驱动的数字化平台，对现有行业结构产生了巨大冲击。美国哈佛商学院马可教授说："未来的竞争不再是个体公司之间的竞赛，而是商业生态系统之间的对抗。"

由于技术的快速发展，理论逐渐脱节，对数字化平台的定义仍在演变当中。但国内外学者普遍认为，平台是市场、企业和供应链之外一种新的治理模式，是一组共享的、通用的服务和体系结构。数字化平台通过数字化技术精准匹配全球数字贸易买卖双方需求，为其提供包含数字化营销、交易、金融及供应链服务的一揽子数字化外贸解决方案。

基于现有研究，平台被分为创新平台和技术平台，分别充当中介和基础设施的角色。随着贸易的发展，交易平台开始与创新平台重叠。但目前，交易平台与全球数字经济的转型密切相关，其仍然是数字产业企业的核心商业模式，是数字经济研究的中心。

在对数字化平台影响的研究中，早期研究中贸易平台的影响主要为基于贸易中间商的定价、提供交易便利、搜寻匹配、担保功能来促成交易。在更新的国际贸易文献中，贸易中间商被引入新新贸易理论模型中，以研究其对企业贸易方式决策的影响。但是，除数字经济中商品和服务交付方式的颠覆性变化之外，还应当考虑与现有生产网络数字化相关更广泛的变化，以及对价值创造和分配的潜在影响。从行业层面来讲，数字化平台将改变行业结构，整合和变革贸易生态圈；从企业层面来讲，数字化平台将降低交易成本，推动线上线下深度融合；从个人层面来讲，数字化平台将使消费者的选择多样化，并重塑劳动力市场。

综上所述，数字化平台是数字经济的核心特征和重要产物，在优化资源配置、促进经济结构转型中扮演着极其重要的角色。

参考文献

傅联英，骆品亮，2013. 双边市场的定性判断与定量识别：一个综述[J]. 产业经济评论（2）：1-18.

郭四维，张明昂，王庆，2018. 新常态下的"外贸新引擎"：中国跨境电子商务发展与传统外贸转型升级[J]. 经济学家（8）：42-49.

贺俊，2020. 创新平台的竞争策略：前沿进展与拓展方向[J]. 经济管理（8）：190-208.

来有为，王开前，2014. 中国跨境电子商务发展形态、障碍性因素及其下一步[J]. 改革（5）：68-74.

李兵，李柔，2017. 互联网与企业出口：来自中国工业企业的微观经验证据[J]. 世界经济（7）：104-127.

李少会，2013. 中间商促进中小企业出口的作用机制：一个文献综述[J]. 中南财经政法大学研究生学报（6）：25-30.

李元旭，罗佳，2017. 文化距离、制度距离与跨境电子商务中的感知风险[J]. 财经问题研究（3）：106-114.

李忠民，周维颖，田仲他，2014. 数字贸易：发展态势、影响及对策[J]. 国际经济评论（6）：131-144.

刘洪愧，2020. 数字贸易发展的经济效应与推进方略[J]. 改革（3）：40-52.

马述忠，陈奥杰，2017. 跨境电商：B2B 抑或 B2C——基于销售渠道视角[J]. 国际贸易问题（3）：75-86.

马述忠，房超，梁银锋，2018. 数字贸易及其时代价值与研究展望[J]. 国际贸易问题（10）：16-30.

马述忠，房超，张洪胜，2019. 跨境电商能否突破地理距离的限制[J]. 财贸经济（8）：116-131.

马述忠，郭继文，2019. 选择传统贸易还是跨境电商：销售渠道视角下消费者与生产者的决策分析[J]. 浙江社会科学（5）：13，23-32，155-156.

马述忠，郭继文，2020. 数字经济时代的全球经济治理：影响解构、特征刻画与取向选择[J]. 改革（11）：69-83.

马述忠，郭继文，张洪胜，2019. 跨境电商的贸易成本降低效应：机理与实证[J]. 国际经贸探索（5）：69-85.

马述忠，潘钢健，2020. 从跨境电子商务到全球数字贸易：新冠肺炎疫情全球大流行下的再审视[J]. 湖北大学学报（哲学社会科学版）（5）：119-132.

陶涛，郭宇宸，2016. 跨境电商平台作为新型贸易中间商的理论基础与现实发展[J]. 新视野（2）：92-98.

王海军，金姝彤，2020. 如何驱动企业颠覆性创新：模块化数字平台视角的探讨[J]. 中国科技论坛（10）：14-16.

熊励，刘华玲，刘慧，2010. 基于移动商务的服务贸易传递效率与优化研究[C]. 上海：2010 全球数字贸易与移动商务研讨会.

熊励，孙怡，许肇然，等，2019. 上海率先构建全球数字贸易平台研究[J]. 科学发展（12）：31-41.

张夏恒，2020. 共生抑或迭代：再议跨境电子商务与全球数字贸易[J]. 当代经济管理（11）：43-50.

Ahn J B, Khandelwal A K, Wei S J, 2011. The role of intermediaries in facilitating trade [J]. Journal of International Economics, 84（1）：73-85.

Akerman A, 2018. A theory on the role of wholesalers in international trade based on economies of scope [J]. Canadian Journal of Economics Revue canadienne d'économique, 51（1）:156-185.

Antràs P, Costinot A, 2011. Intermediated trade [J]. The Quarterly Journal of Economics, 126（3）：1319-1374.

Armstrong M, 2006. Competition in two-sided markets [J]. The Rand Journal of Economics, 37（3）：668-691.

Autio E, Nambisan S, Thomas L D W, et al., 2018. Digital affordances, spatial affordances, and the genesis of entrepreneurial ecosystems [J].

Strategic Entrepreneurship Journal, 12（1）: 72-95.

Beerepoot N, Keijser C, 2016. The service outsourcing sector as driver of development: The expectations of Ghana's Ict for accelerated development programme [J]. Tijdschrift voor Economische en Sociale Geografie, 106（5）: 556-569.

Bendavid Y, Cassivi L, 2010. Bridging the gap between RFID/EPC concepts, technological requirements and supply chain e-business processes [J]. Journal of Theoretical and Applied Electronic, 5（3）: 1-16.

Blum B S, Claro S, Horstmann I J, 2010. Intermediation and the nature of trade costs: Theory and evidence [D]. Toronto: University of Toronto.

Brousseau E, 2002. The governance of transactions by commercial intermediaries: An analysis of the re-engineering of intermediation by electronic commerce [J]. International Journal of the Economics of Business, 9（3）: 353-374.

Brouthers K D, Geisser K D, Rothlauf F, 2016. Explaining the internationalization of ibusiness firms [J]. Journal of International Business Studies, 47（5）: 513-534.

Couldry N, Mejias U A, 2019. Data colonialism: Rethinking big data's relation to the contemporary subject [J]. Television & New Media, 20（4）: 336-349.

Cusumano M, 2010. Technology strategy and management: The evolution of platform thinking [J]. Communications of the ACM, 53（1）: 32-34.

Cusumano M A, Gawer A, Yoffie D B, 2019. The Business of Platforms: Strategy in the Age of Digital Competition, Innovation, and Power [M]. New York: Harper Business.

Das M, Hilgenstock B, 2018. The exposure to routinization: Labor market implications for developed and developing economies [Z]. IMF Working Paper No. 2018/135.

Dasgupta K, Mondria J, 2018. Quality uncertainty and intermediation in international trade [J]. European Economic Review, 104 (C) : 68-91.

Eisenmann T R, Parker G, Van Alstyne M W, 2011. Platform envelopment [J]. Social Science Electronic Publishing, 32 (12) : 1270-1285.

Evans D S, 2003. Some empirical aspects of multi-sided platform industries [J]. Review of Network Economics, 2 (3) : 1-19.

Farrell J, Klemperer P, 2007. Coordination and lock-in: Competition with switching costs and network effects [J]. Handbook of Industrial Organization, 3 (6) : 1967-2072.

Felbermayr G, Jung B, 2011. Trade intermediation and the organization of exporters [J]. Review of International Economics, 19 (4) : 634-648.

Frey C B, Rahbari E, 2016. Do labor-saving technologies spell the death of jobs in the developing world？ [R]. World Bank.

Fuyi L, Stacey F, Gary G, 2018. E-Commerce and industrial upgrading in the Chinese apparel value chain [J]. Journal of Contemporary Asia, 49 (1) : 1-30.

Gawer A, 2014. Bridging differing perspectives on technological platforms: Toward an integrative framework [J]. Research Policy, 43 (7) : 1239-1249.

Gomez-Herrera E, Martens B, Turlea G, 2014. The drivers and impediments for cross-border e-commerce in the EU [J]. Information Economics and Policy, 28 (1) : 83-96.

Graham M, Mann L, 2013. Imagining a Silicon Savannah？ Technological and conceptual connectivity in Kenya's BPO and software development sectors [J]. Electronic Journal of Information Systems in Developing Countries, 56 (1) : 1-19.

Heeks R, Arun S, 2010. Social outsourcing as a development tool: The impact of outsourcing IT services to women's social enterprises in Kerala [J]. Journal of International Development, 22 (4) : 441-454.

Jacobides M G, Cennamo C, Gawer A, 2019. Towards a theory of ecosystems [J]. Strategic Management Journal, 39 (8) : 2255-2276.

Koskinen K, Bonina C, Eaton B, 2018. Digital platforms in the global South [Z]. Working Paper No. 8. Development Implications of Digital Economies (DIODE) Strategic Research Network.

Krishnan V, Gupta G, 2001. Appropriateness and impact of platform-based product development [J]. Management Science, 47: 52-68.

Krüger J, 2009. How do firms organize trade ?: Evidence from Ghana [Z]. Kiel Advanced Studies Working Papers.

Lehdonvirta V, Kässi O, Hjorth I, et al., 2018. The global platform economy: A new offshoring institution enabling emerging-economy microproviders [J]. Journal of Management, 45 (2) : 359-383.

Lendle A, Olarreaga M, Schropp S , et al., 2016. There goes gravity: eBay and the death of distance [J]. The Economic Journal, 126 (591) : 406-441.

Li J, 2014. Protecting the tax base in the digital economy [Z]. Draft Paper No. 9. Papers on Selected Topics in Protecting.

Ma S Z, Guo J Q, Zhang H S, 2019. Policy analysis and development evaluation of digital trade: An international comparison [J]. China & World Economy, 27 (3) : 49-75.

McGrath M E, 1995. Product Strategy for High-technology Companies [M]. Homewood: Irwin.

Melitz M J, 2003. The impact of trade on intra-industry reallocations and aggregate industry productivity [J]. Econometrics, 71: 1695-1725.

Meyer M H, Lehnerd A P, 1997. The Power of Product Platforms: Building Value and Cost Leadership [M]. New York: Free Press.

Muffato M, Roveda M, 2002. Product architecture and platforms: A conceptual framework [J]. International Journal of Technology Management, 24 (1) : 1-16.

Nambisan S, 2016. Digital entrepreneurship: Toward a digital technology perspective of entrepreneurship [J]. Entrepreneurship Theory and Practice, 41 (6) : 1029-1055.

OECD, 2017. OECD Digital Economy Outlook 2017 [R]. OECD.

Parker G, Van Alstyne M W, Choudary S P, 2016. Platform Revolution [M]. New York: W. W. Norton & Company.

Paul K, 1987. Markets with consumer switching costs [J]. The Quarterly Journal of Economics, 102 (2): 375-394.

Piezunka H, 2011. Technological platforms [J]. Journal Für Betriebswirtschaft, 61 (2-3): 179.

Rauch J E, 1996. Networks versus markets in international trade [J]. Journal of International Economics, 48 (1): 7-35.

Robertson D, Ulrich K, 1998. Planning for product platforms [J]. MIT Sloan Management Review, 39 (4): 19-31.

Rochet J, Tirole J, 2003. Platform competition in two-sided markets [J]. Journal of the European Economic Association, 1 (4): 990-1029.

Rochet J, Tirole J, 2006. Two-sided market: A progress report [J]. The RAND Journal of Economics, 37 (3): 645-667.

Roson R, 2005. Two-Sided markets: A tentative survey [J]. Review of Network Economics, 4 (2): 142-160.

Rysman M, 2009. The economics of two-sided markets [J]. The Journal of Economic Perspectives, 23 (3): 125-143.

Shamel A, Christopher F, 2016. The TPP and the digital trade agenda: Digital industrial policy and silicon valley's influence on new trade agreements [Z]. LSE International Development, Working Paper Series No. 16-175.

Spulber D, 1998. Market Microstructure: Intermediaries and the Theory of the Firm [M]. Cambridge: Cambridge University Press.

Sturgeon T, 2017. The 'new' digital economy and development [R]. Geneva: UNCTAD.

Terzi N, 2011. The impact of e-commerce on international trade and employment [J]. Procedia-Social and Behavioral Sciences, 24: 745-753.

UNCTAD, 2017. Information Economy Report 2017: Digitalization,

Trade and Development［R］. UNCTAD.

UNCTAD, 2019. Digital Report 2019［R］. UNCTAD.

Van Alstyne M W, Parker G G, Choudary S P, 2016. Pipelines, platforms, and the new rules of strategy［J］. Harvard Business Review, 94（4）: 54-60.

Wheelwright S C, Clark K B, 1992. Competing through development capability in a manufacturing-based organization［J］. Business Horizons, 35（4）: 29-43.

World Bank, 2019. World Development Report 2019: The Changing Nature of Work［R］. World Bank.

Zuboff S, 2015. Big other: Surveillance capitalism and the prospects of an information civilization［J］. Journal of Information Technology, 30（1）: 75-89.

第 3 章
消费者角色在数字经济时代的转变

3.1 数字经济对于现代商业模式的影响

数字经济本身就是移动互联网催生出来的一种产物，它是数字技术和实体经济深度融合的产物，其本身也就是一种生态经济。人类可以通过利用大数据技术，识别、选择、过滤和利用数字化所需要的知识与信息，引导、实现对资源的有效合理配置，实现经济的高质量增长。数字经济是以数字化的知识和信息为关键生产要素，以数字技术创新为核心驱动力，以现代信息网络为重要载体，通过数字技术与实体经济深度融合，不断提高传统产业数字化、智能化水平，加速重构经济发展与政府治理模式的新型经济形态。在数字经济环境下，消费者、供应商和科研机构都参与其中，企业的商业模式发生根本性转变，其内涵更加丰富，形式也更为广泛。因此，数字经济需要关注所有企业的发展，仅依靠一类企业是不够的。

3.1.1 数字经济的内涵与发展

被誉为"数字经济之父"的唐普斯科特于 1995 年最早提出了数字经济的基本概念。他认为，数字经济以知识和技能为主要基础，信息的数字化促进了企业的一切都实现了虚拟化，网络也促进了企业组织分子化。

数字经济对生产方式的变革有深远影响，涉及每个人、每家企业，驱动全球经济快速发展。党的十九届五中全会再次明确指出，"十四五"时期，要发展数字经济，推动数字经济和实体经济深度融合，坚定不移建设数字中国（北京市习近平新时代中国特色社会主义思想研究中心，2021）。2020 年底的中央经济工作会议明确指出，"要大力发展数字经济"（陈煜波，2021）。

我国已经正式迈入新一轮数字经济时代，据《中国数字经济发展白皮书（2021 年）》，2021 年我国数字经济的整体规模达到 45.5 万亿元，数字经济在国民经济中的作用愈发突出。2002—2021 年，我国的数字经济规模占 GDP 的比重由 10.0% 左右提高到 39.8%，2021 年占比同比增长 1.2 个百分点，较上年同期增加 6.3 万亿元，表明当前我国数字经济规模正不断扩大，数字经济占 GDP 的比重逐年攀升，保持了蓬勃发展的态势（见图 3-1、图 3-2）。

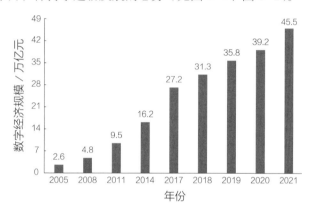

图 3-1　我国数字经济规模

数据来源：中国信息通信研究院。

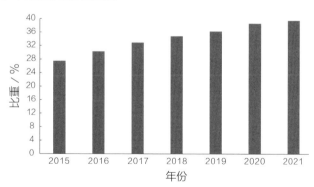

图 3-2　我国数字经济规模占 GDP 比重

数据来源：中国信息通信研究院。

当下的数字经济时代，给我们带来了机遇和挑战。

数字经济时代的机遇是指数字经济使经济发展的质量提升、效率提高、动力增强。一是原先的商业模式和创新范式被数字经济颠覆，数字经济推动商业模式的融合、转型、重构以及供给侧结构性改革等，为大数据、物联网、云计算、人工智能和区块链的应用提供了无限拓展的空间。二是数字经济时代雇佣模式极具渗透性，以合伙模式取代了原先的"老板＋员工"模式，人人都是创业者，让所有人都参与进来。一个典型的例子是推广，由一些购物达人向亲友或者陌生人推荐产品并获得分成。与此同时，数字经济也给我们带来了很多的挑战，这些挑战主要表现在两个重要的方面：一方面是全球化。互联网蓬勃发展，传统行业受到极大冲击，客流量大大缩减。部分线下行业面临破产，甚至部分企业已经破产，如服装企业拉夏贝尔。另一方面，部分传统企业盲目向互联网转型，但由于缺乏竞争力，在"互联网＋零售""互联网＋餐饮""互联网＋医疗""互联网＋旅游"等领域都出现了大量"快生快死"的企业，"互联网＋"泡沫大量浮现。其中一个典型案例是共享单车出行平台ofo。2017年，共享单车行业飞速发展，ofo占领市场，但在2018年，其面临破产，大量用户的押金无法收回。

3.1.2 商业模式理论

根据其类型划分，商业模式主要包括店铺模式、"钩与饵"模式、"硬件＋软件"模式以及传统的电子商务模式，其中传统的电子商务模式泛指以互联网和信息化的网络技术为主要销售手段，以进行商品贸易和交换等服务为中心的一种商业活动。

商业模式一词最早由Bellman等（1957）提出，但直到1999年才引起学者的广泛关注。从这一概念的本质意义上看，在市场经济理论层面，商业模式被具体地描述为一种企业的市场化经济模式，其本质意义就是为企业创造更多的利润，以"企业价值"为经营管理的中心，为了实现企业的价值而提供服务，关键因素主要包括企业的收入来源、定价手段、成本结构、最优生产率等。如Rappa（2000）认为，商业模式的发展根本就是企业为了自身发展，清晰阐释如何在价值链（或称价值体系）中对企业进行定位，从而获得利润。从现代商业模式的框架体系组织构成情况看，Linder和Cantrell（2000）、Weill和Vitale（2001）以及Osterwalder等（2005）都强调了其价值观念和主张的重要性，其中Osterwalder等（2005）提出了商业模式的框架体系因价值观念而有所主张，目标客户、顾客关系、分销途径、渠道、核心能力、成本架构、价值观念结构、合作伙伴关系以及收入管理模式这九个组成部分共同构成了"收入模型"。从商业模式的评估手段来看，主要有事前评估和事后评估，其缺陷在于评估指标设置较为简单，大多数只考虑盈利指标，其他指标的角度不够深入。另外，还可能需要更加详细的定量工具，形成统一的标准。从对商业模式的改变角度看，Christensen（2000）、Gordijn（2002）和 Osterwalde（2004）认为，企业的核心价值体系所面临的市场经济环境正在不断发生变化，比如技术、顾客要求、法治环境、社会经济环境、竞争压力等。为了保持强有力的市场竞争地位，企业必须整合不同的环节或改变部分环节。从对商业模式的设计角度来看，Amit 和 Zott（2001）特别强调了商业模式的设计过程应当充分考虑新颖性和效率这两大重要元素，新颖和效率型的商业模式才能够更好地实现对企业核心价值的创造。姜爱萍和刘永杰（2018）认为，企业商业模式设计的理论框架可以分为价值分析、价值定位、价值创造、价值传递、价值实现与价值管理等六个环节。

3.1.3　数字经济时代的企业商业模式创新

商业模式是一种企业为实现其盈利目标而进行的一系列价值活动体系，主要包括产品、顾客、管理架构和财务表现这四个维度。一家企业通过发现价值、创造价值、传递价值、实现价值的逻辑顺序来制定商业模式，其围绕"价值"这个核心。企业对于商业模式的创新是一个过程，现有研究在商业模式创新方面，大都是从企业的内外部资源、技术创新、市场竞争环境等方面进行分析，而针对企业商业模式的创新过程和动力的分析明显不足。在数字经济发展的新形势下，数据作为独立的生产信息资料，用于数据量化业务，对企业的数据进行采集、加工与分析，对传统产业与其组织形式的关系进行重构，从而推动企业商业模式的创新发展。有学者指出，数字化经济下互联网时代企业的商业模式革命与创新主要依托于需求端、消费方面来拉动。

数字经济时代企业商业模式的创新将围绕智能管理、智能运营、智能服务逐步实现，利用大数据技术，实现数据化、智能化。数字经济时代的企业商业模式一般具有以下特征。

首先，数字化信息技术的应用在企业中不断地给员工、资产、组织提供赋能，并且已经成为企业创新发展的一个重要核心因素。新技术的应用主要是将数字经济的基因植入企业的创新中。信息技术在应用过程中形成的一种动力叫信息力。在信息流中具备信息动态能力本身就是具备自组织的能力,对数字化信息的及时采集、有效控制和高效利用大大降低了其不确定性,带来客户的精细化管理。

其次,网络协同员工与客户、员工与部门、企业与企业、客户与客户之间的所有经济活动。企业的商业模式创新主要是以我国移动互联网时代为根本,数字化技术的应用和移动互联网平台的普及与发展,技术、管理和企业商务模式的创新大大提高了我国装备制造业的综合生产能力,打破了地域、组织、技术的边界,促进了资源配置;高管股东化、员工创客化、用户融合化和社群圈层化等发展趋势日益显现。

最后,数据实时驱动以客户为核心的生产、经营和服务,实现精准决策。在不确定的环境下,数字技术可以帮助企业快速洞察用户需求,为企业提供商品数字化的解决方案;而数据赋能为企业获取竞争优势带来新的动力,提高企业战略数字化预测和决策的效率,实现市场营销精准定位,促进商业系统的演化。随着经营理念、经营模式及服务方式的转变,企业的商业流程也从生产商驱动转向用户驱动,用户需求的数据获取与分析自动成为企业核心业务。

农商模式的创新是企业借助科技创新,从源头上增强农民的数字化运营能力;零售行业依托数字科技进行线上购物,这些表明数据正作为新的生产要素,加快企业的创新速度;人工智能改变了企业的生产运营流程;制造业企业利用数字化技术来实现智能制造,降低了产品生产成本。

3.2　数字经济的特点使得消费者越来越多地参与价值创造

在这个数字经济时代,随着互联网社交媒体的进一步发展和普及,消费者已经不再是信息、产品或者服务的被动接受者,而是更加主动地积极参与其中,融入了消费所需要涉及的各个环节,并且也开始积极地参与价值的定义和创造。

3.2.1　数字经济的特点

数字经济促进了行业的发展,并因其独有的特点,使得更多消费者能够参与到数字经济中，使得行业在发展历程中体现出以下发展特征。

其一，电子零售行业发展迅速。电子商务即通过移动手机、互联网、数字电视、广播电台等各种电子商务方式，实现对消费者的零售服务。基于移动互联网与移动客户群的快速增长，电子商务作为当今数字经济的一个重要组成部分，正在逐步形成蓬勃发展的态势。国家统计局发布的《中华人民共和国 2023 年国民经济和社会发展统计公报》的相关数据表明，截至 2023 年末，我国国民规模达 10.92 亿人，手机网民规模达 10.91 亿人。2023 年全年移动互联网用户接入流量 3015 亿 GB，比上年增长 15.2%。新型的通信与软件开发方式让零售企业越来越多地利用不同的购物途径提供一种无缝化的购物体验。随着零售行业的迅猛发展，数字化经济与生活之间的关系更加密切，普通人"触网"也变得更加频繁。

其二，移动电子商务快速崛起。现阶段的消费者逐渐习惯于以移动电子商务为核心的日常生活方式，在进行各类商品和服务的消费时，他们更加依靠智能手机，使得移动电子商务的年均增长率远远超过了电子商务的整体增长率。2015—2020 年，中国手机购物用户规模及使用率持续上升（见图 3-3）。

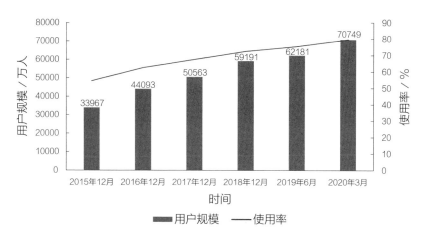

图 3-3　2015—2020 年中国手机购物用户规模及使用率走势

其三，数字经济带来的安全风险引起了人们的担忧。在数字经济带来便利的同时，其带来的个人隐私被泄露和遭到恶意攻击而导致的巨大财产损失和风险也引起了人们的关注。据中国消费者协会发布的《App 个人信息泄露情况调查报告》统计，遭遇过个人信息泄露情况的用户人数平均占比大约是 85.2%。并且，

67.2% 的受访者表示遇到过移动 App 在自身功能不必要的情况下获取用户隐私权限。而且根据《消费者身份信息违规报告》的数据，被侵犯的公民个人信息数量从"倍数级"逐步进阶至"指数级"的爆炸性增长。

3.2.2　价值创造的内涵

商业模式的创新正在步入价值创造的时代，价值创造将会成为未来各个行业商业模式创新的重点和核心。价值创造，指的是企业为满足其目标顾客需求而生产、销售产品或服务而形成的一系列经营活动及其成本结构。价值是指产品和服务的实际使用价值。影响价值创造的风险因素包括：投资资本的回报率、资本费用、增长率、可持续增长率等。依据创造主体的不同，价值创造大致可以细化为消费者和企业单独创造的价值、消费者和企业共同创造的价值。

企业单独创造价值模式。企业单独创造价值，指的是企业是唯一的价值创造者，消费者仅是价值消耗者。在这一过程中，企业由利润最大化驱动，整合各类资源进行生产和销售，自主决定价值创造，其中产品和服务是价值创造的载体。消费者仅代表市场需求，是企业服务的对象，通过交换消费产品，但不创造具体价值，只是价值的被动接受者。这一模式将价值创造和价值实现区分开来，认为在市场交换之前价值创造就已完成，市场交换只是实现价值的途径，生产和消费是相互独立的过程。

企业与消费者共同创造价值模式。随着市场经济环境的改变和信息技术的进步，企业无法单独地设计产品、开发生产流程、精心编写和制作市场营销资料；我国的消费者正在努力争取能够在整个经营管理体系当中的每个组成部分都发挥其影响力，积极参与企业产品的研发、设计、制造、营销全过程，并且正在寻求把他们的效应和影响应用到商业体系的各个环节，消费者可以和这些企业进行良好的互动并共同创造价值。现代社会，已经有越来越多的消费者参与了价值的界定和创造过程。在这一过程中，价值的创造不再仅仅发生在市场之外，而是继续发生在市场之中，生产与消费的这一过程也不再分离。

消费者单独创造价值模式。消费者单独地创造价值，指的是消费者根据自己的价值观念和主张，将自己为企业提供的产品或服务等信息资源与其他能够被综合利用的信息资源和知识技能有机地结合起来，在各种社会消费行为和日常生活的实践中进行创造。在这种模式中，企业和广大消费者之间不仅存在着互动，企业更以有效地帮助广大消费者充分利用自己的产品或服务作为其出发点，围绕着广大消费者在其日常生活和实践中的需求而开展各种生产、营销活动，企业本身就扮演着客户合作伙伴的重要角色，而广大消费者被认为是其价值的真正最终创造者。

3.2.3　数字经济的特点使得消费者越来越多地参与价值创造

消费者进行价值创造的过程可以被定义为一个消费者利用自己的产品或服务，为达成一种特定的目标所进行的一系列活动。在这一过程中，消费者需要依托于社交网络媒体等平台，创建自己产品的内容，主动地表达自己的价值诉求。作为企业价值的共同制造者，消费者要根据自己的企业所需要提出的价值理念和主张，把其自身所能够获得的访问和运用的信息、知识、技术以及其他具有可操作性的资源都投入整个企业的价值共创管理系统中，并通过与整个企业之间进行长时间、不间断的人力资源交流和互动活动来有效地完成企业的价值共创。

消费者可以通过成为关键意见领袖（KOL）或变革推动者的方式参与价值创造。舆论引领者领导力是指一种个体能够在某种程度上非正式地影响别人的思维和态度，或在一定程度上转换和改变别人的行为的能力。KOL 可以是个人，也可以是组织。他们主要有以下几点作用：告知别人（包括追随者）关于新产品的消费信息；提出意见以帮助降低他人的买卖风险；向购买方提出正面的反馈或确认其决定。个人 KOL 的一个典型例子是"网红"直播带货。人们容易受到新鲜事物的带动，同时直播更契合人们的行为偏好，这种模式对人们的消费行为产生了潜移默化的影响。组织 KOL 指的是知名的互联网门户或其他在线内容提供商，如小红书。变革推动者则是指作为变革催化剂和管理变革过程的人。

在这个消费者积极参与和创造价值的时期，企业不但要让广大消费者积极主动参与，投入市场营销的过程，还要更加主动地与广大消费者交流和对话，实时关心和了解广大消费者的需求。比如通过建立一个与消费者交流和互动的网上社区，让消费者了解自己的兴趣和想法、对新开发的产品进行投票，向消费者征求创意等。2009 年，宝洁中国正式推出了"联系＋发展"的中文网站，所有的中国消费者都希望宝洁中国可以直接向其提出个性化的产品创新问题解决策略，使更多的中国消费者能够直接向其提供个性化的产品创意，宝洁也希望从其网站中获得更多来自消费者最真实的信息。2010年8月，棒约翰比萨在Facebook上正式宣布开展一项名为"挑战比萨"的活动，由其粉丝和用户亲自制作一款新口味的比萨食谱，然后由棒约翰的首席执行官和掌门人以及美食公司特别专业的知名美食家和品味师共同进行筛选排名，选出前三名，并根据他们的比萨食谱分别做出相应的加工品和成品并销售，销量最佳的那款比萨的卖家将有更多机会获得该款比萨每年全球销售额1%的大奖金激励，以及在棒约翰终身免费吃饭或获得价格优惠，还将有更多机会亮相于棒约翰的各类电视广告中。由于Facebook拥有海量用户，因此该活动既以低廉的费用设计制作出了备受消费者青睐的全系列新款比萨，又为棒约翰赢得了更多人的关注。

3.3　消费者与目标市场中其他潜在消费者的联系可能会为互联网商务企业带来利益

互联网改变了人们的工作和生活方式。第53次《中国互联网发展状况统计报告》显示，截至2023年12月，我国网民规模达10.92亿人，较2022年12月新增网民2480万人，互联网普及率达77.5%；网络购物用户规模达到9.15亿人，占网民总数的83.8%。这对于电商平台来说，既是一种机遇，更是一种挑战。谁能找到刺激消费者购买行为的关键点，谁就有机会赢得消费者，从而获得更多的市场份额和利益。

3.3.1　我国网络用户消费现状

我国消费群体年龄段集中，从实际消费情况来看，网络消费主力的年龄段集中在25～45岁，该群体具有较高的经济自主权，同时掌握着一定的信息技术，且缺少足够的时间进行线下消费，所以网络消费成为其首选消费方式。近年来，我国的经济得到了快速增长，人们的收入水平和消费水平也得到了明显的提升，在此情况下，网络用户的消费需求得到最大限度的释放。据统计，2014 年，我国网上零售额仅为 2.79 万亿元，截至 2023 年，我国网上零售额为 15.42 万亿元，较 2022 年同期增长约 11.82%（见图 3-4）。虽然我国网络用户增长幅度逐年下降，但是基于网络用户消费水平的提升，网络零售市场依然呈现出一片繁荣的景象。预计到 2025 年，我国网络零售行业市场交易规模将达到 19.33 亿元（见图 3-5）。

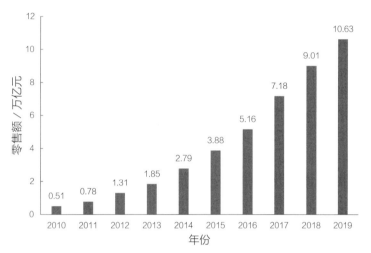

图 3-4　2010—2019 年中国网上零售额情况

数据来源：国家统计局。

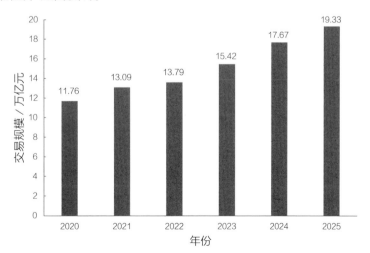

图 3-5　2020—2025 年中国网络零售行业市场交易规模及预测

数据来源：国家统计局。

一个现状是消费结构优化。相较于电子商务出现的初期阶段，我国网络用户的消费结构全面优化，在消费需求多元化发展的同时，网络用户更加关注产品的质量，而不是产品的价格。并且，为获得更好的网络消费体验，电商平台的评价功能为网络消费者的消费行为提供了依据。所以，在整体经济形势向好的情况下，现阶段的网络用户倾向于对产品质量与服务进行评价，价格对其消费行为的影响显著弱化。另一现状是消费异化现象明显。互联网数据的信息主体是参与网络活动的所有用户，其中也包括电商企业在营销过程中发布的诱导性数据信息，受此类数据信息的影响，网络用户的消费行为在某种程度上并不是基于本身的实际需要，进而产生了消费依赖与非理性消费等。虽然消费异化满足了消费者的心理需要，但是由于偏离了消费初衷，网络用户的消费主体地位被弱化，由网络数据信息主导的消费行为普遍存在。

3.3.2　潜在消费者

在数字经济时代，随着网络社交传播媒体的进一步发展和普及，"社会化电子商务"这一种新型的商业模式诞生了。在此环境下的整个市场中，消费者并没有单一地存在，消费者和其他各类消费群体之间通过信息、服务和产品等产生的关系越来越密切，更加强调体验与分享。企业借助网络社交技术搭建品牌社区、品牌微博，贴近广大消费者，提供交互与分享的平台，了解他们的需求，并把内部生产管理系统和软件相结合，实现共同设计、规模定制、柔性化生产。潜在的消费者群体泛指当前尚未成功地购买或继续使用某种商品，但在将来的一段时期内很有可能转变为现实消费者的群体。从事生产运营的企业本身就应该尤其重视此类消费者，因为他们有助于企业在国际市场上开拓新领域，在激烈的竞争中保持和提高自己的市场占有率。对于具体的某家企业而言，只有当这些消费者确切地认为自己有希望去购买那家企业的产品或者劳务时，才有可能被我们称为潜在消费者。

因此对潜在市场消费者进行分析，首先必须判断企业在未来的经营策略方案制定中所预期拟定的产品或劳务类型是否适应市场消费需要的一般趋向。产品或劳务的品种若不完全符合普遍的市场消费倾向，那么即使想尽一切办法在产品质量、款式、价格、广告宣传、推荐促销等方面动脑筋，其收效也肯定不会好；反之，如果满足了消费群体的普遍需求，其产品或者劳务便可以获得良好的销量增长机会。其次则是潜在的消费者数量。这与企业为本公司的产品或者劳务提供的广告宣传、推荐、示范利用活动密切相关。只有企业做好这些准备工作，人们才能够充分熟知这些商品，才更加有可能大规模地购买这些商品，企业才更加有可能为自己的目标市场争取潜在的消费者，并最终将其转化为现实的消费者。最后还应该提供优质的服务。与广告宣传同等重要的就是提供产品售前及其售后服务，它不但能够对维护本公司产品功能的稳定性和服务的可靠性起到保障作用，而且还能够招揽顾客，树立企业信誉，扩大产品销路。

3.3.3　消费者与潜在消费者的联系带来的企业利益

首先，消费者与潜在消费者的联系可以降低企业沟通成本。消费者与潜在消费者之间的互动可以提高消费者的认知，增加消费者对商品信息的了解，优化消费者的购买体验，为互联网商务企业降低沟通成本。随着近年来我国移动互联网信息普及率的不断提高，网上购物的用户规模也正呈现出逐步扩大的趋势。我国的网络消费将会继续向新一代时尚产品发展，网络购物具有时效性强，不受时间、空间约束的优点，已经在居民的日常生活中扮演了重要的角色。但是相较于传统购物来说，网络购物本身所具有的虚拟性、信息不对称的特点，让消费者在购买商品之前，不能实际地接触商品，只能通过网络平台商家的描述以及与其他消费者的沟通来获得商品的信息，会在很大程度上对消费者的购买体验产生不利影响。因此在 B2C 的大环境下，网络购物平台亟须完善互动功能，通过消费者与潜在消费者之间的互动来提高消费者的认知，增加消费者对商品信息的了解，改善消费者的购买体验。

其次，消费者与潜在消费者的联系可以刺激消费，增加互联网商务企业经营利润。互联网应用范围的不断拓展，打破了时间与空间的限制，为消费者提供了诸多便利，越来越多的消费者倾向于在网上购物。部分消费者在网络环境中出现攀比心理，受到了其他消费者的影响。攀比心理蒙蔽了消费者的视线，使消费者的理性思考能力下降，电子商务创造的经济效益与日俱增。在新的时代背景下，电子商务改变了人们的购物方式，为人们提供了诸多便利。电商购物节立足网络环境，营造了全民狂欢与全民消费的氛围。在网络环境下，个性消费成为网民的不二选择。消费者的主动性增强，追求多样化的消费模式。电商平台中有诸多新奇事物，能够满足消费者的猎奇心理。随着互联网电子商务的不断发展，网络上的消费人群也在发生变化，中老年消费人群规模逐渐扩大，成为推动电商发展的重要力量。电商需要为消费者提供差异化的商品和服务，为消费者推荐个性化内容。

最后，消费者与潜在消费者的联系可以减少潜在消费者对网络的不确定性预期。这部分消费者可以理解为关键意见领袖（KOL）。互联网商务企业可以与KOL进行合作，因为KOL能够向潜在消费者传递信息，吸引潜在客户。

参考文献

北京市习近平新时代中国特色社会主义思想研究中心，2021. 明确数字经济发展着力点［N］. 经济日报，2021-01-27（10）.

陈煜波，2021. 大力发展数字经济［N］. 人民日报，2021-01-20（9）.

姜爱萍，刘永杰，2018. 企业商业模式设计理论框架研究［J］. 科技视界（5）：154-156.

Amit R, Zott C, 2001. Value creation in e-business［J］. Strategic Management Journal, 22（6-7）：493-520.

Bellman R, Clark C E, Malcolm D G, et al., 1957. On the construction of multi-stage, multi-person business game［J］. Operations Research, 5（4）：469-503.

Christensen C M, 2000. The Innovator's Dilemma: When New Technologies Cause Great Firms to Fail［M］. Boston: Harvard Business School Press.

Gordijn J, 2002. Value-based requirements engineering: Exploring innovative e-commerce ideas［D］. Amsterdam: Vrije Universiteit.

KMLab Inc, 2000. The role of the business model in capturing value from innovation: Evidence from Xerox Corporation's technology spinoff companies［R］. Harvard Business School.

Linder J, Cantrell S, 2000. Changing business models: Surveying the landscape［R］. Accenture Institute for Strategic Change.

Osterwalder A, 2004. The business model ontology: A proposition in a design science approach [R]. Université de Lausanne.

Osterwalder A, Pigneur Y, Tucci C L, 2005. Clarifying business models: Origins, present, and future of the concept [J]. Communications of the Information Systems, 16: 1-25.

Rappa M, 2000. Business Models on the Web[EB/OL]. http://digitalenterprise. org/models/models.html.

Weill P, Vitale M R, 2001. Place to Space: Migrating to eBusiness Models [M]. Boston: Harvard Business School Press.

第 4 章
母国区位优势的重新回归趋势

4.1 关于企业国际经营优势来源的研究

跨国贸易的概念最初产生于一些大型企业将自己的业务范围拓展至其他国家市场。它们将自身的部分业务剥离到其他国家市场，或者从事跨越国界的贸易活动。随着世界各国贸易壁垒的降低、金融业务的国际化以及信息通信技术的高速发展，企业各部门间的跨境沟通更加便捷，联系也更为紧密。20 世纪 90 年代以来，随着经济全球化发展趋势的深入和加快，国际市场竞争日趋激烈，促使许多跨国公司在国外市场寻找比国内市场更优质的生产资源。许多本土公司为了扩大自己的业务范围、打开潜在的客户市场，也纷纷选择进行国际化经营。在国际化经营的过程中，一些企业大获成功，在国际市场上确立了牢固地位，而大多数企业以失败告终，退回本土市场甚至破产。

在国际市场上，企业应该如何确定自己的目标市场、选择有效的生产经营方式、高效地配置企业的价值链活动呢? 许多学者针对如何判断企业国际经营优势的来源做出分析，试图为企业有效率的国际经营活动提供指导。

一些学者提出，跨国公司的国际经营优势来源更重要的是其自身的垄断优势，如特有的技术、规模优势以及企业声望等;许多国内外学者通过分析发达国家跨国公司的国际市场扩张路径，主要研究东道国市场上有哪些吸引本国企业的优势，如廉价劳动力、丰富的自然资源以及政府的利好性政策等;另外，还有些学者对发展中国家跨国公司的迅速发展过程进行研究，认为发展中国家跨国公司国际经营优势的来源主要是其投资目的国的特有先进科学技术和高科技人才。以往这些研究更加注重于对东道国和企业自身的研究分析，而忽略了企业母国的区位优势以及母国特有优势。

4.1.1　有关企业自身优势的研究

以往的外资国际直接投资战略理论大多数以外资跨国公司和上市公司投资为重点理论研究对象，把"企业自身优势"和"东道国区位优势"分别看作是一家跨国大型企业能否从对外直接投资中取得最大化优势效益的关键因素和重要利润来源。

有很多认为企业自身优势是企业进行海外直接投资的主要原因的理论。垄断优势理论认为，国际直接投资是结构性市场不完全，尤其是技术和知识市场不完全的产物；企业在不完全竞争条件下获得的各种垄断优势，如技术优势、规模经济优势、资金优势、组织管理能力优势，是该企业从事对外直接投资的决定性因素或主要推动力量；跨国公司倾向于以对外直接投资的方式来利用其独特的垄断优势（Hymer，1976）。产品生命周期理论提出，产品生命是指产品在市场上的营销生命，产品和人一样，要经历形成、成长、成熟、衰退的周期。就产品而言，也就是要经历一个开发、引进、成长、成熟、衰退的阶段。而这个周期在不同的技术水平的国家，发生的时间和过程是不一样的，其间存在一个较大的时差，这一时差表现为不同国家在技术上的差距，它反映了同一产品在不同国家市场上竞争地位的差异，从而决定了国际贸易和国际投资的变化（Vernon，1966）。内部化理论认为，跨国公司生产以外的活动，如研究与开发、培训等，与中间产品（半成品和原材料，结合在专利权、人力资本中的各种知识）密切相关。中间产品市场尤其是知识产品市场的不完全，使企业不能有效利用外部市场来协调其经营活动，这构成内部化的关键前提。当内部化过程超越国界时，跨国公司便应运而生（Buckley，Casson，1976）。

这些理论都强调了企业自身的技术优势、产品特点以及企业内部化市场的重要性，认为企业在国际市场上取得竞争优势的前提是自身实力的优越性，但是实际情况中我们会发现，虽然有许多企业本身实力并不优异，但是其能够一成立便成为天生国际企业。所以企业的国际经营优势不能单纯依赖某一类研究理论来解释。

4.1.2   有关东道国区位优势的研究

也有学者认为，拥有东道国区位优势是企业提高其国际市场竞争力的重要原因，国际生产折衷理论主要说明了企业开拓国际市场的方式选择，认为只有当企业同时具备了所有权优势、内部化优势及区位优势时，才可以选择对外直接投资。若具备所有权优势及内部化优势，则可选择许可贸易方式；若仅具备所有权优势，则只能选择出口方式。决定东道国区位优势的因素主要包括贸易障碍、政府的政策、市场的特征、劳动成本、当地的生产水平以及原材料的可供性等（Dunning，1977）。

以克拉维斯（Kravis）、弗里德曼（Friedman）和凯夫斯（Caves）及部分北欧学者为代表的市场学派理论十分强调市场的接近性、市场规模及增长潜力以及所谓的心理距离对跨国公司投资区位的影响，认为接近市场就意味着低的运输成本、低的信息搜寻成本、较大的市场规模和快速增长的市场潜力，对跨国公司的直接投资也具有较大的吸引力（俞毅，2004）。东道国劳动力成本对美国跨国公司海外子公司的出口有着负面的影响，因而也影响其空间布局（Kravis，Lipsey，1982）。北欧学者认为，与实际距离对应的为心理距离，所谓心理距离是指妨碍或干扰企业与市场之间信息流动的因素，包括语言、文化、政治体系、教育水平、经济发展阶段等。心理距离的远近意味着企业克服障碍成本的高低，跨国公司对外投资在进行区位选择时一般遵循心理距离由近到远的原则。

4.1.3   有关母国区位优势的研究

国内外学者对于母国区位优势的研究文献较少，根据已有的国际贸易与投资理论，发展中国家的企业因为缺少特有优势而很难在国际市场上占据大量市场份额。但是，这明显与当下诸多发展中国家的跨国公司迅猛发展的国际贸易业务和国际对外投资份额现状不符。

有一些学者针对这一现状研究了母国区位优势的合理性。如果一国经济发展水平比周边国家普遍更高，或者与周边国家交通便利且投资机会众多，在市场、供应、运输成本方面有适宜条件，则该国向周边国家投资比向其他地区投资的成本要更低，更易取得收益。因此有理由认为，母国的区位优势不仅存在，而且具有普遍意义。区位优势是国际贸易活动得以进行的重要条件，以往许多国际投资理论把这一优势限定于东道国，特指可供投资的国家或地区对投资者在投资环境方面所具有的吸引力，这种认识具有相当大的局限性和片面性。母国是一国企业对外投资的基石，它在国民收入水平、服务业发展水平等方面提供基础性条件；母国不同的发展条件造就了各自的行业优势、规模优势、区位优势、组织优势及其他特定优势，形成了企业优势的重要外部来源，对本国企业参与对外投资具有显著意义（裴长洪，郑文，2011）。

国家特定优势主要来源于国家自然资源禀赋、劳动力资源以及相关的文化因素，包括主要生产要素的质量、数量及其价格。广义上而言，国家特定优势是各种资源在国家间不均匀分配或不同步发展而形成的一种国家相对优势（Rugman，Li，2007）。国家是各种资源的集合体，包括天然资源、人力资源、资本资源、知识资源、技术资源、市场资源等。这些资源的存量、流量及质量在不同国家间存在差异，因而产生了不同国家的特定优势。其对企业资源累积具有重要作用，因为国家拥有的资源禀赋为企业提供进行生产、转换和交易所需的各种资源，其建立的相关制度为企业确定运营框架及所需的制度保障（Havawini et al.，2004）。

母国地理位置优势是本国中小企业实现国际化和可持续发展的基石，主要体现在产品生产要素成本、投资环境、市场地理位置分布、交通运输费用及政府优惠政策等多个方面。母国的经营环境建设对于推动和支持区域经济增长、加快中小企业的转型和升级具有重要意义。所以，母国地理位置优势也是一家企业自身竞争力形成的重要基石。近年来，企业母国区位优势出现重新回归的趋势，主要体现在：①发达国家制定吸引本国制造业回流的政策，以高新技术优势降低对国外廉价劳动力的需求，并推动本国企业向更智能化的方向发展。②数字经济时代，国际贸易模式改变，使企业不需要再依赖国外子公司的信息获取能力，可以便捷地通过互联网大数据直接匹配合适的交易对象，并在线达成交易。③各国纷纷制定数据本地化政策，限制本地数据的跨境流动，国外企业难以获取本地数据信息。在数字贸易时代，这样的限制政策将会削减外国企业在本地市场上的竞争力，为本国企业迅速发展提供机会。由这三个趋势可见，目前母国区位优势正在重新成为企业跨国经营需要考虑的重要因素之一。

4.2　趋势 1：外包业务的回流提升母国特有优势

4.2.1　20 世纪末：企业业务外包高潮出现

20 世纪 90 年代，随着现代信息科学和技术的迅猛发展，特别是现代计算机技术和互联网的普遍应用，全球各地区范围内的信息传播和通信成本都有了很大幅度的下降，组织中各个区域之间的协调费用成本随之降低。而且伴随着中国集装箱运输业的飞速发展，国际运输成本不断下降。所有这些直接影响因素都加快了经济领域全球化的发展进程，导致全球化分工的进一步发展深化，使得经济全球性的经济社会结构调整开始逐步进入新时期，即广泛应用现代信息网络技术和新型科学技术并将其作为核心技术的全球经济结构调整关键时期。与此同时，随着当前中国国际制造业的高端化和全球化，其实际工业生产的管理过程也已经越来越多地具备产业剥离和全球转移的生存机会和发展可能，制造业的生产管理过程和实际生产环节的全球化外包已经越来越成为一种发展趋势，因此国际制造产业链进行国际外包的发展机会变得越来越多。此外，由于全球多边贸易规则和自由贸易的推进为中国的全球化发展提供了强有力的制度保障，有力地促进了经济全球化的发展，因此国际产业以国际直接投资和国际外包服务这两种主要形式向中国转移的规模不断扩大。

基于产品内分工发展的新一轮国际产业转移是以产品内分工发展为基础的。20 世纪 80 年代以来，在世界范围内出现了以垂直专业化为基础的全球性的产品协作，即原来集中于一国或一地的产品生产现在分散到了不同的国家或地区，每个国家和地区都专业化于产品某特殊阶段或零部件与组件的生产，从而使国际分工由产业间、产业内深入产品的内部，即产品内分工（Arndt，1999）。与传统的以产品为基本对象的国际分工形态相比，产品内分工是以工序、区段和生产环节为对象的分工体系。一个广为引用的例子是美泰（Mattel）公司生产的芭比娃娃，中国生产棉质衣服和塑料身体，日本生产尼龙头发，马来西亚负责组装，而芭比娃娃的模型是由美国的母公司设计和生产的，美国的生产单位又负责对娃娃进行着色与打扮，然后销往世界各地（Feenstra，1998）。另一个典型的例子是，美国耐克公司几乎不做任何制造，而是将运动鞋的生产转移到低成本的亚洲地区，自己只对产品的开发、设计、市场和品牌加以控制。类似的产业转移广泛存在于美国与东亚国家之间，存在于美国与墨西哥之间，存在于德国与东欧国家之间（田文，2006）。因此，在产品内分工迅速发展的背景下，传统意义上相对完整的国际产业转移相应地演进为产业链条、产品工序或价值环节在全球范围内的转移与优化配置。

外包是指企业通过长期合同关系将自己的非核心业务委托给外部企业的一种经济行为。企业通过外包，利用其外部最优良的专业化资源，达到降低成本、提高效率、充分发挥自身核心竞争力和增强企业应变力的目的。埃森哲将服务外包定义为泛指一家企业通过向第三方的产品生产提供各种服务或者向其产品生产过程直接销售服务来完成原本由一家企业内部能够单独完成的各种任务，并从业务价值的定义层面把公司业务技术外包功能划分为四种不同的类型：基本类的技术外包、商业业务应用程序的外包、业务流程的技术外包和用于业务系统改造的技术外包。国际外包则泛指外包企业把自己的非核心外包业务直接委托给其他国家和地区的外包企业。其主要目的是在有效降低生产成本的同时提高生产效率。20世纪90年代以来，跨国公司开始积极涉足一些国际性的大型跨境电商企业服务外包。世界上主要的大型跨国公司相继把部分的国际业务授权外包给了一些发展中国家和地区。跨国公司从产品设计研发到完成集装箱干线的安全运输装配，从高新技术产品研发工作到产品市场营销和售后服务，把许多不涉及企业机密的生产经营活动都外包出去。

国际劳动力外包主要由美国大型跨国公司先行发起，后来被越来越多的发达国家以及发展中国家所广泛采用，引发了其就业岗位和生产经营等各类活动在全球范围内进行大规模的高效率分配。积极开放的发展中国家都是这一社会现象的主要受益者，凭借廉价的劳动力以及丰富的自然资源，这些国家已经成为主要的外包项目国。因此，成千上万的人口和就业岗位从发达国家转移到了发展中国家，其中一些国家紧紧抓住机会，在承接外包业务的同时学习发达国家的先进技术，推动本地的相关产业迅速发展，优化本地的生态环境，为未来经济增长注入强劲活力。

对于跨国公司选择将业务外包的原因，许多学者从不同角度进行研究。

服务外包可以分为不同的层次：在宏观经济层面，暂时的经济周期和趋势推动企业通过签订外包合同来实现 IT 基础设施管理的合理化；在行业层面，竞争压力迫使企业与重要的 IT 供应商建立 "以伙伴关系为基础" 的关系；在企业层面，追寻竞争优势推动企业进行 IT 外包决策；在企业内部，一些管理因素影响外包决策（Loh，Venkatraman，1992）。学者们对企业进行服务外包的原因进行研究，认为原因包括财务原因（成本降低、增加成本控制等）、业务原因（回归核心竞争力等）、技术原因（获得技术人才等）等（Lacity et al.，1994）。企业在经营过程中选择将服务外包的战略意图分为三类：降低成本和提高资源的效率、提高对企业绩效的贡献度、利用市场上与技术相关的资产来开发和销售以新技术为基础的货物或服务（DiRomualdo，Gurbaxani，1998）。

企业外包业务大多是由发达国家流向拥有大量廉价劳动力的发展中国家，在此过程中，外包国和外包承接国都可以获利。对于将生产活动外包给其他国家的母国来说，早年的外包活动有利于企业降低生产成本、提高劳动生产率，并使发达国家有更多资源开展创新型活动（杨丹辉，贾伟，2008）。同时，对于外包承接方来说，承接国际外包有助于发展中国家产业技术水平的提升，国际外包为发展中国家切入全球高技术产业链条提供了捷径（张明志，2008）。

4.2.2   金融危机后：发达国家企业外包业务回流

制造业的回流主要泛指跨国公司把过去投资和生产的制造业从海外转移返回国内的一种现象，主要有海外企业工厂搬迁回国内以及由其他人员通过本地建厂方式替换海外进行生产。

2008 年国际金融危机之后，发达国家以及地方各级政府先后出台了一系列的政府激励性投资政策及其法律法规，比如，美国于 2009 年 9 月发布的《重塑美国制造业框架》、2010 年 9 月通过的《美国制造业促进法案》、2017 年 9 月公布的《减税与就业法案》，英国于 2014 年 9 月推出的 "回归英国计划"、2015 年 9 月发布的《加强英国制造业供应链政府和产业行动计划》，德国于 2010 年 9 月推出的《2020 年科技战略》以及法国于 2016 年推出的 "工业振兴新计划"。这些政策法规既限制了发达国家将制造业进行外包，也为发达国家制造业的回流创造了条件。获取能源成本的降低，高新数字技术、云计算、人工智能等技术的投入和使用大大降低了美国企业对廉价劳动力的需求，又为美国制造业的回流发展创造了更加有利的环境和条件。在 10 多年的时间里，美国一直都是发达国家制造业回流的主导国。

美国政府的制造业回流计划在奥巴马政府时期就已经开启，最早提出于 2009 年，以"再工业化"为主线，即在高新技术产业方面加大政府投资力度，促进资本密集型产业和高科技产业的进一步发展；同时在经贸规则的塑造上，更强调知识产权、营商环境等内容。而特朗普政府时期的制造业回流计划基本否定了前任的"再工业化"路线，在"美国优先"的施政框架下，其制造业回流的核心是促进制造业岗位的回流和创造。拜登政府的产业政策力度更强，先后签署了多项大型产业政策立法。

有学者根据 ICT 行业（信息通信业）中美国公司的外国子公司数据，调查企业间网络在企业决策中的作用，发现当一家公司在其国内网络中的位置变得更加核心时，其海外业务就有被剥离的风险。公司在国内集中度的积极变化有助于其获得有关新商机的信息，但它们也可能导致公司考虑重新配置其价值链活动和跨地区的资源。在国内不确定性较高的情况下，随着在国内寻求新的商机变得越来越有吸引力，在国内网络中的企业中心地位的增强与外国业务撤离之间的正相关性会增强（Iurkov，Benito，2018）。

可以将美国制造业大幅度回流的原因归结为以下几点。

（1）在经历国际金融危机之后，为了快速重振传统制造业，美国政府于 2008 年推出了新一代工业化发展战略，并先后颁布了其他一系列鼓励支持美国传统制造业快速发展、回归的经济政策措施。一个重点做法就是通过国家政策上的扶持，推出企业税收优惠或减免政策来有效减轻美国制造业主的税收财政负担。例如暂时决定取消或者暂时削减美国制造业进口原材料产品进口关税，对海外回流的企业关税可以暂时给予 20% 的相关税收优惠抵扣，为从海外回国的企业提供两年内基本工资增值税额外的减免，出台相关土地开发利用关税优惠政策。另一个重要做法是严格把关管控中央地方各级政府的土地采购，推行企业本土化规模生产。美国的大型地方企业政府采购管理规模居世界第一，拥有较完善的采购管理制度和运作流程。早在 1993 年，美国国会就已经正式颁布了"购买美国货"的相关规定，从法律制度上也基本确定了购买美国进口产品在国际市场上质量优先的重要地位。

（2）美国国内制造业的海外回流在很大程度上仍然直接受到美国政治和社会

经济稳定因素的影响。《创造美国就业及结束外移法案》《就业回国法案》等相关政策也给海外投资公司创业带来了巨大的融资压力。如国家终止为向海外投资转移生产工厂的生产经营者和外国企业投资提供关税补贴，禁止为生产经营者和外资企业因需要迁移其海外营业管理机构或者外出而可能产生的额外费用提供减税等，这些政策措施均极大地刺激了海外工厂生产者和经营者的资本回流。

（3）中小型企业生产和制造外包的海外费用成本主要由加工和生产费用、劳动力成本、运输和物流费用、原材料费用构成。过去美国将其产业大量地转移到了中国和印度，主要就是看重中国和印度较低的劳动力成本以及丰富的自然资源。近年来，随着中国经济的迅猛发展以及国民素质的不断提高，中国的劳动力薪酬已经呈现出了持续大幅度增长的趋势。另外，土地、原材料、能源等物流价格的不断抬高也进一步削弱了中国对美国企业到华建厂的吸引力。另外，美国在人工智能技术方面居于全球领先地位，将人工智能技术应用于制造业生产，可以削弱制造业企业对于廉价劳动力的需求。国外劳动力成本上升、国内劳动力成本下降成为美国企业外包业务回流的重要原因之一。

（4）尽管目前中国的劳动力成本低于美国，但平均的劳动生产率水平仍然与美国有着一定的差距。这意味着将部分产业从中国转移回美国，不但可以降低运输成本、库存损失等支出，在本国生产率更高的情况下，其毛利率还能得到提高。以美国耳机生产商思利克（Sleek Audio）为例。2011年，Sleek Audio 转移回美国佛罗里达州。为保持售价不变，美国企业通过重新设计，使得所需零部件倍减，通过提高生产质量，使得残次品大幅减少，人工成本增量随之抵消。美国充裕的人力资本为其企业回国发展提供了人才保障。此外，随着市场发展趋势的变化，消费需求更趋细化，回归本土生产有利于提高企业对市场的敏感度，更能满足消费者的个性化需求，并根据客户反馈及时调整生产（杨明强，2012）。

（5）美国拥有诸多世界先进的技术知识产权，在工业自动化制造普及，机器人、人工智能、3D 打印等技术迅猛发展时期，将美国的企业从国外转移回本土，以便有效运用和改善制造技术。这种新型的制造生产模式也极大地促使美国企业从根本上解决了劳动力资源短缺所带来的问题。把先进的生产工艺技术带到了制造的各个环节，会大幅度地减少企业在生产过程中对劳动力数量的依赖。

4.2.3　外包业务回流带来的影响

发达国家国际企业让外包的业务回流至本国，对本国及以往的业务承接国的经济和社会情况产生了各种影响。这些影响从短期、长期来看会怎样改变这些国家的整体经济状况呢？

以美国为代表的发达国家是推动制造业回流的政策制定者，所以一般"制造业回流"对发达国家而言是利大于弊的，主要的促进作用体现在以下几点。

（1）促进了发达国家制造业就业人数的增长和失业率的下降。2009 年 4 月，时任美国总统奥巴马在美国乔治敦大学的主题演讲中首次明确提出将"重振美国制造业"作为一项重要经济战略加以推进，宣称这一战略将是以后美国经济社会和世界经济快速发展的大过程中的一项长期战略。自此，美国制造业企业开始快速回流。据统计，在 2010—2018 年，美国国内就业岗位增加了 1669.7 万个，其中制造业部门新增就业岗位 147.9 万个。就业岗位的增加不仅对低迷的经济产生了刺激作用，而且也是对制造业回流政策的积极肯定（焦国伟，2019）。

（2）促进了发达国家制造业企业的加速回流和产能利用率的上升。全球金融危机过后，美国制造业企业的加速回流已初见端倪。在对美国回流的制造业企业的调查分析中可以发现，制造业企业的回流涉及多个行业和领域，其中主要包括：IT 与电子等高新技术产业的回流部门；机械、汽车、电器等各种传统的制造业单位；日用消费品等制造行业部门。这些行业的制造业回流将会在当地形成产业集聚效应，加之美国企业长久以来积累的世界前沿科学技术和丰富的知识产权，未来肯定会推动高科技产业部门更加先进，推动传统制造业部门向更加智能化的模式转型，不再依赖廉价劳动力，推动日用消费品制造部门向更技术化的方向转型。

（3）推动了发达国家制造业出口贸易的增长和贸易逆差的下降。在美国全部由出口支持的就业机会中，制造业的贡献率最高。全球金融危机的爆发给 2008 年前持续增长的美国贸易出口以重创，其出口额从当年的 12999 亿美元下降为 2009 年的 10567 亿美元。在奥巴马政府提出"重振美国制造业"战略以后的几年里，美国出口贸易也在不断增长。由此可见，"重振美国制造业"战略对美国出口贸易的增长起到了重要的推动作用。制造业回流在一定程度上缓解了美国较大的贸易赤字。其国内生产替代了离岸生产后的产品返销，便于国内消费者的直接消费，减少了对制造业产品的进口，有利于缓解美国贸易赤字（王芮，2014）。

对于依赖发达国家制造业外包的发展中国家而言，发达国家制造业回流短期内影响不大，但如果长期缺乏有效的应对措施，其整体产业格局及企业经营将受到破坏。

短期内，美国制造业的回流只是部分中小企业的回归。相对而言，劳动密集型产业只有可能向劳动力成本更低的国家或地区转移，原材料根植型产业回流的可能性也较低，只有那些技术密集型、资本密集型产业有回流的动机，而这部分产业的回流受到各种限制，且短时期内，这些产业的移回不会对中国制造业产生很大的影响。

长期内，如果大面积的美国制造业产业回流成为现实，那么必然会对中国或其他发展中国家的制造业带来极大的影响。发达国家在税收、研发等方面均给予驻在国外的制造业公司利好条件，不断吸引企业回流（王芮，2014）。美国制造业回流与以智能机器人、人工智能、3D打印等技术应用为代表的新技术革命密切相关。长期以来，美国占据产业链高端，控制先进技术，对技术转让和技术扩散一直持保守态度。美国实施再工业化战略后，对本国的装备制造业核心技术会继续采用更严厉的保护措施，以保持其优势地位。这会延缓中国产业升级，同时使中国装备制造业发展面临着发达国家控制先进技术与后起的东南亚、非洲国家低成本生产优势的双重打击（王丽娜，2013）。

在发达国家制造业回流的形势下，全球跨国公司的增长可能逆转过去对外直接投资的分散化趋势，重新集中于少数几个拥有国际品牌的大型母国，这些国家的母国区位优势将继续凸显。

4.3　趋势2：贸易模式的改变削弱东道国重要性

4.3.1　数字经济时代新的贸易模式

自第三次工业革命以来，以电子计算机为代表的新的生产方式正在对人类的生产生活方式产生深刻的变革。在贸易领域，从技术创新的角度来看，自 20 世纪 90 年代开始，互联网技术以其强大的生命力，不断与人类生产生活的各个领域深度融合。由此延伸出了一种新的经济形态——数字经济，在此基础上，大数据、云计算、物联网以及新的信息采集、储存和商业模式，深刻地改变了传统的贸易方式。比如，基于互联网技术的创新，人们足不出户便可以和大洋彼岸的人进行一场服务产品的交换，如金融汇款交易、翻译服务等。基于数字技术兴起而蓬勃发展的电商和各类跨境电子商务平台，掀起了一场颠覆传统贸易方式的新的革命。

数字经济发展使全球价值链的空间布局呈现明显的区域化特征。一方面，数字企业总部高度集聚于以美国为首的发达国家，几乎有 2/3 的总部位于美国。数字技术通过网络效应和产业集聚对传统产业进行数字化改造，大大增强了区域价值链的向心力。另一方面，柔性生产与分布式生产推动微型工厂加速发展，定制化的需求使得生产网络更加接近终端消费市场（郭周明，裘莹，2020）。传统的全球范围内离岸外包逐渐转变为围绕最终市场来布局近岸外包，导致价值链布局更加区域化和碎片化。

数字贸易是以现代信息网络为载体，通过信息通信技术的有效使用实现传统实体货物、数字产品与服务、数字化知识与信息的高效交换，进而推动消费互联网向产业互联网转型并最终实现制造业智能化转型的新型贸易活动，是传统贸易在数字经济时代的拓展与延伸（马述忠等，2018）。在数字贸易时代，前沿的科学技术改变了传统的贸易方式，借助高新科技的进步，现在的国际贸易更多地依靠云计算、人工智能以及其他数字技术，出现了新型国际贸易模式。

首先，数字经济与技术的发展使国际贸易经营主体多元化。跨境电子商务活动打破了传统贸易方式对于国际经营主体的多种限制，使得参与国际贸易的主体更加多元化。一方面，因为跨境电子商务的贸易主要借助网络平台，所以参与国际贸易的企业可以便捷地利用信息技术服务和互联网交易平台，降低企业进行国际贸易活动的门槛，让更多的中小企业可以快速地参与到国际贸易中去；另一方面，跨境电商在互联网平台的帮助和支持下，进一步优化了其贸易过程，尤其是以 B2C、B2B、C2C 等模式为主的跨境电商，可以让国内的供应商与国外零售商、批发商或国内的消费者直接取得联系，建立起交易和合作的关系，从而避开了中间商的环节，促使其贸易的主体架构更为精练。

其次，数字经济与技术的发展使得国际贸易交换方式发生变化。在以往的国际贸易中，交易双方需要线下沟通或者以电话、传真等方式进行商业活动的洽谈，再通过银行支票转账的方式结清货款，这种贸易方式效率低下，并且可能存在诸多争端矛盾。但是在数字经济时代，随着跨境电子商务的兴起，国际企业间可以通过网络会议、网络金融系统等数字化技术进行商务洽谈和结算，这使得国际贸易双方可以更有效率地交换信息以及获取更详细的贸易资料。数字化的沟通模式也让企业可以降低国际经营的成本，缓解信息不对称。另外，企业在国际市场上寻找贸易伙伴更加便捷，可以同时与多家潜在贸易伙伴进行沟通，可以在诸多选择中找到最合适的贸易方，降低本企业的交易风险。

最后，互动式的贸易服务体系得到了重塑。跨境电子商务新模式有效整合了各种资源，形成集物流、信息流、商业化于一体的国际贸易新模式。比如，对于外企来说，在传统的贸易方式和模式下，需要通过市场化的方式将商品销售给其他经营者或代理商。只有通过经销商或代理商的进一步市场化，才能最终将商品销售给最终消费者，完成商品的市场流通。但在以移动互联网技术、大数据等信息技术为基础和支撑的新一代跨境电商运营模式下，更多的外贸企业可以利用网络平台直接完成与广大消费者的商品交易和支付，降低产品的销售成本，减少产品在国际市场流通的中间环节，提高企业产品在国际市场上的竞争力。

数字经济的技术推动了国际贸易经营主体、运作方式的改变，推动了贸易服务制度的重塑。在跨境电子商务模式下，各项资源得以高度整合，形成一个高效的整体。在数字贸易中，交易双方不再依赖近距离接触以及线下会谈，只需通过数据的精准匹配，就可以快速锁定交易对象，然后通过网上金融、数字合同等洽谈合作事项，快速简便地完成交易合作。

4.3.2   新贸易模式削弱东道国重要性

从宏观层面来看，数字经济时代的贸易方式加速了全球贸易一体化的推进，也使国家和地区之间的贸易合作加速了。随着跨境电商大数据时代的进一步到来，跨境电商公司利用先进的大数据技术能够准确地分析出其消费者的喜好、要求和行为，通过其开展的精准营销方式提高消费者对其贸易活动的信心和满意度。从微观的层面上看，跨境电商公司的发展空间已经得以拓宽，提高了其成功打入国际市场的概率。跨境电商将使传统的对外贸易方式产生巨大的改变，跨境电商公司通过其网络平台可以轻松地完成贸易，能够获得更多的消费者对其便捷化交易活动的认可，扩大其对外贸易客户群的规模。对于中小型的外贸企业而言，这为其带来了更广泛的发展空间，能够推动和促使其继续加快自身发展的步伐，不断地扩大其经营规模，从粗放式管理转向精细化管理的方向，从经销模式向直卖经营模式转型，从而不断地提高其企业的经济效益。

传统贸易模式由贸易双方在众多交易对象中寻找到最合适的交易方，然后还需要经过长周期的合同签订、价格协商以及各种手续办理过程，从交易开始到交易完成，周期长，受商品价格变化、货币汇率波动等因素的影响大。而在数字贸易的交易模式中，数字技术大幅提高了交易效率，贸易的时间不确定性大大降低。传统贸易受地理距离的制约较大。而在数字贸易中，处于现代信息网络中的贸易双方不再具有严格的空间属性，地理距离的限制作用大幅弱化（马述忠等，2018）。

从供需来看，在供给侧，数字技术对商业模式产生的影响主要体现在基于信息收集而产生的去平台化、去中介化和简化交易流程等方面。比如数字内容的服务，基于大数据技术，商家可以对顾客消费习惯和未来的消费倾向进行分析，进而实现产品广告的精准投放，降低成本，提高效率。而在需求侧，在日常出行、生活娱乐、网络社交等方面，数字产品深刻影响着现代人的生活方式，人们对相关产品的黏性和依存度日渐上升，培育出了日益旺盛的市场需求（夏杰长，2018）。

技术创新能够将原始的生产要素重新排列组合，新的生产方式通过提高效率产生垄断，获得超额报酬，而新组合一个重要的体现就是技术创新会开辟一个新的市场。在高新技术条件下，传统贸易中受到的时空限制得到大幅削减，买卖交易双方可以便捷地进行直接沟通，因此，国外子公司的重要性减弱。

在数字贸易之前，母公司需要依赖子公司去了解东道国潜在交易商的具体情况，然后子公司再与交易商洽谈合作事宜并最终促成交易，而现在可以依靠数字技术，根据大数据对交易双方进行匹配，跨越时空限制，促成不同国家或地区的买卖双方达成交易，并在线完成议价咨询、合同签订、资金交付等贸易活动。跨国公司对于各地子公司的依赖度降低，拥有公司几乎全部重要资料的母公司的重要性凸显。

4.4 趋势 3：数据流动的壁垒增强母国企业优势

4.4.1 各国数据本地化政策及其动因

目前对于数据本地化的基本概念内涵和技术外延性等问题在国际上尚未完全达成一致或者认同。联合国贸易和发展会议 2016 年的报告将其界定为"通过直接的法律限制或其他规定要求（如本地商业登记要求），将个人数据保留在其原始管辖范围内"。而根据世界贸易组织 2018 年发布的报告，数据本地化政策涉及限制公司将国内用户数据传输到国外的能力，主要以规则形式要求数据服务器位于本国内，或者在国内存储或处理数据，禁止在未经政府批准的情况下收集或传输数据和／或指定有利于当地的政府采购偏好和技术标准公司。美国信息技术产业理事会（Information Technology Industry Council）则将其定义为"对企业在国家边界内存储、加工或以其他方式处理数据的要求"。

对于许多国家推行数据本地化的原因，国内学者研究较多。

2018 年美国《澄清境外数据合法使用法案》的正式出台，以及美国对"长臂管辖"政策的滥施，导致许多发展中国家和部分发达国家对于自己国家的个人信息安全和其他国家公民的个人隐私合法权益如何保护等问题产生了诸多担忧。这些国家为了有效降低国内个人数据非法泄露的潜在风险而纷纷主动制定了与美国有关的关于限制国内个人数据在境外非法流动的相关政策，从而保护本国的信息技术及相关产业。跨国公司在境内建立数据中心，有利于当地数字基础设施的建设，有利于增加本国就业机会（方元欣，2019）。

研究认为，一些国家会由于以下三点原因而采取数据本地化政策：一是保障国家安全和个人隐私，对美国在全球互联网上的霸权提出挑战，数据本地化政策是正式应对国外监控的重要举措之一；二是数据存储在国内，便于国内司法行政机关出于国家安全的需要进行调取和检查；三是数据是重要的生产要素和社会财富，掌握数据的多寡对数字经济时代国家软实力和竞争力具有重要影响，数据本地化之后可以拉动当地经济发展（李海英，2016）。

对比发达国家与发展中国家对于数据流动政策的不同偏好，可以发现发展中国家推行数据本地化政策的原因是，对于大多数发展中国家来说，其信息技术水平和个人隐私保护意识都落后于发达国家。因此，出台数据本地化政策，既可以保护本国信息技术产业免受发达国家产业的竞争压力，也不会为了提高隐私保护水平而产生较高的企业成本（黄宁，2017）。

4.4.2　数据本地化的正当性与合理性

针对各国数据本地化政策的陆续出台，国内外学者也对数据本地化政策的正当性与合理性进行研究，探讨数据本地化政策对于政策制定国企业以及在本土有经营业务的跨国公司的不同影响。在这方面，发达国家学者与发展中国家学者的看法存在较大分歧，发达国家学者的研究结论大多数认为，制定数据本地化政策将使本地与世界的数据资源隔绝，并且这项政策并不会提高数据的隐私性和安全性。而发展中国家学者的研究结论大多数支持数据本地化政策，认为这样的政策可以更好地保护国内数据安全、维护国民隐私，并且为本地企业创造更适宜的经营环境，提高本地企业的竞争力，为幼稚（新生）产业提供产业保护期，推动其快速成长。

通过对中国、俄罗斯、印度、印度尼西亚、韩国、泰国、越南、巴西、澳大利亚、加拿大、欧盟等 16 个国家和地区的跨境数据流动规制及数据本地化措施加以分析，并一一比较各国所提出的主张可以得出结论：数据本地化措施使得数据无法通过云技术在全球范围内存储，这实际上会使数据更加容易遭受网络间谍的集中侵害，不仅不会加强国家安全和个人隐私的保护，反而适得其反，并且还将严重阻碍经济发展（Chander，Lê，2014）。

数据本地化措施可以被定义为"贸易壁垒"，这种措施将给企业造成较重的负担，尤其是中小企业。再者，其认为数据本地化存储并不会提高数据安全性，因为数据安全性并不取决于数据存储的位置，而是取决于数据存储的手段（Castro，McQuinn，2015）。

通过分析现有 WTO 法律可以发现，数据本地化政策违反了现有 GATS 规则和允许数字服务和跨境数据流不受限制的跨境贸易的承诺。鉴于 WTO 法律的适用范围，GATS 规则应继续在提供法律确定性及鼓励对数字经济进行有效和非歧视性监管方面发挥中心作用，并应援引其以支持自由贸易主张和争议为维持开放的数字服务贸易的全球市场所必需的结算程序（Crosby，2016）。

对比欧盟、中国和俄罗斯的跨境数据流动规制及数据本地化措施可以发现，数据本地化政策违反了GATS项下的国内法义务、市场准入义务和国民待遇义务，并且提出唯一可辩证的是"隐私保护例外"条款，但是可援引性不强（Blume，2017）。

温纳的信息技术政治哲学思想为数据本地化的正当性提供了哲学基础，即信息技术本身存在风险，需要一定的监控，并且数据本地化对于保障国民安全、政治安全、执法便利和促进信息产业发展都有着重要作用，因此具有正当性的现实基础（王玥，2016）。

数据跨境流动的立法监管折射出个人数据安全保护、执法便利提升和国家主权维护等多元诉求。我国应增强跨境数据流动立法规制的可操作性并加强国际协作，提升我国跨境数据流动的安全应对能力（黄道丽，何治乐，2017）。

有学者从"公共利益保护"的角度来论证跨境数据流动规制的正当性，现有规则和体制对"公共利益"的规定过于抽象，应当进行准确界定，并在此基础上对相关规则、例外情况等问题进行妥善规制（张舵，2018）。

大规模数据流动在创造巨大的经济财富和价值的同时，也可能引发一系列风险。数据的无序流动会对一国的国家安全利益、监管框架，甚至执法权提出严峻挑战。一些国家出于对数据隐私保护、国家主权的完整性，以及国家安全利益等公共政策目标的考虑，不同程度地对跨境数据流动加以政策或法律法规的限制。因此，无论是在多边的WTO、G20框架内，还是在双边自由贸易协定中，当下的跨境数据流动无不呈现"有限"特征，数据本地化的诉求具备正当性（张茉楠，2020）。

4.4.3　数据本地化政策增强母国企业优势

数据本地化政策对数据跨境流动做出多种不同程度的限制，无疑会对全球贸易与投资产生影响。对此国内外学者研究结论较为统一，都认为数据本地化政策对国际贸易及投资具有正效应和负效应。

分析国内外有关跨境数据流动管理的主要模式，有学者认为，数据本地化政策对于数字贸易有利有弊。其认为数据本地化一方面可以降低个人数据被滥用的风险，防止数据在境外被强制获取，也可以促进外商在境内的基础设施投资，创造本国就业岗位；另一方面数据中心本地化要求构筑的贸易壁垒会阻碍外资对境内产业的投资和技术输入，从而阻碍本国技术的进步和经济的发展，并且仅依靠本国的资源难以满足构建本地数据中心的条件，还会增加国内相关企业使用数据中心的成本，抑制信息通信产业的发展（石月，2015）。

综合分析了金砖四国的数据本地化政策后，有学者认为，数据本地化政策有利于这些国家更好地保护本国数据安全，支持本土企业获取更大的优势，并且支持本地执法工作，同时也会导致美国等在数字技术方面有优势的发达国家失去获取其他国家数据的渠道，削弱其相关产业的国际竞争力（Selby，2017）。

分析全球数据流动政策现状，有学者认为，在数据安全方面，在国内数据保护标准较高的条件下，限制或禁止数据向境外转移可以提高数据安全水平。从作用机制来看，数据本地化相当于以非关税壁垒的形式限制数据服务的进口，从而保护本国的信息技术及相关产业。在国际贸易方面，传统的货物和服务贸易正在通过数字化的形式转变为数据跨境流动，数据本地化将直接对此形成贸易障碍（黄宁，2017）。

比较了不同经济体及国际组织对数据本地化的相关规定，有学者认为，数据本地化政策将会提高国家间数据传输的贸易成本，增加贸易双方的对接成本，限制贸易机会，形成数字贸易壁垒，从而抑制全球数字贸易的发展，不利于发展中经济体中小微企业贸易竞争力的提高。但是，数据本地化也会在一定程度上对国内信息技术及相关产业起到保护作用（毕婧，徐金妮，郜志雄，2018）。

在数字经济时代，无论是进行货物贸易还是服务贸易，都必然要依靠信息传递的全球互联网，都必然要依靠海量的数据进行跨境交换。近几年，随着世界各国对于数据在海外流动的重要性和意义以及其影响的理解认识逐渐加深，国际社会已经认识到在海外进行的跨境信息技术流动带来的巨大利润，也已经意识到这种流动有时候甚至可能给国家安全以及个人隐私都造成巨大的冲击。整体而言，大多数发展中国家支持数据本地化，并积极推进立法，要求把大量的个人数据直接存储发送到信息来源国本国的个人信息处理中心，而以日本、美国、欧盟为首的发达国家和地区则更加倾向于积极主张实现个人数据的跨境自由流动。

　　数据本地化政策的出台影响了国际贸易和投资格局，除了传统国际贸易与投资因素，还需要考虑重要的数据资源的可获得性。但对于数据本地化政策的制定国来说，将数据储存在本国境内，可以提升本国企业的竞争力，保护本国的相关产业发展。

4.5　关于母国区位优势重新回归的建议

4.5.1　整合国内产业资源，培育行业前沿国际品牌

　　良好的产业资源环境有利于降低商务成本、聚集生产要素并提高经济效益。创新是民族进步的灵魂，也是国家各产业优质发展的不竭动力。科学技术作为第一生产力，是推动经济和社会发展的强大动力。回顾欧美的"再工业化"，这是一种制造业高层次的螺旋式回归，制造业朝着先进、清洁、节能的方向发展，其中包括对新能源的开发和利用。当前，由于设备、技术和人才的限制，中国在新能源开发、先进技术研发等方面仍落后于欧美发达国家。创新不应局限于技术，更应向多样化发展，比如领域创新、企业创新等。为此，我国应积极采取措施，鼓励制造商通过多方创新推动自主研发，提升技术创新能力，推进产业结构优化升级。

　　科学淘汰落后产能。中美之间制造业的竞争，核心在于中高端制造业的竞争，而要在未来制造业竞争中占据优势，不仅需要人才和技术，而且需要拥有健全、成熟的市场机制和健康、高效的产业结构。制造业高质量发展，既要重"量"，更要重"质"，这样才能奠定中国在制造业高端技术领域竞争的基础，才能在此过程中沉稳应对国内外宏观市场波动带来的风险，为制造业发展及依托制造业崛起而推进的中华民族伟大复兴提供坚实的物质基础。目前，对中国来说，制造业量的优势已相当突出，然而质的水平尚有待提高，主要是在制造业当中存在大量落后产能。落后产能在市场需求存在的情况下具有维系就业和带动经济增长的积极作用，然而近几年国内外消费市场低迷，其存在除耗费资源和透支环境外，已无实际意义（蒋卓晔，2018）。对此，中国必须积极淘汰落后产能，而淘汰落后

产能的过程也应当是一个重新整合资源和不断健全市场机制的过程。具体来说，中国要在淘汰严重落后产能、对外输出部分产能、以新技术升级传统落后产能和扩大内需消耗部分产能的过程中逐步解决落后产能问题，将落后产能依据市场形势和国家需要分为不同类型层次，制定科学的处理方案和进度安排。

另外，中国产品的质量并不逊色于欧美等发达国家和地区的产品，而之所以在一些国家出现对"中国制造"的低端固有印象，主要是因为中国产品的品牌意识薄弱，没有构建起与产品质量相匹配的国际品牌形象。对此，中国应积极整合国内产业资源，引导国内大型企业强强联合，争取在每个行业领域内培育出 1～2 个国际知名品牌。要通过产业的优化改革以及国际化品牌形象的塑造，提高中国整体区位优势，使高端产业产生集聚效应，进一步推动产业向更高端、更精细化的方向发展。

4.5.2　大力发展数字经济，弱化对东道国的依赖性

数字贸易是经济全球化和世界信息化的结果，是新业态、新技术、新机制的融合。要抢抓经济数字化所带来的历史性机遇，加大力度发展数字贸易，打造新型经济增长极，促进消费升级，实现行业积极转型和社会福利提升。近年来，跨境电子商务虽然已经得到了突飞猛进的发展，但是一些跨国公司仍然存在规模小、经营不集中、经营利润水平不高等问题，尤其是在外贸企业或者个体之间出现了行业内恶性竞争的情况，严重压缩了行业的盈利空间。为了解决这一问题，需要进一步强调参与跨境贸易的各行业、企业之间注重分工与合作，整合现有的优质资源兼并中小规模的外贸企业，注重行业人才的培养。另外，还可以通过这种方式在跨境电商交易活动比较活跃的地区设立一个产业集散点，吸引越来越多的跨境电商企业融合发展。

首先，要加强统筹规划，积极鼓励支持数字贸易科学发展。数字贸易创新活跃度高、渗透领域广、产业链条长，必须认真分析数字贸易的国际国内发展态势，深入研究其发展客观规律，科学判断消费群体的消费需求与消费资源、消费环境之间的距离，统筹运用国际国内资源，科学谋划数字贸易发展的顶层设计，制定完善产业宏观政策，明确数字贸易支持范围、发展方向和发展重点；完善数字贸易基础设施宏观政策，加大财政资金对重点技术研发和关键设备研

制、数字和网络基础设施建设的支持力度，使得数字贸易宏观政策与市场机制相互协调、相互促进、相互配合，激发企业作为市场主体的积极性和创造性；制定完善投融资体制、创新财税政策、优化人才引育、培育壮大产业集群等政策，不断优化市场环境，营造数字贸易的发展环境和条件（李忠民，周维颖，田仲他，2014）。

其次，完善数字基础设施建设宽带网络是构建国家数字贸易的根基，也是数字贸易蓬勃发展的基础性技术。宽带网络的速度、普及率和费用，直接决定着数字贸易发展的广度和深度。具体来说，要在"宽带中国"战略稳步推进的基础上，做好以下工作：一是把数字基础设施建设的重要性上升到更高层面。在国家战略投入上，要把数字基础设施视为同水、电、公路等同等重要的公共品，稳步推进城市网络的升级提速和农村宽带的推广普及。二是降低数字基础设施行业的市场准入门槛，既要发挥国有企业在基础设施投入方面的引领作用，也要充分调动民营资本的力量，发挥他们在技术研发和引进国外先进技术方面的优势，发挥民营资本的"鲶鱼效应"，不断提升中国数字基础设施建设水平。三是不断加强新技术的研发，尤其是在移动互联网络的速率和稳定性方面，要在政府层面从财税融资角度给予研发企业更多的支持，促进其成果转化以及与其他行业融合发展（夏杰长，2018）。

最后，尽快培育出一批优秀的国际化数字贸易企业，引领全球数字贸易发展。政府应为这类企业提供基础保护，例如签订适宜的数字贸易协定，或者是出台数字贸易保护政策，给予新生的国际数字贸易企业一些基础性的扶持和帮助。除继续加强对 BAT（百度、阿里巴巴、腾讯）等已经初具国际竞争力的相关企业的支持外，还要通过财税、金融支持以及人才引进等手段，鼓励形成一批行业细分领域的数字贸易企业并促使其成长壮大，比如制造业的服务化和服务业企业的数字化，最终形成综合性大型企业细分行业带动、龙头效益明显的数字贸易企业发展格局。数字经济时代最显著的特点就是贸易模式的改变，对此，迫切地需要政府更新数字贸易企业管理规则，也需要企业家们转换国际贸易思维，善用新兴的数字技术于企业贸易活动中，充分利用数字经济时代带给企业的新便利、新机遇。

4.5.3　制定合理的数据政策，提升本国数据区位优势

数字贸易及其在跨境数据流动方面的相关法律规制，是 21 世纪形成的全球性经贸准则的重要核心内容之一，对今后世界各地区经贸格局的走向也会产生广泛而深远的意义。面对美国等数字经济大国企业借助本土数字经济战略强化规则主导权的新形势，中国企业应积极服务于实现中国"数字强国"的重要发展战略目标，制定一套适应当前中国国情和实际的数字经济发展政策，充分考虑国内企业的转型升级以及本土数据要素这一重要战略性资产的持续开发与利用，掌握对本土数据的绝对控制权，致力于把整个中国打造成为数字经济时代最具有区位优势的地方。

首先，既要顺应全球数字贸易发展趋势，有序推动跨境数据流动和多元的数据合作管理模式，又要加强对本国网络安全以及数据和个人隐私的有效保护。可考虑对涉及国家安全的敏感数据及关键基础设施建立分级管理制度、跨境数据流动合同监管制度、安全风险评估制度，或是成立专门的数据保护监管机构，构建跨境数据流动的系统化制度安排，对涉及网络数据搜集、存储的企业进行审查和管理，针对涉及跨境数据流动的企业建立专门的审核机制，并对行业内重要数据或者 BAT 等大型互联网公司率先开展数据出境管理实践（张茉楠，2020）。

其次，应努力争取制定数据跨境流动国际规则的话语权。中国科技水平落后于发达国家，在数据获取和保护能力上一直处于劣势。与此同时，相关立法也并不完善，这更加使得中国处于不利地位。因此，只有在立法方面为科技发展提供有效的保护和约束机制，才能够赢得贸易竞争的主动权（尹秀，2017）。对此，中国应尽快制定并出台有关数据跨境流动规则的相关政策，发布最新研究理论等，在国际上先一步拥有制定数据跨境流动规则的话语权。同时，还应该完善有关数据的法律法规，使其适应于数字经济时代的特征，确保中国数据经营环境与新的贸易模式相适应，为未来本国企业有效安全地使用本国数据资源打下坚实基础，也为未来其他国家跨国公司在中国本土使用数据等资源确定下有效率、不危害国家安全、不侵害公民隐私的相关规则。

最后，对公民个人信息的保护也需要通过立法来实现。在数字经济时代，数据的重要性可想而知。许多企业会利用各种借口获取公民的隐私信息以促进企业的发展。所以，国家对公民个人信息的保护尤为重要，特别是技术水平落后、经

济水平欠发达的国家。即使以美国为代表的发达国家大力要求推动数据的跨境自由流动，各个国家仍应该尽快立法实现对公民个人信息的保护，在企业利用数据进行生产经营的安排时，不能一味追求产业的发展而忽略对个人隐私的保护。同时，中国也不应实施彻底的数据本地化措施，在数据的公开程度、公开内容以及数据获取方式方面都需要掌握好度。

参考文献

毕婧，徐金妮，郜志雄，2018. 数据本地化措施及其对贸易的影响［J］. 对外经贸（11）：10-12.

方元欣，2019. 数据本地化政策的全球博弈分析［J］. 中国信息化（12）：101-104.

郭周明，裘莹，2020. 数字经济时代全球价值链的重构：典型事实、理论机制与中国策略［J］. 改革（10）：73-85.

黄道丽，何治乐，2017. 欧美数据跨境流动监管立法的"大数据现象"及中国策略［J］. 情报杂志（4）：47-53.

黄宁，2017. 数据本地化的影响与政策动因研究［J］. 中国科技论坛（9）：161-168.

蒋卓晔，2018. 制造业回流美国背景下中国产业面临的压力及其应对［J］. 社会科学家（9）：41-48.

焦国伟，2019. 全球金融危机后美国制造业发展战略研究［D］. 长春：吉林大学.

李海英，2016. 数据本地化立法与数字贸易的国际规则［J］. 信息安全研究（9）：781-786.

李玉梅，王园园，胡可可，2020. 外商投资撤资回流的趋向与对策［J］. 国际贸易（6）：63-71.

李忠民，周维颖，田仲他，2014. 数字贸易：发展态势、影响及对策［J］. 国际经济评论（6）：131-144.

马述忠，房超，梁银锋，2018. 数字贸易及其时代价值与研究展望［J］. 国际贸易问题（10）：16-30.

裴长洪，郑文，2011. 国家特定优势：国际投资理论的补充解释［J］. 经济研究（11）：21-35.

　　石月，2015. 数字经济环境下的跨境数据流动管理［J］. 信息安全与通信保密（10）：101-103.

　　田文，2006. 产品内贸易论［M］. 北京：经济科学出版社.

　　王丽娜，2013. 美国制造业回流的实施效果分析及对中国外贸的影响［J］. 对外经贸（9）：7-9.

　　王芮，2014. 探究美国制造业回流的影响［J］. 商场现代化（21）：139-140.

　　王玥，2016. 试论网络数据本地化立法的正当性［J］. 西安交通大学学报（社会科学版）（1）：54-61.

　　夏杰长，2018. 数字贸易的缘起、国际经验与发展策略［J］. 北京工商大学学报（社会科学版）（5）：1-10.

　　杨丹辉，贾伟，2008. 外包的动因、条件及其影响：研究综述［J］. 经济管理（2）：51-56.

　　杨明强，2012. 美资制造业回流的成因分析及对策［J］. 江苏商论（9）：153-155，160.

　　尹秀，2017. 全球跨境数据流动贸易规则体系：趋势与启示［J］. 中共青岛市委党校　青岛行政学院学报（5）：29-36.

　　俞毅，2004. 跨国公司对外直接投资的区位理论及其在中国的实证［J］. 国际经济合作（9）：14-17.

　　张舵，2018. 刍议跨境数据流动的公共利益保护［J］. 河北法学（5）：180-190.

　　张明志，2008. 国际外包对发展中国家产业升级影响的机理分析［J］. 国际贸易问题（1）：42-47.

　　张茉楠，2020. 跨境数据流动：全球态势与中国对策［J］. 开放导报（2）：44-50.

　　Arndt S W, 1999. Globalization and economic development［J］. Journal of International Trade & Economic Development, 8（3）：309-318.

　　Blume J D, 2017. Reading the trade tea leaves: A comparative analysis of potential United States WTO-GATS claims against privacy, localization, and cybersecurity laws［J］. Geophysical Journal International, 49（2）：

801-844.

Buckley P J, Casson M, 1976. The Future of the Multinational Enterprise [M]. London: Palgrave Macmillan.

Castro D, McQuinn A, 2015. Cross-border data flows enable growth in all industries [J]. Information Technology and Innovation Foundation, 2: 1-23.

Chander A, Lê U P, 2014. Data nationalism [J]. Emory Law Journal, 64 (3): 677-739.

Crosby D, 2016. Analysis of data localization measures under WTO Services trade rules and commitments [C]. International Centre for Trade and Sustainable Development and World Economic Forum.

DiRomauldo A, Gurbaxani V, 1998. Strategic intent for IT outsourcing [J]. Sloan Management Review, 39 (4): 67-80.

Dunning J H, 1977. Trade, location of economic activity and the MNE: A search for an eclectic approach [M]// The International Allocation of Economic Activity. London: Palgrave Macmillan: 395-418.

Feenstra R C, 1998. Integration of trade and disintegration of production in the global economy [J]. Journal of Economic Perspectives, 12 (4): 31-50.

Hawawini G, Subramanian V, Verdin P, 2004. The home country in the age of globalization: How much does it matter for firm performance? [J]. Journal of World Business, 39 (2): 121-135.

Hymer S H, 1976. The International Operations of National Firms: A Study of Foreign Direct Investment [M]. Cambridege: The MIT Press.

Iurkov V, Benito G R G, 2018. Change in domestic network centrality, uncertainty, and the foreign divestment decisions of firms [J]. Journal of International Business Studies, 51 (5): 788-812.

Kravis I B, Lipsey R E, 1982. The location of overseas production and production for export by US multinational firms [J]. Journal of International Economics, 12 (3-4): 201-223.

Lacity M, Hirschheim R, Willcocks L, 1994. Realizing outsourcing expectations incredible expectations, credible outcomes [J]. Information Systems Management, 11 (4) : 7–18.

Loh L, Venkatraman N, 1992. Diffusion of information technology outsourcing: Influence sources and the Kodak effect [J]. Information Systems Research, 3 (4) : 334–358.

Rugman A M, Li J, 2007. Will China's multinationals succeed globally or regionally？ [J]. European Management Journal, 25 (5) : 333–343.

Selby J, 2017. Data localization laws: Trade barriers or legitimate responses to cybersecurity risks, or both？ [J]. International Journal of Law and Information Technology, 25 (3) : 213–232.

Vernon R, 1966. International trade and international investment in the product cycle [J]. Quarterly Journal of Economics, 80 (2) : 190–207.

第5章
数字经济对国际创新创业的促进作用

5.1 作为高效媒介为企业提供服务

5.1.1 数字经济时代新媒介的定义、特点及其发展

1. 数字经济时代新媒介的定义

新媒介就是利用信息技术和互联网，通过对各种现代化技术的有效使用，能够为人们提供更好感受以及更好交流体验的一种传播媒介。

"媒介"一词，最早见于《旧唐书·张行成传》，但其和今天的"媒介"具有不同的意思，当时是指联系双方，使其相互作用的事物与人。在西方国家，"medium"一词首次出现于19世纪末，和我国古人的理解是差不多的，也是指某些介质能够将事物联系起来，使其具有一定的关系。麦克卢汉从媒介的本质的角度指出，媒介可以是万物，万物皆媒介，所有媒介都可以与人体发生某种联系。通过对麦克卢汉理论的理解，报刊延伸了人的眼睛的功能，收音机延伸了人的耳朵的功能，电视通过一定的方式延伸了耳朵与眼睛的功能。通过研究以上这些延伸的特点，我们发现它们都只是对人体某个感官的功能进行延伸。从本质的角度来说，互联网以一种不同的方式对人的功能进行延伸。在传播方面，互联网和传统媒体的功能是相似的，而且有时候甚至超过传统媒体的功能。

从其本质的角度来说，以信息为媒介进行的沟通与交流也就是人类的传播。信息本身是看不见、摸不着的，而媒介正是使其得以显现的载体。传播媒介就是负载与传递这些抽象信息的物质。近年来，逐渐发展的社会促进了新媒体的出现与发展。和传统媒体相比，新媒体在很多方面具有其独有的特征。根据传

播媒介的发展过程，现阶段是人类社会传播变化最大的时代。20 世纪 60 年代，美国哥伦比亚广播电视网技术研究所所长戈尔德马克首次使用新媒体（new media）一词。美国的一家杂志认为，"新媒体"是指一种一切人都能够向其他任何人传播的媒体形式（李晶晶，2020）。

2. 数字经济时代新媒介的特点

（1）数字化。尽管"新媒体"一词刚出现时，它所对应的电子录像等并非采用了数字技术，但是，当"新媒体"这个词开始真正普及时，人类已经进入数字经济时代。计算机技术实现了新的数字化存储、加工、传播与呈现。而数字化信息的传播介质就是新媒体。

（2）融合性。数字化带来了一个延伸性的特征，那就是媒介的融合性。美国麻省理工学院的教授伊契尔·普尔（Ithiel De Sola Pool）在他于 1983 年出版的著作《自由的技术》中指出："一个称为形态融合的过程正在使各种媒介之间的界限变得模糊……一种单一的媒介，无论它是电话线、电缆还是无线电波，将承载过去需要多种媒介才能承载的服务。另一方面，任何一种过去只能通过单一媒介提供的服务，例如广播、报纸、电话，现在都可以由多种媒介来提供。由此，过去的媒介与它所提供的服务之间存在的一对一的关系正在被侵蚀。"普尔之言被视作"媒介融合"的最早定义之一。由此看出，他所说的形态融合是发生在传播介质的新媒体化这一基础上，也就是说，新媒体时代，传播渠道与功能的融合不可避免。而这种形态的融合，还体现在大众传播、人际传播、群体传播、组织传播的媒介融合方面。普尔所说的融合已包含了大众传播和人际传播的渠道融合，而后来新媒体的发展将群体传播和组织传播也融合进来了。

（3）互动性。计算机和通信的结合才是信息化的基础，对于新媒体而言也是如此。通信技术意味着媒介的信息传播可以是双向的，这也使得传受方面的双向交流成为可能，这种双向交流的能力也往往被人们称为"互动性"。尽管传统媒体也有一定的受众反馈机制，但与新媒体相比，其反馈是被动而微弱的，因此，互动性成为区分传统媒体与新媒体的主要特征之一。

（4）网络化。计算机与通信技术的结合，也意味着网络化。在新媒体语境下，网络化指的是信息终端之间的联网。尽管在新媒体发展早期，网络化还没实现，但是，网络化已经成为推动新媒体普及与发展的重要因素。而今天，网络化已成为新媒体的基本特质（彭兰，2016）。

3. 数字经济时代新媒介的发展

人类文化的发展和传播与媒介的变迁密切相关。从古至今，媒介传播经历了口口相传、书面表达、电视广播、互联网等传播方式的变革，这些传播方式变革颠覆了人类的价值观、生活方式、消费方式等，并深刻影响了人类社会的发展进程。随着互联网、自媒体的普及，社会消费方式发生了深刻变革，催生了以互联网和自媒体为载体的，以理性消费、个性消费、多元消费为主要特征的新消费。

20世纪90年代末，与"新媒体"一词的形成与发展有关的"网络媒体"概念开始流行。下面是2000年左右国内关于网络媒体概念较有代表性的几种定义：一是计算机信息网络在传播新闻和信息方面具有媒体的性质和功能，故称为网络媒体，目前主要指全球最大、最普及的计算机信息网络——互联网。二是网络媒体从广义上说通常指互联网，从狭义上说是基于互联网这一传播平台进行新闻信息传播的网站。三是在实践层面，曾有人用"网络媒体"一词特指像千龙网、东方网这些不是直接产生于传统媒体的媒体。但是随着网络的不断发展以及研究的不断深入，在传播机构方面，网络媒体特指以网络为渠道与手段，从事新闻与其他信息传播的机构（Wang et al.，2020）。

2G时代，人们只能以发短信、打电话的方式进行远程沟通；3G时代，智能手机普及，图片传播非常方便；4G时代，语音聊天、短视频等成为网络交流的重要方式；5G时代，虚拟现实、增强现实的普及将会推动人类进入全新的智能化时代。在这种情况下，消费逐渐演化为社会运行的内在逻辑，人们的绝大多数活动——从衣食住行等生活资料，到学习、娱乐、教育等社会服务，都围绕社会消费展开。

媒介传播方式的变革深刻影响着消费理念、内容和方式。随着新媒体的发展，社会生活场景、大众生活方式等发生了深刻变革，许多线下消费逐渐转移到线上，形成了以新媒体为重要载体的新消费，如短视频、网络影视、网络游戏、网络音乐等成为大众文化消费的重要内容；网络消费、直播带货、知识付费等成为崭新的消费模式。

5.1.2　数字经济时代媒介对于企业创新的作用

数字经济时代，媒介对于企业创新的作用更多地体现在商业模式以及营销模式的创新上。数字经济时代的媒介能够为企业提供更多创新的方式以及渠道，同时企业的不断创新也能让数字经济更加普及以及便利。新媒介语境下，社会消费理念、方式、内容、群体等发生了深刻变化，推动了新消费的迅猛发展。但新消费发展还存在许多问题和不足，业界应当通过新媒介解决新消费的发展问题，促使新消费朝着健康、理性、绿色、环保的方向发展。

第一，新媒介的不断发展能够促使企业不断地更新商业模式。中国互联网发展报告显示，2019 年，国内短视频普及率超过 80%，"网红"带货呈现爆发式增长，"淘宝＋抖音"的视频购物模式已成为电商发展的新趋势。此外，随着大数据技术、虚拟现实技术等新技术的发展应用，网络消费变得更加碎片化、娱乐化（Tebepah，2020）。同时随着微信、抖音等社交平台的普及，网络消费呈现社群化发展态势，不同性别、年龄、收入、爱好的消费者往往会形成不同的消费社群，在网络社群中分享消费经验，交流消费心得，形成同质化的消费习惯。并且这些商业模式的不断发展也促进了数字经济覆盖面的扩大以及数字经济占比的提升，这是一种双向的促进作用（Tebepah，2020）。

第二，建构线上线下相结合的消费模式。新媒介时代，许多生活性消费与互联网、新媒体相结合，推动消费理念和消费模式转型升级。业界应通过线上线下相结合的方式，培育体验式消费和网络化消费，培养消费者理性、务实的消费理念。如将线下体验与线上购物结合起来，建构"新媒介＋实体渠道"的消费模式；将新零售、直播带货等作为新消费发展的主要模式，建构以新媒介、新消费为主的产业链和价值链（王炫，2017）。这种线上以及线下相结合的发展模式，对于数字经济的不断发展有着巨大的促进作用，它不仅能够将先进的数字技术与基础设施进行有效的结合，提高资源的利用效率，而且可以将需求端与供给端有效地结合，提高资源的配置效率。

第三，促进企业在社交文化消费模式上的创新。新媒介不仅为新消费提供了消费场景、消费平台等，也为新消费发展提供了源源不断的用户数据。企业可以对消费者的消费数据进行分析，并在此基础上为消费者提供个性化的营销方案和定制产品，进而催生新的业态和消费模式，推动新消费可持续发展。业界应当利用新媒介推动消费模式创新，不断满足消费者对高质量产品和服务的需要，推动新消费朝着健康、理性和绿色的方向发展。在微信、抖音等普及的今天，网络空间中的社交圈、兴趣圈、朋友圈越来越多，并成为影响网络消费的重要因素。以新媒介促进社交化消费的发展，利用大数据技术开展精准社交营销，提高产品在网络社群中的用户黏度，打造具有社交影响力的网络品牌。如与社交平台的 KOL、行业达人等合作，在美食、金融、房产、旅游、摄影等领域发展"网红经济"，以直播带货、知识付费、内容营销等方式发展新消费（Ranta et al.，2021）。

5.1.3　数字经济时代媒介对于企业创业的作用

　　数字经济时代，企业创业所面对的环境以及消费群体都会发生巨大的变化，这种变化对于企业的发展是非常有利的，企业也会因此面对更多模式的选择。如何通过合适的模式来进行经营进而促使企业创业成功是数字经济时代企业需要面对的问题，但是通过合理的用户选择以及营销模式的应用可以使企业创业的成功率得到有效的提升。

1. 新媒介为数字经济时代的企业创业带来了新的消费群体

　　传统观念中，网络消费主体是被称为"网络原住民"的年轻一代，许多中老年人由于不会网上购物、电子支付等，很少涉足电商、知识付费等领域，所以常被贴上"技术小白"的标签。但随着抖音、快手等新媒体平台的普及，中老年人聊微信、刷抖音、拍视频等越来越普遍，许多中老年人成为网络消费的拥趸。显然，新媒介促使越来越多消费者转变成为网上消费者，创造了全民皆网购的消费景观。如今，许多中老年人喜欢用微信与子女交流，以刷短视频等方式消磨时间，用关注直播、参与直播等方式充实生活。这不仅提高了中老年人的信息技术能力和网络交往能力，还将中老年人转化为网络消费的新群体。如许多中老年人利用淘宝、微信、抖音等平台进行网购，利用喜马拉雅、懒人听书等平台购买付费知识产品，从而推动了网络消费的繁荣发展。相关调查数据显示，新媒体不仅成为中老年人获取知识和信息的重要渠道，也成为网络消费的重要载体。这些新的消费群体的出现能够大大提高企业的创业效率，因为这些增加的消费群体同质性比较强，如果能够开发出满足他们需求的产品，便能够获得很多消费者的青睐，继而取得创业的成功。

2. 新媒介引领消费回归理性，促使企业进行高质量的创业

消费活动是一种以满足人的需要为目的的经济活动。人的需要是复杂多样的：既包括理性因素，也包括非理性因素；既包括物质需要，也包括精神需要。因此，人们的消费活动也是复杂多样的，既有理性消费、健康消费，也有非理性消费、异化消费等。从文化学视角看，消费主义是在物质极大丰富条件下形成的、能够为人们带来愉悦的活动方式。在新媒介时代，网络社交、网上购物、网络短视频等创造了崭新的消费文化生态，并深刻改变了人们的消费理念、消费习惯，促使人们的消费逐渐回归理性。如人们不再将价格、商标、可炫耀程度等作为消费的主要考量，而是更多关注"买什么""为何买""何处买"等现实问题；也不再将价格或品牌作为消费的唯一指标，而是对产品的各方面因素进行综合考虑，更重视产品的品质、性价比等。由此，消费活动变得更加成熟、理性和明智，形成了以理性消费和适度消费为主要特征的新消费主义。企业更需要关注公司生产的产品以及提供的服务的质量是否能够满足消费者日趋提高的消费品位以及消费需求，只有高质量的并且能够满足消费者需求的产品才能够在日趋激烈的竞争中生存下来。

培育健康的消费文化。一是在新媒介环境中，培育理性健康的消费价值观，消除网购成瘾、过度消费等消费异化问题。二是培养消费者的自主性，通过互联网为消费者提供便捷的知识获取渠道，使消费者能够方便快捷地了解产品知识，获取产品服务方面的信息，通过新媒介实现对消费者的消费赋能（张波，2016）。消费者能够从各种渠道获取产品的准确信息并明确自己的需求，因此那种低质量的产品将会逐渐被市场所淘汰，只有真正用心做产品的企业才能在时代的洪流中生存下来。因此数字经济时代不仅能够促进企业进行创业，而且能够促进企业进行高质量的创业，消费者也因此能够在数字经济时代获得更加高质量的服务以及产品。

5.2　模块化的组织形式促进企业的发展

5.2.1　模块化的内涵

　　模块化主要是指数字贸易的各个板块以及构成要素有机地组合在一起，并不是完全的固定的整体，但是各个元素以及组成部分之间确实可以进行结合，发挥出集群优势。模块化作为新的生产、分工和组织模式，必然会对制造业集群升级产生深远的影响。数字贸易经济的发展同社会生产一样，随着规模的不断扩大以及需求的个性化，分工日趋细化，各分工领域的专业知识更新加快，信息沟通效率也随着信息通信技术的不断发展而得到进一步的提升，知识的传递以及组织的协调程度也会随着信息技术的覆盖面扩大以及系统的不断优化得到进一步的发展，将专业的知识以及人群集中起来，进行模块化分组，同时降低其他成员利用专业化知识的门槛，使得每个消费者或者商家都能够更好地运用数字技术，但是又不局限于某一个模式，可以通过不断实践来寻找对自己有利的商业模式。这正是模块化在数字贸易领域的主要功能以及内涵。

　　最早的模块化思想来自 Simon（1962）和 Alexander（1964），他们分别从钟表、成组灯泡的事例，分析了使用标准、独立子系统解决复杂系统问题的方法，但他们并未使用"模块化"的概念。在模块化生产大规模应用于 IBM 的电脑制造之后，学术界开始对其进行多方面的理论探讨，Baldwin 和 Clark（1997）提出了模块化的定义，认为模块化是将复杂系统分解成相对简单、具备独立功能、能够独立进行的各个单元的过程。在此基础上，青木昌彦和安藤晴彦（2003）则更加深入地对模块本身进行定义，认为模块是一种半自律的子系统：所谓"子系统"是指，它能够与其他子系统按照一定规则组成更加复杂的系统。所谓"半自律"是指，子系统在适应统一规则的同时，自身具备一定的改进空间；将一个复杂的系统按照一定的联系规则分解为多个可独立设计的子系统，称为"模块化分解"，按照相同的联系规则将各个子系统组合起来，构成更加复杂的新系统，称为"模块化集中"。

国内对模块化研究的起步较早，但并未引起重视。童时中（2000）最早在国内介绍了模块化理念及其应用于机电产品设计、生产的方法。钱平凡和黄川川（2003）以家装为例介绍了模块化解决复杂系统问题的方法。王德建（2010）分析了模块化生产带来的地方产业集群升级机遇。覃巍（2010）提出建立广西北部湾模块化产业集群。于伟和倪慧君（2010）以台湾新竹产业集群为例，分析模块化对高新技术产业集群治理和升级的影响。曹虹剑等（2016）以湖南工程机械产业集群为例，研究了产业集群模块化升级的优势、障碍与路径。梁军（2007）研究了模块化生产下的制造业升级。

现有研究对模块化和全球价值链的理论基础构建已较为完善，在模块化生产对产业集群升级的推动作用上基本达成共识，但关于嵌入全球价值链以实现发展中国家产业集群升级的效果则存在争议。总体来看，现有研究大致存在两个方面的不足。其一，模块化下制造业集群升级的研究不仅数量较少，而且对集群升级的内在机制、路径揭示不足。其二，模块化以生产领域为核心，延伸到研发、组织等领域；现有研究仅关注了模块化生产对产业集群升级的影响，模块化的研发、组织变革并未受到关注。

模块化作为一种区别于"福特式"的新的生产模式，对生产、研发、企业组织、产业组织都产生了深刻影响，也必然引发全球价值链变革，进而对制造业集群升级产生新的机遇与挑战。全球化时代，制造业集群嵌入全球价值链程度加深，集群竞争力也因模块化而重塑。基于此，本书在模块化视角下，借助全球价值链分析框架，讨论模块化对全球价值链的影响，并以此为基础探索制造业集群升级的新机遇、新动能。模块化思想对于产业结构的变革具有革命性的意义。当今社会，数字经济的发展已经进入模块化设计、模块化生产、模块化消费的模块化大发展时期，模块化已经成为数字经济下产业结构的本质。战略性新兴产业是典型的创新驱动型产业，代表了未来产业与技术发展方向，复杂性、多领域交叉融合等技术特性使得战略性新兴产业更倾向于通过模块化来实现创新专业化，新能源、新一代信息技术、新能源汽车、高端装备等产业的模块化特征显著。因此，应科学把握这些模块化显著的战略性新兴产业领域的创新独特性，突破传统的产业技术的发展线性逻辑，聚焦资源、突出重点，力争在产业核心技术上实现重大突破，通过营造局部创新优势拉动整个产业发展与技术升级（朱有为，张向阳，2005）。

5.2.2 模块化对于企业创新创业的作用

在数字经济时代，模块化已经不再局限于制造业的模块化，而是在很大程度上涉及数字经济的各个要素之间的模块化，只有将模块化的创新战略运用到当前产业以及结构中，才能够促进社会经济结构的微观调整以及基本结构的优化（Baldwin，Clark，1997）。

1. 模块化对企业的创新作用

第一，促进用户的广泛参与，使企业更好地进行创新。根植于数字技术的模块化创新与应用可以将产品的创新过程进行分解，让用户在此基础上参与创新，从而大大降低用户参与创新的门槛，这就能有效地弥补现有用户在参与创新过程中的创新理论以及创新实践不足。同时模块化的应用可以更好地实现数字经济过程中用户与企业之间的双向联系，使得企业更加明白用户的需求，帮助企业提升产品开发的速度和创新的成功率，更好更快地满足市场消费者的真实需求。在交通物流以及信息技术、信息传输高度发达的今天，产品能否及时回应客户需求、能否及时送达客户已经成为决定企业是否能够为客户创造价值、赢得竞争优势的重要因素。提高满足用户需求的精准度、速度以及质量能够更好地促进企业的创新以及创业（苟昂，廖飞，2005）。

第二，用户可自主选择，有利于营造市场上的创新氛围。在模块化的数字经济中，用户不像在传统经济中只能被动地进行选择，而是具有了一定的自主权，可以根据数字经济提供的模块来进行自主选择。这种自主选择不仅体现在对一些服务的选择上，而且在很大程度上产生在之前所构想的商业模式中，比如微商。通过用户的创新带动平台的发展，进而促进平台的创新，这是传统的经济中所不具备的商业模式。但是在这种情况下，也是需要具有领先思维的用户来进行探索。价值网络背景下的模块化用户创新模式并不是让所有的用户都参与创新，而是让那些可以被识别的创新领先用户参与到创新中来。企业在这个过程中可以深入了解用户，站在用户的角度来思考用户的行为，可以更好地将竞争导向和客户导向结合起来，在开发产品时结合领先用户，通过竞争导向来提高技术创新的效率，通过客户导向提升产品创新的效果。以客户为导向，企业可以从更高的维度来进行产品的创新和模式的更新。

第三，降低交易成本，提高企业的创新效率。企业的交易成本表现在两个方面：企业内部的交易成本和企业之间的交易成本。数字经济下的模块化应用可以使企业在数字经济下具有更加灵活的状态以及联系模式。也正是因为资源都是以一种模块化的方式存在的，并非一种固定的状态，而是随着企业内部以及企业之间的竞争而逐渐变化，因此在企业内部的部门之间以及不同的企业之间的竞争中，竞争能力就成为关键，而对于竞争能力来说，最为重要的是企业的创新能力。在遵循被广泛认可的、开放式的产业技术标准的基础上，不同的合同制造商之间、厂商之间都可以通过模块化组成的全球价值链网络来进行信息的传递和知识的共享，在此过程中不可避免地会制定一定的标准，以确保不同的模块之间能够正常地进行交流和协调。同时，基于模块化的大规模定制模式，不仅能够通过灵活性和快速响应来实现多样化和定制化，还可以通过大规模生产，生产出低成本、高质量、高定制化的产品和服务（盛世豪，杨海军，2004）。

2. 模块化对企业的创业作用

第一，促进开发者开发出更具有价值的产品，提高创业的成功率。在数字贸易中具有主导性质的企业，能够将各个子模块进行有效的整合，开发出能够最大化利用整个资源的商业模式，并逐步地增加或创造价值，最终最大化产品的顾客让渡价值。青木昌彦和安藤晴彦（2003）指出，模块化能产生类似于"淘汰赛"的激励机制，为组织加紧研发节奏，加大创新投入提供动力，而共同的界面边界标准也为产品的最终整合提供了便利性、效率和效果，从而使得整个价值网络成为核心能力的最高形态和集大成者（李海舰，聂辉华，2004）。同时，竞争力来自网络，来自价值网络对所有成员的核心能力的整合和升华。数字贸易的模块化能够为企业的各种需求提供一种更加契合的点，使得企业不断选择各种其愿意尝试的商业模式，以此来寻找更具有效率的商业模式。同时，数字贸易中的企业可以根据最新的市场需求和发展动态选择最合适的产品组合，及时地响应市场需求，实现从产品优势到市场份额的成功转化。同时这也是进一步密切与领先用户之间的关系的过程，可以通过对用户的奖励来满足客户的其他需求，进而提高客户的忠诚度，这将使得企业拥有一大批忠诚的用户（Tebepah，2000）。

第二，使得企业能够跟上时代发展的步伐，提高企业创业的成功率。在数字贸易时代不断发展的过程中，与数字贸易深度融合的企业需要制定进一步的产品开发和发展的战略规划，及时捕捉新的市场需求，把握产品开发以及技术升级的方向，将产品和技术的生命周期与客户的生命周期紧密结合，使得新的产品和技术能较好地适应市场，赢得竞争优势。同时更为重要的是，模块化能够通过对价值链的进一步改造来提升产业的竞争力。在大规模生产模式下的价值链中，客户的需求只有在交付阶段才能得到体现。模块化的生产安排可以使客户的个性化需求渗透到产品开发和设计阶段，即从最初的设计到最后的交付阶段，产品价值链的整个过程都有客户的参与。客户的个性化需求能够得到及时、彻底的体现。在企业生产模式转变为大规模定制模式后，实现大规模定制的最好方法是建立能配置成多种最终产品和服务的模块化构件，并且现有的事实表明，产品本身的模块性能够提高其国际竞争力。模块化作为一种有助于提升产业竞争力的新的组织模式，可被广泛地应用到各个产业。我国正在不断地完善市场机制，企业也面临激烈的竞争。对模块化的深入研究与应用无疑会促进产业结构的优化升级，提升我国产业的国际竞争力。顾客的信息在企业更新产品的阶段起到了非常重要的作用，特别是在刚推出新产品且老产品逐渐失去市场之际，这个时候的顾客信息尤为重要，对于企业巩固固有市场优势起到了非常重要的作用。

第三，企业的不可替代性减弱，促进后续企业的创业。在模块化的价值链环节中，数字化企业具有迅速调整生产流程、满足不同用户需求的通用社会生产能力，从而成为若干主导厂商共享的产业供应基础，这不但保证了主导厂商专用价值模块的及时供应，而且使得生产体系保持高度的流动性，降低了数字化企业的资产专业化程度，弱化了对单一厂商的依赖。在这种情形下，拥有多家客户的独立合同制造商之间就会形成一种利益格局的相对均衡状态，保证了价值链模块化系统的稳定运行。也正是这种模块化的方式使得企业更加专注于其所比较擅长的方面，而将其非核心的业务进行外包或者采用全球采购等方式，并且在同一领域进行竞争的企业也有很多家，这就使得企业的替代性减弱，其所拥有的核心功能只是某一具体功能的一部分，使得企业对于整个核心价值链的影响减弱。模块化的国际化分工主要是通过将其他的制造商以及主导厂商之间长期以来的附属型关系转化为互补型甚至是对等型关系，从而削弱了核心企业对于产业的控制能力。不同于传统行业，后续的企业在数字经济时代，如果可以提供更好的服务或者技术支持，就能够获得属于自己的市场份额。价值链模块化降低了产业进入壁垒，促进了制造业的竞争与重组，为核心企业的更新创造了条件。由于可以共享产业供应基础，产业的主导者在很大程度上不再需要在厂房或者设备方面进行大规模的专业化投资，产业进入的壁垒大大降低，进而加剧了产业的竞争与分化重组。新进入者也可以充分利用供应基础，快速获得生产能力的扩张。随着某些核心企业不断地扩展其能力领域，纳入更多的价值环节，其也有可能成为品牌的制造商，与产业的主导者共享供应基础。近年来，随着外国直接投资特别是跨国品牌制造商以及全球供应商的进入，全球制造业价值链在我国的布局已经系统化，并且在逐渐地走向高级化，推动了我国产业链的升级。中国有庞大的市场以及工业基础，具有十分健全的市场模块，能够为初创企业提供更加完善以及丰富的价值链服务，这就使企业的创业成功率进一步提升，同时庞大的市场规模也使得初创企业得到更多潜在用户的支持（李想，2008）。

5.3　数字经济的发展为企业的营销提供机遇

5.3.1　信息媒介升级的发展过程

1. 传统媒体时代

20 世纪起，媒介环境随着电话、广播、电视、纸媒的普及而产生，企业的市场营销往往依靠于此，尤其是电视广告，大众对其已是习以为常。这些基于信息载体的媒体形式掌握着大量的流量，吸引着企业通过投资来发布产品信息，进而引导消费者的品牌认知，促进其购买行为。

1898 年，美国广告人刘易斯提出了 AIDMA 法则，这也是信息媒体诞生以来首度被公认的理论。AIDMA 法则提出，消费者形成购买行动会经历五个主要程序，分别是注意（attention）、兴趣（interest）、消费欲望（desire）、记忆（memory）和行动（action）。在当时，市场营销媒介几乎完全由报纸、杂志、电话、电视、广播组成，这些媒介丰富的视听效果有益于产品的广告宣传，其推动了社会企业大量投资于大众媒体，从而促使消费者了解产品或品牌信息。但是，这些媒体采用的是单向广告传播，消费者满意于广告信息后也不会立即采取购买行动。同时在这种模式下，消费者只能被动接受广告信息，其无法对广告内容进行反馈，另外这些信息的指向性也不明确，从而不便于消费者选择商品。因此，对于广告商而言，引起消费者的注意和兴趣十分重要。

2. 互联网信息时代

随着信息化时代的到来，以个人计算机为代表的计算机成为信息传播的媒介。在此背景下，消费者通过计算机连接互联网，计算机的各类交互式功能推动了企业与消费者之间的互动，这促使媒体传播从单向升级为双向。同时，商家可通过解构消费者的使用行为来优化营销方式，并且通过互联网最大限度地释放口碑效应（毕继东，2010）。

2005年，日本电通公司率先提出了AISAS法则。其指出，互联网时代下，消费者的生活形态发生了变化，原有的AIDMA法则在互联网生活环境下已经不再适用，随着搜索引擎与社交网络的出现，消费者占据了市场营销的主导地位。AISAS由注意（attention）、兴趣（interest）、搜索（search）、行动（action）和分享（share）构成。具体而言，消费者通过搜索引擎可主动查询商品的相关信息，从而提升了消费者与商品之间互动的精准性。互联网时代下的消费者AISAS法则推动了营销方式的变革。信息交互技术为消费者创造了反馈渠道，能够促使消费者表达个性化需求，长尾市场能通过互联网聚集成庞大的基数，从而令商家营销方式更为多元化、定制化和精准化，这克服了传统大众媒体投放受众过于模糊的问题。

3. 社交网络时代

移动互联网突破了传统互联网的地理位置限制，消费者利用智能手机即可完成浏览网页、玩游戏、观看影视节目、网络社交、网上购物等丰富内容。早前互联网的出现促使消费者从被动接受信息升级为主动搜索与反馈信息，从而引发了从AIDMA法则到AISAS法则的升级。而移动互联网的出现加大了网络渗透密度，推动形成了全民使用互联网的热潮。移动互联网已经融入人们生活的每一个角落，从而促进了现实空间与虚拟空间的融合，使得线上与线下的消费渠道边界消失，进而推动市场营销进入全渠道变革时代（牛斌花，2020）。

首先，传统互联网时代下，消费者的大部分时间被网络所占用，而移动互联网的出现填补了碎片化时间，使得消费者在生活中的每一个场景都能使用智能手机来消遣。同时，移动端 App 应用的开发逐渐将电脑功能呈现在手机上，小巧便捷的各项应用分散了用户的注意力，加大了互联网营销的难度，因此企业无法仅依靠营销内容的感官冲击来吸引消费者的注意力。其次，移动互联网推动了基于位置的服务（LBS）、机器视觉、语音识别等技术的应用，这大大简化了消费者的产品搜寻需求，加强了消费者的主动性。在移动互联网环境下，消费者在看到中意的产品后，通过拍照上传至电商平台的"图片搜索"功能就能查阅到相似的产品。另外，可以发现，移动互联网的出现颠覆了实体消费和网络消费模式。

4. 个性化网络时代

移动互联网的普及以及商业模式的创新赋予了广大消费者新的消费场景。2016 年末，阿里巴巴正式推出"新零售"的发展构想，其将传统实体零售业态进行全渠道和场景化改造，从而催生了线上和线下融合的一系列场景化零售业态。以阿里巴巴旗下的"盒马鲜生"为例，其打破了生鲜零售的传统模式，通过线上和线下渠道协同以及"零售＋餐饮"的营销方式满足了 3 公里半径范围内的生鲜需求。与此同时，全民消费升级加剧了个性化小众市场的发展，令消费者的兴趣点产生高流动性和去中心化，导致 AISAS 法则与 AICAS 法则开始失效。同时，"90后""00 后"一代的消费者的需求越来越难以用传统的营销理论理解，他们的购买决策更多地依赖于自身的价值判断，从而致使"名牌效应"难以吸引到这些新群体。这主要是因为，年轻一代消费者追求的是自由、个性化的生活方式，其自身的社会身份不再千篇一律，而是千人千面。

具体而言，随着主流价值的话语权逐渐被追逐个性的年轻一代所掌握，其对亚文化的包容力越来越强，并推动了个人主义的生活方式，这就使得每一个年龄段都有权利享受或彰显自己的兴趣喜好，从而突破了行为原有的刻板印象的阻挠，并打破了消费的外界壁垒。例如，新时代女性消费者可以在自我个性、生活习惯、穿衣搭配上选择中性风格，而男性也可以选择使用护肤品或化妆品来改善外表，同时老年人也能自由选择不同风格的潮流品牌。在此背景下，消费者的个人身份更为自由。在个性化网络时代，消费者完全把控了对有效信息的接收，兴趣圈层促使个性化生活方式被广大商业模式所认可，各类圈层 App 集聚了同质化兴趣人群，促使 AICAS 法则也需要进行调整。2018 年，餐饮 O2O（online

to offline，线上线下商务）巨头美团提出了移动场景时代的消费模型——LIIS
模型。LIIS 模型由生活方式（lifestyle）、识别有用信息（identify）、关联互动
（interaction）和社交分享（share）四个阶段所组成。

5.3.2 数字经济时代的营销为企业创新带来的作用

数字经济时代的营销模式变化是全方位和多层次的，企业在数字经济发展的
过程中，可以充分地利用数字营销所带来的便利促进企业的创新和发展。

1. 个性化需求的有效传递能激发企业的创新活力

个性化需求的有效传递能够更加凸显消费者在市场中的主导作用。在数字经
济背景下，消费者选购商品的视角是全球市场，途径是消费者通过互联网对自己
需要的个性化商品的质量、功能、型号或服务提出明确清晰的意见；企业则可以
根据消费者提出的产品质量、服务信息，及时改进现有产品和提供优质服务，从
而满足消费者的消费需求。在满足消费者个性化需求的过程中，企业特别注重产
品的不断创新和对消费者的持续引领。产品是企业市场营销的原点与基础。企业
产品只有常新，才能长期适应用户需求，企业也才能长兴。所以，要根据产品的
生命周期不断强化产品创新。如，在产品孕育期与成长期初期，将重点放在单一
或单线产品的突破与信誉确立上，之后再增加产品线的广度与深度；在成长期中
后期与成熟期初期，将重点放在产品升级与结构完善上；在成熟期后期与衰退
期，将重点放在产品更新换代上。具体而言，应该注意以下几方面：一是市场营
销补缺策略。二是市场营销"新专"策略，即"人无我有，人有我新，人新我全，
人全我优，人优我专"。三是个性化市场定位策略，即追求产品和服务的独特性、
新颖性和个性化。四是客户超值服务策略。产品的竞争力不仅取决于产品是否物
有所值，更重要的是，是否达到了消费者的心理预期，是否实现了从提供服务的
竞争到提供超值服务的竞争的彻底转变。五是以创造名牌树立企业形象，主要包
括提高企业与产品的知名度，让目标市场充分了解企业文化与产品性能，使消费
者对企业产品情有独钟并一定首选其产品，让消费者信服购买永无后悔与风险，
促使消费者提前预购企业产品，并且通过对用户需求的有效把握以及深刻分辨，
为企业之后的产品的创新以及功能的迭代提供很好的数据支持，进一步激发企业

的创新活力。

2. 数字营销的发展促进企业创新商业模式

企业可以通过充分利用数字营销的特点，来对企业各个阶段的营销进行创新。首先，在市场拓展阶段，实行"开放式社交平台＋搜索引擎"互联策略。在移动互联网背景下，开放式社交平台覆盖面宽、传播速度快，很快就可以达到良好的产品宣传效果，而且搜索引擎是发现潜在客户最重要且有效率的渠道。因此，在这一阶段，企业要采用"开放式社交平台＋搜索引擎"的互联方式，从而达到最佳的市场推广效果。其次，在品牌建设阶段，要实行"开放式社交平台＋视频娱乐"的互联策略。在前一阶段市场营销力量的推动下，企业已经拥有了一定的客户群体并具有了一定的知名度，为品牌建设提供了坚实的市场基础。视频娱乐营销媒介具有"病毒式传播"的感染特性，正好可以将企业产品的价值和企业文化内涵拍成具有感染力、创新力、吸引力的产品宣传视频，使其快速在移动互联网上传播，短时间内成为热点话题，让消费者对企业及其产品产生相见恨晚、一见如故、终生难忘的印象（潘杰，2020）。最后，在客户维持阶段，要实行"封闭式社交平台＋开放式社交平台"的互联策略。企业拥有大批客户群体后，怎样才能维持好与他们的关系，提高客户忠诚度并不断吸引更多新客户，无疑就成为企业市场营销必须科学有效解决的重要问题。这就要求对新老客户采用不同的社交平台进行维护。对新客户，利用封闭式社交平台"一对一"精准传播，进一步加深其对企业产品的了解，使潜在消费者变成现实消费者。对老客户，通过开放式社交平台加强对企业产品的宣传力度，并采取情感、体验、活动等精神与物质双重奖励，既巩固老客户，又使其成为企业的义务宣传员。

并且在各个阶段创新的过程中，企业无论是产品、价格、销售渠道还是广告策略的创新，都可以得到很有效的支持。一是产品设计创新。既要不断强化产品的功能和效用，也要注重商标保护与包装及产品形象的吸引力，并实现产品的数字化、网络化、智能化服务。二是进行价格创新，如将知识、创新等纳入定价因素，采用互联网方式定价等。三是销售渠道创新，包括：渠道结构创新，主要是渠道更加扁平化；渠道方式创新，主要是实施电子化分销。四是产品促销创新，主要是广告策略创新。五是公共关系创新，即企业与社区合作、企业与客户合作、企业与政府机构合作、企业与中间商合作、企业与媒体合作等，从而通过全面合作促进销量的增加。

5.3.3　数字经济时代的营销为企业创业带来的作用

数字经济时代的营销具有很多传统营销所不具备的特点以及功能，这些新特点和新功能在帮助企业进行创业方面能够起到很大的促进作用。

1.降低企业的创业成本，降低创业门槛

与传统的营销方式相比，社会网络支持的市场营销准确度明显提高，企业、商家通过社交平台把目标客户限制在更小、更准确的方位中，对这些客户进行专门服务，不会引起客户的反感，不仅能降低营销成本，还能提高服务的有效性。并且，向客户提供针对性服务可以提高用户的满意度。此外，客户也会在社交平台上宣传产品的信息，无形中为商家提供更多的销售渠道。并且在数字经济时代，对大数据的有效使用可以将客户的画像描述得更加准确，能够使得企业以更加有效的方式将公司的产品以及服务的特征传达给目标用户。

同时，在传统营销模式下，中间商始终是产销之间必不可少的桥梁，甚至存在着多个中间商，导致产品价格远远高于生产商预期的零售价，这既损害了消费者的利益，也影响了生产商竞争力的提高。而在网络营销下，有如下七个原因使得企业营销成本大大降低：一是大量采购降低了采购成本，供应商的大量返点使得采购成本再次被压低。二是媒体本身的传播价值使得购物网站又增加了一笔营业收入。三是网上产品群具有的高利润空间与新产品线的贴牌销售使其毛利率很高，也弥补了其他产品线低价销售带来的损失。四是网上购物节省了店面成本。五是根据客户需求进行针对性跟踪推广，降低了市场广告成本与整体运营成本。六是根据客户需求有序安排生产，降低了库存成本。七是通过互联网进行管理能够进一步降低管理费用。如苏宁电器网上店铺，由于其没有实体店面必须支付的店面租金、水电、人员工资等成本，其价格比市场价格至少低 5%。因此，网络营销与实体营销相比，无疑营销成本更低。这就使得企业创业的门槛得到了很大的降低，促进全面创业的现象出现，为经济的发展提供巨大的活力。

2. 提高企业的创业反应速度，快速地对产品进行迭代

网络营销是通过互联网媒介营销产品和服务并建立顾客关系的营销活动。数字经济时代，不仅出现了以现代信息技术为核心的新经济形态——"微营销"，而且网络营销已成为我国经济增长的新动能。2016 年，全国网上零售额高达 5.16 万亿元，比 2015 年增长 26.2%。2015 年，全国跨境电子商务交易额达 4.8 万亿元，2020 年达 12.5 万亿元。2017 年，全国电子商务平台交易额同比增长 11.7%，全国网上零售额同比增长 32.2%，比全社会消费品零售总额增速高 22 个百分点；2017 年，网络经济指数高达 362.1，对中国经济发展新动能指数的贡献为 34.5%。企业需要与时俱进、顺应潮流，在市场营销过程中，充分利用代表先进生产力的互联网、物联网、5G、人工智能、云计算和大数据等新技术，以新的市场营销视角创造新的市场营销渠道。

由于信息的传递更加便捷，产销之间的联系不仅迅速，而且更加全面以及完整。快捷性使得生产商第一时间就能收集到消费者对产品的认知情况，并及时改善和调整自己的产品，对服务进一步进行优化。开放性使得互联网具有受众广泛、偏好不同、评价不一的海量信息，对企业产品特性以及企业文化进行全方位、大众化的客观评价，从而为消费者提供公正的认知与评判信息。这使得企业在决定自己的资金用途时效率更高、更有针对性。

3. 为初创企业树立品牌形象，提高创业成功率

品牌塑造在市场营销中的作用是不容忽视的，所以网络经济时代企业进行市场营销策略创新就需要塑造品牌营销效应。在数字经济时代，由于移动互联网的普及，广告充斥在生活的方方面面。这些都对企业的品牌塑造起到非常重要的作用。数字化贸易平台能够为企业提供巨大助力，以此来为企业的品牌化塑造之路搭建桥梁。并且企业可以实时地监控企业的营销效果，通过对企业的营销战略、营销事件、代言人以及广告进行分析，选择最为合适的营销策略来提升企业的品牌形象（赵菲儿，2020）。

同时数字化贸易平台覆盖面广，能够为企业提供庞大的受众基础，通过一定的营销策略就能为企业的发展提供品牌效应。网络营销是互联网时代的产物，数字经济下企业只有研究网络营销理论与策略，才能够在市场营销策略创新方面找到突破口，并把创新的策略落到实处，以转化为口碑效应。企业可以借助互联网宣传新产品，提升产品知名度，进而提升消费者对企业产品的认知度与忠诚度（许蔓菁，2019）。

5.4   数字贸易平台能为企业创新创业提供供给与需求精准匹配服务

一段时间以来，我国经济发展面临较大的不确定性：外部环境"逆全球化"思维盛行，伴随着民粹主义和贸易保护主义的兴起，新兴市场尾部风险逐渐累积；国内"人口红利"逐渐消失，经济内生增长动力不足。近年来，供给端出现重要的变化（房地产去库存、供给侧结构性改革、生活型服务业崛起等），通过积极的财政政策和稳健的货币政策重塑经济结构的要求正在逐渐提高，这也将不断地提高中国经济抵御外部风险的能力。

2020 年，新冠疫情导致全国大规模的停工停产，产业链承压，非固定劳动收入者收入显著减少，企业收入下降、破产压力增加。在宏观层面，需求和供给骤降，消费、投资、出口均受到明显的冲击，短期失业率上升，物价上涨；中观层面，新冠疫情对批发零售、住宿餐饮、物流运输、文化旅游以及教育培训等行业冲击较大，行业景气度下降；微观层面，民营企业以及小微企业收入断流，灵活就业者以及农民工收入减少，生存压力陡增。

在此背景下，数字经济为企业提供的助力起到了十分重要的作用。数字贸易就是现代信息技术以国际互联网为核心，在商业上不同程度和不同层次的应用。特别是电脑及其网络技术与现代通信技术日益融合，使人们已经忘记了传统时空的概念。各种力量协同运作加速了全球经济一体化的步伐，使全球商业运作方式迎接新的转型挑战，全球 24 小时不停运作，无边界、无障碍的新经济体系正在逐步形成。21 世纪，网商成为中国互联网的主角。对于企业而言，信息交流和信息交换成为商业运作的核心。无论是产品设计、产品生产、交易磋商、产品买卖，还是推销服务、质量控制，以及业务流程的设计，数字贸易已经影响到全社会所有的企业和社会经济的各个领域。毫无疑问，数字贸易可以加快商业运作的节奏，缩短企业与客户之间的距离。数字贸易在企业匹配供给和需求方面主要具有以下几个方面的作用（钱慧敏等，2019）。

5.4.1　数字贸易平台能够更加精准地识别用户的需求

数字贸易平台涵盖多种数字化贸易对象，包括数据、数字产品、数字服务。这就使得企业在分析某个用户或是某一群体用户的需求时，不仅仅局限于某一个场景，比如说当用户在某一个社交 App 上与其他人对话谈论某一个产品的时候，数字贸易平台就能将该产品的信息推送给该用户。这种多渠道的信息传递，能够使用户的需求被更好地识别，这种精准的识别能够为企业的产品以及服务的销售提供更好的渠道。同时，当用户使用购物类 App 进行搜索时，就会形成一定的数据记录，通过对用户的行为进行记录以及分析，数字贸易平台能够对某一类用户群体进行分类，对具有相同需求特征的用户进行数据的补充，因为他们更有可能对某一类产品有着共同的需求。通过将某一类用户搜索到而其他用户没有搜索到的产品界面进行推送，就可以更好地满足用户的使用需求。同时，通过这种方式，能够使这类用户的偏好更进一步地达到某种程度的趋同，进而可以降低企业的识别成本和维护用户的成本。因为企业无须对这一类群体进行深入的了解，通过他们自己的搜索记录就可以让他们的推送界面更加符合他们的需求，这无疑会降低用户的维护成本。并且，通过这种小类群体的划分，并通过某种联系方式将他们联系起来，比如建立购物群或者通过卖家群，就能够让他们找到自己的群体，并且促进他们在这个群体内相互联系，这在增加用户黏性方面起到了十分重要的作用。

5.4.2　数字贸易能够更迅速地满足用户的精准需求

数字贸易的数字化不仅体现为贸易对象的数字化，而且更加体现为贸易方式的数字化。在贸易方式的数字化上，智慧物流就起到了举足轻重的作用。物流信息化发展已经成为不可阻挡的潮流。譬如亚马逊仓库使用搬运机器人后，工作准确率能达到 99.99%，总体工作效率提升 3.5 ～ 5 倍。智慧物流依托网络组建的云平台，将成为电子商务发展的中坚力量，客户下单，以及产品入库、存储、出库的所有信息都将被储存在网络云平台中。这种物流网的组建使得一切物流信息都变得有迹可循。智慧物流是指通过智能软硬件、物联网、大数据等智慧化技术手段，实现物流各环节精细化、动态化、可视化管理，提高物流系统智能化分析决策和自动化操作执行能力，提升物流运作效率的现代化物流模式。智慧物流不仅能够更好地满足用户的购物需求，而且还能够降低物流成本，提高企业的利润率和政府部门的工作效率，助推当地经济进一步发展。智慧物流技术的不断推广使得物流成本不断降低，资源利用率不断提高。但在广泛的应用过程中，个人信息泄露、虚假物流信息的出现以及物流信息化程度较低都会导致物流效率低下，严重影响顾客对于物流服务的体验，导致物流服务发展陷入困境。因此，只有发展智慧物流才能够使用户的需求得到进一步的满足。智慧物流有助于更好地满足消费者的需求。以京东为例，它给客户带来的"当天下单，当天收货"这一全新的应用体验让业界叹为观止。随着电子商务的发展，消费数据大量积累，消费者的体验需求也在发生改变，需要更个性化、更有参与感的服务，也就是说除了快，还要准确送达，即根据消费者需求的不同，分类提供个性化服务，包括可以在更多的场景中让消费者更快地拿到商品。京东一直在积极地探索和实践，打造以消费者为中心的服务，2010 年推出"211当日达"服务，2016 年推出"京准达"服务，在 200 多个城市实现 2 小时内精准送达，其送达服务甚至可以精准至 30 分钟。针对高价值奢侈品，京东物流推出了"京尊达"服务，由专属配送团队进行配送，配送员穿西装、戴白手套进行配送。这些服务都是为满足消费者越来越高的要求以及不同消费者的个性化需求设计的。消费者体验的不断升级催生了新技术在智慧物流领域的应用，人工智能就是其中的代表。我们现在看到的机器人、无人驾驶这些智能化的设备将在下一个阶段极大地冲击物流行业，物流将变得非常高效，并且力争达到"零出错率"。2017 年，顺丰获得了无人机航空运营许可证，让国内的物流企业看到了一些希望。在智慧物流方面，除了"亚洲一号"现代化智能物流中心的运营，京东物流无人化的技术也一直走在业界前端。京东无人机送货在西安实现常态化运营，无人车在越来越多的校园投入使用，京东的无人仓也已正式投入运营，将实现整个仓配、全链条的无人化。这些都可以更加便利地满足用户需求，提升用户体验。

5.5　数字贸易平台能为企业的创新创业提供更有效的风险预防机制

企业在创新以及创业的过程中会遇到各种风险，如果对这些风险不能妥善加以防范，企业就很有可能面临危机甚至是倒闭。在众多的风险中，企业的财务风险显得尤为突出。财务风险是由于外部环境因素和企业内部管理因素的共同作用，企业不能实现预期财务收益，从而产生损失的可能性。目前，我国企业的财务管理水平整体不高，很多企业的财务会计和财务管理工作混乱。我国加入 WTO 之后，企业的经营环境发生根本性的变化，市场竞争进一步加剧，企业之间的竞争已由原来的简单的成本和质量的竞争，过渡到成本、质量、灵活性和创新性的综合竞争。财务风险诊断与识别是提高财务管理水平、财务能力和竞争能力，防范和化解财务风险的有效手段。

财务风险产生的原因很多，从总体上来说可以分为外部环境因素和内部管理因素两个方面。然而不同企业发生财务风险的原因各不相同，不同行业、地区、不同经营管理方式的企业，其抵御财务风险的能力也各不相同。因此，根据企业的内外部环境因素现状，分析可能产生财务风险的因素及其影响程度，是防范和化解企业财务风险的前提。

5.5.1　数字贸易平台可以为企业建立风险诊断预警信息系统，增强企业的财务能力

企业的财务能力是企业能力的一个组成部分，它包括企业财务表现能力、财务活动能力和财务管理能力。财务表现能力由盈利能力、偿债能力、营运能力、成长能力和社会贡献力构成；财务活动能力由筹资能力、投资能力、资金运用能力和分配能力构成；财务管理能力由财务决策能力、控制能力、协调能力和创新能力构成。企业财务能力的增强可以提升财务管理水平、增强企业的竞争能力，从而有助于防范和化解财务风险。

财务风险诊断预警信息系统是以企业的外部环境信息、内部环境管理信息和企业的财务会计报表、经营计划及其他相关会计资料为依据，对企业的财务活动进行分析和预测，发现企业存在的或潜在的财务风险，并运用有关模型进行预警的信息系统。财务风险诊断预警信息系统主要由四部分构成，即风险信息识别子系统、风险诊断子系统、风险预测子系统和风险处理子系统。通过财务风险诊断预警信息系统及时对企业进行财务诊断，能够及时发现存在的或潜在的问题，有利于防范和化解财务风险，避免财务危机的发生。数字贸易平台可以基于以往的数据进行大数据分析，并以此来进一步完善和优化企业的预警系统。

5.5.2　数字贸易平台能够帮助企业更好地进行内部控制，从而控制风险

内部控制是一项管理活动，本质上是一个管理行为规范体系（樊行健，肖光红，2014）。内部控制所规范的对象是人的行为及由多个个体行为所组成的法人行为，以及由这些行为所导致的各种控制活动。而人的行为及其控制活动受制于行为者所处的社会环境、所在的文化体系以及它所具有的社会价值观，并因此具有明显的社会属性。如果内部控制规范体系仅仅是一个技术性行为规范体系，那么意味着一定存在着一个统一的内部控制规范标准体系。换言之，我们可寻找到一个经典的控制规范标准体系予以复制或参照。然而，由于内部控制所具有的社会属性，在世界社会经济发展水平多样化、政治多极化、文化多元化的格局下，一个统一且具有广泛适用性的内部控制规范标准体系是不存在的。基于这种现存的格局或这种预期不可改变的格局所确定的内部控制规范标准之间不具有完全通约性。

数字贸易平台的发展能够结合我国国情健全与完善以内部牵制和报告控制为主线的企业内部控制规范体系。结合我国不同类型企业的特点，分类分档建立起我国企业内部控制标准与评价标准体系，并且通过大数据、云计算的有效使用提供更好的风险防控机制。根据我国社会主义市场经济体制、法律法规体系和企业管理制度，按照系统与整合的观点，厘清内部控制与注册会计师审计、公司治理和风险管理之间的关系，从管理效率角度寻找它们之间的融合点，从经营效果角

度厘清它们之间的界限，并以此确立内控范围体系。数字贸易平台能够使公司的管理更加具有效率。同时通过数字贸易平台可以进行各国之间控制系统的比较，借鉴与吸收西方国家先进的控制理念和科学的控制方法。比较而言，美国建立了以保证企业报告真实可靠为核心目标、服务资本市场为基本原则的全面、全员、全过程的内部控制规范体系，制定了被国际社会广泛认可的控制标准和评价标准；英国建立了内容完整、层次清晰的内部控制法律规范体系，形成了将内部控制要求嵌入公司治理并实行原则遵从、风险导向、框架指引相结合的内部控制实施机制；加拿大建立了一个包含控制系统设计、评估和报告的内部控制理论体系，确立了基于公司治理的控制思想，并为最大限度争取企业高层管理者支持而设计了一种更精简、更具动态、在措辞上更多使用管理术语的内部控制架构。建议在学科领域上建立内部控制比较研究学，以取各国之长。这能使中国的企业在数字贸易时代获得更多的发展机遇，为企业的发展提供有力的保障。

参考文献

毕继东，2010. 负面网络口碑对消费者行为意愿的影响研究［D］. 济南：山东大学.

曹虹剑，李睿，贺正楚，2016. 战略性新兴产业集群组织模块化升级研究：以湖南工程机械产业集群为例［J］. 财经理论与实践（2）：118-122.

樊行健，肖光红，2014. 关于企业内部控制本质与概念的理论反思［J］. 会计研究（2）：4-11，94.

苟昂，廖飞，2005. 基于组织模块化的价值网研究［J］. 中国工业经济（2）：66-72.

韩庆祥，陈曙光，2018. 中国特色社会主义新时代的理论阐释［J］. 中国社会科学（1）：4-16.

李海舰，聂辉华. 论企业与市场的相互融合［J］. 中国工业经济，2004（8）：26-35.

李晶晶，2020. 大数据时代的市场营销机遇与挑战［J］. 现代营销（下旬刊）（9）：112-113.

李想，2008. 模块化分工条件下网络状产业链的基本构造与运行机制研究［D］. 上海：复旦大学.

梁军，2007. 产业模块化与中国制造业产业升级[J]. 社会科学辑刊（1）：123-127.

牛斌花，2020. "网络直播"营销传播的机遇与风险研究[J]. 视听（7）：169-170.

潘杰，2020. 网络经济驱动市场营销策略创新探讨[J]. 时代经贸（26）：53-54.

彭兰，2016. "新媒体"概念界定的三条线索[J]. 新闻与传播研究（3）：120-125.

钱慧敏，何江，关娇，2019. "智慧＋共享"物流耦合效应评价[J]. 中国流通经济（11）：3-16.

钱平凡，黄川川，2003. 模块化：解决复杂系统问题的有效方法：以家庭装修项目为例[J]. 中国工业经济（11）：85-90.

覃巍，2010. 促进广西北部湾经济区模块化产业集群形成研究[J]. 学术论坛（9）：124-129.

青木昌彦，安藤晴彦，2003. 模块时代：新产业结构的本质[M]. 周国荣，译. 上海：上海远东出版社.

盛世豪，杨海军，2004. 模块化：一种新的组织模式[J]. 科研管理（2）：12-19.

童时中，2000. 模块化原理设计方法及应用[M]. 北京：中国标准出版社.

王德建，2010. 模块化生产与中国地方产业集群升级研究[J]. 东岳论丛（12）：43-45.

王炫，2017. 网络平台经济下平台文化价值创造管理研究：从共享到共创[J]. 现代管理科学（1）：67-71.

许蔓菁，2019. 新经济背景下企业市场营销战略创新思路研究[J]. 全国流通经济（29）：11-12.

于伟，倪慧君，2010. 基于模块化的高技术产业集群治理和升级机制分析[J]. 宏观经济研究（8）：61-64.

张波，2016. 新媒介消费与情感适应：新生代农民工城市融入研究[J]. 西北农林科技大学学报（社会科学版）（1）：7-13.

赵菲儿，2020. 新媒体技术下市场营销策略研究[J]. 中国市场（9）：

132，170.

朱有为，张向阳，2005. 价值链模块化、国际分工与制造业升级［J］. 国际贸易问题（9）：98-103.

Alexander C，1964. Notes on the Synthesis of Form［M］. Cambridge：Harvard University Press.

Baldwin C Y，Clark K B，1997. Managing an age of modularity［J］. Harvard Business Review，75（9/10）：84-93.

Ranta V，Aarikka-Stenroos L，Väisänen Juha-Matti，2021. Digital technologies catalyzing business model innovation for circular economy：Multiple case study［J］. Resources, Conservation and Recycling，164：1-11.

Simon H A，1962. The architecture of complexity［J］. Proceedings of the American Philosophical Society，106（6）：467-482.

Tebepah E，2020. Digital economy：The role of the telecoms regulator in Nigeria［J］. International Journal of Innovation in the Digital Economy，11（4）：27-38.

Wang X，Lin L，Xuan Z，et al.，2020. Risk communication on behavioral responses during COVID-19 among general population in China：A rapid national study［J］. Journal of Infection，81（6）：911-922.

第6章
数字经济背景下跨国公司内部知识转移的变化

近年来，数字经济迅猛发展，既深刻影响着世界经济、政治、文化等诸多方面，又给企业带来日趋复杂的新挑战，催生出更多变的市场竞争环境。面对这种"不确定"是唯一可确定之因素的经济环境，知识无疑是跨国公司获得持续竞争优势的源泉（野中郁次郎，竹内弘高，2006），即知识在跨国公司内外部的有效转移将深刻影响各公司在全球竞争中所处的地位。在传统知识经济背景下，有关知识内涵和特性以及知识转移的研究体系已趋于完备。但在数字经济时代，以数字化平台为重要载体，以大数据、人工智能、云计算等数字技术为主要手段的知识转移发生了新变化，且目前这些新变化尚未被有关学者洞察，或是已经引起部分学者的重视但缺乏对相关文献的归纳整理。鉴于此，在数字经济时代知识本身以及知识转移对跨国公司日益重要的现实背景下，准确识别跨国公司内部知识转移的变化，不仅能填补相关研究领域的空白，而且能够为跨国公司进行有效的知识转移从而获得和保持竞争优势提供富有价值的理论指导。

6.1　知识转移及其影响因素

6.1.1　知识的内涵

鉴于知识的含义从一般层面上来解释过于宽泛，本书基于企业视角来阐释知识的内涵。

1. 个人知识与组织知识

根据企业知识来源，可以将知识划分为个人知识与组织知识。个人知识指储存于企业员工头脑中的知识，具体包括可交流的与不可交流的个人知识。其中，可交流的个人知识指员工所掌握的通用技能知识或是员工对企业结构和运营等基本信息的了解，可通过文字编码、语言沟通等途径传播，因此具有可交流性；不可交流的个人知识是指员工所掌握的对企业生产和管理、客户消费习惯等方面的深层次理解，难以通过文字和语言等途径传播，并且强烈地依赖个人亲身实践，因此具有显著的不可交流性。

组织知识根植于企业的惯例之中，这些惯例本质上是一个组织技能的集合，包括一个组织得以构建和运营的行为方式、规则、程序、习惯、战略和技术。组织知识分为可交流的和不可交流的组织知识。其中，可交流的组织知识指企业的方针、规章、制度等具有可编码性的知识；不可交流的组织知识指企业文化、战略范式等不可编码的知识。组织知识并不是企业所有员工个人知识的简单加总，其总量要远大于员工的个人知识总和。

2. 显性知识与隐性知识

哲学家波兰尼（Polanyi）是最早将知识划分为显性知识和隐性知识的学者。后来 Wagner 和 Sternberg（1986）将隐性知识定义为在工作中非正式学到的与工作相关的实践知识。Nonaka（1991）进一步指出，高度个人化、难以形式化是隐性知识的典型特征，具体包括技术性知识（在实践中形成的技艺与技巧）和认知性知识（思维模式、信仰、观点和价值观等）。基于此本书认为：显性知识是一种可以口头解释、编码或写在特定文件中的知识，而隐性知识作为一种无形知识，具有直观、难以表达和实践性等特点，后者来源于个体思想，基于生活经历、阅读、学习、环境、信仰等背景特征而形成。

Nonaka（1995）总结出显性知识与隐性知识之间的三个关键区别：一是可编纂性和知识转移机制不同。显性知识可以在没有认识主体的情况下被编纂、理解和共享，易于沟通和传递是其基本属性。隐性知识则来源于直觉，以行动为导向，如果没有认识主体，它就不能被传达、使用或理解。二是获取和积累知识的主要方法不同。显性知识可以通过逻辑推理产生，也可以通过正式学习获得。相比之下，隐性知识只能通过相关背景下的实践经验获得，即边做边学。三是聚集的潜力和挪用的方式不同。显性知识可以集中在一个地方，以客观的形式储存起来，在没有知识主体参与的情况下加以利用。隐性知识则基于个人经验及其环境背景呈分布状而不易聚集。虽然从概念上能够区分显性知识和隐性知识，但在实践中两者相辅相成，相互交织。Nonaka 和 Tekuichi（1995）也发现，新知识是通过这两种类型的知识的动态交互和组合而产生的。

也有一部分学者基于其他标准划分知识，但本质上没有摆脱显性和隐性的基本模式。例如，Spender（1996）引入知识载体这一维度对知识的类型进行两维度分析；Nonaka 和 Tekuichi（1995）也是在显性与隐性分类的基础之上，进一步对隐性知识和显性知识做了更细致的分类。因此本书也将从显性知识与隐性知识两个维度展开研究。

6.1.2 企业竞争优势理论

国内外学者关于企业竞争优势的理论研究主要分为两大流派：竞争优势外生论与竞争优势内生论。

竞争优势外生论基于现代产业组织理论，最初由美国哈佛大学的梅森（Masson）和贝恩（Bain）提出。他们依据"结构—行为—绩效"范式认为，企业间绩效的差异是由该企业所处的市场结构和市场行为决定的。随后波特（Porter）基于现代产业组织理论提出著名的竞争战略理论。该理论认为，企业的竞争优势是由企业所处的产业结构及其在该产业的竞争地位决定的，即竞争优势是来源于企业之外的。

但是竞争优势外生论无法解释为何在相同市场结构和市场机会条件下，两家不同的企业其盈利仍旧不同，因此学者们将关注点转向企业内部，并由此形成了基于企业知识基础观点的竞争优势内生论。20 世纪 80 年代兴起的企业资源基础观点代表着竞争优势内生论的出现，后来一些学者，如 Teece（1997）等，对其进行了丰富和完善。Prahalad 和 Hamel（1990）首次提出核心竞争能力的概念，并指出隐藏在资源背后的企业配置、开发和保护资源的能力才是竞争优势的深层来源，这标志着企业能力基础观点的产生。该理论的核心思想有：企业是一个知识的集合体；知识存量作为企业的核心优势，决定企业配置资源等创新活动的能力；知识难以复制和模仿，必须通过具有路径依赖性的积累过程才能获得并发挥作用，从而使竞争优势体现出持续性和自增强性（于鹏，2006）。

近年来，许多学者将研究重点转到企业知识上。知识作为一种企业内部的稀缺资源，已经成为跨国公司取得核心竞争优势的关键要素，这种优势可使企业获得超过该行业正常收益率的回报。Nonaka（1991）认为，知识是企业获得持续竞争优势的源泉，只有那些持续创造新知识，将新知识传遍整个组织并迅速开发出新技术和新产品的企业才能成功。Spender（1996）指出，企业竞争优势很可能是由企业本身无形的专有知识以某种独特的方式带来的有形资产价值的增加。在跨国公司核心竞争优势中隐性知识扮演着更重要的角色。朱丹（2011）认为，企业的存在和发展必须以其保有一定量的隐性知识为前提，跨国公司所具有的最独特的隐性知识助力其开启国际化扩张。赵涛和曾金平（2005）认为，企业最重要的竞争力是这家企业积累的具有现实互补性的知识，这些知识是别人无法获取的，且 80% 都深藏于员工内心。

6.1.3　企业知识转移

知识转移是指知识接受者通过各种媒介与知识提供者互动，取得所需知识并加以吸收、发展、创新与应用的过程。越来越多的跨国公司通过海外子公司或者分公司及其网络创造并转移新的增量知识，这意味着增量知识创造和转移越来越成为跨国公司获得持续竞争优势更重要的基础。对于那些拥有独特技术、营销管理技能的跨国公司来说，国际扩张不仅是一个利用国内积累的存量优势的过程，还是一个不断创造增量优势的过程，而且学习和获取海外有价值的知识将日益取代获取传统资源和分担风险而成为国际扩张的首要目的。利用存量知识优势或创造增量知识优势都涉及知识转移问题，在组织边界内进行资源和知识跨地区转移的独特能力是跨国公司取得成功的重要因素，能否以快于竞争对手模仿和创新的速度来转移和复制知识优势成为影响公司成长的重要因素。因此，静态的知识存量与动态的知识转移相结合，成为当今跨国公司为寻求国际扩张和更大的商业成功而必须关注的重点。

从转移的内容层次来看，知识转移包括显性知识与隐性知识之间的转化。Nonaka 和 Tekuichi（1995）认为，显性知识与隐性知识之间成功的转化可以扩大知识在公司内部的应用范围并且促进公司创新。这种转化有潜移默化

（socialization）、外部明示（externalization）、汇总组合（combination）、内部升华（internalization）四种模式。潜移默化表现在从隐性知识到隐性知识的转化，例如共享经历和在职培训、企业内外部走动式学习；外部明示表现在从隐性知识到显性知识的转化，例如通过对话、隐喻、类比、概念和模型将隐性知识显性化；汇总组合表现在利用信息通信技术促进显性知识和显性知识的汇总组合；内部升华表现在从显性知识到隐性知识的转化，例如新的显性知识被组织内部员工吸收、消化，从而升华为个人的隐性知识。以上四种知识转化模式构成一个有机整体，缺一不可。组织知识创造过程是一个隐性知识和显性知识动态连续互动的螺旋过程（个人隐性知识—个人显性知识—组织显性知识—组织隐性知识）。同时，隐性知识和显性知识互动的规模与范围随着主体层次的提升而扩大到团体、组织以及组织之间，因此以上螺旋过程也是一个不断自我超越的过程。

从时间维度上来讲，知识转移的过程包括取得、沟通、应用、接受与同化五个阶段（Gilbert，Cordey-Hayes，1996）。在取得阶段，知识来源于工作经验、他人分享、个人新知识以及不断的搜寻，例如在公司内外部提炼最佳隐性知识并使其成为公司的知识资源，或者形成良好的具有灵活性的惯例并在整个组织中传播，而且取得知识的方式深受过去方式和组织创始人的影响；在沟通阶段，需要开发有效的书面或者口头沟通机制并且尽可能减少信息传播的障碍；在应用阶段，应用知识可确保知识留存在组织内部，而且其结果可以进一步鼓励组织学习，从而实现知识转移的目的；在接受阶段，组织仅仅接受了新知识，但是尚未达到吸收的程度，因为新知识主要在资深主管层面交流与探讨，而下层很少参与；同化阶段是知识转移的关键所在，对知识的应用逐渐改变了个人、团体和组织的认知、态度和行为。

从知识转移流程来讲，知识转移包括两大步骤，即传达知识给潜在的接受者及接受知识的个人或者团体对知识加以吸收和利用（Davenport，Prusak，1998）。Albino等（1999）把知识转移的流程分为信息系统和解释系统两大系统。信息系统与操作分析有关，工作的重心是根据知识的特性，通过适当的媒介把信息传递给一个人或者组织并且改进沟通与信息的有效性。而解释系统与概念层次相关，包括取得、沟通、应用、接受与同化五个阶段。信息必须经过解释系统的解释才能变成知识，而解释系统的效能取决于知识接受者的相关专业与知识储备。按照Szulanski（1996）的观点，组织内部的知识转移是知识源和知识接受方之间的一个二元化的特殊的知识交流过程，该过程包括四个阶段：开始阶段、执行阶段、蔓延和渗透阶段、整合阶段。前两个阶段是知识源决定并实际转移出知识，后两个阶段是接受者对知识的实际利用。知识创造和转移的过程除了涉及知识转移者和知识接受者两个方面的因素，还包括知识转移渠道。

知识转移对跨国公司的重要性源于知识自身的特殊性。知识不同于劳动力、土地等有形资源，后者具有边际效益递减的属性。知识转移与共享可实现知识的几何倍数增长，一项知识被共享的范围越大，其自身的价值就越能得到体现和提升。勤业管理咨询公司提供的知识管理公式为：$KM = (P + I)^s$。其中，KM 代表知识管理活动，P 代表员工，I 代表信息，$+$ 代表信息技术，s 代表知识共享。该公式揭示了组织知识的累积必须通过信息技术将员工与信息充分结合，并且在知识共享的组织文化下才能达到乘数效果。

6.1.4　知识转移的影响因素

知识的隐匿性、可转移性、有用性、复杂性以及系统性都将影响知识的转移。余光胜（2000）从以下方面分析知识的特性：①知识的默会性，即这部分知识是别人无法获取的，80% 都是深藏于员工内心的隐性知识，难以言传。②知识的分布性，即知识广泛地分布于企业组织成员的头脑之中，而非集中于某一核心成员身上。③知识的可转移性，即知识可通过文字、语言或者其他媒介进行转移。跨国公司知识转移在显性知识和隐性知识两个层面都有可能发生，而关于知识基础研究的最新成果表明，在公司扩张过程中，利用知识的程度和方式主要受到公司知识的默会性程度的限制。Kogut 和 Zander（1992）认为，知识的默会性，即难以编码化和难以传授性降低了跨国公司内部知识转移的速度，增加了国际转移知识的时间和成本。为了确保内部知识转移的速度快于知识扩散和竞争对手模仿的速度，跨国公司有必要投资于隐性知识的解码和复制工作，以减少默会性的消极影响。Cummings 和 Teng（2003）通过实证研究验证了，知识的可表达性越差，知识转移越难，且知识转移的难度与知识的嵌入性正相关。肖小勇和文亚青（2005）指出，知识的模糊性、专用性和复杂性会通过影响知识应用来影响知识转移的难易程度，知识的有用性则通过影响知识转移的动机影响知识转移的效率。按照 Simonin（1999）的观点，知识默会程度是决定知识可转移性的最显著因素。Nonaka（1994）认为，知识具有的模糊不清的特点使学习者更难在短期内掌握。此外，知识的默会性使知识转移过程具有高风险和不确定性的特点，这形成了影响知识在跨国公司内部自由流动的重重壁垒。

1. 知识转移的媒介

知识转移的媒介指知识在不同主体之间进行传输时使用的所有工具和手段的总称。Albino 等（1999）指出，编码和渠道两者的结合决定知识转移媒介的特征，且两者结合得越好，越能降低转移的不确定性和模糊性，在数量和质量上实现高水平的知识转移。Holtham 和 Courtney（2001）基于对个体知识转移过程中渠道特点的分析，进一步将知识转移的渠道分为正式的和非正式的或者个体的和非个体的。中国学者汪应洛和李勖（2002）则提出两种知识转移渠道，即知识转移的语言调制方式和联结学习方式。也有部分学者探究现代信息技术作为知识转移媒介在知识转移过程中的作用。其中 Hendriks（1999）指出，信息和沟通技术（ICT）会减少知识转移中的时空障碍；Cramton（2001）着重分析了虚拟团队的知识转移活动，发现当存在多个信息接受者时，各接受点在信息技术上的不同会导致理解上的障碍；Hooff 和 Ridder（2004）的研究表明，计算机中介沟通（CMC）技术的利用，会通过显著影响组织承诺对知识转移产生间接影响。

2. 知识转移主体的能力

知识源发送知识和知识接受方吸收知识的能力是知识转移的关键。Gupta 和 Govindarajan（2000）认为，流入跨国子公司的知识与传递渠道的多寡、子公司获取知识的动力以及吸收知识的能力呈正相关。Szulanski（1996）同样认为，影响知识转移的关键因素不是从知识源流出的知识，而是接受者吸收和整合知识的能力与程度。如果接受者没有有效吸收知识并且将知识整合进入自己的经营过程，那么知识从源头到接受者的纯粹流动并没有实际的价值和用处。Aladwani（2002）实证分析了知识接受方的知识吸收能力和信息系统项目产出间的关系，发现它们之间呈显著正相关。行为科学理论也表明，员工的能力和动机会对组织行为产生重要的影响。公司中的个人对吸收和利用知识具有关键性作用，而依存于员工身上的公司吸收能力包括两部分：一是原有知识基础，二是员工努力程度。而员工努力程度又与所受到的激励息息相关，如果员工能够而且愿意吸收外部新信息，潜在吸收能力就更能够转化为现实能力。Duanmu 和 Fai（2007）基于知识接受方角度，认为接受方自身的捕捉能力、原有知识存量、对知识的领悟吸收能力、思维能力等智力因素和情商的高低直接影响知识转移的效果（苏延云，2006）。

3. 知识转移的情境因素

知识转移和转移主体所处的情境是不可分割的，任何知识转移活动都处在特定的政治、经济、文化环境以及组织环境中，因此转移主体所处的情境都会影响知识转移效果。对知识转移情境因素的研究主要包括以下几个方面。

（1）文化因素。文化是最主要的情境因素，关于文化对知识转移影响的研究主要集中在组织层面。Cho 等（1998）发现，企业文化、国家文化和商业文化上的差异显著影响着联盟间知识的转移。徐占忱和何明升（2005）认为，知识转移接受方的文化背景、认知结构和技术领域决定了他们对知识的搜寻倾向、选择方案以及学习强度，且越接近知识源，知识转移越顺利。

（2）关系强度。关系强度分为弱联系和强联系，早期的研究以 Granovetter（1973）为代表，其发现相对于强联系，弱联系连接范围更广，对知识的转移更为有效。也有学者关注关系强度在知识转移中的交互作用。Hansen（1999）研究了强联系与弱联系在知识转移不同阶段的作用，发现弱联系有助于新知识的发现，强联系有助于知识的转移。

（3）信任环境。部分学者认为，不同知识转移主体间的信任能够促进知识转移。其中，Zand（1972）指出，信任有助于提高双方信息交流的准确性和及时性；Andrews 和 Delahaye（2000）充分肯定信任在知识转移中发挥的重要作用，认为其重要性超过正式的合作程序；高祥宇等（2005）指出，信任不仅能提高两人间知识转移的意愿，而且能加深双方的沟通，从而使知识转移更为容易。

（4）社会网络。一些学者从社会网络视角对知识转移展开研究。社会网络的一个重要方面就是存在第三方联系，如 Ingram 和 Roberts（2000）的研究表明，第三方联系使得社会网络超越二元层次的关系强度而影响知识转移。此外，知识转移主体在网络中的位置对知识的转移有重要影响，最具有创新能力和盈利能力的知识转移主体往往位于网络的中心（Tsai，2001）。

知识转移情境研究涉及的范围非常广，除上面提到的因素外，还有学者探讨了组织氛围、领导风格、组织之间目标任务的相似性、组织战略的相似性以及组织特性等因素对知识转移的影响。

6.2　数字经济的基本内涵与典型特征

6.2.1　数字经济的基本内涵

数字经济的概念最先由唐·塔普斯科特（Don Tapscott）在行业研究中提及。随着信息技术的创新扩散，诸多学者对数字经济的概念进行了拓展。但目前学术界对数字经济的认识还停留在描述阶段，尚未形成标准的或者公认的数字经济定义。国内的相关研究主要涉及基础设施、数字交易和电子商务等内容。李长江（2017）详细阐述了数字经济这一概念的起源、发展及相关概念辨析。相关观点仍存在较大争议，比如有研究认为网络经济仅仅是强调传输环节，这一观点明显是有局限性的。该文提供了较有价值的梳理，其中主要的观点包括：几乎都认同数字经济是信息或数字技术、信息化带来的经济形态，这是目前研究得到的共性结论；也有部分研究者从测量的角度来描述数字经济内涵。信息经济、网络经济在其他各类文件及报道中也被用来描述与数字技术有关的经济现象，这两个概念反映了使用者对数字经济中信息和技术等外在特征的强调。还有知识经济的概念也被用来描述数字经济现象，这反映了研究者更强调信息和知识的主导作用（周宏仁，2008）。2016 年 G20 杭州峰会将数字经济的概念界定为一种广泛的经济活动，关注关键生产要素、载体以及效率提升等方面。数字经济具有多维度和动态发展的特征，相关研究通过文献计量分析，将数字经济的发展归纳为三个阶段：电商信息经济阶段、数媒知识经济阶段以及物联网和共享经济阶段。刘航等（2019）在若干研究基础上重新界定了数字经济的概念，归纳了数字经济的特征及要解决的问题，从微观个体决策行为、中观产业、宏观经济增长等层面给出了数字经济发展基础理论框架的构建思路。由此可见，近年的研究普遍认为数字经济是信息技术产品和服务在现代新经济中发挥作用并产生影响的产物，典型的就是把依托互联网的"新经济"称为数字经济（逢健，朱欣民，2013）。本书认同

《中国数字经济发展白皮书（2020 年）》中对数字经济的定义，即"数字经济是以数字化的知识和信息作为关键生产要素，以数字技术为核心驱动力，以现代信息网络为重要载体，通过数字技术与实体经济深度融合，不断提高数字化、网络化、智能化水平，加速重构经济发展与治理模式的新型经济形态"（中国信息通信研究院，2020）。数字经济包括数字产业化和产业数字化两大部分。数字产业化是指依靠信息技术创新驱动，不断催生出新产业、新业态、新模式，用新动能推动新发展。产业数字化是指利用互联网等新技术对传统产业进行全方位、全角度、全链条的改造，提高全要素生产率，释放数字对经济发展的放大、叠加、倍增作用。

6.2.2　数字经济的典型特征

本书参照《中国数字经济发展白皮书（2017 年）》，从以下六个方面来分析数字经济的基本特征。

（1）数据成为新的生产要素。随着移动互联网、人工智能等新技术的迅速发展和应用，大量的数据随之产生。从经济学的角度来看，数据作为一种新的生产要素，打破了传统要素有限的供给约束，成为发现新知识、提高新能力、创造新价值的关键因素。强复制和快速迭代的特点决定了数据量越大，维数越大，边际值越高。同时，数据还推动了信息产品和服务的跨越式创新；融入电子商务、金融等领域，不断衍生数字消费服务；融入旅游、社保等领域，推动数字治理模式的形成。

（2）数字技术创新成为核心驱动力。数字技术创新活跃，不断拓展人类认知和成长空间，已成为数字经济发展的核心动力。人类经济和社会每一次飞跃的实现都离不开技术的变革。与历史上的通用技术不同，数字技术的进步摆脱了线性约束，以指数增长的趋势将人类经济社会推向下一个发展阶段。数字技术能力的提高遵循摩尔定律，总计算能力每 18 个月翻一番。摩尔定律的效果被仓储价格减半、贷款价格减半等行业现象所证实。接入网络的用户和设备的价值则遵循梅特卡夫定律，数字经济价值呈指数级增长，这进一步推动了数字经济的快速增长。近年来，大数据、物联网、移动互联网、云计算等数字技术的突破和融合发展推动了数字技术的快速发展。人工智能、虚拟现实、区块链等前沿技术正在加速进步，产业应用生态不断完善，未来发展动力不断增强。

（3）信息产业发挥基础性的先导作用。信息产业早期快速扩张，现今发展稳定，成为支撑国民经济发展的战略性产业。信息产业领域创新活跃，具有很强的引领作用。数字技术是技术密集型产业，表现出动态创新的基本特点，强大的创新能力作为根本保证使得产业具有强大的竞争力。

（4）产业融合成为推动数字经济发展的主引擎。近年来，数字经济正在加快与其他产业融合，扩大经济发展空间。一方面，数字经济加速向传统产业渗透，不断从消费向生产、从线上向线下拓展，催生O2O、分享经济等新模式、新业态持续涌现，提升消费体验和资源利用效率；另一方面，传统产业数字化、网络化、智能化转型步伐加快，新技术带来全要素生产率的提升，加快改造传统动能，推动新旧动能接续转换。传统产业利用数字经济带来的产出增长，构成数字经济的主要部分，成为驱动数字经济发展的主引擎。

（5）产业组织特征转向平台化和生态化。平台成为数字经济时代协调和配置资源的基本经济组织，是价值创造和价值汇聚的核心。一方面，互联网平台新主体快速涌现；另一方面，传统企业加快平台转型。在工业经济时代，企业的经营目标是消灭竞争对手，并从上下游企业中获取更多利润。但在平台中，价值创造不再强调竞争，而是通过整合产品和服务供给者，并促成他们之间的交易协作和适度竞争，共同创造价值，以应对外部环境的变化。这表明平台在本质上是共建共赢的生态系统。

（6）协同价值效应不断凸显。依托网络平台，数字经济领域的新业态、新模式不断涌现，实现了技术迭代更新、模式创新扩散，带动上下游产业协同发展。数字营销、移动支付、仓储物流快递等相关服务业快速增长。电商、快递、外卖、直播等新业态催生了灵活用工机会，海量个体依托自媒体社交平台在线创新创业，不断涌现出各类新服务产品、新场景应用，产生了巨大的协同价值。

总之，数字经济是一种与传统经济不同的新经济形态。数字经济的生产要素包括数据、资本、劳动力和土地。在数字经济下，要使数据成为驱动经济运行和发展创新的生产要素，需要通过数字化让数据转换为信息，并让信息向价值转换。作为数字经济的核心驱动力，移动互联网、大数据、云计算、人工智能等新兴技术正在颠覆传统商业模式，引领数字化转型，重新定义企业与客户互动的方式以及客户接受和体验服务与商品的方式，这为传统企业进行变革提供了诸多发展契机。因此跨国公司能够在数字经济背景下蓬勃发展将是确保竞争优势和业务可持续性的关键。

在以上对数字经济的内涵和特征的探讨中，数据和数字化知识等概念被反复提及，这说明知识在数字经济时代仍然占据着重要的地位，并且在大数据、人工智能、云计算等新兴技术的驱动下发生了新的变化。接下来本书将根据有关知识转移的最新研究进展对这些新变化展开分析。

6.3　数字经济背景下知识转移的新变化

基于知识转移的四大主要影响因素，数字经济背景下知识转移的新变化主要体现在以下四个方面。

6.3.1　隐性知识不断显性化

高度个性化、基于经验和特定情境的隐性知识以独特的、不可模仿的和不可转移的方式创造商业价值（Sigala，Chalkiti，2007）。鉴于隐性知识对企业获取竞争优势至关重要，企业管理者不断寻求快速、有效的方法将员工的隐性知识外化（Panahi et al.，2013），例如在内部建立社交网络，以此促进员工之间的隐性知识和显性知识共享。一旦员工的经验知识被外部化，从默会性概念转化为明确性概念，就可以通过提高工作质量和决策效率，以及促进问题解决和方法创新，来提高企业绩效、组织学习和新产品开发（Haldin-Herrgard，2000；Matschke et al.，2012）。然而，对社会内部网络的支持作用的研究仍然存在诸多不足，因为它涉及隐性知识外化的过程。

一部分研究聚焦了信息和通信技术在支持个人隐性知识共享方面的潜力，主要分为两种不同的研究方向。第一种是将知识视为一个范畴，即绝对隐性或绝对显性（Haldin-Herrgard，2000）。隐性知识被认为是高度个人化的，在人类的头脑中根深蒂固，因此不能用共同语言或信息通信技术表达（Sigala，Chalkiti，2007），只能作为隐性知识分享（社会化），不能转化为显性知识。由此得出结论，仅通过信息和通信技术不足以分享隐性知识（Panahi et al.，2013）。第二种是基于 Nonaka 和 Takeuchi（1995）的知识创造模型（也被称为 SECI 模型）认为，只有通过隐性知识向隐性知识的转化（社会化）或隐性知识向显性知识的转化（外部化），才能实现隐性知识共享。由此得出结论：信息和通信技术可显著促进具有低度和中等程度的默会度知识的外化，并以高度的默会化同样地支持知识的外部化（Panahi et al.，2013）。Janes 等（2014）以及 Martin-Niemi 和 Greatbanks（2010）基于 SECI 模型探索隐性知识共享，发现个人之间的隐性知识转移确实可通过信息和通信技术实现。

非正式沟通被认为是个人隐性知识外化的核心机制。Janes 等（2014）提出，通过会话技术进行的非正式简报可能是员工通过社交内联网分享其隐性知识的另一种方式。此外，Krishnaveni 和 Sujatha（2012）在他们关于实践社区中知识转移的研究中发现，博客用户能够轻松地评论已发表的文章。同样，Panahi 等（2013）发现，博客和社交网站的评论鼓励个人参与讨论并提供思考。对包含个人经验和知识的显性材料的思考是将隐性知识外化的最有效方法之一（Joia，Lemos，2010）。因此，通过提供各种非正式沟通方式，社会内部网促进了员工隐性知识的外化。

在隐性知识显性化趋势下，知识资产面临着易于被复制和模仿的风险。竞争差异化来自公司无形资产中的珍贵知识资源（Reed，DeFillippi，1990），可持续的绩效则来自企业保护其知识资产不被模仿和促进知识跨领域转移的能力。数字化服务促使跨国公司通过投资于多层保护公司特定资产的技术来提高模仿壁垒，但这必然会增加用户使用成本。值得注意的是，数字化在增强技术可转让性的同时也大大提高了技术的可复制性。第一道防线通常是投资于提高技术复杂性的方面以减少技术被模仿的威胁（Reed，DeFillippi，1990）。相反，当使用的技术趋于标准化时，由于竞争平台也能轻易地实现相似的资源整合，平台提供的服务的复杂性受到显著削弱。但数字技术也促进了网络安全系统的更新迭代，同时实现了知识转移的高效化和安全化。因此数字化平台形成的知识市场促进隐性知识显性化并轻松转移。

数字化平台构筑知识转移新载体。数字化平台依托数字技术使技术资产与人力资本协同工作，使技术资产更容易转移、复制。赵涛和曾金平（2005）构建企业隐性知识流的动态扩展模型，研究发现，隐性知识流促使基于业务流程的有序组合，借助培训、人员配置、数字化平台等技术方法，通过垂直过程转移一项业务流程的隐性知识来复制一项新的流程从而达到这部分知识的共享。数字平台以及支持工具和功能已经成为使企业能够利用分布式知识的重要媒介（Sedera et al.，2016）。数字研发平台、创意生成平台、预测平台、自由职业平台、共同创作平台、产品设计平台和公众参与平台等在过去的十年里迅速流行起来。例如，戴尔的"意见风暴"（Idea Storm）和星巴克的"我向星巴克出主意"（My Starbucks Idea）是两个用于吸引消费者并且征求其意见的数字平台（Bayus，2013；Chua，Banerjee，2013）。数字化平台在促进跨国公司通过建立联盟、网络和生态系统来实现知识转移方面产生了深远影响（West，Bogers，2014），从而加速了公司的数字化转型进程。组织可以基于其需求来选择各种类型的数字平台，而数字平台能够使知识嵌入组织内部以解决在外部环境中难以解决的问题（Jeppesen，Lakhani，2010）。向更数字化的领域转变意味着以一种新的方式来分享内部和跨组织的知识：组织可构建专有平台或使用与内部创新能力互补的中介平台，这在大型组织中尤为常见（Lichtenthaler，2013）。Fichman 等（2014）强调技术管理者需要构建内部或者连接外部数字化平台来转移企业内部的隐性知识，这一转变的重要性在信息技术进步的背景之下进一步凸显。知识转移的方向性不应局限于总部和子公司，还应包括来自同级子公司的知识流入和向同级子公司的知识流出。而具备具有足够包容性的数字化平台能够实现知识的多向流动，这显然提高了知识的转移效率（Gupta，Govindarajan，2000）。因此，随着数据的沉淀，数字化平台成为组织内部富有价值的知识集池。

信息技术被认为是知识共享活动的主要促进因素之一，但目前对于它是否能够促进隐性知识共享，学术界尚未达成共识。许多研究忽略了人在知识管理中的重要性。Huysman 和 Wulf（2005）认为，传统信息技术更注重信息管理，而不是促进隐性知识共享所必需的知识持有者之间的互动。因此 Mitri（2017）强调，隐性知识共享需要提供自由形式的、实时的、交互式的交流和协作平台。在数字经济时代背景下，人工智能、大数据等数字化技术的应用为企业搭建了可实现知识高效转移和共享的数字化平台。

Biggiero（2006）等认为，数字化使得跨国公司特定资产可近似分为两类：技术资产与人力资产。其中，技术资产是指跨国公司基于信息技术（IT）产生的创新过程、专利、版权和商标的组合。人力资产是指跨国公司在一定时期内拥有或控制的、能以货币计量的、为企业带来未来经济利益的劳动力资源。数字化通过增强技术资产的模板化和与当地企业合作来提高技术资产的跨国转移性。Banalieva 和 Dhanaraj（2019）提出，数字技术的一个显著优势是能够将技术资产积累到一个能够与人力资产协同工作的数字平台中。以优步（Uber）为例，其数字化平台可使人力资产与技术资产脱钩，这让 Uber 得以转移作为企业技术资产核心的知识，并通过提供实物资产（汽车）来与当地驾驶员合作，共同发挥 Uber 的知识优势。因此跨国公司借助数字化平台将技术与当地的人力资产结合起来，充分利用当地的人力资产来发挥企业的知识优势。

6.3.2 高级技能增强化、通用技能商品化

尽管技术进步带来既定的好处，但缺乏足够的隐性知识共享是影响人力资本发展的主要障碍之一。现有理论较少从人力资本的角度来研究知识转移与人力资本的关系。Banalieva 和 Dhanaraj（2019）着重分析了数字化和企业人力资本优势的关系，发现数字化一方面增强基于特殊技能的人力资本相对优势，另一方面使得通用技能商品化，从而极大地提高了其转移可能性。关于数字化能否增强公司人力资本特定优势的跨国转移的问题，高级技能与通用技能则表现出不同的转移有效性。基于此，Banalieva 和 Dhanaraj（2019）认为，应该从高级技能与一般技能两个层次来研究数字化对人力资本的影响。

通常情况下，高级技能在个人面对不熟悉的情况并无法从以前的遭遇中获得指导的情况下显得尤为重要，而这些技能则扎根于直觉和创造力。对于数字公司，高级技能主要指抽象思维，如编写平台底层的源代码并与其他应用程序集成、与工程师和服务开发专家或品牌团队进行持续复杂的交互、整合预测分析所得的见解；与供应商展开加入平台的谈判；利用新数字技术预测收入增长；等等。Nelson 和 Winter（1982）强调，这些技能具备程序化、影响默会化以及创造潜意识化三个特点。先进的技能很难体现在技术中，因此高级技能依赖于人力资本的转移，仅靠数字平台无法显著增强其可转移性（Harzing，Pudelko，2016）。例如，麦肯锡仍主要通过层次结构模式将其专业知识带到国外市场，以促进公司内部向该子公司转让先进技术的数字技术。平台提供的数字连接能降低相关的培训、社会化和监控成本并使先进的人力资源在公司内部更具跨国流动性。因此 Gaur 等（2019）认为，数字化能促进企业进行更有效的国际化。

若将先进的人力资本与核心技术相结合，则跨国公司的竞争优势将显著增强。因此，数字化增强了企业高级技能的特殊性和在内部建立人力资本优势的能力。数字化进一步加强了人力资本与高级技能之间的相互作用，使高级技能的复制和转移成为可能。

6.3.3　数字化增强了跨国公司先进人力资本的特殊性，但同时弱化了通用人力资本的特殊性

数字平台使通用技能商品化。通用技能涉及简单、基于规则和重复性的任务，这些任务可以被编码和跨国界复制，一般不需要人力资本的实物转移。基于数字化，Jacobides 等（2018）研究发现，这些通用技能被本地公司收购，或是与本地公司合作提供服务。在数字平台上，技能越通用，在国外的替代性就越强，特殊性也就越低，因此可实现快速转移。以 Uber 为例，它可以显著缩短甚至不熟悉当地地理、定价或客户的新手司机的培训时间。因此，数字化弱化了企业的特殊性通用技能，使当地可用的人力资本增加。Braojosa 等（2020）实证分析了企业依托数字化平台获得的知识整合能力。如图 6-1 所示，这种能力使重点企业能够更好地与外部合作伙伴协调业务活动，这反过来又有利于企业吸收核心知识，与外部合作伙伴转移非核心知识，从而提高企业效益。

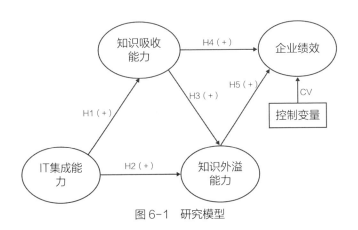

图 6-1　研究模型

总之，数字化降低了交易跨地域捆绑人力资本技能的成本，提高了高级技能

和一般技能的可扩展性。随着公司从产品转向平台生态系统，数字化使公司能够通过与外国合作伙伴的数字网络实现国际化。

6.3.4　基于数字技术搭建知识共享新平台

首先，基于数字技术搭建的数字化平台被认为是一种分享成员隐性知识和技能的公开平台，加速了组织知识的转移和传播。其中，Pan 和 Leidner（2003）指出，成功的知识共享不仅取决于使用特定的信息技术，还取决于能否成功地创造一个以知识管理为重点的人力资源管理平台作为相关活动者的知识共享空间。Panahi 等（2013）发现，借助数字化平台和社交网络可以显著增强组织成员之间的默契度。Wissal 等（2020）基于三个公司的典型案例，进一步验证了内部数字平台的构建能够有效促进知识，尤其是隐性知识的共享。其次，企业内部网络降低了成员获得新知识的门槛并加强了其参与度。数字化平台作为参与式的虚拟工作场所，公司可借助其来增加会议的频率和确保任务与责任的分配，旨在创造一种促进交流、增强信任的氛围，这种氛围更有助于获得新的隐性知识和内部化行业新知识。他们还认为，企业间网络经验和知识共享为员工提供了获得新技能的机会，例如领导能力、沟通能力、耐心等。Zeng 等（2018）定量分析集中化、形式化和社会化对知识转移的影响差异，发现社会化比集中化和形式化更能促进知识转移。

6.4　本章小结

基于竞争优势内生等理论，嵌入在公司中的复杂知识，尤其是隐性知识，构成了跨国公司的核心竞争优势，且知识转移比知识存量更为重要，因此如何进行知识转移成为跨国公司为获得先发优势必须关注的重点。知识转移受知识属性、知识转移主体的能力、知识转移媒介以及知识转移情境的影响。在数字经济背景下，以数字技术为代表的技术手段和以数字化平台为代表的信息传递渠道显著地促进了知识的转移，主要表现在以下四个方面：一是从知识属性层面上看，数字技术使隐性知识呈现出显性化的趋势。二是从知识转移媒介层面上看，数字化平台成为知识转移的重要载体。三是从知识转移主体的层面上看，数字化平台一方面增强了基于高级技能的人力资本竞争优势，另一方面将通用技能商品化。四是从知识转移情境的层面上看，跨国公司可利用数字技术在内部构建联系紧密、高度信任、鼓励社交的平台，以此鼓励员工进行知识共享。因此跨国公司应基于以上新变化，给予数字化平台足够的重视，探索借助数字化平台来有效地促进知识转移以及保护知识资产的方法。

参考文献

高祥宇，卫民堂，李伟，2005. 信任促进两人层次知识转移的机制的研究[J]. 科学学研究（3）：394-400.

李长江，2017. 关于数字经济内涵的初步探讨[J]. 电子商务（9）：84-92.

刘航，伏霖，李涛，等，2019. 基于中国实践的互联网与数字经济研究[J]. 经济研究（3）：204-208.

马述忠，刘梦恒，2017. 全球价值链背景下中国 OFDI 的网络化趋势及其默会知识逆向溢出研究[J]. 国际商务（对外经济贸易大学学报）（3）：74-85.

逄健，朱欣民，2013. 国外数字经济发展趋势与数字经济国家发展战略[J]. 科技进步与对策（8）：124-128.

苏延云，2006. 知识转移的障碍及应对策略[J]. 科技情报开发与经济（5）：194-195.

汪应洛，李勖，2002. 知识的转移特性研究[J]. 系统工程理论与实践（10）：8-11.

肖小勇，文亚青，2005. 组织间知识转移的主要影响因素[J]. 情报理论与实践（4）：355-358.

徐占忱，何明升，2005. 知识转移障碍纾解与集群企业学习能力构成研究[J]. 情报科学（5）：559-663.

野中郁次郎，竹内弘高，2006. 创造知识的企业：日美企业持续创新的动力[M]. 李萌，高飞，译. 北京：知识产权出版社.

于鹏，2006. 跨国公司内部的知识转移研究[D]. 济南：山东大学.

余光胜，2000. 企业发展的知识分析[M]. 上海：上海财经大学出版社.

赵涛，曾金平，2005. 企业隐性知识流动态扩展模型分析［J］. 科学学研究（4）：536-539.

中国信息通信研究院，2017. 中国数字经济发展白皮书（2017年）［R/OL］. http：//www.cac.gov.cn/files/pdf/baipishu/shuzijingjifazhan.pdf.

中国信息通信研究院，2020. 中国数字经济发展白皮书（2020年）［R/OL］. http：//www.aii-alliance.org/upload/202007/0713_140554_839.pdf.

周宏仁，2008. 信息化论［M］. 北京：人民出版社.

朱丹，2011. 知识流动视角下跨国公司技术创新网络结构优化研究［D］. 长沙：湖南大学.

Aladwani A M, 2002. An integrated performance model of information systems projects［J］. Journal of Management Information Systems, 19（1）：185-210.

Albnio V, Garavellli A C. Schiuma G, 1999. Knowledge transfer and inter-firm relationships in industrial districts: The role of the leader firm［J］. Technovation, 19（1）：53-73.

Andrews K M, Delahaye B L, 2000. Influences on knowledge processes in organizational learning: The psychosocial filter［J］. Journal of Management Studies, 37（6）：797-810.

Banalieva E R, Dhanaraj C, 2019. Internalization theory for the digital economy［J］. Journal of International Business Studies, 50（8）：1372-1387.

Bayus B L, 2013. Crowdsourcing new product ideas over time: An analysis of the Dell IdeaStorm community［J］. Management Science, 59（1）：226-244.

Biggiero L, 2006. Industrial and knowledge relocation strategies under the challenges of globalization and digitalization: The move of small and medium enterprises among territorial systems［J］. Entrepreneurship & Regional Development, 18（6）：443-471.

Braojosa J, Benitezc J, Llorensb J, et al., 2020. Impact of IT integration on the firm's knowledge absorption and desorption［J］. Information & Management, 57（7）：103290.

Cho D S, Kim D J, Rhee D K, 1998. Latecomer strategies: Evidence from the semiconductor industry in Japan and Korea [J]. Organization Science, 9（4）: 489-505.

Chua A Y, Banerjee S, 2013. Customer knowledge management via social media: The case of Starbucks [J]. Journal of Knowledge Management, 17（2）: 237-249.

Cramton C, 2001. The mutual knowledge problem [J]. Organization Science, 12（3）: 346-371.

Cummings J L, Teng B, 2003. Transferring R&D knowledge: The key factors affecting knowledge transfer success [J]. Journal of Engineering and Technology Management, 20（1-2）: 39-68.

Davenport T H, Prusak L, 1998. Working Knowledge: How Organizations Manage What They Know [M]. Cambridge: Harvard Business School Press.

Duanmu J L, Fai F M, 2007. A processual analysis of knowledge transfer: From foreign MNEs to Chinese suppliers [J]. International Business Review, 16（4）: 449-473.

Fichman R G, Santos B L D, Zheng Z, 2014. Digital innovation as a fundamental and powerful concept in the information systems curriculum [J]. MIS Quarterly, 38（2）: 329-343.

Gaur A, Pattnaik C, Singh D A, et al., 2019. Internalization advantage and subsidiary performance: The role of business group affiliation and host country characteristics [J]. Journal of International Business Studies, 50（8）: 1253-1282.

Gilbert M, Gordey-Hayes M, 1996. Understand the process of knowledge transfer to achieve successful technological innovation [J]. Technovation, 16（6）: 301-312.

Granovetter M S, 1973. The strength of weak ties [J]. American Journal of Sociology, 78（6）: 1360-1380.

Gupta A K, Govindarajan V, 2000. Knowledge flows within multinational corporations [J]. Strategic Management Journal, 21（4）: 473-496.

Haldin-Herrgard T, 2000. Difficulties in diffusion of tacit knowledge in organizations [J]. Journal of Intellectual Capital, 1（4）: 357-365.

Hansen M T, 1999. The search-transfer problem: The role of weak ties in sharing knowledge across organization subunits [J]. Administrative Science Quarterly, 44（1）: 82-111.

Harzing A W, Pudelko M, 2016. The bridging role of expatriates and inpatriates in knowledge transfer in multinational corporations [J]. Human Resource Management, 55（4）: 679-695.

Hendriks P, 1999. Why share knowledge? The influence of ICT on the motivation for knowledge sharing [J]. Knowledge and Process Management, 6（2）: 91-100.

Holtham C, Courtney N, 2001. Developing managerial teaming styles in the context of the strategic application of information and communications technologies [J]. International Journal of Training and Development, 5（1）: 23-33.

Hooff B V D, Ridder J A D, 2004. Knowledge sharing in context: The influence of organizational commitment, communication climate and CMC use on knowledge sharing [J]. Journal of Knowledge Management, 8（6）: 117-130.

Huysman M, Wulf V, 2005. The role of information technology in building and sustaining the relational base of communities [J]. The Information Society, 21（2）: 81-89.

Ingram P, Roberts P, 2000. Friendships among competitors in the Sydney hotel industry [J]. American Journal of Sociology, 106（2）: 387-423.

Jacobides M, Cennamo C, Gawer A, 2018. Towards a theory of ecosystems [J]. Strategic Management Journal, 39（8）: 2255-2276.

Janes S H, Patrick K, Dotsika F, 2014. Implementing a social intranet in a professional services environment through Web 2.0 technologies [J]. The Learning Organization, 21（1）: 26-47.

Jeppesen L B, Lakhani K R, 2010. Marginality and problem solving effectiveness in broadcast search [J]. Organization Science, 21 (5): 1016-1033.

Joia L A, Lemos B, 2010. Relevant factors for tacit knowledge transfer within organizations [J]. Journal of Knowledge Management, 14 (3): 410-427.

Kogut B, Zander U, 1992. Knowledge of the firm, combinative capabilities, and the replication of technology [J]. Organization Science, 3 (3): 383-397.

Krishnaveni R, Sujatha R, 2012. Communities of practice: An influencing factor for effective knowledge transfer in organizations [J]. IUP Journal of Knowledge Management, 10 (1): 26-40.

Lichtenthaler U, 2013. The collaboration of innovation intermediaries and manufacturing firms in the markets for technology [J]. Journal of Product Innovation Management, 30 (S1): 142-158.

Martin-Niemi F, Greatbanks R, 2010. The ba of blogs: Enabling conditions for knowledge conversion in blog communities [J]. The journal of information and knowledge management systems, 40 (1): 7-23.

Matschke C, Moskaliuk J, Cress U, 2012. Knowledge exchange using Web 2.0 technologies in NGOs [J]. Journal of Knowledge Management, 16 (1): 159-176.

Mitri M, 2017. Applying tacit knowledge management techniques for performance assessment [J]. Computers & Education, 41 (2): 173-189.

Nelson R R, Winter S G, 1982. An Evolutionary Theory of Economic Change [M]. Cambridge: Belknap Press of Harvard University Press.

Nonaka I, 1991. The knowledge-creating company [J]. Harvard Business Review, 6 (6): 96-104.

Nonaka I, 1994. A dynamic theory of organizational knowledge creation [J]. Organizational Science, 5 (1): 1-23.

Nonaka I, 1995. The Knowledge-Creating Company [M]. New York: Oxford University Press.

Nonaka I, Tekuichi H, 1995. The Knowledge Creating Company: How Japanese Companies Create the Dynamics of Innovation [M]. New York: Oxford University Press.

Pan S L, Leidner D E, 2003. Bridging communities of practice with information technology in pursuit of global knowledge sharing [J]. The Journal of Strategic Information Systems, 12 (1): 71-88.

Panahi S, Watson J, Partridge H, 2013. Towards tacit knowledge sharing over social web tools [J]. Journal of Knowledge Management, 17 (3): 379-397.

Prahalad C K, Hamel G, 1990. The core competence of the corporation [J]. Harvard Business Review, 68 (5/6): 79-91.

Reed R, DeFillippi R J, 1990. Causal ambiguity, barriers to imitation, and sustainable competitive advantage [J]. The Academy of Management Review, 15 (1): 88-102.

Sedera D, Lokuge S, Grover V, et al., 2016. Innovating with enterprise systems and digital platforms [J]. Information & Management, 53 (3): 366-379.

Sigala M, Chalkiti K, 2007. Improving performance through tacit knowledge externalisation and utilisation: Preliminary findings from Greek hotels [J]. International Journal of Productivity and Performance Management, 56 (5-6): 456-483.

Simonin B L, 1999. Transfer of marketing know-how in international strategic alliances: An empirical investigation of the role and antecedents of knowledge ambiguity [J]. Journal of International Business Studies, 30 (3): 463-490.

Spender J C, 1996. Making the knowledge the basis of a dynamic theory of the firm [J]. Strategic Management Journal, 17 (S2): 45-62.

Szulanski G, 1996. Exploring internal stickiness: Impediments to the transfer of best practice within the firm [J]. Strategic Management Journal, 17 (S2): 27-43.

Teece D, 1997. Technology transfer by multinational firms: The resource cost of transferring technological know-how [J]. The Economic Journal, 87 (346) : 242-261.

Tsai W P, 2001. Knowledge transfer in intraorganizational networks: Effects of network position and absorptive capacity on business unit innovation and performance [J]. Academy of Management Journal, 44 (5) : 996-1004.

Wagner R K, Sternberg R J, 1986. Tacit knowledge and intelligence in the everyday world [M]// Practical Intelligence: Nature and Origins of Competence in the Everyday World. New York: Cambridge University Press: 51-83.

West J, Bogers M, 2014. Leveraging external sources of innovation: A review of research on open innovation [J]. Journal of Product Innovation Management, 31 (4) : 814-831.

Wissal B A, Lubica H, Jean-Michel S, 2020. Organizational learning and innovation process within digital platforms [C]. ISPIM Connects Bangkok.

Zand D E, 1972. Trust and managerial problem solving [J]. Administrative Science Quarterly, 17 (2) : 229-239.

Zeng R, Grogaard B, Steel P, 2018. Complements or substitutes ? A meta-analysis of the role of integration mechanisms for knowledge transfer in the MNE network [J]. Journal of World Business, 53 (4) : 415-432.

第 7 章
日益重要的网络外部性

7.1 网络外部性的概念与类型

7.1.1 网络外部性的概念

人类社会发展的一个趋势在于人与人之间的联系呈现越来越紧密的趋势。从原始社会不同部落的散居，仅有小群体内部的传播，到国家出现，组织传播开始更加普遍，发展到近现代，不论是人际传播、群体传播还是组织传播，都有了长足的发展，特别是随着大众传媒的兴起和通信工具的日渐发达，人与人之间的连接方式越来越多样化，也越来越复杂。

在这样复杂的传播网络中，覆盖的人越多，整个网络的效用也就越大，这一点最早是由杰弗里·罗尔夫斯（Jeffrey Rohlfs）在 1974 年研究电信服务的时候发现的：用户在选择电话网络的时候倾向于选择已有用户较多的，因为现有用户越多意味着可通话的对象越多，整个电话网的效用也就越大。后来迈克尔·凯茨（Michael Katz）和卡尔·夏皮罗（Carl Shapiro）在研究中对这一现象进行了深入的分析和探讨，把这个概念称为"网络外部性"并做出了定义——当消费同样产品的其他使用者的人数增加时，某一使用者消费该产品所获得的效用增加。

网络外部性实际上是网络规模扩大过程中的一种规模经济，也就是说，参与经济活动的主体越多，网络效应就越强。不过这种规模经济与传统的出现在供给端的规模经济不同，这种规模经济出现在市场的需求端。因此，网络外部性也被称为需求方规模经济。

7.1.2　数字化平台展现出显著的网络经济与规模报酬递增效应

在移动互联网快速发展的今天，网络外部性有着更加重要的意义。例如我们看到，在热门的创业领域，其发展前期都伴随着激烈的价格竞争，比如网约车领域的滴滴与快的曾进行大规模的价格战；在外卖领域，美团外卖和饿了么之间也展开了激烈的竞争，真金白银地投入补贴用户。这些竞争行为之所以存在，就是因为这些商家知道网络外部性的重要作用，只有通过各种手段抓住更多的商户和用户，整个平台的价值才会更高，对于商户和消费者的效用才能更大。

发挥在线新经济的规模报酬递增效应，要依赖于规模经济，尤其是内部规模经济。纵观世界在线经济头部企业亚马逊、谷歌、阿里巴巴、腾讯等，其不仅市值规模庞大，而且在特定领域拥有垄断性的市场地位。

在线新经济的平台化机制使经济关系网络的结构从传统的中心外围格局转向全连接网络生态，点对点（P2P）的连接应用在各产业领域和市场扩展，数量众多的在线主体相互分享着显著的网络外部效应。这不仅使每个参与者的成本趋于下降，而且加深了参与主体之间的相互依赖性，在线平台对于每个经济主体而言都越来越有价值。用户转换服务供应商时将面临成本增加的情况，平台为了满足用户的多样化需求，就会追求集成服务和各类增值服务，于是在线新经济的网络外部性和市场集中趋势就日益明显。更为重要的是，由于用户数量激增而且其更换平台具有一定的沉没成本，在线新经济平台获取了更多的数据要素资源，进而强化其成本优势和规模报酬递增效应。

7.1.3　网络外部性的类型

网络外部性可以有多种分类。例如，按照效用方向不同可以分成正网络外部性和负网络外部性。所谓正网络外部性是指随着网络中用户数量的增加，整个网络的价值将会提升的效应，网络价值的提升大于网络规模的扩大，表现为一种攀比的心理，人们愿意购买某件商品是因为其他人也购买了该种商品，而购买的人越多，网络的价值会越大。负网络外部性与之相反，是指随着购买某种商品的人数的增加，网络的价值将会下降。奢侈品消费就是一个典型的例子，人们付出金钱购买到一件商品，则希望不要与他人重复，希望拥有该商品独一无二的专有权。

除按照效用进行划分之外，网络外部性还可以按照来源予以划分，这一划分方法来自 Katz 和 Shapiro（1985），将网络外部性分为直接网络外部性和间接网络外部性。

直接网络外部性是由于同一网络内用户之间直接联系和互相依赖而产生的，这个网络中，使用者之间的相互依赖性非常强，每个使用者都能够增加其他使用者的效用，这种外部性在通信网络产品和服务中体现得十分明显。例如，在一个电话网络中，人们倾向于选择用户数量较多的服务，因为这样可以联系到更多的人，且每一次用户数量的增加都是对整个网络价值的提升。除了电话这种有形的网络，这种直接外部性还表现在电子邮件和微信等通信产品上。

间接网络外部性指的是随着产品使用者数量的增加，市场上出现更多品种的互补产品可以选择，而且价格更低，从而消费者更乐于购买该产品，间接地提高了该产品的价值。例如，随着谷歌旗下安卓（Android）操作系统用户数量的增加，市场上该产品的互补品数量也会大幅增加，搭载该操作系统的终端设备越来越多，为安卓系统所开发的应用程序数量也快速增加，间接提升了安卓操作系统的价值。

对于新创建的平台，网络外部性（无论是直接的还是间接的）会导致"鸡蛋"问题（Caillaud, Jullien, 2003；Evans, Schmalensee, 2010）：困难在于吸引用户到一个平台，只有一个强大的用户群存在，才能创造价值。例如，像油管（YouTube）这样的视频分享平台，只有在内容制作者上传了大量视频后才能吸引观众，但内容制作者不太可能上传视频，除非有大量观众（Evans, Schmalensee, 2010）。如果他们能够克服这一最初的障碍，网络规模将成为竞争优势的来源，平台公司就具有获取比竞争对手平台更多用户的动力（Shankar, Bayus, 2003；夏皮罗，瓦里安，2000；Sun, Tse, 2009）。具有较大用户群的平台为我们每个人创造更多的价值，这反过来又吸引更多的用户加入平台（Katz, Shapiro, 1994；夏皮罗，瓦里安，2000；Van Alstyne et al., 2016）。这种积极的反馈循环可以将网络规模的早期领先优势转化为持久的竞争优势（Eisenmann et al., 2011；Park, 2004；夏皮罗，瓦里安，2000；Sun, Tse, 2009）。因此，竞争对手平台公司之间的竞争往往具有显著的先发优势（Parente et al., 2018）和积极的增长战略（Eisenmann et al., 2006）。强大的网络外部性甚至可能导致市场有利于领先公司，导致赢家"通吃"的结果，其中拥有最大用户群的平台将竞争对手从市场上驱逐出去（Eisenmann et al.，2006；Katz，Shapiro，1994；Schilling，2002；夏皮罗，瓦里安，2000）。

7.2　文献综述

7.2.1　平台和平台公司

平台是不同用户组之间的接口和价值创造交换的场所（Cennamo，Santalo，2013）。例如，eBay 或 Etsy 等网络购物平台将各种产品和服务的买家和卖家连接在一起。同样，视频游戏系统是为视频游戏的生产者和消费者服务的数字平台（Zhu，Iansiti，2012）。生产者有时被称为"补充者"，因为它们提供的产品（如视频游戏和软件应用程序）是平台本身的补充（Boudreau，Jeppesen，2015；Cennamo，Santalo，2013；McIntyre，Srinivasan，2017）。 在其他情况下，如社交网络、交友网站和内容共享平台（如 YouTube），很难将平台用户分类为消费者和生产者，因为生产者可能随时成为消费者，反之亦然。早期的研究将平台概念化为双面市场，而如今，许多平台为两组用户服务（Evans，Schmalensee，2016）。YouTube 就是一个例子，它不仅服务于制作人——消费者，还服务于面向消费者的广告商。平台公司通过向一组或多组用户提供访问其平台或在平台上进行交易的权利来获取收入（Hagiu，2009；Rochet，Tirole，2003）。

平台业务模式在数字技术出现之前就已存在。报纸长期以来连接广告商和读者，商场为零售店和个人购物者提供了一个平台（Evans，2003；Van Alstyne et al.，2016）。然而，这些平台仅存在于较少的行业，并受物理距离和容量的限制。平台在数字经济中扮演着更核心的角色。首先，智能手机等数字技术设备通过使实时连接和协调不同参与者更加容易，大大扩展了平台业务模式可行的行业范围（Evans，Schmalensee，2016）。其次，基于数字技术的平台面临较低的交易成本和很少的容量限制，可以快速扩展，通常资本投资有限（Van Alstyne et al.，

2016）。最后，数字技术通过降低某些（但并非所有）平台的距离相关成本，扩大了市场的地理范围，使它们能够协调相隔数千公里的用户之间的交易（Coviello et al.，2017）。

7.2.2　网络外部性在平台竞争中的重要性

平台的一个关键特点是，它们为单个用户创造的价值随着用户总数的增加而增加（Cennamo，Santalo，2013）。这是由于网络外部性的存在（McIntyre，Srinivasan，2017）。网络外部性有两种基本形式：直接网络外部性和间接网络外部性（Katz，Shapiro，1985）。当"网络参与对用户的好处取决于他们可以与之交互的其他网络用户的数量"时，网络外部性就发生了（McIntyre，Srinivasan，2017）。典型的例子是电话网络：电话越多，任何个人电话用户的电话访问就变得更有价值（Katz，Shapiro，1985）。在许多现代平台（如消息服务、在线社交或专业通信平台）中，可以观察到直接的网络外部性。在这种情况下，由于与其他用户的潜在直接连接数量增加，平台对单个用户更有价值（Cennamo，Santalo，2013）。

相比之下，当用户群扩大，一种类型的用户通过吸引另一种类型的用户提供互补产品或服务，将平台的价值增加到另一种类型的用户时，就产生了间接网络外部性（Cennamo，Santalo，2013）。例如，计算机或视频游戏系统的用户"将关注购买类似硬件的其他代理的数量，因为将提供的软件的数量和种类将不断增加已售出的硬件单元的数量的功能"（Katz，Shapiro，1985）。软件应用程序的创建者将被吸引到特定类型的硬件（或特定操作系统，如安卓或 Windows）的"客户群"中。同样，雇主更可能把招聘启事张贴在有大量求职者的平台上，司机们更喜欢为乘客人数多的订单服务工作。

7.2.3　跨边界平台竞争

尽管先前的研究增进了我们对平台公司之间竞争的理解，但我们缺乏对网络外部性如何在跨国环境中形成公司战略和竞争结果的系统理解，即当平台（潜在或当前的）用户群分布在多个国家或地区时，管理学和经济学的实证研究侧重于单一国家环境中的平台，例如美国视频游戏系统市场（Cennamo，Santalo，2013）。理论贡献和基于模拟的研究通常完全无视地理边界（Eisenmann et al.，2011；Sun，Tse，2009）。

直到最近，少数国际商务研究开始研究平台公司（Ojala et al.，2018），包括所谓的"i 商业公司"（Brouthers et al.，2016）和"共享经济公司"，是更广泛的平台类别的子集。这些研究大多数都承认网络外部性的重要性，但没有详细论证它们的作用。例如，Ojala 等（2018）重点讨论平台"分层模块化架构"（Yoo，Henfridsson，Lyytinen，2010）的影响，并使用资源依赖理论和国际新的风险视角（Oviatt，McDougall，1994）开发平台国际化的过程模型。Brouthers 等（2016）对网络外部性的讨论有限，但提出了主要植根于社交网络理论的理论机制（Granovetter，1973），它把网络关系（社会关系）视为传递信息和知识的渠道（Podolny，2001），因此不同于网络外部性的经济理论。

就国际商务文献中讨论网络外部性的程度来说，隐含的假设通常是网络外部性不会跨越国界。例如，Fuentelsaz 等（2015）在跨国研究移动电话运营商时，将每个国家视为一个独立的网络。这与战略学和经济学研究形成鲜明对比，这些研究将地理的作用打了折扣，并侧重于全球用户群（Sun，Tse，2009）。

一些学者将这视为一个经验问题。他们根据来自智能手机应用程序的详细国际化数据（特别是具有平台特征的健康和健身应用），测试大型全球用户网络是否会导致国外目标市场应用的采用率提高。其发现，全球用户群的规模充其量对外国市场的采用有"微不足道"的影响，除非集中在某些引领潮流的"高影响力"国家。这表明，国界严重限制了网络外部性。

但是，目前尚不清楚此实证发现是否可推广到其他类型的平台。我们缺乏对网络外部性的地理范围（网络外部性如何受国界和物理距离影响）的理论基础理解，对于不同类型的平台，这两者的情况有所不同。此外，由于网络外部性研究与核心国际商务理论缺乏整合，平台公司国际战略的影响仍不明朗。

在后续部分中，我们首先讨论网络外部性（以及为什么不同平台可能有所不同）。然后，我们使用内部化理论框架来展示平台的现有用户群如何根据网络外部性的范围转换为位置绑定或非位置绑定 FSA，然后再讨论其对平台公司的战略意义。

7.3   理论发展

7.3.1   网络外部性的地理范围

我们认为，不同平台所体验的网络外部性的地理范围可能有所不同。对于某些平台，网络外部性具有高度本地性；而对于另一些平台，它们跨越国界并遍及世界各地。这种异质性植根于边界效应和距离效应（Beugelsdijk，Mudambi，2013）。

国界代表"地理空间的不连续性"（Beugelsdijk，Mudambi，2013），因为它们通常与语言、文化和监管框架的离散变化相吻合。此外，地理边界往往限制人际沟通和互动（Ghemawat，2003）。因此，边界限制了某些平台的网络外部性地理范围。例如，求职平台往往与同一国家或地区内的雇主和求职者相匹配，因为监管和语言障碍限制了劳动力跨境流动。这意味着，在法国的求职者不太可能从在日本或英国的雇主加入平台中获益，反之亦然。因此，该行业的网络外部性受地理边界限制。当平台用户表现出家庭偏见时，国界也会限制网络外部性，即倾向于与来自本国或本文化群体的其他人相互交流。家庭偏见存在于众筹平台（Burtch et al., 2014）、社交媒体（Ghemawat，2017）和外包的 IT 服务平台（Gefen，Carmel，2008）。然而，许多平台确实体验到超越国界的网络外部性。值得注意的例子包括基于硬件的平台（例如索尼的家用电视游戏机 PlayStation）和操作系统（例如 Windows、Android、iOS），它们需要软件应用程序作为补充。软件开发人员通常将其产品销售给多个国家或地区甚至全球的用户。因此，加入这种平台的用户受益于其现有的全球用户群，通过刺激互补软件产品的生产，产生网络外部性。

除这些边框效应外，网络外部性也会受到距离的限制。尽管学者和从业者经常强调数字技术的距离效应（Zaheer，Manrakhan，2001），平台用户之间的空间接近性对于许多类型的平台来说仍然至关重要。最明显的是基于位置的服务，如打车、外卖和个人服务，许多约会平台和一些社交媒体平台也依赖于基于位置的匹配和互动。其他平台似乎相对而言与用户的位置无关，因为用户之间的交互或者纯数字（例如点对点贷款、多种形式的社交媒体），或者涉及可以通过邮件发货的商品（例如 eBay、Etsy）。然而，其中一些平台也受到物理距离的影响，研究表明，随着用户之间距离的增加，推特（Twitter）、eBay 和各种众筹平台的交易可能性下降（Agrawal et al., 2015）。

总之，网络外部性地理范围因行业而异，因为不同类型的事务受到距离和边界的影响不同。

7.3.2　内化理论和平台

在战略研究中，平台的用户网络主要被视为竞争优势的来源，也就是说，其作为具有卓越价值和性能的推动者（Peteraf, Barney, 2003）。在全球战略的背景下，一个关键问题是平台公司现有的用户群能否帮助公司拓展国外市场。在外国市场经营的公司通常经历所谓的外国责任，因为它们面临额外的困难，相比当地公司承担额外的成本（Hymer, 1960）。内化理论（Buckley, Casson, 1976；Rugman, 1981）认为，成功的统治扩张要求公司拥有 FSA，允许它们与当地公司竞争，克服外来者劣势。FSA 是相对于相关竞争对手特有的允许生存、盈利和增长的公司优势。例如，它们包括产品和生产相关技术、品牌资产、管理和组织能力，以及与利益相关者的关系（Buckley, Casson, 1976；Rugman, 1981；Rugman, Verbeke, 2003）。作为网络外部性，用户网络是平台公司的重要 FSA，因为现有用户群庞大的平台比网络规模较小的竞争对手能够产生更大的经济价值（Shankar, Bayus, 2003；Sun, Tse, 2009）。

公司可以以不同的方式在国际上利用他们的 FSA。一些公司出口产品到外国市场或与外国公司签订许可协议，而另一些公司则"内化"其国际活动（将它们引入公司边界），例如，设立外国子公司（Buckley, Casson, 1976；Rugman, 1981）。内部化使公司能够通过直接控制前一项活动来规避与不完善的外部市场相关的不确定性，但它也往往比外部市场带来更高的直接成本（Buckley, Casson, 1976；Coase, 1937；Rugman, 1981）。许多学者指出，经济日益数字化使企业更容易将正式边界之外的资源混为一谈，从而模糊了外部市场和内部控制之间的界限（Cuervo-Cazurra et al., 2017；Yoo et al., 2010）。特别是平台公司，其前提是协调外部资源而不将外部资源内部化（Autio, Zander, 2016; Teece, 2017）。但是，平台公司继续将关键活动内部化，这些活动对于其价值具有核心性，例如平台界面的控制、研发、数据分析、用户支持服务和利益相关者关系。为了服务于外国市场，这些内部化活动在外国子公司或"卫星办公室"进行，它们通过数字通信渠道从母国对外国市场进行远程交付（Coviello et al., 2017）。

7.3.3　来自用户网络的 FSA 的位置边界

并非所有的 FSA 都同样适合支持国际扩张。因此，受地理位置限制的 FSA 仅在特定国家或地区有价值（Anand, Delios, 1997; Rugman, Verbeke, 1992）。相比之下，非位置边界的 FSA 是可跨境、可互换的（Anand, Delios, 1997; Teece, 1982），意思是它们可以"以低边际成本转移到国外，并有效地用于国外业务"（Rugman, Verbeke, 1992）。

我们认为，如果至少有一种类型的跨国网络外部性（直接或间接），则现有的大量用户群（在其母国或其他国家或地区）可以为平台公司提供重要的非位置绑定 FSA。在这种情况下，如果平台公司进入国外市场，目标国家或地区的用户将从平台公司在其他国家或地区的现有用户群中受益。这使得平台对目标市场的潜在用户具有吸引力，即使没有现有的本地用户群。更笼统地，在具有跨国网络外部性的行业中，拥有大量现有用户构成非地点绑定的 FSA，通过抵消平台公司对外部性的责任和提高其相对于当地竞争对手的竞争力，可以支持国际扩张（Rugman, Verbeke, 1992, 2003）。

相比之下，如果平台公司仅（或主要）体验国内网络外部性，则现有用户群产生的任何优势都受位置限制。例如，像 Just Eat 这样的食品配送平台可能通过吸引大量顾客和餐馆（有时还有送货司机，取决于商业模式），在母国发展了强大的 FSA。然而，间接网络外部性在这个行业具有高度的本地性，因为需要及时为客户提供新鲜烹制的膳食。因此，平台的用户群中的 FSA 是位置绑定的。在这类行业中，平台公司必须开发其他类型的非定位 FSA，如品牌、技术和管理能力，才能实现国际化。此外，它们必须在目标市场迅速发展强大的用户群，因为平台的吸引力取决于其本地用户网络。实际上，平台公司必须分别解决每个国外市场的"鸡蛋"问题（Caillaud，Jullien，2003）。

相比之下，在每个市场建立和扩大本地用户群对于经历跨国网络外部性的行业来说就不那么重要了，因为全球用户群的规模更为重要。在下面的一节中，我们将讨论不同类型的网络外部性对平台公司国际战略的影响，并推导出一系列可测试的命题。

7.4　网络外部性导致"赢家通吃"

数字平台企业之间的竞争具有显著的先发优势特征和积极的增长策略特征，强大的网络外部性导致市场向领先企业倾斜，出现"赢家通吃"。

根据 Statista 的数据，2023 年，亚马逊占美国电子商务市场 37.6% 的份额。2024 年 1 月，全球媒体监测机构 Meltwater 和 We are Social 联合发布的报告显示，全球社交媒体活跃用户数量已突破 50 亿，其中脸书拥有 21.9 亿用户。SimilarWeb 2023 年 12 月的数据显示，谷歌占据了全球搜索引擎市场 91.54% 的份额。Sandalwood 电商监测数据显示，2023 年，阿里巴巴占据了中国 45% 的电子商务市场份额；腾讯（微信）和阿里巴巴（支付宝）几乎占领了整个中国移动支付市场。

同样，我们通过网络外部性的原理，也能够更好地理解 2015 年出现的大规模的企业兼并潮流：滴滴和快的合并，美团和大众点评合并，58 同城和赶集合并，携程和去哪儿达成战略合作……这些公司之所以选择合并，很大程度上也是因为要避免价格战的消耗，强强联合以形成更大的网络效应，为用户提供更大的效用，同时进行资源优化配置，实现公司利益最大化。

7.5　网络外部性对于企业国际化进程的影响

要探讨平台企业在数字经济背景下的国际战略，需要简要说明国际化、国外市场、进入模式等概念。许多现代平台公司都是虚拟的；用户通过 Web 浏览器或移动应用程序访问它们。在某些情况下，这意味着平台可以被世界上任何地方的人使用。然而，这种"天生的全球"（Knight，Cavusgil，2004）平台只代表所有平台公司的子集。对于大多数平台，包括那些主要具有虚拟或基于互联网的商业模式的平台而言，外国市场进入需要积极的选择（Yamin，Sinkovics，2006），例如在特定国家或地区的应用商店中启动应用程序或针对特定地理区域激活服务。对平台公司和其他数字公司经理的访谈表明，此类国家或地区应用程序的启动通常涉及大量资源投入，因为公司可能需要创建本地语言用户界面，培育销售和客户服务能力，使其产品和营销组合适应当地需求，提供适合国家或地区的支付基础设施，获得监管批准（特别是在金融、保险、医疗保健等受监管行业），以及（如适用）在目标市场建立有形基础设施。因此，大多数平台公司不是默认国际化，而是故意做出进入外国市场的决定。外国公司进入市场可以采取传统外国直接投资（例如全资子公司或合资企业）的形式，在目标市场形成实际足迹。然而，一些平台公司主要通过来自其国家的虚拟渠道为外国市场服务，有时由临时高管或在目标市场的小型实体业务支持（Autio，Zander，2016；Coviello et al.，2017）。

7.5.1　进入模式选择

当平台公司向国外市场扩张时，网络外部性会影响市场进入的模式。关于进入模式选择的研究确定了影响公司对外进入模式选择的一系列不同因素，包括交易成本（Anderson，Gatignon，1986）、文化和体制因素（Kogut，Zander，1992；Meyer，2001）、公司资源和能力（Anand，Delios，1997），以及获得本地补充资产（Hennart，2009）。虽然这些因素仍然相关，但网络外部性是平台公司重要的额外考虑因素。

我们在上文中提出，当网络外部性主要是国内类型平台时，企业必须分别解决每个国外市场的困难问题（吸引大量用户到国外市场的问题）。此外，如果竞争对手的平台在目标市场已经确立了自己的地位，那么该平台就享有先发优势。由于网络外部性所创造的正反馈循环，后期进入者很难与已经建立可编程用户群的早期进入者竞争（Brouthers et al.，2016；Sun，Tse，2009）。克服这些挑战的一个方法就是让新进入者与现有公司合作，而不是独立进入。收购和建立联盟允许新进入者"访问以前嵌入在另一个组织的资源"（Meyer et al.，2009），在这种情况下，可以利用现有公司现有的本地用户群。例如，支付解决方案提供商贝宝（PayPal）与软银合作，在日本推出移动支付系统，利用这家日本公司现有的移动电话用户和零售网点的用户群。同样，对食品配送和家庭服务部门平台公司经理的访谈（以国内网络外部性为特征）表明，收购通常用于在目标市场获取用户。此外，他们认为，如果没有合适的收购目标，这些平台公司往往避开已有平台的国家，因为很难（而且代价高昂）克服现有在位者的规模优势。

但是，当存在显著的跨境网络外部性时，情况就大不相同了。与 Brouthers等（2016）讨论的情景相反，外国进入者不需要在每个国家创建一个全新的本地用户网络，而是吸引目标国家用户进入其全球网络。跨国网络外部性的存在意味着目标国家或地区的用户受益于新进入者在其他国家或地区的现有用户群，如上述示例所述，其为参赛者创建强大的非位置绑定 FSA。在此案例中，特定国家或地区在位者和进入者的相对网络规模不如其总体全球网络重要。因此，拥有大量全球用户群的后期进入者可能会向本地现有企业提出合理的挑战。在这些情况下，与只有国内网络外部性的市场相比，外国进入者更容易独立进入。

观点 1a：在向国外扩张时，与以国内网络外部性为特征的行业的平台公司相比，以跨国网络外部性为特征的行业的平台公司更有可能独立进入。

观点 1b：在向国外扩张时，与以跨国网络外部性为特征的行业的平台公司相比，以国内网络外部性为特征的行业的平台公司更有可能通过收购或战略联盟的方式进入。

7.5.2　国际战略选择

网络外部性也适用于平台公司采用的国际战略（Bartlett，Ghoshal，1989）。首先，具有强大跨国网络外部性的行业的平台公司必须确保其用户可以轻松地进行跨国交互。为了实现无缝的跨境互操作性，平台的功能和特性需要在各国之间保持相对一致，或者至少是兼容的。例如，索尼的 PlayStation 在全球拥有基本相同的硬件。这允许游戏制作人使用单一的标准化硬件平台为全球用户开发游戏。如果平台的主要功能在各国之间不能一致发展，则存在不兼容的风险（夏皮罗，瓦里安，2000；Sheremata，2004），这破坏了跨国网络的外部性。其次，当存在跨国网络外部性时，影响平台在一个国家或地区的用户群的战略选择也会对平台在其他国家或地区的吸引力产生影响。例如，降低价格或提供激励措施，使一个国家有更多的用户使用平台，这增加了该平台在其他国家或地区的吸引力。由于不同国家市场之间存在这些相互依赖性，具有显著跨国网络外部性的行业的平台公司将倾向于采用全球战略（Bartlett，Ghoshal，1989；Porter，1985），集中的战略决策、研发活动，以及各国高度分散的产品。

相比之下，如果网络外部性产生的多为受地理位置限制的 FSA，则不同国家或地区业务之间的协调就不那么重要了。相反，平台公司面临的主要挑战是在每个本地市场建立一个单独的用户群（Brouthers et al.，2016；Fuentelsaz et al.，2015）。为了在每个国家吸引足够数量的用户（Evans，Schmalensee，2010），平台公司需要提供比本地或者外国竞争对手更大的价值，这通常需要广泛适应当地市场需求。例如，食品配送平台公司往往保留不同的本地品牌，开展本地营销活动，并调整支付和交付模式，以适应当地条件。同样，打车平台也根据当地需求和法规要求，对比当地需求和监管要求进行显著调整，与持牌出租车司机、豪华轿车车队、使用私人汽车的无牌个人等合作，甚至在某些市场收购自己的车队。在这方面，平台公司可能会放弃决策的集中性，并给予每个国家的运营实质性自主权，即使公司总部提供技术基础设施和（选择）管理资源。因此，平台公司在以国内网络外部性为特征的行业所奉行的战略与采用多领地战略的行业平台公司关系更为密切（Bartlett，Ghoshal，1989；Porter，1985）。

观点 2a：主要具有跨国网络外部性的行业平台公司比主要具有国内网络外部性的平台公司更有可能采用全球战略。

观点 2b：主要具有国内网络外部性的行业平台公司比主要具有跨国网络外部性的行业平台公司更有可能采用多领地战略。

7.5.3 国外市场选择

跨国网络外部性产生的非地点绑定 FSA 也可能影响平台公司在国际扩张中优先考虑的国家或地区。在以跨国网络外部性为特征的行业中，从平台现有用户群派生的非绑定 FSA 在所有国家可能并不具有同等价值。例如，考虑一家位于美国的视频流平台公司，潜在的外国观众间接受益于该平台上的大量美国观众，因为它确保了广泛的数字内容库的可用性。然而，观看美国制作的节目的加拿大用户所体验的间接网络效应可能强于日本等国家普通用户所经历的间接网络效应，因为语言和文化障碍可能会降低美国制作内容的价值。同样，在文化上相似的国家，用户之间互动产生的直接网络外部性可以预期会更强。文化相似性促进沟通和交流，这应使文化相近国家的人民之间产生更多和更有力的人际交往。因此，对文化上相似的国家而言，其平台现有用户群产生的 FSA 通常应该更加具有价值。

因此，我们期望具有跨国网络外部性的行业平台公司优先向文化上相似的国家扩展，其扩展程度比没有跨国网络外部性的行业平台公司要高。尽管 IB 学者长期以来一直认为，企业普遍倾向于向文化上相似的国家扩张（Johanson，Vahlne，1977；Johanson，Wiedersheim-Paul，1975），但是我们的推理表明，有一个理论机制，将使特别适合这种扩张战略的平台公司经历跨国网络外部性。

观点 3：以跨国网络外部性为特征的行业平台公司，将先向文化上与母国相似的东道国扩展，而不是没有跨国网络外部性的行业的平台公司。

外国市场选择也会受到国家之间以及这些国家个人之间的社会和商业联系的影响。各国之间的社会和经济联系，如贸易、外国直接投资、旅游、移民，以及大量外国社区的存在，可以产生跨越边界的影响（Schotter et al.，2017），可以增强跨国网络外部性的实力。

考虑某些通信和社交媒体平台（如 WhatsApp、Skype、Facebook 和 Reddit）经历的跨国直接网络外部性。只有当不同国家或地区用户之间的交互存在足够的潜在需求时，这些跨国直接网络外部性才出现。鉴于国界在限制个人和商业互动方面的长期作用（Ghemawat，2003），即使是在数字世界中，对跨境通信的需求也不能被认为是理所当然的。我们认为，在经历更多双边商业和人员流动的国家或地区之间，平台用户之间对跨境互动的需求将更大。移民、商务旅行者、跨国公司的外国子公司、国际学生和类似群体都会产生跨境互动的需求，因为他们的社交网络往往跨越多个网络（Brouthers et al.，2016）。平台可以通过提供跨境连接来挖掘这一潜在需求，例如，让在巴黎的中国侨民与在上海的亲戚通过微信联系，或让在多伦多的韩国学生和在首尔的朋友通过聊天软件 KakaoTalk 进行交流。同样，这种跨越个人边界的存在可以加强跨境间接网络效应，从而在外国市场创造对应用程序、游戏和其他为平台国内市场开发的需求。

因此，当目标国家与祖国有很强的社会和经济联系时，源自平台现有用户群的 FSA 就会得到增强，因为边界跨越者在文化差异较大的国家（如中国和加拿大）之间架起了桥梁。特别是，目标国家中的跨越边界的个人可以为平台公司提供在市场上的初始立足点，随着时间的推移，这些平台公司可以吸引在东道国更广泛的用户基地（Hernandez，2014；Stallkamp et al.，2018）。因此，我们预计具有跨国网络外部性市场的平台公司在国际扩张中优先考虑这些国家，其程度比没有跨国网络外部性的行业的平台公司要高。

观点 4：以跨国网络外部性为特征的行业的平台公司将优先向东道国扩展，这些东道国通过强大的经济和社会联系与这些国家相连，而不是没有跨国网络外部性的行业的平台公司。

7.5.4　平台竞争、"赢家通吃"以及退出国外市场的决策

最后，国内和跨国网络外部性之间的区别会影响平台之间随着时间的推移而产生的竞争，进而影响退出国外市场的决策。许多以平台为媒介的市场倾向于由其中一家或很少的几家大公司来主导，有时会导致所谓的"赢家通吃"的结果（Constantinides et al.，2018；Eisenmann et al.，2006）。这种动态是由网络外部性（增加了具有最多用户的平台的吸引力）与规模经济（为最大的公司创造成本优势）所创造的正反馈循环（Shapiro，Varian，1999）。对于纯数字平台（例如基于互联网的服务），它尤其具有现实意义，这些平台可变成本低，可以迅速扩展以适应大量用户（Mahnke，Venzin，2003）。尽管研究认为，真正的"赢家通吃"结果只在非常特殊的条件下才会出现，其中包括相对同质的消费者偏好（Cennamo，Santalo，2013；Sheremata，2004）和"多归属"的高成本（Sun，Tse，2009）。但是，在各行各业中出现的主导平台已经引起了学者和从业人员的关注（Evans，Schmalensee，2016）。

然而，我们的理论框架表明，具有国家网络外部性的行业与主要经历国内网络外部性的行业之间的竞争动力不同。凭借跨国网络外部性，拥有最大全球用户群的平台获得了显著的非位置绑定 FSA，随着平台扩展到更多国家并吸引更多用户，FSA 甚至变得更加明显。因此，随着时间的推移，这些市场可能会在全

球一级整合，少数平台公司主宰着全球市场。例如，根据统计网站 Statcounter 的数据，智能手机操作系统市场几乎完全被谷歌的安卓和苹果的 iOS 所占领，2024 年 6 月，其在全球市场的占有率分别为 72.17% 和 27.16%。

但是，当网络外部性仅限于国内类型时，市场就不太可能趋向于全球"赢家通吃"的结果。由于在这种情况下，基于网络的 FSA 是受地理位置限制的，因此，即使拥有较大全球用户网络的外国公司试图进入其市场，具有已建立的本地用户网络的本地或注册企业仍可以保持竞争力。因此，如果这种类型的市场趋向于"赢家通吃"的结果，则"赢家"在每个国家可以是不同的平台。例如，在食品配送行业，一两家公司通常占到一个国家很大的市场份额，但主要平台因国家而异，例如，大型食品配送公司 Grubhub 和 UberEats 是美国市场的领导者，在中国则是饿了么和美团。

这些不同的竞争态势对平台如何与竞争对手竞争具有影响。当基于网络的 FSA 受到约束时，进入国外市场的平台公司必须迅速吸引本地用户，以便克服外来者劣势问题，以及开发比该市场竞争对手平台更大的用户网络。出于这个原因，平台公司倾向于激烈竞争，这往往会造成经济损失，因为它们试图将自己打造成焦点市场的领先平台。在此类竞争中，领先的平台从正反馈循环中获益，并能在当地市场上占据很大的份额。然而，如果一个平台未能吸引足够数量的用户，或者如果竞争对手平台的用户群增长更快，焦点平台就有可能在"赢家通吃"的竞争中落败（Evans，Schmalensee，2010；Schilling，2002；夏皮罗，瓦里安，2000）。面对拥有自我强化网络广告优势的较大竞争对手，焦点平台可能会遭受财务损失甚至退出焦点市场。

在以跨国网络外部性为特征的行业中，竞争的态势是不同的，因为外国进入者带来了不受地点限制的 FSA。在任何一个国家内取得早期的领先地位并不是那么重要。因为平台的竞争力取决于全球用户群。此外，即使一个平台只在某个国家吸引了相对较小的市场份额，也有动机不退出该市场，因为这将减少焦点公司的全球用户群，并允许竞争对手扩大他们的用户基础。

观点 5：主要以国内网络外部性为特征的行业的平台公司比以跨国网络外部性为特征的行业的平台公司更有可能退出国外市场。

7.6　网络外部性的优缺点

网络外部性的优势主要从两个方面得以体现：一方面是厂商。一旦网络中的用户数量超过引爆临界值，就会形成"赢家通吃"的局面，竞争对手无法抗衡。另一方面是用户。随着网络规模的扩大、效率的提高，网络给用户提供的价值也越来越高，导致用户对网络形成很强的路径依赖。

这两个优势一方面让厂商独步天下，另一方面让用户不能自拔。这是一种堪称完美的商业模式。

不过，网络外部性就没有缺点吗？其实不然，任何事物都是利弊相随的。以下分析网络外部性的缺点。

（1）灵活性——差。网络外部性确实可以让厂商在独步天下的同时让对手知难而退。不过这指的是在自己优势区内展开的竞争，可如果跳出这个区域，在一个新的维度展开竞争，那么其原有的优势将不复存在，有时甚至还会是一种负担。几十年前固定电话出来的时候，电信在该领域具有很强的网络外部性，不过这个优势在移动通信的竞争中却没有发挥价值。网络外部性就好比一棵大树，当它枝繁叶茂时，在一旁与其争资源是注定失败的；当在其势力圈外生长时，它只能"瞪眼干着急"。

（2）依赖性——强。网络外部性必须高度依赖环境才能得以生存。如果环境发生巨大变化，那么网络外部性也会相应消失。从寻呼机到固定电话到移动电话再到移动计算平台，这几个产品都是在特定环境下的王者，但是在基础环境变化后，这些不可一世的产品迅速凋亡，最后被新环境下的新网络产品所取代。当年的 QQ 依靠 PC 时代的互联网产生了巨大的网络外部性，可后来当移动互联网时代来临时，其针对 PC 设计的功能和架构已经不适应用户的需求了。

（3）中心化——险。降低用户成本、提高网络效率的目标必须通过高度中心化的方式才能实现。但是中心化本身就有巨大的问题，比如隐私权博弈、系统性风险。

7.7　网络外部性在实际案例中的体现

此案例的主要目的在于探讨当下国内主流互联网产品中所体现的网络外部性原理，因此在研究对象上，选择国内最大的三家互联网公司——百度、阿里巴巴和腾讯——旗下的王牌产品百度搜索、淘宝和微信。之所以选择这三家公司，是因为这三家公司无论是从市值还是产品普及程度上来说，都在国内处于领先地位。我们所要分析的三款产品也是互联网行业三个非常有代表性的方向：搜索、电商和社交。这三个类别也分别对应着人与信息、人与商品、人与人之间的联系。因此对于它们的研究和分析，能够在很大程度上代表国内乃至世界范围内互联网发展的现状。

在研究方法的选择上，我们按照直接网络外部性和间接网络外部性的分类对产品进行分析。之所以没有选择正负网络外部性的区分，是因为这几款产品所面向的对象都是大众消费者，用户数量越多，整个产品的价值也就越大，因此，各家厂商都在努力地通过各种方式提升用户数量，提高网络外部性，而不存在负网络外部性的问题。按照直接网络外部性和间接网络外部性进行区分，不仅可以了解产品内部用户增长对网络效用的影响，也可以分析与之相关的行业的网络效用问题。

需要说明的是，案例中将不会通过数学模型和实证调查的方式进行研究，更多是通过经验和对行业的分析论证进行定性的论证，以期获得关于当下互联网环境中网络外部性的结论。

7.7.1　百度搜索所体现的网络外部性

1.百度搜索所处市场环境概述

随着互联网的发展，人类生产、存储和传递信息的能力越来越强，我们进入了一个"信息爆炸"的时代。那么在这样的环境中，如何在海量的信息中找到需要的内容就成为一个严肃的课题。20 世纪末，搜索引擎谷歌的出现和普及让人们看到了检索信息的新方式，而模式类似的百度，则在中文搜索市场占有巨大的市场份额。在国内市场上，虽然有 360 搜索和搜狐旗下的搜狗等平台的竞争，但是百度搜索依然占据着绝对的优势。

在分析百度搜索的网络外部性之前，我们首先要对其运营模式做一个基本的了解。百度的核心功能是搜索，用户在百度搜索框内键入相关的关键词或语句，百度的服务器的爬虫将触角伸向网络的各个角落，为用户寻找最符合其需求的内容。同时，利用机器学习的技术，百度可以记录用户的搜索习惯，并且积累数据进行语义分析，在将来形成一份知识图谱，为用户提供更加精准的内容，同时也为广告商的投放提供更多数据依据。

2. 百度搜索的直接网络外部性

百度搜索的网络外部性首先体现在边际成本的递减上。当搜索引擎只有一个用户时，完成搜索所需要的爬虫数量仍然需要维持在一个较高的水平上，这就导致搜索引擎的成本高企，难以为继，对于广告商来说也没有价值。当用户数量增加时，每个人所分摊的服务器和开发成本将大幅下降，同时对于广告商来说，投放广告有了更多的受众，因而更加愿意投放内容，增加了搜索引擎的收入，使得整个搜索引擎的商业模式呈现一种良性循环，百度可以持续投入资金，改善用户的体验。

百度搜索的网络外部性还体现在对于搜索大数据的挖掘方面。人的思维是跳跃的，而机器思维却是死板的。搜索引擎想要为用户提供更加准确的内容，就必须加强机器的学习能力，这就需要积累大量用户的使用数据，从而对以后用户的搜索行为进行先导性的判断。例如在相关搜索推荐方面，假设通过历史数据发现，当一个人搜索"南开大学"这个关键词后，往往还会再搜索"天津大学"这样一个关键词，那么搜索引擎就可以根据多数用户的行为进行预判，对于今后搜索"南开大学"关键词的用户，也会自动推荐"天津大学"的相关内容，那么就能够为用户提供更加符合其预期的结果。也就是说，在这个网络中，用户数量的增加带来的是新的大量的用户数据，搜索引擎可以从中通过机器学习的方式进一步挖掘用户习惯，从而改善整体的用户体验，提升整个网络的效用。

3. 百度搜索的间接外部性

间接外部性体现为市场上互补品的增多。对于一个搜索引擎来说，其互补品是多方面的。例如用户基数较大，前来投放广告的广告商就更多，加上大数据可以帮助实现广告投放的精准化，使得用户可选择的广告更多，所看到的内容也将更加精准。

搜索引擎的另一个互补品就是所搜索的内容。当用户更多时，内容的生产者也会努力使自己的内容出现在百度搜索的结果当中，从而在内容设计方面，针对搜索引擎进行优化（search engine optimization），使得搜索结果得以改善。另外，当用户增加时，百度百科、百度文库的内容供给者将会增多，给搜索引擎带来更大的价值。同时，对于这些内容的消费者来说，获取内容的成本更加低廉，平摊到每次浏览、每个用户身上的费用也将显著降低。

7.7.2　淘宝所体现的网络外部性

1. 淘宝所处市场环境概述

目前中国的电商按照销售主体和消费主体，大致可以分成以下三类：企业对企业销售（B2B），代表网站有阿里巴巴旗下的 1688 网、慧聪网等；企业对个人销售（B2C），代表网站有阿里巴巴旗下的天猫，另外京东、亚马逊等平台也是以 B2C 销售为主；个人对个人销售（C2C），代表网站有阿里巴巴旗下的淘宝、拍拍网等，这个类型的主要特点是销售商品的不是大型公司或集团，而是以个体组成的中小卖家为主。

2. 淘宝的直接网络外部性

淘宝作为一个 C2C 平台，卖家和买家都是网络中的参与者，因此其网络外部性表现在卖家和买家两个方面。

从卖家的角度来说，当平台上没有卖家或者仅有少量的卖家时，平台上所销售的商品数量是十分有限的，整个平台对于消费者的效用是非常低的，人们在这里找不到想要的商品，而且由于缺乏足够的竞争，难以获得良好的服务。当卖家增多时，整个网站的内容就丰富了起来，商品数量增多，竞争促使商品价格下降，卖家向差异化发展，能够吸引到更多的消费者，整个平台的价值将会更大。

而从买家的角度来看，买家访问网站页面的流量是网站的核心指标，只有当网站、店铺有访问流量后，才能按照一定的转化率将流量转变成实际的销售，带来现金流。因此买家数量的增加首先是对卖家的一种激励,刺激销售的增长。同时,消费数据的积累对于淘宝有着巨大的价值,通过挖掘这些数据的价值,淘宝可以更加清晰地对用户进行画像,了解用户的消费习惯和购买行为,用户越多,对用户的一般分析也会越准确,从而提高每一个消费者的使用体验。

3. 淘宝的间接网络外部性

淘宝的间接网络外部性体现在围绕电商平台所诞生的生态系统,包括以下几个方面。

首先是支付渠道的发展。支付在电商销售闭环中是非常关键的一步。随着淘宝等电商平台的发展,支付宝的普及程度越来越高,支付宝所能够支付的商品也更加丰富,除了阿里巴巴旗下的电商平台,还包括日常生活中的水电费、团购、火车票等各种费用。用户在支付方面的选择更加多样。

其次是物流体系的发展。通过网络销售产品需要物流体系的支撑。随着用户数量的增多,物流体系得到了极大的发展,一个快速高效的物流网络被建立起来,低廉的物流价格进一步促进了电商平台的销售。

最后是商家服务市场的发展。网络店铺与实体店铺一样需要“装修”,需要货品陈列方面的专业指导。因此,随着买卖双方用户数的增加,商家服务市场将会越来越大,为商家提供更好的指导,进而为用户提供更加优质的消费体验。

7.7.3 微信所体现的网络外部性

1. 微信所处市场环境概述

微信现在几乎是手机用户的必备应用,其月活跃用户数已超过 10 亿。微信并不是国内市场上唯一的即时通信应用,易信、米聊等都是国内厂商出品的即时通信社交产品,但是与微信相比,体量和影响力都要小得多。

2. 微信的直接网络外部性

即时通信市场是一个“赢家通吃”的市场。用户在选择即时通信平台时会倾向于选择已有用户较多的,因为现有用户越多意味着可交流的对象也就越多,整个网络的效用也就越大。所以当一款社交产品在早期占据绝对主导地位时,其他产品就很难再超越，因为用户会直接选择现有用户较多的平台，而后起的社交产品不能给他们带来同样的效用。

微信的网络外部性可以用梅特卡夫定律来解释，即：网络的价值与网络节点数的平方成正比，网络价值以用户数量的平方的速度增长。这个定律最早是由鲍伯·梅特卡夫（Bob Metcalfe）提出的。

简单的解释如下：假设起初只有一个用户安装了微信，由于无法通过微信与别人交流，因此微信对他而言效用为 0；当第二位用户安装了微信时，他们可以互发信息，总效用（total utility）为 2，增加一个用户所增加的边际效用（marginal utility）为 2；当第三位用户加入时，总效用增至 6，边际效用为 4……以此类推。当用户数 N 很大时，电话用户的总效用就趋近于 N > 2。

这种用户间的交互衍生了微信的协同价值，其本质就是网络外部性。对于微信而言，自有价值几乎为零，其价值全部体现在协同价值之上。

3. 微信的间接网络外部性

微信的间接网络外部性则体现在以下几个方面。

第一，终端接入的灵活性。现在用户可以通过 iOS、安卓等各种移动操作系统登录，同时还有网页版以及 Windows 和 Mac 客户端，使得用户可以通过各种方式接入微信的网络中，从而带来效用的提高。

第二，用户生产内容为平台增添新的活力。微信不仅是一个即时通信的平台，而且还具备强大的内容生产能力。大量的个人和企业用户利用微信公众平台发布优质的内容，为普通用户增加了效用，而普通用户数量的增加也使得微信公众平台具有了更大的价值。

第三，业务应用的多样性。除了上面所说的微信公众平台，微信作为一个核心产品还接入了更多的增值服务，例如朋友圈为好友之间的交流提供了巨大的平台，同时为全网各处生产的内容提供了一个传播的平台；微信钱包则包括转账、理财、微信红包等业务，以及融合进来的第三方服务，如叫车、购买电影票等。微信业务应用越多，则说明与微信互补的产品越多，消费者能够通过微信实现更大的价值。

参考文献

马述忠，房超，2020. 线下市场分割是否促进了企业线上销售：对中国电子商务扩张的一种解释[J]. 经济研究（7）：123-139.

唐红涛，杨双双，2012. 即时通讯市场的网络外部性测定研究：以腾讯QQ为例[J]. 湖南商学院学报（双月刊）（4）：17-22.

唐麒，2006. 浅谈网络经济中梅特卡夫法则及其应用[J]. 无锡职业技术学院学报（9）：79-80.

闻中，陈剑，2000. 网络效应与网络外部性：概念的探讨与分析[J]. 当代经济科学（6）：13-20.

夏皮罗，瓦里安，2000. 信息规则：网络经济的策略指导[M]. 张帆，译. 北京：中国人民大学出版社.

翟亮亮，2015. 即时通讯市场的网络外部性研究：以微信为例[J]. 智富时代（5）：72.

朱彤，2001. 外部性、网络外部性与网络效应[J]. 经济理论与经济管理（11）：60-64.

Agrawal A, Catalini C, Goldfarb A, 2015. Crowdfunding: Geography, social networks, and the timing of investment decisions [J]. Journal of Economic & Management Strategy, 24（2）: 253-274.

Alcácer J, Cantwell J, Piscitello L, 2016. Internationalization in the information age: A new era for places, firms, and international business networks？[J]. Journal of International Business Studies, 47（5）: 499-512.

Anand J, Delios A, 1997. Location specificity and the transferability of downstream assets to foreign subsidiaries [J]. Journal of International Business Studies, 28（3）: 579-603.

Anderson E, Gatignon H, 1986. Modes of foreign entry: A transaction cost analysis and propositions [J]. Journal of International Business Studies, 17（3）: 1-26.

Autio E, Zander I, 2016. Lean internationalization [J]. Academy of Management Proceedings, 2016（1）: 17420.

Banalieva E R, Dhanaraj C, 2019. Internalization theory for the digital economy [J]. Journal of International Business Studies, 50 (8) : 1372-1387.

Bartlett C A, Ghoshal S, 1989. Managing across Borders: The Transnational Solution [M]. Boston: Harvard Business School Press.

Beugelsdijk S, Mudambi R, 2013. MNEs as border-crossing multi-location enterprises: The role of discontinuities in geographic space [J]. Journal of International Business Studies, 44 (5) : 413-426.

Bolwijn R, Casella B, Zhan J, 2018. International production and the digital economy [C]// van Tulder R, Verbeke A, Piscitello L. International Business in the Information and Digital Age. Bingley: Emerald Publishing Limited.

Boudreau K J, Jeppesen L B, 2015. Unpaid crowd complementors: The platform network effect mirage [J]. Strategic Management Journal, 36 (12) : 1761-1777.

Brouthers K D, Geisser K D, Rothlauf F, 2016. Explaining the internationalization of ibusiness firms [J]. Journal of International Business Studies, 47 (5) : 513-534.

Buckley P J, Casson M, 1976. The Future of the Multinational Enterprise [M]. London: Macmillan Press.

Burtch G, Ghose A, Wattal S, 2014. Cultural differences and geography as determinants of online prosocial lending [J]. MIS Quarterly, 38 (3) : 773-794.

Caillaud B, Jullien B, 2003. Chicken & egg: Competition among intermediation service providers [J]. The RAND Journal of Economics, 34 (2) : 309-328.

Cennamo C, Santalo J, 2013. Platform competition: Strategic trade-offs in platform markets [J]. Strategic Management Journal, 34 (11) : 1331-1350.

Coase R H, 1937. The nature of the firm [J]. Economica, 4 (16) : 386-405.

Constantinides P, Henfridsson O, Parker G G, 2018. Introduction: Platforms and infrastructures in the digital age [J]. Information Systems

Research, 29（2）: 381-400.

Coviello N, Kano L, Liesch P W, 2017. Adapting the Uppsala model to a modern world: Macro-context and microfoundations [J]. Journal of International Business Studies, 48（9）: 1151-1164.

Cuervo-Cazurra A, Mudambi R, Pedersen T, et al., 2017. Research methodology in global strategy research [J]. Global Strategy Journal, 7（3）: 233-240.

Eisenmann T, Parker G, Van Alstyne M W, 2006. Strategies for two-sided markets [J]. Harvard Business Review, 84（10）: 92-101.

Eisenmann T, Parker G, Van Alstyne M W, 2011. Platform envelopment [J]. Strategic Management Journal, 32（12）: 1270-1285.

Evans D S, 2003. The antitrust economics of multi-sided platform markets [J]. Yale Journal on Regulation, 20（2）: 325-381.

Evans D S, Schmalensee R, 2010. Failure to launch: Critical mass in platform businesses [J]. Review of Network Economics, 9（4）: 1-26.

Evans D S, Schmalensee R, 2016. Matchmakers: The New Economics of Multisided Platforms [M]. Boston: Harvard Business Review Press.

Fuentelsaz L, Garrido E, Maicas J P, 2015. Incumbents, technological change and institutions: How the value of complementary resources varies across markets [J]. Strategic Management Journal, 36（12）: 1778-1801.

Gefen D, Carmel E, 2008. Is the world really flat？ A look at offshoring at an online programming marketplace [J]. MIS Quarterly, 32（2）: 367-384.

Ghemawat P, 2003. Semiglobalization and international business strategy [J]. Journal of International Business Studies, 34（2）: 138-152.

Ghemawat P, 2017. Strategies for higher education in the digital age [J]. California Management Review, 59（4）: 56-78.

Granovetter M S, 1973. The strength of weak ties [J]. American Journal of Sociology, 78（6）: 1360-1380.

Hagiu A, 2009. Multi-sided platforms, from microfoundations to design and expansion strategies [Z]. Working Paper, Harvard Business School.

Hennart J F, 2009. Down with MNE-centric theories! Market entry and expansion as the bundling of MNE and local assets [J]. Journal of International Business Studies, 40 (9) : 1432-1454.

Hernandez E, 2014. Finding a home away from home: Effects of immigrants on firms' foreign location choice and performance [J]. Administrative Science Quarterly, 59: 73-108.

Hymer S, 1960. International operations of national firms: A study of direct foreign investment [D]. Cambridge: Massachusetts Institute of Technology.

Johanson J, Vahlne J E, 1977. The internationalization process of the firm: A model of knowledge development and increasing foreign market commitments[J]. Journal of International Business Studies, 8 (1): 23-32.

Johanson J, Wiedersheim-Paul F, 1975. The internationalization of the firm-four Swedish cases [J]. Journal of Management Studies, 12 (3) : 305-322.

Katz M L, Shapiro C, 1985. Network externalities, competition, and compatibity [J]. American Economic Review, 75 (3) : 424-440.

Katz M L, Shapiro C, 1994. Systems competition and network effects [J]. Journal of Economic Perspectives[J]. American Economic Association, 8(2): 93-115.

Knight G, Cavusgil S T, 2004. The born-global firm: An entrepreneurial and capabilities perspective on early and rapid internationalization [J]. Journal of International Business Studies, 35 (2) : 124-141.

Mahnke V, Venzin M, 2003. The internationalization process of digital information good providers [J]. Management International Review, 43 (1) : 115-142.

McIntyre D P, Srinivasan A, 2017. Networks, platforms, and strategy: Emerging views and next steps [J]. Strategic Management Journal, 38 (1) : 141-160.

Meyer K E, 2001. Institutions, transaction costs, and entry mode choice in Eastern Europe [J]. Journal of international business studies, 32（2）: 357-367.

Ojala A, Evers N, Rialp A, 2018. Extending the international new venture phenomenon to digital platform providers: A longitudinal case study [J]. Journal of World Business, 53（5）: 725-739.

Oviatt B M, McDougall P P, 1994. Toward a theory of international new ventures [J]. Journal of International Business Studies, 25（1）: 45-64.

Parente R C, Geleilate J M G, Rong K, 2018. The sharing economy globalization phenomenon: A research agenda [J]. Journal of International Management, 24（1）: 52-64.

Park S, 2004. Quantitative analysis of network externalities in competing technologies: The VCR case [J]. The Review of Economics and Statistics, 86（4）: 937-945.

Peteraf M A, Barney J B, 2003. Unraveling the resource-based tangle [J]. Managerial and Decision Economics, 24（4）: 309-323.

Podolny J M, 2001. Networks as the pipes and prisms of the market [J]. American Journal of Sociology, 107（1）: 33-60.

Porter M E, 1985. Competitive Advantage [M]. New York: The Free Press.

Rochet J, Tirole J, 2003. Platform competition in two-sided markets [J]. Journal of the European Economic Association, 1（4）: 990-1029.

Rugman A M, 1981. Inside The Multinationals: The Economics of Internal Markets [M]. New York: Columbia University Press.

Rugman A M, Verbeke A, 1992. A note on the transnational solution and the transaction cost theory of multinational strategic management [J]. Journal of International Business Studies, 23（4）: 761-771.

Rugman A M, Verbeke A, 2003. Multinational enterprises and clusters: An organizing framework [J]. Management International Review, 43（S3）: 151-169.

Schilling M A, 2002. Technology success and failure in winner-take-all markets: The impact of learning orientation, timing, and network externalities [J]. Academy of Management Journal, 45 (2): 387-398.

Schotter A P J, Mudambi R, Doz Y L, et al.,2017. Boundary spanning in global organizations [J]. Journal of Management Studies, 54 (4): 403-421.

Shankar V, Bayus B L, 2003. Network effects and competition: An empirical analysis of the home video game industry [J]. Strategic Management Journal, 24 (4): 375-384.

Shapiro C, Varian H R, 1999. The art of standards wars [J]. California Management Review, 41 (2): 9-42.

Sheremata W A, 2004. Competing through innovation in network markets: Strategies for challengers [J]. The Academy of Management Review, 29 (3): 359-377.

Stallkamp M, Pinkham B C, Schotter A P J, et al., 2018. Core or periphery？ The effects of country-of-origin agglomerations on the within-country expansion of MNEs [J]. Journal of International Business Studies, 49 (8): 942-966.

Sun M C, Tse E, 2009. The resource-based view of competitive advantage in two-sided markets[J]. Journal of Management Studies, 46(1): 45-64.

Teece D J, 1982. Towards an economic theory of the multiproduct firm [J]. Journal of Economic Behavior and Organization, 3 (1): 39-63.

Teece D J, 2017. Dynamic capabilities and (digital) platform lifecycles [M]// Furman J, et al. Entrepreneurship, Innovation, and Platforms. Bradford: Emerald Publishing Limited: 211-225.

Van Alstyne M W, Parker G G, Choudary S P, 2016. Pipelines, platforms, and the new rules of strategy[J]. Harvard Business Review, 94(4): 54-60.

Yamin M, Sinkovics R R, 2006. Online internationalisation, psychic distance reduction and the virtuality trap [J]. International Business

Review, 15（4）: 339-360.

Yoo Y, Henfridsson O, Lyytinen K, 2010. Research commentary: The new organizing logic of digital innovation: An agenda for information systems research [J]. Information Systems Research, 21（4）: 724-735.

Zaheer S, Manrakhan S, 2001. Concentration and dispersion in global industries: Remote electronic access and the location of economic activities [J]. Journal of International Business Studies, 32（4）: 667-686.

Zhu F, Iansiti M, 2012. Entry into platform-based markets [J]. Strategic Management Journal, 33（1）: 88-106.

第 8 章
全球公司仅仅是一种国际新创企业吗？

8.1　新的商业模式和组织形式已经形成

随着现代信息技术的高速发展，数字经济伴随着技术和产业的升级，爆发出强大的生命力，而政府的政策支持和企业的变革，促使一批又一批的数字经济相关产业发展，引领全球进入了数字经济时代。数字经济的发展促进了社会的转型和变革，提高了经济发展效率，也改写了人类的商业发展架构和历史。

虽然数字经济已经发展了较长时间，但是在业界和学术界，不同国家和地区的专家学者对于数字经济有不同的定义和看法，不同的定义和看法也给予了数字经济更加多元化的发展方向。20 世纪 90 年代末期，美国知名经济学家唐·塔普斯科特（Don Tapscott）出版了《数字经济：智力互联时代的希望与风险》。在该书中，数字经济作为经济学术语被提出，并被社会大众和学术业界所熟知，而唐·塔普斯科特也被称为"数字经济之父"。之后又有多位学者和专家对数字经济进行了进一步的研究，并且在理论知识方面对数字经济的含义做出了更具广度和深度的定义，例如曼纽尔·卡斯特尔（Manuel Castells）出版的《信息时代三部曲：经济、社会与文化》、尼古拉斯·尼葛洛庞帝（Nicholas Negroponte）出版的《数字化生存》等。随着此类图书的畅销和被大众所熟知，数字经济的理论得到了极大的推广，社会各界对于数字经济有了更深的理解。

到了 21 世纪，随着经济和技术的发展、产业结构的优化与升级，在全球一体化的大背景下，G20 在杭州峰会通过的有关数字经济发展的《二十国集团数字经济发展与合作倡议》中明确地指出了数字经济的定义："数字经济是指以使用数字化的知识和信息作为关键生产要素、以现代信息网络作为重要载体、以信息通信技术的有效使用作为效率提升和经济结构优化的重要推动力的一系列经济活动。"G20杭州峰会的倡议对于全球化大背景下推动数字经济的发展具有重大的意义，无论是中国的还是世界的数字经济，都经历了多阶段的发展，而G20杭州峰会的倡议对于这些阶段进行了总结，并且对未来的数字经济发展进行了展望和相关的预测、分析。

在经济全球化的趋势下，世界各国都在自身的经济发展和政策层面聚焦数字化发展，并根据此制定数字经济战略，大力推动数字化转型，提出诸多数字经济发展的政策，这些政策已覆盖了商业创新、生产制造、公共治理、居民就业、教育医疗等各领域。在此基础上，更加强调融入经济一体化和数字经济合作发展，促使数字经济具有更强的凝聚力和全球多样性。

数字经济变成了未来全球化经济发展中一个重要的推动力量，并且给国家的产业布局、现有的商业组织模式和社会大众的消费习惯以及消费场景都带来了极大的改变。这些改变具有划时代的意义，标志着信息技术全面地在人类社会的发展中发挥重要作用，并且与经济全球化互补与互相促进。

数字经济时代会诞生许多新的商业模式和组织形式。随着数字经济的发展，数字经济细分领域的不断扩张裹挟着全球各领域迈入全新的数字时代。在这一潮流的涌动下，全球各国纷纷制定了国家级战略或工业政策，先后开启构建数字经济国家战略的道路。而世界各跨国公司也开始抓住这一时代发展机遇，在自身的原有布局和基础上进行转型升级。数字经济时代关键的一点是资源已经不再集中在传统和最初的以开采为主要手段的自然资源领域，而是在以促进信息交互为手段的数字经济领域。

在发展与创新中，数字经济中特有的商业模式一般具有共同的特征：首先，数字技术应用在蓬勃发展中，随着技术的升级和转换，数字技术可以源源不断地为员工、资产、组织赋能，与现实的商业模式进行结合和创新，能够成为商业创新的核心元素。其次，网络协同员工与客户、员工与部门、企业与客户，数字经济时代涌现出许多不同于传统商业模式的业态。新技术的出现驱动数字经济发展，在全球化的大背景下，以数字经济为代表的新商业模式和业态发挥了重大作用。消费者的消费力和需求的作用越来越重要，而数字经济从对个人业务转型到对商业业务，这种转换对于中国经济的发展和全球化都起了非常重要的作用。而不断发展的大数据分析技术可以帮助跨国公司实时跟踪消费者的需求偏好，以及企业、客户与客户之间所有的经济活动。最后，数据实时驱动以客户为核心的生产、经营和服务，实现精准决策。面对客户的资源和发展，随着数字经济时代的到来，企业的价值和发展导向也发生了变化，转变为实现客户资源共享和服务价值共创。

数字经济不仅催生出新的业态和商业模式，而且对于个人、不同行业的企业和商业形态，以及蓬勃发展的中国社会而言，都至关重要。数字经济引发生产方式的根本性变化，让全球经济发展模式发生根本性的转变。数字经济时代掀起了新一轮科技革命和产业变革，大量的颠覆性技术出现。在此基础上，大数据科学和人工智能产业不断发展，相关的科技研发应用加速，还有许多其他的产业都得到了很大的发展，例如信息技术服务、高端智能装备、先进生物医药、新能源汽车、新材料等。

数字经济时代的另外一个非常重要且明显的特点就是交易、沟通与协同成本大幅度下降，组织效率的内涵和视角与传统工业时代有很大的不同，对于组织绩效的评价也有很大的转变。在过去的传统时代，对于组织的绩效评价，更加强调组织内部的劳动、组织、个人三者效率的统一与协调。但是在新兴的数字经济时代，我们更加注重一种协同性，是一种基于外部视角的协同性，侧重于强调组织与个人目标的共同实现、个人价值与组织协同价值最大化、组织内外系统的协同效率。有一大批传统的制造企业转型成功，利用数字经济时代的发展特征，如以航天科工、海尔、美的、格力等为代表的传统企业在数字经济下进行转型升级，而以华为、阿里巴巴、腾讯、小米等为代表的新兴企业在数字经济行业内蓬勃发展，成功的秘诀之一就是在数字经济时代注意系统的协同效率等关键因素，并且充分利用数字经济时代的效率和组织结构转型。

而在激烈的国际竞争中，不同的国家和地区在数字经济时代都面临着丰富的发展机遇，特别是对于发展中国家而言，数字经济时代带来了诸多机遇。诸多学者也提出了相关的观点，东南大学经济管理学院的徐康宁教授就提出，数字经济具有广泛的前景和巨大的潜力，尤其对缩小同发达国家的差距、带动发展中国家传统产业升级具有特殊意义。因为都是新起步的产业和经济发展方向，所以在数字经济当中，发达国家有很多产业同发展中国家都处在同一起跑线上。比如，在第三方移动支付、人工智能、5G 等领域，中国已经处于世界前列。新冠疫情对全世界的实体经济造成巨大冲击，但是能够利用数字技术的企业和行业逆势而上，一些数字经济企业市值不断上涨甚至创下新高。数字经济不需要人近距离接触，也不需要消费者聚集在一起。后疫情时代，科技创新会更加体现数字化、网络化和虚拟化的特点。所以对于发展中国家来说，发展数字经济是产业创新和经济转型的重中之重。

随着数字化技术的推进，社会形态发生了巨大的变化，商业模型也受到数字经济发展的诸多影响，商业形态也因此有了巨大的变化。探讨数字经济时代对新的商业模式和组织形式的深刻影响，目的在于把握数字化时代背景、开阔视野、增进共识、启迪思想，探究企业商业模式和组织形式的创新发展。

8.2　技术跨国公司迅速崛起

科技进步是世界经济增长的重要驱动因素，但在全球经济一体化的大背景下，任何国家不可能完全依靠自身进行科技创新和经济发展，又随着科学技术和信息经济的不断发展，技术跨国公司的迅速崛起成为近年来全球大型公司中最值得关注的趋势之一。技术跨国公司更加注重全球布局，在全球范围内打开市场，跨国公司十分注意技术创新与技术扩散的重要性，而国际的技术扩散更成为跨国公司技术进步的重要途径，在全球范围内寻找技术人才和建立研发中心也是跨国技术公司在经济全球化中采取的重要手段。在充分利用好这一模式和手段的情况下，跨国公司迅速崛起，并且拥有强大且持续的创新和生产能力。

回顾历史，在人类的经济社会发展中，第二次世界大战后，经济全球化已经成为世界经济发展最重要的趋势之一，经济全球化极大地促进了世界经济的发展。经济全球化促进了一大批跨国公司的兴起和发展，跨国公司充分利用新技术革命和社会生产力的发展与提高，在传统生产运作的各个流程（生产、分配、交换、消费）和各种资本形态（货币资本、生产资本、商品资本）的运作中进行全球化的战略布局和拓展全球市场，使跨国公司可以更好地在全球范围内运作和发展，在全球范围内布局设计、生产以及市场销售等全方位的产业结构，而跨国公司的业务也立足于全球，致力于帮助其在经济全球化的趋势下在全球范围内进行生产、研发和经营活动。

而随着信息技术的发展，在原有的传统的跨国公司中又发展出一批科技跨国公司，这些企业以高科技、高附加值为特点，在经济全球化和科学技术的不断发展中迅速崛起。美国的微软公司、苹果公司、戴尔公司和英特尔等就是典型的技术跨国公司，而韩国的三星集团、中国的华为公司等也是技术跨国公司的典型代表。这些公司充分利用经济全球化和科学技术发展，以全球为市场进行布局，迅速崛起成为具有代表性的全球技术跨国公司。

技术跨国公司的崛起离不开技术的发展、经济全球化的加快，以及政府政策的支持和帮助，例如 20 世纪末和 21 世纪初，一大批技术跨国公司在美国诞生，而这得益于时任美国总统克林顿提出的新经济政策。克林顿推行的教育、财政、货币、贸易和经济技术等领域的政策，在很大程度上促进了美国经济的迅速发展，并且为科技公司的崛起营造了良好的环境和氛围，使得高科技和信息技术服务产业具有更高的附加值，并在美国国民经济中逐渐发挥越来越重要的作用。美国硅谷的成功就是充分利用科技、全球市场和政策支持的典范。而在东亚的韩国也提出了诸多的发展措施。为在 21 世纪初将科学技术水平提高到先进国家水平，韩国政府于 1997 年 12 月颁布实施了《科学技术革新五年计划》。经过两年的实施，该计划取得重要成果，实现了国家研究开发体制由过去的分散型向综合管理型的过渡，对政府科研机构管理体制进行了改革。韩国通过制订诸多类似计划来助力科技企业发展，培育了三星电子、LG 等一大批世界级的技术跨国公司，为韩国增强国力和竞争力奠定了良好的基础。而中国也抓住了信息技术发展的机遇，结合自身的产业优势，大力发展诸如电子商务、云计算、大数据和 5G 等新兴崛起的诸多相关产业，充分利用经济全球化和信息技术高速发展的机遇，涌现出了阿里巴巴、腾讯、华为等世界级的技术跨国公司，并且培育了完整的数字经济产业链，助推了中国产业的转型升级。

技术跨国公司的蓬勃发展对于国家的蓬勃发展和社会转型都具有非常大的推动作用。高新技术产业相对于传统经济产业来说，投资回报周期短、投资回报率高。技术跨国公司的崛起，对于国际经济和社会科技发展、科技成果转化的推广运用等都有重要作用。技术跨国公司是经济全球化的受益者和数字经济时代的创造者。一方面，它们利用自己的技术优势和产业优势快速布局全球化市场并且取得诸多优势地位；另一方面，它们自身的扩张与发展对经济全球化起到了积极的促进作用。不同的国家和地区都意识到技术跨国公司的重要性，无论是美国、中国、欧盟等全球主要经济体还是其他新兴经济体，都在大力培育和发展技术跨国公司，以在激烈的国际竞争中取得先发优势和更大的市场份额。

所以，技术跨国公司的迅速崛起是近年来全球大型公司中最值得关注的趋势之一，也是未来发展的方向。谷歌、亚马逊、微软等科技巨头的强势崛起，它们拥有大量数据和信息资源，并且在努力地推动产业变革升级。所以技术跨国公司的兴起又加大了全球跨国公司的力量对比，让传统的跨国公司不得不去思考数字化转型升级，以使自己在数字经济时代也拥有一席之地。

8.3 新的跨国公司类型和商业模式正在迅速发展

数字技术和数字产业蓬勃发展，跨国公司在全球布局和运作，不断创新和发展，有了诸多的商业模式，各跨国公司在数字化转型的各个维度全面发力，促进业务稳定运行。在转型中，跨国公司认识到，"互联网＋"不断地融入社会经济生活的各个方面，并从社交、购物、娱乐、知识学习等各个领域深刻改变着人们的生活行为和消费方式，这种转化促进数字经济发展，从而带动经济转型和社会转型。所以诸多跨国公司都大力投资数字部门，招聘专业人才，打造自己数字部门的核心竞争力。

IBM 可以说是非常典型的案例。IBM 的同类企业和商业模式正在迅速发展，是真正的"天生的数字化企业"。IBM 成立于 20 世纪 90 年代初，其发展伴随着计算机技术的发展，经历了多次转型和发展升级。IBM 的转型经历给整个产业结构升级带来了很大的启发，企业在新时代和新背景下不断地剥离旧的业务，在新的时代背景和趋势中促使企业转型和优化升级，从而推动产业转型。曾经主打硬件销售的 IBM，在计算机市场领域具有极大优势，可是数字经济时代的到来让IBM 认识到要顺应时代潮流。IBM 侧重于为企业提供管理战略支持和信息技术支撑。全球多家知名企业选择与 IBM 合作，利用其强大的智力支撑和技术支持，为自己的产业升级和转型寻求支持。

在数字经济时代，IBM 是真正的"天生的数字化企业"。其商品品类创新和集团转型对于跨国公司而言具有极大的引领作用。其创新模式成为全球通用模式，作为业界的标杆，其奠定了行业的基础，引领了行业的发展。

而诸多传统的行业和跨国公司也抓住了数字化转型的机遇。在新冠疫情时期，诸多企业不得不让员工在家办公，这在带来挑战的同时又促使企业进行数字化转型与升级。在当前数字经济和信息技术的发展中，人工智能与大数据、物联网与信息化分析等新兴的技术革命，在自身技术不断发展的过程中，不断地赋能传统产业，带动相关的产业进行数字化升级和转型发展，而这些转型和发展也促进了跨国公司的发展，加速了跨国公司的全面数字化转型和升级。

传统的能源跨国公司也会面临诸多数字化转型的挑战，壳牌石油是一家全球性的能源公司，即使作为一家老牌的跨国公司，其也在极力推动数字化转型和服务技术升级。壳牌公司的转型以提高效率、优化流程、降低成本为核心，并不是单纯的研发和技术利用，而是强调用技术对公司和运营进行赋能和升级。这些转型模式带来价值链的创新应用场景，侧重于全面多方位地颠覆原有产品交付流程。以壳牌为代表的诸多传统企业，在自己现有的产业结构优势上，探索全新的商业模式和产业转型机会。以壳牌石油为代表的传统企业，在信息技术的发展中，不断进行创新和发展，目的就是希望从传统的提供产品转化为提供服务。在数字经济时代的巨大转型和发展中，其不断思考变革，利用自己现有的技术和产业能力，结合工业互联网和数字信息服务，提供更加多元化的服务和商业价值。

在经济全球化和数字经济时代，无论是 IBM 这种科技公司还是壳牌石油这种传统的石油巨头，它们都在自身条件的基础上进行数字化创新与升级。在全新的数字经济时代，跨国公司都积极地拥抱变化。它们敢于创新，勇于挑战，不断转型升级，一个新的"品种"和商业模式正在迅速发展，它们是真正的"天生的数字化企业"。

8.4　将新的跨国公司归类为国际新创企业（INVs）是有待商榷的

国际新创企业（international new venture）作为一种新型的创业模式和国

际企业组织形式在全球范围内蓬勃兴起与发展，这类企业从创始起就走上了国际化之路，并以其创新精神和快速成长的能力引起了学术界和实业界的关注。国际新创企业从诞生之初就积极利用多国资源向多国市场销售产品来获取竞争优势。国际新创企业由美国的欧维尔特（Oviatt）和麦克道戈（McDougall）等1994年在发表在《国际商务研究杂志》上的论文中提出。

数字经济时代的国际新创企业具有一个重要特征，即诞生之初，就具有国际化运营和全球配置资源的特征，并长期立足于国际市场，根据国际市场的变化和份额来调整自己的运营方向和运营模式。作为国际化经营中出现的新现象，国际新创企业从20世纪末开始呈现迅速发展的态势。国际新创企业的创立与成长实质上是跨越国界的新价值创造活动，创业行为是国际新创企业在追求海外市场机会、创造价值的过程中表现出来的行为倾向，如灵活性、适应性，包括探索新的创新方法、进入新的领域和国际市场并开创新的事业等。企业成立之初就致力于全球化的市场和发展，并且将此作为核心竞争力，并不断拓展其创业和创新市场，让国际新创企业在经济全球化和数字经济时代得以大力发展和创新。

不少专业学者都对国际新创企业提出了自己的见解和看法，例如Rennie（1993）认为，国际新创企业凭借其灵活性、创新技术和新颖的产品设计成功地加入全球竞争，并且实现快速成长。Knight和Cavusgil（2004）发现，国际新创企业能够发展独特的产品创意或者使用新的方式开展业务。国际新创企业大都依靠创新性的产品，创造新型的组织结构进入国际市场，其中既有技术创新，也有制度和管理创新。当然，仅仅有创新也是不够的，没有创新的创业活动，企业就难以生存和发展。创新与变革紧密关联，创业者不改变自己长期形成的思维模式，就难以识别创业机会，也无法做到创新。对于创业者及其所创建的企业来说，创业与创新的过程就是不断变革的过程。国际新创企业以全球性的战略眼光洞察国际经营环境中的重大机会和威胁，合理配置企业的资源以寻求最佳的市场定位，实现企业的快速成长。在追求海外市场机会的过程中，它们敢于尝试并且非常大胆；在参与国际竞争时，在引入新产品和服务、操作流程和管理方法等这样一些关键业务时，它们试图成为领导者而不是跟随竞争者。

而把跨国公司归纳于国际新创企业是值得商榷的，因为跨国公司的创新与发展和国际新创企业有许多的不同之处，这些不同之处是由历史原因、企业经营、市场布局等造成的，大体如表8-1所示。

表 8-1 国际新创企业与跨国公司对比

不同之处	国际新创企业	跨国公司
成立时间	较短	较长,许多公司具有百年历史
面向市场	成立之初就以全球市场为主	先是聚焦于本国市场,后在经济全球化时代背景下开始致力于全球市场
管理体系	较为扁平化,创新意识强,但是体系较弱	普遍具有完整的管理体系,从下到上,层层分明
创新意识	以创新驱动发展,创新成本适中	创新要考虑多方面因素
发展风格	寻找突破点和创新点作为增长动力	统筹全局,不会盲目进行突破和创新
行业分布	以高科技行业为主	传统行业和高科技行业皆有,但以传统行业为主

跨国公司因为具有较长时间的发展历史,在全球范围内已经具有稳定的市场和客户,这些市场和客户对于跨国公司的发展至关重要,与国际新创企业不同的是,跨国公司是在维护现有客户的基础上进行创新发展,而国际新创企业更多地通过开拓新的客户来推动自己的全球化布局和发展。并且很多跨国公司具有垄断地位,它们是在垄断的基础上进行创新发展,与从零开始的国际新创企业有很大不同。

8.5 现有框架未考虑平台多种参与者创造的价值

经济全球化的发展与市场环境的变革,使得传统的商务模式也有了巨大的变化,而这些变化和发展使得传统的国际商务模型有了许多不足之处。越来越明显的经济发展规律表明,多种参与者可以为平台的经济价值做出贡献,并且技术的重要性也日趋明显,现代科学技术的发展已经成为经济增长的重要影响因素,但传统的国际商务模型并没有考虑这些因素。

因为不断出现新技术以及新经济模式和理论,更多参与者的平台经济在全球贸易和经济全球化中展现了自己的重要地位,最为典型的就是借助技术发展的共享经济(sharing economy)。利用技术的进步和数据的流动,共享经济在全球经济发展和创新中起到了很大的推动作用。

共享经济是一个新近流行起来的概念,可将其简单定义为:通过新兴技术平台分享住房、汽车、技能、时间，以及生产装备、生产能力等闲置资源和能力（包含利用不充分的资源），在满足社会需求的同时提高社会资源利用效率的一种绿色发展模式。随着数字经济的发展，共享经济日趋重要。共享经济是在互联网时代才开始流行起来的，互联网、跨时空的各类平台是共享模式加速繁荣的技术支撑。在互联网出现以前，人类生产生活等活动受限于物理世界，并且按地理区位分布在城市或农村中，聚集在同一地理区域的人群在需求和兴趣上比较相似，这使得相互分享变得不太可能（Botsman，Rogers，2010）。互联网的出现则打破了时间、空间与社会阶层的限制，来自不同国家和地区的消费者在互联网上形成各式各样的虚拟社区与群落，并展开不同于传统市场的交易。可以说，互联网技术是共享经济的技术基础，这一点已经被广大研究者所认同。例如，Belk（2014）研究认为，协同消费和共享经济现象产生自网络时代，而 Schor 和 Fitzmaurice（2015）将共享经济视作一种 IT 驱动的现象。Belk（2014）认为，网络开启了共享的新纪元。尽管这些观点对互联网技术在共享经济中的重要性的界定有所差异，但无疑也可看出互联网技术对于共享经济的支撑性。对于互联网技术在共享经济发展中的具体作用，Matzler 等（2015）认为是提供了寻求分享物品的便利渠道，同时网络中社会媒体的发展也给共享经济提供了刺激。Leismann等（2013）的研究认为，互联网的广泛使用及其提供的网络机遇在改变消费模式方面发挥着重要作用。Schor（2014）则从技术的角度出发，认为互联网时代的复杂软件技术降低了二级市场的交易成本，提升了共享模式中交易的透明度，降低了陌生参与者的交易风险。无疑，对于共享平台而言，利用互联网技术为参与者提供集聚大众、促进增长、提升信任、确保安全的良好支撑是其基本任务。

平台经济（platform economics）是一种基于数字技术，由数据驱动、平台支撑、网络协同的经济活动单元所构成的新经济系统，是基于数字平台的各种经济关系的总称。平台，在本质上就是市场的具化。根据徐晋博士的观点，市场从"看不见的手"，变成了"有利益诉求的手"。平台是一种虚拟或真实的交易场所，平台本身不生产产品，但可以促成双方或多方供求之间的交易，收取恰当的费用或赚取差价而获得收益。平台经济是由互联网平台协调组织资源配置的一种经济形态，呈现出网络外部性、多边市场主体、开放共赢、服务差异化、跨界融合性等特征。"网络效应"也称为"马太效应"，在现在的网络经济中，基于人们的心理和行为惯性，在一定条件下，优势或劣势一旦出现并达到一定程度，就会导致不断加剧而自行强化，出现"强者更强，弱者更弱"的垄断局面。以苹果应用商店（App Store）为例，一边是应用程序开发人员，另一边是应用程序用户，用户在苹果应用商店购买程序之后会推荐其他用户购买，为其他用户创造价值，接下来其他用户会根据推荐购买应用程序，应用程序开发人员就会开发更多的程序来满足用户需求。随着两类用户人数的增加，供应和需求更加匹配，用于寻找匹配的数据也更加充足，产生的价值更高，而价值高就能吸引到更多参与者。

　　而现有的国际贸易理论和知识体系对于平台经济和数字经济的发展并没有涉及。根据现在的国际贸易理论，国际贸易是指世界各个国家或地区在商品和劳务等方面进行的交换活动。它是各国或地区在国际分工的基础上相互联系的主要形式，反映了世界各国或地区在经济上的相互依赖关系，是由各国对外贸易的总和构成的。从一个国家的角度看，国际贸易就是对外贸易（foreign trade）。而传统国际贸易模型侧重于传统贸易理论，所讨论的国际贸易只有产业之间的贸易（inter-industry trade），即传统贸易理论只考虑了不同产业间产品的交换。也就是说，根据传统贸易理论，一国不可能同时出口和进口相同的商品。因而，传统理论不能解释当今世界普遍存在的产业内贸易（intra-industry trade）现象。

　　传统国际贸易理论在构建的时候，并没有充分地考虑到后来科技和技术的发展，诸多的传统国际贸易理论模型还停留在工业革命时代和经济全球化刚刚起步之时，对于数字经济时代的贸易变革和技术发展并没有相关的研究因素，这就导致在目前科技促进贸易全球化和科技改变经济全球化的进程中，现有的国际贸易理论模型存在缺失。科技和人才等重要因素和变量应该在全球化、数字化的国际贸易体系中体现出来，并且发挥重要的作用。

　　技术的发展突破了很多的瓶颈和之前无法解决的问题，使得过去以传统外贸为主要研究对象的国际商务模型并不能紧跟国际经济形势和科技发展趋势。传统的国际贸易已经出现了诸多的限制，日渐式微，而技术和人才的流动才是现在最大的市场因素。所以在研究中，要把人才发展和技术变革考虑进去，平台经济的迅速发展也应在考虑范围内。

参考文献

卡斯特，2001. 信息时代三部曲：经济、社会与文化［M］. 夏铸九，王志弘，译. 北京：社会科学文献出版社.

寇佳丽，李娇，2020. 世界列车驶入数字时代［J］. 经济（12）：28-30.

尼葛洛庞帝，1997. 数字化生存［M］. 胡冰，范海燕，译. 海口：海南出版社.

王家庭，许斌，殷全喜，1998. 跨国公司真的带来了技术？［J］. 环渤海经济瞭望（6）：37-38.

杨帅，2016. 共享经济类型、要素与影响：文献研究的视角［J］. 产业经济评论（2）：35-44.

杨雅玲，2021. 数字经济具有广阔的发展空间［N］. 中国纪检监察报，2021-01-07（7）.

朱吉庆，2010. 基于企业家精神视角的国际新创企业形成机理［J］. 现代管理科学（11）：35-37.

Belk R, 2014. You are what you can access: Sharing and collaborative consumption online［J］. Journal of Business Research, 67（8）:1595-1600.

Botsman R, Rogers R, 2010. What's Mine Is Yours: The Rise of Collaborative Consumption［M］. New York: Harper Business.

Knight G A, Cavusgil S T, 2004. Innovation, organizational capabilities, and the born global firm［J］. Journal of International Business Studies, 35（2）: 124-141.

Leismann K, Schmitt M, Rohn H, et al., 2013. Collaborative consumption: Towards a resource-saving consumption culture［J］. Resources, 2（3）: 184-203.

Matzler K, Veider V, Kathan W, 2015. Adapting to the sharing economy［J］. MIT Sloan Management Review, 56（2）: 71-77.

Oviatt B M, McDougall P P, 1994. Toward a theory of international new ventures［J］. Journal of International Business Studies, 25（1）: 45-64.

Rennie M, 1993. Global competitiveness: Born global［J］. McKinsey Quarterly, 4: 45-52.

Schor J, 2014. Debating the sharing economy［R］. A Great Transition Initiative.

Schor J, Fitzmaurice C, 2015. Collaborating and connecting: The emergence of the sharing economy［M］// Schor J F. Handbook on Research on Sustainable Consumption. Cheltenham: Edward Elgar: 410-425.

　　Tapscott D, 1996. The Digital Economy: Promise and Peril in the Age of Networked Intelligence[M]. New York: McGraw-Hill.

第 9 章

跨国公司仍然主要依赖子公司获取竞争优势吗？

9.1 跨国公司治理结构更加开放和分散，子公司竞争更趋激烈

9.1.1 跨国公司的定义

1974 年，联合国经济社会发展理事会第 57 次会议对跨国公司的含义做了解释，即跨国公司是指以本国为母公司，通过对外直接投资，在世界各地设立子公司或分支机构，以此来从事跨越国界生产经营活动的经济实体（杨雨衡，2016）。此外，联合国贸易和发展会议在《1995 年世界投资报告》中对跨国公司的描述性定义是：跨国公司是由母公司与其国外分支机构组成的股份制企业或非股份制企业。其中，母公司（parent corporation 或 home company）是指通过拥有一定股权份额在母国以外控制其他实体资产的企业。在通常情况下，拥有股份制企业 10% 或更多的普通股股权份额或选举权，或非股份制企业的相当权益被认为是控制资产的最低限度。国外分支机构（foreign affiliate）是指投资者在他国拥有允许其参与企业管理的股权份额的股份制企业或非股份制企业（股份制企业 10% 的股权，或非股份制企业的相当权益）。具体地说，《1995 年世界投资报告》中的国外分支机构是指跨国公司在东道国的子公司、附属企业和分公司。

综合上述各种定义，我们认为，跨国公司至少应涵盖以下几个方面的内容。

（1）跨国公司在一个国家设立总部，并通过对外直接投资在两个或两个以上国家设立分支机构或子公司。

（2）跨国公司的经营战略是全球性的。

（3）跨国公司是生产和市场竞争在全球范围内拓展的结果，是与高科技、网络化现代生产条件相适应的企业组织形式。

（4）跨国公司的所有制形式应比较宽泛，可以是国有、私有或混合所有制。

9.1.2　跨国公司的组织形式

在企业的法律组织形式上，跨国公司通常采用股份有限公司的形式。而从层次上来说，跨国公司的法律组织形式又可分为设立在母国的母公司、设立在海外的分公司、子公司以及避税地公司等。

（1）母公司。母公司是指通过拥有其他公司一定数量的股权，或通过协议方式能够实际上控制其他公司经营管理决策，并使其他公司成为自己的附属公司的公司。母公司的主要法律特征如下：①母公司实际控制子公司的经营管理权。②母公司通过参股或非股权安排行使对子公司的控制。③母公司对子公司承担有限责任。

（2）分公司（branch）。跨国公司的分公司是总公司的分支机构，不具有法人资格，在法律上和经济上都不具有独立性，而只是总公司的一个组成部分。分公司的法律特征主要有：①分公司不具有法人资格，不能独立承担责任，其一切行为后果及责任均由总公司承担。②分公司由总公司授权开展业务，自己没有独立的公司名称和章程。③分公司没有独立的财产，所有资产属于总公司，并作为总公司的资产列入总公司的资产负债表中，总公司对分公司的债务承担无限责任。分公司与总公司同为一个法律实体，设立在东道国的分公司被视作"外国公司"，不受当地法律的保护，但要受到母国的外交保护。它从东道国撤出时，只能出售其资产，而不能转让其股权，也不能与其他公司合并。

（3）子公司（subsidiary）。子公司是指一定比例的股份被另一家公司拥有或通过协议方式受到另一家公司实际控制的公司。母公司与子公司之间存在所有权关系，也存在控制与被控制的关系，但子公司在业务上可以独立经营，自主权较大。子公司有以下主要法律特征：①子公司是独立法人。子公司在经济上受母公司的控制，但在法律上，子公司是独立法人。其独立性主要表现在：拥有独立的公司名称和公司章程；拥有独立的财产，财务独立，自负盈亏；可以公开发行股票，并可独立借贷；以自己的名义从事各种经济、民事活动，包括起诉和应诉；独立承担公司行为所带来的一切后果及责任，包括债务责任。②子公司在经济上和业务上被母公司实际控制。母公司居于控制和支配地位，子公司处于从属地位。母公司对子公司进行实际控制主要表现在：母公司能够决定和控制子公司董事会的组成。③母公司对子公司的实际控制或是基于股权参与或是基于支配性协议等非股权安排。母公司拥有子公司的多数或全部股权，而股权数量与控制权成正比。但在现代国际商业活动中，母公司的控制手段已不限于股权的控制，合同或协议的安排也越来越多。许多国家的公司法都承认通过某些协议控制其他公司的做法，后者被称为子公司。

子公司在东道国注册登记被视作当地公司，须受东道国法律管辖，不受母公司政府的外交保护。子公司在东道国除缴纳所得税外，其利润作为红利和利息汇出时，还须缴纳预扣税。所谓预扣税（withholding tax），是指东道国政府对支付给外国投资者的红利和利息所征收的一种税收，必须在缴纳此税后才可将利润汇往境外。

（4）避税地公司（tax heaven corporation）。避税地是指对外国公司在本地注册、经营所获利润实行免税和低税政策的国家和地区，也叫作避税港（tax heaven）。目前在全球范围，大约有30个国家和地区属于这个概念范畴。而在这些地点正式注册、经营，或将其管理总部、结算总部、利润形成中心安排在该地的跨国公司，就被称为避税地公司。

9.1.3　数字经济时代对跨国公司的影响

1.数字经济的定义

当前，学术界并未对数字经济的概念形成统一界定，众多国内外学者从不同的角度对数字经济的内涵进行了探讨。

（1）从数字经济的发展历程及组成部分来理解其内涵。英国学者Bukht和Heeks（2017）提出，数字经济是指整个经济中主要甚至全部依靠数字技术且基于数字化生产产品与服务的经济。其又分为三个层次：第一层次指包括IT、ICT在内的数字部门，为核心层次；第二层次为狭义视角的数字经济；第三层次是广义视角的数字化经济。具体如图9-1所示。

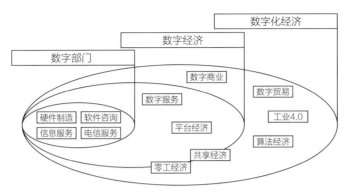

图 9-1　三种层次的数字经济

图片来源：郑华伟. 东道国数字经济发展对我国 OFDI 的影响研究［D］. 上海：上海外国语大学，2021.

（2）从数字经济测度的视角来探究其内涵。OECD 在《衡量数字经济：一个新的视角》（*Measuring the Digital Economy: A New Perspective*）一书中认为，数字经济具有数字化订购、平台促成和数字化交付三大特征。基于以上特征，其构建了数字经济的卫星账户（DESA）框架，这个框架既能对数字经济展开独立核算，又能够对接传统的国民账户体系（SNA）。其概念框架如图 9-2 所示。

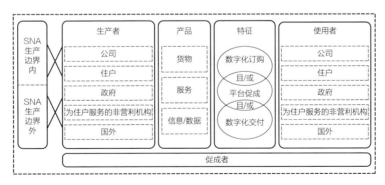

图 9-2　OECD 数字经济卫星账户概念框架

图片来源：郑华伟. 东道国数字经济发展对我国 OFDI 的影响研究［D］. 上海：上海外国语大学，2021.

美国经济分析局（BEA）在 OECD 卫星账户的基础上，确定了以互联网和

ICT 为核心的本国的数字经济核算体系，具体包括互联网等在内的数字化赋能的基础设施、电子商务、数字媒体。具体包含要素如表 9-1 所示。

表 9-1　BEA 数字经济测算体系

各测算部分	包含的具体内容
基础设施	计算机硬件、软件，通信设备及服务、结构，物联网及支持服务等
电子商务	企业对企业（B2B）电子商务、企业对消费者（B2C）电子商务、点对点（P2P）电子商务
数字媒体	直接销售数字媒体、免费数字媒体、大数据

中国信息通信产业研究院（CAICT）的数字经济规模测算框架分为数字产业化和产业数字化两大部分。其中，数字产业化是指包括电子信息设备制造及销售和租赁等在内的信息通信产业增加值部分，这部分按照增加值直接加总计算；产业数字化是指数字技术与其他产业融合应用的部分，应将数字经济在传统产业的贡献部分单独剥离并在此基础上加总计算其规模。

在以上三种测算方式中，CAICT 的方式测算范围最为广泛，其注重各传统产业在转型中的数字化产出，而 BEA 的测算方式更聚焦，更有针对性。

（3）部分学者从经济形态演变的角度来定义数字经济。易宪容等（2019）认为，数字经济是新的经济形态，与之前的经济形态所不同的是，数字经济以消费者的需求为核心导向进而创造全新价值。数据作为数字经济时代全新且关键的生产要素，具有不同于传统生产要素所具有的稀缺性、不可互相替代性及定价机制，而数据要素所具有的这些特殊性质将引发传统产权制度的变革。许宪春和张美慧（2020）也认同信息技术在数字经济中的核心作用，其认为数字经济是经过信息经济、互联网经济进化而来的新型经济业态，数字化技术、平台及赋权基础设施是其三大支撑要素。

综上，尽管国内外研究对数字经济的定义各有不同，但其内涵多有类似。可以说，具有价值的大数据、数字平台以及底层驱动的数字化技术与产业是构成数字经济必不可少的三要素。

2. 数字经济中的数字化跨国公司

数字化跨国公司的核心特点是互联网在公司运营与交易过程中处于核心地

位，根据互联网和数字技术应用程度的不同可以将数字化跨国公司分为以下几类（见表 9-2）。

表 9-2　数字化跨国公司的主要类型

数字化跨国公司类型	具体介绍
纯数字化跨国公司	包括互联网平台和数字化解决方案提供商； 具有相对较轻的海外资产和相对较高的海外销售额； 基本在虚拟环境中运营，与市场仅存在有限的实体联系； 海外市场的有形 FDI 通常局限于办事处和数据中心枢纽
混合型数字化跨国公司	包括电子商务与数字内容提供商； 海外资产与销售额相对比例的差额较传统跨国公司大，但比纯数字跨国公司小； 将数字化核心业务与物理实体相结合
网络零售商	主要包括电子商务跨国公司； 线上进行市场营销和商业活动，通过物流实现商品交付
数字内容提供商	包括大型传媒公司； 在数字化环境中运营，提供数字化产品和服务

资料来源：《世界投资报告 2017》。

总体上看，数字化跨国公司的经营模式与传统行业跨国公司具有以下不同之处：一是资产结构不同；二是国际发展路径不同；三是海外资产轻度化比率不同；四是地理分布不同。

数字经济的影响对象不仅局限于数字化和信息通信公司，对传统行业跨国公司的影响也十分显著。首先，数字经济极大地影响了来自全球经济各个行业的供应链。事实表明，数字经济改变了不同行业的企业内部运作、与客户和供应商的互动方式，以及供应链的管理。其次，在行业层面，产品和服务的数字化本身也正在改变供给和消费的本质。

依托互联网数字技术，将数字化和信息化与商品和服务的生产与贸易紧密结合的数字经济在全球经济中的地位日益重要，它推动了在资产结构、国际发展路径、海外资产轻度化比率以及地理分布等方面与传统行业不同的数字化跨国公司的发展；同时，也在供应链层面和行业层面对传统行业跨国公司产生了重大影响，数字经济时代中跨国公司的竞争模式由此发生改变。

9.2   跨国公司的区位选择更加依赖国际经验

9.2.1   跨国公司对外直接投资定义及动机

跨国公司既是企业对外直接投资的载体，又是对外直接投资的产物。对外直接投资是跨国公司实现国际化经营所采取的主要步骤之一。

对外直接投资（foreign direct investment，FDI）是指投资者以控制企业经营管理为核心、以获取利润为目的，在国外创立一家永久性企业（独资或合资）或取得当地一家现存企业（兼并或收购）控制权的一种投资行为。其典型的形式有两种：一是在国外创办分公司及子公司，称为新建或绿地投资；二是在东道国取得对一家现存企业的控制权，称为跨国兼并或收购（并购）。

西方经济学家在 20 世纪 60 年代就开始对跨国公司对外直接投资的基本动机进行研究，综合起来，对外直接投资的基本动机体现在以下几个方面：

（1）开发和利用国外的自然资源。

（2）突破贸易壁垒，保护原有的出口市场或开拓国外新市场。

（3）利用国外廉价的生产要素，降低企业生产成本。

（4）取得和利用国外的先进技术和信息，促进技术研究和开发。

（5）充分利用企业现有的技术和设备。

（6）分散和降低企业的风险。

（7）实现企业的全球发展战略，取得最佳经营效果。

任何对外直接投资的诱因都可归于上述几类基本动机。另外，不同企业在内外条件和所处环境之间存在着相当大的差异，这也使企业在追求相同目标时采取了不同的手段。表 9-3 是对跨国公司对外直接投资基本动机的一般性归纳。

表 9-3　跨国公司对外直接投资基本动机的一般性归纳

动机	财务目标	行业倾向	东道国投资环境的关键刺激因素
开发市场及扩大需求	增加收入	制造业	市场规模大，成长快，开放度高
利用生产要素	降低成本	劳动力及技术密集型产业	丰富而廉价的劳动力及土地资源等
利用自然资源	降低成本	资源开发及利用型产业	丰富的自然资源且允许进入
利用先进技术	增加收入降低成本	技术、知识密集型产业	当地信息、技术聚集，工业现代化程度高
国际分散化经营	增加收入	制造业及服务业	政治稳定，经济富有活力

总之，尽管不同时期、不同国别、不同行业及不同产品的国际投资者，其具体动机可能是多种多样、互有差异的，但其基本诱因都离不开收入和成本目标驱使下的市场、生产要素、资源等因素，无论环境如何变化，它们总是构成跨国公司对外直接投资的最一般动机。

9.2.2　数字经济对对外直接投资的影响

逢健和朱欣民（2013）通过对英国、澳大利亚、日本、新加坡等发达国家数字经济发展战略的梳理分析，认为各国已将数字经济作为未来经济发展的新动能与抓手，当前国际上对数字经济的关注主要集中在核心产业 ICT 上，但应该注意到，数字经济已经开始借助数字化工具及技术广泛影响其他产业。

何枭吟（2013）发现，数字网络技术能够极大削减跨国公司远程的管理成本，进而促进企业活动范围在全球范围的扩张；以知识和技术为核心的"轻资产""软要素"推动了全球范围内的产业结构的不断软化。

UNCTAD（2021）认为，数字经济在全球经济中的作用愈发重要。数字经济在创造新的市场进入渠道的同时降低了海外实体部门的重要性，从而重构国际生产；同时，数字经济可能产生反向效应，因为建立了虚拟全球化的新公司可能会加入对海外进行实体投资的行列；此外，数字经济将使在国际生产网络中实现新的治理模式和合作机制成为可能，从而对追求效率和寻求资源的投资具有重要意义。因此，数字经济将影响公司的海外扩张、跨国投资规模和方向、跨国公司的海外业务操作、全球供应链的治理模式和海外子公司对东道国的影响。

蒋殿春等（2020）通过对新冠疫情期间中国数字经济对外投资数据的考察，发现新冠疫情在短时间内扰乱了投资的正常进行，但拉长时间轴看，其使得各国传统产业的数字化转型加速。

田珍和葛顺奇（2017）认为，在数字经济下，跨国公司推动建立的虚拟商业网络对全球化生产将产生不利影响。此外，数字经济对跨国界的投资方向与规模、跨国公司海外分支机构的运营模式、全球供应链的治理模式都会产生根本性的影响，这就对目前的国内外投资政策框架提出了重大挑战；詹晓宁和欧阳永福（2018）发现全球价值链出现了数字化、去中介化等新趋势，这使得跨国公司的跨境投资模式及路径发生重大变化，出现了轻海外资产、低就业、区位决定因素变化等新的国际化特征。

张伯超和沈开艳（2018）通过相关评价体系的构建，评估了共建"一带一路"国家的数字经济综合发展水平；董有德和米筱筱（2019）通过构建互联网成熟度测度指标体系，进而研究得出，东道国的数字经济发展水平越高，中国对相关国家的对外直接投资（OFDI）增加越多；齐俊妍和任奕达（2020）同样通过构建综合指标评价体系定量测度了 43 个共建"一带一路"国家的数字经济发展水平，进而实证检验了东道国数字经济发展水平将对中国 OFDI 的区位偏好与规模变化产生影响。

9.2.3　跨国公司的区位选择依赖于国际经验

区位选择是企业国际化研究中的一个老问题，讨论跨国公司 OFDI 区位选择除了要考虑传统区位理论谈及的东道国因素，还必须关注企业层面的异质性因素在其中所起到的重要作用。

国际化经验是指企业在国际化经营过程中积累的国际市场经营知识、国际先进技术知识、国际先进管理知识和实践、各国制度文化知识和投资信息等，具有海外经营经历的高管、普通员工的个体经验知识也包括在内（李自杰等，2010）。

企业国际化经验既可能来源于企业在多国或多地区经营的横向经验，也可能来源于企业在同一国家或地区多年经营的纵向经验。但无论是纵向经验还是横向经验，相比于不断试错，经验学习的成本都要低得多，因此对于跨国公司来说，利用自身或他人的国际化经验不断调整和改进自身的组织结构和经营惯例以适应海外生存是企业国际化的捷径之一。

关于国际化经验与企业区位选择关系的相关文献非常有限。Johanson 和 Vahlne（1977）在关于国际化扩张的乌普萨拉（Uppsala）模型中提出，企业的国际扩张是一个从海外经营中不断进行经验学习、获得必要知识以实现自身增值的过程。随着经验知识的积累，企业一方面逐步进入与其所在地区文化距离和制度距离较远的地区，另一方面逐步从低投入的进入模式转变为高投入的进入模式。

Erramilli（1991）基于 151 家美国企业的数据考察了国际化经验对服务型企业海外市场选择和进入模式的影响。研究表明，随着国际化经验的增加，服务型企业的海外市场选择更趋向于地理的多样化和文化的差异性，在进入模式选择上，国际化经验与进入模式（低控制型—高控制型）之间存在 U 形关系，而不是一般认为的线性关系。

Lu 等（2014）基于 2002—2009 年中国上市公司的数据分析发现，母国政府的支持和东道国完善的制度环境增强了跨国公司应对 FDI 投资风险的能力，减少了积累与进入东道国有关的经验知识和能力的需要，降低了先前投资经验的重要性，使得一些企业的对外投资在区位选择上不再遵循传统的渐进范式。研究结果对新兴经济体企业的天生全球化问题给出了一定的解释。

綦建红和刘慧（2015）从动态序贯视角考察以往经验和他企经验对中国对外直接投资企业区位选择的影响。他们基于 2384 家中国工业企业的数据分析发现：OFDI 企业会根据其他企业先前的投资经验和市场选择进行跟随投资，尤其是在首次进行 OFDI 的企业中，这种"羊群效应"更加显著；而对于多次进行 OFDI 投资的企业而言，自身过去投资经验的影响要大于其他企业经验，相同市场经验的影响要大于相似市场经验，同行业经验的影响要大于不同行业经验。

郑莹等（2015）基于沪深两市制造业上市公司 2006—2010 年对外直接投资数据，运用条件逻辑模型，实证分析发现企业的 FDI 经验会正向调节文化距离、制度风险和 FDI 区位选择之间的关系。企业的 FDI 经验水平越高，越可能选择与其所在地区文化距离远、正式制度风险高的地区进行投资。

檀灿灿和殷华方（2019）基于上市公司海外投资数据研究发现，企业在某地投资的自身经验和其他同行经验与后续进入该地投资的可能性呈倒 U 形关系，同时，激进战略对自身经验与海外区位选择之间的关系具有正向调节作用，而对于其他同行经验与海外区位选择之间的关系具有负向调节作用。

9.2.4　国际化经验对跨国公司区位选择的影响

国际化经验如何影响跨国公司的区位选择？回答这个问题我们还需要回到企业区位选择研究的起点。

传统跨国经营理论认为，企业是否到某个特定的东道国投资，取决于该东道国是否具有足够的区位优势能使跨国公司利用垄断优势获得比在其他地区投资更高的利润。而在特定东道国投资的利润空间大小则取决于禀赋因素和成本因素，下面我们来讨论国际化经验对这两类因素的影响。

首先，国际化经验有助于跨国公司更好地将母公司的核心优势和战略性组织行为移植到海外（Delios，Beamish，2001），从而更好地发挥东道国市场规模优势。核心优势如品牌、技术、有形资源的转移相对容易些，而战略性组织行为的跨国转移则较为困难。

其次，国际化经验也有利于跨国公司更好地获得和利用东道国的技术优势。东道国技术知识信息是内嵌于其特定的社会文化情境中的，而跨国公司作为外来者，缺乏对当地的嵌入性，这种因缺乏社会和文化的内嵌性而导致的外来者劣势成为一种隔离机制，使得跨国公司识别、吸收和利用东道国的知识和技术变得困难（Schmidt，Sofka，2006）。国际化经验作为跨国公司的一种重要战略资源，能够有效削弱"外来者劣势"对跨国公司技术学习的影响。

再次，国际化经验还有助于跨国公司克服东道国的成本因素，更快地适应东道国的制度环境和市场环境。

最后，大部分学者认为，距离因素的影响往往是负面的，但东道国的地理、文化、制度差异给外来者带来的阻碍并非无法克服的，企业可以从直接或间接的跨国经营过程中积累经验性知识，了解如何适应其他国家的文化、语言、商务习惯以及制度安排（Johanson，Vahlne，2009）。

从上述国际化经验对区位因素的影响分析中我们可以初步认识到国际化经验在企业海外投资区位选择决策中的作用。国际化经验在企业进行区位选择决策时是一个情境变量，它实际上是调节了东道国区位因素对企业盈利的影响的大小，使得东道国的禀赋因素对高国际化经验的企业更加有吸引力，而部分削弱了东道国成本因素对企业投资的门槛效应，从而影响了东道国被选为目的国的概率。

9.3　本地创新型的跨国公司在内部和外部网络中的"双重嵌入"趋势更为明显

9.3.1　跨国公司的内外部网络

从组织结构理论的研究来看，21 世纪组织结构的发展趋势是扁平化和网络化。薛求知和阎海峰（2001）认为，跨国公司正逐渐演变成"全球网络公司"，这个网络不单单表现为一个简单的公司内部网，还是一个通过多种形式（如合作协定、许可协议、关系合同、分包、战略联盟等）和不同渠道形成的公司外部网。

跨国公司的全球性经营扩张正日益表现为这样两个相互交错的网络的延伸和拓展：通过海外直接投资在世界各国或地区建构的公司内部网络和通过全球性的战略联盟等形式而与其他具有独立法人资格的实体建立的外部网络。网络型的组织结构打破了层级结构所带来的部门之间和上下级之间交流的障碍，为知识在组织内的交流和传播提供了便利。

因此，根据企业知识基础理论和网络组织理论的研究，可以将跨国公司看作是一个在全球范围内积累和运营知识的内外部网络的统一体（李维安，李宝权，2003）。跨国公司的内部网络由中心节点和若干具有异质性功能的子公司节点组成，中心节点负责协调产品、职能和地区方面的信息，子公司节点履行公司赋予的特定战略职能，中心节点和子公司节点之间、子公司节点和子公司节点之间存在大量双向的知识转移和流动。

9.3.2　跨国公司的双重嵌入

近年来，越来越多学者运用网络理论来研究海外子公司，网络嵌入通常被看作是获取伙伴有价值的资源以克服自身不足的战略性举措。多数学者基于网络理论研究证明个人或组织嵌入网络中有利于知识、资源以及技术的传递，能够在一定程度上克服企业自身的资源限制，帮助企业建立竞争优势，提高企业的决策效率（见图9-3）。

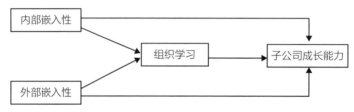

图9-3　双重网络嵌入性、组织学习与子公司成长能力的理论模型

图片来源：蒲明，毕克新. 双重网络嵌入性对子公司成长能力有不同影响吗？——基于跨国公司中国子公司的实证研究［J］. 科学决策，2019（6）：1-19.

目前企业发展环境越来越网络化，跨国公司所嵌入的网络是子公司发展的主要动力。内部嵌入是指海外子公司嵌入母公司和其他子公司所组成的内部关系网络中。子公司通过内部嵌入能够从跨国公司网络成员那里获取资源和扶持。具体而言，内部嵌入可以使子公司从资源获取、知识转移以及合作创新等方面提升自身的创新能力（蒲明，毕克新，2019）。

外部嵌入是指子公司嵌入由东道国的顾客、供应商、竞争者、政府等所组成的外部关系网络中。海外子公司通过外部嵌入可以获取当地有价值的稀缺资源。具体地，企业与当地政府等建立密切关系有助于其在当地拥有良好的营商环境和信息资源共享平台，会对其创新绩效提升产生积极影响（谭云清，马永生，2020）；和当地供应商及用户建立高质量关系能够使企业快速掌握当地市场的最新需求和发展机会（彭伟等，2018）。

网络嵌入性提供了子公司与外部知识接触的机会，但与知识的接触并不能自动转化为子公司的竞争优势，也不能促进子公司的成长。其中必须经过组织学习的作用，识别和获取知识、理解和消化知识、利用和创新知识，才能实现子公司的成长。也就是说，网络嵌入所提供的知识必须通过组织学习内化为子公司知识，才能促进子公司成长能力的提高。

嵌入性促进了网络成员之间的学习，引发了组织学习机制，组织学习机制影响了子公司成长能力的产生和演化。Zollo 和 Winter（2002）指出，对能力演化产生影响的三种机制包括经验积累（对经验进行选择和保留）、知识表达（把知识表达出来）、知识编码（揭示行为和绩效结果之间的联系）。这三种机制指导子公司能力的产生和演化。Eisenhardt 和 Martin（2000）认为，实践、经验、错误是重要的学习机制，组织可以从实践、经验、错误中学习。这些学习机制促使人们关注和理解组织过程，帮助建立和发展惯例，促进子公司能力的发展与更新。

9.3.3　跨国公司知识流动的影响因素

近年来，知识驱动型企业逐渐取代传统的资本驱动型企业成为跨国公司发展的主流，使得跨境竞争日益激烈，以知识为基础的跨国公司理论将跨国公司视为一个知识共同体，认为跨国公司的异质性是由其知识水平的差异决定的，并进一步为跨国公司赢得持续竞争优势奠定了基础（李琳娜，2019）。

知识可以是一项能力、一项投入，也可以是一个整合过程，但对于跨国公司而言，最具价值的并不是产生知识并将其积累起来，而是使产生的知识能在企业内部交流共享。跨国公司内部的知识交流能够最大限度地利用现有的知识，扩展竞争优势。知识流动使得独特的解决方案能够在各子公司之间转移，同时使得它们之间的协调和合作成为可能。因此，从这个意义上看，企业内部知识的价值在于实现有效流动。

虽然跨国公司内部的知识流动对企业的发展具有重大意义，但是知识交流也具有难度大、成本高的特点。知识的交流并非简单传送，还面临着知识本身存在隐含性、跨国公司的分散程度日益提高、共享知识的意愿淡薄、缺乏有效的知识交流机制、存在跨文化差异等方面的挑战。

9.3.4　从知识流动角度看子公司双重嵌入性对整体竞争优势的影响

在波特提出的著名的钻石模型（diamond model）中，母国优势产业集群是跨国公司特定业务领域的母国基地，其为跨国公司提供了全球化竞争的优势。显然，这一观点所隐含的前提是产业集群为其中的跨国公司子单元提供了特定的区位优势，这一优势可应用于全球化经营。

但如果反其道观之，波特的分析同样也适用于跨国公司的海外子公司。海外产业集群吸引跨国公司的参与同样也可能源自其区位优势，而这种优势可为嵌入其中的子公司所利用和学习，并转而贡献于公司整体。子公司作为集群优势参与者和获得者的影响作用不仅得到了理论上的讨论，在现实中也有大量的事实支持。

那么跨国公司的竞争优势来源在何种情况下以母国集群为主，又在何种情况下以海外集群为主呢？子公司双重嵌入性导致的跨国公司知识流动可以回答这个问题。

在海外子公司成立的早期阶段，由于海外地方集群战略性地位比较低或处于发展演化的初期，抑或是由于子公司自身吸收、转化知识的能力不够充分，子公司的技术、资源等要素大多来自母公司。由于子公司对母公司的知识贡献仍然很小，母公司必须更多地依赖从本国产业集群中发展出来的创新网络优势和信息集聚优势，从母国产业集群摄取维持公司整体竞争力所需的知识。作为公司整体运作的主要资源提供者，此时公司竞争优势来源会向母国倾斜，亦即波特在其钻石模型中所描述的情况。

但是，一方面，随着子公司的成熟，其与外部网络的交易因频繁、密切的冗余联系而演变为建立在信任、合作关系上的社会一致性网络，这种高度的"本地嵌入性"提高了子公司对复杂知识的吸收与转移能力；另一方面，随着当地外部产业集群的进化和演变，成熟的产业集群开始为子公司提供更多的有关市场、技术和运营方面的知识。

此时子公司开始了反哺母公司知识和能力的过程。子公司在跨国公司体系中的地位上升，并以"地方化"知识的形式向母公司提供更多有关多国运作的经验。而当子公司反哺母公司的知识和能力超过母公司从母国产业集群中所获得的总量时，跨国公司竞争优势来源的天平将向子公司倾斜，此时跨国公司组织模式就会完成从"核心—边陲"（center-periphery）型向"多中心"（multi-center）型的转变。

9.3.5 印度印孚瑟斯技术有限公司：与母国产业发展高度融合

印孚瑟斯技术有限公司（Infosys）成立于1981年，是印度IT四巨头之一。

全球合作伙伴有微软、苹果、英特尔等，是全球领先的咨询、技术及软件外包服务提供者。Infosys 与母国产业发展的高度融合主要体现在以下三个方面。

第一，通过跨国并购拓展母国相关产业的发展空间。经历全球交付模式带来的多年高速增长后，Infosys 发展速度减慢，进入 21 世纪以来，公司着手进行战略调整，开始向应用开发、管理咨询、企业解决方案以及系统整合等多领域扩张，不断向产业链的高端跃进，此举有助于提升印度软件企业在全球产业价值链中的地位，也拓展了印度软件产业发展的外部空间。

第二，为其他产业发展提供资本支持。2013 年，公司自筹基金成立了创新基金，初始金额为 1 亿美元，为公司以外的创业公司和其他创新业务提供资金支持，2015 年 1 月，基金规模扩大至 5 亿美元。截至 2017 年 1 月，这 5 亿美元创新基金中有 6200 万美元投资了创业公司，主要投资于物联网、无人机、大数据和云计算等新兴产业领域，而且对新兴服务，如设计思维、人工智能解决方案和知识产权领域的业务表现出极大兴趣。创新基金投资最活跃是 2016 年，一年投资了 4 家创业公司。

第三，企业大学培养行业发展所需人才。Infosys 在员工的培训和教育方面的投入在行业内相当领先。该公司有一所规模庞大的企业大学，其课程设置围绕企业需求，紧跟最新技术发展动向，每个新进员工都要接受 6 个月的课程培训。这类的培训课程为其提供了人力资源储备，同时当员工跨企业流动时无疑会为产业发展带来人力资本外溢效应。

9.4　前沿数字技术有利于发达经济体中生产性子公司的搬迁

9.4.1　跨国公司的技术转移

1. 技术的概念

在讨论技术转移之前，我们需要先明确被转移的对象——技术。技术就是对技艺的系统论述。

世界知识产权组织（WIPO）在 1997 年版的《供发展中国家使用的许可证贸易手册》中给出了一个较为具体的定义，认为"技术是制造一种产品的系统知识、所采用的一种工艺或提供的一种服务，不论这种知识是否反映在一项发明、一项外形设计、一项实用新型或者一种植物新品种中，或者反映在技术情报或技能中，或者反映在专家为设计、安装、开办或维修一个工厂或为管理一家工商企业或其活动而提供的服务或者协助等方面"。

联合国工业发展组织（UNIDO）把技术定义为"由知识、技巧、技能、专有知识和组织组成的一个系统，它用于生产、销售并利用商品和服务，从而满足经济需要和社会需要"。这个定义最重要的是意识到了"技术不仅是一件具体的事物，而且也包括硬件和软件中包含的知识"。

以上的定义各有特点，但它们共同的地方是，都认为技术从属性上讲是一种知识，是与产品和劳务的生产过程及方法相联系的。

2. 技术转移的定义

技术转移（technology transfer），简单地说就是技术从一方向另一方传递的过程。具体来讲，技术转移是指技术持有者通过各种方式将其拥有的生产技术、销售技术或管理技术以及有关的权利转移给他人的行为。

狭义的技术转移是指作为生产要素的技术，通过有偿或无偿的各种途径，从技术源向技术使用者转移的过程。从技术接受方的角度看，技术转移就是企业通过外部机制获取技术，而不是从内部产生。技术获取（technology acquisition）是技术需求方购买或获得由他人开发的技术来为本公司服务的过程。

广义的技术转移是围绕某种技术类型产生的某种技术水平的知识群的扩散过程，即各种形态的技术及相关要素从技术源至技术使用者的转移。这里既考虑了技术本身，又考虑了与技术移动相关联的要素转移。由于广义的技术转移强调了与技术本身相匹配要素的转移，因此在这个意义上，技术转移的实质是技术能力的转移。

3. 跨国公司技术转移的内容

跨国公司在国际技术转移中扮演着重要角色。跨国公司的全球战略和国际化的生产体系使得它们以各种方式推动国际技术转移，主要包括以下几个方面。

（1）工业产权的转换。工业产权的转移（专利技术——无形的财产权）包括发明专利、实用新型专利、外观设计专利权等。对于合资形式的跨国公司来说，其通常以技术入股等方式进行技术转移。对于外商在东道国建立的独资公司，其主要动机就是严格垄断和控制技术，其技术创新与改造只与母公司发生联系，较少与东道国同行业发生横向联系。但其技术还是可以通过间接的方式向东道国企业外溢，即存在技术的外溢效应。

（2）非工业产权的转移。非工业产权的技术转移（专有技术—技术诀窍）包括设计方案、设计图纸、技术说明书、技术示范和技术指导等。跨国公司技术转移的技术不仅包括有形产品中的知识，如操作手册、说明书、专利或计算机软件，还包括管理方法和技巧。它也包括不包含在实体中的知识，即专有技术，这只存在于人们的头脑中或组织规章中。

（3）提供技术服务。在合作生产合同中的技术服务主要是技术培训，也就是由委托方培训制造单位的技术人员。要在合同或者附件中明确培训方式，包括委托方的技术指导人员的责任、培训的内容和技术指导人员的生活待遇。

4.跨国公司技术转移的方式

跨国公司进行国际技术转移，有两种方式：其一是跨国公司在产权和控制权范围内对海外分支机构的内部化技术转移；其二是向其他企业的外部化技术转移。内部技术转移主要通过跨国公司对外直接投资加以实现。外部化技术转移有许多种方式，如技术出售、许可证、资本品销售、技术援助、合作研究与开发等，具体包括以下几种方式：对外直接投资、技术出售、许可交易、资本货物贸易、合作生产和合作开发研究、技术援助、交钥匙项目。

另外，跨国公司的外部化技术转移还包括举办技术讨论会、专题座谈会，公布研究结果，聘请国外专家进行咨询，人员交流，举办专门技术培训课程，以及从互联网免费下载软件和公共信息等等。

9.4.2 技术对跨国公司投资的影响

国际直接投资指的是生产要素的国际合作，即跨国公司作为行为主体，通过投资国生产要素向被投资国流动，并与其本地生产要素相结合，形成新的国际化生产过程。

通常来说，发达经济体作为投资母国向发展中经济体被投资国输出的生产要素包括高端要素，如高端人才、营销网络、经营管理方法、专利、品牌、技术等，也包括基本生产要素劳动力、土地、资本等。被投资国进入生产过程的生产要素主要包括三大传统要素，即劳动力、自然资源与土地。

在世界经济范围内，全球资源的优化配置越来越依赖资本、技术和劳动等要素作为推动力量。国际贸易主导下的"生产的国际分工"特征正在向国际投资主导下的"要素的国际合作"特征转变（张幼文，薛安伟，2013）。

在过去的几十年中，国际贸易与国际直接投资呈现出以下几个显著的特点。

第一，得益于关税与非关税贸易壁垒的降低和物流技术的发展，生产在国家间的可分割性越来越强。

第二，跨国公司通过对外直接投资或离岸外包将部分生产环节转移至低成本的国家，全球价值链分工的重要性日益提高。

第三，在发展中国家知识产权保护程度仍然较低的情况下，跨国公司对这些国家的高科技产业投资上升，推动了发展中国家高科技产品出口规模的高速增长，但出口中的国内价值含量并不高。相反，其出口中的外国价值比率较高，也即垂直专业化比率（vertical specialization share，VSS）较高。

9.4.3　逆向技术溢出的实现过程

知识与技术等高端生产要素的跨国流动是对外直接投资逆向技术溢出的本质。通过对外直接投资渠道，东道国的知识与技术逆向传递到投资母国的过程就是逆向国际技术溢出现象发生的流程。

如图 9-4 所示，对外直接投资的逆向技术溢出是从企业、产业和国家三个层面发生作用的，其中，P1 至 P5 分别表示逆向技术溢出实现的五个具体阶段。

从理论层面来说，逆向知识与技术的溢出过程需要经历三大阶段，分别涉及：跨国公司海外分支机构在国外的先进管理经验、知识与技术溢出的获取，即 P1 和 P2 阶段；海外分支机构将获得的先进管理经验、知识与技术进行汇总并传递回跨国公司母国总部，即 P3 阶段；先进管理经验、知识与技术在母国其他企业之间的溢出与传播, 即 P4 和 P5 阶段。

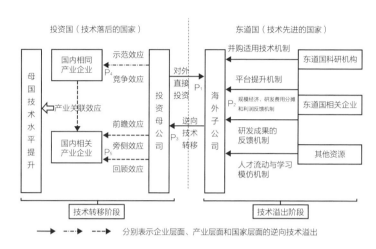

图 9-4　对外直接投资逆向技术溢出实现的过程及相关机制

图片来源: 李丹. 中国对外直接投资逆向技术溢出效应研究 [D]. 上海: 上海社会科学院, 2020.

9.4.4　巴西航空工业公司: 国际合作引领产业发展

巴西制造业对外资的依赖程度一直较高, 因此, 改善第二产业内部结构、提升制造业技术水平、发展高端制造业是巴西产业升级的当务之急。巴西航空工业公司(以下简称巴西航空)正是在这样的背景下诞生的。

巴西航空是巴西的一家航空工业集团, 被称为 "巴西工业的王冠之宝", 该公司成立于 1969 年, 是世界四大民用飞机制造商之一, 也是全球最大的 120 座级以下商用喷气飞机制造商。国际合作是巴西航空引领巴西航空工业发展的制胜法宝, 主要表现在以下几个方面。

第一, 多途径利用国外技术。二战后, 德国的一批航空科技专家被招揽到巴西, 这些专家将当时世界领先的德国航空科技带到了巴西。

第二, 与发达国家相关企业结成战略联盟。1999 年巴西航空同当时的法国航空航天集团结成战略联盟, 出售了 20% 的股份给法国航空航天集团, "以股权换技术"。2000 年 7 月, 巴西航空在英国范堡罗国际航展上获得了高达 42.2 亿美元的支线飞机订单。

第三，通过国际合作研制新机。20 世纪 80 年代末，巴西航空与阿根廷航空航天装备公司联合开发 CBA-123 项目，这个项目为后来取得巨大市场成功的 ERJ-145 飞机奠定了技术基础。为满足 70~110 座支线客机市场的需求，1999 年，巴西航空联合 16 家国际航空公司和 22 家主要设备供应商，投资 8.5 亿美元，推出了包含四款机型的 E- 喷气飞机系列，这一系列新产品帮助巴西航空很快走出了订单减少的困境。

第四，积极参与发达国家跨国公司的生产体系。巴西航空 1991 年为美国波音飞机的波音 777 飞机生产背鳍；1995 年为美国著名的直升机制造企业西科斯基公司 S-92 直升机生产包括燃油系统、起落架等在内的部件，合作生产协议总额高达 3 亿美元。通过为知名企业生产零部件，巴西航空快速提升了制造能力。

巴西航空成立后，经过多年发展，在技术研发、新产品开发、国际市场拓展及产业辐射等各方面全面带动了巴西航空工业的发展。目前，公司业务遍及全球，成功跻身世界四大民用飞机制造商。

9.5 跨国公司的角色从分散的生产设施的全球组织者转变为在内外部网络连接中跨关键节点的新知识创造流的集成者

9.5.1 跨国公司角色

跨国公司作为跨国界的经济组织、国际社会的非传统行为主体，扮演着十分重要的角色、承担并发挥着日益重要的作用。可以从内涵及外延这两个层面来理解"跨国公司角色"的概念。

就内涵而言，首先，跨国公司角色是跨国公司在国际社会中所处地位的外在表现。其次，跨国公司的角色是一整套国际社会行为规范。再次，跨国公司角色是其他国际社会行为主体对处在特定地位上的跨国公司行为的期待。最后，跨国公司的角色可能是构成国际社会群体和国际社会共同体的因素之一。

就外延而言，跨国公司的角色扮演表现在经济、政治及社会三个向度上。

（1）跨国公司的经济角色。关于这一点，学术界主要存在两种不同的学术观点。第一种观点认为，跨国公司已经摆脱了民族经济的狭隘定义，是一股积极的力量。第二种观点认为，跨国公司和国际金融资本相结合，集中体现了全球资本主义的丑恶面目。

（2）跨国公司的政治角色。有的学者认为，跨国公司的建立意味着经济战胜了政治，是向合理地管理全球经济迈出了重要的一步。但是也有人持相反的看法，他们认为，这些跨国公司只是一种具有特殊国籍，生产、销售和其他活动超越国界的公司，跨国公司的行为主要是由其母国的经济政策、经济结构和政治利益决定的。

（3）跨国公司的社会角色。跨国公司要适应当地社会，采取本土化行为；也要对公司的股东、员工等负责，树立良好的公司形象，与当地民众建立良好的社会关系；同时，还要承担起环境保护的责任。

9.5.2　跨国公司网络的形成

伴随着全球化的进程，跨国公司正在通过网络迅速地在全球范围内调动、使用和分配资源。更进一步地，跨国公司正逐渐演变成"全球网络公司"，而且，这个网络不单单表现为一个简单的公司内部网，还表现为一个通过多种形式（如合作协定、许可协议、关系合同、分包、战略联盟等）和不同渠道形成的公司外部网。

跨国公司的全球性经营正日益表现为这样两个相互交错的网络的延伸与拓展：通过海外直接投资在世界各国或地区建构的公司内部网络；通过全球性的战略联盟等形式而与其他公司建立的外部网络。

从形态上讲，网络组织结构一般由两个部分组成：一是战略管理、人力资源管理、财务管理与其他功能相分离而形成的一个由总公司进行统一管理和控制的核心；二是根据产品、地区、研究和生产经营业务的管理需要形成的组织的柔性立体网络，它随着市场、用户、项目的需要而临时组成团队。网络中各节点的重要性由其在业务流程中的重要性决定，并随项目性质的变化而变化。合同则是节点间连接的纽带。

作为动态环境中的一种组织形式，网络组织具有以下重要特征：

（1）网络组织具有动态特征。

（2）网络组织富有弹性且边界模糊。

（3）网络组织追求无障碍沟通。

（4）网络组织是一种超组织学习模式。

（5）网络组织是对官僚体制的超越。

网络组织的形成是跨国公司依靠现代信息技术、实行全球化经营战略、降低企业风险和不确定性的一种组织创新。它的核心是通过人力资源、软技术和信息在跨国公司全球系统内的自由流动，以期建立一种全新的组织管理关系。

作为积极参与全球化创新的主体之一，跨国公司与本土企业相比，其在嵌入海外创新网络时具有更多的优势，逐渐呈现出既嵌入本土创新网络，又嵌入海外创新网络的"双重网络嵌入"特征（王辉耀等，2012）。

跨国公司创新动态能力的演变与其所嵌入的创新网络的性质关系十分紧密。"跨国公司创新动态能力"是跨国公司对本土国家和海外国家知识和资源的不断探索、整合及利用，并且在嵌入创新内外部环境中不断进行适应、重构和演化的过程（徐雨森，王鑫，2018）。

9.5.3　知识流动视角下双重网络嵌入性与跨国公司创新绩效的关系

从当前跨国公司创新的过程中可以看出，知识探索是其嵌入本土创新网络的基础（唐春晖，曾龙凤，2014），海外知识内化是跨国公司嵌入海外创新网络并不断进行创新的不竭动力（李杰义等，2018）。

从知识流动的视角分析跨国公司创新动态能力，发现嵌入本土创新网络的知识探索阶段是跨国公司进行创新和进一步融入全球创新网络的第一步（李平等，2019），而在嵌入海外创新网络时，知识的共享程度、整合能力以及不断转化学习的能力都会对跨国公司的动态创新能力造成很大的影响（余以胜等，2014）。

本土国家的政策（杜健，周超，2018）、东道国家的政策（李杰义等，2018）、嵌入网络的环境和竞争复杂程度（鲍丰华等，2018）、跨国公司的嵌入战略等都会影响知识流动在跨国公司中创新动态能力的演进（彭伟等，2017）。

在已有研究的基础上构建的知识流动视角下的双重网络嵌入性与跨国公司创新动态能力的动态演进模型如图9-5所示。

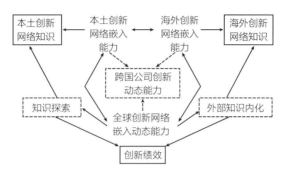

图 9-5　知识流动视角下的双重网络嵌入性与跨国公司创新动态能力的动态演进模型

图片来源：熊焰，孙红军，周钟．双重网络嵌入与跨国公司创新动态能力的协同演进——基于知识流动的系统动力学仿真［J］．财会月刊，2020（10）：118-127．

　　跨国公司创新动态能力的演进过程是其在嵌入本土创新网络和海外创新网络时知识的内外探索、转化和利用的过程。在演进时，本土创新网络嵌入能力、海外创新网络嵌入能力和全球创新网络嵌入动态能力是跨国公司创新动态能力演进的三大主要驱动要素。

9.5.4　知识流动视角下的双重网络嵌入性：跨国公司创新动态能力协同演进因果关系分析

1. 跨国公司本土网络嵌入子系统

跨国公司本土网络嵌入子系统如图 9-6 所示。

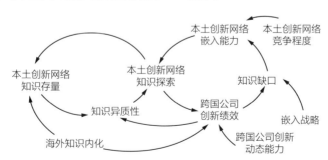

图 9-6　跨国公司本土网络嵌入子系统

图片来源：熊焰，孙红军，周钟．双重网络嵌入与跨国公司创新动态能力的协同演进——基于知识流动的系统动力学仿真［J］．财会月刊，2020（10）：118-127．

由图 9-6 可以看出，创新绩效提升会使得跨国公司在创新进程中感到知识的缺乏，就会促使其主动嵌入本土的创新网络进行知识探索，而对本土创新网络知识的不断吸收和利用，又会促进具有创新意愿的跨国公司创新绩效的不断提升。因此，该子系统的第一条正反馈回路为：跨国公司创新绩效↑→知识缺口↑→本土创新网络嵌入能力↑→本土创新网络知识探索↑→跨国公司创新绩效↑。

但是，随着跨国公司在本土创新网络嵌入程度的加深，其所吸收和转化的知识会逐步趋近于同质化，这样知识的异质性就会降低，就会使跨国公司的知识创新能力减弱，因此该子系统的第一条负反馈回路为：跨国公司创新绩效↑→知识异质性↓→本土创新网络知识探索↓→跨国公司创新绩效↓。

2.跨国公司海外网络嵌入子系统

如图 9-7 所示，跨国公司在嵌入海外创新网络时，其获取海外创新网络知识的能力会受到其海外创新网络嵌入能力和海外创新网络竞争复杂程度的影响。当获取到一定的海外知识并进入海外知识内化的阶段时，海外创新网络知识的可获得性、跨国公司对知识的筛选能力以及海外创新网络知识存量会对其产生影响（周钟，陈智高，2018）。跨国公司对海外创新网络的知识筛选能力会受到其所嵌入的创新网络的异性性、跨国公司内部的知识缺口和其动态嵌入能力等的影响（王昌林，2018）。因此，在本子系统中的一条主要正反馈回路为：海外知识内化↑→跨国公司创新绩效↑→知识缺口↑→知识筛选↑→海外知识内化↑。

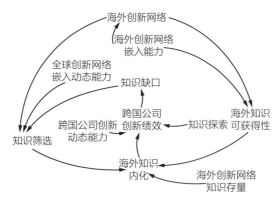

图 9-7　跨国公司海外网络嵌入子系统

图片来源：熊焰，孙红军，周钟. 双重网络嵌入与跨国公司创新动态能力的协同演进——基于知识流动的系统动力学仿真［J］. 财会月刊，2020（10）：118-127.

3. 跨国公司创新动态能力提升子系统

如图9-8所示，跨国公司创新动态能力会受到三个因素的影响：本土创新网络嵌入能力、海外创新网络嵌入能力和全球创新网络嵌入动态能力。

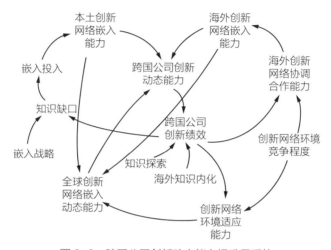

图9-8 跨国公司创新动态能力提升子系统

图片来源：熊焰，孙红军，周钟. 双重网络嵌入与跨国公司创新动态能力的协同演进——基于知识流动的系统动力学仿真［J］. 财会月刊，2020（10）：118-127.

当创新绩效水平提升到一定高度后，跨国公司就会制定更高层次的嵌入战略，这会促使其创新知识的缺口增大，从而扩大对嵌入创新网络的资金投入，不断提升其全球创新网络嵌入动态能力。并且，随着创新绩效水平的不断提升，跨国公司会不断增强与海外创新网络参与方的协调合作能力（袁勇志，肖方鑫，2013）及环境适应能力（云乐鑫等，2014），从而也会促进其海外创新网络嵌入能力和全球创新网络嵌入动态能力的提升。

因此，在本子系统中的主要正反馈回路为：（1）跨国公司创新动态能力↑→跨国公司创新绩效↑→知识缺口↑→嵌入投入↑→本土创新网络嵌入能力↑→全球创新网络嵌入能力↑→跨国公司创新动态能力↑；（2）跨国公司创新动态能力↑→跨国公司创新绩效↑→海外创新网络协调合作能力↑→海外创新网络嵌入能力↑→全球创新网络嵌入能力↑→跨国公司创新动态能力↑。

9.5.5 中国恒瑞医药：以知识产权优势促进产业技术进步

江苏恒瑞医药股份有限公司（以下简称恒瑞医药）始建于 1970 年，是一家从事医药创新和高品质药品研发、生产及推广的医药健康企业。在市场竞争的实践中，恒瑞医药坚持以创新为动力，培育知识产权优势，打造核心竞争力，成为中国制药产业领域的标杆性企业。

成立初期，恒瑞医药没有自己的品牌药品，无相关专利技术，知识产权欠缺。20 世纪 90 年代初，恒瑞医药创立自有品牌，开始生产品牌仿制药。

在一系列品牌仿制药成功上市后，恒瑞医药开始了实质性的产品研发与专利行为。随着研发能力的巨大提升，恒瑞医药在这一时期获得了显著的创新成果，初步体现了公司在细分市场的知识产权优势。

自 2011 年以来，恒瑞医药的知识产权战略有力支持了其创新及国际化道路，恒瑞医药确定了知识产权优势，逐渐成长为全球行业领先者之一。

截至 2019 年底，恒瑞共有全球员工 24000 余人，2019 年公司实现营业收入 232.9 亿元，税收 24.3 亿元，并入选全球制药企业 TOP50 榜单，位列第 47 位，成为我国制药产业参与国际竞争的领头企业，提升了我国制药产业的技术水平。

9.6 跨国公司可能不再主要依赖子公司获取竞争优势

9.6.1 跨国公司网络组织的定义及作用

对跨国公司来说，网络组织指的是一类处在市场与传统层级结构中间位置的跨国经济组织模式，该网络组织能够呈现出跨国公司由于持续的内部扩张而产生的高额协调成本与组织成本，借助长期稳定的协作能够强化组织成员内部的信任关系，让组织成员共同的目标得以实现。同时，不同的成员之间会基于知识和技术形成彼此依赖的关系，这不但会在很大程度上抑制短期机会主义行为，还能更好地降低交易费用。

此外，跨国公司的网络组织成员之间能够借助不同成员相对低廉的交易成本为其各自战略目标的实现提供帮助。而围绕母公司进行的网络组织活动，可以进一步形成两个彼此交替的网络形式，并对已经形成的网络组织形成扩展：一种是跨国公司的内部网络，在这一网络中，母公司借助股权关系可以拥有和控制其海外子公司，由此构成了控制型的股权网络；另一种为跨国公司的外部网络，也就是在跨国公司的母公司中，能够控制其股权网络成员和供应商以及合作伙伴等，通过利益相关方之间签订的合同，可以构建一个非控制型契约网络。

对跨国公司来说，在全球环境下的生产运营工作需要把知识能力和知识资源勾连在一起，然后借助知识本身的力量对其人力资源进行管理，以此提升组织的效益。这是因为，在全球经济体系中，跨国公司之核心能力通常表现在知识水平和技术层次等方面，其知识能力通常要求企业对其进行识别和转化才能更好地为企业创造核心能力和提升核心竞争力。

当然，需要注意的是，在全球经济环境日新月异以及竞争越来越激烈的当今时代，跨国公司为了获得和保持竞争优势，就应该在不断的学习和创新中利用自己的知识和能力，并通过引进或者再创造的形式持续捕获外部知识为企业所用。此时，如果跨国公司总部（母公司）可以更加有效地借助研发工作生成更多的创新知识，同时可以把创新知识传递到海外子公司，就应该采取集中型研发组织的模式。

9.6.2　信息网络技术对跨国公司组织的影响

数字经济是指以云计算、大数据等数字科技为媒介开展的各种经济活动的总称，特别是基于互联网进行的各种商业活动。以互联网为基础的数字经济不仅提供了更为便捷的服务，更革命性地改变了原有的生产方式，释放出巨大的经济动能。在过去十年，数字技术的迅速发展推动国际贸易以更低的成本和更便捷的方式在世界展开。

首先，电子商务平台作为交易的媒介，能够将众多的生产者和消费者连接起来，这不仅减少了交易的中间环节，极大地节省了交易成本，更使得一些位于边远地区的企业能够超越地理限制，参与全球市场竞争。

其次，由于交易中间环节的减少，消费者和生产者可以进行更为直接和有效的沟通，推动以消费者需求为导向的商品生产和服务相结合，从而推动多元化生产时代的到来。

再次，数字科技为企业价值链的重塑带来了新契机。数字技术和物联网（internet of things）的出现，使得企业不必完全控制产品的全部生产步骤，可以将生产过程分解成若干任务，将部分生产外包给其他国家的企业，通过物联网来监控生产过程，并且通过跨境数字贸易来实现产品的最终生产。数字贸易成为推动企业重塑生产网络的重要工具。

最后，数字贸易正在重新定义传统的货物贸易和服务贸易。3D打印技术等高科技的出现，拓宽了传统的国际贸易边界，并通过降低成本来进一步推动国际贸易增长。因此，数字技术正改变原有的生产和消费模式，推动全球化进入以数据流动传播信息、观念、知识和技术为特色的新时代。

信息网络技术是跨国公司组织的影响因素。随着信息技术的迅猛发展和经济全球化的实时推动，部分跨国公司开始进行前所未有的组织结构大调整，其中，最为显著的特征为大幅度减少了管理层次，放弃了金字塔式的等级制，而逐渐朝着网络型的模式进行转型。

参考文献

鲍丰华，赵亚普，田龙伟，等，2018. 嵌入视角下的连锁董事网络、制度环境与民营企业慈善捐赠［J］. 管理学报（10）：1037-1046.

董有德，米筱筱，2019. 互联网成熟度、数字经济与中国对外直接投资——基于2009年—2016年面板数据的实证研究［J］. 上海经济研究（3）：65-74.

杜健，周超，2018. 母国网络关系嵌入性与企业跨国动态能力——来自中国的经验证据［J］. 外国经济与管理（4）：43-55.

何枭吟，2013. 数字经济发展趋势及我国的战略抉择［J］. 现代经济探讨（3）：39-43.

蒋殿春，唐浩丹，方森辉，2020. 新冠疫情与中国数字经济对外投资：影响和展望［J］. 国际贸易（7）：25-32.

李杰义，刘裕琴，曹金霞，2018. 海外网络嵌入性、国际学习对国际化绩效的影响——东道国制度环境的调节效应［J］. 科技进步与对策（5）：106-112.

李琳娜，2019. 跨国公司的内部嵌入对知识流动的影响［J］. 现代商业（4）：109-110.

李平，蒲晓敏，田善武，2019. 嵌入式创新范式研究[J]. 管理评论（7）：3-12.

李维安，李宝权，2003. 跨国公司在华独资倾向成因分析：基于股权结构战略的视角[J]. 管理世界（1）：57-62，154.

李自杰，李毅，陈达，2010. 国际化经验与走向全球化——基于中国电子信息技术产业上市公司的实证研究[J]. 中国软科学（8）：126-137.

逄健，朱欣民，2013. 国外数字经济发展趋势与数字经济国家发展战略[J]. 科技进步与对策（8）：124-128.

彭伟，金丹丹，符正平，2018. 双重网络嵌入、双元创业学习与海归创业企业成长关系研究[J]. 管理评论（12）：63-75.

彭伟，唐康丹，符正平，2017. 组织双元性视角下海归创业企业战略导向与双重网络嵌入关系研究[J]. 管理学报（11）：1662-1671，1717.

蒲明，毕克新，2019. 双重网络嵌入性对子公司成长能力有不同影响吗？——基于跨国公司中国子公司的实证研究[J]. 科学决策（6）：1-19.

齐俊妍，任奕达，2020. 东道国数字经济发展水平与中国对外直接投资——基于"一带一路"沿线 43 国的考察[J]. 国际经贸探索（9）：55-71.

綦建红，刘慧，2015. 以往经验会影响 OFDI 企业序贯投资的区位选择吗——来自中国工业企业的证据[J]. 经济理论与经济管理（10）：100-112.

谭云清，马永生，2020. OFDI 企业双元网络与双元创新：跨界搜索的调节效应[J]. 科研管理（9）：170-177.

檀灿灿，殷华方，2019. 组织学习、战略类型对海外区位选择的影响——来自中国上市公司的经验证据[J]. 技术经济（7）：119-130.

唐春晖，曾龙风，2014. 资源、网络关系嵌入性与中国本土制造企业升级案例研究[J]. 管理案例研究与评论（6）：477-490.

田珍，葛顺奇，2017. 全球价值链背景下的数字经济与投资政策[J]. 国际经济合作（6）：13-17.

王昌林，2018. 创新网络与企业技术创新动态能力的协同演进——基于系统动力学的分析[J]. 科技管理研究（21）：1-10.

王辉耀，路江涌，林道谧，2012. 海归创业、"类海外"创业环境与海归再本土化研究[J]. 第一资源（3）：92-101.

徐雨森，王鑫，2018. 跨国公司逆向创新过程中的创新障碍与破解能力组合研究［J］. 管理学报（9）：1275-1284.

许宪春，张美慧，2020. 中国数字经济规模测算研究——基于国际比较的视角［J］. 中国工业经济（5）：23-41.

薛求知，阎海峰，2001. 跨国公司新组织形态：网络组织［J］. 世界经济文汇（1）：54-57.

杨雨衡，2016. 经济全球化下的跨国公司本土化研究［J］. 商（29）：126-128.

易宪容，陈颖颖，位玉双，2019. 数字经济中的几个重大理论问题研究——基于现代经济学的一般性分析［J］. 经济学家（7）：23-31.

余以胜，赵浚吟，陈必坤，等，2014. 区域创新体系中创新主体的知识流动研究［J］. 情报理论与实践（7）：59-63.

袁勇志，肖方鑫，2013. 双重网络嵌入对海外人才跨国创业的影响研究——基于创业阶段视角［J］. 工业技术经济（11）：45-53.

云乐鑫，杨俊，张玉利，2014. 基于海归创业企业创新型商业模式原型的生成机制［J］. 管理学报（3）：367-375.

詹晓宁，欧阳永福，2018. 数字经济下全球投资的新趋势与中国利用外资的新战略［J］. 管理世界（3）：78-86.

张伯超，沈开艳，2018. "一带一路"沿线国家数字经济发展就绪度定量评估与特征分析［J］. 上海经济研究（1）：94-103.

张幼文，薛安伟，2013. 要素流动对世界经济增长的影响机理［J］. 世界经济研究（2）：3-8，87.

郑莹，阎大颖，任兵，2015. 制度壁垒、组织学习与中国企业对外投资区位选择［J］. 国际商务（对外经济贸易大学学报）（2）：47-56.

周钟，陈智高，2018. 基于系统动力学的企业知识刚性演化与影响研究［J］. 科研管理（10）：159-167.

Bukht R, Heeks R, 2017. Defining, conceptualising and measuring the digital economy ［Z］. Development Informatics Working Paper No. 68.

Delios A, Beamish P W, 2001. Survival and profitability: The roles of experience and intangible assets in foreign subsidiary performance ［J］. Academy of Management Journal, 44（5）：1028-1038.

Eisenhardt K M, Martin J A, 2000. Dynamic capabilities: What are they？［J］. Strategic Management Journal, 21（10-11）: 1105-1121.

Erramilli M K, 1991. The experience factor in foreign market entry behavior of service firms［J］. Journal of International Business Studies, 22（3）:479-501.

Johanson J, Vahlne J E, 1977. The internationalization process of the firm-A model of knowledge development and increasing foreign market commitments［J］. Journal of International Business Studies, 8（1）: 23-32.

Johanson J, Vahlne J E, 2009. The Uppsala internationalization process model revisited: From liability of foreignness to liability of outsidership［J］. Journal of International Business Studies, 40（9）: 1411-1431.

Lu J, Liu X, Wright M, et al., 2014. International experience and FDI location choices of Chinese firms: The moderating effects of home country government support and host country institutions［J］. Journal of International Business Studies, 45（4）: 428-449.

Nielsen B B, Asmussen C G, Weatherall C D, 2017. The location choice of foreign direct investments: Empirical evidence and methodological challenges［J］. Journal of World Business, 52（1）: 62-82.

Schmidt T, Sofka W, 2006. Lost in translation empirical evidence for liability of foreignness as barriers to knowledge spillovers［Z］. ZEW Discussion Papers No. 06-001.

UNCTAD, 2021. Digital Economy Report 2021［R/OL］.（2021-09-29）［2023-07-01］. https://unctad.org/system/files/official-document/der2021_overview_en_0.pdf.

Zollo M, Winter S G, 2002. Deliberate learning and the evolution of dynamic capabilities［J］. Organization Science, 13（3）: 339-351.

第 10 章
全球价值链是否仍然是主流的跨国价值创造方式?

　　随着企业间分工程度的日益提高，许多国际商务领域的研究者在 20 世纪 80 年代逐步提出并发展了价值链理论。波特于 1985 年在《竞争优势》(*Competitive Advantage*) 一书中提出了价值链的概念，其认为企业的价值创造是在相互联系的基本活动与支持性活动中实现的，这些活动共同构成了企业价值创造的链条，因而将其称为价值链。同年，科格特 (Kogut) 提出了价值增值链的概念，其认为国际商业战略的设定形式实际上是国家的比较优势和企业的竞争能力之间相互作用的结果。相较于波特侧重于单个企业竞争优势的观点，科格特的观点更好地反映了价值链的垂直分离及全球空间的再配置之间的关系 (张辉，2004)。波特和科格特的价值链理论对此后全球价值链理论的诞生与发展起到了关键作用。

　　随着跨国公司数量的急剧增加与全球化的持续深入发展，Gereffi (1994，1999) 提出了全球商品链 (global commodity chains，GCC) 的概念，根据驱动主体的不同，将全球商品链分为"购买者驱动"与"生产者驱动"两种不同的类型。全球商品链的局限性在于其将重点聚焦在商品概念上，对于企业这一链条上的重要主体的价值创造与价值获取现象缺乏充分考察。随着研究的进一步深入，2001 年，格里芬等人正式提出了全球价值链 (global value chains，GVC) 的概念，其认为全球价值链是围绕着某种商品的生产过程形成的跨国生产组织体系。联合国工业发展组织 (UNIDO，2002) 对全球价值链的定义获得了较为广泛的认可，其认为全球价值链是指将生产、销售、回收等过程联系起来，以实现商品或服务价值的全球跨企业网络组织。全球价值链包含了原材料的收集和运输、半成品及成品的生产和配送以及最终消费和回收的过程，同时也包括了所有参与者的组织、生产和销售活动及其价值、利润的分配活动。

　　此后，全球价值链在相当长的时间内被作为主流的跨国价值创造方式。但在数字技术与经济生活深度融合的当下，服务主导逻辑、价值共创理论、平台与生态系统理论等一系列与数字时代深度契合的新观点、新理论蓬勃发展，从而对现有的全球价值链理论提出了挑战。同时，内涵更为丰富、更切合全球经济发展方向的全球生态网络可能正在逐步取代全球价值链，成为新的主流跨国生产组织与价值创造治理结构。

10.1　数字技术将推动制造企业由全球价值链体系下的以商品为中心转向以服务为中心

随着数字技术的深入发展，制造企业将能通过运用包括大数据、云计算、人工智能、区块链等在内的数字技术颠覆性地实现服务创新并进而实现竞争方式的转变——制造企业将在数字时代的背景下实现由全球价值链体系下以商品为中心的竞争方式向通过服务产品来创造、获取更大价值的竞争方式的深刻转变。

10.1.1　数字技术可能会颠覆制造企业提供服务的方式

得益于数字技术的持续深入发展，越来越多的制造企业将数字技术嵌入并融合到了服务的创新过程中，大大增加了数字技术在服务创新过程中的作用（Nambisan，2013）。同时，数字技术在跨越传统生产者—消费者划分方面发挥着关键的作用，在数字时代，需求方作为一个活跃且必需的参与者参与到制造企业的服务创新过程中（Smedlund，2012）。这些新变化可能会对制造企业提供服务的方式产生颠覆性的影响。

数字技术在服务创新过程中应用程度的逐步提升也引起了相关学者的注意，早期的研究普遍将数字技术单纯地视为服务创新的推动器，然而随着对这一领域的研究的不断深入，相关学者提出了新的看法：数字技术一方面可以作为对象性资源（静态、有形的资源）促进服务创新的发展，另一方面还能够作为操作性资源（动态、无形的资源）触发新的服务属性（Constantin，Lusch，1994；Vargo，Lusch，2004；Nambisan，2013）。

数字技术的双重角色使其能够促进资源整合与服务创新的效率。一是数字技术的广泛应用推动了资源液化。资源液化是指将信息从与其相关的物质载体中解耦的过程（Normann，2001）。对于大多数人类文明来说，信息是嵌入在物质载体中的。信息资源的价值主要是通过共享来体现的，而共享信息的能力受到物理传输的成本和时间的限制。数字技术的出现与普及使得将信息从存储、传输或处理信息的技术（或设备）中分离出来成为可能。资源液化程度的提高能够提高组织绩效（Robey et al.，2003），并释放"创造性"，增加了服务创新的机会（Tilson et al.，2010）。二是数字技术的普及能够提升资源密度。资源密度指的是为特定情况调动资源组合的能力，当为特定情况调动最佳资源组合时，就会出现最大密度（Lusch et al.，2010；Normann，2001）。包括大数据、云计算等在内的数字化技术通过运用新颖的知识和算法能够以更高的效率调动解决特定问题所需的相关资源，提升了资源密度。通过推动资源液化与提升资源密度，数字技术使制造企业能够更好地提升资源整合的能力与提高服务创新的效率，从而促进了颠覆性服务创新的诞生。

除此之外，数字技术也将触发新的价值主张。在数字时代，来自行业、地理位置的限制大大减少了，数字基础设施的完善使得企业能够基于不断变化的环境动态地构建价值主张，并在不同的参与组合之间广泛传播；数字基础设施（例如数字拍卖）也可以促进寻找和识别类似的价值主张，增强参与者之间构建并维持联系的可能性（Lusch，Nambisan，2015），这也将有利于制造企业提出全新的价值主张，并吸引更多、更合适的参与者加入资源整合中，从而提升服务产品设计、开发与推广的效率（Nambisan et al.，2019）。

可以看出，数字技术在服务创新中扮演着对象性资源和操作性资源的双重角色，其已成为企业服务创新的重要推动因素，将会对制造企业提供服务的方式产生颠覆性的影响。

10.1.2　数字技术可能会颠覆制造企业竞争的方式

在数字时代，随着商业环境的改变，制造企业的竞争方式也将出现颠覆性的变化。越来越多的制造企业将开展"服务转型"（Fang et al.，2008），由全球价值链体系下以商品为中心的竞争方式向通过服务产品来创造、获取更大价值的竞争方式转变，以期在新的竞争形势下获得竞争优势与更大的经济效益。

传统的商品主导逻辑根植于新古典经济学，又可被称为"制造逻辑"（Normann，2001）。商品主导逻辑与工业革命相适应，是通过向顾客提供产品、技术等对象性资源，满足顾客需求并创造顾客价值的逻辑，其核心内容是经济交换和交换价值。在商品主导逻辑下，商品是有形的、顾客价值的载体，而服务则被看作是具有无形性、异质性、不可分离性和不可储存性四种特性的剩余产出；商品处于中心位置，服务则被认为是"次优"产出；企业是价值的创造者，顾客则是价值的毁灭者（刘林青等，2010）。

然而在数字革命与全球化深入发展的当下，有形商品与服务之间的区别在商品主导逻辑下变得越来越困难，同时，服务在各国经济及国际贸易中的地位持续提升，使得商品主导逻辑越来越不使人信服。在这一背景下，服务主导逻辑被正式提出（Vargo，Lusch，2004），并引起了越来越多学者的注意。

服务主导逻辑基于 Bastiat（1964）提出的一个基本理念："伟大的经济法则是这样的：服务交换服务……那是很平凡的、很普通的地方；尽管如此，它是经济学的开始、中间和结束。"Bastiat（1964）认为，在任何一个交换中，所有的参与者在向对方提供他们的服务时，都在运用他们的技能和能力。因此，服务主导逻辑中的服务是指在行为或行动中应用专门的能力（如知识和技能），以造福于参与者本身或另一个参与者（Vargo，Lusch，2004）。简单地说，服务包括为自己或他人的利益运用资源。Vargo 和 Lusch（2008）对服务主导逻辑提出了 10 个基础性假设。

在服务主导逻辑下，服务不再是与商品相对立的概念，而是一切经济交换的根本性基础，即所有经济都是服务经济；服务主导逻辑下的顾客也不再是价值的毁灭者，而是与企业进行价值共创的需求方参与者；服务主导逻辑下的所有参与者都是资源整合者，他们共同组成了服务生态系统；服务主导逻辑下的所有产品创新都是服务创新，产品只是提供服务的一种机制、媒介或工具（Vargo，Lusch，2008；刘林青等，2010；Lusch，Nambisan，2015）。

在数字技术的可得性逐步提高的当下，越来越多的企业利用数字技术开展服务创新，通过服务竞争来获取更多的利润。例如苹果公司就是服务主导逻辑的成功典范（刘林青等，2010；Lusch，Nambisan，2015）。苹果公司在 2003 年推出第三代 iPod 音乐播放器的同时正式发布了在线音乐销售平台 iTunes，通过将

iPod 和 iTunes 进行整合，苹果公司成功地将硬件、软件及服务整合在了一起，推动了苹果公司从产品主导逻辑向服务主导逻辑的转变。此后，苹果公司又推出了一系列包括 App Store、iBooks 在内的在线应用平台，与苹果公司的硬件相结合，使苹果由电子产品生产商逐步转变为了数字生活解决方案提供商。可以看出，在新兴数字技术的有力支持下，将有越来越多的企业开展服务创新与服务转型以实现更大的价值。

伴随着数字化的深入发展以及制造企业在提供服务的方式方面发生的深刻变革，越来越多的研究认为，制造企业应从纯粹的产品制造商转型为服务提供商，即开展"服务转型"。"服务转型"这一概念是指企业在战略转型或重新定位的过程中由原先的"以产品为中心"向全新的"以服务为中心"转变（Fang et al.，2008）。服务与有形产品相比具有无形性、共创性、附加值高、标准化程度低等一系列的特点（Vargo，Lusch，2004），可以帮助制造企业获得更高的客户忠诚度及更大的利润空间，从而使制造企业在激烈的竞争中获取更大的竞争优势与市场份额（Wise，Baumgartner，2000；Vargo，Lusch，2004）。传统制造企业在"服务转型"的过程中将不再以商品主导逻辑为导向，而是在服务主导逻辑与价值共创理论的引领下，以服务为核心，通过设计、开发并推广满足市场需求的创新型服务产品来获取企业的竞争优势。

10.2　数字化平台生态系统将纳入更多超出原有全球价值链范围的参与者

伴随着商业竞争环境的变化，"生态系统"作为一种描述竞争环境的新方法越来越多地出现在相关领域的研究中，受到了越来越多学者的关注。美国学者 Moore（1993）将传统生物学中的"生态系统"概念创新性地应用于商业研究领域,提出了商业生态系统的概念,其将生态系统定义为一个由相互作用的实体［组织和个人（包括客户）］组成的共同体，共同体中的各实体发挥各自的能力和作用，相互协作并相互依赖。随着数字时代的到来，越来越多的学者开始将研究的重点转向数字化平台生态系统，Nambisan 等（2019）对数字化平台生态系统及服务生态系统的相关文献进行了梳理和总结，认为数字化平台生态系统既是多方面创新的场所也是多面的全球市场。世界经济论坛（World Economic Forum，WEF）于 2019 年发布了《平台和生态系统：赋能数字经济》白皮书（"Platforms and Ecosystems：Enabling the Digital Economy"），其认为数字化平台生态系统是由相互交互的组织构成的，这些组织通过模块进行数字连接和启用，并且不受层次结构权限的管理。

尽管当前不同学者对于数字化平台生态系统的理解仍存在一定的差异，但不可否认的是，由于数字化平台生态系统将不同类型、部门、来源、角色和能力的参与者捆绑在一起以实现价值共创与价值获取，其范围已经超出了原有的全球价值链的范畴，创建了一个不仅包括供应方参与者，也包括需求方参与者（客户和用户）的更大的网络（Nambisan et al.，2019）。

10.2.1　数字化平台生态系统融合了更广泛的供给方参与者

摩尔（Moore）自 1993 年正式提出商业生态系统的概念后，为了进一步探明商业生态系统的内部结构问题，于 1996 年对商业生态系统的概念进行了进一步的扩展与完善，其认为"商业生态系统是一种由客户、供应商、主要生产商、投资商、贸易合作伙伴、标准制定机构、工会、政府、社会公共服务机构和其他利益相关者等具有一定利益关系的组织或群体构成的动态结构系统"。可以看出，在这一意义上，商业生态系统已明显大于一般意义上的企业网络，可以说是企业网络的一种扩展。Moore（1996）同时还指出，基于自然生态系统模式发展起来的商业生态系统超越了企业和行业的边界，其为通过系统内部成员企业的共同合作来满足各种新的市场需求并使系统内部成员企业均能获利的一种整体系统发展模式。商业生态系统中的各个供给方参与者在系统中互相协作、匹配各自的利益需求，实现了超越传统全球价值链理论的各方价值共创与价值获取。

在物联网、云计算、区块链、大数据分析等新兴数字技术的支持下，传统范畴下的商业生态系统开始向数字化平台生态系统转变（Yoo et al.，2010；Porter，Heppelmann，2015；Nambisan et al.，2017）。在当前的节点下，数字化平台和生态系统已不仅仅存在于数字经济中（如滴滴、苹果、爱彼迎等），同时也广泛存在于传统产业中（如特斯拉、福特等）、工业基础设施和自动化行业（如西门子、通用等）、零售业（如亚马逊、沃尔玛等）。许多成功的跨国公司都已运用数字技术创建了相关的数字化平台与生态系统，以便于它们的合作伙伴可以使用它们来进行交互、交易、创新和共同开发。随着数字平台和生态系统的高速发展，其覆盖范围进一步扩大，更广泛地超越了边界、位置和行业的限制（Nambisan et al.，2019）。数字技术的普及大大扩展了位于不同国家或地区的跨国供给方参与者的网络联系，从而提高了跨国价值共创与价值获取的灵活性，使得生态系统中的各方成员得以在中央参与者组织的不同经济活动中实现共同专业化（Nambisan et al.，2017）。

10.2.2　数字化平台生态系统纳入了需求方参与者

基于传统的商品主导逻辑的价值观点认为，供给方和需求方在价值创造中独立扮演着不同的角色，供给方创造价值并在价值链上线性传递给需求方，需求方是价值的使用者和毁灭者（Normann，Ramírez，1993）。然而，随着当前包括大数据、人工智能、物联网、区块链等技术在内的相关数字资源的可用性越来越强，数字基础设施建设的完备性日益提高，在全球范围内即时获取包括专业知识在内的数据和信息流的成本大大降低；同时，数字化平台生态圈在诞生与发展的过程中始终贯穿着服务主导逻辑的思想。这两者共同在极大的程度上推动了需求方（客户或用户）参与到数字化平台生态圈的价值共创中来。

在数字技术迅速发展和普及前，已有很多学者针对需求方（客户或用户）参与创新和价值创造展开了相关研究（Rothwell et al.，1974；Christensen，1997）。然而随着互联网以及其他数字技术的出现，客户价值创造的范围和深度发生了根本性的变化（Nambisan，2002；Sawhney et al.，2005）。基于商品主导逻辑的相关研究确定了需求者在价值创造中扮演的五种角色：资源、联合生产者、购买者、用户和产品（Lengnick-Hall，1996；Kaulio，1998）。随着服务主导逻辑的深入发展，越来越多的学者基于服务主导逻辑对需求者在价值创造中的主要角色进行了相关分析。Nambisan 等（2019）在其他学者研究的基础上，提出了数字时代背景下需求者在价值创造中的三个主要角色：思想家、设计者和中介。

第一个角色是思想家，这一角色反映了产品的需求方所具有的特殊能力，即将有关其需求和独特工作环境的知识带给公司，然后将这些知识与有关他们如何使用现有市场产品来构想新产品的知识相结合的能力。该角色强调需要支持知识转化，并需要与生态系统中的其他参与者共享知识输出。第二个角色是设计者，它反映了产品的需求方混合和匹配现有知识组件或资源以配置（或开发）新产品的能力。这意味着需要其他参与者的参与以促进此类资源整合并允许对现有知识组件进行不同的解释的方式来展示其产品。第三个角色是中介，它反映了需求方跨多种生态系统交叉传播知识并充当创新中介的能力。在这个角色中，行动者以为自己和他人创造价值的方式帮助在整个生态系统中建立非显性的联系。这个角色强调需要促进跨生态系统边界的知识导入与输出，以及提升探索和发现各种资源之间不明显的联系的能力。在所有这些角色中，参与者将其知识资源与从一个或多个其他参与者那里获得的知识资源整合在一起，从而带来了新的服务创新机会。

可以看出，在数字时代，由于需求方参与价值创造的成本大大降低以及需求方在市场份额不断提升的服务产品发展过程中发挥着越来越重要的作用，需求方正在以越来越高的参与度融合到数字化平台生态圈的发展中，而不再单纯扮演产品的被动接受者与价值的毁灭者的角色。

10.3　数字时代垂直关联企业的价值创造与价值获取现象将超出全球价值链现有相关理论的范畴

价值链是指企业内部一系列相互关联的生产经营活动构成价值创造的动态过程，它强调企业层面的价值创造（Porter，1985）。价值创造活动分为基本活动（包括设计、制造、营销和售后服务等）与辅助活动（包括物料管理、人力资源管理和财务管理等），这些活动相互关联形成链条，这一链条即为企业价值链。在上下游企业价值链中，企业的成本支出为上游企业的收入，中间产品的转移价值决定了上下游企业获取的价值分配（刘国亮等，2016）。

在价值链中，企业价值创造与获取遵循的逻辑是建立在纵向关联技术基础上的投入产出转换，企业是研究主体，产品是企业与顾客间价值传递的中介，在产品传递的过程中实现价值分配（Stabell，Fjeldstad，1998）。企业的价值创造与获取过程是将投入转化为产品的过程，这一逻辑符合传统制造业的价值创造模式——由上游供应商提供设备或原材料，企业在生产运营过程中为中间产品增加价值，并向下游传递，从而实现价值创造与价值获取（刘国亮等，2016）。

然而，随着数字经济时代的到来，企业间乃至平台或是生态系统间的交互成本大大降低，越来越多的企业开始与互补的垂直关联企业及其他参与者开展协作，一同进行价值创造与价值获取（Ramaswamy，Ozcan，2018；Nambisan et al.，2019）。各方参与者之间已不再是单向增值的关系，而是呈现出越来越复杂的互动关系，这也使垂直关联企业间已开始由全球价值链体系下单纯的竞争关系逐渐转变为数字平台生态系统下有效的合作与竞争关系。

10.3.1 全球价值链现有相关理论难以解释数字时代垂直关联企业的价值创造现象

在数字时代，互联网及相关数字技术的普及提升了人们收集、存储、分析和共享信息的能力，重塑了商品和知识跨越国界的方式（UNCTAD，2017）。与此同时，数字平台与生态系统的数量正在急剧增加，具有模块化结构的数字平台通过标准化的接口促进了互补参与者的多边交流。事实上，倡导价值共创逻辑的公司在现代数字经济中已变得非常普遍（Li et al.，2019），众多企业已经或正在转型为全业务、非线性的商业模式，而现有的全球价值链相关理论难以对这一现象进行解释。

在数字平台与生态系统中，企业的价值创造是在生态系统领导者的协调下，在协作的市场中，与多个来自不同行业且具有互补性的专业合作伙伴共同为整个平台与生态系统创造最大价值的过程（Li et al.，2019）。以 IT 业务为例，通常来自不同行业的公司专门研究不同的专业领域（Thomas et al.，2014），不同的公司可能会分别提供硬件设备、软件服务、网络或内容（Yoo et al.，2010），而平台公司则通过以平台为中心的松散耦合的合作关系来协调生态系统中上述不同参与者的活动（Tiwana，2015；Kapoor，Agarwal，2017）。

数字时代的垂直关联企业在数字平台与生态系统中通过耦合共轭联合创造价值。垂直关联企业耦合主要表现在各模块通过标准化的接口进行信息和价值交换，实现有机互补与结合，最终使整个数字平台与生态系统的价值得以提升。同时，数字平台与生态系统的价值创造与实现，不仅基于模块之间的耦合，还有赖于各主体之间的共轭作用，即各参与者的创新活动必须同步进行、互相协调，以保持共轭过程的动态平衡状态，推动平台与生态系统的优化与演进，实现价值的提升（孙耀吾等，2013）。

整体而言，在数字平台与生态系统中，不同参与者资源的异质性和功能的互补性促进了价值共创；同时，模块的嵌合能够产生创新资源，从而拓展与增强价值共创的空间与能力；此外，平台的知识共享与平台系统的内部互推广机制又进一步推动了价值共创（孙耀吾等，2013）。由此可以看出，数字时代垂直关联企业价值创造的典型特征是基于服务主导逻辑的价值共创，而现有的全球价值链理论难以对此进行解释。

10.3.2　全球价值链现有相关理论难以解释数字时代垂直关联企业的价值获取现象

价值获取是指交换价值的实现，是企业从总体产出的经济价值中取得一定份额的过程或机制（王琴，2011）。传统观点认为，企业创造顾客价值与实现企业价值获取的过程是高度一致的，是企业与上下游企业间价值交换的不同流向（刘国亮等，2016）。然而，随着数字经济的蓬勃发展，越来越多的企业尤其是平台企业呈现出价值创造与价值获取相分离的特征，这也使许多学者的观点发生了变化。Lepak 等（2007）将企业的价值创造和价值获取活动视作独立的过程，实质上是把价值的创造者和获取者的角色区别开来，其认为创造价值的企业可能不会完全获取或者保留所创造的价值，且价值可能会被跨层面的参与者所获取。Dell'Era 等（2020）认为，在开放式创新的环境中，企业将在与其他企业协作创造的价值中获取价值。

针对企业在平台与生态系统中如何有效地获取价值，相关学者也展开了相应的研究。对于企业在价值共创中实现价值捕获，一些学者认为与企业组织及协调其内部资产的能力有关（Appleyard，Chesbrough，2017）；另一些学者认为与企业新业务模型的设计和实现有关（Massa et al.，2017；Yun et al.，2019）；也有学者通过案例与数据分析，认为与企业的声誉优势、组织优势、知识和人力资本优势、技术优势及商业模式有关（Dell'Era et al.，2020）。

可以看出，在数字平台与生态系统普及度越来越高的数字时代，垂直关联企

业所获取的价值的来源及有效获取价值需要具备的能力与传统理论相比已产生了
显著的变化。

10.4 信息时代跨国公司的竞争优势将不再单独存在于
全球价值链的任意一环中

在信息时代，平台与生态系统变得越来越普遍。平台生态系统构成了一组共
享的技术、组件、服务、体系结构和关系，它们构成了各种不同的参与者集合和
创造价值的共同基础（Gawer，Cusumano，2002；Gawer，2014）。同时，由
于数字平台生态系统所具有的松散和模块化的特点，跨国公司可以运用组织上和
地理上更加分散的各类资源，各跨国公司的知识、创新及竞争优势也将存在于平
台生态系统中，可被其他成员企业获取并使用。

10.4.1 信息时代跨国公司将能使用组织上和地理上更分散的操作
系统

数字时代中越来越常见的全球数字平台生态系统可以使更多不同类型的参
与者更加开放、灵活地参与创新协作、知识共享，而不必担心距离、地理及行
业的边界和障碍（Lusch，Nambisan，2015）。全球数字平台生态系统的特点
是模块化及松散的关系，且通过更灵活的组织形式来创造和获取价值。通过快
速重组各类创新资产，最大限度地减少模块之间的相互依赖性，并积极开放标
准化接口以实现互联互通（Baldwin，Clark，2000），平台生态系统的不同参
与方将能更好地实现混合搭配创新（Nambisan et al.，2019）。同时，数字基
础设施的进一步普及提升了跨国公司在结构和流程更加松散的系统中创造价值
的能力。

数字技术的应用增强了技术资产的模块性以及跨国公司与东道国公司
的优势整合能力，提高了跨国公司技术资产的跨境转移能力（Banalieva，
Dhanaraj，2019）。数字跨国公司的快速国际化得益于它们能够将技术资产模

块化，从而轻松地将这些技术资产与东道国企业的知识资产集成在一起。模块化通过将系统分解成不同的部分来帮助降低系统的复杂性，这些部分只能通过标准化的接口进行通信（Langlois，2002）。为了使模块化在跨国界的环境中很好地工作，需要一个灵活的接口，这个接口将在服务端进行调整（Gawer，2009）。数字化可以实现对核心技术或外围技术上的应用程序编程接口（一组用于构建软件应用程序的例程、协议和工具）的使用。应用程序编程接口指定了软件组件应该如何交互。应用程序编程接口模块化将应用程序服务分解为可以按顺序交付的片段（Gopal et al.，2003）。

例如奈飞（Netflix）由原先的 100 名软件工程师共同搭建一个 DVD 租赁应用程序转变为微服务架构，由拆分后的许多小团队分别负责数百个微服务的开发，这些微服务协同工作以实现流媒体数字娱乐（Mauro，2015）。过去这种单一的服务交付可伸缩性较差，因为如果需要更改某些部分，必须将整个应用程序整体升级。而现代的应用程序编程接口将服务分解为更小的离散任务，这些任务可以很容易地与其他数字应用程序集成，从而提高了国际部署的速度（Gawer，2009）。例如爱彼迎利用其数字平台对服务提供商进行信息和财务管理、招聘及监管，而国外的独立服务提供商则通过该平台与当地客户进行互动。信息时代的应用程序编程接口不仅可以实现无形资产的模块化，而且还可以实现有形资产的模块化，例如优步和来福车的汽车、爱彼迎的度假屋等（Banalieva，Dhanaraj，2019）。

同时，作为平台生态系统基础的共享标准、流程和治理体系使得本地市场知识与一般市场知识快速整合并集成，加速了跨国公司对于国外市场的学习，这对持续创新至关重要。同时，平台提供的结构连接的性质将决定此类知识流的摩擦程度，以及知识重组和重新配置的难易程度。此外，平台生态系统与全球不同客户群的新型连接方式使跨国公司能够将其他参与者作为创新和价值创造的合作伙伴（Nambisan，Sawhney，2007）。例如，新的数字基础设施（如社交媒体、在线社区和众包系统）使跨国公司能够放弃外国中介机构，并与全球客户直接建立联系。由这些数字基础设施推动的交互形成了价值共创的场所（Ramaswamy，Ozcan，2018），也使跨国公司得以采用跨境获取知识的新模式。

此外，全球数字平台生态系统将地理位置分散的企业联系在一起，使它们更容易获得资源、知识、技术及市场，同时也使它们更容易实现资源的整合。构成全球数字平台生态系统的资源（尤其是特定于生态系统的优势）使跨国公司能够迅速适应不断变化的市场和行业环境，因此对知识基础观（Kogut，Zander，1992）及全球整合—当地响应的理论范式（Roth，Morrison，1990；Birkinshaw，Morrison，1995）产生了影响。全球数字平台生态系统包含了开发性学习和探索性学习，但精明的跨国公司将其参与全球数字平台生态系统作为一种适应和学习的过程，以创造新知识，并形成各种产品和服务的创新。更重要的是，这些知识可以推动"战略创新"并重新定义企业的特征、竞争方式和平台生态系统内部的角色。平台生态系统基础上的数字基础架构也代表了一种新的全球连接形式，使得企业能够快速获取两种关键的创业资源——创新想法（或专业知识）及资本。

10.4.2　信息时代跨国公司的竞争优势将存在于其系统结构和与它的各种联系中

信息时代，由于全球数字平台生态系统所具有的模块化、共同专业化等特性，各跨国公司的知识、技术等要素在平台生态系统中共享并集成，跨国公司竞争优势不再存在于全球价值链的任意一环中，而是存在于其系统结构和与它的各种联系中。

数字平台生态系统模块化的特性使得应用程序编程接口可以用作其他平台的构建模块，从而使开发人员可以快速构建新功能，而无须从头开始创建软件代码。例如优步通过开放其外围技术应用程序编程接口，以鼓励将免费的应用服务（如点评类应用服务）与其平台捆绑在一起（Banalieva，Dhanaraj，2019）。资产整合过程中出现的战略依存存在两个条件：非排他性和共同专业化（Chi，1994），而这两种情况恰好都是数字平台的特征。数字平台允许多个合作伙伴通过平台进行协作，同时通过利用东道国参与者的专门资源使得各公司的知识、创新和竞争优势在平台中实现了集成，并为各个合作伙伴及整个网络创造了增值。

数字平台生态系统中的共同专业化为新公司的成立、生存和成长提供了机会。平台生态系统为跨国公司提供了必要的基础设施，使它们能够立即触及遥远的成熟市场并获取价值（Ceccagnoli et al.，2012；Huang et al.，2013）。这类基础设施的存在也降低了业务开展的成本及国际扩张决策的感知风险。特定于生态系统及环境的优势可以帮助新企业克服其进入市场的新企业劣势及外来者劣势（Zahra et al.，2000；Mudambi，Zahra，2007），帮助企业克服国际化的主要障碍。开放式平台架构战略可以让新跨国公司利用互补伙伴的知识和能力，以有限的资源进入国外市场，为它们之后通过差异化市场获得进一步的增长创造机会。同时，能够"即插即用"的标准化数字基础设施允许新企业和小型企业将自己置于庞大的全球生态系统内建客户群面前。

此外，传统的知识基础观（Kogut，Zander，1992）将跨国公司描述成主要是套利者及知识的结合者，这些知识来自多个地点，通过一些集中的过程后聚集在一起；国际商务中的动态能力理论（Teece，2014）强调了在国际市场上进行知识重新配置和部署作为组织持续适应的手段的重要性。而全球数字平台生态系统重新定义了跨国公司与其多样的国际合作伙伴之间联系的性质，从而重新定义了这种知识获取、重组和（重新）配置的性质，这些知识获取过程在扩展的背景下以更加相互依赖的方式发生。具体而言，全球数字平台生态系统涉及多层次的社会和经济过程，通过这些过程，知识可以在成员公司之间、跨国公司及其全球客户之间获取、传播并集成（Nambisan et al.，2019）。例如，平台生态系统需要拥有当地市场专业知识的互补人才（Gawer，Cusumano，2002），以扩大该平台的价值主张领域。

合作伙伴的多样性及从平台生态系统中获得知识也意味着跨国公司的知识使用和能力发展的途径多种多样。例如，虽然平台生态系统涉及标准化和规模化带来的好处，但跨国公司还是致力于根据特定的市场及客户群体改造本地知识。这与全球整合—当地响应的理论非常吻合（Ghoshal，Bartlett，1990；Roth，Morrison，1990）。全球整合与当地响应的平衡通过企业家对企业资产、资源和能力的开发，增强了价值创造。同时，在其他情况下，跨国公司可能会以有助于生态系统其他成员使用的方式来传播和概括来自本地市场的知识和见解，例如，通过将此类市场见解纳入公共平台（Gawer，Cusumano，2002），或将其作为共享知识资产提供给其他成员利用（Iansiti，Levien，2004）。随着时间的推移，这种新知识的注入可以刺激创新和创业活动，给成员公司带来竞争优势，实现平台生态系统的价值共创。

随着数字平台生态系统的普及，企业竞争的关注点已逐渐从公司间的竞争转移到了数字平台及生态系统间的竞争（Nambisan et al.，2019）。来自数字平台生态系统的特有优势即通过会员资格或参与基于平台的生态系统而获得的优势对于跨国公司来说非常重要。这些生态系统的特有优势往往是不受地理位置的限制且易于跨境转移的，它们通常来自公共或共享资产，如特定的平台、生态系统成员间的互补资产、特定的参与者群体等。生态系统的特有优势还可以来自共享的无形资源，如成员的声誉和品牌认知、成员与外部实体的关系资产、成员的经验和智力资产等。通过重组这些共享的、不受地域限制的资源而获得的剩余价值，参与某个特定生态系统的跨国公司将获得相对于其生态系统之外的竞争对手的国际化竞争优势。因此，跨国公司的成功可能越来越多地取决于这种超越公司特有优势的生态系统特有优势（Nambisan et al.，2019）。

10.5　数字经济时代跨国生产组织与价值创造治理结构理论可能的全新解释

随着数字经济时代的到来，国际生产分工与跨国业务治理领域呈现出了包括服务主导、价值共创、平台化（平台竞争）等在内的一系列新理论与新趋势。在这一背景下，全球价值链这一基于商品主导逻辑，暗含了价值是在单向、分离的线性价值链中前后相继地被创造（刘林青等，2010）的传统治理结构可能将无法很好地适应数字经济时代的发展需要。而具有资源共享、连通性、灵活性等特点的全球生态网络（Nambisan et al.，2019）可能将替代全球价值链，成为新的主流跨国生产组织与价值创造治理结构。

10.5.1　全球价值链可能将不再是主流的跨国生产组织与价值创造治理结构

在数字经济时代，数字技术应用的广度与深度得到了极大的提升，使得国际生产分工与跨国业务治理领域呈现出了包括服务主导、价值共创、平台竞争等在内的全新发展趋势，这些新趋势与新理论的出现在极大的程度上挑战了现有的全球价值链理论，同时也表明全球价值链可能将不再是主流的跨国生产组织与价值创造治理结构。

数字经济时代，数字技术的深度应用将推动越来越多的企业实现由传统的商品主导逻辑下以商品为中心的模式向全新的服务主导逻辑下通过服务产品来创造、获取更大价值的模式的深刻转变（Li et al.，2019）。同时，服务创新将进一步加速，随着信息与物质的分离以及全球通信网络的迅速发展，越来越多的服务创新将在更高效率的无形的、数字化的创造或共创中诞生（Lusch，Nambisan，2015）。此外，在数字经济背景下，越来越多的公司像苹果公司、微软公司那样，提供的既不是单纯的商品也不是单纯的服务，而是将两者结合以"解决方案"的方式提供给顾客（刘林青等，2010），使得商品和服务很难通过传统的全球价值链视角下的商品主导逻辑进行区分。

数字经济时代，企业间乃至平台或是生态系统间的交互成本大大降低，越来越多的企业开始与互补的垂直关联企业及其他更广泛的参与者开展协作，一同进行价值创造与价值获取（Ramaswamy，Ozcan，2018；Nambisan et al.，2019）。这也使得垂直关联企业由传统价值链理论下单纯的竞争关系开始转向有效的合作竞争关系；需求方参与者（客户和用户等）的角色由价值的毁灭者开始转变为价值的共创者（刘林青等，2010；Nambisan et al.，2019）。

与此同时，在数字经济时代，数字平台与生态系统正在各经济体间快速扩张，重塑了金融、医疗、媒体、零售等多个行业的商业模式。推动这一趋势的既包含天生数字化的企业，也包括通过采用积极的平台和生态系统战略来适应数字化世界的传统公司（Jacobides et al.，2019）。平台与生态系统所具有的松散与模块化的特点使得数字经济时代跨国公司的竞争优势不再单独存在于全球价值链的任意一环中，而是存在于其系统结构和与它的各种联系中。

可以看出，现有的全球价值链理论在数字经济时代的背景下已无法很好地解释许多新现象与新趋势，这一理论上的组织形态可能应当让位于一些新的解释，例如全球生态网络。

10.5.2　全球生态网络可能将成为新的主流跨国生产组织与价值创造治理结构

在数字经济时代，随着平台化现象的兴起，以及作为创新、价值创造及价值实现主要场所的生态系统（Nambisan et al.，2019）的出现，基于平台及生态系统且具有更贴合数字经济时代发展需求的一系列特性的全球生态网络可能将取代全球价值链，成为新的主流跨国生产组织与价值创造治理结构。

为了在越来越复杂的商业竞争环境中更全面地考察各商业活动参与者的竞争与合作关系，传统生物学中"生态系统"的概念被创新性地应用到了商业研究领域，进而衍生出了商业生态系统的概念（Moore，1993）。Moore（1993，1996）将商业生态系统定义为一个由相互作用的实体［组织和个人（包括客户）］组成的共同体。这个经济共同体为客户提供有价值的商品和服务，且客户本身就是生态系统中的一员。商业生态系统中包括供应商、生产商、客户及其他利益相关者，各参与者在生态系统中共同发挥自己的作用，相互协作、相互支持且相互依赖，以实现共同的愿景与目标。

随着生态系统理论的持续发展，越来越多的学者对生态系统的内涵进行了进一步的深化与阐释。Garnsey 和 Leong（2008）将商业生态系统视为业务的直接交易环境，并将包括监管机构等在内的更广泛的主体纳入商业生态系统中。Adner（2017）在回顾了生态系统的相关文献后，认为生态系统是由多边合作伙伴构成的，这些伙伴之间需要相互作用以实现处于焦点的价值主张。Jacobides 等（2018）在综合了现有的有关商业生态系统、创新生态系统及"平台生态系统"的研究后，通过运用实用主义（James，Katz，1975）对生态系统进行了定义——生态系统是一组具有不同程度的多边、非通用互补性，且互补性没有得到完全分层控制的参与者。

随着数字经济时代的到来，数字技术的发展与普及速度相较之前的时代有了极大的提升，这一改变也对生态系统研究领域产生了深刻的影响，越来越多的学者开始将研究的重点转向数字化平台生态系统，Nambisan 等（2019）对数字化平台生态系统及服务生态系统的相关文献进行了梳理和总结，认为数字化平台生态系统既是多方面创新的场所，也是多面的全球市场。同时，数字化平台生态系统包含了一组共享的关键资源，这些资源重新定义了所有权优势的性质以及跨国公司部署这些资源的治理选择；数字化平台生态系统还体现了跨国合作伙伴之间新的连接形式，进而重新定义了知识的获取、转移、转化及部署的方式；此外，数字化平台生态系统还具有模块化且松散的关系，体现了更灵活的资源重组和部署形式，进而促进了全球业务模型的创新。WEF 在 2019

年发布的《平台和生态系统：赋能数字经济》白皮书中提出，数字化平台生态系统是由相互交互的组织构成的，这些组织通过模块进行数字连接和启用，并且不受层次结构权限的管理。

可以看出，生态系统将不同类型、部门、来源、角色和能力的参与者捆绑在一起以实现价值共创与价值获取，其范围已经超出了原有的全球价值链的范畴（Nambisan et al.，2019）。而基于生态系统理论形成的全球生态网络则进一步将跨国界及数字化的特征纳入其中，使得全球生态网络更加契合数字时代背景下的发展趋势，能够更好地考察全球化与数字化背景下的跨国生产组织与价值创造治理模式。作为数字经济时代可能的主流跨国生产组织与价值创造治理结构，全球生态网络将推动为全球客户创造和交付价值的新方法、构建知识和关系的新方法及全球化的新方法的产生。

1. 全球生态网络将推动为全球客户创造和交付价值的新方法的产生

全球生态网络催生了为全球客户创造和交付价值的新方法。全球生态网络所具有的灵活性使其能够带来应对全球市场动荡的新方法、更具流动性的价值主张、更多样的跨国组织价值创造方式、识别与抓住机会的新方法以及新创企业早期国际化的新途径（Nambisan et al.，2019）。

全球生态网络的形成意味着将重点从单个产品或服务转移到平台上，作为向客户提供价值的基础。就其结构而言，平台为跨国公司（及其全球生态网络合作伙伴）提供了一个共同的基础，以提供不同的重点价值主张，即平台允许在重构价值主张和相关商业模式方面具有较大的灵活性，以迎合多样化和动态的国际市场（及客户群体）。这也使得全球生态网络更好地促进了开放式创新（Bogers et al.，2017；Nambisan et al.，2018），新的合作伙伴能够更便利地加入（当前的合作伙伴能够更便利地退出），并在此过程中为开发具有创新性的商业模式及提供新的价值主张创造新的途径。

此外，全球生态网络的定义也是跨越边界的（包括技术、行业、市场等方面），这有利于扩大跨国公司的影响范围和能力，使其能够同时服务于不同的外国客户，同时跨国公司也能够在更灵活的、范围更广的全球生态网络中更好地进行学习与试验，从而提升适应不断变化的国际市场的能力（Nambisan et al.，2019）。

全球生态网络的模块化架构有助于快速配置或重组服务和价值组合，以适应不同的国际市场。通过使用允许"即插即用"的开放式标准化接口，生态网络补充者可以更好地实现服务的本地化定制与创新，以满足特定的本地市场需求。此外，各参与方通过利用共同资产，一方面可以降低成本，另一方面还能提高对不断变化的市场条件做出反应的速度，从而能够更加快速地开发和部署创新的价值主张（Nambisan et al.，2019）。全球生态网络还可以通过扩大参与方的范围与规模、扩展生态系统涉及的领域或通过促进现有各领域的参与方之间的新型互动，使跨国公司能够快速开发和部署新的商业模式。此外，全球生态网络使跨国公司能够利用其现有的用户关系并以最少的新投资扩大其价值主张的范围，以瞄准新的国际市场（Eisenmann et al.，2011；Gawer，2014）。

　　新兴的数字基础设施是全球生态网络的基础，数字基础设施的普及将突破创新过程及创新成果的局限性，创业机构受到的地理位置限制也将减少——创意可以从基于平台的生态网络中的任何地方渗透，并且可以由具有不同目标、动机和能力的动态合作伙伴共同获取（Nambisan et al.，2017），数字化还将允许产品的范围、功能和价值在被引入市场后继续发展（Yoo et al.，2010）。全球生态网络中数字技术的普及将带来更多的便利，从而帮助跨国公司持续性地实现价值创造。

　　全球生态网络所具有的松散耦合性、价值创造的多样性及各成员间的协作性有助于提升跨国公司快速发现并应对潜在的本地及国外市场机遇的能力（Teece，2010；Nambisan et al.，2019）。全球生态网络也将为跨国公司的早期国际化及"天生的全球化企业"的诞生提供便利。全球生态网络允许这些企业与大型跨国公司共享现有的国际客户，并帮助中小型企业引入新的商业模式（Tallman et al.，2018）。与全球生态网络相关的基础设施也使得企业可以以更低的成本且更容易地获得竞争反馈，从而更好地设定它们的竞争策略，帮助它们在国际市场上进行定位（Zahra et al.，2000）。此外，全球生态网络所具有的灵活性允许企业同时加入多个平台，即企业可以采取多宿主的经营策略（Landsman，Stremersch，2011），这有助于企业更好地控制战略依赖风险。

2. 全球生态网络将推动构建知识和关系的新方法的产生

　　全球生态网络创造了建立及利用知识和关系的新方法与新模式，其通过促进新形式的连通性，改变了跨国公司在知识和关系建设方面的决策和行动。

　　基于知识的观点（Kogut，Zander，1992）将跨国公司视为从多个地点获得知识并以某种集中的过程将知识汇集在一起的套利者与合并者。国际商务理论中的动态能力理论（Teece，2014）也强调了知识重组和部署在跨国公司适应动态变化的国际市场中的重要性。全球生态网络重新定义了跨国公司与国际合作伙伴间连通性的性质，从而重新定义了知识获取、重组及重新配置的性质。这些知识的获取、重组和重新配置在全球生态网络中是在一个扩大的背景下以一种更加相互依存的方式发生的。具体地说，知识产权涉及多层次的社会和经济过程，通过这些过程，知识可以在成员企业之间、在跨国公司与其全球客户之间获得、传播及整合。例如，全球生态网络中包括拥有本地市场专业知识的参与者（Gawer，Cusumano，2002），这些知识将它们与其他成员区分开来，这些参与者的加入有助于扩大平台价值主张的领域。作为全球生态网络基础的一套共享的标准，流程及治理体系能够使此类本地市场知识与一般市场知识快速编码并整合，从而加速跨国公司的海外市场学习过程，推动跨国公司的持续创新。此外，全球生态网络还涉及与不同类型的全球客户间新的连接形式，使跨国公司能够将它们视为创新和价值创造的合作伙伴（Nambisan，Sawhney，2007）。例如社交媒体、在线社区和众包系统等新的数字基础设施使跨国公司能够摆脱对外国中介机构的依赖，与全球客户直接建立联系。这种数字基础设施促进的互动形成了客户价值共创的场所（Ramaswamy，Ozcan，2018），并使跨国公司拥有了新的跨境知识获取模式。

　　此外，合作伙伴的多样性及能够从全球生态网络中获得共享知识也意味着跨国公司知识使用和能力发展路径的多样化。例如，虽然平台生态系统涉及标准化和规模化带来的好处，但跨国公司还致力于根据特定的市场及客户群体改造本地知识。这和全球整合与当地响应之间的平衡相吻合（Ghoshal，Bartlett，1990；Roth，Morrison，1990），这种平衡通过企业家对企业资产、资源和能力的开发，增强了价值创造。在其他情况下，跨国公司可能会以有助于生态系统其他成员使用的方式来传播和概括来自本地市场的知识和见解，例如，通过将此类市场见解纳入公共平台（Gawer，Cusumano，2002），或将其作为共享知识资产提供给其他成员利用（Iansti，Levien，2004）。随着时间的推移，这种新知识的注入可以刺激创新和创业活动，给成员公司带来竞争优势，实现生态网络的价值共创。

　　除了知识的构建，全球生态网络所支持的连接性对于管理与不同合作伙伴间的关系也有重要意义。全球生态网络在不同的合作伙伴之间构建了更开放、松散耦合且流动的关系,每个成员都具有不同的且动态的角色、职位和激励机制。此外,全球生态网络还标志着成员间关系由双边关系向多边关系的转变,且这一多边关系不可被分解为双边互动关系的集合(Adner,2017)。跨国公司被广泛视为在更大的网络中运作的实体,这些网络由附属公司、机构和其他参与者组成。在全球生态网络的环境下,跨越组织和国家边界的价值链所有阶段的协作已成为全球战略管理的一个基本特征。跨国公司可以作为其网络的领导者或旗舰,但它必须通过沟通和协作机制而不是内部化层级的命令或控制关系来实现。

从构建关系的视角来看,全球生态网络也有助于扩展现有的国际商务理论观点与假设。相比于侧重于解释个体跨国公司行为、动机和策略的现有理论,全球生态网络更侧重于关注跨国公司的集体行为及跨国公司与不同合作伙伴之间共同专业化、共同学习及共同发展的过程(Nambisan et al.,2019)。

近年来,有关全球价值链的研究(Buckley,Strange,2015;Kano,2018)强调了对集体决策和行动的关注。然而,全球生态网络在类型、部门、来源、角色和能力等多个方面将更多不同类型的参与者整合在一起,从而形成了一个更大的网络。这一网络中除了有供应方参与者,还包括需求方参与者(客户和用户),因此全球生态网络的范围已超出了现有全球价值链理论的范围。同时,全球生态网络是一个更加开放的系统,它在集体层面上结合了公司和地理位置的优势,进一步促进了整个生态网络的特性和能力的发展,也有助于跨国公司当地响应能力及快速适应能力的提高。此外,全球生态网络意味着需要考虑成员之间的文化差异,否则可能会破坏生态网络共享、协调及集体行动的规范,但是,相同的文化价值观将能被用来推动共同学习与集体行动(Nambisan et al.,2019)。

从国际创业(IE)的角度来看,企业家在国际化时通常会从他们的网络关系中获益(Oviatt,McDougall,1994;Jones et al.,2011)。全球生态网络连接了地理位置分散的企业家,使他们能够获得更多机会且能更容易地实现资源整合。在这种基于全球生态网络的连接性的刺激下,初创企业更有可能成为"天生的全球化企业"(Knight,Cavusgil,2004)。

3. 全球生态网络将推动全球化的新方法的产生

全球生态网络作为形成全球化相关决策和行动的共享资源引发了新的全球扩

张方式，并对现有的包括所有权特定优势、国际生产折衷理论（OLI 范式）、内部化理论等在内的国际商务理论产生了影响。

具体而言，在全球生态网络中，跨国公司生态网络的特定优势（通过加入或参与基于平台的生态网络而获得的优势）的重要性大大提升了。这种特定于生态网络的优势通常是跨国界且不受地理位置限制的，因为它们通常来自构成特定平台的共同或共享资产。生态网络的特定优势也可能来自共享的无形资源，如成员的声誉和品牌知名度、成员与外部实体的联系、成员的先前经验和知识资产等。再利用或重新部署这类共享的、不受地理位置限制的资源所产生的杠杆作用将使跨国公司相比其生态网络之外的竞争对手更易获得国际化优势。随着全球生态网络的出现，竞争的焦点已从企业间的竞争转向平台间的竞争或是生态网络间的竞争。因此，跨国公司的成功越来越多地取决于基于生态网络特定优势的竞争举措，这些优势超越了企业的特定优势（Nambisan et al.，2019）。

全球生态网络作为共享资源的捆绑集合，它还意味着业务环境（尤其是行业环境和市场环境）的关联性日益增强，因此需要考虑特定环境的优势。在全球生态网络中，商业环境的差异比国家间的差异更为重要，因此需要对跨文化的商务活动予以更多的重视（Knight，Liesch，2016）。例如，当平台提供的价值主张在不同国家保持一致时，基于平台的跨国公司的优势可能会增强，这将使跨国公司更快且更容易地进入新的外国市场。这种特定于环境的优势也可能来自跨国的业务流程、商业模式和数字基础设施的标准化。在这种情况下，跨国公司可以很容易地使其特定于环境的优势跨越国界，从而更好地寻求国际扩张。在用户群的性质与规模及相关的网络效应方面，特定于环境的优势可以使跨国公司迅速进入外国市场并实现业务规模的扩大。

虽然与全球生态网络相关的资源（以及由此带来的优势）对于跨国公司获取国际扩张的机会具有重要的影响，但重点并不在于跨国公司是否拥有或控制所有的所需资源，而在于跨国公司能否有效组织、整合全球的所有可用资源。例如，在具有较大区位优势的环境下，跨国公司可以采用更开放的平台架构，通过开放部分接口以吸引具有特定区位知识资产的外国企业的补充资源（Nambisan et al.，2019）。

全球生态网络本身是一个开放的、不断发展的系统；如果组织良好，它可以适应、整合并重新配置成员企业的资源与能力，以适应不断变化的环境的需求。

从国际化过程理论（internationalization process theory，IPT）的角度来看（Johanson，Vahlne，1977；Vahlne，Johanson，2017），全球生态网络使年轻且缺乏经验的小型公司能够跨国经营，成为小型跨国公司。这是因为，一方面，数字平台的普及使得资源具有了更强的可移植性，允许年轻企业更快地实现国际化或转型为跨国公司（Coviello et al.，2017）；另一方面，全球生态网络使得小型公司可以与其他生态网络的成员分担风险与成本，并能够获得更多的开放性资源。

构成全球生态网络的资源也使跨国公司能够更快地适应不断变化的市场及行业环境，因此对知识基础观（Kogut，Zander，1992）及全球整合—当地响应的理论范式（Birkinshaw，Morrison，1995）产生了影响。这些资源将使跨国公司能够更好地进行开发性学习与探索性学习，从而使跨国公司能够更好地实现各种产品和服务的创新。更重要的是，这些资源将帮助企业推动战略创新并重新定义企业的特征、竞争方式及生态网络内部的角色。

全球生态网络促进了全球范围内合作伙伴的组织学习，强调了吸收与整合知识的必要性。从全球整合—当地响应的观点来看，全球生态网络的发展意味着有必要从单纯关注母子公司的联系转变到对一个公司所处的更广泛的生态网络环境的关注。在全球生态网络中，生态网络为成员公司承担了一些全球整合—当地响应的功能。其中，生态网络中的垂直链接可以整合更多的初级价值链功能；而水平链接可以整合更多的支持活动，以帮助成员企业能够创造性地利用并影响生态网络的特定优势及资源，使其更好地适应并响应市场（Nambisan et al.，2019）。

从国际创业的角度来看，全球生态网络为研究"加速国际化"提供了一个新颖的背景（Zahra et al.，2000；Oviatt，McDougall，2005）。全球生态网络中的共同专业化为新公司的成立、生存与发展提供了机会，也为新企业的发展提供了所需的基础设施，以便于跨国公司以更快的速度进入遥远的成熟市场并获取价值（Ceccagnoli et al.，2012；Huang et al.，2013）。此类基础设施的存在也降低了新企业开展业务的成本以及国际扩张决策的风险。同时，特定于生态系统及特定环境的优势可以帮助新企业克服其国际化的主要障碍——新企业劣势与外来者劣势（Zahra et al.，2000；Mudambi，Zahra，2007）。开放式的平台架构战略使得新企业可以更好地利用合作伙伴的互补知识与能力，而能够实现"即插即用"的标准化数字基础设施允许新企业与小型企业将自身置于庞大的全球客户群面前，这些都将使新企业能够以有限的资源进入外国市场，并在细分市场中获得进一步发展的机会。

从更广泛的角度来说，全球生态网络使跨国公司成为基于全球网络的国际化组织。在跨国公司中，全球连通性促进了跨国界活动的组织内共享、协调和集成。从外部来看，跨国公司与生态网络参与者建立了与国外供应商、分销商和客户的纵向网络关系，与国外竞争对手的横向网络关系，以及与支持服务提供商的对角网络关系，以应对全球连通性并从中获取价值（Nambisan et al., 2019）。因此，在数字经济时代已经到来的当下，全球生态网络将可能替代全球价值链，成为新的主流跨国生产组织与价值创造治理结构。

参考文献

刘国亮，冯立超，刘佳，2016. 企业价值创造与获取研究——基于价值网络［J］. 学习与探索（12）：124-127.

刘林青，雷昊，谭力文，2010. 从商品主导逻辑到服务主导逻辑——以苹果公司为例［J］. 中国工业经济（9）：57-66.

孙耀吾，翟翌，顾荃，2013. 服务主导逻辑下移动互联网创新网络主体耦合共轭与价值创造研究［J］. 中国工业经济（10）：147-159.

王琴，2011. 基于价值网络重构的企业商业模式创新［J］. 中国工业经济（1）：79-88.

张辉，2004. 全球价值链理论与我国产业发展研究［J］. 中国工业经济（5）：38-46.

Adner R, 2017. Ecosystem as structure: An actionable construct for strategy［J］. Journal of management, 43（1）：39-58.

Appleyard M M, Chesbrough H W, 2017. The dynamics of open strategy: From adoption to reversion［J］. Long Range Planning, 50（3）：310-321.

Baldwin C Y, Clark K B, 2000. Design Rules: The Power of Modularity［M］. Cambridge: MIT Press.

Banalieva E R, Dhanaraj C, 2019. Internalization theory for the digital economy［J］. Journal of International Business Studies, 50（8）：1372-1387.

Bastiat F, 1964. Selected Essays on Political Economy [M]. Princeton: Van Nostrand.

Birkinshaw J M, Morrison A J, 1995. Configurations of strategy and structure in subsidiaries of multinational corporations [J]. Journal of International Business Studies, 26 (4) : 729–753.

Bogers M, Zobel A K, Afuah A, et al., 2017. The open innovation research landscape: Established perspectives and emerging themes across different levels of analysis [J]. Industry and Innovation, 24 (1) : 8–40.

Buckley P J, Strange R, 2015. The governance of the global factory: Location and control of world economic activity [J]. Academy of Management Perspectives, 29 (2) : 237–249.

Ceccagnoli M, Forman C, Huang P, et al., 2012. Cocreation of value in a platform ecosystem! The case of enterprise software [J]. MIS Quarterly, 36 (1) : 263–290.

Chi T, 1994. Trading in strategic resources: Necessary conditions, transaction cost problems, and choice of exchange structure [J]. Strategic Management Journal, 15 (4) : 271–290.

Christensen C M, 1997. The Innovator's Dilemma [M]. Boston: Harvard Business School Press.

Constantin J A, Lusch R F, 1994. Understanding Resource Management [M]. Oxford: The Planning Forum.

Coviello N, Kano L, Liesch P W, 2017. Adapting the Uppsala model to a modern world: Macro-context and microfoundations [J]. Journal of International Business Studies, 48 (9) : 1151–1164.

Dell'Era C, Di Minin A, Ferrigno G, et al., 2020. Value capture in open innovation processes with radical circles: A qualitative analysis of firms' collaborations with Slow Food, Memphis, and Free Software Foundation [J]. Technological Forecasting and Social Change, 158 (C) : 120128.

Eisenmann T, Parker G, Van Alstyne M, 2011. Platform envelopment [J]. Strategic Management Journal, 32 (12) : 1270–1285.

Fang E, Palmatier R W, Steenkamp J B E M, 2008. Effect of service transition strategies on firm value [J]. Journal of marketing, 72 (5) : 1–14.

Garnsey E, Leong Y Y, 2008. Combining resource–based and evolutionary theory to explain the genesis of bio–networks [J]. Industry and Innovation, 15 (6) : 669–686.

Gawer A, 2009. Platforms, Markets, and Innovation [M]. Cheltenham : Edward Elgar.

Gawer A, 2014. Bridging differing perspectives on technological platforms: Toward an integrative framework [J]. Research Policy, 43 (7) : 1239–1249.

Gawer A, Cusumano M A, 2002. Platform Leadership: How Intel, Microsoft, and Cisco drive industry innovation [M]. Boston : Harvard Business Press.

Gereffi G, 1994. Commodity Chains and Global Capitalism [M]. Westport : Praeger.

Gereffi G, 1999. International trade and industrial upgrading in the apparel commodity chain [J]. Journal of International Economics, 48 (1) : 37–70.

Ghoshal S, Bartlett C A, 1990. The multinational corporation as an interorganizational network [J]. Academy of Management Review, 15 (4) : 603–626.

Gopal R D, Ramesh R, Whinston A B, 2003. Microproducts in a digital economy : Trading small, gaining large [J]. International Journal of Electronic Commerce, 8 (2) : 9–30.

Huang P, Ceccagnoli M, Forman C, et al., 2013. Appropriability mechanisms and the platform partnership decision: Evidence from enterprise software [J]. Management Science, 59 (1) : 102–121.

Iansiti M, Levien R, 2004. The Keystone Advantage: What the New Dynamics of Business Ecosystems Mean for Strategy, Innovation and Sustainability [M]. Boston: Harvard Business Press.

Jacobides M G, Cennamo C, Gawer A, 2018. Towards a theory of ecosystems [J]. Strategic Management Journal, 39 (8): 2255-2276.

Jacobides M G, Sundararajan A, Van Alstyne M, 2019. Platforms and ecosystems: Enabling the digital economy [EB/OL]. (2019-03-25) [2020-11-10]. https://www.weforum.org/whitepapers/platforms-and-ecosystems-enabling-the-digital-economy.html.

James W, Katz E, 1975. The Meaning of Truth (Vol. 2) [M]. Boston: Harvard University Press.

Johanson J, Vahlne J E, 1977. The internationalization process of the firm: A model of knowledge development and increasing foreign market commitments [J]. Journal of International Business Studies, 8 (1): 23-32.

Jones M V, Coviello N, Tang Y K, 2011. International entrepreneurship research (1989-2009): A domain ontology and thematic analysis [J]. Journal of Business Venturing, 26 (6): 632-659.

Kano L, 2018. Global value chain governance: A relational perspective [J]. Journal of International Business Studies, 49 (6): 684-705.

Kapoor R, Agarwal S, 2017. Sustaining superior performance in business ecosystems: Evidence from application software developers in the iOS and Android smartphone ecosystems [J]. Organization Science, 28 (3): 531-551.

Kaulio M A, 1998. Customer, consumer and user involvement in product development: A framework and a review of selected methods [J]. Total Quality Management, 9 (1): 141-149.

Knight G A, Cavusgil S T, 2004. Innovation, organizational capabilities, and the born-global firm [J]. Journal of International Business Studies, 35 (2): 124-141.

Knight G A, Liesch P W, 2016. Internationalization: From incremental to born global [J]. Journal of World Business, 51 (1): 93-102.

Kogut B, 1985. Designing global strategies: Comparative and competitive value-added chains [J]. Sloan Management Review, 26 (4): 15-28.

Kogut B, Zander U, 1992. Knowledge of the firm, combinative capabilities, and the replication of technology [J]. Organization Science, 3 (3) : 383-397.

Landsman V, Stremersch S, 2011. Multihoming in two-sided markets: An empirical inquiry in the video game console industry [J]. Journal of Marketing, 75 (6) : 39-54.

Langlois R N, 2002. Modularity in technology and organization [J]. Journal of Economic Behavior & Organization, 49 (1) : 19-37.

Lengnick-Hall C A, 1996. Customer contributions to quality: A different view of the customer-oriented firm [J]. Academy of Management Review, 21 (3) : 791-824.

Lepak D P, Smith K G, Taylor M S, 2007. Value creation and value capture: A multilevel perspective [J]. Academy of Management Review, 32 (1) : 180-194.

Li J, Chen L, Yi J, et al., 2019. Ecosystem-specific advantages in international digital commerce [J]. Journal of International Business Studies, 50 (9) : 1448-1463.

Lusch R F, Nambisan S, 2015. Service innovation: A service-dominant logic perspective [J]. MIS Quarterly, 39 (1) : 155-176.

Lusch R F, Vargo S L, Tanniru M, 2010. Service, value networks and learning [J]. Journal of the Academy of Marketing Science, 38 (1) : 19-31.

Massa L, Tucci C L, Afuah A, 2017. A critical assessment of business model research [J]. Academy of Management Annals, 11 (1) : 73-104.

Mauro T, 2015. Adopting microservices at Netflix: Lessons for architectural design [EB/OL]. (2015-02-19)[2020-11-10]. https://www.nginx.com/blog/microservices-at-netflix-architectural-best-practices.html.

Moore J F, 1993. Predators and prey: A new ecology of competition [J]. Harvard Business Review, 71 (3) : 75-86.

Moore J F, 1996. The Death of Competition: Leadership and Strategy in the Age of Business Ecosystems [M]. New York: HarperBusiness.

Mudambi R, Zahra S A, 2007. The survival of international new ventures [J]. Journal of International Business Studies, 38 (2) :333-352.

Nambisan S, 2002. Designing virtual customer environments for new product development: Toward a theory [J]. Academy of Management review, 27（3）: 392-413.

Nambisan S, 2013. Information technology and product/service innovation: A brief assessment and some suggestions for future research [J]. Journal of the association for information systems, 14（4）: 215-226.

Nambisan S, Lyytinen K, Majchrzak A, et al., 2017. Digital innovation management: Reinventing innovation management research in a digital world [J]. MIS Quarterly, 41（1）: 223-238.

Nambisan S, Sawhney M, 2007. The Global Brain: Your Roadmap for Innovating Faster and Smarter in a Networked World [M]. Philadelphia: Wharton School Publishing.

Nambisan S, Siegel D, Kenney M, 2018. On open innovation, platforms, and entrepreneurship [J]. Strategic Entrepreneurship Journal, 12（3）: 354-368.

Nambisan S, Zahra S A, Luo Y, 2019. Global platforms and ecosystems: Implications for international business theories [J]. Journal of International Business Studies, 50（9）: 1464-1486.

Normann R, 2001. Reframing Business: When the Map Changes the Landscape [M]. Chichester: Wiley.

Normann R, Ramírez R, 1993. From value chain to value constellation: Designing interactive strategy [J]. Harvard Business Review, 71（4）: 65-77.

Oviatt B M, McDougall P P, 1994. Toward a theory of international new ventures [J]. Journal of International Business Studies, 25（1）: 45-64.

Oviatt B M, McDougall P P, 2005. Defining international entrepreneurship and modeling the speed of internationalization [J]. Entrepreneurship Theory and Practice, 29（5）: 537-553.

Porter M E, 1985. Competitive Advantage [M]. New York: The Free Press.

Porter M E, Heppelmann J E, 2015. How smart, connected products are transforming companies [J]. Harvard Business Review, 93 (10) : 96-114.

Ramaswamy V, Ozcan K, 2018. What is co-creation ? An interactional creation framework and its implications for value creation [J]. Journal of Business Research, 84 (C) : 196-205.

Robey D, Schwaig K S, Jin L, 2003. Intertwining material and virtual work [J]. Information and Organization, 13 (2) : 111-129.

Roth K, Morrison A J, 1990. An empirical analysis of the integration-responsiveness framework in global industries [J]. Journal of International Business Studies, 21 (4) : 541-564.

Rothwell R, Freeman C, Horlsey A, et al., 1974. SAPPHO updated-project SAPPHO phase II [J]. Research policy, 3 (3) : 258-291.

Sawhney M, Nambisan S, 2007. The Global Brain: Your Roadmap for Innovating Faster and Smarter in a Networked World [M]. Upper Saddle River: Pearson Prentice Hall.

Sawhney M, Verona G, Prandelli E, 2005. Collaborating to create: The Internet as a platform for customer engagement in product innovation [J]. Journal of Interactive Marketing, 19 (4) : 4-17.

Smedlund A, 2012. Value cocreation in service platform business models [J]. Service Science, 4 (1) : 79-88.

Stabell C B, Fjeldstad Ø D, 1998. Configuring value for competitive advantage: On chains, shops, and networks [J]. Strategic Management Journal, 19 (5) : 413-437.

Tallman S, Luo Y, Buckley P J, 2018. Business models in global competition [J]. Global Strategy Journal, 8 (4) : 517-535.

Teece D J, 2010. Business models, business strategy and innovation [J]. Long Range Planning, 43 (2-3) : 172-194.

Teece D J, 2014. A dynamic capabilities-based entrepreneurial theory of the multinational enterprise [J]. Journal of International Business Studies, 45 (1) : 8-37.

Thomas L D W, Autio E, Gann D M, 2014. Architectural leverage:

Putting platforms in context [J]. Academy of Management Perspectives, 28 (2): 198-219.

Tilson D, Lyytinen K, Sørensen C, 2010. Research commentary-Digital infrastructures: The missing IS research agenda [J]. Information Systems Research, 21 (4): 748-759.

Tiwana A, 2015. Evolutionary competition in platform ecosystems [J]. Information Systems Research, 26 (2): 266-281.

UNCTAD, 2017. World Investment Report 2017: investment and the digital economy [C]// Geneva: United Nations Conference on Trade and Development.

UNIDO, 2002. Industrial development report 2002/2003 overview [EB/OL]. (2020-11-10) [2020-11-10]. https://www.unido.org/resources/publications/publications-type/sales-publications/industrial-development-report-2002-2003.html.

Vahlne J E, Johanson J, 2017. From internationalization to evolution: The Uppsala model at 40 years[J]. Journal of International Business Studies, 48(9): 1087-1102.

Vargo S L, Lusch R F, 2004. Evolving to a new dominant logic for marketing [J]. Journal of Marketing, 68 (1): 1-17.

Vargo S L, Lusch R F, 2008. Why "service"? [J]. Journal of the Academy of Marketing Science, 36 (1): 25-38.

Wise R, Baumgartner P, 2000. Go downstream: The new profit imperative in manufacturing [J]. Harvard Business Review, 78 (1): 168-168.

Yoo Y, Henfridsson O, Lyytinen K, 2010. Research commentary-The new organizing logic of digital innovation: An agenda for information systems research [J]. Information systems research, 21 (4): 724-735.

Yun J H J, Won D K, Park K B, et al., 2019. The role of a business model in market growth: The difference between the converted industry and the emerging industry [J]. Technological Forecasting and Social Change, 146 (C): 534-562.

Zahra S A, Ireland R D, Hitt M A, 2000. International expansion by new venture firms: International diversity, mode of market entry, technological learning, and performance [J]. Academy of Management Journal, 43 (5): 925-950.

CHAPTER 2

| 中　篇 |

数字经济时代国际商务理论：
新发现

————

第 11 章

国际商务的运作核心正在迭代为具有跨国外部性的数字化平台

随着大数据、人工智能、区块链、5G 等技术的发展，全球已经进入数字经济时代。近年来，全球经济数字化发展趋势愈加明显，传统产业加速向数字化、网络化、智能化转型，数字经济规模持续扩大。中国信息通信研究院发布的《全球数字经济新图景（2020 年）——大变局下的可持续发展新动能》测算了 47 个经济体的数字经济发展状况。该报告显示，2019 年，这 47 个经济体的数字经济规模达到 31.8 万亿美元，较 2018 年增长 1.6 万亿美元。与此同时，数字经济在国民经济中的地位也在持续提升，已成为各国国民经济的重要组成部分。中国信息通信研究院发布的《全球数字经济白皮书（2024 年）》显示，全球数字经济占 GDP 的比重已由 2018 年的 40.3% 增长至 2023 年的约 60%。在全球数字经济快速发展的当下，我国数字经济规模不断扩大、贡献不断增大。数字经济在我国国民经济中的地位已经得到了进一步的凸显。而数字化平台作为数字经济的重要组成部分，其在数字经济中的运用也越来越广泛。

在这样的时代大背景下，国际商务也开始逐渐向数字化转型。近年来，在国际商务的运作过程中，大量数字化平台开始出现，并开始承担国际商务运作的核心内容，数字化平台在国际商务中的作用日益凸显。然而在国际商务领域，已有的研究对数字化平台现象并没有给予足够的关注，文献往往拘泥于国际商务活动的表象，没有深究国际商务运作核心的变化，也没有强调数字化平台对国际商务活动的影响，并且通常忽略了在多国背景下，数字化平台的固有特征——网络外部性——对平台企业的影响。所以本书基于此，对国际商务运作核心的新变化做进一步的剖析。

11.1　数字化平台的内涵及其固有特征

11.1.1　数字化平台的内涵

　　数字化平台作为数字经济的一个主要载体，是指集合了全产业链的上下游，包括商家、海关、服务商、政府、金融机构、买家、海外渠道、行业联盟等形成的数字贸易生态圈（UNCTAD，2019；马述忠等，2020）。数字化平台能够通过数字化技术精准匹配全球数字贸易买卖双方需求，为其提供包括数字化营销、交易、金融及供应链服务的一揽子数字化外贸解决方案。通过使用深度数字智能，数字化平台能够跨部门或价值链集中进行规划和执行，从而在这个完整的商业生态系统中发挥关键的行业引领和服务作用（Ma et al.，2019）。从国际商务领域来看，随着跨境电子商务市场的日益成熟，其数字化和平台化的阶段性特征也愈发显著，正在逐步迭代为全球数字贸易，因而在国际商务活动中，数字化平台的重要性日益凸显。

11.1.2　数字化平台的固有特征

　　数字化平台存在着互联的内在需要，因为人们生产和使用它们的目的就是更好地收集和交流信息。而这种需求的满足程度与网络的规模密切相关。如果数字化平台中只有一名用户，那么这个平台网络是毫无价值的，因为用户无法从中获得自身所需要的信息；当网络中只有少数用户时，他们不仅要承担高昂的运营成本，而且只能与数量有限的人交流信息和使用经验，数字化平台的价值也得不到体现。而随着用户数量的增加，这种不利于规模经济的情况就会不断得到改善，每名用户承担的成本将持续下降，同时信息和经验交流的范围也会得到扩大，所有用户都可能从网络规模的扩大中获得更大的价值（王法涛，2019）。

　　所以网络外部性作为数字化平台的固有特征，是指以信息为基础，以计算机网络为依托，以生产、分配、交换和消费网络产品为主要内容，以高科技为支持，以知识和技术创新为灵魂的一种经济关系。传统的网络外部性可以分为直接网络外部性和间接网络外部性。而在国际商务的跨国背景下，数字化平台的网络外部性作为影响企业竞争策略的关键因素，其外部性又可以分为国内网络外部性和跨国网络外部性。跨国网络外部性指国外买家数量对平台的影响，需求端的规模效应，即跨国用户数量对数字化平台的影响，主要包括对数字化平台的接受程度以及相关互补性平台的支持度。跨国用户数量的增加能直接提高数字化平台的价值，同时也会对跨国互补平台产生影响，当跨国互补平台增多时，数字化平台体系进一步完善，数字化平台产品或服务的价格就会下降，从而使跨国用户能从原有的数字化平台获取更高的经济效益，原有平台对其跨国用户的价值进一步上升，使其能够吸引更多的消费者，并且形成一种规模不断扩大的良性循环。

11.2　数字经济时代国际商务运作核心的新变化

国际商务的本质是为了满足个人和组织的需求而进行的一种跨国交易活动。传统的国际商务活动往往需要依靠代理商、批发商、零售商等多方中间机构来实现国内外交易者的对接，从交易开始到交易结束，通常需要经历一个较长的周期。而数字化平台的出现大大简化了国际商务中原本复杂冗长的交易过程，改善了跨国交易耗时长、成本高等问题，提高了国际商务整体运行过程中的效率，为国际商务的发展提供了新思路。在大数据、云计算、区块链、人工智能等新兴数字技术快速发展的同时，数字化平台也随之发展和演进，这一过程对企业价值创造方式、市场竞争格局、产业演化与变革乃至人们的生活都产生了颠覆性的影响，平台思维已经成为许多行业尤其是高新技术产业取得成功的重要因素之一。近年来，无论是国际商务中传统企业的转变还是新平台的兴起，都无不证明着国际商务的运作核心正在从原本的实体交易向数字化交易转变。同时，数字化平台作为跨境交易和数字经济的主要载体，其在国际商务运行过程中的重要性也逐渐凸显。本章主要从数据和案例的角度来剖析数字经济时代国际商务运作核心的新变化。

11.2.1　国际商务对数字化平台的依赖程度不断增强

进出口贸易和跨境投资作为国际商务的两大主体，近年来都显现出了向数字化转型的趋势。世界贸易组织《2019 年世界贸易报告》显示，超过一半的全球服务贸易已经实现数字化。数字贸易已经成为全球贸易中最具活力的贸易形式，成为推动传统贸易转型升级的核心力量和未来发展方向，也成为越来越多的中小企业青睐的贸易方式。而数字贸易拉动全球数字贸易平台的快速发展，在国际商务的运作过程中，越来越多的跨境数字化平台开始出现。基于互联网无国界的特性，近 10 年来，越来越多的全球知名电子商务企业活跃于世界市场，诸如亚马逊、沃尔玛、eBay、Shopify、Lazada（来赞达）、Wish、FlipKart 等，其平台成交量屡创新高。阿里巴巴、拼多多、京东、美团、字节跳动、环球资源、欧冶云商等中国电商平台也开始逐步向海外市场拓展，包括希音、安克、兰亭集势、傲基国际、有棵树、敦煌网、大龙网、大健云仓、子不语、赛维时代、绿联等中国电子商务企业也加快了国际化的步伐。

在数字经济的新商业模式中，数字化平台成为跨境电子商务向数字贸易迭代的核心产物，成为协调和配置资源的基本经济组织。数字化平台不仅是汇聚各方数据的中枢，更是实现价值创造的核心。在当今国际商务的发展中，新一代信息技术的进步及应用推动了跨境电子商务的高速发展，新一代数字贸易体系正在演化形成，并推动着与之配套的全球采购体系、生产体系、支付体系和物流体系的转型发展。埃森哲 2016 年发布的报告显示，超过 50% 的跨境服务贸易和超过 12% 的实物贸易均通过数字化平台完成。数字化平台已经成为全球贸易的一个重要支撑平台。作为新型的国际商务业态，跨境数字化平台模式的线上交易、非接触式交货以及交易链条短等优势在突如其来的新冠疫情冲击下，得到了极大程度的彰显，大量外贸企业逐渐转向跨境电商渠道开展业务。海关总署公布的数据显示，2020 年上半年，海关跨境电商监管平台进出口同比增长 26.2%，是新冠疫情之下唯一保持正增长的贸易方式。在跨境电商综合试验区扩容、B2B 出口监管试点等政策推动下，未来中国跨境电商产业发展仍将拥有巨大潜力。当下，中国正构建国内国际双循环相互促进的新发展格局，跨境电商已成为外贸转型升级的新动能、创新发展的新渠道。打造一个促进中国优质制造商、跨境电商卖家、服务商交流合作的平台，因应了中国跨境电商业界的发展呼唤，势将有益于各方更好地整合优势资源，合作共赢，共同开拓国际市场。

而从跨境投资的角度来看，数字化平台也在改变全球投资的主要模式和目标，给全球投资的发展注入新动力。联合国贸易和发展会议发布的《2017年世界投资报告：投资和数字经济》指出，数字经济正成为全球经济中越来越重要的一环，依靠互联网平台、电子商务和数字内容提供商等数字基础设施进行生产活动的"数字跨国公司"迅速增长。同时，全球跨境投资重点和目标也在发生转变，全球投资正在加速向知识和技术密集的国家和地区流动。数字化平台改变了跨国公司的国际业务以及子公司对东道国的影响，也改变了全球投资的整体效率，逐渐影响着全球价值链的取向。不管是传统跨境企业的数字化转型，还是跨境电商平台的数字化升级，抑或是新型跨境数字化平台的出现，都无不证明着数字化平台在国际商务运作过程中日益凸显的重要性。

1. 传统跨境企业开始数字化转型

21世纪以来，随着大数据、人工智能、5G等技术的快速发展，全球贸易进入新阶段，传统企业一直面临着转型升级的压力。2020年，受新冠疫情影响，全球经济贸易严重衰退，供应链产业链受损，全球订单减少，传统跨境企业承受着来自供给侧和需求侧的双向挤压，举步维艰。而数字贸易基于其自身的特征，给传统跨境企业带来了新的生机。跨境数字化贸易平台契合了传统企业数字化转型和从价值链低端向价值链中高端迈进的内在需求，凭借其自身数字化能力和完备的基础设施优势，能够有效便捷地助力传统外贸企业实现数字化转型。

以中国为例，在宏观政策引导和电商平台具体措施支持下，外向型企业掀起入驻电商平台新浪潮。2020年4月中旬至6月中旬，新入驻京东旗下社交电商平台京喜的外贸企业超过1万家。阿里巴巴开启"春雷计划"以来，每天有超过4万家新商家入驻，外贸企业数量同比增长160%。淘宝特价版上线100天内，聚集了全中国145个产业带、120万家产业带商家、50万家外贸商家和30多万家外贸工厂。除外贸工厂外，传统线下档口、专业市场、国外中小品牌也掀起了新一波入驻数字化平台的大潮。具体比如鑫海矿业技术装备股份有限公司（以下简称鑫海矿装）、TCL、海尔等都已经实现了从传统企业向跨境数字化平台的转变。

中国制造业五百强之一的鑫海矿装成立于1997年，前身为烟台鑫海矿山机械有限公司，是一家提供矿山矿业全产业链服务的股份制高新技术企业。2010年，鑫海矿装的发展遇到了困境，企业面临着营业收入下滑、利润缩水、产能过剩、开工不足、债台高筑等不利局面。正是因为国内市场的发展受阻，鑫海矿装开始实施国际化战略，进行数字化转型。通过一番摸索后，鑫海矿装打造出了一个打通全流程数据的工具：询盘云。通过询盘云的使用，鑫海矿装让销售在拿到询盘的第一时间就能够清楚地看到客户的来源信息以及过往的交易记录，迅速判断出客户的靠谱程度以及决定分配多少精力来对接这个客户。同时，市场人员也能清楚地看到询盘发到销售之后的跟进情况如何；哪些渠道的客户是成交率高的或意向程度高的；哪些渠道是"垃圾"渠道，只耗费市场费用但实际上并没有给企业带来真正利益的。此外，管理层也可以实时了解公司的市场与销售情况，清楚地知道公司各方消费和投入产出比，并通过询盘云内清晰的数据报表为公司策略调整提供参考依据。鑫海矿装海外市场收入占总收入的 95% 以上，其中电商带来的海外收入占比达 90% 以上，企业营业收入年均增长率达 25%。通过跨境电商，鑫海矿装成功实现了从内贸到外贸，从传统制造业企业到矿业整体解决方案服务数字化企业的转型。

通过入驻数字化平台，传统企业可以享受平台提供的"厂销通"解决方案，借助其提供的数据、金融、物流、科技赋能，解决国际大循环的难题。在数字化盛行的当下，传统跨境企业的数字化升级已经成为一种必然趋势，而数字化平台基于其自身的数字化能力和完备的基础建设正成为传统企业实现数字化转型最便捷、最有效的一种路径选择。数字化平台在国际商务、数字贸易中的重要性也由此可见。

2. 传统跨境电商平台向数字化平台演进

进入数字经济时代，互联网平台、数字化平台企业快速扩张，网络发展水平也将成为国家竞争实力的重要体现。2007—2017 年，全球市值前十的公司中，互联网科技公司从 1 家增长至 7 家。数字技术的平台组织正在成为未来经济社会发展的主角，国际商务的运作核心也在向具有跨国外部性的数字化平台转移。在数字贸易发展进程中，越来越多的传统跨境电商平台企业通过拥抱大数据技术融入数字贸易体系中。传统企业通过将大数据、跨境电商、贸易线上线下深度融合，以数字贸易平台为核心，通过整合贸易链上的各个环节，构建起包括商家、政府、金融机构、服务商、产业带、买家、海外渠道、行业联盟等在内的庞大的数字贸易生态圈，实现供给侧与需求侧的有效对接。

2018年以来，全球跨境电商行业不断发展，iiMedia Research（艾媒咨询）的数据显示，2018年，全球B2C跨境电商交易规模同比增长27.5%。跨境电子商务平台近年来发展迅速，当前依靠跨境数字化平台的交易已经成为国际商务的主力军。跨境电子商务作为数字贸易的重要组成部分，正在逐渐展现其旺盛的生命力，而数字贸易作为跨境电子商务发展的高级形态，能够借助数字化平台，不断扩展其交易半径，整合传统产业链，推动生产和贸易活动的数字化、智能化转型。全球正在掀起一场数字贸易、产业互联的深远变革，数字化为传统企业转型升级、品牌出海提供了机遇和动力，所以拥抱平台、实现数字化转型将会成为国际商务发展的重中之重。

目前，不少跨境电商平台正在从相对昂贵和低效的系统向由数字支付推动的现代云计算平台升级过渡。2018年的一项调查显示，全球消费者最近一次使用跨境电商平台进行跨境购物，有24%的消费者选择了亚马逊，16%的消费者选择了阿里巴巴旗下的全球速卖通。传统的跨境电商平台仍占据着全球贸易的较大比重，而在数字经济快速发展的当下，传统的跨境电商企业比如亚马逊、阿里巴巴、大龙网、敦煌网等也在不断向数字化平台转型升级。

（1）亚马逊。自1994年成立以来，从早期的线上书店到无所不卖的电商，再到后来的云计算和物流，亚马逊数次在已有基础上完成了新的跨越，为其进一步增长打开了"天花板"。根据亚马逊2020年第三季度财报，在新冠疫情的影响下，除了实体店业务的销售额有所下降，其在线商店、第三方卖家服务和订阅服务业务都分别实现了38%、55%、33%的双位数增长。2020年，亚马逊平台的访问次数呈持续上升趋势，9月访问量较2019年同期增长18.4%。亚马逊作为跨境电商领域的领头企业，已经不单单拘泥于传统的贸易模式，开始着力于将数字技术运用于传统的跨境货物交易中，以此实现平台的智能化转型。

近年来，亚马逊基于其全球布局、数据分析能力和原有的平台网络，通过大数据技术实现了结合市场数据进行预判，做到"订单未下，货已先行"，使得配送时间大幅度缩短，最少只需要3天，在使海外商品配送速度得到大幅提升的同时，也大大提升了消费者"买遍全球"的购物体验。同时在运营模式上，亚马逊依托其全球布局的优势，业务上连接全球175个运营中心，跨国配送185个国家和地区。通过智能网络的调配，亚马逊海外购得以快速高效地整合全球资源，在本地市场实现零库存、保证货源品质的同时，也有效降低其运营的成本。通过云计算、大数据等技术的运用，亚马逊的分析、预测、运营能力大幅提升。

（2）大龙网。随着大数据、智能化等信息技术的发展，以及数字经济大潮的汹涌来袭，大龙网率先开展了基于数字贸易的创新实践——跨境数字贸易港。跨境数字贸易港本质上是为跨境贸易双方打造的跨境数字贸易平台，通过整合信息流、物流、资金流，以及进出口贸易数据、海关数据、第三方合作数据、企业征信数据、贸易双方行为数据等，为客户的生产和相关产业链上的企业提供服务。而为了方便交易双方利用数字技术，大龙网在国内产业带城市和共建"一带一路"国家市场进行了布局。在国外，大龙网已在全球 24 个国家铺设渠道近万家，包括海外大市场、中小批发商、零售商、专业买手等，未来还将在美国、英国、捷克、德国、老挝、泰国、匈牙利、印度、巴西等国家落地全球本土化服务中心。在国内，大龙网已经落地 13 个跨境电商产业服务平台、8 个跨境电商产业园、3个跨境电商产业新城。

除了跨境数字贸易港，大龙网还带来了"跨境电商第一链"——丝链。基于区块链技术的不对称加密和去中心化等特征，丝链的使用极大地推动了原有平台的发展，实现了数据的可信存储、商业协同、数据可信的交换和分享，将信任具象化，降低了信息获取成本，同时通过一种自由的、低摩擦的、无损耗或者低损耗的方式将全球的贸易社区聚集在一起。由此可见，无论是跨境数字贸易港还是丝链，都表明大龙网正在从一个传统的跨境电商平台向一个数字化平台转型升级。

（3）敦煌网。敦煌网于 2004 年成立，是中国第一个 B2B 跨境电子商务交易平台。目前已经实现 140 多万家国内供应商在线，4000 万种商品，遍布全球 230 个国家和地区，并且具有 1000 万名买家的规模，平均每小时就有 10 万名买家实时在线采购。在数字贸易时代，敦煌网从跨境电商的开创者，升级为了全球领先的数字贸易生态圈的整合者和赋能者。从 2017 年至今，敦煌网在数字经济的大趋势下，借助数字化技术，不断完善其主要平台——交易平台和服务平台，向数字化平台演进。

敦煌网数字贸易中心作为其向数字化平台转型升级的一个重要产物，是一个集线下展示、线上交易、海外仓储、售后服务、商务培训各功能于一体的海外一站式解决方案。它为国内卖家提供海外线上线下结合的落地服务，为海外买家提供所见即所得、所得即所见的交易环境。通过数字化的模式，实现各方数据的汇集，从而高效地协调和配置资源，实现产业链的整合。除了传统的 B2B 跨境电子商务交易平台，敦煌网的另一个主要平台就是涵盖了支付、金融、仓储、物流、关检税汇等围绕跨境贸易展开的各项服务的服务平台。2017 年 3 月 31 日，敦煌网推出了国内首个大贸综合服务平台——敦煌网跨境服务云平台。该平台全面整合了关务系统、国际物流系统、支付服务系统以及金融服务系统等四大功能模块，提供一站式、可视化的全流程外贸综合服务，成为国内首家与中国国际贸易单一窗口直连的跨境电商服务平台。该平台通过整合产业链上中国及全球的供应商、服务商，引领了全球数字贸易生态圈的发展。因此，无论是从用户类型、成交金额还是服务形式上来看，敦煌网都正在从消费互联网和跨境电商平台向产业互联网和数字贸易平台转变，并在逐步升级为一个真正的跨境数字化平台。

3. 新型数字化平台应运而生

信息技术的突飞猛进与全面应用，使得数字经济高速增长、快速创新，并逐渐发展成为世界经济增长的新引擎。近年来，数字经济使跨境电商及数字化平台迎来了发展黄金期，数字化转型涉及方方面面，随着数字化转型的深入以及信息技术应用创新要求的产生，传统的软件生态体系正在重构，新一代的企业服务生态正在建立。在社会高速发展、技术不断进步的今天，除了传统企业和平台的转型升级，一些新型的数字化平台也应运而生。下面以近年来兴起的基于移动 App 的跨境电商平台 Wish 和国内首个韩国东大门跨境直购移动平台"东大门"为例进行介绍。

Wish 最初仅仅是一个收集和管理商品的工具，后来才发展成了一个真正的交易平台。作为一个移动端的跨境数字化平台，Wish 主要是利用智能推送技术，根据 App 客户的资料和浏览数据等为用户推送他们可能喜欢的产品，真正做到点对点推送。不同于亚马逊、eBay、速卖通等跨境电商平台，Wish 有更多的娱乐感，有更强的用户黏性。亚马逊、eBay 等平台是由 PC 端发展起来的传统电商，更多的是注重商品的买卖交易，而 Wish 虽然本质上也是提供交易服务的电商平台，但其更专注于移动端的"算法推荐"购物，其呈现给用户的商品大都是用户关注的、喜欢的，每一个用户看到的商品信息都不一样，同一用户在不同时间看到的商品也不一样。在这样的大数据技术和精准营销策略的支持下，Wish 在实现客户高下单率和高满意度的同时，也能让卖家在短期内获得销售额的暴增。调查显示，Wish 平台 97% 的订单量来自移动端，App 日均下载量稳定在 10 万次，峰值时能够达到 20 万次。Wish 作为一个移动端的数字化平台，其快速的发展印证了数字化平台在国际商务领域的重要性，也表明了数字化平台自身发展的多样性和可能性。

而中国首个韩国东大门跨境直购移动平台"东大门"则将东大门这一赴韩必逛的韩流时尚中心完全搬到了国人的手机上。对国内用户来说，这可能意味着，他们将不必再通过烦琐且缺乏安全性的个人代购或海淘网站，而仅仅通过"东大门"App，即可像在国内手机网购一样，实时直购东大门成千上万家门店中的当天上架的新款时装。与国内近年兴起的大多数跨境进口电商不同，这个移动端平台采用的是难度较大、模式较重的"跨境 O2O"直购模式。跨境交易双方通过平台的服装、地理位置等数据，进行直接交易。平台借助数字化技术将国内用户的订单直接分发到东大门的线下合作商家，并通过代商家发货等中间服务，达成从国内线上到海外线下的快速跨境直购。"东大门"这一移动端的数字化平台借助数字化技术，收集了买卖双方的需求供给信息，真正意义上将线下延伸到了海外。作为一个新型的跨境电商平台，"东大门"在国内引起了一波狂潮，它解决了国内消费者寻求代购无门的困境，让消费者足不出户就可以在家买到心仪的韩国产品，大大优化了传统代购的低效率模式。由此可见，新型的数字化平台能够优化传统的跨境交易活动，并给传统的国际商务活动带来更多的可能性。

11.2.2　国际商务的运作核心正在向具有跨国外部性的数字化平台转移

国际商务是指为满足个人或组织的需求而进行的跨境交易活动，其核心在于跨境交易，而多国背景下的数字化平台作为全球数字贸易的载体，是一个具有跨国外部性的数字化交易平台。它能够基于信息化、网络化、数字化、智能化技术，以连接创造价值为理念，以开放的生态系统为载体，依托网络效应进行价值的创造、增值、转换与实现，促进交易和服务的一体化，最终实现"卖全球"和"买全球"的目标。

多国背景下的数字化平台能够承担国际商务运作过程中的核心内容，并且解决国际商务中原有的低效率、高成本等问题，给国际商务的发展带来新的生机。数字化平台将更大程度地利用客户信息，重塑用户与生产者的互动，通过将实体经济与虚拟经济、线上与线下有机融合，实现数字产品、交易、营销等数据的共融互通，加快商业运作的节奏，缩短企业与客户之间的距离。跨境数字化平台颠覆了传统跨境贸易的运作方式，解决了企业在贸易链条中可能遇到的流程不透明、环节多、成本高、报关烦琐等问题，打造集产品展示、在线交易、关检、物流、支付、服务于一体的全平台、线上化外贸闭环模式，打破了传统跨境贸易平台的贸易壁垒，为全球贸易的发展带来更多机会。具体来看，数字化平台对国际商务运作过程的影响可以分为三个层次。

1. 影响跨境交易的前期阶段

数字化平台能够影响跨境交易的前期阶段，即宣传、市场调研和信息搜集阶段。数字化平台作为各方数据的中枢，用户可以借助这样的平台直接获取所需信息，比如卖方通过电商平台就可以直接获得诸多有关消费市场的有用信息，商家则可以基于这些信息更加科学合理地选择经营策略。在这样的模式下，国际商务的主体在进行跨境交易时就可以减少寻找和筛选与自身需求相匹配的产品的时间和精力，使用户能够更精准地进行对接，提高跨境交易的效率。同时数字化平台也克服了传统国际商务过程中线下投放广告，成本高、效果差的弊端。通过数字化平台在线上进行宣传，不仅能够扩大宣传范围、降低宣传成本，更能提高宣传的针对性和交易的成交率。此外，其线上用户交易后自发的交流分享也能进一步地增强宣传的效果。跨境电商平台可以通过在售后评价系统上分享消费者的用户体验来形成自身的口碑。以往消费者的好评累积给卖方带来了免费且效果更好的宣传。由此可见，数字化平台能够优化国际商务运作过程的前期准备阶段。

2. 影响跨境交易的中期阶段

数字化平台能够影响跨境交易的中期阶段，即沟通和签订合同阶段。借助数字化平台的国际商务活动不再像传统跨境交易那样需要面对面磋商，交易双方通过数字化平台就可完成即时沟通与协商，从而使交易主体在节省大量人力物力的同时，减少可能的风险损失。在这样的数字化模式下，买卖双方可以进行"多对多"的沟通，突破时间和空间的限制，大大扩大了交易对象的范围。而在合同签订方面，依靠数字化平台的国际商务模式也更加简单快捷。传统的国际商务活动一般采取面对面的方式逐个签约，往往订单量较大，签约成本也较高。而在数字化的模式下，数字化平台能够给交易双方提供标准化的网上下单程序，步骤简单且签约标准相对较低。同时，随着电子数据交换技术的推广，无纸化的时代正在到来，从而大大节约了国际商务合同订立阶段的成本。跨境电商模式使得生产厂商与最终用户直接订立合同成为可能，而传统贸易下由于多级贸易中介的存在，可能需要经过多次的签约，这个过程中产生的累计交易成本会远高于跨境电商模式下的同类成本。由此可见，数字化平台能够优化国际商务运作过程的中期沟通阶段。

3. 影响跨境交易的后期阶段

数字化平台能够影响跨境交易的后期阶段，即交付和客户服务阶段。在交付阶段，传统国际商务活动中小订单的交付成本相对较高，这在一定程度上也提高了中小型企业进入出口市场的门槛。而数字化平台恰好弥补了这一缺陷，基于其集成化的服务优势，平台能够提供国际快递、海外仓储配送、海运和空运等多个物流选择，为中小企业提供更多的发展机遇。从订单管理成本来看，基于互联网与物联网的相关技术，跨境数字化平台提供的订单管理系统能够使交易双方实时掌握付款、物流配送等情况，使得整个交易过程更加公开透明，同时交易双方也能及时就合同执行过程中出现的各种问题进行沟通与处理。而在客户服务和售后反馈方面，在跨境数字化平台，卖方可以借助互联网通信技术及时有效地接收到用户在使用商品或接受服务后的反馈，并安排专门的人员解决问题，这相较于传统国际商务活动而言，能够缩短解决问题的时间，拉近与客户的距离，提高售后服务效率。由此可见，数字化平台能够优化国际商务运作过程的后期交付阶段。

多国背景下的数字化平台也大大提高了全社会的资源配置效率，催生出了诸多新业态与新企业，形成了新的经济增长点，改善了用户体验，增加了大量就业岗位，繁荣了各类市场，促进了国际商务的进一步发展。数字化平台重塑了全球价值链，进一步地优化了全球的资源配置。在国际商务活动中，传统价值链通常将供给和需求分离，生产由整合企业的线性供应链组成，在国际商务活动中，每个跨国公司都为消费者私人效用的获取提供附加值。但是在平台经济中，这已经不再适用，新的经济模式作为一个反馈回路以循环方式运作，其中数据和互动成为主要的资源和价值来源。国际商务的发展迎来了新转机。综上所述，数字化平台能够给国际商务的发展带来新的机遇，并且也能够承担国际商务运行过程中的核心角色。

目前，世界各国积极发展数字化平台，通过数字化平台融入全球价值链，享受数字贸易带来的经济全球化的便利与商机。而在全球背景下，当数字化平台在国际商务领域的应用进一步加深、规模进一步扩大时，平台自身的跨国网络外部性又会给数字化平台带来正向的反馈，即跨境用户数量越多，数字化平台的价值越大，发展前景越好。因此，在跨境数字化平台快速发展的当下，国际商务的运作核心向具有跨国外部性的数字化平台转移已经成为一种必然的趋势。全球正在发展一个集货物贸易、服务贸易、技术贸易、文化贸易等于一体的全球数字贸易平台，以此来实现数字品牌展示、数字产品交易、数字贸易服务等多种功能，拓展出国际商务新形态、全球数字贸易平台新格局。

11.3　多国背景下网络外部性对国际商务平台企业的影响

在数字经济时代，互联网、5G 等技术得到了快速发展，数字化平台作为数字经济的重要组成部分，在国际商务中的应用也日益频繁，国际商务的运作核心正在迭代为具有跨国外部性的数字化平台。而在全球背景下，数字化平台的固有特征——网络外部性——也体现出了前所未有的重要性。在多国背景下，数字化平台的网络外部性往往是跨越国界的，即跨境买家数量对数字化平台的价值起着至关重要的决定性作用。一方面，从需求端的规模效应来看，当跨境用户对数字化平台的接受程度以及相关互补性平台的支持度越高时，数字化平台的价值越大，其在国际商务中可承担的角色越多，对国际商务活动的影响也越大；另一方面，跨国用户数量的增加也会对跨国互补平台产生影响，当跨国互补平台增多时，数字化平台体系进一步完善，数字化平台产品或服务的价格就会下降，从而使跨国用户能从原有的数字化平台中获取更高的经济效益，原有平台对其跨国用户的价值进一步上升，使其能够吸引更多的用户，实现规模的不断扩大，形成一种良性循环。由此可见，数字化平台的跨国网络外部性决定了平台企业的竞争表现和用户结构。

对于不同阶段的平台企业，跨国网络外部性的影响有着不同的表现形式。对于国际商务活动中的初创平台企业而言，进入市场后平台用户的规模大小决定了它是否能在竞争市场中站稳脚跟。对于国际商务活动中处于成长期的企业而言，企业能否通过提高产品质量、降低价格等策略来扩大用户规模，形成正向的跨国外部性，成为其能否巩固并提高自身行业地位的关键。对于国际商务活动中的成熟企业而言，利用好跨国网络外部性，采取新的竞争策略、定价策略和技术创新来维持客户黏性甚至增加自身利润，加强网络外部性的强度巩固竞争优势，最终成为行业垄断企业或者寡头企业，是其经营决策的主要目标。而对于国际商务活动中的寡头或者垄断企业而言，如何利用存量用户规模产生的更加强大的网络外部性，从而进行跨界多元化经营、完善平台的生态圈成为其发展的重中之重。在国际商务中，无论是新型的数字化平台企业还是已经占据了较大市场的成熟平台企业，跨国网络外部性都是决定其发展的一个关键性因素，对企业的经营战略和竞争表现起着举足轻重的作用。

11.3.1　对平台企业经营战略的影响

在全球贸易竞争如此激烈的情况下，企业的经营战略决定了其能否在国际市场上存活。而数字化平台的跨国网络外部性决定了企业必须采取以用户为中心的经营策略。在国际市场中，企业需要不断挖掘新客户，增加客户黏性，扩大客户规模，形成以经验为基础的成本效益和区位效益，转移企业内的特殊竞争力，同时注意当地市场的需要。无论是采取全球化战略还是本土化战略，用户都是国际商务平台企业立足全球市场的根本。因而网络外部性对平台企业经营战略的制定起着至关重要的作用，具体表现为三个方面，分别是影响平台企业的国际化进程、影响平台企业海外市场的进入顺序、影响平台企业的用户结构。

1. 影响平台企业的国际化进程

由于互联网的开放性及数字经济的全球化特点，很多数字化平台天然具有全球化的基因。在全球范围内，国际商务企业的国际化不再仅仅取决于企业本身的市场承诺，而是更多地取决于电商企业是否实施了为用户之间的集体互动提供平台的价值创造活动，并通过这些价值创造的活动缓和"外部劣势"。一方面，数字经济的跨地域限制使得平台竞争的范围往往涉及全球市场；另一方面，平台发展本身也关系到各国数字经济的全球竞争力，这就要求各国监管机构必须加强合作与执法协调。在全球背景下，由于数字化平台的固有特征——网络外部性——的作用，国际商务中的平台企业需要不断扩大客户规模、挖掘有效客户，才能实现其自身的不断发展，在竞争中得以立足。因此，平台企业往往会加快其国际化进程，试图在全球市场吸引更多的用户，加速向海外扩张，形成网络效应，从而进一步寻求网络外部性的红利，推动平台企业的深度发展。平台企业跨国经营规模越大、跨国用户越多，就说明平台的网络价值越高，商业机会也越多。同时，收益也会呈加速增长趋势，从而企业的国际化进程就会进一步地加快，直至实现向全球的扩张。

而这样的一种影响也势必会造成国际商务中平台企业的饱和，产生负的网络效应，进而使企业放缓其海外扩张的脚步。万事万物都有一个度，当数字化平台企业过度扩张时，其在全球所能吸收到的用户质量就会下降，即用户的属性并不能和平台中其他用户的需求相匹配，这个时候用户数量的增加和平台规模的扩大仅代表了用户基数的增长，而并不会产生正向的网络效应。相反，用户数量过多会造成平台企业数据冗杂、信息重复等问题，大大降低企业的运营效率，增加企业的管理成本，甚至可能影响原有用户的体验感受。因此，当遇到这样的困境时，企业就需要放缓国际化的脚步，将更多的精力放在用户的筛选和鉴别上，选择真正能够给平台带来正向效益的人群，真正发挥跨国网络外部性的作用。

所以，从跨国网络外部性对平台企业国际化进程的影响来看，其影响是相对有限的。在国际商务中，平台企业可能会加快国际化进程来巩固其市场地位，但是不会为了追求网络外部性的红利而忽视企业的成本和损失，一味地进行海外扩张。

2. 影响平台企业海外市场的进入顺序

由于跨国网络外部性的影响，在网络外部性范围内符合其用户特征的国家和地区成为平台企业优先考虑的市场。不同的地理区域有不同的消费群体，他们拥有不同的生活习惯和不同的消费需求。对平台企业而言，基于其自身的跨国网络外部性和对互联网等技术的需要，一般更偏好于人口基数大且经济发展较快、基础设施建设更为完善的国家。

以北美洲的美国为例，美国作为一个发达国家，在全球范围内，人口排名第三，是第一经济大国，有高度发达的现代市场经济，其国内生产总值和对外贸易额均居世界首位。同时，美国也是与中国经济交往非常频繁的一个国家，其对中国产品的需求相对较大。对于国际商务领域的平台企业来说，美国的企业、消费群体和经济发展水平满足了平台企业对用户数量、基础设施建设的需求，进入美国市场能够给平台企业带来正向的网络效应，在扩大企业规模的同时，还能满足平台用户的需求，提升平台企业的总体价值。而一些欠发达地区的消费群体，可能基于其自身技术水平的限制以及消费层次的脱节，无法成为数字化平台的用户，也无法实现平台的跨国网络外部性。

因此，从跨国网络外部性对平台企业海外市场进入顺序的影响来看，平台企业往往会选择优先进入人口基数大、技术水平较高、需求层次较高的市场。然后再考虑选择性地进入一些人口较少、需求层次较低的国家。

3. 影响平台企业的用户结构

在多国背景下的网络外部性，决定了平台企业非位置约束型的用户结构。无论是国内用户还是国外用户，都能够通过数字化平台直接实现跨境交易。数字化平台的交易双方不再拘泥于时空的限制，能够通过数字化平台直接实现需求匹配、产品交易、沟通协商、服务支持等对接活动。大规模的用户可以产生较高的交叉网络外部性，给每个使用的用户带来更高的使用效用，进而用户会提高支付意愿。同样，拥有更多用户的平台也将在平台竞争过程中更具优势，因而平台在定价决策中关心的首要问题是用户的获取和留存，互联网平台经济中，平台厂商的竞争大多是围绕如何获得更多的用户而进行的。对于平台企业而言，它的用户是全球市场范围内的，而不是某一特定国家或是地区的。在国际商务的多国背景下，企业能够获取的有效用户越多，意味着企业在全球市场中立足的可能性越大，企业的竞争能力也越强。

对比传统国际商务活动中的企业来看，数字化平台企业的受众更广且进入门槛更低。不同国家和地区、不同需求的用户，都可以通过数字化平台来实现跨境交易。而这样非位置约束性的用户结构，也意味着平台企业需要花费更多的时间和精力来满足不同用户的异质性需求。平台需要保持更新换代的能力，从用户体验的角度升级平台，以此来增加非位置约束性的用户的使用黏性，同时也吸引更多新的有效用户的加入。

因此，从跨国网络外部性对平台企业用户结构的影响来看，平台企业的用户结构往往是非位置约束型的。企业需要采取相应的战略措施来应对多样化、异质化需求，从而保持跨国网络外部性的正向效益。

11.3.2　对平台企业竞争表现的影响

在全球步入数字经济时代的今天，国际竞争主体不再局限于传统的实体平台，数字化平台正在成为市场竞争的重要主体。而在国际商务活动中，数字化平台的跨国网络外部性决定了不同平台间的竞争不仅仅是争夺用户、扩大市场规模的竞争，还在于更广泛意义上争夺消费者有限的注意力和向商家、开发者提供足够的关注度。不同数字化平台竞争优势的建立不局限于特定的产品或服务层面，而是更多地依靠通过高频度的创新来争夺稀缺的用户时间资源并将这些资源快速变现的能力。具体来看，跨国网络外部性对国际商务活动中平台企业的影响表现在三个方面，分别是影响平台企业的价格策略、影响平台企业的资源获取能力、影响平台企业的竞争模式。

1. 影响平台企业的价格策略

在国际商务中，数字化平台的跨国网络外部性会促使企业不断扩大规模，吸引国际市场中更多的参与者，而这一特征在让平台企业不断扩张的同时，也对平台企业的价格产生了影响。当平台用户数量不断增多、互补性平台建设不断完善时，平台平均使用成本的分母就会变大，平台中单个用户分担的成本得以降低。所以对于平台企业而言，企业的价格优势需要依靠用户和相关互补性平台来实现。具体来看，全球数字化平台两侧消费者和商家的价格水平总是与同侧用户的数量呈正相关关系，与另一侧用户的数量呈负相关关系。如果同侧用户的数量增加、需求增加，那么相应的平台价格水平就会上升；而当另一侧用户的数量增加、供给增加时，相应的平台价格水平就会下降。企业最优的生产行为是在市场需求的范围内尽可能多地生产。生产的规模越大，其单位平均成本就越低，可以获得的利润就越高。交通网络、通信、城市管网等行业就具有这样的特征，提供的服务越多，平均成本就越低。

所以，从跨国网络外部性对平台企业资源获取能力的影响来看，跨国网络外部性的正向效应有助于企业形成价格优势，但是平台企业要想维持这样的优势，必须加强平台质量建设，提高数字化平台的匹配效率，实施广告、物流、金融等多元化平台经营模式，进而提高平台吸引力，增加用户黏性，提高企业对消费者的议价能力。

2. 影响平台企业的资源获取能力

多国背景下，跨国网络外部性对平台企业获取资源的能力也有较大的影响，其影响主要分为两个方面。一方面，数字化平台通过对多边市场的整合，能够获得更多的平台资源，主要包括国际上相关互补型平台的支持、优秀且富有创新精神的人才以及先进的技术和管理经验等。数字化平台企业通过在全球范围内的资源整合，集合多边用户，实现平台网络效应的强化，进而提升企业自身国际市场的竞争实力。

而另一方面，数据作为数字经济时代一种不可或缺的资源，在具有跨国外部性的数字化平台中也得到了很好的体现。在传统国际商务活动中，竞争主要围绕产品价格展开，而在数字经济中，数据资源在竞争中的关键作用不断凸显。对于平台企业而言，数据不仅是它的产品，也是它的一种策略性资源。而跨国外部性使得数字化平台企业在扩大市场规模的同时，也能够在全球市场上进行大规模的数据收集、分析和使用，进而给用户带去更好的使用体验。在国际商务领域，一些领先的大平台大多拥有用户数据或交易数据方面的绝对优势。在获取了数据资源的情况下，平台企业能够更加精准地了解用户的偏好，捕获用户的需求，实现更具针对性的用户匹配。但是在企业获取数据资源的同时，用户的数据安全或隐私保护问题也会给平台企业带来新的挑战。

所以，从跨国网络外部性对平台企业资源获取能力的影响来看，跨国网络外部性能够促使企业不断进行规模扩张，使其在全球市场中寻求更多的经营性资源和数据资源，形成自身的竞争优势。但是在获取资源的同时，其对平台的资源处理能力也提出了进一步的要求。

3. 影响平台企业的竞争模式

由于平台企业依赖平台用户的需求和数量的特性，部分先导企业容易占据优势，形成垄断。对消费者而言，如果某种产品在市场中占统治地位并产生了网络效应，那么消费者可能会失去自由选择产品的权利而被迫选择该产品，即使该产品的质量不是最好的，因为放弃选择该产品将会带来更多的不便，诸如兼容问题、产品相关服务问题等。而对参与竞争的厂商而言，它们可以充分利用网络外部性的特点，努力扩大使用其产品的用户规模，而非只着眼于产品的质量，一旦行业内某家厂商的产品出现了网络效应，就可能导致竞争机制的扭曲，其他厂商的产品质量再好、价格再合理也可能无人问津。随着网络外部性内涵的演进，企业竞争策略也进行了相应调整。在直接网络外部性下，企业的关键竞争要素是网络规模。此时，企业通过兼容选择与建立技术标准竞争战略扩大网络规模，使其达到临界值以产生网络效应正反馈。在间接网络效应下，消费者所获得的效用并不直接依赖于该产品的网络规模，而是间接依赖于其互补品的种类与数量。

在全球市场中，如果一家平台企业有能力将自己的产品标准化，并成为市场的主流产品，那么该产品的价值就会提高，使用的人就会增多。当它成为行业标准后，其他新加入的企业必须接入它制定的标准才能为用户提供服务。网络效应有一个非常重要的概念叫"临界容量"，也就是一旦规模达到一个阈值，后期就会产生极速的扩张，进而形成垄断地位。如果市场中有两个竞争对手，其中一个跨越了"临界容量"，另外一个没有跨越，那么后者哪怕质量再好，因为规模过小就没办法吸引消费者进入该网络。反过来，因为没有用户愿意加入这个网络，则这个预期的网络规模将会更小，形成一种恶性循环。

所以，从跨国网络外部性对平台企业竞争模式的影响来看，跨国网络外部性可能会导致次优平台占领市场，使得市场无法达到传统经济学中的一般均衡，造成市场竞争的低效率。对新加入的平台企业来说，其可占据的市场份额受限，市场机遇较小，无法与一些龙头企业竞争。对已有的大规模平台企业而言，当它们占据垄断地位后，企业会丧失创新动力，也会出现低效率甚至发展停滞等困境。不管从哪一方的角度来看，这样的一种竞争模式都不利于平台用户的效益最大化。

11.4　国际商务运作核心的转变对我国相关企业的启示

数字化平台已经渗透到国际商务的各个方面，国际商务的运作核心正在迭代为具有跨国外部性的数字化平台。在这样的新变化下，我国跨国公司作为国际商务中的重要参与者，必须紧跟时代的潮流，抓住时代机遇，率先进行转型升级，以保持其在全球市场上的竞争优势。

11.4.1　加快数字化转型，学习核心技术

数字化的软硬件基础设施作为数字化平台的核心，其配备情况决定了企业能否进行数字化转型升级。在互联网、云计算、大数据和人工智能方面的技术快速发展的今天，各种开源产品层出不穷，企业要想在国际市场上站稳脚跟，就必须及时跟上互联网发展的步伐，消化吸收新的技术，并应用到项目实践中。当前，我国虽然已经出现了大批在国际商务领域领先的平台企业，但其对核心技术，比如 5G、区块链等技术的掌握，较西方发达国家企业仍有较大差距。而技术水平的受限，也阻碍了我国在国际市场中竞争优势的树立。在跨国网络外部性的影响下，当掌握了核心技术的他国企业率先占据了国际市场时，跨国用户对我国平台企业的接受程度就会降低，企业难以打开相应的用户市场。因此，我国企业必须加速数字化转型，学习核心技术，加大研发投入，将数字化技术与传统基础设施不断融合，形成高效、智能、便捷的数字化基础设施，打造新型数字化平台，率先抢占市场，构建跨国消费网络，增加用户黏性，发挥跨国网络外部性的正向作用，引领数字化时代的发展。

11.4.2　以用户为中心，构建跨国用户网络

国际商务的运作核心正在迭代为具有跨国外部性的数字化平台，对于企业而言，用户成为影响企业竞争力的一大关键因素。所以，我国的国际商务企业需要

更加重视用户的作用。一方面,以用户为中心,准确把握用户需求。在传统模式下,国际商务企业往往从企业本身出发,不同产品的营销服务通常自成体系。但是在数字经济下,企业需要以客户为中心,对同一目标客户群体,采用同样的渠道触点,通过数字化平台进行数据收集、分析并推荐最优产品,采用统一的服务体系,统一客户体验,提高企业资源利用效率。另一方面,企业需要在国际市场范围内,寻找和吸引更多的有效用户,构建专属的跨国用户网络,通过跨国数字化平台的网络效应,在国际市场中立足。

11.4.3　以动态视角看市场,形成敏捷的反应能力

数字化时代,国际商务企业需要具备敏捷的反应能力,把握全球范围内客户和市场的迅速变化,不能再以传统经济下的静态视角看待数字经济中的动态市场。数字化平台在国际商务领域的使用,使得国际商务活动中的市场交易边界相对模糊,进入门槛降低,市场优势地位的获得相对短暂。在国际市场中,领先的市场份额并不能说明数字化平台持久的市场力量。要想成为成功的数字化平台,绝不能仅依靠优势地位而避免竞争,因为新的对手随时可能从意想不到的地方出现,比如一些新创企业,又或者是产业生态链上的互补平台。所以,对于我国国际商务企业而言,要想在新发展趋势下长久地占据市场,必须以动态的眼光来看待市场,从用户出发,不断优化更新自身的平台,对用户和市场的迅速变化采取敏捷且高效的应对措施。

11.4.4　正确利用跨国网络外部性的正向效应

多国背景下,跨国网络外部性对数字化平台的影响日益显著,但是网络效应往往具有多面性,企业需要客观地看待跨国网络外部性。在数字经济领域,网络外部性既有正向的,也有负向的。对于搜索引擎平台而言,过多的用户接入也可能造成网络拥堵、搜索成本增加和平台碎片化等问题。成功的数字化平台往往会通过一些限制性手段或自定义规则去平衡各种平台参与者的利益,最小化其负面的外部效应。因此,我国企业应该正确看待跨国网络外部性的影响,及时调整企业的经营战略,筛选国际市场中符合平台发展需求的有效客户,而不是一味地追

求跨国网络外部性的红利，盲目扩展海外市场，增加平台用户。

11.5　结　论

在全球进入数字化时代的大背景下，本书基于大量的事实依据，剖析了国际商务运作核心的新变化。随着大量传统企业的转型和新型平台企业的出现，数字化平台已经渗透到了国际商务的各个方面，并影响着国际商务的主要环节。具有跨国外部性的数字化平台为国际商务中原有的低效率、高成本等问题提出了新的解决方案，给国际商务的发展带来了新的生机。同时，在多国背景下，跨国网络外部性作为平台企业的一个基本特征，其重要性也日益凸显。随着大数据、云计算等技术的应用，越来越多的跨国用户选择使用数字化平台进行跨境交易，而在网络效应的作用下，数字化平台在全球市场中的规模进一步扩大，其在国际商务领域的应用也会进一步加深。跨国网络外部性成为影响企业竞争策略的关键因素，不仅影响着企业的竞争表现，还影响着企业的经营战略。数字化平台的网络外部性不容忽视。由此可见，具有跨国外部性的数字化平台正在影响着国际商务的方方面面，并且正在迭代为数字经济时代国际商务的运作核心。

参考文献

陈超凡，刘浩，2018. 全球数字贸易发展态势、限制因素及中国对策［J］. 理论学刊（5）：48-55.

丁一珊，李寿德，2019. 网络外部性条件下企业产品创新与商誉动态控制［J］. 系统管理学报（5）：883-888.

杜创，2019. 网络外部性、临界容量与中国互联网普及进程研究［J］. 社会科学战线（6）：101-110.

韩京伟，逄宗玉，殷翔宇，2017. 基于多边市场理论的物流平台演化逻辑［J］. 中国流通经济（12）：24-32.

鞠雪楠，赵宣凯，孙宝文，2020. 跨境电商平台克服了哪些贸易成本？——来自"敦煌网"数据的经验证据［J］. 经济研究（2）：181-196.

李兵，李柔，2017. 互联网与企业出口：来自中国工业企业的微观经验证据[J]. 世界经济（7）：102-125.

李凌慧，曹淑艳，2017. B2C 跨境电子商务消费者购买决策影响因素研究[J]. 国际商务（对外经济贸易大学学报）（1）：151-160.

马述忠，房超，梁银锋，2018. 数字贸易及其时代价值与研究展望[J]. 国际贸易问题（10）：16-30.

马述忠，郭继文，贺歌，2020. 跨境电商助推外贸转型[J]. 中国外汇（10）：18-20.

马述忠，郭继文，张洪胜，2019. 跨境电商的贸易成本降低效应：机理与实证[J]. 国际经贸探索（5）：69-85.

马述忠，潘钢健，2020. 从跨境电子商务到全球数字贸易：新冠肺炎疫情全球大流行下的再审视[J]. 湖北大学学报（哲学社会科学版）（5）：119-132，169.

单姗，2017. 交叉网络外部性与平台竞争的模拟分析[J]. 统计与决策（10）：63-65.

陶涛，郭宇宸，2016. 跨境电商平台作为新型贸易中间商的理论基础与现实发展[J]. 新视野（2）：92-98.

汪旭晖，张其林，2016. 平台型电商企业的温室管理模式研究——基于阿里巴巴集团旗下平台型网络市场的案例[J]. 中国工业经济（11）：108-125.

王法涛，2019. 演化视角下电子商务多边平台网络效应及竞争策略选择[J]. 中国流通经济（11）：54-64.

王节祥，王雅敏，贺锦江，2020. 平台战略内核：网络效应概念演进、测度方式与研究前沿[J]. 科技进步与对策（7）：152-160.

吴立凡，付宇，2020. 网络外部性条件下传统企业混合兼并行为分析[J]. 统计与决策（8）：180-184.

吴绪亮，刘雅甜，2017. 平台间网络外部性与平台竞争策略[J]. 经济与管理研究（1）：72-83.

岳云嵩，李兵，李柔，2017. 互联网对企业进口的影响——来自中国制造业企业的经验分析[J]. 国际经贸探索（3）：57-69.

张小瑜，李晓依，肖新艳，等，2020. 国内国际双循环背景下中国出现新一轮商家入驻电商平台大潮——阿里巴巴例证[J]. 中国经贸导刊（17）：16-19.

中国信息通信研究院，2020. 全球数字经济新图景（2020 年）——大变局下的可持续发展新动能[R/OL]．（2020-10-14）[2020-11-20]. http://dsj. guizhou.gov.cn/xwzx/gnyw/202010/P020201027531667675294.pdf.

中国信息通信研究院，2020. 中国数字经济发展白皮书（2020 年）[R/OL]．（2020-07-02）[2020-11-20]. http://www.caict.ac.cn/kxyj/qwfb/bps/202007/t20200702_285535.htm.

Brynjolfsson E, Hui X, Liu M, 2019. Does machine translation affect international trade？ Evidence from a large digital platform[J]. Management Science, 65（12）：5449-5460.

Fan L, Zhang L, 2020. Strategic analysis of e-book pricing models in the presence of network externalities[J]. European Journal of International Management, 1（1）：1.

Halaburda H, Jullien B, Yehezkel Y, 2020. Dynamic competition with network externalities: How history matters[J]. The RAND Journal of Economics, 51（1）：3-31.

Hao S, Duan L, 2020. Economics of age of information management under network externalities[J]. IEEE Journal on Selected Areas in Communications, 38（4）：697-710.

Heinrich T, 2018. Network externalities and compatibility among standards: A replicator dynamics and simulation analysis[J]. Computational Economics, 52（3）：809-837.

Jacobides M G, Cennamo C, Gawer A, 2019. Towards a theory of ecosystems[J]. Strategic Management Journal, 39（8）：2255-2276.

Katz M L, Shapiro C, 1985. Network externalities, competition, and compatibility[J]. The American Economic Review, 75（3）：424-440.

Lee J, Lee J, Lee H, 2003. Exploration and exploitation in the presence of network externalities[J]. Management Science, 49（4）：553-570.

Li J, 2014. Protecting the tax base in the digital economy[Z]. Papers on Selected Topics in Protecting, Draft Paper No. 9.

Ma S, Guo J, Zhang H, 2019. Policy analysis and development evaluation of digital trade: An international comparison [J]. China & World Economy, 27 (3): 49-75.

Parker G G, Van Alstyne M W, Choudary S P, 2016. Platform Revolution [M]. New York: Norton & Company.

Paul K, 1987. Markets with consumer switching costs [J]. The Quarterly Journal of Economics, 102 (2): 375-394.

Sarkar S, Khare A, 2019. Influence of expectation confirmation, network externalities, and flow on use of mobile shopping apps [J]. International Journal of Human-Computer Interaction, 35 (16): 1449-1460.

UNCTAD, 2019. Digital economy report 2019 [R/OL]. (2019-08-07) [2020-11-20]. https://unctad.org/webflyer/digital-economy-report-2019.

Viswanathan S, 2005. Competing across technology-differentiated channels: The impact of network externalities and switching costs [J]. Management Science, 51 (3): 483-496.

Xiao L, Fu B, Liu W, 2018. Understanding consumer repurchase intention on O2O platforms: An integrated model of network externalities and trust transfer theory [J]. Service Business, 12 (4): 731-756.

Zhang M, Lee J, 2019. Consumer experience and adoption intention of internet of things services: The impact of network externalities [J]. Journal of Digital Convergence, 17 (10): 177-186.

Zhou J, Xu R, 2020. Firms' strategic pricing and network externalities [J]. Mathematical Problems in Engineering, 2020: 1-11.

第 12 章
消费者正在参与数字经济时代国际商务的价值共创

12.1 引导案例

苹果：以消费者体验为中心

从"iPod + iTunes"模式的成功中，苹果看到了基于终端的内容服务市场的巨大潜力，萌生从电子产品生产商向数字生活解决方案提供商转变的意愿。2007 年 1 月，苹果电脑公司更名为苹果公司，融合消费电子产品成为苹果新战略中的重点。苹果公司这样描述它的新战略："公司聚焦于为客户（包括消费者、中小企业、教育界、企业、政府和创意客户）提供创新产品和解决方案，从而很好地优化他们不断演进的数字生活方式和工作环境。"显然，数码生活不会停留在音乐上，2007 年，苹果公司进军移动通信产业，再次成就了一款明星级便携数码产品——iPhone。沿用"iPod + iTunes"的模式，在苹果公司推出 iPhone 之后不久，新的应用软件平台 App Store 诞生。App Store 是专门针对 iPhone 用户推出的手机应用软件下载商店；与 iTunes 不同的是，App Store 不再是由苹果公司完全控制的全封闭式平台，而是典型的"C2C"模式。任何对手机软件开发有兴趣的个人和公司都可以将自己的产品发布到平台上供用户下载。App Store 只为软件开发商提供技术、营销支持，而不会对其进行任何门槛限制，也不参与价格制定。而对用户来说，通过 iPhone 内嵌的下载平台（App Store + iTunes Store），不仅可以充分享受音乐、影视娱乐和软件服务，而且延续了 iTunes 时代方便与物美价廉的消费体验。

苹果公司已将数字生活深度融入视频、游戏、在线出版和在线广告等产业领域。苹果公司始终坚持提供出众的、很好整合的数字生活解决方案的基本定位。

数字生活的核心是使个人能通过一个终端设备，便利地获取和管理被联网的、个性化的资源。为此，苹果公司首先控制着数码中枢终端设备的设计和开发，包括 iMac、iPod、iPhone、iPad、Apple TV 等；每一次的终端创新和升级都使苹果的数码业务得以拓展。为配合产品升级和业务拓展，苹果公司不断设计和开发出应用功能集成度很高的软件平台，包括 iTunes、App Store、iBooks、iMove、iAd 等，这些平台同时还具有数字商店的功能。无论是终端设备还是软件平台，苹果公司都坚持利用它独特的能力达到卓越的容易使用（ease-of-use）、无缝整合（seamless integration）、创新工业设计（innovative industrial design）的效果，给予顾客与众不同的体验。不仅如此，为了强化顾客体验和充分发挥其在价值创造上的作用，苹果公司还不断拓展和提升它的自营零售店，以保持与顾客的亲密接触。与过去的战略不同，苹果公司在坚持整合数字生活解决方案提供商定位的同时，积极构建硬件和软件平台，将第三方机构连接起来共同构建价值网络，包括提供存储硬件的三星、提供电子产品代工的富士康、提供附件（如 iCase）的生产商、应用软件开发群体、书籍出版商、通信服务提供商、广告提供商等。随着顾客和第三方机构的不断加入，苹果公司构建的数字生活价值网络的网络效应将会越发显现。

在互联网商务时代，消费者参与价值创造已经取代了原本企业主导的模式，如何更好地满足消费者的需求成为企业最关键的问题。苹果在发展历程中，也始终以顾客体验为中心，开发设计出一系列的新兴战略，提供数字生活解决方案。这一案例也能充分地展现出，在数字经济时代，消费者参与国际商务的价值共创，并且发挥越来越重要的作用。

12.2　价值共创的概述

价值创造过程中，不同的主体会对价值创造形式产生不同的认识。传统的价值创造观点认为，价值由企业创造，通过交换传递给消费者。消费者不是价值的创造者，而是价值的使用者或消费者。生产者是唯一的价值创造者，而消费者则是纯粹的价值消耗者。但随着时代的进步和环境的变化，消费者的角色发生了很大转变，消费者不再是消极的购买者，而已经转变为积极的参与者。根据价值共创理论，生产者不再是唯一的价值创造者，消费者也不再是纯粹的价值消耗者，而是与生产者互动的价值共创者。从企业的战略和营销目的来看，"价值创造是使消费者（或用户）在某些方面变得更好"（Grönroos，2008）或者说"增加消费者收益"（Lusch et al.，2008）的过程。

根据价值创造中的创造主体及其贡献度，价值创造在发展进程中展现出三种不同的方式。在价值创造方式的演进过程中，价值共创的思想被提出并且不断地丰富完善。消费者的参与正逐步改变以企业为核心的单向资源利用逻辑，消费者拥有的个人资源难以被企业完全获取和支配，需要通过彼此的资源交互来实现价值共创。在如今的互联网商务时代，随着消费者的主动权不断增强，原本由企业主导的模式也将被价值共创的模式所取代。因此，企业必须从"以企业为主导"的单边范式向"企业—消费者合作"的交互范式转变。

12.2.1　价值创造方式的演变

1. 商品主导逻辑：以企业为主导

这是一种传统的理论观点，顾客被认为是和企业分离的个体，生产者单独创造价值，即一种工业社会商品主导逻辑（good dominant logic）下的价值创造方式（Lusch，Vargo，2004）。以企业和生产者为主导来进行价值创造的逻辑植根于传统经济学理论，实质在于将生产者视为整个营销活动的中心。在这种逻辑下，价值创造观点认为，企业是价值创造的主体，通过交换行为，企业将价值转移给消费者。所以这种价值是交换价值，是价值创造的核心，是属于生产领域的价值创造（Lanier，Hampton，2008）。在商品主导逻辑下，生产者作为价值的唯一创造者，整合各种资源自主决定价值创造，生产者提供的产品或服务就成了价值创造的载体，实现产品或服务的交换价值是生产者所关注的核心利益；对生产者而言，消费者只代表市场需求，是企业服务的目标群体，消费者通过市场交换来获取自己所需的产品和服务，并在消费过程中消耗或"毁灭"价值。价值的创造被这样定义：企业为了满足其目标消费者在产品、服务上的需要所进行的一系列生产、销售、推广等经营活动及其相关的成本结构。

消费者是价值的被动接受者，所以被排除在价值创造过程之外。在生产者单独创造价值的模式下，价值在交换之前已经由生产者创造，并固化在产品和服务上，市场交换是价值得以实现的唯一途径，生产与消费是两个相对独立的过程，生产者与消费者之间泾渭分明，两者只是在市场交换中进行交互。在企业主导的大环境下，企业的策略和营销手段等的实施推动了消费者的创新。市场中出现的新兴产业、企业推出的新兴产品等，都会给消费者带来新鲜的体验。从企业主导出发，改变消费者的习惯，使消费者产生新的需求。

2. 服务主导逻辑：生产者和消费者共同创造价值

基于商品主导逻辑的价值共创理论随着时间的推移逐渐发展为基于服务主导逻辑（service dominant logic）的价值共创。企业由价值创造的主导者变成了共同参与者，消费者在价值共创过程中的地位得到提升，掌握了一定的主动权。

在生产者与消费者共同创造价值的模式下，消费者变得日益活跃，逐步涉入价值创造过程，在产品和服务的设计、生产和消费过程中与生产者进行互动和合作，进而对价值创造产生影响（Sheth et al., 2000）。于是，生产者的价值创造系统就演化为一种开放系统，消费者作为一种重要的操纵性资源（operant resource）参与到价值创造过程中，与生产者一起成为价值的创造者（Lusch, Vargo, 2004; Prahalad, Ramaswamy, 2004）。

Lusch 和 Vargo（2004）提出服务主导逻辑，对服务进行了重新定义，认为服务是"企业为了自身和其他主体的利益，运用各种专用能力（包括知识和技能）而进行的各种行为和活动"。他们将价值共创中的"价值"解读为"使用价值"（value-in-use），将消费者作为资源的整合者，消费者消费和使用产品、服务的过程产生了价值。服务是商品、组织和货币的复杂结合体，是所有交换活动的基础，与作为产品附加价值的服务存在本质区别；交换价值最大化仍是企业的主要目标，但企业不再以交换价值为中心，而是将使用价值作为关注的重点，并通过增加产品的使用价值提高其交换价值。企业通过邀请顾客参与设计、研发、制造、传递等生产过程的方式提高产品的使用价值，顾客通过市场交换获得产品的使用价值并在消费过程中将其毁灭，使其不再具有交换价值。

在服务主导逻辑下，最主要的不同点体现在价值的创造发生在企业与消费者的联合生产过程中，强调二者的合作，价值创造模式演化为企业与消费者共同创造价值（Grönroos, 2011）。顾客通过合作设计、合作研发、合作制造、合作传递等方式参与价值创造过程，是价值的合作创造者，企业与顾客之间产生直接互动，产品的使用价值由企业与顾客共同创造，因此服务主导逻辑下价值的创造、交换和毁灭分别发生在企业与顾客的联合生产过程、市场交换过程和顾客的消费过程中。

3. 顾客主导逻辑：满足顾客的个性化需求

随着经济发展和互联网环境的影响，顾客更加积极地参与到企业产品或服务的研发设计等环节中去，目的是获得自身更好的消费体验。这表明，价值的体现最终是由顾客所实现的。价值创造已经脱离企业的生产过程，发生在顾客的消费过程中，提供者主导逻辑逐渐被顾客主导逻辑取代。根据 Heinonen 等（2010）提出的"顾客主导逻辑"，日常生活中的使用价值创造由顾客主导和控制，消费体验成为顾客主导的价值创造过程的核心内容。

与价值共创中的体验不同，顾客主导逻辑下的体验超越了顾客与企业互动的范畴，是使用价值形成的全过程体验。顾客主导逻辑认为，企业与顾客两者之间的"互动"是价值共创的重要形式，共创价值形成于顾客与价值网络各结合点的异质性互动（Prahalad，Ramaswamy，2004）。顾客处于价值创造的核心，企业以顾客利用自己的产品达到预期目的为目标，其考虑问题的视角不再是自己的产品和服务能为顾客带来什么，而是顾客使用自己的产品干什么，其关注的重点是顾客的消费过程；企业通过设计、研发、制造、传递等过程提供可供顾客进行价值创造的潜在价值，并通过市场与顾客进行交换，实现其交换价值。顾客通过认知、思考、加工等过程，将潜在价值转化为顾客期望的价值（Grönroos，Voima，2013）。在该主导逻辑下，产品最终价值的创造不再发生于企业的生产过程而是发生于顾客购买产品之后的消费过程。顾客是价值创造者，企业与顾客之间并无直接互动产生，企业并未参与价值创造过程。

商品的种类和品牌都经历了由贫乏到丰富的转变，同一产品的市场趋于饱和，企业之间的竞争更加激烈。科学技术和网络的快速发展让越来越多的企业都越来越注重满足顾客的个性化需求，于是顾客主导逻辑应运而生。顾客从价值的消耗者转变为价值的创造者，他们在品牌社群和在价值共创中所掌握的主导权越来越大。

12.2.2　价值共创理论

价值共创理论最早可以追溯到 19 世纪，主要散见于服务经济学的研究文献中。Storch（1823）在研究服务业对经济的贡献时曾经指出："服务过程需要生产者和消费者之间的相互帮助和合作。"这一观点暗含了服务结果和服务价值创造由生产者和消费者共同决定的思想。Fuchs（1968）在研究服务经济和服务产业重要性时明确指出，消费者是一种生产要素，消费者作为生产过程的合作因素，会对服务行业的生产效率产生重要的影响。许多服务行业的生产效率在一定程度上取决于消费者的知识、经验、动机和诚实程度。Toffler（1980）将生产和消费相融合，首次提出"产消者"（prosumer）的概念，产消者创造产品、服务或者经验，是为了自己使用或者自我满足，而非销售或者交换。这一定义也清晰地表达了消费者参与价值创造的观点。

Prahalad 和 Ramaswamy（2004）在《竞争的未来：与客户共同创造独一无二的价值》（*The Future of Competition: Co-Creating Unique Value with Customers*）一书中提出了价值共创（co-creation）的概念。他们认为，企业未来的竞争将依赖于一种新的价值创造方式，即以个体为中心，由消费者与企业共创价值。但其实，在消费者生产理论中，研究者就已经用经济学的方式阐述了消费者的价值创造作用。

20 世纪 60 年代，经济学的一个理论分支——消费者生产理论，突破了消费者对价值创造的贡献仅局限于服务经济领域的观点，以经济学的方式更一般地阐述了消费者的价值创造作用。根据消费者生产理论，厂商提供给消费者的任何产品，都不能直接满足消费者的需要，消费者的需要是通过消费者"生产"来得到满足的，即消费者利用生产者提供的产品或服务以及消费者自己的时间、知识和能力等"消费资本"来创造能够满足自己需要的价值。生产者在这一过程中的首要任务就是帮助消费者完成他们的"生产过程"，生产者在消费者生产过程中所起作用的大小和独特性直接决定生产者的竞争优势和利润（Becker，1965）。在消费者生产理论中，消费者已经扮演了价值创造者的角色，但消费者的生产过程离不开一个基本前提，那就是消费者生产过程是建立在生产者提供物的基础上的，且生产者与消费者之间存在互动。从这个角度讲，价值是由生产者与消费者共同创造的。

　　早期的价值共创理论表明，在价值创造过程中，消费者具有一定的生产性，他们以自己的特定方式与生产者进行合作，并对服务效率和价值创造产生影响。目前价值共创理论主要有两个分支：一个是由普拉哈拉德（Prahalad）和拉玛斯瓦米（Ramaswamy）提出的基于消费者体验的价值共创理论，另一个是由瓦戈（Vargo）和勒斯克（Lusch）提出的基于服务主导逻辑的价值共创理论。

1. 基于消费者服务体验的价值共创

　　Prahalad 和 Ramaswamy（2000，2004）从企业竞争的视角揭示了新环境下由企业与消费者角色转变导致的企业经营理念与经营模式的转变，并且认为企业与消费者共同创造价值是企业构建新的战略资本和塑造新的核心能力的全新战略取向。两位学者有关价值共创的基本观点可概括为两点：一是共同创造消费体验是消费者与企业共创价值的核心，二是价值网络成员间的互动是价值共创的基本实现方式。

　　早在 2000 年，普拉哈拉德和拉玛斯瓦米就通过研究企业与消费者共同创造价值的案例发现，共创价值本质上是共同创造消费者的体验价值。消费体验是一个连续的过程，而价值共创贯穿于整个消费体验过程。因此，消费者体验价值的形成过程也是消费者与企业共同创造价值的过程。消费者是与企业共同创造体验价值的核心和决定因素。因此，企业应该把自己的战略重点从提供产品和服务转向为消费者营造新的体验环境。企业不是向消费者销售体验，而是提供可以供他们利用的体验情境，让消费者自己创造对他们来说具有独特意义的体验。2004 年，两位学者提出了"互动是企业与消费者共同创造价值的重要方式，共创价值形成于消费者与价值网络各节点企业之间的异质性互动"的观点。在他们看来，企业与消费者的互动不仅能够帮助企业获取关于消费者及其偏好的深层次信息，而且还能帮助消费者在服务提供者的支持下完成价值创造过程。互动以多种形式存在于价值创造或体验形成的各个环节，既包括企业与消费者之间的互动、消费者之间的互动，也包括企业与价值网络中其他成员企业为消费者营造体验情境而进行的互动。因此，旨在共同创造价值的互动也是价值网络内部的互动。

　　普拉哈拉德和拉玛斯瓦米眼中的价值共创，就是企业与消费者合作创造价值，它既不是生产者取悦于消费者的手段，也不是消费者通过参与为生产者创造价值，而是生产者和消费者作为对等的主体共同为自己和对方创造价值的过程，两者在价值共创过程中通过持续的对话和互动共同建构个性化的服务体验，共同确定和解决需要解决的问题。因此，价值共创贯穿于企业与消费者互动和消费体验形成的整个过程。

2. 基于服务主导逻辑的价值共创

2004 年，勒斯克和瓦戈提出了著名的"服务主导逻辑"，对经济基础和价值创造等问题发表了新的见解。服务主导逻辑一经提出，便在营销学界和管理学界引起了热烈的反响和讨论。相关的学术争论也促进了服务主导逻辑思想的不断完善，并最终形成了关于服务主导逻辑的 10 个基础性假设（见表 12-1）。

表 12-1　关于服务主导逻辑的 10 个基础性假设

序号	基础性假设（FPs）
FP1	服务是交换的根本性基础
FP2	间接交换掩饰了交换的根本性基础
FP3	商品是提供服务的分销机制
FP4	操纵性资源（知识和技能）是竞争优势的根本来源
FP5	所有经济都是服务经济
FP6	顾客通常是价值的共同创造者
FP7	企业不能传递价值，只能提供价值主张
FP8	以服务为中心的观点是内生性的顾客导向和关系性的
FP9	所有经济性和社会性行动者都是资源整合者
FP10	价值总是被受益人独特地用现象学的方法来决定

资料来源：Lusch 等（2008）。

"服务是一切经济交换的根本性基础"是服务主导逻辑的核心思想之一，假设 1、假设 2、假设 3 和假设 5 都是围绕这一思想提出的。这里的"服务"的内涵已经不再是传统意义上生产者为满足消费者需求而采取的行动或提供的物品，在勒斯克和瓦戈看来，所有的经济交换，就其实质而言，都是"服务对服务"的经济交换，而所有的经济都是服务经济。在服务主导逻辑下，服务成为交换的普遍形式，而不是特定形式（Frow，Payne，2008），价值共创正是建立在服务普遍性的基础上的。从市场的宏观层面看，产品的主导地位被服务所替代，市场主体间通过互相服务为自己和对方创造利益，整个经济的基础就是行为主体以服务为中介相互创造价值。因此，产品被认为是提供服务的分销机制，而不是价值创造和交换的首要因素。而从生产者与消费者的微观层面看，"产品是生产过程的产物，而服务或服务行为是生产者与消费者互动的产物"（Grönroos，2009），服务为生产者和消费者提供互动平台。如果说"消费产品"导致消费者和生产者成为两个相对封闭的系统，那么，"消费服务"，或者说"消费嵌套在服务过程中的产品"，则会促使生产者和消费者成为两个逐步开放和相互融合的子系统。在这个由服务构建的开放系统中，生产者可以通过与消费者的互动正面影响消费者，引导他们与自己共同创造价值。

"消费者是价值的共同创造者"是服务主导逻辑的另一核心观点，假设4、假设6、假设7和假设10就是围绕这一观点提出的。服务主导逻辑强调操纵性资源在价值创造过程中发挥的决定性作用，认为"操纵性资源是竞争优势的根本来源"。操纵性资源是作用于对象性资源的资源，因而是产生效果的资源。具体而言，知识、技能、经验等无形资源都属于操纵性资源。根据服务主导逻辑，消费者是操纵性资源的拥有者，他们把自己的知识、技能、经验等投入价值创造过程，这是价值共创的一个重要前提。

在服务主导逻辑下共同创造的价值并不是"交换价值"，而是消费者在消费过程中实现的"使用价值"。使用价值是消费者在使用产品和消费服务的过程中通过与生产者的互动共同创造的价值。在价值共创系统中，消费者作为资源整合者，通过整合利用各方资源来共创价值，价值随着消费者的消费和互动活动而持续动态形成。对于消费者来说，价值形成是与消费情境和消费需求相关的个性化创造过程；同时，生产者努力使自己置身于消费者的使用情境，为消费者共同创造价值提供便利和帮助，并与消费者合作，交互性地创造价值。

12.2.3　移动互联网时代：企业主导被价值共创取代

在现阶段，以数字技术为核心生产力的数字经济已经渗透到人类社会生活的方方面面，成为一种新的经济形态，改变了全球的经济环境和商务模式。社交网络、移动互联、即时通信、线上线下结合等应用空前扩展了人际交往空间，网络社会互动跨越了地域、种族与文化的界限。

全球经济数字化发展趋势愈加明显，传统产业加速向数字化、网络化、智能化转型升级，数字经济规模持续扩大，数字经济增加值规模由 2018 年的 30.2 万亿美元扩大至 2019 年的 31.8 万亿美元，增长了 1.6 万亿美元，数字经济已成为全球经济发展的新动能。伴随着数字技术在全球范围内的深度应用和数字经济的快速发展，以互联网为基础的数字贸易蓬勃兴起，带动全球创新链、产业链和价值链加速优化整合，成为数字时代的重要经济形式。

同时，移动互联网的快速发展也深刻地改变着居民的消费方式等，在互联网、大数据和人工智能等新技术支持下不断发展的数字经济，使得消费者在全球的商务活动中都获得了更多的权益和更好的消费体验。移动互联网时代形成了更多的流通新平台、新业态，也催生出了定制消费、智能消费、信息消费、时尚消费等新模式。正是这些变革促成了这一时代背景下消费者的增权和参与价值创造模式的确立。

首先，互联网带来的企业与消费者及消费者之间连接与交互方式的变化，既为企业营销创新提供了机遇，也对传统营销模式构成了巨大冲击。林挺和张诗朦归纳了"互联网＋"引致居民品质化消费、内容型消费、价格价值匹配型消费、智能消费及精准消费的特点，并构建了消费行为偏好博弈模型；赵明辉认为，互联网平台消除了消费信息不对称问题，加速了居民消费升级；周楠分析了互联网背景下的居民消费特征，并指出消费心理需求转变、消费动机转变和消费心态等的转变是驱动居民消费行为特征变化的内因。贺达和顾江应用倾向评分匹配法实证检验了居民使用互联网对于其消费水平和消费能力的处理效应，认为对互联网的使用显著提升了 40 岁以下年轻人群的消费水平，但仅提高了老年人生存类消费的消费水平。张昕蔚认为，大数据、云计算、人工智能等科技的发展在一定程度上消除了经济系统内信息的不完全性，使生产和服务的供求信息更加精确。

其次，互联网改变了竞争环境。在传统竞争环境中，企业只要开发了适销的产品，就可以在较长时间内占领市场。然而，在互联网环境中，新技术能迅速应用于产品，并不断推陈出新，企业难以依靠产品维持长期竞争优势（刘江鹏，2015）。

再次，互联网改变了消费者的权利地位。消费者市场选择的权利逐步增强，对企业运作的参与也日益加深（Howells，2005）。消费者的改变形成了新的资源机会，驱动营销合作从企业间合作拓展为企业与消费者合作。

最后，互联网带来了沟通方式的变化。消费者与企业之间的紧密互动成为可能，消费者之间的联系也日益密切，沟通方式的改变使企业越来越注重与消费者的互动营销。互联网促进了消费者增权，使消费者不仅只是需求者，还成为价值创造的参与者（Dinner et al.，2014），消费者甚至可以通过与企业合作来形成合作资产（Xie et al.，2016）。商业环境的变化使企业在营销创新中需要重新认识自身与消费者的互动关系。

这种时代环境下的模式逐渐被替代，也可以从一些对用户信息和数据的展现和分析中得到解释和证明（见图 12-1）。

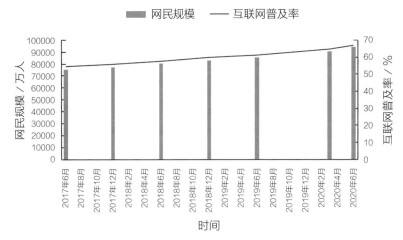

图 12-1　2017 年 6 月至 2020 年 6 月中国网民规模和互联网普及率
资料来源：CNNIC 中国互联网。

根据中国互联网络信息中心（CNNIC）第 53 次《中国互联网络发展状况统计报告》，截至 2023 年，我国网民规模达 10.92 亿人，社交类应用市场的状况方面，即时通信、网络视频、短视频用户覆盖率分别为 97.1%、96.8% 和 95.2%。网络社群满足了人们获取信息、沟通交流、维系社会关系的需要。从这些数据中我们可以发现，互联网普及率不断攀升，更多的消费者正在赶上数字经济时代的步伐，把握自己的主导权。

在互联网时代，以企业为主体的模式已经不能保证一家企业取得绝对的竞争优势。因为消费者的话语权在互联网上被扩大了，来自任何一个角落的消费者都可以对企业的产品和服务提出自己的看法，甚至希望与企业进行互动，希望其意见得到充分重视。消费者的需求由于互联网上各种新的社群的形成、信息的快速扩散，以及沟通工具的变化，产生了巨大的不确定性。今天的企业如果不能实时地倾听消费者的诉求，其产品和服务就无法满足消费者的需求，甚至企业讲出来的营销故事，消费者根本就不爱听。因此，企业的营销进入 2.0 时代，也就是消费者参与价值创造的时代。

国家统计局和艾瑞的统计数据显示，中国的网络购物市场交易规模高速增长，远超社会消费品零售总额的同期增速，消费者购物重点向电商平台迁移，消费习惯向线上迁移。因此，消费者的偏好成为企业生产和营销的重要风向标，企业也更加重视线上消费渠道，进行各种形式的营销创新。

从这些互联网时代的数据和变化趋势中可以看到，互联网时代的商业模式，需要让消费者参与生产和价值创造，让厂商与消费者连接，与消费者共创价值、分享价值。只有这样才能够既享有来自厂商供应面的规模经济与范围经济的好处，又享有来自消费者需求面的规模经济与范围经济的好处。

12.3　消费者参与价值共创

基于上一节中对价值共创取代企业主导的观点论证，今天的消费者有更多的机会和渠道对厂商提供商品和服务的内容、时间、地点以及价格提出个性化的要求，人们可以有更多的方式参与到交易中，而且参与程度越来越深；消费者得以以各种方式从分散走向联合，消费者的影响力变大，客户群成为企业最重要的资源，成为创造需求和价值的新源泉；以往消费者在消费过程中被动接受的地位正在发生改变，消费者与生产者之间的力量对比发生倾斜，社会正在向消费者主导的时代迈进。

消费者参与价值共创首先扎根于数字经济时代背景下消费产生的新特点和新内涵，这些新的特征催生了模式的转变。消费者参与价值创造的形式并不是单一的，而是通过各种形式来实现，在时代背景下产生的如社群经济、新零售等，都和价值共创有着密切的联系。

12.3.1　消费的新内涵

1. 数字消费内容多样化、虚拟化和个性化

数字经济时代，传统消费内容逐渐实现了数字化转型。数字经济时代，数据产业化创造了新消费内容。数据产业化即通过数据储备、数据挖掘和数据可视化等技术，对数据实现管理、开发和利用，形成数据产品，例如网络操作、广告推送、大数据营销、搜索服务、数据定价和交易等。数据产业化发展过程带动了数字产品服务的新消费，其内容涵盖新闻资讯、社交娱乐、知识学习等各个方面。总之，无论是传统消费内容数字化还是数据产业化发展，都依靠数字技术形成了多样化的产品和服务，使得人们的消费选择更加多样化。

随着收入的增加，传统的衣食住行中，物质化内容比例逐渐降低，人们的消费中，非物质类的商品越来越多。例如，以互联网为载体的视频、图片、音频和文字等成为人们越来越重视的精神享受内容。随着互联网、人工智能、大数据和云计算等新技术的发展，消费内容越来越虚拟化。例如，网上娱乐、通信视频、数字教育、社区论坛等均是在网络虚拟空间中完成的。人们可以购买虚拟产品或信息产品来满足自己的各种需求。商品的虚拟化使得人们的消费模式也发生了改变，网络空间成为人们获得虚拟消费商品的新场所，虚拟商品的需求规模不断扩大。

数字经济时代，凭借数字技术形成的新产品、新业态和新模式进一步催生了居民的消费需求。消费的个性化，即不同的消费者关注不同产品和服务的不同点，在功能、设计、品牌、体验、服务等方面提出了个性化的要求。大数据、人工智能、云计算等数字技术的发展和使用，使得数字经济中的个性化需求更容易得到满足。不过，数字经济时代的消费行为也容易被"潮流"所左右。通过大数据和可视化技术，借助网络广告、现场直播等方式，存在关键意见领袖的引导作用和关键意见消费者（KOC）的评价作用。如"直播带货"等明星示范效应和"服务评价"等结果反馈效应，会引导消费者对某种产品和服务产生非理性偏好。

2. 消费模式的网络化和平台化

数字经济时代，人们的消费模式发生了巨大改变，网络和平台逐渐占据了消费渠道的主导地位。在线零售快速发展，已经成为人们新的消费方式。在数字经济时代，网络成为连接生产者、供给者和消费者的中间纽带，通过信息传递和互动，消费者可以获得个性化的商品和服务。互联网使得消费突破了时间和空间的限制，使得消费边界不断扩展。消费者可以在网络上购买家电、图书和日用品等，还可以购买虚拟化的产品和服务。网络平台通过大数据分析可以较快地实现供需双方信息的匹配，供给者可以更好地满足消费者的个性化需求。

当前，平台经济正在成为数字经济领域发展的新趋势，它依靠数据收集、数据传输、数据处理和数据挖掘等实现了商品流和信息流的集成，正在形成跨越时空的全球性网络体系，连接了全球范围内的生产、交换、分配和消费等活动。平台经济的崛起极大地改变了消费者的消费模式。消费者通过手机等移动终端接入某一专业平台就可以完成商品的筛选、购买、评价和服务的预订等。平台经济已经深入居民生活的方方面面。例如，在京东、淘宝等购物平台上可以购买各类生活用品，通过美团、饿了么等平台可以点外卖，通过携程和飞猪等旅行平台可以预订机票和酒店等，通过滴滴打车等平台可以预约网约车等。平台经济的崛起极大地方便了居民的生活，提高了资源配置和使用的效率，深刻改变了居民的消费模式和习惯，也带动了新经济的快速发展。统计公报显示，2023 年全年我国实物商品网上零售额为 130174 亿元，比上年增长 8.4%，占社会消费品零售总额的比重为 27.6%，比上年提高 2.3 个百分点。中国作为世界上第二大数字经济体，2019 年数字经济增加值占 GDP 的比重超过了 30%。

3. 数字化零售和消费全球化

数字经济时代，数字化零售具有洞察消费需求、促进供需匹配和联动再生产资源配置的潜在机制。数字化零售实际上较好地连接了生产者和消费者，加快了商品流通的速度。平台经济的崛起加快了数字化零售的发展速度，使得商业资本在数字经济时代越来越处于核心地位。商业资本的循环也因为有了数字技术的助力，节省了流通时间，加快了商品流通速度。例如，现代仓储和物流技术的发展已经让货物"朝发夕至"成为普遍现象，通过数字平台进行的网络购物已经成了居民消费的普遍选择。根据海关总署数据，2023 年我国跨境电商进出口商品总额达 2.38 万亿元，比上年增长了 15.6%。参与跨境电商进口的消费者人数逐年增加，2023 年达到 1.63 亿，已经形成了蓬勃发展的数字经济消费市场和贸易市场。

借助于现代信息和网络技术，数字化零售和平台经济正在实现全球化扩张。平台经济的全球化扩张是由资本逻辑推动的，即资本要获得更多的剩余价值就需要超越时空限制，通过国际市场扩张来完成生产网络、销售网络和需求网络的全球化布局。客观地讲，一方面，平台经济全球化带来了生产资料和消费资料的全球生产和供给，提高了资源配置效率和市场交易效率。平台经济等的崛起也加快了商业资本的循环，使得具有优势地位的数字化零售平台获得了越来越多的超额利润。另一方面，随着平台经济的发展，商品流通领域的垄断问题也日益突出。例如，亚马逊作为全球市值最高的在线销售平台之一，其市值 2024 年 6 月已经突破 2 万亿美元，其销售额在全球在线零售市场的占比超过了 46.7%。通过这种平台垄断优势，亚马逊的创始人贝佐斯获得了巨额财富，常年位居全球财富榜单前列。对于全社会来讲，数字经济时代的数字化零售和新消费改变了虚拟经济和实体经济之间价值实现的方式，使得实体经济越来越依附于平台经济等来完成价值实现。平台经济构建起了全球性的生产网络和销售网络，使得商品的价值生产和价值实现更加国际化和社会化。

在消费产生这些新特点的背景之下，消费内容的多样化、虚拟化和个性化使得消费者有更大的选择权，消费者主动权进一步被强化，企业需要将重心放在如何更好地满足消费者的个性化需求上，通过消费者的喜好动向和意见反馈，创新和调整自身的生产营销策略等；消费模式的网络化和平台化使得线上购物成为消费者依赖的新模式，这也推动和催促着企业去不断发掘消费者产生的新的痛点和可以创造或者提升的领域，以消费者的需求为标准来加快企业的创新。平台经济构建起全球的经济平台，消费者成为在国际商务中进行价值创造的重要力量。

12.3.2　新趋势：消费者逐步参与价值创造

以大数据、"互联网＋"、人工智能和云计算等新技术及产业发展为特征的数字经济新业态正引起居民消费行为、消费习惯、消费结构和消费水平的变革。互联网的零距离要求以用户为中心而不是以生产者为中心，这就使得个性化成为主流，大规模定制取代大规模制造。

在数字经济生态系统中，顾客参与价值创造，与企业共同成为生产者，顾客成为一级消费者，享用交易、社交、娱乐和购买相关服务；顾客消费过程中产生的交易数据、基本信息数据和行为数据被提供给二级消费者，通过大数据、云计算、人工智能等技术对这些非结构化数据进行分析和整理，为生产者中枢企业提供决策依据和精准营销；随着外界投资者、政府及其他平台用户等的加入，生产者群落逐步丰富完善；在开放动态的整体环境和运行土壤中，数字经济各群落间形成了协同共生的良性循环生态系统。

1. 社交共享生态圈——以小米为例

社群是移动互联网时代的一种新型人际关系和组织形态，互联网公司通过对社群加以运营并创造价值，形成了社群经济。而移动互联网社群呈现出全新的传播特征：聚合力和裂变性、情感价值的传播、自组织传播和协作。新经济本身是凭借强大的社群支持发展的，社群使得新经济时代的价值创造发生了深刻的变革。工业经济时代强调产品（服务）的交易和交换，到了新经济时代，价值创造要素则变成了社群成员之间的互动和共鸣。用户社群对生产、营销、消费等各个环节都产生了变革性影响，即用户参与的生产模式、品牌社群的营销模式、体验至上的消费模式，由此形成了自组织循环的社群商业模式。

在移动社群平台，消费者之间建立了实时的社交分享机制，来自社群成员的口碑远比传统的广告公关更能影响消费者的态度和行为决策，主动权转移到消费者手里。通过这种形式，消费者的需求更加精准和实时地被反馈给企业和生产者，企业和生产者对需求进行个性化的满足，创造了新的价值，更好地体现了数字经济时代，消费者参与价值共创，对各个环节产生了变革性的影响。

这里主要以小米手机的案例来进行社群商业模式的分析，该案例更进一步地证明，在数字经济时代，消费者正在参与价值共创。从小米手机的案例中就能看出，小米的成功不仅是营销的成功，更是商业模式的成功，小米以用户参与为核心，构造了用户自生产、自传播和自消费的循环式社群商业模式。

小米社群的形成和运转，依赖于小米公司"用户导向、用户驱动"的"群众路线"思维，依赖于小米独创的"参与感机制"。这种"群众路线"和"参与感机制"的实质，可以视为一种集中体现社群思维的社群动力学。之所以叫社群动力学，是因为在小米公司的整个经营管理方法论中，社群力量的驱动是其重要的内核。

小米公司社群动力学的基本机制是：通过信奉"让用户参与，为用户创造价值"的核心价值观，使"以用户需求为导向"成为小米公司的经营理念。通过用户对极致产品的"口碑发动机"而形成"发烧友"社群，进而"发烧友"们通过深度参与形成"米粉"，建立"米粉"社群，最后通过社会化媒体的传播而形成的"口碑加速器"使得更多大众用户的意见反馈给产品研发。在这一过程中，小米公司的其他职能部门同样受到社群的驱动。如研发方面，社群本身就是企业的用户，而且是最具忠诚度的用户，他们代表着市场中最为集中的消费力量。10万人的研发团队、"米粉"社群自发自觉的口碑传播，以及"米粉"社群中的成员互助，都是社群动力驱动的结果。

小米奉行"用户至上"的价值观，并且使这种价值观指导下的社群思维方法论贯穿于包括企业文化体系建设在内的所有经营环节中。社群经济中的互联网创业公司的企业文化建设不再局限于企业内部，随着消费者主体地位的提高和消费者主权的回归，用户（消费者）这一企业外部群体的文化也逐渐成为企业文化的重要组成部分。

小米首创了让"发烧友"参与开发改进、让"米粉"参与设计体验的新模式，"活动产品化"与"产品活动化"紧密结合，许多活动环节都植入设计，成为产品功能，做到了"让用户来激励团队"。懂运营、知用户，这是小米对互联网产品的精准把握。

2. 新零售——以星巴克为例

新零售模式成为数字经济的最新体现。移动互联的发展和大数据的应用催生了全渠道模式（omnichannel model）。随着消费升级、场景化改造、定制化生产等新型互联网技术和创新思维的运用，新零售的出现成为电子商务、全渠道零售升级的新契机。新零售在产品和服务、采购、库存、配送、销售、客户关系、合作伙伴网络、组织结构、收入来源、成本结构、运营流程等各环节均体现出数字化运用。

亿欧智库发布的《新零售的概念、模式和案例研究报告》认为，新兴消费群体的消费特征主要体现在：品牌忠诚度低、享受即时服务、个性化、重体验、注重品质、时间碎片化、注重社交娱乐、倾向移动端购物。整体而言，现阶段消费群体的年龄结构正在发生变化，年轻消费群体增速迅猛，新的消费理念和消费特征正成为重要的消费趋势。而传统零售已经难以满足这种新兴消费群体的消费偏好和兴趣，更难以适配他们的消费理念，因此，难以顺应新消费趋势。

新零售是在价值创造背景下产生的新的商业模式，为了提升消费者的消费体验，生产者创新性地提出了线上线下相融合的新鲜想法。在这种模式下，生产者从消费者需求出发，增加体验元素，打破产业边界，以大数据和人工智能为驱动核心，将用户、商品和营销进行全面一体化，形成线上平台线下实体融合、电商零售共生、赋能扁平的 C2B2M（customer to business to manufacturer）模式。这种以消费者购物价值（新价值）为出发点，运用"互联网＋"动态新技术，发挥商业生态圈协同（新协同）作用，保持电商盈利并颠覆传统零售的新零售模式，是数字经济时代的最新体现，也充分地表现了消费者参与价值共创在这个新时代的新特点。

星巴克在新兴品牌瑞幸咖啡逼迫之下的数字化转型，是传统行业转向新零售的一个典型样本。一是星巴克与阿里巴巴打通了淘宝、支付宝的会员体系，并且对门店进行了智慧化改造；二是利用大数据实现了科学的用户画像，实现了精准营销；三是建立了快速的配送体系；四是实现了和盒马鲜生等的线下合作。

2018 年下半年开始，星巴克实施了很多举措，遏制业务"萎靡"的苗头。业务多元化发展，和雀巢合作推出胶囊咖啡；在欧洲、美国市场增加燕麦奶、植物奶，为消费者提供不同选择；在北美进行会员制度改革；在中国市场调整了管理团队架构，前瞻性布局的新架构迎来新的发展阶段。

星巴克将全部业务重组为"星巴克零售"和"数字创新"两个单元，星巴克业绩增长依赖于一个重要因素——数字化转型。2018 年是星巴克深化数字化转型与新零售的一年，中国市场不同于世界上其他市场，具有一定的消费习惯特殊性。比如，国内年轻用户更喜欢点外卖；在淘宝等电商平台购买生活用品；美团、饿了么等餐饮 App 生态发达；移动支付以支付宝和微信支付为主。

所以，星巴克新零售之路，需要在中国地区因地制宜，做出更多的改变。在选取合作伙伴方面，与互联网巨头阿里巴巴进行合作，这对于星巴克自身生态的建设、用户渗透程度、运营本地化而言非常关键。一是星巴克与淘宝、支付宝的会员体系打通，打造新零售智慧门店。在淘宝、支付宝搜索"星巴克""用星说"，可以直接进入星巴克线上门店界面。用户在店内消费的时候，打开其中任意一个 App 均可完成支付以及积分。二是更精准的用户画像分析。

淘宝、支付宝本身巨大的用户使用数量，可以帮助星巴克绘制更加完整的用户画像。有了精准的用户画像，星巴克就可以进行精准营销，从而提高获客量或者提高客单价。三是完善配送体系。星巴克与阿里巴巴旗下饿了么合作展开外卖服务，搭建专门的配送团队，设计专门的外送杯盖和密封包装，在保证咖啡口感的同时，防止出现洒漏，保证咖啡品质、美观。共同打造"星地段""星速度"，配送精确到分钟，"8 分钟制作、22 分钟送达"。四是丰富线下服务。除了线上合作，还与盒马鲜生合作"外送星厨"。借助以盒马鲜生门店为中心的新零售配送体系，将咖啡从"隐形"厨房快递到周边 3 公里。

咖啡更多是一种场景消费，阿里巴巴首席执行官张勇说："咖啡绝对不只是一杯咖啡，而是一种生活方式和体验经济。"对比瑞幸咖啡的新零售，星巴克的优势在于其消费场景、用户消费体验、品牌效应在过去 40 多年有很好的积累。深化新零售之后，线上和线下有了更好的衔接。星巴克是传统连锁店做新零售的典型案例，传统企业的优势在于企业管理经验丰富、资本积累深厚，渠道、供应链管控能力较强，而有了新零售的助力之后，企业能够触及更广阔的市场，更具有成长潜力。

12.3.3　消费者参与价值共创的优势

价值共创对企业和消费者都具有重要的意义。消费者参与价值共创可以帮助企业提高服务质量、降低成本、提高效率、发现市场机会、发明新产品、改进现有产品、提高品牌知名度、提升品牌价值等，这些构建了企业区别于其他竞争对手的竞争优势。消费者通过参与价值共创，可以获得自己满意的产品，获得成就感、荣誉感或奖励，通过整个价值共创的交互获得独特的体验等。消费者的这些收获又进一步对企业产生影响，如提高顾客对企业的满意度、忠诚度等。

在移动互联网时代，消费者价值再度得到提升，企业需要改变原本是价值提供者的身份，而是作为价值创造的参与者，实现与消费者的价值共创。这一过程可以分成各种途径和渠道来实现，包括产品创新和消费服务的优化提升等。在消费结构升级的背景下，消费者对于高质量产品的需求上升，对应产品的功能不断细化，在某些细分场景具备难以替代的作用。配置异质性产品使其能够在众多同质产品中脱颖而出，赢得消费者的肯定。

消费者充分发挥能动性，通过消费后续评价产生真实反馈，并与价值网络上的其他消费者进行高强度连接互动，获取消费增值效用，这进一步提高了其满意度和忠诚度。

12.4　数字生态圈的消费者角色

数字经济时代背景下，消费者参与价值共创也有不同的角色表现，基于在数字经济时代催生出的不同营销场景，消费者在价值共创中可以作为关键意见领袖、微型意见领袖或平民化中心等来发挥作用。

消费者在其中主要通过这些角色在营销方面发挥重要作用。一是凭借知识贡献或特殊魅力发挥营销影响力的意见领袖，如时尚达人和"网红"。二是从更普遍的一个层级来看，消费者作为微型意见领袖，在自己擅长的领域，发挥个人在这方面的特色和宣传效果。三是从最普遍的消费者来考虑，每个消费者都可能有机会影响自己周边的群体，这一类消费者即通过结构型社会资本发挥营销影响力的平民化中心，如有广泛人脉资源的消费者或社会网络中的关键节点人物。企业与关键意见领袖、微型意见领袖以及平民化中心等特殊消费者协同演化，形成具有不同特色的营销路径：他们可以和关键意见领袖合作构建交易媒介，强化普通消费者的能力信任；也可以根据自己的生产领域，选择在这一方面有鲜明个人特色的微型意见领袖，与其进行合作。最后，企业可以与平民化中心合作构建交流媒介，提升普通消费者的情感信任。

基于社交平台的社群营销成为企业借助粉丝效应和口碑效应转变营销模式的重要突破口。部分企业还将具有营销影响力的消费者作为引流和促进交易的"媒介"，通过消费者互动来强化消费体验、品牌认知，提升品牌忠诚度。胡孝平（2017）认为，构建企业与消费者之间的价值共创模式，可以将具备营销影响力的消费者作为核心交流"媒介"，通过消费者互动强化消费体验，促进消费者对企业的共同认知。然而，这一类"网红经济"同样受到了部分学者的批判，认为合作机制与持久性难以保障。要想在总体市场变动过程中实现消费市场的转型，还需要进一步对价值共创机制进行改进。郭琳（2017）研究发现，互联网时代出现大量网络社群，使得传统的基于企业创造价值的营销转变为消费者深度参与、集体创新和网络成员共赢的基于价值共创的营销。

12.4.1 关键意见领袖

关键意见领袖，是指在人际传播网络中经常为他人提供信息，同时对他人施加影响的"活跃分子"。关键意见领袖能够向人们提供相关的建议，改变人们的态度和影响人们的行为。与社会正规组织的领导人不同的是，关键意见领袖是非正式的领导，他们给人们出谋划策，其影响力往往比大众传媒更大。他们在大众传播效果的形成过程中起着重要的中介或过滤的作用，由他们将信息扩散给受众，形成信息传递的两级传播。关键意见领袖生活阅历丰富，可以比较深入地看待问题，并给出自己比较深刻和独到的建议与意见。关键意见领袖必须具备较高的社交性或者较广泛的社交圈和渠道，这样才能具有强大的号召力和影响力。经济基础决定上层建筑，关键意见领袖只有拥有了较好的经济基础才能更好地成为新产品或者新知识的推广者。当然，关键意见领袖与受众的经济水平不能相差过于悬殊，不然只会适得其反。此外，关键意见领袖还要具有创新精神，在不断的尝试和突破中，寻求公众的认同感和接受性。

在消费者群体中也存在着一些特殊消费者或者特殊消费者群体，扮演着关键意见领袖的角色，传播促进了价值创造活动。与普通消费者相比，关键意见领袖通常拥有更多经验或掌握更多专业的产品知识，拥有或可以获取更多产品信息，通过更多的探索性或创造性行为形成对产品更高程度的介入（Lyons，Henderson，2005）。关键意见领袖给出的推荐更容易让人们产生信任（Turcotte et al.，2015）。知识贡献是意见领袖的一种重要行为，可以帮助其获得普通消费者的能力认同（Faraj et al.，2015）。因此，通过传播产品信息、提供产品推荐等，关键意见领袖能够影响普通消费者的消费决策（Li，Du，2011）。针对此，部分企业开始设法识别网上社区的关键意见领袖，并与他们进行营销方面的合作。社交平台是消费者追随关键意见领袖最常见的平台。

基于这一观点，本章主要以社交平台 Instagram 中的关键意见领袖群体为例进行论证分析。许多营销人员都非常看重 Instagram 这一社交平台。根据 SimilarWeb 的数据，2023 年，Instagram 应用程序拥有超过 16.4 亿用户。

2023 年，Instagram 的品牌价值达到了 474 亿美元，使其成为全球第六有价值的媒体品牌。72% 的营销人员使用 Instagram 进行海外"网红"营销活动。2021 年，全球 Instagram 上带有"#ad"标签的帖子数量达到 380 万个，比前一年的 300 万个增长了 27%。这表明越来越多的品牌和"网红"合作发布广告内容。生活方式是 Instagram 上最受欢迎的发帖类别，占比达 14.32%。美容主题则占 7.63%，位居第三。这些发帖者通过分享个人生活和美容技巧，吸引了大量粉丝的关注。

2018 年 2 月，由关键意见领袖营销机构 Activate 进行的一项调查显示，全球 88.9% 的关键意见领袖表示，他们在 Instagram 进行的关键意见领袖营销活动比一年前更多了。除了免费参与工具 Feed 上的帖子，Instagram Stories 是赞助广告最常用的，Instagram 在关键意见领袖活动方面越来越重要。关键意见领袖通过各社交平台赞助获得的收入份额如图 12-2 所示。

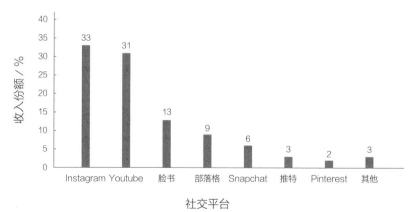

图 12-2　关键意见领袖通过各社交平台赞助获得的收入份额

资料来源：www.eMarketer.com。

2019 年第四季度，在 Instagram 上提到品牌的顶级影响力人物是朱莉·布扎（Julie Bouza）和约翰·帕普兹（Johan Papz）。与此同时，约翰·帕普斯（Johan Papz）是 2019 年第一位进入前 6 名的男性影响者。根据每 1000 名关注者的互动、关注者的人数和他们的发帖活动来衡量社会影响者的影响力。这些影响者的兴趣包括时尚和娱乐。

2022 年，全球最有影响力的 Instagram 品牌是耐克（Nike），在 Instagram

上拥有 200 多万名关注者。其他与成功的影响者合作的品牌包括瑞典的手表品牌丹尼尔·惠灵顿（Daniel Wellington）。总的来说，Instagram 故事是一个重要的品牌传播工具。

基于 Instagram 这一社交平台中的活跃用户以及品牌传播和营销策略在这一平台中占据的重要地位，对群体购买行为有较大影响力的关键意见领袖作为一类特殊的消费者，在数字经济时代的全球性商务活动中发挥着重要的作用。他们通过自己的国际影响力，将自己的观点传递给更多的普通消费者群体。企业也与这一类特殊的消费者进行合作，吸收新的观点，生产提供具有创新性和更个性化的产品和服务，并通过关键意见领袖的宣传力量促进自己的销售。从上述的数据中，我们也可以得到，通过关键意见领袖这一特殊消费群体，与企业合作进行价值共创有大量的用户数据和运行有效的数据证明。

Instagram 中的时尚博主黛薇卡·霍内（Mai Davika）是一名拥有大量粉丝的关键意见领袖。Mai 是各个广告商的宠儿，她在 Instagram 这一社交平台上拥有超过 1800 万的粉丝。Mai 通过在 Instagram 中分享图片、文字和视频，以及各种充满个人特色的穿着、自己使用的护肤美妆产品等，来表达自己的时尚观点，影响着粉丝群体对时尚趋势的认知。她的生活方式、使用和推荐的商品会引起粉丝的大力追捧和购买行为。作为拥有大量粉丝群体的关键意见领袖，她经常在社交平台中穿着品牌服饰和配饰等，并使用标签注明品牌，浏览者可以直接通过标签进入品牌的官方社交账号，提高品牌的浏览量和知名度，能够为广告商带来销售量和品牌效应，迅速让消费者认识产品并产生购买欲望。而且 Mai 作为产品的最终使用者，可以提供最直接的使用体验，这种需求往往代表市场前端的需求，将这种个人的体验和建议反馈给品牌方和生产者，使其做出更好的创新和调整，并且还可以帮助品牌彰显个性，并清楚地将其传递给消费者，而且不需要多余的解释。

12.4.2 微型意见领袖

这是最近开始兴起和衍生出的一个新的群体，他们是在亲密人际关系群体中活跃且有一定话语权的普通消费者，被称为微型意见领袖（micro-influencers）。粉丝规模不大，不依靠商业推广生存，口碑传播虽然广度有限，但能使商业信息更有说服力地影响到目标受众。这一群体并非传统名人，却被认为是相关利基市场的专家。有自己感兴趣或专门从事的领域，比如园艺爱好者、购物狂、健身控、学霸、旅游达人等，虽然不到网红级别，但是在亲友当中算是对该领域比较有发言权。

Influencer Marketing Hub（IMH）发布的《2020 年意见领袖营销报告》调查了 4000 家营销机构、品牌和其他行业的专业人士，征求了他们对 2020 年意见领袖营销状况的看法，并收集了相关的统计数据。其中报告分析了领先的影响力营销平台 Instagram、TikTok 和 Twitter 上的 10 万多名影响者的个人资料，这些影响者拥有不同数量的追随者，也表现出不同的追随者参与率。数据表明：拥有大量追随者的影响者的参与度低于拥有较少追随者的影响者。这一点在 Instagram 上尤为明显，在 Instagram 上，关注者少于 1000 人的微型影响力者的参与率是拥有超过 10 万名粉丝的超级影响力者的约 7 倍（分别为 7.2% 和 1.1%）。这种模式在这两个极端之间的每一个关注者数量水平上都有体现。

显然，微型意见领袖相比拥有大量粉丝基础的关键意见领袖拥有更好的受众互动能力，这类具有影响力的群体是与目标受众建立信任的良好渠道。从具有很大影响力的关键意见领袖转向微型意见领袖，这一个过程强调了品牌的重心转移。很多关键意见领袖的吸引力只是一个名字的影响力，而不是对其内容和帖子的兴趣；而微型意见领袖是某一些领域或学科的专家，他们吸引着一批支持者，这些支持者表现出对他们所发布的内容的强烈兴趣。微型意见领袖能更好地阐述产品性能或使用方法，所以他们使用最有效的媒介来展示产品，展现其如何使用产品，可以刺激支持者产生尝试该产品的欲望。

12.4.3　平民化中心

从更普遍的角度上来考虑，在数字经济时代，依托于互联网技术，每一个普通的消费者都有机会产生营销影响力，影响自己身边的亲密群体，这也是产生平民化中心的背景。部分消费者在购买产品后，会基于个人的人脉关系进行产品使用分享，如在自己的朋友圈或其他社交平台发布使用产品的感受和信息，或邀请朋友来使用产品、获得体验感等。这些消费者的分享行为会对周边接收到该信息的人群产生营销影响力，因此这些消费者成为平民化中心。

平民化中心是指在一定时期或情境下能显著影响周边人群决策或行为的特

殊群体。"中心"（hub）的概念源自社会网络理论，后来被用于泛指具有更多社会关系或影响力的人群（Van den Bulte，Wuyts，2007）。平民化中心类似于 Gladwell（2000）提出的"连接者"的概念，这类人之所以具备一定的影响力，不是因为他们具有专业知识或特殊能力，而是因为他们周围的人更熟悉他们，因此更容易对他们产生信任。例如，微商最初产生于微信的朋友圈。因此，平民化中心主要依靠人脉资源来产生营销影响力。

产生角色分化的消费者不仅是产品购买者，更是产品传播者，能够基于个人社会关系网络传播产品信息。研究者通过对在线社区新老顾客之间沟通信息的数据抓取以及电话回访等方式收集数据，分析消费者群体交互特征。每个平民化中心身边往往都会有一批具有类似身份属性的普通消费者，他们之间存在比较强的情感认同。基于这种情感认同，平民化中心与普通消费者很容易构建情感信任。因此，企业可以通过识别平民化中心，与之合作，借助其人脉资源宣传产品。在这一阶段，通过对异质资源的识别和分析，企业主要形成了识别资源的能力。

从拥有大量粉丝群体的关键意见领袖到有一定追随者的微型意见领袖，在更普遍的情形下，所有的消费者都可能成为宣传产品服务的平民化中心，消费者通过这种角色的扮演，促进了产品的创新，自身也获取了个性化的产品与服务，有效地实现了在这一时代背景下的价值共创。

参考文献

郭琳，2017. 基于价值共创视角的互联网时代营销策略［J］. 商业经济研究（9）：54-56.

贺达，顾江，2018. 互联网对农村居民消费水平和结构的影响：基于 CFPS 数据的 PSM 实证研究［J］. 农村经济（10）：51-57.

胡孝平，2017. 服务主导逻辑视角下旅游体验价值共创研究［J］. 商业经济研究（13）：166-168.

林挺，张诗朦，2017. 互联网＋视域下城镇居民家庭消费行为偏好演进规律研究［J］. 价格理论与实践（8）：156-159.

刘江鹏，2015. 企业成长的双元模型：平台增长及其内在机理［J］. 中国工业经济（6）：148-160.

刘林青，雷昊，谭力文，2010. 从商品主导逻辑到服务主导逻辑：以苹果公司为例［J］. 中国工业经济（9）：57-66.

　　罗珉，李亮宇，2015. 互联网时代的商业模式创新：价值创造视角［J］. 中国工业经济（1）：95-107.

　　司凯，2017. 公益事件营销的发展：从 1.0 到 2.0［J］. 商业经济研究（20）：67-70.

　　王千,2019. 社群电商如何创造价值:以拼多多为例［J］. 经济研究参考（15）：117-127.

　　王正沛，李国鑫，2019. 消费体验视角下新零售演化发展逻辑研究［J］. 管理学报（3）：333-342.

　　吴瑶，肖静华，谢康，等，2017. 从价值提供到价值共创的营销转型：企业与消费者协同演化视角的双案例研究［J］. 管理世界（4）：138-157.

　　叶靖，2018. 移动互联网时代微型意见领袖的崛起:营销领域初级群体的"重新发现"［J］. 艺术科技（12）：278-279.

　　张昕蔚，2019. 数字经济条件下的创新模式演化研究［J］. 经济学家（7）：32-39.

　　赵明辉，2018. 基于微观主体行为的居民消费行为变迁及其影响因素研究［J］. 商业经济研究（9）：46-48.

　　周楠，2018. 互联网背景下居民消费行为特征及影响因素研究［J］. 商业经济研究（24）：65-68.

　　Becker G S, 1965. A theory of the allocation of time［J］. Economic Journal, 75（2）：493-517.

　　Bettencourt L A, Lusch R F, Vargo S L, 2014. A service lens on value creation: Marketing's role in achieving strategic advantage［J］. California Management Review, 57（1）：44-66.

　　Dinner I M, Heerde H J V, Neslin S A, 2014. Driving online and offline sales: The cross-channel effects of traditional, online display, and paid search advertising［J］. Journal of Marketing Research, 51（5）：527-545.

　　Faraj S, Kudaravalli S, Wasko M, 2015. Leading collaboration in online communities［J］. MIS Quarterly, 39（2）：393-412.

　　Frow P, Payne A, 2008. A stakeholder perspective of value: Extending the value proposition concept in the context of stakeholders and service-dominant logic [C]// Forum on Markets and Marketing: Extending Service-Dominant Logic.

Fuchs V R, 1968. The Service Economy [M]. New York: UMI Publishing.

Gladwell M, 2000. The Tipping Point: How Little Things Can Make a Big Difference [M]. New York: Hachette Book Group.

Grönroos C, 2008. Service logic revisited: Who creates value? And who co-creates? [J]. European Business Review, 20 (4): 298-314.

Gröenroos C, 2009. Marketing as promise management: Regaining customer management for marketing [J]. Journal of Business & Industrial Marketing, 24 (5-6): 351-359.

Grönroos C, 2011. Value co-creation in service logic: A critical analysis [J]. Marketing Theory, 11 (3): 279-301.

Grönroos C, Voima P, 2013. Critical service logic: Making sense of value creation and co-creation [J]. Journal of the Academy of Marketing Science, 41 (2): 133-150.

Heinonen K, Strandvik T, Mickelsson K J, et al., 2010. A customer-dominant logic of service [J]. Journal of Service Management, 21 (4): 531-548.

Howells G, 2005. The potential and limits of consumer empowerment by information [J]. Journal of Law and Society, 32 (3): 349-370.

Lanier C, Hampton R, 2008. Consumer participation and experiential marketing: Understanding the relationship between co-creation and the fantasy life cycle [J]. Advances in Consumer Research, 35 (1): 44-48.

Li F, Du T C, 2011. Who is talking? An ontology-based opinion leader identification framework for word-of-mouth marketing in online social blogs [J]. Decision Support Systems, 51 (1): 190-197.

Lusch R F, Vargo S L, 2004. Evolving to a new dominant logic for marketing [J]. Journal of Marketing, 68 (1): 1-17.

Lusch R F, Vargo S L, 2006. Service-dominant logic: Reactions, reflections and refinements [J]. Marketing Theory, 6 (3) : 281-288.

Lusch R F, Vargo S L, Wessels G, 2008. Toward a conceptual foundation for service science: Contributions from service-dominant logic [J]. IBM Systems Journal, 47 (1) : 5-14.

Lyons B, Henderson K, 2005. Opinion leadership in a computer-mediated environment [J]. Journal of Consumer Behaviour, 4 (5) : 319-329.

Prahalad C K, Ramaswamy V, 2000. Co-opting customer competence [J]. Harvard Business Review, 78 (1) : 79-87.

Prahalad C K, Ramaswamy V, 2004. The Future of Competition: Co-Creating Unique Value with Customers [M]. Boston: Harvard Business Press.

Prahalad C K, Ramaswamy V, 2010. Co-creation experiences: The next practice in value creation[J]. Journal of Interactive Marketing, 18(3): 5-14.

Prahalad C K, Ramaswamy V, 2013. Co-creating unique value with customers [J]. Strategy & Leadership, 32 (3) : 4-9.

Sheth J N, Sisodia R S, Sharma A, 2000. The antecedents and consequences of customer-centric marketing [J]. Journal of the Academy of Marketing Science, 28 (1) : 55-66.

Storch H, 1823. Cours d'économie politique, ou, Exposition des principes qui déterminent la prospérité des nations [M]. Paris: J. P. Aillaud.

Sutanto J, Tan C H, Battistini B, et al., 2011. Emergent leadership in virtual collaboration settings: A social network analysis approach [J]. Long Range Planning, 44 (5-6) : 421-439.

Toffler A, 1980. The Third Wave: The Classic Study of Tomorrow [M]. New York: Bantam Books.

Turcotte J, York C, Irving J, et al., 2015. News recommendations from social media opinion leaders: Effects on media trust and information seeking [J].

Journal of Computer-Mediated Communication, 20（5）：520-535.

Van den Bulte C，Wuyts S, 2007. Social Networks and Marketing［M］. Cambridge：Marketing Science Institute.

Xie K，Wu Y，Xiao J, et al., 2016. Value co-creation between firms and customers: The role of big data-based cooperative assets［J］. Information & Management, 53（8）：1034-1048.

第 13 章
母国区位优势正在借助商业模式禀赋重新回归

13.1 数字化商业模式

13.1.1 数字化商业模式内涵

目前对于商业模式的定义仍旧莫衷一是。Zott 和 Amit（2010）就曾经在他们的《商业模式设计：活动系统视角》一文中说道："商业模式这个词用起来的确很方便，不过当前对它并没有一个明确的概念解释，即便是经常使用的人中，恐怕也有四成左右并没有确切地了解它的真正含义。"

商业模式的概念最早出现在 1957 年，但直到 40 年后才流行开来。由于不同学者的研究视角不同，其对商业模式的看法也不同：Magretta（2002）曾经定义商业模式为"讲述创新者如何赚钱的故事"，她认为商业模式是对企业赚钱路径因素的解释，说明了企业赚钱的整个价值；奥斯特瓦德和皮尼厄（2011）认为，商业模式是对企业如何进行价值创造、价值传递和价值获取的原理的描述；Schweizer（2005）则将商业模式划分为价值链优化布局、核心竞争资源和收入来源；Itami 和 Nishino（2010）定义商业模式应该包含收入来源、利润最大化以及企业持续经营发展三个方面。不同于早期研究关注企业流程，商业模式研究的浪潮在兴起之初就立足于解释"企业如何创造并获取价值"的基本逻辑。

国内的学者，如魏炜、朱武祥（2009）突破单个企业的视野，转而观察企业与消费者、合作者、竞争者之间的博弈关系，将商业模式定义为"利益相关者的交易结构"。顾元勋（2014）认为，"商业模式的设计是企业管理与市场之间连接的永续逻辑"，因此将商业模式定义为企业与其环境界面上的协调机制，在商业模式的分析视角中，企业与市场的关系应是从水平方向上观察的，即提供商—商业模式—市场与用户。不同于机械思维的传统企业战略，商业模式要从生态视野进行研究，在企业与企业的互利共生中，寻找一种内生、自我的企业生长和发育机制，让企业发展回归到自身生态进化的轨道上。王德禄和徐苏涛（2011）认为，在一种商业模式中，确实有必要建立一种相对稳定的运行机制，通过与公司的不同交易，结合相关的能力和资源，将业务成本控制在最低限度。商业模式是以企业为核心的利益相关体，在完成创造客户价值和获取自身利益两大任务方面开展的有关活动的方式或式样。汪寿阳等（2017）以冰山理论为基础研究商业模式后发现，其是一个相对复杂的整体系统，可以被分为显性和隐性两个知识层次：显性方面可以通过商业模式理论工具进行研究，而隐性方面的知识需要建立新的研究方法进行研究。王迎军和韩炜（2011）基于"企业的根本是创造和获取价值"的观点，将商业模式定义为"创造价值和传递价值以及获取价值并组合为企业经营价值三角形"，而后，在新创企业多案例研究中，指出新创企业商业模式遵循价值三角形的基本逻辑，并在确立过程中与新创企业成长逐渐形成一个共生演化循环。

综上所述，这些定义大致上可以分为三类——经济类、运营类和战略类，为不同行业、不同阶段的企业发展提供新的分析维度，而新创企业正处于以生存为唯一经营目标的初级阶段，如前文所述，新创企业的商业模式构建在此时更多的是体现企业经营的架构方向、指导新创企业顺利度过生存阶段的导航。

而面对不断创新发展的信息技术，在商业模式核心理论（价值创造与价值捕获）基础上，新型数字化商业模式正在兴起。数字化商业模式由消费者内容、用户体验以及数字平台组成，其中消费者内容包括数字产品以及销售的数字产品信息；用户体验包括用户接触数字化业务流程；数字平台由内部平台与外部平台组成，内部平台包括用户数据收集与储存、客户分析以及人力资源管理，外部平台包括手机、平板电脑、电信网络等设备（Weill，Woerner，2015）。数字化商业模式对传统商业模式的影响体现在内部权力、业务流程以及用户数据上。内部权力的变化指从只拥有单个产品用户体验的部门到拥有管理多产品用户体验的部门，业务流程则需要重新考虑整个过程跨通道的无缝连接，而用户数据已经变成了企业范围内的资源。

随着产品和服务信息在数字化商业模式（如 Groupon）和社交互动平台（如

Facebook、Twitter）中的扩散，单个消费者的潜在能力逐步得到提升，这使得产品、服务和消费者的集体谈判变得更加全面。此外，数字化的设备（如手机、可穿戴设备、物联网）和技术（例如大数据分析、图像识别、机器学习和人工智能）已经释放了单个消费者作为价值创造资源（例如数据）贡献者的潜力。基于这个层面而言，单个消费者在数字化世界中可以充当某种异质性资源（Afuah，Tucci，2000）。尽管数字化商业模式兴起的潮流越来越迅猛，但数字化商业模式的影响尚未被完全概念化，即企业如何构思、设计和组织其资源配置的过程还未标准化。现存的文献主要以企业充当某种不同角色为前提，即作为资源提供者的合作伙伴，或是作为价值创造的核心客户，以此来概念化企业的资源配置决策。

13.1.2　数字经济时代新兴的商业模式

管理学大师彼得·德鲁克曾说过，"当今企业之间的竞争，不是产品之间的竞争，而是商业模式之间的竞争"。由此可见，优秀的商业模式是企业取得成功的关键。创建一套动态稳定的商业模式的理论基础前提，就是企业处于既面临外部环境的不确定性，又受制于理性标准的两难境地。在当今瞬息万变的新环境中，很难建立一个能经得起时间变迁考验的万能框架。仅简单地应用规则来创建一个静态的商业模式是无法适应不断变化的市场环境的，而商业模式的选择和设计在企业开发和寻找商机的过程中起着重要的作用。由于不确定性，企业家关注的焦点逐渐从内部管理决策转向外部机会识别，识别在不确定环境中产生的机会，并通过整合资源来开发和利用这些机会以实现利润目标。随着大数据时代的来临，近年来数据经济市场的活跃程度与交易规模都促进企业不断创造新的商业模式。

1."社群＋电商"商业模式

互联网的发展使信息交流变得越来越容易，使志同道合的人更容易成为社群。与此同时，互联网将人们分散的广泛需求聚集在一个平台上，联合形成新的共同的需求，并发展出新的价值层面。如今互联网正在催熟新的商业模式，即"社群＋电商"的混合模式，是通过将零散的用户聚集在一起而运营的商业模式。这种商业模式通过让用户社群化来充分激活沉淀的用户，提高用户的群体意识，加强社交网络联系，利用社交工具来提升社群用户的活跃度。比如，最初只作为一种社交软件的微信，先是通过自身的工具属性与社交属性等核心属性，过滤出大量的目标用户；然后添加朋友圈点赞与评论等社区功能，以增强社群的联系；继而添加了微信支付、精选商品、电影票、手机话费充值等商业功能，从而形成社群运营的商业模式。

2. 长尾型商业模式

管理学中传统的"二八定律"认为，企业生产出售的所有产品中，有80%是不具备商业价值的，只有20%的产品能够为企业创造利润，所以在企业对产品进行定位的时候，这80%的产品常常被忽略。Anderson（2004）提出的长尾理论认为，只要流通渠道足够畅通、储备量足够大，这80%的销量不佳或需求不旺的小众产品共同占据的市场份额能够与那20%的热门产品的市场份额相当，甚至能够超过热门产品的市场份额。长尾理论就是互联网思维下产生的新理论，它主张企业的主要收入并不来自被人们大量需求的产品，而是来源于被大多数人忽略的边缘产品，故它主张以多款少量为核心的商业模式（见图13-1）。

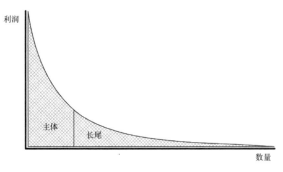

图 13-1 长尾理论

3. 跨界商业模式

这是在互联网开放式创新的背景下，针对当代企业面临的新机遇和新挑战而进行变革后的一种商业模式，其目标是实现附加值创新和跨产业整合。跨界商业模式主要是通过组织企业内部与外界之间进行创新资源的交换与流动，以获取超额利润和企业竞争优势，并实现价值创新的目标。在新经济时代，以互联网和通信技术为主的信息技术的运用大大降低了交易成本，同时二级市场的出现加速了企业边界内外创新资源的流动和交换，两者共同作用，导致了创新资源的全球化扩散。这时，社会学习的频率大大提高，知识的价值悖论对创新企业的威胁远远大于信息披露的悖论。而要解决知识的价值悖论问题，最根本的办法不是"阻止"，而是"疏导"，企业应该将关注的重点从如何增加知识的储备量转移到如何改善知识的流动上，关注如何通过跨界、利用创新资源来获取竞争优势，进而实现商业价值。

4. 免费商业模式

按照安德森（2009）在其著作《免费：商业的未来》中的说法，这种新型的免费商业模式是一种建立在电脑字节基础上的经济学，而非过去建立在物理原子基础上的经济学。这是数字时代的一个特点，因为当某些东西变成软件时，它的成本和价格都不可避免地趋近于零。免费模式不同于传统的低价买入、高价卖出的商业模式，它是先通过让产品免费来获取大量的用户，然后等到积累了足够大的用户量之后，通过广告、增值服务等来获取收益，例如 QQ、360安全卫士、网易等软件。免费商业模式的核心模式有四种：一是直接交叉补贴模式，二是第三方市场模式，三是免费加收费模式，四是完全免费模式。

5. O2O 商业模式

O2O 是指将线下销售与互联网结合在一起，让互联网成为线下交易的前台。O2O 模式通过一个平台，成功地连接线下的用户与线上的商家，让商家可以通过网络在平台上随时发布各种商品的信息，而用户也可以直接通过网络实时查询，不再需要花费大量的时间成本和交易成本就能够获取到自己所需的商家的信息和商品的优惠，并且能够随时到线下的商家处体验产品与服务。O2O 模式有利于帮助解决用户寻找商品难和商家寻找客户难的问题。

6. 平台型商业模式

"平台"这一概念最早来源于双边市场理论。平台型的商业模式是一种多方合作共赢的商业模式，其重新定义了各利益群体的角色或其之间的关系，维护群体之间的友好互动，满足所有群体的需求，并且从中获取经济收益。在这个平台上，对用户而言，有价值的创新有着不同来源：有平台企业内部核心研发人员所创建的，也有外界企业拥有和控制的，这就需要不断整合多方资源，让各方要素相互作用，进而达到 1＋1＞2 的效果。平台型商业模式的核心是打造足够大的平台，产品更为多元化和多样化，更加重视用户体验和产品的闭环设计，比如说购物平台"淘宝""京东""拼多多"等，外卖平台"美团""饿了么"等。平台模式的目的就是打造一个多方共赢互利的生态圈，让用户和企业零距离交流。

13.1.3　数字化商业模式具有易被模仿性

客户群体和市场需求相同的企业之间绩效的竞争取决于各自商业模式所发挥的价值功效。现实中当一些企业以新兴的商业模式进入某个行业领域时，自身的高速成长会引发大量竞争对手对新商业模式的竞争性模仿，呈现出商业模式创新颠覆效应。相关研究及实践经验表明，模仿创新也是企业进行商业模式创新的重要路径之一（吕福新，2008）。

1998 年后，美国政府批准授予企业商业模式创新的专利，这标志着商业模式创新受到了政府的鼓励和保护。实际上，在此之前，伴随着数字经济时代的来临，已经有许多国家的企业成功实践了商业模式的创新（张越，赵树宽，2014）。中国开始对商业模式创新进行实践活动的时间较晚，大多企业的商业模式来源于对外国企业的模仿创新，无论是技术创新诱发的还是产业演化诱发的创新商业模式的成功企业，大多都可以在国外找到其借鉴的模型。比如互联网领域的百度与谷歌、腾讯与 MSN、淘宝与 Ebay；连锁经济型经营领域的如家快捷酒店与速 8 酒店；提供低价且有限服务的航空公司春秋航空与美国西南航空公司等，这些都是我国企业模仿国外成功企业创新商业模式的典型案例。以下几个案例事实都表明，在数字经济时代，商业模式更加容易被复制。

1. 微博：开启社交新潮流

21 世纪前 10 年，博客兴起与流行。2006 年，博客技术先驱 blogger 创始人埃文·威廉姆斯（Evan Williams）创建的新兴 Obvious 公司推出了 Twitter 服务，在不到两年的时间内就发展成熟，且获得了各种奖项。受 Twitter 在海外的发展势头的影响，中国互联网各类微博产品也如火如荼地发展，2009 年至 2010 年，各大门户网站纷纷上线微博产品，如新浪微博、人民微博、腾讯微博、网易微博、搜狐微博、凤凰网微博、天涯微博等。与较早的贴吧、社区、博客等社交网络相比，微博的使用门槛相对较低，产品更加大众化、社交化。其中，新浪微博以名人微博为切入口，迅速地在众多同质化产品中脱颖而出，并一路发展为中国社交媒体巨头。作为互联网粉丝时代的拓荒者，新浪微博不仅培养了互联网用户的社交新习惯，其强大的传播影响力还对传统媒体产生了较大的颠覆作用。

2. 团购：千团大战狭路相遇勇者胜

2008 年底，以网友团购为经营卖点的 Groupon 在美国成立，历时 7 个月就实现盈利。团购模式很快就传入中国，2010 年初，中国团购网站如雨后春笋一般，遍地开花。艾媒咨询统计数据显示，截至 2011 年，中国已有超过 5000 家团购网站，各大型团购网站将业务覆盖至所有的一、二线城市，三、四线城市也相继出现了众多的小型团购网站。然而，这种热度仅仅维持不到两个季度，多家大型团购网站在尝试了几个月后纷纷裁撤站点。由于风投资金链断裂和营业收入有限，团购网站不得不相继裁员，这一发展的经过也就是后世所称的"千团大战"。不过，狭路相逢勇者胜，美团在 2015 年联手大众点评，成为中国团购市场笑到最后的赢家。所幸的是，洗尽铅华的团购网站将竞争上升到了更高的层面，随着以 BAT 为首的互联网巨头公司的参与，团购的竞争拉开了本地生活服务这一巨大市场竞争的序幕，这场竞争已经变成了巨头之间布局 O2O 的角力。

3. 共享单车：引爆共享经济市场

中国共享经济发展的起点是共享单车服务的出现。共享单车最早兴起于国外，于 2010 年由政府引导进入中国市场，并且多为有桩共享单车模式。2014 年，摩拜单车、ofo 单车等共享单车品牌出现，并在移动互联网和移动支付应用快速发展的加持下，迅速引爆了共享经济热潮。2015 年，经过多轮天使融资与运作，ofo 小黄车和摩拜单车发展迅速，俨然已成为共享单车行业的领军者。2016 年之后，各大共享单车品牌如雨后春笋般纷纷涌入市场。共享单车的出现受到公众的广泛欢迎，在公共交通出行领域掀起一场变革，中国共享单车用户规模从 2016 年的 0.28 亿人以 632.1% 的增长率迅速增至 2017 年的 2.05 亿人。此后，共享充电宝、共享雨伞、共享汽车等项目相继出现。

由于模仿创新需要有较为成熟的商业模式作为其创新的基础，因此可以省去很多试错过程，对于那些社会资本充足的公司来说，可以更快速、更高效地完成商业模式创新。但商业模式的创新必须与公司经营所处的政治、经济和文化环境相适应。所以，商业模式是难以完全模仿的。企业只有分析自身独特的商业模式要素优势，结合自身资源和母国环境，进行有效的改进和创新，才能避免模仿带来的排斥效应，获得更大的竞争优势。

13.2　母国区位优势借力数字化商业模式禀赋回归

区位优势是国际投资活动得以开展的重要条件，但实际上它具有着更广泛的意义；而现有国际投资理论将区位优势限制在东道国内，特指可供投资的国家或地区对投资者来说在投资环境方面所具有的吸引力，主要是自然因素、经济因素、制度和政策因素等方面吸引外来投资的条件，这种认识具有相当大的局限性和片面性。显而易见的是，如果一个国家的经济发展水平普遍高于邻国，或者如果该国与邻国的交通便利且投资机会众多，市场、供应和运输成本均有合适的条件，那么该国在邻国进行投资将比在其他地区更有利可图。因此，有理由认为，投资母国的区位优势不仅存在，而且具有普遍重要性。

13.2.1　母国参与塑造商业模式，赋予数字化企业竞争力

彭罗斯在其著作《企业成长理论》中提出了企业成长的内生动力理论，认为企业内部拥有的资源是企业竞争优势的源泉，从而开启了学界对企业竞争力理论的研究。此后，许多学者开始致力于企业能力的研究，创业能力理论不断发展并完善，逐渐形成了资源基础理论、核心能力理论、动态能力理论和知识基础理论

四个分支。其中，核心能力理论的核心观点是：企业是资源、能力和知识的集合体，企业以这些资源、能力和知识的积累和分配为基础，建立长期竞争优势，创造持续的超额利润，公司根据自身的能力资源优势确定生产经营范围。

资源基础理论认为，包括物质资源、人力资源和组织资源在内的企业内部资源是解释企业保持竞争优势和实现超额利润的关键（Wernerfelt，1984）。此外，资源基础理论认为，企业的持续竞争优势来源于企业所拥有的稀缺的、有价值的、可替代的、难以模仿的战略性资源（Barney，1991）。企业资源包括有形资源和无形资源，这决定了企业边界的双重属性：土地、劳动力和资本等有形资源决定了无形边界的维度和由知识、技术等无形资源决定的能力边界，因为对企业而言，无形资源是核心资源，所以能力边界是企业边界的核心属性，能力边界的变化决定了规模的变化。此外，资源基础理论还认为，企业的经济活动与外部环境相互作用，导致企业边界受到外部资源的影响，公司通过获取关键的外部资源来加强其核心竞争力，进而调整企业的边界（Jacobides，Billinger，2006）。以资源基础理论为基础的企业边界观认为，企业边界的选择实质上是企业对资源的配置，合理的企业边界可以使企业内外部资源得到更好的整合和利用，从而提供持续的竞争优势。

企业对自身商业模式进行复制并重复应用的难易程度称为商业模式的可扩展性。可扩展性是指迅速、有效率和效果的扩展潜能，包括在同一地域用同一产品服务更多人群、拓展到新的市场、水平或者垂直扩展。商业模式在不同的市场间是可转移的，独立的商业模式可以通过利用企业现有的资源、能力以及机会来扩展企业自身的边界（Sánchez，Ricart，2010）。这种复制是企业对自身商业模式的反复应用，并在复制过程中对该种商业模式进行改进和完善。对企业的商业模式运营系统的复制就涉及复制其中的关键资源，以支持企业市场份额（业务扩展）和市场覆盖率（空间扩展）的提高（李永发，李东，2015）。也就是说，企业的资源和能力是支撑其商业模式扩展的基础，而价值创造空间大小以及支撑价值创造的关键资源服务的可移植性是制约其对商业模式重复应用的两方面因素。商业模式的可扩展性主要体现在业务规模的不断扩大、业务类型的不断扩展及地理空间的转移等方面。企业可以通过利用现有资源能力与机会，对自身成功的商业模式进行复制与重复应用，达到不断扩大业务规模和拓展企业边界并支撑企业持续成长的目的。

战略理论认为，商业模式的战略复制和业务扩展是非常困难的。至少更多的生产经验和更好的专业知识这两种资源对成功复制很重要。然而，这些经验资源往往受到地理位置的限制，将其推广到其他区域的方法并不明确。在新的地区，最佳的投入比可能不再适用。例如，零售商找不到最合适的店面，可能没有足够通畅的销售渠道，产品可能在新的地区没有足够的知名度来获得良好的消费者忠诚度，它们还可能无法获得必要的互补性资源。尽管拥有优势资源是跨国公司参与国际化活动的关键驱动力，但它忽略了跨国价值创造和获取的网络效应，如客户和需求方战略。更重要的是，基于网络效应的优势也受到区域的限制，不能在当地市场之间转移。例如，Uber 在美国的 100 万用户群对北京的消费者来说可能没有什么价值。因此，当跨国平台企业进入一个新的市场时，它必须创建一个新的本地网络来产生网络效应。过分注重通过内部化利用公司资产和知识，而不是利用金融服务协定吸引外部资源的投入来创造新的网络效应，不足以在外国市场创造价值。

众所周知，世界上所有国家的不同要素禀赋之间都存在差异，而这些差异可以创造出每个国家的国家特定优势。基于母国资源环境的特质性差异立足的企业就可以建立起海外投资时与众不同的"非传统型能力"。必须指出的是，新兴市场公司的母国在市场规模、收入水平、经济结构、自然资源、技术能力、贸易开放程度、政府政策等方面都存在差异。比如俄罗斯、南非和沙特等新兴经济体具有丰富的国家特定资源禀赋；中国、印度和巴西等国家则具有巨大的潜在消费市场以及低成本的劳动力；墨西哥、土耳其、埃及等国家则占据着连接周围国家的交通枢纽地位，并且与邻国存在着历史和文化上的渊源；印度、新加坡等国家因为大量的海外移民间的血缘关系与种族纽带，形成了其特有的社会关系网络。此外，一些新兴市场公司还具备本地化嵌入的能力，即能够最大限度地利用与当地政府的关系、对当地市场的了解以及适应当地消费者需求的能力而在国外类似的商业环境中开拓市场。

在这些资源配置中，一部分资源成为"准公共产品"，由地方政府或企业独家拥有而不在竞争市场上交易或流通，这大大增加了外国投资者的交易成本与不利条件。例如，巴西政府授予其"国家冠军企业"淡水河谷（Vale）开采本国优质铁矿石的特权，而中国联想（Lenovo）则在外资进入前率先建设并控制住国内个人电脑的销售渠道。可见，新兴市场部分资源的"公共"属性赋予了本地所有者重要的市场势力与议价权力，这不仅有利于本地企业优先占有由母国特定资源创造出的李嘉图租金，为跨国经营积累物质资本，而且更为重要的是，如果这些区位限制性资源恰恰也是外来投资者所急需获取的互补性资源，那么新兴市场政府或企业就可以凭借对这些资源的控制而获利，如以市场换取技术，以出让土地使用权换取资金，以分享国内销售渠道换取核心技术、品牌，等等。当新兴市场企业能够独享国际上稀缺但是国内充裕的特定资源时，它们可以利用这些资源的成本差异弥补在国际市场上与外国公司竞争的劣势，先国内后国际地开展跨国经营。

案例：中国滴滴与美国 Uber 商业模式对比 [①]

宏观环境也是企业生产经营活动所处的大环境，主要由政策（political）环境、经济（economic）环境、社会（social）环境和技术（technological）环境等因素构成，对宏观环境的分析即 PEST 分析。宏观环境会间接地、潜在地影响企业商业模式的形成。利用 PEST 分析法分析美国的 Uber 和中国的滴滴出行不同的宏观环境，分析产生共享经济新型商业模式的环境因素，以凸显母国资源与环境优势在塑造企业商业模式中的作用（见表 13-1）。

表 13-1　Uber、滴滴 PEST 对比分析

环境	Uber（美国）	滴滴（中国）
政策环境（P）	各州态度不一	国家出台正式文件支持共享经济
经济环境（E）	金融危机；低调朴素的支出方式；补贴家用	结构性失衡、供给侧结构性改革；消费升级
社会环境（S）	更好的生活品质；创新思维、独立的性格	急需解决出行问题；合作共赢（开拓海外市场）
技术环境（T）	经济学原理；自动驾驶技术	大数据、机器学习；公共出行（滴滴班车）

（1）政策环境。共享经济新型商业模式的发展离不开政策上的支持。在美国，各州政府对共享经济的态度不一，这也是最初 Uber 在有的州（如加利福尼亚州）发展良好，在有的州（如堪萨斯州）却被抵制的原因。截至 2015 年 8 月，美国

---

① 案例来源：关钰桥和孟韬（2018）。

合法化网约车的城市与州有 54 个，其中一些城市已经开始着手制定相应的政策和管制措施，此后，Uber 在美国本土发展的阻力逐渐减少。

Uber、滴滴在两国的发展历程之所以不同，其根源在于美国和中国不同的政策环境。在 Uber 新型商业模式的冲击下，美国各州政府对其态度和管理方式不同，这使得 Uber 即使在美国发展，也要因地制宜地面对和解决在各个州出现的问题。相反，我国出台一系列政策鼓励支持共享经济发展，在一定程度上帮助了滴滴在我国的迅速发展。

（2）经济环境。经济环境由各种影响消费者购买能力和支出模式的因素构成，管理者必须密切关注世界市场和各国市场的主要经济趋势和消费者支出模式的变化（科特勒，阿姆斯特朗，2015）。2008—2009 年美国的经济衰退使得美国消费者不得不接受更为朴素、低调的生活方式和支出方式。以 Uber 为代表的共享经济商业模式兴起，起初主要是因为人们深陷经济危机的绝望，不得不寻找其他赚钱的方式（分享自己闲置的汽车）来增加收入以补贴家用。

中国经济社会发展当前面临的一大问题是结构性失衡，这种失衡表现在不同领域、不同层次，如增长的数量与质量的失衡；强大的制造能力与创新能力的失衡；供需关系的结构性失衡与产业结构失衡等（程维等，2016）。社会资源大量闲置，急需一种新型的商业模式促进供给侧结构性改革。以滴滴为代表的共享经济平台正尝试用低成本的方式实现社会资源效用最大化，以技术驱动优化城市出行供给。

（3）社会环境。数据显示，截至 2021 年，我国平均每百户家庭拥有 78 辆私家车，而美国的汽车拥有量则是每百户 277 辆。与之相比，中国每百户家庭拥有私家车的数量不及美国的 1/3，但中国私家车市场已经出现巨大的瓶颈——很多城市都开始限制私家车数量。然而，人们的交通出行问题仍亟待解决，因此，滴滴在产品开发上更专注于出行的多元化，即从轿车市场转移到公交这种大体量市场，推出滴滴巴士、滴滴班车。与之相反，美国较为饱和的私家车市场使得 Uber 不能只做交通出行公司，而要涉及运输交通的各个领域，如快递、外卖等服务，为美国消费者提供更好的生活品质。与此同时，创新性思维和崇尚高科技促使美国 Uber 将产品重心放在新领域无人驾驶技术上。

从发展国际业务上也可以清晰地看出不同社会环境对企业的影响。美国人独立的性格使得 Uber 在全球扩张时，更依靠企业的新型商业模式以及技术服务，而滴滴则表现出中国人合作共赢的特点，与外国其他出行公司合作，从而使企业在彼此国家可以顺利发展。

（4）技术环境。近年来快速发展的信息和通信技术带来了一个新的现实，它使得信息、人、组织、物流和金融在全球范围内不断连接和相互影响。网络平台的发展显著刺激了个人资本、资产和服务交换的经济增长，使得人们可以合理充分利用资源并分摊贸易交易成本。大量以 P2P 为基础的服务新型模式破坏了传统的企业经济范式，Uber 和滴滴就是以此为基础的。

不同的技术环境背景使得 Uber 和滴滴的根本理念不同。Uber 是用经济学来解决交通问题，而滴滴则是用人工智能、机器学习来解决如动态调价、调度等问题。如 Uber 研发汽车自动驾驶技术，旨在未来可以使所有处于闲置状态的自动驾驶汽车成为 Uber 整合的资源。而滴滴则将重点逐渐转向公共出行，如滴滴巴士、滴滴班车等。

13.2.2　数字经济推进近岸外包，母国成区域价值链中心

数字经济并不直接引起价值链重构趋势，而是通过改变劳动和资本的报酬比重引起要素结构变化，最终改变价值链空间布局、长度和治理结构（郭周明，裴莹，2020）。

数字经济提升劳动生产率，促进外包回流和服务套利。第一，劳动力成本份额下降加速全球价值链区域化。数字技术发展导致劳动力成本在收入中的贡献度下降，使外包加速向发达国家回流，推进了近岸外包和价值链区域化趋势（Acemoglu，Restrepo，2019）。同时，劳动者收入损失被机器人设备租金和消费者价格下降所带来的收入效应抵消，使得社会福利增加，市场规模扩大，巩固了中国作为区域价值链中心国家的地位。第二，自动化改变了贸易利差结构，促进了远程服务发展。全球化套利的核心驱动力在于各国比较优势与贸易成本之间的贸易利差。进入全球化套利的第三阶段后，一方面，制造业产品的劳动力成本份额下降，各国比较优势差异收窄，制造业可贸易性降低，国内价值链对全球价值链的替代性进一步加强；另一方面，服务业的劳动力份额受影响较少，相对急剧下降的面对面成本而言，可贸易性反而增强，发展中国家将继续发挥劳动力禀赋的比较优势，服务贸易将成为全球价值链未来发展的主要模式。随着操纵机器人的熟练工人的供给增加，未来还将大规模出现一国工人在另一国远距离通勤的

服务贸易新业态。

　　数字化提升数字资本需求，加速区域价值链发展。首先，数字基础设施将成为区域价值链的关键推动力。宽带等数字连通性是提高全球价值链参与度的关键因素。数字技术提高了资本对劳动的替代率，数字经济发展需要在集中的地理范围进行密集的资本和知识投入，因而将加大本国和区域内数字资本投资，加速区域价值链的形成。其次，数字化投资促使价值链治理模式趋于垂直化。数字技术等无形资产提升生产力的作用将呈现"J曲线"效应，重构价值链治理模式。领导企业因加大数字资本投资而对价值链的控制力加强，供应商的话语权有所降低，导致治理模式逐渐演变为垂直型。

　　新型数字技术对价值链的空间布局具有双向驱动力。数字技术可能导致价值链空间分布同时出现近岸外包和再外包两大相反趋势。自动化等数字技术已经在美国、德国和日本等发达国家先行普及，中国近年来在"中国制造2025"战略部署下开始了追赶型创新。一方面，自动化普及扩大了在地理上邻近最终市场的区位优势，从而增加了对靠近美国和欧盟的发展中国家的近岸外包需求，有助于打造供给弹性更高的即时制供应链（De Propris，Pegoraro，2019）；另一方面，追赶型创新将继续降低中国制造业产品的单位人工成本，从而增加再外包需求。价值链布局变化取决于这两种力量的对比。另外，分布式生产等数字化生产模式缩短了价值链长度。3D打印作为代表性数字技术要求实时执行从原材料到最终产品的所有制造步骤，意味着技术不可分割。分布式生产将破坏全球价值链的两个传统驱动力：劳动力成本套利和规模经济，降低了对有效技术规模（MES）的最低要求，加快跨国公司的生产决策从寻求效率的投资转向寻求市场的投资。因此，以分布式生产为特征的小规模本地化生产网络兴起，区域内价值链长度变短。

　　数字经济发展使全球价值链的空间布局呈现出明显的区域化特征。全球价值链在空间布局上具有明显的中心—外围结构，按照区域可分为中国领导的东亚价值链、德国领导的欧洲价值链、美国领导的北美价值链和其他区域。

　　其中，中国主导的东亚价值链的区域化程度略高于区域外。2018年，东亚价值链出口包含的区域内进口中间品增加值约为55%。中国加入世界贸易组织（WTO）之后逐渐取代日本成为东亚价值链中心国家。《区域全面经济伙伴关系协定》（RCEP）将建立世界上最大的自由贸易区，进一步释放中国、日本、韩国和东盟国家区域内贸易自由化红利，加强中国连接发达国家价值链与发展中国家价值链的枢纽地位。

案例：美墨制造业"近岸外包"

近年来，众多经济数据均显示，美国和墨西哥制造业"近岸外包"趋势似乎成绩不俗。2020 年初，美国科尔尼管理咨询公司发布的第七份《美国年度贸易回流指数报告》首次新增"近岸离岸贸易比"（NTFR）指标，专门跟踪美国制成品进口向墨西哥转移的情况。据测算，2019 年的 NTFR 数值同比暴涨 400 个基点。墨西哥的天然"近岸"优势似乎已开始逐渐显现。

美墨间贸易水平的提升无疑在背后起到了推波助澜的作用。据统计，2019 年，美国自中国制造业进口额同比大幅减少 900 亿美元，而自墨西哥的进口额却实现了 130 亿美元的增长。2019 年上半年，墨西哥超越中国首次成为美国第一大贸易伙伴。2024 年前 4 个月，墨西哥是美国第一大贸易伙伴，贸易额达 2725 亿美元，相当于美国贸易总额的 16%。加拿大为美国第二大贸易伙伴，贸易额为 2520 亿美元。第三位是中国，贸易额为 1776 亿美元。

从企业层面来看，在墨西哥从事制造业的美国公司数量确实在逐年增加。早在 2016 年，超半数的在墨西哥开展制造业务的美国企业便是从中国和其他地区转移至此的，其中也不乏部分美国知名企业，比如美国第一大运动相机品牌 GoPro、著名玩具厂商孩之宝、知名轮胎品牌固铂等均已将把大量业务转移至墨西哥。

基于上述事实与数据，部分美墨两国政学界人士不免乐观情绪高涨，认为美国和墨西哥制造业"近岸外包"趋势已不可逆转。然而，若对相关经济数据做进一步深入分析则不难发现，这一趋势中其实仍潜藏着不少"水分"，其未来发展仍面临着较大不确定性。

首先，美墨贸易增长份额仅占中美贸易缩减份额的很小一部分，增量和缩量不匹配。相比有限的"近岸外包"至墨西哥的美国企业，更多企业还是继续选择在亚洲实施"离岸外包"，比如苹果、戴尔、惠普、斯凯奇和盖璞等各领域制造业巨头均已选择将部分产品生产线转移至越南、印度尼西亚、菲律宾等生产成本较低的亚洲国家。

其次，美国自墨西哥进口增量里的"借道转运"成分难以排除。虽然墨西哥 2019 年对美制造业出口额同比增长了 3 倍，达到 290 亿美元，但其同期国内制造业总产值仅增长 98 亿美元，增幅为 1%。其中约 200 亿美元的差额便很难排除有部分生产商为规避关税而先将产品运至墨西哥再原样或小幅改动后以"墨西哥制造"的名义转运至美国的可能性。

此外，几组重要的墨西哥国内制造业数据也显示，其承接美国制造业转移未来仍面临较大的不确定性。其一，墨西哥制造业占国内生产总值比重的走势并非持续向好。2018 年至 2020 年初，该数据呈现出"M"状发展趋势，表明墨西哥制造业景气程度起伏较大，并未出现持续繁荣态势。其二，2018—2019 年，墨西哥"采购经理人指数"（PMI）围绕荣枯线上下震荡，并于 2020 年初大幅滑落，显示其制造业当前正经历深度回调。其三，墨西哥制造业就业形势堪忧。2019 年，墨西哥制造业就业人数一反 2018 年的增长势头，同比减少约 7.7 万人，约占当年总就业人数的近 8%，显示出墨西哥制造业从业者规模总体呈缩减态势。

种种证据预示，以美墨制造业"近岸外包"为重要组成部分的美国对华产业链"脱钩"战略在短期内难以得逞。这首先要得益于中国经济社会所展现出的强大韧性优势。庞大的人口基数、巨大的消费市场、独立完整的工业体系，这些都将为包括美企在内的外资在华投资兴业持续注入信心。美中贸易全国委员会（USCBC）公布的 2020 年度《中国商业环境调查报告》显示，87% 的美国企业无计划将生产搬离中国。相反，一大批美国跨国公司如沃尔玛、特斯拉、埃克森美孚等正加速扩大其在华布局。尽管短期内暂无较大风险，但中国对美墨制造业"近岸外包"所蕴含的中长期潜在风险仍不可不防。

13.2.3 智能物流缩小距离影响，扩大母国企业网络优势

传统的国际贸易理论假设不存在运输成本，这为理论分析提供了便利，却偏离了实际情形。实际上，被忽略的包括运输成本在内的交易费用占据着重要位置，甚至可能改变贸易格局。运输成本的高企可能使国际贸易规模缩小，国家比较优势变弱甚至丧失。随着关税壁垒和非关税壁垒的逐渐消除，基础设施互联互通不足成为国际贸易发展的障碍，贸易促进计划的重心越来越转向降低运输成本，运输成本的高低成为一国能否全面参与世界经济的重要决定因素。

由于不同企业在资产专用性程度、所具有的比较优势大小和对信息依赖程度等特征上存在差异，因此在互联网的作用下，企业边界呈现不同的变动趋势（曹

建海，郭文，2017）。如果企业在某种产品或服务的生产上具有较强的比较优势，该产品或服务的生产过程对明确信息依赖程度较高，且企业资产专用性程度不高，那么在互联网的作用下，企业倾向于扩大其纵向边界，如海尔、华为等企业通过海外并购不断对外扩张，扩大企业的经营范围；反之，如果企业在某种产品或服务的生产上具备比较劣势，该产品或服务的生产过程对明确信息依赖程度较低，且企业资产专用性程度较高，那么在互联网的作用下，企业将倾向于缩小其纵向边界，如企业业务外包的盛行以及虚拟企业的产生。

与传统贸易出口相比，跨境电商出口受地理距离的负面影响较小（马述忠等，2019）。数字经济降低了运输成本，但距离的影响依然存在。与传统贸易相比，用户在跨境电商平台上购物时，对物流成本、时间、丢包率等因素更加敏感，更有可能选择从地理距离较近的商家处购买商品。从这一角度看，与传统贸易相比，跨境电商受地理距离的直接影响可能更加明显。此前，正是低廉的运输成本推动了全球经济一体化，新兴经济体大量承接了发达国家的产业转移，但这种格局正由于国际运输成本的上升而面临挑战。实业资本回流主要是出于对运输成本等因素的考虑，在岸生产或者近岸生产正在成为潮流。在充分利用本国资源和技术的基础上，制造业成本下降已经达到一定极限，高效的国际运输成为获取竞争优势的关键因素。

智能物流通过降低运输、仓储等一系列成本来推动全球再外包。与最终品贸易相比，全球价值链对物流绩效和运输成本更加敏感。一国物流绩效指数（LPI）得分越高，其全球价值链参与度越高。物流 4.0 作为数字平台主导的价值链生态系统的重要环节，将同时影响价值链布局和治理结构。智能物流大大提高了仓储对客户需求的响应速度，简化了货物交付的整体流程。自动驾驶汽车、仓库自动化、物联网（IoT）数字跟踪系统和大数据预测分析等尖端技术相结合不仅能加快原材料和中间品向产成品转移的速度，而且可通过需求预测提高从产成品向需求终端转移的效率。物联网通过实时跟踪货运提高交付服务效率，将使运输和海关处理时间减少 16% ～ 28%（McKinsey Global Institute，2019）。因此，物流 4.0 将大幅度减少地理距离对全球价值链布局的负面影响，是全球范围内再外包的重要推动力。

数字经济缩小经济距离和文化距离，缩短价值链长度。除地理距离之外，经济距离和文化距离也是价值链中协调成本的关键影响因素。提高网络连通性将降低价值链的协调成本，从而缩短数字产业与传统产业关联的经济距离和价值链长度。同时，协调沟通成本下降还缩小了全球价值链参与者之间的文化距离，包括普及互联网和机器翻译。

数字技术有助于降低面对面成本，远程服务发展大大促进了再外包需求的增加。数字技术还通过大幅度降低面对面成本来促进远程服务发展，服务的不可分割性进一步缩短了价值链长度。视频会议技术增强现实（AR）、虚拟现实（VR）与实时翻译技术的结合将大大促进国际远距离通勤。随着面对面成本的不断降低，发达国家企业将通过远程雇佣发展中国家熟练劳动力来继续降低工资成本。机器翻译也将成为在线劳动力供给的关键支持技术。根据《中国高等教育发展报告（2019）》的统计，截至2023年，中国高等教育毛入学率达到60.2%，基本实现高等教育普及化，将有极大潜力成为服务贸易在线劳务出口的巨大劳动力供给市场，在数字经济下开发全新的比较优势。

13.2.4　新型数字贸易壁垒高筑，凸显母国数字资源禀赋

数字经济是继农业经济和工业经济之后由信息经济主导的一种全新的经济社会发展形态。从要素构成的角度来看，数据这一要素超越了土地、劳动力、资本等传统要素，成为极其重要的生产要素，日益成为经济发展的新引擎。世界各国对数字资源的依赖程度越来越高，国家竞争的焦点迅速从资本和劳动力转向数据资源的竞争和占有。数据价值化重构生产要素体系，是数字经济发展的基础。生产要素是经济社会生产经营所需的各种资源。农业经济时代，农业技术、劳动力、土地构成重要生产要素组合；工业经济时代，工业技术、资本、劳动力与土地构成生产要素组合；数字经济时代，原本的生产要素组合中又添入数字技术与数据两种要素。

数据并不是唯一的生产要素，而是作为数字经济时代下的新的、基本的、关键的生产要素，贯穿数字经济的整个发展过程，与其他生产要素不断地结合和迭代，加速交叉整合，导致生产要素的大规模、多维度、系统性和革命性的突破。一方面，价值化的数据元素将推动技术、资本、劳动力、土地等传统生产要素的深刻变革和优化重组，有力地推动数字经济的发展。如人工智能等"新技术"、金融科技等"新资本"、智能机器人等"新劳动力"、数字

孪生等"新土地"、区块链等"新思想",这些都是数据元素与传统的生产要素相结合而催生出的新要素,生产要素的新组合、新形态将为推动数字经济发展不断释放放大、叠加、倍增效应。另一方面,数据的价值化直接推动了传统产业向数字化、网络化和智能化方向的转型和升级。数据要素与传统产业广泛而深入的融合使乘数倍增效应更加突出,显示出巨大的经济发展价值和潜力。数据推动服务业利用数据元素探索客户细分、风险防控和信用评估,推动工业以智能感知和精确控制加快智能化生产,推动农业向数据驱动的智能生产方式转变。

在数字经济时代,数据、信息的自由流动既是数字经济产业发展的需要,也是经济全球化和数字产业化的必然结果。但是,在数字经济和贸易发展所需的大量数据中,有很大部分关系到公共通信、能源、交通、水利、金融和公共服务部门的基础性信息,没有限制的数据和信息流动可能会对国家安全造成重大影响,黑客攻击会令个人财产面临巨大安全威胁,甚至威胁国家安全。为了保障国家网络空间、基础设施和公共服务领域的安全,防范个人数据泄露所造成的国民财产损失,国家对相关网络的外部接入和数据流动实行限制就很有必要。

事实上,很多国家通过国内立法规定了数据境内存储和数据流量限制等规制措施。例如,俄罗斯法律要求追踪其公民的电子通信和社交网络数据,监管机构有权限制不适用该法规的公司网络管理机构访问甚至封锁网站,以此将数据本地化;澳大利亚要求医疗信息存储在本地系统内,系统运营商应确保其本人或任何其他人不得在澳大利亚境外保存、持有、加工或处理信息;加拿大不列颠哥伦比亚省和新斯科舍省禁止从境外访问医院、学校等公共部门信息;新加坡政府从2017 年 5 月起禁止使用公务电脑上网。《中华人民共和国网络安全法》第三十七条也规定:"关键信息基础设施的运营者在中华人民共和国境内运营中收集和产生的个人信息和重要数据应当在境内存储。"众多国家在其国内法中规定数据流动限制或数据流量限制,无疑不利于世界范围内的数据自由流动,给依据数据流动进行商业运营和国际贸易的数字技术型企业造成极大困扰,增加了运营及合规成本。

《美国和全球经济中的数字贸易》报告显示,大型数字技术型企业中,有22% 的数字内容企业、24% 的数字社交企业、25% 的批发企业认为,消除国际数字贸易壁垒后,企业收益将增长 15% 以上。事实上,数据本地化存储、数据跨境流动限制、数据流量限制以及公开源代码和加密密钥,正在成为数字经济时代的新型数字贸易壁垒。数据的本地化存储是国家对数据强制的本地控制和规制，具体包括本地存储、本地处理、禁止转发。数据本地化措施可能导致数字技术公司无法在国外开展某些工作，传输或存储信息，这从根本上限制了数字贸易的发展。对跨境数据流动的限制使企业无法在与对方当事人达成一致协议的基础上开展业务，因此，所选择的合作企业往往不是开展此类业务的最佳选择，这违背了自由贸易的精神。开放源代码和加密密钥是指外国投资者在进入国内市场之前，以商业源代码或加密密钥为外国投资者进入市场的先决条件，这种要求很可能会使投资者的商业秘密被泄露，使外国投资者在竞争中处于劣势。

数字技术的发展可以拓宽数字经济的边界，为数字经济的发展提供更大的动力。研究表明，数字技术为发达经济体和发展中国家的经济增长提供了重要的推动力。数字技术已成为经济增长、国家安全和国际竞争力的决定性因素。因此，围绕数字技术的竞争已成为发达经济体在数字经济中寻求竞争优势的一个重要方面。面对中国等新兴经济体科技实力的崛起，美国与欧盟、日本等以国家安全考虑为由，正在对中国等新兴经济体进行数字高科技封锁，阻碍和抑制后者数字技术的发展，维护自身在高新技术产业中的竞争优势。它们或者通过立法设置数字技术出口限制，限制国内企业向国外出口高新技术产品、软件或者技术，比如美国从2018年起开始打压和封锁包括中兴和华为在内的中国数字科技公司；或者直接限制外国企业在本国内数字技术领域的投资，如美国特朗普政府签署的《外国投资风险审查现代化法案》、欧盟颁布的《外国投资审查框架》等。

此外，数字资源禀赋成为新的国际投资区位影响因素，左右跨国公司的全球布局及战略转型。跨国公司全球价值链数字化导致全球生产体系日益集聚，并呈现出海外低资产和低就业的"双低"现象，很可能在减缓全球范围内资本流动的同时，赋予发达经济体重聚外资的新优势。加之近年来美国等发达经济体"逆全球化"思潮兴起，国家保护主义凸显，大量海外资本被强制回流，或加重上述趋势。由此，数字资源禀赋差异可能引发"马太效应"，助推数字时代下的全球经济增长分化。

案例：互联网企业在海外并购时遭遇数据风险

（1）四维图新并购欧洲地图公司 Here 失败。Here 是欧洲大型数字地图的供应商，占据欧美车载导航仪用地图市场80%的市场份额，拥有覆盖200多个国家和地区、超过 4600 万公里范围的地图数据。2016 年 12 月 26 日，四维图新公告称，其将由其全资子公司图新香港出资约 9700 万欧元，联手腾讯子公司 Oriental Power 和由新加坡政府投资设立的 Rocco 公司投资荷兰 SIWAY 公司，并由该公司收购 Here 10% 的股权。但在 2017 年 9 月 26 日，Here 宣布停止接受这三家企业的出资。四维图新也宣称，由于海外监管审批的特殊性，公司在审核期截止日前，仍未获得海外监管机构对本次交易的许可，公司拟不再推进此次交易。

此次收购的失败，表面上是由于未获得美国监管机构的批准，进一步而言则是美国政府担心汽车收集的详细地图信息可能会被其他方获取而采取的限制性措施。

（2）蚂蚁金服并购美国跨境支付公司速汇金（MoneyGram）失败。成立于 1940 年的速汇金总部坐落于美国达拉斯市，在全球范围内设有 35 万个网点，分支机构遍布世界，是世界第二大汇款服务公司。2017 年 1 月，蚂蚁金服宣布拟以 12 亿美元收购速汇金，并承诺其数据基础设施仍会保留在美国，并将用户信息加密或保存在美国国内的安全设施内。尽管如此，蚂蚁金服三次提交资料都被拒绝，经过一年都未通过美国外资投资委员会的国家安全评估，被迫终止并购计划。此次并购失败的原因也在于美国担心一旦并购成功，蚂蚁金服能获得的速汇金 24 亿全球银行和移动账户的信息数据可能被用于破坏信用等级、侵入银行账号、盗用美国民众身份等"歪门邪道"上。好在吸取此次失败的教训后，2019 年 9 月 18 日，蚂蚁金服低调且迅速地以 7 亿美元成功收购英国跨境支付公司万里汇（World First）。

（3）字节跳动并购 musical.ly 后遭美国国家安全审查。musical.ly 是 2014 年上海闻学网络科技有限公司推出的一款专攻海外市场的社交媒体应用，拥有约 6000 万名的欧美年轻用户。2017 年 11 月，字节跳动耗资 10 亿美元收购了 musical.ly，并在 2018 年 8 月将其与 TikTok 合并，使其迅速成长。

2019 年 11 月，美国政府以 TikTok 在收购 musical.ly 时未寻求美国外资投资委员会的批准为由，就此次收购案启动国家安全审查。尽管字节跳动再三表示所有美国用户数据都采取本地化储存，没有把任何海外用户数据传回中国，且中国政府也从未要求 TikTok 提供审查及删除内容的数据，但美国政府仍担心 TikTok 在内容审查和存储用户个人数据方面存在问题，认为其收购存在国家安全风险，并发布行政令要求字节跳动在 2020 年 9 月 15 日前出售 TikTok 在美国的业务。

13.3 直播带货等新兴商业模式正借助中国区位优势高速发展

随着网购与直播在中国的普及，一种新型商业模式——直播带货——应运而生并迅速发展。直播带货是近几年才通过淘宝、京东、拼多多等电商平台逐渐走进大众视野的。它的出现不仅丰富了消费者的购物渠道，提升了消费体验，也为有质量保证、服务保障的商品打开了全新的销售渠道（沈宝钢，2020）。如直播带货帮助农村乡镇的优质商品打开销路，助力农产品打造特色品牌形象。"云逛街""云卖车""云卖房""云演唱会"等线上新业态层出不穷，传统的实体经济都开始了"云工作"模式。

13.3.1 电商直播带货的定义

2020 年 5 月 11 日，人力资源和社会保障部发布《关于对拟发布新职业信息进行公示的公告》，拟新增十种新兴职业，其中的第三种"互联网营销师"就包括了直播销售员。官方对"互联网营销师"的定义是"在数字化信息平台上，运用网络的交互性与传播公信力，对企业产品进行多平台营销推广的人员"。简言之，直播带货就是指主播利用电脑、手机等网络终端，以现场直播的方式宣传商品，进而给出购物链接，短时间内促成交易的广告营销行为。

直播可以更直观地描述商品特性，提高信息可读性，增强消费吸引力（张小瑜等，2020）。截至 2020 年 3 月，我国网络直播用户规模达 5.6 亿人，较2018 年底增长 1.63 亿人，占网民整体的 62%。其中，电商直播用户规模为 2.65亿人，占网民整体的 29.3%。直播电商的人、货场与渠道呈多元、融合趋势，最突出的表现是主播角色更加丰富，除头部主播外，还吸引影视明星、主持人、政府工作人员等跨界参与，显著提升直播带货的渗透率和转化效率。淘宝在内容电商的基础上大力扶持直播电商，孵化知名头部主播，启动百亿扶持计划，提供专业培训和孵化。京东、苏宁、拼多多等电商平台也推出了直播电商业务。直播在重构"人货场"的同时，也影响着上游制造端的生产模式，促进产业链供应链的进一步整合，成为产业数字化转型和开拓国内市场的新工具。电商平台通过打造直播产业基地、加强业务培训等多种方式，大力扶持产业带、实体批发市场商户和工厂做直播电商转型。此外，外贸企业通过跨境直播向海外买家展示产品，并运用 VR 技术实时传送工厂状况，解决了空间阻隔问题，为企业提供了多元化的经营方式。

13.3.2　直播带货发展的区位推动因素

自 2016 年直播带货诞生以来，这种商业模式取得了资本市场与社会大众的青睐，而其成功绝不是"凌空蹈虚"而来，而是中国区位内多重因素共同驱动的结果。

1. 国家层面的政策鼓励

国家层面对直播带货的鼓励体现在一系列的政府文件与领导讲话之中。如 2020 年 2 月 28 日，国家发展和改革委员会等部门联合印发《关于促进消费扩容提质　加快形成强大国内市场的实施意见》。其中提出要鼓励线上线下融合等新消费模式发展，完善"互联网＋"消费生态体系，鼓励建设"智慧商店""智慧街区""智慧商圈"，促进线上线下互动。此实施意见的出台表明国家鼓励线上线下融合这种消费模式，而直播带货恰恰就是此消费模式的直接体现。

2. 数字化技术的革新

直播带货逐渐取代传统电视购物的一个重要原因在于其打破了技术壁垒。现如今，直播不再需要在电视台、录影棚等专业场所里进行，只需要使用电脑、手机等网络终端就可以随时随地进行直播。这不仅推动了主播行业开始由"精英化""专业化"向"平民化""草根化"过渡，实现媒体"去中心化"，也大幅拓宽了信息传播渠道及降低了信息传播成本。借由此，大批劳动力涌入直播带货行业，乘势也"吹"起了整个行业的"春风"，县长、企业家、影视明星、农户、商场导购等纷纷化身主播，走进直播间进行带货。未来，随着 5G 的商用化覆盖，直播带货将为国内外各电子商务企业带来更大的市场空间。

3. 消费者购物体验的升级

在传统网购中，消费者面对的是静态的图片或短暂的视频介绍。当有问题需要咨询时，也只能耐心等待客服的回答。简言之，传统网购面对的是"物"。相反，直播带货是将直播与网购相结合，消费者面对的是"人"。主播在直播间"现身说法"，全方面地介绍商品以及自身的使用体验。当消费者有疑问时，可以在线咨询，主播也会根据个人经验或专业知识实时予以回答。在这个过程中，主播实际上充当起营销学中的"KOL"角色。所谓"KOL"是指"关键意见领袖"，即拥有更多、更准确的产品信息，且被相关目标群体所接受或信任，并对该群体的购买行为有较大影响力的人。主播的定向介绍省去了消费者网购时"货比三家"的麻烦，以"KOL"的角色帮助消费者实现"精准"购物，这样"沉浸式"的购物体验大幅缩短了产品抵达消费者的心理距离。

随着越来越多的新技术、新模式被应用到外贸场景，企业的新想法、新模式、新创意可借助数字化贸易平台得到实现。但是，外贸企业运用数字化技术是否存在风险？答案是肯定的。目前，全球数字贸易规制体系尚未成熟，数据本地化、数据与隐私保护、源代码和加密限制、知识产权保护、外商直接投资障碍等问题，成为外贸数字化需要解决的问题（李晓红，2020）。危中有机，面对风险挑战，有效化解数字化技术与人为因素的影响，能够更好地实现外贸企业的数字化转型，为外贸企业的发展带来更多可能性。

参考文献

安德森，2009. 免费：商业的未来［M］. 蒋旭峰，冯斌，璩静，译. 北京：中信出版社.

奥斯特瓦德，皮尼厄，2011. 商业模式新生代［M］. 王帅，毛心宇，严威，译. 北京：机械工业出版社.

曹建海，郭文，2017. 互联网对企业边界的影响机制［J］. 经济与管理研究（12）：109-116.

程维，柳青，张晓峰，2016. 滴滴：分享经济改变中国［M］. 北京：人民邮电出版社.

顾元勋，2014. 拉得上的手：商业模式设计的逻辑［M］. 北京：清华大学出版社.

关钰桥，孟韬，2018. 分享经济背景下企业商业模式比较分析：以美国Uber 与中国滴滴为例［J］. 企业经济（4）：27-35.

郭周明，裘莹，2020. 数字经济时代全球价值链的重构：典型事实、理论机制与中国策略［J］. 改革（10）：73-85.

科特勒，阿姆斯特朗，2015. 市场营销：原理与实践（第 16 版）［M］. 楼尊，译. 北京：中国人民大学出版社.

李晓红，2020. 数字化赋能外贸企业发展更显韧性［J］. 中国产经（16）：12-13.

李永发，李东，2015. 面临颠覆威胁的在位者商业模式重塑策略［J］. 科研管理（4）：145-153.

吕福新，2008. 浙商创新的理论与实践——"浙商创新：从模仿到自主"研讨会观点综述［J］. 中国工业经济（2）：149-157.

马述忠，房超，张洪胜，2019. 跨境电商能否突破地理距离的限制［J］. 财贸经济（8）：116-131.

彭罗斯，2007. 企业成长理论［M］. 赵晓，译. 上海：上海人民出版社.

沈宝钢，2020. 直播带货商业模式探析及其规范化发展［J］. 理论月刊（10）：59-66.

汪寿阳，乔晗，胡毅，等，2017. 商业模式冰山理论：方法与案例［M］. 北京：科学出版社.

王德禄，徐苏涛，2011. 商业模式研究的理论与案例［J］. 科技创新与生产力（4）：4-7.

王迎军，韩炜，2011. 新创企业成长过程中商业模式的构建研究［J］. 科学学与科学技术管理（9）：51-58.

魏炜，朱武祥，2009. 发现商业模式［M］. 北京：机械工业出版社.

张小瑜，李晓依，肖新艳，等，2020. 国内国际双循环背景下中国出现新一轮商家入驻电商平台大潮——阿里巴巴例证［J］. 中国经贸导刊（17）：16-19.

张越，赵树宽，2014. 基于要素视角的商业模式创新机理及路径［J］. 财贸经济（6）：90-99.

Acemoglu D, Restrepo P, 2019. Automation and new tasks: How technology displaces and reinstates labor [J]. Journal of Economic Perspectives, 33 (2): 3-30.

Afuah A, Tucci C L, 2000. Internet Business Models and Strategies: Text and Cases [M]. New York: McGraw-Hill Higher Education.

Amit R, Zott C, 2001. Value creation in E-business [J]. Strategic Management Journal, 22 (6/7): 493-520.

Anderson C, 2004. The Long Tail [M]. New York: Hyperion Books.

Barney J, 1991. Firm resources and sustained competitive advantage [J]. Journal of Management, 17 (1): 99-120.

De Propris L, Pegoraro D, 2019. Technological disruptions and production location choices [M]// Chidlow A, Ghauri P N, Buckley T, et al. The Changing Strategies of International Business: How MNEs Manage in a Changing Commercial and Political Landscape. Cham: Palgrave Macmillan: 221-240.

Itami H, Nishino K, 2010. Killing Two birds with one stone: Profit for now and learning for the future [J]. Long Range Planning, 43 (2-3): 364-369.

Jacobides M G, Billinger S, 2006. Designing the boundaries of the firm: From "make, buy, or ally" to the dynamic benefits of vertical architecture [J]. Organization Science, 17 (2): 249-261.

Magretta J, 2002. Why business models matter [J]. Harvard Business Review, 80 (5): 86-92.

McKinsey Global Institute, 2019. Globalization in transition: The future of trade and value chains [R/OL]. (2019-01-18) [2020-11-10]. https://economic-policy-forum.org/global-news/globalization-transition-future-trade-value-chains.

Sánchez P, Ricart J E, 2010. Business model innovation and sources of value creation in low-income markets [J]. European Management Review, 7 (3): 138-154.

Schweizer L, 2005. Concept and evolution of business models [J]. Journal of General Management, 31（2）: 37−56.

Weill P, Woerner S, 2015. Optimizing your digital business model [J]. MIT Sloan Management Review, 54（1）: 71−78.

Wernerfelt B, 1984. A resource−based view of the firm [J]. Strategic Management Journal, 5（2）: 171−180.

Zott C, Amit R, 2010. Business model design: An activity system perspective [J]. Long Range Planning, 43（2）: 216−226.

第 14 章
数字创业生态圈促进了创新创业的普惠化发展

14.1 数字技术革命时代，"智能＋创业"新型模式

当前，以大数据、物联网、移动互联网和云计算等为代表的数字技术正在影响着各个领域的发展，商业领域的新模式和新业态持续涌现，产业组织形态和实体经济形态不断被重塑（余江等，2018）。各个国家也将融合数字技术的产业作为战略重点布局，例如以联盟组织为着力点的美国"先进制造"发展战略、以龙头企业为核心的德国"工业4.0"发展战略，以及以行业协会为特色的日本"互联工业"发展战略，以抢占全球产业科技竞争制高点，迎接数字经济时代的到来。传统产业链范式和新型"平台型"产业生态范式如图 14-1 和图 14-2 所示。

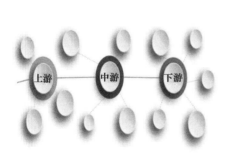

图 14-1 传统产业链范式
资料来源：梁正和李瑞（2020）。

图 14-2 新型"平台型"产业生态范式
资料来源：梁正和李瑞（2020）。

14.1.1　数字创业：新兴技术大趋势，创业模式新变革

朱秀梅等（2020）将数字创业定义为数字创业者和数字创业团队为适应数字经济变革，通过识别和开发数字创业机会，以领先进入或跟随进入的方式进入数字市场，创造数字产品和数字服务的创业活动。随着移动计算、云计算、社交媒体、3D 打印、数据挖掘和分析等新型数字技术的兴起和蓬勃发展，创业活动和新创企业也发生了根本性变化，低产品扩散成本、小人员时空约束和高速创新迭代使得数字创业产品能在数字环境中更快且低成本地传播，数字创业随之成为数字经济发展的核心引擎。

14.1.2　数字创业生态圈：生态圈＞生态系统，数字技术驱动生态圈建立

目前，有关数字创业生态圈建立的文献大多集中于研究数字创业生态系统。一般地，创业生态系统被定义为在一个区域内由一组相互依存的主体及环境通过相互协作进而促进创业活动发生的有机整体（Stam，Spigel，2018）；特别地，对于数字创业生态系统，Elia 等（2020）则强调系统内共同形成的知识外溢对数字创业的重要性，他们认为数字创业生态系统是许多相互依存的创业主体形成的自组织群落，数字技术和系统内创业参与者重塑修正了数字创业的过程。借鉴生物学含义，生态圈是最大的生态系统，而随着移动互联网、大数据、人工智能、区块链等数字技术的发展，众多的数字创业生态系统正在塑造庞大的数字创业生态圈（见图 14-3）。

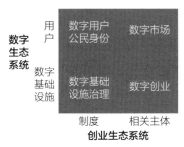

图 14-3　数字创业生态圈概念框架

资料来源：刘志铭和邹文（2020）。

14.1.3 数字创业 vs 传统创业

1. 多元化创业主体

数字创业主体不仅限于以企业等组织或创业自然人为主体的传统创业主体，数字用户、投资者以及技术人员等都能成为数字经济中的创业主体。以投资者为例，IDG 资本、红杉资本等多领域产业投资机构和临芯投资、国家大基金等专门化产业投资基金也参与了数字创业生态圈的建立。

2. 差异化商业模式

"数字技术＋商业融合"新模式是主流数字创业商业模式，由此在数字技术的嵌入下降低了创业门槛（Fichman et al., 2014）。以数据解决方案提供公司为例，初始创业公司可以通过出售数据及分析报告为客户提供服务，其中，数字技术更加有效地支撑了中小企业创业，为新创企业进入全球市场提供了新的发展机会。

3. 低创业成本

线上线下相结合的创业模式使得团队整合和资源搜寻突破了传统创业的纯线下模式，极大地降低了团队沟通成本和信息搜索成本。除此之外，互联网金融的蓬勃发展也使企业获取资金变得更加快捷和容易。

4. 用户为本发展导向

数字平台企业在运营期间积累的海量数据为用户画像刻画和新产品创新推出提供了更加精准的定位和发展指引。特别是基于可溯源、不可篡改、去中心化的区块链等新技术，用户可以通过平台实现与企业协同创新创业，服务和资源外溢不断提升企业创新效率，让创业过程成为良性循环。

5. 数字创业生态圈促进合作

以数字技术为基础的数字创业生态圈降低了企业的知识获取壁垒，数字创业生态圈内的企业可以通过开源社区等方式实现"站在巨人肩膀上的创新创业"。以诞生于加州大学伯克利分校的 RISC-V 开源指令集架构为例，其开放指令集可以实现广泛应用，并且可以极大地降低授权成本；例如国内微处理器龙头企业北京君正创新设计的兼容 MIPS 和 RISC-V 体系的 XBurst CPU，使其同时兼具计算、数字信号处理和多媒体处理能力，支持 Android、Linux 等大量的第三方软件和开发工具，且可涵盖从低功耗到高性能计算的各个领域。

6. 边界模糊化

传统创业往往具有较为明显的创业周期和计划完成时点，产出通常限制于固定的某种产品或某项服务，但数字创业往往具有迭代价值的能力（段茹，李华晶，2020），其产品和服务不一定随着交易的结束而结束，通常具有动态演进的特征。

14.2 互联网强势驱动国际新创企业国际化发展

14.2.1 互联网 & 国际新创企业

国际新创企业是什么？随着全球化程度的深化和创业型经济的蓬勃发展，走国际化经营之路已不是成熟公司的专利，许多学者将从创建之初就积极走国际化道路，运用各种资源在国际市场上组织生产、销售并建立竞争优势的企业定义为"国际新创企业"（刁海俊，2011）。区别于先成长后海外扩张的成熟公司，国际新创企业在新生时即积极搜寻、迅速进行资源整合并切入海外市场。国际新创企业是目前最活跃的创新经济组织形式之一，多见于高科技行业和创新型小微企业。

互联网对国际新创企业具有以下驱动作用。

非公开信息能力获取——识别机会。企业的发展需要创业主体积极进行发展机会的发现和识别，并利用现有已掌握的信息快速制定行动战略并开展资源整合，而发现和识别机会的前提就是进行大量公开和非公开信息的搜集和整理工作。显然，非公开信息作为企业间信息不对称差异的主要来源，对其的掌握成为参与市场竞争的有利条件。互联网的出现使得新创企业能够"足不出国"就开展企业调研、市场调查和客户走访等工作，由此能快速捕捉目标市场概况从而通过识别机会创造先发竞争优势。

外部获取，内部沉淀——资源积累。国际新创企业囿于其在资金、人才、技术等方面的资源劣势往往更加需要注重资源积累。以互联网为媒介的数字化时代的到来为国际新创企业带来更多资源积累机遇，企业可以通过互联网在全球范围内搜寻所需要的技术和人才，并在数字创业生态圈内建立企业的国际市场竞争力和声誉，与周边合作产业形成关系网络，获取资源外溢红利，达到"外部获取，内部沉淀"的资源积累效果。

"下游反馈＋动态运作"——灵活创新。上文提到，国际新创企业常见于高科技行业和创新型小微企业，该类行业往往呈现出更新迭代周期短、下游需求变化快等特点，能否持续高效追踪下游需求偏好变化成为企业能否维持竞争优势的重要参考。互联网的发展使企业能够通过检测用户消费端数据和企业内部供给端数据快速了解并响应市场动态，能利用互联网进行成员企业之间的经营活动协调，从上下游资源组合的全面视角进行企业发展战略和执行方案的动态调整，以适应全产业链的变化。

信息机制建立——低风险和低成本。互联网能够降低企业的沟通成本、客户维护成本和交易成本等，且随着区块链技术等可溯源和不可篡改技术的兴起和发展，企业的跨国经营信任度会逐渐提升，可降低国际新创企业的运营风险。

14.2.2　数字创业的理论研究明显滞后

数字创业的理论研究明显滞后，无法跟上现实发展。当学术界研究的目光主要集中于传统创业领域时，数字创业正在以其高速发展优势快速占领用户的学习、工作和生活，并作为数字经济发展的核心引擎驱动着国家和世界的快速发展。

通过对已有研究的梳理，目前关于数字创业的研究主要集中于四个方面，分别是数字创业要素、数字创业的产出、数字创业的影响因素和数字创业商业模式类型。

1. 数字创业要素

Steininger（2019）发现，IT 可以承担支持运营和价值创造的不同角色，作为促进者可以使初创企业的运营更稳定，作为调节者可以调剂企业内部资源的整合和协调，作为数字新创企业的运营成果可以被迭代创新，其也可以是商业模式本身。新颖而强大的数字技术、数字平台和数字基础设施的出现除了为创新者和企业家提供新的机会,对价值创造和价值捕获也具有十分深远的影响。Nambisan 等(2019)将经济的数字化转型研究纳入了多个学科和跨层次的分析,以研究数字技术在组织变革和社会关系中的作用。

2. 数字创业的产出

Song(2019)认为,数字化平台是商品和服务交易的中介,也是促进企业创新、价值创造和知识交流的媒介。特别地,He(2019)以农村贫困人口为中心,通过将农村数字创业和扶贫政策结合起来,探讨了在数字创业和信息技术全球化的时代,数字生态系统最小化农村企业家风险、改变农村产出和城市居民贸易条件的潜力。

3. 数字创业的影响因素

以企业家精神为例,Hu 等(2016)和 Dy 等(2018)通过 RCG(红领集团:定制西装市场的领导者)和三位英国女性数字创业企业家的案例研究来强调企业家精神在组织变革中的重要性,特别是在建立数字创业生态系统中的重要作用。反过来,Hansen(2019)通过实证数据探讨数字创业对北京创业环境的影响,发现国家对数字化创新创业的推动使企业家精神能在积极的环境中焕发活力,为经济行动提供更多机会,即数字化环境是影响数字创业活动的关键因素。

4. 数字创业商业模式类型

Hull 等(2007)将数字创业商业模式划分为轻微型(mild)、中度型(moderate)和极致型(extreme),并通过对电子社区的研究探讨了关于数字创业市场定位的有关问题。

总体来看,关于数字创业的研究呈现出碎片化和浅层化的特征,大都通过定性研究对其进行说明和阐述,缺乏有力的案例和定量研究进行佐证,且尚未形成系统的研究框架和逻辑。

14.2.3　数字新创企业代表——上上签,中国电子签约云平台领跑者

数字经济持续稳定发展为电子签约步入高速增长赛道奠定基础。从市场规模

来看，2019 年中国数字经济市场规模已达 35.9 万亿元，占 GDP 比重持续上升，成为驱动经济增长的重要动力（见图 14-4）。从全球范围来看，中国和美国成为全球数字经济发展的领导者（见图 14-5），两个国家占据全球区块链技术相关专利的 75%、全球物联网支出的 50%、全球公共云计算市场的 75%、全球前 70 大数字平台的 90%，包括阿里巴巴和腾讯在内的 7 个"超级平台"占据全球数字经济相关企业总市值的 2/3。

图 14-4　中国数字经济市场规模稳步上行

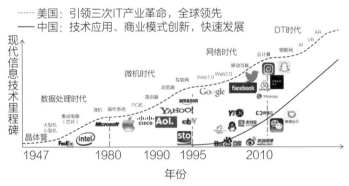

图 14-5　中美数字经济发展各具特色

资料来源：阿里研究院。

电子签约业务蓬勃发展。线上业务解决方案市场上行，字节跳动、京东等都选择在 2020 年上线自研的电子签服务。腾讯依托自身的资源和用户量，于 2021 年上线"腾讯电子签"微信小程序（见图 14-6）。

图 14-6　"腾讯电子签"小程序页面截图

　　产业格局逐步明朗，政策导向驱动电子签约市场高增长。受益于数字平台方和区块链底层技术赋能，电子签约厂商作为电子签约产业链的核心和主体组织，其产业发展趋于稳定和成熟，使其具备相对完善的服务体系，并更加倾向于提供全流程系统性的解决方案（见图 14-7）。从市场规模来看，2019 年中国电子签约市场规模约为 30.2 亿元，同比增长 92.4%，受益于线上业务的蓬勃发展，叠加人力资源社会保障部官方认可电子劳动合同的法律效力的利好，2020 年市场增速达到 117.9%。

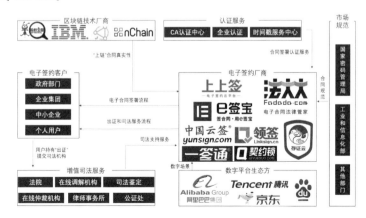

图 14-7　电子签约产业链

资料来源：易千观察。

国内电子签约行业领跑者上上签 2020 年第三季度再次实现业绩突破。根据上上签官网披露，截至 2020 年 9 月 30 日，上上签平台累计付费合同签署量达到 115.2 亿次，服务超过 733 万家企业客户。作为国内较早布局电子签名 SaaS 服务的第三方平台，上上签已形成明显的领先优势。

坚持头部客户战略，品牌势能逐步放大。上上签坚持头部客户战略，已经获得了包括 BP（英国石油）、DANONE（达能）、GE（通用电气）、PEPSICO（百事）等在内的 500 强客户 100 余家。在零售制造行业，还包括好丽友、皇家菲仕兰、光明乳业、永辉、物美等行业头部企业。

"安全、中立、合能"三大战略赋能。安全战略主要为获取更多全球顶级安全认证，推高行业安全门槛。作为一家第三方电子签约服务厂商，上上签坚持中立战略，即保持第三方中立、保障合同数据公平公正，以建立良好的行业信用声誉。合能战略主打合同全生命周期智能管理，以加强行业专属包供给（见图 14-8）。

图 14-8　上上签区块链电子合同平台

应用场景 1：上上签与洽洽食品——赋能经销商场景。洽洽食品是一家以传统炒货、坚果为主营产品的现代休闲食品企业，传统企业存在合同签署耗时长、合同送达效率低、合同管理烦琐、硬件设施水平不一等痛点。上上签通过电子签约技术赋能经销商场景，文本通过数字化形式存放云端，相关人员线上即可调取查看。

有效压缩签署时间：电子签约技术使得洽洽食品全国经销商完成签署耗时从过去的至少 3 个月缩短至 1 周以内，效率提升 80% 以上。

降低合同存储成本：云端储存的合同数字化大大节省了企业的纸质合同存放空间和人力成本，有效降低了企业的管理费用。

合同管理智能化：经销商合同一经签订后，质控和合规等风控部门即可实时追踪，及时把握签订进度和业务状况。

应用场景 2： 上上签与美克美家——全场景解决方案。美克美家是一家成立于 2001 年的家居连锁商，以往在零售端采用"线上下单、线下签署"相结合的方式，顾客需要先在系统上提交订单，再由本人亲自签署纸质三联单作为家具派送及售后服务的凭证，而门店负责人则需要定期将大量单据邮寄到新疆总部进行统一管理，耗费较多的人力、物力、时间。

全场景解决方案：基于上上签平台，客户通过手机端即可完成下单和签署，而总部和门店负责人则可以随时追踪合同进度和查看合同信息。

区块链电子合同存管解决方案：通过区块链电子合同存管解决方案将纸质三联单信息电子化，并由上上签 AI 团队提供智能管理与智能检索服务。基于区块链技术不可篡改、可溯源、去中心化的特点，通过数字签名和数字时间戳技术保证流程可溯源，以保证履约流程的合法合规性。

应用场景 3： 上上签与南京钢铁——传统产业数字化转型。南京钢铁始建于 1958 年，是国家战略布局的 18 家重点钢企之一。其船用钢板是企业的重要经营业务板块，由于业务流程中需要由不同国家验船机构和验船师签发内容冗长的质保书，因此文件容易丢失甚至被篡改。上上签通过向南京钢铁提供全生命周期智能管理 2.0 系统服务，大大节约了其签发时间，并使得质检人员的签署不再受时间和空间的限制。除此之外，南京钢铁电子商务平台还引进了上上签电子签约，即供应商和购买者的电子协议都可以通过电子签约平台完成，并实现与南京钢铁内部控制系统的数据全面打通，大大提高了企业对内和对外的运作效率。

14.3　数字初创企业规模进入高速增长赛道

14.3.1　数字经济：高增长速度，深产业融合

数字经济增速超过 GDP 增速，占 GDP 比重稳步提升。中国社会科学院数量经济与技术研究所发布的数据显示，2019 年，全球 47 个具有代表性的经济体的数字经济规模达到 31.8 万亿美元，较 2018 年增长 1.6 万亿美元，同期 GDP 增长 1.2 万亿美元，数字经济的增长绝对值已超过 GDP 的增长绝对值。从增长相对值来看，2019 年，全球数字经济平均名义增速为 5.4%，高于 2019 年 GDP 的名义增速 3.1%。从数字经济占 GDP 比重来看，发达国家该项指标是发展中国家的 1.9 倍。德国、英国、美国作为发达国家的典型代表，数字经济占 GDP 的比重已分别达到 63.4%、62.3% 和 60.1%。

数字经济融合深、渗透强。据中国国际信息通信展览会主论坛"数字经济领导者论坛"披露，数字经济在当前的产业发展中呈现出融合深、渗透强的特征。产业数字化成为整个数字经济的主战场，发达国家产业数字化占比达到 86.3%，发展中国家为 78.6%，整体来看，传统工业大国德国处于全球领先地位，产业数字化占比超过 90%。从产业渗透率来看，整体经济水平越高的国家，其数字经济渗透率也相对越高，2019 年，全球数字经济对服务业、工业、农业的平均渗透率分别为 39.4%、23.5% 和 7.5%。

14.3.2　数字初创企业"高身价"

数字企业积累了海量数据，平台具备"赢家通吃"效应。首先，在数字经济中，每家初创企业都有数百万的客户数量，在数据作为重要生产要素的时代，每家平台企业积累的海量数据造就其价值不菲的"高身价"。其次，"轻资产、快速扩张、规模经济"的特征使平台企业具备"赢家通吃"的效应。一旦某个领域的一个平台发展并壮大，用户更倾向于选择已经被广泛接受或已积累众多用户

的平台，平台在积累了足够的初始用户的基础上形成数据积累的良性循环。

数字初创企业：创新重要来源，资本助力发展。包括澳大利亚、韩国、新西兰和日本在内的许多国家已经认识到数字初创企业是创新的重要来源。澳大利亚老牌电信公司澳大利亚电信的风险投资机构 Telstra Ventures 已经对 30 多家领先的技术企业投资逾 2.5 亿澳元。在日本，软银作为最活跃的通信服务提供商（CSP）之一，早在 2017 年即对中国滴滴进行大额投资，这也是截至 2017 年数字初创企业的最大笔融资。目前滴滴是中国打车软件的龙头企业，滴滴也已经成为中国互联网的新翘楚。

初创企业的后期发展：延伸变现边界。从资本到实体，从行业龙头到新兴企业，布局平台化战略、建设平台生态圈的尝试开始变得越来越多。平台的优势越来越凸显，其价值创造主要体现在交易成本、信息成本和违约风险的降低上。由此导致在数字平台发展的后期，其可以通过引入第三方甚至第四方平台形成多方共赢的生态圈。

平台超级企业：腾讯的网络效应与流量变现。以游戏业务为例，由腾讯控股的直播巨头斗鱼和虎牙于 2020 年第二季度实现合并，两家公司 2019 年市场份额总和超过 80%，真正实现强强联合。而对于腾讯来说，对其控股公司的合并完成了其在游戏市场的全产业链布局，从内容到运营、从版权到直播广告变现均是"腾讯系"巨头。

14.4　数字公司的国际化特征

14.4.1　数字化销售——客户管理数字化、流程管理数字化、分析数字化

销售作为企业经营中最核心的环节，是企业正常运转的重要基础和保障，数字公司通过对客户在消费过程中产生的客户数据、产品数据、业务数据以及行为数据等进行充分利用，以指导企业未来的发展和经营。特别是对于数字公司的国际化目标，受时间和空间限制，企业较难通过实地调研等方式洞察市场和开展预

测，于是数字化的销售过程就成为数字公司的重要发展基石。

数字化销售。数字化销售是指通过数字技术围绕客户的全生命周期重塑企业销售流程，将企业与客户互动的全过程数字化，并通过对数据的深入挖掘和分析，持续对销售流程进行调整和优化，推动销售业绩的增长。

客户管理数字化。传统企业往往通过 Excel 或纸质单据对客户信息进行管理，缺乏可以自动生成、提高效率的网络平台机制。通过销售数字化过程，企业可以实现对下游终端客户的 360 度管理，业务员与客户的每一次沟通反馈过程都可以在数字平台中进行沉淀。通过订单的成功或失败以及客户的重复购买或流失结果反馈，企业可以有迹可循地对客户进行跟踪、回访和分析并找出成功或失败的原因。

流程管理数字化。通过销售数字化过程，企业可以实时监控订单进度以及客户反馈，包括物流信息、订单签约、客户转化等，以保证及时准确地对销售流程进行管控。

分析数字化。销售数字化过程可以自动对平台沉淀下来的重点指标进行分类统计和智能分析，以帮助企业进行科学决策。传统企业的客户关系维护往往被忽略掉，它们通常集中关注于生产环节，这不符合"以用户为本"的原则，而数字企业可以"以客户为中心"，围绕生产经营的各个环节进行全方位解析。

14.4.2 数字化用户

数字化用户。数字平台通过建立用户的在线链接，以建立企业对每一个用户的在线化账户体系，把以往企业与用户之间几乎失联的关系变成实时在线的连接关系，而此举的目的是建立以用户运营为中心的新型营销体系。也就是借助企业建立的依托链接构建的经营用户体系，更有效地直达用户，实现寻客、产生影响、推动转化、有效激活的作用，改变过去企业无法直接链接到用户而实现用户运营的状态。从长远来看，可以通过数字化用户运营打造用户的长期甚至终身价值，实现用户价值最大化。

实现用户在线链接的四种手段。

技术手段：主要通过 App、小程序等技术方式建立用户链接，把企业的目标用户链接至数字平台。作为实现用户链接的基础，通过技术可以实现集用户运营、交易、交付等多种功能于一身的平台的搭建。

内容手段：主要借助当前的各种内容传播平台建立用户链接。内容平台的传播裂变功能可以帮助企业更好地找到目标用户并实现精准链接，直接产生动销效果，实现营销一体化，比如国内的抖音、快手以及国外的 Youtube 等短视频平台。

社群手段：主要借助微信、微博、Facebook、Twitter 等社群社交方式建立用户链接，社群的交互功能可以更好地帮助企业实现用户运营。

第三方电商平台手段：主要借助淘宝、京东、Amazon 等国际知名第三方平台将平台用户转化为私域用户，借助平台的技术链接实现对目标用户的数字化链接。

数字公司数字化用户的核心是要通过内部或外部的用户链接支持挖掘数字化技术支撑下的营销目标，紧紧围绕用户运营打造独特的营销体系。

14.4.3　数字化海外合作伙伴关系

多样化合作模式。数字化时代背景下定义的合作伙伴，已经不再是传统意义上以解决方案为纽带的上下游关系，而是一种立体的生态伙伴的关系，企业之间的合作不一定是产品，不一定是买卖的关系，有可能是技术，有可能是核心理念，有可能是走向市场的战略，也有可能是资本。

1. 华为：坚持被集成，携手七类伙伴构建繁荣生态

新增产业伙伴助力"华为核心"数字生态。截至 2019 年，华为在全球已经拥有 2.8 万余家合作伙伴，其中销售伙伴 2.2 万余家，解决方案伙伴 1200 余家，服务伙伴 4200 余家，人才联盟伙伴 1000 余家，投融资运营伙伴 80 余家。从规划来看，华为企业业务生态系统中将增加"产业伙伴"（industry partner）这一新成员，包括元器件伙伴、技术组件伙伴等。未来，这些产业伙伴将主要帮助华为的鲲鹏计算平台和数字平台等组件实现商业化服务（马悦，2020）。

联强国际（Synnex International）是全球领先的资讯通信、消费类电子及半导体产品总经销商，拥有强大的销售网络。从业务合作来看，联强国际是华为企业业务和消费者业务的重要核心合作伙伴，尤其是在企业业务领域，联强国际是华为三大全球性总代理，整体合作销售规模超百亿元。

南非 Altron 通过与华为 10 余年的稳固合作，为政府、交通、工业等各行业提供高质量的 ICT 解决方案；在南非地区，华为还拥有 ATOS、BCX、

Datacentrix 等本地渠道合作商。

巴西 Compwire 成立于 1996 年，主营业务涵盖数据中心、存储、网络、虚拟化和大数据等，在政府和金融等大客户 ICT 圈子耕耘多年，拥有极强的 ICT 方案集成、销售和交付能力。从华为的竞争对手到华为巴西"年度最佳 IT 合作伙伴"，Compwire 与华为在存储、网络和平安城市等领域达成了战略合作共识，未来将携手华为成为巴西政企客户数字化转型的重要伙伴。

2. 中兴：泛亚太区域多国合作伙伴助力 5G 市场推行部署

多国 5G 合作伙伴助力新业务推行。中兴通讯是全球仅有的两家可以提供 5G 端到端方案和商用产品的设备商之一。在亚太地区，中兴通讯已协助韩国、中国运营商实现 5G 商用，并与马来西亚、缅甸、印度尼西亚、泰国等众多国家主流运营商进行了 5G 网络测试和新业务探索。通过这些实践，中兴通讯积累了丰富的经验，提出了成熟的 5G 快速建网方案。

印度尼西亚 Smartfren：Smartfren 是率先在印度尼西亚广泛部署 4G LTE-A 和 VoLTE，以及首家在东南亚完成 Pre 5G 测试的运营商。中兴通过与 Smartfren 合作支撑印度尼西亚通信部 5G 在制造业应用中的演示，包括物流仓储部署、360 度摄像头与 VR 眼镜的连接和图像传输。

斯里兰卡 Mobitel：Mobitel 是斯里兰卡国内领先的移动网络运营商，也是其国内少有的进行 5G 技术测试的运营商。中兴通过向 Mobitel 提供设备和向其团队分享全球经验，被 Mobitel 管理层称为是其"整个生态系统中的一部分"。

印度 Bharti Airtel：Bharti Airtel 是一家领先的全球电信公司，在亚洲和非洲的 8 个国家开展业务，从用户规模来说，是全球第三大移动服务提供商。中兴与 Airtel 围绕提升用户体验方面进行合作，中兴很有可能成为 Airtel 的 OEM（原厂委托制造）合作伙伴，推进新技术的演进和按需制定解决方案。

3. 神州数码 DCN：数百名合作伙伴共同迎接数字经济时代

加速海外市场布局，转型开拓新阵地。神州数码旗下 DCN 率先在安全、无线、交换、路由、实训室、存储 & 应用等六大领域展开全面布局，打造了 510 款自有品牌产品，业务覆盖超过全球 50 个国家，拥有超过 100 家海外合作伙伴，服务超过 2 万个项目。

波兰 Salumanus：自 2006 年以来，Salumanus 一直深耕网络和电信领域，是当地重要的网络基础设施解决方案的分销商和供应商，是神州数码在波兰最重要的合作伙伴。从 2011 年开始，两家企业即开始在 ISP（互联网服务提供商）、企业、学校、银行、支付等行业开展产品与技术服务合作，完成了波兰全国校园网络升级、医院网络改造、U-20 世界杯 Wi-Fi 覆盖等重大国家级项目。在 2019 年神州数码以"ImCloud 云管理平台"为基础，为 Salumanus 提供包括服务器、存储、网络等在内的一体化私有云或数据中心服务，以及虚拟化、云安全、云管理、云负载调度等云计算平台服务。

土耳其 Coptek：神州数码在与 Cisco 和 Extreme 竞争的多个项目中胜出，目前已经成为土耳其政府行业在网络产品方面的第二品牌，在土耳其国内拥有良好的品牌声誉，广泛服务于政府部门客户。

俄罗斯 ISP 领域：神州数码是俄罗斯 ISP 领域的重要合作伙伴，也是俄罗斯和独联体地区最大的电信设备供应商之一，合作时长已逾 8 年，安装以太网端口超过 300 万个，为数百家 ISP 供应商提供设备。

14.4.4　非股权经营模式

非股权经营模式包括合同制造、服务外包、订单农业、特许经营、技术许可、管理合同，以及其他类型的契约关系，即跨国公司可以借助这种模式协调它们在全球价值链中的活动，并且在不持有东道国公司股权的前提下影响这些公司的管理（《国际经济合作》编辑部，2011）。

非股权经营模式具有高灵活性以及低投入、低风险的特征。从经营优势来看，非股权经营模式相比于传统的股权投资来说，资金投入较低，风险较小，可以以较低的成本打入国外市场，在与本地公司的安排上更具有灵活性（王香梅，2015）。除此之外，受益于非股权经营模式天生的优势，其经营和政治风险较低，相比其股权经营模式来说，损失大幅下降。除此之外，非股权经营模式具有更高的灵活性和较低的进入壁垒，特别是对于投资生态不健全的国家，其可以利用非股权形式的灵活安排达到控制目的。

数字公司独特技术为非股权经营注入新的活力。非股权经营模式可以使企业的经验和技术得到更广泛的应用，比如企业可以以特许经营形式通过授权某项技术的专利权向技术产品复制方收取费用，此时数字公司拥有许可经营的权利，并且并不需要投资大量的硬件生产设备，从而达到控制经营的目的。

全球首个订单农业公链——绿色通证（UNGT）。UNGT 通用绿色令牌由一组来自新西兰的著名生态农业供应商发起，其应用场景包括订单农业、食品安全追溯和特色农业文化旅游。基于区块链技术去中心化、可溯源和不可篡改的特点，UNGT 绿色通证希望通过上下游信息的数据化实现"区块链＋订单农业"的新型商业模式。

UNGT 将触角伸向中国，助力实现乡村振兴。互联网技术仍然无法解决信息不对称问题，且无法保证信息的真实性。UNGT 绿色通证则可使消费者和农业生产商基于区块链追踪产品的信息，实现从零售仓库直至原产地可溯源，以供消费者考察食品的安全性和质量，也为生产商及时更新库存和进行质量控制降低了时间和空间成本。随着我国产业升级和经济结构调整的不断加快以及食品安全监管体系的不断完善，可溯源的 UNGT 将在调整升级农业产业结构、解决食品安全问题领域发挥重要助推力。在 2018 年区块链全球峰会上，UNGT 绿色通证CEO 表示，UNGT 将通过建立安全、可靠、高效的订单农业着陆平台和智能服务系统，借助 Blog Stan 技术的分类账系统，实现订单农业与区块链技术的真正落地，助力中国政府提出的乡村振兴战略。

链上广布局，集成"金融＋生态"多应用场景。除了解决农业问题，UNGT 绿色通证还通过建立信贷点、智能合同管理基金应用服务平台，从企业生命周期角度最大限度地借助平台实现社会和企业的双赢。此外，UNGT 还注重文化旅游业的各种应用场景，建立了一个新的业务系统平台以集成实体锚定的"数字资产链"，世界各地的旅游系统可以通过平台进行经验交流和合作学习，共同助力全球生态发展。

14.5 数字创业生态圈利好国际创新创业普惠化趋势

14.5.1 数字创业生态圈减少了新创企业存在的不确定性

以海量数据为支撑，科学决策助创业。不确定性是创业活动的典型特征，传统技术创业活动强调的是利用先进的技术开发机会，本身具有较大的技术不确定性和市场不确定性，即由技术动荡、市场变革以及技术商业化能否与市场相匹配等方面带来的不确定性（Ferreira et al.，2016）。以数字技术为发展基石的数字创业生态圈，可以以海量数据为支撑对市场进行科学的操作和预测。目前大部分的数字技术都具有开源、可定制化的特点，即社会中的大部分个体都可以进行创业参与，"站在巨人的肩膀上"进行开发和测试，技术的"知识外溢"极大地降低了新创企业的不确定性。

平台利好用户积累，用户画像刻画精准。由于数字平台企业的特殊性，企业往往在正式服务推出之前就已经积累了大量的用户数据（Sussan，Acs，2017），而基于大数据分析的用户画像决策往往能根据平台积累数据进行及时的修正，使企业在正式进入市场抢占市场份额之时对冲部分风险，即降低创业过程的不确定性。

创业资源可获得性提升，创业主体边界模糊化。数字创业生态圈的存在突破了时间和空间的限制，为数字创业者提供了良好的经验和技术交流环境，在知识外溢的生态圈内共同推动数字技术的更新迭代。生态圈也增加了创业者直接与用户接触的机会，直接地反映在以用户数据为基础的用户画像中；在生态圈内，用户也可能成为共同创业者，或者用户也可能是其他领域的创业者，直接与用户接触的机会又形成"二次知识外溢"。同时，创业者可以通过数字创业生态圈进行融资，直接"一对一"地与潜在投资人对话洽谈，尽职调查不再局限于传统的实地调研，投资人可以直接调取数字创业企业的财务、运营、经营数据，用以高效准确地判断自己的投资决策。创业资源可获得性的提升降低了新创企业的不确定性，为企业及时调整经营策略、检测市场动向提供了有力保证。

创业生态圈群英荟萃，利好创业团队搭建。毋庸置疑，数字创业生态圈内的独立个体大都具有领域内所要求的某些基础技能和创业想法，而数字创业生态圈的存在为创业团队寻找靠谱的合作伙伴提供了良好的选择空间。以程序员交流社区 Stack Overflow 为例，此系统即类似一个数字创业生态系统。他们在首页即将用户分为开发者和企业家，Stack Overflow 通过给不同的程序员赋予不同的技能标签进行分类，开发者和企业家都可以通过程序员个人博客、个人 git 仓库和关注领域分析出用户的技术栈（比如：Javascript、Vue. js、大数据、架构等）和技能图谱（比如：平面、UI、UX 等），即完成与目标人选的联系，为创业团队搭建提供便利，从而减少在创业初期团队建设方面的不确定性。

14.5.2　数字创业生态圈模糊了创业的边界

平台为创业成果注入创造力，创业过程流动性更强。传统创业和企业发展过程通常是线性的，但数字技术的高速更新迭代性以及数字企业高成长性已经无法单纯用传统创业线性理论来进行解释。由于数字技术具有可编程性、可重组性和开放性的特征（Yoo et al.,2010),企业的创业成果和创业流程将没有稳定的界限，反过来开放性和流动性将反作用于创业者的行为，而从平台的角度出发，平台将为创业成果注入一定程度的创造力。

产品和服务范围拓展，数字创业高速迭代。由于在数字创业生态圈中，数字技术贯穿了产品和服务从研发到创利的整个过程，产品和服务的范围、功能和价值也存在一定程度的可变性并被不断拓展（Lyytinen et al.，2016）。数字技术的不断迭代创新反馈到创业过程，使得创业过程也呈现出迭代更新和高速成长的特征。

行业边界不断弱化，数字技术跨界发展。同样地，反哺到产业领域，由于数字创业生态圈造就的创业主体和市场主体的多元化，行业之间的边界不断扩展。于是我们可以看到小米利用数字技术闯关家电领域，亚马逊基于优秀的平台基础资源推出 Amazon Kindle 创新型阅读工具。

以小米为例，从资本层面来看，小米和美的相互间战略投资，小米借鉴美的家电生产、供应链管理的技巧，而美的也向小米学习互联网的当代打法。目前小米已成功打入空调、电饭煲、净水器、洗衣机等美的的主场领域。

华为跨界液晶电视：华为致力于构建 5G 时代 "1 ＋ 8 ＋ N" 全场景战略，其中电视首次成为 8 个品类中的一环。电视作为家庭客厅大件电器，在智能家居市场快速上行的时代，将会成为万物互联的重要端口和流量输入输出通道。2019 年 5 月，华为两款液晶电视通过 3C 认证，生产厂方为京东方视讯科技有限公司，掌握数字媒体芯片及配套解决方案的华为海思和掌握液晶面板领域领先技术的京东方跨界合作，打造家电生态。

创业无边界化是趋势，生态圈实现共赢。基于数字技术的天然优势，数字创业生态圈的创业无边界化将会成为趋势。在中国，没有出租车的滴滴出行公司通过打车平台成为出租车行业的领军企业，近年还开始成立旅行社，加码进军旅游业；没有实体酒店的爱彼迎成为住房中的 Uber、民宿共享模式的掌门人；没有一间办公室的 WeWork 成为最大的共享办公孵化基地；拼多多开始上线机票业务，举办"非遗购物节"和"云游中国"直播活动，打进在线旅游市场；深受年轻女孩喜爱的"种草"基地小红书开始跨界旅游业，"种草"周边游。这些使用频率极高的 App 在见证着创业的无边界化，我们也见证着数字创业生态圈参与者共赢时代的到来。

14.5.3　数字创业生态圈改变了数字公司的创建和发展进程

生态圈利好"多方互动＋共创价值"。由于数字技术天生的开放性和关联性，企业的价值定位不仅仅是交易者，更多的是作为交易的推动者和连接者（Amit，Han，2017），企业可以通过数字平台与交易各方主体进行有效互动，共同创造价值。企业可以通过数字基础设施之间的互补共同创造价值，比如提供通信协作或计算能力共同支持创新创业，其中就包括耳熟能详的云计算、数据分析、在线社区、社交媒体、3D 媒体、数字创新空间等，在实体和虚拟数字世界共同推动企业发展。

由于数字连接技术的开放性和灵活性，数字创业生态圈内的企业交流成本降低，交流的效率和速度大大提高。以传统创业价值链为例，由于缺乏流动性和灵活性，企业进入价值链内参与价值共创和创业活动的难度极大，但是在数字创业生态圈的条件下，新创企业可以通过数字技术开发和创新破坏当前创业价值链并成为链上的一员，有效降低数字创业生态圈的进入壁垒。并且，由于数字技术具有快速迭代的特征，圈内企业需要持续创新以保证技术具有良好的生命周期支撑运营，所以从技术的天然特征上保证了数字创业生态圈的持续造血机制，保证了圈内企业的质量和整个生态的健康可持续发展。

优质生态环境保障，资源整合促新应用多点开花。在数字创业生态圈中，并不是只有数字企业存在，还包括对新创企业的搭建具有重大影响的政府、投资机构、大学和众多研究机构等。各方主体可以通过利用数字技术的关联性整合资源为各方提供产品和服务，共同开发基础技术的各方应用场景，催生新下游和新机会的不断产生，也为产学研结合的科技发展导向提供良好的融合环境。反哺到数字创业生态圈，各市场主体的参与能保持生态圈内的竞争活力和合法合规性。

14.6 数字创业生态圈成立需要满足的条件

14.6.1 数字化平台

链接圈内主体，平台成就"超级"企业。数字化平台为数字创业者创意概念化和创业尝试提供了舞台，也为创业者直接与用户互动、实现价值共同创造提供了可能性（Lusch，Nambisan，2015）。平台作为在数字创业生态圈中生产要素沉淀、分发、流转和交叉融合的处所，是连接生态圈内万物的重要媒介，也是数字创业的主要形式之一。受益于平台的特质，平台企业往往具有网络效应和规模效应等优势特性，其发展不受空间的限制。在经济全球化利好平台企业发展的大背景下，苹果、微软、亚马逊等公司的市值都已超过荷兰等国家的 GDP。

案例：中国 MLS（多重上市服务）公司贝壳正在房产经纪市场建立正循环

房地产经纪的商业模式致力于利用当代快速发展的互联网体系与信用体系，让线上平台对潜在客户产生足够的吸引力，从而将互联网变成线下交易的平台。在 O2O 模式下，经纪公司通过项目团队调研开发商与业主的房源信息，并将其放入线上平台，消费者可以直接通过线上平台信息锁定心仪的房源，从而使经纪公司达成"锁房""锁客"的目的，为线下门店导流，并利用经纪人团队为客户提供具体的服务，以期达成交易。这样的模式避免了房源信息传播速度慢、范围小的问题，同时经纪人的专业性提升了客户对其的信任程度，极大地提高了行业的效率，为消费者与开发商节约了成本（见图 14-9）。

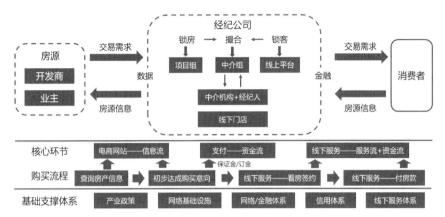

图 14-9　房地产经纪 O2O 商业模式

资料来源：财经早餐.【财经秘书】房地产行业情报［EB/OL］.（2019-10-28）［2021-06-06］.https://www.163.com/dy/article/ESI8UP5l05199055.html.

21 世纪前 10 年，O2O 大热，但"烧钱"模式难以为继。一方面，互联网房产经纪在刚开始时，都要做大量的品牌推广工作，一般覆盖地铁、公交、广播等渠道，但问题是推广费用加起来高达数千万元，所产生的效果却并不理想；另一方面，尽管"烧钱"模式在继续，但新兴互联网房产经纪在发展阶段市场占有率都不高。在费用支出高企而营业收入超低的情况下，这些互联网房产经纪公司很难实现盈利。

MLS（multiple listing service，多重上市服务）信息共享模式成为新趋势。MLS 价值的核心就是基于"unilateral offer of cooperation and compensation"（单方面承诺合作和赔偿）这一契约精神，是 20 世纪在美国兴起的一种房地产销售模式，可以理解为由卖方经纪人单方面发出合作与佣金共享的需求，通过与其他能为其带来真实可靠买家信息的经纪人合作，提高房源曝光率，达成交易后与合作的经纪人分享佣金。MLS 平台将合作的范围扩大至整个平台的参与者，营造了经纪人之间公开、公平竞争的市场环境。

MLS 的出现打破了房源的垄断，变革了跨公司的经纪人销售合作模式，实现了多赢。

信息共享、佣金分成是 MLS 系统的根本运行机制。在独家代理和佣金有保障的情况下，委托经纪人是不担心信息公开的，因为任何人获取了这些公开信息并根据这些信息促成了交易，委托经纪人也都可以按照独家代理协议获得收益。所以，MLS 的规则能使得经纪人之间保持既竞争又合作的关系，即通过资源共享、信息交互，形成一种利益共享机制。同行业间通过相互之间的有效合作和利益共享机制，共同促进整个行业的发展。

贝壳经纪合作网络（agent cooperate network，ACN）建立行业正循环。中国房地产经纪行业竞争的日益加剧使行业利润空间被挤压、交易效率被制约。贝壳于 2018 年推出的 ACN 经济合作网络促使同品牌或跨品牌经纪人以不同的角色通过 ACN 网络参与到同一笔交易中。受益于 ACN 合作模式，贝壳非链家门店和经纪人数量大幅增长，在新冠疫情的负面影响下，仍然在 2020 上半年实现 1.3 万亿元交易总额，同比增长 49.40%。对行业来说，ACN 合作模式通过连接各大资源为行业形成正向循环，将会带动行业集中度加速提升，为建立良好行业生态奠定基础（见图 14-10、图 14-11 和图 14-12）。

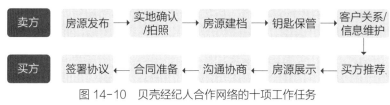

图 14-10　贝壳经纪人合作网络的十项工作任务

资料来源：贝壳研究院。

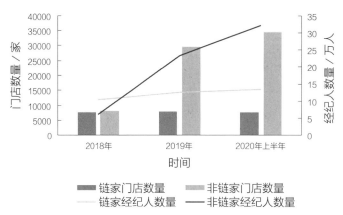

图 14-11　链家和非链家门店及经纪人数量

资料来源：贝壳研究院、灼识咨询。

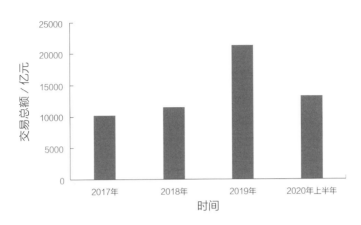

图 14-12　贝壳业务交易总额
资料来源：贝壳研究院、灼识咨询。

用户规模是关键，构筑有力护城河助推生态圈发展。平台所积累的用户和运营数据极大地依赖于企业目前的用户规模，从长远来看，海量数据所带来的收益很大程度上决定了企业的内在价值，而品牌和声誉是数字企业重要的护城河。所以对于平台企业来说，前期的用户积累很重要，也导致平台企业的创业门槛较高，需要有雄厚的资本支持和行之有效的运营引流措施。对于数字创业生态圈来说，圈内超级企业越多，积累的用户数据越多，对生态圈的发展越有利。

案例：内容＋算法＝流量

今日头条：字节跳动在成立初期专注积累用户。回顾字节跳动的成长历史，成长速度之快有目共睹，从今日头条到抖音，内容和算法的组合拳使得其始终保持着强有力的竞争力。今日头条是字节跳动成立之后推出的第一款产品，区别于腾讯新闻、网易新闻等行业内巨头，其定位为具有个性化推荐功能的新闻 App。此时的今日头条专注于用户数据的完善和推荐算法的打磨，在成立初期为其构筑广而多的用户护城河打下了基础。在 2018 年今日头条的月活用户就突破了 2 亿人，后期内容创作团队的悉心打磨使得今日头条的运营实现了良性循环。

抖音：头条 Plus，侧重于营收变现。抖音于 2016 年上线，最初的流量主要来源于今日头条的导流，后期通过热点运营、明星带流量实现初步的用户规模化。在内容分发上也沿用了今日头条的推荐引擎，通过对用户所观看视频进行精准的抓取和分析，不断为用户推荐喜欢的内容维持热度。目前，抖音主要通过广告、MCN 签约等手段实现营收变现。

14.6.2 非平台型数字创业

创业群体数量大，合作共创生态圈。非平台型数字创业是指任何利用数字技术进行的非平台型的创业活动，它是数字创业生态圈中数量最大的创业群体，具体可以分为数字技术创业者和依托数字化多边平台的各类创业者（刘志铭，邹文，2020）。

数字技术创业者：核心生产要素转化者。数字创业者利用自身掌握的专业知识，并结合商业模式和运营策略依托数字平台将虚拟化的数字技术转化为真实的生产要素，并为企业创造利润。而由数字创业者组成的数字创业团队则通过发现和识别市场机会制定相应的数字战略并运营落地。数字创业者和数字创业团队都是数字创业生态圈中的深度参与者。

依托数字化多边平台的各类创业者：重要参与者。依托数字化多边平台的各类创业者主要包括网络电子商务平台上的卖家和依托开放应用平台的创业者。比如实施监管的政府、数字孵化器、共同开展科研的高校以及科研机构、阿里巴巴集团旗下淘宝平台的商家、依托滴滴平台的顺风车司机、依托微信小程序架构进行定制化开发的程序员和解决方案专家等。他们都积极地参与数字创业生态圈中的共同创新创业，是数字创业生态圈不可或缺的部分。

14.6.3 数字用户

数字用户：供给端和需求端用户。刘志铭和邹文（2020）将数字用户区分为供给端数字用户和需求端数字用户。

供给端数字用户是指在数字化平台提供商品或服务的用户，比如抖音短视频平台的分享者、众筹平台的资金供给者等，供给端数字用户可以凭借独特的技能和资源依托平台通过提供相应内容和知识来创造利润，而这种创造利润的过程本身也是知识和资源外溢的过程，为整个数字创业生态圈的良性循环提供物质保证。

需求端数字用户则是指依托数字化平台或数字基础设施来满足自身对某些商

品或服务的需求的消费者，比如顺风车的乘客、淘宝平台的买家等，他们通过付费满足自身需求的过程也是供给端数字用户创造营收和利润的过程。

特别地，生态圈内的数字用户也有可能同时兼具需求端或供给端用户的特性，例如如今兴起的电商直播带货（抖音直播、快手直播、淘宝直播等），每一个用户都可以通过观看直播、完成付款成为商品的需求者，也可以通过同样的账号创造流量、对接商家、发起直播，完成商品供给。

14.6.4　环境因素

1. 数字基础设施

数字基础设施：数字创业生态圈基础条件。数字基础设施是指存储、处理和传输数字信息所需的实体资产网络，主要包括数据中心、光纤网络和移动通信塔等（中国保险资产管理业协会，2020）。数字基础设施作为数字创业生态圈正常运行和发展的基础条件，承载着为参与主体提供沟通、交流和交易能力的功能。特别是数字基础设施的建设存在前期回报率较低、投资周期长、投资金额大等特点，因此通常需要政府进行领导和参与。

新基建：以数字基建为核心。新基建在 2018 年 12 月中央经济工作会议被第一次提及，2019 年被写入国务院政府工作报告，2020 年 1 月国务院常务会议、2 月中央全面深化改革委员会会议、3 月中央政治局常委会会议持续密集部署（任泽平等，2020）。新基建七大领域主要指 5G 基建、特高压、城际高速铁路和城际轨道交通、新能源汽车充电桩、大数据中心、人工智能、工业互联网。

数字技术基础设施、数字平台基础设施、物理基础设施智能化日益重要。阿里巴巴集团副总裁刘松认为，新基建以数字基建为主，包括数字技术基础设施、数字平台基础设施、物理基础设施智能化。数字基础设施包括云计算、物联网、人工智能、5G、区块链等，云计算是底座，与其他技术聚合发展，产生聚变效应和辐射效应；数字平台基础设施包括购物、出行、娱乐、家政、政务等各类数字平台；物理基础设施智能化的核心是传统"铁公基"（铁路、公路、机场、水利等重大基础设施建设）的智能化升级，数字基建的中长期价值在于打造以数据为关键要素的新价值网络和新服务体系，带动经济的高质量发展和社会的高效治理。

国家政策利好数字基础设施建设。从国家政策导向来看，随着新基建政策的提出，国家通过专项债作资本金、优惠贷款等多种经济政策形式促进新型基础设施的建设。伴随着产业升级带来的新机遇，数字化、网络化和智能化升级拉动新型消费市场业态发展，为国家经济发展带来新的增长点和新的国际竞争优势。

2. 制度保障

提供制度保障，推动生态圈进步。制度是一个社会的游戏规则，由正式制度（法律、规章等）和非正式制度（价值观、信念和文化等）组成，它影响着一个地区的社会经济激励结构（刘志铭，邹文，2020）。整体来看，数字经济制度主要以数据开放、数据产权、数据保护、数据流动为基础（蔡雄山，2020）。

数据开放制度：数据开放需要以公共利益为出发点和落脚点，有效引导免费公开数据和付费数据之间的配置，在保障数字用户隐私安全的前提下开展生产性数字创业。

数据产权制度：随着大数据技术的成熟和普及，大量的数据交易行为应运而生，但是当数据的所有权产生争议时，交易所面临的经济和法律风险也不容小觑。目前国际上对数据产权问题的讨论还处于初始阶段，各国政府应当不断开展制度创新以杜绝大规模的数据产权风险产生。

数据保护制度：国际社会对于数据的隐私保护争论非常多，主要集中在私人数据财产权与传统法律之间的矛盾、私人数据与商用公域的结合使得数据所有权界限模糊等，包括对于政府数据、企业数据以及营利性数据服务商的保护，这些都是未来亟待解决的问题。

数据流动制度：在数字创业生态圈内，包罗万象的生态圈内不乏大量的数据跨境流动，但是目前国际上缺乏统一的隐私保护规则。随着数字经济的蓬勃发展，未来数据流动制度将成为类似于货物贸易规则的国际规则。为提高我国在国际社会的话语权和规则制定权，我国需要充分发挥互联网市场的优势，在数字经济时代的国际竞争中更加积极有为。

3. 融资环境

资本助力数字创业生态圈。不论是传统创业还是数字创业，都需要良好的融资环境以供创业者获取 Pre 阶段的资金资源。前文提到，在积累用户的企业创建初期阶段，需要大量的投入以完成用户积累，此时股权投资机构、风险投资机构、天使投资人的存在就变得至关重要。

4. 人才环境

知识密集型的数字技术创业必定离不开一大批专业技术人才，形成良性循环的人才池能为区域性技术进步和发展提供持续支持，人才交流和探讨形成的知识外溢也是促进产业间融合和共同上行的重要助燃剂。闻名世界的美国硅谷、中国北京中关村都是地理意义上优秀的人才环境典范，而数字创业生态圈则需要以良好的"虚拟线上"人才环境为生态圈发展提供人才保障。

5. 其他环境因素

其他环境因素包括教育培训体系、专业服务机构、创业孵化机构、政府强有力的支持措施、密集的社交网络分布等。

14.7　数字创业生态圈："平台的平台"

14.7.1　平台的"网络分享平台"

企业间共享创新模式。数字创业生态圈具有水平的、自愿性知识外溢特征（Autio et al.，2018）。数字技术下游应用的广泛性决定了生态圈对于不同市场主张的包容性，由于细分领域的不同，初创企业往往不会在一开始形成直接的竞争关系，相反地，受益于数字创业生态圈的知识外溢优势，创业者可以通过互补数字技术知识共同进行商业模式创新，共同建设平台的"网络分享平台"。

技术端口接入共享模式。平台新创企业可以通过创建不同 API（应用程序编程接口）实现基于数字创业生态圈的平台与平台之间的接入，从而开发出新的下游应用和需求。类似地，上文提到的数字用户也可以成为数字创业生态圈中的创业者，数字用户可以基于网络外部性定制化进行产品和服务的开发，从而与数字创业者合作成为联合创始人，所以数字用户对平台企业的生存和发展起着至关重要的作用。

14.7.2 平台的"多方协作平台"

多主体携手参与创业过程。数字创业生态圈中数字基础设施的存在为创新和创业提供合作和交流的机会，使更多主体共同携手合作参与创业过程。

作为一家数字初创企业，首先要求数字创业者具有企业家创业精神和技术专家创新精神，需要数字创业者能提出创新型的商业理念和经营导向，这就要求各大高校、研究机构和各类众创空间共同培养具有前瞻性眼光的"技术＋商业"复合型人才。

同样地，数字初创企业可能会由于思路的不完善、经验的缺乏和对环境因素的不熟悉而有较高的失败风险，因而种子基金、风险投资和私募股权投资机构的存在就显得十分重要，投资机构能在具有发展潜力的企业上行和下行时期为其提供有力的资本保障。创业孵化器对于初创企业的团队建设和规范经营也具有十分重要的作用。

14.7.3 平台的"信任机制平台"

构建数字平台信任机制。数字创业生态圈中的各个创业主体需要通过生态圈平台进行沟通和交流，生态圈作为平台公司的"信任机制平台"，肩负着保障参与各方正当权益和数字用户数据隐私安全的重任，而构建数字平台信任机制是创业活动平台化的重要前提。

网络信任机制主要可以通过网络认证机制、声誉机制、第三方支付机制、用户评价机制等方式实现（刘志铭，邹文，2020）。网络信任体系需要解决不同网络实体间可靠信任关系的安全建立和为网络实体提供行为分析手段的问题，不管是基于传统的密码技术还是基于新兴的区块链技术，都需要解决网络空间中实体身份鉴别、授权访问、责任认定等问题。

从数字用户的角度，需要数字用户提高信息甄别能力，也对政府提出对广大潜在"数字用户"提供针对性网络教育的要求；从法律法规的角度，也需要政府加强网络监管、健全法律法规，充分利用数字创业生态圈的数字技术优越性加大对网络行为和网络信息的监管力度，预防互联网金融平台"跑路"等信任危机事件再次发生。

参考文献

蔡雄山，2020. 数据规则：构建数字经济之制度基石［EB/OL］.（2020-04-25）［2023-06-12］. https://www.sohu.com/a/391117407_455313.

刁海俊，2011. 网络在国际新创企业成长过程中的作用分析［J］. 现代商贸工业（4）：254-255.

段茹，李华晶，2020. 共益导向对数字创业企业社会创新的影响研究［J］. 中国科技论坛（8）：98-109.

梁正，李瑞，2020. 数字时代的技术—经济新范式及全球竞争新格局［J］. 科技导报（14）：142-147.

刘志铭，邹文，2020. 数字创业生态系统：理论框架与政策思考［J］. 广东社会科学（4）：5-14.

马悦，2020. 携手全球合作伙伴，共建智能时代繁荣生态［EB/OL］.（2020-04-22）［2023-06-12］. https://www.sohu.com/a/390251165_296821.

任泽平，马家进，连一席，2020. 新基建：全球大变局下的中国经济新引擎［M］. 北京：中信出版集团.

王香梅，2015. 对外投资中的非股权经营模式［J］. 合作经济与科技（13）：54-55.

余江，孟庆时，张越，等，2018. 数字创业：数字化时代创业理论和实践的新趋势［J］. 科学学研究（10）：1801-1808.

中国保险资产管理业协会，2020. 解构数字基础设施［R］. 中国保险资产管理业协会.

中国社会科学院数量经济与技术研究所数字经济研究室，2020. 中国数字经济规模测算与"十四五"展望研究报告［R］. 中国社会科学院.

朱秀梅，刘月，陈海涛，2020. 数字创业：要素及内核生成机制研究［J］. 外国经济与管理（4）：19-35.

《国际经济合作》编辑部，2011. 国际生产和发展的非股权经营模式：解读《2011 年世界投资报告》［J］. 国际经济合作（8）：4-10.

Amit R，Han X，2017. Value creation through novel resource configurations in a digitally enabled world [J]. Strategic Entrepreneurship Journal, 11（3）: 228-242.

Autio E, Nambisan S, Thomas L D W, et al., 2018. Digital affordances, spatial affordances, and the genesis of entrepreneurial ecosystems [J]. Strategic Entrepreneurship Journal, 12（1）: 72-95.

Dy A M, Martin L, Marlow S, 2018. Emancipation through digital entrepreneurship? A critical realist analysis [J]. Organization, 25（5）: 585-608.

Elia G, Margherita A, Passiante G, 2020. Digital entrepreneurship ecosystem: How digital technologies and collective intelligence are reshaping the entrepreneurial process [J]. Technological Forecasting and Social Change, 150: 119791.

Ferreira J J M, Ferreira F A F, Fernandes C I M A S, et al., 2016. What do we [not] know about technology entrepreneurship research? [J]. International Entrepreneurship & Management Journal, 12（3）: 713-733.

Fichman R G, Dos Santos B L, Zheng Z, 2014. Digital innovation as a fundamental and powerful concept in the information systems curriculum [J]. MIS Quarterly, 38（2）: 329-353.

Hansen B, 2019. The digital revolution-digital entrepreneurship and transformation in Beijing [J]. Small Enterprise Research, 26（1）: 36-54.

He X, 2019. Digital entrepreneurship solution to rural poverty: Theory, practice and policy implications [J]. Journal of Developmental Entrepreneurship, 24（1）: 1-32.

Hu H B, Huang T, Zeng Q F, et al., 2016. The role of institutional entrepreneurship in building digital ecosystem: A case study of Red Collar Group（RCG）[J]. International Journal of Information Management, 36（3）: 496-499.

Hull C E, Hung Y T, Hair N, et al., 2007. Taking advantage of digital opportunities: A typology of digital entrepreneurship [J]. International

Journal of Networking and Virtual Organisations, 4（3）: 290–303.

Lusch R F, Nambisan S, 2015. Service innovation: A service–dominant logic perspective [J]. MIS Quarterly, 39（1）: 155–175.

Lyytinen K, Yoo Y, Boland R J Jr, 2016. Digital product innovation within four classes of innovation networks [J]. Information Systems Journal, 26（1）: 47–75.

Nambisan S, Wright M, Feldman M, 2019. The digital transformation of innovation and entrepreneurship: Progress, challenges and key themes [J]. Research Policy, 48（8）: 103773.

Song A K, 2019. The digital entrepreneurial ecosystem: A critique and reconfiguration [J]. Small Business Economics, 53（3）: 569–590.

Stam E, Spigel B, 2018. Entrepreneurial ecosystems [M]// Blackburn R, De Clercq D, Heinonen J. The SAGE Handbook of Small Business and Entrepreneurship. London: SAGE Publications: 407–421.

Steininger D M, 2019. Linking information systems and entrepreneurship: A review and agenda for IT–associated and digital entrepreneurship research [J]. Information Systems Journal, 29（2）: 363–407.

Sussan F, Acs Z J, 2017. The digital entrepreneurial ecosystem [J]. Small Business Economics, 49（1）: 55–73.

Yoo Y, Henfridsson O, Lyytinen K, 2010. Research commentary—The new organizing logic of digital innovation: An agenda for information systems research [J]. Information Systems Research, 21（4）: 724–735.

第15章
隐性知识在数字化传播中呈现出显性化趋势

自20世纪90年代以来，由于经济全球化趋势不断加强，跨国公司作为生产经营全球化、国际技术转移以及对外直接投资的主力军，其数量和规模得到了空前发展。加之企业资源观的兴起，跨国公司理论有了新的视角，知识被认为是最有价值、难以模仿的资源，更是跨国公司竞争优势的重要源泉（王方，陈继勇，2018）。隐性知识则被认为是创新创业及形成组织核心竞争力的基础和源泉，这一点已经得到学术界与企业界的普遍认可（刘丽珍，刘国伟，2007；芮明杰，陈晓静，2006；Spulber，2012；Ryan，O'Connor，2013）。随着数字经济的发展，全球经济环境越来越多地呈现动态性、复杂性和不确定性特征，跨国公司除了日益注重提升在全球范围内的学习能力以进行知识创新，对于企业内部隐性知识的挖掘和传递也日益重视。值得庆幸的是，隐性知识在数字化传播中呈现出显性化趋势，为跨国公司主动学习和获取知识、发掘和提升企业核心竞争力提供了无限可能。

本章围绕"隐性知识在数字化传播中呈现出显性化趋势"这一主题，主要阐述5个具有颠覆性的价值观点。

（1）数字经济的兴起重新定义了跨国公司与其国际合作伙伴之间连接的性质，从而重新定义了知识获取、重组和重新配置的性质。

（2）数字化平台通常会与一些当地市场的互补创新者合作，他们拥有当地市场内嵌的隐性知识，能够帮助扩展平台价值主张的范围。

（3）新型数字基础设施促进的交互形成了客户价值共创的源泉，为跨国公司提供了新的隐性知识跨境获取模式。

（4）跨国公司可能会推动其他生态圈成员对隐性知识进行传播和推广，新知识的注入会刺激创新和创业活动，从而为隐性知识的接受者带来竞争优势。

（5）事实证据表明，合作伙伴也会以独特的方式在不同的基础上进行创新，从而使跨国公司的隐性知识获取、整合和重组复杂化。

15.1　理论概述：隐性知识及隐性知识显性化

15.1.1　隐性知识理论的提出

隐性知识的概念是匈牙利裔英国哲学家迈克尔·波兰尼（Michael Polanyi）于 1958 年在其《个体知识》一书中提出的。他首次将知识分为显性知识和隐性知识，并描述了它们不同的特征（Polanyi,1958）。显性知识可以通过学习、模仿、记忆而获得；而隐性知识是从一定的实践、经验中领悟得来的，虽然可以被传授、学习和积累，却需要通过其独特的途径来实现。

显性知识（explicit knowledge，也称为可表述知识或可编码知识），是指可意识到的对事实和规则的客观知识，可以用语言表达，用文字和数字表述，易于整理、存储，并转化为信息，进行编码，以数据形式交流和共享，主要通过书籍、报刊、光盘、数据库等载体表达。由于显性知识容易被复制、传播和共享，也容易被竞争对手获取，因此仅靠显性知识不可能形成持续的竞争优势。隐性知识（tacit knowledge，又称缄默知识或默会知识）则是指无意识的对准则和情境的领会，主要是相对于显性知识而言的，是指那种我们知道但难以言传的知识，波兰尼也将之称为非名言知识。它是一种只可意会不可言传的知识，是一种经常使用却又不能通过语言文字符号予以清晰表达或直接传递的知识。隐性知识在本质上是一种理解力、领悟力、判断力，如眼光、语感、审美力、鉴别力、趣味、技巧、创造力等，它体现了智力的各种机能。相对于显性知识，隐性知识是一种动态的，并经过个体内化的知识。借助一个常用的比喻来理解两者的关系：显性知识是知识的外壳，而隐性知识才是知识的内核。两者之间正是"知道那个"（knowing what，亦即关于情境或行为后果的知识）和"知道如何"（knowing how，在显性知识匮乏时起作用的知识）的区别。例如，骑自行车的人可能不知道有关物体平衡的定律，亦即不知道"那个"，但他只要知道上车用力蹬可以使车不倒就足够应付了，因而他只要知道"如何"骑就行了。所以，人类行为并不依赖于对"那个"即事实的预先充分的了解和计算，而只需要通过在经验中总结出来的"如何"的行为规则即可应对种种不确定性。

波兰尼认为，"我们所知道的要比我们所能言传的多"（We can know more than we can tell），这一日常生活和科学研究中的基本事实，就表明了隐性知识的存在。比如，我们知道某人的相貌，能够在成千上万的人当中认出他的脸，但通常我们很难说出是如何认出这张脸的，很难明确地说出我们是凭什么迹象认出来的；遵照一级厨师写出的菜谱，我们炒出的菜却与一级厨师炒出的菜迥异；一些企业的产品拥有复杂的机械结构，给我们图纸我们也做不出来；按照销售经理制作销售报告、安排客户访问的方法行事却无法达到与他类似的业绩；又或者像是一些企业的引爆互联网的玩法，即便从头到尾告诉我们流程，我们也不一定玩得起来。再如在掌握了骑车和游泳的技巧之后，我们当然知道如何骑车、如何游泳，但是通常我们难以完全地将这类知识诉诸语言文字，语言文字总是不能充分地传达我们关于骑车和游泳所知道的全部内容。这些都说明隐性知识具有难以言传性。

隐性知识非常重要。如上比喻，隐性知识是一名厨师超越他人的核心能力，是一名销售经理的竞争优势，是一家企业的核心竞争力。同样，隐性知识也是一个组织、一个国家强大的最关键因素。为什么世界各国的科学家和工程师都知道物理、化学、微电子、生物、工程技术方面的科学原理（显性知识），但是在芯片制造、药物生产等方面却只有少数国家远远走在前面？有人把我们所拥有的知识比作一座冰山，显性知识是冰山露出水面的部分，水下的绝大部分是隐性知识。这形象地说明了隐性知识的重要性。隐性知识本质上是一种理解力，是一种领悟，它把握经验，重组经验，以实现理智的控制能力，在人类认识的各个层次上都起着主导性的作用，某种程度上，隐性知识可以支撑显性知识的学习和发展，是获得、吸收、创建和分发显性知识的源泉。

隐性知识有着如下显著的特点：①镶嵌于实践活动之中，非命题和语言所能尽，只能在行动中展现、被觉察、被意会；②不能以正规的形式加以传递，只能通过学徒制传递；③不易大规模积累、储藏和传播；④不能加以批判性反思（也有人不同意这一看法，认为隐性知识虽然无法言传，但是可以意会，可意会意味着可提取、可反思、可交流）；⑤隐性知识相对于显性知识具有逻辑上的在先性与根源性。知识在线公司首席执行官荣·扬（Ron Yang）曾提出："隐性知识是智力资本，是给大树提供营养的树根；显性知识不过是树上的果实。""隐性知识是自足的，而显性知识必须依赖于被默会地理解和运用。因此，所有的知识不是隐性知识就是根植于隐性知识。一种完全明确的知识是不可思议的。"这表明，隐性知识是显性知识的基础，一切显性知识都有默会的根源。从根本上讲，语言符号的使用（包括赋义和理解活动）本身就是一种默会行动（见表 15-1）。

表 15-1　隐性知识与显性知识的区别

项目	显性知识	隐性知识
特点	规范性、系统性、公共性	个体性、零散性、情景性
内容	陈述内容得到科学验证	蕴含的科学道理不甚明了
状态	稳定、明确、能复现	难以捉摸、含糊、未定形
呈现形式	公式定理、制度法规、软件程序、说明书	诀窍、个人特技、习惯、信念
使用者	对所使用的知识有着明确的认识	对所使用的知识不甚了解
条件	易于储存、理解、传递和分享	不易保存、掌握、传递和分享

具体来说，跨国公司内部知识流可以从显性知识—隐性知识、职能性知识—组织性知识、网络系统知识—节点专用知识三个维度进行分类，如表 15-2 所示。

表 15-2　跨国公司内部知识流的内容

知识类型	职能性知识		组织性知识	
	网络系统知识	节点专用知识	网络系统知识	节点专用知识
显性知识	通用性财务知识等	特定产品的规格参数等	跨国公司整体的规章制度等	节点特定的计划和目标等
隐性知识	可共享的技术知识等	特定市场的销售技能等	跨国公司整体的企业文化等	节点特定的控制程序等

其中，隐性知识包括跨国公司各节点之间共享的技术知识、营销技能、人力资源管理技能、物流管理技能等职能性网络系统知识；某节点专有的当地营销技能、生产制造技能、研发技能、人力资源管理技能等职能性节点专用知识；跨国公司整体的企业文化、母子公司之间的控制与协调机制等组织性网络系统知识；某节点所特有的决策程序、运营系统和控制机制等组织性节点专用知识。

薛求知（2007）则将跨国公司内部知识流特别界定为经验知识（如技能和能力）和具有战略价值的外部信息。经验知识的类型包括购买技巧、产品设计、工艺设计、包装设计、营销诀窍等；外部信息是指有关具有全球价值的关键顾客、竞争对手或供应商等的信息。所谓的特定市场知识则是相对于一般知识而言的，是关于某个特定国家市场特点的知识，比如它的商业氛围、文化类型、市场体系的结构以及东道国企业及其员工的特点等。这些知识都属于隐性知识的范畴。

15.1.2　隐性知识理论应用

在教育领域，"隐性知识"这个词也具有重要的意义。美国著名的教育学家 Thomas 和 Brown（2011）曾写过一本书——《一种新的学习文化：培养对不断变化的世界的想象力》（*A New Culture of Learning: Cultivating the Imagination for a World of Constant Change*），主张在这样一个多变的时代，应该更多地以"默会"的方式来把握知识，而非仅仅是接收你教我学、批量生产的知识，他认为后者抹杀了人的激情与天赋。除此之外，还应回归儿童状态，充满想象力，通过玩耍（情景式学习）来体验与理解世界。哈佛大学前校长柯南特（James Bryant Conant）也曾在日记中写下这样一句话："教育是当你忘记了所学的一切之后所存活下来的那一部分。"国内研究方面，对于隐性知识的理论应用也主要集中在教育领域，涵盖英语、体育、物理、金融营销学、音乐、语文等学科领域，包括教学启发、课堂改革、教师专业发展、显性化策略、高校隐性知识管理等视角。

在人工智能领域，人机融合智能的关键点在于如何最大化利用人和机的优势以打造最高效的智能系统。数字化时代，机器如何利用隐性知识助力人机融合呢？事实上，要打造一个"1＋1＞2"的智能系统，最关键的一点就是加深人机之间的"互相理解"。相对于机器而言，人具有数据信息量小但对信息理解层次更深的特性，如果机器对数据的理解可以更靠近人的理解的话，那么这些问题就可以迎刃而解了。一个可能的解决途径是，构建弹性知识库，让机器能更好地理解语言的内涵与外延，在机器和人协同的过程中，找到纳什均衡点。而实现机器真正理解并掌握语言的"弹性"的可能解决途径是通过机器可感知传播的暗知识连接人类的隐性知识。与人无法理解暗知识相反的是，这些知识在机器中很容易得到传播，其表现形式类似于 AlphaGo Zero（谷歌下属公司 DeepMind 的围棋程序）里面的"神经网络"的全部参数。对于暗知识而言，人类的知识如果不可陈述则不可记录和传播；但机器发掘出来的知识即使无法陈述和理解也可以记录并能在机器间传播，这些暗知识的表现方式就是一堆看似随机的数字。机器通过对数据的深度态势感知，可以得到联结化的形式知识即暗知识；通过对暗知识的场景化，可以得到人机融合智能系统所需的隐性知识；当人和机器对数据理解层次同步，甚至机器对数据的理解深于人时，能实现更高效的协同，打造更智能的人机系统。

15.1.3 隐性知识显性化

所有的显性知识都根植于隐性知识，隐性知识就一定存在着显性化过程，而数字化传播会加速这种显性化趋势。显性知识是用语言符号来表达的，有着明确的载体以供人们更好地掌握，比如书籍以及现代电子网络平台等。人们掌握显性知识的前提是要理解语言符号的意义，所谓识文断字的意义就在于更好地理解显性知识。然而理解力、领悟力是一种默会能力，也就是说人们在学习显性知识的同时已经在发挥默会潜能的作用了，这说明所有的显性知识都根植于隐性知识，显性知识真正为人所有，是以认知主体运用其理解力为前提的，理解力也就是默会能力，决定了认知主体获得显性知识的质量。对于同样的显性知识，不同的认知主体所得到的知识完整性是不同的，这虽然与认知角度有关，但是决定认知质量的还是认知主体的默会潜能。默会潜能集中体现了认知主体的悟性和智商，而一个人的悟性与智商都是可以发掘的，可以通过广泛学习或是专业导师的指导提高及运用默会潜能，传承企业的隐性知识，这个时候可以利用一些数字化手段或借助数字化平台加速学习和开悟的过程。例如我们通常通过百度去就某些不能言说或是无法理解的现象寻求解释，通过知乎去探讨有争议的话题或观点等。

一方面，隐性知识决定了显性知识的形成，默会潜能又决定了学习显性知识的潜力；另一方面，显性知识的创新同样依赖于默会能力。创新过程实际上是对隐性知识的发掘过程，是认知主体运用默会能力的结果，是通过对显性知识的领悟而重新获得的一种知识。理解力、领悟力所及已经突破了显性知识本身所言述的知识框架，显性知识创新的动力也就是在理解力的作用下突破了现有的言述框架，完成了对隐性知识的发掘，更新了现有的言述框架，产生了新的显性知识。正如波兰尼所指出的那样："我们终究能够说明言述知识巨大的理智优越性，而一点儿也不贬低人的默会能力的优先性。"隐性知识的优先性相比言述知识巨大的理智优越性更能有效地支配人的认识活动。企业生存与传承就是在创新的实践中不断发掘隐性知识。家族企业接班人对言述知识的默会能力，在很大程度上决定了其能够从父辈那里得到多少"真本事"，而"真本事"就是领导力。隐性知识属于"个体知识"，镶嵌于实践活动之中，寓居在个体身上，非命题和语言所能表述清楚的，只能在行动中展现、被觉察、被意会，因而需要凭借"实践性知识"来加以保障，凭借隐性知识来发挥作用。

其实，波兰尼并非仅仅研究单个主体的默会认知活动，他的"欢会神契说"（如情侣间拥抱和含情脉脉的对视虽然无言却又交流了深度的满足感）就是最好的说明，是隐性知识显性化的一种重要形式，包括经验的分享和联合活动的参与（闻曙明，2006）。内部会话（反思）与外部会话（与他人交流）是隐性知识显性化的重要途径；信息技术或其他类型的技术支持是信息化时代隐性知识显性化的途径之一。斯图尔特等的研究表明，以软件代理程序技术为基础的信息搜索系统确定一个组织内部的隐性知识，通过互联网交互体系来推动知识管理和知识交流，展现了一个崭新的应用信息技术开发与应用隐性知识的想法（周书，2018；杨晓辉，2010）。

共享经济将个体隐性知识显性化。通过互联网信息技术以及共享经济平台，个体分散化的隐性知识逐渐变得显性化。共享经济平台一般都包含交易、信任及评价反馈机制，参与共享经济平台的各方不仅需要了解交易价格，而且需要查询交易对象以往的交易数据、评价、信用评级等信息。这就将传统市场交易之中在价格之外的许多个体分散知识充分利用起来，使得其从隐性知识逐渐转化为显性知识。共享经济之中，"知乎""豆瓣"这样的知识交流分享平台不仅促进了显性知识的传播，同时由于其开放性，产生和积累了大量非主流的问题、认知和个人体验等，这类知识以往基本被归于隐性知识，很难被正规的教育学习知识系统所接纳，而人类社会科技的创新和进步，乃至于显性知识本身的增长都在很大程度上依赖于这类隐性知识的作用。更具商业色彩的如大众点评、滴滴快车、淘宝网等，也各自提供较为完善的用户反馈、评价、交流系统。用户在利用互联网进行交易的同时，增加了更多的知识交流，也是隐性知识显性化的重要过程。以滴滴等打车平台为例，对于司机而言，用车出行平台把社会上有空闲的"驾驶员"利用起来，司机在劳动中贡献自己的价值并获取属于自身的报酬的同时，挖掘出了自己的驾驶能力并有效缓解了个人就业压力；对于乘客而言，自己的出行需求得到了更便捷的回应，并能根据自身体验做出实时评价反馈，在一定程度上形成出行方式的路径依赖（比如需要去某个地方时想到更便捷的滴滴打车或更便宜的花小猪等软件）；此外，平台提供的收费计价标准、通过终端操作显性化的一系列打车流程、信息透明的环境等更是降低了人们进入这个平台的门槛以及沟通成本，平台也会因为网络外部性和累积优势而扩展平台价值主张的范围，让平台为更多人所熟知、理解和运用，进而革新人们的生活方式，促进社会的前进发展。而淘宝网利用其平台获得交易信息及其他有关知识，利用大数据对市场需求、客户贷款风险等加以分析，进而衍生出如互联网信贷等新的产品和服务，也正是隐性知识显性化的成果体现。

值得注意的是，知识也可以内化，即将显性知识隐性化的过程，也是知识创造的关键环节（尹聪慧等，2015）。比如，进行国际项目合作的双方，在了解了对方所在国的政策法律法规以及对方的示范项目进展，学习了问题解决方案之后，个人在此基础上进行消化吸收，进一步形成自己的感知和理解，升级内化成个人隐性知识，新的隐性知识在这一过程中则被创造出来。

15.1.4　隐性知识对于跨国公司形成竞争优势的作用

隐性知识是认知主体在实践中所领悟到的知识，相比显性知识有着更强烈的文化特征，是深深植根于社会文化传统中的"潜意识"并支配着人们的实际行为，而且只有在这种生活实践中，才能掌握这种以隐性知识形式存在的真正规则。从企业知识理论的角度看，企业的异质性源于各自拥有的知识的差异性。作为构建企业家素质和企业核心能力重要因素的隐性知识，是隐藏在企业背后的长盛之"魂"。企业文化建设是企业核心竞争力的关键因素，是企业的灵魂以及推动企业发展的不竭动力；而企业文化的延续，意味着企业的隐性知识得到了有效传承，并且在隐性知识传承过程中逐渐显性化。这个传承，可理解为通过情境互动和有效沟通，企业创始人的隐性知识、管理经验、处世哲学在隐性知识转化和创新中得到有益传承，确保企业文化的延续，成为企业存在及持续发展的重要条件。对于家族企业的传承作用则更加凸显。将发掘家族企业传承的隐性知识纳入传承顶层设计之中，对于家族企业发展十分重要。家族接班人拥有企业家的素质，其成长与继任都有赖于隐性知识的传承；特别是企业家隐性知识在代际传承中的传递和转移是影响企业传承成败的核心要素。

国家的文化传统亦构成跨国公司隐性知识的一部分。不同国家的跨国公司因所处国家的历史文化背景和自然资源储备等的差异，在企业主导方向上也有差别。如美国企业大多具有明确的企业价值观，强调个人作用，以自我为中心，突出创新精神和严格的制度化管理。日本企业则强调社会责任，信奉家族主义，团队合作，重视对员工进行企业文化灌输等。一个典型的例子是松下电器公司以"集中智慧的全员经营"作为企业的经营方针，并要求员工反复诵读和领会松下精神、一起唱公司歌等，以此让全体职工时刻牢记公司的目标和使命，时刻鞭策自己，将企业的松下精神持久发扬下去。

由于跨国公司各个子公司之间，以及子公司与母公司之间通常存在较大的地理距离与文化距离，因而特别容易形成国别性专有知识。这种基于当地市场、管理实践与经营环境而积累起来的企业知识，有助于企业加大在当地的投资力度，减少运作不确定性，提高企业经济效率。由于这种知识产生于不同的任务与制度环境中，因此被认为是隐藏在跨国公司国际化扩张绩效背后的关键驱动力，因为这种知识很难从要素市场上得到。国别性专有知识成为跨国公司无形资产租金和垄断力量的一个源泉，而每一家海外子公司都是这种国别性专有知识的集合体。

15.2　数字经济兴起对跨国公司连接和隐性知识的影响

15.2.1　数字经济基本概念及发展趋势

数字经济也称智能经济，是工业 4.0 或后工业经济的本质特征，是信息经济—知识经济—智慧经济的核心要素。数字经济既是一个经济系统，在这个系统中，数字技术被广泛使用并由此带来了整个经济环境和经济活动的根本变化；也是一个信息和商务活动都数字化的全新的社会政治和经济系统，企业、消费者和政府之间通过网络进行的交易迅速增长。数字经济具有快捷性、高渗透性、自我膨胀性、边际效益递增性、外部经济性、可持续性和直接性的特点，相关研究主要关注生产、分销和销售都依赖数字技术的商品和服务。数字经济的商业模式本身运转良好，因为它营造了一个企业和消费者双赢的环境。

数字经济的本质在于信息化，包括信息技术的产业化、传统产业的信息化、基础设施的信息化、生活方式的信息化等内容。当今世界正发生着人类有史以来最为迅速、广泛、深刻的变化。以信息技术为代表的高新技术突飞猛进，以信息化和信息产业发展水平为主要特征的综合国力竞争日趋激烈。信息化给经济发展和社会进步带来的深刻影响，引起世界各国的普遍关注。发达国家和发展中国家都十分重视信息化，把加快推进信息化作为经济和社会发展的战略任务。数字革命创造的信息产业化战略性较强。对于信息技术和信息化的投入，是数字经济的重要动力。

数字经济主要有以下四大趋势。

（1）速度成为关键竞争要素。随着消费者需求的不断变化和竞争对手的不断出现，产品与服务的更新周期越来越短，这要求企业以最快的速度对市场做出反应，以最快的速度制定新的战略并加以实施，以最快的速度对战略进行调整，且迅速反应和迅速调整都要求企业建设自身的"数字神经"平台。

（2）跨企业的合作成为必然选择。速度的压力使得企业必须通过合作进行资源整合和发挥自己的核心优势；规模经济的要求、新产品研发等巨额投入的风险也迫使企业必须以合作的方式来分担成本，甚至是与竞争对手进行合作，形成合作竞争的关系。信息技术手段特别是互联网技术极大地降低了合作沟通的信息成本，使得广泛的、低成本的合作成为可能。通过信息平台而不是组织整合平台，伙伴间形成了虚拟企业。这样的虚拟企业既具有大企业的资源优势，又具有小企业的灵活性，为合作的各方带来极大的竞争优势。未来中国绝大部分企业的网络将应用于内部业务和伙伴的业务沟通。

（3）行业断层、价值链重构和供应链管理。在信息技术快速发展的冲击之下，许多行业出现了大的断层，产业的游戏规则在变化，新的对手来自四面八方，新的供应商随时产生。这种断层既对行业中的现存者提出了挑战，又为新生者提供了机会，各个行业都不同程度地存在行业重新洗牌的机会。许多中间环节面临被消除的危险，它们被迫提供新的、更大的价值；许多企业进入价值链的其他环节（上游或下游）；制造业向服务业转型或在价值链中重新定位（如从品牌制造商转为 OEM 制造商）等；供应链管理方面，金融（招商银行和平安保险）和家电行业（海尔及美的）已经开始了行动。企业主动或被动地利用数字化手段以应对价值链重构，或重新抓住自己的客户，或重组优化自己的供应商队伍。

（4）大规模量身定制成为可能。传统经济中，商品或服务的多样性（richness）与到达的范围（reach）是一对矛盾，大众化的商品总是千篇一律，而量身定制的商品只有少数人能够享用。但数字技术的发展改变了这一切，企业现在能够以极低的成本收集、分析不同客户的资料和需求，通过灵活、柔性的生产系统分别定制，国外汽车和服装行业提供了许多成功的例子。大规模量身定制生产方式将给每个客户带来个性化的产品和服务，同时要求企业具备极强的敏捷反应能力。

15.2.2　从知识管理视角看待跨国公司与其国际合作伙伴的连接

基于知识视角的观点主要强调知识是企业最重要的资源，是组织的战略性资产和企业竞争力的源泉。

（1）跨国公司战略联盟合作伙伴选择：首先，要分析本企业的资源、生产能力和市场潜力，评估现有企业的优势，在此基础上，制定长期性、全球性战略目标。其次，根据本企业的目标，寻找所有在技术、营销等方面对本企业有互补作用的外国合伙者，对这些潜在的合作伙伴加以鉴别。其要点是，候选公司对于合伙协议有相对应的兴趣，并且它准备、愿意而且能够对所提出的要求做出反应。最后，要具体评估和衡量候选伙伴能否使得战略联盟以最低的成本、最低的风险获得最佳的效益，需要综合多方面得到一个评价结果（赵涤非，卢惠平，2006）。

（2）跨国公司海外并购动因分析：一是提高技术水平的需要。对当地企业的知识资产拥有绝对的控制权，降低技术寻求壁垒，并迅速提高相应研发能力，以迅速进入新市场。二是拓展国际市场的需要。从地域维度来说，缩近与更广泛的市场的地理距离，获取和集合当地市场的隐性知识，缩短与其周边地区的心理距离；从业务维度来说，学习当地企业，并在全球范围内加以运用，更顺利地抵消对东道国本地市场和竞争环境不利的因素；从职能维度来说，同一国家内不同业务领域中执行特殊职能活动时积累起来的经验，也有助于企业拓展海外市场，有助于加速同一层次同种职能活动的转移（刘楠，2009）。

跨国公司与其国际合作伙伴的连接形式，除了战略联盟、跨国并购，还有技术特许经营、招募当地创新者进行研发、举办创新大赛等形式。

15.2.3　数字经济的兴起重新定义了知识获取、重组和重新配置的性质

随着数字经济的兴起，跨国公司与其国际合作伙伴之间的连接更加包容和开放，不仅是某国技术策略的地域性转移，而且更加关注生态圈成员的实质性发展和共同促进，从而实现互利共赢，如施耐德电气、勃林格殷格翰等跨国药企与中国本土企业的创新合作均是成功的典范。

在数字经济时代，通过信息平台，伙伴间形成了虚拟企业，合作的对象也被赋予更多选择权。合作伙伴的多样性和从数字化平台商业模式中获得的知识也表明，跨国公司的知识获取和传播具有多样化的途径。例如，通过为特定市场或特定客户群提供定制产品或服务，跨国公司从本地获取了隐性知识。而通过信息平台，各个合作伙伴拥有的企业积淀及当地市场内嵌的隐性知识也有了储存、传递、交流、共享、创新的载体，跨国公司可能会推动其他生态圈成员对这些隐性知识进行传播和推广，从而将这些知识吸收进通用平台中或是转变为其他成员可以利用的共享知识资产。整体隐性知识逐渐增加，生态圈中的每个成员都是知识共同体的组成部分，对于接收到的隐性知识，既有千人千面的个人理解，也有知识融合中产生的新观点、新知识。平台结构的模块化和开放性、生态圈的结构开放性和决策开放性都可能会影响跨国公司从全球合作伙伴和客户处获取隐性知识并加以传播和使用。

知识获取的量和范围得到拓展，获取途径更具有整合性，知识也不断整合和重组，知识的重新配置也更加多元化。随着时间的推移，新知识的注入会刺激创新和创业活动，从而为隐性知识的接受者带来竞争优势。

15.3 数字化平台与当地市场互补创新者合作促进隐性知识显性化

15.3.1 跨国公司内部知识转移节点角色及当地市场的互补创新者

根据知识流动程度和流动方向两个维度，古普塔（Gupta）将跨国网络结构中的各个节点划分为四种角色扮演者：全球创新者、知识整合者、执行者和当地创新者（见图 15-1）。

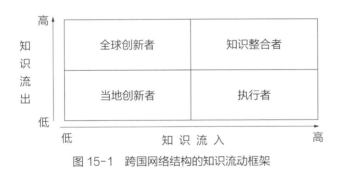

图 15-1　跨国网络结构的知识流动框架

全球创新者在网络中主要扮演着为其他网络单元输出知识的角色，是跨国公司网络中知识的重要贡献者，知识高流出、低流入，这个角色可能是由跨国公司的某个子公司扮演，例如瑞典爱立信公司传输系统的研究中心在意大利，移动通信的领导中心则在芬兰。知识整合者有赖于其他节点知识的流入，并在此基础上整合创造新知识然后输送给其他节点，知识高流入、高流出，例如 IBM 在日本的子公司。执行者高度依赖知识流入，很少有属于自己的知识，知识高流入、低流出，如 3M 公司设在欧洲一些小国家的子公司。当地创新者占领着特殊市场和特定资源，对所有职能领域的相关诀窍基本负有当地创新的责任，为适应当地市场的特殊要求，主要依靠当地资源实施创新，由于其拥有的知识非常独特而难以在当地以外发挥作用，知识低流入、低流出，例如肯德基设在日本的子公司就是典型的当地创新者，它在店铺的建筑风格和规模、菜单的选择以及广告主题等方面都与效仿美国总部风格的其他子公司截然不同。

相比于其他三个角色，当地创新者依赖性最弱、联系强度最小、传输渠道最窄、基础设施建设能力最弱，转换过程能力在知识转移的四个阶段（外部明示、潜移默化、内部升华、汇总组合）同样最弱（于鹏，2006）。但当地创新者依然有其存在的合理性及必要性，且随着数字经济时代知识竞争优势的进一步挖掘和凸显，具有互补性的当地市场创新者对于跨国公司的跨国经营和知识管理越来越重要，而与数字化平台的合作能有效弥补其自身的不足，让当地市场内嵌的隐性知识更加显性化，成为跨国公司不可或缺的竞争资源。

有研究者在对美国硅谷中的外国企业进行研究后发现，为了达到全球性学习的目的，这些在美国的外国子公司一般通过雇佣当地员工与使用当地供应商的方式进入当地的知识网络，进而学习和利用地区性和国别性知识，为企业的创新活动服务。研究还发现，硅谷中的外国子公司在保持先进技术发展和扩展企业知识基础方面，不仅超过了在它们自己国家的企业，而且在吸收当地知识方面还有望超过处在同一地区的当地企业。这一方面得益于不同知识背景的员工间的互动，另一方面可能是由于文化距离增强了海外子公司对异国知识的敏感性，从而在客观上增强了跨国公司子公司的知识吸收能力。而且，这种异质性的知识结构与文化背景的互动与融合被证明是企业知识创新的一个重要源泉。而借助数字化平台，跨国公司能创新学习途径和学习方式，进一步提高学习效率和知识传输效率，加强对于当地市场隐性知识的理解和把握，增强公司内部知识的转移效果，并有利于产生新的知识，不断塑造企业竞争优势。

企业需要更好的客户体验、更智能的平台、更共享开放的技术架构来支撑其完善端到端价值链，打通关键业务场景，提升数字化转型的内生动力。数字化平台的商业模式涉及多层次的社会和经济活动，在这些流程中，知识可以在成员公司之间以及跨国公司和其全球客户之间获取、传播和整合。而数字化平台也需要借助当地市场的互补创新者的默会资源帮助其扩展平台价值主张的范围。

15.3.2　数字化平台与当地市场的互补创新者合作事实

法国的埃菲尔铁塔的建造者——当时的施耐德铁器，现在已经转型为施耐德电气。施耐德电气一直保持着优良的创新基因，从研发、产品创新、系统完善、生态圈构建等各个维度持续创新，赋能数字世界新未来，现在已经成为引领行业技术发展的风向标。施耐德电气认为，在电气世界里，连接新供给和新需求的，一定是数字化解决方案。进入中国市场 30 余年以来，施耐德电气不断推动本地化创新，着眼中国市场及客户需求，用强大的研发实力和创新能力助力公司持续领跑。

以西安为例，如今施耐德电气已建立起了完善的本地化供应链生态，不但已将拥有超强制造能力的西安工厂打造成为低压成套设备的核心"产地"，还在研发层面不断加强，分别在 2012 年和 2019 年成立西安研发中心和全球低压成套设备设计中心及绿色节能设计中心。施耐德电气在西安投资发展以来，建立起了集研、产、销、供应链于一体的产业生态圈。施耐德电气在西安建立的完善的生态体系，是"本土化"发展的最佳典范。未来，施耐德电气将在西安持续发力研发与创新，提升中国西部地区全球化研发与生产能力，以更多的中国智慧"反哺"全球。

施耐德电气能效管理低压业务、产品市场部高级经理康美丽表示，施耐德电气近些年始终坚持降低硬件产品的成本，采取的措施即是在本地研发、生产和制造。最初很多电气产品要从国外引进，方案也要跟随国外研发团队的步伐，随着施耐德电气对中国本地研发投入的不断增大，中国的研发团队逐渐成长起来，在中国的研发中心如今已能够独当一面。施耐德电气西安研发中心如今已完全实现本地化管理，充分发挥"多中心"创新模式，拥有低压配电柜、开关类等产品及技术领域的多项专利。新一代预智低压成套设备正是最佳实践，该系列设备从设计、系统配置到交付，全部在西安研发中心实现。另一款新产品——新一代 ComPacT NSX 系列塑壳断路器的绿色包装设计也由西安研发中心主要负责，并为全球所用。在此基础上，施耐德电气继续加大在西安的研发投入，已成立全球研发创新中心。康美丽还特别强调，每个国家的网络架构不一样，网络安全标准也不一样，在中国应用的数字化方案完全是基于国内的实际情况，所有跟数字化、网络相关的产品也都植根于中国，这是近几年质的突破（史海疆，2020）。

基于 EcoStruxure 架构与平台，施耐德电气用开放的心态和平台与众多优秀的合作伙伴、集成商和开发者社区展开协作，共同为用户提供实时控制，提升运营效率。其以 EcoStruxure 架构为核心的数字化生态系统，包括施耐德电气适用于不同细分市场的专业能效与自动化专业技术、开放的合作伙伴社区，以及可以贯穿用户生产与运营的全生命周期管理工具。这个数字化的生态系统构成了施耐德电气助力楼宇、工业、基础设施、数据中心市场的用户实现数字化转型升级的核心能力。

施耐德能够以创新者姿态持续领跑行业，主要原因有以下三点。

第一，施耐德电气仍将持续加大适合中国市场的产品研发投入。以关键电源业务为例，目前中国已经成为施耐德电气关键电源业务全球第二大研发中心。在数据中心领域，施耐德电气旗下 APC 云商城的"创新者身份"被业界所公认。从 2000 年开始，其产品和解决方案一直都引领着数据中心领域的发展，比如在英飞微模块整体解决方案中采用的模块化 UPS（不间断电源）、行级空调、热通道封闭、间接新风自然冷却等，施耐德电气始终在给用户提供参数和性能好、效率高的解决方案。

第二，施耐德电气不断洞察用户场景变化，革新服务模式，让运维更智能。基础设施对场地的管理也需要达到智能化的要求，施耐德电气的 EcoStruxure 平台在边缘控制层把底层互联互通的设备的数据和信息都采集起来，上传到平台上和软件上来进行大数据的综合归纳分析，从而挖掘出一些有价值的建议呈现给用户。采用基于施耐德电气的云服务模式是施耐德电气的又一举措，用户通过云服务可以得到施耐德电气专家提供的预测服务，用户不仅可以快速发现设备潜在的风险和故障，还可以通过云平台链接施耐德电气的工程师和备件库，这样施耐德电气就可以在用户尚未察觉的情况下提前解决问题。

第三，智能化的技术凸显差异化。在 2019 年"共创共赢·数字化未来"施耐德电气创新峰会上，施耐德电气推出两款 UPS 产品：Easy UPS 3M 易于安装、使用和维护，能够确保中小型企业的业务连续性，是数据中心和工业环境的理想选择；施耐德电气 Galaxy V 系列已经面世了三款产品，新推出的 Galaxy VS 是一种高效、模块化、易于部署的 10-100 kW UPS，旨在满足 IT、商业和工业设施的关键电力需求。从设计架构来说，最初 Galaxy VM 里的通信电缆是扁平电缆，更多的可能是模拟通信，到了 Galaxy VX 成为光纤通信，里面走的全部是数字信号，控制速率很高。到了 Galaxy VS，通信线变成了普通的网络线，但里面走的还是数字信号。从这个角度来说，施耐德电气在从模拟时代走向数字时代的过程中不断地结合客户场景进行智能化创新。在厦门，参会人员也参观了拥有单相 UPS、三相 UPS、定制化产品及 Gutor（固特）等施耐德电气工厂产品线。这里已经成为名副其实的中国电源制造生产技术中心，以适应全球规格的生产技术，满足本地化和全球化的技术需求。

15.3.3 当地市场的互补创新者与数字化平台协调促进

当地市场的互补创新者（如当地员工、供应商乃至顾客）拥有当地市场内嵌的隐性知识（如商业氛围、文化类型、市场体系结构、当地竞争企业、员工特点等），能够帮助数字化平台扩展其平台价值主张的范围。平台上产生的互补性创新越多，那么它通过网络效应为平台及其最终用户创造的价值就越大，为现有平台创造了累积性优势：随着互补性创新的增长，平台变得越来越难以被竞争对手或新进入者赶出本地市场，越来越多互补者就像是行业进入的障碍，推动平台所有者逐渐成为平台领导者。因此平台所有者需要协调互补者开发互补性创新产出，从而持续不断地为平台最终用户提供产品、服务或技术。而数字化平台可凭借其不断扩张的网络结构和内容存量将当地市场的互补创新者所拥有的隐性知识加以显性化，从而更加容易进行知识储存、传播、转移、分享和创新，也进一步扩大了当地市场互补创新者的影响力，提高了其所服务的跨国公司的知识管理能力和竞争力。

15.4 新型数字基础设施提供了新的隐性知识跨境获取模式

15.4.1 新型数字基础设施促进对外贸易升级

钞小静等（2020）从技术扩散视角出发，在贸易环节、竞争条件与要素流动的三维分析框架下阐释了新型数字基础设施影响对外贸易升级的理论机制，并基于 2004—2016 年中国 283 个地级及以上城市的面板数据进行实证检验。研究结果表明：一是相对于互联网应用水平而言，新型数字基础设施在推动对外贸易升级过程中具有更为明显的促进作用，并且该结果在经过一系列内生性处理之后依然成立；二是新型数字基础设施的建设与完善能够通过技术扩散效应推动对外贸易升级，尤其是在贸易环节的组织与要素流动的加速两个方面更为突出；三是新型数字基础设施对对外贸易升级存在正向的空间溢出效应，并且从长期来看，新型数字基础设施对本城市对外贸易升级的影响具有显著的正向促进作用；四是上述影响存在一定的时间差异和城市异质性，尤其是 2012 年以后，这一正向作用得到明显强化，且随着人力资本水平的提高，这一正向激励也更为显著。

通信技术、互联网等信息基础设施是新型数字基础设施的重要组成部分，而信息基础设施改善能够帮助出口企业更为准确和便捷地获取信息，降低沟通交易成本和信息搜寻成本，从而促进对外贸易的规模扩张；可以帮助企业克服物理空间和时间上的约束，拓展国际贸易的市场边界，对贸易市场外延的拓展产生溢出效应；可以减少出口国和进口国之间的信息不对称问题，消除两国贸易过程中的"冰山成本"，从而深化全球化的分工与协作，促进出口贸易的增长。

15.4.2　新型数字基础设施为跨国公司提供了新的隐性知识跨境获取模式

以往跨国公司通过在他国设立研发中心、海外并购、建立跨国战略联盟等方式实施本土化策略及跨境获取当地市场内嵌的隐性知识，空间和时间上的距离影响着跨境知识获取及海外扩张的速度和效率，而新型数字基础设施的发展无疑很好地解决了这一方面的问题。

跨国公司获取跨境知识有了更加广泛和更加便捷的载体，而信息基础设施平台更是打造了一个开放合作的生态圈，平台吸纳着更浩繁的隐性知识并能依据成员需求将其显性化，生态圈中各成员都是知识共同体，每个成员的知识都可以得到共享、传播、推广、吸收和创新，跨国公司的客户价值主张也能通过低成本的沟通和信息搜寻而被一致认同。因此，新型数字基础设施促进的交互形成了客户价值共创的源泉，为跨国公司提供了新的隐性知识跨境获取模式。

15.5　跨国公司为隐性知识接受者带来竞争优势

15.5.1　跨国公司推动其他生态圈成员对隐性知识进行传播和推广

施耐德电气在构建生态圈以及促进生态圈成员的共同成长、互惠共赢方面堪称典范。一方面，施耐德电气以开放、包容、合作、共享的态度与众多合作伙伴相互协作，打造生态圈的高度认同感和高效行动力，以 EcoStruxure 架构为核心的数字化生态系统更是为企业文化、技术革新策略等隐性知识的传播推广提供了载体。另一方面，这个数字化的生态系统构成了施耐德电气助力楼宇、工业、基础设施、数据中心市场的用户实现数字化转型升级的核心能力，生态圈成员通过该系统和平台进行运作，共享及传播着施耐德电气的经营立场（坚持降低硬件产品的成本，本地研发）、中国方案（基于中国的网络架构和网络安全标准，数字化、网络相关的产品植根于中国市场的实际需求情况）、技术革新、设计架构与研发策略、用户场景变化等隐性知识。这些让施耐德电气引领行业的重要素质和能力也因隐性知识的传播、生态圈成员的协作而给隐性知识的接受者带来创新成长和竞争优势。

15.5.2　新知识的注入刺激创新和创业活动，为隐性知识的接受者带来竞争优势

在施耐德电气构建的生态圈中，在西安投建的西安研发中心和设计中心等中国本土研发团队逐渐成长，能够自主研发出新一代预智低压成套设备和该产品及技术领域的多项专利，独当一面并成为施耐德电气"本土化"发展策略的最佳典范；与其合作的海得电气、欣美电气、天马电器、恒华机房设备工程等公司也均在行业内最具竞争力的品牌企业之列，并作为施耐德电气的核心合作伙伴荣登 2020年中国国际进口博览会展板。还有其他生态圈成员，无不接受和领会着架构和平台中传播和推广的隐性知识并为己所用，共同致力于提供行业领先的数字化、智

能化解决方案，助力客户产业升级和高质发展，刺激着本公司的创新和创业活动，并为自身发展带来具有国际性的竞争优势。

15.6　合作伙伴创新使隐性知识获取、整合和重组复杂化

15.6.1　跨国公司合作伙伴创新案例——跨国药企拥抱中国本土创新

2020 年 7 月 2 日，勃林格殷格翰宣布正式启动中国外部创新合作中心。该中心采用了跨国药企中首个"三合一"业务模式，集学术合作（跨边界研究）、业务拓展及许可、风险投资于一体，致力于将中国创新带入勃林格殷格翰药物研发价值链。按照勃林格殷格翰的计划，中国外部创新合作中心将帮助它未来 75% 的上市产品成为同类第一，50% 的产品有外部合作伙伴共同参与。

无独有偶，罗氏在 2020 年 7 月 6 日宣布启动专门面向中国的"消化道肿瘤免疫联合治疗合作专项计划"。该合作专项计划将用于支持中国创新型企业合作研发针对消化道肿瘤的新疗法。罗氏将提供包括资金、免费研究药物以及研发策略等在内的多种支持。

如果往前追溯，我们实际上可以发现，跨国药企与中国本土创新进行合作渐成主流，目前已经有默克、礼来、赛诺菲、阿斯利康、诺和诺德、强生、勃林格殷格翰、罗氏等 8 家跨国药企宣布以设立"中国创新中心"或"创新开放平台"的方式积极探索与中国本土创新公司或项目的合作。

这一趋势的背后，则是中国的医药市场环境自 2015 年以来发生了巨大的变化。对于跨国药企来说，一方面，受到一致性评价、带量采购等政策的影响，其过专利期原研药或面临被替代和降价的风险，销售收入也或受到一定的冲击；另一方面，随着简化创新药审评程序和调整进口药品注册申报流程、取消进口化学药品的口岸检测、强化专利保护、加快新药纳入医保等鼓励创新药研发上市的政策陆续出台，风险投资对创新药研发爆发出空前的热情，又给予了跨国药企新的机遇。

如何让创新药研发更好地在中国本土化，成为跨国药企拥抱中国市场必然需

要考虑的事情。

1. 跨国药企纷纷关闭中国研发中心

跨国药企之前在中国进行创新药的研发主要是以设立研发中心的方式进行，从 2005 年前后开始，罗氏、辉瑞、阿斯利康、礼来、赛诺菲、诺华等跨国药企相继投资数十亿美元在中国设立研发中心。但是当时跨国药企在华设立研发中心，更多是出于维持自己全球竞争力的目的以及在中国市场需求驱动下进行的技术转移，同时看重中国相对低成本的人才和研发资源。

虽然这些研发中心通常是针对中国未被满足的临床需求来定制药物研发，被形容为跨国药企"in China，for China"（在中国，为中国）研发立场的基石，但是它们在中国的研发活动只是跨国药企全球研发战略的一个后期地域延伸，很少有药企把中国市场列入早期临床开发计划之中。

时移世易，随着中国市场在跨国药企全球业务版图中的重要性愈发凸显，中国制药产业政策巨变激发了中国本土企业的创新活力并由此带来了更激烈的市场竞争，跨国药企也开始意识到过去的"研发中心"无法适应当下的中国市场竞争节奏。从 2016 年开始，多家跨国药企开始陆续宣布关闭其在华研发中心或部分研究部门。例如：2015 年，艾伯维裁撤在华肾病研发中心；2016 年，诺华宣布关闭细胞和基因疗法部门；2017 年 9 月，礼来制药宣布关闭其位于上海的中国研发中心；2017 年 11 月，葛兰素史克宣布关闭其位于上海张江的神经疾病研发中心……

跨国药企在华研发中心"瘦身"的背后，有观点认为，研发效率低下、投资回报率下降、人才流失是导致在华研发中心被全球总部放弃的重要原因，并且这种"瘦身"现象还将持续下去。但也有观点认为，此举主要是跨国药企基于全球战略，重新调整在华本土研发项目及进程的重要决策。但无论如何，眼下一个很清晰的结论是，跨国药企并没有选择将研发活动脱离中国市场，反而是以更加开放、合作的心态与中国本土研发机构进行合作，而且有极大的意愿是在更早期甚至更源头的阶段就与中国创新项目合作。

2. 中国创新中心渐成风潮

据不完全统计，目前已经有 8 家跨国药企在中国成立创新中心或开放创新平台，希望以此更早接触到中国本土的创新项目。据观察，其创新合作模式主要包括：①主动与中国本土高等院校、科研机构以及生物技术公司等合作发现新技术、新靶点和新疗法；②通过授权许可交易，加大与本土药企在研发上的合作力度；③通过风险投资基金，更早介入中国本土创新药物的研发前沿。

在主动寻求外部合作方面，目前有多家跨国药企针对各自不同的产品板块来寻找合作伙伴，以集中精力、资源聚焦其核心领域的创新药物研发业务。例如：2018 年 3 月 15 日，礼来在上海新设立了中国创新合作中心（LCIP），旨在通过与本土制药公司、生物技术公司，特别是学术机构等的协作和合作伙伴关系推动糖尿病、肿瘤学和免疫学等领域早期新药研发。

2019 年 10 月 21 日，罗氏制药的全新上海创新中心建成落地，该中心是在原有研发中心的基础之上再投资 8.63 亿元升级而成，聚焦于研究与早期开发免疫、炎症及抗感染疾病领域的创新型药品，同时也是罗氏针对乙肝设立的研发中心。2020 年 7 月 6 日正式启动的专门面向中国创新的"免疫联合治疗合作专项计划"则聚焦于消化道肿瘤领域。

授权合作是目前跨国药企使用频率最高也是最成熟的中国本土化创新研发之举，越来越多的早期项目授权开发也体现了跨国药企对中国本土创新力量的认可。根据医药魔方 NextPharma 数据库收录的国内医药项目 license in（许可引进）交易案例，截至 2020 年 4 月 6 日，此前 5 年，国内共引进创新药项目 200 个（涉及交易 186 笔），占到全部引进项目的 85%。其中，从项目所处阶段来看，早期的创新药项目一直比较受青睐，数量逐年增加。在 2019 年的创新药项目交易中，涉及早期项目的交易数量占比达到了 53%。

在风险投资基金领域，礼来是目前最具代表性也是操作最成功的跨国药企之一。据医药魔方 InvestGo 数据库，2015 年至 2020 年，礼来亚洲风险投资基金在中国投资了近 26 家本土企业，覆盖肿瘤、罕见病、感染、血液等 16 个疾病领域，投资总额超过 10 亿美元，更是投出了信达生物、贝达药业、康希诺、传奇生物、荣昌生物等多个知名的生物医药公司。礼来亚洲基金的成绩自然也引来其他跨国药企的效仿。

此外，还有多家跨国药企着手对本土早期初创企业或创业者进行培育孵化，更早地介入中国本土药物研发。其中包括：2018 年 2 月 7 日，默克设立中国创新中心，任命其战略与转型副总裁孙正洁带领专门的团队去探索新技术、打造新合作伙伴关系，同时也为本地人才和合作伙伴提供创意构思、创新孵化服务和多种培训，以应对在中国市场发展中碰到的难题，加速创新项目从实验室到工业化的进程。2019年11月7日，勃林格殷格翰宣布其创新大赛正式在中国启动，旨在发掘一批具有潜质的本土初创企业和个人，与其展开全方位互动与合作，并且最终评选出的5位优胜者将获得由勃林格殷格翰派出的"导师团"提供的1对1专业辅导，帮助其解决公司发展中遇到的"成长的烦恼"和提供商业发展建议；第一名还将获得ATLATL创新研发中心实验室一年的免费使用权及第二年租金减免50%的优惠。2020年6月9日，赛诺菲宣布对全球性风险投资基金凯辉创新基金进行战略投资，为全球立志用创新科技推动社会可持续发展与变革的创业者提供支持。

从早期的研发中心到如今的创新中心，从被动的技术转移到如今主动与中国本土创新合作，中国制药产业环境的巨大变化是促使跨国药企转变在华研发策略的外在因素，更深层的因素则是跨国药企必须真正做到"in China，for China"，更加贴合中国本土的创新环境和临床需求，才能赢得中国庞大的市场。

15.6.2　跨国公司隐性知识获取、整合和重组复杂化

跨国药企在全球化布局和竞争中，逐步感受到中国自主研发能力的增强和医药技术的发展，当下中国市场的竞争节奏越来越快，而原先以研发中心为主要形式的技术转移策略无法适应中国本土市场的需求，从而无法真正贯彻跨国药企的全球化战略。跨国药企基于对中国本土创新环境和临床需求以及产业政策环境变化等隐性知识的把握，发现更加开放的创新中心更能适应当前中国医药市场竞争的环境和维持全球化战略。而通过学术合作、业务拓展及授权许可、风险投资、本土初创企业培育孵化、创新大赛等创新合作模式，关于创意构思、研发策略、技术创新、新型合作伙伴关系、战略思维、个人潜质、中国市场内嵌知识等隐性知识也在跨国药企与中国本土企业之间流动、创新和促进。因此，随着合作伙伴合作模式的创新，跨国药企更加开放的创新中心使得跨国公司隐性知识的获取更加开源化、体系化、多途径，隐性知识也因更加包容和开放的合作环境而不断整合、重组，最终促成更多前沿的医药研发成果产出。

参考文献

钞小静，薛志欣，孙艺鸣，2020. 新型数字基础设施如何影响对外贸易升级：来自中国地级及以上城市的经验证据［J］. 经济科学（3）：46-59.

刘丽珍，刘国伟，2007. 隐性知识与核心竞争力［J］. 管理科学文摘（2）：50-51.

刘楠，2009. 我国企业海外并购后的知识获取研究［D］. 济南：山东大学.

芮明杰，陈晓静，2006. 隐性知识创新与核心竞争力的形成关系的实证研究［J］. 研究与发展管理（6）：15-22，50.

史海疆，2020. 施耐德电气:以技术创新融合本土化战略造就生而不凡的"数字基因"成套设备——访施耐德电气能效管理低压业务、产品市场部高级经理康美丽［J］. 电气应用（12）：10-12.

王方，陈继勇，2018. 跨国公司总部和海外子公司之间的知识转移：基于双缺口模型的构建［J］. 珞珈管理评论（3）：17-34.

闻曙明，2006. 隐性知识显性化问题研究［D］. 苏州：苏州大学.

薛求知，2007. 当代跨国公司新理论［M］. 上海：复旦大学出版社.

杨晓辉，2010. 信息技术支持的教师隐性知识显性化方法与途径［J］. 赤峰学院学报（自然科学版）（2）：200-202.

尹聪慧，余翔，刘珊，2015. 跨国CCS合作项目知识共享模式研究［J］. 科学学研究（9）：1389-1396.

于鹏，2006. 跨国公司内部的知识转移研究［D］. 济南：山东大学.

赵涤非，卢惠平，2006. 跨国公司国际战略联盟合作伙伴选择的探索［J］. 沈阳工业大学学报（6）：705-710.

周书，2018. 教师隐性知识显性化及其实施路径和策略的比较研究［D］. 上海：上海师范大学.

Polanyi M, 1958. Personal Knowledge: Towards a Post-Critical Philosophy ［M］. Chicago: The University of Chicago Press.

Ryan S, O'Connor R V, 2013. Acquiring and sharing tacit knowledge in software development teams: An empirical study ［J］. Information and Software Technology, 55（9）：1614-1624.

Spulber D F, 2012. Tacit knowledge with innovative entrepreneurship ［J］.

International Journal of Industrial Organization, 30（6）: 641-653.

Thomas D, Brown J S, 2011. A New Culture of Learning: Cultivating the Imagination for a World of Constant Change [M]. Charleston: Createspace Independent Publishing Platform.

第 16 章
网络外部性逐渐成为跨国经营的核心驱动因素

16.1　网络外部性与跨国经营战略

16.1.1　网络外部性理论进展

随着互联网的发展，互联网平台经济在全球迅速兴起，正在改变我们每个人的生活。传统的线下交易由此转变为现在的线上交易。从经济学的角度看，这种转变为交易合同的达成、支付以及执行提供了新的实现形式，使交易成本大幅下降，许多原来在线下无法完成的交易变得可行，也使各方面参与者能够共享由此带来的效益。此外，平台企业还有规模经济、范围经济和网络外部性的优势，并获得了市场参与者的交易信息、结算信息等众多信息，占据了客户和数据的优势。

这些产业最显著的特征是具有网络外部性，即消费者消费某物品的效用随着消费该物品的其他消费者的数量的增加而增加。从本质上讲，网络外部性是一种消费方规模经济，但它和生产过程中的规模经济一样，同样可以成为厂商报酬递增的来源，使经济运行呈现明显的正反馈效应。

一批优秀的经济学家对网络外部性研究做出了开拓性贡献。Artle 和 Averous（1973）最早分析了电话服务消费方面的相互依赖性。他们把通信服务对个人的增量效用作为用户人数的函数，提出了一个动态模型，证明了相互依赖的通信需求能够实现通信服务的持续增长。Rohlfs（1974）则正式指出了通信服务中存在的"消费外部经济"现象，即"一个用户从通信服务中获得的效用随着加入这一系统的人数的增加而增加"，并认为这对通信产业的经济分析有基础性作用。他通过一个简单的例子推导出了倒 U 形的需求曲线。Rohlfs

（1974）提出，用户从通信服务中所获得的效用会随着其他人的加入而增加，这种单调性的假设导致电信用户的均衡规模会受到初始用户数量和市场调整过程的影响，企业可以采取策略来影响调整的过程以期达到临界量。虽然没有精确的模型加以证明，但是倒 U 形的需求曲线与临界量的概念成为此后网络产业组织研究的重要工具。

在 1985 年发表的《网络外部性、竞争和兼容性》一文中，Katz 和 Shapiro（1985）对网络外部性作了正式定义，开启了对网络外部性现象的现代考察。根据他们的定义，网络外部性是指消费者消费某物品的效用会随着消费该物品的其他消费者的数量的增加而增加。同时，根据来源不同，Katz 和 Shapiro（1985）区分了两种不同类型的网络外部性。

一种是直接网络外部性，其外部性通过购买者数量的直接物理效应产生，表现为能和该产品的其他使用者相互交流而获得的价值。最常见的例子如电话网络，使用该网络的用户越多，对单个用户来说其通话的范围也就越广，获得的效用越大；又例如，消费者购买传真机的效用直接依赖于购买同类传真机的其他用户数量的多少。具有直接网络外部性的产品，其外部性源于使用兼容产品的网络规模的扩大，效用函数或者收益函数体现了直接外部性，即由于消费某一产品的用户数量增加而直接导致商品价值的提高，消费者直接和网络单元相连，可以直接增加其他消费者的使用效用。以计算机操作系统为例，硬件系统吸引越多的消费者，就越激励平台开发完善高质量的操作系统，这就是系统平台的直接网络效应。

经典的直接网络外部性模型将网络外部性作为模型已知条件，经济当事人具有理性预期，或者说"能够自我实现的预期"，并基于预期的网络规模进行决策，当其加入一网络时，该网络中所有的经济当事人增加了相同的收益。需求方的规模经济使网络产业的需求曲线呈现倒 U 形，这样就可能出现三重均衡：市场规模为零的稳定均衡；不稳定均衡；达到帕累托最优的稳定规模。最终达到哪个均衡取决于是否到达临界量并形成正反馈，如果消费者能够进行协调，则能够达到帕累托最优，企业可通过引入定价策略等各种策略促进网络规模的扩大，进而影响均衡的结果。经典的模型有两种思路：一种是从分析消费者选择入手，研究在消费者通过加入某一产品网络来实现效用最大化时企业的兼容决策；另一种是直接从企业与竞争对手的兼容博弈入手，研究企业通过加入某一标准网络来实现收益最大化时的兼容决策。

　　和上述思路不同，另一种网络产业组织理论研究的思路是直接把网络外部性作为影响企业收益的一个变量。在 Farrell 和 Saloner（1985）的文章中，网络外部性直接体现为采用同一技术标准对竞争性企业的收益的影响上，即加入同一技术标准网络的企业越多，加入该网络对企业而言的收益就越大，企业通过比较加入新旧技术网络的收益来进行决策。如果信息完全，并且两家企业都偏好同一标准，那么均衡是两家企业都及时选择了该标准。如果企业面临信息不完全与偏好不一致，那么技术标准选择的结果会出现超额惯量，即可能出现没有一家企业愿意先转换的情形；或者出现超额动量，即两家企业都转换时总体福利会下降，但仍出现了转换的行为。Farrell 和 Saloner（1985）进一步讨论了安装基础的重要性，考虑了新技术的使用者是来自新的群体还是转移自旧技术使用者两种不同的情况。当一种新的技术产生，而原有技术的使用者不转换到新技术网络中时，新技术的使用者对旧技术使用者产生负面影响，使之规模停止增长甚至萎缩，并增加了新技术对此后使用者的吸引力。安装基础引发了选择新技术的社会激励与私人激励之间的分离，均衡取决于安装基础的规模、新技术网络收益实现的速度和新技术的相对先进程度，结果可能产生超额惯量或者超额动量。

　　与直接网络外部性相对应的另外一种网络外部性是间接网络外部性。与直接网络外部性具有真实的物理网络不同，间接网络外部性主要存在于由某种硬件产品和相应的软件产品构成的虚拟网络中，如电脑与应用软件、电视与节目信号、照相机与胶卷等，因此又经常被称为虚拟网络外部性。在这种"软件—硬件"范式下，随着某种硬件使用人数的增加，对相应软件产品的需求也增加，这将反过来提高软件供应的多样性并导致软件价格下降。因为软件产业竞争加剧，消费者通过购买该种硬件产品获得的效用增加。无论在直接网络外部性还是间接网络外部性下，使用某种产品的消费者数量增加对单个消费者来说都意味着效用的增加，这将反过来吸引更多的消费者购买该种产品，进一步扩大该种产品的网络规模，这就形成了一个正反馈的过程。

　　Economides 和 White（1994）认为，这类似于上下游产业的关系，属于单向网络。Matutes 和 Regibeau（1988）较早研究了系统产品的间接外部性，Economides（1989）对这种模型方法进行了进一步拓展。他们都从消费者的效用入手，先分析消费者的选择，再分析这种选择对企业策略与社会福利的影响。为了简化，模型通常假定系统产品由两种组件组成，企业可能生产两种互补组件或其中一种。网络外部性体现在各种组件能够兼容时，消费者可以自行组合自己偏好的组件，也就是说产品的多样性增加了。这种方法被一些经济学家称为混合配对模型，与直接网络外部性模型相比，它受到的限制相对较多，并且必须依赖于产业结构的假定。

对间接网络外部性模型的早期扩展都沿用对产品特征的假定，而重点研究企业的竞争策略。不过，研究思路有了分歧，一种是延续从消费者的效用出发的方法，扩大企业可选择的策略范围，除了兼容决策，考虑捆绑销售、排斥策略等；另一种则直接讨论各种市场结构中企业之间的博弈，这一类研究方法比较特殊，在模型的推导过程中，网络外部性并不直接体现在企业的利润函数中，而是通过比较不同兼容决策下企业的收益来确定均衡。产业结构往往是企业选择竞争策略的前提，对于具有系统产品特征的网络产品，企业的产品结构本身就反映了产业结构。如果相互竞争的企业都拥有自己完整的网络，那么网络的共享策略、捆绑策略、排斥策略是企业策略选择的重点。如果企业只生产其中一种组件，那么生产互补产品的企业还会考虑是否通过纵向一体化来产生或者巩固市场力量。

16.1.2　跨国公司经营发展战略的研究现状

关于跨国经营战略的相关理论经过不断发展，被总结成了较有代表性的以下几类。

（1）国际化经营理论。企业国际化是指企业逐渐由国内企业经营发展为国际化企业的过程，它强调的是企业经营活动的跨国性以及经营的过程性。斯蒂芬·杨（Stephen Young）教授等在《国际市场进入与发展》（*International Market Entry and Development*）一书中说，国际化是"企业进行跨国经营的所有方式"，包括产品出口、直接投资、技术许可、国际分包生产、特许经营等活动。

（2）国际市场进入战略。20世纪70年代中期的企业国际化阶段理论是一些北欧学者通过典型案例研究提出的。该理论认为，企业国际化是一个连续、渐进的过程，其中，海外市场知识的多少等因素对企业进入国际市场方式的选择影响最大。企业在做出选择时必须考虑企业的战略目标和资源能力、当地的法律法规、目标市场特点等因素。

（3）区位优势论。区位优势即是指企业投资的硬环境和软环境优势，即东道国具备的经济、自然、基础设施的条件以及当地政策和法律制度的完善程度。作为一种投资理论，美国哈佛大学教授弗农认为，对外直接投资的动因和基础不仅取决于企业拥有的特殊优势，而且取决于企业在特定东道国所能获得的区位优势。只有这两方面的优势相结合，才能使直接投资最终发生，并给投资者带来收益。弗农依据美国制成品建立的产品生命周期理论在一定程度上分析了影响国际产品生产比较优势的区位因素。

（4）垄断优势理论。垄断优势理论（monopolistic advantage theory）的主要思想是"市场的不完全性是对外直接投资的根本原因"，同时跨国公司的垄断优势是对外直接投资获利的条件。市场的不完全性主要体现在四个方面：产品市场不完全；生产要素市场不完全；规模经济引起的市场不完全；由政府的有关税收、利率和汇率等政策原因造成的市场不完全。

（5）市场内部化理论。内部化理论（internalization theory）又称市场内部化理论，是西方跨国公司研究者为了建立跨国公司理论提出和形成的理论观点，是当前解释对外直接投资的一种比较流行的理论。内部化理论强调企业通过内部组织体系以较低成本在内部转移该优势的能力，并把这种能力当作企业对外直接投资的真正动因。在市场不完全的情况下，企业为了谋求整体利润的最大化，倾向于将中间产品，特别是知识产品在企业内部转让，以内部市场来代替外部市场。

（6）国际生产折衷理论。国际生产折衷理论由英国雷丁大学教授邓宁（John H. Dunning）提出。他总结出决定国际企业行为和国际直接投资的三个最基本的要素，即所有权优势、区位优势、内部化优势。所有权优势是发生国际投资的必要条件，指一国企业拥有或是能获得的国外企业所没有或无法获得的特点优势。区位优势是指投资的国家或地区对投资者来说在投资环境方面所具有的优势。内部化优势是为避免不完全市场给企业带来的影响，将其拥有的资产加以内部化来保持企业所拥有的优势。

（7）边际产业扩张理论。边际产业扩张理论是由日本学者小岛清（K. Kojima）教授根据日本国情发展的国际直接投资理论。该理论认为，对外直接投资应该从本国已经处于或即将处于比较劣势的产业，即边际产业开始，并依次进行。这是日本与美国对外直接投资方式的不同点。其结果不仅可以使国内的产业结构更加合理，促进本国对外贸易的发展，而且还有利于东道国产业的调整，促进东道国劳动密集型行业的发展，对双方都产生有利的影响。

（8）跨文化管理理论。跨文化管理主要是指在经营中，跨国公司通过对具有不同文化背景的人、事、物以及产、供、销等进行灵活变通的管理，从而最大限度地发挥员工的主观能动性和积极性，以实现企业的战略目标。

尽管存在不同的经营理论，跨国公司在制定本公司的发展战略时还受到多重因素的影响，按照影响因素的来源可以分为外部因素和内部因素。外部因素主要是市场因素、生产因素和环境因素。

（1）市场因素。目标国家现实和预期的市场容量是影响进入模式的一个重要因素。较小的市场适于盈亏平衡、销售额较低的进入模式，如间接出口、代理商或经销商出口、许可证贸易和一些合同安排；反过来，销售潜力大的市场适于盈亏平衡、销售额较高的进入模式，如分公司或子公司出口及在当地生产的直接投资。目标市场的另一个要素是竞争结构。市场可分为原子状市场（由众多不具备统治地位的竞争者组成）、寡头市场（由少数占统治地位的竞争者组成）、垄断市场。原子状市场一般比寡头和垄断市场更适合出口进入模式。寡头市场或垄断市场则常常要求采用投资进入模式，在目标国生产，与统治企业竞争。

（2）生产因素。目标国家的生产因素主要指各种城市服务设施和工业基础设施原材料、土地、交通运输、厂房仓储、供水供电热系统、生产设施劳力及其他生产要素。它们的质量、数量和成本对进入模式的决策有着显著的影响。目标国家较低的生产成本将有利于当地生产组织抵制进口商品。相反，高成本会妨碍当地制造业的发展，从而刺激商品的进口。

（3）环境因素。经济环境可以衡量企业产品在目标国家的市场容量、东道国的投资率、物价状况、市场体系的完善程度、市场的运作，以及个人所得的增长率、就业率的变化等，影响市场进入模式的选择。在充满活力的经济环境中，我们可以选择盈亏点高的进入模式，因为经济增长的长期趋势最终会使企业盈利。最值得重视的是目标国家的外部经济关系，因为外部经济关系方面的变化可能促使政府改变未来在国际贸易与投资方面的政策。例如，一旦目标国家国际收支长期逆差，那么采取出口模式是不利的。因为逆差通常意味着财政困难，外汇储备不足，其结果往往是该国货币倾向贬值，导致企业产品在该国市场的价格相应上升，丧失价格竞争力。

政治环境中最值得重视的是政府有关国际贸易和投资的政策和法规。限制进口政策（如高关税）、严格的配额，以及其他壁垒，都不利于采用出口进入模式而须转向其他模式。同样，限制外国投资的政策通常也不利于直接投资，而须转向出口进入模式或契约进入模式。限制外国投资的政策还可能妨碍独资进入方式，使企业须转向采用合资进入方式。目标国家也可以通过提供免税期之类的刺激措施来鼓励外国投资，在这种政策下，选取投资进入模式当然是适宜的。

社会文化环境也会影响企业进入模式的选择。当本国与目标国家在文化价值观、社会结构、语言和生活方式方面差异巨大时，国际化企业会感到对目标国家一无所知，从而对自己在这些国家的经营生产能力持怀疑态度。而且，巨大的文化差异常使获得信息的成本很高。因此，巨大的文化差异可能会使这些企业宁愿采用契约模式或出口进入模式，而不愿采用投资进入模式。文化差异也影响选择目标国家的时间顺序，因为企业倾向于首先进入与本国文化相近的国家。

地理距离也是一个环境因素。如果距离遥远，货物运费方面的因素会使得某些出口产品无法与目标国家的当地产品竞争。由此可见，运费高会阻止企业采用出口进入模式，鼓励其采用不涉及运费的进入模式。一般情况下，出口企业有可能在目标国家设立装配工厂，并以此展开竞争，这也是向投资进入模式的一定程度的转化。

影响跨国公司经营的企业内部因素主要从产品特点出发进行考虑。

（1）产品生产要素禀赋密集度。劳动密集型和资源密集型产品主要以具有丰富廉价劳动力和自然资源的国家为进入目标，而且偏向采取投资进入模式，资本密集型产品宜以发达国家为进入目标。

（2）产品差异。差异化产品与普通产品相比，具有更大的特定优势，如其技术性能、造型设计等往往不易仿效，或已有专利保护。诸如此类的优势使零售商在定价时有很大的回旋余地，即使负担了高额的运输成本和高额进口关税仍有可观的利润。相反，与竞争产品相比，无明显优势的低优势产品如果是用出口模式进入，则会因出口运销成本的额外增加而在目标国家市场上缺乏竞争力，那么这类企业宜采用投资进入模式。

（3）产品技术内涵与生命周期。就普遍情况而言，技术密集型产品专业性很强，本身具有特定优势，故大多采取投资进入模式，以便控制技术，保守技术秘密，获取垄断利润。与非同类产品相比，技术密集度高的产品使企业有条件在目标国家选择许可进入模式。通常来讲，工业品的技术密集度高于消费品，生产工业品的企业比生产消费品的企业更倾向于选择许可进入模式。当然，生产消费品的企业也可以通过商标许可进入，但这必须以企业拥有在国际市场上响当当的商标为前提。

（4）产品的服务性。要求一系列售前或售后服务的产品，特别是许多工业产品的出口，会给出口企业提供销售服务带来困难，因为产品销售服务需要接近客户。因而这类服务密集型制成品通常以企业在当地设立分支机构或子公司的方式出口。或者通过在当地投资生产进入。如果企业的产品本身就是一项服务，如工程设计、广告、计算机服务、旅游观光、管理咨询、银行、零售、快餐服务或工程建设，企业就必须首先找到目标国家提供服务的途径。因为服务不可能先在本国生产而后再出口到另一个国家。这类企业宜选择如下方式进入：培训当地企业提供服务，如授权专营、设立分支机构或子公司，如广告公司、银行分行或支行，与国外客户直接签订销售服务合同，如技术协议和工程建设合同等。

（5）产品的适应性。要求做出大量适应性改变以销售国外的产品，较适宜于采取那些能使企业紧紧接近国外市场的进入模式或在当地生产的进入模式。当适应性变化需要新的生产设施或适应性产品不能在本国市场上出售时，则宜采取当地生产的进入模式。

16.2　数字经济时代跨国公司发展战略的新变化

由于网络外部性的广泛存在，许多产业（经济学通常称之为网络产业）呈现出与传统制造业截然不同的市场结构和竞争形态，并引发了诸如兼容选择、标准竞争等一系列策略性行为。多年来，学术界围绕这些问题以及由之产生的市场绩效、市场规制和公共政策问题开展了大量的研究，形成了一个新的经济学分支——网络经济学。

在网络外部性条件下，标准竞争直接影响企业的生存与发展。特别是当市场上的产品互不兼容时，一旦一种技术或产品成为行业标准，掌握该标准的企业就能够在竞争中占据有利地位，并从中获得巨大的经济利益。如果说其他领域的产品竞争是市场内的竞争，网络产品的标准竞争则是对整个市场的竞争，成功者将获得整个市场，而失败者不得不退出市场。因此，对产品标准的争夺成为现代网络产业竞争的制高点。几种常见的竞争策略如下所示。

1. 渗透定价

所谓渗透定价，就是指在产品进入市场的初期设定一个较低的价格，以迅速和深入地进入市场，赢得较大的市场份额。当依靠初期的低价格获得了市场垄断力量后，厂商再来提高价格获取垄断利润。当产品具有网络外部性时，由于早期的用户规模对厂商能否获得标准主导权具有至关重要的作用，因此渗透定价也就成为厂商经常使用的竞争策略。除了可以更加容易地引发正反馈效应，更快地建立起产品或技术的安装基础，渗透定价还可以阻止其他厂商的竞争，因为低价格对其他厂商而言实际上是设置了一个市场进入壁垒。我们知道，由于在网络外部性条件下，市场具有更强的内在垄断倾向，获得标准主导权的厂商可以获得"赢家通吃"的效果，初期的低价格可以通过未来的垄断收益得到有效弥补，因此，网络外部性事实上大大增强了厂商实施渗透定价的能力和动机。当产品的网络外部性较强时，对市场标准主导权的激烈竞争可能使渗透定价以一种极端的形式出现，就是厂商向消费者赠送产品。我们经常可以看到厂商花费大量成本、不遗余力地吸引消费者免费使用其产品的案例。一些电信服务商在推销其产品时，不仅承诺某一段时期免费使用，甚至还向消费者赠送手机，其实质也是实施渗透定价。此外，还有一些变通的形式，如放松知识产权保护，厂商会任由消费者使用盗版软件以扩大用户规模，而待到市场安装基础足够大时，再出面主张知识产权保护，竭力推广正版产品。

2. 抢先进入市场

同样由于初期市场安装基础的关键影响，比竞争对手更早地进入市场、率先赢得用户支持，通常会使厂商获得标准主导权的机会大大增加。对厂商而言，这意味着拥有了"先动优势"。在网络外部性引发的强烈的正反馈效应作用下，厂商在进入市场初期取得的微小优势，也经常导致最终用户规模的巨大悬殊，使得率先进入市场者在竞争中"冒尖"，成为产业秩序的主导者。由于这个原因，厂商一般都特别重视产品的研发和创新，努力在技术研发和技术储备方面走在前列，确保一旦遇到潜在竞争威胁，能随时推出和投放使用新一代技术的产品。当然，进入市场的时机转化为现实的先动优势，还有赖于有效地吸引用户以扩大用户规模，所以抢先进入市场的策略经常会与其他各种吸引用户的策略配合使用。同时应该看到，抢先进入市场也存在较大的市场风险，即率先推出的技术可能不是最佳技术。一旦竞争对手推出更完善的技术并因此获取后发优势，则其自身技术有可能被彻底逐出市场，这时厂商将不得不付出巨大的沉没成本。尤其是当消费者具有较强的预见性和耐心，宁愿等待更完善的技术推出时，或者后发厂商通过预先发布产品来主动影响消费者购买行为时，抢先进入市场策略遭遇失败的可能性会大大增加。

3. 产品预告

产品预告或者说预先发布产品，在应用场合和目的上是与"抢先进入市场"相对应的一种竞争策略，它主要发生在厂商在产品研发中落后于竞争对手、进入市场时机相对较晚的情况下。在网络外部性条件下，消费者预期对消费者的购买行为和主导标准的形成具有重要影响。只有当消费者预期某种技术或产品未来拥有足够大的用户规模时，其才会选择购买。同时，网络外部性条件下消费者预期会自我实现并引发正反馈过程，一个厂商成功地拥有较大市场份额甚至独占市场，经常仅仅是因为消费者预期它会成功。所以，厂商一般都十分注重对消费者预期的管理。在这种情况下，如果厂商能够通过成功地向消费者发布未来的产品信息，使其明确地知道未来市场将会出现的产品种类，无疑能显著地改变消费者预期。当厂商在产品研发中处于落后地位时，产品预告对消费者预期的这种改变，将诱导那些本来要购买竞争对手抢先进入市场的产品的消费者推迟其购买行为，从而破坏竞争对手安装基础的建立，抵消自己进入市场晚的劣势。有些情况下，后发厂商可能发布虚假的产品预告，这本身是一种欺诈和不正当竞争行为，然而不可否认的是，这种虚假预告经常也会取得击败竞争对手的效果。

4. 沉淀性投资

进行策略性的沉淀性投资是与预期管理相关的另一种竞争策略。在产业经济学中我们知道，当面临潜在的进入威胁时，在位厂商进行沉淀性投资可以作为在未来保持特定产量的可置信威胁，对竞争对手而言，这构成一种进入壁垒。在网络外部性条件下，如果并不存在绝对的技术优劣差异，消费者对未来网络规模的预期只取决于厂商最终实现的产量，那么沉淀性投资就具有了引导和影响消费者预期的效果。消费者认为，巨大的沉淀性投资意味着可置信的高产量，而高产量本身意味着更大的网络规模，进而意味着更大的网络外部性效用。在存在间接网络外部性，也就是"硬件—软件"范式的产业中，硬件厂商的沉淀性投资策略经常表现为进入相应的软件产业，实行垂直一体化。这种行为一方面可以使消费者确信未来该种硬件将拥有稳定数量的配套软件，另一方面还可以更好地在下游产品环节对竞争对手进行压制和封堵，在标准竞争中占据主动。

5. 锁定用户

"锁定"意味着消费者从一种技术转向另一种技术的成本增加、可能性降低，这对在位厂商而言是一种垄断优势，对新进入厂商而言则是一种进入壁垒。为保持市场份额的稳定性，厂商经常会想方设法将用户锁定于自己的产品。由于锁定效应产生的主要原因在于转换成本和网络外部性，因此锁定策略的实施也主要是通过提高转换成本、抵制产品兼容以及控制互补品生产和供给等方式来实现的。尤其是为提高产品的转换成本，厂商通常会对客户进行操作技能培训以强化其对产品的依赖，实施忠诚客户计划并为老客户提供折扣。

6. 组建标准联盟

标准联盟是企业战略联盟的一种表现形式，指两家或两家以上的企业通过签订相关协议或者联合组织等形式，共同采用同种产品标准并实行统一的对外竞争策略，从而在标准竞争中占据优势地位。当市场上同时存在几种不同的产品标准时，如果消费者不能在技术选择问题上协调一致，或者各个厂商势均力敌以致谁也不能在竞争中"冒尖"成为市场主导者，那么市场将无法形成标准，消费者也就无法有效地获取网络外部性。在这种情况下，厂商或至少部分厂商将有动机组建标准联盟，共同推出一个统一的产品标准。对于消费者来说，厂商组建标准联盟意味着技术选择风险降低，从而会明确技术创新的方向，加快新技术的采用和推广。对于厂商而言，组建标准联盟一方面可以实现联盟成员之间的资源优势互补，增强标准的内在竞争力；另一方面可以缓和厂商之间的竞争，使每个成员厂商都可以无偿利用其他厂商的市场安装基础。这两方面的效应使其标准成为市场主导标准的能力大大增强。

应该看到的是，尽管组建标准联盟可以缓解成员厂商面对的标准间竞争压力，却同时引发了标准内的厂商竞争。尤其是当产品成功地占领市场并成为主导标准后，成员厂商之间的竞争就会凸显。当企业之间组建标准联盟时，在标准竞争过程中就存在着联盟间的竞争与联盟内的竞争。因此，是否加入标准联盟，要取决于厂商对加入与否所获利益差别的权衡。只有确信加入标准联盟能比单独开发新标准获得更高的利润，加入标准联盟才有足够的吸引力。我们分析了产品的网络外部性强度与厂商加入标准联盟的动机之间的关系，指出在稳定的预期自我实现均衡下，产品的网络外部性属性越强，技术所有者越希望采用同种技术的厂商进入市场并向竞争对手免费授权自己的技术。

从另一角度看，企业也可以通过差异化策略避免过度竞争。所谓产品差异化，是指企业赋予所提供的产品足以引起购买者偏好的特殊性，使购买者将它与其他企业提供的同类产品相区别，以达到在市场竞争中占据有利地位的目的。由于伯特兰德模型的存在——生产完全可替代产品的企业会面对无约束的价格竞争，最终定价于边际成本水平，经济利润为零——因此，各企业一般都不愿意在产品空间中定位于同一位置，而往往实行产品的差别定位，以建立固定的消费客户群，企业通过对这些客户的控制获取超额利润。在差异化理论中，一般认为，一种商品可以用一组特性来描述质量、区位、时间、适用性、消费者拥有的对产品的信息等。依据消费者对组成一种产品的不同特性的偏好的不同，产品差异一般可分为横向差异与纵向差异两种类型。所谓横向差异是指，消费者对于产品的某些特性依据个人的偏好具有不同的选择，而这种差异本身并无优劣之分，即对于产品所具有的某些特性,在给定价格相同的情形下,最优选择与特定消费者有关。例如，对食品的口味偏好，部分消费者更偏爱甜食，部分消费者更偏好辣味食品，而甜食或者辣的食品本身并没有优劣差别，消费者的选择与个体的偏好相关。而产品的纵向差异则是指所有消费者对提及的特性组合的偏好次序是否一致，例如，产品质量特性，大多数人都同意质量更好的产品是更好的。

16.3　网络外部性为跨国经营带来竞争优势

传统研究表示，数字平台企业之间的竞争具有显著的先发优势特征和积极的增长策略特征，强大的网络外部性导致市场向领先企业倾斜，出现"赢家通吃"的局面。本书研究发现，网络外部性市场中，后入者也具有明显的比较优势，具体表现在以下六个方面。

第一，后入者具有某些后发优势。市场的后入者能够从前人的努力与经验中汲取有益的因素，从而为自己的竞争铺平道路。首先，从硬件设施角度分析，对于移动通信产业这样需要巨额初始成本投入以铺建基础网络设施的网络外部性产业而言，如果允许市场后入者租借在位者的基础设施进行运营，对于后入者而言就产生了"搭便车"的效应，节约了前期的投入成本。其次，从生产角度分析，市场在位者无论是在新产品的研发还是在创新生产上，都积累了丰富的经验。显然，后进入者的模仿成本要比在位者的自主创新成本低，这有利于后入者生产成本的降低。再次，在市场营销方面，销售是企业获取利润的主要渠道，营销成为市场竞争者重点关注的环节，各种针对特定消费者的营销策略层出不穷，而先入者的经验对市场后入者而言具有极为重要的借鉴意义。最后，从风险防范角度分析，具备完善的风险防范体系是成功经营的必备条件，尤其是在技术密集特征明显的网络外部性市场中，技术风险往往更为显著，而先入者在风险防范方面的举措为后入者提供了宝贵的经验。

第二，消费者需求的动态变化为后入者进入市场提供了空间。现代社会往往被称为选择的社会，就是指由于技术进步速度加快，新事物不断涌现，消费者总是面临着种种选择的，产品的多样性也使得消费者的需求处于不断变化的状态中，这为市场后入者进入市场提供了契机。

第三，在位者惰性有利于市场后入者进入。网络外部性市场中的在位者常常表现出一定的惰性，惰性产生的原因来自以下几个方面。首先，网络外部性市场上竞争均衡表现出的不完全竞争特性，使得在位者往往是市场的独家经营者，缺乏竞争刺激。在此情况下，在位者可能会麻痹大意，并且在位者如果认为市场已经锁定于自己的产品和标准，就更容易放松警惕。其次，在位者可能锁定于特定的固定资产，巨额的固定资产形成沉没成本，阻碍了在位者的转变。最后，在位者作为市场的垄断者，从现有产品中获取了丰厚利润，这使得在位者缺乏创新激励，不愿意精简现有的产品线，不愿意进行新产品的研发。这些因素都削弱了在位者在应对后入者进入竞争时的反击能力。

沃达丰（Vodafone）是英国老牌移动运营商，在 2G 时代就已经成为全球最大的移动运营商之一。它在经营 3G 业务以后，出于稳定现有网络业务收入的考虑，3G 话音资费基本与 2G 处于同一水平，而这导致了沃达丰营销的困境。一方面，沃达丰希望有更多的消费者加入其新建的 3G 网络以降低单位成本，尽快使 3G 业务能够达到盈亏平衡，因此存在降价促销的激励；另一方面，过多的促销虽然降低了移动通信服务的价格水平，有利于吸引更多的消费者转而加入 3G 网络，但这必然会损害现有较为稳定的 2G 网络业务收入。移动通信市场在位运营商的这种两难困境，为新兴运营商创造了进入的良机。作为英国移动通信市场的后入者，为快速进入市场争夺用户，和记黄埔以廉价的话费、低廉的手机价格迅速在移动通信市场上占据了一席之地。

第四，后入者技术上的优越性。在网络外部性市场中，技术更优的产品并不能保证后入者成功进入市场，但是，产品技术性能的卓越特性是后入者能够进入市场的一个重要筹码。在宽带接入选择方面，市场在位者标准综合业务数字网（ISDN）与市场后入者标准非对称数字用户线（ADSL）的竞争就是一个很好的案例。ISDN 本质上是假宽带技术，而后入者标准 ADSL 无论是在上网速度还是质量等方面都优于 ISDN，凭借优良的技术性能，ADSL 标准对 ISDN 的市场产生了巨大的冲击，并且随着网络发展的加快和上网人数的不断上升，用户对上网的速度要求越来越高，在性能上 ISDN 的次优性使得该标准最终被市场淘汰，而市场后入者 ADSL 标准不仅成功进入市场，而且成为市场新的垄断者。并且，技术优越性如果能够转化为现实生产力，则对市场后入者更具有重要意义。如果后入者技术上的优越性能够转化为实际生产力，例如，新技术能够大幅度降低新产品的生产成本，则在此情形下，市场后入者可以通过掠夺性定价策略，即以牺牲当前利润为代价，与在位者展开价格竞争，并利用未来市场带来的丰厚利润弥补当前的损失，从而夺取与在位者竞争的胜利。

第五，在位者愿意与后入者的标准以及产品实现兼容，使得后入者能够共享在位者庞大的用户安装基础规模，这对网络外部性市场中的竞争者而言，其重要意义不言而喻。根据上文论述，在网络外部性市场中，由于市场在位者的标准往往是市场的事实标准，因此在位者通常采取标准控制策略，不愿意开放自己的标准，与市场后入者共享用户安装基础规模。但是，在某些情形下，例如市场后入者的技术性能更为优良，随着时间的推移，市场不断发展的趋势必然对技术性能更优越的标准与产品有利，在位者如果一味采取标准控制策略，反而可能会被市场淘汰。在位者是否采取标准控制策略往往取决于开放标准与控制标准受益的权衡，一旦开放标准成为市场在位者的选择，那么后入者就能够在刚进入市场时，就处于一个庞大的产品网络中，从而降低了后入者的进入壁垒。

（6）政府对后入者的支持。为鼓励竞争、提高市场运营效率，政府对市场后入者往往有一定的优惠政策支持。为培植市场后入者与在位者竞争的能力，政府对于市场在位者与后入者往往采取不对称规制。"规制"并不等同于管理、调控和调整，它包含有"规整""制约"和"使有条理"的含义。所谓"政府规制"，是指在市场经济体制下，政府以矫正和改善市场机制内在的问题为目的，干预经济主体（特别是企业）活动的行为。而政府的不对称规制一般表现为，为促进有效竞争，政府往往对在位者施行更加严格的监管和控制政策，而对市场后入者则给予更多的扶持和鼓励。政府的这种不对称规制政策也形成了后入者的比较优势，有利于后入者成功进入市场。

16.4 跨边网络外部性催生了新的营销策略

在网络经济学研究领域，主要从两个角度来描述网络外部性：一是在规模层面从现有用户规模扩展到未来用户规模对用户效应的影响；二是在产品层面关注兼容或互补产品对用户效应的影响。与这两种表达相对应，Katz 和 Shapiro（1985）将网络外部性分为直接网络外部性和间接网络外部性。其中，直接网络外部性是指因使用特定产品或者服务人数增加，而使用户获取的价值增加；而间接网络外部性是指因产品或服务的互补产品数量增加，而使用户获取的价值增加。

但是不同于传统市场，为了顺应数字经济时代数字化平台企业兴起的潮流，在双边市场中，效应来自市场中另一边的用户，因此新的分类方法应运而生，即将网络外部性划分为同边网络外部性（same-side network effect）和跨边网络外部性（cross-side network effect）。

同边外部性，是指当某一边用户数量增加时，会影响同一边用户的效用。这一分类与传统市场中的直接网络外部性并无较大差异。

跨边网络外部性是指一边平台用户数量的增加会影响另一边使用群体的效

用。某一类用户在与平台发生交互时，会十分关注平台上另一类用户的数量。以电商平台为例，消费者会十分关心平台上到底有多少商户，而商户反过来也会关注平台上到底有多少消费者。当平台具有这种双边性质时，只要设法撬动某一类消费者的需求，就会产生类似"滚雪球"的效应。例如，如果某个电商平台上的消费者突然增加了，它就会吸引来更多的商家，而更多的商家又会反过来吸引更多的消费者……如此反复，平台就能实现快速成长。

Rochet 和 Tirole（2006）认为，随着网络外部性的显现，由于消费者不会在交易中内化网络外部性，不可避免地会存在交易费用，资源无法有效配置，科斯定理将失效。由于用户进入市场的潜在效益被他们自身低估，因此平台需要激励用户进入。

最常见的激励方式是平台进行双边补贴。根据具体的操作手法，补贴大体上可以分为两类：第一类是在不提高平台任何一边价格的前提下，对平台的至少一边进行补贴——用更为通俗的说法，就是"烧钱"。例如滴滴在刚刚起步时，就面临着既无用户也无司机的困境——用户不愿用滴滴，因为用这个 App 根本打不到车；司机也不愿用滴滴，因为根本没有用户通过这个 App 打车。滴滴用巨额补贴打破了这个僵局。在补贴的作用下，用滴滴打车的人多了起来，司机就发现使用滴滴确实可以拉到客，于是就慢慢习惯了使用滴滴 App。而随着使用滴滴的出租车逐渐增多，乘客也发现了滴滴打车的便利，于是也开始用滴滴打车，消费者和司机的习惯就这样培养出来了，中国的网约车市场才逐步扩张。第二类补贴是以提升市场某一侧的价格为代价，对市场的另一侧进行补贴，也即交叉补贴。进行这种补贴的理论基础是"价格结构非中性"，不同消费者对于某一类商品的价格敏感度是不同的，商家可以利用这一点让双边用户分摊费用，从而实现收益最大化。

另一种利用跨边网络外部性的方法是深耕细分市场。初创企业或者数字平台在刚开始可以把有限的资源集中起来投放到某一个比较小的目标市场，在这个市场中用户之间的关系更为密切，因此无论是跨边网络外部性还是同边网络外部性都更强。此时，企业只要应用相对较少的资源，就能比较轻易地让平台运转起来。当平台在一个小市场上牢牢扎根后，就可以借助"平台包抄"（platform envelopment）的策略，逐步向邻近的市场输出力量，对其进行占领，逐步扩大规模和市场。例如，Facebook 在刚刚创办时只是针对哈佛大学在校生的一个社交平台。由于哈佛大学的学生之间有共同习惯、共同语言，因此 Facebook 就在他们当中传播开来。在牢牢掌握住哈佛大学学生这个用户群后，Facebook 再逐步扩大自己的市场——先是利用这些学生的推广，将用户群体拓展到了整个美国学生圈，然后再依托学生的交际圈，将用户群体拓展到了全美国、全世界。

此外，数字平台打造社交圈也有利于更好地发挥跨边网络外部性。以拼多多为例，拼多多的巨大成功离不开其利用微信社交圈进行团购宣传的模式。团购的优势就是可以让用户自发地组合出比较可观的需求，而让商家免去一对一搜寻用户的烦恼。在经济学文献中，有时将团购的这种特性称为 "interpersonal bundling"，也就是不同人之间的捆绑销售。而商家在利用这一策略的同时也要注意社交圈的划分和培养，进行团购的消费者需要找到和自己有同样需求的人进行拼单，拼多多的成功离不开微信朋友圈高黏性、高亲密度的社交圈，消费者可以迅速地找到与自己有相同喜好的 "拼友"。

以上分析的是平台如何利用跨边网络外部性实现发展，双边市场领域另一个研究的主要问题是平台定价，包括掠夺性定价和过度定价。掠夺性定价是指产品或服务价格明显低于平均成本。因为规模效应的存在，监管者会尽量依据大型企业进行定价，这种策略会导致企业损失，同样也会伤害市场中的竞争对手。监管者制定的价格会导致竞争企业的消失和市场的长期关注。因此，监管者价格是不鼓励竞争的标志，在监管者看来这是极为不利的。过度定价是公司当前市场能力的反映，但是会导致市场的消费力不足，反垄断监管者会关注市场的过度定价。这两种价格策略从传统产业经济角度来看都是不良的，会损害社会福利，因此市场监管者会尽量避免这种不利境况。

许多双边市场的研究已经证明，由于存在跨边网络外部性，低于或高于平均成本定价并不会损害社会福利，这两种策略都具有经济有效性。通过对支付中介市场、信用卡市场、广告媒体市场、黄页市场等双边市场的广泛研究，已经从消费者角度对低于平均成本的定价进行了观察，如购物中心等传统实体商店，并不会向消费者收取入场费。因为用户在进入平台时并没有衡量对于他人的网络外部性，所以其消费并不充分，而平台通过减少费用鼓励用户进入，帮助用户内化了网络外部性。最终无论是平台还是消费者获得收益，都将提高市场效益。

跨边网络外部性会影响平台向两边的收费，所以在双边市场中必须以费用确定掠夺性价格和过度价格。如果一边用户带来了强大的跨边网络外部性，那么平台就能够刺激用户的进入并降低另一边的费用，这种效应足以促使平台补贴用户进入。尽管这种补贴会造成平台损失，但它能够通过增加另一边的费用来弥补损失，由此，两边的费用可以相关联。Rochet 和 Tirole（2006）将这种关联总结为"跷跷板原理"：任何因素如造成一边费用的下降，都会造成另一边费用的增加。在完全竞争市场中，我们期望看到费用在一边低于平均成本而在另一边高于平均成本。如果平台正在采取掠夺性定价或过度定价，那么这种扭曲可以通过两边的费用情况观察到。

16.5　网络外部性的边界成本对跨国经营提出新挑战

东道国的制度环境直接影响到企业的海外运营风险。东道国税收减免、准入限制放宽、本地资源自由转让等开放的制度环境能够为外资企业解除限制、提供便利和降低成本（Meyer，Nguyen，2005）。稳定的东道国政治经济环境能够为企业经营提供一个安全稳定的发展环境，使企业的资产免于遭受动荡的政局和战乱以及大幅波动的经济的影响，是企业生存的基本保障（Henisz，Delios，2001）。此外，东道国制度越成熟、产权保护制度越健全，企业的运营环境也就越完善，企业的产权越能得到有效保护（Casson，Wadeson，1998；张建红，周朝鸿，2010；杨全发，韩樱，2006）。成熟的制度环境还意味着政府政务和立法透明、腐败程度低，能够降低企业成本，为企业投资的增长提供良好环境（Shapiro，Globerman，2003）。

数字经济时代，网络外部性的去边界化也并非一帆风顺，数字平台快速扩张带来的跨境信息数据的安全监管问题成为各国政府的心头大患，也是跨国公司发展战略中不得不考虑的一部分。尽管数字化已大大降低了许多平台上与距离相关的成本，但各种与边界相关的成本仍然存在。

16.5.1　市场边界的成本

2017 年 6 月 27 日，欧盟委员会宣布，由于谷歌滥用其作为搜索引擎的市场支配地位而偏袒自己的对比购物服务，将对其开出 24.2 亿欧元（折合人民币约 190 亿元）的罚款，并要求其在三个月内停止这一行为。8 月 29 日，谷歌在欧盟所设期限临近时提交了关于停止其在欧盟市场垄断行为的详细计划。

因受到欧盟和美国的大量竞争对手投诉，这一反垄断调查发起于 2010 年 11 月 30 日，历时 7 年终于告一段落。欧盟公布的调查报告指出，谷歌互联网搜索服务在欧盟经济区的 31 个国家内均具有市场支配地位，市场份额最高超过 90%。通过技术、市场等调查，以及对大量谷歌数据的分析可以发现，谷歌在搜索结果中优先展示自己的比价搜索服务，同时将竞争对手的同类服务降权至不在首页搜索结果显示，对其竞争对手的商业收入造成严重损害。例如，认定谷歌滥用市场支配地位的一项论据显示，对现实世界的用户行为、调查和眼球追踪测试研究表明，用户一般仅点击搜索结果首页中最上方的几个链接，而由于竞争对手的对比搜索服务往往被降权后排列在用户鲜少点击的后页，谷歌因此而获得更多的用户点击和流量。

事实上，互联网领域的反垄断调查，在世界范围内都是极具争议的话题。支持者认为，"互联网超级平台"正在形成垄断，执法和司法机构需要思考如何维护竞争秩序；反对者则指出，源于工业时代的反垄断工具早已不适应边界模糊、创新频繁的互联网世界，反垄断执法应关注行政垄断等其他领域。这背后反映出的更深层次的问题是，对于新兴的数字经济产业，监管的边界在哪里？

16.5.2　技术（数据）边界的成本

2018 年 3 月 17 日，媒体曝光，Facebook 上有超过 5000 万名用户的信息在用户不知情的情况下，被政治数据公司"剑桥分析"获取并利用，其向这些用户精准投放广告内容，在 2016 年帮助特朗普竞选美国总统。并且，Facebook 在知晓事件的情况下，并未及时对外披露这一信息。此后，Facebook CEO 扎克伯格迅速发声道歉，并宣布 Facebook 在此后的 6 个月内终止与多家大数据企业合作，以更好地保护用户隐私。

2018 年 4 月 10 日，扎克伯格现身美国国会参议院，回答来自 44 名参议员共长达 5 个小时的提问。美国国会参议院商务委员会主席约翰·图恩（John Thune）称，过去两党议员都倾向于让科技公司自我规范，但今后可能会发生变化。康涅狄格州参议员理查德·布卢门撒尔（Richard Blumenthal）也表示，"除非有外部机构强制执行的具体规定和要求，否则我不能保证这些模糊的承诺，会转化为行动"。听证会召开几个小时前，民主党籍参议员爱德华·马基（Edward Markey）和理查德·布卢门撒尔提出了一项旨在保护互联网用户隐私的《同意法》立法草案。这是 Facebook 数据泄露丑闻曝光后，首个具有实质性意义的立法行动。

根据该法案草案内容，美国联邦贸易委员会（Federal Trade Commission）应当要求像 Facebook 和谷歌这样的平台供应商，在使用、分享或出售用户信息前，获得用户"明示的知情同意"（opt-in consent）。

2019 年 1 月 13 日，Facebook 被德国政府的反垄断监管机构（Federal Cartel Office，FCO）命令停止在德国的数据收集行为。根据 FCO 的裁决，Facebook 必须有用户授权，才可以从第三方（包含 WhatsApp 及 Instagram 等 Facebook 旗下的社交平台）收集和分配该名用户的数据，整合到 Facebook 平台上。

立法者和政策制定者需要注意的是，隐私保护并不是一个非黑即白的问题，数字平台和大公司有透明化公司获取用户数据的用途的义务，但是政府和监管机构频繁干预企业的运营也构成对企业的干扰，使得企业成本高企。重要的是找到一条界线、一个标准和一种指引。

16.6　案例分析：云计算行业

云计算，依照美国国家标准与技术研究院（NIST）的定义，是一种按使用量付费的模式。这种模式对可配置的 IT 资源（包括网络、服务器、存储、应用软件、服务）共享池提供了可用的、便捷的、按需供应的网络访问。在这些 IT 资源被提供的过程中，只需要投入很少的管理和交流工作。通俗来说，在传统上，用户主要是调用自有的单一 IT 资源，这就好比每家每户自己发电供自己用；而云计算则好像是建了一个大型的发电站，然后将"电力"（IT 资源）输出给所有的用户来用。

云计算有五大技术特点：一是按需使用（on-demand usage），即云端的 IT

资源一旦配置完成，云的使用者就可以自由地访问这些资源，而云服务的提供者则不需要有更多的介入。二是泛在接入（ubiquitous access）。也就是说，云服务的使用者可以通过多种的设备终端、不同的传输协议、不同的接口来访问云资源，云服务的提供者需要通过调整自己的架构来满足不同用户的需要。三是多租户性（multitenancy）和资源池（resource pool）。云服务的提供者会把很多 IT 资源放在一个资源池中，让很多不同的用户来使用。在这个过程中，不同的用户可以各取所需，灵活调用自己的资源，不会相互干扰。四是高度的弹性（elasticity），即云服务的提供者可以根据运行的实际情况来及时调配和扩展 IT 资源。五是可度量的使用（measured usage）。也就是说，云计算服务需要像水、电那样，可以清楚地被记录使用状况，并按照使用状况来收费。

云计算中讨论的服务自下而上包括基础设施即服务（IaaS）、平台即服务（PaaS）和软件即服务（SaaS）三个层次。三种服务模式分别提供存储、硬件、服务器和网络等基础服务设施，可供设计、开发、测试和部署应用程序的计算平台，可供经营使用的成品软件。

国际研究机构 Synergy Research Group 发布的最新数据显示，2024 年第一季度，全球企业云基础设施服务支出达 765 亿美元，同比增长 135 亿美元，增幅高达 21%。人工智能（AI）已成为全球云计算市场保持快速增长的关键驱动力。亚马逊 AWS、微软 Azure 和谷歌云仍然稳坐云服务市场前三大供应商的"宝座"，市场份额分别为 31%、25% 和 11%，三者合计占据的市场份额高达 67%，市场呈现向头部云计算厂商进一步集中的趋势。

具体来看，SaaS 创业企业一般要经历三个发展阶段。

第一阶段，投入扩张期。企业创立初期，主要进行研发投入、销售团队建设和销售投入。另外，服务器、运维、安全灾备等方面的成本在短期内转移给了 SaaS 厂商，这意味着如果仅靠订阅收入，则厂商需要有较大客户规模才能分摊这些成本。这个时期企业以融资投入为主。

第二阶段，现金流为正，稳定扩张期。随着公司客户规模的不断扩大，付费客户积累，特别是多年付费客户增加，大量的预收账款递延收入使得公司现金流为正。这时候公司有资金进行进一步扩张。

第三阶段，开始盈利，业绩爆发期。当公司付费客户积累到一定规模，大量老客户的持续续费拉低公司每年的平均获客成本，公司开始盈利，并且随着获客成本的持续降低，利润水平不断提升，公司进入业绩爆发期。

　　SaaS 行业快速发展的驱动因素主要有底层技术的逐步成熟，云计算市场规模的爆发为 SaaS 的发展提供了更稳定的底层架构和应用环境；SaaS 模式相对于传统软件交付模式具备优越性，具有低成本、高可用性、可伸缩性、可维护性、企业风险低等优势；随着现代管理科学的发展，企业向治理精细化、业务流程化、决策科学化迈进，SaaS 为企业提供了全方位的服务。

参考文献

丁雪峰，陈前程，高攀，2019. 考虑供方组内强外部性的双边服务平台定价策略［J］. 工业工程（6）：27-33.

黄纯纯，2011. 网络产业组织理论的历史、发展和局限［J］. 经济研究（4）：147-160.

黄璐，2003. 网络经济平台上的企业竞争战略研究［D］. 成都：四川大学.

蒋冠宏，蒋殿春，2012. 中国对外投资的区位选择：基于投资引力模型的面板数据检验［J］. 世界经济（9）：21-40.

李华东，2011. 基于战略导向的中国企业国际市场进入模式选择研究［D］. 长沙：中南大学.

罗时凡，耿明英，2001. 中国企业对外投资的战略与政策选择［J］. 对外经贸实务（2）：3-5.

乔惠平，2002. 中国企业对外投资的发展战略选择［J］. 中国对外贸易（1）：14-16.

阮氏幸（NGUYEN THI HANH），2015. 中国企业在越南跨国经营战略研究［D］. 杨凌：西北农林科技大学.

唐志超，2013. 中国民营高科技企业的国际化战略研究［D］. 北京：北京交通大学.

王节祥，王雅敏，贺锦江，2020. 平台战略内核：网络效应概念演进、测度方式与研究前沿［J］. 科技进步与对策（7）：152-160.

王小宁，方星，2014. 双边市场中的跨边网络效应分析［J］. 电子商务（7）：69-70.

王哲，2010. 网络外部性条件下的贸易政策研究［D］. 济南：山东大学.

吴昊，2006. 网络外部性市场后入者竞争策略研究［D］. 上海：复旦大学.

吴亮，吕鸿江，2015. 网络外部性对中国企业海外投资区位选择的影响［J］. 财贸经济（3）：124-135，149.

熊小奇，吴俊，2011. 我国对外投资战略调整及规划［J］. 经济问题探索（2）：170-174.

杨全发，韩樱，2006. 知识产权保护与跨国公司对外直接投资策略［J］. 经济研究（4）：28-34.

张建红，周朝鸿，2010. 中国企业走出去的制度障碍研究：以海外收购为例［J］. 经济研究（6）：80-91，119.

郑晓红，2013. 知识产权保护对企业跨国经营的影响效应研究［D］. 长沙：湖南大学.

宗芳宇，路江涌，武常岐，2012. 双边投资协定、制度环境和企业对外直接投资区位选择［J］. 经济研究（5）：71-82，146.

Armstrong M, 2006. Competition in two-sided markets［J］. RAND Journal of Economics, 37（3）: 668-691.

Artle R, Averous C, 1973. The telephone system as a public good: Static and dynamic aspects［J］. The Bell Journal of Economics and Management Science, 4（1）: 89-100.

Baum J, Mezias S, 1992. Localized competition and organizational failure in the Manhattan hotel industry, 1898-1990［J］. Administrative Science Quarterly, 37（4）: 580-604.

Casson M C, Wadeson N S, 1998. Communication costs and the boundaries of the firm［J］. International Journal of the Economics of Business, 5（1）: 5-28.

Economides N, 1989. Desirability of compatibility in the absence of network externalities［J］. American Economic Review, 79（5）: 1165-1181.

Economides N, White L J, 1994. Networks and compatibility: Implications for antitrust［J］. European Economic Review, 38（3-4）: 651-662.

Eisenmann T, Parker G, Van Alstyne M W, 2006. Strategies for two-sided markets [J]. Harvard Business Review, 84（10）: 92-101.

Farrell J, Saloner G, 1985. Standardization, compatibility, and innovation [J]. The RAND Journal of Economics, 16（1）: 70-83.

Goldenberg J, Libai B, Muller E, 2010. The chilling effects of network externalities [J]. International Journal of Research in Marketing, 27（1）: 4-15.

Hagiu A, 2009. Two-sided platforms: Product variety and pricing structures [J]. Journal of Economics & Management Strategy, 18（4）: 1011-1043.

Henisz W J, Delios A, 2001. Uncertainty, imitation, and plant location: Japanese multinational corporations, 1990-1996 [J]. Administrative Science Quarterly, 46（3）: 443-475.

Katz M L, Shapiro C, 1985. Network externalities, competition, and compatibility [J]. The American Economic Review, 75（3）: 424-440.

Kostova T, Zaheer S, 1999. Organizational legitimacy under conditions of complexity: The case of the multinational enterprise [J]. Academy of Management Review, 24（1）: 64-81.

Liebowitz S J, Margolis S E, 1994. Network externality: An uncommon tragedy [J]. Journal of Economic Perspectives, 8（2）: 133-150.

Matutes C, Regibeau P, 1988. "Mix and match": Product compatibility without network externalities[J]. The RAND Journal of Economics, 19（2）: 221-234.

Meyer K E, Nguyen H V, 2005. Foreign investment strategies sub-national institutions in emerging markets: Evidence from Vietnam [J]. Journal Management Studies, 42（1）: 63-93.

Porter M E, 1998. Clusters and the new economics of competition [J]. Harvard Business Review, 76（6）: 77-90.

Rochet J, Tirole J, 2006. Two-sided markets: A progress report [J]. The Rand Journal of Economics, 37（3）: 645-667.

Rohlfs J, 1974. A theory of interdependent demand for a communications service[J]. The Bell Journal of Economics and Management Science, 5(1): 16-37.

Shapiro D, Globerman S, 2003. Foreign investment policies and capital flows in Canada: A sectoral analysis[J]. Journal of Business Research(10): 779-790.

Shaver J M, Flyer F, 2000. Agglomeration economies, firm heterogeneity, and foreign direct investment in the United States [J]. Strategic Management Journal, 21 (12): 1175-1193.

Shy O, 2011. A short survey of network economics [J]. Review of Industrial Organization, 38 (2): 119-149.

Srinivasan R, Lilien G L, Rangaswamy A, 2004. First in, first out ? The effects of network externalities on pioneer survival [J]. Journal of Marketing, 68 (1): 41-58.

Weyl E G, 2010. A price theory of multi-sided platforms [J]. The American Economic Review, 100 (4): 1642-1672.

第 17 章
数字经济时代的全球公司是全新的国际商务主体

17.1 数字经济时代的全球公司是全新的国际商务主体

17.1.1 从跨国公司到全球公司

跨国公司是在两个或两个以上国家建立分支机构，由母公司统筹决策和控制，从事跨国界生产经营活动的经济实体。王志乐（2015）认为，全球公司是跨国公司全球化发展的新阶段。与跨国公司相比，全球公司的跨国指数（海外资产、海外销售和海外雇员与总资产、总销售和总雇员的比例）超过 50%。而在数字经济背景下，全球公司的内涵和外延又有了全新的拓展。

浙江大学跨境电子商务研究院和阿里巴巴国际站联合发布的《中国中小企业跨境电商白皮书》对数字经济背景下的全球公司进行了全新的定义，指出全球公司是指基于平台生态系统的开发和利用，从全球获取和整合资源，面向全球销售商品和提供服务的新型全球化企业，其弱化了企业原本的国别属性，通常具有全球化的发展战略、治理结构和企业文化，不仅包括平台企业，而且还包括入驻平台的企业，以及全球供应链服务商，是数字经济时代最具一般性的企业经营模式。全球公司是区别于跨国公司的另一种国际化企业，但伴随全球数字贸易的逐步演进，两者之间的差距有逐渐缩小的趋势，跨国公司的内涵和外延会发生适应性的调整和改变，转型成为全球公司的有机组成部分。

数字经济背景下，跨国公司转变为全球公司的动机是多方面的。一方面，数字经济的发展推动数字化全球市场的形成，许多跨国公司进行全球战略调整，按照企业经营系统的功能重新配置资源，以适应数字化全球市场的出现。全球市场形成，使得企业可以在全球选择最有成长性的市场作为经营重点。过去，发达国家市场是企业"征战"的中心地区。现在，新兴市场往往成为新产品急剧增长的市场。在此基础上，跨国公司都不得不根据全球市场制定全球战略，在全球范围内吸纳整合资源和配置资源，打造全球产业链或者全球产业系统，利用全球资源参与全球竞争，从而保持现有竞争优势和形成新的竞争优势。

另一方面，数字化技术和资源使得企业可以根据技术水平而不是地理位置对劳动力进行配置和组合。企业跨越地理界限在全球范围内按照功能配置资源和获取资源不仅成为可能，而且变得非常快捷。由于劳动力、原材料、能源、资本和技术等生产要素在全球各地性价比不同，企业有了在全球选择要素和打造全球价值链的可能。它们把全球性价比最高的资源吸纳和整合到自己的价值链中，从而有可能获得更大的竞争优势。

17.1.2　数字经济背景下全球公司的竞争优势

1. 生产经营层面

由国家信息中心、京东数科联合发布的《中国产业数字化报告 2020 年》指出，全球正在加速进入以"万物互联、泛在智能"为特点的数字新时代，产业数字化逐渐呈现出六个方面的典型特征，全球公司在数字经济背景下的竞争优势也逐渐显现：一是以数字科技变革生产工具；二是以数据资源为关键生产要素；三是以数字内容重构产品结构；四是以信息网络为市场配置纽带；五是以服务平台为产业生态载体；六是以数字善治为发展机制条件。

以数字科技变革生产工具。闫德利（2019）指出，随着数字革命孕育成长，软件开始定义一切，机器日益由程序和代码所驱动，由"插上电"迈向"连上网""接入云"，从而具备了一定的分析、运算、判断、操作甚至思维的能力，能够独立完成人们设计的生产过程，变得越来越自动化和智能化。数字科技驱动生产效率提升，随着数字科技的发展，数字化装配和虚拟化生产正在引领产业生产方向，推动传统生产由实物模拟向数字仿真转变。以信息化、SaaS 化、移动化、AI 化为主要特征的数字化技术成为全球公司提高生产效率的重要工具。在传统制造领域，数字化装配不断推广应用，通过各零部件数字建模，开展整机实物装配前的"数字组装"，推动问题早发现、早改进，实现生产过程快速迭代和持续优化；而在服务领域，数字科技推动服务转型升级，以更高效、更安全的方式提供服务。例如建筑信息模型（BIM）有效促进建筑工程全生命周期信息数据共享与交换，开启建筑行业新模式。

以数据资源为关键生产要素。一方面，数字经济背景下的全球公司拥有丰富的数据资源，引领技术流、物质流、资金流、人才流。国务院在《促进大数据发展行动纲要》（以下简称《纲要》）中强调，数据将驱动产业生产要素的网络化共享、集约化整合、协作化开发和高效化利用，促进生产组织方式集约、发展模式转变和生态创新。在此基础上，数据驱动生产模式转变，通过整合生产设备数据、产品参数数据、需求订单数据，依托生产线的自动化、定制化、节能化等能力，进一步激发生产力，推动全球公司生产结构改革。另一方面，《纲要》指出，数据已经成为数字经济背景下全球公司的核心资产，持续激发商业模式创新，不断催生新业态，已成为全球公司促进业务创新增值、提升企业核心价值的重要驱动力。数据激发经营链条拓展，通过监测产品工作状态信息并加以综合开发利用，推动企业业务从产品生产销售向生产型服务领域延伸，发展模式从产品生产、销售向提供持续服务转变，实现制造业服务化转型升级。

以数字内容重构产品结构。首先，数字经济背景下的全球公司主动对现有的产品服务进行数字化改造升级。全球公司借助其数字资源和数据优势驱动商业模式变革，通过整合数据流，引领业务流、资金流、技术流，促进原有产品体系和服务方式演进转变。其次，全球公司更有能力开发智能产品或服务。全球公司借助其数字资源和数据优势驱动产品供给创新，通过多渠道深度交互，能够及时传导用户个性化需求，提高市场响应速度，加快形成高质量、多层次的产品供给体系。最后，全球公司逐渐拓宽业务范围，基于用户个性需求提供定制产品或服务。全球公司面对巨大的消费市场和多样化的消费需求，有能力通过数字技术触达并采集用户消费能力、消费偏好和消费行为等相关数据，推动技术产品和服务的跨越式创新，为消费者提供精准画像和千人千面的个性化服务。

以服务平台为产业生态载体。全球公司加入服务平台，构建线上线下融合共生的全新产业生态体系。新产业生态体系的特征主要表现为以自由流动的数据资源为基础，以数字科技族群为连接，以多元数字科技平台为依托，以共同价值主张为导向，打破原有线上或线下小生态融合共生而成。生态体系趋向于线上线下不同经济主体间的共生共建，通过数字化连接建立起线上线下无缝衔接的商业生态，基于各种平台业务数据实时共享提高产业链不同环节的响应速度，在催生新商业模式的同时为优化产业结构提供良好的生态环境。推动开源成果在制造业重点行业和应用场景中开展先导应用，加速海量应用与技术研发的双向迭代，让生态体系中的企业能够以更低成本获取生产要素，以更高效率触达消费者需求，以更先进数字科技支撑产业链，以更多元场景搭载行业应用，以更新型商业模式实现产业价值增值。

以数字善治为发展机制条件。首先，全球公司可以凭借数字技术实现数据流与业务流在各部门的无缝衔接。科技平台驱动生产和管理效率提升，依托先进的数字化技术和强大的数据分析能力，结合企业生产过程实时监控、生产管理动态调整、物流配送有效衔接、经营决策科学高效等应用，支撑企业实现先进制造、生产与运营管理优化和智能化决策。其次，数字技术助力企业搭建基于数据分析的决策体系与管控体系。数字化进程的加快，帮助全球公司实现线上线下相融合，提高效率，降低风险，创造更大的价值回报。而在管控体系方面，数字科技的创新让风险管理更加数字化、智能化，让企业可以用更低的成本去服务更多的实体企业与个人，真正实现普惠。

2. 商业化销售层面

针对客户个性化需求实现精准营销。精准营销是在企业沉淀数据的基础上，结合外部数据，运用智能算法，为高度细分的目标客户精准匹配所需商品的新型营销方式。数字技术或数据资源是精准营销的关键支持要素。一方面，全球公司需要整合优质的客户资源。基于智能算法科学预测客户的潜在偏好和拓展需求，通过分析客户的动态行为，对客户进行细分归类，为企业合理分配企业资源提供支持。在客户分类基础上准确把握买家的购买心理和诉求，为企业开展具有针对性的客户维系活动提供支持。另一方面，全球公司依托自身积累的技术或资源优势，有能力对客户进行智能识别、客户分析、客群分类，在庞大的数据支持下，全球公司可以建立用户数据库，对用户进行精准画像，实现精准定向引流和个性化营销决策。在此基础上，全球公司还将建立动态化的关于"标签"的模型和算法，以充分适应营销场景。

实现线上线下全方位渠道建设。全球公司凭借数字技术可以实现贸易流程数字化。全球公司凭借数字化技术打造多元化营销场景，利用公司积累的数据资源充分考量不同地域、文化背景下买家的偏好和习惯，在社交渠道、电商平台、线下门户等方面针对不同类型的买家打造差异化的营销方案。通过打破渠道壁垒，实现跨渠道的无缝衔接，加强线上、线下、随时随地的多渠道运营能力。全球公司利用数字技术增强顾客交互感，实现全生命周期的差异化体验，通过构建数字化的营销场景，为企业提供更多展示机会，为买家提供更大的选择空间。

销售流程一体化建设。在支付方面，全球公司更易建立全球化的支付架构，通过搭建支持多币种的支付系统，提供丰富的全球化支付工具，扩大支付范围，提高跨币种支付的及时性。同时对接各国清算系统以及各家国际性银行，在提高结算和换汇即时性的同时降低相关成本。在物流方面，传统物流难以适应快速增长的零单贸易需求，也无法实时监测物流动态，而数字化技术的参与可以大大提高物流的时效性，同时帮助企业建立物流订单轨迹的在线可视化系统。在信用保障方面，通过建立信任机制，数字化信用保障工具使得买卖双方相信彼此，从而促进交易达成。当前跨境贸易中交易风险仍然较高，而数字化信用保障可以提供一定程度的确定性。使用信用保障服务可以大大缩短交易的平均周期，提高交易效率。

17.1.3　亚马逊：跨境电子商务的全球布局

2020 年以来，跨境电商快速发展，推动了全球商品、供应链向线上转移和交换，加速了数字化新消费在全球范围内的普及。在电商数字化时代来临的当下，全球电商领航者亚马逊顺势而为，以全球布局的独特优势把中国市场"数字新消费"推向一个崭新高度。亚马逊并不单纯是一家全球电子商务公司，还是全球科技巨头，亚马逊凭借其在数字技术上的领先优势推动全球业务的稳步发展。

亚马逊布局的核心战略业务包括以亚马逊海外购和亚马逊全球开店为中心的跨境电子商务、Kindle 电子书阅读器和电子书、亚马逊物流运营和亚马逊云计算服务（AWS）。这些业务是基于全面提升和培育"数字新消费"生态而展开的。亚马逊在全球范围内构建了遍布 20 个国家的海外站点，借助全球 175 个运营中心，可跨国配送 185 个国家和地区，因而能够给全球消费者带来更为便利的"海外购"体验；而数字图书阅读与购买也是数字消费的一部分，并增强了亚马逊的用户黏性；另外，亚马逊在其物流仓储广泛使用 Kiva 机器人分拣、搬运，并通过无人机配送；AWS 有助于更多商户基于亚马逊公有云展开数字化经营。亚马逊版的"数字新消费"与国内电商的新零售有明显的区别，其对应的是全球范围内的国际贸易而非区域市场的零售。

从亚马逊在中国市场的布局中可以窥见，亚马逊在中国电商强大的竞争压力下发展出一套独特的竞争策略，其中数字化全球公司的竞争优势发挥了重要作用。亚马逊致力于全球范围内的消费布局，自 2014 年上线至今已成为国内拥有最多国际品牌及选品的跨境电商之一，最大限度满足消费者追求个性与品质的多层次需求。官方数据显示，亚马逊海外购已成功引入了逾 3000 万件来自"亚马逊美国""亚马逊英国""亚马逊日本"和"亚马逊德国"的纯正海外货，囊括超过 48 万个国际品牌，覆盖了服饰、鞋靴、母婴、美妆、玩具、个护健康等 30 大品类。此外，亚马逊本身还通过坚实的全球供应商资源和长期筛选机制来保证商品的品质，四大海外站点的商品均是直接邮递至国内，让消费者可享受安心的购物体验。

与此同时，由于路途遥远、海关清关完税审核手续繁杂，跨境购快递相对于境内物流而言较为缓慢也是一大痛点。亚马逊海外购依托其多年来运转的跨境物流体系及其创新布局的首个海外购跨境前置仓，通过大数据预测消费者的潜在需求，提前将部分热销商品调拨到跨境前置仓存放，有效缩短了跨境递送时间。2024 年 6 月，亚马逊海外购宣布上线顺丰国际直邮服务，国际直邮航班最快仅需 16 小时即可将来自亚马逊全球运营中心的优质海外商品送达中国消费者手中。

17.2　全球公司获得市场主导地位

全球公司以核心领域为基点，以邻近领域为目标，旨在打造全链域贯通的数字化生态系统。一方面，全球公司凭借其在生产经营和商业化销售等领域的竞争优势，形成核心领域的市场主导地位，不断淘汰低效、零散、劣质的竞争对手，奠定其在核心领域的强势地位；另一方面，全球公司凭借各自的主打产品与服务强势崛起，在持续深耕现有业务的同时，不断打造新的增长引擎，逐步向多元化发展。充分利用数字技术强化核心业务，同时着眼未来，迅速发掘并拓展新的增长领域。阿里巴巴的支付宝、腾讯的微信等"超级 App"为消费者提供了教育、健康、信息服务、娱乐、电子商务、社交互动等多个领域的一站式服务。

阿里巴巴：从 B2B 到生态圈

招商证券在《创新引领商业进步，搭建全球零售生态圈——阿里巴巴专题研究》中指出，阿里巴巴从 B2B 到生态圈，不断完善电商零售行业基础设施，以零售业务为核心，实现跨越式发展，打造阿里巴巴线上线下生态圈。

1. 掌握零售市场主导地位

阿里巴巴在其核心领域——零售业务领域，充分发挥竞争优势，通过一系列数字化决策与改造，占据市场主导地位。

面向企业，阿里巴巴注重链接商户，打造 B2B 交易平台，以"付费会员＋增值服务"为商业模式。尽管 B2B 业务增速下降，但商户付费意愿增强。阿里巴巴于 1999 年创办 1688 网站，专注于国内批发贸易，而 Alibaba.com（阿里巴巴国际站）专注于国外批发贸易。2024 年，阿里巴巴国际电商集团拥有 3 亿名消费者，其中阿里巴巴国际站拥有超过 4000 万名活跃海外买家。2023 年 3 月至 2024 年 3 月，阿里国际批发商业收入为 209.44 亿元（约合 29.01 亿美元），同比增长 7%；国内批发商业收入为 204.79 亿元（约合 28.36 亿美元），同比增长 15%。

此外，阿里巴巴积极进行数字化改造，将国内优质的货源和供应链服务体系输出到海外。阿里巴巴 B2B 定位为信息流平台，不轻易涉及资金流和物流。阿里 B2B 业务按照初定的设想，为全球商户提供网上服务，在全球网站浏览量排名中，稳居国际商务及贸易类网站前列。阿里巴巴 B2B 完成数字化升级，服务中小企业出海，将国内优质的货源和供应链服务体系输出到海外市场和海外中小企业，一年时间跨境专供交易市场同比增加 400%。

面向消费者，阿里巴巴持续求变，缔造 C 端"零售帝国"雏形。根据淘宝生态链的分级体制，可以将阿里巴巴"零售帝国"的建立分为四个阶段。第一阶段：通过互联网 B2C，获得流量，成为 C2C 销售平台商，以淘宝网的建立为标志。第二阶段：发挥流量优势，品牌升级。服装品类以及众多 SKU 品类：①定价复杂；②标准化程度高；③ SKU 丰富；④快递效率高。以淘宝商城（天猫）建立为标志。第三阶段：商户以及用户分级，提供工具类服务以及流量展示位服务，获得佣金，诞生了一批依托于淘宝流量的独角兽电商企业。第四阶段：围绕用户和商户建立服务生态圈，利用技术创新提升效率；建立蚂蚁金服和阿里云等新科技公司。

在新零售端，以盒马供应链和技术赋能高鑫零售为例，全渠道改造效果良好。阿里巴巴入股高鑫零售之后，双方开展了多方位合作，对接大润发带来流量。就试点来看，线上到家业务平均客单价 60 元，可以盈亏平衡，截至 2023 年 9 月，已改造门店超过 380 家，改造完后效益提升约 15%，年底前完成 400 家改造。除了淘鲜达，高鑫和阿里巴巴的合作领域还包括：物流端，阿里巴巴旗下盒马鲜生与饿了么全面支持高鑫零售的配送需求；供应链端，引进 100 多种盒马鲜生产品以及 500 多种天猫超市商品，实现供应链共享互惠互利；支付端，阿里巴巴在技术上支持高鑫云 POS 机的升级，实现金融技术赋能。

2. 物流领域的扩展——菜鸟网络

受益于 B2C 电商发展，快递行业高速增长，2023 年，我国邮政行业寄递业务量完成 1624.8 亿件，同比增长 16.8%。其中，快递业务量（不包含邮政集团包裹业务）完成 1320.7 亿件，同比增长 19.4%。截至 2023 年底，我国 A 级物流企业，即企业经营状况较好、市场竞争力较强的物流企业超过 9600 家。2023 年，中国物流 50 强企业物流业务收入合计超过 2.3 万亿元。智慧物流企业稳健成长，网络货运平台企业超过 3000 家。为了更好应对 B2C 领域竞争，补齐自身物流短板，阿里巴巴选择通过平台的形式整合物流资源，菜鸟网络应运而生。

菜鸟诞生于阿里巴巴，其战略布局也无不服务于阿里巴巴。发展至今，菜鸟作为阿里巴巴大生态圈的物流底盘，其作用已经非常明确。目前，菜鸟依托阿里巴巴商流的全球化布局已经形成了服务于区域零售、国际零售、同城零售的三大物流网络。从长远来看，菜鸟的核心愿景是通过大数据驱动、智能技术和平台式的高效协同搭建全球性的物流网络，提升物流效率，致力于实现中国范围内 24 小时达，全球 72 小时达。阿里巴巴在物流领域的总体构想是做平台生态，在扩张的进程中，菜鸟依托于阿里巴巴核心电商业务的全球扩张，以整合资源为主、自建物流为辅的形式搭建成区域零售、国际零售、同城零售三大物流网络。除了菜鸟，阿里系也陆续通过入股的形式布局多家快递物流、干线、仓储、跨境电商、地图导航等领域的相关企业，构建物流生态圈。物流领域成为整个阿里数字大生态中的重要一环（见表17-1）。

表 17-1   阿里系泛物流领域布局情况

投资时间	投资标的	业务领域	投资金额	阿里系持股比例
2008 年初始投资，后续追投三次	百世汇通	快递配送	初始投资 1500 万元	23.4%，菜鸟持股 5.6%
2013 年 5 月初始投资，2014 年 2 月全资收购	高德地图	地图导航	初始投资 2.94 亿元	全资子公司
2013 年 12 月初始投资，2017 年 1 月债转股	日日顺物流	大件物流	初始投资 9.65 亿元	34%
2014 年 5 月	新加坡邮政	跨境物流	初始投资 2.49 亿美元，后续追投 1.38 亿美元	14.5%
2014 年 5 月	卡行天下	干线运输	—	第二大股东
2014 年 6 月	心怡科技	仓储设施	数千万元	21.86%（第二大股东）
2015 年 5 月	圆通快递	快递配送	15 亿元	12%
2015 年 8 月	苏宁云商	电商物流	283 亿元	19.99%
2016 年 4 月初始投资，后续追投两次	Lazada	东南亚电商物流	初始投资 10 亿美元，后续追投 30 亿美元	83%
2018 年 5 月	中通快递	快递配送	88 亿元	10%

资料来源：根据菜鸟官网、招商证券等发布的公开资料整理。

向上承载商流，向下服务物流与客流，菜鸟是快递行业中一家千亿级平台型物流服务商，其商业模式和发展机遇在全球都找不到第二家对标对象。2013 年成立的菜鸟仅用七年时间，就实现国际零售、区域零售、同城零售三张网络的搭建，为全国超过 60% 的业务量提供电子面单。而市场也对菜鸟的价值给予了充分的肯定和认可，菜鸟的市场估值接近 2000 亿元。

3. 金融科技领域的扩展——蚂蚁金服

蚂蚁金服起源于支付宝，将"为世界带来更多平等的机会"奉为信条，定位于金融科技创新，迅速拓展业务板块。蚂蚁金服手握大量的金融牌照，除了传统的银行、保险、基金牌照，还有传统的金融机构没有的第三方支付、众筹、征信牌照。蚂蚁金服集结技术、产品和场景等方式，打造蚂蚁生态圈。同时，蚂蚁金服几乎覆盖了线上线下生活消费和金融理财的所有场景。生活消费如网上购物、线下零售支付、日常缴费、转账汇款、游戏、餐饮、校园服务、交通与医疗、政务服务、公益等；金融理财场景如基金、保险、信贷、证券等。

蚂蚁金服加强外部战略合作，构建新生态，提供一站式金融服务，盈利模式实现从 1.0 向 3.0 不断升级。纵观发展历程，蚂蚁金服从担保交易业务出发，持续拓展支付领域，同时丰富应用场景，成为阿里巴巴集团数字化生态的关键一环。

蚂蚁金服引领支付革命，连接金融生态，庞大客群引流。蚂蚁金服以便捷高效的支付功能吸引客户，通过多元场景提升用户使用频率；同时以庞大的用户群体引流，对接生活服务、理财、电商、金融等功能接口，促进业务引流及发展。进入移动互联时代后，蚂蚁金服积极推进线上线下支付场景建设，真正落实移动支付所需的用户体验与生态体系。与此同时，通过技术架构上云和实时风控技术，支撑业务的创新和快速拓展。

17.3　中国的全球公司正快速发展

17.3.1　中国数字经济发展潜力巨大

中国作为全球数字科技大国，拥有巨大的发展潜力。中国现已成为全球数字经济的领头羊，2023 年全年网上零售额 15.42 万亿元，增长 11%，连续 11 年成为全球第一大网络零售市场。而移动支付业务普及率也从 2013 年的 25% 跃升至 2016 年的 68%，移动支付业务额更是高达美国的 11 倍。全世界 262 家独角兽企业中，有 1/3 是中国企业，其估值共占全球独角兽企业总估值的 43%。数字化的伟力正在颠覆现状、重构价值链，并催生出大量充满活力的中国数字化全球公司，从而不断增强中国数字经济的国际竞争力。

中国数字经济的快速发展得益于中国的数字化环境和市场潜力，来自中国的数字化全球公司正在凭借庞大的母国市场积累数字资源、获取知识和关键技术、孕育崭新且可能具有革命性的商业模式。其中，三大因素彰显了中国的数字经济发展潜力。

首先，中国市场体量庞大，拥有大量网民且较为年轻，为数字商业模式迅速商用创造了条件。截至 2023 年 12 月，中国的互联网用户达到 10.92 亿名，较 2022 年 12 月新增 2480 万名，互联网普及率达 77.5%。

其次，中国互联网三巨头 BAT（百度、阿里巴巴和腾讯）建立了丰富的数字化生态，且如今正在不断拓展延伸其边界。三家企业不断淘汰低效、零散、劣质的线下市场，奠定了国内数字产业的强势地位。它们凭借各自的主打产品与服务强势崛起，随后逐步向多元化发展。此外，这三家企业也是中国数字生态系统的重要塑造者，2016 年共同占据了中国风投市场高达 42% 的份额。中国领先的初创企业有 1/5 由 BAT 或前 BA 员工创立，另外还有 30% 的企业获得过 BA 的投资。平安、华为等一些传统大型企业也在着意打造自己的生态系统，从核心业务出发向外扩张。

最后，中国政府对数字化企业和机构的态度是"先试水、后监管"，正在积极推动数字化发展。中国政府对数字化产业的监管在初期往往较为宽松，这虽然使得消费者权益保护力度可能稍显薄弱，但给了创新企业足够的试水空间。例如，支付宝于 2005 年推出了线上转账功能，但监管部门在 11 年之后才开始设置转账额度上限。如今中国政府作为数字产业的投资者、开发者和消费者，正在积极地打造世界一流的配套基础设施，支持数字化发展。

在三大因素的共同作用下，中国数字经济的全球影响力与日俱增。中国数字服务贸易常年保持顺差，2022 年数字服务净出口规模达 467.5 亿美元，同比增长 55.8%。2014—2016 年，中国对外风险投资总额达到 380 亿美元，占中国以外全球风险资本的 14%；而 2011—2013 年占比仅为 4%，总额仅为 60 亿美元。2016—2017 年，中国三大互联网巨头共达成 35 笔跨国交易，而美国的三大互联网巨头仅达成了 20 笔。中国也在对外输出数字化驱动型商业模式，并为国外合作伙伴提供技术支持。

麦肯锡全球研究院（MG）"中国行业数字化指数"表明，中美各行业间的差距正在快速缩小。2013 年，美国行业的数字化水平为中国的 4.9 倍；到 2016 年，这一差距已缩小至 3.7 倍。预计到 2030 年，三种数字化推动力（去中介化、

分散化和非物质化）或可转移与创造 10% ～ 45% 的行业收入，其中去中介化和
分散化的影响最为显著。

17.3.2　全球公司累积数字资源

如果说网络协同和数据智能是推动数字经济发展的两大主要驱动力，那么前
者是消费互联网的发展中至关重要的因素，而后者将在产业互联网的崛起中发挥
举足轻重的作用。回顾过去几年互联网的发展，可以发现所有重要变化都离不开
"流量"二字，而在数字经济时代，因为数字化的进程从终端产业往产业链上游
扩展，行业发展核心将逐步从"流量"转向"数据"。从"流量为王"到"数据为尊"，
企业的商业模式也逐渐转向数据驱动。随着中国消费者对高品质、定制化产品和
服务的渴求不断攀升，采用此类商业模式的企业能够更有效地提供服务。而且，
技术的不断进步让数字媒体、社交网络和搜索引擎无偿提供的内容越来越多，全
球公司得以实时了解客户在行为和情绪层面更为精准的数据，更容易对客户的决
策施加影响，实现消费数据的变现。企业的分析技术以及与消费者的数字化连接
催生了新的 C2B 业务解决方案，让企业直接触及客户并收集客户数据，实现订
单的定制化。

一方面，来自中国的数字化全球公司可以利用中国的海量数据资源，以数据
分析实现企业价值最大化。如今，收集利用数据的能力正日益成为企业的核心竞
争优势。中国数字经济的强势地位也正是得益于每天收集到的海量数据。而且中
国消费者比其他国家的消费者更愿意分享数据，或可带来更多数据变现的机遇。
为了充分利用数据与分析成果，企业应首先明确数据收集和分析业务的必要性，
并以清晰的用例取得高管层的支持。此外也要打破"条块分割"的孤立状态，在
组织内部实现数据共享，积极寻求数据变现的可能。

另一方面，来自中国的数字化全球公司可以向中国庞大的数字生态系统充分
借力。数字化巨头在中国市场的影响力比在其他经济体中更显著，它们拥有庞大
的用户基础，而且都在积极投资和提供跨行业数字化解决方案。融入数字化生态
圈的企业将占尽地利，如有必要，甚至不妨自行打造生态圈。数字化全球公司通
过考虑如何更好地与大型数字化平台合作，获取数字生态系统内部的数字资源，
从而实现高效生产经营和精准商业化营销。例如某化妆品公司利用阿里巴巴的交

易数据缩短产品面市时间，某汽车公司携手微信实现广告的精准投放，某银行利用百度地图的数据扩张网点，等等。甚至，来自中国的数字化全球公司可以利用这种天然优势在核心领域创建自己的生态圈，尤其是在 B2B 领域。

17.3.3　全球公司获取知识和关键技术

数字基础设施是承载数字经济和线上活动的重要基础，数字新基建也是未来十年提升综合国力的重要保障。在 2018 年底召开的中央经济工作会议上，"新基建"概念被首次提出。据央视新闻 2019 年 3 月 2 日的报道，新基建包括七大领域：5G 基站建设、特高压、城际高速铁路和城市轨道交通、新能源汽车充电桩、大数据中心、人工智能、工业互联网。2020 年以来，"新基建"概念在国家重要会议上被提及的频次明显增加。2020 年 4 月 20 日，国家发展和改革委员会在国家机关层面首次明确"新基建"的范围，主要包括信息基础设施、融合基础设施和创新基础设施三方面，其中信息基础设施主要是指基于新一代信息技术演化生成的基础设施，比如，以 5G、物联网、工业互联网、卫星互联网为代表的通信网络基础设施，以人工智能、云计算、区块链等为代表的新技术基础设施，以数据中心、智能计算中心为代表的算力基础设施等；融合基础设施主要是指深度应用互联网、大数据、人工智能等技术，支撑传统基础设施转型升级，进而形成的融合基础设施，比如，智能交通基础设施、智慧能源基础设施等；创新基础设施主要是指支撑科学研究、技术开发、产品研制的具有公益属性的基础设施，包括重大科技基础设施、科教基础设施、产业技术创新基础设施等。

1. 5G

5G 具备高速率、低延时、大连接等特性，将助力大幅扩大工业互联网规模，全方位提升生产效率，助力形成制造产线更完整、智能化程度更高的生产经营体系，实现高效决策和柔性生产。此外，5G 可满足海量信息采集、大数据处理和远程控制等需求，将成为从消费互联网到产业互联网转型的新动能。5G 的关键技术包括 eMBB（增强移动宽带）、uRLLC（高可靠性、低时延通信）、mMTC（海量物联）等（见图 17-1）。5G 的加入毫无疑问将会给数字化全球公司带来巨大影响。

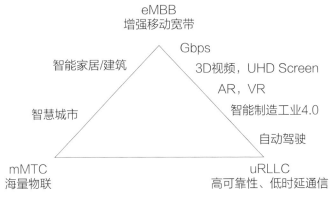

图 17-1　5G 应用场景

资料来源：招商证券。

5G 启动规模建网，产业新周期拉开大幕。根据国内及海外运营商披露的财务数据，海外运营商的资本开支增速于 2017 年开始加速抬升，而国内运营商的资本开支增速于 2016 年触底，并在 2019 年恢复正增长。2020—2022 年为国内运营商 5G 规模建网期，也是规模投入期。2020 年下半年 5G 独立（SA）组网形成规模，2021 年 SA 组网进一步实现地级市全覆盖以及重点县城、乡镇的覆盖，垂直行业数字化、网络切片与边缘计算步入落地期将拉开垂直行业数字化序幕。在此基础上，来自中国的全球公司充分借力 5G 新技术实现在数字经济领域的新突破。

2. 云计算

传统的 IT 系统采用烟囱式系统架构，数据共享困难，而且不同系统之间技术架构不统一，业务响应周期长。而云架构通过数据中台、业务中台、IoT 中台等实现数据在线、实时共享、技术架构统一、自动化运维，通过丰富的前端应用实现快速响应、业务创新。

据中国信息通信研究院发布的《云计算白皮书（2023 年）》，2022 年，全球云计算市场规模为 4910 亿美元，增速达 19%，预计在大模型、算力等需求刺激下，市场仍将保持稳定增长，到 2026 年，全球云计算市场规模将突破万亿美元。根据 IDC 的数据，2023 年，全球公有云服务市场收入总计 6692 亿美元，比 2022 年增长 19.9%，预计 2024 年，全球公有云服务收入将超过 8000 亿美元。中国的云计算市场还处在快速发展阶段，巨头主要在投入 IaaS，建立较高的壁垒，所以国内的 IaaS 份额较高。根据 IDC 的数据，2019 年第一季度，国内 IaaS 占公有云市场的份额为 65.92%。

国内 IaaS 市场一超多强，但是 SaaS 行业比较分散。2019 年第一季度阿里巴巴、腾讯、中国电信、AWS 占据了 70.2% 的 IaaS 市场份额，其中阿里巴巴的市场占有率达到 43.2%。2019 年第一季度，华为和百度的 IaaS 业务增长较快，增速都达到 5.2%。总的来说，美国的云计算产业格局是厚中台、富生态，PaaS 和 SaaS 都相对发达；而中国的云计算产业还处在薄中台、窄生态阶段，SaaS 发展还处于初期阶段。对比美国的发展历程，我们认为，随着国内云计算产业的逐渐成熟，未来 SaaS 产业的市场空间较大。

17.3.4　孕育崭新且可能具有革命性的商业模式

第一，基于数字平台的商业模式。王生金和徐明（2014）认为，数字平台模式是一种通过构建多主体共享的商业生态系统并且产生网络效应以实现多主体共赢的战略选择。数字平台包含三个方面的关键信息。一是多主体即多方共同参与，是一个多对多的关系，但是在这个多方主体之中，平台提供方居于主导地位，不过我们应该认识到，这种主导是生态游戏规则合理运营的主导，而不是商业利益分配权的主导。二是构建和放大网络效应是平台模式的核心任务。网络效应对于电信行业来说并不陌生，平台模式能否成功，取决于网络效应能否形成并稳固，而良性的网络效应应该是在对多边用户中一边的经济激励取消之后还能继续维持网络效应的存在。三是商业生态系统的形成是平台模式的目标。平台提供者必须意识到平台只是构建生态系统的一个工具，必须时刻注意整个生态系统才是最终目标。提供促进多边交易的工具、降低信息沟通的成本、打击危及生态稳定的系统性风险、提供资源促进生态的创新等内容才是生态构建者和运营者应该做的事情。

在王生金和徐明（2014）的研究中，平台模式下，价值传递成了平台模式的关键与核心，主要是价值创造与价值实现之间不再具有必然联系，创造价值的主体并不必然获得商业利益，也就是说"价值创造与价值实现出现了分离"，在这种情况下，平台运营者极有可能要承担很多基础价值创造工具的提供者的角色。

数字平台在积累了足够的专业知识和经验，并拥有了自己的客户关系之后，将不断向上游拓展。长期以来，关注者一直怀疑线上平台能否向核心业务之外扩展，但事实上，这种扩展早已开始，数字平台都在寻求业务拓展，强化其与消费者的联系。

第二，开拓数据变现模式。数字经济背景下，企业转向由数据驱动的商业模式。数据的应用过程，就是将庞杂的数据变得精细，最后让数据量越小越闪光。数据量大也意味着数据垃圾变多了。大数据应用其实是价值凝聚的过程，在这个过程中找到闪光数据，并带给用户更多的价值。

数字经济背景下，企业主要有以下四种数据变现方式。一是企业依托技术能力，为客户提供项目解决方案。这一种变现模式主要依赖于公司的技术实力，以技术输出的方式为客户提供产品研发和服务，提供外包式的解决方案。解决方案主要集中于智慧城市、公共交通、政务、反恐、环保、防灾等公共事业领域。二是为客户提供软件及硬件设施。大数据处理要经过数据采集、数据存储、数据管理等各个环节，都离不开硬件与软件的支持，要建立庞大的数据库，要用到采集软件，甚至要用到大数据管理一体机来做数据管理，这些都是大数据软硬件的应用和服务方向。三是提供工具化产品，通过收费服务变现。这主要是针对某一需求开发出解决某一痛点的工具型产品，从而提供收费服务。比如精准推荐、个性化推荐、商圈选址、数据查询、信用查询等小而美的工具型产品，客户可以根据自己的需求，按需付费购买。四是提供行业数据洞察平台，通过收费服务变现。开发行业大数据应用平台，是对某一个垂直行业的整体洞察，涵盖行业动态与法律法规大数据，用户口碑以及画像大数据，还有市场、品牌等全方位的数据整合，聚类分析和数据可视化呈现，为行业研究与企业决策提供全方位、多维度的参考依据。这是大数据行业应用体量最大的平台，也是产生较大价值的商业平台。

第三，数字商业模式的迭代改进。线上与线下相结合的一体化全渠道消费体验将继续发展。麦肯锡 2017 年对中国数字消费者的研究显示，占比高达 85% 的中国购物者已成为全渠道消费者。线下零售门店作为主要销售渠道的功能已经基本退化，正在变成"商品体验的场所"。根据欧睿的统计数据，2020 年春节期间，京东、美团、饿了么、盒马鲜生等头部公司订单量爆发式增长，叮咚买菜App 更是在除夕当天实现订单量三倍增长，除新冠疫情的影响外，原因主要在于电商获客成本低，消费习惯集中养成，品牌效应强。传统电商类似大型超市的购物模式，而网络直播通过与消费者一对一网络互动，再现了商场的导购场景。此外，AI、大数据等新兴技术的运用将促进网络3D购物、自助结算以及无人超市的应用，更加匹配人们的个性化消费需求。以消费电子产品为例，购物者光临零售网点的同时也在网上进行了搜索，80%购买的是相同的品牌。因此品牌商和零售企业应注重打造全渠道体验，这里存在巨大的试水和改善空间。调查发现，有60%～70%的购物者对全渠道服务感兴趣，例如O2O（线上到线下）提货、二维码支付、退货服务以及线下门店的虚拟现实体验；但只有10%～25%的购物者表示自己亲自使用过这些服务。如果消费品和零售公司想留住现有客户，最大限度地挖掘销售潜力，就需要认真考虑这一点。随着传统电商业务模式逐渐面临利润下降的压力，"数字颠覆者"也会有动力尝试新的零售模式。

参考文献

冯华，陈亚琦，2016. 平台商业模式创新研究：基于互联网环境下的时空契合分析［J］. 中国工业经济（3）：99-113.

国家信息中心信息化和产业发展部，京东数字科技研究院，2020. 携手跨越 重塑增长：中国产业数字化报告2020［R/OL］.（2020-06-26）［2021-06-01］. https://www.idcode.org.cn/UploadFiles/20210426160 50323.pdf.

国务院，2015. 国务院关于印发促进大数据发展行动纲要的通知［EB/OL］.（2015-08-31）［2020-12-11］. https://www.gov.cn/zhengce/zhengceku/2015-09/05/content_10137.htm.

靠谱的阿星，2020. 全球电商领航者亚马逊，打造数字新消费的"飞轮效应"［EB/OL］.（2020-11-06）［2021-06-01］. https://www.sohu.com/a/429989719_276518.

麦肯锡全球研究院，2017. 数字时代的中国：打造具有全球竞争力的新经济［R/OL］.（2017-12-04）［2021-06-01］. https://www.doc88.com/p-1816395150798.html.

王生金，徐明，2014. 平台企业商业模式的本质及特殊性［J］. 中国流通经济（8）：106-111.

王志乐，2015. 全球公司：跨国公司发展新阶段［J］. 全球化（11）：44-65，134.

闫德利，2019. 数字经济：开启数字化转型之路［M］. 北京：中国发展出版社.

招商证券，2018. 创新引领商业进步，搭建全球零售生态圈——阿里巴巴专题 研 究［R/OL］.（2018-06-19）［2021-06-01］. https://www.sohu.com/a/236769720_313170.

中金公司，2020. 数字赋能经济：产业数字化未来已来［R/OL］.（2022-08-25）［2023-06-06］. https://www.renrendoc.com/paper/218601303.html.

第 18 章
母公司对于跨国公司获取竞争优势的重要性日益增强

18.1　子公司增长率大幅下降

过往研究认为，跨国公司海外子公司的销售额和附加值逐渐增长是国际生产网络运作的固有特点，但全球范围内的统计数据显示，近年来，海外子公司资产、销售、附加值和就业的年增长率大幅降低。

随着经济全球化的深入发展，全球竞争越发激烈，各国企业都在通过各种方式进行国际扩张，从而寻求生存与发展的机会。FDI 则成了各国走向国际市场的重要途径。根据联合国贸易和发展会议公布的数据，1990—2021 年，全球FDI 呈波动上升趋势。随着 OFDI 热潮的兴起，对 FDI 的研究也日益增多。而在对 FDI 的研究中，前人比较关注 FDI 的进入模式和绩效，忽视了跨国公司子公司在海外长期的生存状况。然而，在国际化进程加快的同时，跨国公司承受着国际市场日益加剧的竞争压力，不少跨国公司子公司在竞争中最终被迫选择退出海外市场，也有些企业将海外子公司的撤离作为扭转海外市场长期绩效的重要战略决策。

现有对跨国公司海外子公司生存状况的研究中，研究对象主要是发达国家的跨国公司。因为发达国家公司的国际扩张历史比较悠久，大部分跨国公司的母公司都位于发达国家。但是，随着新兴市场国家经济的崛起，母公司在新兴市场国家的跨国公司不断成长，不断崛起，数量也不断增加。但由于它们崛起时间不长，所以以其为对象的研究还很缺乏。因此，本书试图以新兴市场跨国公司为研究对象，研究其生存状况与发达国家跨国公司是否一致。在新兴市场国家中，中国比较有代表性，发展比较快，其跨国公司扩张也比较迅速。

改革开放初期，中国以吸引外资为主。进入 21 世纪以来，中国相继提出"走出去"战略和"一带一路"倡议。在"走出去"战略和"一带一路"倡议的指引下，中国的对外直接投资快速发展，越来越多的中国企业选择"走出去"。截至 2019 年底，中国有超过 2.75 万家境内投资者在全球 188 个国家（地区）设立对外直接投资企业 4.4 万家，全球 80% 以上国家（地区）都有中国的投资，年末境外企业资产总额达 7.2 万亿美元。中国企业 OFDI 地区仍然以亚洲为主，其次为拉丁美洲。2019 年中国对外直接投资 1369.1 亿美元，同比下降 4.3%，流量规模仅次于日本（2266.5 亿美元）。2019 年末，中国对外直接投资存量达 2.2 万亿美元，次于美国（7.7 万亿美元）和荷兰（2.6 万亿美元）。对外直接投资流量蝉联全球第二，存量保持全球第三。

近年来，在世界经济快速融合、中国经济迅猛发展的背景下，越来越多的中国企业家放眼海外，加大了在海外经营的力度。但是部分"走出去"的中国企业出现了"水土不服"的问题，例如投资失败和在东道国的绩效不好、竞争力不强等。我国公司在世界其他国家和地区的投资规模越来越大，但是整体经营绩效存在值得深思之处。2014 年的一项统计数据表明，我国公司在其他国家和地区超过 50% 的子公司是入不敷出的。与中国企业的国际化速度相比，中国跨国公司的企业绩效没有达到预期（魏凡等，2017）。据统计，中国海外子公司一年以上存活率不足 30%，平均寿命仅为 4.12 年。在中国企业加快"走出去"步伐的同时，每年有大量的海外子公司没能"走下去"（衣长军等，2019）。

从长期来看，子公司能否顺利在东道国进行正常经营是实现其他方面（例如实现国际化战略和在国际市场拥有话语权等）的基础和前提。因此，如何提高中国企业海外子公司（以下简称海外子公司）的经营绩效成为一个值得深思和探讨的问题。如果想要提高海外子公司经营绩效，那么首先应该明确何种因素会影响到其生存状况。从现有文献来看，国内外学者主要从两个方面探讨了影响海外子公司生存状况的因素。一方面，现有研究大多从地区或国家等宏观层面论述其影响因素，学者们普遍认为经济距离、文化距离和贸易合作状态等多种宏观因素会影响海外子公司的生存率。另一方面，学者们也致力于从母公司层面寻求突破，但现有研究更多是论证了进入海外市场时，母公司整体状况对海外子公司生存率的影响。例如，研究者认为，子公司进入模式、母公司规模以及国际化水平会对子公司的生存年限产生重要影响。而在企业微观层面的研究中，现有研究却较少考虑企业在设立和管理海外子公司的过程中，高管在国际化过程中发挥的重要作用以及对子公司生存状况的影响。

18.2   先行者优势在数字经济时代有所减弱

在早期设立海外子公司可能会在国内网络外部性的背景下创造优势，但事实证据表明，数字经济时代的先行者优势可能没有过往研究所认识的那么普遍和可持续。

根据乌普萨拉模型，国际化是一个需要经历多个发展阶段、缓慢推进的过程（Johanson，Vahlne，1977），渐进的国际化扩张模式有助于企业成功。并且，企业拥有的独特内部资源和卓越能力能够帮助企业通过快速国际化获得先动优势，有助于提升企业绩效。然而就目前中国企业的国际化过程来看，传统的国际经济理论没有办法解释中国企业的国际化过程。中国企业在国际化经营中，相较于发达国家，其国际化速度更快。但是，与国际化的速度相比，中国跨国公司的企业绩效并没有达到预期，在中国企业加速"走出去"的同时，每年有大量的海外子公司没能"走下去"。作为国际化经营的"后来者"，中国企业普遍缺少所有权优势，并且缺乏相关资源和能力，快速国际化很难帮助中国企业获得先动优势。而且在"时间压缩不经济"的情况下，国际化扩张速度过快会使企业面临较高风险，海外子公司很可能会因为没有足够的资源和国际化经验而无法生存。

首先，中国海外子公司的平均生存年限不超过 3 年，不足国内子公司平均生存年限的 50%；其次，发达经济体跨国公司获取先动优势的快速国际化扩张模式不适用于国际化经营经验欠缺的中国企业，反而会显著降低中国企业海外子公司的生存率；再次，跨国公司对海外市场范围的探索性行为对海外子公司的生存影响更大，即相较于基于深度的国际化速度，基于广度的国际化速度较快会使海外子公司面临更高的生存风险；最后，母国与东道国的营商环境差异会增加海外子公司的经营成本，但是中国的跨国公司具有"制度逃离""制度套利"和"跳板"倾向，中国企业对于营商环境差异的倾向性，使得营商环境差异会弱化国际化速度对海外子公司生存绩效的负向影响。

中国的跨国公司一般很难通过快速国际化获得竞争优势，主要有以下几个原因：一是个别国家越过 WTO 规则对中国企业海外投资实行"双重标准"超范围严格审查管制，煽动"中国海外扩张殖民论"并污名化中国，使得中国海外投资面临"合法性"挑战，"来源国劣势"不利于中国企业海外子公司生存。二是中国作为国际化经营的后来者，普遍缺乏参与快速国际化所必备的独特竞争资源和国际化经验，并且新兴经济体企业一般不具有所有权优势，在快速国际化的背景下，海外子公司缺乏资源、经验和充裕的时间以克服"外来者劣势"。三是企业成长理论认为，当企业以较快的速度进入海外市场时，往往会受到管理资源和短期内吸收能力受限所带来的压力。在此情况下，海外子公司在短时间内适应环境不确定性和复杂性的能力也将受到限制，即海外子公司会面临"时间压缩不经济"现象，海外子公司将不能及时吸收母公司提供的知识和资源，从而导致对海外市场适应能力下降，不利于其生存。四是海外子公司的管理者是有限理性的，短时间内大量的经验积累可能会超越管理者的认知范围，使其无法将经验转化为有利于企业绩效提升的学习能力，将会对海外子公司的生存产生不利影响。

OFDI 虽然有助于中国企业获得增长潜力，但是过快的 OFDI 扩张速度可能适得其反，中国企业在国际市场上缺乏所有权优势和经营经验，选择渐进的国际化模式可能更有利于企业海外经营绩效的提升。中国企业在选择国际化扩张模式时，应当充分考虑东道国的情境因素。一方面，中国与欧美国家的营商环境差距较大，但是欧美国家的营商环境质量较好，可以降低中国企业在海外开办公司的经营成本。同时依据新兴经济体"跳板"理论，中国企业的海外子公司可以充分利用中国与欧美国家的营商环境差异，把握制度套利机会，通过学习和吸收其优质的管理经验，发挥制度套利的最大优势。另一方面，营商环境较差的东道国具有基础设施不完善、政策制度不连贯等特征，可能会给海外子公司经营带来额外风险。但从研究结果来看，国际化速度对海外子公司生存的负向作用被弱化了，这可能是因为在类似环境下成长起来的中国企业具备相应的经验和能力，有助于其应对不完善的东道国营商环境。

企业选择以什么样的速度进行海外扩张直接关系到母公司绩效和海外子公司生存，这是企业在进行对外直接投资时需要考虑和解决的问题。近些年来学术界开始注意到国际化速度与企业绩效之间的关系，但是学术界关于两者之间的关系并没有得出一致结论，研究结论不一致可能是未考虑企业内部或外部情境因素的调节作用；现有研究大多是以发达经济体为例，对中国企业的指导意义有待商榷；除此之外，目前学术界在研究国际化速度与企业绩效的关系时，对国际化速度的衡量多采用单一指标，且多集中于对国际化速度和母公司财务与创新绩效之间关系的探索，鲜有对国际化速度与海外子公司生存绩效关系的研究。

18.3　行业和市场环境的重要性正在不断增强

从数字化平台生态圈的角度来看，相对于考察全球战略时的国家边界，行业和市场环境的重要性正在不断增强，营商环境的差异比国家间的差异具有更重要的意义。

营商环境是对企业所处制度环境的指标评价，其核心是企业从创办到结束面临的所有程序和规则。这些规则是有效和透明的，被目标群体所接受的，可以防止合作过程中产生不规范或违法行为。由于世界各国或地区在法律、法规和制度等方面的差异，东道国的营商环境存在重大差异且难以比较。世界银行从 2004 年开始研究 190 个经济体的经营指标数据，总结出了可供政府、学者、国际组织和智库广泛应用的营商环境评价指标体系。根据世界银行的分类，该指标体系共包括 11 个指标：开办企业（开办企业所需的程序、时间、费用和最低注册资本）、办理施工许可证（建立仓库的程序、时间和费用，以及施工过程的质量控制和安全机制）、电力供应（接入电网的程序、时间和费用；电力系统的可靠性；运输的程序、时间和费用）、产权登记（产权转让的程序、时间和费用以及土地管理制度的质量）、获得信贷（动产抵押制度和信用信息系统）、保护中小投资者（少数股东在关联交易和公司治理中的权利）、纳税（企业遵守所得税法规和后备程序所需缴纳的税款、缴纳时间以及贡献率）、跨境贸易（进出口时间和成本）、执行合同（解决商业争端的时间和费用以及司法程序的质量）、办理破产（办理商业破产的耗时、成本和结果以及破产法律框架的力度）、劳动力市场监督（就业法规和工作质量方面的灵活性）。

　　世界银行对各个国家（地区）的营商环境所涉各个子指标打分，并用各个子指标得分的算术平均值衡量各个国家（地区）的营商环境便利度得分。营商环境便利度是指一个经济体在监管实践中的地位，其得分和排名越高表示该经济体的营商环境越完善。以往的学者大多采用世界银行公布的全球营商环境报告中的营商环境便利度排名来衡量东道国的营商环境（张波，2006；Jayasuriya，2011；Corcoran，Gillanders，2015；Moorthy，Jason，2016），但是营商环境便利度排名只能表示相对于其他经济体和自身的排名变化，不同年份的数据之间没有可比性，后续学者如周超等（2017）、杨亚平和李腾腾（2018）利用营商环境便利度得分来衡量东道国的营商环境状况。

　　营商环境便利度得分记录了一个经济体当前的营商环境状况与《2015 年营商环境报告》所设定的最佳监管措施之间的差距。例如，根据世界银行营商环境数据库，在所有经济体中，随着时间的推移，开业所需的最短时间为 0.5 天，而在 5% 的情况下，最长的时间超过 100 天。因此，半天被认为是最好的表现，而 100 天是最差的表现。较高的分数表示绝对较易经商（最佳分数设置为 100），而较低的分数表示绝对较差的经商意愿（最差表现设置为 0）。营商环境便利度得分可以将一个经济体在不同指标上的百分比得分平均起来，以获得总得分，能够很好地反映东道国的营商环境状况。但是，营商环境便利度得分并不能反映东道国和母国的营商环境差异，所以本书引入营商环境距离的概念。本书借鉴 Kostava 和 Zaheer（1999）对制度距离的定义（制度距离是不同国家或地区间的制度差异或相似程度），将营商环境距离定义为不同国家或地区间的营商环境差异程度，并参照 Habib 和 Zurawicki（2002）的方法，用东道国和母国的营商环境便利度得分之差的绝对值来衡量两国之间的营商环境差异。

　　学者们普遍认为，营商环境的改善对宏观经济和企业经营（Djankov et al.，2006；Wright，2017；薄文广等，2018）、创业（Bruhn，2011）、外商直接投资（Vogiatzoglou，2016）和对外直接投资（周超等，2017；王正新，周乾，2019）都有正向影响。

　　世界银行从 2004 年开始对外公布营商环境报告，各国政府和学者们开始认识到营商环境的重要性。Djankov 等（2006）通过研究发现，商业法规质量较好的国家经济增长较快。Eifert（2009）认为，监管壁垒抑制创业、投资和就业，而监管改革则可以促进 GDP 增长。Nguyen（2016）以越南制造业的微观数据为研究对象，研究结果发现，在营商环境较好的地方，其制造业的全要素生产率也更高。董志强等（2012）通过研究中国城市营商环境数据，发现良好的营商环境对城市经济发展具有促进作用。魏下海等（2015）通过研究城市营商环境对企业家精神的影响，认为良好的营商环境可以让企业家在企业经营上投入更多时间，有利于企业经济增长。薄文广等（2018）同样认为，好的营商环境可以让企业创造更高的全要素生产率。张龙鹏等（2016）通过研究发现，行政审批具有创业抑制效应。Bripi 和 Rates（2013）也认为，公司的注册程序越复杂，意味着开办成本越高、行业进入率越低。

研究发现，营商环境的改善对于吸引外资和对外直接投资都有一定的影响。Freeman（2004）以越南为例，通过研究发现，良好的营商环境对于吸引外资有重要影响，并且良好的营商环境也可以帮助东道国从外商投资中获益（Busse，Groizard，2008）。杨全发和韩樱（2006）认为，东道国通过提供良好的知识产权保护政策可以吸引外商直接投资的流入。Ahlquist 和 Prakash（2010）、Djankov 等（2010）分别选取营商环境中的执行合同成本和纳税指标进行研究，发现两者对外商直接投资都有不利影响。Jayasuriya（2011）、Corcoran 和 Gillanders（2015）均用营商环境便利度的排名衡量各国企业运营时所面临的成本，他们的研究结果都表明，营商环境的改善可以增加外商直接投资。Vogiatzoglou（2016）以东盟国家为例，Jovanovic 等（2018）以社会主义国家为例，研究结论均认为营商环境是吸引外商直接投资的重要因素。相比于营商环境对外商直接投资的影响研究，对营商环境与对外直接投资之间关系的研究相对较少。周超等（2017）以中国等 62 个国家和地区为代表，研究了营商环境和 OFDI 之间的关系，研究发现，好的营商环境会正向促进对外直接投资，并且两者之间的关系会因为投资动机的不同而存在差异。刘邢宇（2017）按照世界银行的划分，分别研究营商环境的子指标对中国对外直接投资的影响，其研究结果发现，并不是所有的指标都会影响对外直接投资，只有办理施工许可证、纳税、跨境贸易、获得信贷和办理破产会显著影响中国的对外直接投资。杨亚平和李腾腾（2018）认为，东道国营商环境是影响中国企业对外直接投资选址的重要因素，并且企业会根据投资动机对营商环境的子指标表现出不同的偏好。耿伟和李亚楠（2020）的研究认为，营商环境在东道国不确定性与中国对外直接投资之间起到重要的调节作用。

　　本书通过梳理国内外关于营商环境研究的文献发现，国内外学者虽然关注到营商环境对外商投资和对外直接投资的影响，但多是探讨营商环境对吸引外商直接投资和对外直接投资决策（区位选择、投资量）的影响，鲜少从母国与东道国营商环境差异的角度研究其对国际化扩张绩效的影响。本书将从母国与东道国营商环境差异的视角，研究其在国际化动态过程中的调节作用，拓展 OFDI 以及营商环境的研究边界。

　　跨国公司海外经营需要具备在东道国的合法性。在制度差异较大的东道国经营时，母公司的知识和经验难以转移给海外子公司，组织惯例转移难度增大。母国与东道国在营商环境方面的差异——营商环境距离的存在——会增加跨国公司在东道国的经营风险和成本，具体表现如下：一是营商环境距离越大意味着母国和东道国企业在经营习惯、企业创办的审理程序和经营规则等方面存在的差异越大，海外子公司想要获得东道国政府、供应商和客户认可的难度就越大，为此企业可能需要付出更多的外部交易成本；二是企业在不同的经营环境中需要制定特定的管理程序和治理结构，但营商环境距离的存在可能会导致信息不对称，增加了企业调整经营政策以适应当地价值观的难度；三是营商环境距离越大，母公司的知识、资源和经验越难传递给子公司，组织管理转移难度增大，这可能会导致子公司内部管理和经营成本的上升。

　　基于此，本书认为，企业到与母国营商环境距离更大的东道国需要面临更加复杂的经营环境和更大的不确定性。因此，在相同的时间压力下，海外子公司需要更多的资源以适应更大的营商环境差异，其不能及时调整组织惯例和文化以适应东道国营商环境的可能性更高。此外，快速国际化会导致海外子公司的学习和吸收能力下降，而如果此时母国和东道国的营商环境距离较大，母公司和子公司之间的知识转移受阻，则将进一步加剧海外子公司的经营风险，海外子公司的生存将会受到更大威胁。

　　根据资源基础理论的观点，企业内部异质性资源是企业在海外市场经营独特竞争优势的重要来源，企业内部资源对海外子公司生存的影响不容忽视。当内部资源比较丰富时，企业可以更加灵活地应对环境不确定性，企业应对风险的能力会更强，国际化速度对海外子公司生存的影响可能会受到企业内部资源的调节。除了企业内部资源，企业所处的外部环境也是影响其经营绩效的重要情境因素。东道国营商环境是基于微观视角所总结的与企业生产经营相关的制度背景，比宏观制度质量或制度距离更能代表企业所面临的制度环境。完善的东道国营商环境是海外子公司创造绩效和长期生存的重要条件。但中国企业的OFDI范围广泛，并不局限于营商环境较好的欧美国家，亚非拉国家也是中国企业投资的重点地区。

制度基础观认为，跨国公司海外经营成功与否不仅取决于跨国公司本身的能力和母国制度环境，东道国的制度质量以及母国与东道国之间的制度差异也是影响企业OFDI绩效的重要因素（Rottig，2016）。所以能够综合反映母国与东道国制度环境和市场环境差异的营商环境差异是导致中国企业OFDI区域广泛化的直接因素，也是影响海外子公司生存的重要情境因素。因此，有必要以中国为对象研究国际化速度对跨国公司海外子公司生存的影响，探究母国与东道国营商环境差异和企业冗余资源对两者之间关系的调节作用，为跨国公司提高海外子公司生存率提供理论上的指导和政策上的建议。

进入21世纪以来，中国的跨国公司紧跟经济全球化潮流，创造了众多OFDI奇迹。中国的跨国公司以惊人的速度进行海外扩张，但速度并未给中国企业带来预期的企业绩效。国际化速度与企业绩效之间的关系虽是国际商务研究领域的热点话题，但现有研究多以发达经济体为例，并研究国际化速度与母公司绩效之间的关系，较少关注中国企业的国际化速度与企业绩效的关系，且忽略了国际化速度的多元特征。海外子公司生存绩效作为能够直观反映企业国际化绩效的指标也未得到学术界的足够重视。此外，国际化速度与企业绩效之间关系研究的结论莫衷一是，可能是忽略了情境因素的调节作用。母国与东道国的制度环境差异是影响海外子公司获得经营合法性的重要因素，营商环境是反映一个经济体制度和经济环境的综合指标，两个经济体在营商环境上的差异可能是影响海外子公司生存的重要因素。除此之外，企业的国际化扩张战略和海外子公司经营都需要母公司的资源支持，母公司的资源规模也是研究海外子公司生存绩效时不可忽略的重要指标。

通过研究发现，营商环境距离会弱化国际化速度与海外子公司生存绩效之间的关系。但中国企业在选择国际化扩张模式时，需要充分考虑其东道国的情境因素。共建"一带一路"国家涵盖众多营商环境有待改善的发展中国家，中国企业应当把握经济发展趋势，响应国家号召，积极投资于此类国家，既能实现企业经济绩效的增长，又有助于实现中国经济可持续发展。从国家层面而言，仅依靠企业自身收集各国（地区）的营商环境信息，无法保证信息的准确性，且信息搜集工作烦琐、工作量大，需要借助政府的力量才能完成。政府应当建立系统的信息分享机制，帮助跨国公司降低营商环境信息收集的成本，简化信息搜集的程序，提高信息准确度。

18.4　注重开发和利用生态圈特有优势

数字化平台形成的生态圈表明，需要从纯粹关注母子公司的关系转向关注一个新的全球生态环境，创造性地开发和利用生态圈特有优势可能成为跨国公司在未来的战略重心。

伴随着经济全球化的发展，新兴经济体特别是中国有越来越多的企业开始走向国际市场，参与国际竞争。国内外学者围绕跨国公司海外子公司的定位、角色、管控、内外部治理、技术创新、知识创造和转移、竞争优势获取、制度距离与组织合法性以及企业绩效等方面的内容进行了大量的研究，不断发展和完善有关跨国公司海外子公司的理论。

1. 海外子公司研究的理论视角越来越多元化

众多学者基于海外子公司的内部治理特征、外部环境或利益相关者以及子公司与母公司的关系等主题，通过多种理论视角，开展了广泛而深入的研究。陈怀超和范建红（2014）基于组织合法性的视角研究发现，制度距离越远，中国的跨国公司越有可能选择绿地投资和合资方式。薛求知和李倩倩（2011）通过生态系统学中的种群生态理论，建立种群密度制约模型研究中国跨国公司的合法化进程。Cui 和 Jiang（2012）采用政治学的视角并应用制度理论对中国国有企业进行 FDI 时的股权决策进行了研究。Sekiguchi 和 Bebenroth（2011）基于知识基础观和高阶理论的视角研究海外子公司的高管人员来源与绩效的关系。崔连广等（2019）基于"跳板理论"研究新兴经济体跨国公司的海外子公司逆向知识转移问题。

2. 海外子公司研究的方法越来越丰富

以往有关海外子公司的研究，较多地采用实证研究的方法，也有为数不多的学者进行了案例研究。近年来，有学者采用社会学的研究方法对国际商务问题进行研究，例如叙事理论（narrative theory）（Haley，Boje，2014）和扎根理论（grounded theory）（Gligor et al.，2016）。新兴市场国家的跨国公司在国际化经营的过程中，其海外子公司的战略、治理和管控等问题会随着不同的情境发生变化，出现了一些无法用现有理论充分解释的新问题。因此，需要寻求新的研究方法对这些新问题和新现象进行解释，不断推动相关研究理论的发展。

3. 海外子公司研究的对象和内容不断深化

研究对象方面，越来越多的新兴经济体跨国公司的海外子公司成为研究焦点。中国跨国公司特别是国有企业在进入国际市场、获得和建构海外子公司的组织合法性，海外子公司的股权、董事会、高管层治理以及对于海外子公司战略和绩效的影响等方面的案例，都为研究者们提供了良好的素材。

研究内容方面，海外子公司的逆向创新、逆向知识转移行为等也受到了研究者们的关注。王永贵和王娜（2019）研究了逆向创新对子公司权力和跨国公司的当地公民行为的影响和相应的机制。杜丽虹和吴先明（2013）发现，母公司的知识吸收能力和制度环境对于子公司的逆向知识转移有促进作用。

对新兴经济体跨国公司的研究，不论是从理论模型的设计上还是方法研究的视角和路径上，都有别于传统的诸如寡头垄断和所有权垄断等理论，因而在研究中国等新兴经济体的新跨国公司的国际化问题时，将企业异质性纳入对外投资和对外贸易中也是十分必要和关键的。而下一步在结合"一带一路"建设的过程中，跨国公司如何根据国别的不同进行精准投资和开展贸易，也成为扎根于中国当前经济的学者应该而且也能够做出特有贡献的研究方向。

伴随着"一带一路"倡议的实施和深入发展，中国跨国公司积极融入全球的价值链、产业链和创新链，加强国际合作与互联互通，实现国内经营和海外经营的联动，对外投资和海外经营出现了新的特征。

第一，对外直接投资更加多元化。对外直接投资涵盖面广泛，遍布全球80%以上的国家和地区，包括了国民经济的 18 个行业大类。资金主要流向制造业、批发零售业、租赁和商务服务业、金融业等行业，对信息通信、电力生产、文化教育、科研和技术服务等领域的投资增长较快。民营企业成为对外投资的主要力量。

第二，海外并购质量稳步提升。海外并购的资金主要流向高技术含量和高附加值的高端产业、新兴服务业和消费品行业。中国跨国公司的海外并购质量不断提高，投资理性不断增强，专业化水平和风险意识有了明显的提升，更加注重投资的质量和效益。

第三，国际产能合作逐渐迈向高端。中国跨国公司在"一带一路"上的产能合作正在由传统的资源、能源、加工制造、农业和基础设施等领域向跨境电商、绿色经济、数字经济、金融科技等新领域发展。境外的经贸合作区建设效果明显，促进了中小企业"走出去"的集群式、链条式发展。

第四，国际化经营的风险不断加大。伴随着中国跨国公司境外投资规模的不断扩大，国际社会对中国企业的戒备、疑虑和防范也都呈增加态势，针对中国企业和产品的技术壁垒设置、反垄断、反倾销和安全审查等行为日益频繁。同时贸易保护主义不断升温，全球化遭遇极大的挑战。中国企业在全球范围内的经营环境发生了转变，面临着全方位的合规问题，国际化经营的风险逐渐上升。

与此同时，中国跨国公司的海外管理也随着国际形势和经营环境的发展变化出现了一些新的特点。

第一，人力资源本土化程度显著提高。在东道国大量雇佣当地员工，为当地提供更多的就业机会。通过中方员工与当地员工的交流与融合，促进中国企业与当地政府、企业和社会组织的合作。建立符合当地法律的用工制度，注重对员工的物质和精神奖励。

第二，积极承担企业社会责任。普遍关注当地的民生诉求，积极履行企业社会责任。在有条件的地区和范围内改善当地的教育、医疗、住房、饮水等条件，捐助学校和教育机构，参与社区建设和当地民生事业，树立中国企业负责任的国际形象。

第三，法治化思维和风险管理能力逐步提升。海外子公司的管理逐渐走上法治化的轨道，遵守东道国、国际多边组织的法律、法规和国际规则，不断增强风险管控的意识，主动进行风险管理，注重采用法律手段来保护自己的合法权益。加强与当地非政府组织（NGO）的沟通和对话，提升自身的经营透明度，降低环境风险。

参考文献

伯利，米恩斯，2005. 现代公司与私有财产［M］. 甘华鸣，罗锐韧，蔡如海，译. 北京：商务印书馆.

薄文广，周燕愉，陆定坤，2018. 企业家才能、营商环境与企业全要素生产率：基于我国上市公司微观数据的分析［J］. 商业经济与管理（8）：85-97.

陈怀超，范建红，2014. 制度距离、中国跨国公司进入战略与国际化绩效：基于组织合法性视角［J］. 南开经济研究（2）：99-117.

崔连广，冯永春，苏萌萌，2019. 中国企业海外子公司逆向知识转移研究［J］. 管理学报（1）：142-149.

董志强，魏下海，汤灿晴，2012. 制度软环境与经济发展：基于30个大城市营商环境的经验研究［J］. 管理世界（4）：9-20.

杜丽虹，吴先明，2013. 吸收能力、制度环境与跨国公司逆向知识转移：基于中国海外投资企业的问卷调研［J］. 科学学研究（4）：596-604，584.

樊勇明，2006. 西方国际政治经济学［M］. 上海：上海人民出版社.

耿伟，李亚楠，2020. 东道国不确定性与中国ODI二元边际：兼论营商环境的调节效应［J］. 世界经济研究（4）：107-119，137.

林南，2002. 建构社会资本的网络理论［J］. 国外社会学（2）：18-37.

刘邢宇，2017. 东道国营商环境对我国OFDI的影响研究［D］. 杭州：浙江工商大学.

斯特兰奇，2012. 国家与市场［M］. 2版. 杨宇光，等译. 上海：上海世纪出版集团.

王永贵，王娜，2019. 逆向创新有助于提升子公司权力和跨国公司的当地公民行为吗？：基于大型跨国公司在华子公司的实证研究［J］. 管理世界（4）：145-159.

王正新，周乾，2019. 营商环境如何影响中国企业对"一带一路"沿线国家直接投资［J］. 财经论丛（9）：42-52.

王正毅，2010. 国际政治经济学通论［M］. 北京：北京大学出版社.

魏凡，黄远浙，钟昌标，2017. 对外直接投资速度与母公司绩效：基于吸收能力视角分析［J］. 世界经济研究（12）：94-103.

魏下海，董志强，张永璟，2015. 营商制度环境为何如此重要？：来自民营企业家"内治外攘"的经验证据［J］. 经济科学（2）：105-116.

薛求知，李倩倩，2011. 中国跨国公司合法化进程研究：基于种群密度制约模型［J］. 世界经济研究（3）：63-68.

杨全发，韩樱，2006. 知识产权保护与跨国公司对外直接投资策略［J］. 经济研究（4）：28-34.

杨亚平，李腾腾，2018. 东道国营商环境如何影响中国企业对外直接投资选址［J］. 产经评论（3）：129-147.

衣长军，刘晓丹，王玉敏，等，2019. 制度距离与中国企业海外子公司生存：所有制与国际化经验的调节视角［J］. 国际贸易问题（9）：115-132.

张波，2006. 企业营商环境指标的国际比较及我国的对策［J］. 经济纵横（10）：62-65.

张龙鹏，蒋为，周立群，2016. 行政审批对创业的影响研究：基于企业家才能的视角［J］. 中国工业经济（4）：57-74.

赵春明，2012. 跨国公司与国际直接投资［M］. 2 版. 北京：机械工业出版社.

周超，刘夏，辜转，2017. 营商环境与中国对外直接投资：基于投资动机的视角［J］. 国际贸易问题（10）：143-152.

Ahlquist J S, Prakash A, 2010. FDI and the costs of contract enforcement in developing countries［J］. Policy Sciences, 43（2）:181-200.

Barney J, 1991. Firm resources and sustained competitive advantage［J］. Journal of Management, 17（1）: 99-120.

Bourdieu P, 1986. The forms of capital［M］// Richardson J G. Handbook of Theory and Research for the Sociology of Education. New York: Greenwood Press.

Bripi F, Rates I E, 2013. The role of regulation on entry: Evidence from the Italian provinces［J］. Temi Di Discussione, 30（2）: 383-411.

Bruhn M, 2011. License to sell: The effect of business registration reform on entrepreneurial activity in Mexico［J］. The Review of Economics and Statistics, 93（1）:382-386.

Buckley P J, Casson M C, 1976. The Future of the Multinational Enterprise［M］. London: The Macmillan Press.

Busse M, Groizard J L, 2008. Foreign direct investment, regulations and growth [J]. World Economy, 31 (7) : 861-886.

Cantewell J A, 1989. Technological Innovation and Multinational Corporation [M]. Oxford: Blackwell.

Coase R H, 1937. The nature of the firm [J]. Economica, 4 (16) : 386-405.

Corcoran A, Gillanders R, 2015. Foreign direct investment and the ease of doing business [J]. Review of World Economics, 151 (1) : 103-112.

Cui L, Jiang F M, 2012. State ownership effect on firms' FDI ownership decisions under institutional pressure: A study of Chinese outward-investing firms [J]. Journal of International Business Studies, 43 (3) : 264-284.

Djankov S, Ganser T, Mcliesh C, et al., 2010. The effect of corporate taxes on investment and entrepreneurship [J]. American Economic Journal Macroeconomics, 2 (3) : 31-64.

Djankov S, Mcliesh C, Ramalho R M, 2006. Regulation and growth [J]. Economics Letters, 92 (3) : 395-401.

Dunning J H, 1977. Trade, Location of Economic Activity and the MNE: A Search for an Eclectic Approach [M]. London: Macmillan.

Dunning J H, 1981. Explaining the international direct investment position of countries: Towards a dynamic or development approach [J]. Review of World Economics, 117 (1) : 40-41.

Eifert B, 2009. Do regulatory reforms stimulate investment and growth? Evidence from the doing business data, 2003-07 [Z]. Working Papers 159, Center for Global Development.

Eisenhardt K M, 1989. Agency theory: An assessment and review [J]. Academy of Management Review, 14 (1) : 57-74.

Freeman N, 2004. Harnessing foreign direct investment for economic development and poverty reduction: Lessons from Vietnam [J]. Journal of the Asia Pacific Economy, 9 (2) : 209-222.

Gligor D M, Esmark C L, Golgeci I, 2016. Building international business theory: A grounded theory appoach [J]. Journal of International Business Studies, 47 (1) : 93–111.

Habib M, Zurawicki H L, 2002. Corruption and foreign direct investment [J]. Journal of International Business Studies, 33 (2) : 291–307.

Haley U C, Boje D M, 2014. Storytelling the internationalization of the multinational enterprise[J]. Journal of International Business Studies, 45(9): 1115–1132.

Hymer S H, 1976. The international operations of national firms: A study of direct foreign investment [J]. Journal of International Business Studies, 9 (2) : 103–104.

Jayasuriya D, 2011. Improvements in the World Bank's ease of doing business rankings: Do they translate into greater foreign direct investment inflows？ [J]. SSRN Electronic Journal, 24 (3) : 430–441.

Jensen M C, Meckling W H, 1976. Theory of the firm: Managerial behavior, agency costs and ownership structure [J]. Journal of Financial Economic, 3 (4) : 305–360.

Johanson J, Vahlne J E, 1977. The internationalization process of the firm: A model of knowledge development and increasing foreign market commitments [J]. Journal of International Business Studies, 8 (1) : 23–32.

Jovanovic B (Branimir Jovanovic), Jovanovic B (Biljana Jovanovic), 2018. Ease of doing business and FDI in the ex–socialist countries [J]. International Economics and Economic Policy, 15 (3) : 587–627.

Kojima K, 2010. Direct Foreign Investment: A Japanese Model of Multinational Business Operations [M]. New York: Routledge.

Kostova T, Zaheer S, 1999. Organizational legitimacy under conditions of complexity: The case of the multinational enterprise [J]. Academy of Management Review, 24 (1) : 64–81.

Marshall A, 1890. Principles of Economics [M]. London and New York: Macmillan and Co., Ltd.

Masahiko I, 1991. A critical assessment of the eclectic theory of the multinational enterprises [J]. Journal of International Business Studies, 22 (3) : 445-460.

McEvily B, Zaheer A, 1999. Bridging ties: A source of firm heterogeneity in competitive capabilities [J]. Strategic Management Journal, 20 (12) : 1133-1156.

Moorthy V, Jason A A, 2016. The ease of doing business rank: An assessment of its macroeconomic relevance [Z]. IIM Bangalore Research Paper No. 521.

Nguyen H Q, 2016. Ease of doing business reforms in Vietnam: Implications for total factor productivity in manufacturing industries [Z]. World Trade Institute Working Papers No. 2016-09, Joint Research Centre, Seville.

Penrose E, 1959. The Theory of the Growth of the Firm [M]. New York: Wiley.

Pfeffer J, Salancik G, 1978. The External Control of Organizations: A Resource Dependence Perspective [M]. New York: Harper and Row.

Rottig D, 2016. Institutions and emerging markets: Effects and implications for multinational corporations [J]. International Journal of Emerging Markets, 11 (1) : 2-17.

Sekiguchi T, Bebenroth R, Li D H, 2011. Nationality background of MNC affiliates' top management and affiliate performance in Japan: Knowledge-based and upper echelons perspectives [J]. The International Journal of Human Resource Management, 22 (5) : 999-1016.

Thompson J D, 1967. Organizations in Action [M]. New York: McGraw-Hill Book Co.

Vernon R, 1966. International investment and international trade in the product cycle [J]. The Quarterly Journal of Economics, 80 (2) : 190-207.

Vogiatzoglou K, 2016. Ease of doing business and FDI inflows in ASEAN [J]. Journal of Southeast Asian Economies, 33 (3) : 343-363.

Wellman B, Berkowitz S D, 1988. Social Structures: A Network

Approach [M]. New York: Cambridge University Press.

Wernerfelt B A, 1984. Resource-based view of the firm [J]. Strategic Management Journal, 12 (5) : 89-96.

Williamson O E, 1979. Transaction-cost economics: The governance of contractual relations [J]. Journal of Law and Economics, 22 (2) : 233-261.

Williamson O E, 2000. The new institutional economics: Taking stock, looking ahead [J]. Journal of Economic Literature, 38 (3) : 595-613.

Wright A, 2017. Ease of doing business: The Bahamas [Z]. Country Department Caribbean Group Working Papers No. 2017-01.

第 19 章
全球价值链正逐渐迭代为全球生态网络

19.1 全球价值链与"微笑曲线"理论

19.1.1 全球价值链理论的提出与发展

20 世纪 80 年代以来，学者们纷纷开始对全球价值链和贸易体系这两个话题展开了研究。1985 年，哈佛大学商学院教授迈克尔·波特提出了价值链理论。波特教授把价值链简单描述为：企业通过一系列经营活动来实现它的价值创造，而企业生产经营活动包括许多步骤，比如设计、生产、销售、运输和辅助生产的各种活动的集合体，这些活动可以组成一条价值链，企业的生产活动就可以用这条价值链来表示。波特教授认为，不同的企业在价值创造的过程中扮演着不同的角色，并且企业应当充分发挥它自身的优势和充分利用自身的资源禀赋来选择适合本企业的生产环节。价值链理论为包括中小企业在内的制造业企业进一步转型升级提供了战略指导性的方法和思路，能够帮助中小企业重新审视自身的定位，并提升其在价值链中的重要性，尤其是对制造业企业具有重要的意义。

同年，宾夕法尼亚大学的布鲁斯·科格特（Bruce Kogut）教授进一步拓展了波特教授的价值链理论。他认为，利用一国或地区的地理位置优势和其所拥有的资源禀赋优势可以进一步确定该国在整条价值链中的分工地位，也可以更好地理解价值链的垂直分离和空间配置之间的关系。

"微笑曲线"（smiling curve）理论是在价值链理论的基础上发展起来的，由宏碁集团创始人施振荣于 1992 年提出。根据价值链"微笑曲线"理论，一个国家或地区的产业竞争力和水准取决于它在全球价值链中的位置。从图 19-1 中可以看出，在价值链"微笑曲线"中，研发设计与品牌运作这两个环节的附加价值最高，因此企业在转型升级过程中，应当重视新产品的研发、技术创新、产品品牌的塑造以及客户服务品质的提升等方面。施振荣提出的"微笑曲线"理论是在价值链理论的基础上从实践的视角对该理论所做的诠释。目前来看，我国制造业中小企业多处于"微笑曲线"价值链底部，必须准确审视自身在全球竞争市场中的地位并且主动去适应全球价值链的发展与变化，只有这样，才能进一步提高自身的竞争力，赢得国际市场，更好地生存与发展。

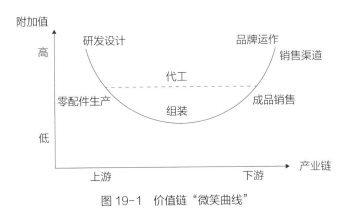

图 19-1　价值链"微笑曲线"

之后，在 2001 年，杰罗菲（Gereffi）和斯特恩（Sturgeon）两位学者又对全球价值链理论进行了进一步的补充，认为企业参与全球价值链的这个过程，不仅可以帮助企业自身获取一定的价值和创造一定的价值，还可以通过与其他企业的交流、联系来提高自身的技术能力和水平。

2002 年，联合国工业发展组织又进一步解释了全球价值链的概念，该组织认为，全球价值链是在全球范围内为实现商品或服务的价值而连接生产、销售、回收处理等过程的全球性跨企业网络组织，涉及从原料的采购和运输、半成品和成品的生产、分销，直至最终消费和回收处理的整个过程。随着全球经济出现新的态势，全球价值链呈现出多样的特点，比如发展越来越多样化与多极化、分工越来越精细化和专业化、服务贸易地位日益凸显等。各国可以结合自身的特点与优势，来选择适合自身发展的环节，凭借比较优势或规模经济嵌入产品研发设计、零部件生产、组装制造、销售和售后服务等不同环节当中去，共同组成产品的全球价值链。当前，世界经济已经从生产主导型向消费主导型转变。随着数字经济时代的到来，价值链理论也需要适应时代的发展，全球价值链逐渐开始向全球生态网络发展。

19.1.2　全球价值链中我国制造业的位置

改革开放40多年以来，我国制造业规模跃居世界第一，其发展速度也跃居世界第一，但是我国并没有因为规模大和发展快而成为世界制造业强国，这是由多方面的原因导致的。

首先，我国的制造业企业参与的大多是全球价值链中的中低端产业，类似于生产组装这样技术含量低、进入壁垒较低的环节。在如今全球化分工的趋势之下，我国大部分制造业中小企业参与国际分工都是依靠国外先进技术和品牌，利用廉价生产要素参与生产组装和代加工。在"微笑曲线"当中，我国的制造业中小企业大多数处于曲线的底部，也就是利润低、附加值低的部分。主要原因是我国在当时经济发展阶段并不是主动选择加入全球价值链的，而是被迫打开国门进入的。因为当时我国的技术水平落后，经济发展水平不高，参与不了更高级的生产环节，所以只能通过选择一些进入壁垒较低的价值链环节来参与全球分工，当时我国采取"跟随追赶"的战略性发展模式，导致我国制造业企业在全球价值链中陷入低端锁定的困境。

其次，从我国制造业企业的自身能力出发，我国制造业的产业结构也存在不够完善的状况，比如产业结构缺乏合理性、许多工厂产能过剩、技术水平低、过度依赖外部资源、受环境的影响大等。制造业要突破这样的困境，必须转型升级。

中小企业在迎接全球价值链转变的过程中要不断学习数字技术，不断地将科技应用于生产当中，要按照党的二十大战略部署，推动中小企业在互联网、大数据、人工智能方面的应用迈向中高端消费，以创新引领，主动适应绿色低碳、共享经济以及现代供应链发展的需要，培育中小企业新的增长点，形成新动能。

19.2　全球生态网络

19.2.1　生态网的概念

迈克尔·波特的价值链理论将企业的价值活动分为了基本活动和支撑性活动，基本活动由进货、生产经营、发货、销售、售后服务组成，支撑性活动包括人力资源管理、研发、采购和财务等。如今，价值链已经不仅仅是指传统单个企业内部的价值链活动，而是进一步扩展到与企业经营活动相关联的上下游利益关系方之间的价值互动，价值创造活动的空间在企业内部核心业务的基础上有了新的拓展。价值创造活动向上拓展到供应商价值链，向下延伸到销售商价值链，形成以"供应商—企业内部—渠道—顾客"价值链联动的更大的价值创造系统，即产业价值链。产业价值链是企业进行投资活动的中心，围绕着产业价值链，企业可以进一步扩张相关业务领域，即通过实行密集型和多元化的投资战略来将独立价值链扩展成为生态网，价值链的网络化便形成了价值网，也就是我们所说的生态网。

生态网是近几年才出现的新名词，是社会网络理论和生态学的结合，与静态网络的概念不同，生态网是中心企业为了适应复杂多变的外部环境而形成的。在生态网中，各成员呈现出相互依赖、相互影响、相互作用、相互联系的关系，生态网中的各家企业能够在生态网系统的内部实现资金、信息、业务的流转和循环，并且和其他企业一起共同应对外部环境的不确定性和外部风险。生态网是围绕着中心企业而逐渐建立起来的，正是由于中心企业的价值诉求，通过不断地投资和拓展企业的上下游渠道，产业链扩展成了生态网，因此中心企业能够享有最广泛的资源，能够通过借助其他企业的资源来增强自身的抗风险能力。而处于这个生态网中的其他企业，它们相对于那些未加入生态网的企业能够获得更多集聚效应带来的优势。因此，所有处于生态网中的企业都能够通过资源共享带来的收益促进整个生态网的发展和壮大，中心企业不断地往外辐射，吸纳更多的企业参与到这个生态网中来，可以实现协同进化，同时实现共同的价值创造。

同时，生态网内部各企业密切的联系使得竞争已经不再是传统意义上单个企业间的竞争，更多的是生态网与生态网之间的竞争。在生态网形成的过程中，负责搭建的中心企业往往需要对其主要竞争者进行充分分析，保障生态网的形成能够进一步增强它的竞争优势与资源的利用效率。生态网中的所有企业成为一个更大的整体，与其他生态网中的企业进行竞争。

19.2.2　生态网的内容

数字经济时代全球生态网络包含了数字生态圈的概念，数字生态圈有两个基础支柱：数字技术和消费者。生物意义上的生态圈指在自然界的一定的空间范围内，生物与环境构成了一个统一的整体，在这个统一的整体中，生物与环境之间相互影响、相互制约，并在一定时期内处于一个相对稳定的动态平衡状态。同理，商业意义上的生态圈，指商业活动的各利益相关者通过合作共同建立一个价值平台。各个角色关注其所在的价值平台的整体特性，通过平台撬动其他参与者的能力，使这一系统能够创造价值，并且每位参与者都能够从中获利。

商业生态圈与生物生态圈有很多相似之处。首先，竞争性依然存在，商业生态圈也存在着优胜劣汰的规则，但更多的是强化了彼此间的联动性、共赢性和整体发展的持续性；其次，"弱肉强食"的收购、吞并现象依然持续，一些非正当竞争也依然存在，这就是商业生态圈的自由性体现。竞争与合作并存构成了商业生态圈的主基调，而数字化则是当前商业生态圈的新特征。数字化的商业生态圈，简称数字生态圈，是指企业借由云计算、区块链、物联网、人工智能等数字化时代的前沿技术与企业供应链上下游伙伴共同形成的利益共同体。

人们的学习、生活和工作等各种场景都需要利用互联网，数字化社会出现的数字技术在很大程度上改变了人们的生活方式，人们可以在任何时间、任何地点利用各种各样的设备来获取信息和传递信息。在数字化社会出现以前，人们阅读纸质的书籍，现在人们大都使用手机、Kindle 等电子设备来阅读电子书。数字化技术也被称为信息数字化技术，它是信息技术的一种。信息技术是一项用于管理和处理信息所采用的各种技术的总称。它主要是应用计算机科学和通信技术来设计、开发、安装和实施信息系统及应用软件，主要包括传感技术、计算机技术和通信技术。而作为信息技术中的一部分，数字化技术囊括了许多方面，诸如接入技术、芯片技术、嵌入式操作系统、中间件技术、应用软件、工具软件、信息资源建设以及服务等。

从微观上来看，数字技术已经真真切切地影响了人们日常生活的方方面面，数字化、网络化、智能化已成为人们不可或缺的生活模式和生存方式，许多城市居民几乎可以说无法想象在没有信息通信技术的社会生活会是什么样子。如今，通信工具已经真正成为百姓日常生活不可或缺的主体。比如，在城市乘坐公交车或者地铁时，我们使用手机二维码付款；在学校的食堂用餐和在使用淘宝购物时，人们都习惯用手机进行支付；还有人们使用的一系列通信工具也都需要用到数字技术。

除此之外，数字技术的发展就是现代信息技术产品在实践中的应用，给信息产业带来了巨大的商机，也推动了各行各业的经济转型与经济发展。经济全球化需要企业家更高效地服务于客户，满足客户的需求，以形成双赢的局面，而实现这一目标的平台就是电子商务。

另外，数字技术在各种政府单位、企业单位工作中也有一定程度的应用。尤其是在企事业单位云集的城市中，信息沟通方式的变迁也让人惊叹。网上办公、网上交易、网上查询等一系列的互联网应用，使电话、宽带成为现代企业不可缺少的电子商务活动手段。还有我们经常在电视里看到的一种会议模式——视频会议。视频会议系统的开通不仅为政府机关和大型企业节约了不菲的差旅费，而且大大提升了工作效率和便捷性。特别是在重大事件发生时，各级政府能通过这一手段迅速做出反应和部署。

如今，企业间的竞争已经变为供应链之间的竞争。而数字技术则是企业提升供应链竞争力的重要因素，那些能够充分利用数字技术来提升自身数字化供应链能力，进而建立数字化生态圈的企业，将凭借智能预测、智能服务以及智能决策等新兴能力等优势，改变甚至重塑自身所在的行业。而要构建数字化生态圈，不仅要求企业拥有强大的供应链管理能力，还需要企业制定优秀的合作机制，带动自身与合作伙伴供应链管理能力的共同提高。否则，企业自身的转型升级可能是无效的转型升级。

在传统的直线型结构当中，企业很难有效地利用上下游部门的信息来实现盈利，很难对瞬息万变的消费者需求做出及时的判断和对自身的调整。而生态网中的企业不仅仅优化了企业内部上下游之间部门的结构，而且还大大加强了企业和企业之间的联动和信息的共享，能够保证在这个网络内部实现真正意义上的资源共享。拼多多就是一个典型的例子，入驻拼多多的商家可以通过搜集消费者在网购过程中搜索、点击、交易及评论等相关数据，来进一步对消费者的需求进行不同程度的精准分析。比如，售卖手机壳的商家，可以对所售手机壳的颜色、图案、大小、款式等数据进行收集，之后将这些收集到的数据实时同步给厂家或者供应商，厂家就会根据不同款式手机壳的销售量来及时调整库存量，而供应商则能够根据消费者提供的售后服务等各种信息来及时调整手机壳的款式或者冷暖色调，进而满足大部分年轻消费者的需求。

19.2.3 生态网的组织结构以及运行模式

由于企业和顾客在互联网这个大环境中，需要许多交流和反馈的过程，于是在这个过程中催生了大量的平台企业，如滴滴、美团、阿里巴巴、腾讯等为双方提供服务的平台企业。这些平台企业以数字技术和互联网、数据智能为基础来搭建平台，与分销商、供应商、合作伙伴等通过多样化的合作形式（如股权合作、战略合作或业务关系等）共享平台内的数据资源，形成以消费者需求为导向，以该企业为核心，产品流、信息流、资金流多向流动的网络空间系统，即"价值网"。

跨国公司的出现扩大了产业分工的区域范围，并根据全球各地的要素资源禀赋和比较优势，形成了以全球产业分工为基础的地方产业网络。这些地方产业网络经过以跨国公司为载体的全球价值链的整合效应，形成了全球产业网络。这些领先的跨国公司在世界范围内组织设计、研发、采购、生产和销售，逐步将分布在不同区域或国家的地方产业网络整合起来并形成了一种"非连续性"的地域空间经济结构。其基本结构如图 19-2 所示。

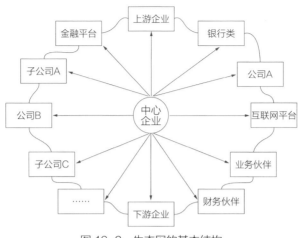

图 19-2　生态网的基本结构

在生态网中，除了上下游企业、基于股权关系的母子公司，还有与中心企业和节点企业密切合作的其他合作伙伴，如各类的业务伙伴、财务伙伴等，以及为价值网内企业提供资金支持的金融类企业，如银行，还有许多平台企业，如金融平台、互联网平台。由此可见，生态网中包含了传统的"点""线""面"三种基本的企业组织结构，单个企业、企业集团仍存在于生态网中，只是它们都是以个体的形式和部分的形式加入生态网中的。生态网加强了网络内成员企业之间的关系，成员企业通过网内信息、资源、市场和技术的共享机制进一步整合资源，以开放、共享、互利、协作的方式共同创造和分享价值，进而使整个价值网络形成利益共享的价值共同体。产品流、信息流、资金流的多向运动保障了价值网络的良性运转。

19.2.4　生态网的价值创造机制

价值共创理论是指企业不仅仅是自身的价值创造者，还应关注其合作者和消费者对于自身的价值创造，让消费者和合作者共同成为企业的价值创造者，这是企业在发展过程中对于价值创造主体的认知的改变。处于价值生态网体系中的中心企业与其合作伙伴，其价值创造的过程都能够通过生态网来实现。价值创造的主体不仅仅是企业本身，还包括生态网中的其他成员。对于中心企业来说，外部市场的不稳定性会给企业的发展带来很大的不确定性。

从中心企业的核心业务出发，处于生态网中的企业的产业价值链汇集了上下游的企业，通过一体化投资的手段，中心企业将外部价值链转换为内部价值链，保证在其内部就实现了供需的全过程。在上下游企业所处的整条价值链当中，各个环节之间的信息交换、资源流动都是双向的，而且是十分灵活的。处于上游的企业，如生产企业、各类供应商，会将自己的产品和服务提供给下游的企业。而下游的企业在接触到市场的反馈之后，能够及时接收市场变化的信息，及时将信息传导给上游企业，实现信息联动。这不仅使生产销售处于更加灵活的状态，同时融资环境也更为宽松，处于生态网中的各家企业都能尽可能低成本且高效率地进行融资；同时外部交易内部化的实现，更能够帮助企业降低交易成本，规避外部市场的不确定性，将现金流和企业内部资源的使用效率最大化。在中心企业对于核心产业链的投资过程中，由几家企业扩展为整条产业链，这个由"点"到"链"的过程，让企业得以提高借贷活动中的信用和灵活性，同时降低交易成本，从而降低了企业自身的资金成本，进一步提升企业价值和提高价值创造的效率。

进一步来说，在企业的核心产业外进行投资，扩展至上下游企业的投资，如此密集化和多元化的投资能够进一步保护中心企业的核心价值，并与基础产业链一起组成生态价值网，发挥协同作用。在这个生态网中，不同的企业扮演着不同的角色，企业价值结构由"链"到"网"发展，不断根据"多元化"原则加入能够与企业共生的合作伙伴。

其中，有的伙伴属于企业开展的新业务领域的领军者，它们属于这个新市场的领导者，通过战略联盟或收购合并的方式快速进入新领域，例如滴滴打车合并快的和Uber，迅速占领国内网约车市场；有的伙伴属于支撑的"土壤"领域，为了使生态网能够长期健康、快速地发展，它们为生态网中的各类企业提供支持，比如资金支持、技术支持、人力支持等，有了这些支持性的企业，整个生态网的环境呈现出更加健康和活跃的状态。

19.3 制造业服务化的实现机制呈现出从价值链到生态网络的演化过程

19.3.1 我国制造业现状：大而不强

制造业是我国的支柱性产业，一直是我国经济体系的重要组成部分，但我国制造业总体上呈现出"大而不强"的特征，并且中小企业居多，且都处于较低端的产业链位置、产品位置和市场位置。改革开放以来，我国传统制造业的模式就一直以劳动密集型产业为主，提供的产品也都是价格低廉、技术含量不高的产品。

近几年全球经济一体化的发展趋势迅猛，科学技术迅速发展，高新产业层出叠现，互联网和信息化成为当今世界的主题。随着新技术的不断涌现，制造业企业也面临着转型的痛苦。怎么使业务更快地用上新的信息技术从而促进企业发展，是每个制造业企业面临的挑战。数字化经济的高速发展使得电子商务占据了当前贸易的主体地位。在电子商务时代，信息的公开化和透明化使得顾客随时可以对不同厂家的产品和服务进行比较，电子商务平台也让具有成本优势的企业可以通过降低价格迅速地占领市场，具有技术优势的企业也能通过产品优势在市场上占据一席之地，最终弱势的企业会迅速被市场淘汰，市场的竞争日益激烈。然而，之前信息的不流通和科技水平的落后导致我国传统制造业各厂家的产品同质化问题严重。

因此，制造业企业的转型升级已成为可持续发展的必然趋势。对于企业自身而言，由于能源的短缺和社会的发展，劳动力和资源成本不断提高，传统制造业之前的成本优势将逐渐转化为劣势，在竞争日益激烈的市场环境下将不再占据有利地位。因此，若要在世界经济一体化的大环境下获得长足发展，就必须进行智能化转型，利用数字技术来提高企业的效率，降低生产成本从而提高效益，并且积极开发高技术型产品，在价格和品质上做到同步提升，从而增强自身在全球市场上的核心竞争力。

19.3.2   制造业服务化及制造业转型已不适用于传统的价值链理论

"制造业服务化"这一概念最早由 Vandermerwe 和 Rada（1988）提出。其认为，制造企业不再仅仅提供物品，而是以顾客为中心，提供更加完整的产品服务包，同时服务逐渐在整个包中居于主导地位，成为价值增值的主要来源。在此后的研究中，制造业服务化这个标签成为制造业企业突破自我并进行改革创新的一种转型的方式，是企业为了适应瞬息万变的市场、满足不同用户的个性化需求、提高企业竞争力而提供的产品与服务密切结合的集成系统。

虽然我国制造业的总体规模居世界首位，但是也表现出诸如关键核心技术缺失、自主创新能力薄弱、产出效率和附加值偏低等"大而不强""大而不优"的特征。尤其是近几年来，国内外大环境发生变化，我国的制造业开始面临一系列新的挑战和机遇。从内部环境看，我们所推崇的"中国制造"所需的要素成本在不断地上升，在大环境下，我国不再具有价格优势和成本优势，我国在这方面的竞争力在不断地削弱。同时近几年，我国人口老龄化现象严重，人口红利也在不断消失。从外部环境看，一方面，世界经济增速放缓引致的外需不足加之全球贸易保护主义的抬头，使得我国制造业发展面临较强的外部约束；另一方面，关键核心技术和装备被"卡脖子"，在与国际巨头的谈判中缺少"技术话语权"，已经成为我国制造业发展的切肤之痛。

在数字经济时代，数字技术的发展为制造业服务化提供了一系列相关的必要条件，主要原因是制造业企业利用数字技术不断地进行转型升级，能够不断为企业带来新的优势与转变，正是这样的新面貌带来的新优势使得越来越多的制造业企业开始学习数字技术。在新一轮产业变革背景下，我国的互联网企业如阿里巴巴、腾讯、百度等借助互联网平台开发出了丰富的数字化产品与服务以及提出了许多创新的运营模式，为企业转型提供了良好的基础和环境。但是我国制造业企业在数字化转型的过程中仍面临着许多问题，这些问题在这些转型的企业中是必然存在的，同时在那些传统的不愿意进行数字化转型的制造业企业中也存在许多的问题，比如这些企业可能有意愿进行数字化转型但是缺乏正确的指导。除此之外，许多企业家虽然认可数字化转型的重要性，但与本企业的发展关联困难。

这样的现状主要由以下三个原因造成：一是企业家对数字经济的理解不够深入，对于出现的新概念、新技术缺乏全面的、系统的认知。许多企业家没有听说过数字经济"一号工程"，对数字经济"一号工程"的理解不够深入。从外部因素来看，近年来"互联网＋""智能制造""机器换人""企业上云""物联网"等政策概念频出，不同概念的内涵及其相互关联并不清晰，企业家的理解难以跟上产业前沿。同时，在我们这个时代，信息技术和知识的更新速度的提高也增加了企业家们学习与理解的难度。并且，数字经济属于前沿交叉学科，具有一定的理论基础，不可否认对大部分企业家而言，存在学习和理解的难度。从内部因素来看，大部分的企业家缺乏学习新知识的动力。

二是即使有了相关的认知，也大部分局限于对文字表面的理解，缺乏实际的行动，缺乏与本企业相结合的深度理解，对于数字经济为本企业带来的实际效益的认知也并不清晰，尤其是服装、食品等数字化水平较低的传统行业，数字化解决方案尚不明朗。这是因为我国制造业企业的数字化转型缺乏实践研究，现有的成功案例数量并不多，更多的企业还正处于转型的自我探索过程当中，能够为其他传统制造业企业提供借鉴的例子很少。这就更加打击了一些企业进行转型升级的信心。

三是制造业企业自身存在技术落后、人才短缺、资金不足等问题。一些传统的中小型制造业企业本身规模就小，应用的技术也相对落后，技术更新的速度相对较慢，仅仅依靠企业自身进行数字化转型非常困难。并且，这些企业数字技术储备有限，也没有更多的资金用于获取外部的技术支持。资金来源渠道单一、投入严重不足已成为制造业企业数字化转型的重要掣肘。大部分制造业企业投入技术创新的资金来源非常单一，绝大部分资金来源于自有资本。由于技术创新所需要的资金量大、周期长、风险高，受资金和抗风险能力的限制，这些因素都极大地限制了企业数字化投入，导致企业在数字化转型中投入较低，企业数字化转型难以落地。许多企业在数字化转型过程中面临"人才不足"的困难，企业高层次复合型人才短缺，企业家反复提及对数字技术研发人才和数字生产管理人才的需求，高端人才和复合型人才的结构性短缺已经成为制约数字经济创新发展的重要瓶颈。这两类人才的缺乏，一方面是由于高等教育供给与产业实践需求的脱节，高校课程体系设计亟待更新；另一方面则是由于成为复合型人才需要长时间行业经验的积累，具有这样经验的人才成为中小制造业企业的"抢手货"。

一部分学者认为，我国制造业应当改变"世界制造车间"这一格局，向

"微笑曲线"两端攀升。例如赵彦云等（2012）、王岚和李宏艳（2015）、王军英和张姝（2019）认为，我国制造业应当通过升级嵌入位置、调整产业结构和生产成本、加速技术创新以及提升制造业和服务业的耦合度等手段寻求产业转型升级。戴翔等（2019）认为，大力发展国内服务业特别是生产性服务业，是破除我国制造业出口"天花板约束"的可行路径之一。而另一部分学者则认为，"微笑曲线"不具备产业通用性，简单将"微笑曲线"这一产品或企业层面的理论用到产业层面，是不具备科学性的。例如王茜（2013）认为，我国的制造能力特别是"一体化"产品的装配能力依然有限，因而有必要沿着"世界制造车间"这一道路继续走下去。倪红福（2016）通过分析我国产业部门所处位置和其他国家（地区）增加值贡献率之间的关系，认为产业"微笑曲线"在我国不具备普遍意义，因此我国暂不具有放弃"低端"传统产业转而发展高技术和现代服务业等"高端"产业的现实基础。潘文卿和李跟强（2018）考察了我国制造业国家价值链是否存在位置与增值能力之间的"微笑曲线"关系，认为单纯依靠改变在价值链上所处的位置难以实现我国制造业升级的目标。

19.3.3　数字技术促进制造业转型升级

数字技术的广泛应用与发展赋予了制造业新的内涵，也使制造业呈现出了新的面貌。数字技术能有效降低企业的贸易成本，提高交易效率。例如，通过应用人工智能技术，企业可以通过自动驾驶、数字化智能仓储和库存等手段降低企业运输货物的物流成本。据预测，由于企业的贸易成本下降，全球贸易量可能在2030年之前年均增长1.8%～2.0%。[①]另外，数字技术还能够渗入传统贸易，如在货物贸易领域通过电子商务平台交易、在服务领域通过网络订票和订酒店等，提高交易效率。

对于制造业企业而言，其数字化创新往往是从应用数字化技术来优化现有业务开始的，经历产品或业务数字化，终极目标是构建数字化商业生态系统。数字技术影响企业的生产方式和商业模式，使贸易产品呈现出多样化特征。在数字技术的推动下，大规模定制、电子商务、云服务等新型生产方式和商业模式兴起，全球贸易模式也将由大宗贸易模式向分散化、平台模式转变。越来越多的商家会

---

① 数据来源：《2018年世界贸易报告》。

以消费者的个性化需求为基准来推进产品的更新和迭代。企业定制化的生产和服务越来越普遍，并且可以根据不同消费者的丰富的需求创造出各种各样的产品。数字技术在影响制造业企业的产品种类的同时，也在促进制造业企业由提供产品向提供服务转变。在过去的几十年中，信息和通信技术类产品的对外贸易稳步发展，在一定程度上为制造业提供了支持信息处理和通信的基础设施。同时，传统的书籍、报刊、唱片等实体货物逐渐被电子图书、新闻应用、内容流媒体等跨境交付替代，数字化服务贸易成为新增长点。数字技术提升了服务业的可贸易化程度。数据显示，在未来，全球 ICT 服务出口额这一比重必将不断地增加。

全球数字经济和信息技术发展日新月异，利用大数据能够整合全球价值链网络，进而能够整合全球范围内的最优资源，所有的生产线都能够利用全球的最优资源形成一个闭环。在全球数字化的浪潮下，许多的制造业企业陆续地走上了数字化和信息化的道路，为了适应数字化发展，不断地进行学习和适应，争取能够更好地融入这个发展的大环境当中。数字经济主要围绕数据的产生、传输、储存、挖掘、利用以及治理等一系列活动展开，推动大数据、云计算、物联网、移动互联网以及人工智能在生产流通中的广泛应用，促进"互联网＋"与高端制造业的深度融合。在工业 4.0 时代到来之际，信息化与工业化深度融合，制造业企业必须强化工业信息化能力。

制造业企业的价值增值空间已不符合传统"微笑曲线"向两端攀升的趋势，但仍可以通过数字技术来实现。尽管众多学者都认为我国制造业升级应该向"微笑曲线"的两端攀升，即由 OEM 向左端的 ODM（原厂委托设计）和右端的 OBM（代工厂经营自有品牌）升级。但是根据调研结果，相关企业向两端升级的情况很少，大部分企业都是基于 OEM 进行智能化、精细化的转型升级。这一升级过程需要企业长期的有形和无形的资本积累作为铺垫，而大部分企业并不具备这样的转型条件。所以其理性的选择就是紧抓新一轮智能制造的发展契机，深耕生产制造，实现制造业生产线的智能化、精细化、柔性化升级，充分利用数字技术来获取价值增值空间。

19.3.4　数字经济时代制造业服务化的实现机制

随着数字技术和数字服务的发展，丰富多样的制造业服务化呈现出不同的实现途径。比如在产业融合的基础上实施一体化解决方案、以互联网为依托等都是实现制造业服务化的重要机制。随着数字技术边界的不断延展，在制造业服务化这一价值创造过程中需要更多的资源与较强的能力支持，过去由单家企业统揽整个价值链的模式已被突破，部分制造服务活动从制造企业中分离出来，以服务型制造企业和生产性服务企业为依托进入生态价值网络。核心企业根据自身发展需要，选择不同的发展模式，比如生产性服务外包、模块化等，与合作伙伴建立生态价值网络并实现价值共创，已成为制造企业服务化转型的重要途径。

制造业企业从原来的资源基础观逐渐转向了网络层面的资源依赖观，相应地，制造业服务化的实现机制也呈现出了一个从价值链视角到价值网络视角的演化过程。因而，制造业服务化从宏观上看仍旧在沿着价值链延伸或拓展，而从微观层面上分析，却是以各个主体之间形成的生态价值网络为依托得以实现。

制造业服务化后，原来的以链状为基础演变为了关系更为复杂的网状结构，其主要原因在于，在制造业企业服务化的过程中，原来提供非核心活动的多家生产性服务企业之间相互依存、相互制约，所形成的多条价值链与各家企业本身拥有的价值链交织在一起，纵横交错形成了具有多个交叉点的价值链网络结构。随着时间的推移，制造业企业将价值链的完整性放在了第二位，更多是考虑将核心部门内部化，将非核心部门外包，以此来提高企业的生产效率和管理效率。包含核心价值部门的企业和提供外包服务的外部企业形成了价值网络。

价值链的关系转变成了生态网络的关系，不再以企业为单位进行价值创造，而是以实现价值的部分进行重构。制造业价值链垂直一体化的结构在制造业服务化过程中，逐渐分解为相对独立的各个价值节点。而随着价值节点横向整合功能的不断增强，若干相对独立运营的价值模块慢慢形成了。每个价值链模块就本质而言，都是一个小型生态价值网络，它可以呈现出各条价值链之间的交叉、重叠与融合。在模块的动态持续分化与整合中，价值链的上下游线性关系开始分解，模块化的立体网状关系逐步形成。因此，制造业企业的价值增值更多地体现在多个企业价值创造模块间的协同中。

19.3.5　数字经济时代制造业服务化生态价值网络的特点

在制造业服务化的过程中，企业和消费者之间的关系不仅仅是交易的关系，而是呈现出更多的双向互动、双向影响的关系，这直接导致制造业服务化的实现机制也从价值分配走向了价值共创。制造业企业不再只关注自身利益，而是与合作伙伴建立价值网络，从网络整体利益出发，已成为制造业企业服务化转型的重要途径。相比沿着价值链，按以往单向、线性、静态的思维去逐步实施制造业服务化，价值共创的实现机制更需要企业具备主动搜索、利用资源的能力以及整合网络成员各类需求与目标的能力，从而构建向顾客传递价值的服务化网络。

　　制造业服务化价值网络本质上是一个价值实现的系统结构。中心企业与供应商、生产商、服务商、消费者等多个合作伙伴的生产服务活动相联系，这些服务活动之间相互联系与制约，构成了纵横交错的复杂的制造业服务化网络结构。与此同时，企业原本存在的价值链又会促进网状产业价值链的形成（见图19-3）。

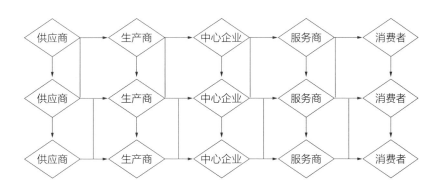

图 19-3　多条价值链组成的网状产业价值链

　　可见，价值网络是价值链的发展趋势，且呈现出很多与价值链不同的特点。

　　首先，制造业服务化生态价值网络具有动态性，相较于传统价值链静态层级结构的稳固性，制造业服务化网络不确定、多变的动态结构，决定了该模式更能适应市场竞争的不确定性，更适合制造和服务深度融合的产业变革趋势。一般来说，制造业服务化网络结构中，各价值模块在顾客全程参与下运行，会把与顾客间的竞争关系转变为基于共同利益的合作关系。网络在目标达成后，则根据新的情况调整产品服务系统，同时整合新的成员及成员间关系。

其次，制造业服务化生态价值网络具备"五流合一"的特点。由于稳定的上下游关系，传统价值链体系通常是资金流、物流、信息流"三流合一"，且多为单向流动。制造业服务化网络因服务对象的增加，其运行形态实现了由链状结构到跨层级复杂拓扑关系网络的转变。其中的网络流不仅兼具传统价值链的物流、资金流、信息流与价值流，还因服务企业的加入具备了服务流，因此制造业服务化网络实现了"五流合一"。

最后，制造业服务化生态价值网络具有复杂性。由于制造业企业将非核心服务环节外包，形成了由很多企业节点共同协作而成的服务网络，这些企业节点具有不同的性质和规模，节点之间可能是供求关系、竞争关系或服务与被服务的关系。此外，制造业服务化价值网络内兼有单向和双向的网络流，使得节点之间的联结关系也会发生变化。节点间联结的多样性、网络结构和组织边界的不确定性，都使得制造业服务化价值网络极为复杂。

由上述分析可知，基于价值网络的制造业服务化是一个多主体参与、实现价值共创的过程。在这一过程中，制造业企业通过提供增值服务以提升竞争力和其在价值链中的地位。随着服务需求的升级，制造业服务化的参与主体扩展到政府、大学、科研机构等所有相关利益主体，而不再局限于顾客与企业之间。同时，整合外部资源共创价值的开放式创新替代了原来制造业企业内部资源调配的封闭式创新。一个多主体基于共同价值主张、共享资源的稳定的生态系统也由此构建。

19.4 企业的生产组织结构点—线—面—网的演进呈现出了从价值链到生态网络的演化过程

19.4.1 点状的企业组织结构

一般来看，单个企业都是以工厂的形式发展起来的，这种经营模式由家庭作坊演化而来。在家庭作坊里，一般都会有三四名劳动者，在这几个劳动者当中，每个人都能独立地完成单个产品的生产，因此工厂每天的产量是有限的，生产的效率也是有限的。通过第一次工业革命和第二次工业革命，当我们的生产模式开始从手工劳动转向机器生产，工业就已经进入了大规模生产时代，这个时代形成了大量以单个企业为单位的价值创造主体。

马克思在《资本论》中客观描述了企业的发展轨迹。马克思指出，虽然工场手工业以分工为基础，但其狭隘的技术基础和本身创造出来的生产需要必然发生矛盾，这种矛盾催生了以机器和大工业为基础的工厂制度。机器大工业的迅速发展使得生产的社会化程度大幅提升，企业规模随之不断扩大，资本的有机构成愈加复杂，投资风险超出单一资本的承担范围。既能分担资本风险，又能快速集中资本的股份公司迅速成为资本主义企业的主要形式。

美国经济学家 Modigliani 和 Miller（1958）提出，在完美的资本市场中，资本结构与企业价值无关，内源融资和外部融资可以相互替代。但是现实中并不存在完美的资本市场，管理层和投资者之间的信息不对称导致企业面临较高程度的融资约束，严重限制了企业正常的投资活动（Akerlof，1970；Myers，Majluf，1984；Fazzari et al.，1988；Fazzari，Petersen，1993）。较严重的信息不对称导致点状组织形式无法满足企业发展的需要，以企业间紧密合作为基础的线状组织形式——价值链——登上历史舞台。

19.4.2　线状的企业组织结构

线状的企业组织结构改变了单一企业是价值活动主体这一客观事实，由于分工所带来的巨大优势，企业和企业之间进行合作的过程越来越重要。上下游的多家企业由于需要参与不同的工作部分组成了链状的企业合作模式，最核心的中心企业通过不同的业务需要连接了上下游企业，在整个链路上的所有企业都成为价值创造的一部分。正如波特所言，原材料采购、生产、经销和售后服务等每一个环节都是价值增值的过程，这些相互联系的价值活动共同作用，为企业创造利润，形成价值链。其基本结构如图 19-4 所示。

图 19-4　线状的企业组织结构

在整条价值链中，供应商作为主要的上游企业，通常为中心企业提供原材料、半成品等，之后中心企业在自己的部门职责范围内将它接收到的半成品或者原材料进行进一步的加工再得到成品，并且通过下游企业的销售和推广成功地将产品运输至消费者。在整条价值链中，上下游企业不仅在信息流上实现了互通，也实现了产品、资金、人力的灵活和快速流动。与之前点状的组织结构相比，线状的组织结构充分地利用了信息内部化带来的优势，并且在一定程度上减少了信息误差带来的不确定性和低效性。

19.4.3　面状的企业组织结构

随着社会生产力的发展，企业为了实现以下几个目标，比如加强对某些关键性资源的控制力，降低企业间的交易成本，实现一定程度的规模经济，开始利用兼并收购的形式试图在一定程度上控制上下游企业，于是便出现了集团性质的企业。20 世纪 80 年代初，我国陆续出现了大量企业集团。相较于价值链中的单体企业，集团内企业的资金、资源可以在集团内部不同企业之间进行流动与配置，形成内部市场，降低外部市场的不确定性。

19.4.4　网状的企业组织结构

回顾企业组织结构的演进过程可以发现，社会经济外部大环境的不停变化推动了企业组织结构的演进，形成了"点—线—面"的发展轨迹，有效地缓解了企业间的信息不对称，提高了资本配置效率。价值链结构基于企业间的供产销关系缓解了价值链内单体企业与单体企业之间的信息不对称，企业集团基于股权关系缓解了集团内部企业之间的信息不对称，但是价值链结构、企业集团仍无法对非产销关系的企业、非控股关系的企业产生影响。

以第五代移动通信技术、云计算、人工智能、大数据为代表的数字技术的发展提高了消费者在线行为和企业业务行为转化为数字信息的可能性，降低了企业与外部资金提供方之间的沟通成本，实现沟通效率质的飞跃，社会开始进入一个新的经济形态，即数字经济时代。点、线、面状组织结构的内生缺陷阻碍了价值创造环节中的数据流通，网状的企业组织结构——生态价值网——应运而生。

20 世纪 90 年代以来，信息技术的发展和应用促使市场交易成本大幅下降，企业的经营边界变得日益模糊，产业之间的壁垒也逐渐消失，跨界经营成为商业常态。为了更好地满足用户需求，更快地应对市场环境变化，商业活动参与者需要加强彼此间的互动和联系，商业关系逐步由点状的单体企业、线状的价值链、面状的企业集团演变成生态价值网。

目前，国内外已形成多个以某一互联网平台企业为核心的价值网结构，如以电商平台为核心的阿里巴巴价值网、京东价值网、亚马逊价值网，以社交平台为核心的腾讯价值网，以搜索平台为核心的百度价值网、谷歌价值网。

19.4.5　数字经济时代生态网组织结构的运行模式

在数字经济时代，数据成为企业最关键的资产，如何利用好企业的数据，成为企业发展过程中一个很重要的问题。同时数据的重要性对于整个生态网的建立也产生了重要的影响。如何利用现有的数据推动整个生态网的健康发展一直是企业的长期议题。

企业以顾客需求为导向，以满足顾客需求、增加顾客价值为经营的出发点。在传统的线性结构下，营销、产品设计和生产制造部门通常是独立运行的，上下游企业之间也存在冗杂的中间结构及信息不对称，不能有效地捕捉需求的高峰和低谷，无法对不断变化的消费者需求做出及时响应。而网状组织结构的优势在于能实时捕捉消费者的需求，并且将需求及时传递给其他的企业，进而为消费者提供按需定制的产品和服务。

数字技术的发展促使数据成为企业价值创造的关键要素。在传统的农业经济时代、工业经济时代，数据更多的是在某个企业内部流转，或者由上游企业向下游企业传递，数据流向呈现单一化，无法实现数据流动闭环，更无法优化数据源。随着数字技术的发展，部分企业基于互联网商业模式成为具有数据资源优势的中心企业并借助数据的流通与衣、食、住、行、娱等各个领域的企业协作发展，实现流量变现。以金融平台为例，消费者、商家、社交平台、电商平台、服务平台、生产平台为金融平台提供相关数据，金融平台依据这些数据精准决策，为消费者以及价值网平台上的节点企业提供资金，金融平台提升了价值创造能力，其他节点企业或个人缓解了融资约束，降低了融资成本。

19.5　企业价值创造的结构由链—网的演进呈现出了从价值链到生态网络的演化过程

19.5.1　阿里巴巴的发展

　　阿里巴巴集团创立于 1999 年，是一家为中小型制造商提供电子商务在线交易平台的公司。经过多年的发展，其业务扩展至 B2B 贸易、网上零售、购物搜索引擎、第三方支付和云计算服务等，涉及十多个不同的业务领域，种类繁多。

　　阿里巴巴集团能有现在的发展，与其创始人的眼界是分不开的。1999 年 9 月，18 位创始人在杭州创立了阿里巴巴集团，集团的首个网站是英文全球批发贸易市场阿里巴巴。同年，阿里巴巴集团推出专注于国内批发贸易的中国交易市场（现称"1688"）。在公司发展的初始 10 年里（1999—2008 年），阿里巴巴从单一业务 B2B 模式的网上批发开始，在不断壮大的过程中，逐渐意识到公司如果只发展单一业务的话，风险太高，于是便衍生出了现有的 B2C 和 C2C 电商业务。但当时国内的第三方支付平台和物流运输平台也都处于发展初期，没有安全可靠的平台，阿里巴巴为了更好地服务电商产业，为了保证支付和物流的安全，从最初的网络批发零售向销售和物流终端开始扩展，并不断完善电商上下游的产业链结构。当时国内正处于互联网行业发展初期，政府也出台了许多优惠政策，诸如出台了多项政策扶持电商产业的发展，对优秀企业进行经济激励，扶持中小企业，利用网络平台开拓市场，鼓励电子商务企业从无形向有形转变，拉长产业链。

19.5.2　阿里巴巴价值创造结构的发展

1. 生态网的基础：底层价值创造链

　　阿里巴巴在构筑一体化产业链的过程中，为了保持对核心业务的绝对控制，主要采用了其他的投资方式，就是在原有的基础之上新设其他的投资。阿里巴巴在发展的过程中不断完善其核心业务，其业务模式已经涵盖了 B2B、C2C 和

B2C 三种模式。B2B 模式是阿里巴巴最早投资的，也就是我们常说的 1688 批发网站，在这个网站上，商家可以实现价值链上游的原材料或者半成品的批发。之后在 2003 年，阿里巴巴开始拓展它的终端零售业务，成立了 C2C 模式的网上零售交易平台——淘宝网。2008 年，阿里巴巴成立了 B2C 模式的淘宝商城，淘宝商城后更名为"天猫"。

　　技术是电商业务的重要支撑。随着企业的发展、客户量的增加和业务范围的扩大，外部技术越来越难以满足企业战略需要。阿里巴巴确定了"数据"和"云计算"两个重要战略，并于 2009 年正式成立阿里云，为阿里巴巴电商平台商家提供云计算服务。服务也是电商赖以生存的支撑产业。淘宝网推出一年后，为了方便买家和卖家之间进行即时的文字、语音及视频沟通，阿里巴巴推出了辅助性通信软件——阿里旺旺。除了阿里旺旺，阿里巴巴在服务环节还为卖家提供网站店铺管理服务以及付费的会员服务。金融是阿里巴巴产业链中的重要环节。2003 年 12 月，阿里巴巴推出第三方网上支付平台——支付宝。2014 年，支付宝母公司成立了为全球消费者和小微企业提供金融服务的平台——蚂蚁金服。营销技术平台，尤其是阿里妈妈，匹配了商家和品牌营销需求与阿里巴巴集团旗下平台和第三方平台各类媒体资源，阿里妈妈现已全面升级为以阿里大数据为核心、覆盖未来营销核心媒体矩阵、实现"品—传—销"全链路营销诉求的数据时代营销平台。电商产业链的最终环节是物流，为了实现信息的同步更新，2013 年，阿里巴巴投资物流行业，与多家物流公司共同创立菜鸟网络，菜鸟网络不进行运输工作，主要对多家物流公司进行统一调配，实现数据共享，优化物流速度，降低物流成本，提升用户体验。阿里巴巴的纵向一体化投资布局是对电商产业链不断完善的过程，形成了六大环节：电商、物流、技术、金融、营销、服务（见图 19-5）。这六大环节构成了阿里巴巴电商一体化产业链，也搭建了阿里巴巴生态价值网的基础，是阿里巴巴的底层价值创造链。

图 19-5　阿里巴巴的底层价值创造链

2. 生态网的扩大：阿里生态圈

在阿里巴巴原有的生态网中，其业务还是以电商业务为主的，但是随着数字信息技术的发展与消费者需求的不断变化，用户开始追求多样化的服务形式和业务形式，于是阿里巴巴开始进军社交、文娱等领域。为了发挥整个阿里巴巴生态圈的协同作用，前期产业价值链的投资已经为阿里巴巴奠定了流量、用户和技术的资源基础，向邻近相关并且多元领域的扩展能够帮助阿里巴巴协同其内部的各个部门之间的资源共享和提升效率，能够尽量利用好企业内部的有效资源，同时构建的生态网体系能够联合抵御外部市场的风险，提高自身的风险抵抗能力。

阿里巴巴集团在向外扩展生态网的过程中，还投资了许多领域，比如生活服务、跨境电商、金融及企业服务与技术等产业，并且持续关注这些领域的发展。生活服务是阿里巴巴最先涉足的领域。搜索引擎作为电子商务的前端，能够为电子商务带来关注与流量。2005 年，阿里巴巴全资收购中国雅虎，为了引流和增加用户量，阿里巴巴继续投资了新浪微博（2013 年）等社交软件和高德地图（2013 年）、滴滴打车（2015 年）等交通类软件；在 O2O 领域中，阿里巴巴 2006 年开始投资口碑网，2017 年并购美团失败后马上转投饿了么，又在近几年进入母婴、百货等生活领域。跨境电商方面，自 2013 年开始，阿里巴巴投资了美国、印度、东南亚等国家和地区的众多电商平台，为自己的跨境电商业务获取了丰富的资源与渠道。

金融本身是阿里巴巴纵向一体化产业链中的一环，但近几年，阿里巴巴整合蚂蚁金服并投资金融板块，在这一领域实现了直接盈利。2013 年和 2014 年，阿里巴巴先后并购了天弘基金和恒生集团，这两家公司分别从事公募基金管理和金融综合服务，为阿里巴巴在金融领域的发展带来了丰富的经验；同时，阿里巴巴通过投资众安保险、水滴互助等来补充其保险方向的业务；2016 年，阿里巴巴战略投资尚芸飞流，发展供应链金融等新金融领域。通过投资成熟的信贷企业并吸收其经验，阿里巴巴不仅开展了 B2B 信贷业务，更创造了"花呗""借呗"等面向消费者的信贷服务，服务于淘宝、天猫平台的用户，解决了小微贷款难题。

企业服务与技术同样从阿里巴巴一体化产业链中的"技术"衍生而来，最初是为了解决阿里巴巴自身电商平台的技术需求，随着企业不断地投资发展，企业服务与技术逐渐扩大成了一个独立的盈利板块，也是阿里巴巴中心辐射化投资版图中最大的领域，投资金额累计达 1354.4 亿元。经过近十年的布局，阿里巴巴的"中心辐射化"投资版图已经形成，随着消费者需求的转变和行业的发展，纯电商时代已经过去，阿里巴巴投资战略也相应地发生转变，线上、线下相结合的新零售模式应运而生。

3. 新零售推动了生态网的发展

新零售的概念由马云于 2016 年 10 月在杭州举行的云栖大会上提出。马云提出了"五新"理论，即新零售、新制造、新金融、新技术、新资源。同时他认为，未来将是线下和线上相结合的新时代，这便是新零售。对于新零售，他说："未来没有电商，只有新零售。"新零售已经成为我国零售行业的一股热潮，席卷线上线下，但对于新零售的准确概念，业界目前还没有统一的认识，专家学者认为，新零售是线上、线下、物流、大数据相结合的一种有别于传统零售的方式。

在马云提出这一概念后，阿里巴巴开始对新零售生态链进行全方位建设，一方面逐步开始积累在零售业方面的相关资源；另一方面在零售业的各种模式、各个业态采取"自营"与"合营"混合的方式对供应链资源等进行新零售生态链的布局。传统电商产业增速放缓，经过多年发展，国内电子商务领域已经呈现技术市场完善、竞争格局稳定、消费潜力明朗的状态，为了寻找新的盈利模式，提高企业现金流，阿里巴巴提出了新零售的发展理念。由于在线上积累了大量的流量，阿里巴巴能够将这部分流量更好地引流到线下，使得线下的零售业布局更为完善、发展效率更高；并且新零售进入生态网之后，能够在一定程度上激活线下的一些市场，对于线下市场的扩展有一定的促进作用。

目前，除了大型超市，阿里巴巴和腾讯还在社区附近的小超市、以日常生鲜等刚需为主的生鲜社区店、三四线城市和农村地区的杂货店以及体验式专业连锁店、无人零售等方面有一定的涉足。相比于腾讯，阿里巴巴在零售领域采取了相对别样的战略，也就是双线布局战略，一方面通过自有项目盒马、银泰等探索新零售改造方法；另一方面通过投资进行零售资源积累，有一定的先发优势。阿里巴巴的核心优势在线上电商零售，提出新零售战略后，开始加速整合线上线下资源，从长期来看，线上线下完成整合后，新零售战役才刚刚打响。

19.5.3 价值创造结构重构的生态网

波特教授将企业内部活动分为基础活动和支持性活动，解释了企业利润的产生过程。而互联网产业无论是从基础活动的技术手段、流程优化、产品研发、平台渠道、营销推广、客户触达，还是从其支持性活动的管理模式、业务拓展、服务深化以及技术细分等，都极大地丰富和延伸了传统行业价值链的内容和范畴。

在最初的价值链创造价值阶段，阿里巴巴以构建"电商—技术—客服—交易—营销—物流"的电商上下游产业链为主要目标，形成了阿里巴巴最基础、最核心的价值创造链，实现了信息链和资金链的内部流通。以核心电商产业链为中心，阿里巴巴辐射性地投资了生活服务、文化娱乐、跨境电商、支付与金融服务、公司服务／技术等领域，这些投资围绕核心电商的发展需求进行资源积累，使阿里巴巴拥有多项能独立创造价值的业务，形成了以支付与金融服务、公司服务／技术领域为底层支柱"土壤"，以电商（跨境电商）、生活服务、文化娱乐等领域为"生物体"的生态网，使得生态网中的成员之间可以发挥协同作用，实现资源互补，降低资本成本，同时让顾客在阿里巴巴的生态网中完成不同需求的流转。经过前两个阶段的积累，在内外部多重影响下，阿里巴巴开启新零售布局，将线下零售纳入生态网之中，期望通过加入线下零售这一"活性酶"，将生态网中的基础产业链和支持性产业更密切地连接起来，并与线下业务整合共生，使得整个生态网更加健康、有机，进一步为企业、顾客和合作者创造价值。

参考文献

波特，1997. 竞争优势［M］. 陈小悦，译. 北京：华夏出版社.

陈新川，2020. 聚焦产业链经营　提升价值创造能力［J］. 中国远洋海运（10）：64-66.

戴翔，李洲，张雨，2019. 服务投入来源差异、制造业服务化与价值链攀升［J］. 财经研究（5）：30-43.

郭周明，裘莹，2020. 数字经济时代全球价值链的重构：典型事实、理论机制与中国策略［J］. 改革（10）：73-85.

倪红福，2016. 全球价值链中产业"微笑曲线"存在吗？：基于增加值平均传递步长方法［J］. 数量经济技术经济研究（11）：111-126.

潘安，郝瑞雪，王迎，2020. 制造业服务化、技术创新与全球价值链分工地位［J］. 中国科技论坛（10）：104-113.

潘文卿，李跟强，2018. 中国制造业国家价值链存在"微笑曲线"吗？：基于供给与需求双重视角［J］. 管理评论（5）：19-28.

彭若弘，刘晓宇，崔藤予，2020. "生态网"投资战略的价值共创机理研究：以阿里巴巴为例［J］. 财会通讯（20）：167-172，176.

王化成，刘金钏，2020. 企业组织结构的演进与财务管理发展：基于"点—线—面—网"发展轨迹的思考［J］. 财务研究（2）：3-14.

王军英，张姝，2019. 中美贸易摩擦背景下中国制造业调整成本分析：基于贸易增加值的测算［J］. 上海对外经贸大学学报（5）：16-25.

王岚，李宏艳，2015. 中国制造业融入全球价值链路径研究：嵌入位置和增值能力的视角［J］. 中国工业经济（2）：76-88.

王茜，2013. 中国制造业是否应向"微笑曲线"两端攀爬：基于与制造业传统强国的比较分析［J］. 财贸经济（8）：98-104.

吴玉玲，许静，2020. 面向智能时代的企业组织结构变革：以阿里巴巴集团为例［J］. 现代营销（经营版）（7）：127-129.

项枫，2020. 基于价值链重构的制造业服务化及其实现机制演化研究［J］. 中共杭州市委党校学报（5）：61-68.

赵彦云，秦旭，王杰彪，2012. "再工业化"背景下的中美制造业竞争力比较［J］. 经济理论与经济管理（2）：81-88.

郑斌斌，2020. 基于数字化转型的实体零售企业组织结构创新［J］. 科技和产业（9）：35-40.

Akerlof G A, 1970. The market for "lemons": Quality uncertainty and the market mechanism ［J］. Quarterly Journal of Economics, 84（3）：488-500.

Cui Z, Meng X, Wang X, et al., 2019. Diversified investment strategy and the operation of internal capital market: The moderating effect of corporate governance mechanism ［J］. IEEE Access（7）：51665-51680.

Fazzari S M, Hubbard R G, Petersen B P, et al., 1988. Financing constraints and corporate investment ［J］. Brookings Papers on Economic Activity,1988（1）：141-206.

Fazzari S M, Petersen B C. Working capital and fixed investment: New evidence on financing constraints [J]. The RAND Journal of Economics, 24 (3): 328-342.

Modigliani F, Miller M H, 1958. The cost of capital, corporation finance and the theory of investment [J]. The American Economic Review, 48 (3): 261-297.

Myers S C, Majluf N S, 1984. Corporate financing and investment decisions when firms have information that investors do not have [J]. Journal of Financial Economics, 13 (2): 187-221.

Nagy J, Oláh J, Erdei E, et al., 2018. The role and impact of Industry 4.0 and the Internet of things on the business strategy of the value chain: The case of Hungary [J]. Sustainability, 10 (10): 1-25.

Vandermerwe S, Rada J, 1988. Servitization of business: Adding value by adding services [J]. European Management Journal, 6 (4): 314-324.

——

第 20 章

数据成为驱动国际商务和跨国公司活动的关键资源

20.1 数据成为对外直接投资的决定因素

20.1.1 数据概述

1. 数据的定义

根据 OECD 统计术语词汇表，数据是通过观察收集的特征或信息，通常以数字的形式表现。20 世纪 40 年代，英语中首次使用"data"（数据）一词用于表示"可传输和可存储的计算机信息"。在计算机科学中，数据是指所有能输入计算机并被计算机程序处理的符号和介质的总称，是具有一定意义的数字、字母、符号和模拟量等的通称。

数据和信息是不可分离的。数据是事实或观察的结果，是对客观事物的逻辑归纳，是用于表示客观事物的未经加工的原始素材。数据经过加工处理后成为信息，数据是信息的表达，信息是数据的内涵。数据是信息的表现形式和载体。数据可以被记录为符号、文字、数字、语音、图像、视频等。

在开发计算设备和机器之前，人们不得不手动收集数据，这种方式工作量大，效率低下。随着科学技术的发展，人们可以使用机器来收集数据，用计算设备来批量处理数据，这一进步使得数据转化为信息的速度大大加快。数据被认为是数字经济时代的"新石油"。

2. 数据的分类

（1）按性质分类。定位数据，即反映事物位置的数据，如经度、纬度、海拔等。定性数据，即反映事物属性的数据，如国家、地区、大洲等。定量数据，即反映事物数量特征的数据，如长度、面积、体积等几何量或重量、速度等物理量。定时数据，即反映事物时间特性的数据，如年、月、日、时、分、秒等。

（2）按表现形式分类。数字数据，由散点组成，是指在某个取值区间内是离散的值，如各种统计或测量数据。模拟数据，由连续函数组成，是指在某个取值区间连续变化的物理量，又可以分为图形数据（如点、线、面等）、符号数据、文字数据和图像数据等，比如声音的大小和温度的变化等。

（3）按所有权分类。学界对于数据的产权归属问题并未达成共识。由于数据的虚拟性，数据的产生者主要享有数据产权但不能简单独享使用权。王融（2015）提出，应根据不同的场景界定数据所有权。本书参考这种分类方式，在个人数据与商业数据的基础上新增政府开放数据，主要从政府角度进行区分。

个人数据。在不完全排除个人将其个人信息出卖而获益的正当性的基础上，以个人数据为交易对象的场景下，个人数据的所有权属于数据主体本人。个人数据是可以识别或已经识别数据主体本人的信息，识别可以是直接识别或间接识别，参考识别的特征是如姓名、类别化数字、地点数据、在线的身份或者一个或更多与物理、生理、基因、心理、经济、文化或者社会身份有关的特征。

商业数据。商业数据是指一个产业，其价值链上各个重要环节的历史信息和即时信息的集合，其内容包括商业企业内部数据、分销渠道数据、消费市场数据等。随着大数据的发展，开始出现一种场景，即企业利用其产品或渠道，在个人数据的基础上，经过用户同意授权，对数据做出匿名化处理（或称之为去身份化处理），利用处理后的数据集完善其经营活动以增加利润，或以数据集作为交易物进行交易。此类场景下，企业享有匿名化数据集的所有权。

政府开放数据。指政府在国家或地区范围内，利用其部门职权收集的企业或个人进行各种社会活动的各个环节的数据的集合。政府是经济和社会生活各方面数据的最大收集者（Bonina，2013）。政府公开部分数据，面向的是社会主体，追求的是数据社会化利用。例如统计部门公布的宏观数据，可以供学者进行研究等。

3. 数据的特点

随着历史的变迁，人类从农业时代进入工业时代，又通过新一轮技术革命进入信息时代。生产要素的种类也经历了从二要素论、三要素论到六要素论的演变。生产要素通常包括土地、劳动力、资本、技术、知识和管理等六种。有观点认为，数据是技术的一部分，属于技术生产要素。也有观点认为，数据在数字经济时代已经成为核心资产，属于资本生产要素。还有观点认为，数据有别于传统的有限供给的生产要素，是一种新型生产要素。比如，2020 年 4 月 9 日，《中共中央国务院关于构建更加完善的要素市场化配置体制机制的意见》对外公布，作为中央第一份关于要素市场化配置的文件，明确了要素市场制度建设的方向和重点改革任务。党的十九届四中全会通过的《中共中央关于坚持和完善中国特色社会主义制度　推进国家治理体系和治理能力现代化若干重大问题的决定》提出，健全劳动、资本、土地、知识、技术、管理、数据等生产要素由市场评价贡献、按贡献决定报酬的机制。数据作为一种新型生产要素被写入政策文件中。

数字经济时代催生了数据这一新型生产要素，企业利用大数据完善其经营活动。数据资源具有可复制、可共享、无限增长和供给的禀赋，能够打破传统要素有限供给对增长的制约（周春生，崖秀海，2020）。

数据具有可复制性、可共享性。人们可以通过现代通信工具获取数据与信息，将其存储到自己的设备中。通过互联网，海量数据唾手可得，人们也更愿意分享数据。

数据的可复制性和可共享性使其呈现出第三个特征——无限增长和供给。数据可以几乎无成本地、无限量地被复制。同时，得益于通信技术的迅速发展以及基础设施建设的完善，数字作为人们生活抽象化的载体，被数字化工具所记录，转换为数以兆计的数据，而这些数据将随时空的变化而无限增长。大量技术人员通过投入劳动与智慧，开发出无限供给产品，例如微软（Microsoft）公司开发的 Windows 操作系统、苹果（Apple）公司开发的移动操作系统 iOS、谷歌（Google）公司推出的搜索引擎、腾讯公司开发的社交软件微信、阿里巴巴推出的移动支付软件支付宝、字节跳动公司推出的短视频流媒体社交软件抖音⋯⋯这些智慧数据产品都是依托于硬件设备，在设备上运行的"代码"，归根结底是 0 和 1 组成的字符数据。企业可以以零边际成本无限量复制和供给这些产品，使其同时或在短时间内满足市场的任意需求。

4. 数据量的变化

国际数据公司（International Data Corporation，IDC）发布的报告《数据时代2025》显示，2015 年全球数据总量为 8.61ZB，目前全球数据每年以 40% 左右的速度增长。IDC 预测，到 2025 年，全球数据圈将扩展至 163ZB（1ZB 等于 1 万亿 GB），相当于 2016 年所产生的 16.1ZB 数据的 10 倍。

数据量的爆发与电子信息技术的进步密不可分。1980 年以前，数据几乎全部存储在专用的数据中心。数据和处理能力仍然集中于大型主机。1980 年至2000 年，个人电脑兴起，摩尔定律不断被验证，数据和计算能力更加大众化，数据中心从简单的数据容器发展为集中化的枢纽，可以通过缓慢但不断发展的网络来管理数据，并将数据分发至终端设备。这些设备现在能够存储和管理纯粹由个人而非企业使用的数据。2000 年后，无线宽带和移动网络的普及推动数据进入云端，使数据和特定的物理设备脱钩，开启了通过任意屏幕访问数据的时代。数据中心通过亚马逊、谷歌、微软等大众化云计算服务扩展至云基础设施。随着智能手机、可穿戴设备、游戏机等新型设备的兴起，家电、汽车等传统行业也在积极布局，万物互联的时代正在来临，对计算能力的要求不断提高，云计算提供了一种分布式解决方案。通过云，人们可以以更便捷、成本更低廉的方式获取互联设备需要的数据，对数据本地存储的依赖逐渐减少。

图 20-1 显示了 1960—2017 年 10 个国家每百人蜂窝移动电话用户数的变化趋势，2000 年后呈现显著的爆发式增长趋势。

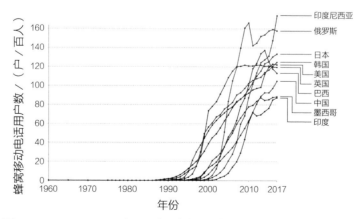

图 20-1　1960—2017 年 10 个国家每百人蜂窝移动电话用户数变化趋势

数据来源：用数据看世界（Our World in Data）网站、国际电信联盟。

计算能力以及数据存储和数据可用性的巨大进步催生出了数字技术和服务的全新应用场景，由此产生的需求反过来推动着人们收集、管理、处理和交付数据的能力实现进一步的发展，从而顺应企业工作流程和人们日常生活的需求。这个循环往复的过程使全球数据圈呈爆发式增长。

网络流量的扩大对数据量的爆发起到关键作用。根据艾瑞咨询发布的《中国网络经济年度洞察报告（2020 年）》，2019 年，中国以 9.04 亿的网民数量远超其他国家，拥有全球第一大的网民规模，印度与美国则分别以 5.19 亿与 2.63 亿的网民数量位居第二与第三。东亚以其庞大的人口优势拥有可观的网民数量，非洲地区的网络普及率处于世界较低水平。

2020 年 3 月，中国的互联网普及率达到 64.5%，覆盖了近 2/3 的国民，相较于 2018 年的普及率提升了 4.9 个百分点。而在整体网民中，手机网民的占比达到了 99.3%，相较 2018 年底提升了 0.7 个百分点。近年来，我国农村地区的互联网普及率不断提升，从 2014 年底到 2020 年 3 月，农村地区互联网用户规模增长了43.3%，比同期城镇地区互联网用户规模 38.4% 的增长率高出 4.9 个百分点。农村互联网用户突破 2.6 亿，普及率不断提升。得益于庞大的人口规模，中国所拥有的数据量基数本身就很可观。同时，中国政府不断推进 5G 基站等基础设施建设，网络通信水平的提高必将助力下一轮数据量的爆发。

20.1.2　数据对企业跨国经营的意义

庞大的数据量蕴含丰富的价值。企业对数据进行清洗、分析、处理后，可以从中提取有效信息，对企业对外直接投资战略部署具有重要意义。但如果企业不善于管理数据，不能充分利用数据潜在的价值，或缺乏监管而产生数据安全问题，将对企业的经营活动产生负面影响，甚至影响其形象，造成各方面的损失。因此，数据对企业跨国经营有正反两面的驱动性。一方面，有效利用数据有助于优化跨国公司商业模式；另一方面，数据反向驱动企业升级数据管理，以增强其自身竞争优势。这对"推动"与"拉动"因素将形成合力，使数据成为国际商务和企业跨国活动的关键资源。

1. 正向驱动性

以数据作为生产要素驱动企业经营管理有助于优化企业跨国经营的各个环节，包括采购、生产、营销、销售、管理以及产品创新。数据帮助企业在激烈的市场竞争环境下可持续发展。企业利用海量、多维度的数据建立起更加全面的评估体系，不仅可以不断优化低效、问题环节以提升企业运营效率，同时还可以基于供需双方的精准匹配实现直接的业务创新增长。数据代表了一种认知不断变化的市场，成为沟通物理世界和虚拟世界的桥梁，也是弥合传统媒体与数字媒体之间巨大差距的手段。数据推动企业向"以客户为中心"的经营方式演变。

（1）数据优化国际营销。萨曼莎·布雷弗曼（Samantha Braverman）提供了咨询公司 DMA Global 和 Winterberry Group 于 2014 年 11 月发布的《数据驱动营销和广告全球评论》的执行摘要和高级研究结果。该研究调查并衡量了全球 17 个市场的数据驱动营销和广告重点及投资。在全球范围内，在几乎所有的垂直市场和业务职能中，一个营销真理已经变得清晰：数据很重要。数据是洞察潜在客户的推动者。企业通过分析数据将定位信息、优惠信息和数字内容推送给客户，获取精准响应（Braverman，2015）。企业经常采用文本分析和情感分析技术分析客户在社交媒体上的意见。同时，其还为产品推荐系统开发了各种分析技术，例如关联规则挖掘、数据库分段和聚类、异常检测和图挖掘等。通过高度针对性的搜索和个性化推荐，可以通过在产品比特流的前端达到数百万个细分市场来实现长尾营销（Chen et al.，2012）。

客户数据是一种宝贵的资产，代表着企业与客户之间的一种已存在的联系或潜在的联系。客户数据不是一成不变的，特别是在信息社会，其随着时空的改变而不断丰富，客户的每一次行为都会对数据集产生影响。数据驱动的营销和广告实践是利用这种资产的一种手段，即利用广泛的交付渠道以及适合每种渠道的创造性内容，以建立和发展对营销人员和消费者都有利的关系。

而对于国际营销来说，面对不同市场的客户需求以及应用场景的差异，数据可以帮助企业分析不同国家的营销效果，建立完善的反馈机制，及时调整国际营销策略，使之更符合东道国文化及社会习惯。一些服务商针对企业国际营销的痛点设计了数据管理类应用，旨在帮助企业解决国际营销的困难，尤其是平台型服务商，利用其平台的广度，为企业出海营销提供一站式的解决方案。

领先的电子商务供应商（例如 Amazon 和 eBay）通过其创新的、高度可扩展的电子商务平台和产品推荐系统已经实现了重大的市场转型。数据管家是阿里巴巴国际站开发的一项全新功能,该功能主要通过数据反映企业在阿里巴巴国际站操作及推广的效果。它通过多重数据统计分析,不仅让企业清楚了解自身的推广状况,更能针对薄弱点有效提升网络推广效果。

不仅是跨境电商,在游戏领域,全球数字营销也展现出了极大的价值。谷歌在技术实力、全球化、数字营销和账户体系上非常有竞争优势,是这个领域的头部合作伙伴。游戏品牌莉莉丝在国内是手机游戏厂商中的头部之一,但游戏"出海"面临的困难也很突出,比如账户体系以及获客问题。谷歌利用数据帮助莉莉丝完善在全球市场的宣传发布工作,找到更合适的用户。不同的市场有不同的文化环境,因此适用不同的营销方式,需要企业深入了解不同国家的客户偏好。谷歌在全球数字营销方面有得天独厚的优势,它通过已有的庞大平台网络获取大量数据,精准帮助莉莉丝找到潜在客户,勾勒用户画像,定义销售策略,揣摩用户心理,给出最优化的推广策略,吸引和引导用户下载,甚至引导用户为产品付费。莉莉丝在和谷歌的合作之下,成功地打入了竞争最为激烈的韩国和日本市场。具体来看,莉莉丝旗下的热门手游《剑与远征》于 2020 年 6 月 30 日上架日本应用商店,首日就登上 iOS 和 Google Play 免费榜榜首。在此之前,它在全球 iOS 商店拿到过 99 个市场的畅销榜前 10 名,并在其中 20 个市场登顶。同属于莉莉丝旗下的《万国觉醒》在 2019 年 12 月上线日本后,一直是畅销榜前 10 名的常客。这与谷歌提供的全球数字营销服务密不可分。

(2)数据重构跨境销售。近年来,电商化、线上化已经成为企业业务数字化的典型代表。跨境电商打通了商品流和信息流,重构了传统的"人货场"。迅速崛起的跨境电商平台利用其数字化特性为广大中小企业出海提供便利。以阿里巴巴国际站为例,近年来,阿里巴巴国际站构建了全球支付结算金融、数字化关务、数智化物流等全链路数字化跨境供应链体系。2020 年上半年,阿里巴巴国际站跨境物流订单数同比增长 113%,智能关务系统订单数同比增长 1448%,收汇规模增长 87%。

数据可以覆盖企业销售环节的全过程并为其各个环节增效提供依据和意见,使部分工作实现自动化。企业在销售环节通常会应用客户关系管理(customer relationship management,CRM)系统。CRM 的重要部分是识别不同类型的客户,然后制定与每个客户进行交互的特定策略。这样的策略的例子包括与有利可图的客户建立更好的关系、寻找和诱使将要获利的新客户，以及为无利可图的客户找到合适的策略。CRM 是选择可以使公司最赚钱的客户并形成公司与这些客户之间的互动并为之提供产品或服务的战略过程。最终目标是为公司优化客户的当前和未来价值（Kumar，2010）。

（3）数据促进智能生产。消费结构升级促使卖方市场转向买方市场，消费者的个性化需求涌现，"先订单后生产"的 C2M 模式应运而生。

红领集团是一家使用互联网平台并且采纳了 C2M 供应链的制造商。该公司使用高效的数字化批量生产系统生产定制西服。该公司将其业务从传统的标准化服装批量生产转变为利用互联网和集成信息系统进行定制设计。其利用互联网平台允许客户参与产品设计并与设计师互动，以满足他们的个性化需求。使用 RFID（射频识别技术）和其他信息技术来自动化供应链中的不同流程，包括制造操作以及从原材料到成品的物流流程。使用信息技术自动执行接单、计划和跟踪，以实现对所有生产活动和物料流的数字控制。通过让最终消费者直接与制造商联系，消除了批发商和零售商等中介机构。积累有关客户特征和偏好的大数据集，例如设计数据、图案数据、颜色匹配数据、车身尺寸数据，以及生产改进，例如处理数据和单位消耗数据。通过对这些数据的分析，公司可以设计和提供更多定制的产品和服务，并优化供应链以提升生产效率和产品质量（MacCarthy et al.，2016）。

（4）数据降低采购成本。企业制定采购策略时首先要做的决定之一就是"制造还是购买"。借助新兴的制造技术（例如 3D 打印），企业将拥有创造原型、备件或半成品的新机会。企业通过提供和评估有关可能的供应商的数据来进行决策。大数据和数据分析对于需求计划流程至关重要：对于报价请求和报价评估，利用物联网以及云计算，企业可以通过分散的方式与供应商进行通信并通过移动设备访问共享文档。理想情况下，处理物料的机器会自动生成所有重要数据，然后通过物联网将其发送给供应商，或者通过云服务共享它们。通过物联网进行分散通信的机会也会影响条件谈判。由于已经通过数据分析对正在协商的采购协议进行了评估，因此企业可以使用调查结果来提高其在谈判中的地位。最后，供应协议可以通过物联网传输，并提供给云服务的所有参与者（Klünder et al.，2019）。

（5）数据提升管理效能。企业日常管理需要面临多数据的场景，例如考勤数据、绩效数据、发票数据等。对于人力资源管理来说，其中存在将模拟信息转换为数字信息以进行处理的技术过程。一个简单的示例就是扫描申请人的基于纸张的申请凭证。同时，企业还可以利用技术数字化的潜力来实现运营和有限的战略目标。数字化潜力尤其可以用于从工资单处理到课程管理等广泛的企业内部管理流程。组织生产的数字化可能为员工提供大量传感器数据，从而为数字化人力资源管理提供更多的机会（Strohmeier，2020）。

对于财务管理来说，企业可以利用扫码、光学字符识别（optical character recognition，OCR）等技术方式来快速识别和归集发票，简化、自动化报销流程，进行电子存档，在移动端上随时审批；集成各个部门系统，打通财务数据，形成一体化管控，多维度分析预算、费用、合同等数据，建立数据指标模型，为成本控制提供决策依据。

2. 反向驱动性

企业进行数字化升级往往需要业务部门和技术部门的高度配合。但实际工作中，如果由技术部门主导，则可能会因为对业务场景的理解不够充分，造成落地应用不及预期；而如果由业务部门主导，则可能对技术考虑不周全。企业管理者的意识对数字化转型的成果有关键作用，如果缺乏战略层面的规划，则在执行过程中通常会遇到重重阻力，尤其对于大中型企业来说，部门之间的壁垒问题将更为严重。尽管数据驱动企业进行业务升级，为企业提效增收，但同时数据使用的负外部性也可能给企业数据运营管理带来风险，使其面临数据孤岛、多源异构、数据安全等问题。

（1）数据孤岛问题。数据孤岛是存储在多个企业应用程序中的分离的数据组。大多数应用程序以各种方式存储原始数据和处理后的数据。每个应用程序都有自己的功能和工具，使业务用户可以轻松访问已处理的数据。这些工具大多数都是特定于应用程序的。结果，各个业务部门中的团队对企业中数据的可见性将受到限制。他们将无法从源数据孤岛的各种企业应用程序中提取数据的全部价值。数据孤岛限制了团队之间的信息共享和协作。这会导致决策不力并对盈利能力产生负面影响（Patel，2019）。

不断发展的技术对企业的运营过程具有重要作用。一家企业的运营过程将涉及几个不同的阶段（设计、采购、制造、分销、销售、使用、服务等）来获取有意义、准确和有效的信息。该过程的每个阶段都需要提供准确的信息，以作为决策支撑。越来越多的企业数据正在为数据管理带来挑战，许多企业缺乏存储管理系统，从而使得数据重复率高且质量不确定。不同类型的大量数据也会影响企业对不确定性、预测动态的分析。大规模数据是各种数据资产的集合，这些数据资产非常复杂，无法通过最新的数据处理技术进行有效管理。许多企业依靠传统的数据仓库和商业智能解决方案作为决策者来访问其数据和报告。但是该解决方案忽略了大多数外部数据源，因为它往往太大或格式不易操作和存储。企业需要确定最佳的体系结构、通用的元数据、数据集成等，以优化组织内的运营业务流程，从而提高数据质量和效率（Wibowo et al.，2017）。

由于数据孤岛是由多个应用程序和流程组成的，因此数据驻留在各个地方，包括云、内部部署、应用程序服务器、平面文件、数据库等。这里的关键是在数据中寻找价值并定义应该使用哪些数据孤岛。如果它们集成在一起，则创造最大值。超越数据孤岛的一种方法是，通过战略制定增强多个部门和团队之间的协作和沟通。但是，这需要付出巨大的努力，并且需要改变组织的整体文化。解决此问题的另一种方法是使用集成技术和工具来集成这些数据孤岛。集成这些数据孤岛是一个昂贵且耗时的过程。尽管用于数据集成的框架和工具很多，但大数据集成在长期利益方面具有优势。建立共同的数据标准，统一数据口径。企业内部不同系统有不同的数据口径，用共同的标准，采取同一标准下的数据集、数据结构、数据架构、数据模式以及数据编码；企业内部应形成通用数据，使用共同的数据标准和应用程序编程接口（application programming interface，API）技术获取数据。

（2）多源异构问题。随着现代信息技术和网络技术的飞速发展，数据源越来越广泛，数据类型也越来越丰富。大数据的特征，如多数据源、多样化数据结构、高数据维度和快速增长，使传统的数据存储和数据挖掘技术面临技术创新的挑战。数据结构的异质性出现在结构化数据、半结构化数据和非结构化数据中，包括关系数据、空间数据、时间数据、文本数据、图像数据以及音频和视频数据。传统的多源数据融合主要针对传感器数据等结构化数据的融合。不同类型的数据由不同的数据特征表示。例如，文本数据通常由离散的单词矢量特征表示，而图像由图像的像素特征表示。数据的异质性导致表示数据的特征向量之间存在差异，这成为多源异类数据关联、交叉和集成之间的鸿沟。只有充分利用多源数据，充分发挥多源异构数据的互补性，才能进行更加透彻的数据分析，获得更有价值的分析结果。

　　不同的数据源提供了目标对象的不同方面，因此多源异构数据可以弥补单个数据源不完整数据的缺点，从而使目标信息更加充分。通过消除异构数据和各种数据源融合以进行相关性分析之间的差距，数据可以涌现出更多有价值的新信息。因此，异构数据给大数据分析带来了机遇和挑战（Zhang et al.，2018）。

　　（3）数据安全问题。企业进行数字化转型，应当首先满足数字合规、安全管控的相关要求，当前的数据驱动高度依赖对个人数据信息的采集和使用，如未能建立有效的数据安全治理机制，将可能造成严重的信息泄露，这不仅会对企业信誉造成影响，还可能使其承担一定的法律责任。2020 年 10 月 30 日，英国信息专员办公室（Information Commissioner's Office，ICO）发布声明称，因未能保护客户个人数据安全，对万豪处以 1840 万英镑（约合人民币 1.6 亿元）的罚款。经过调查，在此事件中受影响的客人数量确认为 3.39 亿人，其中 3000 万人来自欧洲经济区（European Economic Area，EEA）覆盖的 31 个国家，受到影响的英国居民约有 700 万人。除了外部原因，企业内部倒卖信息的问题也屡屡发生。2020 年 11 月，圆通速递被曝有 5 名"内鬼"有偿租借员工账号，导致超过 40 万条公民个人信息被泄露。近年来，快递等掌握个人信息的行业泄露客户信息的情况屡屡发生，其背后有一条黑色"产业链"。数据安全以及隐私问题频出为正在进行数字化转型的企业敲响警钟，尤其对于跨国公司而言，其面对不同国家和地区的信息保护制度和法律，本身承担着比在单一市场经营更大的数据管理风险。

20.1.3　数字贸易规则对企业跨国活动的影响

1. 数据对数字贸易规则制定的影响

　　数字贸易规则的焦点是数据问题。黄宁和李杨（2017）提出，虽然跨境数据流动规制已经有 30 多年的发展历史，并演化出分别由欧盟和美国主导的两套规制体系，但全球层面的规制存在"三难选择"，无法同时兼顾"良好的数据保护""跨境数据自由流动"和"数据保护自主权"。在此框架下，规制目标之间的平衡、参与主体之间的竞争以及规制本身对约束力和执行力的诉求构成了推动规制演进的三重因素。数字贸易呼吁新的贸易规则，数字贸易规则成为

21世纪最核心的贸易规则。当今缺乏世界性的国际认可的数字贸易规则。区域性数字贸易规则处于不断博弈中，即使在双边或多边协定中也难以达成共识。

目前，包括美国、欧盟、中国、日本和巴西在内的大约80个WTO成员正在参与电子商务相关议题的谈判。跨境数据流动、数据存储本地化和个人隐私保护等问题仍然是谈判的关键问题，这些问题都与数据有关。

现有世界贸易组织规则在应对新型数字贸易壁垒方面显得力不从心。在这一背景下，发达国家主导并达成以《全面与进步跨太平洋伙伴关系协定》（Comprehensive and Progressive Agreement for Trans-Pacific Partnership，CPTPP）、《欧盟日本经济伙伴关系协定》（EU-Japan Economic Partnership Agreement，EPA）、《美墨加三国协议》（United States-Mexico-Canada Agreement，USMCA）和《通用数据保护条例》（General Data Protection Regulation，GDPR）为代表的新型区域贸易协定或条例，确立了规范跨境数据流动、个人隐私保护和推动数字经济发展的新型贸易规则。

2. 跨境数据流动限制为企业跨国经营带来风险

关于跨境数据自由流动的政策条例给依据数据流动进行商业运营和国际贸易的数字技术型企业造成极大困扰，加大了运营及合规成本。USITC发布的《美国和全球经济中的数字贸易》报告显示，大型数字技术型企业中，有22%的数字内容企业、24%的数字社交企业、25%的批发企业认为，消除国际数字贸易壁垒后，企业收益将增长15%以上。

数字技术性公司无法开展一些工作，无法向国外传递或储存信息，从根本上限制了数字贸易的发展。跨境数据流动限制导致企业开展贸易行为不能挑选到最佳的合作伙伴。开放源代码和加密密钥可能会使投资者商业秘密泄露，使国外投资者在竞争中处于不利地位。

3. 各国关于数据问题的政策条例

互联网为企业提供了管理全球供应链并与客户沟通的机会。同时，政府以降低企业和企业家使用互联网作为国际贸易场所的能力的方式来限制互联网，并限制消费者对商品和服务的访问（Meltzer，2015）。

互联网使跨境数据流能够以网络化、动态的方式实时发生。实际上，数据可能跨越许多边界，而发送者或接收者都不知道。跨境数据流的利用反过来又提高了经济效率和生产率，提高了福利和生活水平。互联网的发展以及在全球范围内快速移动数据的能力已成为全球经济秩序的关键组成部分。例如，跨境数据流使企业能够实时传达客户订单，做出有关制造负荷的快速决策并根据消费者需求的变化迅速调整设计。这使得企业可以跨境对其供应链进行分解。跨境的信息流也支持研发工作，因为世界各地的研究人员能够共享数据、设计实验并以更加协作和真实的方式分析和总结经验。跨境数据流也彻底改变了金融业。消费者可以在全球范围内使用他们的会计师，世界各地的企业可以使用来自纽约、伦敦和香港的市场领先的金融服务。创新型公司还利用了在全球范围内的移动数据，这可以提高初创企业获得资金的能力。例如，一家名为 Microplace 的公司为全球旨在减轻贫困的项目寻找投资者。跨边界无缝移动数据的能力也使数据开发成为可能。数字贸易的数据问题始终围绕"跨境数据自由流动""数据存储本地化"和"个人隐私安全保护"展开。10 余年来，数据流动对全球经济增长的贡献，不仅早已超越以商品、服务、资本、贸易、投资为代表的传统形态，而且随着数字化的发展，跨境数据流动越来越独立地发挥作用，数据全球化正成为推动新一轮全球化的新的增长引擎。根据美国著名智库布鲁金斯学会的相关研究，2009—2018 年，全球数据跨境流动对全球经济增长的贡献度高达 10.1%，其中，2014 年数据跨境流动对全球经济增长的价值贡献超过 2.8 万亿美元，预计 2025 年有望突破 11 万亿美元。

然而，政府对互联网的管辖权主张或限制个人和公司访问互联网以及跨境移动数据能力的规则的制定正日益挑战互联网的原始本质和自由主义性质。

为对世界各国数字服务贸易的限制性政策进行评估，OECD 开发了数字服务贸易限制性指数（digital services trade restrictiveness index），对涵盖全球 40 个主要经济体的数字服务贸易及其跨境数据流动政策进行评估。评估数据显示，中国、印度尼西亚、巴西、印度、俄罗斯等非 OECD 国家限制指数偏高，而瑞士、澳大利亚、美国、挪威等 OECD 国家限制指数较低。

目前全球已有 60 多个国家制定了包含跨境数据流动规定的数据保护法或隐私法，其中就有非洲、拉美、中东等地区的很多发展中国家。发展中国家在全球跨境数据流动中的重要性越来越高。据估计，20 世纪 70 年代末，全球信息转移主要由少数几家西方企业控制。近年来发展中国家开始加速融入全球数据流动网络。2004年至2015年，全球使用跨境带宽超过1GB的国家从75个增加到164个，新兴经济体使用跨境带宽的增长速度已经超过发达经济体。新兴经济体作为跨境数据服务生产者和消费者的地位在迅速崛起。根据世界贸易组织的统计，印度电信、计算机和信息服务出口占全球份额从2005年的8%提高到2015年的12%。中国则由于庞大的互联网用户规模被视为一个巨大的潜在云计算服务市场。这些新的参与主体的加入给掌握数字贸易规则主导权的发达经济体带来了压力。部分国家和地区针对数据跨境流动的限制性规定如表20-1所示。

表20-1　部分国家与地区针对数据跨境流动的限制性规定

国家和地区	政　策
俄罗斯	要求本国公民的电子通信和社交网络数据必须进行本地化，对于不执行该规定的企业网络管理部门，规制部门有权限制访问甚至封锁该网站
澳大利亚	要求对医疗信息进行本地化存储，系统运营商需保证自身和其他人都不在澳大利亚境外保存、持有、加工或处理相关信息
加拿大（英属哥伦比亚省和新斯科舍省）	对来自医院、学校等公共部门的信息不可以从境外进行访问
中　国	《中华人民共和国网络安全法》第三十七条规定："关键信息基础设施的运营者在中华人民共和国境内运营中收集和产生的个人信息和重要数据应当在境内存储。"

资料来源：各国家与地区政府网站。

尽管不同国家在数据本地化问题上的看法不一，但大部分国家仍然制定了相关的条例保护本国的数据自主权。

在隐私保护部分，欧盟提议各成员可以采取一些其认为对于个人数据和隐私保护所必需的政策，包括个人数据的跨境转移。欧盟指出，"各成员承认个人数据和隐私保护是一项基本权利，并且高标准的保护水平有助于数字经济和贸易的发展。任何纪律或承诺不应影响对个人数据和隐私的保护"。

美国也谈到了隐私保护问题，但不像欧盟那么严格。美国提出，各成员应制定一套保护个人信息的"法律框架"，并公布诸如如何遵守相关规章、如何加以纠正等信息。目前世界各国的隐私保护体系各不相同，各成员应促进不同体系之间的互适性。在美国的隐私保护部分，美国再一次强调了数据自由流动的重要性，称"任何对于个人信息跨境流动的限制应与承载的风险成比例，并且是为应对该风险所必需的"。日本、新加坡和巴西在这点上与美国保持高度的一致。

中国互联网用户人数居全球首位，也是全球最大的 B2C 电子商务市场，在跨境数据流动方面有巨大的发展潜力。因此，积极参与和实施跨境数据流动规制越来越成为一项无法回避的任务。为此，我国于 2021 年出台了《中华人民共和国个人信息保护法》《中华人民共和国数据安全法》，旨在规范数据处理活动，保障数据安全。

20.2　从数据到价值：数据中心作为新基建发挥关键作用

20.2.1　数据中心概述

数据中心是存储和处理数据的现代化工厂，承担与计算和存储数据相关的任务。数据中心是数字化时代的核心，其主要作为算力生产中心和供应中心，对外提供各种算力、数据和 AI 的服务等。

数据中心在近几年蓬勃发展的主要原因是数据量的爆发以及新数字技术带来的应用场景迭代对数据存储和计算能力提出了更高的要求。

1. 数据中心的定义与分类

根据殷平（2016）的整理，目前国内关于数据中心有多种术语，包括电子信息系统机房、数据中心（Data Center，DC）、互联网数据中心（Internet Data Center，IDC）、银行集中式数据中心、超级计算中心、云计算数据中心等。住房和城乡建设部与国家质量监督检验检疫总局联合发布的《数据中心设计规范》将数据中心定义为，为集中放置的电子信息设备提供运行环境的建筑场所，可以是一栋或几栋建筑物，也可以是一栋建筑物的一部分，包括主机房、辅助区、支持区和行政管理区等。美国采暖制冷和空调工程师协会（ASHARE）对数据中心的定义为，一幢建筑物或建筑物的一部分，主要功能包括计算机房和支持区域。

数据中心通常包含被赋予重要任务的高端服务器和存储产品。2016 年颁布的国际标准 ISO/IEC 30134.1 对数据中心的定义为，一栋或几栋建筑物，专门为信息技术和网络通信设备的集中安置、相互联系和运行提供数据存储、处理和传输服务，设置有配电和环境控制设备及基础设施，并为快速恢复和安全性提供可靠保障。

目前较为主流的两类数据中心是互联网数据中心和云计算数据中心。互联网数据中心是一类向用户提供资源出租基本业务和有关附加业务、在线提供 IT 应用平台能力租用服务和应用软件租用服务的数据中心，用户通过使用互联网数据中心的业务和服务实现用户自身对外的互联网业务和服务。互联网数据中心以电子信息系统机房设施为基础，拥有互联网出口，由机房基础设施、网络系统、资源系统、业务系统、管理系统和安全系统组成。

云计算（cloud computing）是一种模型，它可以实现随时随地、便捷地、按需地从可配置计算资源共享池中获取所需的资源（例如，网络、服务器、存储、应用及服务），资源能够快速供应并释放，使管理资源的工作量和与服务提供商的交互减少到最低限度，而数据中心是云计算的基础设施。

2. 数据中心发展现状

根据赛迪智库的数据，预计到 2030 年，中国数据原生产业规模将占整个经济总量的 15%，数据的总体规模将超过 4YB，占全球数据总量的 30%（袁钰，孙俊杰，2020）。

移动互联网和大数据的发展是近几年数据中心增长的主要动因。过去几年，需求端、网民数量和移动流量增长迅速，用户流量增长使得数据量呈现爆发趋势；供给端、大数据和人工智能对存储和计算提出更高需求。诸多因素叠加，导致数据中心增长迅速。

5G、物联网、工业互联网和传统企业上云是未来增长的主要动因。5G 的传输带宽显著高于 4G，且原生标准支持企业独立组网，为物联网、工业互联网奠定基础，云计算、电子政务、智慧城市等领域的发展，也将进一步推动数据中心呈规模量级发展。预计到 2029 年，全球数据中心市场规模将达到 4706 亿美元。

3. 数据中心面临的问题

数据中心虽然发展迅猛，但也面临配置迭代升级、环保、浪费的问题。

传统数据中心扩容能力不强，难以满足数字应用迭代的速度。2020 年以来，直播带货、远程办公、在线教育、智慧零售等新场景快速发展，成为国民经济的新亮点。然而，一些数据中心可扩容能力弱，时效性、准确性难以保证。

数据中心建设还面临严峻的环保问题。根据相关机构的测算，截至 2017 年底，我国各类在用数据中心总量已达到 28.5 万个，机架总规模约 479 万个，全年耗电量超过 1200 亿千瓦时，约占我国全社会用电量的 2%。其中，在用经营互联网业务的数据中心共计 1844 个，机架总规模达到 166 万个，全年耗电量超过 300 亿千瓦时。因此，工信部提出加强绿色数据中心建设。为降低数据中心的 PUE（power usage effectiveness，电源使用效率）值，拥有庞大服务器群的云计算及互联网企业纷纷在水资源丰富、气候凉爽的偏远地区建立数据中心。但是，那些地方网络基础设施往往跟不上，无法应对大量的实时在线计算需求，造成数据中心空置率较高。而北京、上海、广州、深圳等城市数据中心资源需求最为集中，却因为土地、电力资源稀缺，加之政策监管趋严，数据中心缺口较大。

由于行业之间信息化、智能化程度参差不齐，业务场景种类繁复，软硬件的规划和选型缺乏顶层规划和指导等原因，各地方、企业建设标准不一致，并且存在重复建设和资源浪费等现象。

20.2.2　数据中心助力数据价值创造

互联网流量带来了庞大的数据量，存储、处理这些数据，从中精炼价值，完成数据价值创造，需要数据中心作为新型基础设施给予支持，在工业、民生、政务等领域，数据中心都起到了承载数据存储与计算的作用。

5G、云计算、人工智能、互联网、线上娱乐等领域的发展是我国数据爆发的核心驱动力。以互联网为例，据工信部统计，我国固定宽带用户从 2011 年的 1.6 亿户增加到 2019 年的 4.49 亿户，8 年增长近三倍，平均增速达 13.8%，其中 2019 年光纤用户数量达到 4.17 亿户，渗透率超过 90%；我国移动电话用户从 2011 年的 9.9 亿户增加到 2019 年的 16.0 亿户，8 年增长近两倍，平均增速为 6.2%，其中 2019 年 4G 用户数达 12.8 亿户，渗透率超过 80%。

　　从移动互联网、消费互联网和产业互联网三个维度展现的数据量升级以及对计算能力的需求驱动着数据中心的发展。

　　从移动互联网来看，根据中国互联网络信息中心（China Internet Network Information Center，CNNIC）的报告，我国移动互联网的接入流量由 2011 年的 5.4 亿 GB 增长到 2018 年的 711.1 亿 GB。据工信部披露，2019 年我国移动互联网接入流量消费达 1220 亿 GB，同比增长 71.6%，其中，手机上网流量达到 1210 亿 GB，同比增长 72.4%，流量占比 99.2%。加上中国网民的快速增加，这些要素给作为互联网基础设施的互联网数据中心带来巨大红利。移动互联网流量持续高速增长，产业互联网应用逐渐深入落地，推动数据中心流量保持高速增长。

　　从消费互联网来看，随着短视频、直播、游戏等应用的爆发，互联网流量呈现指数级增长。基于云计算的远程办公、远程会议、在线教育、电子商务以及各类"云生活"培育了大量新兴客户需求。

　　从产业互联网来看，企业数据也呈现爆发式增长，越来越多的企业将数据存储由本地设备迁至边缘云服务器，海量数据在边缘复制、存储、传输及分析应用，企业上云及大数据推动企业数据流量呈爆发式增长。根据 IDC 的数据，企业级数据圈占中国数据圈的比重将由 2015 年的 49% 上升至 2025 年的 69%。云计算市场规模快速扩大，推动作为云服务物理基础设施的 IDC 需求持续增加。据中国信息通信研究院的数据，2018 年我国公有云市场规模达 437 亿元，同比增长 65.2%。其中，作为企业最底层架构的 IaaS（infrastructure as a service，基础设施即服务）在 2018 年市场规模达 270 亿元，同比增长 81.8%。由于云服务按需共享的软硬件资源和信息主要存储在数据中心，云计算市场规模扩大势必提升数据中心需求。据美国研究机构 JLL（Jones Lang LaSalle，仲量联行）的数据，全球一线城市云服务已经成为互联网数据中心下游首要需求方，部分一线城市占比达 70%。万物互联使得数据量迎来新一轮爆炸性增长。5G 网络的峰值速率、流量密度、连接密度等显著优于 4G，且原生标准支持企业独立组网。IPv6（Internet Protocol Version 6，互联网协议第 6 版）使得每一个元器件都可以拥有独立的 IP（internet protocol，网际互连协议）地址，两者使得工业互联网和物联网得以落地。

　　5G 以其高可靠性、低时延及高密度的性能正被广泛应用于金融、医疗、教育、零售等传统行业,并由此产生海量数据。人工智能被广泛应用于决策树、身份识别、交互界面设计、信息检索、智能机器人,未来对算力的需求呈指数级增长,对数据中心提出更高要求。物联网全面连接人、机、物,移动设备、智能家居、医疗器械、汽车等设备均将与互联网连接,实现亿万设备的连接,万物互联的时代已经到来。与此同时,诸如 VR(virtual reality,虚拟现实技术)、AR(augmented reality,增强现实技术)、车联网等垂直行业应用需求急剧爆发,为数据中心发展拓宽成长空间。

随着数据中心节能技术的进步,数据中心电源使用效率 PUE 将不断降低,从而降低企业数据中心建设及运维成本,减轻各企业自建互联网数据中心的成本压力,进一步带动互联网数据中心建设。

同时,各区域、各行业数据大多处于孤立、分割状态,数据资产价值无法释放,极大地限制了工业互联网海量数据资产潜在价值的释放。而基于数据中心,人们将能够汇聚、分析、共享和应用各类数据资源,推动工业经济全要素、全产业链、全价值链的数据流通,充分释放出数据作为核心生产要素实现价值创造的能力。

20.2.3　数据驱动市场边界扩展

数据可以帮助市场参与者找到更好的匹配选项。常规市场与数据丰富的市场之间的关键区别在于,信息在它们之间流动的作用以及如何将其转化为决策。早在 1987 年就有学者提出,为了获得丰富的数据,我们需要重新配置市场参与者的数据流和处理方式。麻省理工学院(MIT)教授托马斯·马隆(Thomas Malone)及其同事预言了"电子市场",但近年来,人们才得以依靠数据进步扩展早期的愿景,数据市场才开始进入繁荣时期。

数据驱动的市场提供了比传统的、以金钱为基础的市场更令人信服的优势。但是数据驱动的市场并非没有缺点,根本问题是对数据和机器学习的依赖以及数据和算法多样性的不足。为了缓解这一问题,需要提出一种创新的监管措施。目前,数据驱动的市场边界逐渐模糊,垄断问题接踵而至。由数据引起的市场治理问题也成为学界讨论的热点。

1. 新数字技术加速市场扩展

数字技术快速发展与迅速普及是数字贸易市场形成与演进的原动力。数字技术实现了商品与服务的订购与交付，形成了大量信息与数据，数据成为重要的生产要素，这是数字贸易市场外延不断扩大的根本推力与数字贸易推动产业升级的落脚点。通过摩尔定律、吉尔德定律和几乎所有内容的数字化奠定技术基础得以实现的数字创新，对数字贸易市场产生深刻影响，加速市场演进。

2. 数据丰富国际贸易市场环境

（1）新市场特征：以数字化平台为主导。平台将生产者与消费者联系在一起，但传统的平台作为实体平台，需要具备较为完善的场地、设备等，连接用户的成本高，受制于时空条件，平台的规模、服务人群、服务时间均有限。而依托于信息通信技术形成的数字贸易市场中的平台，具有虚拟性和开放性的特点，能够使用户以较低的成本连接，所构成的无形的网络打破时空限制、人群规模限制，显著降低交易成本，提高交易效率与频率。2017 年，在 OECD 和 IMF（International Monetary Fund，国际货币基金组织）列举的数字贸易的 16 种类型中，有 9 种是通过数字贸易平台实现的。平台已经成为数字贸易活动的主要载体。

平台的基本特征是网络效应。平台用户越多，越能吸引更多潜在用户，打破传统经济规模效应递减的规律。平台企业更看重用户数量与流量增长，而非短期获得利润。平台利用其网络效应，构造数字产品矩阵，形成互联网生态系统，向产业互联网迈进。

平台上有更多的产品和服务的供给者为个人，即 C2C（client-to-client，顾客对顾客）。消费观念逐渐向共享、绿色消费的理念转变。共享单车、共享充电宝等共享产品和服务可以利用信用分免押金租借使用，绿色方便，已经成为人们生活中不可缺少的新型消费方式；闲鱼、转转等闲置物品交易应用，为用户提供了一个二手交易的平台，用户可以在平台上发布闲置信息，交易内容从实体到虚拟、从实物到服务，包罗万象，买家直接对接卖家，完成交易，并由平台提供第三方交易保证、仲裁等服务。消费的主体也在发生改变，平台上供给者与需求者的身份可以互相转换。

国家信息中心发布的《中国共享经济发展年度报告（2019）》显示，2018 年我国共享经济市场交易额为 29420 亿元，比上年增长 41.6%；平台员工数为

598 万人，比上年增长 7.5%；共享经济参与者人数约 7.6 亿人，其中提供服务者人数约 7500 万人，同比增长 7.1%。

（2）新应用场景：国际贸易市场数字化。以传统内容产业为例，由于其通常以文字、音频的形式出现，比如音乐、视频、书籍等，在技术上属于最容易实现数字化的形式之一，数字内容市场正逐步取代传统的内容产业。美国国际贸易委员会 2017 年发布的《全球数字贸易的市场机遇与主要贸易限制》显示，全球数字内容市场 2016 年实现总收入 895 亿美元。尽管其中牵涉到复杂的知识产权问题，但转换成数据的数字内容无疑比实物更容易去往异国他乡，几乎不存在运输成本，可以跨越语言障碍，甚至一次成型后可以无限发售，网际传播使其更易流动，更有利于世界范围内的文化交流与传播，有助于企业降低成本，提升其竞争优势。同时，无纸化、数字化也被认为是一种环保主义。不同文化产业也在积极进行数字化。例如很多博物馆已经通过全景摄像、VR/AR 等技术，将文物和藏品转换成数据，进行数字化存储以及展示，以扩大其展示的容量，打破时空以及语言的限制，更好地保存历史文化，减轻物理性的灾难对博物馆的损害。

《2018 年世界贸易报告》指出，数字技术的广泛采用改变了货物、服务和知识产权等不同类别贸易的构成。全球服务贸易占比将由 21% 增至 2030 年的 25%，而在 1995 年，这一比例为 18%。数字技术在交通、旅游、住宿等传统服务行业的应用，破除了服务提供者与服务功能不能分离的限制，在线翻译、远程教育、在线法律咨询、财务咨询服务、远程医疗、远程手术服务等多种服务贸易得以快速发展。

（3）新交易内容：数字要素市场初现雏形。罗培等（2020）阐述了数字要素市场的价值与意义，对比主要经济体数据发展战略与实施情况，剖析我国当前数据市场存在的主要问题，从建设透明、安全、可信的市场体系和建立确权、定价、交易的市场机制两个维度，探讨了数据要素市场建设问题并提出相关建议。不同国家对发展大数据、约束数据跨境流动、推动数据公开等都有一定的规定。

2020 年，《中共中央　国务院关于构建更加完善的要素市场化配置体制机制的意见》提出，要加快培育数据要素市场。大数据交易所、数据服务商等新型交易形式出现。大数据交易所作为第三方撮合交易，其数据确权有政府背书，国内主要有贵阳大数据交易所、上海数据交易中心等；各行业如零售、交通、金融等领域的行业机构也建立了数据交易平台；出现了对大数据进行采集、挖掘和销售

的一体化运营的数据服务商；而大型互联网公司的交易平台通常与其云服务和
AI 服务紧密相关。

表 20-2 列举了美国、欧洲以及中国的部分关于数据的法案、条例、发展计划。

表 20-2   美国、欧洲以及中国的部分关于数据的法案、条例、发展计划

国家或区域	年份	法案、条例、发展计划
美 国	1974	《隐私法案》
	1993	"信息高速公路"战略
	2009	根据《透明和开放的政府》推出统一数据开放门户网站——Data. gov
	2012	"大数据研究和发展"计划
	2013	"数据—知识—行动"计划
	2018	《公共、公开、电子与必要性政府数据法案》
	2018	《加州消费者隐私法》
英 国	2013	《把握数据带来的机遇：英国数据能力战略》
法 国	2013	《数字化路线图》
	2013	《法国政府大数据五项支持计划》
欧 盟	2016	《通用数据保护条例》
	2017	"打造欧盟数字经济"计划
	2018	《建立一个共同的欧盟数据空间》
	2019	《开放数据和公共部门信息指令》
中 国	2015	《国务院关于印发促进大数据发展行动纲要的通知》
	2016	《政务信息资源共享管理暂行办法》
	2016	《国务院关于加快推进"互联网＋政务服务"工作的指导意见》
	2017	《信息安全技术 数据出境安全评估指南（草案）》
	2018	《公共信息资源开放试点工作方案》
	2018	《科学数据管理办法》
	2020	《中共中央 国务院关于构建更加完善的要素市场化配置体制机制的意见》

资料来源：各国家与区域政府网站。

3. 数据引发市场治理问题

数据量的爆发式增长以及数据的滥用对国际贸易规则和监管提出挑战，引起
治理问题。数据模糊了相关市场边界，熊鸿儒（2019）指出，过去静态、单向的
反垄断分析框架及判断标准很难适用于数字经济时代动态、跨界的平台经济，界
定相关市场的难度加大，市场支配地位认定困难。

平台经济往往体现出赢家通吃的特征，在相关市场中只有一两家公司能够生存，并且平台所有者能够从平台上所有用户创造的全部价值中提取很大一部分。更重要的是，随着权力的集中化，平台所有者可以成为虚拟的垄断者。在这种情况下，平台所有者可以挤压平台社区上的驱动程序或客户、内容提供商、委托人。类似领域的平台之间的竞争可能会使平台内部功能变得微不足道。垄断地位甚至强大的寡头垄断可能抑制或严重限制其他企业的发展与创新（Kenney，Zysman，2016）。

面对以掠夺性定价、"二选一"、跨界垄断、平台间并购、算法共谋或歧视等为代表的平台垄断行为，不仅更难以准确判断，争议也会更多。在反垄断执法过程中，范围和时机难以抉择、取证难、法律救济不及时、执法队伍建设滞后等挑战也不容忽视。针对竞争，劳动力市场和知识产权以及其他许多方面的适当的市场规则正变得越来越难以订立。参与者之间甚至赢家之间的政策和政治利益都不一致。

具体来讲，基于互联网的平台企业近年来一个常见的占领市场份额的营销手段就是发放"补贴"。平台为推广服务而在事前支付或承诺支付给消费者费用，通过诱导分享、下载等行为获取流量，在竞争中获得优势，诱发逆向选择，在用户养成了消费习惯后，再凭借其巨大的市场份额提高价格，而此类行为在我国现行竞争法体系中尚无明确界定。而相关社交媒体以"诱导分享"为由封禁其他企业的链接的做法也面临"垄断"的拷问。

近年来大型电商平台"二选一"问题颇受争议，2020 年"双 11"期间再次被监管机构点名。平台提出卖家"二选一"的排他性协议显然违反了自由交易原则，但现实中往往难以界定这种行为。2019 年我国正式实施的《中华人民共和国电子商务法》第二十二条、第三十五条对"二选一"限制交易行为有所涉及，但在实践中准确辨别"二选一"行为的正当性有很大难度。

随着互联网的普及和计算机技术的不断发展，人们对算法的了解和拓展也不断深入，借助于计算机的强大算力和大数据的采集和处理，算法运行速度逐渐加快，算法使用成本降低，算法辅助交易成为越来越普遍的现象。梁彦红和王延川（2020）提出，随着互联网的普及，数字市场的竞争者利用算法协调价格，更容易形成算法价格合谋，且非常隐秘、难以发现，并且由于法律的不完善，应该对算法价格合谋采取不同的策略，从而将其纳入司法管辖范围内。根据算法在价格和某种作用上的不同，可以分为显性合谋、轴辐卡特尔、默契合谋与虚拟合谋。

以上问题均是在企业掌握了大量的数据，进而获得资源与渠道的基础之上出现的数字市场治理问题。

参考文献

黄宁，李杨，2017. "三难选择"下跨境数据流动规制的演进与成因[J]. 清华大学学报（哲学社会科学版）（5）：172-182，199.

连一席，郭双桃，2020. 数据中心：新基建 抓住数字经济新机遇[J]. 发展研究（8）：37-49.

梁彦红，王延川，2020. 数字市场背景下的算法合谋[J]. 当代经济管理（9）：93-97.

罗培，王善民，王宇声，等，2020. 数据要素市场体系与机制研究[J]. 中国口岸科学技术（8）：31-36.

世界贸易组织，2018. 世界贸易报告2018年[M]. 中国世界贸易组织研究会，组织译. 上海：上海人民出版社.

王融，2015. 关于大数据交易核心法律问题：数据所有权的探讨[J]. 大数据（2）：49-55.

熊鸿儒，2019. 数字经济时代反垄断规制的主要挑战与国际经验[J]. 经济纵横（7）：10.

殷平，2016. 数据中心研究（1）：现状与问题分析[J]. 暖通空调（8）：42-53.

袁钰，孙俊杰，2020. 中国云计算数据中心市场现状与发展契机[J]. 中国工业和信息化（4）：80-85.

张夏明，许定乾，2020. 数据中心的发展前景与建设进路[J]. 新经济导刊（2）：33-37.

中国信息通信研究院，2020. 中国数字经济发展白皮书（2020年）[R/OL].（2020-07-02）[2020-07-16]. http://www.caict.ac.cn/kxyj/qwfb/bps/202007/t20200702_285535.htm.

周春生，崀秀海，2020. 无限供给：数字时代的新经济[M]. 北京：中信出版社.

Bonina C M, 2013. New business models and the value of open data: Definitions, challenges and opportunities [Z]. NEMODE‑3K Small Grants Call.

Braverman S, 2015. Global review of data−driven marketing and advertising [J]. Journal of Direct, Data and Digital Marketing Practice, 16 (3): 181−183.

Chen H, Chiang R H L, Storey V C, 2012. Business intelligence and analytics: From big data to big impact [J]. MIS Quarterly, 36 (4): 1165−1188.

Kenney M, Zysman J, 2016. The rise of the platform economy [J]. Issues in Science and Technology, 32 (3): 61−69.

Klünder J, Hebig R, Tell P, et al., 2019. Catching up with method and process practice: An industry−informed baseline for researchers [C]// Proceedings of the International Conference on Software Engineering − Software Engineering in Practice (ICSE−SEIP 2019). Montréal: IEEE Computer Society Press: 255−264.

Kosmol T, Reimann F, Kaufmann L, 2019. You'll never walk alone: Why we need a supply chain practice view on digital procurement [J]. Journal of Purchasing and Supply Management, 25 (4): 100553.

Kumar V, 2010. Customer relationship management [M]. New York: John Wiley & Sons Inc.

MacCarthy B L, Blome C, Olhager J, et al., 2016. Supply chain evolution‑theory, concepts and science [J]. International Journal of Operations & Production Management, 36 (12): 1696−1718.

Mayer−Schönberger V, Ramge T, 2018. Reinventing Capitalism in the Age of Big Data [M]. New York: Basic Books.

Meltzer J P, 2015. The internet, cross−border data flows and international trade [J]. Asia & the Pacific Policy Studies, 2 (1): 90−102.

Patel J, 2019. Bridging data silos using big data integration [J]. International Journal of Database Management Systems, 11 (3): 1−6.

Strohmeier S, 2020. Digital human resource management: A conceptual clarification [J]. German Journal of Human Resource Management, 34 (3): 345-365.

Wibowo M, Sulaiman S, Shamsuddin S M, 2017. Machine learning in data lake for combining data silos [C]//International Conference on Data Mining and Big Data. Cham: Springer: 294-306.

Zhang L, Xie Y, Xidao L, et al., 2018. Multi-source heterogeneous data fusion [C]//2018 International Conference on Artificial Intelligence and Big Data (ICAIBD). IEEE: 47-51.

第 21 章
数字经济时代的跨国服务呈现出碎片化和个性化趋势

21.1 数字经济时代跨国服务概览

21.1.1 范围界定：数字经济时代的跨国服务

　　根据世界贸易组织的《服务贸易总协定》,服务贸易包括跨境交付、境外消费、商业存在、自然人流动这四类服务。其中,跨境交付在数字经济时代焕发出新的活力。电信、计算机网络、物联网等信息技术手段让越来越多的服务能够对境外的客户实现跨境交付, 不必要求贸易的某一方前往境外。这将是本章聚焦的主要服务类型, 按照行业分类, 其既包括面向个体消费者的教育、医疗、文化、娱乐等生活性服务, 也包括面向企业的信息服务、电子商务支持服务、设计服务、设备维护等生产性服务。此外, 互联网等技术对境外消费、商业存在、自然人流动这三类服务贸易也产生了一定的影响, 例如减少信息摩擦, 提高沟通便利性, 但总体而言,数字技术对这三类服务贸易的影响并不如给跨境交付带来的变化深刻,因此本章未对其展开详细讨论。

　　数字经济时代的跨国服务, 按照跨境交付的实现方式, 又可分为以下三类:①线上化的跨国服务。通过互联网实现远程沟通, 服务从线下转移到了线上, 例如远程跨国医疗、在线跨国教育。②跨国信息技术服务。其属于 IT 产业, 从诞生之初, 便依赖互联网、大数据、云计算、人工智能等技术在线上交易, 例如离岸软件外包、离岸云计算、跨境电商平台服务。③依托物联网技术的跨国服务。其主要体现在服务型制造中, 企业不仅出口商品, 还可以为客户提供远程技术支持。借助射频识别、红外感应器、激光扫描器等信息传感设备，融入信息技术，实现对跨国商品的智能化识别、监控和管理等功能，例如设备检测、运营状态的远程分析（OECD，2013；岳云嵩，赵佳涵，2020）。

21.1.2 数字技术深刻改变了跨国服务

从宏观数据上可以看到，跨国服务在数字经济时代快速发展。计算机和信息服务（computer and information service）大类作为数字经济时代服务贸易的典型代表，其在2010—2019年的出口贸易额如图21-1所示。尽管近几年受贸易壁垒的影响，服务贸易增速减缓，但增长潜力仍然较大，2010—2013年其增速均在10%以上。

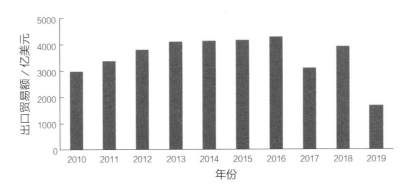

图 21-1 2010—2019 年全球计算机和信息服务出口贸易额
数据来源：联合国贸易数据库（UN Comtrade）。

现有研究表明，以大数据、云计算、物联网、人工智能、5G 通信为代表的新一代信息通信技术的发展和应用，有力地推动了跨国制造业企业的服务化。江小涓（2019）指出，网络和信息技术从根本上改变了传统服务业低效率和不可贸易的性质，通过改变服务的不可分离性、服务的不可存储性、跨国贸易的搜寻模式，显著促进了服务全球化（中国信息通信研究院，2017）。并且，数字技术越来越被视为商业模式、价值创造和价值获取的驱动力，为公司的服务、平台、数字产品和运营模式创造了新的机会（Lerch，Gotsch，2015；Parida et al.，2019；Porter，Heppelmann，2014），塑造了企业的服务化战略以及宏观和微观活动（Rabetino et al.，2018；Kohtamäki et al.，2019）。因此，Bolwijn 等（2018）指出，服务业在全球数字经济中的崛起是一个长期趋势，其崛起正被数字化不断加速。然而，数字化引发的跨国服务时空分离趋势、碎片化趋势、个性化趋势在现有文献中尚未得到重视。下面将具体阐述这些新趋势的事实证据。

21.2　数字经济时代跨国服务的时空分离、碎片化、个性化趋势

21.2.1　时空分离趋势

1. 线上化的跨国服务蓬勃发展

以教育行业为例，教育已经成为一种可以进行全球贸易的数字商品。致力于全球免费教育的非营利机构可汗学院（KhanAcademy）表示，近几年来，其25% 的用户来自美国以外的国家，并且其中一半以上的用户来自新兴市场，其中最突出的是印度、南非和墨西哥。尽管大规模在线公开课（massive open online course，简称 MOOC）并不能完全满足外国学生的所有求学需求，但这些课程至少使世界各地的人们都能够通过网络接触到世界一流的课堂，包括哈佛大学、麻省理工学院、加州大学伯克利分校等全球顶尖高校组织的 MOOC（Lund，Manyika，2016）。

在教育行业中，外语教学的线上跨国服务最引人注目。美国创办的大型公开在线课程项目 Coursera 提供超过 600 门 12 种语言的免费在线课程。超过 3/4 的Coursera 用户来自美国以外的国家，近 1/3 的用户来自印度、巴西、俄罗斯和中国（Lund，Manyika，2016）。与线下课程不同，灵活的上课时间让学生可以随时听课，节省去培训中心的时间，拥有更多时间练习外语。教育集团 EF 英孚教育在 2020 年推出了 EF Professional 混合式课程，将面对面授课与线上虚拟教学相结合，使学员在繁忙的工作中能够根据自己的档期来灵活安排学习时间，从而更

好地满足企业培养国际化人才的需求。

远程跨国医疗在近几年也逐渐走进人们的视野。世界著名医疗机构克利夫兰医学中心（Cleveland Clinic Foundation）在2015年于阿联酋的阿布扎比建立了数字化医院——阿布扎比克利夫兰医学中心。其与VIGILINT机构合作，投资16亿美金，装备一流的移动通信设施、远程医疗技术平台和智能机器人系统等，建立GMAP项目（Global MedAssist Program），能够为全球患者提供365天×24小时全天候的远程医疗服务。

2. 跨国信息技术服务蓬勃发展

跨国信息技术服务是数字经济时代诞生的新兴服务,其主要依赖于IT技术。服务提供商开发产品（硬件、平台、软件、系统等）的时间天然地早于客户使用的时间，并且两者在空间上也是相互独立的，因为IT技术能够在客户输入信息后进行自动化的即时处理。因此，跨国信息技术服务本身具有时空分离的特点。

以云计算行业为例，亚马逊根据不同的用户需求，提供了IaaS、PaaS、SaaS。其在全球各地布局了多个计算中心，为客户提供在线存储、数据安全、服务器维护等服务，让客户在本国能够专注游戏出海、跨境电商等海外业务的发展，而不必花费较多精力在海外服务器等设施上。云计算也显著提升了企业IT机构的硬件利用率，并能够在极短时间内升级到巨大容量。

又如，在线打印平台Shapeways让分布在世界各地的设计师仅通过上传产品设计，就可用3D打印创建出产品实体，并且该平台也会负责产品的后续物流，让产品能够抵达不同国家的终端消费者手中（Lund，Manyika，2016），充分体现了跨国服务时空分离带来的便利性。

再如，在电商平台领域，阿里巴巴国际站为买卖双方提供了一站式解决方案，提供多种跨境贸易服务工具。例如在物流上，阿里巴巴国际站现已覆盖全球200多个国家和地区，并不断提升"门到门"的服务能力，包括工厂到境内港口、物流末端的配送环节。在清关退税上，阿里巴巴国际站智能关务与主要口岸实现了一键式打通，商家在出单后，能够即时得到相应的报关单；清关收汇后，又迅速进入退税环节。这种全链路数字化的闭环体系也得到了平台用户的认可，活跃买家数在2018—2020年平均每年增长超过70%，2020年增速甚至超过 100%。

3. 依托物联网技术的跨国服务蓬勃发展

借助物联网，制造商不必去实地检查产品状态，而是可以通过检查产品自身报告的各种参数来为客户提供产品使用建议。制造商在生产环节已将传感器等物联网设备安装于产品的特定位置，使得相关信息可以远程传输给产品制造商，由制造商根据程序和算法对信息进行加工处理，进而控制各个过程和整个产品运作循环，从而提高产品的附加值，延伸出新的盈利模式（Lerch，Gotsch，2015）。

这种在线支持服务在装备制造类企业的应用较为突出。例如，工程机械制造商三一重工打造了"根云"工业互联网平台，把分布在全球的 30 万台设备接入平台，实时采集运行参数，利用云计算和大数据，对各类庞大设备群的运行状况进行远程管理。除此之外，徐工集团也是一个典型案例。徐工集团通过与阿里云合作，打造了 Xrea 工业互联网平台，将平台与工厂生产现场的机床、机器人、AGV 小车等设备进行连接，实现对统计设备的开工率、能耗、健康情况、机床加工精度的精准统计，从而为设备提供专业的诊断、统计和分析，更好地满足客户对设备的售后需求。截至 2019 年，该平台已服务客户超 350 家，覆盖 20 多个国家、50 多个行业，为客户增效降本，创造更多价值。

再如制造业中的轮胎行业，米其林公司不仅销售轮胎，而且为客户提供轮胎保养建议。其在轮胎上免费配备传感器和公里数计数器。在使用过程中，这些装置会将有关轮胎状态的数据发送至米其林的平台，由相应的服务部门评估轮胎发生故障的可能性。货运车队还可通过平台在线咨询，主动维护。米其林将传感器与数据分析相结合，使得货运车队能够监控驾驶员的工作、燃油消耗和轮胎磨损。在整个过程中，米其林公司与产品在时间和空间的维度上都处于分离状态，打破了传统跨国服务的时空限制，并且通过数字技术提供了更具附加值的服务（Kohtamäki et al.，2019）。

21.2.2　数字经济时代跨国服务的碎片化趋势

所谓"碎片化"，其字面意义为完整的东西分为诸多零碎的片段。反映到数字经济时代的跨国服务，可以观察到价值链环节和贸易主体都有这种"由整化散"的趋势。

1. 价值链环节呈现碎片化趋势

大量事实证据表明，数字化使得服务可以被合并为单独的业务实体，也可以被外包给外部服务提供者，甚至有可能脱离价值链和外包，包括行政支持、辅助任务、专家诊断、设备状况监测和质量检测，都不同程度地呈现出碎片化趋势（Lund，Manyika，2016）。服务的离岸外包为跨国公司进行全球资源配置、提高国际竞争力提供了一种重要途径。随着跨国公司的业务不断扩展，跨国服务的规模在全球范围内日益壮大（黄蕙萍等，2020）。数字贸易的发展丰富了服务外包的合作模式和内容，人工智能、大数据、云计算等数字技术使得服务贸易的发展呈现出分工精细化的特点（朱华燕，2016）。那些可以拆分并且能在数字技术条件下远程实现的专业服务得以迅速发展。例如，将会计部门的基础核算外包给印度和东南亚的承包商，而财务分析与管理仍由总部负责；将某些部分的设计外包，而品牌知识产权仍在跨国公司自己手中。

宏观数据也支持数字经济时代跨国服务的价值链环节呈现碎片化趋势这一观点。目前国际上主要将服务外包分为三大类：信息技术服务外包、业务流程外包、知识流程外包（见表 21-1）。

表 21-1　服务外包类型

服务外包类型	含　义	具体类型
信息技术服务外包（information technology outsourcing, ITO）	信息技术服务外包包括产品支持与专业服务的组合，用于向客户提供 IT 基础设施、企业应用务或同时提供这两方面的服务	强调技术领域的外包，主要包括 IT 软件开发、硬件维护、基础技术平台整合等
业务流程外包（business process outsourcing, BPO）	企业将一些重复性的非核心或核心业务流程外包给供应商，以长期合同的方式降低成本，同时提高服务质量	强调业务流程管理。重点解决业务流程和运营效益问题，如业务流程分拆后的数据信息采集、集成、分析委托外包服务，人力资源管理、供应链管理服务等

续表

服务外包类型	含 义	具体类型
知识流程外包 （knowledge process outsourcing, KPO）	知识流程外包是业务流程外包的高智能延续，即将公司内部具体的业务承包给外部专门的服务提供商。KPO 的中心任务是以业务专长而非流程专长为客户创造价值	更注重高端研发活动外包，例如数据挖掘、远程医疗服务、医药研发等

从图 21-2 中可以观察到，2013—2016 年，在信息技术服务外包、业务流程外包、知识流程外包这三类服务外包中，知识流程外包作为技术含量最高的一类外包模式，其贸易额在不断增长，其占比也随之增加，从 2013 年的 26.70% 增长到了 2016 年的 30.55%，说明价值链碎片化趋势已不局限于非核心业务，高附加值外包占比逐渐提高（敬艳辉，2018）。

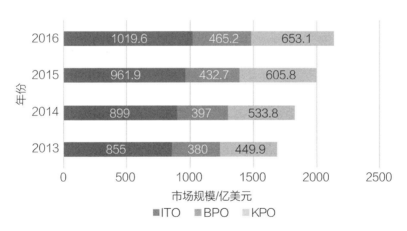

图 21-2　2013—2016 年全球离岸服务外包市场规模
资料来源：国际数据公司（IDC）、中国服务外包研究中心（COI）。

以离岸服务外包交易额居全球第二位的中国为例，据中国服务外包研究中心的监测数据，2014 年，中国 500 万美元以上的离岸大额合同签约数量增加 15%，200 万美元以上在岸大额合同签约数量增加 23.4%，企业承接大额合同的能力在提升，未来这一态势将会延续。图 21-3 也印证了这一观点，2015—2019 年中国服务外包离岸执行金额不断增加。

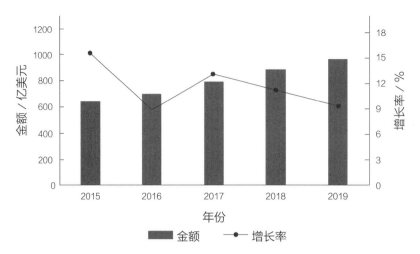

图 21-3　2015—2019 年中国服务外包离岸执行金额及增长率

数据来源：中国服务外包研究中心。

从结构上看，数字经济时代数字服务等新兴领域增长较快。2020 年第一季度，中国企业承接离岸业务流程外包（BPO）执行额为 217.1 亿元，同比增长 5.5%。受新冠疫情影响，医药和生物技术研发服务、数字服务等新兴领域的外包需求有所增长，KPO 中的医药和生物技术研发外包离岸执行额为 83.5 亿元，同比增长 28%；ITO 中的信息技术解决方案服务、云计算服务、电子商务平台服务等数字服务离岸执行额同比分别增长 213.6%、16.2% 和 14.5%。

2. 贸易主体呈现碎片化趋势

互联网为中小企业甚至个体提供了参与国际贸易的机会。根据传统贸易理论，参加服务贸易的主要是大型企业。如今，中小企业甚至个人通过网上交易平台也可以进行服务贸易，长尾理论在数字经济时代的跨国服务中也愈加适用。

在任务众包平台，人们可以购买和出售各种类型的数字化零工服务。既有种类广泛的 Fiverr、Freelancer 平台，也有面向高端市场的 Toptal 平台，还有细分化的平台，例如 GetACoder 平台，主要是针对网站设计、编程、写作类工作。这些平台也获得了很多用户的认可，例如 Guru 现已拥有超过 300 万名的用户。本书梳理了一些任务众包平台的信息，如表 21-2 所示。通过比较这些平台的成立时间可以发现，此类平台在 2010 年以后越来越多，也在一定程度上反映了数字经济的驱动作用。

表 21-2　部分任务众包平台信息梳理

平台名称	成立年份	平台特色
Guru	1998	在该平台上可以很好地展示自己的作品，并且针对所展示的技能，Guru 会为个人推送合适的工作项目
Toptal	2010	偏高端市场，针对更专业、更有经验的自由职业者。在 Toptal 上可以找到像摩根大通这样的客户
Fiverr	2011	服务种类丰富，例如网页开发、logo 设计、写作、拍照、PS 等
Upwork	2015	提供各个种类的自由职业，各种短期或长期的项目，按小时或按项目统计的工作，以及针对专业水平和业余水平的项目

　　任务众包平台反映了数字经济时代跨国服务提供方的碎片化。除此之外，跨国服务的客户方也呈现了碎片化趋势。"长尾市场"理论指出，分布在尾部的需求是个性化的、零散的、少量的需求，但把它们累加起来，可以形成一个比流行市场还大的市场。在数字技术的支持下，边际成本大幅降低，新的商业模式得以构建，企业的价值诉求不再依赖于传统的 20% "优质客户"，而是大量原先不被重视的客户。阿里巴巴国际站的买方主要是中小企业，跨境电商平台为这些长尾客户提供了广告、保险、代理服务、拍卖、中介服务等多类别的商业服务。

21.2.3　数字经济时代跨国服务的个性化趋势

1. 客户方追求个性化方案的需求日益明显

　　伴随着数字经济时代跨国服务的碎片化趋势，个人消费者越来越多地参与到数字贸易中，个性化的需求也越来越受到重视。差异化竞争成为企业竞争战略的关键，通过深入分析个性化需求，为目标客户提供定制化的产品与服务（马述忠等，2019a）。亚马逊海外购的分析报告表明，消费者的选择日趋多样化，那些原来销量低但种类多的产品或服务销量增长非常迅速。例如在园艺类商品中，与单一色系的产品相比，色彩丰富的产品更受青睐。

　　个性化趋势的背后是数字贸易在消费与生产流通环节之间搭建起了一条高效的交流渠道，原先贸易流量和消费者偏好等信息分散在不同地方，如今平台发挥了重要的汇集作用，使得差异化生产和个性化服务定制更具可行性（马述忠等，2019a）。

2. 提供方满足个性化需求的能力显著增强

与客户需求个性化相对应的是，提供方满足个性化需求的能力也显著增强。数字经济时代，服务的可变性为提供个性化服务提供了契机。通过分析海量数据，企业可以提供个性化的解决方案，优化客户体验，提升企业的竞争力，因此企业也更有动力去提升这些个性化的供给能力。

首先，在数据的积累上，潜在用户的浏览、点击、下载等行为都可以成为海量数据的一部分。随着数据的积累，数据背后的规律与价值就会显现出来，实现从量变到质变的跃升（徐宗本，2016）。其次，在数据的分析上，基于对大数据的商业分析，挖掘潜在趋势，可以为客户提供大量定制的产品和服务系统，甚至可以预测客户需求的生命周期，增强对市场需求的适应力。最后，提供个性化方案的成本也得以降低。部分方案可以借助信息技术的自动化操作来实现，对客户输入的信息给予及时反馈，并根据集成化资源进行实时调节，实现"按需服务"，这与制造业个性化定制需投入较多的固定成本和增量成本存在本质性差异（Garay-Rondero et al.，2019）。

许多案例都体现了这种个性化趋势。外贸综合服务平台为中小企业提供精准营销服务，以适应不同企业不同行业的个性化需求。随着外贸产业的发展，外贸综合服务平台中积累的客户数据、产品以及市场也越来越多。对相关数据、产品目标市场、出口趋势以及新兴市场等方面的分析可以使企业明确自身的优劣势，有利于对多元化市场策略的制定和实施及对市场风险的规避，促进企业健康发展。拥有"大数据"的跨国公司谷歌、脸书、亚马逊、奈飞等公司充分挖掘客户信息中的潜在市场价值，进而采取针对性营销，提高了其在所属领域的核心竞争力。

又如，跨境电商中的海外仓服务。买家订单是碎片化的，不同行业的产品也有特殊需求，因此个性化的海外仓服务应运而生。出口企业先以批量运输的方式将待售商品运往目标国仓库；当客户下单时，便可直接从当地仓库进行分拣、包装和配送，在降低运输成本的同时，也显著缩短了配送时间，减少了清关障碍，还优化了退换货环节，极大地提升了用户的购物体验。目前常见的海外仓模式主要有第三方海外仓、自营海外仓和亚马逊物流（FBA）这三种类型。这些新的跨国物流服务增强了提供方满足个性化需求的能力，也促进了跨境电子商务的发展。

再如知名的一站式电商平台 Shopify 将其电子商务模块外包给 Storetasker，以更好地适应中小卖家的需求。Storetasker 汇集了世界各地的工程师、营销人员、设计师等，为中小卖家在 Shopify 平台开展业务提供方案策略，无论是商店设置、主题调整的复杂问题，还是应用程序推荐、按钮使用的小任务，Storetasker 都可以帮助客户解决个性化问题。

21.3　不同企业对数字经济跨国服务新趋势的应对

21.3.1　领先企业对数字经济跨国服务新趋势的应对

1. 线上化的跨国服务企业

线上化的跨国服务的典型代表为在线教育。Coursera 作为跨国在线教育平台的龙头之一，其核心竞争力包括免费且高质量的课程和良好的商业模式。Coursera 吸引了超过 200 万名学生加入课程，33 所顶尖高校入驻。为了满足个性化的需求，需要开发多种课程，而且需同时保证质量。其中的开发成本、服务器成本等，对企业来说是巨大的一笔支出，因此在线教育平台的变现能力就变得尤为重要。

其收入来源目前主要有两类。一类是通过授予合作高校证书向学生收费，同时高校也会得到分成。拥有海外高校的证书无疑可以提升求职的竞争力，因此这也吸引了越来越多的学生加入。另一类收入来源是猎头服务。如果学员加入了 Coursera 的就业服务，Coursera 就会基于该学员的兴趣、技能和知识，帮其匹配合适的公司，并且该项服务对学生而言是免费的。若学员在该平台的课程中表现优异，并愿意跟潜在雇主分享简历，那么该用户对雇主来说就会更具吸引力，由雇主为获取优秀员工支付一定的费用。Coursera 已与脸书、推特、AppDirect 和 TrialPay 等数家知名公司签署该项服务协议，并在努力将该项服务从软件工程拓展到其他学科。

教育、医疗等服务从线下转移到线上后，一个难题在于企业的收入与成本如何实现正向循环，Coursera 的商业模式或可提供借鉴。

2.跨国信息技术服务企业

数字渠道和社交媒体的兴起，为跨国公司提供了一个有力的品牌沟通渠道。领先企业在全价值链中已构建与消费者实现良性沟通互动的健康体系，并利用大数据对各类数据进行深入分析，最终形成基于个体消费者的针对性沟通策略。

Adobe Experience 为个性化推荐提供了一个很好的解决方案，其可在所有供应商的网站和移动应用上管理营销内容、收集客户数据，并提供个性化用户体验。同时，该平台还可帮助建立和管理响应式网页设计，实现跨语言、跨国家的网站信息同步，故而该平台被许多知名全球公司所青睐。

在线视频领域中，奈飞依托持续的数据积累和算法研发，实现精准推荐。例如，奈飞在 2017 年推出"个性化海报推荐"，根据用户以往的观影偏好，针对性地选择影片中的相应画面作为海报，以吸引用户点击。例如，向动作片爱好者推荐时，会以片中的打斗场面为海报。同时，奈飞也注意避开"信息茧房"，即"越推荐越相似"的问题。其在推荐算法中也融入了新颖度、多样性等因素，以帮助用户发现兴趣，也让平台更加了解用户。得益于这种个性化的产品推荐和视觉效果，奈飞的推荐效率始终保持着较高水平，新用户转化率和用户活跃度稳居行业领先地位。

可见，在数字经济时代碎片化、个性化的趋势中，只有既充分利用推荐算法，赋予用户个性化的体验，也注意"信息茧房"带来的负面影响，才能在音乐、视频、电子商务支持等跨国服务中走得更远。

3.依托物联网技术的跨国服务企业

物联网技术的发展为企业的业务扩张带来了新的机遇。但要抓住这个机遇尚有一些注意事项。例如，要始终围绕用户的价值诉求来增加新的功能，而非仅仅出于这个功能非常新颖。每一种功能的增加都需要投入一定的成本，因此，如果这项功能不是用户真正的关注点，用户的支付意愿就较弱，这项服务也就无法为企业带来新的利润增长机会。同样是温度监控这项服务，热水器公司 A. O. 史密斯对家用热水器和商用热水器采取了差异化策略。相较于家庭用户，生产型企业更加希望能恰到好处地控制加热时间，降低不必要的成本。因此，A. O. 史密斯只在家用热水器的少数机型中提供这一功能（Porter，Heppelmann，2014）。

再如，企业需要考虑内部开发或外包给供应商哪些技术环节。因为许多企业在转型前并不涉及物联网，缺乏相应的技术、人才、管理经验。如果全部进行自主开发，可能会进展过慢，错失发展良机；或成本高昂，相较竞品缺乏吸引力。而如果全部外包，虽然可以选择最具性价比的合作伙伴，但难以积累不可替代的竞争优势。因此，领先公司会将这两种模式结合起来，在那些可能成为持久优势的环节（如设备设计、数据分析）进行内部开发，而将那些发展过快的技术层外包出去（Porter，Heppelmann，2014）。

21.3.2　滞后企业在数字经济跨国服务新趋势中面临的挑战

滞后企业，特别是中小企业，在数字经济跨国服务新趋势中面临着诸多挑战。Peillon 和 Dubruc（2019）从多方面进行了详细讨论，包括技术与人才的障碍、企业组织的障碍，以及与客户数据相关的障碍。

第一，滞后企业需要克服技术与人才的障碍。数字技术对企业服务数字化转型来说是关键的，但中小企业面临较强的资金约束，难以获得稳定而可靠的物联网、大数据、云计算等数字技术的支持。并且，企业还需找到合格的 IT 人才或培养员工运用 IT 技术与 IT 数据的能力。

第二，滞后企业需要克服组织层面的障碍。企业不仅需要相关的技术与人才，还需具备整合这些资源的能力（Kane et al.，2015）。当数字技术开始在某些部门实施时，可能由于部门之间的嫌隙，一些关键数据无法在企业内部顺畅地流通，使得数字技术的应用反而增加了企业的沟通成本、协调成本。为此，滞后企业需制定并落实有关业务流程的规章制度，在必要时重新设计企业运营的业务流程，使得组织结构能够与数字技术相匹配。此外，保守型的企业文化或者反对变革的关键意见领袖也会成为滞后企业在面对数字经济跨国服务新趋势时进行创新的一大壁垒。

第三，滞后企业需要克服与客户数据相关的障碍。数据是开发新服务、完善已有服务的重要基础。然而，许多数据属于用户的隐私，用户出于安全考虑可能不愿意提供必要的访问权限，特别是企业型客户更加担心生产数据等商业信息的泄露；而且，相比行业领先企业，滞后企业本身就已存在更大的信息摩擦，处于相对劣势（Peillon，Dubruc，2019）。

21.4　数字经济时代跨国服务新趋势带来的影响

数字经济时代跨国服务的新趋势可能是现有国际商务研究中被忽视的一个重要方向，例如这种新趋势对企业的国际直接投资与服务外包、价值获取与价值创造、产业竞争态势等方面的影响及其内在机制。

21.4.1　国际直接投资与服务外包

数字经济时代，跨国服务"时空分离、碎片化、个性化"的新趋势使得企业有必要重新考虑对外直接投资或服务外包的项目、区位、收益与成本。跨国公司可以重构服务价值链，根据不同国家的比较优势，将核心或非核心环节重新分配到全球各地。对于市场导向型的直接投资，企业在新趋势中或可扩大跨国服务的市场范围，更充分地实现规模经济。对于成本导向型的直接投资或服务外包，随着跨国服务的碎片化，企业的交易总成本是否小于之前的总成本，需要进一步考量。虽然外包或单独的业务实体可以使单个环节的成本降低，但多环节的碎片化可能导致整体的组织成本增加，数据泄露风险加大。因此，仍有必要通过案例或实证，深入研究在数字经济时代，跨国服务企业的对外投资因素发生了哪些变化。

这种直接投资对母国与东道国的引致效应也具有重要的研究意义。对于母国而言，跨国公司的服务外包或国际直接投资可能给母国就业带来负面影响。对于从跨国公司接包的第三方供应商来说，接包的过程可能包含着巨大的发展和知识转移机会。随着 IBM、惠普、埃森哲在发展中国家开始经营，印度的第三方供应商进入了快速增长阶段，例如印度塔塔咨询服务公司（Tata Consultancy Services）、印孚瑟斯技术有限公司（Infosys），为 IT、电子商务等行业提供优质服务（Lund，Manyika，2016）。

21.4.2　价值创造与价值获取

价值创造是根据客户需求提供产品或服务，价值获取则是通过一定的盈利模式来持续获取利润。在新趋势中，企业创造价值和获取价值的方式都发生了一定的变化。以依托物联网技术的跨国服务为例，价值创造不再停留于提供一个实物产品，还随附一种服务。在价值创造的过程中，除了劳动与资本，数据成为新的生产要素。企业可以使用传感器生成关于物理事件或状态的信息，进而传送、聚合、分析信息。类似地，线上化的跨国服务、跨国信息技术服务也在利用数字技术为用户提供新的解决方案。价值获取的方式也与时俱进。数字经济的边际成本大幅降低，显著改变了企业的成本结构。企业可以用"自给自足"的模式为用户提供尽可能多的系列服务；也可以构建一个生态系统，允许更多第三方接入，共创生态价值。

21.4.3　产业竞争态势

数字经济时代开启新一轮竞争，为公司的数字产品、商业模式的变革带来新的机会。领先企业已经获得了规模经济（Porter，Heppelmann，2015），滞后企业可能受限于资金、人力、技术等，面临着更大的追赶压力，需要加快变革，产业格局由此迎来新一轮洗牌。但中小企业也可能发现一个新的蓝海市场，以"互联网＋X"的新型商业模式获得核心竞争优势。

数字经济时代的跨国服务对数据的运用更加重视。那些仅利用邮件、沟通软件、电子文档提供的服务，极易被模仿，因而不足以成为企业的核心竞争力。相比之下，那些收集、存储了大量数据并深入分析而开发的服务，才可在数字经济时代获得竞争优势。因此，在跨国服务新趋势下，企业的关键成功因素值得研究，这对于学术研究和管理实践都具有重要意义。

参考文献

阿里巴巴国际站，2020. 我们的目标：三年后支付买家破 1000 万，货运排进全球前三 [EB/OL].（2020-10-09）[2020-11-10]. https://supplier. alibaba.com/us/news/PX35507A.htm.

勃潇，2019. Adobe 升级客户体验管理　提升数字体验［EB/OL］.（2019-04-23）［2020-11-10］. https://www.sohu.com/a/309771356_162522.

Chiming，2017. Netflix 官方技术博客：个性化分发与推荐，走在前列的 Netflix 是怎么做的？［EB/OL］.（2017-12-20）［2020-11-10］. https://36kr.com/p/1722103463937.

贺东东，2017. 三一重工：制造即服务，数据即价值［J］. 互联网天地（1）：23-25.

黄蕙萍，缪子菊，袁野，等，2020. 生产性服务业的全球价值链及其中国参与度［J］. 管理世界（9）：82-97.

IBM 商业价值研究院，2012. 赢在变革的中国：跨国企业在华面临的新挑战［R/OL］.（2012-12-13）［2020-11-10］. https://www.ibm.com/downloads/cas/KENOPY81.

江西省卫生健康委员会，2020. 中乌远程医疗系统启用［EB/OL］.（2020-04-27）［2020-11-10］. http://hc.jiangxi.gov.cn/art/2020/4/27/art_38098_2324716.html.

江小涓，2017. 高度联通社会中的资源重组与服务业增长［J］. 经济研究（3）：4-17.

敬艳辉，2018. 全球服务外包产业发展现状和趋势［J］. 全球化（12）：41-51，132.

马述忠，房超，梁银锋，2019a. 数字贸易及其时代价值与研究展望［J］. 国际贸易问题（2）：176.

马述忠，房超，张洪胜，2019b. 跨境电商能否突破地理距离的限制［J］. 财贸经济（8）：116-131.

全球医生组织北京代表处，2017. 远程医疗 | 克利夫兰提供跨国远程医疗服务，你准备好了？［EB/OL］.（2017-06-21）［2020-11-10］. https://www.sohu.com/a/150637699_387205.

Raynor M E，Cotteleer M J，2017. 价值创造、价值获取和物联网［J］. 德勤中国，译. 科技中国（1）：39-45.

沙琦，2012. 云计算引领服务外包迈入新格局［EB/OL］.（2012-01-18）［2020-11-10］. http://www.ccmw.net/article/86204.html.

王吉伟，2019. 三个案例，两个层次，告诉你到底什么是服务型制造［EB/OL］.（2019-08-23）［2020-11-10］. https://zhuanlan.zhihu.com/p/79487745.

王轶辰，2018. 我国服务贸易保持较快增长态势［EB/OL］.（2018-09-19）［2020-11-10］. http://www.gov.cn/xinwen/2018-09/19/content_5323250.htm.

岳云嵩，赵佳涵，2020. 数字服务出口特征与影响因素研究：基于跨国面板数据的分析［J］. 上海经济研究（8）：106-118.

运营有道理，2020. 跨境外贸可考虑的八种营销外包和开发服务［EB/OL］.（2020-01-08）［2020-11-10］. https://www.ikjzd.com/home/114014.

中国信息通信研究院，2017. 中国数字经济发展白皮书（2017 年）［EB/OL］.（2017-07-11）［2020-11-10］. https://www.cac.gov.cn/files/pdf/baipishu/shuzijingjifazhan.pdf?eqid=ffa3e4e200636061000000026429374c&wd=&eqid=c374f25e00089257000000026429374c&wd=&eqid=c374f25e0008925700000000264924abb.

朱华燕，2016. 数字贸易激活新型服务外包模式［J］. 服务外包（12）：74-75.

《中信经济导刊》编辑部，2018. 2017 年中国跨境网购呈现三大特征［EB/OL］.（2018-02-12）［2020-11-10］. https://www.jingjidaokan.com/icms/null/null/ns:LHQ6LGY6LGM6MmM5Y2Q0ODk2MGMwOGMzZjAxNjE4N2VhOTUxNzA3NDIscDosYTosbTo=/show.vsml.

Bolwijn R, Casella B, Zhan J, 2018. International production and the digital economy［C］//van Tulder R, Verbeke A, Piscitello L. International Business in the Information and Digital Age. Bingley: Emerald Publishing Limted: 39-64.

Garay-Rondero C L, Martinez-Flores J L, Smith N R, et al., 2019. Digital supply chain model in Industry 4.0［J］. Journal of Manufacturing Technology Management, 31（5）: 887-933.

Kane G C, Palmer D, Phillips A N, et al., 2015. Strategy, not technology, drives digital transformation: Becoming a digitally mature enterprise［R］. MIT Sloan Management Review. Deloitte University Press.

Kohtamäki M, Parida V, Oghazi P, et al., 2019. Digital servitization business models in ecosystems: A theory of the firm [J]. Journal of Business Research, 104: 380−392.

Lerch C, Gotsch M, 2015. Digitalized product−service systems in manufacturing firms: A case study analysis [J]. Research−Technology Management, 58 (5) : 45−52.

Lund S, Manyika J, 2016. How Digital Trade is Transforming Globalisation [C]. International Centre for Trade and Sustainable Development (ICTSD).

OECD, 2013. The Digital Economy−2012 [R/OL]. (2013−02−07) [2023−06−01]. http://www.oecd.org/daf/competition/The−Digital− Economy−2012.pdf.

Parida V, Sjödin D, Reim W, 2019. Reviewing literature on digitalization, business model innovation, and sustainable industry: Past achievements and future promises [J]. Sustainability, 11 (2) : 1−18.

Peillon S, Dubruc N, 2019. Barriers to digital servitization in French manufacturing SMEs [J]. Procedia CIRP, 83: 146−150.

Porter M, Heppelmann J, 2014. How smart, connected products are transforming competition [J]. Harvard Business Review, 92 (11) : 66−68.

Porter M, Heppelmann J, 2015. How smart, connected products are transforming companies [J]. Harvard Business Review,93 (10) : 97−114.

Rabetino R, Harmsen W, Kohtamäki M, et al., 2018. Structuring servitization−related research [J]. International Journal of Operations & Production Management, 38 (2) : 350−371.

| 下　篇 |

数字经济时代国际商务理论：
新范式

第 22 章
数字经济时代国际商务理论研究新范式的提出

22.1 数字经济时代国际商务理论研究新范式及其内涵

关于国际商务理论的研究，长久以来学者们都习惯于依赖从成熟的理论体系出发，但这些理论大多数是在企业不存在信息通信技术和社交网络技术，或这些技术尚处于发展初期的情况下提出的。然而，在数字经济时代，国际商务范式的学术知识已经无法赶上通过数字技术进行全球商业转型了，过度依赖现有理论会阻碍国际商务研究发展。笔者主张从根本上重新思考国际商务理论，而不是简单地寻找另外一个自变量或调节变量。对信息时代不断变化的环境做出反应，将成为国际商务学术研究的关键竞争优势。

基于上文的分析，笔者提出了一种数字经济时代国际商务研究的新范式，其具体架构如图 22-1 所示。

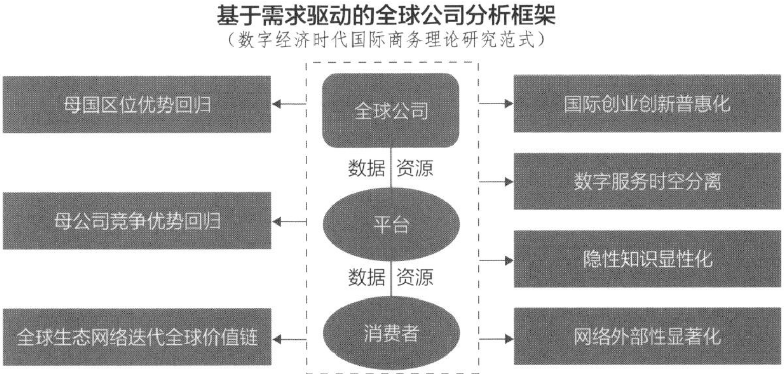

基于需求驱动的全球公司分析框架
（数字经济时代国际商务理论研究范式）

图 22-1 基于需求驱动的全球公司分析框架

　　首先，这一分析框架是围绕全球公司建立起来的。信息通信技术催生了一个新的跨国公司"品种"和商业模式，它正在通过用户共创内容来产生价值，并利用数字技术、创新创业在全球范围内颠覆传统行业。笔者认为，纯粹的数字技术跨国公司从其创立之初就倾向于全球化经营而非跨国经营，并从生产经营和商业化销售两个维度上高强度拥抱互联网，因而可以称为数字经济时代的全球公司。来自新兴市场国家，特别是中国的数字化全球公司正在凭借庞大的母国市场累积数字资源，获取知识和关键技术，孕育崭新且可能具有革命性的商业模式。在这一时代背景下，中国企业可能并不像过去那样依赖全球化来获取技术和内容。对于中国全球公司的全球化模式进行归纳能够为国际商务理论研究提供启示。

　　由于历史原因和时代的变化，新一代全球公司在跨国运营中的行为和各种趋势已不能根据传统的国际商务研究模式得到合理的解释。尽管近几年来国际商务理论的发展和应用使主流国际商务理论有了一些新的发展，但这是理论上增补的，总是让人感觉有些许不足。随着时代的发展，环境也随之变化。现代商务新理论的重要性不断提高，对传统理论形成了巨大的挑战。尽管现代国际商务新理论还不完备，但它们使用了与传统理论不同的研究对象或研究角度，给人们以新的视角来审视国际商务理论发展的进程。这些理论主要包括跨国公司的概念及跨国公司战略和组织的概念。

　　综合对传统国际商务理论进行分析，有助于我们对现有理论的缺点和理论发展趋势有更清楚的认识。从经营优势分析看，传统理论本身存在缺陷：优势分析是静态的，不考虑竞争，不考虑企业如何取得优势，加上实际的变化，其局限性日益明显。而战略与组织理论，虽然在理论上更加注重战略竞争的影响，并提出了"战略优势""组织优势"等概念，但一方面由于它集中在对传统理论的增减和删补上，没有完全跳出传统理论的"优势利用"思维角度，另一方面由于其优势分析也有相对局限性，不能系统完整地论述跨国公司如何在跨国运营中获得优势，因此很难为跨国公司在当今复杂的国际商务大环境中如何取得优势提供理论指导的依据。

　　从战略上看，在现代国际商务理论中，全球公司的竞争优势问题需要从传统逻辑转向创新战略的思维方式。具体地说，就是要跨国公司从关心"发挥和扩大"哪些优势转变为关注"如何捕获和发展新优势"。现有传统的理论分析无法给出解释，需要对新的理论进行探索。当代国际商务新理论，结合了当前国际现代商务竞争环境、跨国公司经营的新现实和新挑战，对跨国公司如何发展、怎样取得优势等问题，进行了创新的理论研究。

伯克莱认为，新的跨国公司理论要注意动态性和不确定性。而由于企业的竞争基础和竞争重点发生了转变，因此应该重新对传统的理论进行考虑，对跨国运营活动进行分析。只有把现实的环境条件结合起来，把对跨国经营的理解提高到新的水平，跨国公司才能真正把握其现代性。

对跨国公司在国际商务大环境中的认识是一个循序渐进逐步发展的过程。一是跨国公司本身就是一个系统的复杂经济组织；二是随着经营环境的改变和时代的转换，它会有不同的特点。因此，只有从进步的角度来看，才能更全面、深入地了解现代国际商务大环境中跨国公司的内涵。

由于在现代国际商务中跨国公司具有对外直接投资的特点，人们往往习惯于用直接投资来描述跨国公司的这一活动。在最初，跨国公司直接投资的重点是开拓外部市场，充分利用各种可能的市场机会以及自身所具有的垄断优势，从而很容易引发许多学者的讨论，认为跨国经营或跨国公司是利用和扩张的结果。但随着国际商务环境的变化和跨国公司在国际上的跨境经营活动不断增多，直接投资的机会和功能变得越来越复杂、多样化，对外投资逐渐成为跨国公司在国际上的重要经营方式和工具。此时，如何利用外部直接投资作为经营方式，优化跨国公司在全球范围内的资源获取和配置，从而在全球范围内建立竞争优势，成为跨国公司经营活动的核心，成为跨国公司的一个战略问题。

在国际商务研究的背景下，对外直接投资和跨国公司之间存在着内部联系，新理论研究过程中的对跨国公司理论的描述，常常就是对外直接投资现象的解释，针对跨国公司本质的探究也聚焦在对外直接投资活动方面。由海默所提出的"垄断优势论"出现以来，针对跨国公司和对外直接投资理论的研究主要从三个方面展开。传统的国际商务理论与"不完全竞争""垄断优势"之间有着千丝万缕的关系，但直到今天还没有一个系统、完善的不完全竞争理论出现，这也使得大多数国际商务理论都必须从表象来研究问题，一个理论仅解释了某种或多个现象，并互相排斥，还没有一个能够被人们所普遍接受的综合性理论对国际商务中跨国公司的本质有具有说服性的阐述。而且，随着国际商务的发展，跨国公司在海外经营中频繁地出现，跨国公司的概念与内涵总是在动态调整过程中，从这种意义上讲，我们要从演变的角度挖掘并理解跨国公司的真实内涵。

从历史上看，跨国公司的产生和工业垄断与资本的积累密切相关。19世纪60年代中期，由于工业革命、大机械工业的发展，生产社会化程度空前提升，宗主国和殖民地之间的国际分工体系形成，使得国际经济活动中的生产性经营明显增多。建立大机械工业的英国、法国、荷兰、德国和美国垄断先进的产品部门的生产，并将其转移到国外，从而产生了对外的直接投资。同时，上述几个国家的资本储备迅速增长，为跨国公司的产生奠定了经济基础。20世纪以来，特别是二战后，生产与工业资本的集中程度前所未有，在福特生产方式的示范经济效应下，美国与西欧大型企业的大中小规模工业生产联合倾向非常突出。在这一时代背景下，人们将企业理论实践研究中的对象主要集中在跨国垄断竞争优势、大规模跨国公司理论是非常自然的，而把重大跨国公司理论看作"垄断优势利用与推广"的结果也是合理的。

但是，当下的国际市场运营环境发生了很大的变化，跨国公司的经营活动也在动态调整中，这引发了学界对跨国公司和跨国公司理论的再思考。对发展中国家跨国公司和中小型企业的跨国公司行为进行解释，需要有新的理论。特别是跨国公司不断分化、重组和重建；跨国公司战略联盟和其他网络组织等，尤其是近几年跨国公司战略联盟的急速发展，打破了过去跨国公司的模式。公司的层次结构清晰，出现边界模糊的虚拟企业形态，这一点对传统的理论提出了挑战。正如孔查特和罗兰基所指出的：跨国公司的概念可能要发生变化。从跨国公司组织结构的观点来看，相关传统研究对于跨国公司的描述更像是一条"内部化的控制链"，但根据现在实际情况的变动，其更应该被视为由相互套牢的准市场交易关系组成的联合体。随着企业间战略联盟的成立，许多曾经的竞争对手现在在国际合作安排的角度上成为合作对象，从而形成群体网络，相应的跨国公司也试图将其定义为：由外部组织网络包含内部不同的网络组织。进一步研究这一网络组织形式必然导致跨国公司理论对跨国公司的认识发生变化。

结合上面的理论分析，我们可以认为：企业在具有优势的情况下在跨国运营的过程中会更有潜力。但并不可能像传统的OLI模型一样，认为OLI囊括企业跨国运营的所有动因，从而认为跨国公司是"优势利用和扩张的结果"。事实上，企业在参与跨国运营活动的过程中也将给自身带来优势，对跨国运营本质的掌握更多地应该是从"跨国运营活动和优势获得互动过程"的角度来理解。本书认为：企业具有的优势不是其进行跨国运营的原因，在许多情况下，优势是通过企业过去的活动建立的，而跨国公司经营对于企业而言从本质上来看是继续保持并发展的优势，寻求新优势，即企业跨国运营也是企业可以取得优势的一种手段。尤其是对中国企业来说，如果只看到要有什么条件来开展跨国经营，而看不见跨国运作是取得优势的一种重要方式，就有可能失去机会，在国际化竞争中处于不利地位。因此，在现阶段的跨国公司竞争环境中，公司对跨国经营的正视与深入研究也是企业竞争优势的重要来源。

　　传统的国际商务理论仅解释了优势企业是如何首次进入海外的，而对于如何在国际市场进一步发展并获得优势的研究则寥寥无几。而现在，跨国公司在国际化运营过程中，必须考虑如何将跨国经营作为获得经营优势的一种手段来实现。跨国公司进行跨国运营是直接参加国际化竞争，有效利用全球资源，从而取得优势的一种手段。然而，正如跨国经营使用某一种经济手段不一定能够真正达到既定的经济目标一样，跨国共同经营并不一定会促使跨国公司真正具有经济优势，尽管"共同管理的经济性质"是由于跨国共同经营而必然产生的。跨国公司经营虽然泛指中国企业能够直接参与企业资源的跨国转移，但跨国公司经营不一定等于企业能够将原有的企业优势资源延伸扩大到海外，全球跨国经营不一定等于企业能够直接获得覆盖全球的核心竞争力和优势。

　　主流的国际商务理论是以交易成本为基础的，而资源基本方法是以分析跨国公司的本质和相关问题为基础的，经常被忽视。事实上，自彭罗斯提出企业成长理论后，资源基本方法在企业管理中大量出现，特别是战略管理文献更为普遍。有学者考察了这一点，并有文献记录。此外，在企业管理文献中使用的资源基本方法倾向于将彭罗斯企业成长理论作为一个分析起点，并在彭罗斯的启发下相继产生了许多知名的理论。

　　彭罗斯所提出的企业成长理论围绕经济讨论了企业的资源配置问题，其观点大致如下：企业是资源的集合体，其发展壮大与两个因素有关——内部资源和外部机会。在企业内部的生产过程中，需要特别强调管理性资源的作用，彭罗斯认为，企业扩张的方向和程度取决于对管理性资源的限制。企业的扩张行为必须与其扩张计划保持一致，而且扩张计划能够实现的程度受限于企业内部有经验的管理层。当扩张计划开始实施时，管理服务便成为计划实施过程的一部分，并推动计划的进一步扩大。从彭罗斯到现在，基于资源的企业理论已经成为当今战略管理理论的主流学派，也就是所谓的资源基础论。如果按照不同资源、能力、知识等方面的划分，又可分为三大流派：彭罗斯、沃纳菲尔特、巴尼和皮特瑞夫的"资源的独特集合体"流派；普拉哈拉德、哈默尔、福斯等的"能力的独特集合体"流派；Kogut 和 Zander（1992，1993）、Spender（1996）等的"知识的独特集合体"流派。可以认为，企业竞争优势有三个基本来源：企业所处的产业环境、企业拥有和控制的异质性资源（包括能力）和企业创新。

在动态国际运营环境中，传统的"所有权优势""内部化优势""区位优势"等概念并不能完全说明跨国公司竞争优势来源的问题。关于跨国公司的最新研究是从重新定义所有权优势和地区优势这两个概念的内涵开始的。从这些新定义中我们可以看出，最新的研究关注资源，特别是知识资源。

企业资源理论把企业的竞争优势定义为企业获取、转移和整合能力的差异化。这一结论在跨国公司中具有独特的意义。与本土企业相比，跨国公司的独特之处在于：一是知识来源分散。跨国公司能够接触到更广泛的环境刺激，这是跨国公司与地方企业相比潜在的一个重要优势。更广泛的消费者偏好、竞争对手行为、政府需求和科技来源可能会激励创新，从而成为企业知识的源头"。二是知识存在区域性差异。如果创新主要是在同一区域进行的，而掌握这些知识的参与者都具有共同背景（语言、地区文化、技术标准或研究途径），那么我们把这种知识创作方式称为同一区域模式。

但由于知识源的分散，跨国公司面临越来越多的区域模式，跨国公司需要将知识整合到全球各地，知识创新面临巨大挑战。跨国公司获得差异竞争优势的途径也自然存在：要从策略、结构等角度对这两种特殊挑战进行适应，既需要获得全球各地区的异域化资源和知识，又需要对同一组织的资源和知识进行整合。

对于跨国公司而言，竞争优势资源的载体可分为两个部分：内部网络和外部网络。内部网络是指跨国公司组织系统内部特殊的组织之间的相互关系，包括母公司和子公司的关系，以及子公司和子公司的关系。内部网络以母公司为主体。外部网络是指跨国公司组织和外部社会之间相互关联的一种形式，包括供应商、客户、政府和科研机构等。外部网络的主体是组织外界各种社会行为的主体。

对竞争优势资源的载体进行考察，进一步证实了跨国公司的竞争优势并不像传统理论所认为的那样，单纯源于母国或母公司的资源与优势。

在全球经济一体化成为主要载体时期，资源基础理论对跨国公司行为的解释具有更大的指导作用。它更多地关注跨国公司在全球竞争策略上的调整，如对外资源争夺和新兴市场争夺等。因此，跨国公司的研究也可以从解释"为什么"到"如何解释"，研究的重点逐步从存在的机制转向了发展的机制，从而使跨国公司理论迈向前进，而且研究重点更多地集中在经营策略、投资决定等方面。

现代国际商务新理论达成了这样一个共识：跨国公司的竞争优势日益来自其所掌握并可利用的资源，特别是知识等战略资源；这种战略资源并不仅指母国资源或母公司资源，而是指那些分布在全球各地的子公司或其下属部门所在的东道国资源；因此，跨国公司必须不断创新，从外部获得资源，并更新战略资源。跨国公司的竞争优势源于它特定的跨国运营活动，以实现有效的获取、整合和利用资源的全球经营。对于跨国公司来说，无论是具有企业特定优势，还是具有区位性的特殊优势，都只是企业取得竞争优势的根本基础，从而将母公司资源和子公司以及其所属国家的特殊资源有效地整合起来。当然，企业的外部资源决定必须以其内在的资源特征为基础，发现、选择并利用外来资源，这应该成为跨国公司战略的焦点。

对现有现代国际商务理论进行综合分析，我们可以得出如下的结论。

第一，从动态多维角度，必须分析全球公司的优势来源。尽管优势源分析是跨国公司理论中的核心内容，但随着理论的发展和全球公司经营实践的开展，优势的内容和性质不断变化，理论上必须由"传统优势"转向"战略优势"，或者说，是指"组织优势"，或者说是指指导性的"竞争优势"，即优势分析必须是动态的。

第二，现代国际商务理论的研究方向是从存在机制到发展机构，实现的研究突破。传统的国际商务理论，对跨国公司的"存在动因、机制"进行分析，是事后解释的一种，但对国际运营活动的新现象缺乏一定的解释。因此，在目前情况下，讨论跨国公司"如何发展"要比讨论它是什么更有意义。

第三，应当在现代公司竞争的背景下，对战略竞争进行现实分析。主流跨国公司理论从微观的角度考虑到企业本身的特殊优势（以大型发达国家跨国公司的发展背景为基础），较少考虑到市场竞争和对手的影响，缺乏对跨国公司之间相互作用的分析，越来越不适应现实情况。由于现实的经营竞争十分激烈，任何一家跨国公司的形成与发展都会受到竞争环境和其他跨国公司战略竞争的影响。因此，对战略竞争进行分析十分必要。

第四，世界各地的公司在本质上都发生了从"优势利用"到"优势讨论"的变化。

现在，跨国公司不再仅仅是传统理论所认为的具有显著优势的大型企业，其跨国经营就是"优势利用"，跨国经营是优势扩张的结果。现在跨国公司应该把跨国经营作为在全球范围内获得资源、获得优势的手段和工具。在跨国公司的分析中，应用竞争优势、战略管理等概念，对企业"如何获得优势"进行讨论。进入21世纪后，中国国际企业仍然被认为是跨国公司经营的"幼稚一族"，但随着国际企业运营市场环境的急剧变化，其不断被推向经济全球化发展浪潮的战略领航地位。经济社会全球化发展环境以及外资跨国公司业务全球化的发展战略，给当前中国外资企业跨国业务运营发展带来了良好的市场环境，同时也使其面临前所未有的挑战，因为发达国家的跨国公司无论是在规模还是在实力方面，都占据绝对优势。因此，按照传统的跨国公司理论逻辑，中国的企业还没有具备跨国运营的实力和优势条件。但是，这并不能阻止中国企业的国际化进程。中国为了发展经济，在战略上选择跨国公司经营，其目的是要建立一批具有全球竞争力和影响力的跨国公司。

国内全球公司实践已经打破传统的跨国公司理论局限性，通过商品的进入、契约的进入以及多种形式进军海外市场，并出现了在国际市场上购买老牌跨国公司、控股资源类企业等案例，其实践在传统的国际投资理论和跨国公司学说中难以得到解释和支持。类似于在中国这样的新兴市场国家，企业国际化、新兴跨国公司成长与发展亟待理论的支持，现代跨国新理论在一定程度上能够满足以上要求，或者至少可以拓展一些新的理论方向。作为中国现代商务理论的研究人员，我们负责汲取现代跨国公司理论研究的最新成果，结合实际环境的变化，正确地把握现代全球公司的现代性，发展出适合解释中国全球公司成因与发展的理论。

22.2 全球公司、平台、消费者——三元耦合动态价值共创

传统的价值创造理论认为，企业是唯一的价值提供商，消费者就是知识价值使用商。但随着经济环境的变化、商业模式的创新，全球公司通过平台积累数据和资源，将根据全球市场的实际情况和环境变动因素，借助于平台，为消费者提

供一种可定制的服务或产品，此时消费者的角色已不再仅仅是一个价值的接受者，而是逐步转变为价值创造的参与者。消费者为了使自己的实际消费需求得到更好的满足，具有很强的意愿参与企业产品的研发、设计和生产过程，即他们希望贡献自己的知识和技能，从而引导全球各公司提供更能满足其需求的产品和服务，以获得更好的消费体验。在服务导向逻辑取代产品导向逻辑的时代大背景下，客户对于产品与服务的深度需求和自身价值的体现，决定了产品与服务是否真正具有价值。因此，将价值共创概念引入服务经济中，特别是引进定制性知识密集型服务的提供商和客户价值共创体系已成为一种必然的趋势。

22.2.1　全球公司价值创造机制

企业服务创新系统的四要素分别为互补、效率、创新和留存。

（1）互补。互补是定制性知识密集型服务的基础，也就是消费者提出问题，服务供应商利用专业的知识来提供解决办法，这一过程是双方的互补关系。对服务提供商来说，定制性知识密集型服务有着极强的个性和情境特征，因此在提供服务的过程中，服务提供商获得两个方面的补充：一方面是情况知识，即特定客户遇到的各类问题，问题的多样性使服务提供商增加了自己的服务经验，并增加了蓝本和解决这类问题的方案；另一方面对客户关系的不同划分也使得客户被区分为更多类型，包含挑剔客户、友好客户、长期客户和临时客户、高端客户和低端客户，通过交互增强了企业的客户关系管理能力，而对定制性知识密集型服务来说，客户关系管理能力就构成了服务提供商核心竞争能力的重要组成部分。

（2）效率。效率是世界上所有公司对生产服务进行管理的目标，高效率的管理可以显著提高顾客对服务的满意度，也能节省生产费用，增加服务附加价值。提高服务效率有两个方面的保障：一方面是各类应用、交互技术等"硬保障"，如 ICT 技术、云计算等；另一方面是交流、沟通、管理等"软保障"，例如通过打造企业独特的经营理念和文化，提高促销、营运和服务效率。

（3）创新。创新是跨国公司在价值创造机制中最关键的因素，也是促进个性化服务提供的原动力和实现方式。对于全球公司服务提供商来说，经过深层次的交互，服务提供商的创新能力将从两个角度得到提高：一是知识库的丰富使得静态能力提升，即通过实际的服务交互搜集更多情景知识；二是提高供应商自身服务水平，即根据多次出现的问题采取更有针对性的解决办法，以应对不同类型的客户。

（4）留存。留存是服务提供商价值创造机制继续和循环过程的重要步骤，即服务提供商把客户发展为忠实客户的服务过程。除此之外，留存的意义还包括两个方面：一方面是维持已有客户的业务，保证公司原有业务量；另一方面是提高市场占有率，即通过高质量的服务把客户培养成服务推销人员，从而通过客户提高企业的市场认可度。

22.2.2　消费者价值创造机制

全球公司通过全球数字信息服务平台为全球客户免费提供量身定制的和个性化的知识密集型服务，是一种双赢发展过程，消费者同样积极参与了企业价值观的创造，从而在数字服务提供过程中获得了更好的全球客户服务体验。其企业价值观的创造源也完全包括了四个主要方面。

（1）互补。互补是消费者主动向服务提供商寻找个性化、定制化的知识服务。当客户自身无法为某一特定问题找到合适的解决方法时，就会寻找外部的知识库来解决这个问题，而此时该知识库提供的问题解决方案恰好是客户所需要的对解决问题的补充，从而产生服务要求。

（2）效率。对广大消费者来说，服务的整体效率主要还是依赖于其与服务提供商的交互性和管理服务能力，对推动客户的服务满意度不断提高具有重要引导作用。因此，从企业客户服务角度考虑出发，在企业服务运营过程中，服务的实际效率主要取决于服务供应商与客户之间是否已经建立了有效的信任和合作机制，形成融洽的服务互动合作氛围。

（3）创新。消费者自身在接受服务提供商服务的过程中的创新能力提升有两个主要方面：一方面是消费者丰富的知识库带来了静态能力的提升。静态能力越强，服务供求双方知识的互补性就越强，在二者交互过程中知识的溢出就越显著，知识库的扩充效果就越明显。另一方面是解决特定问题所需要的动态性能力也得到了提升。全球公司利用外部知识库来解决生产管理中的重要瓶颈问题，这些瓶颈是企业 DNA 的显著特点，这类问题很可能再次出现，而企业则通过定制的知识集成服务，不断地处理相似的问题，逐渐形成了相关的动态能力。

（4）留存。对消费者来说，留存意味着消费者更愿意接受定制性知识密集型服务，并愿意与世界各地的服务提供商建立稳定的合作伙伴关系。留存机制带来的价值主要是交易费用较低，包括搜索服务提供商的成本、与新的服务提供商磨合的成本，以及合作维权的费用等。

22.2.3 双重耦合机制

有学者针对服务系统间的相互机制进行了研究。在现有研究中，比较具有代表性的是施波尔（Spohrer）提出的服务系统间交互 ISPAR（Interact–Serve–Propose–Agree–Realize）模型，以及 Muller 和 Zenker（2001）提出的知识密集型服务业供应商与客户的知识产生和传播机制等。施波尔提出了一种服务系统交互路径，即 ISPAR 模型，该理论认为，服务系统的生命周期不能简单按时间顺序划分，而应按照其与其他服务系统交互时的数量和成果来判断。Muller 和 Zenker（2001）从显性知识与隐性知识相互转化的角度，提出以下三个阶段。

一是新的知识获得（acquisition）。知识密集型服务提供商在与客户的不断沟通中，获得了与具体问题有关的各种显性知识和隐性知识。

二是知识密集重组（recombination）。知识密集型信息服务提供商将内部的隐性密集知识进行重组，使之显而易见，同时把新的隐性知识库在获得过程阶段中所需要获得的显性知识与自有的隐性知识库进行结合，创造出新的隐性知识。

三是模块化的知识服务（new interaction），知识密集型服务提供商将重组后的知识产品提供给客户，并为进一步的沟通和合作提供新的机会。

基于前述两个理论，由于知识的转化与创新是定制性知识服务价值的关键要素，因此 Nonaka 和 Takeuchi（1995）提出了经典的 SECI 模型，构建了基于服务提供商与客户之间相互密切交流的价值共创双重耦合机制。服务提供商与客户在定制化知识密集型服务过程中常常会发生深度互动，并通过双重价值共创机制实现相互融合与相互促进。

系统耦合，即服务提供商价值创造系统和客户价值创造体系耦合的结果。两个系统耦合是价值创造体系中通过数字化平台累积的数据和资源之间的互补关系，全球公司服务提供商使用数字化平台的数据分析来获得服务需要，客户使用服务者专业技术，可以立即获得解决问题的能力。

过程耦合，即知识服务过程（ISPAR）与认知转化和创造过程耦合（SECI模型）。

全球公司服务提供商和消费者价值创造系统的耦合程序与知识转换和创造耦合程序是一致的，具体表现在四个阶段的服务中。在每一阶段服务交互的过程中，隐性知识与显性知识相互转换，实现两个价值创造体系的重生，进而明显提高价值创新绩效。

第一个阶段是服务要求的提出阶段，也就是"I-S"阶段。在 ISPAR 模型中，I 表示交互，S 表示服务交互。从"I"到"S"的过程是客户向服务提供商提出要求，经过谨慎决定后与服务提供商签订有关服务合同，是客户知识的初阶外化过程，实现隐性知识向显性知识的转换。通过初级外部化，客户可以通过平台向服务提供商传递自己的服务需要，后者可以根据平台的数据资源来设计解决问题的方案。这个过程要求客户整理和归纳许多未编码信息的知识，形成一个编码性的知识传递平台，从而将初步的服务要求提供给服务供应商。之所以为"初阶"，是因为这一阶段的隐性知识只是由客户提供给服务提供商与问题有关的零散知识，后期还需要根据实际需求和供应商的服务能力进一步双向匹配，共同决定是否要进行服务交易。

第二个阶段是深入沟通，也就是所谓的"S-P"阶段。P 代表了 ISPAR 模型的沟通建议。在"S"到"P"的过程中，服务逐渐在数字化的平台上深入展开，双方不断地进行交流，全球公司服务提供商和消费者之间都存在着知识的转移和创造，都是初阶社会化与初阶的内部化进程。初阶社会化就是隐性知识转变为显性知识的过程，也就是全球公司服务提供商和消费者在平台上建立面对面交流，可以实现隐性的知识互动，是双方对所见的知识形成和感觉的积累。初阶内部化是显性知识向隐性知识转变的过程，主要是在服务提供者和客户的交互中，包括向供应者提供的已有信息、知识、要求等，以及向供应者介绍企业规章制度、发展计划、解决问题的工具和办法等。随着显性知识的传播，双方迅速而有效地掌握了与问题有关的信息和知识，并以未编码的隐性知识的形式存储。

第三个阶段是交付服务阶段，也就是"P-A"阶段。在 ISPAR 模型中，A代表了一致的意见，从"P"到"A"是一个服务成果的交付过程，也就是在明确服务要求的基础上，通过多次交流协商形成了服务产品，并将其交付给客户。在这一过程中，服务提供商对服务交互中流动的各种隐性知识与显性知识进行系统加工，形成了编码的显性知识，使客户能够快速、系统地了解问题的解决办法。此时，外部化为中阶，因其涉及知识既包括服务要求的知识，又包括问题解决办法，知识更多且更系统化；组合是初阶的，具有典型的问题引导性，而且还没有与双方的自有知识库融合起来。

第四个阶段是价值共创的阶段，也就是所谓的"A-R"阶段。R 在 ISPAR 模型中表示实现价值的创造，"A"到"R"是在服务结果交付之后，全球公司服务提供商和客户在内部积累知识、加工和管理过程中进行的，两个体系同时产生终阶和结果组合。终阶内部化就是显性知识转化为隐性知识的过程，即服务提供商通过交付结果，促使自身动态能力和今后的服务能力提升，最终实现隐性知识的沉淀；客户则通过获得成果，实现自主地解决类似问题，进而实现隐性知识的沉淀。终阶组合是将隐性知识向显性知识转化的过程，即通过交付服务结果，促进了服务提供商与客户双方的知识库扩展。这一阶段是知识的转化与创造的终期阶段，双方在经过充分的沟通和系统的加工之后获得了知识。此外，这些知识已经与自己的知识库相结合，实现了知识再创造。

在互联网时代，数字平台的出现使得全球公司与消费者直接连通，提供个性化的产品和服务，在个性化产品与服务实现量产阶段，新技术使客户对多样化的产品有了强烈的追求意识。传统的服务通过新技术手段融合满足客户的个性化需求，知识密集型服务定制化将成为现代国际商务服务行业的大势所趋。

22.3　新范式理论分析的七个具体维度

22.3.1　母国区位优势回归

传统的国际商务理论认为，区位优势与跨国公司的所有权不同，被认为是影响跨国公司对外投资的一种外生因素。因此，从资源学派的角度来看，区位优势既是外生的变量，又容易被竞争对手复制和仿效，例如跨国公司进入一个地区获得自然资源或者廉价劳动力。因此，传统理论的区位优势无法成为当代公司核心竞争力的来源，也无法成为当代公司的核心竞争力。但 20 世纪 90 年代以来，知识逐渐取代了资本，作为一个关键因素为企业在区位上取得优势。全球公司对外直接投资进行转移或适当调整并不仅仅是为了适应母国所有权垄断优势，以满足地方化需求或特定消费者的偏好，而是更偏好在全球获得可应用的区域知识资源和战略资产。这些区位优势不仅提供了本土市场机遇和地理优势，更重要的是提供了适用于全球战略的可应用地方优势。从区位优势的角度看，尽管在地理上任何跨国公司都是平等的，但不同跨国公司组织在知识存储和能力方面存在差异，这导致其在知识资源和战略资产的吸收、获得、利用和整合能力方面存在差异，因此新型区位优势开发和跨国公司所有权特定的优势相互关联，共同利用跨国公司的优势，成为跨国公司竞争的优势来源。库格特曾经把一些跨国公司的优势分为初始基本优势和后续基本优势。初始基本优势也就是中国企业必须建立在出口母国的基本优势，后续基本优势也就是中国企业在国际化战略运营中所必须具有的基本优势。其中，区位优势是体现跨国公司实施全球化发展经营战略后续发展优势的一个重要组成部分。

长期以来，由于国内市场高昂的生产成本，发达经济体的企业将产品和工艺进行离岸外包。当前，一些公司可能仍将外包视为最佳策略，进而决定通过应用新技术来提高离岸生产的效率。但是，能够提高生产率的新兴技术，如智慧物流和 3D 打印等，可能会为外包回岸提供新的机会，已外包的业务流程、生产和服务有可能重新回到母国。当前约有 2/3 的数字技术跨国公司来自发达国家，特别是美国。这些公司倾向于在国内保留最具生产力的资产，从而导致子公司的地理分布高度向母国倾斜。因此，数字技术跨国公司的增长可能逆转过去 10 余年来对外直接投资地理分散化发展的趋势，使其重新集中于少数几个大型母国。

22.3.2 母国竞争优势回归

母国竞争优势因素在分析全球化现代经济大环境中企业的国际化扩张行为时起着极其重要的作用。在早期的国际化过程中，各国之间的要素（区域特定资产）不同导致了各国跨国公司的差别明显。母国环境因素，特别是要素供应、产业结构、市场规模等，对全球公司所有权资产形成的影响都极其显著。

母国的规模优势从市场层面看为全球公司开拓了广阔的发展空间，主要体现在经济规模优势上，新兴市场的大国拥有许多规模优势，如领土、人口、资源和产业。其中，母国市场规模庞大是全球公司发展的关键因素。这是由于：一方面，由于国内市场规模较大，消费需求较旺盛，企业可能率先实现规模经济，从而降低成本，增强国际产品竞争力。而经济规模扩大则会使工业规模相应地扩大，这也有助于培育和扶持新兴的经济战略性产业。正如 Krugman（1980）所说的那样，市场规模较大的地区（由人口和需求规模决定），能吸引更多厂商进驻具有规模收益增长性质的地区从事生产，因而呈现"本土市场效应"。另一方面，如果一个国家的市场规模较大，在国际进出口产品市场中所占的比重较高，那么在国际经济交往中，它就具有定价权和议价的能力。

从制度上看，母国市场欠发达的体制安排，既培养了本土企业在参与类似国外环境运营时的竞争优势，也迫使部分企业为了规避高昂的交易费用和较高的风险而撤出。诺斯（2008）认为，制度是人为设定的，对政治、经济和社会相互关系的一系列约束进行了规范，制度由非正式的限制（道德约束、禁忌、习惯、传统和行为准则）和正式的规则（宪法、法令和产权）组成。企业和其他机构都在既定制度的框架下，追求各自利益。一般来说，发达的体制环境使企业能够更有效地利用市场进行交易，而欠发达的制度安排也会造成高昂的交易费用，从而导致市场交易失效或低效。在现实中，全球公司的国际化发展是由多种制度力量（或限制）推动的，它们包括促进（或阻碍）企业的现有资源和能力提升等因素。需要注意的是，全球公司在母国复杂、非正式制度的条件下，积累了大量的本地化运营经验和能力，当它们在母国体系中的投资与其他发展中国家相似时，这种经验和知识可能会转化成一种竞争优势，更适应地方经营环境，从而抵抗东道国大的体制风险，也同样会增强世界其他发展中国家公司的竞争力。

在全球公司国际化初期，母国特定的规模优势开辟了一个广阔的空间。本地企业在独特的制度安排下优先占用某些罕见的区域资产，赋予这些企业一定的市场垄断力量，当外来投资者进入市场后，就可以作为交易筹码来交换缺乏的无形资产，如缺乏的技术知识。而内向与外向国际化联系可以使全球公司借助外来投资，进入跨国公司的全球价值链系，在发挥其特定"非传统性优势"的同时，充实、提升自身国际化经验和能力，建立本地企业资产和母国、东道国的资源互相作用、互动转化的交流渠道，并在随后的时间里充实、提升自己的国际化经验和能力。在此基础上，在对外直接投资过程中，企业将外部相互补充的知识资产和企业所拥有的能力通过"多根植性"进行融合，并通过内部化转变为企业的所有权优势，实现企业的优势互补。

22.3.3　全球生态网络迭代全球价值链

随着数字经济时代的开启，全球价值链将逐渐在新技术、新模式的推动下向全球生态网络发生迭代。在迭代过程中，不同国家在参与全球价值链分工中所出现的"功能专业化"现象在学术界已引起广泛的关注。综合目前的文献来看，多数研究主要是沿着两条逻辑主线展开：一是以经济地理的相关理论为基础从区域层面解释地区主要经济活动的"功能专业化"，如 Duranton 和 Puga（2005）通过分析总部经济和生产活动在发达国家和发展中国家不同类型城市之间的分布规律，构建了一个用以描述不同城市之间功能分工的区域模型，并解释了区域之间从产业分工向功能分工转型的内在机制。二是以传统的贸易分工理论为基础，从产业或产品层面来阐释全球贸易分工中的"功能专业化"，如美国科罗拉多大学教授马库森（Markusen）以李嘉图的比较优势理论为基础，从参与全球贸易的微观企业维度分析了不同国家在产品层面的"专业化"。上述研究普遍局限于对全球价值链分工或者全球贸易分工格局演变的趋势性分析，对于出现"功能专业化"的深层次原因，以及这一现象对一国长期的经济增长和结构转型具有何种影响的研究相对较少。

从更广的经济口径上来看，全球移动数字市场经济在 GDP 中所占比重大约为 15.5%。美国在通过重组构建全球企业价值链的战略分工管理系统中已经占有举足轻重的位置。在这一背景下，数字技术和数码化的产品与服务，是否在上一次工业革命中出现了"雁阵"梯度的转移？传统价值链分工中存在的"专业化现象"是否仍在继续？发展中国家是否能够在数字化价值链中升级功能，进而突破"中等收入陷阱"？这一系列的产品与服务，是否在发展中国家与发达国家之间存在着差异？这些问题还没有在已有文献中得出明确结论。Glawe 和 Wagner（2020）从第四次工业革命期间人工智能、自动化和数字技术对经济发展动力的影响角度，分析数字经济对中等收入国家的影响，提出了 2.0 "中等收入陷阱"的观点。联合国工业发展组织在 2020 年《工业发展报告》中提出，新兴的数字技术和数字化生产方式正在重塑全球生产网络和价值链。发展中国家的企业，尤其是那些参与全球价值链的企业，将受到供应链重组、生产脱离本国或向发达国家回迁等因素的影响。Andreoni 和 Anzolin（2019）在相关研究中还指出，数字化供应链的协调和治理机制可能会加剧集中和市场寡头垄断的局面。这些研究显示，全球价值链数字化后将会出现一种共同的特征，即自然垄断加强和碎片重构，这为我国进一步考虑功能分工升级提供了更好的切入点。

从国内研究来看，对全球价值链数字经济和长期国内经济发展结构转型的系统性研究相对较少，更多的研究从传统的贸易分工角度，集中在某一维度上进行，或评估数字经济对整个世界价值链的影响，或从产业角度探讨如何促进全球价值链的分工升级，等等。例如：徐金海和夏杰长（2020）提出，在以数字贸易为主导的全球化新时期，数字贸易的发展促进了数字产品嵌入全球价值链，改变了全球价值创造模式和全球价值链的收入分配格局。詹晓宁和欧阳永福（2018）认为，随着数字经济的崛起，全球价值链呈现出数字化、去中介和定制化的新特点，发达国家对外投资的优势重新得到巩固。郑江淮和郑玉（2020）在中国实践的全球价值链分工框架中，以实践为基础，提出了新兴经济大国中产品创新驱动全球价值链攀升的机制与路径。

在全球经济数字化程度不断提高的同时，数字化无形资产在国民经济中的比重也在不断提高，对国家的经济发展和结构转型产生越来越大的影响。Baldwin 和 Lopez-Gonzalez（2015）引入了全球价值链数字化的概念，即由于信息技术的发展，全球生产环节可能会以更低的转移成本散布到制造费用较低的区域，而不同地方的协调管理则可以通过信息技术实现低成本的无缝连接。也就是说，全球经济数字化借助于新技术和新模式，使原有全球价值链的各个环节都有低成本无缝连接的通道，原有全球价值链也将出现数字化特征，最终实现全球生态网络迭代全球价值链。

22.3.4　国际创新创业普惠化

传统国际商务理论主张企业先在本土经营，然后经历渐进阶段逐步进入国际市场。因此，跨国贸易通常被视为是大型企业的舞台。然而，近 10 余年来，随着各类技术的进步，经济全球化进程加快，越来越多规模较小的企业在成立初期，即使没有大企业所拥有的资源优势，也开始了国际化的经营，形成了独特的国际企业现象，并引起实业界和学界的强烈关注和研究。

在《国际创业:新的成长机遇》一文中,Morrow（1988）提出了"国际创业"的概念，引起了国际社会的广泛关注。McDougall（1989）对国内新创企业和国际新创企业进行实证研究，为国际新创企业研究奠定理论依据，揭示了国际创业企业的特点。Oviatt 和 McDougall（1994）通过有关的理论和实例研究，解释了国际新创企业的形成机制，在早期的概念和实证基础上对传统国际化阶段的模型提出了挑战，开创了创业国际研究的一片新天地。

在研究早期，学者们认为，国际创业强调了初创或增长阶段企业的迅速国际化问题，是利用国际资源或市场来实现新创企业国际化的方法，其研究对象为国际新创企业，或者是从创立以来致力于国际商业活动的小企业，进而将大公司的创业内容也包含在内。最新研究通过对各种观点的整合，给国际创业下了新的定义，将国际创业看作是"发现、设定、评估和利用跨国界的商机来创造未来的商品和服务"。

对于上述内容，来自不同学科和不同领域的研究人员从不同的角度出发，形成了资源、网络、知识、机会等理论视角，产生了较大的影响。

尽管学术界近几年对国际创业研究的兴趣日益浓厚，但国际创业研究的对象复杂，各派观点之间的内容选择与相互关系并不密切，统贯各派的分析框架与理论模式还没有形成，这说明了作为独立的学术研究领域，国际创业研究还处于探索阶段。

国际创业研究的蓬勃发展趋势与当今世界特征相符：创新、变革和全球化的社会。国际创业是一种复杂的社会现象，与社会经济形态的变化趋势、时代特点紧密相连，同步发展将在国际舞台上显示出越来越重要的地位。因此，国际创业研究将继续推进并逐渐获得学术合法性。一方面，国际创业研究会逐渐从其赖以存在的理论基础上脱离出来，成为一门独立于社会科学的应用性学科。另一方面，国际创业研究人员不再仅仅是用国际新创企业或中小型企业的国际化观点来解释其他领域的现象，而是对国际新创企业自身发现、评估和利用跨国界经营机会的过程进行解释。这一学术变化已经使创业国际化与创业理论研究领域成为紧密结合的一个学术研究领域，就像以国际竞争组织优势管理为研究中心的国际战略组织管理研究领域一样，组织竞争行为管理学主要关注的问题是如何解释在国际组织竞争环境中单个组织的行为，创业理论研究将会具有自己的创业核心理论问题，并逐步发展形成独立于本学科领域的创业理论研究系统。

22.3.5　数字服务时空分离

在全球经济数字化大背景下，越来越多优秀的国际企业的全球商务服务中心（GBS）超越了单纯的 GBS 或 IT 部门范畴，已通过数字转型成为大型跨国公司集团。德勤表示，未来 GBS 的价值是将不同业务领域、职能部门和地区的数据与信息整合起来为企业带来更可观的价值，通过预测分析获得的洞见提高用户体验。实际上这是指数字化 GBS 应该具备的能力，而"洞见""速度"和"体验"则是数字化服务平台数字化转变的三个关键词，也是数字化服务平台发展到数据中台的必经之道，称为"中台化"。具体来说，包含以下三个方面。

第一，增强数字业务能力。未来企业共享服务价值的创造将从传统的人工和交易性事务向"基于知识的服务"转变，为企业价值创造新的来源，如决策支持、报告和预测分析，从而转型为企业的数据中心。要实现转变，在数字化过程中，数字化服务平台需要广泛地采集并汇聚数据，并通过模型分析对数据的价值进行充分挖掘，提供数据服务。最初共享服务的理念是把低附加值的工作结合到一起，利用信息化方式提高资源的利用效率，从而让企业把精力集中在核心业务上。如今，数字技术进一步提升了数字化服务平台获取和使用数据的能力，使其不仅通过共享提高效率、释放资源，还实现了广泛的数据收集、高效率的数据处理和对数据服务的共享。以共享方式将数字化服务平台的数字化能力提供给各分子公司、业务单元使用，这正是数据中台的建设理念。

第二，提高业务效率。速度是数字化服务平台转型的第二个关键词，也就是进一步提高平台响应前台服务的敏捷性，这是其想要转型成为数据中台所必须具备的能力。数字化服务平台在发展过程中面对多样化、复杂化和差异化的行业客户，需要像中台一样具备快速响应和匹配的能力。

第三，优化消费者的服务体验。数字化服务平台建设与向数据中台转型的最终目的都是希望通过服务来支持前台业务，确保最低服务体验标准，将业务能力沉淀并抽象成服务的方式输出以提升前台用户的体验。这也是中台与传统信息系统建设最大的不同。传统的 ERP（企业资源计划）系统就是典型的后台信息系统，更多考虑的是企业的管控、效率、分析与绩效，它要求所有数据都是透明实时、可全过程追溯的。但在这种管控要求之下，对用户操作的实时性、输入量、准确性要求很高，操作用户的体验必然受到制约，但中台更多强调的是客户体验，是业务和数据服务。

因此，数字化服务平台的转型，要借鉴中台服务体验的思想，强调业务流程要朝提升体验方向发展，通过人机合作有效地参与管理过程，以客户为中心提供定制化服务，利用各种渠道进行客户交流。例如：利用机器人流程自动化（RPA）技术，全天候地为客户提供问题解决方案来优化客户的体验；建立共享服务运营平台，通过平台集中管理资源和分配工作，实现工作人员与派单工作者之间跨功能、跨地理位置的高效合作。这种以客户体验为主导的数字化转型措施，可以使数字化服务平台成为一个以客户体验为主导的工作系统，为每个客户提供一种独特的、稳定的和一致的客户体验，并在数字化服务平台每一个触点上体现员工和客户的价值。这为未来全球公司数字服务平台的建设提供了一个重要的思想和工作流程基础，即服务对象。

22.3.6　全球学习视角下的隐性知识显性化

波兰尼说："我们知道的比我们能够传达的更多。"这是隐性知识理论的中心，它告诉我们，对隐性知识的掌握，不能仅仅依靠老师的教授，不能放弃学生的积累，也不能忽视他们独特的性格。隐性知识与显性知识相比很难规范，也很难捉摸，与个人的性格、经历和所处环境有关，具有强烈的个性色彩。

随着全球公司在全球市场扩张过程中对当地资源与数据的逐渐积累，全球公司在东道国经营过程中的经验也整合汇总到了数字化平台，供管理者及经营合作伙伴共同学习，以防范在经营过程中出现的风险，这也使得全球学习视角下的隐性知识显性化，成为一个必要的研究全球公司的新视角。

从全球学习视角解释跨国公司的行为与竞争优势来源，对企业战略与环境有一种新的理解。在传统经济转向网络经济的过程中，作为生产要素的知识越来越重要，而知识的产生、更新和传递以及其转化为生产力，学习过程是贯穿始终的，因此，学习是非凯恩斯经济理论的一个核心机制，它运行正反馈的过程。

认知科学认为，学习是通过实践而改变的行为方式，生物学对学习有很广的含义，不仅局限于语言材料的学习和新技术的掌握，放弃原有习惯也是学习范畴之一。而组织理论认为，学习是企业在某种行为和文化的作用下，建立起完善组织的知识与常规，通过不断运用相关的工具和技能，加强企业的适应性和竞争能力。而我们所讨论的全球学习，是企业在跨国界的过程中，不断地调整自己以适应多种变化环境的创新过程。

全球文化学习工作能力的不断提高已逐渐成为现代跨国公司赢得全球动态竞争核心优势的关键。这种信息能力主要包括：能够觉察和看到新的信息趋势，发展并做出具有创造性的信息回应和在更大范围内持续进行各种创新的信息扩散。知识是企业持续竞争优势的来源，只有那些不断创造新的知识，把新的知识传播到整个团队，并迅速发展出新的技术和新的产品（Nonaka，1991）的企业才会成功。不仅仅是企业知识，还有创造企业知识能力的提高（Spender，1996），都是创业企业的重要资源。从这种意义上说，动态环境下的企业必须在不断组织的过程中保持其知识和能力的独特性。这也意味着：企业有效地管理学习过程，以及知识和能力转移，直接影响到跨国公司在全球竞争中的优势。所有的这些，都可以归纳为跨国公司的全球学习领域。

集群学习建立了一个有价值的联系网，在公司之间、个人之间的互相学习中形成了一定的认知基础，并发展成为信任和合作的社会文化网，促进地方根植性演变。这种地方性的知识资产由于其稀缺，具有不可复制、仿效和转移等特点，成为全球公司竞争中具有区位优势的一种资产。而全球公司为了取得这一地区优势，也必须深度融入当地社会网络。

22.3.7　网络外部性显著化

网络的外部作用机制，从根本上说源自创新的溢出。在全球化、地区一体化进程深入发展的背景下，企业在国际网络中嵌入区域网络的程度不断加深，知识溢出效应对企业的创新能力产生了重要作用。创新体系的开放和深度，通过影响创新者从组织、区域之间获得创新元素的类型、规模和合作力度等，影响创新体系的开发过程。因此，从全球公司层面看，嵌入地区网络的规模和程度，即所处跨国公司系统的创新核心和相互联结程度，直接影响到全球公司创新体系的外部环境。这一影响与全球公司由要素聚集、网络联系广度和深度等因素组成的生态环境相关。对全球公司来说，区域性增加的创新能力推动了全球公司功能和系统定位的进化，空间依赖也进一步显著化了技术扩散的本地化，因为空间相邻更有利于组织之间的知识传播，充分发挥学习效应，进而有效降低创新过程中由不确定性产生的交易费用，特别有利于建立隐蔽的机构。这是推动全球公司创新网络形成与演化的重要先决机制。

在海外的研发和投资活动中，全球公司直接加入东道国网络，并与其他东道国企业建立联系，从而受到网络的外部影响。Molina-Castillo 等（2011）以及 Mak 和 Zwick（2010）都证实，网络的外部特征对企业产生了积极影响。但也有部分学者的研究表明，东道国网络的外部特征也可能会对企业造成负面影响。由于网络中的其他公司可能会模仿领军企业的策略和行为（Langlois，Robertson，1992），领军企业逐渐失去竞争优势，出现损失提前进入衰退期而退场（Srinivasan et al.，2004）。

全球公司以知识应用为目的通过开展海外研究提高创新绩效。对于那些先进东道国的企业来说，网络的外部性将极大地缩短市场前驱者的生存期（Srinivasan et al.，2004）。网络外部性更强对于进入东道国市场的全球公司来说意味着来自母国的竞争对手更多，知识应用于海外开发带来的收益也随之降低，因此，更看重市场的企业为了更好的竞争环境更倾向于到网络外部性较低的国家去。对更看重效率的海外研发投资而言，随着网络外部性的增强，来自母国的竞争对手企业也在东道国雇佣大量的研发人员开展研发活动，导致东道国市场研发劳动力成本上升。高级研发人员成为稀缺资源，网络外部性将增加企业研发资源的稀缺性，提高企业的运营成本（Tan，Meyer，2011），降低企业的运行效率。因此，追求效率的企业将更倾向于到网络外部性低的国家去。更高的网络外部性对于海外技术研发投资意味着母国企业和东道国的互动更多，提高了全球公司在东道国的被接受程度，使其获得更多合法的支持，从而更容易使全球公司嵌入东道国网络，更快地获得逆向技术的溢出（Adler，Kwon，2002）和提高研发效率。因此，重视技术研发的企业会更倾向于到网络外部性程度较高的国家去，以增强东道国技术水平和全球公司海外研发投资的正相关性。网络外部性对国际商务新理论中的全球公司决策的影响是深刻而全面的，网络外部性根据全球公司的不同类型产生各类不同的发展策略影响。

参考文献

巴特利特，高沙尔，2002. 跨边界管理[M]. 马野青，等，译. 北京：人民邮电出版社.

柴忠东，刘厚俊，2014. 解析新兴市场大国跨国企业竞争优势的母国因素［J］. 南京社会科学（8）：24-31.

福斯，克努森，1998. 企业万能:面向企业能力理论［M］. 李东红，译. 大连：东北财经大学出版社.

高丽娜，华冬芳，2020. 创新环境、网络外部性与城市群创新能力：来自长三角城市群的经验研究［J］. 华东经济管理（9）：55-60.

凌永辉，刘志彪，2020. 构建内需主导型全球价值链［J］. 社会科学文摘（8）：47-49.

诺斯，2008. 制度、制度变迁与经济绩效［M］. 杭行，译. 上海：格致出版社.

秦斌，1999. 一体化国际经营：关于跨国公司行为的分析［M］. 北京：中国发展出版社.

徐金海，夏杰长，2020. 全球价值链视角的数字贸易发展：战略定位与中国路径［J］. 改革（5）：58-67.

杨铮，2020. 浅析数字经济发展趋势［C］. 天津市电子学会，天津市仪器仪表学会. 第三十四届中国（天津）2020'IT、网络、信息技术、电子、仪器仪表创新学术会议论文集：145-148.

詹晓宁，欧阳永福，2018. 数字经济下全球投资的新趋势与中国利用外资的新战略［J］. 管理世界（3）：78-86.

张庆龙，2020. 以数字中台驱动财务共享服务数字化转型［J］. 财会月刊（19）：32-38.

郑江淮，郑玉，2020. 新兴经济大国中间产品创新驱动全球价值链攀升：基于中国经验的解释［J］. 中国工业经济（5）：61-79.

Adler P S, Kwon S W, 2002. Social capital: Prospects for a new concept［J］. The Academy of Management Review, 27（1）：17-40.

Andreoni A, Anzolin G, 2019. A revolution in the making? challenges and opportunities of digital production technologies for developing countries［Z］. Background paper prepared for the Industrial Development Report 2020. Vienna: United Nations Industrial Development Organization.

Baldwin R, Lopez-Gonzalez J, 2015. Supply-chain trade: A portrait of global patterns and several testable hypotheses [J]. The World Economy, 38（11）: 1682-1721.

Birkinshaw O J, Hood N, Jonsson S, 1998. Building firm-specific advantages in multinational corporations: The role of subsidiary initiative [J]. Strategic Management Journal, 19（3）: 221-241.

Duranton G, Puga D, 2005. From sectoral to functional urban specialisation [J]. Journal of Urban Economics, 57（2）: 343-370.

Ghoshal S, Bartlett C A, 1990. The multinational corporation as an inter-organization network [J]. Academy of Management Review, 15（4）: 603-625.

Glawe L, Wagner H, 2020. China in the middle-income trap? [J]. China Economic Review, 60（C）.

Gupta A, Govindarajan V, 2000. Knowledge flows within multinational corporations [J]. Strategic Management Journal, 21（4）: 473-496.

Kogut B, Zander U, 1992. Knowledge of the firm, combinative capabilities, and the replication of technology [J]. Organization Science, 3（3）: 383-397.

Kogut B, Zander U, 1993. Knowledge of the firm and the evolutionary theory of the multinational corporation [J]. Journal of International Business Studies, 24（4）:625-643.

Krugman P R, 1980. Scale economies, product differentiation, and the pattern of trade [J]. The American Economic Review, 70（5）: 950-959.

Kuemmerle W, 1997. Building effective R&D capabilities abroad [J]. Harvard Business Review, 75（2）: 61-70.

Langlois R N, Robertson P L, 1992. Networks and innovation in a modular system: Lessons from the microcomputer and stereo component industries [J]. Research Policy, 21（4）: 297-313.

Mahoney J T, Pandian J R, 1992. The resource based view within the conversation of strategic management [J]. Strategic Management Journal, 13（5）: 363-380.

Mak V, Zwick R, 2010. Investment decisions and coordination problems in a market with network externalities: An experimental study [J]. Journal of Economic Behavior & Organization, 76 (3): 759-773.

McDougall P P, 1989. International versus domestic entrepreneurship: New venture strategic behavior and industry structure [J]. Journal of Business Venturing, 4 (6): 387-400.

Molina-Castillo F, Munuera-Alemán J, Calantone R, 2011. Product quality and new product performance: The role of network externalities and switching costs [J]. Journal of Product Innovation Management, 28 (6): 915-929.

Morrow J F, 1988. International entrepreneurship: A new growth opportunity [J]. New Management, 5 (3): 59-60.

Muller E, Zenker A, 2001. Business services as actors of knowledge transformation: The role of KIBS in regional and national innovation systems [J]. Research Policy, 30 (9): 1501-1516.

Nonaka I, 1991. The knowledge-creating company [J]. Harvard Business Review, 69 (6): 96-104.

Nonaka I, Takeuchi H, 1995. The Knowledge-Creating Company [M]. New York: Oxford University Press.

Oviatt B M, McDougall P P, 1994. Toward a Theory of international new ventures [J]. Journal of International Business Studies, 25 (1): 45-64.

Oviatt B M, McDougall P P, 2005. Defining international entrepreneurship and modeling the speed of internationalization [J]. Entrepreneurship Theory and Practice, 29 (5): 537-553.

Penrose E T, 1959. The Theory of the Growth of the Firm [M]. Oxford: Basil Blackwell.

Peteraf M A, 1993. The cornerstones of competitive advantage: A resource-based view [J]. Strategic Management Journal, 14 (3): 179-191.

Piteles C N, Sugden R, 2000. The Nature of the Transnational Firm [M].

2nd ed. London and New York: Routledge.

Porter M, 1998. Cluster and the new economic of competition [J]. Harvard Business Review, 76 (6): 77-90.

Spender J C, 1996. Competitive advantage from tacit knowledge? Unpacking the concept and its strategic implications [M]//Moingeon B, Edmonson A. Organizational Learning and Competitive Advantage. London: Sage: 56-73.

Srinivasan R, Lilien G L, Rangaswamy A, 2004. First in, first out? The effects of network externalities on pioneer survival [J]. Journal of Marketing, 68 (1): 41-58.

Tan D, Meyer K E, 2011. Country-of-origin and industry FDI agglomeration of foreign investors in an emerging economy [J]. Journal of International Business Studies, 42 (4): 504-520.

Wernerfelt B, 1984. A Resource-based view of the firm [J]. Strategy Management Journal, 5 (2): 171-180.

Zahra S, Garvis S, 2000. International corporate entrepreneurship and company performance: The moderating effect of international environmental hostility [J]. Journal of Business Venturing, 15 (5-6): 469-492.

第 23 章
新范式与已有国际商务分析范式的比较

国际商务理论已经有 70 多年的发展历史，尽管自 20 世纪中期以来全球经济发生了巨大的变化，但其核心要素到目前为止经受住了时间的考验，其基本的理论范式包含了企业专有能力、区位特征以及企业内部化等。

但是，近年来随着数字经济的迅猛发展，全球商业运作逐渐呈现出新的特征：数据和信息无形流动，全球范围内知识和专业技能具有即时获得性，数字基础建设的重要性更加凸显，以及小企业在经济活动和技术发展中发挥着越来越重要的作用。特别是，"平台化"现象——从单个商品或服务向以提供价值为基础的平台的转变——以及相关生态系统作为创新、价值创造和交付的主要场所的现象的出现，对国际商务及其理论的持续相关性具有显著影响（Nambisan et al.，2019）。这些变化使得有必要重新评估长期以来关于全球商业环境的假设并改进国际商务理论。

23.1 新范式充分反映消费者的个性化偏好

23.1.1 数字化帮助企业更好地获取消费者信息

数字信息技术的快速发展及其在各行各业中的迅速普及应用已经彻底地改变了人们原有熟悉的环境，并将世界带入了经济全球化的时代。经济全球化的发展使得企业在市场竞争中面临更加严峻的挑战，加快了企业产品更新换代的速度。激烈的市场环境迫使企业提高产品的技术含量，提升产品质量，降低产品价格，追求更高的产品服务要求。如果传统制造企业不能适应这种环境的变化趋势，就很容易被市场所淘汰。

数字化不仅改变了消费者获取信息的工具，而且影响了与消费者信息获取有关的社会信息资源，包括文档、工具和社会网络（金鑫，2012）。具体而言，数字化使得消费者可以获取的文档数量和形式大大增加，获取的文档可以在协调沟通中动态生成和重组；让消费者有更多的工具进行信息获取，降低转换和使用信息获取工具的成本；使信息获取工具可以提供更多个性化的信息，提高了用原有社会网络进行信息获取的效率。

数字化大大提升了企业获取消费者信息的能力，降低了获取消费者信息的成本。越来越多的企业可以通过大数据、人工智能、云计算等数字化工具，更加快捷高效地获得沉淀在各大网站、App 中的消费者数据。获取的数据主要包括企业内部数据与外部数据两类：企业内部数据主要包括客户在企业自身平台的交易数据、行为偏好数据等，可以通过建立数字化业务运营体系在现有系统中增加记录和埋点来统计这些数据；企业外部数据主要涵盖线上与线下两类数据，各大互联网平台的数据终端含有大量关于行业、竞争对手、客户、潜在客户的线上数据，同时企业在线下实体商业经营中也会产生大量的数据。

在国际商务新范式的分析框架之下，传统企业获取消费者信息的方式发生了翻天覆地的变化。艾瑞咨询发布的《大数据行业应用展望报告》显示，依托数字化经济时代的大背景，企业通过数字化工具，获取消费者留存在互联网中的各类数据，如人口属性、地域分布、检索关键词、购物行为（如浏览记录、订单信息、点击频率等）、兴趣爱好与人脉关系等，从而更好地定位消费者需求，为消费者提供个性化、定制化产品与服务。

23.1.2　消费者参与形成了全球平台与生态系统

传统国际商务理论并未强调全球平台与生态系统的构建，甚至可以说，传统国际商务范式并无平台与生态系统概念。

OIL（三优势）范式是邓宁在结合前人及同时代其他学者在国际生产理论领域的研究基础上，综合形成的一个独特的理论体系，该范式全面分析解释了国际生产的决定因素、国际生产所采取的形式、国际生产的开展程度等方面的内容。OIL 范式体系最核心的内容是"三大优势"，即企业所有权优势（ownership advantages）、内部化优势（internalization advantages）和区位优势（location advantages），是否具备这三种优势及其作用的强弱决定了企业是否进行以及如何进行对外直接投资。但邓宁没有强调这三种优势的协同作用以及这三种优势是否构建了基于全球公司的平台与生态系统。

全球价值链理论则是由波特于 1985 年首先提出的。波特认为，价值链是指一种商品或服务在创造过程中所经历的从原材料到最终产品的各个阶段，或者是一些群体共同工作，不断地为顾客服务、创造价值的过程（Bair，2005）。最初波特所指的价值链主要是针对垂直一体化的公司，主要强调单个企业的竞争优势。后来随着国际外包业务的发展，波特进一步提出了价值体系（value system）的概念，将研究视角扩展到不同企业之间，这与后来出现的 GVC 概念有了一定的共通之处。GVC 概念的提出提供了一种基于网络的、用来分析国际性生产的地理和组织特征的分析方法，揭示了全球产业的动态性特征，考察价值是在哪里由谁创造和分配的（汪斌，侯茂章，2007）。全球价值链理论虽然提出了这样一种概念：同一价值链条的生产过程中的各个环节通过跨界生产网络被组织了起来，这一跨界网络可以由一家企业内部完成，也可以由许多企业分工合作完成（张辉，2004）。但 GVC 理论一样没有强调消费者行为在数字化经济大背景下的变化，消费者在作为国际商务服务对象、参与全球化的同时，也在为国际商务活动注入新的价值，逐渐形成全球平台与生态系统。

全球平台和生态系统指跨境的和数字化的平台和生态系统。作为跨国公司创造价值和获取价值的场所，全球平台和生态系统的出现对国际商务理论和实践都产生了相当大的影响。Nambisan 等（2019）认为，全球平台和生态系统与国际商务的交叉点上有三个关键主题：国际化新方法、建立知识和关系的新方法以及为全球客户创造和交付价值的新方法。个人消费者的参与使得所构建的全球平台和生态系统显示出模块化和松散化特点，体现出了价值创造和交付的更灵活的组织形式，这使得创新的商业模式和创业倡议得以出现。例如，作为创新场所，平台通过快速充实各种创新资产来促进混合匹配创新，最大限度地降低模块之间的相互依赖性，并通过开放接口来明确它们的互联性质。作为一个多边市场，平台使得"双方"能够混合匹配，并快速开发创新的商业模式，以满足新兴市场的需求。新的数字基础设施进一步增强了跨国公司从事此类创新和创业的流体组织的能力。创新活动逐渐以消费者为中心，消费者偏好通过全球平台与生态系统来更好地集中化体现。

23.1.3　全球平台与生态系统催生了为全球客户创造和交付价值的方式

在传统国际商务分析框下，企业竞争的本质是客户价值的竞争，换言之，就是企业要提供比其他竞争者更加卓越的、充分符合客户需求的价值。就此，范林根（2014）提出了客户价值创造的四维基本视角（见图23-1）。

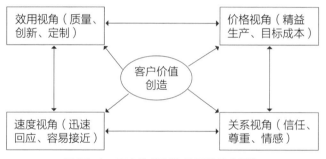

图23-1　客户价值创造的四维基本视角

第一是效用视角。客户价值创造的第一要义是其产品的功能效用需满足消费者的需求，并在使用过程中能够真实有效地发挥其应有的作用，展现消费者期望获得的效果。产品的效用价值主要体现在产品的设计生产阶段，客户价值创造要求产品的设计生产应当体现创新与高品质两大原则，有能力的制造商往往通过专业化定制的手段来赢得市场。

第二是价格视角，即产品和服务的价格水平。价格是客户价值得以体现的关键因素，是市场的晴雨表，因而企业都很重视产品的定价，也将其作为产品市场竞争力的重要因素，企业往往追求精益化生产以期望达到产品成本最小化。而面向市场的产品价格水平必须满足两个条件：一是企业有利可图，二是客户愿意支付。

第三是速度视角，即满足客户需求的速度。市场是动态发展的，消费者的需求也是在不断变化的，因此能快速接近并迅速回应消费者的需求是企业把握市场主动权的关键一环。建立和客户沟通的便捷的方式和通道是产品销售前更加容易接近客户的有效途径，同时也要在售中和售后迅速响应客户需求，实现交易，解决客户的问题。

第四是关系视角，即企业和客户间的关系。当企业向客户提供产品和服务时，两者之间天然产生关系。关系的核心是信任，一段积极有效的信任关系会提高交易的成功率，促进消费者消费。随着目前市场产品趋于相似化，客户的选择越来越多，这时候客户与企业之间的关系往往是客户选择消费的决定性因素，也是客户价值体现的关键一环。因此，现代企业越来越注重消费者关系价值的培育。

而在新国际商务分析范式框架下形成的全球平台与生态系统，催生了为全球客户创造和交付价值的方式。全球平台与生态系统吸收了一组共享的关键资源，这些资源可能会重新定义所有权优势和治理选择的性质来为跨国公司进行配置——具体而言，生态系统级别的所有权优势以及治理选择，相较于行业背景而言，弱化了位置的作用。例如，当被视为创新场所时，平台便提供了一组通用的技术、工具、组件和其他资产，加之明确的接口，就允许了生态系统的成员最大限度地减少设计和开发冗余，并减少创新成本和时间。同样，作为一个多边市场，平台为来自不同国家的不同用户提供共享访问渠道，并管理其交互和交易的明确流程。与这些用户之间的关系成为关键的共享资源，可以由生态系统成员在不同的市场环境中进行重新部署，并产生剩余价值（Nambisan et al.，2019）。

全球平台与生态系统体现了多样化的国际伙伴之间新形式的连接。与全球合作联盟和网络相比，全球平台与生态系统涉及更多样化、结构松散的合作伙伴和更灵活的形式。在联盟和网络中，结构上、关系上和合同上的相互依赖性往往比在全球平台与生态系统中更高。虽然联盟和全球平台与生态系统都可以通过合作伙伴之间的相互联系、共享知识和风险以及行使集体权力来产生竞争优势，但全球平台与生态系统通常允许更多不同类型的客户更加开放和灵活地合作，而无须担心距离、地理、行业的障碍和界限。与全球客户建立的直接联系能够使跨国公司减少对外国中介的依赖，并与客户共同创造知识。

23.2　新范式着重强调智能制造的关键性角色

23.2.1　推动数字化背景下智能制造的发展

20世纪80年代以来，随着经济全球化、国际产业转移及虚拟经济发展的不断深化，美国的产业结构发生了深刻的变化，其金融行业高度发达，制造业却日益衰退。但因为金融危机爆发，美国看到了"去工业化"所带来的不利经济影响，随后推出一系列以重振制造业为核心的政策和措施：强化战略顶层设计，完善法律制度保障；重视小企业，使其成为智能制造创新发展的重要动力；加深多方合作，促进智能制造跨界融合发展。这些策略的有效实施帮助美国智能制造技术产业保持了全方位高水平发展（林汉川，汤临佳，2015）。目前，美国智能技术创新全球领先，智能制造产业化应用不断加深，智能制造产业体系日趋完善。

1995年，欧盟作为创始成员联合启动了"智能制造系统"计划。从1984起，欧盟制订了7个研发框架计划及"地平线2020"科技发展计划，都将先进智能制造相关技术作为其中工业技术发展计划的重点（林汉川，汤临佳，2015）。

早在1990年6月，日本就已经提出了智能制造发展研究的十年计划，并联合美国商务部、欧洲共同体委员会等机构共同成立IMS（智能制造系统）国际委员会。2015年1月，日本政府发布了《机器人新战略》。2015年5月，日本机器人革命促进会正式成立。随后在日本机器人革命促进会下设"物联网升级制造模式工作组"（林汉川，汤临佳，2015）。随着这些年日本在智能制造领域制度上的改革以及政策上的扶持，日本目前的工业智能化水平及相关核心技术研发水平已经进入世界第一方阵。

1991年底，韩国提出了"高级先进技术国家计划"（G-7计划），目标是到2000年把韩国的技术实力提高到世界一流工业发达国家的水平。1992年，韩国制订了"高技术国家计划"（HAN）；2014年6月，韩国正式推出了被誉为韩国版"工业4.0"的《制造业创新3.0战略》；2015年3月，韩国政府又公布了经过进一步补充和完善后的《制造业创新 3.0 战略实施方案》，这标志着韩国版"工业4.0"战略的正式确立（唐堂等，2018）。

近年来，在国家政策的大力支持下，我国智能制造产业规模不断增加。前瞻产业研究院数据显示，早在 2015 年，我国智能制造装备行业的产值规模就已超过 1 万亿元，行业前景十分广阔（曾广峰，2020）。在"中国制造 2025"战略和国家利好政策的推动下，可以预见我国制造业朝着融合化、服务化、平台化的趋势发展（杨志波，2017）。截至 2024 年 4 月，我国智能制造装备的产业规模达到 3.2万亿元以上。

显然，各主要经济体都在加快发展智能制造。在数字经济全球化背景下，国际商务新范式将围绕个人消费者与全球公司，推动智能制造快速发展。

数字化背景下的智能制造技术能够自动感知和分析制造过程及其制造装备的信息流和物流，能以先进的制造方式自主控制制造过程的信息流和物流，实现制造过程自主优化运行，形成满足客户个性化需求的现代制造系统。智能制造的基本属性有三个：对信息流和物流的自动感知和分析、对制造过程信息流和物流的自主控制、对制造过程的自主优化运行（唐堂等，2018）。

在我国，服务业和制造业的双业融合已经成为智能制造产业发展的主流方向。服务业和制造业呈现出相互融合、相互依存的共生态势，促进了商业模式创新与科技创新协同发展。未来全球公司会越来越呈现服务化趋势，生产和加工的比重会大幅度下降，而管理、物流等服务的比重会逐步上升；随着消费者的个性化需求被逐步放大，定制平台将成为大规模定制转型的入口，消费者通过定制平台可以非常直接地参与产品的个性化设计和加工过程，这一举措将帮助企业快速解决消费者个性化、多样化需求（刘强，2020）。

23.2.2　帮助构建工业 4.0 智能工厂体系

在传统的国际商务分析范式中，人工智能、大数据、物联网、云计算等数字化技术并未出现或尚未发展成熟，此类技术未能纳入分析框架之中。因此，传统国际商务分析范式强调的是传统区位理论中人类经济活动的空间分布（蔡来兴，1995）。传统经济理论将时间变量引入基础经济模型，但是并未将空间变量引入基础经济模型。由于空间具有特殊性质，因此难以建立统一的理论体系

（Greenhut，1995）。而要素禀赋理论则是从国家角度出发，假设所有国家的偏好相同，因而在自由贸易的环境下，每个国家在每种产品上的消费量占世界该种产品的份额都等于其总消费与世界总消费的比值。再假设所有国家的生产技术完全相同，但由于要素禀赋的不同，每个国家在不同产品上的生产量不可能都等于其消费的世界份额（鞠建东等，2004）。赫克歇尔与俄林并未考虑企业层面的商业模式禀赋使得全球公司在世界范围内建立的优势。

工业革命是现代文明的起点，是人类生产方式的根本性变革。18 世纪的第一次工业革命创造了机器工厂的"蒸汽时代"，20 世纪的第二次工业革命将人类带入大规模生产的"电气时代"（Zuehlke，2010）。进入 21 世纪，互联网、新能源、新材料和生物技术正在以极快的速度形成强大的产业能力和巨大的市场，使整个工业生产体系提升到一个新的水平，推动一场新的工业革命。德国技术科学院等机构联合提出"第四代工业"战略规划，旨在确保德国制造业的未来竞争力，引领世界工业发展潮流（张曙，2014）。

所谓"工业 4.0"是指以智能制造为主导的第四次工业革命或革命性的生产方法。未来，智能工厂将是构成"工业 4.0"体系的一个关键特征。在智能工厂里，工人、机器和资源将会在同一个社交网络里顺畅地相互沟通协作，生产出来的智能化产品能够理解自己被制造的细节以及自身的使用方法，能够回答诸如"哪组参数将用来处理我""我应该被送往哪里"等问题。在智能工厂里，智能辅助系统将工人从执行例行任务中解放出来，使他们能够专注于创新、增值的活动；灵活的工作组织能够帮助工人把生活和工作实现更好地结合，个体顾客的需求将得到满足（杜品圣，2014）。

在国际商务新范式分析框架下，顺应"工业 4.0"战略发展，围绕智能制造工厂，连接物联网、网络社交媒体、数字化平台、生态系统与大数据等技术，强化自动化生产、大数据分析、智能产品制造等流程，传统的商业模式被打破，新型数字化商业系统被建立，同时强调并充分发挥全球公司的新区位优势与商业禀赋优势。新范式着重强调了智能工厂体系在全球商务活动中的关键作用。

23.2.3　形成与发展基于数字孪生模型的全球公司模式

相比于传统国际商务理论，新研究范式将工业互联网应用纳入分析框架之中。

近年来，以大数据、人工智能为代表的新一代信息技术蓬勃发展。2012 年 11 月，美国通用电气公司发布《工业互联网：打破智慧与机器边界》白皮书，正式提出工业互联网的概念，认为工业互联网是 200 多年以来继工业革命、互联网革命之后的第三波创新与变革。工业互联网是指通过网络将工业系统中的智能物体、智能分析和人相连接的系统（Evans，Annunziata，2012）。工业互联网的数据主要有三个来源：企业信息系统数据、机器设备数据和外部数据（王建民，2017）。MES（制造执行系统）、PLM（产品全生命周期管理）、ERP、CRM 等企业信息系统存储了包括产品生产制造、研发设计、供应链、运营支持等大量高价值密度的业务数据，是制造业的核心数据资产。机器设备数据指由仪器仪表、传感器和智能终端等采集的反映机器设备运行状态的数据，既包括企业内部生产设备运行产生的数据，也包括企业交付给客户的智能产品运行和维护产生的数据。外部数据则主要包括与制造业发展相关的舆情、市场、社交等信息。

数字孪生模型指的是以数字化方式在虚拟空间呈现物理对象，即以数字化方式为物理对象创建虚拟模型，模拟其在现实环境中的行为特征，它是一个应用于整个产品生命周期的数据、模型及分析工具的集成系统。对于制造企业来说，数字孪生模型能够整合生产中的制造流程，实现从基础材料、工艺规划、产品设计、生产计划、制造执行到使用维护的全过程数字化。通过集成设计和生产，数字孪生模型可帮助企业实现全流程可视化，规划细节，规避问题，闭合环路，优化整个系统。数字孪生模型存在的重要意义在于实现了现实世界的物理系统与虚拟空间数字化系统之间的交互与反馈，从而达到在产品的全生命周期内物理世界和虚拟世界之间的协调统一，再通过基于数字孪生模型进行的仿真、分析、决策、数据收集、存储、挖掘以及人工智能的应用，确保它与物理系统的适用性（唐堂等，2018）。

应用基于模型的技术将数字孪生模型应用于全球公司，建立基于模型的全球公司是满足"工业 4.0"时代多样化、个性化需求的最有效的制造新模式。在全球公司以及上下游的供应商之间建立一个集成和协作的环境，各业务环节均在全三维产品定义的基础上开展工作，这有效地缩短了整个产品的研制周期，改善了生产现场的工作环境，提高了产品质量和生产效率。

23.3　新范式高度关注中小微企业的多元化诉求

在传统国际商务理论框架中，研究对象大多为全球大型企业，特别是垄断企业。美国学者海默在其 1960 年的博士论文中提出的垄断优势理论回答了一家外国企业的分支机构能够与当地企业进行有效的竞争，并能长期生存和发展下去的原因。海默认为，国内、国际市场的不完全性和企业的垄断优势是跨国公司对外直接投资的决定性因素或根本原因。以不完全竞争为前提的市场不完全性为对外直接投资打开了大门。如果产品和各种生产要素的市场运行是完全有效的，则对外直接投资就不可能发生，对外直接投资是市场不完全的副产品（韩阳，2012）。该理论的两个核心点就是市场不完全和垄断优势。

值得注意的是，从 20 世纪 80 年代初到现在，世界经济发生了很大的变化，特别是区域经济一体化和世界经济全球化成为两大不可逆转的趋势。经济学家们在研究直接投资理论时，逐渐把注意力从"结构性市场不完善"转移到"自然性市场不完善"上来。在"自然性市场不完善"理论中，又以巴克利（P. Buckley）和卡森（M. Casson）提出的市场内部化理论和科斯（R. Coase）提出的市场交易成本理论为代表。邓宁（J. Dunning）曾试图把结构性市场不完善理论和自然性市场不完善理论结合起来（肖德，周先平，2000）。

约翰逊（H. Johnson）对垄断优势中的知识资产做了深入分析。他在《国际公司的效率和福利意义》一文中指出，"知识的转移是直接投资过程的关键"，即对外直接投资的垄断优势主要来自跨国公司对知识资产的占有与使用。约翰逊认为，知识资产的特点是，它的生产过程即研究开发过程，其成本是相当高的，它可以在若干地点同时使用。在直接投资中，子公司可以用很低的成本利用总公司的知识资产。相反，当地企业为获取同类知识资产却要付出全部成本。在向外部转让知识资产的条件不具备或不是十分有利的情况下，通过对外直接投资可将知识保留在企业内部以获取最大的外部效益（肖德，周先平，2000）。

而国际商务理论新范式充分考虑到了中小企业的诉求以及中小企业对经济发展所发挥的重要作用。以我国为例，随着经济体制改革往纵深方向发展和商事领域"放管服"改革的深入实施，我国的中小企业犹如雨后春笋般涌现，并为我国的经济社会发展做出了巨大贡献。但由于历史和自身的原因，我国广大中小企业特别是制造业中小企业长期深陷数字化、智能化转型困难的泥淖而无法自拔，严重制约着国民经济的持续健康发展（钟成林，胡雪萍，2021）。

随着互联网的不断普及和通信信息技术的不断发展，以第三方支付、手机银行、网上银行等为代表的数字金融方兴未艾。据易观分析测算，2024 年第 1 季度，我国第三方移动支付市场交易规模达 92.38 万亿元。根据中国银行业协会发布的《中国消费金融公司发展报告（2024）》，2023 年我国消费金融公司资产规模和贷款余额分别达到 12087 亿元和 11534 亿元，同比增长 36.7% 和 38.2%。根据清华大学五道口金融学院发布的《2023 年中国互联网保险消费者洞察报告》，2022 年，我国互联网保险保费规模达 4782.5 亿元。与此同时，外围互联网金融机构也在不断发展壮大，根据中国人民银行的数据，截至 2024 年 6 月，全国共有 30 个省（区、市）的 154 家企业征信机构在人民银行分支行进行备案。

随着大数据、云计算、人工智能以及区块链等底层数字技术的不断突破，数字技术与其他行业的结合日益紧密。从发展趋势看，数字化的结合重点正从工业制造业转向金融业（戚聿东，褚席，2019），并在全球范围内掀起了金融数字化的浪潮，对传统金融的获客渠道、营销方式、风控体系以及业务流程产生了重要影响（张巾，2019）。

因此，国际商务理论新范式能够解答中小微企业在智能化运营、数字化转型与供应链管理方面的问题。

23.3.1　帮助中小微企业实现智能化运营

随着物联网、大数据、区块链等新一轮信息技术的发展，全球化工业革命开始提上日程，智能化运营逐渐成为工业化转型中的重要运营模式。目前，我国中小型制造企业亟待通过自主创新能力和核心竞争力来实现设备制造业的复兴，而其运营能力是核心竞争力中的重要组成部分，实现企业的智能化运营对提升其核心竞争力有重要作用。

智能化运营是指基于业务数据收集的完成，实现复杂情境下的数字化分析与决策的全自动化生产经营过程。如图 23-2 所示，智能运营包含五大要素：创新人才、数据支持、应用智能、云赋能、智能生态。全面整合这五大要素能够助力企业实现持续的颠覆性业务流程变革，从而在当前和未来的市场竞争中脱颖而出。

智能生态
生态系统为企业带来更多技能组合和新技术，助力企业创新

创新人才
把握数字化技术、行业重心和职能重点的创新型及创业型人才

卓越的业务成果与客户体验

应用智能
集成自动化、智能分析和人工智能推进运营转型

数据支持
生态系统内外的结构化数据和非结构化数据是深入洞察的基石

云赋能
云技术能够将智能运营的所有要素紧密结合在一起，将各平台上的海量数据全面整合到安全环境中

图 23-2　智能运营的五大要素

资料来源：埃森哲（2019）。

　　创新人才。创业精神、创造力与合作能力是中小型制造业企业最关注的员工素质。除了坚实的数字化和运营能力以及专业知识，面向未来的人才还应具备用创新方法解决问题的能力。根据调查结果，中小型制造业企业对人才的态度是自相矛盾的。55% 的受访企业认为，数据分析、AI 和机器学习等能力的缺失是企业实现既定业务目标的最大障碍。然而，当问及这些企业对员工能力的首要要求时，数字化、云、自动化和 AI 技术能力却排名垫底。这一矛盾充分表明，中小型制造业企业对上述能力重要性的认识还远远不够。因此，企业人力资源部门应进一步提高敏捷性，采用更为灵活的招聘流程，从开放式的人才市场中挖掘优秀人才。

　　数据支持。中小型制造业企业需要捕捉来自四方的内外部海量数据，包含结构化数据和非结构化数据，通过数据洞察助力创新团队实现卓越的绩效成果。为此，85% 以上的企业都在积极围绕数据聚合、数据湖或数据监管制定数据战略和行之有效的机制，希望将数据转化成洞察和行动的依据。

　　应用智能。自动化、数据分析和人工智能这三个要素将成为拉动业务和流程转型的最主要力量。除了这些工具，企业还需要组织创新人才发现企业亟待解决的问题，并为其提供相应的人员、连接和技术，最终找到问题的答案。

云赋能。中小型制造业企业希望部署企业级的数字化解决方案，既要保证安全，又要随时可用，而云基础架构可以实现这一目标。

智能生态。中小型制造业企业应在整个生态系统中建立更为密切的合作关系，充分挖掘市场机遇。与初创企业、学术界、技术和平台供应商达成共生性合作伙伴关系，通过紧密合作实现共赢。与此同时，传统业务服务供应商与企业之间的合作模式也在逐渐优化，朝着合作创新的方向迈进。

我国中小型制造企业智能化运营问题主要表现为以下三个方面（杨栩，谭琦，2018）。

首先，数字化技术不完善。在企业的采购与生产制造过程中，很多企业的采购与生产部门普遍存在的问题是将过多资源用在订单操作层面，没有把整体流程规划层面的事做到位，以致订单层面的问题更多，形成恶性循环。它们在采购、供应商、库存管理流程、人员分工、信息化手段运用、采购模式、供应商管理、物资种类控制、安全库存管理和采购成本核算等方面都存在关联性问题，亟须精简管理流程，明确管理责任，提高工作效率。

其次，数字化人才相对匮乏。在中小型制造业企业中能够熟练掌握并运用人工智能、大数据、区块链等数字化技术的人才相对匮乏，无法支撑我国制造企业智能化运营。我国很多中小型制造企业是由传统制造业发展而来的，而且很多企业都为国企性质，数字化技术相关人才匮乏问题比较严重，对产业链的整体改造升级产生了消极影响。

最后，企业智能化运营不畅。智能化运营中存在智能化水平低、相关工作流程进展缓慢、工作周期长、人员分工不合理、业务分管不明确、权责不明晰、流程反复性严重等问题，与系统性管理体系以及合理组织运营模式的缺乏有关。高端装备企业管理效率低、审批流程缓慢等问题与其缺乏相应的信息技术手段和合理的运营模式有关。

随着新一代信息技术向工业领域的渗透，制造业企业在运营模式和管理策略方面出现了较大幅度的转变和技术提升。互联网、物联网、大数据等新技术展示了跨界融合的创新思维，为互联网和大数据时代的制造业转型升级提供了新的视角。作为智能制造的主要生产和运营模式，智能工厂已成为世界级制造企业推动产业转型升级的主要方向，它源于高端设备制造商的高度融合，以及互联网和大数据等技术，目标是突破企业生产经营过程中的关键环节，实现从设备控制到企业资源规划的各个环节的信息快速交换、传递、存储、处理和无缝智能化集成。

随着中小型制造业企业的不断发展，高附加值的产品和服务具有不断融合的趋势，从而形成新的制造模式。它使客户能够充分参与制造过程，制造商为彼此提供生产性服务。对于高端设备制造企业来说，由于基于产品生产的传统制造模式已不能满足制造业转型升级的需要，因此其对运营管理的需求越来越迫切。基于这个原因，智能工厂的制造模式要求从独立、封闭和稳定转向互动、开放和动态，整个行业和企业应在运营方面做出改进，整合分散资源，优化资源配置，提高工作效率，提升高端制造企业的核心竞争力。

23.3.2 帮助中小微企业实现数字化转型

当前，数字经济方兴未艾，数字技术领域的颠覆性创新不断涌现并向实体经济部门快速渗透扩散。制造业数字化转型是大数据、云计算、人工智能、工业互联网等多种数字技术的集群式创新突破及其与制造业的深度融合，对制造业的设计研发、生产制造、仓储物流、销售服务等进行全流程、全链条、全要素的改造，充分发挥数据要素的价值创造作用。制造业数字化转型既是抓住新一轮科技革命和产业变革浪潮的要求，也是深化供给侧结构性改革、夯实国民经济发展基础的需要，通过打通生产、流通、分配、消费等社会生产各环节的堵点，有效促进国内大循环的畅通（方晓霞，李晓华，2020）。

首先，在生产环节，有利于提高制造业中小企业供给质量，实现降本增效（方晓霞，李晓华，2020）。我国制造业增加值自2010年起就一直稳居世界第一，但"大而不强"的问题依然没有解决，在技术能力、设计水平等方面与世界制造强国之间存在较大差距，关键技术、核心零部件等高度依赖进口。要看到，数字技术在制造业中的应用可以从多方面改善生产环节的供给能力。在研发设计领域，虚拟仿真、人工智能等数字技术能显著降低研发成本，提高研发效率，加速科学研究进程与科技成果的工程化、产业化，加快新产品上市速度；在生产现场，依托物联网、大数据、工业互联网、人工智能等数字技术，可以实现对设备、生产线、车间乃至整个工厂全方位的无缝对接、智能管控，最大限度地优化工艺参数，提高生产线效率；在品控方面，人工智能技术的使用可以提升质检效率和水平，有效提升良品率。

其次，在流通环节，有利于制造业中小企业构建更加便捷的销售渠道，实现供给和需求的高效连接（方晓霞，李晓华，2020）。畅通流通环节的关键是实现产销之间信息、数据的顺畅流动，这是数字技术的天然优势所在。电子商务的发展及其模式的不断创新为制造企业提供了成本低、覆盖广、效率高的流通渠道。比如，制造企业直接建立在线销售渠道可以减少流通环节，实现与消费者的直接对接，大幅度降低流通成本；电商平台可以帮助制造企业快速建立线上销售渠道；大数据分析、人工智能等技术可以帮助制造企业优化供应链，提高供应链效率，区块链等技术的使用还可以建立产品追溯机制，提升供应链的透明度和可靠性。

最后，在消费环节，有利于制造业中小企业精准定位消费者需求，实现供需动态平衡（方晓霞，李晓华，2020）。当前，消费环节的痛点在于消费需求多元化，制造业中小企业难以响应个人消费者日益增长的个性化、服务化需求。在传统的国际商务分析范式之下，传统经营模式下中小型制造商无法全面掌握消费者信息，从而不能对消费者的需求特征及发展趋势做出精确研究与判断。以产品为中心的生产模式无法适应个性化、服务化的消费趋势，进而造成制造业严重的同质化竞争。数字技术的发展和应用使"以消费者为中心"的理念真正具备了落地基础。一是通过对用户搜索、购买、评论、使用等全过程数据的全面收集和深入分析，制造企业可以更加精准地判断消费者的消费特点及其对产品的要求，从而开发适销对路的产品。电商平台能够通过对海量消费数据的分析形成对产业消费特征及其变化趋势的全景图谱，为制造企业的新产品开发提供参考。二是在机器人、3D 打印、人工智能等数字技术的推动下，制造系统变得更加柔性，能够以较低的成本、更短的时间为消费者生产、交付有独特个性的商品。三是柔性化制造系统、物联网等技术，能够支撑企业、用户及其产品建立实时连接，通过对数据的深度分析挖掘，在产品基础上开发在线监测、远程运维、个性化定制等增值服务，从而更好地服务客户和消费者。

23.3.3　帮助中小微企业提升供应链管理技能

供应链是从原材料采购开始，经过生产、存储、运输、销售、配送等环节，最终将产品送达消费者的过程，涉及供应商、制造企业、配送中心、批发商、零售商和各节点单位之间流动的原材料、在制品和产成品，是具有一定流量、环环相扣的"链"。现代制造企业就是处在从生产采购到加工仓储，再到配送销售的一体化管理的供应链系统中，此时企业竞争优势的获取不能仅仅局限在企业内部，而必须考虑上下游乃至整个供应链的协同效应，进行供应链管理。供应链管理的内容包括贯穿整条链的供应与需求、原材料与零部件采购、制造与装配、仓储与存货跟踪、订单录入与管理、分销以及向顾客交货等活动。其中，由单个企业向外延伸的物流成为链上企业的合作纽带，物流的高效和现代化成为实现供应链管理的基础和保证（钱言等，2010）。

在我国，很多企业特别是中小微企业忽视了对供应链管理的重视。大部分国内企业采取的仍然是传统的推式供应链管理而不是现代的拉式供应链管理。过去国内企业对供应链的关注主要集中在供应商—制造商这一层面上。研究的内容主要局限于供应商的选择和定位、降低成本、控制质量，保证供应链的连续性和经济性等问题，没有考虑整个从供应商、分销商、零售商到最终用户的完整供应链，而且也没有考虑供应链管理的战略性等问题。

目前，我国中小企业供应链管理所面临的问题主要表现在以下几个方面（吴爱军，2005）。

首先，存在合作方面的问题。一是合作伙伴相互不信任。供应链节点企业是具有不同经济利益的实体，相互间存在着利益上的冲突，这常常会导致各节点企业间产生对抗行为，从而无法对供应链中的各项活动实行有效的整合和协调。二是不同企业的企业文化相互之间存在冲突。当企业实施供应链管理时，必须考虑到企业文化问题。在供应链管理中，不同企业、不同国别的文化差异常常会带来沟通的障碍甚至冲突。在跨文化背景下，个体的文化、组织的环境、管理的风格和技巧都可能造成沟通和协调的障碍。

其次，中小企业存在技术上的问题。供应链的最终目标是使整个供应链网络中的资源得到最佳配置，从而更好地为最终顾客服务。但目前我国很多中小企业还是运用传统方法，企业的各个子系统各自为政，很多工作交叉作业造成浪费。除此之外，供应链物流、信息流、知识流和资金流等地域和时间跨度大，对信息依赖程度高。供应链系统包含多个生产企业、运输业、分销业以及客户，随着需求和供应的变化而变化，因此要求系统管理必须具备足够的灵活性和可变性。

再次，中小企业业务外包的整体水平较低。目前，中国很多中小型企业具有"小而全"和自我封闭的特点,无法适应供应链管理的要求。随着竞争的加剧,市场机会变动频繁,所需资源组合不一,单个企业的资源难以迅速和长久地形成竞争优势。

最后,中小企业也面临着较大的人才问题。绝大多数的中小型企业还没有实际运用供应链管理技术,更不用说将数字化技术引入供应链领域,同时一些业界人士对于供应链管理的理解还停留在表面。即使这些企业在某些方面的运作体现了供应链管理的思想,但是也只是停留在表面的认识,不能从多方面深刻认识供应链管理。

而国际商务理论框架的新范式为中小企业提升供应链管理技能指明了发展方向。

首先,中小企业应从战略高度树立企业的供应链意识。供应链管理不仅是管理方法的变革,而且是管理思想上的创新。供应链管理在实施中最主要的障碍来自企业传统观念的阻力,转变和更新观念是实施供应链管理的关键。在中国加入WTO以后,中国企业要想在激烈的市场竞争中占有一席之地,必须从管理思想上来提高认识,加强供应链管理。供应链管理需要突破以本企业为中心的思想。在供应链管理中,衡量一家企业的管理成效不是以某个节点企业经济效益的多少为标准,而是考察整个供应链的效益水平。中小企业要正确认识、了解和运用供应链管理理念,不仅要从操作层面上来理解供应链管理,更要从战略的高度来认识供应链管理。

其次,中小企业应该以数字化技术为工具,强化供应链中的知识管理。现代信息技术为供应链管理的应用与发展提供了必要的保证。在以信息技术为平台进行供应链管理的过程中,要特别加强对供应链中知识资源的管理。供应链节点企业资源集成的关键是其知识资源的集成。知识的共享与传播在企业知识管理中处于核心地位,供应链作为一种"扩展型"的企业,尤其强调知识在不同供应链节点企业间的贡献和传播。

再次,中小企业应利用业务外包和关系营销构建战略合作关系。供应链企业间战略合作关系的形成动因主要是业务外包,即业务外包是节点企业战略合作关系形成的推动器,它使供应链节点企业内向配置的核心业务与外向配置的业务紧密连接,形成一个战略关系网络。业务外包可以使节点企业与战略伙伴优势互补、资源共享、风险共担,使企业节省投资、控制成本,降低风险;使合作企业更强调集中在真正区别于竞争对手的技能和知识上，而把一些重要的非核心业务外包给别的企业，从而使本企业更能集中精力，培育自己的核心优势；使节点企业精于主体，加速企业的业务流程重组，从而提高企业的组织以及管理效率；使合作企业充分利用外部资源快速响应市场需求，从而提高企业对市场反应的敏捷度。

最后，中小企业要以顾客为导向，创造顾客价值。新的供应链管理思想是以顾客为导向，以顾客需求为中心。因此，企业在实施供应链管理时，一定要以顾客需求为客观基础。在消费需求多样化、差异化的当今时代，节点企业必须开展深入的调研活动，收集消费者的消费信息，把握消费者的消费心理和消费特征，预测消费者未来消费需求的变化，做到有的放矢，给消费者创造价值。

23.4　新范式帮助母公司竞争优势回归

23.4.1　传统范式中母公司特定优势向子公司转移

在传统的国际商务理论分析框架中，跨国公司竞争优势是跨国公司理论与实践中的中心问题。邓宁将垄断优势理论、内部化理论与区位理论整合成国际生产折衷理论，即跨国公司成功对外直接投资的"三优势范式"（OIL 范式）。

按照资源观，跨国公司的成功其实是国家特定资源和企业特定资源的组合。内部化优势也可以叫作企业特定优势，因为内部化和协调可被看作是一种管理能力，因此也来源于企业特定资源，故而"三优势"实质上等同于企业特定优势集合和区位特定优势集合的结合，即企业特定资源和国家特定资源的结合。但随着近些年来跨国公司母子关系的变化及子公司自身的发展，国外学者提出了跨国公司里新出现的另外一种优势——子公司特定优势，作为第四层面的优势，对折衷范式进行扩展和补充。

1998 年，迈瑞（Moore）和克勒（Heeler）对加拿大拥有治理权（mandate）和不拥有治理权的跨国公司进行研究，发现在同一国家、同一产业中，不同的海外子公司获取国际授权的能力是不同的；属于同一跨国公司但在不同国家市场中经营的子公司获取国际授权的能力也是不同的。迈瑞和克勒认为，这两种现象足以证明传统的折衷范式中的所有权优势和区位特定优势都已经无法充分解释子公司之间的现存差别，尽管它们同属于一家跨国公司，或者它们在相同国家、相同产业开展业务。因此，他们指出，除传统的 OIL 优势以外，跨国公司还存在第四种优势，即基于子公司层面的子公司特定优势。

Rugman 和 Verbeke（2001）指出，子公司的特定优势能穿越边界进行价值创造，如通过世界性产品委任，但知识本身具有流动障碍，如隔离机制，它使知识很难在整个跨国公司内被充分吸收。换句话说，当子公司的专有知识嵌入终端产品和服务中时，它会使整个公司获取世界范围内的租金，但当它以中间产品的形式体现时，这样的优势不能在内部充分转移。

企业特定资源和能力被认为是企业所独有的，是企业竞争优势更为重要的来源。波特强调，很多跨国公司的特定资源都根植在跨国公司的母国。库克特拓展了这种观点，他认为在国际竞争中，跨国公司的竞争力包含不同国家子公司的不同能力，并且，这些能力很多都是黏性的，且不易扩散，主要有四个因素：技术机会主义、选择性力量、识别能力和制度锁定。

企业特定资源可以再分为区位限制的特定资源和非区位限制的特定资源（张慧等，2006）。非区位限制的特定资源包括技术、生产或营销技能、组织能力等，通常以中间产品的形式穿越边界。由于此类特定资源与区位无关，所以能在全球范围内加以利用，进而获取规模经济、范围经济和产品差异，而且此类特定资源向国外转移的边际成本很低，每一家当地子公司不需要调整就能有效使用。相反，区位限制的特定资源是那些只能使某个或某几个特定区域的公司获利的特定资源，它能使这些公司具有很高的当地反应能力，但很难以中间产品的形式转移，若在其他区域使用，则需要很大的调整。由此可以看出，子公司只能接受跨国公司层面非区位限制的特定资源。

23.4.2　新范式中竞争优势向母公司的回归

在国际商务新范式下，制造业对外直接投资行为在一定程度上提高了母公司的竞争优势。随着"一带一路"政策的全面落实，我国对外投资规模得到了全面扩充，在为我国经济转型以及制造企业发展提供条件的同时，也让更多的企业走出国门，在海外建厂。根据商务部的统计数据，2023 年，我国对外非金融类直接投资达 9169.9 亿元，折合 1301.3 亿美元，同比增长 16.7%。我国企业在共建"一带一路"国家非金融类直接投资 2240.9 亿元，折合 318 亿美元，同比增长 28.4%。

我国制造业企业对外直接投资提高母公司竞争优势主要有四种传导机制（周然，2018）。

第一是生产力传导。在竞争体系以及产业联动的作用下，逆向技术溢出效应逐渐提升。一是当地生产型 OFDI 将会在东道主国家供应链体系的作用下，和该领域高质量产品相接触，在东道主国家生产制造环节中，可以引进现代化技术，以此给母公司生产率带来一定影响。二是假设该领域生产型 OFDI 作为采用兼并的方式进入国外市场，这时将可以获取兼并企业含有的研发技术，从而影响母公司生产效率。此外，随着对外开放的深入，企业运营效益得到了大幅度的提升，当地生产型 OFDI 在国际市场中创造的效益一部分将传递给母公司，母公司可以借助该效益实现再投资或者研发，以此增强自身综合竞争实力，并且内部将会减少当地生产型 OFDI 母公司生产成本投放，通过扩充更多的资金空间，促进母公司生产效率的提高。

第二是出口效应传导。一是在垂直当地生产型 OFDI 的作用下，可以结合制造要素让价格优势置身于各个生产环节分布在不同的国家，这种类型的对外直接投资假设需要提升对母公司企业相关设施以及材料的采购力度，可以给母公司出口提供条件。二是在垂直当地生产型 OFDI 的作用下，假设在东道主国家设立子公司或者创建工厂，这就要求母公司提供充足的设备支持，进而加大母公司服务出口力度。三是当地生产型 OFDI 可以引导母公司生产效率的提升。

第三是就业效应传导。针对水平当地生产型 OFDI 来说，由于在东道主国家完全复制母公司生产活动，因此其和母公司就业之间将会呈现出相互取代的状况。一方面，由于水平型 OFDI 和母公司出口之间的替代，母公司产能逐渐减少，从而雇佣人员数量相对较少；另一方面，我国内部劳务成本相对较高，使得就业取代效应逐渐增大。但是出于对母公司进口产品的思考，在提供中间产品的过程中，当地生产型 OFDI 将会导致母公司产量逐渐提升，从而加剧就业创业效应，提升母公司人员雇佣量。

第四是规模效应传导。垂直当地生产型 OFDI 会使得母公司规模受到不明确因素的影响，通常取决于母公司的自身定位。假设当对外直接投资企业定位呈现出多元化运营模式时，在东道主国家设立的子公司和母公司之间的交流较为紧密，生产需要得到母公司材料以及产品的支持，或者母公司提供人员上的引导，从而促进母公司生产规模的扩大。除此之外，母公司和子公司之间有共享固定成本的现象，使得母公司规模得到了扩大。假设母公司仅仅朝产业链低端发展，而不是对外扩充，则部分企业或者行业的脱离将会导致母公司运营规模的逐渐缩小。

23.5　新范式促进国际国内创新创业普惠化

23.5.1　促进国际创新创业普惠化

纵观世界经济发展历史，大体发生过三次创新创业浪潮。第一次创新创业浪潮产生于资本主义工业革命；第二次是第二次世界大战后复苏的商业经济推动了大量的创新创业活动不断出现；20 世纪 80 年代以来的新经济革命风暴席卷全球，形成了经济全球化扩张、信息技术高速发展背景下的第三次创新创业浪潮。

国际商务新范式框架下，新一轮数字化浪潮推动了全球第四次创新创业的普惠化发展。发达国家纷纷推出各自的创新发展战略，焦点不约而同地锁定在新一代互联网、生物技术、新能源、高端制造业等战略性新兴产业上，构成新一轮增长竞赛。而第四次创新创业浪潮的参与者，也逐渐从大型企业转向全球中小企业。

以欧盟为例，欧盟开始积极推动中小企业创新创业资助计划。当前，欧洲以最大的决心是摆脱经济困境，将经济重新带回可持续发展的轨道，实现长期可持续的高质量增长，创新是实现这一目标的首要路径。为此，欧盟各国加强整体布局，积极完善国家创新体系建设，加强创新生态系统的内部联系，发挥创新整体效能。2010 年《德国 2020 高科技战略》提出，优化创办企业的基础条件，竭力塑造新的法规环境，为发明和创新提供足够的自由空间，大幅提升企业的创新能力。此外，提出需要大力推进中小企业创新能力的建设，政府资助的重点是中小企业相互之间和企业与科学界之间的可持续联合研发项目。中小企业创新核心计划（ZIM）更体现了德国对中小企业的资助。英国通过"企业创新券计划"资助中小企业与科研机构合作。

而美国的创新战略的特点则体现在促进大学实验室研究成果的转化，提高增长型中小企业的数量和规模，带来经济增长、创新和高质量的工作岗位，核心内容包括夯实创新创业基础、培育市场环境和突破关键领域三大方面。美国政府认为，人才、科研、基础设施是创新和创业的基石，是经济增长的"种子"，包括实施教育、技术、工程和数学提升计划，以及"教育促进创新"计划等。首先，构建具有国际竞争力和创新性的教育体系，并积极实施全球高层次人才培养和引进计划。其次，投资于一流的基础教育和研究设施，推动创新创业思想的发展。再次，进一步发展先进信息技术生态系统，开发部署新一代无线宽带网络，缩小城市与农村间的"数字鸿沟"，部署建设全国输配电智能网络，支持高速网络、下一代超级计算机等领域的研究开发，保证信息与数字化技术发展处于世界最前沿。

23.5.2　促进国内创新创业普惠化

我国创新创业新格局演变有着深刻的历史原因。从世界范围看，科技革命推动产业变革，创新驱动大势所趋，正在出现的全球新一轮科技革命和产业变革，与我国加快经济发展方式转变形成历史性交汇。这种交汇千载难逢。

我国经济步入发展的新常态，正步入一个动力切换、结构转变、阶段更替和风险释放的关键时期。随着人口红利的消失，生产要素成本上升，资源配置效率和要素供给效率下降，传统数量型扩张的经济模式已难以支撑如此庞大的经济体量实现高速增长，特别是当今技术创新已进入大数据、云计算、物联网、移动互联网的时代，经济发展进入以颠覆性技术创新为主导的新的历史阶段。

在第四次全球创新创业浪潮与"一带一路"倡议实施双重大背景下，随着互联网、大数据、移动互联网等新一代信息技术的大爆发，创新门槛大幅降低，新产品、新业态、新商业模式层出不穷，创新创业的主体多元化，在众创、众包、众扶、众筹等新模式促动下，创新边界和空间大为拓展。特别是党的十八届五中全会对形成促进创新的体制架构、塑造创新引领型发展作出了重要部署，我国创新创业的春天正在到来。我国企业特别是中小企业应加强与共建"一带一路"国家企业的合作，支持利用数字化技术构建技术合作平台，构建创新创业贸易人才培养模式，推进"一带一路"人才库建设。

参考文献

埃森哲，2019. 智能化运营是企业变革方向［J］. 经理人（3）：22-23.

蔡来兴，1995. 国际经济中心城市的崛起［M］. 上海：上海人民出版社.

杜品圣，2014. 智能工厂：德国推进工业4.0战略的第一步（上）［J］. 自动化博览（1）：22-25.

范林根，2014. 基于客户价值创造的企业竞争战略模式研究［J］. 现代管理科学（4）：111-114.

方晓霞，李晓华，2020. 加快推动制造业数字化转型［N］. 经济日报，2020-11-18（11）.

韩阳，2012. 垄断优势理论的作用机理分析［J］. 现代经济信息（21）：203.

金鑫，2012. 数字化背景下的消费者信息获取：对社会信息资源的选择和反思［D］. 上海：复旦大学.

鞠建东，林毅夫，王勇，2004. 要素禀赋、专业化分工、贸易的理论与实证：与杨小凯、张永生商榷［J］. 经济学（季刊）（4）：27-54.

梁中骐，2003. 用信息技术改造传统制造企业［J］. 工程机械（3）：28-30.

林汉川，汤临佳，2015. 新一轮产业革命的全局战略分析：各国智能制造发展动向概览［J］. 人民论坛·学术前沿（11）：62-75.

刘彬，张云勇，2019. 基于数字孪生模型的工业互联网应用［J］. 电信科学（5）：120-128.

刘强，2020. 智能制造理论体系架构研究［J］. 中国机械工程（1）：24-36.

陆兰华，2014. 网络外部性下的电子商务平台竞争与规制［J］. 商业时代（2）：66-67.

蒙聪惠，2007. 网络外部性下市场失灵的进一步探讨［J］. 广西财经学院学报（2）：46-50.

戚聿东，褚席，2019. 数字经济视阈下法定数字货币的经济效益与风险防范［J］. 改革（11）：52-62.

钱言，沈玉燕，赵成锋，2010. 基于供应链管理的制造业与物流业联动发展策略研究：以杭州市为例［J］. 财经界（学术版）（4）：57-59.

唐堂，滕琳，吴杰，等，2018. 全面实现数字化是通向智能制造的必由之路：解读《智能制造之路：数字化工厂》［J］. 中国机械工程（3）：366-377.

汪斌，侯茂章，2007. 经济全球化条件下的全球价值链理论研究［J］. 国际贸易问题（3）：92-97.

王建民，2017. 工业大数据技术综述［J］. 大数据（6）：3-14.

吴爱军，2005. 我国企业供应链管理的现状及对策浅析［J］. 黑龙江对外经贸（2）：72-74.

肖德，周先平，2000. 浅述垄断优势理论的发展［J］. 湖北大学成人教育学报（2）：15-17.

阎建东，1994. 邓宁国际生产折衷理论述评［J］. 南开经济研究（1）：57-61，22.

杨栩，谭琦，2018. 基于区块链技术的高端装备制造企业智能化运营研究［J］. 商业研究（11）：12-17.

杨志波，2017. 我国智能制造发展趋势及政策支持体系研究［J］. 中州学刊（5）：31-36.

曾广峰，2020. 我国智能制造行业发展现状及趋势［J］. 质量与认证（11）：46-47.

张辉，2004. 全球价值链理论与我国产业发展研究［J］. 中国工业经济（5）：38-46.

张慧，徐金发，江青虎，2006. 基于资源观的跨国公司子公司特定优势的形成和发展研究［J］. 国际贸易问题（4）：102-106.

张巾，2019. 金融行业数字化转型的现状、挑战与建议［J］. 信息通信技术与政策（9）：39-41.

张茉楠,2016. 国际创新创业发展战略新趋势及启示［J］. 宏观经济管理（1）：85-88.

张曙，2014. 工业4.0和智能制造［J］. 机械设计与制造工程（8）：1-5.

钟成林，胡雪萍，2021. 科技金融数字化对科技型中小企业融资能力影响研究：基于异质性实现形式视角［J］. 重庆大学学报（社会科学版）（6）：46-58.

周然，2018. 制造业企业对外直接投资对提升母公司竞争优势的效应传导机

制 [J]. 企业改革与管理 (23): 4-20.

Bair J, 2005. Global capitalism and commodity chains: Looking back, going forward [J]. Competition and Change, 9 (2): 163-180.

Bair J, Peters E D, 2006. Global value chains and endogenous growth: Export dynamism and development in Mexico and Honduras [J]. World Development, 34 (2): 203-221.

Evans P C, Annunziata M, 2012. Industrial internet: Pushing the boundaries of minds and machines [R]. General Electric.

Greenhut M L, 1995. Spatial Microeconomics: Theoretical Underpinnings and Applications [M]. Cheltenham: Edward Elgar Publishing Limited.

Nambisan S, Zahra S A, Luo Y, et al., 2019. Global platforms and ecosystems: Implications for international business theories [J]. Journal of International Business Studies, 50 (9): 1464-1486.

Rugman A M, Verbeke A, 2001. Subsidiary-specific advantages on multinational enterprises [J]. Strategic Management Journal, 22 (3): 237-250.

Zuehlke D, 2010. Smart Factory-Towards a factory-of-things [J]. Annual Reviews in Control, 34 (1): 129-138.

第 24 章
新范式的理论价值与实践价值

在新兴数字技术发展的推动下，数字信息技术逐渐深入应用于经济活动，国际商务和跨国公司活动展现出新态势。数字经济为国际商务活动创造了更好的环境，为从事国际商务活动的主体提供了更多的机会，同时数字经济时代的国际商务活动不再仅仅是遵循传统全球价值链的跨国贸易行为，传统的国际商务理论已经明显滞后于从数字经济时代国际商务和跨国公司活动中观察到的丰富事实，传统的边际收益理论、边际成本理论和产权理论等难以在数字经济时代严格成立（张森等，2020），发展新的国际商务理论是顺应数字经济发展的必要。

本书基于数字经济时代所展现的国际商务活动新特点、新现实提出了新范式分析框架，一方面强调了全球公司作为数字经济时代国际商务活动的主体企业所起的作用，包括获取数据资源、隐性知识和关键技术，培育革命性的商业模式，重新定义企业和社会边界，以及通过用户共创内容产生新价值；另一方面强调了需求在数字经济时代对于国际生产分工与跨国经营治理的驱动作用，基于需求的集体互动孕育了生机蓬勃且具有众多类型参与者的全球生态网络，并逐渐迭代了全球价值链成为跨国生产组织与价值创造的主流结构。这一分析框架具有重要的理论价值及实践价值。

24.1 新范式的理论价值

新范式这一分析框架是基于数字经济时代的新特征总结或预测出的用于解释指导国际商务活动的理论，它的提出很好地覆盖了数字经济时代国际商务活动展现出的新变化，具有充分的现实依据，该分析框架填补了现有的国际商务理论空缺，更新了传统的国际商务理论，同时也为往后的理论发展指明了方向，可以将其理论价值展开为以下几个方面。

24.1.1　数据成为生产要素

数字经济下，人类的生产、分配、交换和消费活动数据发生了爆炸式的增长，这些数据借助"万物互联"实现在全球范围内的流动，形成了海量数据资源，对经济发展、国家治理、政治决策、技术变革等方面产生了深刻影响（石中金，单寅，2020）。数据在经济活动中的重要性凸显，中共中央、国务院于 2020 年 4 月 9 日印发《关于构建更加完善的要素市场化配置体系机制的意见》，把数据作为一种生产要素单独列出，说明数据实现了角色升级，将作为一项重要的生产要素存在，成为数字经济时代重要的生产要素及公司核心的竞争资源。

在数字经济时代，数据具有基础性战略资源和关键性生产要素的双重角色。从前者的角度来看，数据可以有效地落实各类创新驱动应用，助力产业转型升级，提升社会治理体系与治理能力现代化；从后者的角度来看，数据可以充分发挥乘数效应，赋能各类市场主体，催生各类新的经济形态和商业模式，激发组织变革和制度创新，让整个社会变得更加高效、公平、有序（石中金，单寅，2020）。

24.1.2　数字化平台主体突显

数字经济时代，数字化平台作为新的主体参与国际商务活动。数字化平台的崛起使得企业的商业模式和消费者的消费模式均发生了巨大改变。数字化平台提供了供需双方和中介等市场参与方在不同时空里在线互动和交易的机制，促使所有参与主体不断降低成本、提高质量（殷德生，2020）。尽管平台在早期就已存在，如 1995 年建立的主攻 B2C 的全球最大在线购物网站亚马逊、1999 年建立的主攻 B2B 的阿里巴巴国际站、2004 年建立的主攻中小企业 B2B 跨境交易的敦煌网、2010 年建立的主攻 B2C 跨境交易的全球速卖通等，但"平台"的概念近些年在概念和性能上获得了新发展。在概念上如安卓、Linux 是创新平台的代表，它们开发应用程序和软件，是操作系统和技术标准的"提供者"，即国际商务活动中的平台不仅指亚马逊等跨国购物网站，还扩展至技术流。在性能上，数字平台实现了优化，为国际商务活动带来了更好的发展氛围。新范式中将数字平台与全球公司和消费者作为国际商务中的主体，强调了数字平台在国际商务活动中的重要性。

1. 商业模式创新

新范式分析框架是基于全球公司和需求的分析框架，充分指明了数字经济时代新商业模式的特征。传统从事国际商务的企业的商业模式是遵循传统价值链的产品单向传输，而数字经济构建了以数字化平台为主流的新型商业模式。企业通过平台缩短与用户的距离实现交易去中心化，数据共享和大数据的应用使企业能够通过公共平台或自建平台实现单个企业的数据化运营、精准营销、线上线下融合发展，同时实现企业间和企业与消费者间的资源共享，改善了传统商业模式信息难以共享的缺陷，减少了整个过程的信息不对称。

同时，消费者积极参与商业交易的多个环节。数字经济下，消费者需求偏好的重要性凸显，消费者不再只是选择最终产品的终端用户，而是更多地参与价值链各环节，增加与企业和其他消费者的互动，成为产品研发的催化者、产品的设计者、产品的营销者，增强了各交易环节的互动性，激发了商业活力，形成了通过平台连接的以消费者为产品主导的新商业模式，更新了以往国际商务活动的线下主导商业模式。在全球名列前茅（以市值计算）的公司，很多都是以数字平台为商业模式的，数字平台展现出强劲的实力。

2. 附加值一：网络外部性显著化

新范式发展了国际商务活动中的网络外部性理论，经济活动通过平台间竞争及企业入驻实现了直接和间接的外部性显著化。数字化平台使经济关系网络的结构从传统的中心外围格局转向全连接网络生态，形成了庞大的直接和间接网络外部性效应。点对点（P2P）的连接应用在各产业领域和市场扩展，数量众多的平台内企业相互分享着显著的直接网络外部效应，由于较低的进入门槛会产生较高的沉没成本，企业留存度高，因此平台获取数据资源的能力更高，强化了平台的内部规模报酬递增效应，加深了参与主体之间的相互依赖性（殷德生，2020）。平台间的竞争为平台参与者带去了间接网络外部性，数字化平台的低进入、高退出机制强化了数字化平台的集中垄断趋势，先发优势和"赢家通吃"成为事实，这也加剧了当今市场中各数字平台间的激烈竞争，强大的网络外部性导致市场向领先企业倾斜，各平台争相创新为平台用户提供更好的体验，这不仅使每个参与者的成本趋于下降，还使平台的服务质量得到提高，数字化平台对每个经济主体都越来越有价值。

3. 附加值二：国际创新创业普惠化

数字化平台成为国际商务活动中的重要参与主体，尤其关注中小微企业和国际创业者的诉求，数字化平台为国际新创企业提供了定期的在线流量、较低的参与和维护费用、高效的营销途径以及资源可迁移性，因而可以作为国际新创企业国际化中的一种高效媒介，为新兴企业走向世界创造更多跳板机会，促成国际创新创业普惠化。

在互联共享和数据主导的背景下，数字化平台创造了不同于传统国际商务的商业环境，平台提供的管理界面和数据信息方便了企业跨国经营管理，缩减了经营管理成本，各种类型、各种行业、各种体量的企业接入平台后即可获得直接服务消费者的机会，平台提供的"一站式"服务降低了企业尤其是中小企业从事国际商务活动的门槛。数字平台帮助中小企业跨越了进入壁垒，平台的发展契合了数字经济时代下快速连接（去中心化）、高效供需匹配（去中间化）和突破产业边界（去边界化）的商业发展趋势。从单向价值链到多边价值网络，从商品主导到服务逻辑，从垂直深耕到跨界融合，核心内涵是通过缩减中间层，降低组织决策重心与减少管理层级，由垂直科层、单一结构转向扁平网状结构，直接打造扁平化、平台化、赋能型的新型路径（罗贞礼，2020）。数字化平台生态圈能够迎合多样化的、动态的国际市场。数字化平台生态圈模块化和松散联系的特点，体现了用以价值创造和传递的更灵活的组织形式，使得创新的商业模式和创业计划得以出现。另外，新兴技术的发展也促使中小企业更好地找到利基市场，服务于小团体。

24.1.3 隐性知识显性化

迈克尔·波兰尼在 1958 年提出了"隐性知识"的概念。他认为，我们的知识可以划分成两种类别：一种是可以以书面文字、图表等方式编码的显性知识，主要以技术合同、产品使用说明等形式呈现，显性知识的获取主要是通过技术引进、员工培训的方式来实现；另一种是经常使用但不易通过文字符号等方式编码的隐性知识，其以隐含于产品或人力资本的形式呈现，隐性知识的获取主要是通过技术设备的引进、生产流程的参与等方式来实现。相比于显性知识，隐性知识具有路径依赖性和因果模糊性，难以编码、模仿、复制和传播（马述忠，吴国杰，2016）。维特根斯坦学派将隐性知识分成了强的隐性知识与弱的隐性知识。强的隐性知识指原则上不能充分地用语言加以表达的知识，反映了知识者的认知能力与语言表达能力之间存在着一道逻辑鸿沟；后者则是指事实上未用语言表达，但并非原则上完全不能用语言进行表达的知识，它较于前者的"不能表达"程度是稍微弱一点的。隐性知识是一种特殊的知识，遍及生活的方方面面，其文化性影响着企业整体文化。

数字经济下，隐性知识显性化事实成立的支持点在于以下两个方面。一方面是组织边界柔性化和国际商务活动去中心化强化了隐性知识的传播和学习效应，另一方面是隐性知识易编码程度增高。传统国际商务活动中，隐性知识的传播和学习一般通过两种途径，一种是通过引进新产品以直接获取物化于其中的知识，另一种是通过嵌入当地市场或通过人力资源流动间接获取。数字经济时代的新商业模式使产业间、企业间、企业与消费者间的直接协作互动加强，价值共创活动频繁，各主体输出和接收隐性知识的意愿加强，各经济主体间共享所在生态圈资源，隐性知识在各生态圈组成的生态网中实现了更强的传播和学习效应。另外，数字化平台通常会与一些当地市场的互补创新者合作，他们拥有当地市场内嵌的隐性知识，能够帮助扩展平台价值主张的范围。数字平台和虚拟技术使隐性知识易于编码，各经济主体将一部分隐性知识清楚地表达出来，转变成显性知识，然后通过网络、程序等技术平台以编码过的显性知识形式与生态圈中的其他成员实现共享，进而实现整个生态网隐性知识显性化的共享过程。

24.1.4 价值共创深化

新范式强调了国际商务活动中各部门间的价值共创行为，价值共创根本的实现方式是由多方参与，并通过知识互动，尤其是隐性知识互动，为用户产生独特体验的参与者之间的知识互动过程。数字经济下，企业、社会边界进一步模糊，各部门联动性加强，尤其是消费者深入参与价值创造活动，经济活动中的价值共创行为更为频繁、更为深入。

价值共创促使边界模糊。首先，对于平台来说，新业态、新模式的持续涌现使得平台发展生态化、跨界化。平台为了强化用户黏性、提升竞争优势，会在某个市场取得一定优势后，尝试利用数字平台天然的开放性、数据互通性以及低拓展业务成本等特点将这种优势"跨界"到另一个市场参与竞争，以赢得更多的用户注意力（熊鸿儒，2019）。

其次，对于国际商务活动中的企业主体来说，消费市场的深刻变化引发了生产活动的调整。一方面，企业专注于更具核心竞争力的模块化生产，生产活动被进一步分解为更多更细的分工操作，产业链的细化和增长达到前所未有的高度，分工协作更加全球化；另一方面，不同产业价值链环节具有竞争优势的异质企业依靠市场机制进行社会分工和协作，共享网络协同效应创造和共享价值，构成价值网络体系并明确各个企业在其中的定位和发展模式。在这种过程中，企业组织呈现柔性化和无边界化的智慧型创新组织形态，而设计研发、供应链管理、制造生产等跨领域合作协同实现了全球价值链的重新整合，并构建了良性循环的全球网状供给链条和竞争力格局，实现不同主体的价值共创（李路，2018）。

最后，对于社会来说，数字经济时代，企业更加注重消费者的个性化需求，国际市场细分中的国别重要性进一步下降，个人需求偏好成为企业重要的定位目标市场的参考因素，社会边界进一步弱化。

24.1.5　数字服务时空分离

新范式分析框架指出，数字经济时代，数字服务呈现出时空分离的特性。传统经济活动中，服务具有实时交易的特殊属性，而数字化使得服务可以被合并为单独的业务实体，也可以被外包给外部服务提供者，甚至有可能脱离价值链和外包，实现服务的时空分离。另外数字服务也表现出很强的需求端导向特征，提供数字服务的企业基于需求者偏好，提供个性化定制服务，跨国服务提供者通过各种软件组件以碎片化、个性化和时空分离的形式更有效地创造价值和获取价值。根据中国信通院发布的《全球数字经济新图景（2020 年）：大变局下的可持续发展新动能》，受行业属性影响，固定成本低、交易成本高的服务业更易于进行数字化转型。2019 年，全球服务业数字经济渗透率达到 39.4%，较 2018 年提升 1.5 个百分点，数字服务尤其是交易成本高的服务业正在加快实现数字化。

24.1.6   母国区位优势回归

数字经济时代，智能制造、大数据的应用不仅带来了新的商业模式，还重新赋予了母国在国际商务活动中的区位优势，促进了跨国公司已外包的业务流程、生产和服务重新流回母国，出现发达国家制造业"逆向回流"和发展中国家制造业"高端跃升"并存的现象。

母国在国际商务活动中的重要性提升基于以下几点事实。一是各国数据跨境流动政策受到地缘政治、国家安全、隐私保护、产业发展水平等复杂因素的影响程度将持续加大，以"国家安全"关切为核心的"重要敏感数据"将成为跨境流动限制重心，一些国家出于对数据隐私保护、国家主权的完整性，以及国家安全利益等公共政策目标的考虑，会不同程度地对跨境数据流动加以政策或法律法规的限制，数据产权不仅在各国没有很好的界定，在国际上也缺乏统一的保护标准，数据和数字化模式易被窃取和复制，这就削弱了企业将核心部门跨国安排的意愿。二是互补性投入品可得性的差异使得一些数字化商业模式很难甚至无法进行国际转移，采用这些商业模式的跨国公司不得不把注意力集中到母国区位优势上来。三是智能制造等新兴技术弱化了其他市场低成本的吸引力，促进了外包、生产和服务重新流回母国。四是一个暂时或永久居住在其他国家的消费者更可能出于声誉考虑选择熟悉且信赖的母国服务业企业。五是由于不同国家企业的商业模式有所区别，企业的 FSA 可能受到区位限制。

因此，数字经济时代，企业不再纯粹基于降低生产成本、获取更多利润而在全球范围内配置价值增值活动，而是更多地考虑基于资产和内部化的优势来管理企业，FDI 也将重新集中于少数几个大型母国，这也是数字经济向传统国际商务中的母国区位优势理论提出的又一挑战。

基于以上事实，新范式给出母国区位优势回归的理论推测，为传统国际商务理论新添区位优势选择新理论。

24.1.7 母公司竞争优势回归

新范式分析框架指出，数字经济时代迎来的是母公司间的直接竞争，母公司竞争优势获得回归。在平台化商业模式的普及下，从事跨国商务活动的企业通过虚拟网络实现海外运营及服务，设立海外实体不再成为扩张市场及服务海外市场的必要，企业将汇聚更多的资源发展壮大母公司以参与市场竞争。

子公司竞争优势弱化基于两个事实。一是近年来海外子公司资产、销售额、附加值和就业的年增长率大幅降低；二是本地创新型的跨国公司在内部和外部网络中的"双重嵌入"趋势更为明显，数字经济时代的先行者优势和跨国子公司的区位优势被弱化。此现象形成的原因在于子公司重要性削弱和母公司重要性加强两个方面。首先对于前者来说，数字经济时代的虚拟平台在一定程度上替代了子公司、国外办事处等实体机构，经济主体在数字化平台上进行交易活动，缩减了中间环节，促进了供需双方的直接互动。另外，数字经济时代，行业、企业和社会边界模糊化、柔性化，经济主体在价值创造活动中的互动促成了生态圈和生态网的建立，相对于考察全球战略时的国家边界，行业和市场环境的重要性正在不断增强，商务环境中的差异比国家间的差异具有更重要的意义，创造性地开发和利用生态圈特有优势比关注母子公司关系更为重要。对于后者来说，数据是数字经济时代的基础战略资源和关键生产要素，因此母公司获取数据信息资源的能力和所拥有的数据量是企业竞争力的较量点。公司的角色从其覆盖的地理领域内分散的生产设施的全球组织者，转变为在内部和外部网络连接的系统中跨关键节点的新知识创造流的集成者。数字经济时代，母子公司关系的转变说明了母公司竞争优势的回归，这不同于以往国际商务理论中常见的母公司通过在海外设立子公司获取竞争优势的理论。

24.1.8 消费者主权回归及全球生态网络生成

新范式分析框架强调了需求在数字经济时代对国际生产分工与跨国经营治理的驱动作用，基于需求的集体互动孕育了生机蓬勃且具有众多类型参与者的全球生态网络，并逐渐迭代了全球价值链成为跨国生产组织与价值创造的主流结构，消费者参与的价值共创围绕数字化平台形成了庞大、内涵丰富且生机蓬勃的全球生态网络，使得我们不得不抛弃传统的以公司为中心的国际商务理论分析范式。

数字经济时代，消费表现出新的特点：消费内容多样化、虚拟化和个性化；消费模式数字化和平台化；创造出新的消费需求。数字化消费模式冲击了原有的全球生产价值链，消费者偏好重要性凸显，数字技术广泛应用促使消费端与生产端的联系更加紧密，企业不仅能够借助大数据、物联网等数字技术了解顾客偏好并提供相应服务，还能够将顾客创意引入产品设计中，进一步提升用户体验，满足顾客个性化需求逐渐成为企业新的竞争关键点（刘嘉慧，高山行，2021）。制造企业从传统的以产品为中心的逻辑过渡到通过服务产品创造更大价值的模式。为了更好地满足顾客需求，企业价值创造方式逐渐从单个企业行为转向与利益相关者进行跨界协作的方式，即垂直关联企业的价值创造和价值获取，结合产品特性和服务要素，为顾客提供定制化集成解决方案。在共享经济的时代背景下，价值共创的结构被重新塑造，供需双方不是静态的，而是多元的，用户可以作为资源的需求者，也可成为资源的提供者，企业或者平台为所有用户提供服务，也与资源的提供者进行合作（孙浩博，2019）。消费者不仅拥有对产品和服务的选择权、评价权，还有对产品和服务的定价权、产品生产设计的参与权和主导权，最终形成产品全价值链活动的话语权，消费者主权回归。

数字经济时代，传统消费内容逐渐实现了数字化转型，即可数字化的传统产品和服务逐渐进行了数字化转型。第一、二产业等实体性产业通过"互联网＋"、数字化和智能化进行结构转型，不断提高产品的科技含量和附加值。第三产业中的现代服务业与数字化融合比较快。传统的全球生产价值链是由生产者导向消费者的单向链条，而数字经济下消费者主权的回归强调了需求偏好的重要性，产生了 C2M 模式，这种模式省略了物流、经销商、分销商等中间环节，实现了顾客与工厂的直接连接。C2M 模式充分利用了大数据的作用，为创业型企业发展挖掘新的商机，在提升个性化服务的同时减少了高消耗的中间环节。顾客利用智能化、数字化的应用技术可以在商业平台中搜索到自己需要的商品，这极大地满足了顾客的个性化需求（韩继超，武超茹，2019）。

数字化平台生态圈的范围超出了全球价值链，将更多不同类型、部门、来源、角色和能力的参与者结合到一起，需求方参与者（客户和用户）也加入其中，消费者深度参与全球价值链各环节，促使全球价值链形成"闭环"，进而产生全球生态网络，重塑原有价值链理论和组织结构。

24.2　新范式理论价值待商榷部分

24.2.1　数字化平台是否基于网络外部性实施国际化战略

数字经济时代，网络外部性体现出前所未有的重要性，数字化平台对平台内个体具有直接和间接的网络外部性，为企业带去了利好的发展条件。但是网络外部性不能完全或确定地解释数字化平台的国际化战略，尽管数字化已经大大降低了许多平台上与距离相关的成本，但各种与边界相关的成本仍然存在。近年来，数字化平台，尤其是具有先发优势和垄断地位的数字化平台，通过数据迁移、复制等实施国际化战略及跨界发展，但由于各国对数据产权的界定等尚未完善，出于保护本国数据的目的，其倾向于对国外平台的嵌入设置高门槛，因此数字化平台国际化和跨界发展具有低复制成本、高规制、高边界成本、高风险的特征，这是很难用网络外部性解释的。因此，数字化平台是否基于网络外部性实施国际化战略待商榷。

24.2.2　全球生态网络是否完全迭代全球价值链

结合数字经济时代的新事实、新特征，我们提出了基于需求驱动的新范式分析框架。数字经济时代，消费者需求成为产品服务生产的导向，企业越来越注重消费者偏好；新兴技术的应用也使得企业有能力细化分工以服务于利基市场。从全球价值链上看，消费者活跃于原有全球价值链的各个环节，同时各环节间的协同互动加强。从国际商务活动各主体看，不同部门、不同行业的跨界价值共创行为加深了不同价值链的交互。因此数字经济时代，国际商务活动是包含各企业、消费者、平台等主体的全网活动，知识、创新、竞争优势并不单独存在于全球价值链的任意一环中，而是系统地存在于其整个结构中。其中，数据、信息、产品服务等在主体间实现交换传播，整个社会形成的是网状的全球生态网络。

但是数字经济时代，是否全产业、全部门均参与到了全球生态网络中是难以明确的，是否仍存在不受数字经济影响的价值链是有待考察的，因此全球生态网络是否完全迭代了传统全球价值链是有待商榷的。

24.2.3　全球公司是否应被重新定义

数字经济时代，新的商业模式和创新组织形式已经形成，传统企业通过应用数字技术实现数字化转型，通过搭乘数字化平台实现数字化国际商务活动。与此同时，数字经济也催生了一批数字技术跨国公司，其创立之初就倾向于全球化经营而非跨国经营，因而可以将其称为数字经济时代的全球公司，其概念与国际新创企业或天生国际化企业完全不同，是一种特征完全不同于以往企业的新企业，因此全球公司是否应该被重新定义是有待商榷的。

24.3　新范式的实践价值

24.3.1　企业层面的实践价值

数字经济时代新的商业模式给从事国际商务活动的主体带来了更多的机遇与挑战。知识、数据、技术成为新的生产要素，并与传统生产要素劳动力、资本、土地等一同参与市场贡献评价与市场收益分配；"互联网＋"、大数据、人工智能等新一代科学技术正深刻改变着传统经济业态，依托于全球数字经济发展潮流，兴起了一批技术跨国公司，新创了一批数字化企业，传统行业也纷纷进行转型升级，形成了新的商业模式和创新的组织形式。最先融入数字化的企业将获得先发优势，建立可靠的竞争地位，这就要求企业积极灵活地调整内外部组织形态，融入数字经济新时代。

埃森哲发布的《2019 中国企业数字转型指数研究》报告认为，只有 9% 左右的领军企业通过数字化转型开拓了新业务或新服务，且新产品、新服务营收超过总体营收的 50%；大部分企业不知如何通过数字技术提升效率或增加收入。可见大多数企业还没有做好转型的充分准备，而这一新范式立足于数字经济时代国际商务活动的鲜活事实，充分辨析了经济变化，对于其中的母国区位优势回归及母公司竞争优势回归等新理论，企业在制定管理策略时应充分参考，可作为企业进行转型升级的指引。

1. 积极进行数字化转型

一方面，企业面临环境变化。在行业和产业层面，数字经济极大地影响了来自全球经济各个行业的供应链。事实表明，数字经济改变了不同行业的企业内部运作、与客户和供应商的互动方式，以及供应链的管理。例如，许多跨国公司运用云计算促进共享资源和新形式的联合经营；数字技术被广泛运用到自动电子化采购、数字工厂设计、实时工厂调度、数字化生产流程、数字供应网络设计、数字产品质量监督以及产品生命周期管理等诸多方面（刘蕊，2018）。在行业层面，产品和服务的数字化本身也正在改变供给和消费的本质。在产业方面，数字经济促进了产业生产体系的高度融合。数字经济通过聚焦新型数字基础设施建设和全产业链布局，以实现产业全要素、全流程、全生命周期数字化转型与融合创新，从而构建数字驱动、智能主导的数字经济高融合生产体系（罗贞礼，2020）。并且，数字技术和现代制造技术在生产中的大规模、深度应用，有望极大提高边际生产率、提升产品性能、缩短研发周期，为产品赋予更加丰富的竞争要素。随着制造环节价值创造能力的提升，产业价值链"微笑曲线"将逐步向两端拓展，全球产业竞争格局面临重塑（梁正，李瑞，2020）。

另一方面，数字经济为企业降低了多方面成本。首先，降低了参与价值链的固定成本及其他交易成本。一是互联网金融拓展了中小企业的融资渠道，互联网银行或众筹等新的融资工具可以补充中小企业的传统融资渠道；二是网络平台缓解了中小企业的信息不对称问题，建立中小企业网络平台可以加强产品出入境信息交流，降低监管合规成本；三是网络基础设施帮助中小企业快速连接到价值链，稳定高效的互联网与移动互联基础设施帮助中小企业快速学习新商业模式；四是电子商务平台改造供应链体系，电商中小企业可以通过高频率、小批量在线购买货物来减少库存，快速适应利基市场需求。其次，数字经济还能大幅度降低中小企业的交易成本，甚至使其趋近于零，帮助中小企业节约运输、渠道与品牌建立等费用。并且，数字经济使信息搜寻成本降至趋近于零，帮助中小企业节约渠道费用和验证成本、创建数字声誉。在线评级系统可以为消费者提供平台内最佳产品的信息，中小企业可以有效利用低成本验证系统，专注于打造细分领域的拳头产品来提升流量和在线声誉，即使缺乏广告或营销经费，也可以获取口碑效应，提高产品影响力（裘莹，郭周明，2019）。

现今我们可以将进行国际商务活动的企业划分为纯粹的数字跨国公司和需要进行数字化转型的传统企业，后者依其具体情况有两条不同的转型之路，即产业数字化和数字产业化。信息制造业、信息通信业、软件服务业等信息产业是数字经济的基础部分，因此需要进行的是数字产业化，而除此之外的其他传统产业应用数字技术以实现生产数量和生产效率的提升，即实现与数字经济的融合，则属于产业数字化。中国信通院的《全球数字经济新图景（2020年）》报告显示，2019年，全球数字产业化占数字经济比重为15.7%，占全球GDP比重为6.5%，产业数字化占数字经济比重达到84.3%，占全球GDP比重为35.0%，产业数字化成为驱动全球数字经济发展的关键主导力量，因此企业进行数字化转型是顺应时代发展的必然要求。

结合新范式提出的理论，我们为企业提出以下可借鉴的转型建议。

首先，充分获取数据及关键技术。大数据技术的应用促进了数据的保存和传播，平台为参与其中的经济主体提供数据，社会数据的累积和数据资源的易获取、易统计属性也更有益于企业对内管理和对外经营。数字经济时代，各产业、各企业协作互动加强，技术资产与人力资本资产协同工作，技术资产更易于转移、复制，社会生产中的知识溢出效应更明显，企业可通过直接或间接学习企业外部知识，获取外部技术资产，提升本企业的技术知识储备。

其次，充分利用数字技术。当今数字技术正处于系统创新、深度融合与智能引领的重大变革期。其中计算、网络、感知等核心技术加速融合互动创新；数字技术与生物科学、新型材料、交通等领域融合；未来网络、量子通信、新型密码等技术走向研发。数字技术帮助中小企业进行数字化改造来创造新价值。目前基于供给侧的数字技术核心是工业互联网或者云计算等。工业互联网的核心在于开放式物联网操作系统以及云计算SaaS平台，将中小企业的硬件机器设备、软件管理系统以及数字化应用PaaS云服务集于一体，提供基于传统制造业企业核心业务的全流程闭环整体解决方案，搭建现实生产和虚拟生产的数字化路径，最终形成闭环价值创造，实现数字化转型（裘莹，郭周明，2019）。数据、信息、互联网为企业内外部人员共同直接参与产品的构思、设计、生产制造、改进等环节提供了条件。同时，利用大数据能够对企业生产能力和客户需求进行准确分析，提高了企业产品与市场的匹配度。企业通过大数据技术可以精准锁定目标客户，通过分析客户的潜在需求，有针对性地设计产品营销方案，增加企业销售收入。

最后，优化组织内部结构。在数字经济时代，基于信息技术的内部沟通使得企业各层级间的信息传递更加快捷和准确，数据管理的优化提升了企业管理效率。借助通畅的沟通平台，管理者可以及时了解基层状况，提高管理效率。另外，数字经济时代，企业内部化趋势加强，企业应更注重内部管理效率的提升，实现内部组织结构优化，充分利用数字经济变革企业的管理决策模式。

2. 积极参与国际商务活动

关于平台选择。企业可以通过自建平台或选择第三方平台进行国际商务活动。自建平台可以避开第三方平台的管理和限流，适合注重品牌档次的经济实力雄厚的企业。对于大多数企业，尤其是中小企业来说，第三方平台是最好的选择，目前主流的第三方 B2C 平台有全球速卖通、亚马逊、ebay、Wish 等；主流第三方 B2B 平台有阿里巴巴国际站、敦煌网；其他新兴平台有 Lazada、Shopee（虾皮）等；近年来仍不断有新的平台崛起，如 Shopify、VOVA 等。不同平台的进入门槛及面向市场均有所不同，企业可结合自身实际情况进行选择。表 24-1 对比了当前主流的数字化第三方平台的面向市场及入驻门槛（蒋建华，2020）。

表 24-1　主流数字化第三方平台对比

平　台	主要市场	入驻费用	佣金（按成交金额）
速卖通	俄罗斯、巴西、中东、美国、欧洲等	根据品类收取 5000 ～ 10000 元年费	8%
亚马逊	北美洲和欧洲	店铺月租金 39.99 美元	根据品类不同，8% ～ 17%
ebay	欧洲与美国	根据店铺级别收取 24.95 ～ 349.95 美元 / 月	根据品类不同，6% ～ 14%
Wish	美国与加拿大	无	15%
阿里巴巴国际站	欧美发达国家（小型批发）	年费（29800 元）＋增值服务费用	无

续表

平　台	主要市场	入住费用	佣金（按成交金额）
敦煌网	欧美发达国家（小型批发）	2019 年开始收取年费 6000 元	根据订单金额，阶梯佣金收 4% ～ 16.5% 佣金

关于地理位置选择。新范式指出，数字经济时代母国区位优势获得回归，FDI 逆转以往的趋势，将更多地聚集于几个发达国家或具有数字产业集聚效应的国家或地区，如发展数字经济极具潜力的中国，以上国家或地区将优先拥有完善的数字经济规制，营造良好的数字经济发展氛围。因此在地理位置选择上，企业可以优先选择数字经济背景或潜力发展好的国家或地区，以获取好的成长氛围，但也不得不考虑现今国家间的数字经济法律法规差异，尽可能选择柔性强的国家。

根据中国信息通信研究院的数据，2020 年，全球发达国家数字经济规模达24.4 万亿美元，占全球总量的 74.7%，是发展中国家的 3 倍。发达国家数字经济占国内生产总值比重达 54.3%，远超发展中国家 27.6% 的水平。从规模看，美国数字经济继续蝉联世界第一，2020 年规模接近 13.6 万亿美元。从占比看，德国、英国、美国数字经济在国民经济中占据主导地位，占国内生产总值的比重超过 60%。

关于海外扩张模式选择。数字经济时代，企业在海外扩张上表现出减少海外实体机构和跨界融合创新的现象，企业可选的海外扩张模式获得更新。首先，基于新范式中提出的母公司竞争优势回归，数字经济时代新兴技术的应用及新商业模式的创建使子公司竞争优势被弱化，企业将倾向于将资源集中于母公司创建企业数据库实现内部化，将海外机构由线下转至线上，减少海外实体机构驻足。其次，数字经济时代国际商务活动海外扩张不再仅局限于垂直或水平行业内的合作，还表现出跨界合作的嵌入进入模式。不同行业、产业的融合可能会更好地满足消费者的需求，甚至激发新的需求。特定行业的国际商务主体嵌入海外市场另一行业，这一嵌入通常是在产品生产流程中嵌入的，因此不需要国际商务活动主体在海外建立实体机构，核心在于提供嵌入品，创造了不同于以往并购合作的扩张模式，给企业更灵活的选择。

关于企业间协作模式。数字经济时代，跨界合作愈发明显，不同行业、产业通过整合进行价值共创，创造新实体。企业间协作有三种路径可选，其一是单主体、多价值主张融合的跨界，即主动与其他价值主张进行渗透融合，形成与企业原有价值主张不同的新价值主张，如以多种文化体验为核心的诚品书店。其二是双主体、双价值主张单向影响的跨界，即一方企业在另一方企业价值主张影响下产生新的价值主张，而另一方价值主张保持原状，如杭州涂鸦信息技术有限公司帮助传统家居企业开创智能家居业务。其三是多主体、多价值主张相互影响的跨界，即多个主题共创与原价值主张不同的新价值主张，如互联网公司阿里巴巴集团与传统汽车制造企业上汽集团成立专注于互联网汽车产品的斑马网络技术公司（刘嘉慧，高山行，2021）。因此在数字经济时代，企业可选择的协作模式范围更广，突破了行业界限，通过融合不同价值主张进行跨界合作成为数字经济时代的国际商务协作新模式。

关于产品和服务的定位。数字经济时代国际商务实现了平台化的商业模式，消费者需求成为产品创新及生产流程的指引，新范式分析框架就是基于需求的分析框架。数字经济时代，国际分工细化、深化，企业为更好地服务于消费者，创造了定制型服务，从需求端满足甚至创造新的需求。企业尤其是资金实力不强的中小企业，可以立足于某一垂直细分领域，打造高质量利基产品，实现价值链的工艺和产品升级。

24.3.2　政府层面的实践价值

世界经济正向数字化转型，数字经济作为一种新的经济形态，有效融合了信息技术和经济发展，对推动经济高质量发展有着非常重要的意义。据世界银行2018 年的调查和分析，数字化程度每提高 10%，人均 GDP 将增长 0.5% ～ 0.62%。数字经济已成为经济增长的原动力，成为国家经济的重要组成部分。大力发展数字经济，构建以数据为关键要素的数字经济，是提高全要素生产力、实现可持续发展的重要途径。基于数字经济时代国际商务活动表现出的新事实及新趋势，政府不仅自身出现了数字转型需要，还要调节市场规制等相关政策，出台数据产权等相关规定，指引企业进行数字化转型等，对本国市场发展数字经济的环境进行改善，帮助本国企业充分搭乘数字经济列车驶向全球。

以中国为例，党的二十大报告提出，要加快发展数字经济，促进数字经济和实体经济深度融合。下一步，要加快构建促进数字经济发展体制机制，完善促进数字产业化和产业数字化政策体系。加快新一代信息技术全方位全链条普及应用，发展工业互联网，打造具有国际竞争力的数字产业集群。促进平台经济创新发展，健全平台经济常态化监管制度。建设和运营国家数据基础设施，促进数据共享。加快建立数据产权归属认定、市场交易、权益分配、利益保护制度，提升数据安全治理监管能力，建立高效便利安全的数据跨境流动机制。

1. 对内进行政府治理转型

数字经济体系框架包含四个部分：一是数字产业化，二是产业数字化，三是数字化治理，四是数据价值化。其中数字化治理包括治理模式创新、利用数字技术完善治理体系、提升综合治理能力等，这就向政府提出了自身治理转型的要求，政府应积极进行数字化治理转型，创建智能政府，以提高政府的决策与指引能力。

2. 对外优化数字经济环境

加强数字基础设施建设。信息基础设施是数字经济发展的基石，也是数字产业化发展的重要部分，近年来，信息基础设施加速向高速率、全覆盖、智能化方向发展。发展以5G、人工智能、工业互联网、物联网等为代表的数字基础设施，建设光纤宽带、窄带物联网等新一代网络，以及大数据中心、云计算中心等助推传统产业网络化、数字化、智能化发展的基础设施，是未来各国建设新型基础设施的方向。当前，全球数字鸿沟依然很大，推动新型基础设施建设是各国当前和今后面临的非常艰巨和重要的工作，各国已普遍认识到建设新型基础设施的重要性，开展新型基础设施共建共享已经在许多国家之间有了良好实践。下一步要继续顺应地区和全球合作潮流，鼓励各国与利益攸关方合作，通过新型基础设施共建共享加快全球互联网渗透，提高国家间沟通往来效率，促进各国信息互联互通，缩小全球数字鸿沟。一是将互联互通作为重点，聚焦关键通道、关键节点、关键项目，着力推进网络通信等领域的合作，在信息互联互通方面与利益攸关国家达成合作协议，共同推动网络互联互通建设，与共建"一带一路"国家共建空间信息走廊的实践可作为各国合作的典型参考。二是鼓励各国加强对新型基础设施建设的投入，鼓励所有国家将新型基础设施建设作为数字经济发展的重要环节，在合法可预测的环境中，提高宽带网络覆盖率，提高服务能力和质量，探索以可负担的价格扩大高速互联网接入和连接的方式，推动包括 5G 在内的数字基础设施投资的各项全国性、区域性和国际性举措。

做好政策、法律协助。政府要大力协助平台发展，处理好垄断及数据产权问题。数字化平台在数字经济时代具有汇聚数据资源等的聚合效用，因此政府应大力协助本国数字化平台发展，促进本国向数字经济发展中心靠近，便利本国中小企业的国际活动。同时也要注意垄断，尤其是超级平台的垄断（包括市场垄断、流量垄断、数据垄断）。由于其极大的网络外部性和先发优势的特征，平台竞争市场易出现"赢家通吃"的局面，不利于竞争创新，因此政府应规制存在的垄断情况。目前各国已积极进行数字科技企业垄断打击，如欧盟积极运用反垄断手段，频频对跨国科技巨头开出天价罚单；2020 年 7 月，美联邦众议院司法委员会反垄断小组举行听证会，就美国四大科技公司——亚马逊、谷歌、苹果和脸书正在面临的反垄断问题展开集中讨论。2019 年 8 月，中国国务院办公厅印发《关于促进平台经济规范健康发展的指导意见》，着力营造公平竞争的市场环境。2022 年 6 月，第十三届全国人民代表大会常务委员会第三十五次会议通过对《中华人民共和国反垄断法》的修订，明确指出经营者不得利用数据和算法、技术、资本优势以及平台规则等从事本法禁止的垄断行为。

数据作为重要的生产要素存在巨大价值，在网络时代极易被获取和利用，对数据所有者造成负外部性，这就需要政府明确数字产权归属，打造法治发展环境。各国加快数字规则制定，推动形成数字治理国际新机制。一是数据保护与开放共享成为数字化战略的新焦点。数据作为数字经济发展的关键生产要素，近年来成为各国制定数字经济战略的一大侧重点。欧盟《通用数据保护条例》于 2018 年 5 月正式实施，成为全球个人数据保护立法的典范。同年 10 月，欧盟出台《非个人数据在欧盟境内自由流动框架条例》，旨在确保非个人数据在欧盟范围内的自由流通，消除数据保护主义，增强欧盟在全球市场中的竞争力。

各国应深刻认识到数字经济在驱动传统产业转型升级、培育新的经济增长点以及改善和重塑传统产业等方面的重要作用。各国应通过务实合作，深化数字技术与智能制造等重点领域的深度融合，积极推进数字技术在制造、服务、创新等领域的广泛应用，不断提高数字技术支撑经济社会发展的能力和水平。具体来说，需重点加强以下几个方面推动实体经济数字化转型合作：一是培育新模式、新业态、新产业。利用新一代信息通信技术对传统产业进行全方位、全角度、全链条的改造，加快推进第一、二、三产业数字化转型，大力培植新兴产业，实现经济发展质量变革、效率变革、动力变革，充分释放数字对经济发展的放大、叠加、倍增作用。二是促进电子商务合作，探索在跨境电子商务信用、通关和检验检疫、消费者保护等领域建立信息共享和互信互认机制的可行性，加强金融支付、仓储物流、技术服务、线下展示等方面的合作，加强消费者权益保护合作。三是支持互联网创业创新，鼓励通过有力和透明的法律框架，推动基于互联网的研发和创新，支持基于互联网的创业，利用互联网促进产品、服务、流程、组织和商业模式的创新。四是促进中小微企业发展，通过政策支持，促进中小微企业使用数字技术进行创新，提高竞争力，开辟新的市场销售渠道，为中小微企业运营提供所需的新型基础设施，鼓励中小微企业为公共部门提供信息通信产品和服务，融入全球价值链。政府借助"互联网＋"和政府大数据决策平台，围绕转方式、优结构、换动力等视角，全力打造能实现高质量与高融合推进的多维政策体系，实现政府政策的科学化、合理化制定（罗贞礼，2020）。

呼吁制定国际规则。各国应积极参与世贸组织与贸易有关的电子商务议题谈判，积极探索反映发展中国家利益和诉求的规则体系，推动多边、区域等层面数字贸易规则协调，共享数字贸易发展成果。2019 年 1 月，76 个 WTO 成员签署《关于电子商务的联合声明》，确认启动与贸易有关的电子商务议题谈判，旨在制定电子商务 / 数字贸易领域的国际规则。截至 2023 年 6 月，WTO 各成员已提交 207 份电子商务提案，部分议题有望在谈判中率先取得突破。一是贸易便利化相关议题，包括无纸贸易、单一窗口、互操作性、电子发票、微量允许、电子支付等。二是进口国消费者权益保护类议题，包括消费者个人隐私保护、消费者权益保护、非应邀电子信息、平台垄断治理。三是免征电子传输关税议题，考虑到 WTO 谈判的目的主要是降低贸易壁垒，在各方存在一定分歧的背景下，预计原有办法将得到延续。四是传统知识产权保护议题，预计在专利、商标、版权、商业秘密等传统知识产权保护领域的议题上将取得一定进展。五是数字服务税议题，短期来看，数字服务税谈判仍存在一定障碍，相关贸易摩擦冲突不断；长期来看，征收数字服务税是大势所趋，是保障国家财政收入、构建公平竞争环境的全球税制重要改革举措，赢得了全球大多数国家的支持。

各国应积极促成统一明确的数字经济的定义。对数字经济进行准确和有效的衡量，对于把握和应对数字经济带来的增长机遇和发展挑战至关重要。2016 年

G20 杭州峰会首次将数字经济列为 G20 创新增长蓝图中的一项重要议题；继德国担任 G20 主席国期间制定 2017 年数字化路线图、阿根廷担任 G20 主席国期间形成 2018 年 G20 衡量数字经济工具箱，以及 2019 年日本呼吁努力改善衡量数字经济之后，2020 年沙特担任 G20 主席国期间致力于推动形成一个衡量数字经济的共同框架，经过与各成员国磋商形成统一认识：数字经济包括所有依赖数字投入或通过使用数字投入而得到显著加强的经济活动，包括数字技术、新型基础设施、数字服务和数据；涵盖经济活动中使用这些数字投入的所有生产者和消费者，包括政府。支持多利益攸关方统一衡量数字经济的认识，鼓励参与多边论坛的计量讨论，加强多边协作与合作，分享最佳做法和经验，促进衡量数字经济的知识分享，推动形成统一的衡量数字经济的方法。

24.3.3　国际组织层面的实践价值

1. 国际治理组织需要适应数字经济

国际治理组织应加快数字经济相关定义统一化。目前全球范围内对数字经济、数字贸易等尚缺乏统一的定义，各国国内仍没有形成完善的数字经济方面的规则和法规，各国间数字经济发展规模、规则要求存在一定差距，这在很大程度上阻碍了数字经济的全球化进程。因此国际治理组织应在定义、规则制定、协调发展中发挥主导作用，加速统一定义，为数字经济时代国际商务活动创建良好的发展环境。

另外，国际治理组织也需要协调区域发展、全面助推数字经济发展。根据中国信息通信研究院 2019 年对 47 个经济体的研究数据，各大洲数字经济发展存在较大差距。美洲集合了全球数字经济第一的美国，以及加拿大、墨西哥、巴西等国家，2019 年数字经济增加值规模达到 14.3 万亿美元，占 47 个经济体数字经济总量的 44.9%；以中国、日本、韩国、泰国、越南等为代表的亚洲，数字经济增加值规模为 9.8 万亿美元，占 47 个经济体数字经济总量的 30.7%；欧洲国家数量众多，但多小国，数字经济增加值规模为 7.4 万亿美元，占 47 个经济体数字经济总量的 23.2%；以澳大利亚、新西兰为测算代表的大洋洲，数字经济增加值规模为 3046 亿美元，占 47 个经济体数字经济总量的 1.0%；以南非为代表的非洲，数字经济规模为 650 亿美元，仅占 47 个经济体数字经济总量的 0.2%。失衡的地区发展不利于国际商务活动的全球开展，国际治理组织应发挥主导作用，通过实施优惠政策等促进全球数字经济的均衡发展。

2. 国际或区域性经济合作组织需要利用数字经济

根据中国信通院发布的《全球数字经济新图景（2020年）》及《全球数字经济发展白皮书》，全球各大洲及区域组织数字经济发展不均衡，数字经济规模差距较大。北美洲数字经济规模及数字经济占GDP比重均位列各洲第一，拥有数字经济先发优势。在世界多边合作组织中，G20的数字经济规模及数字经济占GDP比重位列第一，但数字经济增速不敌金砖国家和APEC。

首先，新范式分析框架强调了数据的重要性，经济合作组织的存在可以汇聚更多的数据资源，实现整个区域的数据共享，对区域内的国际商务主体具有很强的网络外部性。其次，由于目前各国仍没有形成完善的相关规则法规，数字经济时代也会强调对数据资源产权的界定，不同国家对数字经济相应的运营规制也不同，可能会部分出现逆全球化的趋势，而区域性经济合作组织的存在可降低组织内国家间的相关壁垒，促进组织内数字经济的跨国发展，在一定程度上改变可能出现的逆全球化现象，并促进区域内相关法规的统一，为区域争取全球数字经济话语权。最后，组织内国家数字经济发展仍存在不平衡现象，数字经济强的国家可以在组织内，通过产业转移合理制定组织内数字经济发展规划，以实现数字经济发展效率最大化，以争取更多国际话语权。

参考文献

方倩，罗明宇，胡守忠，2019. 基于SOR模型对共享经济下社群平台用户价值共创意愿的研究[J]. 物流科技（12）：111-116，124.

韩继超，武超茹，2019. 数字经济背景下创业型企业商业模式研究[J]. 价值工程（35）：102-103.

蒋建华，2020. 传统中小外贸企业转型跨境电商平台选择策略[J]. 合作经济与科技（8）：92-94.

李路，2018. 数字经济条件下的经济运行及其规律[J]. 中国电子科学研究院学报（2）：223-226.

梁正，李瑞，2020. 数字时代的技术—经济新范式及全球竞争新格局[J].

科技导报（14）：142-147.

刘嘉慧，高山行，2021. 数字经济环境下企业跨界内涵：价值主张视角［J］.
科技进步与对策（1）：63-70.

刘蕊，2018. 数字经济中的跨国公司［J］. 经验交流（28）：108-110.

刘源，李雪灵，2020. 数字经济背景下平台型组织的价值共创［J］. 人民论
坛（17）：84-85.

罗贞礼，2020. 我国数字经济发展的三个基本属性［J］. 人民论坛·学术前
沿（17）：6-12.

马述忠，吴国杰，2016. 全球价值链发展新趋势与中国创新驱动发展新策略：
基于默会知识学习的视角［J］. 新视野（2）：85-91.

裴莹，郭周明，2019. 数字经济推进我国中小企业价值链攀升的机制与政策
研究［J］. 国际贸易（11）：12-20，66.

石中金，单寅，2020. 认识数据要素市场，助力数字经济高质量发展［J］.
互联网天地（6）：38-39.

孙浩博，2019. 共享经济的价值共创：基于需求侧的实证研究［J］. 中国市
场（36）：180-182.

熊鸿儒，2019. 对数字经济时代平台竞争的几点认识［N］. 中国经济时报，
2019-08-16（5）.

殷德生，2020. 在线新经济逆势增长的内在逻辑［J］. 人民论坛（21）：17-19.

张森，温军，刘红，2020. 数字经济创新探究：一个综合视角［J］. 经济学
家（2）：80-87.

脊髓肿瘤学
Spinal Cord Tumors

主编 （美）基南·I.阿纳托维奇（Kenan I. Arnautović）
（美）齐亚·L.戈卡斯兰（Ziya L. Gokaslan）

主译 丁学华 孙 伟

辽宁科学技术出版社
·沈阳·

©2021辽宁科学技术出版社
著作权合同登记号：第06-2020-113号。

图书在版编目（ＣＩＰ）数据

脊髓肿瘤学 / (美) 基南·I.阿纳托维奇 (Kenan I. Arnautović) , (美)
齐亚·L.戈卡斯兰 (Ziya L. Gokaslan) 主编；丁学华，孙伟主译. —沈 阳：
辽宁科学技术出版社，2021.7

ISBN 978-7-5591-1821-9

Ⅰ.①脊… Ⅱ.①基… ②齐… ③丁… ④孙… Ⅲ.①脊髓疾病 – 肿
瘤 – 诊疗 Ⅳ.①R739.4

中国版本图书馆CIP数据核字(2020)第200823号

出版发行：辽宁科学技术出版社
　　　　　（地址：沈阳市和平区十一纬路25号　邮编：110003）
印 刷 者：辽宁新华印务有限公司
经 销 者：各地新华书店
幅面尺寸：210mm × 285mm
印　　张：21
插　　页：4
字　　数：450千字
出版时间：2021 年7月第1 版
印刷时间：2021 年7月第1 次印刷
责任编辑：吴兰兰
封面设计：顾　娜
版式设计：袁　舒
责任校对：栗　勇

书　　号：ISBN 978-7-5591-1821-9
定　　价：398.00 元

联系电话：024-23284372
邮购热线：024-23284502
E-mail:2145249267@qq.com
http://www.lnkj.com.cn

译者名单

主译

丁学华　海军军医大学附属长征医院神经外科

孙　伟　海军军医大学附属长征医院神经外科

译者（按姓氏拼音排序）

暴向阳　解放军总医院第一医学中心神经外科

蔡　铮　海军军医大学附属长征医院神经外科

洪景芳　解放军第九〇〇医院神经外科

黄瑾翔　海军军医大学附属长征医院神经外科

潘　源　海军第九七一医院神经外科

王志潮　北京市海淀医院、北医三院海淀院区神经外科

于　峰　解放军第九六〇医院神经外科

张风林　上海同济大学附属同济医院神经外科

张正善　解放军总医院第一医学中心神经外科

丁学华，男，海军军医大学附属长征医院神经外科主任医师、教授、博士生导师。曾任中华医学会神经外科分会脊髓脊柱专业组委员、中国医师协会脊髓脊柱专业组委员、中华医学会上海市神经外科学会委员、中华神经外科杂志审稿专家、中华临床医学杂志编委、立体定向及功能神经外科杂志编委。从事神经外科医疗、教学、科研工作30余年。致力于中枢神经系统肿瘤的诊断和显微手术治疗，手术特色为脊髓脊柱复杂肿瘤手术，尤其擅长颈椎和高位颈椎髓内外肿瘤、脊髓腹侧肿瘤、椎管哑铃型肿瘤显微手术切除。在20世纪90年代初即开展了颈髓髓内室管膜瘤显微手术及临床研究，并提倡室管膜瘤整体剥离技术。近期开展了脊柱小切口微通道显微及内镜脊髓肿瘤切除手术。同时擅长颅底肿瘤显微及神经内镜微创手术治疗。从20世纪90年代末开始对经鼻蝶内镜手术进行了全面、深入的解剖学研究，熟练开展神经内镜下垂体瘤、颅咽管瘤及脑膜瘤切除术、脑脊液鼻漏修补术、鞍底重建术。在垂体腺瘤的基础科学研究方面连续两次获得国家自然科学基金项目资助（2014—2017、2017—2020）。在国内外学术期刊上发表论文80余篇，参编专著9部。作为主要参与者获得国家科技进步二等奖1项、军队医疗成果一等奖1项、军队医疗成果二等奖2项、上海市医疗成果二等奖一项、军队科技进步三等奖4项。培养博士、硕士研究生15名。

　　孙伟，男，海军军医大学附属长征医院神经外科副主任医师、副教授、硕士研究生导师。先后获华中科技大学同济医学院临床七年制硕士学位，第二军医大学博士学位。从事中枢神经系统肿瘤医教研工作，主攻脊髓肿瘤显微和微创手术。擅长颈椎髓内肿瘤、各种髓外硬膜下肿瘤、脊髓哑铃型肿瘤显微手术。熟练掌握椎板减压术、椎板成形术、脊柱内固定技术。对脊髓脊柱手术后脊髓粘连、神经病理性疼痛、脑脊液漏、脊柱畸形等并发症的预防和治疗积累了较为丰富的经验。熟练开展听神经瘤、脑膜瘤、胶质瘤等常见脑肿瘤的显微手术，师从丁学华教授较早开展了经鼻垂体瘤、颅咽管瘤等颅底肿瘤的内镜手术。作为长征医院神经外科专科医师培训基地导师组成员，上海市住院医师规范化培训基地带教教员，指导和帮助了多批次神经外科学员工作和学习。长期从事中枢神经系统肿瘤的基础科学研究，主持国家自然科学基金1项，作为项目组主要成员参与国家自然科学基金4项，发表SCI论文、国内核心期刊论文、教学论文10余篇。

我把这本书献给我的父母——Azijada和Ibrahim，他们一直教导我做一个正直的人，无论做什么事情都要尽可能追求完美；还要献给我的家人——Sanja、Aska和Alisa，他们给予我无限的爱；我的导师——Yasargil、Al Mefty、de Oliveira、Boop、Samii和Krisht教授，他们教导我时刻保持警惕，集中注意力；还有我的脊髓肿瘤患者，感谢他们将信任、生命和希望交给了我。

基南·I.阿纳托维奇（Kenan I. Arnautović）

　　我把这本书献给我的父亲Ibrahim和母亲Gonul，我的兄弟姐妹Husnu、Tunc和Nadide，他们赋予我生命中的灵感，并且是我出色的榜样；献给我的妻子Ayse Gul、我的孩子Aaron和Hannah，感谢他们无条件的爱、理解和支持；还有我的导师Robert Grossman博士、Raymond Sawaya、Henry Brem、Paul Cooper、Thomas Errico、Gordon Engler，以及许多出色的同事、住院医生、员工，我从他们身上学到了很多；最重要的是，他们对我的脊髓肿瘤患者及其所爱的人给予了难以置信的信任和勇气。

齐亚·L.戈卡斯兰（Ziya L. Gokaslan）

译者序

    在神经外科医生、脊柱外科医生、神经科医生及放射科医生等同道的共同努力下，脊髓肿瘤的诊疗水平在近些年获得了长足的进步。脊髓肿瘤与脑部肿瘤的诊疗具有一致性，但是又有很大的不同，例如在手术治疗脊髓肿瘤的同时必须兼顾脊柱生物力学和脊柱稳定性。由于脊髓肿瘤的发病率相对较低，病例分散，专门从事脊髓肿瘤研究的团队或中心在数量和规模方面远不及脑部肿瘤，因此缺少对脊髓肿瘤系统化、全面化的认识。对于脊髓肿瘤的治疗，仍然有许多疑问和争论尚未解决，例如脊髓肿瘤和脊柱肿瘤如何区分和划分，WHO Ⅱ级室管膜瘤次全切后辅助放疗是否需要，脊髓肿瘤切除时脊柱内固定指征如何掌握，脊髓肿瘤术后较高的疼痛发生率应该如何解决。为了提高对脊髓肿瘤的全面认识和深入理解，更好地开展诊疗工作，我们将 *Spinal Cord Tumors* 中译本《脊髓肿瘤学》献给有志于该领域的同道，希望对推动脊髓肿瘤的诊疗水平有所裨益，最终造福于饱受脊髓肿瘤疾病困扰的患者，尽最大努力帮助他们走出困境。

    值此 *Spinal Cord Tumors* 中译本《脊髓肿瘤学》出版之际，感谢所有译者的积极投入和辛勤付出，感谢出版社的精心策划和大力支持。由于翻译工作量大，翻译和专业水平有限，书中难免出现谬误之处，敬请批评指正。

丁学华 孙伟

2020年6月

于上海

原著序1

　　"我们对大脑也许可以宽容，但对脊髓却不能。"这是一代又一代的神经外科医生传承下来的公理，以强调脊髓手术的严肃性。由于脊髓肿瘤相对少见，目前专门研究这一领域的文献很少，而且缺乏诊疗共识。为了改善这些可怕的疾病，在其诊断、治疗和预后方面已经取得了不少进展。Arnautović博士和Gokaslan博士会集学者和专家，完成了涵盖脊髓肿瘤全方面知识的著作，这样的努力付出值得赞扬。和这项工作的所有受益者一样，无论是患者还是医生，我对他们的努力深表谢意，并感谢他们做出的卓越贡献。尽管影像学、康复、监测和放射治疗的进步显著改善了脊髓肿瘤患者的预后，但仍有绝大多数的脊髓肿瘤要通过外科手术治疗以期治愈。因此手术技术是治疗中最关键的因素，其次显微外科技术是治疗这些肿瘤必不可少的，也是成功的关键。

Ossama Al–Mefty 博士
美国马萨诸塞州波士顿哈佛医学院布里格姆女子医院颅底外科主任

原著序2

  脊髓肿瘤和转移性脊柱肿瘤不同，大部分神经外科医生在临床实践中较少接触脊髓肿瘤。因此脊髓肿瘤手术治疗具有相当的挑战性，如果治疗不当可能会对患者的生活质量造成毁灭性的影响。为了出版这本书，Arnautović博士和Gokaslan博士召集了一批国际神经外科医生和专科医生，他们在脊髓、脊柱肿瘤的治疗方面均具有专长。该著作为我们治疗这类肿瘤提供了全面的、最新的认识。感谢作者们创作了一本内容丰富、可读性强的著作。对于神经外科医生，包括住院医生和研究生，如果想全面了解脊髓肿瘤学知识，我强烈推荐此书。

Kevin T. Foley 博士
美国神经外科医师协会委员
美国外科医师学会委员
Semmes–Murphey诊所主席
美国田纳西州孟菲斯市田纳西大学健康科学中心神经外科、矫形外科和生物医学工程教授

致谢

Kenan I. Arnautović博士和Ziya L. Gokaslan携编委会全体成员，特别感谢Andrew J.Gienapp（田纳西州孟菲斯市Le Bonhuer儿童医院神经科学研究所、田纳西大学健康科学中心神经外科）对本书的贡献，包括对所有章节的编辑，对非英语母语者撰写章节的修订，对所有章节的文本、图表和表格进行格式的修改，以及图21.1插图的制作，以及出版过程中的其他帮助。

介绍

自从30年前开始神经外科生涯以来，我就对脊髓肿瘤及其治疗很感兴趣。这些肿瘤发生于空间非常有限的脊髓和脊神经（前后径<10mm，横径<15mm）；它们延伸到邻近的、同样有限的蛛网膜下腔、硬膜下和椎管内。脊髓作为中枢神经系统（CNS）的"不动产"，与大脑联系的紧密、功能和作用的重要不言而喻，然而脊髓的血液供应比起大脑却相对处于劣势。它们可能是最具治疗挑战性的中枢神经系统肿瘤。幸运的是（也可能不是），脊髓肿瘤在组织学上大多为良性。

当我仔细审视时，了解并意识到，脊髓肿瘤从第一次出现症状到诊断平均需要两年时间。在我和我的导师们（他们都是显微神经外科专家）交谈时，他们中没有一个人对这类肿瘤有显著的关注，我不知其原因，也许是因为它们发病率低的缘故（占中枢神经系统肿瘤的比例<15%）。我不禁思考，这类肿瘤该由谁来治疗？显微神经外科医生、脊柱外科医生，还是小儿神经外科医生？我仍然没有得到答案。当查阅神经外科文献时，我发现这些类型的肿瘤总是被埋藏在神经系统肿瘤或脊柱相关章节的末尾，似乎被忽视和低估了。同样关于脊髓肿瘤的书也很稀缺。随着治疗脊柱肿瘤经验的增加，我更加重视它们，意识到治疗脊髓肿瘤是多么困难。与神经外科其他任何疾病不同的是，病例数达到几十个的文献报道数量十分有限，病例数达到几百个的文献报道更是难得一见。本书由经验丰富的脊髓肿瘤专家及其团队编写，旨在为当前的读者们提供一本深入、全面了解脊髓肿瘤的读本。本书尝试使用尽可能多的图表，甚至一些视频，以尽可能最好的方式来阐述文本。我们希望神经外科医生在阅读该著作的过程中能得到指导和帮助，有助于他们更好地制订手术计划，或者至少能使热爱这一令人着迷的专业或感兴趣的同道能从中获得灵感。

基南·I.阿纳托维奇（Kenan I. Arnautović）

于美国田纳西州孟菲斯市

尽管作为一名外科医生在治疗脊柱肿瘤方面有30年的经验，但面对治疗脊髓肿瘤这样具有挑战性的工作时，我仍然感到自愧不如。也许在我们这个领域里，没有其他病理类型能像脊髓肿瘤这样能更好地提醒我们，作为神经外科医生，我们是多么的荣幸能够以这样的方式得到信任，我们的患者是多么的勇敢和令人鼓舞，他们将幸福、希望和梦想交到我们手上。因此，我知道，作为一名神经外科医生，我们的责任极为重大。

　　脊髓手术的风险非常高，手术将改变患者的生活，对患者来说意义重大。然而，这类肿瘤的手术仍然是一项技术专长，甚至当决定何时手术、由谁来手术这样的决策都是非常困难的。

　　当我最早在参加住院医师培训的时期，我的导师就教导我说，大脑是可以宽容的，但脊髓是"非常昂贵的不动产"；因此，必须给予最大的敬畏和关心。在过去几十年里，影像学、外科技术、显微镜、手术工具、电生理监测和术后ICU护理都获得显著改善。许多神经外科医生和其他专家都为改善脊髓肿瘤患者的手术结果做出了贡献。

　　本书编辑了当前文献中的现有信息，总结了脊髓肿瘤治疗领域的最新进展，并以尽可能实用的形式分享多年来的集体智慧、交流经验和教训。我希望我们最终能实现这一目标，希望你们继续致力于为这一领域，为脊髓肿瘤工作的进步做出贡献。同时我们要时刻提醒自己，保持谦卑，并因我们的脊髓肿瘤患者每日勇敢面对挑战而深受鼓舞。

齐亚·L.戈卡斯兰（Ziya L. Gokaslan）

于美国罗得岛州

目录

脊柱外科的历史和脊髓硬膜下肿瘤手术 1

Bruno Splavski

1.1 简介

神经外科可能是最古老的医学专业和外科学学科之一。有证据表明，史前新石器时代的人们就已经进行了环钻术。然而，我们今天所熟悉的神经外科和脊柱外科直到19世纪下半叶才真正发展起来。当时，少数几个医疗中心的个别普通外科医生开始进行了脑和脊髓手术。与中枢神经系统其他部位及脊柱手术相比，脊髓硬膜下肿瘤和脊髓手术的历史仍然相对模糊，在经过过去零星、缓慢和长时间的发展后，直到最近几十年才得到了显著的进步。

由于特殊的临床表现、组织病理学和解剖学特点，脊髓肿瘤手术对于世界各国神经外科医生来说一直是艰巨而富有挑战的工作。正因为如此，脊柱外科和脊髓外科直到20世纪初才作为一个独立的专业出现。而最新和最先进的诊断方法、手术技术和手术器械只是在最近几十年才发展起来的，同时伴随着手术显微镜和内窥镜、术中神经生理学和影像导航系统的发展，这才奠定了当前脊髓硬膜下肿瘤和脊髓手术发展的基石。这些技术和设备的进步不仅能帮助外科医生在术前准确地判别肿瘤，术中安全地切除肿瘤，术后获得满意的疗效，而且有效地避免或降低并发症的发生。

在本章，我们将着重讨论与脊髓硬膜下肿瘤手术有关的历史，并根据时间轴回顾脊髓手术发展和进步的历史。

1.2 古代脊柱手术

由于脊柱手术很复杂，对于古代外科医生而言，脊柱和脊髓手术是一个沉重的负担，因此他们都试图避免此类手术。他们获取极其有限的脊髓解剖学知识也仅仅是来源于对脊柱外伤病例的零星观察。

古代脊柱疾病的诊断依据是有限且模糊的。在公元前4000年的埃及木乃伊中发现了导致永久性脊柱畸形的结核性脊柱炎，这使得结核性脊柱炎成为有证据存在的最古老的脊柱疾病之一。在欧洲铁器时代的脊柱遗骸中也发现了结核性脊柱炎的存在。此外，一项可能是公元前3000年左右使用脊柱牵引复位成功治疗颈椎损伤后瘫痪的描述是有记录以来最古老的神经外科手术。

1.2.1 Edwin Smith 莎草纸文稿

有描述基于经验的解剖案例最早由古埃及人在公元前14世纪提及，但当时的医学实践是以迷信和巫术为基础的，而非科学知识。尽管如此，古埃及的外科医生认识到脊柱创伤是一种严重的损伤，会导致不良后果甚至死亡。这方面的证据可以在公元前1700年著名的Edwin Smith莎草纸文稿中找到，这是有史以来发现的最有价值的医学文稿之一。这封文稿卷轴是由美国的古埃及学者Edwin Smith（1822—1906）于1862年在埃及卢克索购买获得的，该文稿翻译自象形文字，并于1930年出版。文稿中描述了6例颈椎创伤病例，其中2例出现了明显的脊髓损伤。这是最古老的关于脊髓损伤和感染的记录，并且在医学史上第一次给出了治疗和管理建议。最早的脊柱手术雏形的痕迹可以追溯到公元前1550年，而这也是目前已知的最古老的外科手术之一。

此外，古代亚述人对于脊髓损伤带来的后果也有一些最初的认识，该认识基于在尼尼微（现伊拉克境内）发现的一块公元前650年前的著名浮雕遗迹。浮雕描绘了一只垂死的母狮，背部被箭击伤，在挣扎着移动瘫痪的下肢，表明该母狮的脊髓受到损伤。

1.2.2 亚历山大学派

可以说，真正的脊柱外科理论起源于公元前300年的古希腊，归功于杰出的亚历山大学派的出现，并以Hippocratic的著作为基础。该著作中包括了对脊柱解剖学和脊柱损伤早期干预或保守治疗的具体描述。古希腊人认为脊髓损伤和尿失禁是一种严重的损伤，将带来灾难性的后果，因此，亚历山大学派的外科医生并不愿意积极地进行脊柱或脊髓的相关手术。该学派的主要代表Herophilus（前335—前280）（图1.1）是当时最杰出的学者和医生，他同样对脊柱外科手术持回避态度。Herophilus是古代第一位将脊髓描述为"后脑末端延伸"的医生，并观察到运动神经损伤会导致瘫痪。他和助手Erasistratus（前304—前250）在历史上首次进行了人体解剖医学研究，这成为古希腊解剖学知识的主要来源，他们二人均在早期认识脊髓感觉传导和运动控制的作用方面做出了杰出贡献。

1.2.3 帕加马Galen

公元1世纪，帕加马的Galen（129—200）是Hippocratic医学和亚历山大医学的主要倡导者，但他质疑Hippocratic将大脑仅作为一个腺体的说法。Galen认为大脑控制了人体的自主运动和感觉，并通过脊髓向下传递。同时他也是第一位确定硬脊膜和软脊膜覆盖范围的外科医生。此外Galen还认识到脊髓损伤可能导致包括肢体运动无力在内的多种神经功能障碍，而脊髓完全横断将导致脊髓损伤平面以下功能丧失。他也是第一个主张在椎体骨折时从椎管中取出压缩骨片的医生。遗憾的是，在Galen去世后的1000多年中都没有出现对神经系统手术的有力补充研究。Galen卓越的科学成就，甚至包括他的一些相对局限乃至错误的理解，仍是构成古代相关医学典籍的重要基石。他的外科手术能力和丰富的科学知识使他成为神经解剖学特别是神经外科领域的杰出贡献者。

1.3 中世纪、文艺复兴时期及其之后的脊柱手术

尽管Galen的杰出成就依然受到中世纪阿拉伯学者和医生们的推崇，但在这一时期，脊柱外科手术仍被大多数人认为是没有希望的。医学和外科的学术中心在此时已经迁往阿拉伯和拜占庭帝国控制的城市，这些城市既是古代医学教义的守护者，也是传统教条的维护者。

图1.1　Josph F.Doeve 绘制的 Herophilus 素描像

1.3.1 Avicenna（Ibn Sina）

阿拉伯学派最好的代表是Avicenna（980—1037），他是波斯著名的哲学家、学者和医生，他的百科全书著作极大地扩展了古代医学知识。在他的文章中，人们可以找到关于各种类型的脊柱损伤的讨论，这些讨论既可以帮助评估结局或预后，又为非手术治疗提供依据。

1.3.2 教条主义下的经院哲学

伴随着阿拉伯学派的衰落，欧洲出现了向中世纪教条主义学术的转变（700—1500），而医学知识和学术在这期间出现了难以避免的、全方位的倒退。天主教会禁止人体解剖，而人体解剖学知识的匮乏最终导致外科手术治疗效果不佳。此时的外科医生无法进行脊柱和脊髓手术，而在接下来的几个世纪里都几乎没有再出现这种手术。

尽管如此，中世纪晚期来自意大利博洛尼亚的解剖学家Mondino de Liuzzi（约1270—1326）的贡献仍不应被忘记，他被认为是解剖学的恢复者，因为他在医学史上第一次撰写了解剖手册。

与此同时，在法国蒙彼利埃和阿维尼翁实习的Guy de Chauliac（1300—1368）于1363年出版了他的 *Chirurgia Magna*（《大外科学》）一书。Guy de Chauliac是14世纪欧洲最有影响力的外科医生，他的著作在随后的几个世纪里成为外科手术的标准参考资料。同时该书对古希腊和阿拉伯的医学知识进行了梳理并被认为是中世纪最具影响力的医学文献之一。考虑到欧洲中世纪的社会环境和医学落后的现实，他的工作在当时是非常具有创新性和进步性的。

1.3.3 Andreas Vesalius

从科学上处于休眠状态的中世纪时期突然转变到开放和充满创造性的文艺复兴时期，使得神经外科工作得以顺利开展，并形成近代神经外科雏形。随着科学和艺术新曙光的出现，被认为是人体解剖创始人的Andreas Vesalius（1514—1564）于1543年出版了他的杰作 *De Humani Corporis Fabrica*（《人体的构造》），将解剖学和人体解剖确立为科学学科。该著作极大地促进了人们对于脊柱解剖学的理解，Vesalius对脊髓做出了详细的描述和说明，并为脊髓每个特定的部位（颈椎、胸椎、腰椎、骶椎和尾椎骨）分别进行命名。事实上今天用于脊柱的许多解剖学术语都可以归功于他。Vesalius是那个时代最杰出的医学学者之一，他对医学知识的影响在500多年后的今天仍然存在。他的开创性思想和方法有助于将医学特别是神经科学从中世纪强加的桎梏中解放出来，并推进到现代。

荷兰著名解剖学家Gerard Blasys（1625—1692）对Vesalius的脊髓解剖知识进行了补充和更新。1666年，Blasys首次清晰地描绘了延髓的横断面，确定了脊髓灰质和白质以及脊髓神经根之间的区别，这在当时对于神经解剖学知识的积累具有重大意义。

1782年，著名的英国外科医生、矫形外科创始人之一Percival Pott（1714—1788）给出了结核性脊柱炎的第一个经典临床阐述：该疾病将引起严重的、进行性和永久性脊柱畸形，并可能导致脊髓持续受压。为纪念这位被公认为18世纪最伟大的外科医生之一的临床医生，结核性脊柱炎又被称为波特病（Pott's病）。

1.4 近代脊柱外科的开端和发展

由于缺乏正确的诊断方法和合适的诊疗工具，外科技术、神经科学和神经外科经历了长时间的不均衡发展。复杂的脊柱外科同样也没有获得明显的发展。直到19世纪初工业革命开始，以及随后近代医学和外科学的整体进步，脊柱外科才逐渐缓慢并稳步发展起来。

19世纪，在近代外科发展的初期，用于全身麻醉的吸入剂第一次被使用，同时外科感染理论和抗菌原则被广泛接受。乙醚麻醉的引入不仅减轻了手术患者的痛苦，而且使开展更广泛的外科手术成为可能。1846年，美国牙医William Morton（1819—1868）在波士顿马萨诸塞州总医院首次演示了这一技术。1年后，苏格兰产科医生James Young Simpson（1811—1870）在爱丁堡引入了用于全身麻醉的氯仿，并取得了巨大成功，从此氯仿成了被广泛使用的麻醉剂。

19世纪中叶，法国微生物学家Louis Pasteur（1822—1895）观察并解释了细菌与传染病之间的关系。从1867年开始，英国外科医生、外科消毒的先驱Josepsh Lister（1827—1912）首次提出无菌手术理念和消毒原则。当时在英国格拉斯哥皇家医院工作的Lister将Pasteur的理论应用于创伤后败血症，通过引入消毒技术降低了术后切口感染的死亡率。此后其他无菌技术也随之出现，例如使用外科口罩、手术服、帽子和乳胶手套。直到1886年，将大部分职业生涯奉献给神经系统疾病外科手术的德国柏林大学医生Ernst von Bergmann（1836—1907），引入了器械蒸汽灭菌的概念，这是在降低感染率和改善术后效果方面的另一重大突破。此外他还对切口敷料进行了高温灭菌。

细菌学的先驱，德国医生、科学家Robert Koch（1843—1910）在1877年演示了如何成功分离和培养细菌，他提出了传染病是由微生物引起的理论，并描述了关于切口感染病因的假设。在认识到细菌感染理论之后，一系列关于抗菌的新方法随之出现，最大限度地减少、消除和治疗了外科感染。

法国神经生理学家Charles Edouard Brown-Séquard（1817—1894）对脊髓功能解剖学的知识进行了进一步的改进，他开创了实验神经生理学的先河。1846年，他解释脊髓损伤时，痛觉、温觉和轻触觉的丧失发生在受损脊髓的对侧，而运动、位置觉和深触觉位于同侧（脊髓半横断综合征：损伤平面以下同侧肢体运动和深感觉消失，精细触觉障碍，对侧肢体痛温觉消失，又被称为Brown-Séquard综合征）。

这个时代，在少数有才华的专业人士凭借个人兴趣的推动下，神经外科作为一门独立的外科学学科逐步发展起来。法国的Antony Chipault（1866—1920）、德国的Ernst von Bergmann（1836—1907）和Fedor Krause（1857—1937），以及苏格兰的William Macewen（1848—1924）都进行了开颅和脊柱手术，同时他们都是普外科医生。来自美国费城的William Keen（1837—1932）在1887年成为美洲第一位成功切除良性脑肿瘤的外科医生。法国神经外科先驱Antoine Chipault是法国第一位专门从事神经外科手术的外科医生，于1896年首次使用椎板切除术治疗Pott's病引起的截瘫。

1.4.1　William Macewen

第一例开颅手术是由William Macewen（图1.2）完成的，他在1876年完成了首例脑脓肿手术，并于1879年成功实施了首例脑肿瘤切除术。此外他还成功施行了硬脊膜下血肿清除术，推动了脊柱外科的发展。William Macewen很快成为英国外科学界的领军人物，而且是第一个拥护神经外科的人。Macewen发表的脑部和脊髓化脓性疾病的研究文章具有里程碑式的意义，是最早描述这类疾病的。他的一系列努力受到学界的高度赞扬，并成功地接替了他的导师Josepsh Lister担任英国格拉斯哥皇家医院外科主任。

1.4.2　中枢神经系统手术

从19世纪80年代到20世纪的1914年，是神经外科手术发展的一个标志性时期。主要的参与者包括著名的内科医生、神经科医生和外科医生，他们做出了开创性的工作，如John Hughlings Jackson（1835—1911）、David Ferrier（1843—1928）、William Gowers（1845—1915）和Victor Horsley（1857—1916）。他们都在位于英国伦敦皇后广场的一家医院工作（图1.3）。他们的理念对这一领域的进一步发展产生了深远的影响：通过对动物实验、模型实验和临床实践的观察，极大地促进了人们对神经系统功能的详细了解。

然而直到通过临床观察和检查对神经结构及病

图1.2　William Macewen

图 1.3 位于伦敦皇后广场的医院

变进行准确定位之后，神经外科特别是脊柱外科才发展成为近代神经科学的一个独立分支。同时熟练的手术技巧和精确的实验生理学为神经外科的进一步发展创造了基础。著名神经科医生William Gowers（1845—1915）介绍了临床检查，包括患者的病史、体征和症状，从而使神经结构和病变的准确定位成为诊断神经疾病的关键，他对脊髓结构的准确认识使他在1887年首次通过临床观察识别出可切除的脊髓硬膜下肿瘤。

1.4.3 Victor Horsley

在神经科医生进行准确的定位和识别后，Victor Horsley（1857—1916）是第一个鼓励手术切除脑和脊柱肿瘤的医生（图1.4）。1886年，当他还只有28岁的时候，Horsley即被任命为第一位专职神经外科医生，并开始实施神经外科手术（图1.5）。他对神经外科未来的发展做了大量的研究拓展，同时他也是一位多才多艺并掌握多种语言的学者，撰写了大量

图 1.4 Victor Horsley

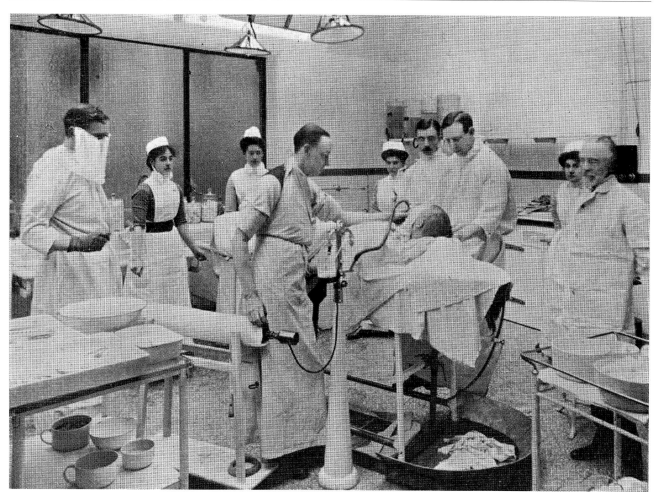

图 1.5　神经外科手术室

的文章，内容涵盖了神经科学感兴趣的诸多主题，包括解剖学、生理学、病理学和外科学。

　　1887年6月，Horsley成为成功切除椎管内髓外硬膜下肿瘤的第一位外科医生。患者是一位患有脊膜瘤的军官，他饱受病痛折磨，几近瘫痪，并且大小便失禁。手术后1年内，患者几乎完全恢复了行走能力。Charles Ballance（1856—1936），英国神经外科界的第二位先驱，担任Horsley的手术助手（图1.6）。当时，Horsley几乎准备放弃手术，因为很难确定肿瘤的位置，但Ballance建议往头端再多切除一块椎板，最终发现了肿瘤并将其成功切除。1927年，Ballance成为英国神经外科医生协会的首任主席，他是一位谨小慎微但极其细致的外科医生。相反，Horsley的特点是速度快、双手灵活、果断，这在当时是能够取得良好手术效果的重要因素。

　　1908年，Ballance发明了立体定向框架，这可能是他对神经外科最重要的贡献，立体定向框架的

发明是神经外科神经导航技术的最初实践，这使得Ballance成为当时世界上最重要的神经外科医生，同时他也是第一位将毕生精力完全奉献给神经外科事业的医生。

　　这一时期的其他实质性的贡献来自Anton von Eiselberg（1860—1939）、Fedor Krause（1857—1937）和Wilhelm Conrad Röntgen（1845—1923）。来自维也纳的Anton von Eiselberg（图1.7）在奥匈帝国创立了神经外科，并于1907年首次详细记载、描述了对一位27岁的女性成功切除原发性脊髓髓内肿瘤及术后功能完全恢复的病例。来自柏林大学的Fedor Krause被誉为德国神经外科之父，他开创了多种不同的脑肿瘤和脊髓肿瘤手术技术，并于1908年进行了首个脊柱肿瘤手术系列研究报道。此后，由Wilhelm Conrad Röntgen在1895年发现了X线。

　　Pierre Curie（1859—1906）和Marie Curie（1867—1934）在1898年发现了放射性元素镭，医学诊断领域出现了革命性的发展。最重要的是，

图 1.6　Charles Ballance

图 1.7　Anton von Eiselberg

Röntgen的发现促进了更精确的疾病诊断，从而深刻地改变了现代神经外科。

1.4.4 脊髓手术的先驱——Charles A. Elsberg

Charles A. Elsberg（1871—1948）是纽约神经科学研究所的一名执业神经外科医生，他是脊髓手术的真正先驱之一（图1.8）。1909年，Elsberg成功地切除了1例脊髓髓内肿瘤。几年后，他描述了另一例脊髓髓内肿瘤切除手术，手术是于1911年分两期实施的，由于患者当时血流动力学不稳定，他一度被迫停止了手术。一期手术仅包括后路正中脊髓切开且未将硬脊膜缝合。1周后，在进行二期手术时，他发现肿瘤从先前的脊髓切开处涌向髓外，得益于众所周知的髓内肿瘤的挤压效应，这次手术取得了很好的结果。在1916年的后续著作中，他推荐"两步法"这种自己创新的手术方式作为此类肿瘤切除的方法。此外脊髓肿瘤诊断和治疗的相关内容在他1925年发表的开创性文章中也有详细介绍。

在当时脑脊液（CSF）检查和脊柱普通X线检查是临床神经系统体格检查以外的唯一辅助检查手段的情况下，Charles Elsberg的脊髓手术无疑是取得了成功。他强调详细的神经系统评估的作用和重要性，并辅之以脑脊液压力测定，以发现椎管内肿瘤的位置。1914年，他成功完成了首例脊髓髓内血管畸形切除术。正是由于在这一领域的巨大贡献，Elsberg被认为是脊髓手术之父。于1910—1926年，Elsberg的助手，纽约神经科学研究所的神经外科医生Byron Stookey（1887—1966）对8例小儿椎管内肿瘤进行了手术（图1.9）。

纽约神经科学研究所成立于1909年，是北美第一家专门收治神经系统疾病患者的医院，世界上第一个神经外科也于1915年在该所成立（图1.10）。自1912年德国的 Krause和1916年 Elsberg完成了开创性的工作以来，仍有多位学者在很大程度上为脊髓外科做出了贡献，其中包括Cooper、Epstein、Guidetti、McCormick、Malis、Stein、Brotchi、Samii等。在此之后数十年来，罕有关于脊髓肿瘤预后满意的研究报道，因为优秀诊断设备和手术器械的缺乏限制了椎管内肿瘤的预后，而当时外科手术仍旧伴随着较高的死亡率和并发症。

神经系统放射学诊断的重要进展发生在1918年和1919年，当时引入了脑室造影和气颅造影，以及摩约翰霍普金斯医院的Walter Dandy（1886—1946）对脑脊液循环的解释。Dandy预言了脊髓空气

图 1.8　Charles A. Elsberg

图 1.9　Byron Stookey

图 1.10　美国纽约神经科学研究所

造影在脊髓硬膜下肿瘤和病变诊断中的发展，而这是由来自瑞典斯德哥尔摩的内科医生Hans Christian Jacobaeus（1879—1937）于1921年最早提出的。

此外，在1922年Charles Elsberg分析了鞘内注射一种非吸收性碘化造影剂碘化油脊髓造影的效果，这种造影剂是由法国神经学家和放射学家Jean-Athanase Scard（1872—1929）于1921年引入的。

直到20世纪60年代末，脊髓造影仍然是分析椎管内结构的唯一有价值的诊断方法。采用这种方法，在适当的X线片下，通过透视勾画出椎管内的软组织的结构。最初它利用空气和不同碘化油溶性的不可吸收对比剂鞘内注射。离子型水溶性造影剂是1931年首次应用的神经毒性较小的造影剂，与油性造影剂相比，能增强神经根袖套处的充盈，具有更好的病理解剖显示效果。但是它不能被吸收，并且对软脊膜有刺激性，脊髓造影后通常会发生蛛网膜炎。为了解决这个问题（根据Almen在1969年的

记载），一种非离子型低渗透压水溶性造影剂于1976年设计面世，该造影剂在患者中表现出了很好的耐受性。这些新的单体/二聚体化合物的神经毒性明显低于以往的造影剂，这使它们能够对整个椎管进行检查。脊髓造影提供了脊髓轮廓的可视化，在鞘内造影剂的流动中显示为完全或部分阻滞的脊髓肿块。因此脊柱肿瘤的历史分类是基于脊髓造影的结果，确定了3种主要的肿瘤类型：硬膜外肿瘤、髓外硬膜下肿瘤和硬膜下髓内肿瘤。常见的"杯口征"则是脊髓造影描述髓外硬膜下病变压迫脊髓时的典型表现，当较大的病变占据整个椎管时，可能会发生完全的脊髓造影阻滞。

1.4.5　Harvey Cushing和两次世界大战期间的发展

第一次世界大战后，神经外科分化为重要的、精细的外科专科典范。被誉为神经外科之父的Harvey Cushing（1869—1939），毕业于耶鲁大学，就读于哈佛医学院。尽管相比于脊柱手术，他对颅脑手术更感兴趣，但他在术前准备和手术技术方面带来了关键的改进。他的手术技术在约翰霍普金斯医院得到推广，后来在全美国流行起来，虽然手术慢、时间长，但有条不紊，取得了极佳的手术效果。他对组织精确的解剖、温和的处理和对出血的精细控制，很快就成了压倒一切的公认外科操作标准。这一标准起源于他的导师，被认为是西方现代外科之父的William Halsted（1852—1922）。

Cushing并不欣赏Victor Horsley的手术方式，因为这与他自己的训练、手术哲学和技术完全背道而驰。他对Horsley的快速和无所顾忌的手术方法感到震惊，他曾宣称："现代神经外科从Horsley那里无法学到任何东西。"

1926年，Cushing和哈佛大学物理学家William Bovie（1882—1958）发明了一种有效的电烙术系统——单极电凝系统。1928年，他们报道了使用射频电流（环形电极）来更好地控制出血和促进颅内肿瘤的切除。Cushing之所以使用电凝术，是因为他的手术原则是在整个手术过程中保持细致的止血，以避免神经组织损伤。显然20世纪30年代，Cushing学派完全主导了当时的世界神经外科，这一趋势一直持续到20世纪下半叶。

1929年，约翰霍普金斯医院另一位备受赞誉

的神经外科专家Walter Dandy第一个认识到椎间盘突出的真正本质是椎间盘的脱出，而非肿瘤。他还描述了该病与坐骨神经痛和持续性神经功能障碍的关系，准确地描述了该脊柱外科疾病的病理。与此同时才华横溢的儿科神经外科医生、Cushing的弟子之一Franc Ingraham（1898—1965）于1929年在波士顿儿童医院建立了世界上第一个小儿神经外科。从1918年到1938年，他报道了16例儿童椎管内肿瘤的手术治疗病例。1933年，W.Gayle Crutchfield（1900—1972）首次描述了骨牵引，提供了一种保持受伤颈椎更好的方法。1939年，脊髓外科取得了另一项关键成就，Horrax和Henderson报道了1例完整切除占据整个脊髓长度的室管膜瘤，肿瘤成功切除，术后患者恢复满意。

在20世纪40年代，James Greenwood，Jr.（1907—1993）在得克萨斯州休斯敦的卫理公会医院引入双极电凝技术。在放大镜的帮助下，他成功地发展了脊髓内肿瘤切除技术。此外，他还为神经外科做出了许多其他贡献，包括颈椎病的手术，以及双极电凝在脊髓髓内肿瘤（室管膜瘤）切除术中的应用。

1.4.6　20世纪50年代的发展

20世纪50年代早期的脊柱外科手术仍然是由有限的手术方法和诊断工具组成的，几乎所有的手术都是通过大的脊柱后路和椎板切除术进行的。普通X线片和腰椎造影仍然是唯一可用的诊断工具，但不如体格检查本身可靠。然而少数成功的案例主张更积极地切除脊髓肿瘤。颈椎退行性疾病的前路椎间盘切除术最早由Cloward、Robinson和Smith实施的，而脊髓损伤手术主要是从战争和军事冲突中获得的经验发展起来的。

在同一时期，蒙特利尔神经研究所的Isadore Tarlov（1905—1970）对脊神经的解剖和病理以及蛛网膜下腔的研究做出了贡献。他还首次描述了以他的名字命名的骶神经根囊肿，并介绍了纤维蛋白胶在脊柱手术中的应用。

1957年，南加州大学洛杉矶分校的Theodore Kurze（1922—2002）首次使用手术显微镜切除听神经瘤。然而在20世纪70年代以前，显微外科并没有用于脊髓手术。

Leonard Malis（1919—1995）在纽约西奈山医院设计了双极电凝镊，并于1955年投入商业使用，大大改变了电外科学的概念。他有效地将该技术应用于脊髓肿瘤手术。双极电凝镊的引入是促进手术充分止血的重要一步，使脊柱外科医生成为真正的显微外科医生。它很快就成为神经外科的基本器械。

1.4.7　20世纪60年代和70年代的发展

在20世纪60年代，当手术并发症随着技术进步显著降低时，许多外科学进展也随之而来，包括腰椎融合器械的引入。Paul Harrington（1911—1980）引进了一种用于治疗脊柱骨折和脱位的内固定系统。与此同时，试图避免脊髓肿瘤术后神经功能障碍并发症的治疗方案，如椎板切除减压术、肿瘤组织活检术和术后辅助放射治疗等，均成为当时公认的脊柱外科治疗标准。然而在患者就诊的整个过程中，如何尽早明确诊断仍旧是一个难题。

1966年，M.Gazi Yasargil（1925— ）开始了对犬脑动脉的实验研究，许多人认为这标志着显微神经外科的诞生。1年后，Yasargil在瑞士苏黎世实施了显微神经外科手术。他在发展显微外科技术方面的才华改变了先前无法手术患者的命运。他还设计了显微手术器械和浮动手术显微镜。Yasargil和他的团队也在手术显微镜和双极电凝的帮助下，在改进椎管及其附属神经结构手术入路方面取得了很大的进步。他还描述了显微外科手术切除脊髓血管畸形的方法。因此可以说今天进行的几乎每一台神经外科手术，包括脊髓手术，都受到了他的独创性影响。

在同一时期，随着脊髓血管造影术的出现，同样也取得了令人瞩目的进展，人们对正常脊髓血管和硬脊膜下肿瘤或畸形的病理生理有了更好的了解及认识。

受限于手术视野的狭窄和技术上的不足，以及外科手术感染风险高，目前标准的脊髓硬膜下肿瘤手术方法在20世纪70年代之前并没有发展起来。1971年，英国电气工程师Godfrey Hounsfield（1919—2004）发明了CT扫描仪，并在伦敦温布尔登的阿特金森-莫利医院对1例脑囊肿患者进行了成功扫描，使其得以实际应用。多平面计算机脊柱成像已成为诊断脊柱疾病最有价值的影像学工具之一。在同时期，美国化学家Paul Lauterbur

（1929—2007）和英国物理学家Peter Mansfield（1933—2017）开发了MRI系统。美国医生Raymond Damadian（1936— ）在1977年建造了第一台商业MRI扫描仪。MRI很快就成为医学史上最强大、最可靠的诊断工具。而与此同时，手术显微镜被广泛应用于脊髓肿瘤手术，以确保精确和安全的肿瘤切除。

在同一个10年中，脊柱外科微创手术也取得了重大进展，包括首次经皮穿刺椎间盘切除术和腰椎前路手术。微创手术的优点是减少了对肌肉和软组织的操作，缩短了恢复时间。此外它使皮肤和肌肉切口更小，减少了感染风险，并使手术伤口愈合得更快。有些手术可以在局部麻醉下进行，住院时间很短甚至不用住院。血管内治疗在椎管内血管性肿瘤中的应用也在20世纪70年代逐渐发展起来。在随后的几年里，一些神经外科医生也报道了他们在儿童脊髓硬膜下肿瘤手术方面的经验。

1.4.8　20世纪80年代影像学和其他技术的进步

现代人体放射成像和扫描在脊柱疾病诊断中的应用的第一次报道出现在1980年，到了20世纪80年代中期影像技术在临床工作中获得了极大的进步，特别是脊柱MRI检查的常规应用，使肿瘤的识别和定位与过往的诊断方法相比有了显著提高。第一个描述了17例患者的脊髓MRI成像的系列研究发表于1984年。10年后，MRI成为脊髓疾病的首选诊断工具。在评估MRI检查禁忌的潜在脊髓压迫患者中，水溶性低离子增强CT脊髓造影也被成功应用。

在同一时期，其他技术的进步也推动着脊柱外科的发展。术中超声是在20世纪80年代早期引入的，此后不久首次用于颅脑手术和脊柱手术，它被用于优化手术暴露范围和精确定位脊髓切开位置。

采用腔内超声外科吸引装置（CUSA），可以在不影响周围正常组织的情况下，对肿瘤组织进行控制性切除。CUSA是一种通过高频超声波使肿瘤组织粉碎、乳化。该设备于1947年首次应用于去除牙菌斑。自1967年以来，CUSA被成功应用于眼科白内障摘除术，这促使人们尝试将其应用于神经外科手术。

1916年，英国物理学家、诺贝尔奖获得者John W.Strutt（1842—1919）首次发现了空化效应，它被定义为液体在恒定环境温度下受到减压时的气相形成过程。Strutt的结论是，一股小的水流可能导致对周围物质的结构破坏。根据类似的原理，高速机械波可以用在非弹性介质中（譬如水），产生空化效应。如果将此现象应用于神经肿瘤等富含水组织中，最终的效果是破坏所有肿瘤细胞，同时保留富含胶原蛋白和低水分的结构，如健康的神经组织、血管和神经。

CUSA最初于1982年被用于脊髓外科，这是由来自纽约的Fred Epstein（1937—2006）记录的，他是一位儿科神经外科医生，被认为是最先开发了该手术技术，适用于治疗曾经因位置原因而被认为无法治愈的儿童脊髓肿瘤患者。此外他还报道了一组仅通过手术治疗的小儿脊髓硬膜下肿瘤的病例研究。

进一步在日常诊断中使用MRI，并在神经外科手术中常规应用手术显微镜和超声吸引器，使脊髓硬脊膜下肿瘤手术更加准确和安全。

脊髓硬膜下肿瘤和血管畸形的治疗随着介入性神经放射学的常规应用而进一步扩大。这些病变在开放显微外科手术之前被栓塞，作为一种主要的治疗选择。尽管脊髓动静脉畸形（AVMs）的治疗方法已被确定为介入栓塞和髓内显微外科手术，但在20世纪80年代，在不危及脊髓功能的情况下完全切除髓内病变仍旧是一个未解的难题。

无框架立体定向技术在20世纪80年代首次被提出用于颅脑手术，然而这项技术要在脊柱手术中完全实施还需要几年的时间。

1.4.9　20世纪90年代的发展

随着手术和血管内治疗技术的进一步发展，20世纪90年代病例系列研究的数量随之增加，但治疗方案仍有很大的分歧。肿瘤全切除的概念越来越为人们所接受。Brotchi、Jallo、Nadkarni和Rekate通过提出的令人满意的临床手术结果支持了这一意见。Mc Cormick发表了一个大型的手术系列研究，证明了脊髓室管膜瘤手术具有良好的长期效果，并为这些肿瘤患者建立了一个临床分级系统。Klekamp和Samii报道了一组782例脊髓肿瘤的病例研究，结论是MRI缩短了诊断时间，可以在严重畸形发生之前尽早进行手术，但不会对术后结果产生重大影响。尽管如此，一些作者仍然强调肿瘤辅助治疗的作用，包括化疗和部分切除肿瘤，认为应不惜一切代价保留完整的脊髓神经功能。

1.4.10　现代脊柱外科领域的创新

佐治亚州凤凰城Barrow神经研究所的Volker Sontag（1944—　）改进了复杂脊柱肿瘤和脊柱骨折手术，包括先进的骨融合技术。这些技术很快成为被神经外科广泛接受并成为标准的手术方式，而在以前，这是骨科医生的专有领域。他的科学贡献包括450多篇发表的同行评议文章，主要涉及脊柱神经外科。

来自俄亥俄州克利夫兰诊所的Edward Benzel（1948—　）是在该领域获得突出地位的另一位专家，他专注于脊柱疾病，包括颈椎病、脊髓空洞症和脊柱肿瘤，以及复杂的脊柱手术器械。他还为更好地理解脊柱生物力学以及脊柱肿瘤和退行性疾病的脊柱动力学做出了巨大贡献。他和他的团队尤其关注通过后路切除颅颈交界处髓外硬膜下肿瘤。

20世纪90年代，术前进行肿瘤栓塞术，被认为既安全又有益于减少术中出血和缩短手术时间。内窥镜、视频辅助等技术在微创脊柱手术中的应用在20世纪90年代也得到了进一步完善，丰富了临床实践方法。1995年，Hamilton等首先阐述了基于直线加速器的立体定向放射外科治疗脊髓肿瘤的可能性。

随着术中运动诱发电位监测的实施，安全切除肿瘤的可能性极大提高。1998年，Kothbauer等证实脊髓内肿瘤手术患者在术中应用神经生理监测有助于术后运动功能的改善。

1.5　21世纪的脊柱外科及未来展望

自21世纪初以来，硬膜下肿瘤手术和脊髓手术的数量和范围大幅增加，术后并发症发生率下降，死亡率接近于0，治疗结果也更加令人满意（脊柱外科和硬膜下肿瘤外科手术治疗的重大历史事件时间表载于表1.1）。

先进的成像软件和硬件的扩展无疑提高了非侵入性显示硬膜下结构和脊髓结构的可能性。当代脊柱血管造影技术得到了改进，包括数字减影血管造影和基于MRI/CT的脊髓血管非侵入性成像技术。多层螺旋CT血管造影和3.0T MRA是一种更加快速、安全的方法，能清晰显示椎管内病变的范围、位置和血供情况。

根据一项1980—2012年脊髓数据库（1317例椎管内肿瘤患者）的数据，作者得出结论，髓内肿瘤患者应该在出现症状时及时接受手术治疗。丰富的手术经验对于实现更高的肿瘤切除率和更低的永久性术后并发症发生率也很重要。

现代手术策略目前正经历着深刻的、多样化的变革，主要包括先进设备的引进，譬如高场强MRI、三维CT和MR脊髓血管造影、CUSA、术前/围手术期神经生理学［如体感诱发电位（SSEPs）和运动诱发电位（MEPs）］监测。术中神经电生理监测正成为监测术中神经组织操作和术后恢复的常规手段。

3D打印技术允许定制脊柱组件来重建脊柱或生产个性化的脊柱模型，实现更好和更精确的肿瘤切除和脊柱重建规划。同时Foley等描述了虚拟透视技术及其在各种脊柱外科手术中的成功应用，这些方法在不影响脊柱手术质量的情况下最大限度地减少对椎旁组织损伤。Ziya Gokaslan等开发了新的方法来治疗一些最难的肿瘤类型，包括脊柱转移瘤，特别关注到肿瘤切除后的脊柱内固定，显著改善了脊柱肿瘤患者的外科治疗和复杂的脊柱重建效果。

精确和详细的神经病变定位，辅以最现代的诊断工具，已成为日常神经外科疾病治疗方案中的常规。立体定向脊柱导航技术被引入神经外科的日常工作中，指导了大量神经外科医生的实际工作。

与其他椎管内肿瘤相比，脊髓肿瘤可能更具有侵袭性生长的特点，放射治疗可以作为一种明确的治疗方法，事实上更常应用于辅助治疗。放射治疗技术的进步使三维适形放疗、调强放疗和立体定向放射外科治疗等高精度放疗方式成为可能且更加安全。一般来说，脊髓肿瘤获得全切后不需要任何辅助放射治疗。然而当肿瘤仅获得部分切除时，复发和进展的风险可能很高，应考虑在术后进行放射治疗以提高疗效，同时要注意预防放射性脊髓病。对于存在手术禁忌而无法进行手术治疗且即将发生脊髓压迫的患者，可以考虑行紧急放射治疗，这也是在没有手术明确肿瘤组织病理的情况下行放射治疗的唯一适应证。

最新的技术进展使得立体定向放射外科能够应用于脊柱内病变。机器人、无框架立体定向放射外科为由于肿瘤位置或其他因素而无法接受手术的脊

表 1.1　脊柱外科历史主要事件时间线

年代	事件
大约公元前 3000 年	古埃及：脊柱牵引成功地治疗颈椎瘫痪——有记录以来最古老的神经外科手术
大约公元前 1700 年	Edwin Smith 莎纸草文稿：脊柱损伤被认为是严重的疾病，预后很差，通常是致命的
公元前 1 世纪	Hippocrates（前 460—前 375）提供了有关脊髓损伤的临床证据
1 世纪	帕加马的 Galen（129—200）建议在椎体骨折的情况下，从椎管中取出被压缩的骨碎片
9 世纪	Avicenna（980—1037）讨论了脊髓损伤的不同范围并评估其预后
1538 年	Andreas Vesalius（1514—1564）描述和说明了脊髓并设计每节脊髓水平的名称
1846 年	吸入性全身麻醉剂应用于临床
1867 年	Lister 抗菌术概念引入临床
19 世纪 70 年代	William Macewen（1848—1924）完成了当时先进的脊柱外科手术，成功治疗了椎管内硬膜下血肿
1877 年	对细菌感染理论的认识
1887 年	了解神经结构和病变的准确定位
1887 年	Victor Horsley（1857—1916）首次成功切除椎管内髓外硬膜下肿瘤
1907 年	Anton von Eiselberg（1860—1939）首次成功切除脊髓内肿瘤
1909 年	Charles Elsberg（1871—1948）成功切除脊髓内肿瘤
1919 年	Walter Dandy（1886—1946）预测了脊髓空气造影在硬膜下肿瘤或病变诊断中的应用前景
1926 年	Harvey Cushing（1869—1939）和 William Bovie（1882—1958）开发了一种有效的电凝止血系统——单极电凝系统
20 世纪 40 年代	James Greenwood, Jr.（1907—1993）引入了双极电凝术和手术放大镜
20 世纪 50 年代	Isadore Tarlov（1905—1970）介绍了纤维蛋白胶在脊柱手术中的应用
1955 年	Leonard Malis（1919—1995）发明了双极电凝镊，以更好地控制术中出血
1957 年	Theodore Kurze（1922—2002）首次使用显微镜进行神经外科手术
1967 年	M.Gazi Yasargil（1925—　）在常规神经外科实践中引入了显微神经外科
1971 年	Godfrey Hounsfield（1919—2004）发明了 CT 扫描仪，并很快成为脊柱疾病诊断中最有价值的放射学工具之一
1977 年	Raymond Damadian（1936—　）建造了第一台用于临床的商用 MRI 扫描仪
20 世纪 80 年代	20 世纪 80 年代早期引入的术中超声使外科暴露和脊髓切开定位更加精确
1982 年	Fred Epstein（1937—2006）首先在脊髓手术中使用了腔内超声外科吸引装置（CUSA）
20 世纪 90 年代	术前行介入肿瘤栓塞术，可减少术中失血量，缩短手术时间
20 世纪 90 年代	内镜和视频辅助微创脊柱手术技术日趋完善
20 世纪 90 年代	术中实施神经电生理监测
20 世纪 90 年代	立体定向放射外科在脊柱肿瘤治疗中的应用
未来	由再生医学和纳米技术支持的图像引导手术、虚拟现实技术和机器人手术

柱肿瘤患者提供了一种精确的、非侵入性放射治疗的选择。这种复杂的软件设计用于实时精确定位脊柱肿瘤的确切位置，实现更精确、更高选择性的辐射，同时减少对周围敏感脊髓组织的损伤。

目前脊髓内肿瘤的治疗方案包括根治性手术切除、辅助放疗和（或）化疗，取决于肿瘤的组织病理学类型和分级。然而尽管当前在治疗手段方面取得了一定进展，患者接受上述治疗后仍然具有一定的复发率。

图像引导手术的概念标志着一个全新时代的到来，通过取代射线成像直接可视化并将其应用于硬膜下和脊髓手术治疗，使手术操作更加精确，减少手术暴露，缩短手术时间，以及减少术中失血，确保了更好的预后。同时在再生医学和纳米技术的支持下，虚拟现实技术和机器人手术将作为未来的脊柱外科技术登上历史舞台，似乎也预示着一个激动人心的前景。

1.6　结论

脊柱外科和脊髓手术在不同时代经历了长久的缓慢而不均衡的发展，主要是由于当时的医生缺乏足够的解剖学知识和临床证据，以及缺乏适当的诊断和治疗设备。因此直到19世纪初这一学科才取得了比较显著的进展，此后伴随着现代医学和外科学的进步，脊柱外科也获得了稳步发展。

脊柱外科已经从单纯的减压手术发展到复杂的脊柱重建和精细的神经组织处理，这得益于科学技术的进步。首先是手术显微镜的出现，以及脊柱CT和MRI作为最准确的诊断工具应用于临床。

现代脊柱外科技术和治疗策略的产生是医务工作者对脊柱、脊髓和中枢神经系统的解剖学、生物力学和生理学的进一步学习、理解、创新的结果。脊柱外科技术进步的同时也伴随着越来越多具有创新精神的外科医生、科研人员、学术机构和政府公共卫生机构的同步增加，以及医疗行业的整体兴起。年轻医生通过远程监控和虚拟手术模拟进行教学培训也正逐步得以实现。

对临床表现进行更深入的影像学观察、改进影像导航手术技术、术中电生理监测，以及对肿瘤分子生物学机制的更深入研究，无疑将使硬膜下肿瘤患者的手术治疗更加先进和成功，最终实现良好的

功能恢复。

为硬脊膜下肿瘤患者制订合适的治疗方案首先要做到对该领域知识具备深刻的理解，而严格的手术技巧和特殊手术器械的使用，对于合适地切除肿瘤、减少肿瘤复发、减少术后并发症、维持神经功能同样至关重要。因此现代外科治疗策略应以肿瘤病理类型、分子生物学、肿瘤体积和肿瘤部位为基础，对每一例患者进行高度个体化的手术治疗。尽管在诊断和手术技术方面取得了重大进展，但此类肿瘤的外科治疗仍然要求神经外科医生具备精准的临床思维及耐心、精细、娴熟的手术技巧。

脊髓硬膜下肿瘤的外科治疗意见尚未完全统一，目前普遍倾向于更积极的显微外科手术。然而临床症状和体征较轻的脊髓肿瘤患者是否应该接受更激进的手术治疗，这一问题仍有待商榷。随着虚拟现实技术和机器人脊柱手术等新概念的产生，这一问题有望在未来得到解决。

（蔡　铮译，孙　伟校）

参考文献

[1] Filler AG. A historical hypothesis of the first recorded neurosurgical operation: Isis, Osiris, Thoth, and the origin of the djed cross. Neurosurg Focus. 2007;23(1):E6. https://doi.org/10.3171/foc.2007.23.1.6.

[2] Naderi S, Ture U, Pait TG. History of the spinal cord localization. Neurosurg Focus. 2004;16(1):E15.

[3] Hughes JT. The Edwin smith surgical papyrus: an analysis of the first case reports of spinal cord injuries. Paraplegia. 1988;26(2):71–82. https://doi.org/10.1038/sc.1988.15.

[4] van Middendorp JJ, Sanchez GM, Burridge AL. The Edwin smith papyrus: a clinical reappraisal of the oldest known document on spinal injuries. Eur Spine J. 2010;19(11):1815–1823. https://doi.org/10.1007/s00586-010-1523-6.

[5] Pearce JM. The development of spinal cord anatomy. Eur Neurol. 2008;59(6):286–291. https://doi.org/10.1159/000121417.

[6] Chang A, Lad EM, Lad SP. Hippocrates' influence on the origins of neurosurgery. Neurosurg Focus. 2007;23(1):E9. https://doi.org/10.3171/foc.2007.23.1.9.

[7] Goodrich JT. Landmarks in the history of neurosurgery. In: Ellenbogen RG, Abdelrauf SI, Sekhar LN, editors. Principles of neurological surgery. 3rd ed. Inc, Philadelphia, PA: Elsevier; 2012. p. 3–36.

[8] Tomey MI, Komotar RJ, Mocco J. Herophilus, Erasistratus, Aretaeus, and Galen: ancient roots of the bell-Magendie law. Neurosurg Focus. 2007;23(1):E12. https://doi.org/10.3171/

foc.2007.23.1.12.

[9] Rengachary SS, Colen C, Dass K, Guthikonda M. Development of anatomic science in the late middle ages: the roles played by Mondino de Liuzzi and Guido da Vigevano. Neurosurgery. 2009;65(4):787–793.; discussion 793-784. https://doi.org/10.1227/01.NEU.0000324991. 45949.E4.

[10] Benini A, Bonar SK. Andreas Vesalius 1514-1564. Spine (Phila Pa 1976). 1996;21(11):1388–1393.

[11] Markatos K, Laios K, Korres D, Tzivra A, Tsoutsos S, Androutsos G. Gerard Blaes (Blasius)(1627-1682): the Dutch physician and chemist, his work and description of the spinal cord. World Neurosurg. 2017;104:148–151. https://doi.org/10.1016/j.wneu.2017.04.152.

[12] Ruhräh J. Percivall Pott 1713-1788. Am J Dis Child. 1933;46(3):605–608.

[13] Lister J. AntiSEPstic principles in the practice of surgery. BMJ. 1867;2:9–12.

[14] Hanigan WC, Ragen W, Ludgera M. Neurological surgery in the nineteenth century: the principles and techniques of Ernst von Bergmann. Neurosurgery. 1992;30(5):750–757.

[15] Aminoff MJ. Historical perspective Brown-Sequard and his work on the spinal cord. Spine (Phila Pa 1976). 1996;21(1):133–140.

[16] Macewen W. Tumour of the dura mater removed in life in a person affected with epilepsy. Glas Med J. 1879;12:210.

[17] Macewen W. Pyogenic infective diseases of the brain and spinal cord: meningitis, abscess of brain, infective sinus thrombo. Glasgow, Scotland, UK: James Maclehose; 1893.

[18] Mulholland RC. Sir William Gowers 1845-1915. Spine (Phila Pa 1976). 1996;21(9):1106–1110.

[19] Uff C, Frith D, Harrison C, Powell M, Kitchen N. Sir Victor Horsley's 19th century operations at the National Hospital for neurology and neurosurgery, Queen Square. J Neurosurg. 2011;114(2):534–542. https://doi.org/10.3171/2010.9.JNS09731.

[20] Powell MP. Sir Victor Horsley at the birth of neurosurgery. Brain. 2016;139(Pt 2):631–634. https://doi.org/10.1093/brain/awv345.

[21] Stone JL. Sir Charles Ballance: pioneer British neurological surgeon. Neurosurgery. 1999;44(3):610–31. discussion 631-612.

[22] Horsley V, Clarke RH. The structure and function of the cerebellum examined by a new method. Brain. 1908;31:45–124.

[23] Eiselsberg AF, Ranzi E. Über die chirurgische Behandlung der Hirn- und Rückenmarkstumoren [on the surgical treatment of brain and spinal cord tumors]. Arch Klin Chir. 1913;102: 309–468.

[24] Paul U. Our surgical heritage. Anton von Eiselsberg. Zentralbl Chir. 1982;107(7):418–421.

[25] Krause F. Surgery of the brain and spinal cord: based on personal experiences. Co, New York: Rebman; 1912.

[26] Alexander E. Charles Albert Elsberg, M.D. (1871-1948): father of spinal cord surgery. Neurosurgery. 1987;20(5):811–814.

[27] Elsberg CA, Beer E. The operability of intramedullary tumors of the spinal cord: a report of two operations with remarks upon the extrusion of intraspinal tumors. Am J Med Sci. 1911;142:630–647.

[28] Stein BM. Surgery of intramedullary spinal cord tumors. Clin Neurosurg. 1979;26:529–542.

[29] Elsberg CA. Diagnosis and treatment of surgical diseases of the spinal cord and its membranes. Philadelphia, PA: W.B. Saunders Co; 1916.

[30] Elsberg CA. Tumors of the spinal cord and the symptoms of irritation and compression of the spinal cord and nerve roots: pathology, symptomatology, diagnosis and treatment. New York: Paul B. Hoeber, Inc; 1925.

[31] Elsberg CA. Tumors of the spinal cord. Problems in their diagnosis and localization; procedures for their exposure and removal. Arch Neurol Psychiatr. 1929;21:261–271.

[32] Stookey B. Tumors of the spinal cord in childhood. Am J Dis Child. 1928;36:1184–1203.

[33] Cooper PR. Outcome after operative treatment of intramedullary spinal cord tumors in adults: intermediate and long-term results in 51 patients. Neurosurgery. 1989;25(6):855–859.

[34] Epstein F, Epstein N. Surgical treatment of spinal cord astrocytomas of childhood. A series of 19 patients. J Neurosurg. 1982;57(5):685–689. https://doi.org/10.3171/jns.1982.57.5.0685.

[35] Guidetti B, Mercuri S, Vagnozzi R. Long-term results of the surgical treatment of 129 intramedullary spinal gliomas. J Neurosurg. 1981;54(3):323–330. https://doi.org/10.3171/jns.1981.54.3.0323.

[36] McCormick PC, Torres R, Post KD, Stein BM. Intramedullary ependymoma of the spinal cord. J Neurosurg. 1990;72(4):523–532. https://doi.org/10.3171/jns.1990.72.4.0523.

[37] Malis LI. Intramedullary spinal cord tumors. Clin Neurosurg. 1978;25:512–539.

[38] Stein BM. Intramedullary spinal cord tumors. Clin Neurosurg. 1983;30:717–741.

[39] Brotchi J, Dewitte O, Levivier M, Baleriaux D, Vandesteene A, Raftopoulos C, Flament-Durand J, Noterman J. A survey of 65 tumors within the spinal cord: surgical results and the importance of preoperative magnetic resonance imaging. Neurosurgery. 1991;29(5):651–656. discussion 656-657.

[40] Samii M, Klekamp J. Surgical results of 100 intramedullary tumors in relation to accompanying syringomyelia. Neurosurgery. 1994;35(5):865–873. discussion 873.

[41] Dandy WE. Ventriculography following the injection of air into the cerebral ventricles. Ann Surg. 1918;68(1):5–11.

[42] Jacobæus HC. On insuffiation of air into the spinal canal for diagnostic purposes in cases of tumors in the spinal canal. J Intern Med. 1921;55(1):555–564.

[43] Elsberg CA. Surgical diseases of the spinal cord, membranes, and nerve roots: symptoms, diagnosis, and treatment. New York: Paul B. Hoeber, Inc; 1941.

[44] Sicard JA, Forestiere J. Méthode radiographique d'exploration de la cavité épidurale par le lipiodol [Radiographic method for exploration of the extradural space using lipiodol]. Rev Neurol. 1921;37:1264–1266.

[45] Skalpe IO. Adhesive arachnoiditis following lumbar myelography. Spine (Phila Pa 1976). 1978;3(1):61–64.

[46] Almen T. Contrast agent design. Some aspects on the synthesis of water soluble contrast agents of low osmolality. J Theor Biol. 1969;24(2):216–226.

[47] Voorhees JR, Cohen-Gadol AA, Laws ER, Spencer DD. Battling blood loss in neurosurgery: Harvey Cushing's embrace of electrosurgery. J Neurosurg. 2005;102(4):745–752. https://doi. org/10.3171/jns.2005.102.4.0745.

[48] Cushing H, Bovie WT. Electrosurgery as an aid to the removal of intracranial tumors. Surg Gynec Obstet. 1928;47:751–784.

[49] Dandy WE. Loose cartilage from intervertebral disc simulating tumor of the spinal cord. Arch Surg. 1929;19:660–672.

[50] Lohani S, Cohen AR. Franc D. Ingraham and the genesis of pediatric neurosurgery. J Neurosurg Pediatr. 2013;11(6):727–33. https://doi.org/10.3171/2013.3.PEDS12476.

[51] Ingraham FD. Intraspinal tumors in infancy and childhood. Am J Surg. 1921;39:342–376.

[52] Crutchfield WG. Treatment of injuries of the cervical spine. J Bone Joint Surg. 1938;20:696–704.

[53] Horrax G, Henderson DG. Encapsulated intramedullary tumor involving whole spinal cord from medulla to conus: complete enucleation with recovery. Surg Gynecol Obstet. 1939;68:814.

[54] Greenwood JJ. Two point coagulation: a new principle and instrument for applying coagulation current in neurosurgery. Am J Surg. 1940;50:267–270.

[55] Greenwood J Jr. Total removal of intramedullary tumors. J Neurosurg. 1954;11(6):616–621. https://doi.org/10.3171/jns.1954.11.6.0616.

[56] Greenwood J Jr. Surgical removal of intramedullary tumors. J Neurosurg. 1967;26(2):276–282. https://doi.org/10.3171/jns.1967.26.2.0276.

[57] Greenwood J Jr. Intramedullary tumors of spinal cord. A follow-up study after total surgical removal. J Neurosurg. 1963;20:665–8. https://doi.org/10.3171/jns.1963.20.8.0665.

[58] Fischer G, Brotchi J. Intramedullary spinal cord tumors. Stuttgart, Germany: Thieme; 1996.

[59] Jallo GI, Danish S, Velasquez L, Epstein F. Intramedullary low-grade astrocytomas: long-term outcome following radical surgery. J Neuro-Oncol. 2001;53(1):61–66.

[60] Cloward RB. The anterior approach for removal of ruptured cervical disks. J Neurosurg. 1958;15(6):602–617. https://doi.org/10.3171/jns.1958.15.6.0602.

[61] Robinson RA, Smith GW. Anterolateral cervical disc removal and interbody fusion for cervical disc syndrome. Bull Johns Hopkins Hosp. 1955;96:233.

[62] Tarlov IM. Sacral nerve-root cysts: pathogenesis and clinical significance. J Nerv Ment Dis. 1953;117(2):156–157.

[63] Tarlov IM. Spinal perineurial and meningeal cysts. J Neurol Neurosurg Psychiatry. 1970;33(6):833–843.

[64] Kurze T. Microtechnique in neurological surgery. Proceeding of Congress of Neurological Surgery. Clin Neurosurg II. 1964;128.

[65] Malis LI. Electrosurgery. Technical note. J Neurosurg. 1996;85(5):970–975. https://doi. org/10.3171/jns.1996.85.5.0970.

[66] Dujovny M, Dujovny N, Gundamraj NR, Misra M. Bipolar coagulation in neurosurgery. Surg Neurol. 1998;49(3):328–332.

[67] Dujovny M, Vas R, Osgood CP, Maroon JC, Janetta PJ. Automatically irrigated bipolar forceps. Technical note. J Neurosurg. 1975;43(4):502–503. https://doi.org/10.3171/jns.1975.43.4.0502.

[68] Malis LI. Arteriovenous malformations of the spinal cord. In: Youmans JR, editor. Neurological surgery, 2nd edn, vol. 3. Philadelphia, PA: WB Saunders; 1982. p. 1850–1874.

[69] Harrington PR. The history and development of Harrington instrumentation. Clin Orthop Relat Res. 1973;93:110–112.

[70] Harrington PR, Dickson JH. Spinal instrumentation in the treatment of severe progressive spondylolisthesis. Clin Orthop Relat Res. 1976;117:157–163.

[71] Roy-Camille R, Saillant G, Mazel C. Internal fixation of the lumbar spine with pedicle screw plating. Clin Orthop Relat Res. 1986;203:7–17.

[72] Katznelson AM. Stabilisation of the spine in traumatic paraplegia. Paraplegia. 1969;7(1):33–37. https://doi. org/10.1038/sc.1969.8.

[73] Chao ST, Kobayashi T, Benzel E, Reddy CA, Stevens GH, Prayson RA, Kalfas I, Schlenk R, Krishnaney A, Steinmetz MP, Bingaman W, Hahn J, Suh JH. The role of adjuvant radiation therapy in the treatment of spinal myxopapillary ependymomas. J Neurosurg Spine. 2011;14(1):59–64. https://doi.org/10.3171/2010.9.SPINE09920.

[74] Lee SH, Chung CK, Kim CH, Yoon SH, Hyun SJ, Kim KJ, Kim ES, Eoh W, Kim HJ. Long-term outcomes of surgical resection with or without adjuvant radiation therapy for treatment of spinal ependymoma: a retrospective multicenter study by the Korea spinal oncology research group. Neuro-Oncology. 2013;15(7):921–929. https://doi.org/10.1093/neuonc/not038.

[75] Yasargil MG. Personal considerations on the history of microneurosurgery. J Neurosurg. 2010;112(6):1163–1175. https://doi.org/10.3171/2009.7.JNS091124.

[76] Yasargil MG. A legacy of microneurosurgery: memoirs, lessons, and axioms. Neurosurgery. 1999;45(5):1025–1092.

[77] Tew JM Jr. M. Gazi Yasargil: Neurosurgery's man of the century. Neurosurgery. 1999;45(5):1010–1014.

[78] Krayenbuhl H, Yasargil MG, McClintock HG. Treatment of spinal cord vascular malformations by surgical excision.

J Neurosurg. 1969;30(4):427–435. https://doi.org/10.3171/jns.1969.30.4.0427.

[79] Yasargil MG. Surgery of vascular lesions of the spinal cord with the microsurgical technique. Clin Neurosurg. 1969;17:257–265.

[80] Ya argil MG, Symon L, Teddy PJ. Arteriovenous malformations of the spinal cord. In: Symon L, Brihaye J, Guidetti B, et al., editors. Advances and technical standards in neurosurgery, vol. 11. New York: Springer; 1984. p. 61–102.

[81] Knoeller SM, Seifried C. Historical perspective: history of spinal surgery. Spine (Phila Pa 1976). 2000;25(21):2838–2843.

[82] Beckmann EC. CT scanning the early days. Br J Radiol. 2006;79(937):5–8. https://doi. org/10.1259/bjr/29444122.

[83] Hounsfield GN. Computerized transverse axial scanning (tomography). 1. Description of system. Br J Radiol. 1973;46(552):1016–1022. https://doi.org/10.1259/0007-1285-46-552-1016.

[84] Norman D, Mills CM, Brant-Zawadzki M, Yeates A, Crooks LE, Kaufman L. Magnetic resonance imaging of the spinal cord and canal: potentials and limitations. AJR Am J Roentgenol. 1983;141(6):1147–1152. https://doi.org/10.2214/ajr.141.6.1147.

[85] Dickerman RD, East JW, Winters K, Tackett J, Hajovsky-Pietla A. Anterior and posterior lumbar interbody fusion with percutaneous pedicle screws: comparison to muscle damage and minimally invasive techniques. Spine (Phila Pa 1976). 2009;34(25):E923–E925. https://doi. org/10.1097/BRS.0b013e3181af0523.

[86] Kahanovitz N, Viola K, Goldstein T, Dawson E. A multicenter analysis of percutaneous discectomy. Spine (Phila Pa 1976). 1990;15(7):713–5.

[87] Anson JA, Spetzler RF. Interventional neuroradiology for spinal pathology. Clin Neurosurg. 1992;39:388–417.

[88] Jones K, Meyers P, Gobin P, Liu AH. Embolization of spinal tumors. Oper Tech Neurosurg. 2003;6:156–162.

[89] Austin GM, Grant FC. The diagnosis, treatment, and prognosis of tumors affecting the spinal cord in children. J Neurosurg. 1956;13(6):535–45. https://doi.org/10.3171/jns.1956.13.6.0535.

[90] Banna M, Gryspeerdt GL. Intraspinal tumours in children (excluding dysraphism). Clin Radiol. 1971;22(1):17–32.

[91] Desousa AL, Kalsbeck JE, Mealey J Jr, Campbell RL, Hockey A. Intraspinal tumors in children. A review of 81 cases. J Neurosurg. 1979;51(4):437–445. https://doi.org/10.3171/jns.1979.51.4.0437.

[92] Farwell JR, Dohrmann GJ. Intraspinal neoplasms in children. Paraplegia. 1977;15(3):262–273. https://doi.org/10.1038/sc.1977.40.

[93] Montalvo BM, Quencer RM. Intraoperative sonography in spinal surgery: current state of the art. Neuroradiology. 1986;28(5–6):551–590.

[94] Knake JE, Gabrielsen TO, Chandler WF, Latack JT, Gebarski SS, Yang PJ. Real-time sonography during spinal surgery. Radiology. 1984;151(2):461–465. https://doi.org/10.1148/radiology.151.2.6709919.

[95] Matsuzaki H, Tokuhashi Y, Wakabayashi K, Toriyama S. Clinical values of intraoperative ultrasonography for spinal tumors. Spine (Phila Pa 1976). 1992;17(11):1392–1399.

[96] Young W, Cohen AR, Hunt CD, Ransohoff J. Acute physiological effects of ultrasonic vibrations on nervous tissue. Neurosurgery. 1981;8(6):689–694.

[97] Chandler WF, Knake JE. Intraoperative use of ultrasound in neurosurgery. Clin Neurosurg. 1983;31:550–563.

[98] Chandler WF, Knake JE, McGillicuddy JE, Lillehei KO, Silver TM. Intraoperative use of real-time ultrasonography in neurosurgery. J Neurosurg. 1982;57(2):157–163. https://doi.org/10.3171/jns.1982.57.2.0157.

[99] Flamm ES, Ransohoff J, Wuchinich D, Broadwin A. Preliminary experience with ultrasonic aspiration in neurosurgery. Neurosurgery. 1978;2(3):240–245.

[100] Brock M, Ingwersen I, Roggendorf W. Ultrasonic aspiration in neurosurgery. Neurosurg Rev. 1984;7(2–3):173–177.

[101] Epstein F. The Cavitron ultrasonic aspirator in tumor surgery. Clin Neurosurg. 1983;31:497–505.

[102] Epstein F, Epstein N. Surgical management of extensive intramedullary spinal cord astrocytoma in children. In: American Society for Pediatric Neurosurgery (ed) concepts in pediatric neurosurgery, vol. 2. Basel, Switzerland: S. Karger; 1982. p. 29–44.

[103] Dorward NL, Paleologos TS, Alberti O, Thomas DG. The advantages of frameless stereotactic biopsy over frame-based biopsy. Br J Neurosurg. 2002;16(2):110–118.

[104] Nadkarni TD, Rekate HL. Pediatric intramedullary spinal cord tumors. Critical review of the literature. Childs Nerv Syst. 1999;15(1):17–28.

[105] Klekamp J. Treatment of intramedullary tumors: analysis of surgical morbidity and long-term results. J Neurosurg Spine. 2013;19(1):12–26. https://doi.org/10.3171/2013.3.SPINE121063.

[106] Klekamp J, Samii M. Surgical results for spinal meningiomas. Surg Neurol. 1999;52(6):552–62.

[107] Oh MC, Ivan ME, Sun MZ, Kaur G, Safaee M, Kim JM, Sayegh ET, Aranda D, Parsa AT. Adjuvant radiotherapy delays recurrence following subtotal resection of spinal cord ependymomas. Neuro-Oncology. 2013;15(2):208–215. https://doi.org/10.1093/neuonc/nos286.

[108] Sonntag VKH, Herman JM, Spetzler RF. Intramedullary tumors in adults: recent surgical experience with 54 patients. Spinal Surg. 1994;8:152–159.

[109] Benzel EC. Biomechanics of cervical spine surgery for tumor and degenerative diseases. Neurol Med Chir (Tokyo). 1997;37(8):583–593.

[110] Refai D, Shin JH, Iannotti C, Benzel EC. Dorsal approaches to intradural extramedullary tumors of the craniovertebral junction. J Craniovertebr Junction Spine. 2010;1(1):49–54.

https://doi.org/10.4103/0974-8237.65482.

[111] Minamide A, Yoshida M, Yamada H, Nakagawa Y, Kawai M, Maio K, Hashizume H, Iwasaki H, Tsutsui S. Endoscope-assisted spinal decompression surgery for lumbar spinal stenosis. J Neurosurg Spine. 2013;19(6):664–671. https://doi.org/10.3171/2013.8.SPINE13125.

[112] Hamilton AJ, Lulu BA. A prototype device for linear accelerator-based extracranial radiosurgery. Acta Neurochir Suppl. 1995;63:40–43.

[113] Kurokawa R, Kim P, Kawamoto T, Shingo T, Itoki K, Yonezawa M. Utility and limitations of intraoperative neurophysiological monitoring during surgery of the spinal cord. Spinal Surg. 2016;30(2):146–151.

[114] Kothbauer KF, Deletis V, Epstein FJ. Motor-evoked potential monitoring for intramedullary spinal cord tumor surgery: correlation of clinical and neurophysiological data in a series of 100 consecutive procedures. Neurosurg Focus. 1998;4(5):e1.

[115] Xu N, Wei F, Liu X, Jiang L, Cai H, Li Z, Yu M, Wu F, Liu Z. Reconstruction of the upper cervical spine using a personalized 3D-printed vertebral body in an adolescent with Ewing sarcoma. Spine (Phila Pa 1976). 2016;41(1):E50–E54. https://doi.org/10.1097/BRS.0000000000001179.

[116] Foley KT, Gupta SK. Percutaneous pedicle screw fixation of the lumbar spine: preliminary clinical results. J Neurosurg. 2002;97(1 Suppl):7–12.

[117] Dickman CA, Fehlings MG, Gokaslan ZL. Spinal cord and spinal column tumors: principles and practice. New York: Thieme; 2006.

[118] Mesfin A, Buchowski JM, Gokaslan ZL, Bird JE. Management of metastatic cervical spine tumors. J Am Acad Orthop Surg. 2015;23(1):38–46. https://doi.org/10.5435/JAAOS-23-01-38.

[119] Woodworth GF, Chaichana KL, McGirt MJ, Sciubba DM, Jallo GI, Gokaslan Z, Wolinsky JP, Witham TF. Predictors of ambulatory function after surgical resection of intramedullary spinal cord tumors. Neurosurgery. 2007;61(1):99–105.; discussion 105-106. https://doi.org/10.1227/01.neu.0000279729.36392.42.

[120] Mahadevan A, Bucholz R, Gaya AM, Kresl JJ, Mantz C, Minnich DJ, Muacevic A, Medbery C 3rd, Yang J, Caglar HB, Davis JN. Best of the radiosurgery society(R) scientific meeting 2014: stereotactic radiosurgery/stereotactic body radiotherapy treatment of extracranial and intracranial lesions. Future Oncol. 2014;10(15):2307–2310. https://doi.org/10.2217/fon.14.168.

脊髓肿瘤流行病学

Yusuf Şükrü Çağlar , İhsan Doğan

2.1 简介

原发性脊柱、脊髓肿瘤是一组起源于脊髓（硬膜下）或脊柱（硬膜外）组织的肿瘤。相反这些部位的转移性肿瘤称为继发性肿瘤，包括远隔部位通过血源性途径或周围邻近组织转移或扩散到脊髓、脊柱组织的各种肿瘤。原发性肿瘤包括位于脊柱、脊髓组织的各种肿瘤，一般起源于软骨组织、骨组织、脊髓神经组织和神经周围结构。然而这些肿瘤在起源和位置方面存在显著差异，文献中关于脊柱、脊髓肿瘤分类和亚型的术语还有很多不当之处，为消除对这些专业术语的混淆并易于理解，澄清相关术语的概念应该是极为重要和优先考虑的问题。

"脊柱肿瘤"和"脊髓肿瘤"就是常见的两个矛盾的专业术语，这两个术语有时可以互换，即便不是起源于脊髓但是确实引起了脊髓发生病理性改变的肿瘤，不论是转移性的还是原发性的，在不考虑其起源部位的情况下都可能被误称为"脊髓肿瘤"。

"脊柱肿瘤"是一个广义的术语，包括硬膜下和硬膜外的病理类型（表2.1）。广义的脊柱肿瘤可以根据其起源进行大概的分类，包括脊柱肿瘤和脊

表 2.1 脊柱肿瘤

脊柱肿瘤（硬膜外）	脊髓肿瘤（硬膜下）
原发性	原发性
恶性肿瘤	髓内肿瘤
骨肉瘤	星形细胞瘤
软骨肉瘤	室管膜瘤
纤维肉瘤	皮样肿瘤
恶性纤维化组织细胞瘤	表皮样肿瘤
尤文肉瘤	畸胎瘤
多发性骨髓瘤	脂肪瘤
淋巴瘤	血管母细胞瘤
脊索瘤	神经节胶质细胞瘤
	少突神经胶质瘤
良性肿瘤	
骨样骨瘤	髓外肿瘤
成骨细胞瘤	脊膜瘤
骨软骨瘤	神经纤维瘤（神经鞘瘤）
内生软骨瘤	许旺氏细胞瘤（神经鞘瘤）
成软骨细胞瘤	
软骨黏液样纤维瘤	哑铃型肿瘤
纤维瘤	
骨巨细胞瘤	继发性
血管瘤	转移瘤
动脉瘤样骨囊肿	
嗜酸性肉芽肿	
继发性	
转移瘤	

髓肿瘤。脊柱肿瘤起源于骨组织和软骨组织，可以是原发性的或转移性的；脊髓肿瘤主要起源于脊髓的细胞成分，大多是硬脊膜下肿瘤和髓内肿瘤。不过完全位于髓外硬膜下的肿瘤，如脊膜瘤，即便不是起源于脊髓组织也应归类到原发性脊髓肿瘤。按照部位，硬膜下肿瘤分为髓内肿瘤、髓外肿瘤或两者兼有。髓外肿瘤一般起源于周围神经根（或硬膜），而非脊髓本身的实质部分，而髓内肿瘤起源于脊髓胶质细胞和脊髓支撑组织细胞。在本章节，脊髓肿瘤这个术语用于概括所有硬膜下肿瘤。

原发性脊髓肿瘤占成人所有中枢神经系统肿瘤总数的4%~16%（表2.2），总发病率为0.74~2.5/10万人。尽管在组织病理学上相似，但原发性脊髓肿瘤较原发性颅内肿瘤少见。一些肿瘤可能位于多个隔室中而被称为哑铃型肿瘤。哑铃型肿瘤大多属于髓外硬膜下肿瘤，后者占原发性脊髓肿瘤的54%。而髓内肿瘤和哑铃型肿瘤分别占所有原发性脊髓肿瘤的18%和22%。

脊髓肿瘤产生的症状与其压迫的脊髓节段相关，没有明确的特定症状和神经系统体征来判断出肿瘤类型，其临床表现可包括从微不足道的感觉不适到严重运动缺陷在内的多种症状。

以往的各种病例报道已经证明不同人群中脊髓肿瘤的发病率是不同的。Hirano等在2000—2009年的一组678人的病例研究中，男性占比为55.6%，女性为44.4%（男：女为1.25）。其中18.1%为髓内肿瘤，54.7%为髓外硬膜下肿瘤，4.1%为硬膜外肿瘤，22.9%为哑铃型肿瘤。病理学分类包括神经鞘瘤（57.2%）、脊膜瘤（11.6%）、室管膜瘤（8.0%）、血管瘤（4.0%）、血管网状细胞瘤（3.4%）、神经纤维瘤（3.4%）和星形细胞瘤（1.3%）。

Duong及其同事报道了在2004—2007年收治的11 712例原发性脊髓肿瘤，其中2576例（22%）为

恶性肿瘤，9136例（78%）为非恶性肿瘤（62.4%为良性，15.6%为交界性）。Wu等的病例报道了在2002—2013年治疗的184例患者，其中82例（44.6%）为转移性肿瘤，102例（55.4%）为原发性肿瘤；5.9%为髓内肿瘤，60.8%为髓外硬膜下肿瘤，13.7%为硬膜外肿瘤，19.6%为哑铃型肿瘤。

2.2 遗传因素

髓内肿瘤与遗传因素是有关联的，基因突变研究可对脊髓肿瘤的诊断、预后以及体内其他部位与脊髓肿瘤的相关联系提供信息，包括神经纤维瘤病1型（NF1）、神经纤维瘤病2型（NF2）和Von Hippel–Lindau（VHL）综合征。神经纤维瘤由多种类型细胞构成，可伴发NF1。而脊膜瘤和神经鞘瘤是良性肿瘤，也可伴发NF2，有些血管网状细胞瘤与VHL病有关。

2.3 肿瘤组织学类型

文献报道中最常见的脊髓肿瘤是神经鞘瘤、脊膜瘤和胶质瘤。然而关于脊髓肿瘤发病率的数据是有限的。根据流行病学特征，每种类型肿瘤在人群中的发病人数的数据，不足以准确得出不同类型肿瘤在人群中的分布。此外在现行研究中肿瘤分类是复杂的，包含多种病理亚型，与肿瘤本身的组织病理学分类并不匹配。

总体来说，大约70%的原发性脊髓肿瘤是非恶性病变，不同于成人，儿童脊髓肿瘤超过半数是恶性的。在大宗病例研究中，关于脊髓肿瘤的最常见起源部位的报道不同，发病率也多种多样。

2.3.1 室管膜瘤

室管膜瘤是最常见的髓内肿瘤（图2.1），多起源于脊髓中央管的室管膜细胞，常位于髓内，也

表2.2 原发性脊髓肿瘤

病变	10年高发率排名	脊髓节段定位	发病频率（%）	性别比例（男：女）	肿瘤类型分布
室管膜瘤	3~4位	胸、颈、腰	8~14	3：2	髓内72%~75%，髓外硬膜下72%~75%
血管瘤	6~7位	胸、颈	4~5	1：1	髓内肿瘤55%~70%
血管母细胞瘤	3~4位	胸、颈	2~5	2：1	髓内肿瘤83%~90%
神经鞘瘤	5~6位	腰、胸、颈	49~57	3：2	髓外硬膜下83%~90%，哑铃型28%~30%
脊膜瘤	6~7位	胸、颈	11~17	1：3	髓外硬膜下90%~95%

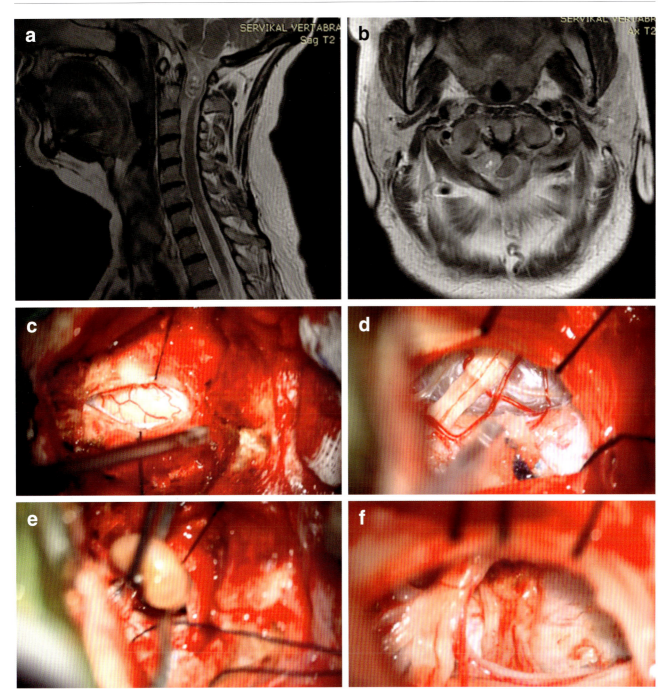

图 2.1 （a）术前 T2 加权矢状位 MRI 显示颈髓髓内室管膜瘤。（b）T1 加权轴位 MRI 显示髓内占位。（c）术中切开硬脊膜后可见脊髓增粗。（d）术中切开脊髓后可见位于髓内的室管膜瘤。（e）悬吊硬膜和软膜后大体观察肿瘤，可见肿瘤上、下极。（f）显示完整切除的肿瘤及瘤腔

可发生于终丝。参照以往的分类方式，以上两种类型都归类为原发性脊髓肿瘤，男性多见，1.5倍于女性。72%~75%的室管膜瘤位于髓内，10%位于髓外硬膜下（图2.2）。多发于胸段，颈段、腰段分布相近，一般发病年龄在20岁以后，高峰期在20~40岁，65%的髓内室管膜瘤会形成脊髓空洞，存在多种病理亚型。最常见的颅内亚型是细胞型室管膜瘤，或称为"典型室管膜瘤"。而起源于脊髓的室管膜

瘤，如黏液乳头状室管膜瘤，归为WHO Ⅰ级肿瘤。该类肿瘤少见的变异类型有伸长细胞型室管膜瘤（WHO Ⅱ级）、间变性室管膜瘤（WHO Ⅲ级）、室管膜下室管膜瘤（WHO Ⅰ级）（视频2.1）。

2.3.2　血管瘤

血管瘤在男女性别中的分布与室管膜瘤相似，70%的血管瘤都是髓内肿瘤，余下的30%为髓外肿

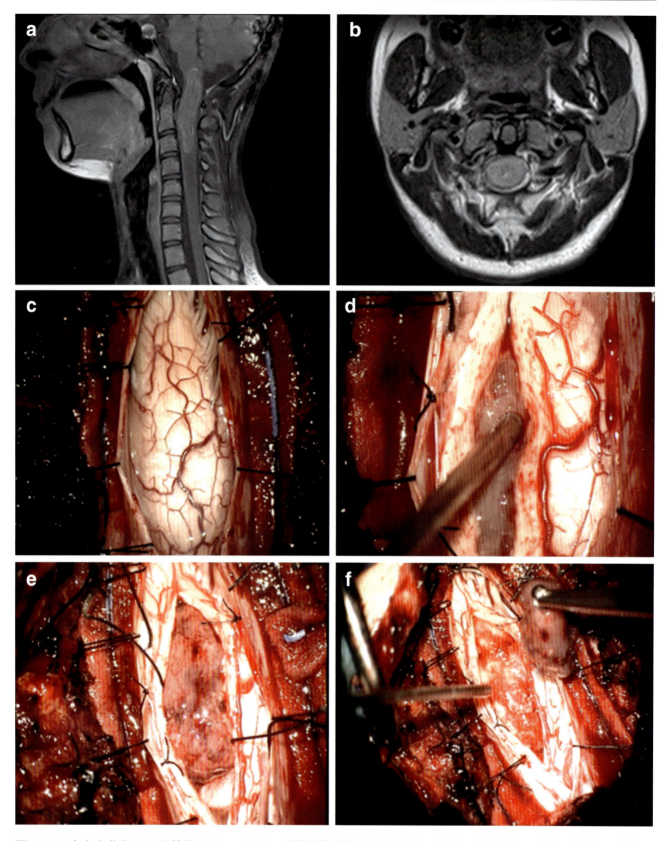

图 2.2   T2 加权矢状位（a）和轴位（b）MRI 显示一髓外硬膜下圆锥状室管膜瘤。硬膜切开后（c）显露终丝和圆锥。术中可见肿瘤位于圆锥水平（d）和终丝（e），切除肿瘤（f），肿瘤与神经根和血管粘连紧密

瘤，极少数为哑铃型肿瘤。多发于脊髓胸段和颈段，好发年龄在50岁以后。

2.3.3　血管网状细胞瘤

　　血管网状细胞瘤在男性中的发病率为女性的2倍，83%~90%发生于髓内，血管网状细胞瘤的患者中有40%合并有Von Hippel-Lindau综合征。它们最常见的发生部位为胸椎，其次为颈椎，发病年龄多为20岁之后，高峰期在20~40岁。

2.3.4　神经鞘瘤

　　神经鞘瘤起源于脊髓神经根（图2.3），男性发

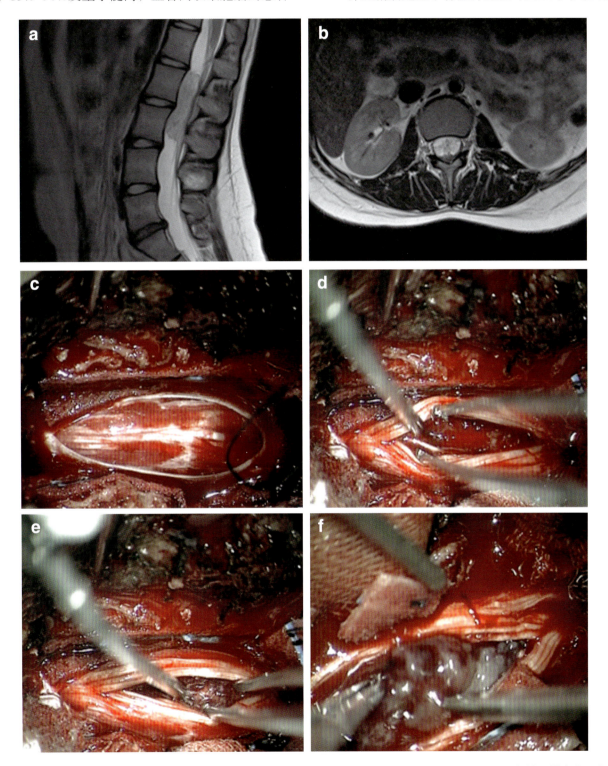

图2.3　（a）术前T1加权矢状位MRI增强片显示颈髓神经鞘瘤。（b）术前T1加权轴位MRI增强片显示颈椎神经鞘瘤位于右侧，压迫脊髓并造成脊髓移位。（c）术中沿中线切开硬膜所见。（d）术中观察神经鞘瘤与颈髓血管、神经根关系密切。（e）保护血管神经的解剖结构，安全全切肿瘤。（f）显示肿瘤切除后的瘤腔

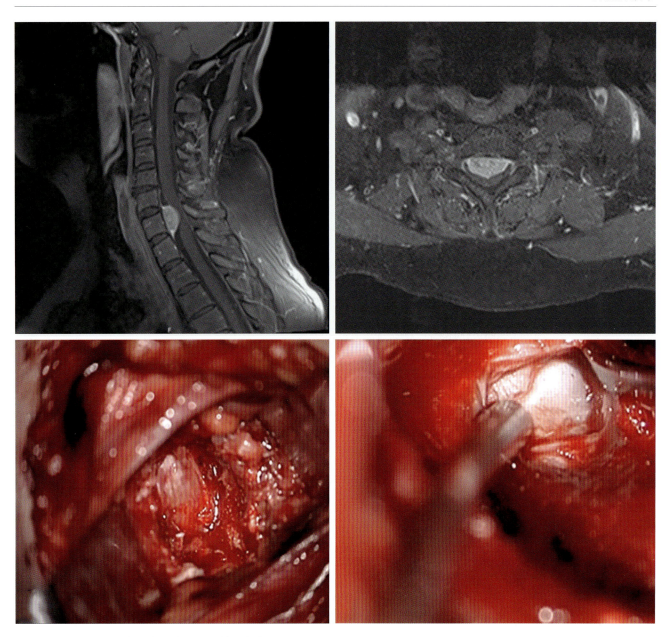

图 2.4　1 例颈椎腹侧脊膜瘤术前 MRI 影像和术中所见

病率1.5倍于女性，66%~70%的神经鞘瘤位于髓外硬膜下，28%~30%为哑铃型肿瘤，髓内极罕见。多发于脊髓背根，也可起自硬膜下间隙。可见于脊髓腰段、胸段、颈段，多在30岁后起病，发病高峰期在40~60岁（视频2.2）。

2.3.5　脊膜瘤

　　脊膜瘤发生于脊髓周围的膜性结构（图2.4），女性发病率是男性的3倍。90%~95%的脊膜瘤位于髓外硬膜下，位于硬膜外或"哑铃"形的脊膜瘤少见。脊膜瘤最常见于胸段，颈段次之，腰段最少。发病年龄多在50岁以后，发病高峰年龄在50~70岁。脊膜瘤有多种亚型，典型的脊膜瘤分级为WHO I

级、非典型的脊膜瘤为WHO II 级、间变性脊膜瘤为WHO III 级。

2.3.6　神经纤维瘤

　　神经纤维瘤起自脊髓神经根，男女发病率接近。50%的神经纤维瘤位于髓外硬膜下，50%为哑铃型肿瘤，常见于颈段，胸段次之。半数神经纤维瘤患者也同时被诊断为Von Recklinghausen综合征，发病年龄多在10岁以后。

2.3.7　星形细胞瘤

　　星形细胞瘤起源于脊髓神经细胞间的胶质细胞（图2.5）。男女发病频率相当，占脊髓肿瘤总数

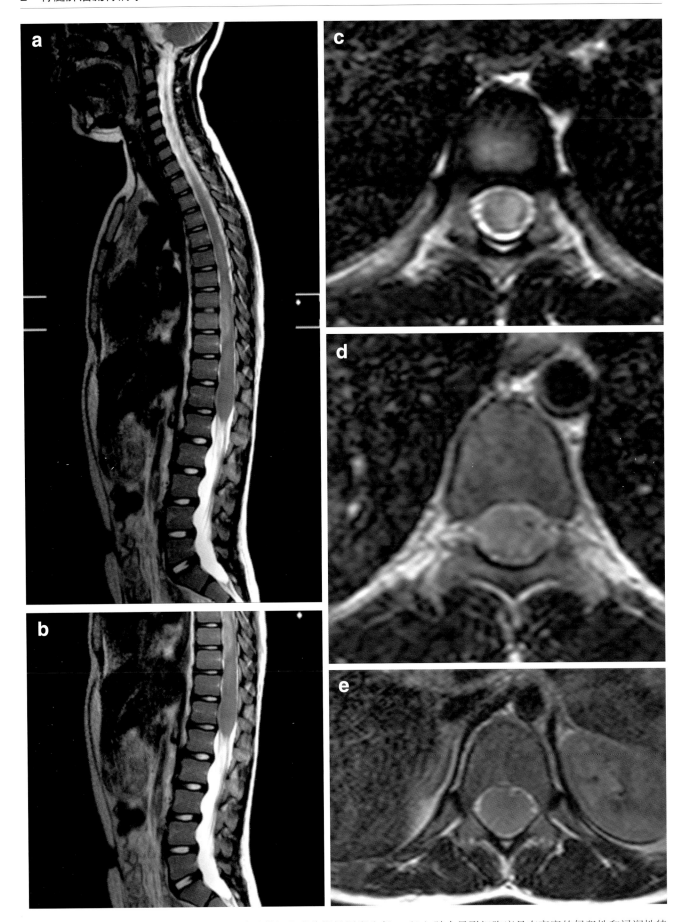

图 2.5　（a）脊髓 T2 加权矢状位 MRI 显示星形细胞瘤弥漫性浸润生长。（b）髓内星形细胞瘤具有高度的侵犯性和浸润性特点使得脊髓弥漫性增大。（c、d）T2 加权轴位 MRI 显示胸段中央。（e）下胸段水平被肿瘤完全浸润

的1%，常发于颈髓并累及多个节段，接近20%的星形细胞瘤可见脊髓空洞形成，成人星形细胞瘤在生长发育中有25%会发生恶变。星形细胞瘤有很多亚型，纤维型星形细胞瘤和室管膜下巨细胞星形细胞瘤为WHO Ⅰ级，多形性和弥漫性星形细胞瘤被归为WHO Ⅱ级，间变性星形细胞瘤被归为WHO Ⅲ级。

2.3.8 脂肪瘤

髓内脂肪瘤是先天性肿瘤，占脊髓肿瘤的1%，常见于马尾、圆锥等部位。脂肪瘤是最常见的胚胎发育不良病变，与其他脊髓肿瘤不同，位于软膜下，靠近髓质。

2.4 临床表现

脊髓肿瘤常见的临床症状有运动障碍、感觉缺失和小便失禁。神经源性膀胱和完全性尿失禁是原发性脊髓髓内肿瘤常见症状。膀胱括约肌功能障碍可以是非特异性的，并可能伴有肛周反射消失。根据肿瘤位置可以检查出上、下运动神经元的功能情况。深部腱反射亢进、强直、减弱和肌束震颤等可以为定位诊断提供线索。MRI和CT检查是最主要的诊断方式。根据不同的患者情况、病变特点可以有多种治疗方案，如外科手术、药物治疗和放射治疗等。

2.5 结论

目前在原发性脊髓肿瘤分类和术语方面缺乏共识。尽管正确的组织病理学亚型中应该包括单纯髓内肿瘤，那些起源于髓外组织，如脊膜瘤、神经鞘瘤，也应该归类为脊髓肿瘤。当有脊髓功能方面主诉的患者临床症状和体征出现上运动神经元疾病特征时，在鉴别诊断中应该考虑到脊髓肿瘤。由于缺少专门的分类体系和专业术语，因此有必要对原发性脊髓肿瘤流行病知识进行准确的认识。

（于　峰译，丁学华校）

参考文献

[1] Elia-Pasquet S, Provost D, Jaffre A, Loiseau H, Vital A, Kantor G, Maire JP, Dautheribes M, Darrouzet V, Dartigues JF, Brochard P, Baldi I, Work G. Incidence of central nervous system tumors in Gironde, France. Neuroepidemiology. 2004;23(3):110–117.

https://doi. org/10.1159/000075953.

[2] Kurland LT. The frequency of intracranial and intraspinal neoplasms in the resident population of Rochester, Minnesota. J Neurosurg. 1958;15(6):627–641. https://doi.org/10.3171/jns.1958.15.6.0627.

[3] Liigant A, Asser T, Kulla A, Kaasik AE. Epidemiology of primary central nervous system tumors in Estonia. Neuroepidemiology. 2000;19(6):300–311. https://doi.org/10.1159/000026269.

[4] Materljan E, Materljan B, SEPscic J, Tuskan-Mohar L, Zamolo G, Erman-Baldini I. Epidemiology of central nervous system tumors in Labin area, Croatia, 1974-2001. Croat Med J. 2004;45(2):206–212.

[5] Conti P, Pansini G, Mouchaty H, Capuano C, Conti R. Spinal neurinomas: retrospective analysis and long-term outcome of 179 consecutively operated cases and review of the literature. Surg Neurol. 2004;61(1):34–43. discussion 44.

[6] Chamberlain MC, Tredway TL. Adult primary intradural spinal cord tumors: a review. Curr Neurol Neurosci Rep. 2011;11(3):320–328. https://doi.org/10.1007/s11910-011-0190-2.

[7] Duong LM, McCarthy BJ, McLendon RE, Dolecek TA, Kruchko C, Douglas LL, Ajani UA. Descriptive epidemiology of malignant and nonmalignant primary spinal cord, spinal meninges, and cauda equina tumors, United States, 2004-2007. Cancer. 2012;118(17):4220–4227. https://doi.org/10.1002/cncr.27390.

[8] Wu YL, Chang CY, Hsu SS, Yip CM, Liao WC, Chen JY, Liu SH, Chen CH. Intraspinal tumors: analysis of 184 patients treated surgically. J Chin Med Assoc. 2014;77(12):626–629. https://doi.org/10.1016/j.jcma.2014.08.002.

[9] Louis DN, Perry A, Reifenberger G, von Deimling A, Figarella-Branger D, Cavenee WK, Ohgaki H, Wiestler OD, Kleihues P, Ellison DW. The 2016 World Health Organization classification of tumors of the central nervous system: a summary. Acta Neuropathol.2016;131(6):803–820. https://doi.org/10.1007/s00401-016-1545-1.

[10] Moein P, Behnamfar O, Khalighinejad N, Farajzadegan Z, Fard SA, Razavi M, Mahzouni P. A 12-year epidemiologic study on primary spinal cord tumors in Isfahan, Iran. J Res Med Sci. 2013;18(1):17–21.

[11] Milano MT, Johnson MD, Sul J, Mohile NA, Korones DN, Okunieff P, Walter KA. Primary spinal cord glioma: a surveillance, epidemiology, and end results database study. J Neuro-Oncol. 2010;98(1):83–92. https://doi.org/10.1007/s11060-009-0054-7.

[12] Henson JW. Spinal cord gliomas. Curr Opin Neurol. 2001;14(6):679–682.

[13] Houten JK, Cooper PR. Spinal cord astrocytomas: presentation, management and outcome. J Neuro-Oncol. 2000;47(3):219–24.

[14] Parsa AT, Lee J, Parney IF, Weinstein P, McCormick PC, Ames C. Spinal cord and intradural-extraparenchymal spinal tumors: current best care practices and strategies. J Neuro-Oncol.

2004;69(1–3):291–318.

[15] Schellinger KA, Propp JM, Villano JL, McCarthy BJ. Descriptive epidemiology of primary spinal cord tumors. J Neuro-Oncol. 2008;87(2):173–179. https://doi.org/10.1007/s11060-007-9507-z.

[16] Zadnik PL, Gokaslan ZL, Burger PC, Bettegowda C. Spinal cord tumours: advances in genetics and their implications for treatment. Nat Rev Neurol. 2013;9(5):257–266. https://doi.org/10.1038/nrneurol.2013.48.

[17] Hirano K, Imagama S, Sato K, Kato F, Yukawa Y, Yoshihara H, Kamiya M, Deguchi M, Kanemura T, Matsubara Y, Inoh H, Kawakami N, Takatsu T, Ito Z, Wakao N, Ando K, Tauchi R, Muramoto A, Matsuyama Y, Ishiguro N. Primary spinal cord tumors: review of 678 surgically treated patients in Japan. A multicenter study. Eur Spine J. 2012;21(10):2019–2026. https://doi.org/10.1007/s00586-012-2345-5.

[18] Hoa M, Slattery WH 3rd. Neurofibromatosis 2. Otolaryngol Clin N Am. 2012;45(2):315–332., viii. https://doi.org/10.1016/j.otc.2011.12.005.

[19] Luksik AS, Garzon-Muvdi T, Yang W, Huang J, Jallo GI. Pediatric spinal cord astrocytomas: a retrospective study of 348 patients from the SEER database. J Neurosurg Pediatr. 2017;19(6):711–719. https://doi.org/10.3171/2017.1.PEDS16528.

脊髓解剖

3

David B. Choi, Gahie Nam, Darren M. Groh, Sohail Syed,Jared S. Fridley, Ziya L. Gokaslan

3.1 脊髓概述

脊髓是位于椎管内的圆柱状结构，前界为椎体后缘，侧方为椎弓根，后界为椎板。骨性脊柱由33节椎骨构成：7节颈椎、12节胸椎、5节腰椎、5节骶椎和4节尾椎。

脊髓是延髓的直接延续，起自枕骨大孔，末端形成脊髓圆锥，虽然脊髓圆锥的位置存在一定变异，但一般位于T12或L1椎体水平。圆锥以下不再是脊髓，而是漂浮在脑脊液中的神经根，合称为马尾，对应的是腰、骶、尾的神经根。仅在胚胎发育早期阶段，脊髓与脊柱等长，随着生长发育，脊髓终止于上段腰椎。

由硬脊膜形成的上下统一的管状结构包裹着脊髓，因此从肉眼观察脊髓的表面解剖难以发现从脊髓到马尾的转变。覆盖在脑表面的硬膜有两层：外层为骨膜层，内层为脑膜层。骨膜层紧紧黏附于颅骨内表面，不向枕大孔以下扩展，因此覆盖脊髓表面的仅为内层的脑膜层。硬膜从大脑延续至脊髓并终止于第二骶椎，在此硬膜与软膜一并变细成丝状，形成尾骨韧带，固定脊髓于尾骨上。

3.2 胚胎学

脊髓的发育早在妊娠第2周就开始了，分为3个阶段：原肠胚形成期、初级神经胚形成期、次级神经胚形成期。在原肠胚形成期，胚胎分化成3个不同胚层：外胚层、中胚层和内胚层，胚胎背部的上胚层细胞迁移到中线部位形成原条和原沟。原结在原沟的边缘形成脊索，这是由中胚层细胞形成的一个管状结构，位于外胚层腹侧，脊索上

覆盖的外胚层细胞形成神经板，神经板将在下一个发育阶段发挥重要作用。另外一部分上胚层细胞沿原条向内迁移，形成腹侧的内胚层。脊索是一个过渡性胚胎学结构，最终演变为椎间盘中的髓核。原肠胚形成期的发育异常会出现脑脊膜前膨出和脊柱纵裂畸形。

脊髓发育的后两个阶段是初级神经胚形成期和次级神经胚形成期，在这个过程中神经板边缘卷褶、融合最终形成神经管。初级神经胚形成期始于排卵后第16天左右，这时期标志着颈节、胸节、腰节和前两个骶节的形成，从颈部开始，神经板外缘抬起并形成神经褶。神经板的形成、卷褶和融合都发生在这一时期。神经管在前后方的开放处，或称为前后神经孔，其封闭一般分别发生在排卵后第25天和第27天。因此这个阶段的异常会导致开放性神经管缺陷。

次级神经胚形成期始于排卵后第25~27天，神经管尾端未分化的外胚层细胞聚集成团形成尾芽。尾芽最终形成纵贯神经管全长的中央管，尾芽的尾端退化成终丝，其余的骶节也在这一时期形成。在孕40周，可在腰椎L1或L2水平见到脊髓圆锥。

一旦神经管闭合，可辨认出3层不同结构：基质层、套层、边缘层。基质层围绕在中央管周围并形成神经干细胞，这些干细胞向外辐射状迁移。另外，神经干细胞也可来源于神经管壁的神经上皮细胞。这些神经干细胞形成套层，该层将最终转变为脊髓灰质。边缘层将转变为白质。腹侧的套层形成基板，将来转变为脊髓灰质前角，背侧套层形成翼板，将来转变为脊髓灰质后角，外侧的界沟将基板和翼板分开。

3.3 脊柱的构成

3.3.1 脊髓节段的命名法

脊髓节段水平的命名是人为的概念，能帮助临床医生将其与实际临床病变相对应，因此扎实了解脊髓的基本命名法是必要的。相对于脊柱的骨性解剖，脊髓是单一的、连续的实体结构，但根据脊柱的骨性解剖，可以将脊髓从轴向横断面上区分为几个不同的节段。

颈髓对应着颈椎C1~C7（图3.1），胸段脊髓占据胸椎T1~T12层面，脊髓终止于圆锥，一般在T12或L1，圆锥以下平面脊髓变为马尾，对应腰椎L1~L5。骶骨有5个节段，尾骨有4个节段。

3.3.2 脊神经命名法

起源于脊髓的神经总共有31对：颈神经8对，胸

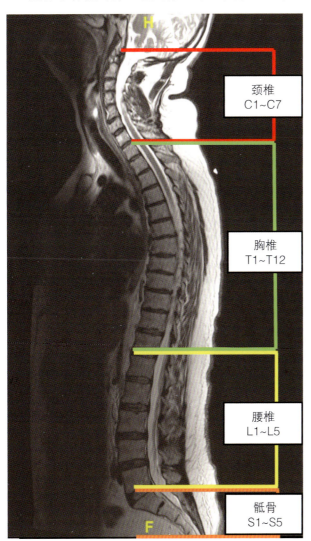

图 3.1 颈段、胸段、腰段及骶段脊髓的矢状位 MRI

神经12对，腰神经5对，骶神经5对，尾神经1对。成对的脊神经从两侧椎弓根下方的椎间孔离开脊髓，颈神经有8对，但只有7节颈椎，因此颈神经的命名是独特的，颈神经由同序数椎骨的上方出椎管，例如C2颈神经于第二颈椎上方出椎管，C3颈神经于C2椎弓根下方出椎管，C8颈神经出椎管的水平在C7椎弓根下方。

胸腰段脊神经与胸腰段椎骨数目相等，所以胸腰段脊神经的命名更为简单。胸腰段脊神经都是从相对应的椎骨椎弓根下方出椎管，如T12脊神经出椎管的水平在T12椎弓根下方，L5脊神经于L5椎弓根下方出椎管。

3.4 脊髓肉眼解剖

在轴向横断面上，颈髓呈椭圆形，其横径较前后径长。由于C3~C7节段包含通过臂丛支配上臂和手运动及感觉功能的神经纤维存在，因此该节段的脊髓直径要大于C1/C2节段水平，这部分称为颈膨大，颈髓直径最大的节段在C5/C6，横径大约13mm，前后径在7.5mm左右。

胸腰段脊髓横断面呈圆形，最细处位于胸髓，直径约6.4mm，腰髓因含有腰骶丛神经纤维而形成另一处膨大，此处横径大约9mm，前后径在7mm左右。

了解脊髓表面解剖有助于分辨脊髓背侧、腹侧和侧方结构（图3.2）。前正中裂和后正中沟沿中线等分脊髓为左右两半，前正中裂外侧有前外侧沟，脊髓后方有后外侧沟和后中间沟。

3.5 脊髓血管

脊髓的血供来源于3条垂直走行的动脉，脊髓前2/3由脊髓前动脉供血，脊髓前动脉起自双侧椎动脉，两支在延髓水平中线处汇合。脊髓前动脉的分支——沟动脉供应脊髓灰质部分，脊髓后部由两侧脊髓后动脉供血。脊髓后动脉75%起自小脑后下动脉，25%起自椎动脉。

一些直径较小的动脉作为这3条主要动脉供血的补充。脊髓前后动脉间吻合形成动脉冠，为侧方脊髓供血，节段性髓动脉依脊髓水平不同而起源不同，可来自椎动脉、颈升动脉、颈深动脉、后肋间

动脉、腰动脉和骶外侧动脉，这些血管同时为脊髓和椎骨提供血供。最大的髓动脉是Adamkiewicz动脉，源于主动脉的肋间动脉，多出自左侧，在下胸段T8~T12水平。

脊髓静脉走行与动脉相似，脊髓前后静脉引流脊髓内部血液，再通过根髓及脊髓静脉注入硬膜外腔内的椎管内静脉丛，椎间静脉和椎体静脉连接椎内外静脉丛，血液最终引流到奇静脉。

3.6 血-脊髓屏障

血-脊髓屏障（BSCB）像血-脑屏障一样，保护着脊髓实质。血-脊髓屏障由无窗孔的毛细血管内皮细胞、毛细血管周细胞以及星形细胞足突组成。脊髓的毛细血管内皮细胞与外周循环毛细血管中的不同，这些细胞无窗孔，因此可限制分子在细胞间扩散，内皮细胞之间的紧密连接更进一步确保了对分子弥散的限制。

周细胞与毛细血管壁关系密切，通过基底膜与内皮细胞隔开。周细胞与内皮细胞之间通过缝隙连接相联系。其对内皮细胞增殖、迁移和分化起着重要作用。不仅如此，它们还能参与基底膜成分如蛋白聚糖的合成。

星形细胞环绕在毛细血管表面，并非为脊髓提供机械性保护，而是对毛细血管的分泌模式进行生理性调控。例如，星形细胞足突通过表达水通道蛋白-4和钾通道Kir4.1，从而调控脊髓内的离子浓度和液体容量。

3.7 功能解剖

在轴向断面上，可见脊髓灰质位于中央，白质位于外周。灰质的形状像只蝴蝶，蝶翼由背侧角和腹侧角组成，分别参与感觉和运动功能调节。

3.7.1 灰质：内部构成

脊髓灰质由10层或是称作10个核团构成，标为Ⅰ~Ⅹ层。这种分层方法由Bror Rexed在1952年首先提出（图3.3）。

· Ⅰ层称为边缘核或后角边缘核，位于脊髓灰质后角尖部，神经元接收Lissauer束的传入，对疼痛和温觉信息进行处理。

· Ⅱ层为Rolando胶状质，该层因有髓纤维的密度较低而呈胶状。脊髓丘脑束的一级神经元与该层核团形成突触，负责痛觉接收。C类纤维终止于该层，传导定位不明确的痛觉，A-delta纤维也终于此层，传导定位明确的快痛觉。

· Ⅲ、Ⅳ层称为后角固有核，该核团为脊髓丘脑束的一级突触，传导痛觉和温觉。

· Ⅴ层神经元处理来自皮肤、肌肉、关节以及内脏

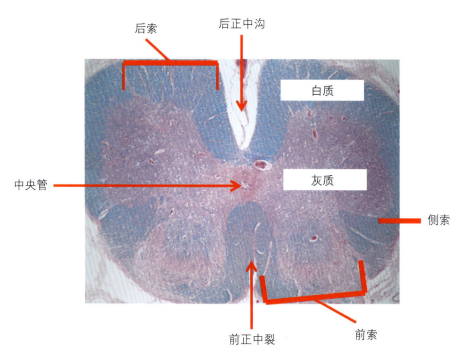

图3.2 脊髓轴位横断面苏木素伊红（HE）染色显示脊髓中央灰质和周围白质的表面解剖及构成

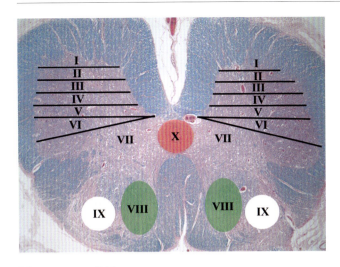

图 3.3　Rexed 分层

感受器传入的感觉信息。

- Ⅵ层位于灰质后角基底部，负责屈曲反射，使远端肢体在疼痛刺激下能及时回缩。
- Ⅶ层为中间外侧核，位于胸段和上腰段，通过节前（一般内脏传出）纤维调节躯体的交感神经支配。
- Ⅷ层包含运动中间神经元。
- Ⅸ层位于灰质腹侧，包括位于颈髓的膈核和脊髓副核，以及位于骶髓控制大、小便功能的Onuf核。该核团中的神经元是阴部神经的起源，1899年由Bronislaw Onuf–Onufrowicz首先描述。
- Ⅹ层位于中央管周围，目前功能不完全清楚。

3.7.2　白质：下行传导束

脊髓内的下行传导束分为2类：锥体束和锥体外系传导束。锥体束有2条，分别为皮质脊髓前束和皮质脊髓侧束；锥体外系传导束主要有4条：红核脊髓束、网状脊髓束、顶盖脊髓束和前庭脊髓束（图3.4）。

皮质脊髓束　有2条皮质脊髓束：皮质脊髓前束和较粗大的皮质脊髓侧束。两者的纤维在中枢神经系统内的不同水平交叉。皮质脊髓前束来自大脑运动皮层发出的下行纤维，负责中轴肌肉和近端肢体运动。其与脊髓前柱内的二级神经元形成突触联系，纤维在脊髓前角内交叉，最终与相应运动终板形成突触。

皮质脊髓侧束是最大的下行纤维束，控制肢体运动，其一级神经元来自大脑运动前区和运动区皮质，在延髓锥体处交叉至对侧后至二级神经元。该束沿脊髓侧索走行，于脊髓小脑后束内侧下行。几乎大半数轴突于颈髓内形成突触，参与控制上肢活动的纤维位于传导束内侧，控制腰骶部的纤维位于外侧。

红核脊髓束　红核脊髓束调节随意肌的运动，大多数纤维止于颈髓，提示红核脊髓束更多的是参与上肢运动的调控而非下肢。该束起自中脑红核的大细胞部，发出后在中脑立即交叉，沿脊髓外侧索

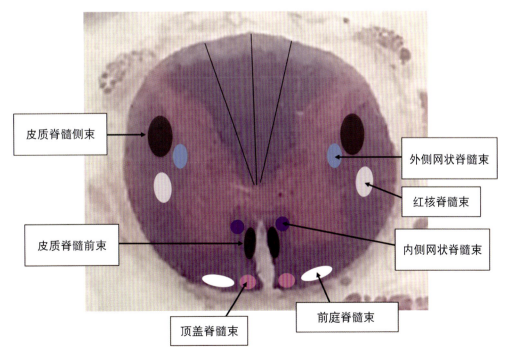

图 3.4　脊髓下行传导束

下行，位于皮质脊髓侧束腹外侧。

网状脊髓束　起自大脑网状结构，分成两部分下行：内侧网状脊髓束和外侧网状脊髓束，参与调节随意运动、精细运动和姿势控制。内侧网状脊髓束可以兴奋伸肌并协同前庭脊髓束参与姿势控制，外侧网状脊髓束位于皮质脊髓侧束内侧，可以抑制中轴伸肌并调节自主呼吸。

顶盖脊髓束　顶盖脊髓束起自中脑上丘，交叉至对侧颈髓，帮助调节视觉刺激下头眼的运动，该束位于脊髓前内侧，前正中裂外侧。

前庭脊髓束　前庭脊髓束位于脊髓前角，包含2种成分：前庭脊髓内侧束和前庭脊髓外侧束，功能主要是保持头眼协调运动和姿势平衡。前庭脊髓内侧束起自位于内侧纵束内的前庭内侧核，止于颈髓，可以兴奋参与调节头眼协调运动的颈部肌肉。前庭脊髓外侧束传导兴奋抗重力肌的信号，以此帮助保持直立姿势。

3.7.3　白质：上行传导束

上行传导束将来自躯体的感觉信息传递至大脑，传递的信息可分为2种：意识性感觉和非意识性感觉。参与意识性感觉传递的通路是脊髓后索和脊髓丘脑束，脊髓小脑束传导非意识性感觉（图3.5、图3.6）。

后索/内侧丘系　脊髓后索传递感觉信息至大脑躯体感觉皮层，触觉、震动觉以及本体感觉在后索内传递。第一级神经元起自外周神经，纤维上行至延髓。来自下肢的神经元纤维走行在脊髓后索内侧的薄束，来自上肢的纤维走行在脊髓后索外侧的楔束。第二级神经元起自楔束核或薄束核，其发出的纤维在延髓内交叉到对侧，止于丘脑。第三级神经

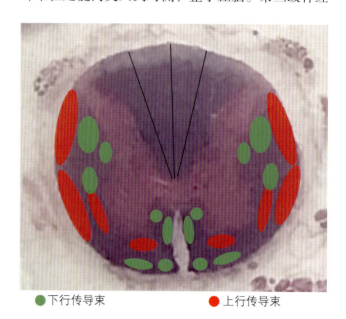

● 下行传导束　　　　　　　　　　● 上行传导束

图3.6　脊髓上行和下行传导束汇总

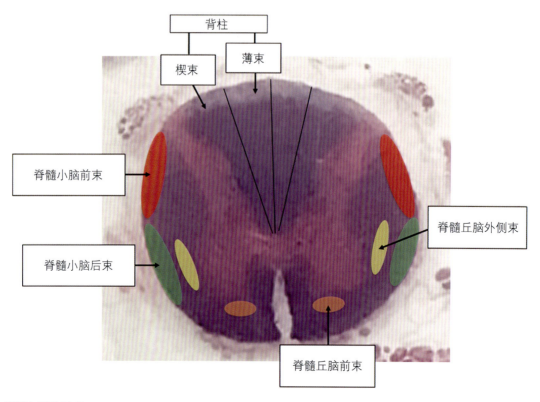

图3.5　脊髓上行传导束

元起自丘脑腹后外侧核（VPL），形成内侧丘系，经内囊后止于大脑感觉皮层。

脊髓丘脑束 脊髓丘脑束由两束相邻但功能不同的传导束组成，脊髓丘脑前束传导粗触觉和压觉；脊髓丘脑侧束传导痛觉和温觉。脊髓丘脑前束和侧束都起自外周感受器，到二级神经元水平时分开。

脊髓丘脑束一级神经元起自周围神经感受器，其神经纤维在脊髓内上升1~2个节段，与胶状质（Rexed分层Ⅱ层）内神经元形成突触联系。二级神经元纤维通过白质前联合交叉到对侧，形成脊髓丘脑前束及侧束。在脊髓丘脑束内，纤维按躯体特定区域排布，颈部来源的纤维位于传导束内侧，而骶部来源的纤维位于外侧。脊髓是脊髓丘脑束交叉至对侧的唯一部位。脊髓丘脑束上行并止于丘脑，丘脑腹后外侧核内的第三级神经元发出纤维经过内囊后肢，止于大脑感觉皮层。

脊髓小脑束 脊髓小脑前束传导来自下肢的本体感觉至小脑，其神经纤维在走行过程中交叉两次，因此脊髓小脑前束止于同侧小脑。脊髓小脑后束纤维不交叉，传导下肢的本体感觉至同侧小脑。腹侧脊髓小脑束和楔小脑束传导上肢的本体感觉至同侧小脑。

（于　峰 译，黄瑾翔 校）

参考文献

[1] Sheerin F. Spinal cord injury: anatomy and physiology of the spinal cord. Emerg Nurse. 2004;12(8):30–36. https://doi.org/10.7748/en2004.12.12.8.30.c1178.

[2] Wang LL, Bierbrauer KS. Congenital and hereditary diseases of the spinal cord. Semin Ultrasound CT MR. 2017;38(2):105–125. https://doi.org/10.1053/j.sult.2016.07.002.

[3] Bui CJ, Tubbs RS, Oakes WJ. Tethered cord syndrome in children: a review. Neurosurg Focus. 2007;23(2):E2. https://doi.org/10.3171/foc.2007.23.2.2.

[4] Patel AJ, Relyea K, Fulkerson DH. Embryology of the spine. In: Baaj AA, Mummanei PV, Uribe JS, Vaccaro AR, Greenberg MS, editors. Handbook of spine surgery. New York: Thieme; 2012. p. 3–7.

[5] Diaz E, Morales H. Spinal cord anatomy and clinical syndromes. Semin Ultrasound CT MR. 2016;37(5):360–371. https://doi.org/10.1053/j.sult.2016.05.002.

[6] Levy RM. Anatomic considerations for spinal cord stimulation. Neuromodulation. 2014;17(Suppl 1):2–11. https://doi.org/10.1111/ner.12175.

[7] Gilroy AM, MacPherson BR, Ross LM, Schuenke M, Schulte E, Schumacher U. Atlas of anatomy. 3rd ed. New York: Thieme; 2016.

[8] Bartanusz V, Jezova D, Alajajian B, Digicaylioglu M. The blood-spinal cord barrier: morphology and clinical implications. Ann Neurol. 2011;70(2):194–206. https://doi.org/10.1002/ana.22421.

[9] Rexed B. The cytoarchitectonic organization of the spinal cord in the cat. J Comp Neurol. 1952;96(3):414–495.

[10] Baba H, Shimoji K, Yoshimura M. Norepinephrine facilitates inhibitory transmission in substantia gelatinosa of adult rat spinal cord (part 1): effects on axon terminals of GABAergic and glycinergic neurons. Anesthesiology. 2000;92(2):473–484.

[11] Slawomirski J, Gluszak J. Structure and topography of the nucleus proprius cornus dorsalis of the spinal cord of horses. Pol Arch Weter. 1986;25(4):131–136.

[12] Mannen T. Neuropathological findings of Onuf's nucleus and its significance. Neuropathology. 2000;20(Suppl):S30–S33.

[13] Onufrowicz B. Note on the arrangement and function of the cell group in the sacral region of the spinal cord. J Nerv Met Dis. 1899;26:498–504.

[14] Mai JK, Paxinos G. The human nervous system. 3rd ed. Waltham, MA: Academic; 2012.

[15] Luria V, Laufer E. Lateral motor column axons execute a ternary trajectory choice between limb and body tissues. Neural Dev. 2007;2:13. https://doi.org/10.1186/1749-8104-2-13.

[16] Kamali A, Kramer LA, Butler IJ, Hasan KM. Diffusion tensor tractography of the somatosensory system in the human brainstem: initial findings using high isotropic spatial resolution at 3.0 T. Eur Radiol. 2009;19(6):1480–1488. https://doi.org/10.1007/s00330-009-1305-x.

[17] Hong JH, Son SM, Jang SH. Identification of spinothalamic tract and its related thalamocortical fibers in human brain. Neurosci Lett. 2010;468(2):102–105. https://doi.org/10.1016/j.neulet.2009.10.075.

[18] Siegel A, Sapru HN. Essential neuroscience. 2nd ed. Philadelphia: Lippincott, Williams, & Wilkins; 2010.

脊髓肿瘤的诊断和鉴别诊断

Zulejha Merhemic, Majda M. Thurnher

4.1 简介

　　脊髓肿瘤是具有非特异性临床症状的少见肿瘤。症状通常出现在疾病的晚期阶段，因此容易导致诊断延误。在儿童中通常能观察到神经根症状或背部疼痛、缓慢进展的神经功能缺损或骨骼畸形（如脊柱后侧凸）等其他症状。在原发性硬膜下肿瘤中，脊髓髓内肿瘤占20%~30%，其余占70%~80%位于髓外硬膜下。

　　MRI是检查和评估脊髓肿瘤的首选方法，成像应包含矢状位和轴位的T1/T2加权序列，包括轴位、冠状位、矢状位的T1加权增强序列。在检查脊髓肿瘤和骨骼畸形时，还应加入短T1反转恢复序列（Short TI Inversion-Recovery，STIR）。近年来一些更先进的技术手段，如弥散加权成像（DWI）和弥散张量成像（DTI），也越来越多地应用于脊髓病变的评估。

　　包括DTI和纤维束成像（FT）在内的新技术在脊髓肿瘤的术前诊断及术后随访中具有潜在的应用价值。这些技术能够提供与占位病变相关的白质传导束的细节图像，因此较传统MRI更灵敏。对脊髓肿瘤患者采用纤维束示踪成像有助于在术前预测病变性质并制订手术方案。

　　DTI和弥散张量纤维束成像（DTT）可以评估髓内外肿瘤引起的脊髓改变。DTI，尤其是DTT对脊髓肿瘤的术前评估有重要应用价值。DTT可以很好地显示室管膜瘤和星形细胞瘤中脊髓纤维束的位移和变形（图4.1），以及转移性肿瘤中神经纤维的变形和破坏。因此DTT在术前评估肿瘤可切除程度上有重要价值，提示成人髓内肿瘤的DTI检查可用于鉴别星形细胞瘤和室管膜瘤。浸润性星形细胞瘤在成

人中较儿童更常见，而室管膜瘤大多边界清楚。这些肿瘤可以通过DTI和纤维束示踪成像（DT-FT）评估白质传导束的完整性来进行区分，可作为一种减少成人脊髓肿瘤的活检率的方法。由于大多数儿童髓内肿瘤的性质和成人存在差异，因此用DTI来鉴别儿童星形细胞瘤和室管膜瘤的可能性较小。

　　只有在患者不能行MRI检查时（如患者携带心脏起搏器或内置除颤器），才选用脊髓X线造影及脊髓CT造影来诊断脊髓肿瘤。脑脊液（CSF）分析有助于与脊髓炎性病变进行鉴别。进一步行血管造影术可用于显示富血供病变的血管情况以及实施必要的术前干预如栓塞治疗。为评估髓内病变，特别是高度恶性的肿瘤，可考虑使用以氟代脱氧葡萄糖或11（C）蛋氨酸为标记物的PET/CT检查，但在区分低度恶性肿瘤与非肿瘤性病变方面目前仍面临挑战。表4.1比较了脊髓室管膜瘤、星形细胞瘤和神经节胶质细胞瘤。

4.2 室管膜瘤

　　成人最常见的原发性脊髓肿瘤为室管膜瘤（约占原发性脊髓髓内肿瘤的60%），发病年龄为35~45岁。在儿童患者中，室管膜瘤为第二大常见的原发性脊髓肿瘤。室管膜瘤生长缓慢，常见起源于脑室壁或脊髓中央管上的室管膜细胞。室管膜瘤有4种组织学亚型：细胞型、黏液乳头型、伸长细胞型及透明细胞型。世界卫生组织（WHO）现行病理分级将室管膜瘤分为3级：Ⅰ级包括黏液乳头状室管膜瘤及室管膜下室管膜瘤，Ⅱ级为典型室管膜瘤，Ⅲ级为间变性室管膜瘤。上述分级有利于治疗决策，但其预后价值仍待商榷。室管膜瘤可与神经纤维瘤病2型（NF2）有关。在NF2患者中，绝大多数室管膜瘤为

34

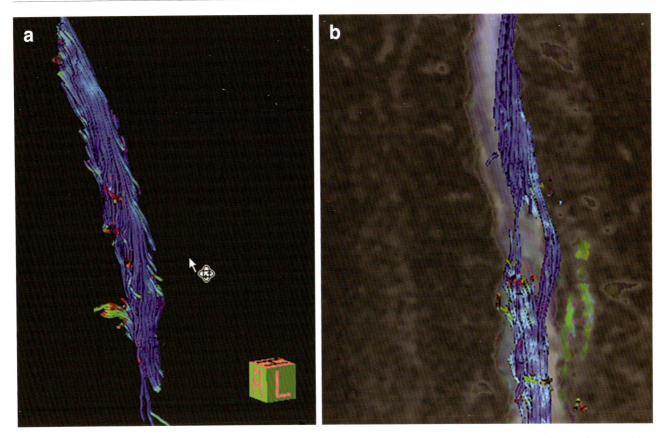

图 4.1　DTI 传导束成像。（a）星形细胞瘤：弥漫浸润入纤维内，但纤维完整性尚存。（b）室管膜瘤：位置更靠中心，纤维向外侧推挤

表 4.1　各种肿瘤比较

室管膜瘤	星形细胞瘤	神经节胶质细胞瘤
多位于中央	多偏心生长	多位于中央
边界清楚	边界不清	边界清楚
发病率：颈髓＞胸髓	发病率：颈髓＞胸髓	发病率：颈髓、胸髓相近
累及 3~4 个脊髓节段	累及 5~6 个脊髓节段	累及 1 个脊髓节段
可见"帽状征"——含铁血黄素沉着	伴或不伴囊变	伴或不伴囊变
均匀强化	不均匀强化	信号表现不一（极少强化至显著强化）
多见于成人	多见于儿童	儿童
女性多见	男性多见	
Ⅱ型神经纤维瘤病相关	Ⅰ型神经纤维瘤病相关	

WHO Ⅱ级，极少数情况下为 WHO Ⅲ级（间变性室管膜瘤）。

　　细胞型室管膜瘤常见于颈段、胸段脊髓，女性发病率略高，这种类型的肿瘤边界清晰（甚至可以是有完整包膜的肿块），跨度可达 4 个节段。如果出现因血肿导致的"帽子征"（在肿瘤头或尾端边缘沉积的含铁血黄素）强烈提示室管膜瘤的诊断。50%~90% 的室管膜瘤存在囊性表现，囊内通常为脑脊液信号。室管膜瘤的实性部分在 T1 加权图像上为等信号或稍低信号，在 T2 加权和 STIR 上为高信号，注射增强剂后多见强化。脊髓空洞也是室管膜瘤中的常见表现（图 4.2）。

　　黏液乳头状室管膜瘤好发部位为脊髓圆锥或终丝，起源于终丝上的室管膜细胞。终丝来源的肿瘤 90% 为黏液乳头状室管膜瘤，这类肿瘤现被归为 WHO Ⅰ级肿瘤，男性多见。肿瘤在影像学上表现为

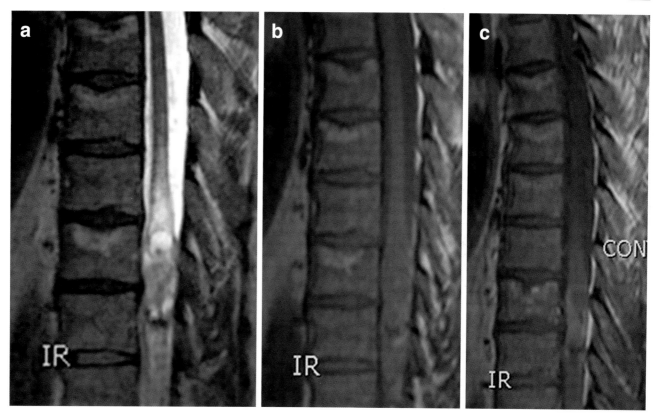

图 4.2 细胞型室管膜瘤 MRI 成像。矢状位 T2 加权（a）、矢状位 T1 加权（b）、矢状位 T1 加权增强（c）MRI 成像显示胸椎脊髓内肿瘤，含铁血黄素沉积在肿瘤尾缘形成"帽子征"，肿瘤头端存在囊变，在应用造影剂后出现强化

T2高信号、T1等信号或低信号的占位病变，呈明显但不均匀强化（图4.3）。同样，影像学上若出现椎体扇形样改变、脊柱侧凸或椎间孔扩大，则更提示黏液乳头状室管膜瘤的诊断。黏液乳头状室管膜瘤为组织学良性且生长缓慢的肿瘤，但也有患者可出现肿瘤局部复发甚至是远隔部位转移，这更多见于儿童患者。

伸长细胞型室管膜瘤是WHO Ⅱ级室管膜瘤的一种罕见亚型。该型肿瘤男女发病比率约为1.5:1，确诊的平均年龄为（36.1±18）岁。

组织学上，这类肿瘤中可见束状排列的梭形细胞，缺乏室管膜"菊"形团表现，血管周"假菊"形团亦不明显。近期发表的相关Meta分析未发现该类型肿瘤的特异影像学表现，据报道，该类肿瘤实性部分为T1低或等信号，T2高信号，伴或不伴囊性结构，可伴有脊髓空洞。

脊髓室管膜瘤手术完全切除后预后最佳。准确地说，典型的Ⅱ级室管膜瘤从积极的手术全切中获益最大，而对于Ⅰ级黏液乳头状室管膜瘤，手术完全切除的获益并不确切。

目前只有14例关于成人原发黏液乳头状室管膜瘤的病例报道，这些病例均按具有侵袭性行为的恶性肿瘤进行治疗。

4.3 星形细胞瘤

星形细胞瘤是一类髓内浸润性生长肿瘤，占所有中枢神经系统（CNS）肿瘤的5%~10%。它是儿童中最常见的髓内肿瘤，在成人髓内肿瘤中排名第二，男性略多于女性。星形细胞瘤由向肿瘤转化的星形胶质细胞构成，组织学上其分化程度可为分化良好乃至间变，在近90%的病例中，星形细胞瘤为低级别肿瘤。星形细胞瘤扩展节段可为4个或更少，极少见的情况下可以影响脊髓全长，主要见于儿童患者，称为"全脊髓"肿瘤。

纤维型星形细胞瘤（WHO Ⅱ级）常见于颈髓，而毛细胞型星形细胞瘤（WHO Ⅰ级）则多见于脊髓圆锥（图4.4）。10%的星形细胞瘤患者可为高级别肿瘤，多见间变性星形细胞瘤。近期报道有部分病例出现弥漫性的脑膜播散情况。胶质母细胞瘤在脊髓中不常见。星形细胞瘤大多数为实性肿瘤，瘤内可以出现坏死-囊性区域，也可为完全实

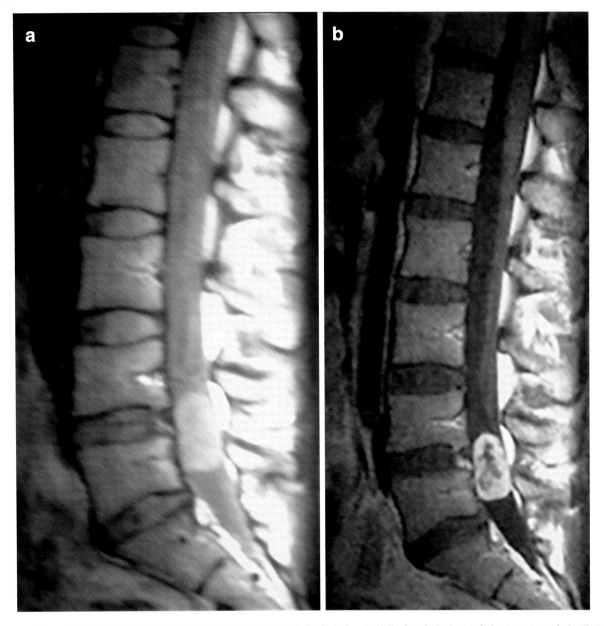

图 4.3　1 例 29 岁女性黏液乳头状室管膜瘤，患者表现为下背部轻度疼痛。矢状位质子密度（PD）加权（a）和 T1 加权增强（b）图像，质子密度（PD）加权成像可显示边界清楚的高信号肿块，增强扫描呈不均匀强化

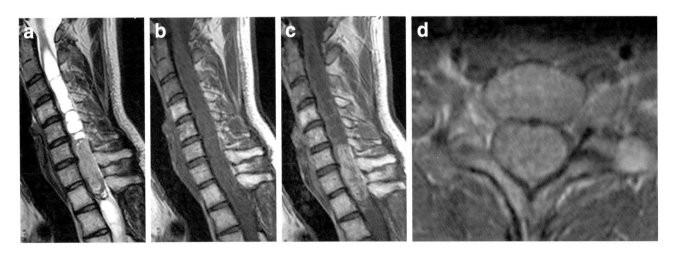

图 4.4　部分切除后的毛细胞型星形细胞瘤。矢状位 T2 加权（a）、T1 加权（b）和对比增强的 T1 加权（c、d）图像显示中度强化的完全实性肿瘤，伴颈髓空洞

性（约占所有病例的40%）。注射增强剂后，通过瘤壁是否强化区分是否肿瘤性囊变，这对于确定手术方案是至关重要的。肿瘤的实性部分在T1加权上表现为等或稍低信号，在T2加权、T2加权梯度回波序列上表现为高信号，增强后可见轻到中度强化。在DTI上，可能见到脊髓长纤维束中断，星形细胞瘤可与神经纤维瘤病1型有关。与神经纤维瘤病1型相关的髓内肿瘤主要见于男性，病理上多为星形细胞瘤。

4.4 神经节胶质细胞瘤

脊髓神经节胶质细胞瘤（WHO Ⅰ级）极其罕见，大多出现于儿童及青年人群，主要位于颈髓和胸髓。间变性神经节胶质细胞瘤（WHO Ⅲ级）也有报道，神经胶质成分中可见间变性改变。神经节胶质细胞瘤在MRI上可表现为边界清晰、实性或囊实性混合的团块，沿脊髓方向生长（图4.5）。其MRI信号与其他髓内肿瘤类似，即T1加权低信号，T2加权高信号，增强后表现各异，信号可弱可强，并可呈实性、环状或结节状强化。WHO Ⅰ级的神经节胶质细胞瘤通常手术完全切除即可治愈。

4.5 血管网状细胞瘤

中枢神经系统血管网状细胞瘤为良性肿瘤，WHO Ⅰ级。该病发病平均年龄为30岁。常见部位为小脑、脑干及脊髓。血管网状细胞瘤大约占所有

原发性脊髓肿瘤的3%，可为散发或与Von Hippel-Lindau病相关。血管网状细胞瘤是一类恶性程度较低的肿瘤，由致密的毛细血管网组成，其中可见内皮细胞、周细胞和富含脂质的间质细胞。脊髓血管网状细胞瘤位于脊髓后方，通常为圆形，边界清晰，通常体积较小，但偶尔直径也可达数厘米，影像上常可见"流空信号"。在增强MRI上，小肿瘤呈均匀强化，较大的肿瘤强化可不均匀。瘤结节常与大范围的脊髓空洞症有关（图4.6）。囊变可表现为不同强度的信号，取决于囊内容物。高信号的囊变通常有较高的蛋白成分，这可能是由于之前的肿瘤卒中或是瘤性液体渗出所致。当影像上没有囊性成分时，常可见广泛的脊髓水肿。脊髓血管网状细胞瘤导致蛛网膜下腔出血或髓内出血的情况罕见，但是仍需要将其列为鉴别诊断。

血管网状细胞瘤的手术遵循动静脉畸形的手术切除原则：手术时先电凝供血动脉，保留引流静脉直至手术结束时电凝离断。

4.6 神经鞘膜瘤

4.6.1 神经鞘瘤

脊髓神经鞘瘤为WHO Ⅰ级肿瘤，约占所有脊髓肿瘤的25%，是最常见的神经鞘膜瘤，起源于施万细胞，发病年龄峰值为45岁。

根据我们最新的分类系统，基于肿瘤体积以及相对于硬膜和椎管的方位可对神经鞘瘤进行分类。70%的神经鞘瘤见于硬膜下，其余30%位于硬膜外

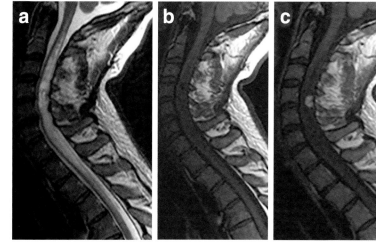
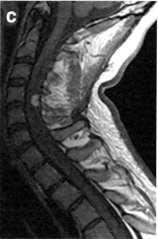
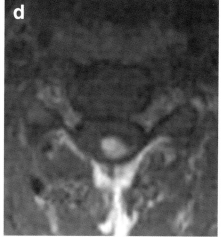

图4.5 神经节胶质细胞瘤。矢状位及冠状位STIR（a、b）、T1加权（c）及T1加权增强图像（d），显示一边界清晰、增强不明显的占位，伴有囊变

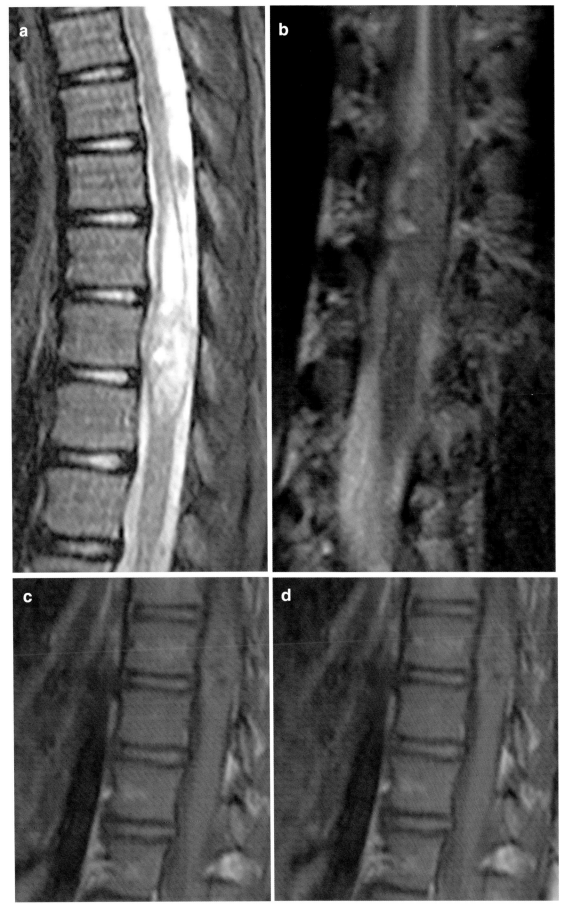

图 4.6 神经节胶质细胞瘤。矢状位及冠状位 STIR（a、b）、T1 加权（c）及 T1 加权增强图像（d），显示一边界清晰、增强不明显的占位，伴有囊变

或为哑铃型肿瘤（硬脊膜内外均有肿瘤生长）。

脊髓神经鞘瘤是典型的单发、边界清晰、有包膜包裹的肿瘤（图4.7）。该类肿瘤在MRI T1加权上可表现为等-低信号，在T2加权上表现为等-高信号。对比增强可表现为中等至显著的强化，通常为均匀强化。脊髓颈段和腰段的神经鞘瘤较胸段的多见。

神经鞘瘤为单发肿瘤时，多见于成人，在儿童中较少见。多发神经鞘瘤常出现存在神经纤维瘤病2型（NF2）的儿童中。神经纤维瘤病2型是由于22q基因失活而导致的一种常染色体显性遗传病。神经纤维瘤病2型患者可出现多种中枢及外周神经系统肿瘤，如特征性的双侧前庭神经鞘瘤以及其他颅内或脊髓的神经鞘瘤、脑膜瘤和室管膜瘤。

神经鞘瘤病或先天性神经鞘瘤病是一种罕见的综合征，以不累及前庭神经的多发外周神经鞘瘤为特征。根据统一的诊断标准，患者出现有两枚或更多的非皮下神经鞘瘤，并且在45岁之后仍没有前庭神经功能异常症状的出现，即可诊断其可能为神经鞘瘤病。

神经鞘瘤早期手术切除预后良好，仅5%的患者术后数年出现局部复发。根据近期报道，不均匀强化的神经鞘瘤需要严密随访，因为这类肿瘤生长较快，可能需要手术治疗。

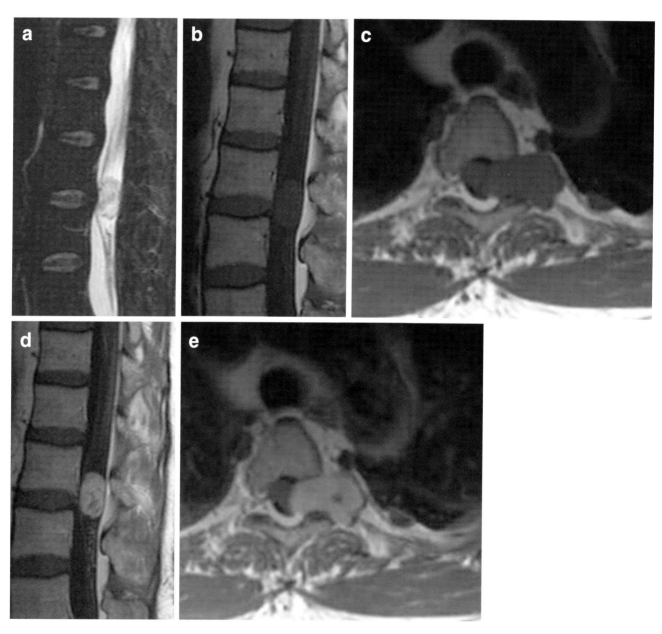

图4.7 神经鞘瘤矢状位STIR（a）、T1加权（b）、轴位T1加权（c）、矢状位及轴位T1加权增强（d、e）图像显示椎管内边界清晰的肿瘤，肿瘤呈哑铃状，压迫脊髓，并穿过左侧神经孔向外延伸生长，明显均匀强化

4.6.2 神经纤维瘤

神经纤维瘤是生长缓慢的良性肿瘤（WHO Ⅰ级），由肿瘤性施万细胞和成纤维细胞组成，无真性包膜。神经纤维瘤占所有良性软组织肿瘤的5%，90%为散发单个肿瘤。神经纤维瘤可来源于脊神经背根，也可见于周围神经，36%~40%见于椎管内。

神经纤维瘤在影像学上表现为典型的圆形或纺锤形，T1加权上为等信号，T2加权上为显著的高信号，呈明显均匀强化，但有一部分神经纤维瘤会表现为周边强化。

神经纤维瘤可与神经纤维瘤病1型有关。神经纤维瘤病1型是一类罕见的常染色体显性遗传病，其诊断需要基于以下临床标准，即：有皮肤斑（"牛奶咖啡"斑，café au lait），在腋窝或腹股沟区可见雀斑，神经纤维瘤（丛状或其他形式），Lisch结节，视神经毛细胞型星形细胞瘤，蝶翼发育不全，长骨发育不良和（或）形成假关节，阳性家族史（美国国立卫生院NIH诊断标准）。神经纤维瘤病1型患者的脊柱肿瘤可见于髓外（如神经纤维瘤和恶性周围神经鞘膜瘤）和髓内（如星形细胞瘤、室管膜瘤和神经节胶质细胞瘤）。

神经纤维瘤病患者罹患恶性周围神经鞘膜瘤的风险增加，相比非神经纤维瘤病患者，其肿瘤更具侵袭性（图4.8），目前脊髓神经纤维瘤的治疗措施包括严密观察，手术用于最严重的病例。肿瘤的解剖定位、侵袭程度及术区复发的风险都会影响手术决策。采用西罗莫司、伊马替尼、索拉非尼和干扰素进行治疗都取得了不同程度的疗效，但目前对丛状神经纤维瘤的治疗尚无明确有效的化疗方案。

4.7 脊膜瘤

脊膜瘤是第二多见的椎管内肿瘤，在45~74岁女性中发病率最高，亚裔、太平洋岛民、白种人的患病概率最高。肿瘤可以发生于椎管内的任意区域，但90%见于胸段，且多位于脊髓后外侧（图4.9）。脊膜瘤多见于硬膜下，只有约10%位于硬

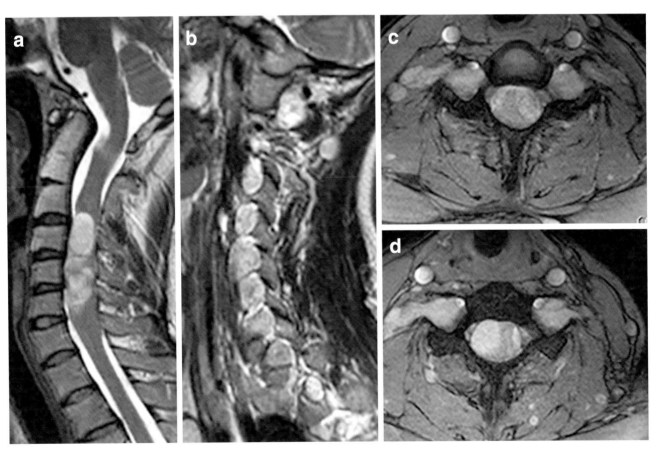

图4.8 1例神经纤维瘤病1型的30岁女性患者，存在多发神经纤维瘤，矢状位T2加权图像（a、b）及轴位T2加权梯度回波（c、d）图像显示双侧多发肿瘤

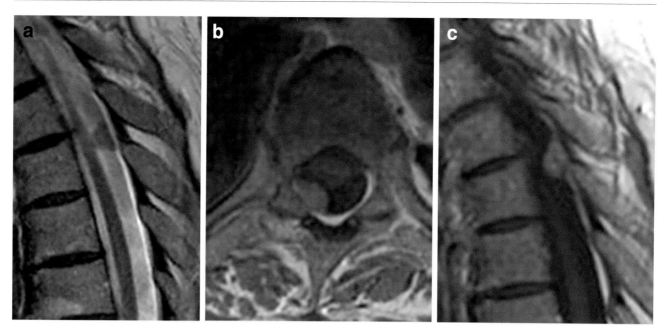

图 4.9　脊膜瘤。矢状位 T2 加权（a）及矢状位（b）和轴位对比增强 T1 加权（c）显示在脊髓右后方的边界清晰的占位，邻近硬膜存在"硬膜尾"征

膜外或呈哑铃状。脊膜瘤起源于构成蛛网膜的细胞（蛛网膜帽状细胞），95%为良性肿瘤（WHO Ⅰ级）。

　　脊膜瘤虽然可见于任意年龄组，但其高发年龄区间为50~70岁，多见于女性，多发肿瘤（2%）与NF2有关。

　　影像学上，脊膜瘤表现为典型的圆形，宽基底肿瘤，可见临近硬膜有"尾征"，5%的肿瘤瘤内可出现钙化，在CT上容易辨认。T1和T2加权图像上，脊膜瘤表现为与脊髓一样的等信号，但也可表现为T1低信号，T2加权为稍高或稍低信号。增强后脊膜瘤强化明显（除钙化部分），常出现"硬膜尾"征，在增强后T1加权上表现为显著均匀的强化。在众多中枢神经系统肿瘤中，脊膜瘤最容易成为其他原发肿瘤转移的接收体，一部分是因为它们丰富的血供。超过90%的脊膜瘤患者手术完全切除后预后良好。

4.8　脊髓转移瘤

　　超过95%的脊髓转移瘤发生在硬脊膜外，发生在髓外硬膜下和髓内的转移瘤相对罕见。有人提出5条硬膜下转移性脊髓肿瘤的播散途径：从丰富的静脉丛（Batson丛），从神经周围淋巴系统，从侵犯的骨性结构通过硬膜在脑脊液中种植，通过蛛网膜下腔播散以及通过动脉系统血源性播散。通过脑脊液循环及蛛网膜下腔的重力作用而产生的种植性转移，被认为是脑转移灶的第三种转移方式。

　　中枢神经系统肿瘤的软脑膜及脊髓的播散出现在年轻人群，相比之下肺癌和乳腺癌来源的转移瘤则多出现在年长人群。儿童患者出现髓母细胞瘤及室管膜瘤来源的播散较为多见。

　　种植性转移的影像学表现包括椎管内多处结节样强化病灶和（或）脊髓或神经根上弥漫性片状包被（"癌性脑膜炎"表现）以及马尾的增粗。由于病变相对于脊髓为等信号，因此无增强的T1及T2加权影像对临床帮助较小。必须获得增强T1加权图像以观察病灶的强化。常规MRI结合尸检观察发现脊髓转移瘤可能比最初报道的更为常见。

　　脊髓转移瘤是包膜完整的脊髓肿瘤，通常位于偏心位置并可见脊髓肿胀。极少出现囊变或是病变内卒中。最常见的表现是出现在胸髓的单发病灶，MRI是诊断脊髓转移瘤的首选工具。髓内转移瘤的MRI表现不具特异性，可见一个强化病灶并伴有脊髓肿胀和水肿。在这种情况下，若患者没有已知的原发肿瘤病史，则诊断转移瘤比较困难，通常要在病理证实肿瘤性质后才能明确诊断（图 4.10）。最近的研究表明，"边缘"征和"火焰"征可用于区分脊髓转移瘤和原发性脊髓肿瘤，"边缘"征是指肿瘤边缘完全或部分强化，而"火焰"征是指在边

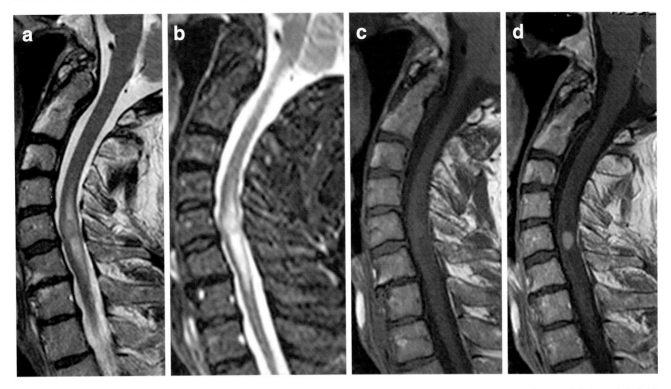

图 4.10 脊髓转移瘤。矢状位 T2 加权（a）、STIR（b）、T1 加权（c）及对比增强 T1 加权（d）图像。颈髓内边界清晰的椭圆形肿瘤，T2 及 STIR 上为高信号，T1 加权上为等信号；增强后均匀强化

界清楚的病变上缘或下缘出现边界不清的火焰样强化。

目前对软脊膜转移瘤的治疗选择有限，如有遇到较大转移灶引起脊髓压迫症状，可尝试行手术治疗；一般情况下推荐采用保守观察或辅助放疗。在单个转移灶切除后，一般认为发生转移瘤播散的情况罕见。

（于　峰译，黄瑾翔校）

参考文献

[1] Duong LM, McCarthy BJ, McLendon RE, Dolecek TA, Kruchko C, Douglas LL, Ajani UA. Descriptive epidemiology of malignant and nonmalignant primary spinal cord, spinal meninges, and cauda equina tumors, United States, 2004-2007. Cancer. 2012;118(17):4220–4227. https://doi.org/10.1002/cncr.27390.

[2] Landi A, Palmarini V, D'Elia A, Marotta N, Salvati M, Santoro A, Delfini R. Magnetic resonance diffusion tensor imaging and fiber-tracking diffusion tensor tractography in the management of spinal astrocytomas. World J Clin Cases. 2016;4(1):1–4. https://doi.org/10.12998/wjcc.v4.i1.1.

[3] Alkherayf F, Arab AF, Tsai E. Conus medullaris teratoma with utilization of fiber tractography: case report. J Neurol Surg Rep. 2015;76(1):e183–e187. https://doi.org/10.105 5/s-0035-1555134.

[4] Setzer M, Murtagh RD, Murtagh FR, Eleraky M, Jain S, Marquardt G, Seifert V, Vrionis FD. Diffusion tensor imaging tractography in patients with intramedullary tumors: comparison with intraoperative findings and value for prediction of tumor resectability. J Neurosurg Spine. 2010;13(3):371–380. https://doi.org/10.3171/2010.3.SPINE09399.

[5] Choudhri AF, Whitehead MT, Klimo P Jr, Montgomery BK, Boop FA. Diffusion tensor imaging to guide surgical planning in intramedullary spinal cord tumors in children. Neuroradiology. 2014;56(2):169–174. https://doi.org/10.1007/s00234-013-1316-9.

[6] Krings T, Lasjaunias PL, Hans FJ, Mull M, Nijenhuis RJ, Alvarez H, Backes WH, Reinges MH, Rodesch G, Gilsbach JM, Thron AK. Imaging in spinal vascular disease. Neuroimaging Clin N Am. 2007;17(1):57–72. https://doi.org/10.1016/j.nic.2007.01.001.

[7] Naito K, Yamagata T, Arima H, Abe J, Tsuyuguchi N, Ohata K, Takami T. Qualitative analysis of spinal intramedullary lesions using PET/CT. J Neurosurg Spine. 2015;23:1–7. https://doi.org/10.3171/2015.2.SPINE141254.

[8] Louis DN, Ohgaki H, Wiestler OD, et al. The WHO classification of tumours of the central nervous system. Revised 4th Edition. Lyon: International Agency for Research on Cancer; 2016.

[9] Samartzis D, Gillis CC, Shih P, O'Toole JE, Fessler RG. Intramedullary spinal cord tumors: part I-epidemiology, pathophysiology, and diagnosis. Global Spine J. 2015;5(5):425–435. https://doi.org/10.1055/s-0035-1549029.

[10] Merhemic Z, Stosic-Opincal T, Thurnher MM. Neuroimaging of spinal tumors. Magn Reson Imaging Clin N Am. 2016;24(3):563–579. https://doi.org/10.1016/

j.mric.2016.04.007.

[11] Chen X, Li C, Che X, Chen H, Liu Z. Spinal myxopapillary ependymomas: a retrospective clinical and immunohistochemical study. Acta Neurochir. 2016;158(1):101–107. https://doi.org/10.1007/s00701-015-2637-8.

[12] Kasper EM, Ippen FM, Maragkos GA, Anderson MP, Rojas R, Mahadevan A. Tanycytic ependymoma of the brain stem, presentations of rare cystic disease variants and review of literature. J Neurosurg Sci. 2018;62(1):78–88. https://doi.org/10.23736/S0390-5616.17.04194-7.

[13] Tomek M, Jayajothi A, Brandner S, Jaunmuktane Z, Lee CH, Davagnanam I. Imaging features of spinal tanycytic ependymoma. Neuroradiol J. 2016;29(1):61–65. https://doi.org/10.1177/1971400915621322.

[14] Oh MC, Tarapore PE, Kim JM, Sun MZ, Safaee M, Kaur G, Aranda DM, Parsa AT. Spinal ependymomas: benefits of extent of resection for different histological grades. J Clin Neurosci. 2013;20(10):1390–1397. https://doi.org/10.1016/j.jocn.2012.12.010.

[15] Khan NR, Vanlandingham M, O'Brien T, Boop FA, Arnautović K. Primary seeding of Myxopapillary Ependymoma: different disease in adult population? Case report and review of literature. World Neurosurg. 2017;99:812 e821–e826. https://doi.org/10.1016/j.wneu.2016.12.022.

[16] Huisman TA. Pediatric tumors of the spine. Cancer Imaging. 2009;9:S45–8. https://doi. org/10.1102/1470-7330.2009.9012.

[17] Ruppert B, Welsh CT, Hannah J, Giglio P, Rumboldt Z, Johnson I, Fortney J, Jenrette JM, Patel S, Scheithauer BW. Glioneuronal tumor with neuropil-like islands of the spinal cord with diffuse leptomeningeal neuraxis dissemination. J Neuro-Oncol. 2011;104(2):529–533. https://doi.org/10.1007/s11060-010-0505-1.

[18] Marko NF, Weil RJ. The molecular biology of WHO grade I astrocytomas. Neuro-Oncology. 2012;14(12):1424–1431. https://doi.org/10.1093/neuonc/nos257.

[19] Yagi T, Ohata K, Haque M, Hakuba A. Intramedullary spinal cord tumour associated with neurofibromatosis type 1. Acta Neurochir. 1997;139(11):1055–1060.

[20] Gessi M, Dorner E, Dreschmann V, Antonelli M, Waha A, Giangaspero F, Gnekow A, Pietsch T. Intramedullary gangliogliomas: histopathologic and molecular features of 25 cases. Hum Pathol. 2016;49:107–113. https://doi.org/10.1016/j.humpath.2015.09.041.

[21] Oppenheimer DC, Johnson MD, Judkins AR. Ganglioglioma of the spinal cord. J Clin Imaging Sci. 2015;5:53. https://doi.org/10.4103/2156-7514.166355.

[22] Joaquim AF, Ghizoni E, dos Santos MJ, Valadares MG, da Silva FS, Tedeschi H. Intramedullary hemangioblastomas: surgical results in 16 patients. Neurosurg Focus. 2015;39(2):E18. https://doi.org/10.3171/2015.5.FOCUS15171.

[23] Choyke PL, Glenn GM, Walther MM, Patronas NJ, Linehan WM, Zbar B. von Hippel-Lindau disease: genetic, clinical, and imaging features. Radiology. 1995;194(3):629–642. https://doi.org/10.1148/radiology.194.3.7862955.

[24] Chung SY, Jeun SS, Park JH. Disseminated Hemangioblastoma of the central nervous system without Von Hippel-Lindau disease. Brain Tumor Res Treat. 2014;2(2):96–101. https://doi.org/10.14791/btrt.2014.2.2.96.

[25] Koda M, Mannoji C, Itabashi T, Kita T, Murakami M, Yamazaki M, Aramomi M, Ikeda O, Furuya T. Intramedullary hemorrhage caused by spinal cord hemangioblastoma: a case report. BMC Res Notes. 2014;7:823. https://doi.org/10.1186/1756-0500-7-823.

[26] Pojskic M, Arnautović KI. Microsurgical resection of spinal cord Hemangioblastoma: 2-dimensional operative video. Oper Neurosurg (Hagerstown). 2018; https://doi.org/10.1093/ons/opy123.

[27] Pojskic M, Arnautović KI. Microsurgical resection of medulla oblongata Hemangioblastoma: 2-dimensional operative video. Oper Neurosurg (Hagerstown). 2018; https://doi.org/10.1093/ons/opy074.

[28] Hirano K, Imagama S, Sato K, Kato F, Yukawa Y, Yoshihara H, Kamiya M, Deguchi M, Kanemura T, Matsubara Y, Inoh H, Kawakami N, Takatsu T, Ito Z, Wakao N, Ando K, Tauchi R, Muramoto A, Matsuyama Y, Ishiguro N. Primary spinal cord tumors: review of 678 surgically treated patients in Japan. A multicenter study. Eur Spine J. 2012;21(10):2019–2026. https://doi.org/10.1007/s00586-012-2345-5.

[29] Sun I, Pamir MN. Non-syndromic spinal schwannomas: a novel classification. Front Neurol. 2017;8:318. https://doi.org/10.3389/fneur.2017.00318.

[30] Evans DG. Neurofibromatosis type 2 (NF2): a clinical and molecular review. Orphanet J Rare Dis. 2009;4:16. https://doi.org/10.1186/1750-1172-4-16.

[31] MacCollin M, Chiocca EA, Evans DG, Friedman JM, Horvitz R, Jaramillo D, Lev M, Mautner VF, Niimura M, Plotkin SR, Sang CN, Stemmer-Rachamimov A, Roach ES. Diagnostic criteria for schwannomatosis. Neurology. 2005;64(11):1838–1845. https://doi.org/10.1212/01. WNL.0000163982.78900.AD.

[32] Fehlings MG, Nater A, Zamorano JJ, Tetreault LA, Varga PP, Gokaslan ZL, Boriani S, Fisher CG, Rhines L, Bettegowda C, Kawahara N, Chou D. Risk factors for recurrence of surgically treated conventional spinal schwannomas: analysis of 169 patients from a multicenter international database. Spine (Phila Pa 1976). 2016;41(5):390–398. https://doi.org/10.1097/BRS.0000000000001232.

[33] Ando K, Imagama S, Ito Z, Kobayashi K, Yagi H, Hida T, Ito K, Tsushima M, Ishikawa Y, Ishiguro N. How do spinal schwannomas progress? The natural progression of spinal schwannomas on MRI. J Neurosurg Spine. 2016;24(1):155–159. https://doi.org/10.3171/2015.3.SP INE141218.

[34] Chen MZ. Neurofibroma. In: Ross J, Brant-Zawadski M, Moore KR, Crim J, Chen MZ, Katzman G, editors. Diagnostic imaging: brain. 1st ed. Salt Lake City: Amirsys; 2004. p. 90–93.

脊髓肿瘤神经病理学

5

Stephanie Livingston, Blazej Zbytek

5.1 简介

脊髓肿瘤发病率相对较低，统计表明，在美国每年17 000余例新发的原发性中枢神经系统（CNS）疾病患者中，脊髓肿瘤仅有1700~2700例。根据解剖位置，脊髓肿瘤可分为髓内、髓外硬膜下和硬膜外肿瘤。

5.1.1 髓内肿瘤

脊髓髓内肿瘤（ISCTs）是一种源于脊髓细胞的肿瘤。ISCTs占成人椎管内肿瘤的20%和儿童椎管内肿瘤的30%~35%。大多数原发性髓内肿瘤是室管膜瘤（60%）或星形细胞瘤（30%）。血管网状细胞瘤是第三常见的髓内肿瘤，占所有髓内肿瘤的2%~6%。

5.1.2 髓外硬膜下肿瘤

位于硬脊膜下、但在脊髓外生长的肿瘤被称为髓外硬膜下肿瘤（IESCT）。髓外硬膜下肿瘤中最常见的是神经鞘膜瘤（NSTs）、脊膜瘤和黏液乳头状室管膜瘤。NSTs来源于周围神经系统的雪旺氏细胞和神经束膜细胞，包括神经鞘瘤、神经纤维瘤和恶性周围神经鞘瘤（MPNSTs）。

5.1.3 硬膜外肿瘤

硬膜外肿瘤通常是转移性的，大多起源于椎体。转移性肿瘤对脊髓的影响主要是由于其在硬膜外生长导致脊髓或马尾神经受压，少数肿瘤可直接侵犯至硬膜下。

5.2 髓内肿瘤

5.2.1 室管膜瘤

室管膜瘤是罕见的中枢神经系统原发肿瘤，占成人所有中枢神经系统肿瘤的3%~6%。典型的脊髓室管膜瘤属于髓内肿瘤，可发生在颈或胸段脊髓的任何部位。

亚型 在世界卫生组织（WHO）脑肿瘤分类中，室管膜来源肿瘤分为五大类：经典型室管膜瘤、室管膜下室管膜瘤、黏液乳头状室管膜瘤、RELA融合基因阳性室管膜瘤和间变性室管膜瘤。黏液乳头状室管膜瘤几乎只发生在终丝，为髓外硬膜下肿瘤。经典型室管膜瘤大部分发生于颅内，但也发生在脊柱，以髓内肿瘤的形式出现。其他3种亚型主要发生于颅内。

室管膜瘤包含3种不同的组织病理学变体（乳头型、透明细胞型和伸长细胞型），这些变体也可能是经典型或间变性室管膜瘤的重要组成部分。伸长细胞型由排列成簇的梭形细胞组成（图5.1），这种病理类型最常见于髓内，很少发生在脑室。

分级 室管膜瘤按病理级别分为WHO Ⅰ级（黏液乳头状室管膜瘤或室管膜下室管膜瘤）、Ⅱ级（室管膜瘤）和Ⅲ级（间变性室管膜瘤）。虽然经典型室管膜瘤和间变性室管膜瘤在传统上分别为WHO Ⅱ级和Ⅲ级肿瘤，但是它们在病理学等级和生物学行为及患者生存预后之间没有明确的关联。

形态学 经典型室管膜瘤与周围脊髓组织间有一个清楚的界面，肿瘤细胞变异很大，多为单形性细胞，内含圆形或椭圆形核团和有斑点的核染色质。有丝分裂计数通常很低。最主要的组织学特征是肿瘤细胞簇围绕中心血管排列形成的"假"菊形团和"真""室管膜"菊形团（图5.2）。假菊形团这一特征出现在大多数室管膜瘤中，中心血管周围形成一圈富含大量纤维组织的无核区，肿瘤细胞簇放射状排列在外围。真菊形团出现在大约1/4的室管膜瘤中，由围绕中心血管排列的立方或柱状肿瘤细胞组成（缺少无核区）。脊髓室管膜瘤中通常可见明显透明样变化的中央血管。

免疫表型 表现为上皮膜抗原（EMA）沿室管膜菊形团周围表达，在核周点状或在胞质环状分布。胶质纤维酸性蛋白（GFAP）的表达多见于假菊形团中，在其他病理类型中表达则不同，例如乳

头状突起、真菊形团中S100和波形蛋白呈典型的阳性表达。与胶质瘤相比，少突胶质细胞转录因子（OLIG2）的表达很低。神经元标记物表达极少。

5.2.2 星形细胞瘤

第二种最常见的ISCT是星形细胞瘤，最常见于颈椎。

亚型 2016年CNS WHO分类中，根据肿瘤表型和基因型，将所有弥漫性神经胶质瘤（星形细胞或少突神经胶质细胞）归为一类。根据肿瘤异柠檬酸脱氢酶（IDH）的突变状态，将弥漫性星形细胞

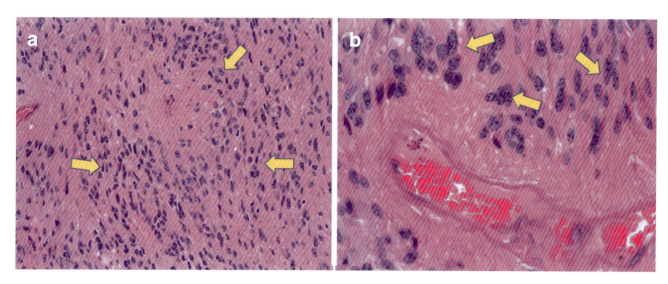

图5.1 伸长细胞型室管膜瘤。（a）中心血管周围有细长突起的双极纺锤体细胞（HE 染色，放大倍数 20×）。（b）具有室管膜瘤典型椒盐染色质的纺锤体核（HE 染色，放大倍数 40×）

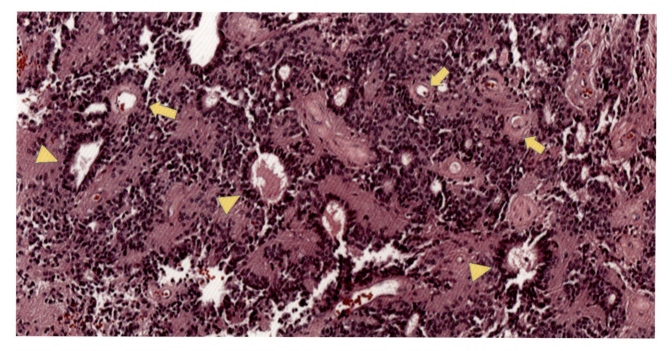

图5.2 室管膜瘤。血管周围无核区（假玫瑰花结节）（箭头）和真室管膜玫瑰花结节（楔形箭头）（HE 染色，放大倍数 20×）

瘤、间变性星形细胞瘤和胶质母细胞瘤等浸润性星形细胞瘤归为一类。这种分类方法可将局限性的星形细胞瘤（如毛细胞型星形细胞瘤）区分开来，后者缺乏IDH基因改变，但是可能包含有别于弥漫性胶质瘤的BRAF基因突变。

大约一半的脊髓星形细胞瘤为低级别的毛细胞型肿瘤。另一半为浸润型，包括弥漫性星形细胞瘤、间变性星形细胞瘤和胶质母细胞瘤。含有H3K27M突变的弥散性脊髓星形细胞瘤与脑干肿瘤一起被归类为H3K27突变型弥漫性中线型神经胶质瘤。这种侵袭性亚型主要出现在儿童，但也可能发生于成人。该亚型患者预后不良，2年存活率低于10%。

发病率　脊髓内星形细胞瘤很少见，仅占所有脊髓肿瘤的6%~8%，是成人第二常见的髓内肿瘤。它们占小儿髓内肿瘤的60%，是儿童最常见的髓内肿瘤，以毛细胞型星形细胞瘤为代表。

分级　毛细胞型星形细胞瘤（WHO Ⅰ级）是低级别、界限清楚的良性病变，临床上无侵袭性。弥漫性星形细胞瘤在组织学上为WHO Ⅱ级，间变性星形细胞瘤为WHO Ⅲ级。胶质母细胞瘤和H3K27M突变型弥漫性中线胶质瘤均被列为WHO Ⅳ级。

形态学　毛细胞型星形细胞瘤具有典型双相型组织学特点，肿瘤组织由致密区和疏松区组成，致密区由多形性和比例不同的梭形双极细胞及

Rosenthal纤维构成，疏松区则由多极细胞、微囊和嗜酸性小体构成。

弥漫性星形细胞瘤由分化良好的原纤维星形胶质细胞组成，以结构松散的微囊-肿瘤基质为背景。弥漫性星形细胞瘤的细胞数中度增多，具有核异型性和纤维样胞质和细胞突触。有丝分裂通常不活跃。

间变性星形细胞瘤在组织学上与弥漫性星形细胞瘤类似，但有丝分裂活跃、细胞核异型性明显、细胞数较低级别星形细胞瘤增多（图5.3）。

坏死或微血管增生可以排除性鉴别弥漫性或间变性星形细胞瘤，但却是胶质母细胞瘤（图5.4）和H3K27M突变型弥漫性中线胶质瘤的主要特征。这些高级别的肿瘤富含细胞，包含多形性-间变性细胞，有丝分裂活跃。诊断标志是栅栏状坏死（密集的栅栏状肿瘤细胞和微血管增生围绕在不规则的缺血坏死区域）。

免疫表型　GFAP在不同级别、不同病理类型星形细胞瘤中有表达。p53在细胞核中的高表达也具有特征性，即使不完全敏感或特异。免疫组化也可用于确定肿瘤的突变状态（如IDH和ATRX突变）。

生物学行为　IDH突变的弥漫性星形细胞瘤具有进展为IDH突变的恶性间变性星形细胞瘤的潜力，并最终发展为IDH突变的胶质母细胞瘤。相比之下，IDH野生型胶质母细胞瘤是一种原发的胶质细

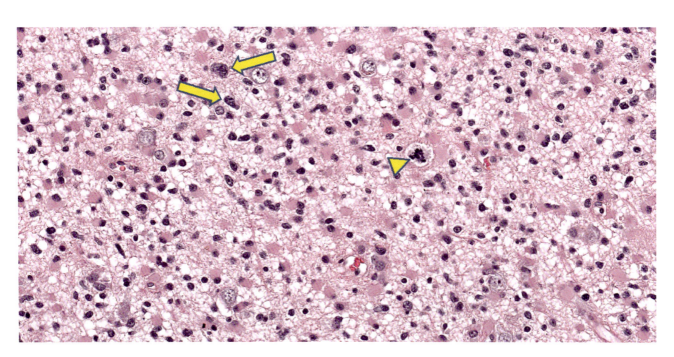

图 5.3　间变性星形细胞瘤显示细胞数量增多，多形性和核异型性（箭头）和有丝分裂频繁（楔形箭头）（HE 染色，放大倍数 40×）

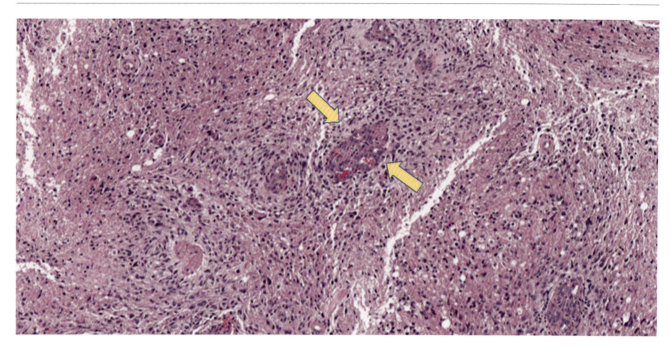

图 5.4 胶质母细胞瘤显示肾小球样血管增生（箭头）（HE 染色，放大倍数 20×）

胞瘤，没有前兆病变。

5.2.3 血管网状细胞瘤

血管网状细胞瘤属于CNS中少见的肿瘤，生长缓慢，主要发生于小脑、脑干或脊髓，约占所有脊髓肿瘤的4%。

亚型 血管母细胞可以是偶发的，也可能是以Von Hippel–Lindau（VHL）综合征的形式出现。虽然大约75%的血管网状细胞瘤似乎是散发的，但其中一些可能属于隐匿性的VHL综合征，如果对患者进行适当的生殖细胞VHL突变筛查，可能会发现隐匿性VHL综合征的存在。在患VHL综合征的患者中，大约一半血管网状细胞瘤位于脊髓，40%位于小脑，10%位于脑干。

血管网状细胞瘤变异包括由小的巢状和单个细胞组成的网状变异，和富含细胞的小叶型细胞变异。

发病率 血管网状细胞瘤的发生没有性别差异，常见于成人。VHL综合征患者血管网状细胞瘤的发病年龄比散发性肿瘤患者平均年轻约20岁。

形态学 血管网状细胞瘤是一种富含毛细血管的肿瘤，细胞密度不均匀。细胞聚集区和细胞稀疏区交替分布，其间富含扩张的血管和囊样间隙（图5.5）。肿瘤中出现大的空泡化基质细胞。含脂质空泡的透明细胞是血管网状细胞瘤的典型特征，类似

转移性肾细胞癌（RCC）。鉴于VHL患者也易伴发RCC，导致鉴别诊断变得复杂。

免疫表型 毛细血管内皮细胞染色可见CD34、Von Willebrand因子等内皮细胞标记物，血管网状细胞瘤的基质细胞染色可见神经元特异性烯醇化酶（NSE）、NCAM1和S100。冷冻切片中的油红O染色可突出基质细胞的脂质含量（图5.6）。抑制素α能突出基质细胞，有助于鉴别血管网状细胞瘤和肾细胞癌。

分级 血管网状细胞瘤在组织学上为WHO I级。

生物学行为 大多数血管网状细胞瘤通过手术完全切除是可以实现的。散发性病灶的预后比VHL患者更好，因为VHL患者更容易发展为多个病灶。

5.3 髓外硬膜下肿瘤

5.3.1 黏液乳头状室管膜瘤

黏液乳头状室管膜瘤被认为是室管膜瘤在生物学和形态学上的不同变体，比经典型室管膜瘤更为良性。

发病率 黏液乳头状室管膜瘤是一种髓外硬膜下肿瘤，男性年发病率约为0.08/10 000，女性为0.05/10 000。发病年龄为6~82岁，平均36岁。

形态学 黏液乳头状室管膜瘤几乎只发生在脊

髓圆锥、马尾和终丝。总体而言，它们为灰色或棕褐色，质软，呈分叶状。显微镜下，肿瘤细胞呈立方形细或长柱样，乳头状排列，微囊内及肿瘤细胞与血管之间有阿尔新蓝（Alcian blue）染色阳性黏液样物质沉积（图5.7）。其他的细胞形态学特征包括由肿瘤细胞边缘的黏液透明物质组成的假菊形团。室管膜细胞以单层或多层的形式出现，围绕黏液样物质、胞质突起、突出。肿瘤细胞可以单层或片状方式出现，胞质内有空泡、稀疏的有丝分裂像和核内包涵体。

免疫表型 黏液乳头状室管膜瘤免疫组化的GFAP弥漫性阳性有助于鉴别转移癌、脊索瘤、黏液样软骨肉瘤、副神经节瘤和神经鞘瘤。

分级 黏液乳头状室管膜瘤在组织学上属于

WHO Ⅰ级。然而在儿童病例中，它们可能表现出更具侵袭性的生物学行为，而且在不完全切除后呈现较差的预后。

生物学行为 黏液乳头状室管膜瘤的预后良好，完全切除后5年生存率为98.4%。在儿童和成人不完全切除后可发生远处转移和晚期复发。

5.3.2 脊膜瘤

脊膜瘤生长缓慢，通常为良性，起源于蛛网膜上皮细胞。

亚型 2016年WHO分类描述了脑（脊）膜瘤的许多形态学亚型。脑（脊）膜瘤最常见的亚型是脑膜上皮型、纤维型和过渡型（混合性）脑膜瘤。其他亚型包括腺瘤型、血管瘤型、微囊型、分泌型、

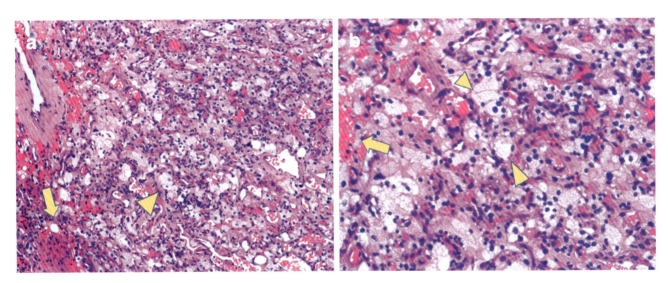

图 5.5　血管网状细胞瘤显示出丰富的血管（箭头）和散在的空泡状基质细胞（楔形箭头）（HE 染色，a: 放大倍数 10×，b: 20×）

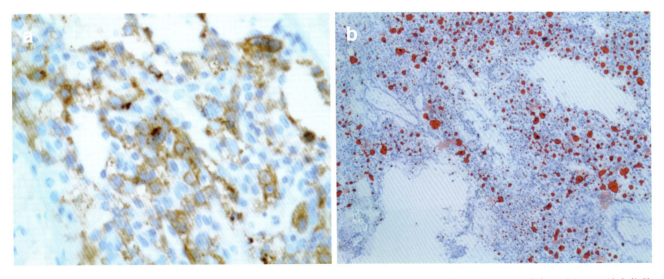

图 5.6　血管网状细胞瘤。（a）肿瘤间质细胞的抑制素免疫染色。（b）基质细胞脂质含量的油红 O 染色（油红 O，放大倍数 4×）

淋巴浆细胞型、化生型、脉络膜型、透明细胞型、不典型型、乳头状、横纹肌样和间变性。

发病率 总体而言，脑（脊）膜瘤是中枢神经系统最常见的原发性肿瘤之一，约占所有原发性脑和脊髓肿瘤的1/3，其中女性与男性的比例为2∶1或3∶1。脊膜瘤约占所有脑（脊）膜瘤的10%，其中女性更好发，女性与男性的比例为9∶1。

形态学 脊膜瘤有多种亚型，因此具有多变的组织学表现（图5.8~图5.13）。典型的组织学特点是由旋涡状排列的"脑膜上皮"多核细胞形成的分叶状结构，细胞膜模糊，含嗜酸性胞质，细胞核呈清一色圆形（图5.14）。常可见核内假性包涵体和砂粒体。也可见到黄色瘤样变性，中度的核多形性和化生。很少见到坏死或广泛性出血。

免疫表型 脑膜瘤的免疫组化特征是EMA和黄体酮受体（PR）表达阳性。PR阳性率降低、Ki-67指数升高与复发率和预后相关。近期发现，脑膜瘤甲基化改变与复发率的相关性优于传统的分级系统。

分级 脑（脊）膜瘤最常见的3种变体（脑膜瘤、纤维脑膜瘤和移行脑膜瘤），以及小细胞瘤、分泌脑膜瘤、淋巴浆细胞丰富脑膜瘤和化生脑膜瘤都是良性的，为WHO Ⅰ级。WHO Ⅱ级脑膜瘤复发

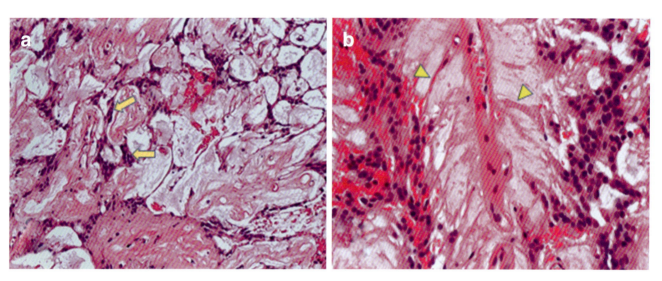

图 5.7 黏液乳头状室管膜瘤 （a）分化良好的立方形至细长样肿瘤细胞（箭头），呈放射状分布于黏液样核周围呈黏液乳头状（HE 染色，放大倍数 10×）。（b）伸长的纤维突起（楔形箭头）通过黏液区延伸至血管（HE 染色，放大倍数 20×）

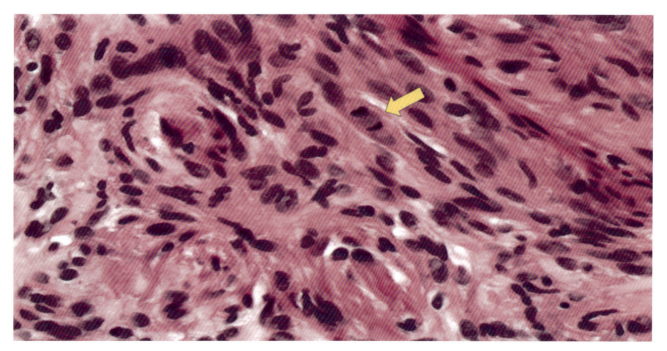

图 5.8 具有突出有丝分裂的非典型脊膜瘤（箭头）（HE 染色，放大倍数 40×）

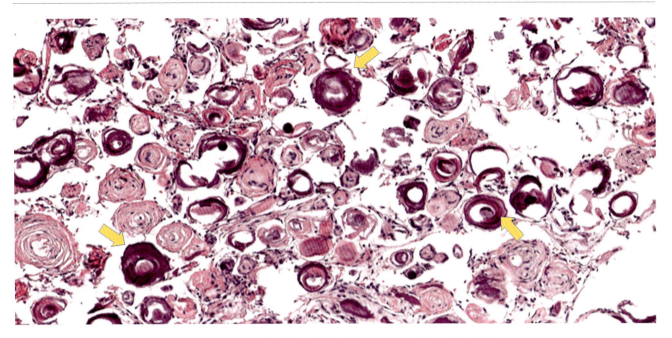

图 5.9　脊膜瘤，砂粒样变异型，表现为大量中心钙化的砂粒体（箭头）（HE 染色，放大倍数 20×）

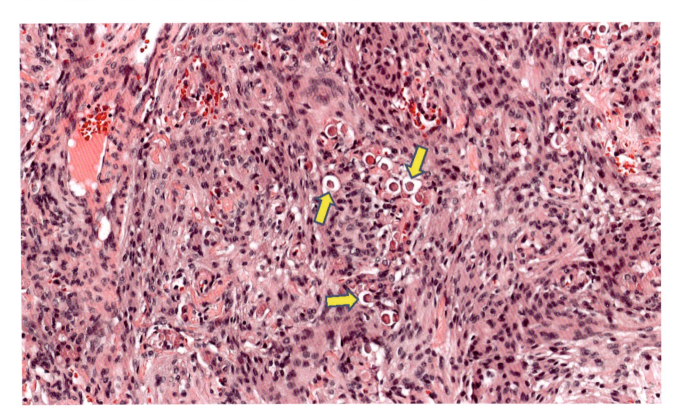

图 5.10　分泌型脊膜瘤，其特征是细胞腔内含有嗜酸性粒细胞分泌物，称为假瘤体（箭头）（HE，放大倍数 20×）

的可能性增加，包括脉络膜瘤、透明细胞脑膜瘤和非典型脑膜瘤。乳头状脑膜瘤、横纹肌样瘤和间变性脑膜瘤是具有转移潜能的恶性变体，为WHO Ⅲ级。

　　生物学行为　虽然高级别亚型的局部扩散率和范围最大，但即使是良性脊膜瘤也常侵犯邻近的解剖结构。脊膜瘤最常发生在胸椎内，常与硬脊膜粘

连，需要将硬脊膜切除才能完全切除。它们也可以沿神经根向硬膜下和硬膜外生长。

5.3.3　神经鞘膜肿瘤（雪旺细胞瘤和神经纤维瘤）

　　神经鞘膜肿瘤约占髓外硬膜下肿瘤的25%。虽然大多数髓外硬膜下肿瘤局限于髓外硬膜下间隙，

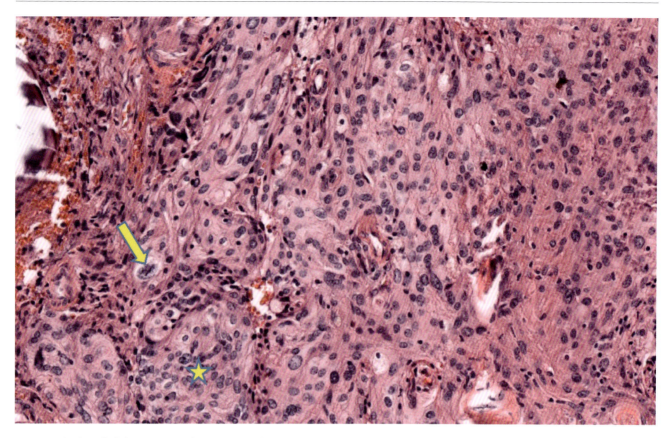

图 5.11　间变性脊膜瘤显示细胞增加、小细胞聚集区（星形）和有丝分裂增加（箭头）（HE，放大倍数 20×）

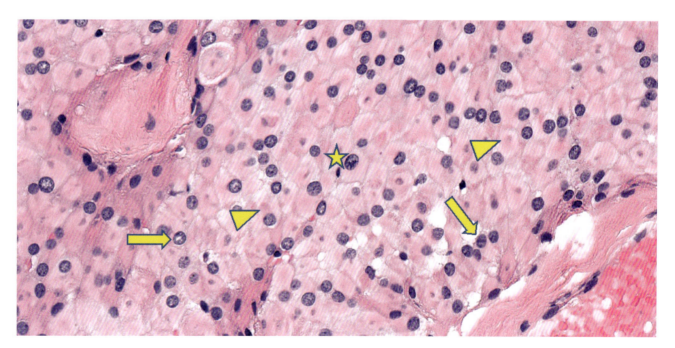

图 5.12　横纹肌样脊膜瘤显示偏心放置的水泡核（箭头），嗜酸性粒细胞胞浆内含物（楔形箭头）和有丝分裂活性增加（HE，放大倍数 20×）

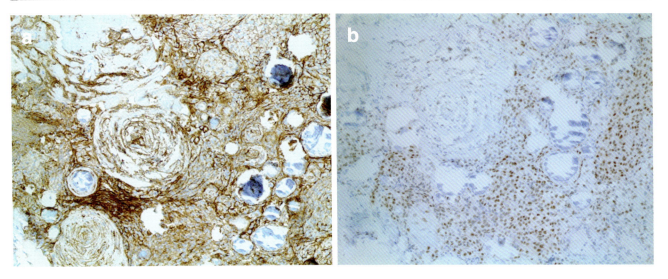

图 5.13　脊膜瘤。（a）上皮膜抗原染色，典型的所有脊膜瘤亚型（放大倍数 10×）。（b）黄体酮受体阳性（放大倍数 10×）

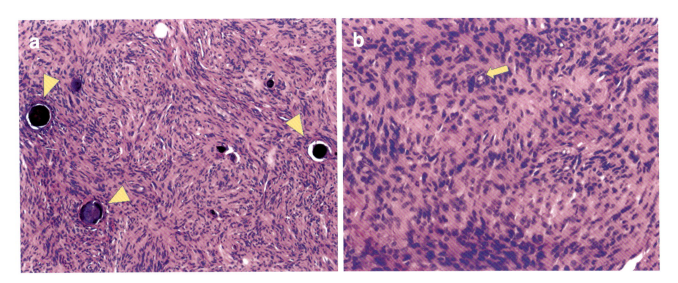

图 5.14　脊膜瘤。（a）特征包括具有嗜酸性细胞质的合胞体和脊膜上皮轮匝间排列不齐的细胞膜，核内假包涵体和砂粒体（楔形箭头）（HE，放大倍数 10×）。（b）高放大倍数显示均匀的椭圆形核，染色质细腻，偶有核假包涵体（箭头）（HE，放大倍数 20×）

但神经鞘膜肿瘤有时会延伸到脊髓或髓外室。大约 65% 的硬膜下神经鞘膜肿瘤是神经鞘瘤，其余大部分是神经纤维瘤。恶性NST很少见，约占此类肿瘤的5%。

　　发病率　雪旺细胞瘤和神经纤维瘤常表现为单发结节，为散发性病例，没有潜在的遗传性综合征背景。少数单发肿瘤和几乎所有多发肿瘤都与以下3种遗传综合征之一相关：神经纤维瘤病1型（NF1）、神经纤维瘤病2型（NF2）或神经鞘瘤病。

　　神经鞘瘤和神经纤维瘤都没有性别差异。神经纤维瘤可以发生在任何年龄，而神经鞘瘤很少影响

儿童，在30~60岁显示出高峰发病率。

5.3.4　雪旺细胞瘤

　　常规的雪旺细胞瘤是由分化良好的神经膜细胞构成，属于良性神经鞘膜肿瘤。

　　亚型　典型的雪旺细胞瘤表现为良性的退行性"古老"特征，包括核多形性，偶发奇异形态，胞质核包涵体和有丝分裂像，被称为古老型神经鞘瘤。细胞性神经鞘瘤是一种主要或完全由Antoni A组织组成的多细胞变异体，缺乏完整的Verocay小体。丛状雪旺细胞瘤是一种多结节变异体，通常发生在四肢的皮肤或皮下组织中。黑色素雪旺细胞瘤是一

种罕见的神经鞘瘤亚型，具有严重色素沉着，无包膜，并含有具有黑色素小体和阳性黑色素细胞标记物的神经膜细胞。

形态学　大多数雪旺细胞瘤是有包膜的球形肿块，不侵袭脊髓，但可以压迫脊髓，瘤内可包含囊变、黄色瘤样变或出血。虽然肿瘤通常较小，但位于下腰段和骶椎的雪旺细胞瘤可能会长得很大并延伸至椎旁间隙，并表现出类似于血管退行性变所致的缺血性坏死。

组织学上，常规的雪旺细胞瘤由肿瘤性神经膜细胞组成（图5.15），分为2种组织形态，2种形态往往同时存在。Antoni A型（束状型），肿瘤细胞呈纺锤形，紧密而均匀地排列成束，朝向不同方向。细胞核大小与平滑肌细胞相似，但呈长椭圆形，倾向于交错排列形成核栅栏，称为Verocay小体。Antoni B型（网状型），细胞稀少，细胞间有黏液样或空泡样结构，细胞结构松散，细胞核较小，呈圆形至卵圆形。神经鞘瘤的血管壁较厚，呈透明状，血管周围通常有含铁血黄素。

免疫表型　免疫组化显示，神经鞘瘤S100呈弥漫表达，并常呈LEU7、Sox10和钙网蛋白表达阳性，基底膜有Ⅳ型胶原广泛表达。

分级　传统的非黑色素神经鞘瘤及其变异型在组织学上为WHO Ⅰ级。

生物学行为　脊髓雪旺细胞瘤的发生对感觉神经根有强烈的偏好，对运动神经或自主神经的影响则少得多。因此很少表现为运动功能障碍症状，而主要出现根性疼痛或神经根受压症状。大多数雪旺细胞瘤是良性的，生长缓慢，全切后一般不会复发，很少发生恶变。丛状雪旺细胞瘤和细胞性雪旺细胞瘤复发更常见，发生率为32%~40%。

5.3.5　神经纤维瘤

大多数散发性神经纤维瘤以皮肤结节的形式出现，很少涉及脊神经根。然而在NF1患者中，脊柱受累却很常见，多为双侧多发肿瘤且常伴有脊柱侧弯畸形，有恶性变的风险。

亚型　神经纤维瘤变体包括非典型神经纤维瘤和丛状神经纤维瘤。非典型神经纤维瘤的细胞丰富、细胞异型性高、有丝分裂像呈散在分布，肿瘤细胞呈单形性分布和（或）成簇分布，很难与外周低级别神经鞘瘤区别开来。丛状神经纤维瘤是神经纤维瘤中的一种变体，肿瘤细胞和胶原成分形成丛状肿瘤结构，部分丛状结构中心可见残余的神经轴索。与古老型神经鞘瘤相似，古老型神经纤维瘤的特征是包含退行性异型细胞核，但是没有任何其他恶性特征。

形态学　神经纤维瘤是由分化良好的肿瘤性神经膜细胞和非肿瘤成分混合而成，后者包括神经束膜样稀细胞、成纤维细胞、肥大细胞及多种黏液状或胶原样细胞外基质，以及残留的轴突或神经节细胞。总的来说神经纤维瘤没有包膜，比神经鞘瘤更柔软、胶样化，并使得载瘤神经纤维呈梭形增粗。

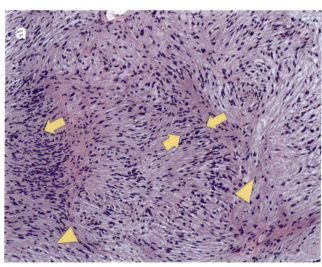
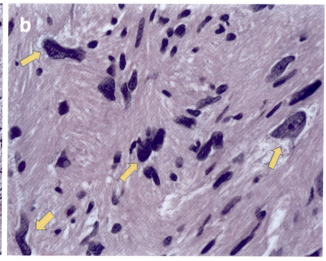

图5.15　神经鞘瘤。（a）神经鞘瘤显示Antoni A区有Verocay小体的核栅栏（箭头），周围有黏液样的Antoni B区域（楔形箭头）（HE，10×）。（b）神经鞘瘤显示明显退行性核异型的古老变化（HE，40×）

组织学上，神经纤维瘤是由低增殖的肿瘤性神经膜细胞构成，肿瘤细胞增殖速度下降、胞质少、细胞核萎缩、成纤维细胞和肥大细胞在黏液样基质中形成线状胶原纤维，呈"胡萝卜丝"样（图5.16）。虽然神经纤维瘤可能类似神经鞘瘤的网状形结构，但缺乏束状形、栅栏状形态和Verocay小体，血管薄壁，血管周围没有含铁血黄素沉积，可出现类似Meissner小体（假Meissnerian结构）、黑色素细胞和上皮样区域的类器官结构。

免疫表型　免疫组织化学显示S100蛋白阳性和Sox10的核表达阳性，尽管阳性比例小于神经鞘瘤。

分级　神经纤维瘤是良性的，在组织学上为WHO I 级。

生物学行为　脊髓神经纤维瘤表现为起源神经根的运动和感觉障碍。累及大型神经的神经纤维瘤和丛状神经纤维瘤被认为是MPNST的潜在前体，大型丛状神经纤维瘤恶性转化率为5%~10%（图5.17）。散发性神经纤维瘤的恶性转化极罕见。

5.3.6　恶性周围神经鞘瘤

MPNST可发生在脊髓周围，常伴有神经根性疼痛。

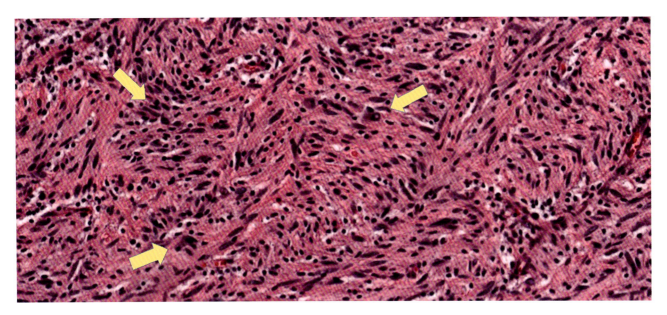

图 5.16　具有退行性异型性的神经纤维瘤显示退行性异型（箭头），无其他恶性肿瘤特征（HE，20×）

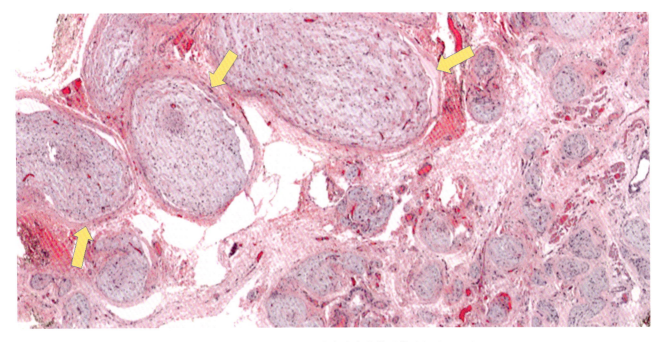

图 5.17　丛状神经纤维瘤显示由于肿瘤细胞和胶原扩张形成的多个束状带（箭头）（10×）

发病率　散发性MPNST好发于20~60岁的成年人，没有前期病变。大约50%的MPNST与神经纤维瘤病有关，这些肿瘤起源于深部丛状神经纤维瘤或大型神经的神经纤维瘤，并且这些患者起病更早，大约提前10年，未见性别差异。

亚型　MPNST可包含血管肉瘤区域或间充质组织，例如软骨、骨、骨骼肌或平滑肌。具有横纹肌肉瘤分化的肿瘤被称为恶性Triton肿瘤。腺体MPNST是含有肠型腺上皮的变体。上皮样MPNST是部分或完全上皮样变，与NF1无关，可能由神经鞘瘤的恶性转化引起。大约50%的病例与SMARCB1（INI1）突变有关。MPNST伴神经束膜分化被称为恶性神经束膜瘤，发病率极低，S100表达阴性、EMA表达阳性。

形态学　MPNST由梭形细胞组成（图5.18），细胞核呈波浪状。肿瘤细胞末端呈锥形，可排列成"人"字形（纤维肉瘤）、束状、细胞聚集型或（极少）血管外皮细胞瘤样结构。细胞松散区域与密集区域交替或扩散生长。血管周围细胞增多，血管腔内常可见肿瘤细胞聚集。75%的MPNST有丝分裂活跃（＞4/高倍视野）和（或）出现坏死区域。免疫组化S100蛋白阳性比例仅50%~70%。

分级　缺乏可重复的临床验证的MPNST分级系统，但分化良好的肿瘤可归类为低级别肿瘤。多形性MPNST或变异型（例恶性Triton肿瘤、腺性MPNST、软骨肉瘤、骨肉瘤或血管瘤肉瘤）被认为是高级别肿瘤。

生物行为　MPNST是高度侵袭性肿瘤，预后较差。它们可能通过神经或血液扩散，并常浸润邻近软组织。20%~25%的患者发生转移，最常见于肺部。据报道与散发病例相比，NF1相关病例的生存率较低。

5.4　硬膜外脊髓肿瘤

5.4.1　转移性肿瘤

脊髓髓内转移瘤是罕见的，但硬膜外转移常见，并且可能发生在任何原发性恶性肿瘤中（图5.19）。根据尸检表明，脊柱是第三常见的转移

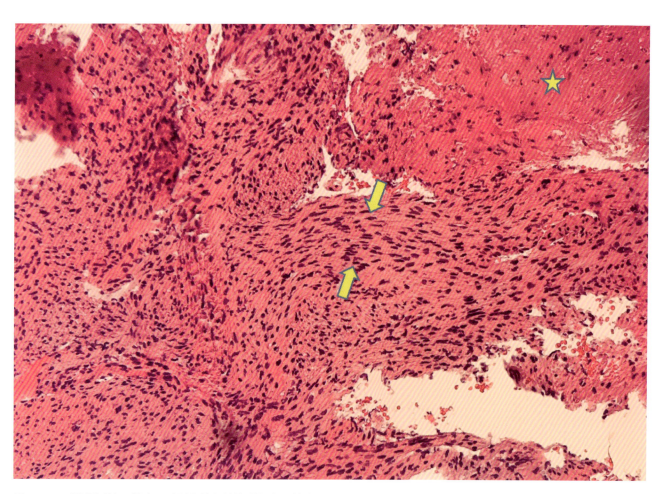

图5.18　恶性周围神经鞘瘤显示紧密堆积的梭形细胞（箭头）和坏死区域（星形）交织呈束状排列（HE，20×）

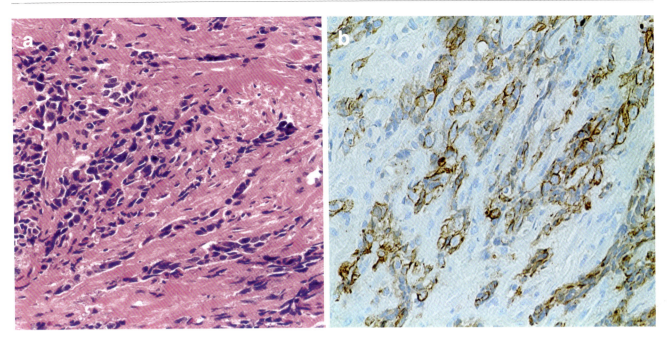

图5.19　脊柱转移瘤。(a)低分化转移性乳腺癌(HE,20×)。(b)细胞角蛋白7的免疫染色,支持原发性乳腺癌患者的诊断(细胞角蛋白7染色,20×)

部位(肺部和肝脏之后),有恶性肿瘤病史的患者脊柱转移率高达30%~90%。尸检显示骨骼转移的发生率在乳腺癌中为73%(47%~85%),在前列腺癌中为68%(33%~85%),甲状腺癌为42%(28%~60%),肺癌为36%(30%~55%),肾癌为35%(33%~40%),食管癌为6%(5%~7%),胃肠道癌为5%(3%~11%),直肠癌为11%(8%~13%)。总的来说,这类肿瘤受到特别的关注是因为其存在转移至硬膜外导致脊髓压迫的风险。

5.4.2　原发性硬膜外肿瘤

在硬膜外间隙可出现一些不常见的原发性肿瘤。这些肿瘤大多发生在脊椎及相关软组织,包括骨肉瘤、软骨肉瘤、平滑肌肉瘤、尤文氏肉瘤、骨样骨瘤、成骨细胞瘤、骨软骨瘤、软骨母细胞瘤、椎体血管瘤、动脉瘤样骨囊肿、巨细胞瘤和脊索瘤。脊柱也可能是造血系统恶性肿瘤的最初累及部位,包括浆细胞瘤、多发性骨髓瘤、淋巴瘤和朗格汉斯细胞组织细胞增生症。

(王志潮 译,蔡 铮 校)

参考文献

[1] Cooper PR. Outcome after operative treatment of intramedullary spinal cord tumors in adults: intermediate and long-term results in 51 patients. Neurosurgery. 1989;25(6):855–859.

[2] Shen FH, Samartzis D, Fessler RG. The textbook of the cervical spine. Marylan Heights, MO: Elsevier Saunders; 2015.

[3] Baker KB, Moran CJ, Wippold FJ 2nd, Smirniotopoulos JG, Rodriguez FJ, Meyers SP, Siegal TL. MR imaging of spinal hemangioblastoma. AJR Am J Roentgenol. 2000;174(2):377–382. https://doi.org/10.2214/ajr.174.2.1740377.

[4] Khalid SI, Adogwa O, Kelly R, Metha A, Bagley C, Cheng J, O'Toole J. Adult spinal Ependymomas: an epidemiologic study. World Neurosurg. 2018;111:e53–e61. https://doi. org/10.1016/j.wneu.2017.11.165.

[5] Ellison DW, Kocak M, Figarella-Branger D, Felice G, Catherine G, Pietsch T, Frappaz D, Massimino M, Grill J, Boyett JM, Grundy RG. Histopathological grading of pediatric ependymoma: reproducibility and clinical relevance in European trial cohorts. J Negat Results Biomed. 2011;10:7. https://doi.org/10.1186/1477-5751-10-7.

[6] Kawano N, Yasui Y, Utsuki S, Oka H, Fujii K, Yamashina S. Light microscopic demonstration of the microlumen of ependymoma: a study of the usefulness of antigen retrieval for epithelial membrane antigen (EMA) immunostaining. Brain Tumor Pathol. 2004;21(1):17–21.

[7] Kimura T, Budka H, Soler-Federsppiel S. An immunocytochemical comparison of the glia-associated proteins glial fibrillary acidic protein (GFAP) and S-100 protein (S100P) in human brain tumors. Clin Neuropathol. 1986;5(1):21–27.

[8] Ishizawa K, Komori T, Shimada S, Hirose T. Olig2 and CD99 are useful negative markers for the diagnosis of brain tumors. Clin Neuropathol. 2008;27(3):118–128.

[9] Preusser M, Laggner U, Haberler C, Heinzl H, Budka H, Hainfellner JA. Comparative analysis of NeuN immunoreactivity in primary brain tumours: conclusions for rational use in diagnostic histopathology. Histopathology. 2006;48(4):438–444. https://doi.org/10.1111/j.1365-2559.2006.02359.x.

[10] Minehan KJ, Brown PD, Scheithauer BW, Krauss WE, Wright MP. Prognosis and treatment of spinal cord astrocytoma. Int J Radiat Oncol Biol Phys. 2009;73(3):727–733. https://doi.org/10.1016/j.ijrobp.2008.04.060.

[11] Louis DN, Ohgaki H, Wiestler OD, Cavenee WK, Burger PC, Jouvet A, Scheithauer BW, Kleihues P. World Health Organization classification of tumours of the nervous system. Lyon: IARC Press; 2007.

[12] Smith AB, Soderlund KA, Rushing EJ, Smirniotopolous JG. Radiologic-pathologic correlation of pediatric and adolescent spinal neoplasms: part 1, intramedullary spinal neoplasms. AJR Am J Roentgenol. 2012;198(1):34–43. https://doi.org/10.2214/AJR.10.7311.

[13] Neumann HP, Eggert HR, Weigel K, Friedburg H, Wiestler OD, Schollmeyer P. Hemangioblastomas of the central nervous system. A 10-year study with special reference to von Hippel-Lindau syndrome. J Neurosurg. 1989;70(1):24–30. https://doi.org/10.3171/jns.1989.70.1.0024.

[14] Aldape KD, Plate KH, Vortmeyer AO, Zagzag D, Neumann HPH. Hemangioblastoma. In: Louis DN, Ohgaki H, Wiestler OD, et al., editors. World Health Organization classification of tumours of the nervous system. Lyon: IARC Press; 2007. p. 184–186.

[15] Maher ER, Yates JR, Ferguson-Smith MA. Statistical analysis of the two stage mutation model in von Hippel-Lindau disease, and in sporadic cerebellar haemangioblastoma and renal cell carcinoma. J Med Genet. 1990;27(5):311–314.

[16] Miyagami M, Katayama Y, Nakamura S. Clinicopathological study of vascular endothelial growth factor (VEGF), p53, and proliferative potential in familial von Hippel-Lindau disease and sporadic hemangioblastomas. Brain Tumor Pathol. 2000;17(3):111–120.

[17] Ostrom QT, Gittleman H, Liao P, Rouse C, Chen Y, Dowling J, Wolinsky Y, Kruchko C, Barnholtz-Sloan J. CBTRUS statistical report: primary brain and central nervous system tumors diagnosed in the United States in 2007-2011. Neuro Oncol. 2014;16(Suppl 4):iv1-63. https://doi.org/10.1093/neuonc/nou223.

[18] Sahm F, Schrimpf D, Stichel D, Jones DTW, Hielscher T, Schefzyk S, Okonechnikov K, Koelsche C, Reuss DE, Capper D, Sturm D, Wirsching HG, Berghoff AS, Baumgarten P, Kratz A, Huang K, Wefers AK, Hovestadt V, Sill M, Ellis HP, Kurian KM, Okuducu AF, Jungk C, Drueschler K, Schick M, Bewerunge-Hudler M, Mawrin C, Seiz-Rosenhagen M, Ketter R, Simon M, Westphal M, Lamszus K, Becker A, Koch A, Schittenhelm J, Rushing EJ, Collins VP, Brehmer S, Chavez L, Platten M, Hanggi D, Unterberg A, Paulus W, Wick W, Pfister SM, Mittelbronn M, Preusser M, Herold-Mende C, Weller M, von Deimling A. DNA methylation-based classification and grading system for meningioma: a multicentre, retrospective analysis. Lancet Oncol. 2017;18(5):682–694. https://doi.org/10.1016/S1470-2045(17)30155-9.

[19] Levy WJ, Latchaw J, Hahn JF, Sawhny B, Bay J, Dohn DF. Spinal neurofibromas: a report of 66 cases and a comparison with meningiomas. Neurosurgery. 1986;18(3):331–334.

[20] Ducatman BS, Scheithauer BW, Piepgras DG, Reiman HM, Ilstrup DM. Malignant peripheral nerve sheath tumors. A clinicopathologic study of 120 cases. Cancer. 1986;57(10):2006–2021.

[21] Lee CS, Jung CH. Metastatic spinal tumor. Asian Spine J. 2012;6(1):71–87. https://doi.org/10.4184/asj.2012.6.1.71.

[22] Coleman RE. Clinical features of metastatic bone disease and risk of skeletal morbidity. Clin Cancer Res.2006; 12(20 Pt 2):6243s–6249s. https://doi.org/10.1158/1078-0432.CCR-06-0931.

脊髓肿瘤的神经病学

6

Tania Hassanzadeh, Sushma Bellamkonda, Sajid S. Suriya, Farzad H. Adl,
Andrei V. Alexandrov, Martin M. Mortazavi

6.1 概论

　　原发性或转移性脊髓肿瘤均为罕见肿瘤。如果不及时进行干预，脊髓肿瘤会使患者的致残率甚至部分患者的死亡率显著升高。在大多数情况下，脊髓肿瘤的临床表现是非特异性的，并且经常被误认为是更常见的脊柱退行性疾病，从而延误诊断。就诊时的功能状态是决定患者长期预后的重要因素，因此早期诊断对于保持患者的生活质量和降低致残率至关重要。急性脊髓受压引起的损伤可能是不可逆的，因此早期诊断尤为重要。许多原发性脊髓肿瘤是良性的，因此适合手术切除。根据临床报道，脊髓肿瘤的诊断时间为首发症状出现后的8.1~17个月。在这里我们将讨论脊髓肿瘤在神经病学方面的相关内容，重点论述有助于我们对脊髓肿瘤进行早期诊断的临床综合征和检查手段。

6.2 临床表现

　　脊髓肿瘤的症状多进展缓慢。最初是脊髓单侧受累，随后累及双侧引起双侧症状。最常见的症状是局部、根性或脊髓中枢性疼痛。疼痛经常反复发作和（或）持续不缓解，夜间和卧床时更加明显。疼痛加重的原因可能与卧位时硬脊膜静脉丛扩张或内源性皮质类固醇的昼夜变化规律有关。对于卧位时下腰痛加重应该给予足够的重视，这种情况通常不是椎间盘退行性疾病引起的，而是脊髓肿瘤的临床表现。

　　伴随疼痛最常见的后续出现的症状是肢体无力和感觉迟钝。Lhermitte征（一种被描述为令人不快

的电击样感觉，可随着颈部的屈曲或伸展并向脊柱和四肢放射），通常与脱髓鞘病变相关，也可出现在颈髓和胸髓肿瘤中。使用顺铂和放射性损伤也可诱发脊髓肿瘤。一些病例还可能出现括约肌功能障碍。在儿童患者中，步态不稳和脊柱曲度的改变，如脊柱侧凸，是脊髓占位性病变的早期表现。

　　症状的分布情况可以提示肿瘤的位置。颈髓肿瘤多伴有颈部疼痛和上肢麻木。一项研究表明，由于颈髓肿瘤的症状轻微且持续，其从出现症状到确诊的病程较腰髓和胸髓肿瘤都要更长，可达24个月之久。出现这种情况的部分原因可能是颈髓肿瘤患者在疾病早期不太去寻求医疗帮助。对于胸髓肿瘤而言，下腰痛是最常见的症状，并且常伴有下肢麻木和（或）无力。躯干的感觉异常比较少见。胸髓肿瘤的一个误诊原因是其临床表现与腰椎退行性疾病类似，在同一研究中，胸髓肿瘤从出现症状到确诊常滞后21.3个月。

　　诊断延误的一个重要原因是脊柱成像部位选择不当。腰髓或马尾肿瘤的患者除括约肌受累外，还会出现伴有远端放射、无力和感觉迟钝的下腰痛，具体表现取决于脊髓受累的节段水平。对于患有持续性颈部和背部疼痛的患者，应始终将脊髓肿瘤视为鉴别诊断的一部分，尤其是当初步治疗后症状无好转时更应注意。

　　根据脊髓肿瘤的解剖位置，肿瘤可以分为以下几类：脊髓髓内、髓外硬膜下、脊髓硬膜外。脊髓肿瘤可以影响脊髓的上行和下行神经传导束，从而引起各种临床症状，导致许多不同的神经综合征。在脊髓长期被肿瘤压迫的情况下，轻微的创伤即可引起急性脊髓受压，这是一种需要及时诊断并处理的神经科急症。脊髓肿瘤的症状和体征取决于肿瘤在脊髓内的节段和位置。

6.2.1 节段综合征

节段综合征，也称为脊髓完全横断或完全横断性脊髓病，可能是脊髓损伤最严重的情况。顾名思义，脊髓双侧的前后部分全部受累，并导致受损节段平面以下的所有功能丧失。症状包括受累节段以下感觉麻痹，会有一个感觉缺失的环形边界，称为"感觉平面"，尿道或肛门括约肌功能障碍，尿潴留或失禁，受累平面的反射丧失，受累平面以下反射亢进，以及巴宾斯基征阳性。在急性损伤病例中，患者可能出现脊髓休克，其特征为弛缓性麻痹、反射消失、括约肌功能丧失和自主神经功能障碍，通常还会出现心动过缓和全身性低血压。虽然这种综合征在创伤性疾病中更常见，但其在转移性硬膜外肿瘤和髓内转移瘤时也可出现。

6.2.2 Brown-Séquard（Hemicord）综合征

Brown-Séquard综合征是由脊髓单侧前后部分的同时受损引起的。其特征是由于后束损伤导致的受损平面以下同侧的位置觉和振动觉减退或消失，以及同侧脊髓丘脑束损伤导致的对侧疼痛和温觉丧失。通常引起Brown-Séquard综合征的脊髓肿瘤是髓外硬膜下肿瘤，例如脊膜瘤和神经鞘瘤。有时髓内肿瘤，如星形细胞瘤、神经胶质瘤、血管网状细胞瘤、髓内转移瘤和脊髓放射病，也可能会有类似的临床表现。

6.2.3 脊髓腹侧综合征

脊髓腹侧综合征，也称为前索综合征，指脊髓前索损伤，影响脊髓前索内走行的前外侧通路。由于脊髓丘脑束的破坏，受累平面以下的痛觉和温觉丧失。

前角细胞损伤可导致损伤平面的运动神经元活动减弱。皮质脊髓束的破坏可导致受损平面以下出现上运动神经元受损的表现。肠道和膀胱症状很常见，因为括约肌功能的传导通路位于前索。然而由于脊髓背侧不受影响，本体感觉和振动觉正常。虽然脊髓前动脉受损引起的缺血性损伤是脊髓腹侧综合征的主要原因，但从肿瘤学角度讲引起脊髓腹侧综合征的主要原因是脊髓前方的硬膜外转移肿瘤。极少数情况下，放射性脊髓损伤和髓内肿瘤如星形

细胞瘤也可引起这种综合征。

6.2.4 脊髓中央管综合征

当位于脊髓中心的肿瘤压迫中央灰质和在脊髓中央交叉的脊髓丘脑束时，就会发生脊髓中央管综合征。颈髓受累后的临床表现很特别，一般上肢远端（手）比下肢远端的无力症状更明显，并且上颈部、肩部和躯干上部形成"披肩状"或"披风式"的疼痛和温觉丧失。振动觉、本体感觉、肠和膀胱功能则很少受到影响。这种综合征在脊髓空洞症和髓内肿瘤中更常见，如室管膜瘤、星形细胞瘤、血管网状细胞瘤、脂肪瘤或转移瘤。

6.2.5 脊髓背侧综合征

脊髓背侧综合征，也称为后索综合征，是由脊髓背侧损伤引起的，导致损伤平面以下振动觉和位置觉丧失。如果肿瘤较大，还会向脊髓腹侧侵犯，累及皮质脊髓束和下行自主神经束。肿瘤压迫引起的脊髓背侧综合征最常见的有硬膜外肿瘤（如硬膜外转移）、硬膜下髓内肿瘤（如星形细胞瘤和血管网状细胞瘤），有时还有放射性脊髓损伤。

6.2.6 圆锥综合征（Conus Medullaris Syndrome）

圆锥综合征的经典表现是下肢无力（可能程度较轻）、各种下肢反射减退、早期括约肌功能障碍、阳痿、腰部或腰部以下的感觉平面——包括下腰椎（会阴）和骶骨皮下的感觉消失，称为鞍部麻痹。有时还会有共济失调。可以引起圆锥综合征的肿瘤是黏液乳头状室管膜瘤、淋巴瘤、星形细胞瘤和转移瘤。

6.2.7 马尾综合征

马尾综合征是由L2~S1椎体之间的神经根部压迫引起的，并导致马尾18个神经根中的两个或多个神经根功能丧失。典型症状包括受累平面以下的根性下腰痛，无力和反射消失，伴有坐骨神经或其他下肢神经根病，以及神经分布区感觉丧失。括约肌功能障碍发生在病程的后期。能引起马尾综合征的肿瘤是硬膜外转移瘤、黏液乳头状室管膜瘤、脊膜瘤、神经鞘瘤、软脊膜病或副神经节瘤。

6.3　体格检查

详细的神经系统查体对于确定脊髓损伤的部位至关重要，还可以帮助医生在行影像检查前定位病变。临床就诊中必须对患者的功能状态尤其是患者的活动能力进行评估，因为它与患者的预后显著相关。对体格检查结果的错误解读是脊髓肿瘤延误诊断的主要原因。

在体格检查过程中，患者的症状往往较轻微，并且在有轻度感觉异常的患者中，Valsalva动作可以加重患者的根性症状。在脊柱活动时由于病变平面的椎管内空间变窄，神经根性症状会加重。应时刻注意有无单侧无力或感觉消失（轻触觉或针刺觉）和反射不对称，这些症状可能是由肿瘤压迫单侧脊髓或神经根引起的。霍纳综合征更常见于椎旁肿瘤，但也见于C7~T1水平的脊髓受压。出现脊髓功能紊乱症状，例如痉挛、伴有或不伴有阵挛的反射亢进、霍夫曼征和（或）巴宾斯基征阳性的脊髓压迫病例应尽快减压。在这些患者中还会出现自主神经功能障碍，应该进一步检查以明确括约肌功能障碍情况。通过腹部叩诊可以排除膀胱扩张，对于肥胖患者，可以行膀胱超声测量残尿量，还应行直肠检查以评估括约肌的张力情况。

6.4　诊断技术

6.4.1　实验室检查

血液和生化检查对脊髓肿瘤的诊断作用有限，一般仅作为术前评估的一部分。

6.4.2　腰椎穿刺

虽然腰椎穿刺通常不用于脊髓肿瘤的诊断，但脑脊液（CSF）中肿瘤细胞的浓度可以用来确定疾病的严重程度和有无肿瘤播散。除脑脊液细胞学外，少量研究还利用免疫细胞化学、流式细胞术、荧光原位杂交（FISH）、聚合酶链反应（PCR）和非细胞生物标记物来诊断中枢神经系统（CNS）恶性肿瘤。最近越来越多的研究专注于寻找原发性中枢神经系统肿瘤患者脑脊液中游离脱氧核糖核酸（cfDNA）突变，该技术对于脑室附近的肿瘤有很大的应用前景。

6.4.3　影像学检查

与其他MRI相比，钆增强的MRI成像（Gd-MRI）提供了脊髓及其周围结构的最佳图像，是诊断脊髓肿瘤的首选。几乎所有的脊髓肿瘤都应行钆增强MRI检查，并与退行性椎间盘疾病相鉴别。检查范围应以根据病史和体征所确定的受累平面为重点。然而如前所述，下腰痛不应用于排除胸部肿瘤，不能及时进行合适的影像学检查是脊髓肿瘤延误诊断的主要原因之一。

6.4.4　活检

仅根据临床和影像学特征一般难以对脊髓肿瘤进行鉴别，必要时可以对病变进行活组织检查以确定肿瘤的病理类型，这也是脊髓肿瘤诊断的"金标准"。活检结果有助于指导患者包括放疗、化疗和（或）手术切除的治疗策略。

6.5　家族性肿瘤综合征

神经纤维瘤病2型（NF2）、神经鞘瘤病和Von Hippel-Lindau病（VHL）是与脊髓肿瘤相关的家族性肿瘤综合征。NF2是由22号染色体上的NF2基因（merlin或schwannomin）突变引起的常染色体显性遗传病，与多发性颅内和脊髓肿瘤有关，其中最常见的是前庭神经鞘瘤。NF2患者相关的脊髓肿瘤主要有髓外肿瘤，如脊膜瘤和神经鞘瘤，以及髓内肿瘤，如室管膜瘤。

神经鞘瘤病是一种临床上和分子与神经纤维瘤病1型和2型截然不同的神经鞘膜肿瘤。它主要是散发起病，但在某些情况下可能是家族性的，并且是由22号染色体上的SMARCB1或LZTR1突变引起的。它的特点是在没有前庭神经鞘瘤的情况下存在多个神经鞘瘤和脊膜瘤。

VHL综合征是由3号染色体上的VHL基因突变引起的常染色体显性遗传病。已知其与CNS和视网膜的血管网状细胞瘤相关。20%~30%的脊髓血管网状细胞瘤发生在VHL患者中。VHL病其他的受累器官还包括肾（透明细胞肾细胞癌）、肾上腺（嗜铬细胞瘤）、胰腺（神经内分泌胰岛细胞瘤）、内耳（内淋巴囊肿瘤）、附睾和阔韧带（乳头状囊腺瘤）。NF2、VHL和神经鞘瘤病的诊断标准见表6.1。

表 6.1　NF2、VHL 和神经鞘瘤病的诊断标准

NF2	VHL	神经鞘瘤病
确诊标准（以下任何一项）：	建议的标准（以下任何一项）：	确诊标准（满足以下所有条件）：
1. 双侧前庭神经鞘瘤 2. 一级亲属有 NF2 病 （1）单侧前庭神经鞘瘤 （2）以下任何两种：脑膜瘤、神经鞘瘤、神经胶质瘤或晶状体后囊下混浊 3. 单侧前庭神经鞘瘤和脑膜瘤、神经鞘瘤、神经胶质瘤、神经纤维瘤或晶状体后囊下混浊 4. 多发脑膜瘤 （1）单侧前庭神经鞘瘤 （2）神经鞘瘤、神经胶质瘤、神经纤维瘤或晶状体后囊下混浊	1. 多代家族史和 1 个 CNS 或内脏血管母细胞瘤 2. 两个血管母细胞瘤，其中一个必须位于 CNS 或视网膜 3. 基因检测阳性	1. 至少两个非皮肤的神经鞘瘤（一个有组织学确认） 2. 不满足 NF2 的诊断标准 3. MRI 上发现前庭肿瘤 4. 没有患 NF2 的一级亲属 5. 没有已知 NF2 相关突变 6. 一个病理证实的非前庭神经鞘瘤和一个符合上述标准的一级亲属

　　医生应该了解这些综合征，尤其是在接诊多发性脊髓肿瘤和家族史阳性的年轻患者时，还应建议他们到专门的基因检测和咨询中心进一步检查。

6.6　典型案例

6.6.1　T2浆细胞瘤

　　女性，58岁，既往无明显病史，有3个月的上背部和肩部疼痛史。除了"长束征（传导距离较长的神经纤维束如锥体束、脊丘束等损伤所引起的体征，如偏侧的肢体无力或偏侧感觉障碍）"外，神经系统查体未见异常。MRI显示T2病理性骨折伴有严重的椎体压缩和延伸到右上胸腔T1、T2高信号影。患者接受了T1~T4椎板切除术和C4~T5椎体后路固定/融合术，并根据术中活检结果进行了浆细胞瘤敏感的全身治疗（图6.1）。

6.6.2　T3~T6后方蛛网膜囊肿

　　女性，70岁，右利手，有慢性的背部疼痛并放射到双侧下肢，轻微的膀胱控制问题。MRI显示脊髓后方有一个巨大的髓外硬膜下囊肿，脊髓明显受压。患者接受T2~T6椎板切除术并切除了囊肿，组织病理学显示蛛网膜囊肿（图6.2）。

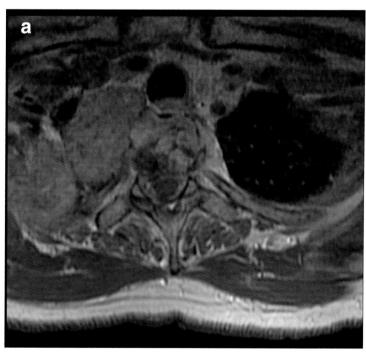
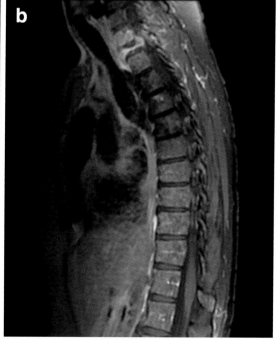

图 6.1　（a）T1 加权轴位增强 MRI，显示肿瘤侵犯 T2 椎体并向右侧胸腔内延伸，挤压脊髓前部。（b）T1 加权矢状位增强 MRI，显示肿瘤侵犯到了 T2 和前方硬膜外并延伸到脊髓前部

6.6.3　T4淋巴瘤

高加索白人女性，81岁，右利手，胸背痛持续数周，急性肠功能紊乱。CT检查显示T4病理性压缩骨折。胸椎增强MRI显示T4病理性骨折，椎体高度被压缩70%，有异常强化信号的病变压迫脊髓前部。接下来的肿瘤学检查显示肺门和纵隔淋巴结肿大。患者行T3~T4椎板切除术以对脊髓减压，手术取病理显示弥漫性大B细胞淋巴瘤，而后行T2~T6内固定和融合术，术后进行了化疗和放疗（图6.3）。

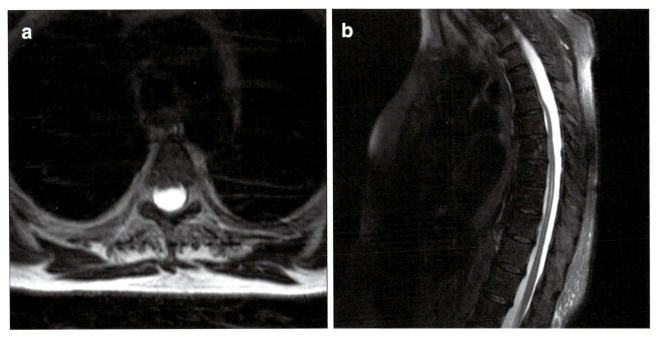

图6.2　T2加权轴位和矢状位MRI显示巨大的囊性病变从后方压迫脊髓，请注意囊肿内信号与脑脊液相同

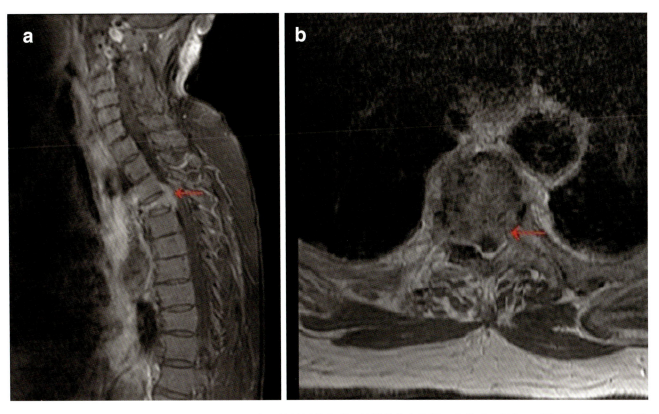

图6.3　胸椎T1加权冠状位MRI增强，显示T4病理性骨折伴有明显的椎体高度降低，病灶明显强化，延伸到硬膜外和双侧椎间孔。（a）中线矢状位观。（b）T4椎体水平的轴位图像

6.6.4　T5血管瘤/富含血管的神经鞘瘤

男性，69岁，有前列腺癌病史，T5椎体因骨转移曾行放射治疗，PSA水平升高。胸椎MRI显示T5右侧髓外硬膜下有一较大肿物。手术切除肿物后病理显示血管瘤/富含血管的神经鞘瘤（图6.4）。

6.6.5　T6右侧恶性神经鞘瘤伴椎管内快速复发

女性，37岁，右利手，疑似Li-Fraumeni综合征，有乳腺癌、髋部纤维肉瘤和骨盆骨肉瘤的病史。发现右椎旁肿物，7年前曾行活检，确诊为神经鞘瘤。当时患者拒绝手术。随后患者出现了反复发作的肺炎和体重明显减轻。MRI成像显示右侧椎旁巨大肿物，自T2向下延伸至横膈膜，主动脉和肺静脉受压，肿物毗邻T6右侧神经根的鞘内结节。

组织病理学证实为恶性外周神经鞘瘤。鞘内结节在患者手术恢复后马上行二期手术切除。患者病情进展迅速，2周后即出现了右下肢无力和肠道功能障碍。MRI成像显示之前的鞘内结节显著增大。因此患者再次行T4~T7椎板切除术以切除肿块（图6.5、图6.6）。

6.6.6　前列腺癌转移灶压迫T6~T9脊髓

男性，71岁，右利手，进行性瘫痪和膀胱功能障碍4天，数周的胸背部中等程度疼痛。神经系统查体发现下肢肌力（2~3）/5级，感觉平面为T7平面。CT检查显示T7/T8硬膜外肿块，硬膜囊受压。由于下肢进行性轻瘫速度加快且为了避免延误病情，基于CT进行了T6~T9椎板切除术和肿物全切术，病理学证实为前列腺癌转移（图6.7）。

6.6.7　T12/L1神经鞘瘤

白人女性，68岁，右利手，腰背痛加重数月伴左腿根性疼痛急性发作并扩展至右腿麻木、运动失调和膀胱功能障碍，最初怀疑症状继发于正常压力性脑积水。

腰椎MRI增强显示T12/L1硬膜下髓外中线部位强化肿块中线。患者接受了T12/L1椎板切除术和神经鞘瘤的全切术，术中见肿瘤似乎来源于左侧T12神经根，压迫圆锥，并紧密附着于马尾神经，组织病理学证实为神经鞘瘤（图6.8）。

6.6.8　T12/L1脂肪瘤

非洲裔美国女性，65岁，右利手，有脊柱侧凸和脊柱裂病史，过去2年出现慢性背痛伴右腿神经根性疼痛，过去7个月有膀胱和直肠功能障碍。腰椎增强MRI显示L1处脂肪瘤伴脊髓栓系，脂肪瘤后方圆锥受压。患者行椎板切除术+脊髓松解术+脂肪瘤次

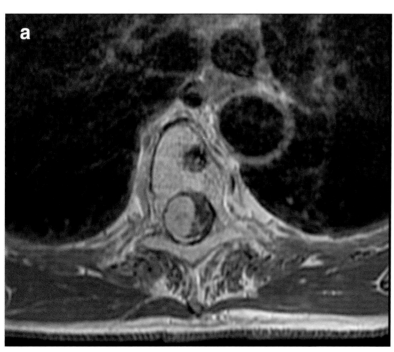
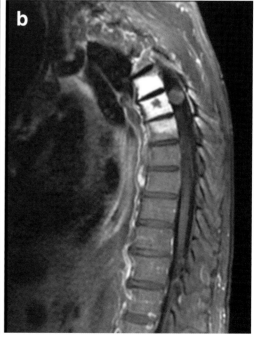

图6.4　（a、b）T1加权轴位和矢状位增强MRI，显示在脊髓右侧有较大的髓外硬膜下肿物并压迫脊髓。请注意肿瘤的侧面边界紧邻硬脑膜，疑似位于硬膜下。还要注意的是，继之前前列腺癌转移灶行放疗后，局部呈高信号

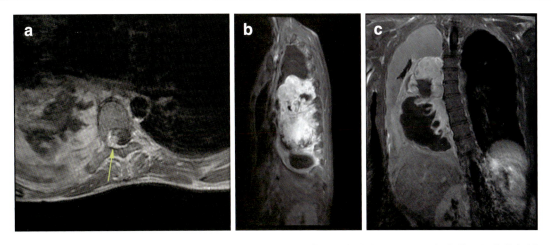

图 6.5　T1 加权增强 MRI。（a）轴位扫描显示 T6 右侧神经根部的硬膜外强化肿块。（b、c）矢状位和冠状位扫描显示巨大的椎间孔外、胸腔内恶性神经鞘瘤

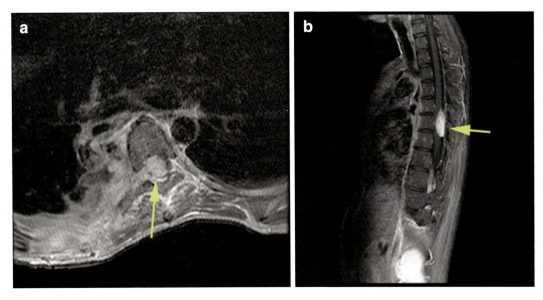

图 6.6　（a、b）T1 加权轴位和矢状位 MRI 显示右侧胸腔内巨大恶性外周神经鞘瘤切除术后，椎间孔外和椎管内硬膜外肿瘤复发并压迫脊髓

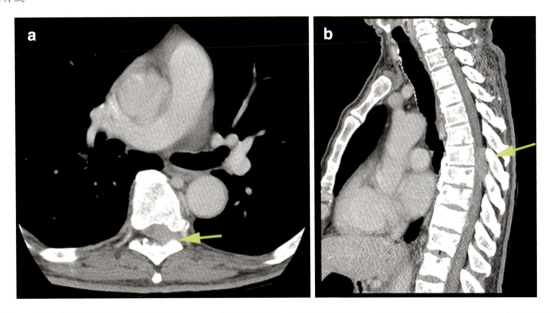

图 6.7　（a、b）轴位和矢状位 CT 平扫显示 T6~T9 硬膜外肿块，硬膜局部受压。椎体可见之前来自前列腺癌的转移病灶。由于患者的神经功能障碍迅速加重，为了挽救神经功能，患者在行 CT 平扫后直接进行了手术

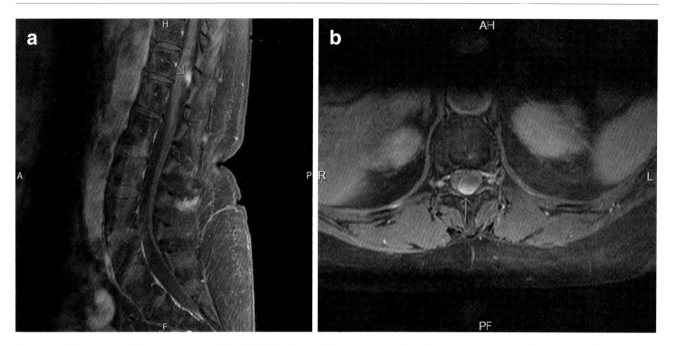

图 6.8　腰椎 T1 加权增强 MRI，中线处髓外硬膜下肿瘤压迫圆锥。（a）中线矢状面观。（b）T12/L1 椎间盘平面的轴位观

全切除术，为避免损伤脊髓的血液循环，脊髓后部遗留2mm厚的脂肪层未切除（图6.9）。

6.6.9　L1/L2马尾前列腺癌转移

　　男性，57岁，有前列腺癌转移病史，曾因既往进行性右下肢疼痛、鞍状感觉异常和远端轻度下肢无力5周行L2转移癌放疗。MRI显示在L1/L2水平，硬膜下充满椎管的强化肿块，马尾显著受压。患者行L1/L2椎板切除术以全切肿瘤，术后组织病理学证实为前列腺癌转移灶（图6.10）。

6.6.10　L2神经鞘瘤

　　白人女性，68岁，右利手，有慢性背部疼痛和右大腿感觉异常病史。腰椎MRI增强显示L2椎体平面硬膜外肿块，马尾受压。患者行肿瘤全切术并经组织病理学证实为神经鞘瘤（图6.11）。

6.6.11　L2/L3神经鞘瘤

　　男性，37岁，右利手，慢性背痛数月，放射至大腿，左腿较重。患者还注意到有直肠及膀胱功能障碍加重。腰椎MRI显示L2/L3处马尾神经后有一强化肿块。患者进行了L2/L3椎板切除术+肿瘤全切术，组织病理学证实为神经鞘瘤（图6.12）。

6.7　结论

　　脊髓肿瘤较其他中枢神经系统疾病更容易出现诊断延误。诊断延误的原因包括症状非特异性，临床进展缓慢，患者就医延迟，体检方法不恰当和不全面，影像检查较晚或不当。医生对所有颈部或背部疼痛患者，不论有没有神经病学表现，都应考虑是否患有脊髓肿瘤，特别是患者行初步治疗无效时。儿童如果出现步态不稳和脊柱生理曲度改变，应怀疑是否患有脊髓肿瘤。钆增强MRI的出现及广泛应用有助于脊髓肿瘤的早期诊断和早期转诊，从而改善疾病预后。

（张正善 译，蔡　铮 校）

参考文献

[1] Segal D, Lidar Z, Corn A, Constantini S. Delay in diagnosis of primary intradural spinal cord tumors. Surg Neurol Int. 2012;3:52. https://doi.org/10.4103/2152-7806.96075.

[2] Kato M, Nakamura H, Terai H, Konishi S, Nagayama R, Takaoka K. Why does delay exist in the diagnosis of intradural spinal cord tumor despite the availability of MRI? J Clin Neurosci. 2008;15(8):880–885. https://doi.org/10.1016/j.jocn.2007.03.019.

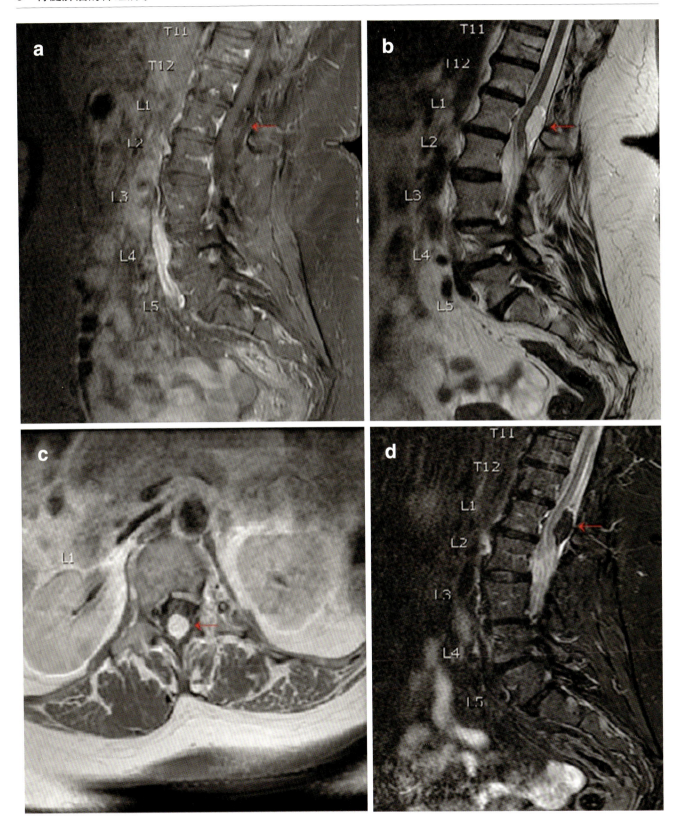

图 6.9　腰椎 MRI 显示 L2 水平脊髓圆锥的脊髓栓系。MRI 显示 T12/L1 水平 28mm×11mm×10mm 脂肪信号，远端脊髓的后部受压。（a）T1 加权增强 MRI 的矢状位图。（b）T2 加权中线矢状位图。（c）T1 加权的轴位图，在 L1 椎体水平处有强化。（d）STIR 序列的中线矢状位图

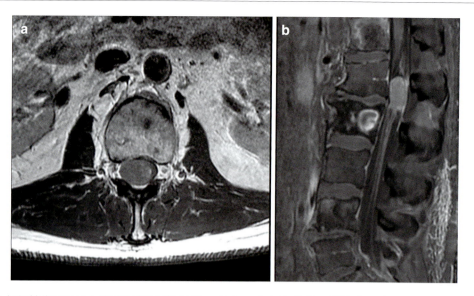

图 6.10　（a）T2 加权轴位显示巨大圆形肿瘤并压迫马尾。（b）T1 加权矢状位，增强后显示 L1/L2 处充满整个椎管的肿瘤

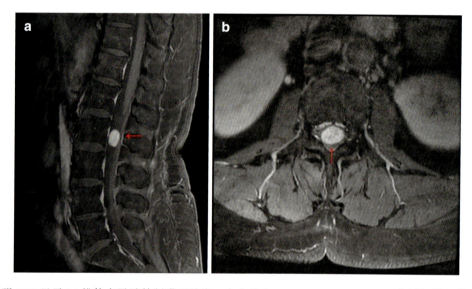

图 6.11　腰椎增强 MRI 显示 L2 椎体水平髓外硬膜下肿瘤，大小约为 11mm×17mm×15mm，信号与神经鞘瘤一致。（a）T1 加权 MRI 增强中线矢状位图。（b）T1 加权的轴位图，L2 椎体水平处强化

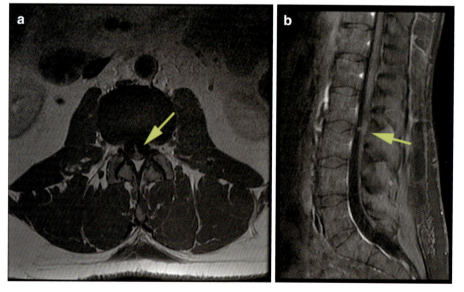

图 6.12　（a、b）轴位和矢状位 T1 加权 MRI，增强后髓外硬脊膜下马尾神经鞘瘤显影

[3] Borm W, Gleixner M, Klasen J. Spinal tumors in coexisting degenerative spine disease--a differential diagnostic problem. Eur Spine J. 2004;13(7):633–638. https://doi.org/10.1007/s00586-004-0678-4.

[4] Epstein FJ, Farmer JP, Freed D. Adult intramedullary spinal cord ependymomas: the result of surgery in 38 patients. J Neurosurg. 1993;79(2):204–209. https://doi.org/10.3171/jns.1993.79.2.0204.

[5] Jellema K, Overbeeke JJ, Teepen HL, Visser LH. Time to diagnosis of intraspinal tumors. Eur J Neurol. 2005;12(8):621–624. https://doi.org/10.1111/j.1468-1331.2005.01043.x.

[6] Grimm S, Chamberlain MC. Adult primary spinal cord tumors. Expert Rev Neurother. 2009;9(10):1487–1495. https://doi.org/10.1586/ern.09.101.

[7] Hogenesch RI, Staal MJ. Tumors of the cauda equina: the importance of an early diagnosis. Clin Neurol Neurosurg. 1988;90(4):343–348.

[8] Greenberg MS. Handbook of neurosurgery. 8th ed. New York: Thieme; 2016.

[9] Parker AP, Robinson RO, Bullock P. Difficulties in diagnosing intrinsic spinal cord tumours. Arch Dis Child. 1996;75(3):204–207.

[10] Welch WC, Jacobs GB. Surgery for metastatic spinal disease. J Neuro-Oncol. 1995;23(2):163–170.

[11] Bilsky MH. New therapeutics in spine metastases. Expert Rev Neurother. 2005;5(6):831–840. https://doi.org/10.1586/14737175.5.6.831.

[12] Mechtler LL, Nandigam K. Spinal cord tumors: new views and future directions. Neurol Clin. 2013;31(1):241–268. https://doi.org/10.1016/j.ncl.2012.09.011.

[13] Lossos A, Siegal T. Electric shock-like sensations in 42 cancer patients: clinical characteristics and distinct etiologies. J Neuro-Oncol. 1996;29(2):175–181.

[14] Posner JB. Neurologic complications of Cancer. 2nd ed: Oxford University Press; 2008.

[15] Ropper AE, Ropper AH. Acute spinal cord compression. N Engl J Med. 2017;376(14):1358–1369. https://doi.org/10.1056/NEJMra1516539.

[16] Blumenfeld H. Neuroanatomy through clinical cases. 2nd ed. Sunderland, MA: Sinauer Associates; 2010.

[17] Kaballo MA, Brennan DD, El Bassiouni M, Skehan SJ, Gupta RK. Intramedullary spinal cord metastasis from colonic carcinoma presenting as Brown-Sequard syndrome: a case report. J Med Case Rep. 2011;5:342. https://doi.org/10.1186/1752-1947-5-342.

[18] Uchida K, Nakajima H, Takamura T, Kobayashi S, Tsuchida T, Okazawa H, et al. Neurological improvement associated with resolution of irradiation-induced myelopathy: serial magnetic resonance imaging and positron emission tomography findings. J Neuroimaging. 2009;19(3):274–276. https://doi.org/10.1111/j.1552-6569.2008.00284.x.

[19] Novy J. Spinal cord syndromes. Front Neurol Neurosci. 2012;30:195–198. https://doi.org/10.1159/000333682.

[20] Lin V. Spinal cord medicine: principles and practice. New York: Demos Medical Publishing; 2002.

[21] Rubinstein SM, Pool JJ, van Tulder MW, Riphagen II, de Vet HC. A systematic review of the diagnostic accuracy of provocative tests of the neck for diagnosing cervical radiculopathy. Eur Spine J. 2007;16(3):307–319. https://doi.org/10.1007/s00586-006-0225-6.

[22] Weston CL, Glantz MJ, Connor JR. Detection of cancer cells in the cerebrospinal fluid: current methods and future directions. Fluids Barriers CNS. 2011;8(1):14. https://doi.org/10.1186/2045-8118-8-14.

[23] Chamberlain MC, Glantz M, Groves MD, Wilson WH. Diagnostic tools for neoplastic meningitis: detecting disease, identifying patient risk, and determining benefit of treatment. Semin Oncol. 2009;36(4 Suppl 2):S35–S45. https://doi.org/10.1053/j.seminoncol.2009.05.005.

[24] Connolly ID, Li Y, Pan W, Johnson E, You L, Vogel H, et al. A pilot study on the use of cerebrospinal fluid cell-free DNA in intramedullary spinal ependymoma. J Neuro-Oncol. 2017;135(1):29–36. https://doi.org/10.1007/s11060-017-2557-y.

[25] Wang Y, Springer S, Zhang M, McMahon KW, Kinde I, Dobbyn L, et al. Detection of tumor-derived DNA in cerebrospinal fluid of patients with primary tumors of the brain and spinal cord. Proc Natl Acad Sci U S A. 2015;112(31):9704–9709. https://doi.org/10.1073/pnas.1511694112.

[26] Sevick RJ, Wallace CJ. MR imaging of neoplasms of the lumbar spine. Magn Reson Imaging Clin N Am. 1999;7(3):539–553. ix

[27] Evans DG. Neurofibromatosis 2 [bilateral acoustic neurofibromatosis, central neurofibromatosis, NF2, neurofibromatosis type II]. Genet Med. 2009;11(9):599–610. https://doi.org/10.1097/GIM.0b013e3181ac9a27.

[28] Dow G, Biggs N, Evans G, Gillespie J, Ramsden R, King A. Spinal tumors in neurofibromatosis type 2. Is emerging knowledge of genotype predictive of natural history? J Neurosurg Spine. 2005;2(5):574–579. https://doi.org/10.3171/spi.2005.2.5.0574.

[29] Piotrowski A, Xie J, Liu YF, Poplawski AB, Gomes AR, Madanecki P, et al. Germline loss-offunction mutations in LZTR1 predispose to an inherited disorder of multiple schwannomas. Nat Genet. 2014;46(2):182–187. https://doi.org/10.1038/ng.2855.

[30] MacCollin M, Willett C, Heinrich B, Jacoby LB, Acierno JS Jr, Perry A, Louis DN. Familial schwannomatosis: exclusion of the NF2 locus as the germline event. Neurology. 2003;60(12):1968–1974.

[31] MacCollin M, Chiocca EA, Evans DG, Friedman JM, Horvitz R, Jaramillo D, et al. Diagnostic criteria for schwannomatosis. Neurology. 2005;64(11):1838–1845. https://doi.org/10.1212/01.WNL.0000163982.78900.AD.

[32] Plotkin SR, Blakeley JO, Evans DG, Hanemann CO,

Hulsebos TJ, Hunter-Schaedle K, et al. Update from the 2011 international Schwannomatosis workshop: from genetics to diagnostic criteria. Am J Med Genet A. 2013;161A(3):405–416. https://doi.org/10.1002/ajmg.a.35760.

[33] Gossage L, Eisen T, Maher ER. VHL, the story of a tumour suppressor gene. Nat Rev Cancer. 2015;15(1):55–64. https://doi.org/10.1038/nrc3844.

[34] Zadnik PL, Gokaslan ZL, Burger PC, Bettegowda C. Spinal cord tumours: advances in genetics and their implications for treatment. Nat Rev Neurol. 2013;9(5):257–266. https://doi.org/10.1038/nrneurol.2013.48.

[35] Chamberlain MC, Tredway TL. Adult primary intradural spinal cord tumors: a review. Curr Neurol Neurosci Rep. 2011;11(3):320–328. https://doi.org/10.1007/s11910-011-

0190-2.

[36] Neumann HP, Eggert HR, Weigel K, Friedburg H, Wiestler OD, Schollmeyer P. Hemangioblastomas of the central nervous system. A 10-year study with special reference to von Hippel-Lindau syndrome. J Neurosurg. 1989;70(1):24–30. https://doi.org/10.3171/jns.1989.70.1.0024.

[37] Maher ER, Neumann HP, Richard S. von Hippel-Lindau disease: a clinical and scientific review. Eur J Hum Genet. 2011;19(6):617–623. https://doi.org/10.1038/ejhg.2010.175.

[38] Smith MJ, Bowers NL, Bulman M, Gokhale C, Wallace AJ, King AT, et al. Revisiting neurofibromatosis type 2 diagnostic criteria to exclude LZTR1-related schwannomatosis. Neurology. 2017;88(1):87–92. https://doi.org/10.1212/WNL.0000000000003418. T. Hassanzadeh et al.

脊髓肿瘤手术中的神经生理学

7

Vedran Deletis, Kathleen Seidel

7.1 神经外科医生需要什么和神经生理学家可以做什么

7.1.1 术中神经生理监测的外科观点

随着神经外科技术的进步，术中神经生理监测（IOM）变得越来越重要。术中功能性神经生理学监测有助于保护神经功能，提高患者的手术安全性，还有利于医生更彻底地切除肿瘤。当然毫无疑问的是IOM方法应该根据肿瘤的具体病理学类型和手术策略来确定。

7.1.2 髓内肿瘤

虽然在技术上已有重要进步，脊髓髓内肿瘤（IMSCTs）的手术仍然非常具有挑战性，这类手术可能伴随严重的并发症。如果肿瘤邻近重要的神经传导束、细胞核团，边界不清楚以及脊髓正常解剖变形，术中必须要有实时的功能反馈。术中神经生理学监测脊髓通路的功能完整性对于预防、限制或记录手术损伤非常重要。可用的方法分为监测技术和绘图技术。

监测技术：术中监测用于连续地评估白质和（或）突触回路中神经传导束功能的完整性（图7.1）。术中监测已成为脊柱手术尤其是脊髓手术中不可缺少的部分。运动诱发电位（MEPs）和感觉诱发电位（SEPs）及已成熟的图像判读及预警标准可以达到这个目的。在脊髓圆锥肿瘤患者中，术中监测球海绵体肌反射可能具有额外的价值。但是术中监测只能识别神经的完整性有无缺失，并不能定位和绘图。

绘图技术：绘图技术可用于判断受累脊髓内部结构的功能。对脊髓长的神经纤维束的绘图技术还

没有得到很好的发展。已经报道的绘制脊髓背柱的方法有以下3种：（1）在刺激外周神经后使用微型多触点电极在暴露出的脊髓上记录并测量SEPs的振幅幅度；（2）直接刺激暴露的脊髓背柱后，在相位反转SEPs；（3）刺激背柱后记录周围神经的逆行反应。有2种用于识别皮质脊髓束（CST）的绘图方法：（1）D波碰撞技术；（2）直接刺激脊髓以引起的肢体肌肉反应。

最近我们就脊髓髓内肿瘤手术期间通过脊髓直接电刺激来识别背柱和CST的神经生理学背景和临床经验进行了总结。我们发现刺激暴露的脊髓后，肢体肌肉的反应记录也可以通过刺激脊髓背柱获得，而不仅是通过刺激CST得到。我们揭示了这样一个现象，如果使用2倍的短串刺激CST或脊髓背柱，获得的肌肉反应具有很强的特异性。

7.1.3 脊髓型颈椎病和髓外–硬膜下肿瘤

高颈段脊髓型颈椎病患者手术如果采用俯卧位，在摆放手术体位时记录SEPs和MEPs可能是有益的，因为根据神经生理学参数的变化来调整体位，有助于防止体位相关的脊髓损伤。这种方法在高颈段椎管内–硬膜下脊髓肿瘤，甚至是大的硬膜外肿瘤手术可能特别有用。当通过半椎板术切除脊髓腹侧或腹外侧肿瘤时，对脊髓的旋转和操作可以通过监测MEPs和SEPs来调整。

7.1.4 累及脊髓圆锥的肿瘤

涉及脊髓圆锥或马尾的神经外科手术也被认为是高风险手术。许多情况下，切除边界可能难以确定。比如室管膜瘤、星形细胞瘤以及良性的脂肪瘤手术，如何保护神经功能和提高术后生活质量非常重要。在这类手术中，可以使用绘图技

71

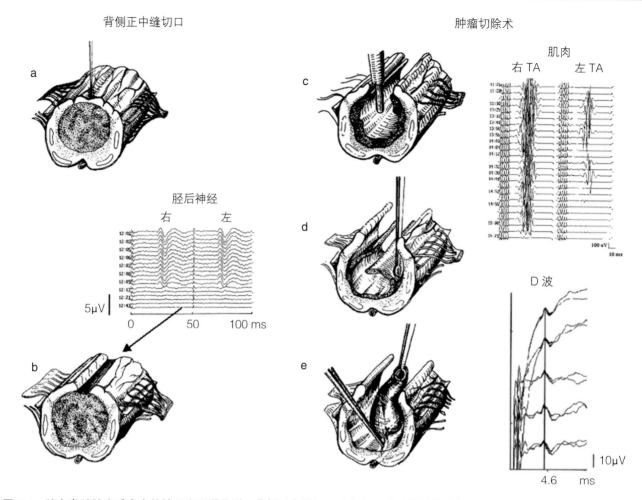

图 7.1　髓内脊髓肿瘤手术中的神经生理学监测。背侧正中缝切口（左）：通过使用合适的刀片或激光切开脊髓。不管采取什么方法保持沿背侧正中缝切开（a）以避免损伤背柱，在该步骤中 SEPs 常常会下降受损或消失（b）。尽管振幅的下降通常是可逆的，但可能在几个小时内仍然无法监测 SEPs。切除肿瘤（右）：分离背柱后可直接进入肿瘤。如果侧面没有足够可视的空间来安全切除肿瘤同时不引起正常神经组织的过度收缩，则可以使用超声吸引来破坏肿瘤的中央部分（c）。用这种方法有可能从神经组织中轻柔切除肿瘤。这样做可能会牵拉皮质脊髓束和其他下行的运动传导束（d）。因此，在该手术步骤期间应严格监测肌肉 MEPs 以及硬膜外 MEPs（D 波）。右上图显示肿瘤切除期间左侧胫骨前 MEPs 的消失。右下图显示了稳定的 D 波，这预示着远期运动能力良好。最后，肿瘤的腹侧部分与前脊髓分离，其中来自脊髓前动脉的穿孔血管位于其中（e）。监测运动通路至关重要，因为对脊髓的血管损伤可能导致不可逆和严重的运动缺陷

术来帮助识别神经组织并确定切除边界。在体积巨大的肿瘤中，受累神经根可能难以看到。这时监测骶神经结构完整性的方法就显得很重要，例如球海绵体肌反射。

7.2　术中神经生理学方法用于监测脊髓功能完整性

7.2.1　运动系统监测技术

　　肌肉MEPs和D波通过电极帽经颅电刺激可以引出运动电位。根据国际10/20 EEG电极系统，电极放置在C3、C4、C1、C2、Cz和Cz前面6cm处（图

7.2）。可以采取不同的刺激组合：双侧半球刺激（C3/C4、C1/C2）或单侧半球刺激（C3/Cz、C4/Cz）。为了引出腿部MEPs，在Cz前方6cm处可能是减少运动伪影的一种替代方案。通常使用矩形恒流刺激，持续时间为500μs，强度在50~250mA。

　　肌肉MEPs通过成串刺激技术引发，该技术由5~7个短的刺激串组成，刺激间隔为4ms（图7.3）。使用插在四肢目标肌肉上的针状电极来记录MEPs：最常用的是上肢远端拇指外展肌和下肢的胫前肌，也可以添加上肢和下肢的近端肌肉进行监测。信号被放大10 000倍并记录100ms的时间，通频带为1.5~853Hz。信号也不需要平均，可以0.5~2Hz的频

率重复。

硬膜外MEPs（D波）由单一刺激（单刺激技术）引发，在（半）椎板切除术后外科医生将电极置入硬膜外或硬膜下腔内时记录（图7.4）。一般将电极置于脊髓肿瘤的尾端，如果位置允许，可在脊髓肿瘤的头端放置第二枚电极作为对照。D波的通频带频率是1.5Hz和1700Hz，在20ms时开始记录。通常无须采用单次扫描的平均值来记录D波。然而取阳极和阴极交互刺激的平均值有时可能会减少刺激失真的发生。

在髓内手术中，最能体现肌肉MEPs变化和术后神经功能障碍关系的是术前存在的MEPs波丢失，而不是是波形阈值或幅度的变化。肌肉MEPs的刺激阈值升高或信号幅度小幅降低可被视为与神经功能障碍无关的亚临床损伤，被认为是次要提示。

D波完整性已被证实是皮质脊髓束是否完整的最强预测因素，是运动系统长期预后的最强预测因子。将肌肉MEPs与D波结合使用，为脊髓髓内肿瘤手术中运动传导束功能完整性的评估提供了最全面的方法（表7.1）。既往一项对照研究揭示了IMSCTs手术中肌肉MEPs和D-Wave监测有助于改善患者的长期预后。

如果没有MEPs监测，SEPs不应单独使用。然而SEPs对评估脊髓背柱的完整性具有特异性，因此仍有继续保留价值。

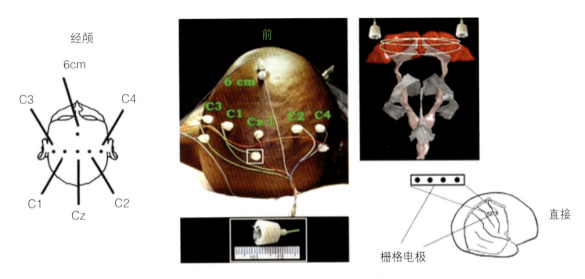

图 7.2 经颅电刺激和直接刺激右侧运动皮层的电极放置的示意图（左）和实际图示（中间）。C1、C3、Cz、C2、C4 是在运动带在头部的投影上对准的刺激电极的位置。右上方是运动皮层（红色）和皮质脊髓束（粉红色）的冠状位后方视图的示意图，在刺激电极之间有电场。栅格电极（右下）覆盖暴露的运动和感觉皮层的示意图

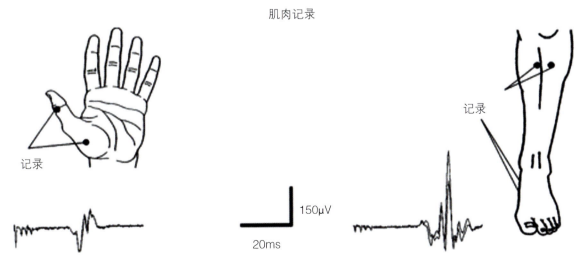

图 7.3 通过经颅或在暴露的运动皮层上施加的多脉冲刺激引发来自鱼际、胫骨前肌和外展肌的肌肉 MEPs 记录

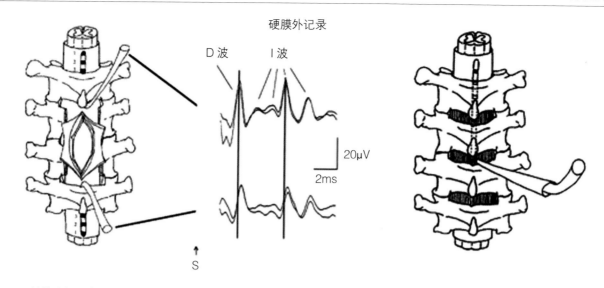

图 7.4 导管电极（每个具有 3 个记录圆筒）的位置示意图，位于肿瘤头侧（对照电极）和尾侧，用来记录通过手术区域（左）的监测下行信号。中间的图是 D 波和 I 波，记录的是肿瘤头侧和尾侧的信号。右侧图，脊髓肿瘤切除术 / 切开术中或脊髓未显露时经皮标记的硬膜外电极放置点

表 7.1 MEP 评估原则（脊髓手术）

D 波	肌肉 MEP	运动功能
无改变或降低 30%~50%	保留	不变
	单侧或双侧保留	一过性运动障碍
降低大于 50%	双侧丢失	长期运动障碍

脊髓髓内肿瘤手术中 D 波和肌电图的评估原则。（摘自 Deletis V. Intraoperative neurophysiological monitoring. In: McLone DG and Marlin AE (Eds.). Pediatric Neurosurgery: Surgery of the Developing Nervous System fourth Ed. Philadelphia: W.B.Saunders, 2001, pp. 1204–1213 [41]）

7.2.2 体感诱发电位

在腕部的正中神经或上肢尺神经上进行SEPs刺激，下肢常选择踝关节处的胫神经。刺激可以通过表面电极或针电极进行，刺激频率范围为0.7~5.7Hz。根据10/20EEG系统通过头皮电极进行记录。选择头皮电极侧方位点（C3或C4与Cz）用于上肢SEPs监测，对于大部分患者，选择中间位点（Fz/Cz）用于下肢SEPs的监测。有时使用其他电极可能会改善记录信号的质量，经典报警标准是信号幅度下降50%。

7.3 用于绘制脊髓功能完整性的术中神经生理学方法

7.3.1 脊髓背柱测定

为了严格沿中线切开脊髓，可以使用几种神经生理学方法来监测。

第一种方法是刺激外周神经后，监测在手术暴露出的脊髓上使用微型多接触点电极记录SEPs幅度。1枚由8根直径为76μm的平行不锈钢线（编号

1~8）组成间隔1mm放置的微型多电极网格放在假定的脊髓背柱上。记录线平行于脊髓的长轴放置，在附近肌肉中放置1根参考针电极。用40mA的强度，0.2ms脉冲持续时间和13.3Hz的频率刺激右侧和左侧胫神经或正中神经。通过多电极网格，记录8个平面上的数据，每个平面平均有2组100~200次扫描。位于胫骨SEPs行波或正中神经SEPs静止波的两个最大振幅之间的点被确定为中线（图7.5）。第二种方法是在直接刺激暴露的脊髓背柱后在头皮之上记录相位反转SEPs。第三种方法是记录刺激脊髓背柱周围神经的逆向反应。

7.3.2 皮质脊髓束测定

D波碰撞技术（D-Wave Collision Technique）。D波碰撞技术用于识别皮质脊髓束CST。D波碰撞可以通过同时刺激暴露的脊髓（使用手持探针给予1~2mA强度的单一刺激）和经颅电刺激来实现。由于这两种刺激产生的信号沿着相同的轴突传输，下行的D波与沿着CST逆向的上升信号碰撞（图7.6）。这导致在碰撞部位的末尾记录的D波振幅减

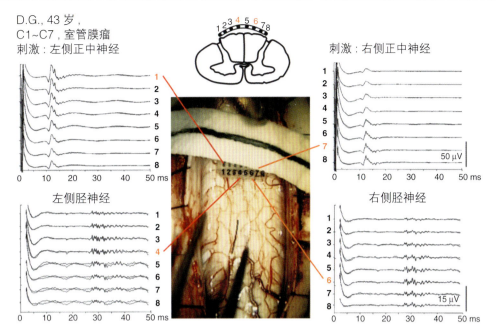

图 7.5 1 名 43 岁 C1 和 C7 室管膜瘤患者的背柱定位图。刺激左右胫神经（下方 2 个波形图）和正中神经（上方 2 两个波形图）后，从 8 个记录位点获得脊髓 SEPs 反应。平均 2 组 100 次扫描。注意左胫骨受刺激之后的最大波幅位于 4 号记录点，左胫骨受刺激之后的最大波幅位于 6 号记录点。在正中神经受刺激后，在各记录点之间也出现了分段电位的幅度梯度。刺激左侧正中神经后的最大波幅位于 1 号记录点，右侧正中神经受刺激后，最大波幅位于 7 号记录点．电极线中间是术中暴露出的脊髓

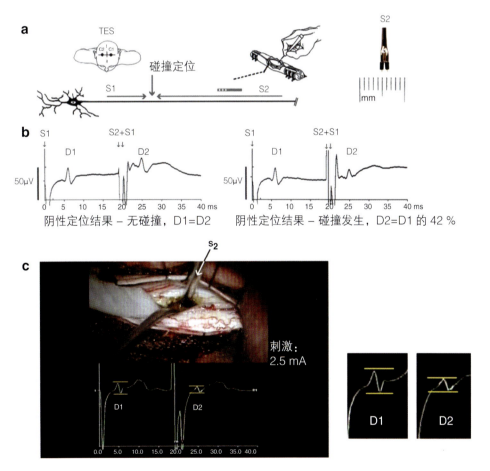

图 7.6 使用 D 波碰撞技术定位 CST（见文字说明）：（a）S1 经颅电刺激（TES），S2 脊髓电刺激，D1 控制 D 波（仅限 TES），D2 联合刺激脑和脊髓后的 D 波。R 记录脊髓硬膜外腔中 D 波的颅电极。右手持刺激探针的尖端，刻度以毫米为单位。（b）左，阴性定位结果（D1 = D2）；右，正性定位结果（碰撞后 D2 波幅度显著减小）。（c）T3~T5 髓内动静脉畸形，44 岁患者的脊髓内 CST 术中定位；刺激探针在 CST 附近发出 2.5mA 电流脉冲，与 D1 波幅度（对照）相比，D2 波幅度减少约 50%

小（最大50%）。这种现象表明定位探针非常接近CST。

7.3.3 使用双重刺激模式测定脊髓背柱和CST

对已暴露脊髓的功能测定也可以用双重刺激串模式进行。刺激串的时间间隔（ITI）设定为60ms。选择这个时间间隔是因为有一项相关研究报道背柱受刺激后部分恢复时间大约为70ms，完全恢复时间为150~300ms。

换言之，CST纤维的目标脊髓中间神经元的恢复时间比60ms短得多，背柱纤维分支最终成为α运动神经元，是反射弧的一部分，背柱纤维分支的目标脊髓中间神经元恢复远超60ms。

因此，预期用这种ITI进行的CST刺激也会在第二串刺激之后产生响应，而背柱的刺激则不会有反应。CST和背柱刺激后肌肉反应的不同模式在有痉挛和无痉挛的患者中会有所不同。在没有痉挛的患者中，CST的刺激引发具有相同特征的2种响应（图7.7a）。背柱的刺激仅产生1个响应（图7.7b）。在痉挛严重的临床患者中，背柱刺激后记录的第二响应与第一响应不同：振幅或更高或更低，通常是不同的响应，但与第一次响应绝不相等（图7.8a）。刺激CST产生两个幅度相等的响应，与非痉挛患者相同（图7.8b）

7.4 骶神经系统的术中临床神经生理学

有几种神经生理学方法可用于有效监测腰骶神经系统。在麻醉受试者中，记录下列神经生理信号在技术上是可行的（图7.9）：

1.传入事件：阴部神经刺激后的背根动作电位（DRAP）。

2.传出事件：（1）骶腹侧根刺激后括约肌复合肌肉动作电位（CMAP）反应；（2）运动皮层刺激后括约肌MEPs；（3）球海绵体肌反射。

7.4.1 术中骶神经监测刺激的基本技术

为了记录DRAP和BCR，必须通过银/氯化银杯EEG型电极或其他类型的黏合剂表面电极刺激适当的外周感觉结构（阴部、背部、阴茎或阴蒂神经的感觉部分）。将它们放置在阴茎或阴蒂的背面（该

电极代表阴极）。另一个电极（即阳极）放置在阴茎远端（距近端电极1~2cm）或邻近的阴唇。

为了记录包含阴部神经传入神经的骶神经根的DRAP，需要使用手持式双极钩状电极。刺激强度为20mA，持续0.2ms，刺激部位为阴茎或阴蒂（包含多种频率，最高为13.3Hz）。对于BCR激发，应使用2.3Hz左右的低频。如果将手持无菌单极或双极电极放置在适当的神经根或分支根，也可以在脊髓神经根平面进行激发。可以释放高达2mA，持续0.2ms的方波脉冲（图7.9）。为了记录来自肛门外括约肌的MEPs，应采用相同的方法来刺激和记录其他肌肉MEPs。

7.4.2 球海绵体反射

对于男性患者，阴极置于阴茎头的阴茎底部，阳极放置在远端5~10mm处。对于女性患者，阴极置于阴蒂上，阳极置于一侧阴唇上。通过放置在肛门外括约肌的左侧和右侧的2对钩状电极进行记录。即使此部位肌肉是同心圆排列的，也可以使用横向记录来获得涵盖肛门括约肌左侧和右侧的更完整的信号。我们按Deletis等所述选择了案例。我们建议使用5个短串刺激，当响应幅度小或没有反应时，增加到7个刺激。刺激脉冲持续时间应保持在0.5ms，刺激间隔为4ms。刺激强度范围为10~40mA；使用引起稳定响应所需的最低电流。对单个试验对象，刺激频率应设定为0.4~2.3Hz，最多重复刺激4次后就应暂停，以避免形成习惯性反射。

BCR用于评估骶神经根中运动和感觉神经以及S2~S4脊髓节段灰质的功能完整性。括约肌控制和BCR之间的相关性甚至更复杂，因为BCR不能反映出控制括约肌活动的脊髓节段以上神经通路的损伤情况。然而BCR监测提高了术中神经生理学的可靠性，尽管它可能需要更高的神经监测专业知识才能进行。

7.4.3 术中神经生理学方法定位马尾神经根的其他根

可以用单极、双极或同轴双极刺激探针进行马尾神经根的定位，刺激强度的范围为0.1~2mA，取决于直接所见的神经组织或肿瘤表面定位情况。可以给予低频单脉冲（2~3Hz）或短串刺激。在目标肌肉（包括肛门外括约肌）中记录。应尽可能保持

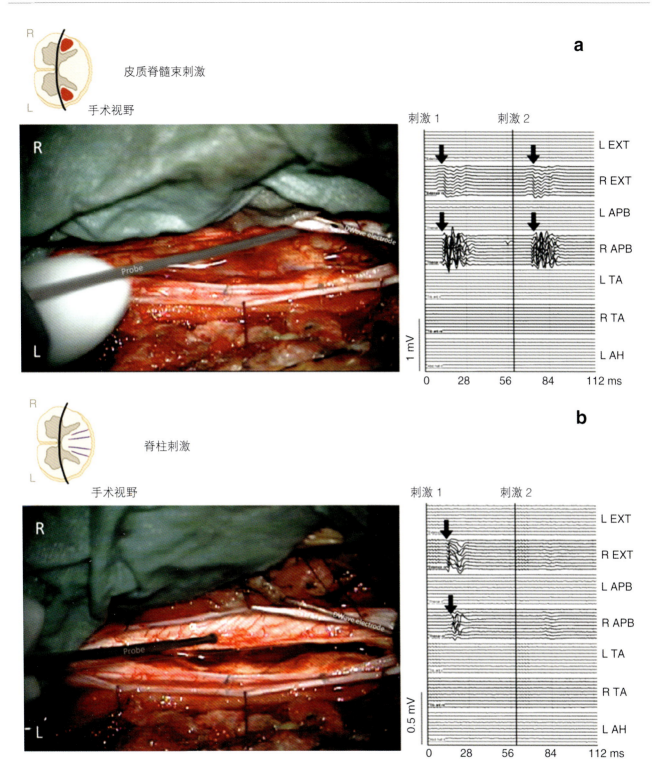

图 7.7 在没有痉挛的患者中，CST 和背柱的 10 次连续双串刺激试验（刺激 1 和 2，ITI 为 60 ms）的 7 组肌肉记录。通过椎板切除术切除 C2~T1 髓内星形细胞瘤。用两次成串刺激刺激 CST 引起相同的两次反应（a）。在第一次成串刺激后，背柱的刺激仅引起一次反应，但在第二次成串刺激后没有反应（b）。垂直箭头描绘了反应的开始。AH：外展肌拇指；APB：外展肌短肌；EXT：伸肌腱；L：左，探针刺激手持探针；R：右；TA：胫骨前肌

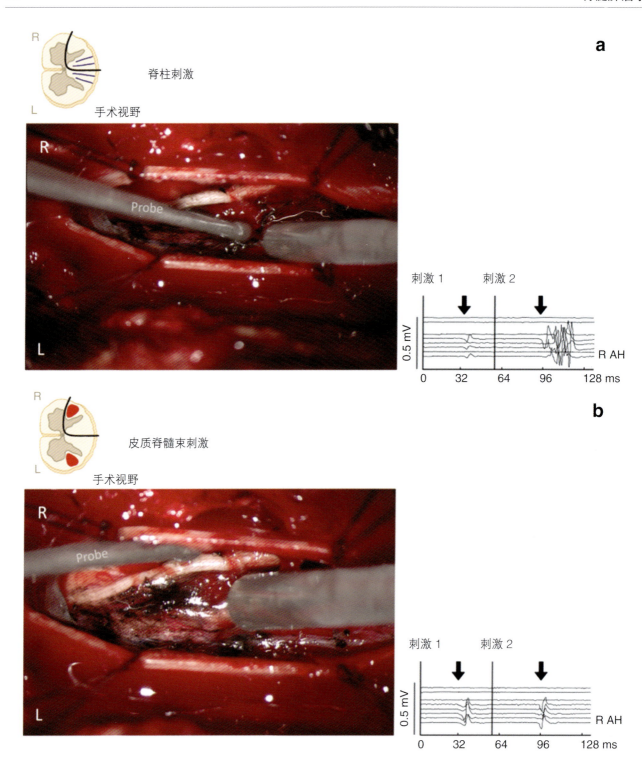

图 7.8　严重痉挛患者的 CST 和背柱的连续 6 次双串刺激试验（刺激 1 和 2，ITI 为 60ms）中的肌肉反应记录。通过半椎板切除术治疗 T1/T2 水平的黑色素细胞神经鞘瘤。在刺激 CST 和背柱后，右外展肌（R AH）中记录的反应。注意，在双串刺激背柱后，第二反应具有比第一 F 反应更高的幅度而且是多相的。这与图 7.7 中没有痉挛患者的反应形成对比。垂直箭头描绘了反应的开始。L：左侧，手持探针刺激；R：右侧

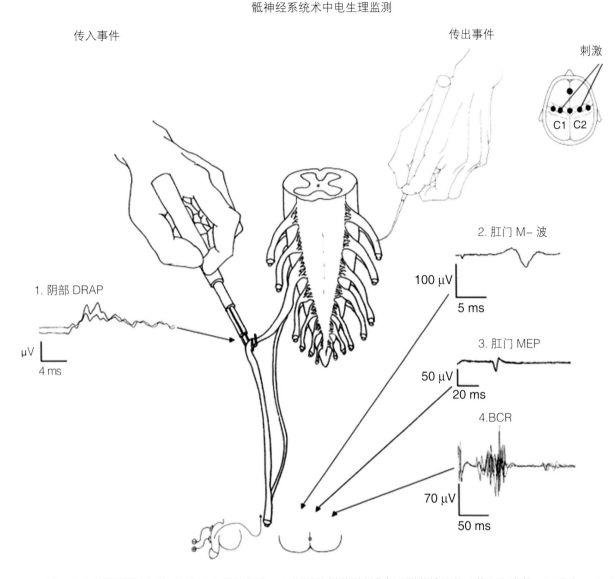

骶神经系统术中电生理监测

传入事件

传出事件

刺激

C1　C2

1. 阴部 DRAP

μV
4 ms

2. 肛门 M– 波

100 μV
5 ms

3. 肛门 MEP

50 μV
20 ms

4.BCR

70 μV
50 ms

图 7.9　用于术中监测骶神经系统的神经生理学方法。左侧图是刺激阴茎背侧 / 阴蒂神经的"传入"事件，记录为：（1）阴部 DRAP。右侧是"传出"事件；（2）在刺激 S1~S3 腹侧根后从肛门括约肌记录的肛门 M 波；（3）经颅电刺激运动皮层后从肛门括约肌记录的肛门 MEPs；（4）电刺激阴茎背侧 / 阴蒂神经后从肛门括约肌获得的球海绵体肌反射

手术区域干燥以避免电流扩散，这一点非常重要。刺激脊髓背根和腹侧根都会引起肌肉反应，但是对于背根的刺激阈值可能更高。

肿瘤手术有所改变。

（张正善 译，丁学华 校）

7.5　结论

应用先进的术中神经生理学监测和定位技术可以在不限制肿瘤切除程度的同时显著减少手术对脊髓的损伤。我们描述了监测和定位白质长传导束以及脊髓灰质结构的方法。神经外科医生、神经生理学家和神经麻醉医生之间的团队协作可能会对脊髓

参考文献

[1] Macdonald DB, Skinner S, Shils J, Yingling C. Intraoperative motor evoked potential monitoring - a position statement by the American Society of Neurophysiological Monitoring. Clin Neurophysiol. 2013;124(12):2291–2316. https://doi.org/10.1016/j.clinph.2013.07.025.

[2] Deletis V. Intraoperative neurophysiology of the corticospinal tract of the spinal cord. In: Functional Neuroscience: Evoked

Potentials and Related Techniques. (Suppl. To Clinical Neurophysiology Vol 59) (Eds. C.Barber, S. Tsuji, S. Tobimatsu, T. Uozumi, N. Akamatsu, A.Eisen) 2006, pp.105-109.

[3] Scibilia A, Terranova C, Rizzo V, Raffa G, Morelli A, Esposito F, Mallamace R, Buda G, Conti A, Quartarone A, Germano A. Intraoperative neurophysiological mapping and monitoring in spinal tumor surgery: sirens or indispensable tools? Neurosurg Focus. 2016;41(2):E18. https://doi. org/10.3171/2016.5.focus16141.

[4] Sala F, Palandri G, Basso E, Lanteri P, Deletis V, Faccioli F, Bricolo A. Motor evoked potential monitoring improves outcome after surgery for intramedullary spinal cord tumors: a historical control study. Neurosurgery. 2006;58(6):1129–1143.; discussion 1129-1143. https://doi. org/10.1227/01. neu.0000215948.97195.58.

[5] Sala F, Tramontano V, Squintani G, Arcaro C, Tot E, Pinna G, Meglio M. Neurophysiology of complex spinal cord untethering. J Clin Neurophysiol. 2014;31(4):326–336. https://doi. org/10.1097/wnp.0000000000000115.

[6] Pang D, Zovickian J, Oviedo A. Long-term outcome of total and near-total resection of spinal cord lipomas and radical reconstruction of the neural placode: part I-surgical technique. Neurosurgery. 2009;65(3):511–528.; discussion 528-519. https://doi.org/10.1227/01. neu.0000350879.02128.80.

[7] Pang D, Zovickian J, Oviedo A. Long-term outcome of total and near-total resection of spinal cord lipomas and radical reconstruction of the neural placode, part II: outcome analysis and preoperative profiling. Neurosurgery. 2010;66(2):253–272.; discussion 272-253. https://doi. org/10.1227/01. neu.0000363598.81101.7b.

[8] Pang D, Zovickian J, Wong ST, Hou YJ, Moes GS. Surgical treatment of complex spinal cord lipomas. Childs Nerv Syst. 2013;29(9):1485–1513. https://doi.org/10.1007/s00381-013-2187-4.

[9] Constantini S, Miller DC, Allen JC, Rorke LB, Freed D, Epstein FJ. Radical excision of intramedullary spinal cord tumors: surgical morbidity and long-term follow-up evaluation in 164 children and young adults. J Neurosurg. 2000;93(2 Suppl):183–193.

[10] Kothbauer KF, Deletis V, Epstein FJ. Motor-evoked potential monitoring for intramedullary spinal cord tumor surgery: correlation of clinical and neurophysiological data in a series of 100 consecutive procedures. Neurosurg Focus. 1998;4(5):e1.

[11] Siller S, Szelenyi A, Herlitz L, Tonn JC, Zausinger S. Spinal cord hemangioblastomas: significance of intraoperative neurophysiological monitoring for resection and long-term outcome. J Neurosurg Spine. 2017;26(4):483–493. https://doi. org/10.3171/2016.8.spine16595.

[12] Kothbauer K, Deletis V, Epstein FJ. Intraoperative spinal cord monitoring for intramedullary surgery: an essential adjunct. Pediatr Neurosurg. 1997;26(5):247–254.

[13] Deletis V, Sala F. Intraoperative neurophysiological monitoring of the spinal cord during spinal cord and spine surgery: a review focus on the corticospinal tracts. Clin Neurophysiol. 2008;119(2):248–264. https://doi.org/10.1016/ j.clinph.2007.09.135.

[14] Sala F, Kothbauer K. Intraoperative neurophysiological monitoring during surgery for intramedullary spinal cord tumors. In: Nuwer MR (ed) Intraoperative monitoring of neural function. Elsevier. 2008; pp. 632–650.

[15] Deletis V, Vodusek DB. Intraoperative recording of the bulbocavernosus reflex. Neurosurgery. 1997;40(1):88–92. discussion 92-83

[16] Deletis V, Bueno De Camargo A. Interventional neurophysiological mapping during spinal cord procedures. Stereotact Funct Neurosurg. 2001;77(1–4):25–28.

[17] Yanni DS, Ulkatan S, Deletis V, Barrenechea IJ, Sen C, Perin NI. Utility of neurophysiological monitoring using dorsal column mapping in intramedullary spinal cord surgery. J Neurosurg Spine. 2010;12(6):623–628. https://doi. org/10.3171/2010.1.spine09112.

[18] Nair D, Kumaraswamy VM, Braver D, Kilbride RD, Borges LF, Simon MV. Dorsal column mapping via phase reversal method: the refined technique and clinical applications. Neurosurgery. 2014;74(4):437–446.; discussion 446. https://doi.org/10.1227/ neu.0000000000000287.

[19] Quinones-Hinojosa A, Gulati M, Lyon R, Gupta N, Yingling C. Spinal cord mapping as an adjunct for resection of intramedullary tumors: surgical technique with case illustrations. Neurosurgery. 2002;51(5):1199–1206. discussion 1206-1197

[20] Deletis V. Intraoperative neurophysiology of the corticospinal tract of the spinal cord. In: Barber C, Tsuji S, Tobimatsu S, Uozumi T, Akamatsu N, Eisen A, editors. Functional neuroscience: evoked potentials and related techniques, (supplements to Clinical Neurophysiology, vol 59). Amsterdam: Elsevier; 2006. p. 105–109.

[21] Gandhi R, Curtis CM, Cohen-Gadol AA. High-resolution direct microstimulation mapping of spinal cord motor pathways during resection of an intramedullary tumor. J Neurosurg Spine. 2015;22(2):205–210. https://doi.org/10.3171/2014.10. spine1474.

[22] Duffau H, Lopes M, Sichez JP, Bitar A, Capelle L. A new device for electrical stimulation mapping of the brainstem and spinal cord. Minim Invasive Neurosurg. 2003;46(1):61–64. https://doi.org/10.1055/s-2003-37961.

[23] Duffau H, Capelle L, Sichez J. Direct spinal cord electrical stimulations during surgery of intramedullary tumoral and vascular lesions. Stereotact Funct Neurosurg. 1998;71(4):180–189.

[24] Barzilai O, Lidar Z, Constantini S, Salame K, Bitan-Talmor Y, Korn A. Continuous mapping of the corticospinal tracts in intramedullary spinal cord tumor surgery using an electrified ultrasonic aspirator. J Neurosurg Spine. 2017;27(2):161–168.

https://doi.org/10.3171/2016.12. spine16985.

[25] Deletis V, Kothbauer KF, Sala F, Seidel K. Letter to the Editor: Electrical activity in limb muscles after spinal cord stimulation is not specific for the corticospinal tract. J Neurosurg Spine. 2016;26(2):267–269. https://doi.org/10.3171/2016.6.spine16591.

[26] Deletis V, Seidel K, Sala F, Raabe A, Chudy D, Beck J, Kothbauer KF. Intraoperative identification of the corticospinal tract and dorsal column of the spinal cord by electrical stimulation. J Neurol Neurosurg Psychiatry. 2018; https://doi.org/10.1136/jnnp-2017-317172.

[27] Kombos T, Suess O, Da Silva C, Ciklatekerlio O, Nobis V, Brock M. Impact of somatosensory evoked potential monitoring on cervical surgery. J Clin Neurophysiol. 2003;20(2):122–128.

[28] Raynor BL, Bright JD, Lenke LG, Rahman RK, Bridwell KH, Riew KD, Buchowski JM, Luhmann SJ, Padberg AM. Significant change or loss of intraoperative monitoring data: a 25-year experience in 12,375 spinal surgeries. Spine. 2013;38(2):E101–E108. https://doi. org/10.1097/BRS.0b013e31827aafb9.

[29] Plata Bello J, Perez-Lorensu PJ, Roldan-Delgado H, Brage L, Rocha V, Hernandez-Hernandez V, Doniz A, Garcia-Marin V. Role of multimodal intraoperative neurophysiological monitoring during positioning of patient prior to cervical spine surgery. Clin Neurophysiol. 2015;126(6):1264–1270. https://doi.org/10.1016/j.clinph.2014.09.020.

[30] Beck J, Ulrich CT, Fung C, Fichtner J, Seidel K, Fiechter M, Hsieh K, Murek M, Bervini D, Meier N, Mono ML, Mordasini P, Hewer E, Z'Graggen WJ, Gralla J, Raabe A. Diskogenic microspurs as a major cause of intractable spontaneous intracranial hypotension. Neurology. 2016;87(12):1220–1226. https://doi.org/10.1212/wnl.0000000000003122.

[31] Ghadirpour R, Nasi D, Iaccarino C, Giraldi D, Sabadini R, Motti L, Sala F, Servadei F. Intraoperative neurophysiological monitoring for intradural extramedullary tumors: why not? Clin Neurol Neurosurg. 2015;130:140–149. https://doi.org/10.1016/j.clineuro.2015.01.007.

[32] Deletis V, Vodusek DB, Abbott R, Epstein FJ, Turndorf H. Intraoperative monitoring of the dorsal sacral roots: minimizing the risk of iatrogenic micturition disorders. Neurosurgery. 1992;30(1):72–75.

[33] Wostrack M, Shiban E, Obermueller T, Gempt J, Meyer B, Ringel F. Conus medullaris and cauda equina tumors: clinical presentation, prognosis, and outcome after surgical treatment: clinical article. J Neurosurg Spine. 2014;20(3):335–343. https://doi.org/10.3171/2013.12. spine13668.

[34] Kothbauer KF, Deletis V. Intraoperative neurophysiology of the conus medullaris and cauda equina. Childs Nerv Syst. 2010;26(2):247–253. https://doi.org/10.1007/s00381-009-1020-6.

[35] Sala F, Manganotti P, Grossauer S, Tramontano V, Mazza C, Gerosa M. Intraoperative neurophysiology of the motor system

in children: a tailored approach. Childs Nerv Syst. 2010;26(4):473–490. https://doi.org/10.1007/s00381-009-1081-6.

[36] Sala F, Barone G, Tramontano V, Gallo P, Ghimenton C. Retained medullary cord confirmed by intraoperative neurophysiological mapping. Childs Nerv Syst. 2014;30(7):1287–1291. https://doi.org/10.1007/s00381-014-2372-0.

[37] Deletis V. Intraoperative monitoring of the functional integrity of the motor pathways. Adv Neurol. 1993;63:201–214.

[38] Deletis V, Rodi Z, Amassian VE. Neurophysiological mechanisms underlying motor evoked potentials in anesthetized humans. Part 2. Relationship between epidurally and muscle recorded MEP in man. Clin Neurophysiol. 2001;112(3):445–452.

[39] Taniguchi M, Cedzich C, Schramm J. Modification of cortical stimulation for motor evoked potentials under general anesthesia: technical description. Neurosurgery. 1993;32(2):219–226.

[40] Kothbauer KF. The Interpretation of Muscle Motor Evoked Potentials for Spinal Cord Monitoring. J Clin Neurophysiol. 2017;34(1):32–37. https://doi.org/10.1097/wnp.0000000000000314.

[41] Deletis V. Intraoperative neurophysiological monitoring. In: McLone DG, Marlin AE (eds) Pediatric neurosurgery: surgery of the developing nervous system. 4th edn. W.B.Saunders Philadelphia; 2001; pp 1204–1213.

[42] Macdonald DB, Al Zayed Z, Al Saddigi A. Four-limb muscle motor evoked potential and optimized somatosensory evoked potential monitoring with decussation assessment: results in 206 thoracolumbar spine surgeries. Eur Spine J. 2007;16(Suppl 2):S171–S187. https://doi.org/10.1007/s00586-007-0426-7.

[43] Shils JL, Arle JE. Intraoperative neurophysiologic methods for spinal cord stimulator placement under general anesthesia. Neuromodulation. 2012;15(6):560–571.; discussion 571-562. https://doi.org/10.1111/j.1525-1403.2012.00460.x.

[44] Huang JC, Deletis V, Vodusek DB, Abbott R. Preservation of pudendal afferents in sacral rhizotomies. Neurosurgery. 1997;41(2):411–415.

[45] Skinner SA, Vodusek DB. Intraoperative recording of the bulbocavernosus reflex. Journal of clinical neurophysiology : official publication of the American Electroencephalographic Society. 2014;31(4):313–322. https://doi.org/10.1097/wnp.0000000000000054.

[46] Rodi Z, Vodusek DB. Intraoperative monitoring of the bulbocavernosus reflex: the method and its problems. Clin Neurophysiol. 2001;112(5):879–883.

[47] Kothbauer K, Schmid UD, Seiler RW, Eisner W. Intraoperative motor and sensory monitoring of the cauda equina. Neurosurgery. 1994;34(4):702–707. discussion 707.

[48] Sala F, Squintani G, Tramontano V, Arcaro C, Faccioli F, Mazza C. Intraoperative neurophysiology in tethered cord surgery: techniques and results. Childs Nerv Syst. 2013;29(9):1611–1624. https://doi.org/10.1007/s00381-013-2188-3.

脊髓肿瘤手术中的神经麻醉学

8

Zana Borovcanin, Vijay Ramaiah, Jacob Nadler

8.1 简介

脊髓肿瘤手术为麻醉管理提出了特殊的挑战。患者通常伴有明显的并发症，包括严重的心血管系统、呼吸系统、肾脏和神经功能障碍。颈椎受累或需要单肺通气时可能会使气道管理复杂化。脊柱手术的体位，特别是俯卧位，会引起生理顺应性改变并增加医源性损伤的风险。为了进行神经生理学监测还需要改变麻醉管理方案。由于有大量失血的风险，可以并且应该采取措施，以尽量减少失血和同种异体输血的可能。此外接受脊柱手术的患者通常会出现明显的术后疼痛，这也是在术中和术后必须解决的问题。

麻醉医生有责任应对这些挑战并最大限度地降低患者的风险，同时创造出最佳的手术条件。这将确保每位接受脊髓肿瘤手术的患者都有机会获得最佳结果。

8.2 术前评估

对于每个进入手术室的患者，应进行详细的术前评估，重点是病史、体格检查和气道、呼吸、心血管、肌肉骨骼和神经系统的评估。

心血管评估应包括基于美国心脏病学会/美国心脏协会指南进行的术前心脏风险评估和风险分层。如果患者由于潜在的神经系统状态或慢性疼痛而无法完成检查项目，评估功能状态可能会有难度。颈椎部位的脊髓肿瘤可能会引起呼吸功能障碍，这些患者可能同时患有限制性肺部疾病。除常规的术前呼吸评估外，还可能需要进行肺功能检查和动脉血气分析。神经病学评估应包括手术前所有存在的运动、感觉和自主神经功能障碍的记录。关于这些先前存在的缺陷和（或）功能障碍的资料将非常有助于早期识别和诊断术后新发的神经功能缺损。这些患者可能还会患有肌肉骨骼疾病，这可能给他们的术前定位带来挑战。

疼痛是脊髓肿瘤患者非常常见的症状，因此围手术期疼痛管理非常重要。应指导患者在手术前继续使用所有止痛药，包括阿片类药物。鉴于血小板功能障碍的风险和手术出血的可能性，应与手术团队讨论围手术期是否继续使用非甾体类抗炎药（NSAIDs）。由于某些患者在手术前可能已经接受了针对原发肿瘤的治疗，因此应特别注意化疗药物的全身不良作用。患有巨大或症状性肿瘤的患者通常用类固醇（例如地塞米松）治疗以减轻水肿和脊髓压迫，因此在围手术期可能会出现需要治疗的高血糖的风险。

实验室检测应基于手术前的医疗情况和手术的需要制订方案。通常包括全血细胞计数和基本凝血曲线。如果预计会出现较大的失血，则需要进行交叉配血和抗体筛查；否则完成血型鉴定和抗体筛查即可。

8.3 气道管理

脊髓肿瘤切除手术可能对患者的气道管理构成重大挑战。手术平面可以从颈部延伸到骶骨区域，这会对气道管理方案造成影响。麻醉医生必须与手术团队沟通以了解肿瘤的类型和手术方法。颈髓肿瘤可能需要在清醒状态下用柔性光纤插管，胸髓肿瘤的患者可能需要放置双腔支气管导管。2013年，美国麻醉医师协会（ASA）发布了更新过的ASA困难气道评分，该评分被作为临床气道管理各方面的通用性指南，应当应用在脊髓肿瘤切除术患者的气道管理中。

8.3.1 气道评估

用于管理困难气道的ASA实践指南中第一步是评估气道。在许多情况下，未能识别潜在的气道管理困难是导致气道相关灾难性后果的根本原因。在许多专业领域包括麻醉学、重症监护和急诊医学，气道管理不当是引起不良结果的主要因素。ASA实践指南建议在对气道进行检查时应评估气道的多重特征。这些特征可能会对困难气道做出提示，这些评估可以帮助预测困难通气和（或）困难插管情景。虽然没有"困难气道"的标准定义，但许多国家气道指南都认为以下这些情况都属于"困难气道"：通过面罩通气困难、声门上气道放置困难、喉镜检查困难、气管插管困难或手术气道打开困难。

8.3.2 气道管理技术

大多数接受脊髓肿瘤切除术的患者通过气管内插管来进行气道管理。放置气管插管可以通过多种不同的技术来实现，包括直接喉镜、视频喉镜或柔性光纤插管。首先应决定患者是否在清醒或全身麻醉诱导完成后进行插管。在患有颈髓肿瘤的患者中，许多麻醉医生更喜欢在患者清醒时使用柔性纤维支气管镜来放置气管内导管。与其他方法相比，这种技术引起颈椎运动的可能性最小，尤其在颈椎不可活动时，更被认为是一种理想的方法。如果患者的气道评估没有提示"困难气道"，则可以在全身麻醉诱导后放置气管插管。习惯上一般采用直接喉镜技术，通常使用Macintosh或米勒喉镜检查叶片。最近对于需要固定颈椎的患者，视频喉镜已被发现是获取喉部前方图像的首选技术。

切除胸髓肿瘤可能需要使一侧肺塌陷以便于手术显露和手术操作。这就需要放置双腔支气管内管（DLT）以实现双肺隔离并适应手术过程。同样在可预期的困难气道患者中，清醒时放置气管内导管的方法可能是更可取的技术。尽管可以通过柔性纤维支气管镜将DLT插入清醒的患者体内，但是一些麻醉医生更愿意在清醒患者中开始插入单腔管。在全身麻醉诱导后，可以使用气道交换导管将单腔管更换为DLT。手术完成后，通常将再次使用气道交

换导管结合视频喉镜DLT更换为单腔管。使用支气管阻滞剂也可以实现肺隔离，特别是当面对困难气管插管时，可以避免使用气道交换导管。

8.3.3 拔管期间的并发症

我们强烈建议记录下在气管插管时遇到的所有困难，因为在制订拔管计划时会考虑到这些状况。Adnet等制定的困难插管评分可用于对气管插管困难进行量化。该量表包含7个变量：（1）所需的补充尝试次数；（2）直接插管的补充人数；（3）使用的替代技术的数量；（4）需要施加喉外压力；（5）喉镜检查时的抬升力；（6）获得的声门显露程度；（7）喉镜检查中记录的声带位置。

脊髓肿瘤切除术中可能会出现手术时间长、大量补液、失血或需要输血的情况。所有这些情况都可能导致术后气道水肿，这是术后气道并发症的主要因素之一。当存在这些危险因素时，最好能够推迟拔管或拔除一个气道交换导管，以避免潜在的灾难性并发症。

8.4 脊髓手术的体位

手术体位应该能够起到帮助显露术区，尽量减少出血和减少重要结构损坏的作用。尽管可能有较多的选择，但脊髓肿瘤的手术通常采取俯卧位。理想的体位通常取决于肿瘤的位置和需要延伸的范围，有时还需要根据医院和外科医生的习惯来摆放体位。了解体位的作用对麻醉患者合适通气和灌注的影响非常重要，并可以避免因手术体位所引起的术后并发症。

8.4.1 俯卧位对心血管的影响

心脏指数下降：脊髓手术中俯卧位最重要的心血管并发症之一是心脏指数降低。心脏指数是将心排血量（心率×每搏输出量）除以体表面积（m^2）得出的数值。心脏指数的下降的原因是心率变化很小的情况下，每搏输出量减少。

俯卧位时胸腔内压力增高，引起静脉回流减少和心房充盈减少，从而导致每搏输出量降低。其次，压力感受反射器激活增加了交感神经活动，导致全身血管阻力和肺血管阻力增加。这可能意味着由于增加的全身血管阻力而使平均动脉压得以维

持，而平均右心房或肺动脉压无变化，但通常会产生较低的平均动脉压。

下腔静脉阻塞：下腔静脉的物理性受压以及在俯卧位时由此导致的受阻也会引起静脉回流和心排血量减少。另外下腔静脉阻塞导致脊髓静脉丛的扩张，这会使脊髓手术中失血增加。任何程度的腹部受压都会使下腔静脉阻塞加剧。因此小心摆放体位和应用能够避免腹部受压的支撑系统对降低这些风险是必不可少的。

8.4.2 俯卧位对呼吸的影响

麻醉和瘫痪患者处于俯卧位时的呼吸变化与患者的体型和所使用的体位架类型有关。当患者从仰卧位变换到俯卧位时，肺的功能残余容量和PaO_2增加，每秒用力肺活量和用力呼气量（例如FEV1）变化非常小，$PaCO_2$无变化。应该注意的是，当直立和有意识的患者在麻醉和瘫痪状态下处于仰卧位时，其功能残余容量将减少高达44%，但是当患者从直立位变换到俯卧位时，功能残余容量仅下降了12%。潮气量、吸气流量和静态顺应性（胸壁和肺）不变。呼吸系统的阻力增加了20%，但气道阻力没有改变。功能残余容量增加是由于横膈膜上的头侧压力减少和肺不张的肺段重新开放。从仰卧位到俯卧位后通气和灌注的变化可以使通气/灌注更好地适应体位变化的需要和动脉PaO_2改善。

8.4.3 俯卧位的神经系统并发症

中枢神经系统损伤。在俯卧位行脊髓手术期间，中枢神经系统的损伤可能由动脉闭塞、静脉闭塞、颈椎损伤或未确诊的占位性病变引起。在俯卧位期间未被察觉的颈部伸展或旋转引起的椎动脉或颈动脉闭塞可导致延髓背外侧综合征、四肢瘫痪、永久性偏瘫、致命性中风、椎动脉夹层或颈动脉夹层。

颈椎损伤：在麻醉状态下肌肉处于松弛状态，俯卧位时颈部过度屈曲或伸展可导致颈椎病患者出现急性颈椎间盘突出症或损伤。据报道，骨骼发育不良和胸壁畸形的患者曾出现过脊髓梗死。罕见之前无任何颈椎脱位病史的患者出现脱位损伤。

周围神经损伤：俯卧位期间的周围神经损伤由过度拉伸或直接压迫引起的神经缺血引起。俯卧位时受伤风险最高的神经是臂丛神经、尺神经和大腿外侧皮神经。其他较少报道的神经损伤是腋神经、肌皮神经、桡神经、坐骨神经、舌神经、颊神经、眶上神经、膈神经和喉返神经。体感诱发电位（SSEPs）可间接用作监测器，以检测俯卧位期间可能发生的外周神经损伤。在俯卧位时如果采用双上肢向前伸直的"超人"体位，患者上肢的SSEPs监测发现7%的患者出现了位置相关的可逆性SSEPs变化。相比之下，患者上肢并拢于体侧的俯卧位时仅有2.1%的患者出现SSEPs变化。

俯卧位压伤：俯卧位对身体受压部位的压伤可由直接压迫或间接压迫或供血血管闭塞引起。

伴有皮肤压力性坏死的直接压伤是俯卧位时可能发生的常见医源性损伤。直接压伤的常见部位是颧部、髂嵴、下颌、眼睑、鼻和舌。对于气管结缔组织缺损，如马方综合征或气管软化患者，俯卧位可能发生气管受压。在头部旋转的俯卧位手术后，已有发生急性双侧下颌下腺疼痛肿胀的文献报道。下颌肿胀也可能由唾液导管拉伸后引起的瘀滞所致。术中给予经颅诱发运动电位的刺激可导致舌和唇裂伤，这些通常可以通过常规使用软咬块来避免，如果给予较硬的口咽通气道可能会加重口咽肿胀。

巨舌症和口咽肿胀是俯卧位的罕见并发症。它可能是由于头部（口腔气道或气管内导管）的极度弯曲导致颈内静脉阻塞，进一步引起舌和咽静脉阻塞所致。舌和口咽肿胀可增加术后上呼吸道水肿的风险，这可能需要紧急的气道管理。

已有文献报道，之前曾行心胸外科手术或先天性解剖异常的患者，如脊柱侧凸或胸腔积液，俯卧时可能发生纵隔压迫。在俯卧位脊髓手术操作期间，心脏和大血管受压会导致严重的低血压和心排血量减少。

有文献报道显示，持续时间很长的俯卧位手术的患者出现了因腹部受压导致的内脏缺血情况，如肝脏缺血和胰腺炎。

另有报道称，在俯卧位行脊髓手术的髋关节骨性关节炎患者中，因为术中采用了低血压麻醉，出现了股骨头缺血性坏死。推测人为的低血压和俯卧位时静脉压增加导致骨髓内高压和缺血，从而引起了股骨头受损的股骨头缺血性坏死。

采取俯卧位进行的脊髓手术期间可发生腋动脉、股动脉和髂外动脉的压迫和闭塞。通过脉搏血氧仪或桡动脉压监测已经在受累的手臂上出现了腋动脉闭塞。已有通过胫后神经的SSEPs突然消失和足背动脉搏动消失发现股动脉闭塞的案例。

脊髓手术后的骨筋膜室综合征很少见，但有几例报道。在俯卧位患者中发生骨筋膜室综合征的相关因素包括髋部和膝部的屈曲以及手术时间持续超过3h。这种疾病可能需要筋膜切开术并且可能因出现横纹肌溶解症和急性肾衰竭而使病情更加复杂。

8.4.4 围手术期视力丧失

围手术期视力丧失是接受脊髓手术的患者罕见但具有毁灭性的并发症，并将导致严重的身体残疾和生活质量下降。脊柱手术后视力丧失很少见，眼科并发症发生率低于0.2%。围手术期视力丧失可分为4种不同类型：前部缺血性视神经病变（AION）、后部缺血性视神经病变（PION）、视网膜中央动脉阻塞（CRAO）和皮质盲。

AION最常见于心脏搭桥手术，但也可能发生在俯卧位的脊柱手术中。AION的危险因素包括低血压、贫血、大量液体移位、高晶体容量复苏、并发的血管疾病以及较小的杯盘比。

PION可能发生在头部静脉压力升高的俯卧位脊柱手术后。缺血性视神经病变的独立危险因素是男性、肥胖、使用Wilson框架、麻醉持续时间较长、估计失血量较少和胶体使用百分比较低。高龄、高血压、动脉粥样硬化、吸烟或糖尿病不是缺血性视神经病变（ION）的相关危险因素，但对于在术中急性生理变化时发生ION有提示作用。缺血性视神经病变的预后非常差，并且目前还没有确实有效的治疗方法。

CRAO发生在俯卧位脊柱手术后，由全眼球受压引起。外眼球受压会导致眼压增加，这可能导致视网膜血管闭塞。患者通常在麻醉苏醒后不久就会出现单侧或完全的视力丧失症状。眶周可能同时会有外伤表现，例如肿胀、红斑、瘀斑、眼球突出或眼肌麻痹。

皮质盲最常发生在接受复杂脊柱融合手术的儿童身上。皮质盲是由于顶枕叶皮层血管栓塞或深度低灌注导致的双侧后部分水岭梗死引起的。与其他类型的围手术期视力丧失相比，皮质盲的预后良好，视力在数周内即可改善。但可能在视力和视野正常的情况下在空间定向上遗留永久性缺陷。

围手术期视力丧失管理指南和建议。美国麻醉医师协会（ASA）的围手术期失明问题特别工作组已经发布了预防和管理俯卧位脊柱手术患者围手术期视力丧失的建议。这些建议包括告知患者围手术期视力丧失的风险很小，监测血压（以及在高风险患者中使用中心静脉压监测），使用胶体和晶体进行液体复苏，头部的高度与心脏同高或者高于心脏水平，保持头部处于正中位置（例如没有明显的颈部屈曲、伸展、侧屈或旋转），避免眼球直接受压，对高风险患者的脊柱手术进行分级，在患者麻醉苏醒后应进行视力评估，眼科急会诊，将血红蛋白/血细胞比容值、血流动力学状态和动脉氧合控制在最佳状态。

8.5 神经生理学监测麻醉

几乎所有脊髓肿瘤手术都是在全身麻醉下进行的。一般是根据患者的病情和合并症来选择麻醉药的种类和剂量，但所采用的神经生理学监测种类也会对麻醉方案的选择有一定的影响。使用与术中采取的神经生理学监测类型相匹配的麻醉药物以维持稳定的麻醉深度非常重要，这样才便于进行神经功能变化的检测和解释。

诱发电位监测受多种因素影响，如温度、平均动脉血压、脊髓灌注、神经压迫、缺氧、通气、贫血、麻醉药的种类和剂量以及代谢性疾病，所有麻醉剂通过在突触活动中产生剂量依赖性抑制来改变神经功能。神经信号传递中涉及的突触数量越多，麻醉剂的抑制作用越大。尽管有多种麻醉剂可以用来麻醉，包括吸入和静脉注射（IV）药物，但在脊柱手术期间如果采用神经生理学监测，全静脉麻醉（TIVA）仍然是标准方案。静脉注射麻醉剂，如丙泊酚、右美托咪定、巴比妥酸盐、苯二氮䓬类药物、阿片类药物、依托咪酯和氯胺酮，对诱发电位的影响明显小于吸入剂（表8.1）。挥发性卤化吸入麻醉剂，包括氟烷、异氟醚、七氟醚和地氟醚，会引起剂量依赖性的刺激电位幅度降低和诱发电位反应潜伏期的增加。这些因素对皮层诱发反应的影响大于皮质下反应。

8.5.1 麻醉剂对SSEPs的影响

SSEPs可用于评估感觉通路：包括外周神经、

表 8.1 麻醉剂对皮质 SSEPs 和肌源性 MEPs 的影响

麻醉剂	皮质 SSEPs		肌源性 MEPs	
	潜伏期	振幅	潜伏期	振幅
氟烷	↑	↓	↑↑	↓↓
异氟醚	↑	↓	↑↑	↓↓
七氟醚	↑	↓	↑↑	↓↓
地氟醚	↑	↓	↑↑	↓↓
笑气	↑	↓↓	↑↑	↓↓↓
异丙酚	影响轻微，高剂量时↑	影响轻微，高剂量时↑	影响轻微，高剂量时↑	影响轻微，高剂量时↓
依托咪酯	没有影响	低剂量时↑，高剂量时↓	没有影响	低剂量时↑，高剂量时↓
氯胺酮	没有影响	低剂量时↑	影响轻微，高剂量时↑	低剂量时↑，高剂量时↓
阿片类	没有影响	影响轻微	影响轻微	影响轻微
右美托咪定	没有影响	没有影响		低剂量时影响轻微，高剂量时↓
苯二氮草类	↑	↓	↑	
巴比妥类	↑	影响轻微	↑	↓
利多卡因	影响轻微	影响轻微		影响轻微

背根神经节、脊髓背柱、感觉丘脑和感觉皮层。监测上肢SSEPs时，使用针或表面电极，在手腕处刺激中央或尺神经，下肢SSEPs监测则通过刺激踝关节后胫神经。这些混合神经受刺激后可以激活感觉通路，并且刺激后的响应会沿着感觉通路上行到大脑。一般在Erb点、腘窝、颈椎和感觉皮层上记录刺激诱发的反应。这些混合神经受刺激后也会导致其中的运动神经被激活，这可由观察到刺激点以远的肌肉抽搐来证实。

与静脉麻醉剂相比，挥发性吸入麻醉剂对皮层SSEPs抑制的作用更大。对术前没有任何神经损伤的患者，挥发性吸入麻醉剂在最小肺泡浓度为0.5MAC时，即可很好地记录到皮层SSEPs。挥发性药物，如氟烷、异氟烷、七氟醚和地氟醚，会导致皮层SSEPs的潜伏期呈剂量依赖性延迟和振幅降低。

如果浓度增加到1 MAC以上，记录的信号幅度会以更快的速率下降。一氧化二氮（N_2O）可以引起皮层SSEPs的潜伏期延迟和振幅减小，并且还可以增强其他挥发性药物对皮层SSEPs潜伏期延迟和振幅减小的作用。N_2O对脊髓SSEPs反应的影响则明显减小，这就允许我们在更高的麻醉剂浓度下记录SSEPs。虽然异丙酚确实会导致皮层SSEPs的振幅呈剂量依赖性降低，但这种效应明显弱于吸入性麻醉药。在非常高的剂量下，异丙酚可以显著降低SSEPs

的幅度。阿片类药物、利多卡因和右美托咪定对SSEPs的潜伏期和振幅影响不大。低浓度的氯胺酮和依托咪酯实际上可以引起皮层SSEPs反应的增强。所有其他静脉注射药物以及较高浓度的氯胺酮和依托咪酯均会导致SSEPs振幅剂量依赖性的降低。

8.5.2 麻醉剂对MEPs的影响

MEPs用于评估监测涉及运动皮层、皮质脊髓束、连接初级和次级运动神经元的 α 运动神经元、外周神经和肌肉的运动通路。MEPs是通过磁刺激或经颅电刺激，使用两根针刺激头皮或直接刺激大脑表面而诱发的。

挥发性吸入麻醉剂对肌源性MEPs反应具有显著的负向作用。在既往没有任何神经病理病变的患者中，可以在最高0.5MAC的挥发性药物浓度下记录到肌肉反应，但通常实际所用的浓度要低于该值。N_2O与挥发性吸入剂联合使用时具有协同作用，通常需要避免这种用药方式。静脉麻醉剂，如异丙酚，也会影响肌源性MEPs的振幅和潜伏期，但这些影响仅在较高剂量时才会出现。异丙酚对MEPs具有剂量相关的抑制作用，但在标准麻醉剂量下，这种作用小于吸入麻醉药，可以很容易地监测到足够的MEPs。阿片类药物对肌肉MEPs的影响很小。低剂量的氯胺酮和依托咪酯可以增强MEPs，但在较高剂量时却起到抑制作用。当目标血浆浓度低于0.6ng/mL时，右美托咪定作为异丙酚完全静脉麻醉时的佐剂对肌源性MEPs无明显影响，但在0.6~0.8ng/mL的较高目标血浆浓度时，右美托咪定对肌源性MEPs的振幅有明显的抑制作用。利多卡因可用作平衡麻醉的一个组成部分，而不会对监测的MEPs产生不利影响。

通常应避免使用非去极化肌肉松弛剂（例如维库溴铵、罗库溴铵、阿曲库铵和顺式阿曲库铵）的神经肌肉阻滞（NMB）。如果使用NMB药物，则必须通过"成串刺激"的反应来监测麻痹程度，目标是4个抽搐中的2个得到控制或者单个抽搐的发作较用药前减少10%~20%。

8.5.3 麻醉剂对肌电图的影响

脊髓手术期间的肌电图（EMG）可以是随意运动肌电图（fEMG）或触发肌电图（tEMG）。fEMG记录的是由支配肌肉的神经的潜在刺激引起的肌肉活动，tEMG记录的是刺激神经后引起的肌肉活动。

麻醉剂，包括静脉注射和挥发性吸入剂，对EMG记录的影响最小。另一方面，神经肌肉阻滞剂可以阻断神经肌肉接头的神经信号传导，而神经信号通过神经肌肉接头后才能记录到EMG，因此神经肌肉阻滞剂对EMG影响很大，应避免使用。评估神经肌肉阻滞程度（NMB）最常见的方法是"4次刺激"反应：监测给予4次肌肉刺激后肌电图是否记录到4次相应的肌肉活动。

8.5.4 脊髓手术中神经监测的麻醉建议

术前用药：使用苯二氮䓬类药物（例如咪达唑仑）和（或）阿片类药物作为常规术前用药。

麻醉诱导：除非需要考虑患者存在特殊的病情，例如明显的心肺疾病、气道问题、误吸风险或其他疾病，否则常规需要进行麻醉诱导。使用哪种NMB药剂来进行气管插管取决于要进行的神经监测类型。如果需要快速恢复神经肌肉传递（如果监测MEPs和EMG），则可以使用去极化肌肉松弛剂琥珀胆碱。如果仅监测SSEPs，或者在开始监测诱发电位之前时间较长，则可以使用非去极化肌肉松弛剂，例如罗库溴铵或维库溴铵。必要时，在MEPs记录之前，可以使用舒更葡糖或新斯的明逆转神经肌肉阻滞。

麻醉维持：无论使用何种特定的麻醉剂，保持稳定的麻醉深度对于完整的神经生理学监测至关重要。在大多数情况下，使用完全静脉麻醉可以很好地维持全身麻醉，包括静脉给予异丙酚和阿片类药物。有很多机构通常使用基于脑电图的睡眠深度监测来指导给予的静脉麻醉剂药量。

静脉给予的异丙酚剂量通常在100~150 mcg/（kg·min^{-1}）。给予阿片类药物可以镇痛并减少所需的催眠药剂量。各种静脉注射阿片类药物都可以使用，例如舒芬太尼［0.2~1μg/（kg·h）］、瑞芬太尼［0.05~0.5μg/（kg·min）］、芬太尼［0.5~10μg/（kg·h）］或阿芬太尼［0.5~1.5 μg/（kg·min）］。如果要使用挥发性麻醉剂，建议避免使用N_2O，并且为了不影响SSEPs和MEPs监测，挥发性麻醉剂的剂量应控制在0.5MAC或以下。可以静脉给予低剂量异丙酚［例如50~100 mcg/（kg·min）］辅助麻醉。

可以同时应用辅助性麻醉剂，例如静脉给予低剂量氯胺酮和依托咪酯，可以改善MEPs和SSEPs的监测质量。可静脉给予右美托咪定［≤0.6μg/（kg·h）］、利多卡因［1~1.5mg/（kg·h）］和氯胺酮［0.5~1mg/（kg·h）］作为完全静脉麻醉或吸入剂的补充。这些辅助性麻醉佐剂允许输注较低剂量的异丙酚和阿片类药物，还可降低挥发性麻醉药物的使用剂量。如果需要监测MEPs和EMG时，应避免使用NMB，但是如果仅仅监测SSEPs，则没有限制。应放置牙垫以防止在MEPs刺激期间可能出现的舌头、嘴唇和口咽损伤。

8.6 血液保存

脊髓手术期间的失血可能是相当大的，原因是脊髓附近丰富的静脉网络会被破坏以及俯卧位可导致腹压增加。此外肿瘤手术时失血增加还与肿瘤血供有关。那些需要同种异体输血的患者有发生许多并发症的风险，包括凝血功能障碍、电解质异常、输血反应、输血相关的急性肺损伤、输血相关的循环超负荷、免疫抑制、癌症复发，以及严重的病毒或细菌感染。同时输血也非常昂贵。因此如何减少失血和同种异体输血是围手术期需要重点考虑的方面。更重要的是，有些患者因宗教信仰拒绝输血，因此在手术前应该仔细询问这些患者的意愿。

8.6.1 术前优化

根据世界卫生组织（WHO）的定义，贫血症是指女性Hb<12g/dL，男性Hb<13g/dL。术前贫血在外科手术患者中很常见，并且与手术后输血率和围手术期并发症的发生率升高有关。然而对贫血症进行筛查和诊断后，通过口服或静脉治疗可以有效治疗术前贫血。最常见治疗措施包括补充铁、叶酸和（或）维生素B_{12}以及红细胞生成刺激剂，如重组人红细胞生成素。这些术前干预措施非常有成效，许多医院已经成立了术前贫血门诊来帮助这些贫血患者。

8.6.2 储存式自体输血

自体输血的定义是收集患者自身的红细胞并回输。手术之前患者可以通过献血储存自身全血，在术中或术后再回输给自己。有些关于脊髓手术的研究报道称使用自体血回输使同种异体输血减少了50%~75%，但这种情况并不是普遍现象。

使用患者自己的血液可以避免同种异体输血中固有的一些（但不是全部）风险。不幸的是，这个过程成本高，需要多次就诊以进行行术前静脉采血。对于既往存在贫血或心血管疾病的患者，这可能也是不可行的。由于血液不是从身体中一次采集完成的，这种类型的输血通常不符合对使用血液制品有宗教异议的患者的意愿，同时未使用的血液会被浪费。

8.6.3 术中正常血容量血液稀释

急性等容量血液稀释是一种需要在切开皮肤前立即采集存储全血同时通过输注晶体或胶体来维持正常血容量的方法。要采集的血液体积可以由失血量公式计算得到：患者的估计血容量乘以初始血红蛋白和目标血红蛋白之间的差值除以平均血红蛋白。估计血容量取决于许多因素，包括性别、体重和身高。初始血红蛋白会因患者而异。即使保守采用10g/dL作为目标血红蛋白，也可以去除高达1L或更多的全血，并将其储存在含有抗凝血剂的血液储存袋中。将该体积替换为晶体（每1mL血液移除3mL）或胶体（每1mL血液移除1mL）。结果可以维持较低血红蛋白下的血容量正常。这样做的好处是，随后的失血是已经稀释后的血液。同时凝血因子和血小板也成比例地减少，这可能对止血不利。当手术完成时，或者当达到最小血红蛋白值时，可以重新注入储存的血液。如果术中能够始终注意维持人体血液循环与储血袋之间的衔接，该技术可能用于对使用血液制品有宗教异议的患者。

8.6.4 体位

有几个与椎骨相关的静脉丛通常含有丰富的血液且压力较低。这些连接到胸部、腹部和骨盆的静脉连通。良好的患者体位可以通过避免这些静脉的充血来将手术期间的失血量降到最低。体位装置，如胸部卷、Relton-Hall框架或Wilson框架，有助于降低腹内压并减少下腔静脉受压。降低腹内压与手术期间失血量显著减少相关。

8.6.5 低血压麻醉

使用长效降血压药物来积极降低血压或强化降压，可以减少脊髓手术中的失血量，但是必须注意避免与低血压相关的风险。大型回顾性研究表明，术中血压低于正常的时间与急性肾损伤、心肌损伤和中风的风险增加有关，但术中低血压的定义及其对术后结果的影响仍存在争议。

8.6.6 抗纤溶药物

纤维蛋白是一种形成血凝块框架的蛋白质。纤维蛋白溶解剂是天然存在的蛋白水解酶，可以分解交联的纤维蛋白凝块。抗纤溶药物是指抑制纤溶酶、胰蛋白酶和相关蛋白水解酶或抑制这些酶形成的药物（例如抑制纤溶酶原激活成纤溶酶）。这些药物研究最多的是抑肽酶、氨甲环酸和氨基己酸。

抑肽酶是源自牛肺的多肽，是作为胰蛋白酶、纤溶酶和激肽释放酶的有效抑制剂。已经证明抑肽酶可以在各种主要的失血手术中减少术中失血，但在2008年发表了使用抗纤维蛋白溶解药随机试验（BART）的血液保护后，抑肽酶就不再受欢迎了。在这项心脏手术患者的研究中抑肽酶与强烈且一致的死亡率趋势相关。2010年，一组专家"基于其增加并发症的报告，一致反对其在脊柱外科手术中的应用"。

氨甲环酸（TXA）是赖氨酸类似物，可竞争性抑制纤溶酶原对纤溶酶的活化。在脊柱手术中使用时，与失血和输血的显著减少有关。经典给药剂量包括先静推（10mg/kg或1~10g），后静滴0.1~2g/h或［1~5mg/（kg·h）］。肾功能不全是使用氨甲环酸的相对禁忌证，经尿排泄是氨甲环酸排出体外的主要途径，曾有输尿管堵塞和皮质坏死引起的急性肾衰竭的病例报道。在心脏病患者中，氨甲环酸也是术后癫痫发作的独立危险因素，因此许多麻醉医生在术后癫痫发作风险增加的患者中都避免使用氨甲环酸。

氨基己酸是氨基酸赖氨酸的另一种衍生物和类似物，可以减少脊柱手术时的失血量和输血量。氨基己酸的经典用法是先给予50mg/kg的负荷剂量，然后按［25mg/（kg·h）］静滴。

8.6.7　术中血液回收

手术过程中丢失的血液也可以回收并输回给患者。这需要商业化的设备将手术区域中的出血抽吸到含有抗凝血剂的过滤装置中将血凝块、骨头和其他碎屑过滤掉。然后将收集到的血液进行离心并重新悬浮在与常规输血装置相容的袋中。以这种方式可以回收的血液量没有限制，但需要重点关注的是这种方式采集到的血液在采集过程中会损耗大量的凝血因子和血小板，因此采取自体血回输仍然需要用补充同种异体冷冻血浆和血小板。由于担心此种方式收集的血液会引起恶性肿瘤细胞全身扩散，因此血液回收很少用于肿瘤手术。然而有人认为，对回收的血液进行适当的处理（例如减少白细胞）后，术中血液回收的益处可能大于风险，尤其是有研究报道同种异体输血与肿瘤手术后癌症复发率增加相关。

8.7　疼痛管理

接受脊髓肿瘤手术的患者经常会出现严重的术后疼痛。在一项大型回顾性研究中，观察了179种不同类型的手术，6种疼痛程度最重（在术后第1天评估）的手术中有3种涉及脊髓手术。这些患者通常会有可能穿过多个皮区的大切口。特别是癌症患者也可能之前就患有慢性疼痛，并且通常对阿片类药物产生了耐受性。因此超前多模式镇痛对于预防中枢性超敏反应和减少术后难治性疼痛至关重要。然而即使进行合适的术中管理，术后严重疼痛仍然是一个问题。

多模式镇痛在术前即开始。口服药物，如对乙酰氨基酚、加巴喷丁和普瑞巴林可降低术后疼痛评分和对阿片类药物的需求。这些术前药物应仅使用少量水服用，以保证在麻醉诱导前将胃内容物体积最小化。

在术中，肠外阿片类药物可与多种辅助剂联合使用。选择性给予特定的阿片类药物（例如芬太尼、氢吗啡酮、吗啡、阿芬太尼或舒芬太尼）可能并不重要，因为所有阿片类药物都主要在相同的阿片受体上起作用。美沙酮是一个例外，它是联合阿片受体激动剂和NMDA拮抗剂，这可能使其优于脊柱外科手术中的使用纯阿片类药物。瑞芬太尼在控制术中疼痛方面效果良好，但较高剂量可能与术后痛觉过敏有关。氯胺酮是一种NMDA拮抗剂，是阿片受体的弱激动剂，并可抑制神经递质如5-羟色胺、多巴胺和去甲肾上腺素的再摄取。当用于脊柱手术时，它可以减少围手术期阿片类药物的摄入量，并可能在数周后减少慢性疼痛。镇痛剂量的氯胺酮还可通过增加诱发电位的幅度来改善神经监测的质量。如果术前未给药，也可以静注对乙酰氨基酚。局部麻醉剂可以通过硬膜外给药或静脉输注给药。右美托咪定是一种α-2肾上腺素能受体激动剂，有镇痛和镇静作用。镁剂虽然有更多副作用，但在脊柱手术中显示出了应用前景。由于担心影响骨骼愈合，NSAIDs药物在脊柱手术中仍存在争议。

术后可以恢复患者术前接受的所有镇痛药，但肯定需要给予额外的镇痛治疗。尽管应该继续给予尽可能多的辅助药物，但临床上通常是给予静脉注射阿片类药物来实现镇痛。

8.8　结论

脊髓肿瘤手术患者的麻醉管理非常复杂，需要多学科联合，如麻醉医生、神经外科医生和神经生理监测团队共同参与其中。需要完全了解肿瘤类型、位置及其占位效应。应该进行全面的术前评估，因为许多脊柱肿瘤患者可能是转移瘤。对慢性疼痛的充分评估和理解有助于在围手术期实现疼痛的最佳管理。应详细讨论手术方案，包括手术范围、术中神经生理学监测、预期失血、术中血液回收和围手术期疼痛管理，以获得最佳的治疗结果。

（张正善译，丁学华校）

参考文献

[1] Apfelbaum JL, Hagberg CA, Caplan RA, Blitt CD, Connis RT, Nickinovich DG, Hagberg CA, Caplan RA, Benumof JL, Berry FA, Blitt CD, Bode RH, Cheney FW, Connis RT, Guidry OF, Nickinovich DG, Ovassapian A, American Society of Anesthesiologists Task Force on Management of the Difficult A (2013) Practice guidelines for management of the difficult airway: an updated report by the American Society of Anesthesiologists Task Force on Management of the Difficult Airway. Anesthesiology 118 (2):251–270. https://doi. org/10.1097/ALN.0b013e31827773b2.

[2] Cook TM, MacDougall-Davis SR. Complications and failure of airway management. Br J Anaesth. 2012;109(Suppl 1):i68–85. https://doi.org/10.1093/bja/aes393.

[3] Cook TM, Woodall N, Frerk C, Fourth National Audit P. Major complications of airway management in the UK: results of the fourth National Audit Project of the Royal College of Anaesthetists and the difficult airway society. Part 1: anaesthesia. Br J Anaesth. 2011;106(5):617–631. https://doi.org/10.1093/bja/aer058.

[4] Peterson GN, Domino KB, Caplan RA, Posner KL, Lee LA, Cheney FW. Management of the difficult airway: a closed claims analysis. Anesthesiology. 2005;103(1):33–39.

[5] Henderson JJ, Popat MT, Latto IP, Pearce AC, Difficult Airway S. Difficult airway society guidelines for management of the unanticipated difficult intubation. Anaesthesia. 2004;59(7):675–694. https://doi.org/10.1111/j.1365-2044.2004.03831.x.

[6] Sahin A, Salman MA, Erden IA, Aypar U. Upper cervical vertebrae movement during intubating laryngeal mask, fibreoptic and direct laryngoscopy: a video-fluoroscopic study. Eur J Anaesthesiol. 2004;21(10):819–823.

[7] Serocki G, Bein B, Scholz J, Dorges V. Management of the predicted difficult airway: a comparison of conventional blade laryngoscopy with video-assisted blade laryngoscopy and the GlideScope. Eur J Anaesthesiol. 2010;27(1):24–30. https://doi.org/10.1097/EJA.0b013e32832d328d.

[8] Adnet F, Borron SW, Racine SX, Clemessy JL, Fournier JL, Plaisance P, Lapandry C. The intubation difficulty scale (IDS): proposal and evaluation of a new score characterizing the complexity of endotracheal intubation. Anesthesiology. 1997;87(6):1290–1297.

[9] Cavallone LF, Vannucci A. Review article: Extubation of the difficult airway and extubation failure. Anesth Analg. 2013;116(2):368–383. https://doi.org/10.1213/ANE.0b013e31827ab572.

[10] Dharmavaram S, Jellish WS, Nockels RP, Shea J, Mehmood R, Ghanayem A, Kleinman B, Jacobs W. Effect of prone positioning systems on hemodynamic and cardiac function during lumbar spine surgery: an echocardiographic study. Spine (Phila Pa 1976). 2006;31(12):1388–1393.; discussion 1394. https://doi.org/10.1097/01.brs.0000218485.96713.44.

[11] Toyota S, Amaki Y. Hemodynamic evaluation of the prone position by transesophageal echocardiography. J Clin Anesth. 1998;10(1):32–35.

[12] Yokoyama M, Ueda W, Hirakawa M, Yamamoto H. Hemodynamic effect of the prone position during anesthesia. Acta Anaesthesiol Scand. 1991;35(8):741–744.

[13] Lee TC, Yang LC, Chen HJ. Effect of patient position and hypotensive anesthesia on inferior vena caval pressure. Spine (Phila Pa 1976). 1998;23(8):941–7. discussion 947-948.

[14] Schonauer C, Bocchetti A, Barbagallo G, Albanese V, Moraci A. Positioning on surgical table. Eur Spine J. 2004;13(Suppl 1):S50–S55. https://doi.org/10.1007/s00586-004-0728-y.

[15] Lumb AB, Nunn JF. Respiratory function and ribcage contribution to ventilation in body positions commonly used during anesthesia. Anesth Analg. 1991;73(4):422–426.

[16] Pelosi P, Croci M, Calappi E, Cerisara M, Mulazzi D, Vicardi P, Gattinoni L. The prone positioning during general anesthesia minimally affects respiratory mechanics while improving functional residual capacity and increasing oxygen tension. Anesth Analg. 1995;80(5):955–960.

[17] Coonan TJ, Hope CE. Cardio-respiratory effects of change of body position. Can Anaesth Soc J. 1983;30(4):424–438.

[18] Edgcombe H, Carter K, Yarrow S. Anaesthesia in the prone position. Br J Anaesth. 2008;100(2):165–183. https://doi.org/10.1093/bja/aem380.

[19] Jones AT, Hansell DM. Evans TW (2001) pulmonary perfusion in supine and prone positions: an electron-beam computed tomography study. J Appl Physiol. 1985;90(4):1342–1348. https://doi.org/10.1152/jappl.2001.90.4.1342.

[20] Tong CK, Chen JC, Cochrane DD. Spinal cord infarction remote from maximal compression in a patient with Morquio syndrome. J Neurosurg Pediatr. 2012;9(6):608–612. https://doi.org/10.3171/2012.2.PEDS11522.

[21] Cheney FW, Domino KB, Caplan RA, Posner KL. Nerve injury associated with anesthesia: a closed claims analysis. Anesthesiology. 1999;90(4):1062–1069.

[22] Kamel IR, Drum ET, Koch SA, Whitten JA, Gaughan JP, Barnette RE, Wendling WW. The use of somatosensory evoked potentials to determine the relationship between patient positioning and impending upper extremity nerve injury during spine surgery: a retrospective analysis. Anesth Analg. 2006;102(5):1538–1542. https://doi.org/10.1213/01.ane.0000198666.11523.d6.

[23] Rubin DS, Parakati I, Lee LA, Moss HE, Joslin CE, Roth S. Perioperative visual loss in spine fusion surgery: ischemic optic neuropathy in the United States from 1998 to 2012 in the Nationwide inpatient sample. Anesthesiology. 2016;125(3):457–464. https://doi.org/10.1097/ALN.0000000000001211.

[24] Ramaiah VK, LL. Postoperative visual loss and ischemic optic

neuropathy. Neurologic Outcomes of Surgery and Anesthesia Oxford University Press; 2013. https://doi.org/10.1093/med/9780199895724.001.0001.

[25] American Society of Anesthesiologists Task Force on Perioperative Visual L. Practice advisory for perioperative visual loss associated with spine surgery: an updated report by the American Society of Anesthesiologists Task Force on perioperative visual loss. Anesthesiology. 2012;116(2):274–285. https://doi.org/10.1097/ALN.0b013e31823c104d.

[26] Bala E, Sessler DI, Nair DR, McLain R, Dalton JE, Farag E. Motor and somatosensory evoked potentials are well maintained in patients given dexmedetomidine during spine surgery. Anesthesiology. 2008;109(3):417–425. https://doi.org/10.1097/ALN.0b013e318182a467.

[27] Kalkman CJ, Drummond JC, Ribberink AA, Patel PM, Sano T, Bickford RG. Effects of propofol, etomidate, midazolam, and fentanyl on motor evoked responses to transcranial electrical or magnetic stimulation in humans. Anesthesiology. 1992;76(4):502–509.

[28] Pathak KS, Amaddio MD, Scoles PV, Shaffer JW, Mackay W. Effects of halothane, enflurane, and isoflurane in nitrous oxide on multilevel somatosensory evoked potentials. Anesthesiology. 1989;70(2):207–212.

[29] McPherson RW, Mahla M, Johnson R, Traystman RJ. Effects of enflurane, isoflurane, and nitrous oxide on somatosensory evoked potentials during fentanyl anesthesia. Anesthesiology. 1985;62(5):626–633.

[30] Peterson DO, Drummond JC, Todd MM. Effects of halothane, enflurane, isoflurane, and nitrous oxide on somatosensory evoked potentials in humans. Anesthesiology. 1986;65(1):35–40.

[31] Vaugha DJ, Thornton C, Wright DR, Fernandes JR, Robbins P, Dore C, Brunner MD. Effects of different concentrations of sevoflurane and desflurane on subcortical somatosensory evoked responses in anaesthetized, non-stimulated patients. Br J Anaesth. 2001;86(1):59–62.

[32] Sloan T, Sloan H, Rogers J. Nitrous oxide and isoflurane are synergistic with respect to amplitude and latency effects on sensory evoked potentials. J Clin Monit Comput. 2010;24(2):113–123. https://doi.org/10.1007/s10877-009-9219-3.

[33] Logginidou HG, Li BH, Li DP, Lohmann JS, Schuler HG, Divittore NA, Kreiser S, Cronin AJ. Propofol suppresses the cortical somatosensory evoked potential in rats. Anesth Analg. 2003;97(6):1784–1788.

[34] Kalkman CJ, Leyssius AT, Bovill JG. Influence of high-dose opioid anesthesia on posterior tibial nerve somatosensory cortical evoked potentials: effects of fentanyl, sufentanil, and alfentanil. J Cardiothorac Anesth. 1988;2(6):758–764.

[35] Shils JL, Sloan TB. Intraoperative neuromonitoring. Int Anesthesiol Clin. 2015;53(1):53–73. https://doi.org/10.1097/AIA.0000000000000043.

[36] Urban MK, Fields K, Donegan SW, Beathe JC, Pinter DW,

Boachie-Adjei O, Emerson RG. A randomized crossover study of the effects of lidocaine on motor- and sensory-evoked potentials during spinal surgery. Spine J. 2017;17(12):1889–1896. https://doi.org/10.1016/j.spinee.2017.06.024.

[37] Rozet I, Metzner J, Brown M, Treggiari MM, Slimp JC, Kinney G, Sharma D, Lee LA, Vavilala MS. Dexmedetomidine does not affect evoked potentials during spine surgery. Anesth Analg. 2015;121(2):492–501. https://doi.org/10.1213/ANE.0000000000000840.

[38] Koht A, Schutz W, Schmidt G, Schramm J, Watanabe E. Effects of etomidate, midazolam, and thiopental on median nerve somatosensory evoked potentials and the additive effects of fentanyl and nitrous oxide. Anesth Analg. 1988;67(5):435–441.

[39] Schubert A, Licina MG, Lineberry PJ. The effect of ketamine on human somatosensory evoked potentials and its modification by nitrous oxide. Anesthesiology. 1990;72(1):33–39.

[40] McPherson RW, Levitt R. Effect of time and dose on scalp-recorded somatosensory evoked potential wave augmentation by etomidate. J Neurosurg Anesthesiol. 1989;1(1):16–21.

[41] Sloan TB, Toleikis JR, Toleikis SC, Koht A. Intraoperative neurophysiological monitoring during spine surgery with total intravenous anesthesia or balanced anesthesia with 3% desflurane.J Clin Monit Comput. 2015;29(1):77–85. https://doi.org/10.1007/s10877-014-9571-9.

[42] Ubags LH, Kalkman CJ, Been HD, Koelman JH, Ongerboer De Visser BW. A comparison of myogenic motor evoked responses to electrical and magnetic transcranial stimulation during nitrous oxide/opioid anesthesia. Anesth Analg. 1999;88(3):568–572.

[43] Thees C, Scheufler KM, Nadstawek J, Pechstein U, Hanisch M, Juntke R, Zentner J, Hoeft A. Influence of fentanyl, alfentanil, and sufentanil on motor evoked potentials. J Neurosurg Anesthesiol. 1999;11(2):112–118.

[44] Kothbauer K, Schmid UD, Liechti S, Rosler KM. The effect of ketamine anesthetic induction on muscle responses to transcranial magnetic cortex stimulation studied in man. Neurosci Lett. 1993;154(1–2):105–108.

[45] Mahmoud M, Sadhasivam S, Salisbury S, Nick TG, Schnell B, Sestokas AK, Wiggins C, Samuels P, Kabalin T, McAuliffe J. Susceptibility of transcranial electric motor-evoked potentials to varying targeted blood levels of dexmedetomidine during spine surgery. Anesthesiology. 2010;112(6):1364–1373. https://doi.org/10.1097/ALN.0b013c3181d74f55.

[46] Tobias JD, Goble TJ, Bates G, Anderson JT, Hoernschemeyer DG. Effects of dexmedetomidine on intraoperative motor and somatosensory evoked potential monitoring during spinal surgery in adolescents. Paediatr Anaesth. 2008;18(11):1082–1088. https://doi.org/10.1111/j.1460-9592.2008.02733.x.

[47] Shander A, Hofmann A, Ozawa S, Theusinger OM, Gombotz H, Spahn DR. Activity-based costs of blood transfusions in surgical patients at four hospitals. Transfusion. 2010;50(4):753–765. https://doi.org/10.1111/j.1537-2995.2009.02518.x.

[48] Guinn NR, Guercio JR, Hopkins TJ, Grimsley A, Kurian DJ, Jimenez MI, Bolognesi MP, Schroeder R, Aronson S, Duke Perioperative Enhancement T. How do we develop and implement a preoperative anemia clinic designed to improve perioperative outcomes and reduce cost? Transfusion. 2016;56(2):297–303. https://doi.org/10.1111/trf.13426.

[49] Cha CW, Deible C, Muzzonigro T, Lopez-Plaza I, Vogt M, Kang JD. Allogeneic transfusion requirements after autologous donations in posterior lumbar surgeries. Spine (Phila Pa 1976). 2002;27(1):99–104.

[50] Brookfield KF, Brown MD, Henriques SM, Buttacavoli FA, Seitz AP. Allogeneic transfusion after predonation of blood for elective spine surgery. Clin Orthop Relat Res. 2008;466(8):1949–1953. https://doi.org/10.1007/s11999-008-0306-4.

[51] Park CK. The effect of patient positioning on intraabdominal pressure and blood loss in spinal surgery. Anesth Analg. 2000;91(3):552–557.

[52] Li D, Bohringer C, Liu H. What is "normal" intraoperative blood pressure and do deviations from it really affect postoperative outcome? J Biomed Res. 2017;31(2):79–81. https://doi. org/10.7555/JBR.31.20160167.

[53] Fergusson DA, Hebert PC, Mazer CD, Fremes S, MacAdams C, Murkin JM, Teoh K, Duke PC, Arellano R, Blajchman MA, Bussieres JS, Cote D, Karski J, Martineau R, Robblee JA, Rodger M, Wells G, Clinch J, Pretorius R, Investigators B. A comparison of aprotinin and lysine analogues in high-risk cardiac surgery. N Engl J Med. 2008;358(22):2319–2331. https://doi.org/10.1056/NEJMoa0802395.

[54] Elgafy H, Bransford RJ, McGuire RA, Dettori JR, Fischer D. Blood loss in major spine surgery: are there effective measures to decrease massive hemorrhage in major spine fusion surgery? Spine (Phila Pa 1976). 2010;35(9 Suppl):S47–S56. https://doi.org/10.1097/BRS.0b013e3181d833f6.

[55] Wong J, El Beheiry H, Rampersaud YR, Lewis S, Ahn H, De Silva Y, Abrishami A, Baig N, McBroom RJ, Chung F. Tranexamic acid reduces perioperative blood loss in adult patients having spinal fusion surgery. Anesth Analg. 2008;107(5):1479–1486. https://doi.org/10.1213/ane.0b013e3181831e44.

[56] Murkin JM, Falter F, Granton J, Young B, Burt C, Chu M. High-dose tranexamic acid is associated with nonischemic clinical seizures in cardiac surgical patients. Anesth Analg. 2010;110(2):350–353. https://doi.org/10.1213/ANE.0b013e3181c92b23.

[57] Florentino-Pineda I, Thompson GH, Poe-Kochert C, Huang RP, Haber LL, Blakemore LC. The effect of amicar on perioperative blood loss in idiopathic scoliosis: the results of a prospective, randomized double-blind study. Spine (Phila Pa 1976). 2004;29(3):233–238.

[58] Nagarsheth NP, Sharma T, Shander A, Awan A. Blood salvage use in gynecologic oncology. Transfusion. 2009;49(10):2048–2053. https://doi.org/10.1111/j.1537-2995.2009.02256.x.

[59] Gerbershagen HJ, Aduckathil S, van Wijck AJ, Peelen LM, Kalkman CJ, Meissner W. Pain intensity on the first day after surgery: a prospective cohort study comparing 179 surgical procedures. Anesthesiology. 2013;118(4):934–944. https://doi.org/10.1097/ALN.0b013e31828866b3.

[60] Gianesello L, Pavoni V, Barboni E, Galeotti I, Nella A. Perioperative pregabalin for postoperative pain control and quality of life after major spinal surgery. J Neurosurg Anesthesiol. 2012;24(2):121–126. https://doi.org/10.1097/ANA.0b013e31823a885b.

[61] Hernandez-Palazon J, Tortosa JA, Martinez-Lage JF, Perez-Flores D. Intravenous administration of propacetamol reduces morphine consumption after spinal fusion surgery. Anesth Analg. 2001;92(6):1473–1476.

[62] Turan A, Karamanlioglu B, Memis D, Hamamcioglu MK, Tukenmez B, Pamukcu Z, Kurt I. Analgesic effects of gabapentin after spinal surgery. Anesthesiology. 2004;100(4):935–938.

[63] Gottschalk A, Durieux ME, Nemergut EC. Intraoperative methadone improves postoperative pain control in patients undergoing complex spine surgery. Anesth Analg. 2011;112(1):218–223. https://doi.org/10.1213/ANE.0b013e3181d8a095.

[64] Joly V, Richebe P, Guignard B, Fletcher D, Maurette P, Sessler DI, Chauvin M. Remifentanil-induced postoperative hyperalgesia and its prevention with small-dose ketamine. Anesthesiology. 2005;103(1):147–155.

[65] Loftus RW, Yeager MP, Clark JA, Brown JR, Abdu WA, Sengupta DK, Beach ML. Intraoperative ketamine reduces perioperative opiate consumption in opiate-dependent patients with chronic back pain undergoing back surgery. Anesthesiology. 2010;113(3):639–646. https://doi.org/10.1097/ALN.0b013e3181e90914.

[66] Jabbour HJ, Naccache NM, Jawish RJ, Abou Zeid HA, Jabbour KB, Rabbaa-Khabbaz LG, Ghanem IB, Yazbeck PH. Ketamine and magnesium association reduces morphine consumption after scoliosis surgery: prospective randomised double-blind study. Acta Anaesthesiol Scand. 2014;58(5):572–579. https://doi.org/10.1111/aas.12304.

[67] Levaux C, Bonhomme V, Dewandre PY, Brichant JF, Hans P. Effect of intra-operative magnesium sulphate on pain relief and patient comfort after major lumbar orthopaedic surgery. Anaesthesia. 2003;58(2):131–135. Z. Borovcanin et al.

脊膜瘤

9

Roberto Delfini, Benedetta Fazzolari, Davide Colistra

9.1 流行病学

　　脊膜瘤和神经鞘瘤在成人脊髓肿瘤中的发生率大致相同。脊膜瘤占所有原发性脊髓肿瘤的比例不到25%，占所有硬膜下肿瘤的比例约25%。脊膜瘤的发生率明显低于脑膜瘤，仅占所有脑、脊膜瘤的1.2%～12.7%。最近的一项流行病学研究也证实了以上数据。这项大型前瞻性监测、流行病学研究，在数据库中最终发现1709例脊膜瘤，占所有原发性硬膜下肿瘤的30.7%和所有脑、脊膜瘤的7.9%。神经纤维瘤病2型（NF2）患者脊膜瘤的发生率相对较高。NF2患者中，需要手术切除的病例10%位于脊柱。Mautner等在1/3的NF2患者中发现了脊膜瘤。在整体人群中，大多数脊膜瘤发生于60～80岁。然而，正如估计的那样，伴有NF2的脊膜瘤发病年龄可能提前。

　　75%～85%脊膜瘤患者为女性，女性与男性的比例为4∶1。而颅内脑膜瘤这一比例为2∶1。颅内脑膜瘤发病率的性别差异归因于女性的激素作用，组织学检查中经常观察到的黄体酮和雌激素受体，

以及脑膜瘤和乳腺癌之间关联或肿瘤生长和妊娠之间关联的报道，是该作用的有力证据。此外正如Schaller所指出的那样，在儿童中没有观察到女性发病率高的倾向。事实上青春期前男性发病率占优势。脊膜瘤的好发部位也因性别而异，女性好发于胸椎（胸髓背侧、背外侧、外侧）（图9.1、图9.2），其次为颈椎脊髓腹侧（15%）和腰骶椎（5%）。而男性中50%的脊膜瘤发生在胸椎，40%发生在颈椎。

　　此外研究还发现脊膜瘤发生率与种族有关，脊膜瘤和硬膜内神经鞘瘤的比例在不同种族之间存在差异，在西方人群中比例为1∶1，但在亚洲人群中比例为1∶4。除了与年龄相关外，与脊膜瘤发生率相关因素还包括电离辐射暴露，潜伏期可能很长（19~35岁）。

9.2 病理学

　　脑膜来源的肿瘤被称为脑膜瘤，这是Cushing最初提出的术语。Horsley于1888年首次切除了一个压迫脊髓的脊膜瘤，50年后Cushing和Eisenhardt将脊

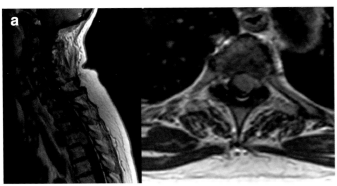
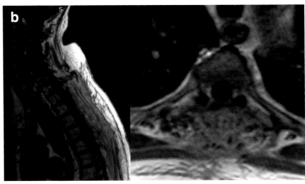

图9.1　（a）术前T1加权MRI增强扫描矢状位片（左）和轴位片（右）显示T3/T4脊膜瘤，肿瘤附着处位于脊髓左侧腹外侧。（b）胸椎脊膜瘤术后T1加权MRI增强扫描矢状位片（左）和轴位片（右）显示肿瘤完全切除

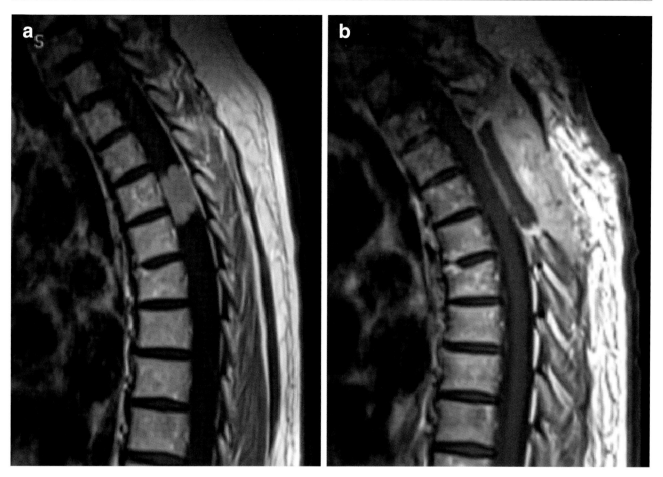

图 9.2 胸椎脊膜瘤。（a）术前 T1 加权增强 MRI 矢状位片显示分叶状脊膜瘤。（b）术后 T1 加权增强 MRI 矢状位片显示肿瘤完全切除

膜瘤的切除描述为"所有手术过程中最令人满意的一项"。

脊膜瘤起源于硬膜下的蛛网膜帽状细胞。它们通常是单发的，生长速度缓慢，在蛛网膜下腔横向扩张，界限清楚，非侵袭性生长，通常不会播散至中枢神经系统其他部位或身体其他区域。多发性脊膜瘤的发生与NF2有关。脊膜瘤可能对脊髓施加相当大的压力。与颅内脑膜瘤不同，脊膜瘤一般不会穿透软脊膜，但斑块状或侵袭性脊膜瘤除外，后两种类型具有更广泛的肿瘤基底并侵犯周围结构。在罕见的髓内脊膜瘤病例中可发生脊髓空洞症。绝大多数脊膜瘤是完全位于硬膜内的，但约10%跨硬膜内、外，甚至完全在硬膜外。由于在已发表的研究中用于描述肿瘤与脊髓关系的标准不同，肿瘤起源部位的分布似乎是非均匀的，肿瘤很少完全包裹脊髓。

脊膜瘤在肉眼下呈现光滑、纤维状、肉样和易碎的特点。在组织学上，根据世界卫生组织（WHO）

分型大多数脊膜瘤是WHO Ⅰ级（良性生物型）。按发生率依次分为砂粒型、内皮型、过渡型和成纤维细胞亚型。WHO Ⅱ级（透明细胞型和脊索型）和Ⅲ级（间变性）的罕见组织学变异表现出局部复发的高风险和侵袭性生物学行为。钙化型脊膜瘤并不常见，文献中仅占所有脊膜瘤的1%~5%。钙化型脊膜瘤更可能黏附于神经和周围组织，特别是硬脊膜，根据其显微外科手术种所见可表现为微型钙化（不可见钙化）、肉眼钙化（可见钙化）和骨化（完全钙化）。肿瘤内出现造血成分非常罕见，仅有4例病例报道。

几种受体可能在发病机制中发挥作用，主要是黄体酮和雌激素受体，还有肽能、生长因子和胺能受体。

从肿瘤起源角度来看，脊膜瘤和颅内脑膜瘤处理方式历来相似，但最近的遗传学研究可能会改变这种方式。Sayagues等描述了脊膜瘤中肿瘤细胞单克隆（22号染色体）的较高优势，而颅内脑膜瘤

表现出与肿瘤细胞多克隆相关的更多异质染色体畸变。其他研究发现超过50%的脊膜瘤患者完全或部分丢失22号染色体。

9.3　临床表现

脊膜瘤延误诊断的发生率很高。出现症状和接受手术治疗之间的时间间隔为1~2年。由于其临床症状缺乏特异性，在得到合适的影像学检查之前，容易出现诊断的延误。局灶性疼痛是脊膜瘤最常见的表现，并且通常先于进展性、节段性感觉障碍或运动功能缺陷，后两者均表明脊髓压迫。慢性压迫性脊髓病造成神经组织及其供应血管的机械性损伤，导致局部缺血，这是皮质脊髓束受压的最早表现。在后期，通过体格检查可发现节段性深腱反射减弱和肌张力不对称。由于前角细胞柱可明显抵抗外部压迫，因此低位运动神经元症状通常较晚发现。根据肿瘤位置不同，高颈部肿瘤可能表现为隐匿性枕部疼痛和脊髓半侧损伤综合征（Brown-Sequard Syndrome），而胸部肿瘤通常表现为内脏症状。肠和膀胱功能障碍也可能发生，但不太常见。根据Levy等的研究，在MRI检查出现之前，难以鉴别的疾病包括多发性硬化、脊髓空洞症和假性肿瘤性椎间盘突出，误诊率高达33%。

9.4　神经影像学

MRI是目前脊膜瘤的首选诊断工具。Klekamp等研究MRI出现前后脊膜瘤诊断效果，发现MRI可以使诊断提前6个月。MRI检查对于明确肿瘤累及范围和邻近神经结构受累情况，特别是对于术前评估，制订手术计划，确定肿瘤切除程度以及肿瘤复发随访至关重要。正如De Verdelhan等所强调的那样，在脊髓神经鞘瘤和脊膜瘤的MRI特征比较中，脊膜瘤在T2加权大多为均匀的等信号。注射钆甲酸（Gd-DTPA）增强扫描后呈现均匀中等强化。在类似研究中，作者们证实了众所周知、具有重要特征的"脊膜尾征"，并描述了冠状位成像对明确侧方肿瘤的重要性，和矢状位成像对明确腹侧和背侧肿瘤的重要性。肿瘤周围通常存在低信号边缘，表明肿瘤周围形成了良好的脑脊液（CSF）空间，钙化（如果存在）可能会在T2加权图像上产生低信号。

当MRI检查有禁忌时，脊柱CT检查可能有助于辨别硬膜内病变。此外脊膜瘤钙化灶可能用CT检查更好判断。Roux等推荐术前脊髓血管造影术，精确定位脊髓前动脉和肿瘤血供情况，特别是位于腹侧肿瘤面临更大的手术风险。

9.5　手术治疗

对于脊膜瘤，已有多种分类方法被提出以指导和帮助手术医生选择最佳手术入路，判断肿瘤与重要解剖结构之间的关系。根据肿瘤附着点与脊髓之间的关系，可以选择后路、侧方入路，以及极少使用的前路来切除这种良性肿瘤。

9.5.1　后路

患者俯卧位，双臂朝前。经仔细的术前计划之后，取后正中线皮肤切口，切口两端在肿瘤的头尾端范围上，上、下各延伸1个椎体水平。在骨膜下向两侧分离椎旁肌、背部固有肌和脊柱深部横向肌。根据肿瘤大小，进行单节段或多节段椎板切除术，显露范围超过肿瘤上、下极。位于侧方的脊膜瘤，可采用半椎板切除肿瘤，但显露要充分且保证安全。也可以切除部分小关节以增加手术角度。一般不需要切除椎弓根。沿中线切开硬脊膜并固定在两侧。有时需要切开部分齿状韧带以便操作。不同位置的肿瘤（脊髓腹侧、侧方或背侧），通常会使脊髓发生推挤移位和（或）旋转。首先从肿瘤外侧硬脊膜附着处开始切除，以最大限度降低对脊髓的热损伤。缩小肿瘤瘤体，充分减压，以扩大手术显露区域。在肿瘤切除之后仔细止血，电凝灼烧附着处硬膜后，"水密"缝合硬脊膜。

9.5.2　椎弓根横向切开入路（侧方入路）

Ito K等用该入路切除胸椎脊髓腹侧脊膜瘤。患者俯卧位，双臂朝前。经仔细的术前计划之后，取后正中线皮肤切口，切口两端在肿瘤范围头端和尾端各延伸1个椎体水平。然后进行中线和椎旁软组织剥离以显露棘突、椎板和小关节。将椎间肌进一步游离解剖并翻向外侧以显露内侧横突和小关节。然后使用高速磨钻切开后路椎板，小关节上、下关节面内侧和椎弓根采用横向切开术，不去除肋骨和横突。肿瘤切除在病变侧进行。小关节内侧切除范围和椎弓根切除的数量由肿瘤位置确定。所有8例患者均行椎弓根切除以保护脊髓，脊髓旋转在神经生理监测下进行以防止损伤脊髓。切开齿状韧带。将脊髓轻微旋转并通过使用经椎弓根入路获得宽阔的手术视野后，进行肿瘤切除。超声吸气器用于肿瘤内部减压以防止脊髓损伤。在移除肿瘤后，仔细电凝肿瘤附着处。无须进行脊柱后路器械固定。

9.5.3　T线入路

2016年，Tachibana等提出了T线概念，作者利用一些特定线来制订腹侧脊膜瘤的最佳手术入路。用水平位MRI图像来标记T线。先在图像上用1条线（T线1）标记肿瘤和脊髓的切线，用另外一条线（T线2）标记肿瘤主体平面的平分线（图9.3a）。再将脊膜瘤病例分为两组：T线（＋）组和T线（－）组。在T线（＋）组中，T线1和2之间的交叉点位于椎板的后方。在这种情况下，使用后路椎板切除术和半椎板切除术进行肿瘤切除的空间就足够了（图9.3b）。在T线（－）组中，交叉点位于椎板的前方。在这种情况下，使用后路切除肿瘤可能没有足够的空间，需要通过后外侧入路显露肿瘤。当肿瘤位于脊髓腹侧时，T线1和2的交叉点位于椎板的前侧，这些病例被归为T线（－）（图9.3c）。

9.5.4　前路

在某些情况下，位于脊髓腹侧的脊膜瘤应通过前路进行。虽然颈椎前路是神经外科医生的标准手术入路，但经胸腔前路是一个具有挑战性的选择。完全位于腹侧的髓外硬膜下病变（严重的脊髓压迫和明显的腹侧肿瘤向两边扩张，但没有脊髓旋转或侧方移位）可能难以通过后方或后外侧入路显露并安全地切除。严重钙化或致密的纤维化肿瘤不适合内部减压，因此可能具有相当的挑战性。到目前，对硬膜下病变的前路或前外侧入路很少使用。对这些方法的不信任是由于手术野太深，位于腹侧的硬膜外可能出现严重的出血，侧方病灶显露有限，有CSF瘘的风险，而且通常需要脊柱重建和固定。尽管如此，有一些病例需要采用前路手术并且包括椎体切除术。基本的手术技术需要使用高速钻进行椎体切除减压术，并应切除后纵韧带。通过椎间盘空间向头尾端扩大减压范围，侧方延伸至钩突。椎体切除术的宽度通常为15～20mm。椎体移除后，打开后纵韧带和硬脊膜，通过显微外科技术切除脊膜瘤。腓骨同种异体移植用于重建椎体切除后形成的缺损。使用螺钉将前路钢板固定到近端和远端椎体中。

9.5.5　手术技术

关于脊膜瘤的手术策略，对于Simpson Ⅰ级切除术是否比Simpson Ⅱ级切除更能获良好的长期临床结果尚未达成共识。在可行的情况下，Simpson Ⅰ级切除应该是所有脊膜瘤手术的目标，因为它可能有利于实现更好的长期无复发生存。然而如果肿瘤附着点位于腹侧或侧方，优先采用安全并可行修补的硬膜切除方式而非根治性切除肿瘤硬脊膜附着点，以避免难治医源性脑脊液漏（CSF）或在硬脊膜修补期间出现神经功能恶化。Nakamura报道肿瘤完全切除后（Simpson Ⅰ级和Ⅱ级切除术）复发率为9.7%，随着术后随访时间延长（Simpson Ⅰ级和Ⅱ级），复发率逐渐增加，随访5年、10年和15年分别为0、3.2%和8%。在这些病例中，所有复发的患者都接受了Simpson Ⅱ级切除术。作者表示根据对术后随访时间不到10年的研究，关于Simpsons Ⅱ级切除与肿瘤复发率之间相关性的结论是值得商榷的，而且初次手术时年龄小于50岁患者的肿瘤复发率明显高于50岁及50岁以上的患者。

对于硬膜内病变，CSF漏（及较少发生的颈前假性硬脊膜膨出）可能是前路手术的主要问题。除了使用合成硬脑膜替代物进行严格的硬脊膜修补外，还应进行脑脊液引流管留置3～5天以进行连续引流（10mL/h）。对于质地硬的肿瘤，瘤内切除减压是不可行的，硬的肿瘤应该在有抽吸或超声吸引器的情况下切除。手术切除时，应该尽可能早期分离肿瘤基底并离断血供实现"整体（En bloc）"切除。Alafaci等提出，骨化性脊膜瘤的化生模式决定了蛛网膜的纤维化或钙化，破坏了蛛网膜边界。在肿瘤和软脊膜之间缺乏安全的分离界面，需要在软脊膜和肿瘤表面之间进行细致的显微解剖以获得肿瘤"En bloc"切除。应该使用超声吸引器加快肿瘤切除，同时还要记住它的使用可能会导致神经血管损伤。根据我们的经验，特别是在硬脑膜瘤的情况下，超声吸引器用于硬的组织有助于内部减压，减少对神经组织的牵拉。

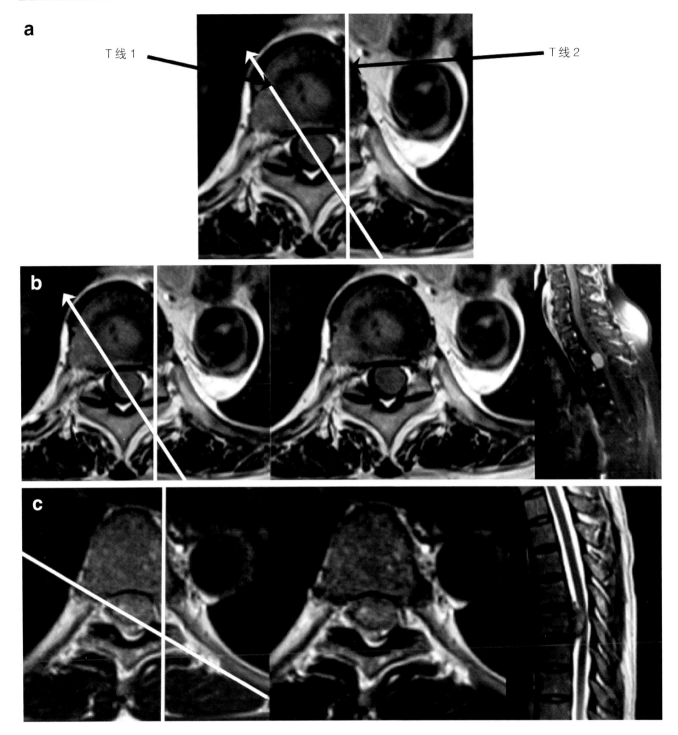

图 9.3　T 线概念的示意图。（a）肿瘤与脊髓的交叉点的切线称为 T 线 1，偏肿瘤侧小关节的平分线称为 T 线 2。（b）当两条线的交叉位于椎板后方定义为 T 线（+），这种情况可通过后路切除肿瘤。（c）T 线（–）表示椎板前部的交叉点，应通过后外侧入路切除肿瘤

9.6　并发症防治

　　与脊膜瘤手术相关的主要风险是脑脊液漏和神经功能障碍，最常见于骨化性肿瘤，附着于腹侧硬脊膜和浸润脊髓的肿瘤。Ruggeri等分析了一组钙化性脊膜瘤的治疗结果和影响因素，发现神经系统状态改善情况与脑膜瘤骨化程度之间存在具有显著统计学意义的关系。具体而言，微钙化型脊膜瘤预后较好，骨化性脊膜瘤则相反。研究还发现神经系统状态改善与患者年龄、临床病史长短及肿瘤在椎管内的位置之间没有任何相关性。另外对于钙化型脊膜瘤，全椎板切除比半椎板切除能更安全地接近和

切除肿瘤，因为全椎板切除为安全的操作提供了更充足的手术显露区域，特别是当肿瘤位于胸椎时比颈椎和腰椎更容易出现脊髓损伤。运动诱发电位和体感诱发电位可以对所有的脊膜瘤手术提供指导和帮助。特别是钙化型脊膜瘤和位于脊髓腹侧的脊膜瘤手术，强烈建议使用神经生理学监测。

　　脊膜瘤手术的平均死亡率为1%（0~4%）。术后，非神经和神经系统并发症分别为4%（0~24%）和6%（0~21%）。由于脊膜瘤起源于覆盖在脊髓外的被膜组织，82%~98%肿瘤可以通过安全的解剖分离实现完全切除。

9.7　结论

　　Cushing和Eisenhardt将脊膜瘤切除手术定义为"所有手术过程中最令人满意的类型之一"。在最近的几十年中，更好地理解患者状态与肿瘤病理结果、位置和骨化，神经生理学监测和神经麻醉的改进，以及传统脊髓肿瘤治疗方法的创新发展，显著改善了脊膜瘤的外科治疗效果。

（孙　伟译，丁学华校）

参考文献

[1] Ogden AT, Schwartz TH, McCormick PC. Spinal cord tumors in adults. In: Winn HR, editor. Youmans neurological surgery. 6th ed. Philadelphia, PA: Saunders; 2011. p. 3130–3143.

[2] Albanese V, Platania N. Spinal intradural extramedullary tumors. Personal experience. J Neurosurg Sci. 2002;46(1):18–24.

[3] Helseth A, Mork SJ (1989) Primary intraspinal neoplasms in Norway, 1955 to 1986. A population-based survey of 467 patients. J Neurosurg 71 (6):842–845. https://doi.org/10.3171/jns.1989.71.6.0842.

[4] Nittner K (1976) Spinal meningiomas, neurinomas and neurofibromas and hourglass tumors. In: Vinkin PJ, Bruyn GW (eds) Handbook of clinical neurology. 20 North Holland publishing, Amsterdam, pp 179–322.

[5] Rasmussen TB, Kernohan JW, Adson AW. Pathologic classification, with surgical consideration, of Intraspinal tumors. Ann Surg. 1940;111(4):513–530.

[6] Levy WJ Jr, Bay J, Dohn D. Spinal cord meningioma. J Neurosurg. 1982;57(6):804–812. https://doi.org/10.3171/jns.1982.57.6.0804.

[7] Sandalcioglu IE, Hunold A, Muller O, Bassiouni H, Stolke D, Asgari S. Spinal meningiomas: critical review of 131 surgically treated patients. Eur Spine J. 2008;17(8):1035–41. https://doi.org/10.1007/s00586-008-0685-y.

[8] Solero CL, Fornari M, Giombini S, Lasio G, Oliveri G, Cimino C, Pluchino F. Spinal meningiomas: review of 174 operated cases. Neurosurgery. 1989;25(2):153–160.

[9] Westwick HJ, Shamji MF. Effects of sex on the incidence and prognosis of spinal meningiomas: a surveillance, epidemiology, and end results study. J Neurosurg Spine. 2015;23(3):368–373. https://doi.org/10.3171/2014.12.SPINE14974.

[10] Goutagny S, Kalamarides M. Meningiomas and neurofibromatosis. J Neuro-Oncol. 2010;99(3):341–347. https://doi.org/10.1007/s11060-010-0339-x.

[11] Perry A, Giannini C, Raghavan R, Scheithauer BW, Banerjee R, Margraf L, Bowers DC, Lytle RA, Newsham IF, Gutmann DH. Aggressive phenotypic and genotypic features in pediatric and NF2-associated meningiomas: a clinicopathologic study of 53 cases. J Neuropathol Exp Neurol. 2001;60(10):994–1003.

[12] Mautner VF, Lindenau M, Baser ME, Hazim W, Tatagiba M, Haase W, Samii M, Wais R, Pulst SM. The neuroimaging and clinical spectrum of neurofibromatosis 2. Neurosurgery. 1996;38(5):880–885. discussion 885-886.

[13] Gezen F, Kahraman S, Canakci Z, Beduk A. Review of 36 cases of spinal cord meningioma. Spine (Phila Pa 1976). 2000;25(6):727–731.

[14] Gottfried ON, Gluf W, Quinones-Hinojosa A, Kan P, Schmidt MH. Spinal meningiomas: surgical management and outcome. Neurosurg Focus. 2003;14(6):e2.

[15] King AT, Sharr MM, Gullan RW, Bartlett JR. Spinal meningiomas: a 20-year review. Br J Neurosurg. 1998;12(6):521–526.

[16] Klekamp J, Samii M. Surgical results for spinal meningiomas. Surg Neurol. 1999;52(6):552–562.

[17] Roux FX, Nataf F, Pinaudeau M, Borne G, Devaux B, Meder JF. Intraspinal meningiomas: review of 54 cases with discussion of poor prognosis factors and modern therapeutic management. Surg Neurol. 1996;46(5):458–463. discussion 463-454.

[18] Parsa AT, Lee J, Parney IF, Weinstein P, McCormick PC, Ames C. Spinal cord and intradural-extraparenchymal spinal tumors: current best care practices and strategies. J Neuro-Oncol. 2004;69(1–3):291–318.

[19] Schaller B, Heilbronner R, Pfaltz CR, Probst RR, Gratzl O. Preoperative and postoperative auditory and facial nerve function in cerebellopontine angle meningiomas. Otolaryngol Head Neck Surg. 1995;112(2):228–234. https://doi.org/10.1016/S0194-59989570241-5.

[20] Vadivelu S, Sharer L, Schulder M. Regression of multiple intracranial meningiomas after cessation of long-term progesterone agonist therapy. J Neurosurg. 2010;112(5):920–924. https://doi.org/10.3171/2009.8.JNS09201.

[21] Wiemels J, Wrensch M, Claus EB. Epidemiology and etiology of meningioma. J Neuro-Oncol. 2010;99(3):307–314. https://doi.org/10.1007/s11060-010-0386-3.

[22] Bickerstaff ER, Rasmussen TB. Pathologic classification, with surgical consideration, of intraspinal tumors. Ann Surg. 1940;111(4):513–553.

[23] Schoenberg BS, Christine BW, Whisnant JP. Nervous system neoplasms and primary malignancies of other sites. The unique association between meningiomas and breast cancer. Neurology. 1975;25(8):705–712.

[24] Schaller B. Spinal meningioma: relationship between histological subtypes and surgical outcome? J Neuro-Oncol. 2005;75(2):157–61. https://doi.org/10.1007/s11060-005-1469-4.

[25] Saraceni C, Harrop JS. Spinal meningioma: chronicles of contemporary neurosurgical diagnosis and management. Clin Neurol Neurosurg. 2009;111(3):221–226. https://doi.org/10.1016/j. clineuro.2008.10.018.

[26] McCormick PC, Post KD, Stein BM. Intradural extramedullary tumors in adults. Neurosurg Clin N Am. 1990;1(3):591–608.

[27] Van Goethem JW, van den Hauwe L, Ozsarlak O, De Schepper AM, Parizel PM. Spinal tumors. Eur J Radiol. 2004;50(2):159–176. https://doi.org/10.1016/j.ejrad.2003.10.021.

[28] Cheng MK. Spinal cord tumors in the People's Republic of China: a statistical review. Neurosurgery. 1982;10(1):22–24.

[29] Hijiya N, Hudson MM, Lensing S, Zacher M, Onciu M, Behm FG, Razzouk BI, Ribeiro RC, Rubnitz JE, Sandlund JT, Rivera GK, Evans WE, Relling MV, Pui CH. Cumulative incidence of secondary neoplasms as a first event after childhood acute lymphoblastic leukemia. JAMA. 2007;297(11):1207–1215. https://doi.org/10.1001/jama.297.11.1207.

[30] Neglia JP, Robison LL, Stovall M, Liu Y, Packer RJ, Hammond S, Yasui Y, Kasper CE, Mertens AC, Donaldson SS, Meadows AT, Inskip PD. New primary neoplasms of the central nervous system in survivors of childhood cancer: a report from the childhood Cancer survivor study. J Natl Cancer Inst. 2006;98(21):1528–1537. https://doi.org/10.1093/jnci/djj411.

[31] Umansky F, Shoshan Y, Rosenthal G, Fraifeld S, Spektor S. Radiation-induced meningioma. Neurosurg Focus. 2008;24(5):E7. https://doi.org/10.3171/FOC/2008/24/5/E7.

[32] Cushing H, Eisenhardt L. Meningiomas: their classification, regional behavior, life history and surgical end results. Springfield, IL: Charles C Thomas; 1938.

[33] Gowers WR, Horsley V. A case of tumour of the spinal cord. Removal; recovery. Med Chir Trans. 1888;71(377–430):311.

[34] Mulholland RC. Sir William Gowers 1845-1915. Spine (Phila Pa 1976). 1996;21(9):1106–1110.

[35] Perry A, Gutmann DH, Reifenberger G. Molecular pathogenesis of meningiomas. J Neuro-Oncol. 2004;70(2):183–202. https://doi.org/10.1007/s11060-004-2749-0.

[36] National Institute of Neurological Disorders and Stroke. Brain and spinal cord tumors: hope through research. Bethesda, MD: National Institutes of Health; 2009.

[37] Traul DE, Shaffrey ME, Schiff D. Part I: spinal-cord neoplasms-intradural neoplasms. Lancet Oncol. 2007;8(1):35–45. https://doi.org/10.1016/S1470-2045(06)71009-9.

[38] Haegelen C, Morandi X, Riffaud L, Amlashi SF, Leray E, Brassier G. Results of spinal meningioma surgery in patients with severe preoperative neurological deficits. Eur Spine J. 2005;14(5):440–4. https://doi.org/10.1007/s00586-004-0809-y.

[39] Stechison MT, Tasker RR, Wortzman G. Spinal meningioma en plaque. Report of two cases. J Neurosurg. 1987;67(3):452–455. https://doi.org/10.3171/jns.1987.67.3.0452.

[40] Blaylock RL. Hydrosyringomyelia of the conus medullaris associated with a thoracic meningioma: case report. J Neurosurg. 1981;54(6):833–835. https://doi.org/10.3171/jns.1981.54.6.0833.

[41] Weil SM, Gewirtz RJ, Tew JM Jr. Concurrent intradural and extradural meningiomas of the cervical spine. Neurosurgery. 1990;27(4):629–631.

[42] Setzer M, Vatter H, Marquardt G, Seifert V, Vrionis FD. Management of spinal meningiomas: surgical results and a review of the literature. Neurosurg Focus. 2007;23(4):E14. https://doi.org/10.3171/FOC-07/10/E14.

[43] Raftopoulos C, Baleriaux D, Flament-Durand J, Delecluse F, Brotchi J. Cylindrical spinal meningioma. A case report. Surg Neurol. 1993;40(5):411–413.

[44] Vergara P. Is the complete excision of circumferential intradural spinal meningiomas achievable? Acta Neurochir. 2017;159(12):2385–2388. https://doi.org/10.1007/s00701-017-3354-2.

[45] Sayagues JM, Tabernero MD, Maillo A, Trelles O, Espinosa AB, Sarasquete ME, Merino M, Rasillo A, Vera JF, Santos-Briz A, de Alava E, Garcia-Macias MC, Orfao A. Microarray-based analysis of spinal versus intracranial meningiomas: different clinical, biological, and genetic characteristics associated with distinct patterns of gene expression. J Neuropathol Exp Neurol. 2006;65(5):445–454. https://doi.org/10.1097/01.jnen.0000229234.13372.d8.

[46] Parisi JE, Mena H. Non-glial tumors. In: Nelson JS, Parisi JE, Schochet SS, editors. Principles and practice of neuropathology. Inc, St. Louis, MO: Mosby-Year Book; 1993. p. 203–266.

[47] Doita M, Harada T, Nishida K, Marui T, Kurosaka M, Yoshiya S. Recurrent calcified spinal meningioma detected by plain radiograph. Spine (Phila Pa 1976). 2001;26(11):E249–E252.

[48] Ruggeri AG, Fazzolari B, Colistra D, Cappelletti M, Marotta N, Delfini R. Calcified spinal Meningiomas. World Neurosurg. 2017;102:406–12. https://doi.org/10.1016/j. wneu.2017.03.045.

[49] Chotai SP, Mrak RE, Mutgi SA, Medhkour A. Ossification in an extra-intradural spinal meningioma-pathologic and surgical vistas. Spine J. 2013;13(12):e21–e26. https://doi.org/10.1016/j.spinee.2013.06.102.

[50] Cochran EJ, Schlauderaff A, Rand SD, Eckardt GW, Kurpad S. Spinal osteoblastic meningioma with hematopoiesis: radiologic-pathologic correlation and review of the literature. Ann Diagn Pathol. 2016;24:30–34. https://doi.org/10.1016/

j.anndiagpath.2016.07.002.

[51] Huang TY, Kochi M, Kuratsu J, Ushio Y. Intraspinal osteogenic meningioma: report of a case. J Formos Med Assoc. 1999;98(3):218–221.

[52] Licci S, Limiti MR, Callovini GM, Bolognini A, Gammone V, Di Stefano D. Ossified spinal tumour in a 58-year-old woman with increasing paraparesis. Neuropathology. 2010;30(2):194–196. https://doi.org/10.1111/j.1440-1789.2009.01076.x.

[53] Arslantas A, Artan S, Oner U, Durmaz R, Muslumanoglu H, Atasoy MA, Basaran N, Tel E. Detection of chromosomal imbalances in spinal meningiomas by comparative genomic hybridization. Neurol Med Chir (Tokyo). 2003;43(1):12–18. discussion 19.

[54] Ketter R, Henn W, Niedermayer I, Steilen-Gimbel H, Konig J, Zang KD, Steudel WI. Predictive value of progression-associated chromosomal aberrations for the prognosis of meningiomas: a retrospective study of 198 cases. J Neurosurg. 2001;95(4):601–7. https://doi.org/10.3171/jns.2001.95.4.0601.

[55] Dodd RL, Ryu MR, Kamnerdsupaphon P, Gibbs IC, Chang SD Jr, Adler JR Jr. CyberKnife radiosurgery for benign intradural extramedullary spinal tumors. Neurosurgery. 2006;58(4):674–685.; discussion 674-685. https://doi.org/10.1227/01.NEU.0000204128.84742.8F.

[56] Tredway TL, Santiago P, Hrubes MR, Song JK, Christie SD, Fessler RG (2006) Minimally invasive resection of intradural-extramedullary spinal neoplasms. Neurosurgery 58(1 Suppl):ONS52-58; discussion ONS52-58.

[57] De Verdelhan O, Haegelen C, Carsin-Nicol B, Riffaud L, Amlashi SF, Brassier G, Carsin M, Morandi X. MR imaging features of spinal schwannomas and meningiomas. J Neuroradiol. 2005;32(1):42–49.

[58] Aoki S, Sasaki Y, Machida T, Tanioka H. Contrast-enhanced MR images in patients with meningioma: importance of enhancement of the dura adjacent to the tumor. AJNR Am J Neuroradiol. 1990;11(5):935–938.

[59] Goldsher D, Litt AW, Pinto RS, Bannon KR, Kricheff II. Dural "tail" associated with meningiomas on Gd-DTPA-enhanced MR images: characteristics, differential diagnostic value, and possible implications for treatment. Radiology. 1990;176(2):447–450. https://doi.org/10.1148/radiology.176.2.2367659.

[60] Nagele T, Petersen D, Klose U, Grodd W, Opitz H, Voigt K. The "dural tail" adjacent to meningiomas studied by dynamic contrast-enhanced MRI: a comparison with histopathology. Neuroradiology. 1994;36(4):303–307.

[61] Salpietro FM, Alafaci C, Lucerna S, Iacopino DG, Tomasello F. Do spinal meningiomas penetrate the pial layer? Correlation between magnetic resonance imaging and microsurgical findings and intracranial tumor interfaces. Neurosurgery. 1997;41(1):254–7. discussion 257-258.

[62] Lee RR. MR imaging of intradural tumors of the cervical spine. Magn Reson Imaging Clin N Am. 2000;8(3):529–540.

[63] Caroli E, Acqui M, Roperto R, Ferrante L, D'Andrea G. Spinal en plaque meningiomas: a contemporary experience. Neurosurgery. 2004;55(6):1275–1279. discussion 1279

[64] Jiang L, Lv Y, Liu XG, Ma QJ, Wei F, Dang GT, Liu ZJ. Results of surgical treatment of cervical dumbbell tumors: surgical approach and development of an anatomic classification system. Spine (Phila Pa 1976). 2009;34(12):1307–1314. https://doi.org/10.1097/BRS.0b013e3181a27a32.

[65] Ito K, Aoyama T, Miyaoka Y, Seguchi T, Horiuchi T, Hongo K. Surgery for ventral intradural thoracic spinal tumors with a posterolateral transpedicular approach. Acta Neurochir. 2016;158(8):1563–1569. https://doi.org/10.1007/s00701-016-2864-7.

[66] Tachibana T, Maruo K, Inoue S, Arizumi F, Kusuyama K, Yoshiya S. A new concept for making decisions regarding the surgical approach for spinal meningiomas: the T-line, a preliminary stud. Interdisc Neurosurg. 2016;3:11–14.

[67] Angevine PD, Kellner C, Haque RM, McCormick PC. Surgical management of ventral intradural spinal lesions. J Neurosurg Spine. 2011;15(1):28–37. https://doi.org/10.3171/2011.3.SPINE1095.

[68] Slin'ko EI, Al Q II. Intradural ventral and ventrolateral tumors of the spinal cord: surgical treatment and results. Neurosurg Focus. 2004;17(1):ECP2.

[69] Tsuda K, Akutsu H, Yamamoto T, Nakai K, Ishikawa E, Matsumura A. Is Simpson grade I removal necessary in all cases of spinal meningioma? Assessment of postoperative recurrence during long-term follow-up. Neurol Med Chir (Tokyo). 2014;54(11):907–913.

[70] Nakamura M, Tsuji O, Fujiyoshi K, Hosogane N, Watanabe K, Tsuji T, Ishii K, Toyama Y, Chiba K, Matsumoto M. Long-term surgical outcomes of spinal meningiomas. Spine (Phila Pa 1976). 2012;37(10):E617–E623. https://doi.org/10.1097/BRS.0b013e31824167f1.

[71] Alafaci C, Grasso G, Granata F, Salpietro FM, Tomasello F. Ossified spinal meningiomas: clinical and surgical features. Clin Neurol Neurosurg. 2016;142:93–97. https://doi.org/10.1016/j.clineuro.2016.01.026.

脊髓神经鞘瘤

10

Madjid Samii, Mario Giordano

10.1 简介

神经鞘瘤是最常见的脊髓神经鞘膜肿瘤。它们是生长缓慢的良性肿瘤，有典型的包膜，由分化良好的神经膜细胞构成。在绝大多数病例中，神经鞘瘤是单发和散发性的，而多发性神经鞘瘤与神经纤维瘤病2型（NF2）和神经鞘瘤病相关。脊髓神经鞘瘤的发病率为每年（0.3~0.4）/10万人，以单发或是综合征形式表现。通过脊髓神经鞘瘤大多数临床和手术病例的流行病学数据显示，男女性别之间发病率无显著差异。脊髓神经鞘瘤可在任何年龄段发病，多见于25~60岁，而主要分布于30~50岁。然而，在Hirano及其同事报道的一项大宗临床病例研究中，共纳入678例脊髓肿瘤，男性的发病率略高（1.3：1），发病最常见的年龄为50~59岁，大约90%的病例是孤立性和散发性的，4%伴随有NF2，5%的多发性神经鞘瘤与NF2无关，有些可能与神经鞘瘤病相关。

10.2 病因学

脊髓神经鞘瘤与神经纤维瘤同属于神经鞘膜肿瘤大类。它们在病因、定位和组织学上存在差异。神经鞘瘤常见于NF2患者和非NF2患者，而神经纤维瘤是在神经纤维瘤病1型（NF1）患者中发现的，NF1是一种常染色体显性遗传性疾病，与位于17号染色体上的遗传缺陷有关。NF2是另一种常染色体显性疾病，与位于22号染色体上的遗传缺陷导致Merlin蛋白（NF2基因产物）的缺失有关。NF2基因的表型在不同的患者之间的表达发生变化，出现不同的临床病程，然而不同的基因亚型在进一步的疾

病预后研究方面没有提供有力的证据。在NF2患者的一生中，大约90%会出现脊髓肿瘤，其中神经鞘瘤是最常见的，当然在这些患者中也可以发现前庭神经鞘瘤、室管膜瘤、星形细胞瘤和脑膜瘤。基于此类患者应该几乎每年都接受脊柱MRI扫描，以便在早期检测到肿瘤的发生。

多发性神经鞘瘤，也称为神经鞘瘤病，可以发生在没有NF的患者中，但这些肿瘤目前没有发现明确的遗传学基础。

10.3 组织学

在组织学上，我们可以区分典型的神经鞘瘤和其他变异体，例如与恶性周围神经鞘瘤相似的细胞性神经鞘瘤，或细胞质中含有黑色素小体的黑色素性神经鞘瘤，另外还包括比较少见的砂粒样神经鞘瘤和丛状神经鞘瘤。

典型的神经鞘瘤完全由肿瘤性神经膜细胞组成，而非炎性细胞，炎性细胞可能表现为局灶性的增多。目前典型的神经鞘瘤有两种占比不同的基本组织学架构类型：

Antoni A型：由细长、梭形的神经膜细胞组成交织束，排列紧密，偶有栅栏状细胞核和Verocay小体。这种类型在NF2患者中普遍存在。

Antoni B型：细胞较少，由星形细胞组成，分散在疏松的嗜酸性基质中，呈黏液样改变。

神经鞘瘤的血管通常由厚壁血管组成，与扩张的血管交错，周围可伴有小出血灶。

在免疫组化方面，神经鞘瘤具有典型的弥漫性S100和Ⅳ型胶原蛋白阳性，这与增大的非典型细胞中广泛的Sox10表达和较低的Ki-67增殖指数相关。恶性转化罕见于常规神经鞘瘤，而在黑色素性神经

鞘瘤中更加常见。

10.4 外观和定位

脊髓神经鞘瘤表现为光滑、球形、边界清楚、有包膜的肿块。它们不会撑开扩大神经，而是偏心生长于神经的一侧，并与其他神经分开。大多数神经鞘瘤完全位于硬膜下，但8%~32%可能完全位于硬膜外，1%~19%可能跨硬膜内外，不到1%位于髓内。这些罕见的髓内病例被认为起源于伴随脊髓穿支血管的血管周围神经鞘膜。

在6%~23%的病例中，脊髓神经鞘瘤可能沿着神经根硬脊膜袖套呈特征性的哑铃形生长，这是由于其在生长过程中遇到的解剖屏障而发展成"沙漏"形并形成硬膜下和硬膜外的结构。大多数椎管内、椎间孔内（通常较窄）和椎间孔外三部分相连。椎间孔的扩大是其特征性改变，而多数此类肿瘤表现为良性。

脊髓神经鞘瘤在大多由背侧感觉神经根的神经膜细胞发育而来。这些病变可能发生在脊柱的任何节段，但更常见于腰椎和颈椎。这可能与腰椎神经根的解剖学特征有关，它从脊髓到椎间孔的距离很长。相反由于颈椎神经根硬膜下行程较短，故肿瘤突破硬膜至硬膜外呈哑铃形生长在颈段更为常见，另外神经鞘瘤粘连或直接起源于脊髓圆锥段在临床上相对少见。Asazuma及其同事开发了一种基于影像学的分类方法专门用于哑铃型肿瘤，主要根据其与周围结构的解剖关系来对它们进行分类。

10.5 临床表现

脊髓神经鞘瘤临床表现取决于肿瘤的位置及其与脊髓和神经根的解剖关系。由于绝大多数神经鞘瘤为良性，该肿瘤可以在长时间生长后，才因肿块占位效应而出现症状。因此脊髓神经鞘瘤在2%~20%的病例中可能是偶然被发现的，该比例在不同的手术病例组中存在一定的差别。如大多数病例报道的那样，神经鞘瘤最常见的首发症状是疼痛，特别是散发性神经鞘瘤。感觉减退和缺失也可能伴随出现，运动障碍或括约肌功能受损相对少见。NF2患者比非NF2患者更有可能出现神经功能缺损，在NF2神经鞘瘤患者中，首发症状通常是步态不稳等运动障碍，随后才是疼痛。

10.6 手术治疗

手术是治疗有症状或生长中的脊髓神经鞘瘤的"金标准"，目的是缓解症状和预防复发。除神经纤维瘤病外，肿瘤完全切除后很少复发，并且在大多数情况下可以完全治愈。如果肿瘤发生于功能神经根而难以完全切除，可以残留纤维包膜或部分肿瘤，以保护神经功能。残留的肿瘤纤维包膜在复发中的作用尚不确定，而不完全切除的肿瘤有可能复发。考虑到神经鞘瘤良性和生长缓慢的特点，次全切除可能足以达到长久缓解症状的目的。然而神经鞘瘤手术有时需要对整个神经根进行切除，而在术后并未发生任何神经功能缺陷，那是因为手术所涉及的神经根在大多数情况下已失去作用，并且它们的功能已被相邻的神经根代偿。在C1/C2神经鞘瘤病例中，术者对于可能受累的椎动脉需要格外小心。

放射治疗可以作为部分病例的替代治疗手段，如肿瘤复发、肿瘤不完全切除和有手术禁忌的患者。

以下介绍几种手术路径：

· **后路**：经典的椎板切开术（或椎板切除术）仍然是脊髓肿瘤手术最常用的入路，除了硬膜外部分较大的哑铃型肿瘤，后者可能需要更大的手术入路。当肿瘤位于椎管内时，需要行覆盖肿瘤长度的椎板切开术，如有需要，可在肿瘤上下极进行扩大或进行部分小关节切除。而半椎板切除和椎板间入路可以减少患者术后疼痛并有助于保持脊柱稳定性。需在中线切开硬脊膜，以便显露脊髓和肿瘤。如果病变的一部分延伸到椎间孔内，则可以在袖套处做硬脊膜横行切口以获得肿瘤完全切除。当肿瘤位于腹侧时可能需要切开齿状韧带以获得更好的显露。腰椎椎管内神经鞘瘤可能被马尾神经或脊髓圆锥覆盖；在这种情况下，必须仔细分离神经以获得良好的手术视野。肿瘤显露后，将其从周围粘连的组织上分离。蛛网膜常与肿瘤包膜粘连。取得安全及充足的操作空间后，利用双极电凝镊烧灼肿瘤包膜，以离断血供并缩小肿瘤体积。如果神经根被完全包裹或与肿瘤包膜粘连严重，则需要神经生理监测来识别有功能运动的神经根。切开肿瘤包膜后，可以使用超声吸引器对肿瘤进行瘤内切除。

· **前路和前/后联合入路**：特殊类型的手术入路受外科医生经验以及椎旁肿瘤的大小和位置的影响。

Asazuma等推荐在椎间孔外巨大哑铃形病变切除时使用这些入路，而其他的哑铃型肿瘤通常可以通过经典后路进行处理。此外，在极少数情况下，哑铃型肿瘤浸润周围结构无明确包膜，因此这种方法与更高的运动障碍发生率相关，因为它通常需要连同神经根一起切除。

10.7 我们的经验

我们的经验来自超过1400例神经鞘膜肿瘤病例，从中我们分析了最近的40例脊髓神经鞘瘤。

患者的平均年龄为45岁（年龄范围为10~80岁），性别分布为18名女性和22名男性。入院时主要临床症状为疼痛（65%）、肢体乏力（45%）和感觉障碍（27.5%）。主要分布于腰椎（42.5%），其次是胸椎（32.5%）和颈椎（25%）。关于病变的位置，其中包括62.5%的硬膜下肿瘤、20%的硬膜外肿瘤和17.5%的椎旁肿瘤，其中10%的病例为巨大的神经鞘瘤。

我们治疗了5例受NF2影响的脊髓神经鞘瘤。在受NF2影响的90%的患者中可以发现脊髓肿瘤，其中神经鞘瘤是最常见的。在此类患者中，应非常仔细地评估采取手术切除的适应证。事实上，常规的脊柱MRI检查可以检测到多个肿瘤，然而这并不意味着绝对的手术指征。有些肿瘤可以在临床上保持静默多年，而只有1/3的肿瘤才会引起临床症状。

基于这些原因，对于引起神经体征和（或）显示出明显生长的NF2相关的脊髓肿瘤，才认为具备手术指征。在受NF2影响的5例病例中，4例接受了完全切除，而1例进行了部分切除。结果显示，与其他神经鞘瘤病例相比，对NF2相关的脊髓肿瘤应当采取更保守的策略。在NF2患者中，任何神经根都可能受到影响，手术是属于激进的治疗方式，因此必须将保护患者术后神经功能作为手术原则，而不致让患者暴露于术后神经功能缺陷的风险中。

在其余的非NF2病例中，35例中有34例获得了全切除。1例复发病例因神经根部有肿瘤浸润而行次全切除。

关于手术效果，在术后首次随访时，我们发现85%的患者术前疼痛症状得到缓解，15%的患者得到改善。有66%的患者术前肢体乏力症状得到缓解，22%的病例有所改善，而2例受NF2影响的患者的症状没有加重。

我们根据病变的位置使用了不同的手术入路（图10.1~图10.3）。大多数病例采用后路手术：50%的病例行椎板切开术，25%行半椎板切除术，15%使用椎板间入路。在其余10%硬膜外延伸的病例中，我们使用了更复杂的入路（前路和侧入路）。关于术后并发症，我们有2例患者发生了切口脑脊液漏：其中1例通过腰大池引流解决，另1例进行了二次手术翻修，有12.5%的病例术后曾出现一过性神经功能障碍。

（蔡　铮译，孙　伟校）

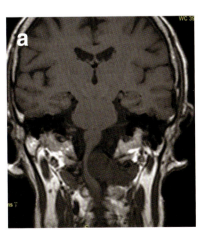
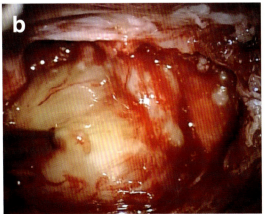
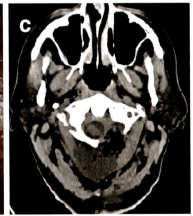

图 10.1　（a）冠状位 MRI T1 加权像显示 C2 左侧巨大哑铃型神经鞘瘤，患者 68 岁，有 6 个月的疼痛和进行性四肢瘫痪病史。（b）通过半坐位行 C1 半椎板切除后显露神经鞘瘤的术中图像。（c）术后第 1 天行轴位 CT 检查显示寰椎左侧半椎板切除和病变完全切除

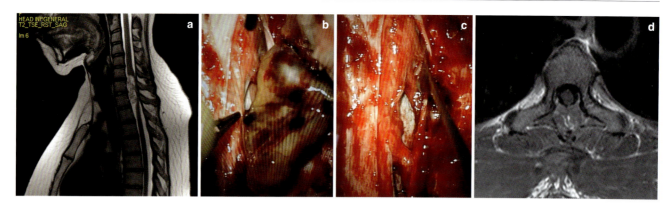

图 10.2 （a）MRI 矢状面 T2 加权像显示 1 例 23 岁患者在 C7/T1 节段出现硬膜下神经鞘瘤并伴有瘤内出血，该患者表现为高位偏瘫。（b）该患者的术中图像，显示通过 C7/T1 椎板切开术切除病变。（c）肿瘤切除后的手术部位图像。（d）术后 MRI 轴位 T1 加权增强图像，显示神经鞘瘤完全切除

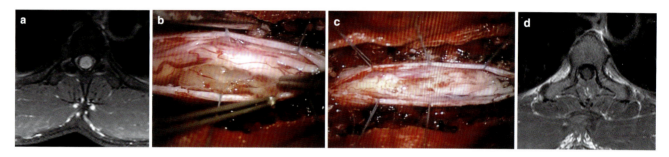

图 10.3 （a）MRI 轴位 T1 加权增强图像显示 1 例 40 岁男性的 T2/T3 神经鞘瘤，由于脊髓极度受压而导致下肢无力。（b）术中通过 T2/T3 椎板切开术对病变进行显露。（c）切除病变后的手术部位图像。（d）术后 MRI 轴位 T1 加权增强图像显示病变完全切除

参考文献

[1] Lenzi J, Anichini G, Landi A, Piciocchi A, Passacantilli E, Pedace F, Delfini R, Santoro A. Spinal nerves schwannomas: experience on 367 cases-historic overview on how clinical, radiological, and surgical practices have changed over a course of 60 years. Neurol Res Int. 2017;2017:1–12. https://doi.org/10.1155/2017/3568359.

[2] Louis DN, Perry A, Reifenberger G, von Deimling A, Figarella-Branger D, Cavenee WK, Ohgaki H, Wiestler OD, Kleihues P, Ellison DW. The 2016 World Health Organization classification of tumors of the central nervous system: a summary. Acta Neuropathol. 2016;131(6):803–820. https://doi.org/10.1007/s00401-016-1545-1.

[3] Jinnai T, Koyama T. Clinical characteristics of spinal nerve sheath tumors: analysis of 149 cases. Neurosurgery. 2005;56(3):510–515. discussion 510-515.

[4] Li P, Zhao F, Zhang J, Wang Z, Wang X, Wang B, Yang Z, Yang J, Gao Z, Liu P. Clinical features of spinal schwannomas in 65 patients with schwannomatosis compared with 831 with solitary schwannomas and 102 with neurofibromatosis type 2: a retrospective study at a single institution. J Neurosurg Spine. 2016;24(1):145–154. https://doi.org/10.3171/2015.3.SPINE141145.

[5] Hirano K, Imagama S, Sato K, Kato F, Yukawa Y, Yoshihara H, Kamiya M, Deguchi M, Kanemura T, Matsubara Y, Inoh H, Kawakami N, Takatsu T, Ito Z, Wakao N, Ando K, Tauchi R, Muramoto A, Matsuyama Y, Ishiguro N. Primary spinal cord tumors: review of 678 surgically treated patients in Japan. A multicenter study. Eur Spine J. 2012;21(10):2019–2026. https://doi.org/10.1007/s00586-012-2345-5.

[6] Halliday AL, Sobel RA, Martuza RL. Benign spinal nerve sheath tumors: their occurrence sporadically and in neurofibromatosis types 1 and 2. J Neurosurg. 1991;74(2):248–253. https://doi.org/10.3171/jns.1991.74.2.0248.

[7] Narod SA, Parry DM, Parboosingh J, Lenoir GM, Ruttledge M, Fischer G, Eldridge R, Martuza RL, Frontali M, Haines J, et al. Neurofibromatosis type 2 appears to be a genetically homogeneous disease. Am J Hum Genet. 1992;51(3):486–496.

[8] Patronas NJ, Courcoutsakis N, Bromley CM, Katzman GL, MacCollin M, Parry DM. Intramedullary and spinal canal tumors in patients with neurofibromatosis 2: MR imaging findings and correlation with genotype. Radiology. 2001;218(2):434–442.

https://doi. org/10.1148/radiology.218.2.r01fe40434.

[9] Dow G, Biggs N, Evans G, Gillespie J, Ramsden R, King A. Spinal tumors in neurofibromatosis type 2. Is emerging knowledge of genotype predictive of natural history? J Neurosurg Spine. 2005;2(5):574–579. https://doi.org/10.3171/spi.2005.2.5.0574.

[10] Joshi R. Learning from eponyms: Jose Verocay and Verocay bodies, Antoni a and B areas, Nils Antoni and schwannomas. Indian Dermatol Online J. 2012;3(3):215–219. https://doi.org/10.4103/2229-5178.101826.

[11] Sowash M, Barzilai O, Kahn S, McLaughlin L, Boland P, Bilsky MH, Laufer I. Clinical outcomes following resection of giant spinal schwannomas: a case series of 32 patients. J Neurosurg Spine. 2017;26(4):494–500. https://doi.org/10.3171/2016.9.SPINE16778.

[12] Conti P, Pansini G, Mouchaty H, Capuano C, Conti R. Spinal neurinomas: retrospective analysis and long-term outcome of 179 consecutively operated cases and review of the literature. Surg Neurol. 2004;61(1):34–43. discussion 44.

[13] SEPspala MT, Haltia MJ, Sankila RJ, Jaaskelainen JE, Heiskanen O. Long-term outcome after removal of spinal schwannoma: a clinicopathological study of 187 cases. J Neurosurg. 1995;83(4):621–626. https://doi.org/10.3171/jns.1995.83.4.0621.

[14] Asazuma T, Toyama Y, Maruiwa H, Fujimura Y, Hirabayashi K. Surgical strategy for cervical dumbbell tumors based on a three-dimensional classification. Spine (Phila Pa 1976). 2004;29(1):E10–E14. https://doi.org/10.1097/01.BRS.0000103662.13689.76.

[15] Broager B. Spinal neurinoma; a clinical study comprising 44 cases with a discussion of histiological origin and with special reference to differential diagnosis against spinal glioma and meningioma. Acta Psychiatr Neurol Scand Suppl. 1953;85:1–241.

[16] Cervoni L, Celli P, Scarpinati M, Cantore G. Neurinomas of the cauda equina clinical analysis of 40 surgical cases. Acta Neurochir. 1994;127(3–4):199–202.

[17] Safaee M, Parsa AT, Barbaro NM, Chou D, Mummaneni PV, Weinstein PR, Tihan T, Ames CP. Association of tumor location, extent of resection, and neurofibromatosis status with clinical outcomes for 221 spinal nerve sheath tumors. Neurosurg Focus. 2015;39(2):E5. https://doi. org/10.3171/2015.5.FOCUS15183.

[18] Rogers L. Tumours involving the spinal cord and its nerve roots. Ann R Coll Surg Engl. 1955;16(1):1–29.

[19] Schultheiss R, Gullotta G. Resection of relevant nerve roots in surgery of spinal neurinomas without persisting neurological deficit. Acta Neurochir. 1993;122(1–2):91–96.

[20] Samii M, Klekamp J. Surgical results of 100 intramedullary tumors in relation to accompanying syringomyelia. Neurosurgery. 1994;35(5):865–873. discussion 873.

[21] Garcia DM. Primary spinal cord tumors treated with surgery and postoperative irradiation. Int J Radiat Oncol Biol Phys. 1985;11(11):1933–9.

[22] McCormick PC. Surgical management of dumbbell tumors of the cervical spine. Neurosurgery. 1996;38(2):294–300.

[23] Slooff JL. Primary intramedullary tumors of the spinal cord and filum Terminale. Philadelphia: Saunders; 1961.

[24] McCormick PC. Surgical management of dumbbell and paraspinal tumors of the thoracic and lumbar spine. Neurosurgery. 1996;38(1):67–74. discussion 74-65 M. Samii and M. Giordano.

[25] O'Toole JE, McCormick PC. Midline ventral intradural schwannoma of the cervical spinal cord resected via anterior corpectomy with reconstruction: technical case report and review of the literature. Neurosurgery. 2003;52(6):1482–1485. discussion 1485-1486.

[26] Jenkinson MD, Simpson C, Nicholas RS, Miles J, Findlay GF, Pigott TJ. Outcome predictors and complications in the management of intradural spinal tumours. Eur Spine J. 2006;15(2):203–210. https://doi.org/10.1007/s00586-005-0902-x.

硬膜下和硬膜外神经鞘瘤的手术治疗

11

Alvin Y. Chan, Andrew K. Chan, Catherine A. Miller, Line G. Jacques, Praveen V. Mummaneni

11.1 简介

典型的脊髓神经鞘瘤是由神经膜细胞形成包膜的脊髓良性肿瘤，肿瘤作为附属物生长在载瘤神经根上，富含肿瘤性神经膜细胞。神经鞘瘤分为2种类型：Antoni A型（具有细长胞核的细胞紧密排列）和Antoni B型（细胞松散排列）。脊髓神经鞘瘤通常位于髓外硬膜下或硬膜外，另外文献中报道有髓内神经鞘瘤的罕见个案。它们是最常见的神经鞘膜肿瘤，约占原发性脊髓肿瘤的1/4，常见于30~50岁。95%的神经鞘瘤病例被认为是散发性的，而同时出现多个肿瘤提示可能存在某种综合征。据报道，脊髓神经鞘瘤的发病率为（0.3~0.5）/10万人。

神经鞘瘤也有多种变异体，如细胞性、丛状或黑色素性神经鞘瘤。细胞性神经鞘瘤比其他肿瘤具有更高的细胞比率和细胞有丝分裂率，这可能导致其容易对周围结构侵袭破坏，但没有恶性潜能。以往的研究数据表明，这类肿瘤通常发生于椎旁或骨盆。另一种形式被描述为丛状神经鞘瘤，这类神经鞘瘤在脊髓中很少见，它们通常表现为Antoni A型，并且多见于年轻患者皮肤。黑色素性神经鞘瘤不太常见，呈梭形和上皮样细胞形态。

有时部分患者会出现多发性神经鞘瘤，这是典型的综合征表现，例如神经纤维瘤病2型（NF2）或神经鞘瘤病。NF2和神经鞘瘤病可以在组织表型或临床表现方面存在重叠，但它们在分子遗传学角度上是不同的。NF2是一种常染色体显性遗传的多发性肿瘤综合征，源于22号染色体上肿瘤抑癌基因突变。患者可发展为中枢神经系统肿瘤，包括双侧前庭神经鞘瘤，以及眼部和皮肤病变。大约2/3的NF2患者有脊髓肿瘤，这些肿瘤往往比其他形式的神经

鞘瘤更具侵袭性。相反神经鞘瘤病被描述为神经纤维瘤病3型，其定义为没有前庭神经受累的多发性神经鞘瘤。它可以是一个零星的个体，但也可能涉及家族遗传成分，例如INI1/SMARCB1肿瘤抑制基因的突变。

我们回顾目前治疗硬膜下或硬膜外脊髓神经鞘瘤患者的管理建议，目的是收集这些常见肿瘤的当前证据来源。本章还讨论了硬膜下和硬膜外肿瘤的手术方法和策略，以及手术时需要注意的其他相关因素。此外我们还提供了多条关于此类手术的箴言，以帮助神经外科医生避开常见的隐患。

11.2 临床表现和检查

诊断脊髓神经鞘瘤首先要有完整的病史并进行详细的神经系统体格检查，如有必要，还要进行肌电图和神经传导速度测试。影像学检查可以提供关于肿瘤、神经根和硬脑膜关系的解剖学细节。脊髓神经鞘瘤术前最常见的症状是局部疼痛，伴或不伴放射痛。其他不太常见的症状包括神经分布区域皮肤感觉缺失、直肠或膀胱功能失禁、肢体运动无力、步态不稳和肌肉萎缩。极少的患者表现为颅内压升高和相关的双侧视神经盘水肿。

神经鞘瘤有时没有症状，通过影像学检查偶然发现。它们在影像学上可有多种表现形式，但通常具有一些共性特点。神经鞘瘤在MRI T2加权成像上倾向于高信号，在T1加权成像上为低信号或等信号，增强扫描常为不均匀强化。在一项对92例神经鞘瘤患者的研究中发现，55.4%的神经鞘瘤在T2加权成像上表现为液体信号，58.7%在T1加权对比增强图像上表现为边缘强化。CT检查上的成像通常表现为低至稍高密度，可能无法与脊髓区分。此外

脊髓神经鞘瘤可伴有椎弓根吸收或重塑、椎间孔直径变宽等表现。神经鞘瘤很少出现蛛网膜下腔出血或硬膜下出血，如果出现这种情况会对诊断形成挑战。表观扩散系数（ADC）在某些情况下也可用于术前评估肿瘤的良恶性。表11.1 总结了不同的手术方法。

11.3 硬膜下神经鞘瘤的手术治疗

11.3.1 髓外硬膜下神经鞘瘤

神经鞘瘤有包膜，撑开而不侵犯背侧感觉根。髓外硬膜下神经鞘瘤是其中最常见的类型，约占所有脊髓神经鞘瘤的2/3（图11.1）。

根据肿瘤的大小和位置，可以使用多种不同的手术入路。在多数情况下，采用常规后路椎板切除术或半椎板切除术来分离肿瘤足以实现肿瘤全切除。单侧椎板切除术已被证明可以充分地显露剥离肿瘤并改善术后疼痛，同时保持脊柱局部稳定性。在一些患者中，可以选择创伤更小的入路，如椎板间入路。

肿瘤的位置和大小可能影响手术的方式。例如一项对110例患者的回顾性研究比较了接受显微手术椎板切除术、半椎板切除术或椎板切除术加椎弓根螺钉固定的患者的失血量、住院时间和疼痛评分。结果表明，半椎板切除最适用于颈椎肿瘤的切除，椎板切除最适用于胸段肿瘤的切除，椎板切除加椎弓根螺钉固定最适用于腰椎肿瘤的切除。然而各种术式间的差别并非绝对，因此在确定正确的方法和技术前必须进行正确的评估。

在某些情况下，硬膜下神经鞘瘤可能位于颈髓或胸髓腹侧，并导致压迫性脊髓病。在腰椎和部分胸椎，仅行椎板切除的后路或椎旁肌肉内侧的后外侧入路通常足以用于脊髓背侧肿瘤的切除。对于颈椎腹侧肿瘤，考虑到后路操作困难，前路可能更为适合。前路颈椎椎体切除术结合脊柱关节融合固定术已被用于治疗中线腹侧硬膜下神经鞘瘤。此外通过进行后部小关节切除可以实现后外侧入路切除位于颈椎侧隐窝的肿瘤（图11.2）。

对于无严重神经功能缺损的神经鞘瘤进行全切通常是完全可以实现的。例如1项对128例接受手术的脊髓神经鞘瘤患者的研究表明，97%的肿瘤实现了全切。手术过程中，应尽可能保留脊神经根，但有时牺牲载瘤神经根是全切除肿瘤所不可避免的，如果只切断受影响的感觉神经根，术后神经功能缺损可能是很小的。这其中确切的机制尚不清楚，可能是随着肿瘤的进展，神经根被破坏功能缺损，而肌肉被其他神经根代偿支配。为了支持这一假设，一项对于31例患者进行的研究显示，在对功能至关重要的脊柱水平（C5~T1和L3~S1）进行肿瘤切除时需要牺牲神经根的患者，术后发生功能障碍率较低，并且载瘤神经根通常是不起作用的。此外术中神经监测或直接神经根刺激可用作辅助手段，以

表 11.1 不同脊柱区域和肿瘤位置的手术入路和方法汇总

部位	肿瘤位置	入路和方法
颈椎	腹侧（正中）	前路（如椎体切除术）伴或不伴后路融合
	腹侧（偏侧方）	后路（如椎板切除术）或后外侧入路（如关节突切除术）伴或不伴融合
	侧隐窝	
	"哑铃"形	
	背侧	
胸椎	腹侧	前路（如开胸加椎体切除融合术）
	侧方	后路（如经椎弓根入路、肋骨横切术和融合术）
	"哑铃"形	
	背侧	椎板切除术或椎板切开术伴或不伴关节突切除及融合术
腰/骶椎	腹侧	椎板切除术或椎板切开术伴或不伴关节突切除及融合术
	侧方	
	"哑铃"形	
	背侧	

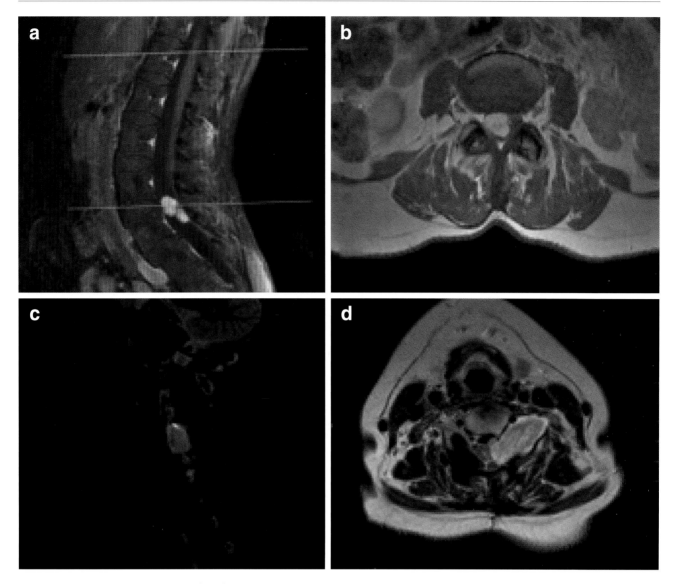

图 11.1　2 例硬膜下肿瘤患者的影像。单纯硬膜下肿瘤患者的 T1 加权矢状面（a）和轴位（b）图像。硬膜下和硬膜外沟通性神经鞘瘤患者的矢状面（c）和轴位（d）图像

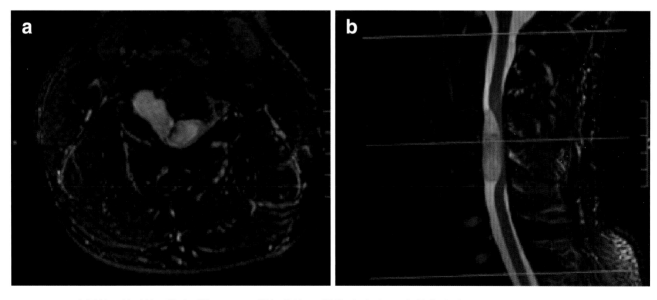

图 11.2　27 岁男性哑铃型神经鞘瘤延伸至 C4/C5 椎间孔的 T2 轴位（a）和 T2 矢状位（b）MRI

帮助评估牺牲神经根是否会导致可能的术后功能缺损。

可能有特定的危险因素可以预测患者术后是否会出现神经功能缺损。一项对64例术前无下肢疼痛的孤立性脊髓硬膜下神经鞘瘤患者（T11~S1）的研究表明，术前存在感觉或运动障碍，或肿瘤位于T11~L2，在手术牺牲神经根后更有可能出现术后功能障碍。此外作者发现年龄、性别、病程、伴有糖尿病和肿瘤长度不能预测术后是否出现神经功能缺陷。

11.3.2 髓内神经鞘瘤

髓内神经鞘瘤是极其罕见的，约占所有脊髓神经鞘瘤的1%，考虑到神经鞘瘤主要起源于位于脊髓外的神经膜细胞，因此这一发病率并不令人惊讶。髓内肿瘤的确切发病机制尚不清楚，目前已经存在多种假设，包括肿瘤是衍生于异位的神经膜细胞。由于这类肿瘤可能浸润性生长，不是每例都可以做到完全切除。

由于此类肿瘤比较罕见，在手术方法或技术上尚无明确共识。后路椎板切除术或椎板切开术有助于充分暴露并切除肿瘤。然而重要的是首先要确定肿瘤起源的位置，以确保安全的手术路径。Lee等报道了10例髓内神经鞘瘤的病例研究，并认为如果肿瘤起源于背侧神经根而非脊髓内，则可以避免脊髓切开术。如果肿瘤单纯起源于髓内，通常必须进行脊髓切开术。

11.4 硬膜外神经鞘瘤的手术治疗

硬膜外神经鞘瘤位于硬膜囊外，偶尔远离神经根（图11.3）。与髓外硬膜下肿瘤相比，它们相对少见。Celli等试图总结硬膜外神经鞘瘤的临床表现、肿瘤特征和手术结果。他们回顾了分析了24例病例，发现患者主要是女性（71%），并且肿瘤更好发于颈椎和胸椎。在极少数情况下，硬膜外神经鞘瘤可以在椎体内发展并生长到椎管内，导致脊髓受压。

硬膜外神经鞘瘤的传统手术方法是通过后正中入路椎板切除术或半椎板切除术实现，是否需要行融合取决于是否要切除关节突来显露并剥离肿瘤。这种方法类似于典型的硬膜下肿瘤的手术，不需要

切开硬膜，就能够实现肿瘤全切并缓解症状。

相反，通过最近的研究注意到，一些合适的肿瘤可以通过微创管状扩张牵开器进行切除（图11.4）。目前类似于微创腰椎间盘切除术的标准显微外科技术已应用于硬膜外神经鞘瘤的切除。微创手术的优点包括：（1）由于不必行关节突切除，因此无医源性脊柱不稳的风险而无须行融合术；（2）组织破坏较少；（3）失血量较少。图11.5显示了通过微创脊柱手术技术进行全切除的肿瘤病例。微创技术的一个潜在缺点是定位肿瘤的能力差。因此并不是所有的肿瘤都可以使用微创技术，在确定开放或微创入路的选择时，应进行详细的术前评估。

11.5 其他情况

11.5.1 哑铃型神经鞘瘤

神经鞘瘤可以呈现"哑铃"形状，这是一个用于描述分布于两个不同区域神经鞘瘤的术语（例如同时位于硬膜内和硬膜外的肿瘤）。哑铃形神经鞘瘤通常见于颈椎。一项对于118例脊髓哑铃形神经鞘瘤的研究发现，18%的神经鞘瘤起源于C2神经根，这是所有神经根中发生率最高的。哑铃形神经鞘瘤可能会对椎体造成破坏，并包裹多个神经根；因此一些研究建议，无论患者是否有症状，只要检查明确就应立即行肿瘤切除术。

尽管脊髓哑铃形神经鞘瘤并非罕见病例，但由于需要特殊的手术暴露，因此对于外科手术是一项挑战。在颈部可以使用后正中路入路，特别是在累及椎间孔的情况下。一项对于41例颈椎哑铃形神经鞘瘤的研究发现，如果椎间孔外成分的最长直径小于5.4mm，则可通过后路即可实现全切肿瘤，而且术后神经功能缺损程度最小。通过改良后正中入路，然后进行单侧椎板切除和关节突切除，可以显露椎管内、椎间孔和椎间孔外的间隙，从而达到最佳的肿瘤切除效果。另有部分研究提倡使用后路切除尽可能多的肿瘤，同时保留椎间孔部分肿瘤不做切除，目的是保留关节突。其基本原理是既能保证较低的复发率，同时尽量减少关节突切除后潜在的并发症。已通过半椎板切除术切除的哑铃形神经鞘瘤，并伴有或不伴有关节突切除，是否需行融合术取决于医生对于脊柱稳定性的评估。使用显微外科或内窥镜技术经椎间孔切除肿瘤可能有助于保持脊

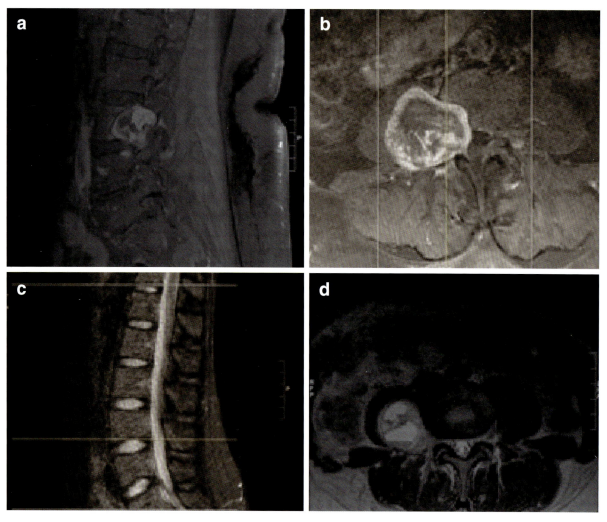

图 11.3　两例硬膜外神经鞘瘤患者。（a）和（b）为一例右侧腰椎硬膜外神经鞘瘤患者的矢状位和轴位 MRI。（c）和（d）为一例右侧神经鞘瘤的矢状位和轴位 MRI。

图 11.4　使用可扩张管状牵开器的脊柱微创手术入路示意图。（原载于 Lu et al.J Neurosurg Spine 2009[50]；经许可转载）

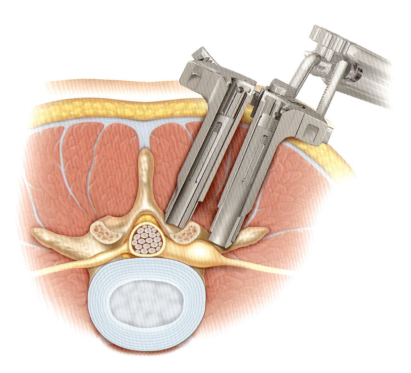

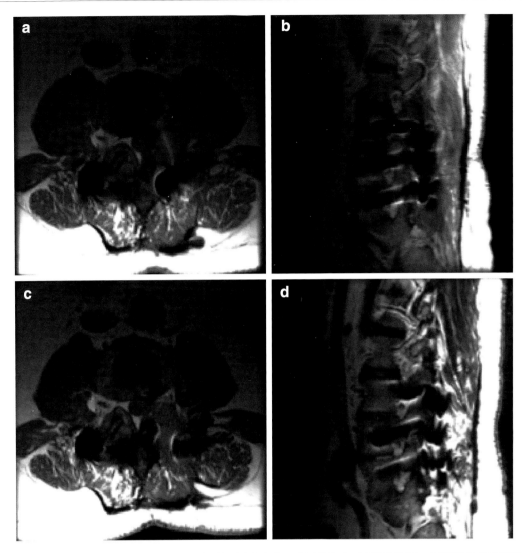

图 11.5　此图为一例脊柱融合术后 2 年的腰 3~4 左侧神经鞘瘤患者，采用管状牵开器微创切除。利用管状牵开器经 Wiltse 入路，不需要切除任何附件。术前轴位（a）和矢状位（b）MRI。肿瘤全切除后轴位（c）和矢状位（d）MRI

柱稳定性和关节完整性，从而无须行脊柱融合术。

当进行哑铃形神经鞘瘤切除术时，应首先从切除硬膜外肿瘤开始。在手术过程中硬脊膜的内陷可能误以为肿瘤向硬膜内延伸，但实际上在硬膜下可能没有任何肿瘤成分。通过首先剥离硬膜外部分，可以在打开硬脊膜之前仔细检查肿瘤是否向硬膜内延伸。神经鞘瘤是有包膜的肿瘤，可以在不牺牲神经根且不切开硬脊膜的情况下进行切除。

11.5.2　骶部神经鞘瘤

骶部神经鞘瘤很少见，通常没有症状，但可以表现为各种神经功能障碍，如肠道或膀胱功能障碍（图11.6）。文献中仅描述了大约50例骶骨神经鞘瘤。事实上这类肿瘤可以通过逐渐扩张长入椎管和骨盆而变得非常巨大，使患者出现严重的症状而寻求治疗。由于体积太大，使得治疗很困难。X线检查对明确肿瘤意义不大，通常需要通过MRI检查来做出诊断。由于该部位肿瘤罕见，手术治疗具有一定争议。积极的手术切除可能导致较低的复发率，但引起神经功能障碍的可能性较高，因此保守治疗在某些情况下可能更合适。

11.5.3　术中神经监护

术中神经生理监测的使用对于脊髓神经鞘瘤的外科治疗非常重要，它已经成为切除这类肿瘤的标准术中监测内容之一。最近的指南概述了术中神经

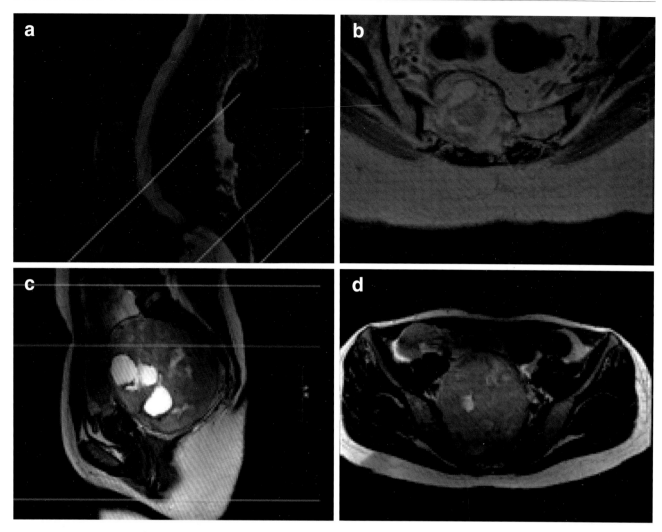

图 11.6　2 例骶骨大肿瘤的 MRI 序列分析。1 例右侧骶骨大肿瘤的矢状位（a）和轴位（b）图像，另一例为巨大骶骨神经鞘瘤的矢状位（c）和轴位（d）图像

生理监测在脊柱和脊髓手术中的应用。具体而言，建议采用多模态术中监测（MIOM）（如躯体感觉和运动诱发电位）来评估脊髓功能完整性，而这其中运动诱发电位的评价作用优于躯体感觉诱发电位。根据我们的经验，术中神经生理监测也有助于在切除前诊断神经根是否受累或脊髓是否受损。监测还有助于避免在手术过程中损伤有功能的运动纤维。

11.5.4　复发情况

　　与其他良性肿瘤一样，脊髓神经鞘瘤可以通过全切治愈，而次全切除则存在一定的复发率。脊髓神经鞘瘤术后2年的复发率约为5%。肿瘤在生长速度上有很大的差异，每年以5%的速度增长。对169例脊髓神经鞘瘤患者的回顾性分析发现，复发的危险因素是肿瘤跨越多节段生长、肿瘤纵向体积增加

以及肿瘤位于颈部或骶部。残留肿瘤的大小可能与复发率无关。一项对27例患者的随访研究发现，术后残余肿瘤大小与2年随访时肿瘤明显的再生长无关。在这个队列研究中，Ki-67指数（细胞增殖标记物）值高的肿瘤更有可能复发。在另一项对32例巨大脊髓神经鞘瘤（定义为肿瘤至少累及2个椎体长度或累及椎管外达2.5cm）患者的研究中发现，与接受次全切除的患者相比，接受全切除的患者肿瘤复发的可能性更低。

11.5.5　术后并发症

　　脊髓神经鞘肿瘤切除比较安全，致死率低，但术后并发症的发生率仍相对较高。一项对199例脊髓神经鞘膜肿瘤患者切除的研究，其中包含163例神经鞘瘤，术后并发症的发生率为32%，出现感觉功能

障碍或原有感觉功能障碍加重是最常见的并发症。另一项对187例脊髓神经鞘瘤的研究描述了远期并发症的发生率约为21%。最常见的并发症是剧烈疼痛、脊柱畸形和脊髓蛛网膜炎（源自蛛网膜的疼痛障碍）。此外脑脊液漏是一种可能的并发症，特别是在哑铃形神经鞘瘤的患者中。

11.6　结论

脊髓神经鞘瘤是相对常见的有包膜的原发性神经鞘膜肿瘤。主要症状是疼痛，但也可能有其他症状，如神经功能缺陷。我们描述了硬膜下和硬膜外神经鞘瘤的常见手术入路。通常后正中入路椎板切除术或半椎板切除术（加或不加关节突切除和脊柱融合术）是全切肿瘤的主要治疗方式。次全切除后复发率虽然相对较低，但仍然可以复发。术后常见的并发症包括感觉障碍加重或剧烈的疼痛。

11.7　手术箴言

术中神经生理监测可以帮助判断是否可以在不引起术后运动功能缺陷的情况下牺牲相关神经根。然而需要特别注意的是，潜在的感觉障碍或疼痛不能通过这种方式检测出来。

髓内神经鞘瘤非常罕见，如果肿瘤起源于背根进入区，则可能不需要切开脊髓。

在某些情况下，硬膜外肿瘤和髓外硬膜下肿瘤可以借助管状牵开器进行微创入路切除，但是这种方法对于神经的显露和观察可能比较有限。

哑铃形神经鞘瘤应首先在硬膜外切除，然后在硬膜内切除；在肿瘤实际上没有长入硬膜下情况下，按此顺序切除将不需要切开硬脊膜。

术中神经生理监测对于判断神经根受累或脊髓损伤很重要，也有助于避免损伤有功能的运动神经纤维。

（蔡　铮译，孙　伟校）

参考文献

[1] Conti P, Pansini G, Mouchaty H, Capuano C, Conti R. Spinal neurinomas: retrospective analysis and long-term outcome of 179 consecutively operated cases and review of the literature. Surg Neurol. 2004;61(1):34–43. https://doi.org/10.1016/s0090-3019(03)00537-8.

[2] Parmar HA, Ibrahim M, Castillo M, Mukherji SK. Pictorial essay: diverse imaging features of spinal schwannomas. J Comput Assist Tomogr. 2007;31(3):329–334. https://doi.org/10.1097/01.rct.0000243449.48857.ec.

[3] Wippold FJ 2nd, Lubner M, Perrin RJ, Lammle M, Perry A. Neuropathology for the neuroradiologist: Antoni a and Antoni B tissue patterns. AJNR Am J Neuroradiol. 2007;28(9):1633–1638. https://doi.org/10.3174/ajnr.A0682.

[4] Chamberlain MC, Tredway TL. Adult primary intradural spinal cord tumors: a review. Curr Neurol Neurosci Rep. 2011;11(3):320–328. https://doi.org/10.1007/s11910-011-0190-2.

[5] Kodama Y, Terae S, Hida K, Chu BC, Kaneko K, Miyasaka K. Intramedullary schwannoma of the spinal cord: report of two cases. Neuroradiology. 2001;43(7):567–571. https://doi.org/10.1007/s002340100540.

[6] Riffaud L, Morandi X, Massengo S, Carsin-Nicol B, Heresbach N, Guegan Y. MRI of intramedullary spinal schwannomas: case report and review of the literature. Neuroradiology. 2000;42(4):275–279. https://doi.org/10.1007/s002340050885.

[7] Colosimo C, Cerase A, Denaro L, Maira G, Greco R. Magnetic resonance imaging of intramedullary spinal cord schwannomas. Report of two cases and review of the literature. J Neurosurg. 2003;99(1 Suppl):114–117.

[8] Schellinger KA, Propp JM, Villano JL, McCarthy BJ. Descriptive epidemiology of primary spinal cord tumors. J Neuro-Oncol. 2008;87(2):173–179. https://doi.org/10.1007/s11060-007-9507-z.

[9] Antinheimo J, Sankila R, Carpen O, Pukkala E, Sainio M, Jaaskelainen J (2000) Population-based analysis of sporadic and type 2 neurofibromatosis-associated meningiomas and schwannomas. Neurology 54 (1):71-76. https://doi.org/10.1212/WNL.54.1.71.

[10] SEPspala MT, Sainio MA, Haltia MJ, Kinnunen JJ, Setala KH, Jaaskelainen JE. Multiple schwannomas: schwannomatosis or neurofibromatosis type 2? J Neurosurg. 1998;89(1):36–41. https://doi.org/10.3171/jns.1998.89.1.0036.

[11] SEPspala MT, Haltia MJ, Sankila RJ, Jaaskelainen JE, Heiskanen O. Long-term outcome after removal of spinal schwannoma: a clinicopathological study of 187 cases. J Neurosurg. 1995;83(4):621–626. https://doi.org/10.3171/jns.1995.83.4.0621.

[12] Hilton DA, Hanemann CO. Schwannomas and their pathogenesis. Brain Pathol. 2014;24(3):205–220. https://doi.org/10.1111/bpa.12125. A. Y. Chan et al

[13] White W, Shiu MH, Rosenblum MK, Erlandson RA, Woodruff JM. Cellular schwannoma. A clinicopathologic study of 57 patients and 58 tumors. Cancer. 1990;66(6):1266–1275. https://doi.org/10.1002/1097-0142(19900915)66:6<1266::aid-cncr2820660628>3.0.co;2-e.

[14] Lam Shin Cheung V, Provias J, Cenic A. Plexiform schwannoma of the thoracolumbar spine a rare clinical entity -

a case report. Br J Neurosurg. 2017;31(2):279–281. https://doi.org/10.1080 /02688697.2016.1251573.

[15] MacCollin M, Willett C, Heinrich B, Jacoby LB, Acierno JS, Jr., Perry A, Louis DN (2003) Familial schwannomatosis: exclusion of the NF2 locus as the germline event. Neurology 60 (12):1968-1974. https://doi.org/10.1212/01. WNL.0000070184.08740.E0.

[16] Asthagiri AR, Parry DM, Butman JA, Kim HJ, Tsilou ET, Zhuang Z, Lonser RR. Neurofibromatosis type 2. Lancet. 2009;373(9679):1974–1986. https://doi.org/10.1016/s0140-6736(09)60259-2.

[17] Dow G, Biggs N, Evans G, Gillespie J, Ramsden R, King A. Spinal tumors in neurofibromatosis type 2. Is emerging knowledge of genotype predictive of natural history? J Neurosurg Spine. 2005;2(5):574–579. https://doi.org/10.3171/spi.2005.2.5.0574.

[18] Li P, Zhao F, Zhang J, Wang Z, Wang X, Wang B, Yang Z, Yang J, Gao Z, Liu P. Clinical features of spinal schwannomas in 65 patients with schwannomatosis compared with 831 with solitary schwannomas and 102 with neurofibromatosis type 2: a retrospective study at a single institution. J Neurosurg Spine. 2016;24(1):145–154. https://doi.org/10.3171/2015.3.SPINE141145.

[19] MacCollin M, Chiocca EA, Evans DG, Friedman JM, Horvitz R, Jaramillo D, Lev M, Mautner VF, Niimura M, Plotkin SR, Sang CN, Stemmer-Rachamimov A, Roach ES. Diagnostic criteria for schwannomatosis. Neurology. 2005;64(11):1838–1845. https://doi.org/10.1212/01. WNL.0000163982.78900.AD.

[20] Merker VL, Esparza S, Smith MJ, Stemmer-Rachamimov A, Plotkin SR. Clinical features of schwannomatosis: a retrospective analysis of 87 patients. Oncologist. 2012;17(10):1317–22. https://doi.org/10.1634/theoncologist.2012-0162.

[21] Hulsebos TJ, Plomp AS, Wolterman RA, Robanus-Maandag EC, Baas F, Wesseling P. Germline mutation of INI1/SMARCB1 in familial schwannomatosis. Am J Hum Genet. 2007;80(4):805–810. https://doi.org/10.1086/513207.

[22] Safavi-Abbasi S, Senoglu M, Theodore N, Workman RK, Gharabaghi A, Feiz-Erfan I, Spetzler RF, Sonntag VK. Microsurgical management of spinal schwannomas: evaluation of 128 cases. J Neurosurg Spine. 2008;9(1):40–47. https://doi.org/10.3171/SPI/2008/9/7/040.

[23] Emel E, Abdallah A, Sofuoglu OE, Ofluoglu AE, Gunes M, Guler B, Bilgic B. Long-term surgical outcomes of spinal schwannomas: retrospective analysis of 49 consecutive cases. Turk Neurosurg. 2017;27(2):217–225. https://doi.org/10.5137/1019-5149.JTN.15678-15.1.

[24] Matsubara T, Sakoda A, Arita Y, Kanetou S, Tateishi T, Takashima N, Hashiguchi K, Takase K. Bilateral papilledema associated with spinal schwannoma. Neurology. 2014;83(24):2312–2313. https://doi.org/10.1212/

[25] Friedman DP, Tartaglino LM, Flanders AE. Intradural schwannomas of the spine: MR findings with emphasis on contrast-enhancement characteristics. AJR Am J Roentgenol. 1992;158(6):1347–1350. https://doi.org/10.2214/ajr.158.6.1590138.

WNL.0000000000001065.

[26] Liu WC, Choi G, Lee SH, Han H, Lee JY, Jeon YH, Park HS, Park JY, Paeng SS. Radiological findings of spinal schwannomas and meningiomas: focus on discrimination of two disease entities. Eur Radiol. 2009;19(11):2707–2715. https://doi.org/10.1007/s00330-009-1466-7.

[27] Bennett SJ, Katzman GL, Mehta AS, Ali S. Hemorrhagic schwannoma presenting with subarachnoid hemorrhage and resulting cauda equina syndrome. Spine J. 2015;15(12):e17–e18. https://doi.org/10.1016/j.spinee.2015.07.424.

[28] Donmez FY, Kural F, Ozen O, Agildere M. Spinal schwannoma presenting with a subdural hemorrhage. Neurosurg Q. 2014;24(3):190–192. https://doi.org/10.1097/WNQ.0b013e31828ccc39.

[29] Parmar H, Pang BC, Lim CC, Chng SM, Tan KK. Spinal schwannoma with acute subarachnoid hemorrhage: a diagnostic challenge. AJNR Am J Neuroradiol. 2004;25(5):846–50.

[30] Celli P, Trillo G, Ferrante L. Spinal extradural schwannoma. J Neurosurg Spine. 2005;2(4):447–456. https://doi.org/10.3171/spi.2005.2.4.0447.

[31] Jinnai T, Hoshimaru M, Koyama T. Clinical characteristics of spinal nerve sheath tumors: analysis of 149 cases. Neurosurgery. 2005;56(3):510–515. https://doi.org/10.1227/01. neu.0000153752.59565.bb.

[32] Nanda A, Kukreja S, Ambekar S, Bollam P, Sin AH. Surgical strategies in the Management of Spinal Nerve Sheath Tumors. World Neurosurg. 2015;83(6):886–899. https://doi.org/10.1016/j. wneu.2015.01.020.

[33] Sun I, Pamir MN. Non-syndromic spinal schwannomas: a novel classification. Front Neurol. 2017;8:318. https://doi.org/10.3389/fneur.2017.00318.

[34] Pompili A, Caroli F, Crispo F, Giovannetti M, Raus L, Vidiri A, Telera S. Unilateral laminectomy approach for the removal of spinal Meningiomas and schwannomas: impact on pain, spinal stability, and neurologic results. World Neurosurg. 2016;85:282–291. https://doi. org/10.1016/j.wneu.2015.09.099.

[35] Zhu YJ, Ying GY, Chen AQ, Wang LL, Yu DF, Zhu LL, Ren YC, Wang C, Wu PC, Yao Y, Shen F, Zhang JM. Minimally invasive removal of lumbar intradural extramedullary lesions using the interlaminar approach. Neurosurg Focus. 2015;39(2):E10. https://doi.org/10.3171/2015.5. FOCUS15182.

[36] Lee SE, Jahng TA, Kim HJ. Different surgical approaches for spinal schwannoma: a single Surgeon's experience with 49 consecutive cases. World Neurosurg. 2015;84(6):1894–1902. https://doi.org/10.1016/j.wneu.2015.08.027.

[37] Zong S, Zeng G, Xiong C, Wei B. Treatment results in the

differential surgery of intradural extramedullary schwannoma of 110 cases. PLoS One. 2013;8(5):e63867. https://doi.org/10.1371/journal.pone.0063867.

[38] Angevine PD, Kellner C, Haque RM, McCormick PC. Surgical management of ventral intradural spinal lesions. J Neurosurg Spine. 2011;15(1):28–37. https://doi.org/10.3171/2011.3.SPINE1095.

[39] Yamahata H, Yamaguchi S, Mori M, Kubo F, Tokimura H, Arita K. Ventral schwannoma of the thoracolumbar spine. Asian Spine J. 2013;7(4):339–44. https://doi.org/10.4184/asj.2013.7.4.339.

[40] Casha S, Xie JC, Hurlbert RJ. Anterior Corpectomy approach for removal of a cervical Intradural schwannoma. Can J Neurol Sci. 2014;35(01):106–110. https://doi.org/10.1017/s0317167100007666.

[41] O'Toole JE, McCormick PC. Midline ventral Intradural schwannoma of the cervical spinal cord resected via anterior Corpectomy with reconstruction: technical case report and review of the literature. Neurosurgery. 2003;52(6):1482–1486. https://doi.org/10.1227/01. neu.0000065182.16584.d0.

[42] Celli P. Treatment of relevant nerve roots involved in nerve sheath tumors: removal or preservation? Neurosurgery. 2002;51(3):684–692. https://doi.org/10.1227/00006123-200209000-00012.

[43] Schultheiss R, Gullotta G. Resection of relevant nerve roots in surgery of spinal neurinomas without persisting neurological deficit. Acta Neurochir. 1993;122(1–2):91–96. https://doi.org/10.1007/bf01446992.

[44] Kim P, Ebersold MJ, Onofrio BM, Quast LM. Surgery of spinal nerve schwannoma. Risk of neurological deficit after resection of involved root. J Neurosurg. 1989;71(6):810–814. https://doi.org/10.3171/jns.1989.71.6.0810.

[45] Zou F, Guan Y, Jiang J, Lu F, Chen W, Xia X, Wang L, Ma X. Factors affecting postoperative neurological deficits after nerve root resection for the treatment of spinal Intradural schwannomas.Spine (Phila Pa 1976). 2016;41(5):384–389. https://doi.org/10.1097/BRS.0000000000001248.

[46] Nayak R, Chaudhuri A, Chattopadhyay A, Ghosh SN. Thoracic intramedullary schwannoma: a case report and review of literature. Asian J Neurosurg. 2015;10(2):126–128. https://doi.org/10.4103/1793-5482.145155.

[47] Lee SE, Chung CK, Kim HJ. Intramedullary schwannomas: long-term outcomes of ten operated cases. J Neuro-Oncol. 2013;113(1):75–81. https://doi.org/10.1007/s11060-013-1091-9.

[48] Song D, Chen Z, Song D, Li Z. Lumbar intraosseous schwannoma: case report and review of the literature. Turk Neurosurg. 2014;24(6):982–986. https://doi.org/10.5137/1019-5149.JTN.10054-13.0.

[49] Ozawa H, Kokubun S, Aizawa T, Hoshikawa T, Kawahara C. Spinal dumbbell tumors: an analysis of a series of 118 cases. J Neurosurg Spine. 2007;7(6):587–593. https://doi.org/10.3171/SPI-07/12/587.

[50] Lu DC, Dhall SS, Mummaneni PV. Mini-open removal of extradural foraminal tumors of the lumbar spine. J Neurosurg Spine. 2009;10(1):46–50. https://doi.org/10.3171/2008.10.SPI08377.

[51] Weil AG, Obaid S, Shehadeh M, Shedid D. Minimally invasive removal of a giant extradural lumbar foraminal schwannoma. Surg Neurol Int. 2011;2:186. https://doi. org/10.4103/2152-7806.91141.

[52] Satoh N, Ueda Y, Koizumi M, Takeshima T, Iida J, Shigematsu K, Shigematsu H, Matsumori H, Tanaka Y. Assessment of pure single nerve root resection in the treatment of spinal schwannoma: focus on solitary spinal schwannomas located below the thoracolumbar junction. J Orthop Sci. 2011;16(2):148–55. https://doi.org/10.1007/s00776-011-0032-8.

[53] Gu BS, Park JH, Roh SW, Jeon SR, Jang JW, Hyun SJ, Rhim SC. Surgical strategies for removal of intra- and extraforaminal dumbbell-shaped schwannomas in the subaxial cervical spine. Eur Spine J. 2015;24(10):2114–2118. https://doi.org/10.1007/s00586-014-3458-9.

[54] McCormick PC. Surgical Management of Dumbbell Tumors of the cervical spine. Neurosurgery. 1996;38(2):294–300. https://doi.org/10.1097/00006123-199602000-00012.

[55] Ito K, Aoyama T, Kuroiwa M, Horiuchi T, Hongo K. Surgical strategy and results of treatment for dumbbell-shaped spinal neurinoma with a posterior approach. Br J Neurosurg. 2014;28(3):324–329. https://doi.org/10.3109/02688697.2013.835372.

[56] Zhang J, Zhang XH, Wang ZF, Li YP, Zhu ZQ, Sun JC, Chen ZH, Wu SY, Sai K, Wang J, Mou YG, Chen ZP. Transforaminal resection of cervical dumbbell schwannomas in patients with additional tumors. World Neurosurg. 2017;98:768–773. https://doi.org/10.1016/j. wneu.2016.11.037.

[57] Kim JH, Han S, Kim JH, Kwon TH, Chung HS, Park YK. Surgical consideration of the intraspinal component in extradural dumbbell tumors. Surg Neurol. 2008;70(1):98–103. https://doi.org/10.1016/j.surneu.2007.05.028.

[58] Pan W, Wang Z, Lin N, Huang X, Liu M, Yan X, Ye Z (2017) Clinical features and surgical treatment of sacral schwannomas. Oncotarget 8 (23):38061-38068. https://doi.org/10.18632/oncotarget.16968.

[59] Cagli S, Isik HS, Yildirim U, Akinturk N, Zileli M. Giant sacral schwannomas. J Neuro-Oncol. 2012;110(1):105–110. https://doi.org/10.1007/s11060-012-0941-1.

[60] Chandhanayingyong C, Asavamongkolkul A, Lektrakul N, Muangsomboon S. The management of sacral schwannoma: report of four cases and review of literature. Sarcoma. 2008;2008:845132–6. https://doi.org/10.1155/2008/845132.

[61] Abernathey CD, Onofrio BM, Scheithauer B, Pairolero PC, Shives TC. Surgical management of giant sacral schwannomas. J Neurosurg. 1986;65(3):286–295. https://doi.org/10.3171/jns.1986.65.3.0286.

[62] Hadley MN, Shank CD, Rozzelle CJ, Walters BC. Guidelines for the use of electrophysiological monitoring for surgery of the human spinal column and spinal cord. Neurosurgery. 2017;81(5):713–732. https://doi.org/10.1093/neuros/nyx466.

[63] Fehlings MG, Nater A, Zamorano JJ, Tetreault LA, Varga PP, Gokaslan ZL, Boriani S, Fisher CG, Rhines L, Bettegowda C, Kawahara N, Chou D. Risk factors for recurrence of surgically treated conventional spinal schwannomas: analysis of 169 patients from a multicenter international database. Spine (Phila Pa 1976). 2016;41(5):390–398. https://doi.org/10.1097/BRS.0000000000001232.

[64] Lee CH, Chung CK, Hyun SJ, Kim CH, Kim KJ, Jahng TA. A longitudinal study to assess the volumetric growth rate of spinal intradural extramedullary tumour diagnosed with schwannoma by magnetic resonance imaging. Eur Spine J. 2015;24(10):2126–2132. https://doi. org/10.1007/s00586-015-

4075-y.

[65] Sohn S, Chung CK, Park SH, Kim ES, Kim KJ, Kim CH. The fate of spinal schwannomas following subtotal resection: a retrospective multicenter study by the Korea spinal oncology research group. J Neuro-Oncol. 2013;114(3):345–351. https://doi.org/10.1007/s11060-013-1190-7.

[66] Sowash M, Barzilai O, Kahn S, McLaughlin L, Boland P, Bilsky MH, Laufer I. Clinical outcomes following resection of giant spinal schwannomas: a case series of 32 patients. J Neurosurg Spine. 2017;26(4):494–500. https://doi.org/10.3171/2016.9.SPINE16778.

[67] Safaee MM, Lyon R, Barbaro NM, Chou D, Mummaneni PV, Weinstein PR, Chin CT, Tihan T, Ames CP. Neurological outcomes and surgical complications in 221 spinal nerve sheath tumors. J Neurosurg Spine. 2017;26(1):103–11. https://doi.org/10.3171/2016.5.SPINE15974.

斑痣性错构瘤病中的脊髓肿瘤

12

Frederick A. Boop, Jimmy Ming-Jung Chuang, Chenran Zhang

12.1　简介

斑痣性错构瘤病（Phakomatoses）是一组神经皮肤综合征，以胚胎外胚层结构的参与为特征，常累及中枢神经系统（CNS）、皮肤和眼部。斑痣性错构瘤病的概念由眼科医生Van Der Hoeve于1923年提出，根据眼科表现（希腊语中phakos意味着胎记）描述了3种疾病（神经纤维瘤病、结节性硬化症和Von Hippel-Lindau综合征）。然而人们随后又注意到中胚层和内胚层组织也参与其中。一组遗传和后天性疾病也被归为这一类疾病，并可能影响一个或多个器官系统。它们往往在不同器官中形成肿瘤，特别是神经系统。现在神经斑痣性错构瘤病也被称为"神经外胚层皮肤病"或"神经皮肤综合征"。

脊髓内肿瘤很罕见，它们仅占所有中枢神经系统肿瘤的4%~6%。在本章中，主要探讨与神经皮肤肿瘤综合征和脊髓内肿瘤相关的三大神经斑痣性错构瘤病：神经纤维瘤病1型（NF1）、神经纤维瘤病2型（NF2）和Von Hippel-Lindau综合征（VHL）。表12.1汇总了所有与神经斑痣性错构瘤病相关的神经皮肤肿瘤和髓内肿瘤。

12.2　神经纤维瘤病1型

12.2.1　流行病学和遗传学

NF1，即Von Recklinghausen病或外周神经纤维瘤病，最早由Von Recklinghausen于1882年报道。它是最常见的斑痣性错构瘤病，发病率为1/3000，性别分布均等，没有明显的种族差异。NF1以常染色体显性遗传的形式传播，但有一半的患者在没有家族史的情况下获得散发性突变。该基因表现度很高，8岁时的外显率接近100%。

NF1基因定位于染色体17q11.2，由57个组成型外显子组成，分布在350kb的基因组脱氧核糖核酸（DNA）上。Pros等采用cDNA-SSCP/HD分析，在374例NF1患者中鉴定出282种不同的突变。NF1基因编码2 818个氨基酸的蛋白质，最终表现为神经纤维瘤。神经纤维蛋白在细胞增殖的Ras通路中起着重要的调节作用。神经纤维蛋白功能的丧失将导致Ras过度激活，并产生细胞增殖和肿瘤发生的倾向。神经纤维蛋白在许多不同的细胞类型中表达，特别是在神经膜细胞和神经元中。因此神经纤维蛋白在神经纤维瘤和神经胶质瘤形成方面起肿瘤抑制基因的作用。最近西罗莫司（MTOR）通路的作用靶点也被认为与NF1相关的肿瘤有关。

12.2.2　诊断标准和筛查

表12.2总结了诊断标准，这一标准在早期卫生研究院（NIH）会议（NIH共识发展会议，神经纤维瘤病：会议声明，1988）中概述。必须有两个或两个以上的标准来确定诊断。这些标准对该疾病非常敏感和特异，但在有争议的病例中强烈建议进行基因检测以确认。然而DeBella等的结论是NIH诊断标准并不适用于幼儿NF1的诊断。对于8岁以下的儿童，可能需要修改这些标准。美国儿科学会遗传学委员会已公布了NF1患者的诊断和健康监督指南。除非出现特定问题，否则不再常规推荐筛查MRI、脑电图（EEG）和X线检查。需要进行神经和眼科评估，以及血压监测（嗜铬细胞瘤和肾动脉异常）。应仔细评估患者的行为和发展，如果出现相关问题，可能需要进行正式的神经心理测量评估。应在一级亲属中考虑对患者中发现的NF1突变进行具有靶向性测试的遗传咨询和筛查。

表12.1 斑痣性错构瘤病和相关肿瘤

综合征	典型表现	相关肿瘤	相关脊髓肿瘤
NF1	咖啡牛奶斑	神经纤维瘤、视神经胶质瘤，虹膜错构瘤	髓内星形细胞瘤
NF2	青少年晶状体混浊	前庭神经鞘瘤、脑膜瘤、脊髓神经鞘瘤和脑膜瘤	髓内室管膜瘤
Von Hippel–Lindau 综合征		视网膜、小脑和脊髓血管母细胞瘤，内淋巴囊肿瘤，嗜铬细胞瘤，肾细胞癌	髓内血管母细胞瘤
结节性硬化症	皮质结节、癫痫、低色素黄斑、自闭症、鲨革斑	血管纤维瘤、肾血管平滑肌脂肪瘤、室管膜下巨细胞星形细胞瘤、心脏横纹肌瘤	
神经鞘瘤病		颅神经和脊神经鞘瘤（听神经瘤除外）	
L'hermitte-Duclos 病	癫痫发作，中枢神经系统异常	小脑神经节细胞瘤	
共济失调-毛细血管扩张症	共济失调、巩膜毛细血管扩张、中枢神经系统异常	白血病、淋巴瘤	
Li–Fraumeni 综合征		肉瘤，乳腺、脑和肾上腺癌	
Sturge-Weber 综合征	红葡萄酒色血管瘤、癫痫发作、青光眼	同侧软脑膜血管瘤	
Maffucci's 综合征	色素沉着斑和痣	多发性软骨瘤伴继发性血管瘤、神经胶质瘤	
表皮痣综合征	癫痫发作，中枢神经系统异常	斑片状皮肤隆起性病变	
神经-皮肤黑色素沉着症	皮肤色素沉着	软脑膜黑色素瘤	
Klippel-Trenaunay-Weber 综合征	单侧肢体肥大，大头畸形	皮下血管瘤	
色素失调症	色素减退性皮损，中枢神经系统异常		
Cowden 病	癫痫发作，中枢神经系统异常	多发性面部三叉神经瘤	
Wyburn-Mason 综合征	视网膜和脑动静脉畸形		

表 12.2 NF1 的诊断标准

有下列两种或两种以上情况可以诊断：

- 全身 6 处或以上牛奶咖啡斑，青春期前直径 >5mm，青春期后直径 >15mm
- ≥ 2 个任何类型的神经纤维瘤或 1 个丛状神经纤维瘤
- 腋窝或腹股沟区雀斑
- 视神经胶质瘤
- ≥ 2 个虹膜错构瘤（Lisch 结节）
- 特征性骨性病变（蝶骨翼发育不良或长骨皮质变薄伴或不伴假关节）
- NF1 患者的一级亲属

12.2.3 NF1相关的神经皮肤肿瘤综合征和脊髓肿瘤

家庭内部和家庭之间的症状可能有很大差异，并且通常在10岁左右出现症状。到青春期，超过80%的NF1患者会发展为皮肤、皮下或深部的神经纤维瘤。丛状神经纤维瘤可经历恶性转化（图12.1）。NF1患者视神经胶质瘤、脑干胶质瘤、小脑胶质瘤和脑膜瘤的发病率增加。一项针对英国

（UK）NF1癌症发病率的前瞻性研究显示，NF1的总体癌症风险增加2.7倍，50岁时累积的恶性风险为20%。

脊髓神经纤维瘤：脊髓神经纤维瘤（图12.2）是周围神经的良性肿瘤，起源于神经鞘，并且通常由于不对称生长模式而包裹神经根。它们共同的解剖位置是髓外硬膜下和哑铃型肿瘤。

家族性脊髓神经纤维瘤病是神经纤维瘤的另一种形式，多个神经纤维瘤对称地影响整个脊柱。可

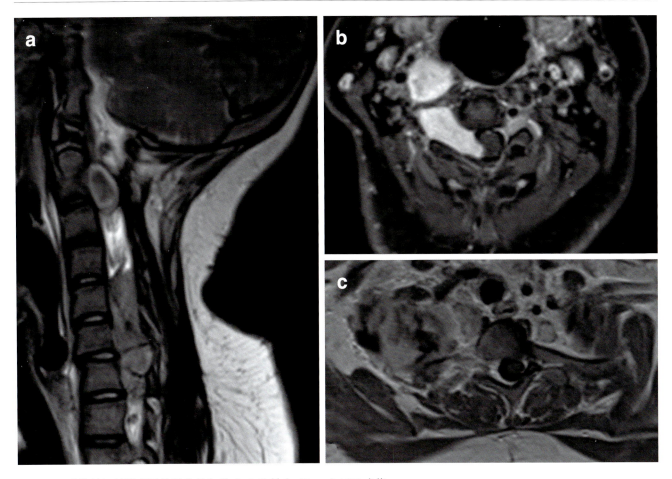

图 12.1 丛状神经纤维瘤恶性转化的矢状（a）和轴向（b、c）MRI 成像

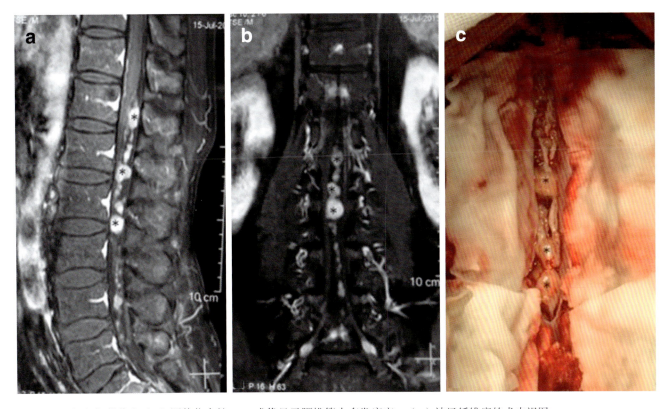

图 12.2 （a）矢状位和（b）冠状位含钆 MRI 成像显示腰椎管内多发病变。（c）神经纤维瘤的术中视图

能会发生脊髓压迫，但很少见。迄今为止，Nguyen等进行了最大规模的系统研究，NF1患者的脊髓MRI表现和相关症状显示，80%的NF1患者存在脊髓神经纤维瘤，其发病率从<10岁患者的70%上升到10~18岁患者的80%，>18岁患者上升至89%。同时，60%的患者出现临床症状。在研究伊始，34%患者有与脊髓压迫一致的MRI改变，脊髓压迫在颈椎（43%）和腰椎（40%）区域最为常见。另一些患者在脊髓神经纤维瘤进展后出现了脊髓压迫。椎管旁丛状神经纤维瘤（PNs）存在于79%的患者中，其中88%伴有脊髓神经纤维瘤。然而其他报道的无症状脊髓神经纤维瘤在MRI上的发现率从儿童的13%到儿童和成人NF1的40%不等。Nguyen等的研究中描述的脊髓神经纤维瘤发病率较高，可能是因更严重的临床表型患者队列及其临床试验性质所致。

手术切除是治疗脊髓神经鞘肿瘤的一种安全有效的方法，大约30%的患者出现术后并发症，最常见的是新出现或加重的感觉障碍。并发症多见于颈部和腰骶部肿瘤，但与患者年龄、临床表现、症状持续时间、肿瘤大小或肿瘤病理学无关。硬膜下和哑铃型肿瘤与脑脊液（CSF）漏、假性脑（脊）膜膨出和切口感染的发生率较高有关。由于这些病变与功能性神经元关系密切，并发症是脊神经鞘瘤手术的必然结果。术中神经监测在比较有无手术并发症方面没有差异（$P>0.05$），然而神经监测的使用与总切除率明显提高相关。

丛状神经纤维瘤：PNs是NF1患者中有50%接受MRI检查后发现的另一种肿瘤类型。PN沿着周围神经而发生，但如果位于椎旁区，其可沿脊神经横向生长和向外侧延伸，可有或无神经孔受累。

12.2.4 NF1相关的脊髓肿瘤

神经胶质瘤通常与NF1相关，大多数是低级别的。它们主要涉及视神经通路，尤其是儿童，脊髓中仅发现1%。根据类似研究，NF1患者髓内胶质瘤的发病率可能远高于散发性胶质瘤。到目前为止，有几个病例系列报道了NF1患者的髓内胶质瘤。Lee等报道3例髓内星形细胞瘤合并NF1（1例低级别星形细胞瘤和2例间变性星形细胞瘤），病理学检查结果显示，大多数为毛细胞型星形细胞瘤（PAs）（WHO I 级）。然而，NF1患者也可能发展为弥漫性浸润性星形细胞瘤（DAs）（WHO II~IV级），特别是晚期发病患者。Rodriguez等纳入100例NF1患者：有髓内星形细胞瘤4例，PAs 2例和亚型不确定的低级别星形细胞瘤（LGSI）2例。PAs和LGSI神经胶质瘤的总体预后良好。

黏液性毛细胞型星形细胞瘤（PMA）通常好发于幼童，常位于下丘脑/视交叉区域，脊髓中很少见。相较于成人，脊髓PMA更好发于女性儿童，主要分布在颈椎和胸椎区。大多数病灶为髓内病变，仅1例报道为髓外硬膜下病变。髓内PMA与NF1的相关性甚少。到目前为止，Dunn-Pirio等报道了第1例患有NF1的成人脊髓PMA病例。患者接受脊髓肿瘤的部分手术切除，然后每4周接受卡铂560mg/m²的辅助治疗。由于与NF1相关的风险，未行放射治疗，单药卡铂有效且耐受良好。

据报道，室管膜瘤在NF2中的发生率高于NF1，且多位于脊髓内。伴有NF1的室管膜瘤很少被报道，更不用说伴有NF1的脊髓室管膜瘤。迄今为止，仅有4例伴有NF1的室管膜瘤病例报告，其中只有2例为脊髓室管膜瘤（WHO II）伴NF1：1例5岁男童患胸髓室管膜室瘤和1例49岁女性患颈髓室管膜瘤。NF1相关的室管膜瘤患者与散发性室管膜瘤患者在临床病程上没有显著差异。因此治疗方式类似于手术切除，只要有可能仍可作为治疗的选择。此外由于NF1是一种多系统疾病，多学科临床医生和科学家之间的合作至关重要。

12.3 神经纤维瘤病2型

12.3.1 流行病学和遗传学

NF2比NF1少见得多，发病率为1/33 000。尽管该疾病被归类为"神经纤维瘤病"，但神经纤维瘤相对少见。实际上NF2是一种独特的临床和病理类型，与NF1在表型和基因型上完全不同。NF2的特点是双侧前庭神经鞘瘤（VS）的发展。它是一种常染色体显性遗传模式，接近100%的外显率，尽管50%的患者有散发性突变。没有性别偏好的患者通常出现在青春期后期，那些在儿童期发病的患者往往有不典型和更严重的临床表现。

NF2基因定位于22号染色体的长臂（22q11.1~22q13.1），编码一种含595个氨基酸的Merlin或Schwannomin蛋白。Merlin是一种细胞骨架蛋白，在细胞生长控制中起重要作用，影响与接触抑制和肿瘤抑制相关的信号通路。Merlin在神经膜细胞、蛛网膜细胞和眼晶状体中广泛表达。该基因产物被认为是神经膜细胞和蛛网膜细胞增殖的肿瘤抑制因子和调节因子。Merlin在神经鞘瘤和脑膜瘤形成中起抑癌基因的作用。在NF2中鉴定了一些基因型–表型相关性。错义突变或剪接突变往往比导致蛋白质截短的突变更容易预测轻微的疾病。NF2基因突变引起的体细胞嵌合体可能影响局部疾病的严重程度。因此在某些情况下，NF2的基因检测在诊断中很有价值。

12.3.2　诊断标准和筛查

NF2有多种诊断标准。使用的最新和最敏感标准是Baser标准或Manchester标准，其敏感性为79%，特异性为100%（表12.3）。

接受NF2筛查的标准包括：患有NF2的一级亲属，30岁前患有VS，20岁前患有脑膜瘤，患有皮肤神经鞘瘤，以及多发型脊柱肿瘤的存在。NF2筛查包括详细的个人和家族史、皮肤和眼科检查，以及

神经系统的MRI检查。对于确诊为NF2的患者，定期随访应包括年度听力测试、脑干听觉诱发电位、视觉检查和皮肤科检查。神经系统的MRI应该从10岁开始，每2年重复1次，直到20岁，之后3~5年复查1次。对于发现病变的患者，需要进行更密切的随访。

12.3.3　NF2相关的神经皮肤肿瘤综合征和脊髓肿瘤

NF2患者存在广泛的神经系统肿瘤，包括颅神经（前庭神经、面神经和三叉神经）和周围神经的神经鞘瘤，以及脑膜瘤和髓内室管膜瘤。

前庭神经鞘瘤　VS或听神经瘤是良性肿瘤，在双侧出现时，是NF2的特征性病理改变。高达95%的NF2患者可出现双侧VS（图12.3）。VS可引起典型的听力丧失、耳鸣和前庭功能障碍。严重的脑积水和脑干功能障碍可能由肿块压迫所致。治疗方案包括观察随访、手术切除、放射治疗或化疗。治疗的决定需要考虑患者的年龄、健康状况、听力状态、神经功能和肿瘤大小。手术时机给神经外科医

表 12.3　NF2 的诊断标准（Manchester 标准）

有下列两种或两种以上可以诊断：
双侧前庭神经鞘瘤
·　与 NF2 和单侧前庭神经鞘瘤或以下任何两种疾病有关的一级亲属：
－　脑膜瘤
－　神经鞘瘤
－　胶质瘤
－　神经纤维瘤
－　后囊下晶状体浑浊
·　单侧前庭神经鞘瘤和以下任何两种疾病：
－　脑膜瘤
－　神经鞘瘤
－　胶质瘤
－　神经纤维瘤
－　后囊下晶状体浑浊
·　两个或多个脑膜瘤和单侧前庭神经鞘瘤，或下列任何两种疾病：
－　神经鞘瘤
－　胶质瘤
－　神经纤维瘤
－　后囊下晶状体浑浊

生带来了挑战。有症状和大的肿瘤常通过外科手术治疗，然而由于不可预测的肿瘤生长，较小的双侧肿瘤的治疗不太明确。立体定向放射治疗也已应用于局部控制。手术方法和计划需要考虑到保留听力的可能性，以及肿瘤是否是双侧的。此外NF2中的VS通常是多灶性的，可能涉及面神经纤维。因此显微手术切除与NF2患者的肿瘤复发密切相关，并且听力损失和面部功能障碍的风险很高。放射治疗是一种有价值的替代疗法，可以控制肿瘤或延迟手术的需要，但是在听力功能的保护方面存在风险。这些结果可能同与疾病自然史相关的进行性耳聋或外科手术相比较更有利。目前正在探索有针对性的化疗，但仍缺乏数据。

颅内脑膜瘤　脑膜瘤是与NF2相关的第二常见肿瘤。在45%~58%的NF2患者中观察到颅内脑膜瘤（图12.3），其中20%的患者发现脊膜瘤。颅内脑膜瘤的数量往往是多个，与散发病例相比，通常在较小的年龄发展。在儿童年龄组中，脑膜瘤通常是NF2的第一个症状。Malis报道了一组41例NF2患者的长期随访，该系列报道重点关注了NF2中脑膜瘤的患病情况。NF2相关疾病患者的大多数死亡原因是多发性脑膜瘤的快速增长，而不是前庭神经鞘瘤。脑膜瘤的临床症状通常与其大小和位置有关。手术仍然是NF2中生长和（或）有症状脑膜瘤的主要治疗手段。通常大多数脑膜瘤可以安全且完全切除，然而视神经鞘和颅底脑膜瘤的手术后遗症发生

率较高。在部分切除术存在肿瘤残余的情况下，立体定向放射外科手术已被用于局部控制。目前对于NF2相关的脑膜瘤尚无明确的治疗方法，分子靶向药物治疗的临床研究正在开展。

脊髓神经鞘瘤和脊膜瘤　研究发现，NF2患者对多种脊髓神经鞘瘤和脊膜瘤存在偏好。脊髓神经鞘瘤是由背侧神经根产生的髓外硬膜下肿瘤（图12.3）。Malis在长达30年的系列治疗中发现，脊髓肿瘤几乎与MRI检查中VS一样常见。在41例NF2患者中，所有患者最初均因双侧VS而被转诊，共有99例髓外脊髓肿瘤经手术治疗。其中58例为脊髓神经鞘瘤，41例为脊膜瘤。以往的报道表明，NF2中症状性脊髓神经鞘瘤可能生长得更快，更可能渗透神经根并更快进展导致机体严重缺陷。Li等发现NF2患者是首次接受脊髓神经鞘瘤手术中最年轻的患者，术前症状持续时间最短。这些髓外硬膜下NF2神经鞘瘤没有优先的脊柱位置分布，仅在腰椎区域略为常见。马尾结节性微小神经鞘瘤在NF2中很常见（86.9%），它们通常体积较小，随时间的推移表现相对稳定。相反NF2中大的髓外肿瘤（>5mm）易于发展。如果微小的马尾结节进展为较大的肿瘤，则难以进行手术治疗。同时大多数NF2患者往往存在与双侧前庭神经鞘瘤及其他颅内肿瘤相关的重大问题。在这种情况下，对小的脊柱肿瘤通常采用保守疗法。此外对于神经功能缺损和肿瘤复发率较高的NF2患者，完全切除肿瘤要困难得多。

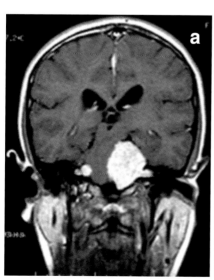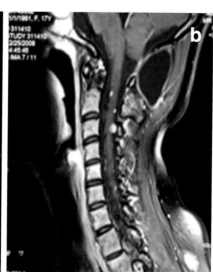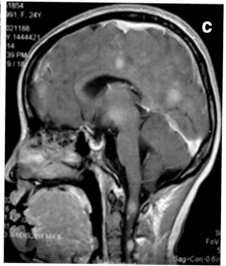

图12.3　1名患有NF2的17岁女孩的头颅（a）和颈髓（b）MRI，分别清楚地显示双侧前庭神经鞘瘤和多发性脊髓神经鞘瘤。7年后图像（c）显示多发性颅内脑膜瘤和脊髓神经鞘瘤的进展

对于NF2患者，大约10%需要切除的脑（脊）膜瘤位于脊柱，脊膜瘤在女性和老年人群中更为普遍。早期手术仍然是NF2中生长和（或）症状性脊膜瘤的主要治疗方法。

12.3.4 NF2相关的脊髓肿瘤

超过75%的与NF2相关的髓内脊髓肿瘤是室管膜瘤。33%~53%的NF2患者存在髓内室管膜瘤。颈髓和颅颈交界处是最常见的受累部位（图12.4）。它们通常为多发性，在神经影像学中呈现典型的"珍珠串"状，T2 MRI呈高信号，T1 MRI呈低信号至等信号，并且在对比后大多增强。临床症状和体征各不相同，取决于肿瘤的大小和解剖位置。与散发性肿瘤相反，大多数NF2相关脊柱肿瘤无症状，只有不到20%的患者出现症状。髓内脊髓肿瘤患者最常见的症状是背痛、肢体乏力或感觉障碍。NF2相关性室管膜瘤的治疗方案尚未确定。虽然无症状

肿瘤通常采取观察随访，但手术切除是有效的治疗手段。Kalamarides等回顾性总结了两个中心的NF2病例：英国曼彻斯特和法国巴黎/里尔，他们发现在专科中心照顾的患者预后有显著改善。手术可在特定病例中预防或改善脊髓室管膜瘤的发病率，但手术本身也可导致发病。对于生长/症状性室管膜瘤应考虑手术，而在没有大量肿瘤负荷的情况下，贝伐单抗是首选治疗方案。

切除的最好时机需要通过详细的神经系统监测来确定，以评估早期症状的发作。由于大多数NF2相关的脊髓室管膜瘤是WHO Ⅱ级肿瘤，所以全切除通常是治愈性的（图12.4），放射治疗用于复发或残留肿瘤。WHO Ⅰ级黏液乳头状室管膜瘤在NF2患者中也有报道，这些肿瘤通常仅通过手术治疗。鉴于NF2是一种遗传性肿瘤综合征，患者接受放射治疗的额外风险值得关注。因此化疗是复发和无法切除肿瘤患者的理想选择。目前正在对这些肿瘤的分

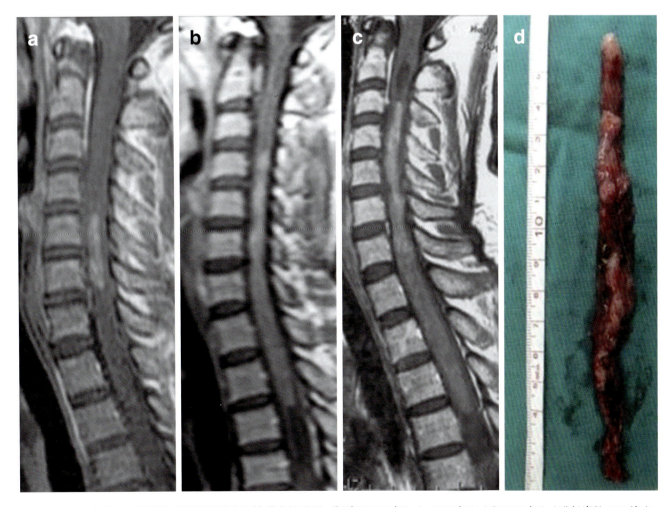

图12.4　NF2患者NF2相关的多节段颈髓内室管膜瘤的进展。分别于2005年（a）、2008年（b）和2009年（c）进行脊柱MRI检查，病灶于2009年整体切除（d）

子靶向治疗进行评估。小部分NF2相关室管膜瘤的患者接受贝伐单抗治疗得到了改善。

12.4 Von Hippel-Lindau病

12.4.1 流行病学和遗传学

Von Hippel-Lindau（VHL）归因于1904年Eugen Von Hippel对视网膜血管瘤的描述和1927年Arvid Lindau对小脑和脊髓血管瘤的描述。Von Hippel-Lindau一词最早使用于1936年，自20世纪70年代以来一直被广泛使用。VHL是一种常染色体显性疾病，约每36 000人中有1例。大约80%的病例呈家族性，外显率高达90%。VHL的特征是血管网状细胞瘤，通常累及视网膜、小脑和脊髓。它还与非中枢神经系统病变相关，例如胰腺神经内分泌肿瘤、嗜铬细胞瘤、肾细胞癌、内淋巴囊肿瘤和多器官囊性肿瘤。虽然VHL属于斑痣性错构瘤或神经皮肤综合征，但与其他皮肤病相比，它通常不涉及皮肤表现。

VHL病为常染色体显性遗传模式，是由位于3p25~26的抑癌基因缺失所引起的。VHL基因编码一种称为pVHL的蛋白，通过对缺氧诱导因子-1α（HIF-1α）和缺氧诱导因子-2α（HIF-2α）的调控，协调细胞周期的多个方面，促进血管生成。pVHL的功能障碍或缺乏导致HIF-1α和HIF-2α的组成性过度表达，导致血管内皮生长因子（VEGF）和其他促血管生成信号的水平升高。这些因素结合起来导致VHL病中发现的肿瘤谱。

12.4.2 诊断标准和筛查

表12.4中总结的VHL临床诊断标准用于专家进行遗传咨询和检测。对于具有VHL家族史的个体，仅检测VHL特异性的一种肿瘤即足以进行诊断；对于没有该病家族史的患者，应确定至少两种类型的VHL肿瘤才能确诊。VHL的明确诊断通常通过遗传测试来确认，以鉴定VHL基因的种系突变。

由于视网膜血管网状细胞瘤（血管瘤），视力下降是VHL最常见的表现之一。患有小脑血管母细胞瘤的患者可能出现共济失调、辨距障碍和协调困难。脊髓血管网状细胞瘤患者根据肿瘤的位置出现运动或感觉问题。嗜铬细胞瘤患者可出现阵发性或持续性高血压。听力丧失通常与内淋巴囊肿瘤有关。

目前已经开发了用于早期诊断典型病变的筛选方案。该方案包括儿童早期的年度眼科检查；青春期后每12~36个月的头部MRI检查；从16岁开始，每12个月1次腹部超声检查（或MRI）。在高风险家庭中应考虑进行年度血压监测和24h对尿液儿茶酚胺代谢物的检测。患者还需定期评估神经系统症状、视力障碍和听力损失。综上，所有VHL患者都需要终生监测相关肿瘤。

12.4.3 Von Hippel-Lindau病相关的神经皮肤肿瘤综合征

该病可分为1型（无义突变或缺失的结果）和2型（错义突变的结果）。基于肾上腺受累和嗜铬细胞瘤的风险判断，2型有发生嗜铬细胞瘤的风险，而1型则没有；1型患者肾脏受累的风险高、中枢神经系统血管网状细胞瘤的风险高，而嗜铬细胞瘤的发生风险低。

血管网状细胞瘤是VHL病中最常见的病变。在老年患者中，散发性血管网状细胞瘤往往孤立出现；而在平均年龄为29岁的年轻患者中，与VHL病

表 12.4　VHL 的诊断标准

没有 VHL 家族史：
存在以下两种或更多种特征性病变
有 VHL 家族史：
存在以下一种或多种特征性病变
· 人脊髓或小脑血管母细胞瘤
· 视网膜血管瘤
· 肾上腺或肾上腺外嗜铬细胞瘤
· 肾细胞癌
· 多发性肾和胰腺囊肿

相关的血管网状细胞瘤往往呈多发性。Woodward等检查了188例孤立性血管网状细胞瘤且没有VHL家族史的患者，其中5%被发现在VHL基因中具有种系突变，另外5%最终进展为其他与VHL相关的病变。据报道，VHL相关的血管网状细胞瘤在VHL基因上存在种系突变（94%）和杂合性缺失（62%），已鉴定出150多种不同的种系突变。

视网膜和中枢神经系统中的血管网状细胞瘤。视网膜血管网状细胞瘤是该病最早的表现之一，且在幼儿时期就有报道。超过50%的VHL病患者患有视网膜血管网状细胞瘤。视网膜病变表现为动脉瘤样扩张，血管呈迂曲状，导致视网膜脱离并伴有进行性视力丧失。其他与VHL相关的血管网状细胞瘤是局限性血管瘤，通常见于后颅窝（80%）和脊髓（20%），很少出现在大脑半球。这些肿瘤通常发生于患者30岁以后。虽为良性，但由于邻近囊肿进展或肿瘤出血效应而导致症状出现。80%的髓质或脊髓血管瘤患者伴有脊髓空洞症。

VHL病约占中枢神经系统（CNS）血管网状细胞瘤患者的1/3，60%~80%的VHL患者发生CNS血管网状细胞瘤。VHL相关的血管网状细胞瘤在中枢神经系统中的生长是可变的，有些肿瘤倾向于快速生长，而另一些肿瘤即使在同一患者中也保持静止。VHL病中血管网状细胞瘤的手术治疗适用于有症状的患者，无症状的影像学进展不应是手术切除的绝对指征。放射治疗，特别是放射外科手术，可持续控制多发性或手术不可及的实体血管网状细胞瘤患者的病情。放射外科手术不能控制相关囊肿的生长。

迄今为止，化疗尚未产生良好的肿瘤控制率。靶向治疗，如血管内皮生长因子（VEGF）抑制剂和基因替代疗法目前正在研究中。

VHL病中的肾细胞癌和嗜铬细胞瘤。肾细胞癌（RCC）是VHL病患者中最常见的恶性肿瘤，发生率为24%~45%。与散发性RCC相反，VHL相关的RCC倾向于多灶性、双侧性和高复发率，尽管其转移性低。该病具有清晰的细胞形态，是VHL患者死亡的重要原因。一旦确诊，当肿瘤侵袭有限时，治疗方法包括部分肾切除或射频消融；对于肿瘤广泛侵袭的患者，则需行全肾切除术甚至双侧肾切除术，但手术后可能需要进行肾透析以维持生命。尽管RCC的风险在VHL病的不同亚型中存在差异，但

在最常见类型中的终生发病风险为70%，临床诊断的平均年龄为40岁。

嗜铬细胞瘤是一种罕见的肿瘤，高血压患者中约占0.2%。大多数嗜铬细胞瘤是散发性的，但有15%~20%是家族性疾病的一部分。家族性嗜铬细胞瘤与VHL病和多发性内分泌腺瘤Ⅱ（男性Ⅱ）相关。VHL病占明显孤立性、家族性嗜铬细胞瘤患者的50%，占明显散发性嗜铬细胞瘤患者的11%。VHL病诊断嗜铬细胞瘤的平均年龄约为30岁。肾上腺和肾上腺外嗜铬细胞瘤都可在VHL病中发生。与血管网状细胞瘤和透明细胞肾细胞癌的不同之处在于，该病没有丰富的血管，并且参与了其他几种肿瘤综合征。VHL的基因检测和影像学筛查可作为家族性嗜铬细胞瘤早期诊断的依据。

12.4.4　Von Hippel-Lindau相关的脊髓肿瘤

VHL病约占脊髓内血管网状细胞瘤患者的10%。高达25%的髓内血管网状细胞瘤患者有VHL病证据。肿瘤常发生于脊髓的背侧或背外侧，伴软脑膜附着。当它们与VHL一起出现时，更好发于颈椎，通常表现为进行性感觉缺陷或本体感觉缺陷。VHL患者往往在较早的年龄出现症状。

MRI是诊断髓内血管瘤的首选检查方法（图12.5）。MRI表现为"流空"现象，反映了突出的供血动脉或引流静脉。异质增强模式也代表了血管肿瘤实质，包括紧密堆积的血管与散布的间质细胞。无论肿瘤大小如何，它们常伴有明显的水肿和黏液形成。

显微手术切除是脊髓髓内血管网状细胞瘤的主要治疗方法（图12.5）。散发性脊髓血管网状细胞瘤的手术切除适应证与VHL患者不同。对于散发性肿瘤患者，无论是为诊断还是改善症状，手术切除都是必要的。而对于VHL患者的髓内血管网状细胞瘤，手术指征则基于症状和体征的存在。因此无症状肿瘤可进行临床/影像学随访，只有症状出现时才能切除。脊髓血管造影可在术前帮助确定供血动脉的位置和性质并描述血供情况。术前栓塞可作为动静脉分流术的辅助手术，治疗与静脉瘀血相关的脊髓功能障碍或在术中大量出血风险的情况下采用。

临床系列研究表明，这些病变可以安全切除，术前神经功能可作为术后神经功能预后的最佳预测

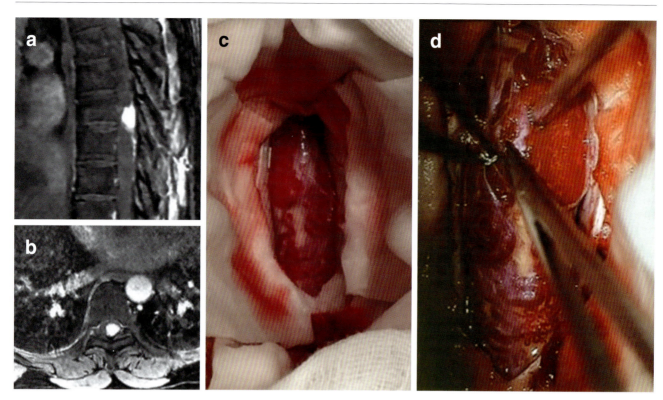

图 12.5   冠状位（a）和轴位（b）含钆 MRI 鉴别胸椎髓内血管网状细胞瘤。（c、d）血管网状细胞瘤的术中视图

指标。在解剖学上，血管网状细胞瘤起源于软脑膜层，被认为在髓质旁，但可以表现出包囊成分。手术切除因有术中出血和局部缺血的风险而变得复杂。运用显微外科技术可以完全切除。靶向治疗，如SU5416（VEGF抑制剂）、沙利度胺和贝伐单抗（pan-VEGF抑制剂），在小范围病例报道中可使病情稳定。

12.5   结论

自从1923年Van Der Hoeve根据眼科学表现描述这3种疾病（神经纤维瘤病、结节性硬化症和Von Hippel-Lindau综合征），以及90年代早期发现NF1、NF2和VHL基因以来，我们对VHL病的认识已经取得了很大进展。目前显微外科技术和立体定向放射外科等先进技术使肿瘤治疗达到了更高的水平。新的靶向治疗显示，CNS肿瘤可能在这种高危人群中出现。然而CNS肿瘤，包括与神经纤维瘤病相关的脊髓肿瘤，包括组织学上呈良性但具有明显临床后果的肿瘤。多学科管理与早期诊断是非常重要的。期待通过对疾病分子机制的更深入理解，推动新的靶向治疗或基因替代疗法的研究，从而使患者的预后得以彻底改善。

（王志潮 译，蔡　铮 校）

参考文献

[1] Van Der Hoeve J. Les phacomatoses de Bourneville, de Recklinghausen at de von Hippel-Lindau. J Beige Neurol Psychiatr. 1933;33:752.

[2] Van Der Hoeve J. Eye diseases in tuberous sclerosis of the brain and in Recklinghausen disease. Trans Ophthalmol Soc UK. 1923;43:534.

[3] Russell DS, Rubinstein LJ. Pathology of Tumors of the Nervous System. 5th ed. London: Edward Arnold; 1989.

[4] Von Recklinghausen F. Ueber die multiplen Fibrome der Haut und ihre Beziehung zu den multiplen Neuromen. Berlin: Verlag von August Hirschwald; 1882.

[5] Korf BR. Clinical features and pathobiology of neurofibromatosis 1. J Child Neurol. 2002;17(8):573–577.; discussion 602-574, 646-551. https://doi. org/10.1177/088307380201700806.

[6] Lammert M, Friedman JM, Kluwe L, Mautner VF. Prevalence of neurofibromatosis 1 in German children at elementary school enrollment. Arch Dermatol. 2005;141(1):71–74. https://doi. org/10.1001/archderm.141.1.71.

[7] North K. Neurofibromatosis type 1: review of the first 200 patients in an Australian clinic. J Child Neurol. 1993;8(4):395–402. https://doi.org/10.1177/088307389300800421.

[8] DeBella K, Szudek J, Friedman JM. Use of the national institutes of health criteria for diagnosis of neurofibromatosis 1 in children. Pediatrics. 2000;105(3 Pt 1):608–614.

[9] Poyhonen M, Niemela S, Herva R. Risk of malignancy and death in neurofibromatosis. Arch Pathol Lab Med. 1997;121(2):139–143.

[10] Farrell CJ, Plotkin SR. Genetic causes of brain tumors: neurofibromatosis, tuberous sclerosis, von Hippel-Lindau, and other syndromes. Neurol Clin. 2007;25(4):925–946., viii. https://doi. org/10.1016/j.ncl.2007.07.008.

[11] Pros E, Gomez C, Martin T, Fabregas P, Serra E, Lazaro C. Nature and mRNA effect of 282 different NF1 point mutations: focus on splicing alterations. Hum Mutat. 2008;29(9):E173–E193. https://doi.org/10.1002/humu.20826.

[12] Cawthon RM, Weiss R, Xu GF, Viskochil D, Culver M, Stevens J, Robertson M, Dunn D, Gesteland R, O'Connell P, et al. A major segment of the neurofibromatosis type 1 gene: cDNA sequence, genomic structure, and point mutations. Cell. 1990;62(1):193–201.

[13] Li Y, O'Connell P, Breidenbach HH, Cawthon R, Stevens J, Xu G, Neil S, Robertson M, White R, Viskochil D. Genomic organization of the neurofibromatosis 1 gene (NF1). Genomics. 1995;25(1):9–18.

[14] Daston MM, Scrable H, Nordlund M, Sturbaum AK, Nissen LM, Ratner N. The protein product of the neurofibromatosis type 1 gene is expressed at highest abundance in neurons, Schwann cells, and oligodendrocytes. Neuron. 1992;8(3):415–428.

[15] Zhu Y, Ghosh P, Charnay P, Burns DK, Parada LF. Neurofibromas in NF1: Schwann cell origin and role of tumor environment. Science. 2002;296(5569):920–922. https://doi. org/10.1126/science.1068452.

[16] Gutmann DH, Donahoe J, Brown T, James CD, Perry A. Loss of neurofibromatosis 1 (NF1) gene expression in NF1-associated pilocytic astrocytomas. Neuropathol Appl Neurobiol. 2000;26(4):361–367.

[17] Hutt-Cabezas M, Karajannis MA, Zagzag D, Shah S, Horkayne-Szakaly I, Rushing EJ, Cameron JD, Jain D, Eberhart CG, Raabe EH, Rodriguez FJ. Activation of mTORC1/mTORC2 signaling in pediatric low-grade glioma and pilocytic astrocytoma reveals mTOR as a therapeutic target. Neuro-Oncology. 2013;15(12):1604–1614. https://doi.org/10.1093/neuonc/not132.

[18] Daras M, Kaley TJ. Benign brain tumors and tumors associated with phakomatoses. Continuum (Minneap Minn). 2015; 21(2 Neuro-oncology):397–414. https://doi. org/10.1212/01. CON.0000464177.73440.44.

[19] American Academy of Pediatrics Committee on Genetics. Health supervision for children with neurofibromatosis. Pediatrics. 1995;96(2 Pt 1):368–372.

[20] Yohay K. Neurofibromatosis type 1 and associated malignancies. Curr Neurol Neurosci Rep. 2009;9(3):247–53.

[21] Walker L, Thompson D, Easton D, Ponder B, Ponder M, Frayling I, Baralle D. A prospective study of neurofibromatosis type 1 cancer incidence in the UK. Br J Cancer. 2006;95(2):233–238. https://doi.org/10.1038/sj.bjc.6603227.

[22] Nguyen R, Dombi E, Akshintala S, Baldwin A, Widemann BC. Characterization of spinal findings in children and adults with neurofibromatosis type 1 enrolled in a natural history study using magnetic resonance imaging. J Neuro-Oncol. 2015;121(1):209–15. https://doi. org/10.1007/s11060-014-1629-5.

[23] Abul-Kasim K, Thurnher MM, McKeever P, Sundgren PC. Intradural spinal tumors: current classification and MRI features. Neuroradiology. 2008;50(4):301–314. https://doi. org/10.1007/s00234-007-0345-7.

[24] Carey JC, Viskochil DH. Neurofibromatosis type 1: A model condition for the study of the molecular basis of variable expressivity in human disorders. Am J Med Genet. 1999;89(1):7–13.

[25] Riccardi VM. Neurofibromatosis, Phenotype, Natural History, and Pathogenesis. 2nd ed. Baltimore: Johns Hopkins University Press; 1992.

[26] Nguyen R, Dombi E, Widemann BC, Solomon J, Fuensterer C, Kluwe L, Friedman JM, Mautner VF. Growth dynamics of plexiform neurofibromas: a retrospective cohort study of 201 patients with neurofibromatosis 1. Orphanet J Rare Dis. 2012;7:75. https://doi. org/10.1186/1750-1172-7-75.

[27] Thakkar SD, Feigen U, Mautner VF. Spinal tumours in neurofibromatosis type 1: an MRI study of frequency, multiplicity and variety. Neuroradiology. 1999;41(9):625–629.

[28] Jinnai T, Koyama T. Clinical characteristics of spinal nerve sheath tumors: analysis of 149 cases. Neurosurgery. 2005;56(3):510–515. discussion 510-515

[29] Guillamo JS, Creange A, Kalifa C, Grill J, Rodriguez D, Doz F, Barbarot S, Zerah M, Sanson M, Bastuji-Garin S, Wolkenstein P, Reseau NFF. Prognostic factors of CNS tumours in Neurofibromatosis 1 (NF1): a retrospective study of 104 patients. Brain. 2003;126(Pt 1):152–160.

[30] Rosenfeld A, Listernick R, Charrow J, Goldman S. Neurofibromatosis type 1 and high-grade tumors of the central nervous system. Childs Nerv Syst. 2010;26(5):663–667. https://doi. org/10.1007/s00381-009-1024-2.

[31] Rasmussen SA, Yang Q, Friedman JM. Mortality in neurofibromatosis 1: an analysis using U.S. death certificates. Am J Hum Genet. 2001;68(5):1110–1118. https://doi. org/10.1086/320121

[32] Lee M, Rezai AR, Freed D, Epstein FJ. Intramedullary spinal cord tumors in neurofibromatosis. Neurosurgery. 1996;38(1):32–37.

[33] Louis DN, Perry A, Reifenberger G, von Deimling A, Figarella-Branger D, Cavenee WK, Ohgaki H, Wiestler OD, Kleihues P,

Ellison DW. The 2016 World Health Organization Classification of Tumors of the Central Nervous System: a summary. Acta Neuropathol. 2016;131(6):803–820. https://doi.org/10.1007/s00401-016-1545-1.

[34] Gutmann DH, Rasmussen SA, Wolkenstein P, MacCollin MM, Guha A, Inskip PD, North KN, Poyhonen M, Birch PH, Friedman JM. Gliomas presenting after age 10 in individuals with neurofibromatosis type 1 (NF1). Neurology. 2002;59(5):759–761.

[35] Rodriguez FJ, Perry A, Gutmann DH, O'Neill BP, Leonard J, Bryant S, Giannini C. Gliomas in neurofibromatosis type 1: a clinicopathologic study of 100 patients. J Neuropathol Exp Neurol. 2008;67(3):240–249. https://doi.org/10.1097/NEN.0b013e318165eb75.

[36] Mendiratta-Lala M, Kader Ellika S, Gutierrez JA, Patel SC, Jain R. Spinal cord pilomyxoid astrocytoma: an unusual tumor. J Neuroimaging. 2007;17(4):371–374. https://doi.org/10.1111/j.1552-6569.2006.00101.x.

[37] Dunn-Pirio AM, Howell E, McLendon RE, Peters KB. Single-Agent Carboplatin for a Rare Case of Pilomyxoid Astrocytoma of the Spinal Cord in an Adult with Neurofibromatosis Type 1. Case Rep Oncol. 2016;9(3):568–573. https://doi.org/10.1159/000449406.

[38] Cheng H, Shan M, Feng C, Wang X. Spinal cord ependymoma associated with neurofibromatosis 1 : case report and review of the literature. J Korean Neurosurg Soc. 2014;55(1):43–47. https://doi.org/10.3340/jkns.2014.55.1.43.

[39] Riffaud L, Vinchon M, Ragragui O, Delestret I, Ruchoux MM, Dhellemmes P. Hemispheric cerebral gliomas in children with NF1: arguments for a long-term follow-up. Childs Nerv Syst. 2002;18(1–2):43–7. https://doi.org/10.1007/s00381-001-0534-3.

[40] Mittal A, Meena R, Samar N, Kumar S, Khandelwal A. A Case of Neurofibromatosis Type 1 Associated with Cervical Cord Ependymoma. Int J Curr Res Rev. 2017;9(23):22–24.

[41] Evans DG, Moran A, King A, Saeed S, Gurusinghe N, Ramsden R. Incidence of vestibular schwannoma and neurofibromatosis 2 in the North West of England over a 10-year period: higher incidence than previously thought. Otol Neurotol. 2005;26(1):93–97.

[42] Evans DG. Neurofibromatosis type 2 (NF2): a clinical and molecular review. Orphanet J Rare Dis. 2009;4:16. https://doi.org/10.1186/1750-1172-4-16.

[43] Evans DG, Birch JM, Ramsden RT. Paediatric presentation of type 2 neurofibromatosis. Arch Dis Child. 1999;81(6):496–499.

[44] Rouleau GA, Merel P, Lutchman M, Sanson M, Zucman J, Marineau C, Hoang-Xuan K, Demczuk S, Desmaze C, Plougastel B, et al. Alteration in a new gene encoding a putative membrane-organizing protein causes neuro-fibromatosis type 2. Nature. 1993;363(6429):515–521. https://doi.org/10.1038/363515a0.

[45] Xiao GH, Chernoff J, Testa JR. NF2: the wizardry of merlin. Genes Chromosomes Cancer. 2003;38(4):389–399. https://doi.org/10.1002/gcc.10282.

[46] Cooper J, Giancotti FG. Molecular insights into NF2/Merlin tumor suppressor function. FEBS Lett. 2014;588(16):2743–2752. https://doi.org/10.1016/j.febslet.2014.04.001.

[47] Parry DM, MacCollin MM, Kaiser-Kupfer MI, Pulaski K, Nicholson HS, Bolesta M, Eldridge R, Gusella JF. Germ-line mutations in the neurofibromatosis 2 gene: correlations with disease severity and retinal abnormalities. Am J Hum Genet. 1996;59(3):529–539.

[48] Baser ME, Friedman JM, Wallace AJ, Ramsden RT, Joe H, Evans DG. Evaluation of clinical diagnostic criteria for neurofibromatosis 2. Neurology. 2002;59(11):1759–65.

[49] Evans DG, Raymond FL, Barwell JG, Halliday D. Genetic testing and screening of individuals at risk of NF2. Clin Genet. 2012;82(5):416–424. https://doi.org/10.1111/j.1399-0004.2011.01816.x.

[50] Campian J, Gutmann DH. CNS Tumors in Neurofibromatosis. J Clin Oncol. 2017;35(21):2378–2385. https://doi.org/10.1200/JCO.2016.71.7199.

[51] Evans DG, Huson SM, Donnai D, Neary W, Blair V, Newton V, Harris R. A clinical study of type 2 neurofibromatosis. Q J Med. 1992;84(304):603–18.

[52] Moffat DA, Quaranta N, Baguley DM, Hardy DG, Chang P. Management strategies in neurofibromatosis type 2. Eur Arch Otorhinolaryngol. 2003;260(1):12–18. https://doi.org/10.1007/s00405-002-0503-9.

[53] Rowe JG, Radatz MW, Walton L, Soanes T, Rodgers J, Kemeny AA. Clinical experience with gamma knife stereotactic radiosurgery in the management of vestibular schwannomas secondary to type 2 neurofibromatosis. J Neurol Neurosurg Psychiatry. 2003;74(9):1288–1293.

[54] Ruggieri M, Iannetti P, Polizzi A, La Mantia I, Spalice A, Giliberto O, Platania N, Gabriele AL, Albanese V, Pavone L. Earliest clinical manifestations and natural history of neurofibromatosis type 2 (NF2) in childhood: a study of 24 patients. Neuropediatrics. 2005;36(1):21–34. https://doi.org/10.1055/s-2005-837581.

[55] Malis LI. Neurofibromatosis type 2 and central neurofibromatosis. Neurosurg Focus. 1998;4(3):e1.

[56] Nowak A, Dziedzic T, Czernicki T, Kunert P, Marchel A. Clinical course and management of intracranial meningiomas in neurofibromatosis type 2 patients. Neurol Neurochir Pol. 2015;49(6):367–372. https://doi.org/10.1016/j.pjnns.2015.08.007.

[57] Wentworth S, Pinn M, Bourland JD, Deguzman AF, Ekstrand K, Ellis TL, Glazier SS, McMullen KP, Munley M, Stieber VW, Tatter SB, Shaw EG. Clinical experience with radiation therapy in the management of neurofibromatosis-associated central nervous system tumors. Int J Radiat Oncol

Biol Phys. 2009;73(1):208–213. https://doi.org/10.1016/j.
ijrobp.2008.03.073.

[58] Perry A, Giannini C, Raghavan R, Scheithauer BW, Banerjee R,
Margraf L, Bowers DC, Lytle RA, Newsham IF, Gutmann DH.
Aggressive phenotypic and genotypic features in pediatric and
NF2-associated meningiomas: a clinicopathologic study of 53
cases. J Neuropathol Exp Neurol. 2001;60(10):994–1003.

[59] Halliday AL, Sobel RA, Martuza RL. Benign spinal
nerve sheath tumors: their occurrence sporadically and in
neurofibromatosis types 1 and 2. J Neurosurg. 1991;74(2):248–
253. https://doi.org/10.3171/jns.1991.74.2.0248.

[60] Klekamp J, Samii M. Surgery of spinal nerve sheath tumors
with special reference to neurofibromatosis. Neurosurgery.
1998;42(2):279–289. discussion 289-290

[61] Li P, Zhao F, Zhang J, Wang Z, Wang X, Wang B, Yang Z,
Yang J, Gao Z, Liu P. Clinical features of spinal schwannomas
in 65 patients with schwannomatosis compared with 831 with
solitary schwannomas and 102 with neurofibromatosis Type
2: a retrospective study at a single institution. J Neurosurg
Spine. 2016;24(1):145–154. https://doi.org/10.3171/2015.3.SP
INE141145.

[62] Mautner VF, Tatagiba M, Lindenau M, Funsterer C, Pulst
SM, Baser ME, Kluwe L, Zanella FE. Spinal tumors
in patients with neurofibromatosis type 2: MR imaging
study of frequency, multiplicity, and variety. AJR Am J
Roentgenol. 1995;165(4):951–955. https://doi.org/10.2214/
ajr.165.4.7676998.

[63] Aboukais R, Baroncini M, Zairi F, Bonne NX, Schapira S,
Vincent C, Lejeune JP. Prognostic value and management
of spinal tumors in neurofibromatosis type 2 patients. Acta
Neurochir. 2013;155(5):771–777. https://doi.org/10.1007/
s00701-012-1590-z.

[64] Goutagny S, Kalamarides M. Meningiomas and
neurofibromatosis. J Neuro-Oncol. 2010;99(3):341–347. https://
doi.org/10.1007/s11060-010-0339-x.

[65] Setzer M, Vatter H, Marquardt G, Seifert V, Vrionis FD.
Management of spinal meningiomas: surgical results and a
review of the literature. Neurosurg Focus. 2007;23(4):E14.
https://doi. org/10.3171/FOC-07/10/E14.

[66] Chang UK, Choe WJ, Chung SK, Chung CK, Kim HJ. Surgical
outcome and prognostic factors of spinal intramedullary
ependymomas in adults. J Neuro-Oncol. 2002;57(2):133–139.

[67] Kalamarides M, Essayed W, Lejeune JP, Aboukais R, Sterkers O,
Bernardeschi D, Peyre M, Lloyd SK, Freeman S, Hammerbeck-
Ward C, Kellett M, Rutherford SA, Evans DG, Pathmanaban
O, King AT. Spinal ependymomas in NF2: a surgical disease?
J Neuro-Oncol. 2018;136(3):605–611. https://doi.org/10.1007/
s11060-017-2690-7.

[68] Hoshimaru M, Koyama T, Hashimoto N, Kikuchi H.
Results of microsurgical treatment for intramedullary spinal
cord ependymomas: analysis of 36 cases. Neurosurgery.

1999;44(2):264–269.

[69] Plotkin SR, O'Donnell CC, Curry WT, Bove CM, MacCollin
M, Nunes FP. Spinal ependymomas in neurofibromatosis
Type 2: a retrospective analysis of 55 patients. J Neurosurg
Spine. 2011;14(4):543–547. https://doi.org/10.3171/2010.11.
SPINE10350.

[70] Farschtschi S, Merker VL, Wolf D, Schuhmann M, Blakeley
J, Plotkin SR, Hagel C, Mautner VF. Bevacizumab treatment
for symptomatic spinal ependymomas in neurofibromatosis
type 2. Acta Neurol Scand. 2016;133(6):475–480. https://doi.
org/10.1111/ane.12490.

[71] von Hippel E. Über eine sehr seltene Erkrankung der Netzhaut.
Klin Beobachtungen Arch Ophthalmol. 1904;59(1):83–106.

[72] Lindau A. Zur Frage der Angiomatosis Retinae und ihrer
Hirnkomplikationen. Acta Ophthalmol. 1926;4(1–2):193–226.

[73] Maher ER, Yates JR, Harries R, Benjamin C, Harris R, Moore
AT, Ferguson-Smith MA. Clinical features and natural history
of von Hippel-Lindau disease. Q J Med. 1990;77(283):1151–
1163.

[74] Maher ER, Iselius L, Yates JR, Littler M, Benjamin C, Harris
R, Sampson J, Williams A, Ferguson-Smith MA, Morton N.
Von Hippel-Lindau disease: a genetic study. J Med Genet.
1991;28(7):443–447.

[75] Kley N, Whaley J, Seizinger BR. Neurofibromatosis type 2 and
von Hippel-Lindau disease: from gene cloning to function. Glia.
1995;15(3):297–307. https://doi.org/10.1002/glia.440150310.

[76] Kim WY, Kaelin WG. Role of VHL gene mutation in human
cancer. J Clin Oncol. 2004;22(24):4991–5004. https://doi.
org/10.1200/JCO.2004.05.061.

[77] Barry RE, Krek W. The von Hippel-Lindau tumour suppressor:
a multi-faceted inhibitor of tumourigenesis. Trends Mol
Med. 2004;10(9):466–472. https://doi.org/10.1016/j.
molmed.2004.07.008.

[78] Richard S, Graff J, Lindau J, Resche F. Von Hippel-Lindau
disease. Lancet. 2004;363(9416):1231–1234. https://doi.
org/10.1016/S0140-6736(04)15957-6.

[79] Butman JA, Linehan WM, Lonser RR. Neurologic
manifestations of von Hippel-Lindau disease. JAMA.
2008;300(11):1334–1342. https://doi.org/10.1001/
jama.300.11.1334.

[80] Maher ER, Neumann HP, Richard S. von Hippel-Lindau
disease: a clinical and scientific review. Eur J Hum Genet.
2011;19(6):617–623. https://doi.org/10.1038/ejhg.2010.175.

[81] Banks RE, Tirukonda P, Taylor C, Hornigold N, Astuti D, Cohen
D, Maher ER, Stanley AJ, Harnden P, Joyce A, Knowles M,
Selby PJ. Genetic and epigenetic analysis of von Hippel-Lindau
(VHL) gene alterations and relationship with clinical variables
in sporadic renal cancer. Cancer Res. 2006;66(4):2000–2011.
https://doi.org/10.1158/0008-5472.CAN-05-3074.

[82] Barontini M, Dahia PL. VHL disease. Best Pract Res
Clin Endocrinol Metab. 2010;24(3):401–413. https://doi.

org/10.1016/j.beem.2010.01.002.

[83] Woodward ER, Clifford SC, Astuti D, Affara NA, Maher ER. Familial clear cell renal cell carcinoma (FCRC): clinical features and mutation analysis of the VHL, MET, and CUL2 candidate genes. J Med Genet. 2000;37(5):348–353.

[84] Glasker S. Central nervous system manifestations in VHL: genetics, pathology and clinical phenotypic features. Familial Cancer. 2005;4(1):37–42. https://doi.org/10.1007/s10689-004-5347-6.

[85] Glasker S, Bender BU, Apel TW, Natt E, van Velthoven V, Scheremet R, Zentner J, Neumann HP. The impact of molecular genetic analysis of the VHL gene in patients with haemangioblastomas of the central nervous system. J Neurol Neurosurg Psychiatry. 1999;67(6):758–762.

[86] Ridley M, Green J, Johnson G. Retinal angiomatosis: the ocular manifestations of von Hippel-Lindau disease. Can J Ophthalmol. 1986;21(7):276–283.

[87] Webster AR, Maher ER, Moore AT. Clinical characteristics of ocular angiomatosis in von Hippel-Lindau disease and correlation with germline mutation. Arch Ophthalmol. 1999;117(3):371–378.

[88] Greenwald MJ, Weiss A. Ocular manifestations of the neurocutaneous syndromes. Pediatr Dermatol. 1984;2(2):98–117.

[89] Salazar FG, Lamiell JM. Early identification of retinal angiomas in a large kindred von Hippel-Lindau disease. Am J Ophthalmol. 1980;89(4):540–545.

[90] Wanebo JE, Lonser RR, Glenn GM, Oldfield EH. The natural history of hemangioblastomas of the central nervous system in patients with von Hippel-Lindau disease. J Neurosurg. 2003;98(1):82–94. https://doi.org/10.3171/jns.2003.98.1.0082.

[91] Ammerman JM, Lonser RR, Dambrosia J, Butman JA, Oldfield EH. Long-term natural history of hemangioblastomas in patients with von Hippel-Lindau disease: implications for treatment. J Neurosurg. 2006;105(2):248–255. https://doi.org/10.3171/jns.2006.105.2.248.

[92] Hanakita S, Koga T, Shin M, Takayanagi S, Mukasa A, Tago M, Igaki H, Saito N. The long-term outcomes of radiosurgery for intracranial hemangioblastomas. Neuro-Oncology. 2014;16(3):429–433. https://doi.org/10.1093/neuonc/not201.

[93] Neumann HP, Bausch B, McWhinney SR, Bender BU, Gimm O, Franke G, Schipper J, Klisch J, Altehoefer C, Zerres K, Januszewicz A, Eng C, Smith WM, Munk R, Manz T, Glaesker S, Apel TW, Treier M, Reineke M, Walz MK, Hoang-Vu C, Brauckhoff M, Klein-Franke A, Klose P, Schmidt H, Maier-Woelfle M, Peczkowska M, Szmigielski C, Eng C, Freiburg-Warsaw-Columbus Pheochromocytoma Study Group. Germ-line mutations in nonsyndromic pheochromocytoma. N Engl J Med. 2002;346(19):1459–1466. https://doi. org/10.1056/NEJMoa020152.

[94] Steinbach F, Novick AC, Zincke H, Miller DP, Williams RD, Lund G, Skinner DG, Esrig D, Richie JP, deKernion JB, et al. Treatment of renal cell carcinoma in von Hippel-Lindau disease: a multicenter study. J Urol. 1995;153(6):1812–1816.

[95] Stein PP, Black HR. A simplified diagnostic approach to pheochromocytoma. A review of the literature and report of one institution's experience. Medicine (Baltimore). 1991;70(1):46–66.

[96] Sutton MG, Sheps SG, Lie JT. Prevalence of clinically unsuspected pheochromocytoma. Review of a 50-year autopsy series. Mayo Clin Proc. 1981;56(6):354–360.

[97] Tsirlin A, Oo Y, Sharma R, Kansara A, Gliwa A, Banerji MA. Pheochromocytoma: a review. Maturitas. 2014;77(3):229–238. https://doi.org/10.1016/j.maturitas.2013.12.009.

[98] Neumann HP, Eggert HR, Weigel K, Friedburg H, Wiestler OD, Schollmeyer P. Hemangioblastomas of the central nervous system. A 10-year study with special reference to von Hippel-Lindau syndrome. J Neurosurg. 1989;70(1):24–30. https://doi.org/10.3171/jns.1989.70.1.0024.

[99] Chamberlain MC, Tredway TL. Adult primary intradural spinal cord tumors: a review. Curr Neurol Neurosci Rep. 2011;11(3):320–328. https://doi.org/10.1007/s11910-011-0190-2.

[100] Baker KB, Moran CJ, Wippold FJ 2nd, Smirniotopoulos JG, Rodriguez FJ, Meyers SP, Siegal TL. MR imaging of spinal hemangioblastoma. AJR Am J Roentgenol. 2000;174(2):377–382. https://doi.org/10.2214/ajr.174.2.1740377.

[101] Cristante L, Herrmann HD. Surgical management of intramedullary hemangioblastoma of the spinal cord. Acta Neurochir. 1999;141(4):333–9. discussion 339-340.

[102] Roonprapunt C, Silvera VM, Setton A, Freed D, Epstein FJ, Jallo GI. Surgical management of isolated hemangioblastomas of the spinal cord. Neurosurgery. 2001;49(2):321–7. discussion 327-328.

[103] Ohtakara K, Kuga Y, Murao K, Kojima T, Taki W, Waga S. Preoperative embolization of upper cervical cord hemangioblastoma concomitant with venous congestion--case report. Neurol Med Chir (Tokyo). 2000;40(11):589–593.

[104] Mandigo CE, Ogden AT, Angevine PD, McCormick PC. Operative management of spinal hemangioblastoma. Neurosurgery. 2009;65(6):1166–1177. https://doi.org/10.1227/01. NEU.0000359306.74674.C4.

[105] Lonser RR, Weil RJ, Wanebo JE, DeVroom HL, Oldfield EH. Surgical management of spinal cord hemangioblastomas in patients with von Hippel-Lindau disease. J Neurosurg. 2003;98(1):106–116. https://doi.org/10.3171/jns.2003.98.1.0106.

[106] Selch MT, Tenn S, Agazaryan N, Lee SP, Gorgulho A, De Salles AA. Image-guided linear accelerator-based spinal radiosurgery for hemangioblastoma. Surg Neurol Int. 2012;3:73. https://doi.org/10.4103/2152-7806.98386.

[107] Sardi I, Sanzo M, Giordano F, Buccoliero AM, Mussa F, Arico M, Genitori L. Monotherapy with thalidomide for treatment of spinal cord hemangioblastomas in a patient with von Hippel-

Lindau disease. Pediatr Blood Cancer. 2009;53(3):464–467. https://doi.org/10.1002/pbc.22065.

[108] Madhusudan S, Deplanque G, Braybrooke JP, Cattell E, Taylor M, Price P, Tsaloumas MD, Moore N, Huson SM, Adams C, Frith P, Scigalla P, Harris AL. Antiangiogenic therapy for von Hippel-Lindau disease. JAMA. 2004;291(8):943–944. https://doi.org/10.1001/jama.291.8.943.

[109] Hrisomalos FN, Maturi RK, Pata V. Long-term use of intravitreal bevacizumab (avastin) for the treatment of von hippel-lindau associated retinal hemangioblastomas. Open Ophthalmol J. 2010;4:66–69. https://doi.org/10.2174/1874364101004010066.

脊髓星形细胞瘤

13

Mirza Pojskić , Kenan I. Arnautović

13.1 简介

　　星形细胞瘤是儿童最常见的髓内肿瘤，在成人髓内肿瘤发病率仅次于室管膜瘤。绝大多数髓内星形细胞瘤为孤立性肿瘤，但在神经纤维瘤病1型（NF1）或2型（NF2）患者可能出现星形细胞瘤合并其他类型脊髓肿瘤的情况。成人星形细胞瘤患者预后好于儿童。星形细胞瘤多为浸润性生长的肿瘤，通常难以根治性切除。本章我们重点讨论成人低级别星形细胞瘤。

　　脊髓星形细胞瘤与幕上星形细胞瘤的分子标志存在差异。2016年世界卫生组织（WHO）中枢神经系统肿瘤分类中引入了星形细胞瘤的新的分类方法。其中最显著的变化是对弥漫性胶质瘤进行了重新定义，整合了组织学和基因型特征。在新分类中，弥漫性胶质瘤包括WHO Ⅱ级、Ⅲ级星形细胞肿瘤，WHO Ⅱ级、Ⅲ级少突胶质细胞瘤，WHO Ⅳ级胶质母细胞瘤以及儿童弥漫性胶质瘤。WHO Ⅱ级弥漫星形细胞瘤以及WHO Ⅲ级间变性星形细胞瘤目前分别被划分为异柠檬酸盐脱氢酶（IDH）突变型、IDH野生型以及非特指（NOS）型。

　　这种分类将那些局限性生长、缺乏IDH基因家族突变、伴有BRAF频繁突变（毛细胞型星形细胞瘤、多形性黄色星形细胞瘤），或是TSC1/TSC2突变（室管膜下巨细胞型星形细胞瘤）的星形细胞瘤与弥漫性胶质瘤区分开来。

13.2 流行病学

　　脊髓髓内星形细胞瘤占所有原发脊髓肿瘤的6%~8%。低级别星形细胞瘤如弥漫性及毛细胞型星形细胞瘤占其中的75%~90%，比高级别间变性星形细胞瘤及胶质母细胞瘤更常见。患者平均发病年龄为（29±18）岁，发病年龄在1周至69岁的范围内均等分布。据文献报道，患者病程为13~30个月，与良性星形细胞瘤相比，恶性星形细胞瘤病程明显缩短。

13.3 分子生物学及生物指标

　　星形细胞瘤来源于脊髓组织神经胶质前体细胞。根据2016年WHO分级，星形细胞瘤可以分为以下几种亚型：Ⅰ级胶质瘤（毛细胞型星形细胞瘤、室管膜下巨细胞型星形细胞瘤）以及弥漫型星形细胞瘤［Ⅱ级和Ⅲ级（间变性星形细胞瘤）与Ⅳ级（多形性胶质母细胞瘤）以及它们中的不同亚型］。"低级别"星形细胞瘤通常指WHO Ⅰ~Ⅱ级肿瘤。

　　与幕上星形细胞瘤不同，脊髓弥漫性星形细胞瘤（WHO Ⅱ~Ⅲ级）不存在IDH1/2突变，提示在对位于幕下及脊髓的肿瘤进行活检时，mIDH1-IHC极少能为诊断提供帮助。但已证实在儿童及成人的脊髓星形细胞瘤中存在H3F3AK27突变（组蛋白K27M-H3.3）。

　　毛细胞型星形细胞瘤在10岁以下的儿童患者中占脊髓髓内肿瘤的90%，在青少年患者中占60%。在脊髓毛细胞型星形细胞瘤中，BRAF-KIAA1549融合基因十分常见。抑癌基因细胞周期蛋白依赖性激酶抑制剂2A（CDKN2A，也被称作p16）缺失是毛细胞型星形细胞瘤中的一种常见突变，同时31.6%的肿瘤中还存在9p21（其中包含CDKN2A）杂合性缺失，50%肿瘤中存在10q23（包含磷酸酶和张力蛋白同源基因）杂合性缺失。在脊髓星形细胞瘤分子生物学中其他感兴趣基因还包括CDKN2A、H3F3A（被认为是中线或脊髓胶质母细胞瘤的表观遗传学标记）、NF-1、TP-53、ATR-X以及PTEN。

13.4 症状

成人脊髓星形细胞瘤的症状与病变部位、肿瘤的生长方式、肿瘤体积以及组织学分级有关，其中低级别肿瘤病程较长。髓内肿瘤的常见症状为疼痛、步态不稳、运动无力、感觉障碍、感觉迟钝以及括约肌问题。大部分恶性肿瘤患者会有疼痛、步态不稳或是突发肢体无力的主诉。一项比较良恶性肿瘤的研究显示，恶性肿瘤除病程明显短于良性肿瘤外，两者临床表现无显著差异。感觉缺陷与生存期呈负相关，可能的原因是与运动缺陷相比，感觉缺陷更难促使患者寻求医学治疗，从而延误了诊疗并导致了结果恶化。

13.5 诊断

脊髓MRI平扫及增强可以从轴位、矢状位、冠状位上显示肿瘤在脊髓的节段、肿瘤上下极与正常脊髓的边界。同时还可分辨肿瘤的实性部分、囊变以及空洞，但目前难以通过MRI来预测髓内肿瘤的可切除程度。报道显示，病变在术前MRI矢状位上的范围是预测术后即可及短期随访结果的唯一相关因子，另外影像上是否存在对比增强，以及增强的模式可用来区别肿瘤的良恶性。如果需要对复发肿瘤进行手术，X线可以帮助评估前次手术后可能存在的脊柱不稳定情况。不仅如此，包括矢状位及冠状位CT三维重建骨窗扫描可以显示切除硬膜外瘢痕组织时的骨性边界标志，因此有助于正常硬膜边界的显露。

星形细胞瘤通常在T1 MRI加权增强扫描影像上表现为不均匀强化。肿瘤伴囊变的情况较少，在其中一项研究中该比率为42.5%。在轴位扫描影像上，星形细胞瘤常呈偏心性生长，肿瘤可穿透软脊膜生长至髓外，并可扭转脊髓且浸润脊神经根。也有一些星形细胞瘤可以完全不强化。与T1 MRI加权相比，T2 MRI加权扫描能更清晰地显示肿瘤周围与正常脊髓的边界，特别有助于确定星形细胞瘤的确切范围。具体来说，星形细胞瘤较少有清楚的边界

且多为偏心性生长于脊髓内。病变在T1 MRI加权为等信号或低信号，T2 MRI高信号，尽管这些病变组织学级别低，但增强后也可出现强化。

囊性变常出现在高级别星形细胞瘤中。相比之下，脊髓空洞则是低级别星形细胞瘤较为特异的表现。这可能是由于相比于高级别肿瘤，低级别肿瘤较少浸润脊髓，因此对脑脊液循环的影响更大。空洞和囊变的存在也被一些作者视为预后良好的预测指标。

Zhao等根据轴向弥散张量纤维束成像（DTT）将脊髓星形细胞瘤分为2种类型：Ⅰ型（浸润型；ⅠA期：浸润；ⅠB期：破坏）；Ⅱ型（伴移位，伴囊变）。在颈髓星形细胞瘤患者中，轴向弥散张量纤维束成像（DTT）可以可靠地预测肿瘤的可切除程度，其中Ⅱ型肿瘤可以达到完全切除。

13.6 治疗

对于原发性脊髓低级别胶质瘤，完全切除是最好的推荐治疗方案，局部控制率极佳。治疗的"理想"目标是在保持并使神经功能恢复至正常的基础上，根治性完全切除肿瘤。图13.1~图13.5展示了几例低级别星形细胞瘤病例，由高年资作者（KIA）进行手术，通过根治性切除肿瘤，患者的神经功能缺陷获得了改善及缓解。对于原发性脊髓恶性胶质瘤，目前的治疗方案尚没有"金标准"。

表13.1总结了成人脊髓星形细胞瘤手术治疗的文献资料（1992—2017）。我们纳入所有报道脊髓星形细胞瘤且病例数>20的研究和（或）所有报道脊髓髓内肿瘤并且其中有足够的星形细胞瘤病例的研究。我们还纳入了成人及儿童混合的脊髓星形细胞瘤队列研究，其中有相当大比例的成年患者病例可供使用。

我们纳入了20项大型研究，这些研究分析了成人脊髓低级别星形细胞瘤的手术治疗效果。没有一项单独分析低级别星形细胞瘤的研究，因此我们的文献回顾主要纳入毛细胞型星形细胞瘤及WHOⅠ~Ⅱ级肿瘤患者数占50%以上的研究。其中3项为成人脊髓髓内肿瘤的混合性队列研究，研究中有足够的星形细胞瘤病例，1项为成人及儿童星形细胞瘤的混合队列研究。

所有的这些研究均为回顾性研究。病例数在

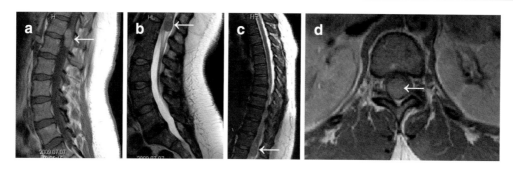

图 13.1 1 例 45 岁女性患者的影像。患者存在严重的后背疼痛，下肢无力以及会阴部麻木感。全脊髓 MRI 平扫及增强显示 T12~L1 髓内病变。（a）腰椎 T1 加权矢状位增强 MRI 显示边界清楚，均匀强化的髓内病变（箭头）。（b）腰椎 T2 加权矢状位 MRI。（c）胸腰椎 T2 加权矢状位 MRI。（d）T1 加权轴位增强 MRI 显示 T12 水平髓内肿瘤。肿瘤已切除，组织病理学提示间变性星形细胞瘤（WHO Ⅲ级）

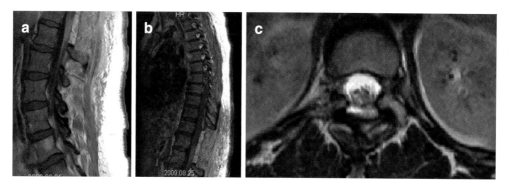

图 13.2 脊髓术后 MRI 平扫及增强显示病变获得完全切除。（a）腰椎 T1 加权矢状位增强 MRI。（b）胸椎 T1 加权矢状位增强 MRI。（c）T2 加权轴位 MRI 显示 T12 水平肿瘤切除后残腔

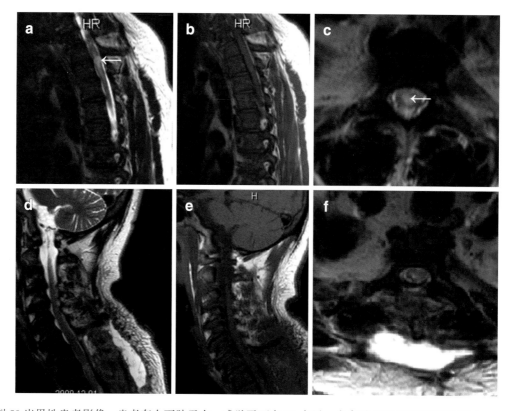

图 13.3 1 例 58 岁男性患者影像。患者存在下肢无力，感觉平面在 T1 水平。全脊髓 MRI 平扫及增强显示 T1~T2 水平的髓内病变（箭头）。（a）胸椎 T2 加权矢状位 MRI。（b）胸椎 T1 加权矢状位增强 MRI。（c）T2 加权轴位 MRI 显示 T1 水平髓内病变。病变已切除，病理结果提示低级别星形细胞瘤。（d）T2 加权矢状位 MRI 显示肿瘤完全切除。（e）颈胸段 T1 加权矢状位增强 MRI。（f）T2 加权轴位 MRI 显示肿瘤切除后残腔

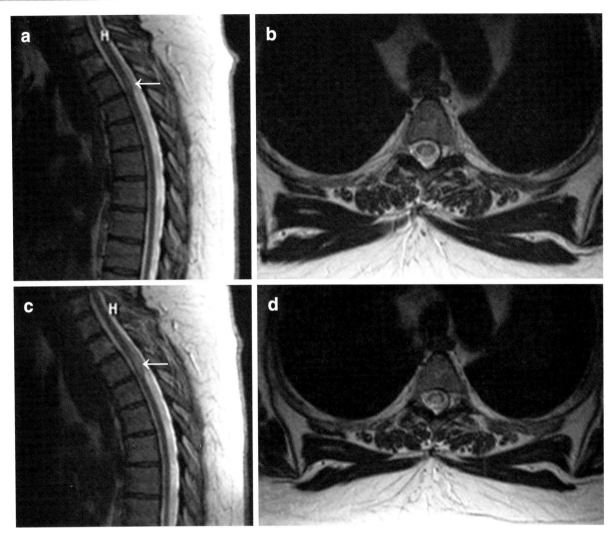

图 13.4　1 例 61 岁女性患者影像。患者存在糖尿病以及进行性恶化的步态。患者髓内病变位于 T1 水平并已随访数年。（a）胸椎 T2 加权矢状位 MRI 显示 T1 水平高信号髓内病变（箭头）。（b）同节段胸椎 T2 加权轴位 MRI。（c）胸椎 T2 加权矢状位 MRI 显示 T1 水平病变在随访的 6 年中逐渐生长（箭头）。（d）胸椎 T2 加权轴位 MRI

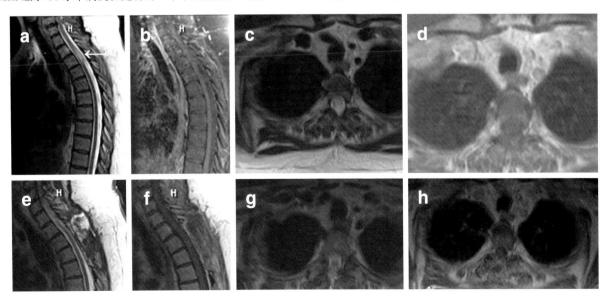

图 13.5　术前颈胸椎增强 MRI 显示 T1 水平的髓内病变（箭头）。（a）颈胸椎 T2 加权矢状位 MRI。（b）颈胸椎 T1 加权增强矢状位 MRI。（c）颈胸椎 T2 加权轴位 MRI。（d）胸椎 T1 加权增强水平位 MRI。病变已切除、病理诊断提示低级别星形细胞瘤 WHO Ⅱ级。术后 MRI 显示肿瘤完全切除。（e）颈胸椎 T2 加权矢状位 MRI。（f）颈胸椎 T1 加权矢状位增强 MRI。（g）颈胸椎 T2 加权水平位 MRI。（h）胸椎 T1 加权水平位增强 MRI

表13.1　1992年至今成人脊髓星形细胞瘤手术文献回顾

作者及年份	患者数量	年龄	部位	组织学	切除	辅助治疗	神经功能预后	手术并发症	生存期	生存期及神经功能预后理想的预后因子
Epstein 等, 1992	25	男性平均年龄30.2岁 女性平均年龄29.6岁	颈髓6例, 胸髓11例, 10例颈段、胸段	A组: 19例低级别星形细胞瘤 B组: 6例间变性星形细胞瘤	所有病例均完全切除	无	A组: 12例无改变, 3例改善, 2例恶化 B组: 4例减退, 2例未改变	不明	A组: 2/19例死亡; B组: 5/6例死亡; 其余平均随访50.2个月时存活	组织学低级别
Huddart 等, 1993	27	NS	NS	低级别以及高级别星形细胞瘤	10例部分切除, 17例活检	所有患者接受放疗	8例功能改善, 15例未改变, 2例恶化	不明	5年及10年的总体生存期分别为59%和52%, 5年及10年无进展生存率分别为38%和26%	理想的功能状态 组织学低级别 女性 存在髓内囊变
Jyothirmayi 等, 1997	23	31岁	5例颈髓, 4例颈段、胸段, 8例胸髓, 6例胸髓段、腰段	15例低级别, 6例高级别	3例近全切除, 10例部分切除, 10例活检	所有患者接受放疗	12例神经功能改善, 9例保持稳定, 2例恶化	不明	低级别肿瘤5年总体生存率为79%, 高级别肿瘤10个月	理想的功能状态 低级别, 女性以及髓内囊变与PFS有关
Innocenzi 等, 1997	65	中位年龄34.8岁	颈髓12例, 颈胸段及胸段共45例, 胸腰段8例	WHO I级29例, WHO II级26例, WHO III级10例	GTR 10例, STR 22例, 活检23例	20名患者接受放疗	不明	不明	I级（毛细胞型）中位生存期为98个月, 精髓5年生存率为76%。II级中位生存期68个月, 精髓5年生存率为68%。III级中位生存期15个月	GTR相比STR/部分切除生存期更长 组织学低级别以及较理想的手术前后整体状态
Rodrigues 等, 2000	52	平均32岁	颈髓和（或）胸髓39例（75%）, 另外13例累及马尾神经（25%）。肿瘤平均长度为4节椎体	低级别37例（71%）, 中等级别5例（10%）, 高级别10例（19%）	27例活检, 20例次全切除, 5例完全切除	所有患者接受放疗	48名（92%）功能状态稳定, 2例（4%）改善, 2例（4%）功能减退	不明	5年总体生存率, 疾病相关生存率分别为54%, 62%和58%	低级别 年龄<18岁 诊断前出现症状时间超过6个月
Samii 等, 2007	65, 38例成人共42次手术	（29±18）岁	18例肿瘤位于颈髓, 32例位于胸髓, 15例位于圆锥: 31%存在脊髓空洞	27例I级, 3例II级, 9例III级, 3例IV级	18%完全切除, 62%次全切除	9例接受术后放疗, 1例接受化疗, 1例联合放化疗	25%改善, 58%稳定无改变, 17%出现神经功能恶化	14%患者出现永久性手术并发症	总体来说, 1年存活87%, 5年和10年生存率分别为63%和57%	决定长期预后最重要的因素是术前神经功能 生存率受局部复发、组织学级别以及患者年龄影响
Kim 等, 2001	28	36岁	15例累及颈髓, 颈段、胸段5例, 胸髓6例, 胸腰段2例	低级别18例, 间变性3例, 7例GBM	3例GTR, 6例STR, 部分切除14例, 5例仅活检	19例行放疗	不明	不明	低级别及高级别星形细胞瘤的中位生存期分别为184个月和8个月	理想的功能状态 组织学级别可以预测生存期

续表

作者及年份	患者数量	年龄	部位	组织学	切除	辅助治疗	神经功能预后	手术并发症	生存期	生存期及神经功能预后理想的预后因子
Lee 等, 2003	25	40岁	7例颈髓、6例颈胸段、12例胸腰段	15例低级别（WHO I 或 II级），4例WHO III级，6例为高级别（WHO IV级）	19例活检，5例STR，1例GTR	22例放疗，13例化疗	9例患者功能理想，13例神经功能不理想	不明	在诊断时神经功能理想者的5年精确总体生存率为73%，相比术前神经功能不理想患者的5年精确总体生存率为22%	PFS 和 LC 在年轻患者以及低级别肿瘤患者中明显较好
Raco 等, 2005	202髓内肿瘤患者，86例星形细胞瘤（42%）	不明	不明	27例I级，41例II级，18例III～IV级	I级22例（81%）全切除，5例（19%）部分切除；II级5例（12%）完全切除；III～IV级未全切除61%(11/18患者)	不明	I级：26%（6/23名患者）改善，9%（2/23名患者）恶化，66%（15/23名患者）保持不变；II级10%改善；III～IV级61%（11/18名患者）恶化	不明	不明	组织学低级别 完全切除 术前神经功能状态
Nakamura 等, 2006	30	平均年龄35岁	颈髓13例，胸髓16例，圆锥1例	18例低级别，12例高级别	7例完全切除，8例部分切除，15例活检	19例患者放疗	低级别5例患者保持不变或改善，高级别除了2例无改善外，其他无改善或恶化	5/18例低级别改变或改善，10/12例高级别未改变或现恶化	所有30名脊髓星形细胞瘤患者的5年及10年生存率分别为68%及36%	组织学低级别 胸段预后理想
Abdel-Wahab 等, 2006	57	术后放疗组30岁，仅手术组29岁（中位年龄）	颈髓18例，胸髓16例，圆锥1例，交界区22例，NS 2例	仅42%通过WHO标准评估了病理级别	13例完全切除	39例接受放疗	34例未知，14例改善，5例稳定，4例恶化	不明	5年、10年以及15年生存率分别为59%、53%和32%，中位PFS为44个月	组织学低级别 完全切除降低疾病进展风险 放疗明显降低中低级别星形细胞瘤的疾病进展风险
Yang 等, 2009	174名患者，62例星形细胞瘤		32例颈髓，30例胸髓	56例低级别，6例高级别	完全切除24例，次全切22例，部分切除16例	39例行放疗	30例未改变，28例改善，4例恶化	1例切口感染，2例因脑脊液漏再次行修补手术	随访96个月，2/56例低级别患者死亡及所有的高级别以	组织学低级别

续表

作者及年份	患者数量	年龄	部位	组织学	切除	辅助治疗	神经功能预后	手术并发症	生存期	生存期及神经功能预后理想的预后因子
Minehan 等，2009	136	平均年龄（34.7±20.7）岁	除了 2 例患者，其余的均累及颈髓或胸髓	69 例毛细胞型星形细胞瘤，67 例浸润性星形细胞瘤	59% 患者仅切除活检，25% 次全切除，16% 完全切除	102（75%）名患者给予放疗	不明	不明	毛细胞型星形细胞瘤患者生存期明显长于浸润性星形细胞瘤，中位总体生存期，39.9 : 1.85 年	毛细胞型星形细胞瘤，1984 年后确诊，较长的症状持续时间，年龄小，最小的手术范围以及术后放疗
Fakhred-dine 等，2013	83	平均年龄 28.3 岁	56.1% 在颈髓，69.5% 在胸髓，4.6% 在腰髓	毛细胞型星形细胞瘤：31 例 WHO I 级，浸润性组：14 例 II 级，18 例 III 级，18 例IV级；2 例患者为高级别（III 或IV级）	55.5% 获得次全或是完全切除，其余活检	41.8% 接受化疗，放疗 69.5%	不明，浸润性肿瘤患者更容易出现运动功能障碍	不明	毛细胞型星形细胞瘤的 5 年生存率为 85.4%，浸润性为 36.4%	肿瘤级别（毛细胞型 OS 明显改善，II 级肿瘤 OS 优于 III 级，I 级优于IV级肿瘤）化疗改善浸润型星形细胞瘤的 PFS
Ardeshiri 等，2013	22	16~75 岁，1 例患者 7 岁	10 例颈髓，4 例颈段、胸段，5 例颈髓、胸段、腰段，3 例胸段、腰段	15 例 WHO I 级，3 例 WHO II 级，4 例 WHO III 级	16 例（72.7%）完全切除	无	功能性以及神经学评分在 13 例患者中未改变，9 例患者恶化（Frankel 评分）	无	随访 21 个月：25% 进展，60% 未改变，1 例死亡，1 例失访	组织学低级别 肿瘤位于颈髓
Klekamp 等，2013	225 例髓内肿瘤；其中 B 型（包括星形细胞瘤以及节细胞胶质瘤）共 80 例	（41±17）岁	不明	不明	22.5% 获得 GTR，25% 获得 STR	NS	永久性手术并发症为 21%，19.3% 出现脊髓空洞，29.5% 瘤内出血	整个队列中 15.9% 出现并发症 脑脊液漏最常见	良性病变 10 年复发率为 28.8%，恶性 78.2%；10 年复发率在 GTR/STR 组为 6.3%，部分切除 + 活检为 42.5%；生存率未提及	组织学低级别 切除程度 年龄与术后并发症相关

续表

作者及年份	患者数量	年龄	部位	组织学	切除	辅助治疗	神经功能预后	手术并发症	生存期	生存期及神经功能预后理想的预后预测因子
Babu等, 2014	46	平均年龄高级别27.5岁, 低级别18.8岁	胸髓(47.8%), 颈髓(28.3%), 颈段、胸段(15.2%), 胸段、腰段(8.7%)	41.3%为毛细胞型星形细胞瘤(WHO I级), 21.7%为WHO II级, WHO III级19.6%, 17.4%(GBM, WHO IV级)	67.4%切除, 其中12.5%完全切除; 其余的活检	低级别肿瘤:34.5%接受放疗, 51.7%接受化疗。高级别肿瘤:94.1%接受放疗, 88.2%接受化疗。	45.7%出现新的神经功能缺陷如无力、神经病理性疼痛、感觉迟钝或异常、步态异常以及膀胱功能障碍;手术切除组比活检组出现新发功能障碍比率更高(54.8%:26.7%);37%患者功能比基线水平恶化	并发症随切除量随切除程度升高而升高	高级别星形细胞瘤中位生存时间相比低级别肿瘤更差(28.1个月, $P<0.0001$)比中位数未达到	组织学高级别, 肿瘤播散以及肿瘤累及多个节段提示预后不良
Seki等, 2016	33	低级别38.9岁, 高级别42.6岁	低级别SCAs颈段、胸段占40%, 高级别SCAs最常见位于胸髓(38.5%)	20例低级别, 13例高级别	9例低级别GTR(27.3%)	低级别SCAs, 15%化疗, 25%高级别均接受放疗, 9例在化疗后放疗	51.5%相比术前基线水平出现神经功能恶化	不明	低级别中位总体生存期为91个月, 5年生存率78%, 高级别中位生存期15个月, 5年生存率31%	低级别:GTR/STR与较好的OS有关。组织学高级别以及最后随访时的神经功能状态是预后不良的预测因素
Ryu等, 2016	26	平均年龄38.9岁	11例颈髓段, 8例胸段, 5例颈段、2例胸段	14例高级别, 8例低级别, 2例恶变	高级别活检或部分切除, 低级别完整全切除或完全切除	高级别肿瘤接受放疗	Nurick分级:58.3%低级别患者评分在1、2分3分85.7%的高级别患者的神经功能评分在4或5分	无	OS:低级别156.38个月, 高级别12个月 PFS:低级别138.85个月, 高级别6.64个月	组织学低级别, Ki-67指数
Parker等, 2017	95	35.6岁	40%位于胸髓, 纯颈髓占28.4%	I级35%, II级35%, III级22%, IV级8%	29.5%的患者完全切除	NS	在术后早期(3个月), 18.4%患者功能恶化	不明	5年生存概率为78.6% 10年生存率接近76.8%	术前神经功能状态是长期预后的唯一预测因子

AA: 间变性星形细胞瘤, Bx: 活检, CSF: 脑脊液, GBM: 胶质母细胞瘤, GTR: 完全切除, KPS: Karnofsky功能状态评分, NF: 神经纤维瘤病, OS: 总体生存期, PFS: 无进展生存期, SCAs: 脊髓星形细胞瘤, STR: 次全切除, WHO: 世界卫生组织

23~136例。Minehan等的研究病例数最多，纳入了136例成人脊髓星形细胞瘤，平均就诊年龄为34.7岁。这也是唯一超过100例的病例组报道。脊髓星形细胞瘤的就诊年龄在28.3~41±17岁。2项研究中显示，低龄与较长的无进展生存期以及较好局部控制率相关。性别对预后没有明显的预测意义。与腰髓相比，肿瘤略好发于颈髓和胸髓。

目前尚无评价脊髓星形细胞瘤患者预后的前瞻性研究。然而通过目前的回顾性资料可以对外科治疗进行一些总结。虽然肿瘤完全切除是脊髓低级别星形细胞瘤治疗的"金标准"，手术切除程度与患者生存期的延长以及疾病进展风险的降低密切相关，然而在脊髓低级别星形细胞瘤的研究中，选用的治疗方式仍存在许多不同。在Minehan等进行的病例数最多的研究中，仅16%的患者获得完全切除，25%的患者获得次全切除。研究中报道的完全切除率在5%~67%，仅有1项研究报道了全切率为100%。Ardeshiri等报道的全切率为72.7%的，Fakhreddine等报道的全切率为55%的，其余研究的全切率为12%~30%。

据报道，低级别星形细胞瘤的中位总体生存期为91~156个月（7.58~13年）。有3项研究显示，相比于其他浸润性星形细胞瘤，毛细胞型星形细胞瘤的中位总体生存期更长，5年生存率可达85.4%，而低级别肿瘤（WHO Ⅰ级和Ⅱ级）的整体5年生存率在54%~78%。患者功能预后的最强预测因子是术前神经功能状态。病理学级别（低级与高级）、理想的功能预后是生存期较长的显著预测因子。多数研究显示，手术后症状不缓解乃至加重的患者占50%以上。大多数研究队列在术后均给予辅助治疗，术后放疗比例为23%~100%，尤其是高级别肿瘤患者，大多数在术后接受辅助放疗或是联合放化疗。

据报道，接受肿瘤切除的患者中有21%~57%出现术后神经功能减退。有趣的是，虽然术后神经功能恶化更多要归因于肿瘤的浸润生长以及疾病进展而非手术，但在绝大多数的成人脊髓星形细胞瘤研究中，并未对手术并发症进行详细说明。脊髓星形细胞瘤患者的神经功能减退是因为手术切除还是肿瘤生长导致的存在争议。然而如果大多数神经功能减退出现在患者最后一次随访时而非术后即刻，则肿瘤进展更可能是神经功能减退的原因。晚期并发症中神经病理性疼痛综合征较为多见，脊髓病表现

则极少见。

13.7 手术技巧

脊髓低级别星形细胞瘤的手术切除细节详见我们的手术视频（可以查看本章节的在线版）。在摆放俯卧位之前，患者先在床上或平车上仰卧进行麻醉。然后采用轴线翻身，使患者俯卧于手术床上。患者俯卧后，将头部置于支持装置上，面部朝下。眼睛采用胶贴保持闭合，注意避免受压。患者的下颌必须离开台面或框架。我们喜欢采用卷起的铺单作为胸垫，这样可以减少对女性乳房的损伤。当手术部位为颈椎或是上胸椎时，双侧上臂置于患者两侧，掌面朝向患者，拇指朝下。颈椎正位X线可以帮助确定胸段脊髓的节段，颈椎、腰椎定位则采用侧位X线。

对于低位胸髓和腰髓占位，我们采用Jackson（Carbon）脊柱手术床，扶手上放置软垫以放置肘部和腋窝。为避免神经受压，需要在有浅表神经走行的骨性表面下常规放置支撑垫。垫好腋窝、肘部、手部。患者的足部应抬离床面以避免压疮。双侧膝下需放置软垫。踝关节下放置枕头抬高足面，减轻坐骨神经张力，同时避免足部直接放置于手术床垫上。一旦体位摆放完成，我们在X线透视下确定准确的脊柱节段。侧位X线片对颈椎和腰椎的占位很有帮助，前后位X线片则多用于胸椎占位。脊髓电生理监测的电极片通常在患者仰卧时放置。

根据术中操作的距离和手术情况，我们选用不同长度及不同尖端的Yasargil双极镊。同时我们也使用不同大小的Yasargil控制性吸引器，以便根据术中需要调整吸引的强度。另外根据术中不同的情况和操作需要，我们会使用不同规格的显微剪刀（包括不同长度的直形和弯形、钝头和尖头显微剪刀）。

脊髓内肿瘤的暴露通常在患者处于俯卧位的情况下从后路进行。沿正中切开筋膜并沿棘突和椎板两侧分离椎旁肌肉。可以使用小的椎板切除术或传统椎板切除术。在胸髓或是腰髓，当肿瘤仅影响1~2个节段时，我们推荐采用椎板切除术。在颈椎，尤其是当患者比较年轻或是在处理累及3个或更多节段的肿瘤时，可以采用经典或开门式椎板成形术。对于扩展至2个以上节段的肿瘤，特别是在脊柱过渡区（如颈胸椎、胸腰椎）时，需要考虑增加脊柱固定

措施。

沿中线切开硬脊膜，并用硬脊膜缝线（通常是4-0 Nurolon）将硬脊膜悬吊在周围的肌肉组织上。使用显微剪刀或显微手术刀剪开蛛网膜，将其与后方及侧方的脊髓游离，保持蛛网膜完整以备手术结束时缝合。用钛夹将蛛网膜固定在硬膜上。多数情况下脊髓切开是沿后正中线进行，唯一例外的可能是病变位于一侧脊髓后索且明显凸露于脊髓表面，同时表面无脊髓皮质覆盖。由于后正中沟常会因脊髓的增粗及扭转而变得模糊，因此在切开脊髓时，辨认中线可能会比较困难。在这种情况下，分离双侧后索时可以采用感觉诱发电位或是术中超声来帮助确认后正中沟。

如果肿瘤的位置偏外侧，则可以从背根神经入口区进入。我们主张脊髓后正中沟的切开长度应超过肿瘤全长（将后索像书页一样牵引翻开）。通过显微剪刀或显微手术刀切开软脊膜，然后采用钝性器械于后索之间分离，比如可以利用Yasargil双极镊张开的力量进行分离。持续分离直至暴露肿瘤的头端和尾端。然后用6-0 Prolene线将软脊膜缘悬吊在硬膜上以保持脊髓敞开（类似于打开的一本书），从而减少重复解剖脊髓造成的细微损伤。这种方法能尽可能减少在切除肿瘤过程中对脊髓的操作，保护侧方脊髓表面免受损伤，并且在肿瘤减压后，能很好地帮助确定组织界面。沿横向而非上下方向的肿瘤显微解剖可以使对脊髓的损伤最小化，同时通过锐性分离更容易创造肿瘤-脊髓的分离界面。显微神经剥离子也可以用来完成这项操作。

通过电凝或是瘤内减压达到缩小肿瘤的目的。瘤内减压可以缓解肿瘤对周围脊髓组织的压迫，从而使脊髓功能获得一定的恢复。在减压前尝试在肿瘤侧方进行分离则存在压迫周围脊髓组织的风险。肿瘤减压可以通过取瘤镊、锐性分离或超声吸引的方式完成。

一旦减压充分，肿瘤缩小，可以沿肿瘤边界分离肿瘤与周围脊髓组织。肿瘤通常会浸润脊髓组织，这时去寻找一个本不存在的界面可能存在风险。在这种情况下，将术中的运动诱发电位（MEPs）与术前记录的数据相比较是保全患者神经功能及生存质量的关键。对于浸润性肿瘤，只要术者仍保持在肿瘤内操作，即可继续取瘤减压，然后分辨肿瘤与正常脊髓组织之间的界面并尝试在两

者间创造一个清晰的边界。精细镊、显微剥离子或是采用显微手术刀或显微剪刀进行锐性分离都可用于在肿瘤和正常脊髓组织之间创造一个边界。然而由于星形细胞瘤是弥漫浸润性肿瘤，因此辨认并创造分离平面可能存在困难，操作时需要借助术中神经监测、超声以及术者丰富的临床及手术经验和判断。术中能找到清晰的肿瘤界面与良好的预后显著相关。当肿瘤边界模糊和（或）无法创造肿瘤界面时，可以用超声吸引减瘤。肿瘤滋养血管可能从各个角度进入肿瘤，但和室管膜瘤一样，一般不起源于脊髓前动脉。只要组织存在病理性改变，即可继续减瘤。在一些病例中，肿瘤整体或是大部分区域均可找到清晰的解剖界面。

通过双极电凝或是手术操作进行止血。软膜采用7-0 Prolene缝线缝合，将两侧蛛网膜边缘贴近并用双极电凝使之闭合。硬膜以4-0 Neurolon缝线缝合并使用预先取好的脂肪瓣以防止脑脊液漏。

13.8 手术并发症

手术并发症包括脑脊液漏、假性硬脊膜膨出、术中出血、脊髓梗死、硬膜外血肿、术后脊髓损伤或水肿、术后神经功能快速恶化、呼吸衰竭、切口感染等。髓内肿瘤术后永久性并发症的发生率为18%~34.6%。据报道，脊髓髓内肿瘤围手术期神经功能急性减退的发生率随年龄的增加而增加，但近一半的患者能在术后1个月内恢复至术前水平。少数患者可以实现运动功能、感觉功能和膀胱功能障碍的长期改善，尤其是在术中能清楚地分辨出肿瘤界面的患者中更为常见。

脑脊液漏是一种常见的并发症。脑脊液漏可以通过紧密地硬脊膜连续缝合，使用脂肪移植物并且紧密缝合肌肉层来避免，肌肉是阻止脑脊液漏出的最强屏障。我们采用4-0 Nurolon缝线缝合硬膜，麻醉医生进行Valsalva动作来确定是否存在脑脊液溢出，使用预先取好的腹部脂肪瓣来达到紧密缝合。这种脂肪移植物通过消除椎板切除术后产生的"无效腔"以及利于脑脊液漏出的负压环境，有助于预防假性脊膜膨出和硬膜外血肿的形成。

对于二次手术患者，由于前次手术后可能出现肌肉萎缩，不能再为脑脊液漏提供良好的屏障作用。一过性神经功能缺陷也不少见。术后感觉功能

缺陷可能是因暴露髓内肿瘤时切开脊髓所致。在一些研究中发现，脊髓切开的纵向范围以及长度与术后感觉功能障碍有关。MRI显示37%的患者存在术后脊髓粘连，但其中仅有5%出现与肿瘤进展无关的脊髓病临床表现。在一项研究中，15例患者有9例在术后短期内出现神经功能的恶化，表现为轻瘫程度以及感觉障碍的加重，而所有这些患者的MRI均未有特殊表现。新发神经功能缺陷，特别是共济失调，可以随着时间逐步改善。在Klekamp等报道的病例组中，3.7%存在术后晚期脊髓病表现，与手术节段处粘连有关，其中21.9%表现为神经病理性疼痛综合征。肿瘤切除后采取软脊膜缝合的患者术后脊髓粘连率明显下降。神经病理性疼痛综合征在肿瘤伴脊髓空洞以及颈髓肿瘤患者术后更为常见。

俯卧位相关并发症包括眼部损伤和压迫性损伤。眼部损伤包括视网膜动脉梗死、角膜擦伤以及因缺血性视神经病变导致的术后失明。压迫性损伤包括皮肤的压迫性坏死、接触性皮炎、气道压迫、唾液腺肿胀、纵隔压迫、内脏缺血、外周血管梗死以及肢体筋膜室综合征。据报道，俯卧位患者中深静脉血栓（DVT）合并空气栓塞（VAE）的患者占10%~25%。麻醉相关并发症包括气管插管移位，可以通过使用抗折气管插管来避免。

13.9　切除范围

完全切除肿瘤是低级别星形细胞瘤手术的"金标准"。手术切除程度与生存率的提高以及疾病进展风险的降低显著相关。这主要针对毛细胞型星形细胞瘤以及WHO Ⅱ级肿瘤。据报道，低级别星形细胞瘤的完全切除率为5%~67%（表13.1）。一项脊髓髓内肿瘤手术的大型研究显示，无论何种肿瘤组织病理类型，术中可辨认的肿瘤边界以及较小的肿瘤体积与肿瘤的完全切除相关。

研究报道，肿瘤切除后出现神经功能减退比例为21%~57%。预测肿瘤完全切除最重要的因素为术前神经功能状态或较高的术前McCormick评分，其他较强的预测因子包括患者年龄、较高的脊髓节段、存在脊髓空洞以及初次手术，另一部分预测因子为良性病理类型、无蛛网膜瘢痕、术前病史较短以及有经验的外科医生治疗。

联合手术经验的积累，精细的手术操作以及

术中常规行电生理监测可以促进外科医生采用更积极的切除方式，从而提高髓内星形细胞瘤的完全切除率。

13.10　手术的具体环节

13.10.1　脊髓手术中的血压管理

术中必须保持血容量正常以防止低血压。脊髓手术时的俯卧位会导致每搏输出量、心脏指数下降，中心静脉压升高以及血压降低。因此通过脉压以及每搏输出量的变化监测液体量并保持容量平衡是至关重要的。推荐动脉置管以实时监测血压，同时也可监测血容量（中心静脉或是肺动脉导管）。适度低血压（收缩压80~90mmHg，低于基线水平20%~30%）可以有效地减少脊髓大型手术中的失血，对于没有特殊风险因素的患者来讲是安全的。

13.10.2　术中超声以及超声神经导航

首个基于应用超声神经导航系统进行脊髓手术的研究报告显示该方法能有效地指导手术切除。由于需要消除呼吸造成的运动性伪影才可能将3D超声应用于髓内肿瘤，因此目前超声神经导航仍仅用于髓外肿瘤病例。非导航术中超声检查与高频线阵型探头（10~12MHz）的配合使用可以帮助确定肿瘤部位及范围，引导脊髓切开并评估髓内肿瘤切除程度。在脊髓复发肿瘤的再次手术中，对手术入路的引导尤其有帮助。

13.10.3　术中监测

现在脊髓星形细胞瘤手术均在神经监测下进行。MEPs的保留与术后运动功能密切相关。MEPs波幅下降50%以上提示肿瘤呈浸润生长。与SSEPs的变化相比，设定MEPs波形缺失并且D波下降达50%为临界点，在达到临界点时停止手术操作，可以获得更好的手术预后。当波形变差时暂停手术操作，波形恢复后重新开始操作，当波形再次出现多相改变或消失时完全停止操作，可使脊髓髓内肿瘤患者术后步态方面的预后更加理想。另外神经监测可以在手术的不同阶段，甚至是手术的开始提供不同的帮助。当一些较大的肿瘤或是囊性肿瘤伴有中线移位时，神经监测可在手术开始时帮助寻找中线。术中持续使用自由描记肌电图，可帮助实时监测神经根的刺激和压迫情况。总之术中神经生理学监测是非常重要的工具，但是切除肿瘤程度、术中操作和策略的最终决策还是落在神经外科医生的肩上。

13.10.4　荧光引导手术

一些研究显示应用5-ALA（5-氨基乙酰丙酸）荧光可以为脊髓肿瘤手术，特别是髓内胶质瘤的手术提供帮助。在毛细胞型星形细胞瘤的手术中，明亮的荧光可以标示出肿瘤与脊髓组织的边界，而在WHO Ⅱ级星形细胞瘤的手术中则无法标示。这项研究显示，当采用荧光素钠并在手术显微镜上安装特殊的滤镜时，肿瘤在T1加权MRI序列中对钆的摄取模式可以在术中以荧光性团块的形式表现。

13.10.5　术后脊柱不稳定

椎板成形术是保持脊髓稳定性的一种安全手段，可以在肿瘤累及2个或更多节段时使用。一项研究显示，椎板切除术和椎板成形术的功能预后相似。既往认为成人星形细胞瘤患者在椎板切除术后脊柱后凸风险较低。在切除脊髓硬膜下肿瘤的手术中，采用椎板成形术与短期进行性脊柱畸形发生率的下降或是神经功能的改善虽然无关，但是可能与切口脑脊液漏的减少有关。

13.11　手术预后和生存率

我们将脊髓星形细胞瘤的手术预后分为了2种：手术预后和总体预后。手术预后评估以下几个方面：（1）通过明显的症状或是采用Nurick分级、McCormick评分或是Frankel评分来评估术后神经功能状态；（2）切除程度；（3）并发症发生率。总体预后主要受肿瘤的病理类型影响。表13.1总结了最重要的几项脊髓星形细胞瘤的手术病例组研究。

13.11.1　手术预后

近30年来，随着术前诊断、手术技术以及术中神经监测技术的发展，手术预后也明显改善。目前报道的永久性手术并发症发生率为14%~21%，但大多数研究显示，超过一半的患者症状在术后无改善或是加重（表13.1）。最强的功能预后预测因子是术前神经功能状态。采取手术治疗的时间是另一个预测良好预后的关键因素，因此应在神经功能恶化之前进行手术治疗。

13.11.2　生存期

生存率受到组织病理、局部复发以及患者年龄的影响。一项研究报道毛细胞型星形细胞瘤的中位生存期为39.9年。低级别星形细胞瘤的总体中位生存期在91~156个月（7.58~13年）。低级别星形细胞瘤的5年存活率为54%~78%，而高级别星形细胞瘤的总体生存期为9个月到1.85年（表13.1）。

病理级别是脊髓星形细胞瘤患者总体生存期和无进展生存期的最强预测因子。然而病理级别却并不是总和肿瘤的生物学行为保持一致。研究显示，与高级别肿瘤相比，低级别肿瘤的预后更理想。其中一项研究显示，Ⅲ级肿瘤有比Ⅳ级肿瘤更高的生存率。另外神经功能预后较理想的患者生存期也较长。

一些研究表明，如果达到"满意"的减瘤及脊髓减压的目的，无论是无进展间期还是无进展生存期都不受肿瘤切除程度的影响。由于低级别星形细胞瘤比高级别星形细胞瘤更容易达到完全切除，仅将手术切除程度单独作为一个预测因素可能过于简单。

虽然性别和种族看起来并不影响生存期，但有两项研究显示，女性性别会影响5年总体生存期和无进展生存期。而另一项基于人群的分析显示男性有更理想的预后。虽然Sandler等发现肿瘤复发患者的年龄会相对较大，Lee等报道高龄对肿瘤的局部控制、无进展生存期以及总体生存期存在不利影响。目前大多数研究并没有发现年龄与生存期之间的相关性。仅有一项研究显示肿瘤位于颈髓功能预后更好，另有两项研究则显示胸髓肿瘤与生存期正性相关。仅有两项研究提示病程较长的患者拥有更好的预后。

13.12　复发及恶变

评估星形细胞瘤复发率的研究发现较低的脊髓节段、肿瘤恶性程度及患者年龄是重要的独立预测因子。星形细胞瘤的10年复发率为42%~48%。复发率与肿瘤病理分级以及肿瘤切除程度有关。一项病例组研究显示在全切或次全切除肿瘤后，10年的复发率约6.3%，而部分切除或是活检的患者则高达

42.5%。肿瘤恶变为间变性星形细胞瘤或是胶质母细胞瘤并伴有神经外组织转移的病例也已有相关报道描述。

我们推荐在术后3、6、12个月时通过脊髓MRI平扫及增强MRI进行随访，之后每年MRI评估1次。由于存在复发风险，低级别病变术后必须随访至少10年。

13.13 辅助治疗

13.13.1 放射治疗

对低级别星形细胞瘤术后放疗的意义仍有争议。低级别星形细胞瘤多为良性，大多数神经外科医生认为对不完全切除后的放射治疗持保留态度，而是采用再次手术治疗。在没有任何辅助治疗的情况下，许多低级别星形细胞瘤可在数年甚至数十年内保持稳定。Samii等建议仅针对WHO Ⅲ级或Ⅳ级肿瘤患者进行放疗。在获得根治性切除之后复发的病例，放射治疗可能是一个合理的选择。一些病例组研究显示，接受过放疗的高级别肿瘤患者的总体生存率要短于没有接受过放疗的患者。影响长期临床进程以及生存期的因素是肿瘤的组织病理级别而不是治疗方式。但由于治疗失败的主要形式为局部失败，从这点考虑，加入放疗是合理的。由于放疗可以明显降低中低级别星形细胞瘤进展的风险，并改善浸润性星形细胞瘤患者的生存期，因此推荐将放疗用于髓内星形细胞瘤术后短期局部控制。

13.13.2 化疗

由于脊髓恶性肿瘤极其罕见，因此没有一个机构能够获得足够的患者来进行前瞻性研究。在一些小病例组（少于25人）研究中，发现脊髓原发恶性肿瘤在放疗后给予TMZ治疗存在生存获益。化疗与无进展生存期的延长相关，但与总体生存期无关。Chamberlain等报道，对于已经接受过手术以及放疗的成人脊髓复发星形细胞瘤，TMZ具有一定疗效，反映在无进展生存率（18个月无进展生存率41%，24个月无进展生存率27%）以及中位生存期（23个月）上。一项研究显示，在浸润性星形细胞瘤患者中，化疗与无进展生存期的改善有关，而与总体生存期无关。其他研究则显示，在高级别星形细胞瘤中，额外的化疗并不会延长患者的生存期。

（黄瑾翔 译，蔡 铮 校）

参考文献

[1] Benes V, Barsa P, Suchomel P. Prognostic factors in intramedullary astrocytomas: a literature review. Eur Spine J. 2009;18(10):1397–1422. https://doi.org/10.1007/s00586-009-1076-8.

[2] Raco A, Esposito V, Lenzi J, Piccirilli M, Delfini R, Cantore G. Long-term follow-up of intramedullary spinal cord tumors: a series of 202 cases. Neurosurgery. 2005;56(5):972–81. discussion 972–981.

[3] Samii JKM. Surgery of spinal tumors. Berlin: Springer; 2007. https://doi.org/10.1007/978-3-540-44715-3.

[4] Adams H, Avendaño J, Raza SM, Gokaslan ZL, Jallo GI, Quiñones-Hinojosa A. Prognostic factors and survival in primary malignant astrocytomas of the spinal cord: a population-based analysis from 1973 to 2007. Spine (Phila Pa 1976). 2012;37(12):E727–E735. https://doi.org/10.1097/BRS.0b013e31824584c0.

[5] Louis DN, Perry A, Reifenberger G, von Deimling A, Figarella-Branger D, Cavenee WK, Ohgaki H, Wiestler OD, Kleihues P, Ellison DW. The 2016 World Health Organization Classification of Tumors of the Central Nervous System: a summary. Acta Neuropathol. 2016;131(6):803–820. https://doi.org/10.1007/s00401-016-1545-1.

[6] Banan R, Hartmann C. The new WHO 2016 classification of brain tumors-what neurosurgeons need to know. Acta Neurochir. 2017;159(3):403–18. https://doi.org/10.1007/s00701-016-3062-3.

[7] Houten JK, Cooper PR. Spinal cord astrocytomas: presentation, management and outcome. J Neurooncol. 2000;47(3):219–224.

[8] Epstein FJ, Farmer JP, Freed D. Adult intramedullary astrocytomas of the spinal cord. J Neurosurg. 1992;77(3):355–359. https://doi.org/10.3171/jns.1992.77.3.0355.

[9] Minehan KJ, Shaw EG, Scheithauer BW, Davis DL, Onofrio BM. Spinal cord astrocytoma: pathological and treatment considerations. J Neurosurg. 1995;83(4):590–595. https://doi.org/10.3171/jns.1995.83.4.0590.

[10] Ryu SJ, Kim JY, Kim KH, Park JY, Kuh SU, Chin DK, Kim KS, Cho YE, Kim SH. A retrospective observational study on the treatment outcomes of 26 patients with spinal cord astrocytoma including two cases of malignant transformation. Eur Spine J. 2016;25(12):4067–4079. https://doi.org/10.1007/s00586-016-4475-7.

[11] Yang S, Yang X, Hong G. Surgical treatment of one hundred seventy-four intramedullary spinal cord tumors. Spine (Phila Pa 1976). 2009;34(24):2705–2710. https://doi.org/10.1097/BRS.0b013e3181b43484.

[12] Ellezam B, Theeler BJ, Walbert T, Mammoser AG, Horbinski C, Kleinschmidt-DeMasters BK, Perry A, Puduvalli V, Fuller GN, Bruner JM, Aldape KD. Low rate of R132H IDH1 mutation

in infratentorial and spinal cord grade II and III diffuse gliomas. Acta Neuropathol. 2012;124(3):449–451. https://doi.org/10.1007/s00401-012-1011-7.

[13] Gessi M, Gielen GH, Dreschmann V, Waha A, Pietsch T. High frequency of H3F3A (K27M) mutations characterizes pediatric and adult high-grade gliomas of the spinal cord. Acta Neuropathol. 2015;130(3):435–437. https://doi.org/10.1007/s00401-015-1463-7.

[14] Harraher CD, Vogel H, Steinberg GK. Spinal pilocytic astrocytoma in an elderly patient. World Neurosurg. 2013;79(5–6):799.E797–E799. https://doi.org/10.1016/j.wneu.2011.10.033.

[15] Ida CM, Lambert SR, Rodriguez FJ, Voss JS, Mc Cann BE, Seys AR, Halling KC, Collins VP, Giannini C. BRAF alterations are frequent in cerebellar low-grade astrocytomas with diffuse growth pattern. J Neuropathol Exp Neurol. 2012;71(7):631–639. https://doi.org/10.1097/NEN.0b013e31825c448a.

[16] Horbinski C, Hamilton RL, Nikiforov Y, Pollack IF. Association of molecular alterations, including BRAF, with biology and outcome in pilocytic astrocytomas. Acta Neuropathol. 2010;119(5):641–649. https://doi.org/10.1007/s00401-009-0634-9.

[17] Zadnik PL, Gokaslan ZL, Burger PC, Bettegowda C. Spinal cord tumours: advances in genetics and their implications for treatment. Nat Rev Neurol. 2013;9(5):257–266. https://doi.org/10.1038/nrneurol.2013.48.

[18] Babu R, Karikari IO, Owens TR, Bagley CA. Spinal cord astrocytomas: a modern 20-year experience at a single institution. Spine (Phila Pa 1976). 2014;39(7):533–540. https://doi.org/10.1097/BRS.0000000000000190.

[19] Robinson CG, Prayson RA, Hahn JF, Kalfas IH, Whitfield MD, Lee SY, Suh JH. Long-term survival and functional status of patients with low-grade astrocytoma of spinal cord. Int J Radiat Oncol Biol Phys. 2005;63(1):91–100. https://doi.org/10.1016/j.ijrobp.2005.01.009.

[20] Kim MS, Chung CK, Choe G, Kim IH, Kim HJ. Intramedullary spinal cord astrocytoma in adults: postoperative outcome. J Neurooncol. 2001;52(1):85–94.

[21] Abdel-Wahab M, Etuk B, Palermo J, Shirato H, Kresl J, Yapicier O, Walker G, Scheithauer BW, Shaw E, Lee C, Curran W, Thomas T, Markoe A. Spinal cord gliomas: A multi-institutional retrospective analysis. Int J Radiat Oncol Biol Phys. 2006;64(4):1060–1071. https://doi.org/10.1016/j.ijrobp.2005.09.038.

[22] Samii M, Klekamp J. Surgical results of 100 intramedullary tumors in relation to accompanying syringomyelia. Neurosurgery. 1994;35(5):865–873. discussion 873.

[23] Nakamura M, Chiba K, Ishii K, Ogawa Y, Takaishi H, Matsumoto M, Toyama Y. Surgical outcomes of spinal cord astrocytomas. Spinal Cord. 2006;44(12):740–745. https://doi.org/10.1038/sj.sc.3101932.

[24] Nakamura M, Ishii K, Watanabe K, Tsuji T, Takaishi H, Matsumoto M, Toyama Y, Chiba K. Surgical treatment of intramedullary spinal cord tumors: prognosis and complications. Spinal Cord. 2008;46(4):282–286. https://doi.org/10.1038/sj.sc.3102130.

[25] Abd-El-Barr MM, Huang KT, Chi JH. Infiltrating spinal cord astrocytomas: Epidemiology, diagnosis, treatments and future directions. J Clin Neurosci. 2016;29:15–20. https://doi.org/10.1016/j.jocn.2015.10.048.

[26] Parker F, Campello C, Lejeune JP, David P, Herbrecht A, Aghakhani N, Messerer M. Intramedullary astrocytomas: A French retrospective multicenter study. Neurochirurgie. 2017; https://doi.org/10.1016/j.neuchi.2016.09.007.

[27] Fakhreddine MH, Mahajan A, Penas-Prado M, Weinberg J, McCutcheon IE, Puduvalli V, Brown PD. Treatment, prognostic factors, and outcomes in spinal cord astrocytomas. Neuro Oncol. 2013;15(4):406–412. https://doi.org/10.1093/neuonc/nos309.

[28] Huddart R, Traish D, Ashley S, Moore A, Brada M. Management of spinal astrocytoma with conservative surgery and radiotherapy. Br J Neurosurg. 1993;7(5):473–481.

[29] Jyothirmayi R, Madhavan J, Nair MK, Rajan B. Conservative surgery and radiotherapy in the treatment of spinal cord astrocytoma. J Neurooncol. 1997;33(3):205–211.

[30] Zhao M, Shi B, Chen T, Zhang Y, Geng T, Qiao L, Zhang M, He L, Zuo H, Wang G. Axial MR diffusion tensor imaging and tractography in clinical diagnosed and pathology confirmed cervical spinal cord astrocytoma. J Neurol Sci. 2017;375:43–51. https://doi.org/10.1016/j.jns.2017.01.044.

[31] Klekamp J. Treatment of intramedullary tumors: analysis of surgical morbidity and long-term results. J Neurosurg Spine. 2013;19(1):12–26. https://doi.org/10.3171/2013.3.SPINE121063.

[32] Kim WH, Yoon SH, Kim CY, Kim KJ, Lee MM, Choe G, Kim IA, Kim JH, Kim YJ, Kim HJ. Temozolomide for malignant primary spinal cord glioma: an experience of six cases and a literature review. J Neurooncol. 2011;101(2):247–254. https://doi.org/10.1007/s11060-010-0249-y.

[33] Minehan KJ, Brown PD, Scheithauer BW, Krauss WE, Wright MP. Prognosis and treatment of spinal cord astrocytoma. Int J Radiat Oncol Biol Phys. 2009;73(3):727–733. https://doi.org/10.1016/j.ijrobp.2008.04.060.

[34] Rodrigues GB, Waldron JN, Wong CS, Laperriere NJ. A retrospective analysis of 52 cases of spinal cord glioma managed with radiation therapy. Int J Radiat Oncol Biol Phys. 2000;48(3):837–842.

[35] Lee HK, Chang EL, Fuller GN, Aldape KD, Atkinson GJ, Levy LB, McCutcheon IE, Maor MH. The prognostic value of neurologic function in astrocytic spinal cord glioma. Neuro Oncol. 2003;5(3):208–213. https://doi.org/10.1215/S1152851702000595.

[36] Sandalcioglu IE, Gasser T, Asgari S, Lazorisak A, Engelhorn

T, Egelhof T, Stolke D, Wiedemayer H. Functional outcome after surgical treatment of intramedullary spinal cord tumors: experience with 78 patients. Spinal Cord. 2005;43(1):34–41. https://doi.org/10.1038/sj.sc.3101668.

[37] Ardeshiri A, Chen B, Hütter BO, Oezkan N, Wanke I, Sure U, Sandalcioglu IE. Intramedullary spinal cord astrocytomas: the influence of localization and tumor extension on resectability and functional outcome. Acta Neurochir. 2013;155(7):1203–1207. https://doi.org/10.1007/s00701-013-1762-5.

[38] Innocenzi G, Salvati M, Cervoni L, Delfini R, Cantore G. Prognostic factors in intramedullary astrocytomas. Clin Neurol Neurosurg. 1997;99(1):1–5.

[39] McGirt MJ, Goldstein IM, Chaichana KL, Tobias ME, Kothbauer KF, Jallo GI. Extent of surgical resection of malignant astrocytomas of the spinal cord: outcome analysis of 35 patients. Neurosurgery. 2008;63(1):55–60.; discussion 60–51. https://doi.org/10.1227/01. NEU.0000335070.37943.09.

[40] Karikari IO, Nimjee SM, Hodges TR, Cutrell E, Hughes BD, Powers CJ, Mehta AI, Hardin C, Bagley CA, Isaacs RE, Haglund MM, Friedman AH. Impact of tumor histology on resect ability and neurological outcome in primary intramedullary spinal cord tumors: a single-center experience with 102 patients. Neurosurgery. 2015;76(Suppl 1):S4–S13; discussion S13. https://doi.org/10.1227/01. neu.0000462073.71915.12.

[41] Seki T, Hida K, Yano S, Aoyama T, Koyanagi I, Sasamori T, Hamauch S, Houkin K. Clinical factors for prognosis and treatment guidance of spinal cord astrocytoma. Asian Spine J. 2016;10(4):748–754. https://doi.org/10.4184/asj.2016.10.4.748.

[42] Arnautović KI, Kovacevic M. CSF-related complications after intradural spinal tumor surgery: utility of an autologous fat graft. Med Arch. 2016;70(6):460–465. https://doi.org/10.5455/medarh.2016.70.460-465.

[43] Garcés-Ambrossi GL, McGirt MJ, Mehta VA, Sciubba DM, Witham TF, Bydon A, Wolinksy JP, Jallo GI, Gokaslan ZL. Factors associated with progression-free survival and long-term neurological outcome after resection of intramedullary spinal cord tumors: analysis of 101 consecutive cases. J Neurosurg Spine. 2009;11(5):591–599. https://doi.org/10.3171/2009.4.SPINE08159.

[44] Eroes CA, Zausinger S, Kreth FW, Goldbrunner R, Tonn JC. Intramedullary low grade astrocytoma and ependymoma. Surgical results and predicting factors for clinical outcome. Acta Neurochir. 2010;152(4):611–618. https://doi.org/10.1007/s00701-009-0577-x.

[45] Pojskić M, Arnautović K. Prone position for intracranial procedures. In: Arthur A, Foley K, Hamm CW, editors. Perioperative considerations and positioning for neurosurgical procedures. New York: Springer; 2018.

[46] Kwee MM, Ho YH, Rozen WM. The prone position during surgery and its complications: a systematic review and evidence-based guidelines. Int Surg. 2015;100(2):292–303. https://doi.org/10.9738/INTSURG-D-13-00256.1.

[47] Matjasko J, Petrozza P, Cohen M, Steinberg P. Anesthesia and surgery in the seated position: analysis of 554 cases. Neurosurgery. 1985;17(5):695–702.

[48] Bharti N, Bala I. Kinking of endotracheal tube during posterior fossa surgery. Indian J Anaesth. 2010;54(2):172–173. https://doi.org/10.4103/0019-5049.63629.

[49] Lonjaret L, Lairez O, Minville V, Geeraerts T. Optimal perioperative management of arterial blood pressure. Integr Blood Press Control. 2014;7:49–59. https://doi.org/10.2147/IBPC. S45292.

[50] Biais M, Bernard O, Ha JC, Degryse C, Sztark F. Abilities of pulse pressure variations and stroke volume variations to predict fluid responsiveness in prone position during scoliosis surgery. Br J Anaesth. 2010;104(4):407–413. https://doi.org/10.1093/bja/aeq031.

[51] Dutton RP. Controlled hypotension for spinal surgery. Eur Spine J. 2004;13(Suppl 1):S66–S71. https://doi.org/10.1007/s00586-004-0756-7.

[52] Bonsanto MM, Metzner R, Aschoff A, Tronnier V, Kunze S, Wirtz CR. 3D ultrasound navigation in syrinx surgery - a feasibility study. Acta Neurochir. 2005;147(5):533–540.; discussion 540–531. https://doi.org/10.1007/s00701-005-0505-7.

[53] Kolstad F, Rygh OM, Selbekk T, Unsgaard G, Nygaard OP. Three-dimensional ultrasonography navigation in spinal cord tumor surgery. Technical note. J Neurosurg Spine. 2006;5(3):264–270. https://doi.org/10.3171/spi.2006.5.3.264.

[54] Shamov T, Eftimov T, Kaprelyan A, Enchev Y. Ultrasound-based neuronavigation and spinal cord tumour surgery - marriage of convenience or notified incompatibility? Turk Neurosurg. 2013;23(3):329–335. https://doi.org/10.5137/1019-5149.JTN.6639-12.2.

[55] Ivanov M, Budu A, Sims-Williams H, Poeata I. Using Intraoperative Ultrasonography for Spinal Cord Tumor Surgery. World Neurosurg. 2017;97:104–111. https://doi.org/10.1016/j.wneu.2016.09.097.

[56] Brotchi J. Intramedullary astrocytomas surgery in adult patients: the rationale for cautious surgery. World Neurosurg. 2013;80(5):e139–e140. https://doi.org/10.1016/j.wneu.2011.12.065.

[57] Sala F, Palandri G, Basso E, Lanteri P, Deletis V, Faccioli F, Bricolo A. Motor evoked potential monitoring improves outcome after surgery for intramedullary spinal cord tumors: a historical control study. Neurosurgery. 2006;58(6):1129–1143.; discussion 1129–1143. https://doi.org/10.1227/01. NEU.0000215948.97195.58. M. Pojskić and K. I. Arnautović.

[58] Matsuyama Y, Sakai Y, Katayama Y, Imagama S, Ito Z, Wakao N, Sato K, Kamiya M, Yukawa Y, Kanemura T, Yanase M, Ishiguro N. Surgical results of intramedullary spinal cord tumor with spinal cord monitoring to guide extent of

resection. J Neurosurg Spine. 2009;10(5):404–413. https://doi.org/10.3171/2009.2.SPINE08698.

[59] Jin SH, Chung CK, Kim CH, Choi YD, Kwak G, Kim BE. Multimodal intraoperative monitoring during intramedullary spinal cord tumor surgery. Acta Neurochir. 2015;157(12):2149–2155. https://doi.org/10.1007/s00701-015-2598-y.

[60] Eicker SO, Floeth FW, Kamp M, Steiger HJ, Hänggi D. The impact of fluorescence guidance on spinal intradural tumour surgery. Eur Spine J. 2013;22(6):1394–1401. https://doi.org/10.1007/s00586-013-2657-0.

[61] Acerbi F, Cavallo C, Schebesch KM, Akcakaya MO, de Laurentis C, Hamamcioglu MK, Broggi M, Brawanski A, Falco J, Cordella R, Ferroli P, Kiris T, Höhne J. Fluorescein-guided resection of intramedullary spinal cord tumors: results from a preliminary, multicentric, retrospective study. World Neurosurg. 2017; https://doi.org/10.1016/j.wneu.2017.09.061.

[62] Wiedemayer H, Sandalcioglu IE, Aalders M, Floerke M, Stolke D. Reconstruction of the laminar roof with miniplates for a posterior approach in intraspinal surgery: technical considerations and critical evaluation of follow-up results. Spine (Phila Pa 1976). 2004;29(16):E333–E342.

[63] McGirt MJ, Garcés-Ambrossi GL, Parker SL, Sciubba DM, Bydon A, Wolinksy JP, Gokaslan ZL, Jallo G, Witham TF. Short-term progressive spinal deformity following laminoplasty versus laminectomy for resection of intradural spinal tumors: analysis of 238 patients. Neurosurgery. 2010;66(5):1005–1012. https://doi.org/10.1227/01.NEU.0000367721.73220.C9.

[64] Harrop JS, Ganju A, Groff M, Bilsky M. Primary intramedullary tumors of the spinal cord. Spine (Phila Pa 1976). 2009;34(22 Suppl):S69–S77. https://doi.org/10.1097/BRS.0b013e3181b95c6f.

[65] Brotchi J. Surgical treatment of intramedullary tumors. Experience with 316 cases. Bull Mem Acad R Med Belg. 2004;159(5–6):335–9. discussion 339–341.

[66] Xiao R, Abdullah KG, Miller JA, Lubelski D, Steinmetz MP, Shin JH, Krishnaney AA, Mroz TE, Benzel EC. Molecular and clinical prognostic factors for favorable outcome following surgical resection of adult intramedullary spinal cord astrocytomas. Clin Neurol Neurosurg. 2016;144:82–87. https://doi.org/10.1016/j.clineuro.2016.03.009.

[67] Jallo GI, Danish S, Velasquez L, Epstein F. Intramedullary low-grade astrocytomas: long-term outcome following radical surgery. J Neurooncol. 2001;53(1):61–66.

[68] Wong AP, Dahdaleh NS, Fessler RG, Melkonian SC, Lin Y, Smith ZA, Lam SK. Risk factors and long-term survival in adult patients with primary malignant spinal cord astrocytomas. J Neurooncol. 2013;115(3):493–49503. https://doi.org/10.1007/s11060-013-1296-y.

[69] Sandler HM, Papadopoulos SM, Thornton AF, Ross DA. Spinal cord astrocytomas: results of therapy. Neurosurgery. 1992;30(4):490–3.

[70] Santi M, Mena H, Wong K, Koeller K, Olsen C, Rushing EJ. Spinal cord malignant astrocytomas. Clinicopathologic features in 36 cases. Cancer. 2003;98(3):554–561. https://doi.org/10.1002/cncr.11514.

[71] Chamberlain MC. Temozolomide for recurrent low-grade spinal cord gliomas in adults. Cancer. 2008;113(5):1019–1024. https://doi.org/10.1002/cncr.23677.

脊髓血管网状细胞瘤

14

Nickalus R. Khan, Aqsa Ghazanfar, Nitin Patel, Kenan I. Arnautović

14.1 简介和人群分布

血管网状细胞瘤是一种富含血管的中枢神经系统良性肿瘤，自然病史可能为散发，也可能与Von Hippel-Lindau（VHL）综合征有关。如果存在VHL综合征，血管网状细胞瘤可能为多发且能遍及中枢神经系统各个部位。可查到的最新的一篇临床Meta分析发现，60%的血管网状细胞瘤为散发病例，另外40%和VHL综合征有关。

根据WHO分级，血管网状细胞瘤被归为WHOⅠ级。血管网状细胞瘤好发部位为后颅窝，其次为椎管。脊髓血管网状细胞瘤较为少见，仅占所有椎管内肿瘤的2%~6%。但是它在脊髓肿瘤中的发生率可排在第三位，仅次于室管膜瘤和星形细胞瘤。

已证实脊髓血管网状细胞瘤发病率男性占主导地位，文献报道男女比率从1.6∶1到5∶1不等。脊髓散发血管网状细胞瘤多于30~40岁发病，VHL综合征相关的病例则多见于20~30岁患者。脊髓血管网状细胞瘤最常发生于颈髓背侧，其次是胸段脊髓，而发生于腰段者罕见。这种表现模式可能和胚胎前体细胞的分布及数量有关。一些文献报道显示，同散发病例相比，VHL综合征相关的病例更倾向于发生在骶椎。

14.2 组织病理学

所有和VHL综合征相关的病例以及大约一半的散发病例都源于抑癌基因VHL的功能紊乱。该基因位于染色体3p25~p26，编码pVHL蛋白，pVHL蛋白有助于泛素连接酶复合体的合成，从而下调缺氧诱导因子（Hypoxia-Induced Growth Factor，HIF-1）的表达。HIF-1是一种转录因子，调节各种生长因子

如血管内皮生长因子、促红细胞素生长因子和各种其他生长因子的表达。某些散发病例被认为是源于HIF-1的增效突变。上述病理生理有助于解释为何10%的VHL综合征患者会出现红细胞增多症。

显微镜下观察，这些组织学良性的病变由外周包绕基质细胞的血管丛组成，而这些基质细胞已经被证实为原发性肿瘤细胞。

肉眼下观察，脊髓血管网状细胞瘤通常有清晰的界限，常紧密附着于囊性变所形成的囊壁。因为肿瘤的性质为血管源性，故表现为樱红色的外观，与其包绕的神经组织形成鲜明对比。Lonser等已经证实血管网状细胞瘤的血浆外渗是引起水肿和继发形成肿瘤囊性变的原因。

14.3 临床表现

脊髓血管网状细胞瘤的临床表现取决于肿瘤的大小、位置，以及肿瘤的生长、水肿和肿瘤囊性变或空洞对脊髓的影响。症状常包括轻度偏瘫、四肢麻痹、下肢轻瘫等运动障碍。感觉异常和疼痛也较为常见，这和肿瘤或其囊性变和空洞所在的节段有关。

血管网状细胞瘤患者肿瘤生长速度及临床症状进展缓慢，诊断常被延误。少数情况下，无症状患者会因为做影像学检查而偶然发现病变。

血管网状细胞瘤最具灾难性的结果是出血以及出血后形成脊髓血肿，造成急性肢体瘫痪，此外在某些特殊情况下，会出现蛛网膜下腔出血导致的腰痛、神经根痛和头痛。

14.4 Von Hippel–Lindau综合征

据估计有10%~40%的血管网状细胞瘤患者合并

有VHL综合征的基因异常。VHL综合征的表现包括中枢神经系统和视网膜血管网状细胞瘤、内淋巴囊肿瘤、嗜铬细胞瘤、附睾囊腺瘤和通常累及肾脏和胰腺并有较大风险恶性转化为癌的内脏囊肿。VHL综合征是一种常染色体显性遗传性疾病，与3号染色体短臂（3p25.3）的VHL抑癌基因突变有关。已经证实促红细胞生成素和血管内皮生长因子（VEGF）在血管网状细胞瘤中表达上调，可能和肿瘤的发病机制有关。散发性血管网状细胞瘤也可能和VHL基因的新发突变有关。

VHL综合征的诊断标准包括有阳性家族病史并发现相应的血管网状细胞瘤，或无家族病史，但中枢神经系统存在两个以上的血管网状细胞瘤，或中枢神经系统单发的血管网状细胞瘤合并下列肿瘤之一：肾细胞癌、内脏囊肿、嗜铬细胞瘤，或发现明确的VHL基因突变。建议所有的脊髓血管网状细胞瘤患者应该进行VHL筛查，通常包括完整的神经系统影像检查、专门的腹部影像检查和眼底镜检查。

文献上多数推荐只对症状性的VHL综合征患者进行手术；但是有些学者建议，对于即将导致神经功能障碍的进行性进展和生长中的无症状病变也要手术切除。没有研究显示VHL综合征相关病例及散发病例两者之间的手术预后有差异。然而目前对于VHL综合征并无根治疗法，故应该遵循缓解症状的策略，避免对病变进行过度的手术切除，对于运动功能的保护远比切除程度更为重要。

14.5 影像学检查

MRI检查仍然是脊髓血管母细胞瘤最重要的诊断工具（图14.1、图14.2）。T2 MRI加权像上肿瘤结节表现为低信号。注射对比剂后病变呈均匀增强，

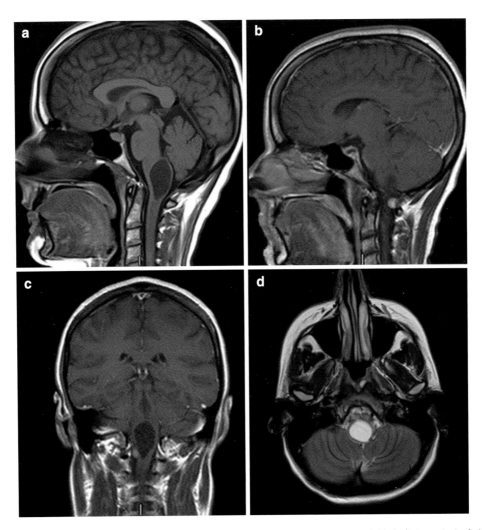

图 14.1 延髓/脑干血管网状细胞瘤（患者1：由通讯作者KIA教授主刀手术的VHL女性患者）。（a）术前脑MRI。（b）MRI矢状位未增强的T1加权像显示延髓囊肿。（c）矢状位增强的T1 MRI可见增强的结节。（d）冠状位增强的T1 MRI加权像可见增强的结节及相邻的囊肿

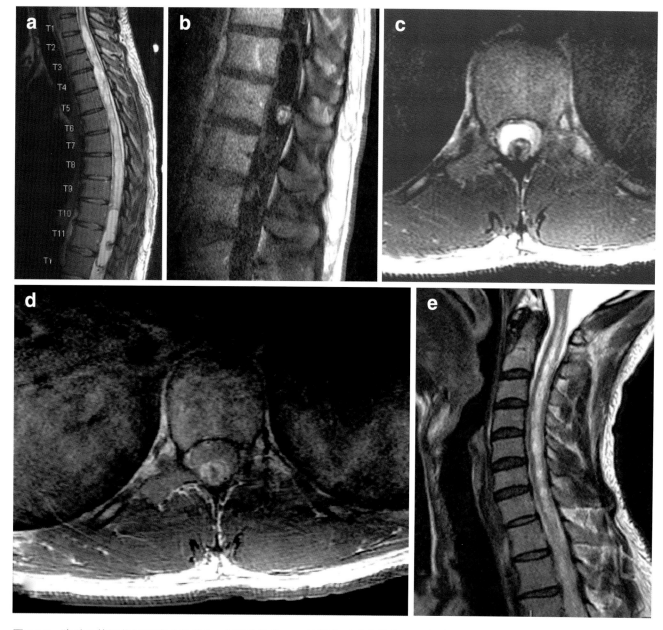

图 14.2　胸髓血管网状细胞瘤（患者 2：由通讯作者 KIA 教授主刀手术的非 VHL 男性患者）。（a）术前脊髓 MRI。（b）矢状位 T2 MRI 加权像显示横贯性脊髓空洞（位于病变上方）以及位于 T11 节段被囊肿包绕的强化脊髓血管网状细胞瘤。（c）矢状位增强的 T1 MRI 加权像可见增强的瘤结节。（d）矢状位 T2 MRI 加权像显示单发的瘤结节。（e）轴位增强的 T1 MRI 加权像显示强化的瘤结节

有时也呈不均匀增强。肿瘤囊性变的信号通常和脑脊液的信号一致，最后伴发的脊髓空洞可能会顺着瘤结节边缘向远处扩张。

我们通常行前后位、侧位、屈曲位和过伸位 X 线片评估脊柱序列和稳定性，以便制订术前手术计划。

14.6　外科治疗

血管网状细胞瘤是良性肿瘤，具有生长缓慢

的特点，故无症状的脊髓血管网状细胞瘤患者可以先临床观察，特别是对于合并 VHL 综合征者，应避免过度的外科干预。和 VHL 无关的散发病例可以通过手术全切获得治愈。目前美国国家综合癌症网络指南建议，原发的脊髓肿瘤如果没有症状，则先观察；如果有症状，则行显微外科切除。

外科手术的目的是完全切除肿瘤。通常没有必要切除相关的囊肿，因为肿瘤切除后囊肿会逐渐改善。切除瘤结节并开放软脊膜后，伴随的囊腔也随之瘪陷。此外完全切除肿瘤后其周围水肿和脊髓肿

胀通常也会随着时间推移逐渐消失。手术入路一般取决于肿瘤在椎管内的位置。后正中入路椎板切除术（或椎板成形术）和肿瘤完全切除是最常见且最被推崇的手术入路。

脊髓血管网状细胞瘤的切除应该遵循下列原则：

- 避免进入瘤结节继而引起大出血。
- 在神经组织上保持最低限度的操作，避开和瘤结节无关的任何脊髓血管。
- 沿着瘤结节和脊髓胶质平面进行环形分离。
- 正常的脊髓软脊膜呈亮白色，血管网状细胞瘤的结节呈日落样橙黄色，寻找两者间的结合部，用显微技术打开软脊膜。
- 像做动静脉畸形一样，用低功率双极电凝处理瘤结节的供血动脉，尽量在靠近肿瘤处电凝血管，避免损伤脊髓；最后电凝引流静脉。
- 用低功率电凝使肿瘤皱缩（必要时）。

因为绝大多数脊髓血管网状细胞瘤位于脊髓的背侧，所以我们采取后方入路来处理这些肿瘤。对于位于齿状韧带前方的肿瘤，可以采取前方入路或前外侧入路。

我们的手术技术（通讯作者KIA）包括（图14.3、图14.4）：患者取俯卧位，行椎板切开，显露范围超过肿瘤上极及下极各1~2cm。如果肿瘤位置涉及颈胸结合或颈腰结合处，应考虑行后路固定。对于年轻患者和（或）肿瘤跨越数个节段的患者，应考虑行椎板成形术。采用椎板切除术时可以使用超声来识别定位肿瘤，有助于决定是否需要去除更多的骨质。骨窗边缘的出血可以使用吸收性明胶海绵粉末轻松控制出血。根据手术深度和术中不同情况选用手柄长度和尖端粗细不同的Yasargil双极。另外，我们还使用大小不同的Yasargil吸引器头，从而可以根据术中需要来控制吸引器的吸力。根据术中的情况及手术策略使用大小不同、直头或者弯头、钝性或者锐性以及长度不同的显微剪刀。

从中线小心剪开硬脊膜，保护好蛛网膜。将硬膜边缘缝合固定在周围的软组织上，打开蛛网膜（图14.3a、图14.4a）并用Ligaclips夹固定在硬膜上。显微镜下识别并解剖血管网状细胞瘤的瘤结节，将其与供血动脉分离。如果合并有囊性变，没有必要进入囊腔内，因为完全切除肿瘤后囊腔将会萎缩消失。

紧靠肿瘤边缘的血管穿支使用低强度双极电凝；双极功率一般为20~25W（图14.3b、图14.4c）。小心操作，避免触碰肿瘤包膜，否则可能会引起意外的出血。切开肿瘤边缘的软脊膜，识别瘤结节和脊髓之间的胶质界面。白色闪耀的正常软脊膜和橙黄色的瘤结节表面的软膜之间通常有清晰的边界，应该在两者结合处准确切开软脊膜。

然后使用双极和显微剪刀沿着瘤结节四周进行解剖，电凝并离断进入瘤结节的供血动脉。瘤结节的引流静脉需完整保留至最后，这点和动静脉畸形的切除非常相像（图14.3c，图14.4c、d）。必要时可以通过用微小棉片轻柔吸引对肿瘤进行动态牵拉。嵌入肿瘤内的胸段感觉神经细支可以被切除，然后要尽一切努力去保护所有的神经组织，使用双极烧灼进行止血（图14.3d、图14.4e）。

使用简单、连续的水密缝合方式缝合硬膜，以标准方式缝合切口其余层次。我们在手术开始时预先从腹部取下一层脂肪组织，覆盖于硬膜上，消除任何残留的"无效腔"，避免脑脊液漏或假性脊膜膨出。图14.3和图14.4显示了脊髓血管网状细胞瘤手术切除的术中照片，图14.5和图14.6为术后MRI影像；视频14.1和视频14.2显示肿瘤切除过程。

和文献推荐的一样，我们也非常同意并强烈推荐在涉及脊髓的手术中常规使用神经电生理监测，包括躯体诱发电位（SSEPs）、运动诱发电位（MEPs）和神经动作电位（NAP）刺激。此外临时夹闭主要的供血动脉、配合躯体诱发电位和运动诱发电位可以给术者提供更多关于牺牲肿瘤邻近血管和供血动脉安全性的信息，更有利于肿瘤的安全切除。

表14.1描述了几种常见类型的血管网状细胞瘤进行手术切除时的相关技术。

14.7　妊娠期

目前已知妊娠期因为血容量增加和激素环境的改变，脊髓血管网状细胞瘤会出现进展和症状。手术切除被认为是首选的治疗，防止神经功能障碍的进展，在妊娠的中晚期可以安全进行手术，不会增加流产和早产的风险。然而如果临床允许的话，建议密切观察患者情况及神经功能状态，将手术推迟至分娩后。

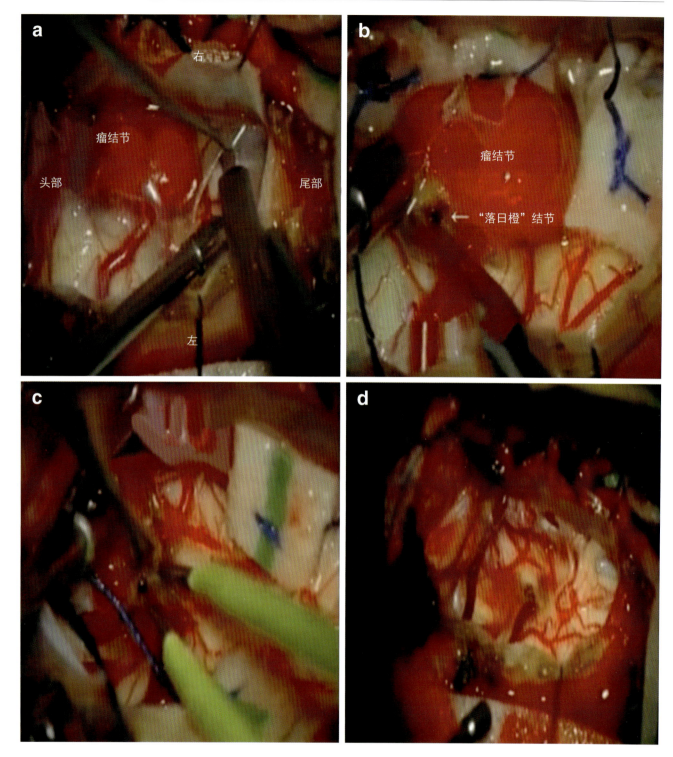

图 14.3　患者 1 显微切除术中图片。（a）打开蛛网膜。（b）通过电凝供血动脉阻断瘤结节的血供，在闪亮的白色脊髓软膜和"落日橙"的结节软膜之间界面进行分离。（c）在分离并取出瘤结节前再最后电凝瘤结节的引流静脉。（d）切除瘤结节后延髓表面所见

应周密考虑以保护胎儿免受诊断性或术中监测的辐射伤害，建议成立产科、麻醉科和神经内、外科医生组成的团队用于照顾此类患者。

14.8　药物治疗

文献报道了几种药物已经用于评估治疗难以手术切除的脊髓血管网状细胞瘤。贝伐单抗是一种作

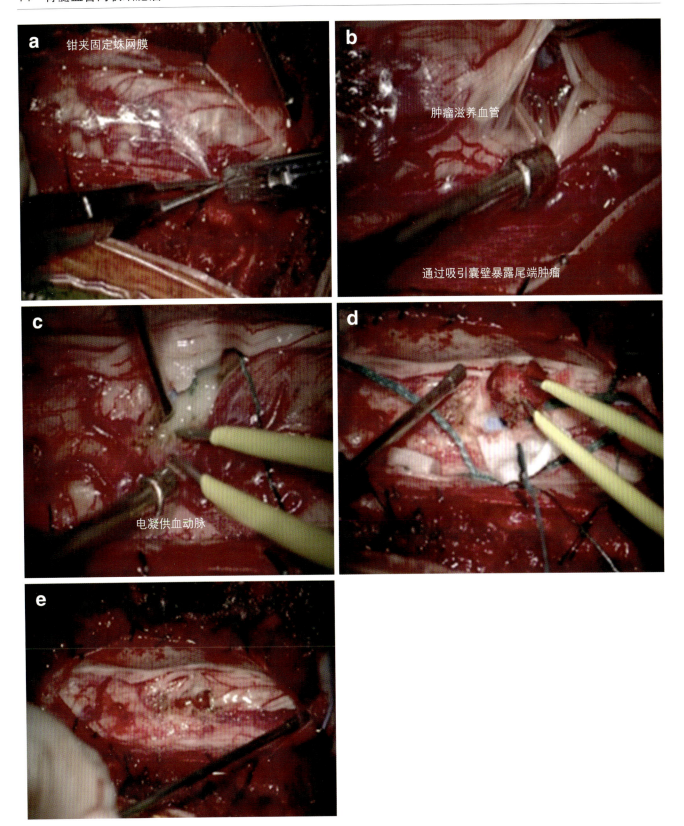

图 14.4　患者 2 显微切除术中图片。（a）打开硬脊膜，用小钉夹将蛛网膜夹在硬脊膜上。（b）打开囊肿排出囊液，在瘤结节下方延中线切开脊髓。（c）电凝并分离瘤结节的供血动脉。（d）电凝并分离引流静脉后取出瘤结节。（e）肿瘤切除后脊髓

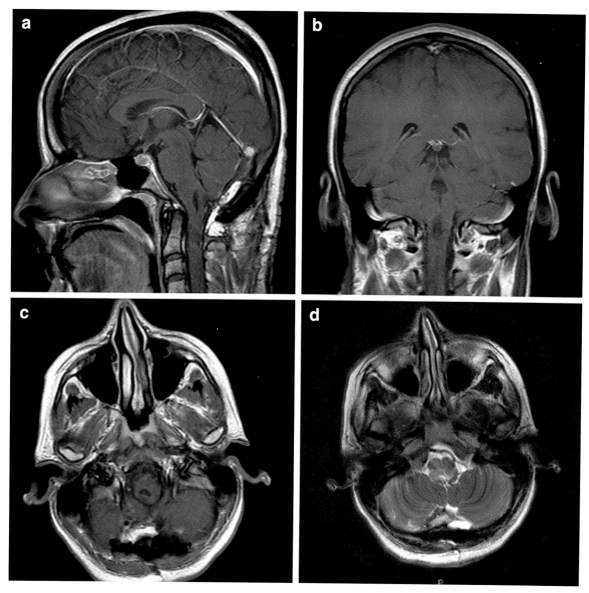

图 14.5 患者 2 的术后脑 MRI。（a）颈椎矢状位 T2 MRI 加权像显示瘤结节切除后囊肿塌陷。（b）胸椎矢状位 T2 MRI 加权像显示瘤结节切除后囊肿塌陷。（c）轴位 T2 MRI 加权像显示瘤结节切除后胸髓。（d）轴位增强的 T1 MRI 加权像显示瘤结节切除后胸髓

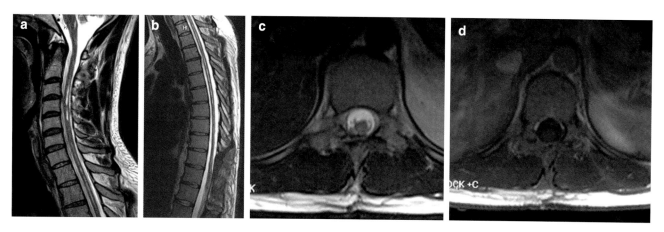

图 14.6 患者 1 的术后脑 MRI。（a）矢状位增强的 T1 MRI 加权影像显示瘤结节切除后囊肿塌陷。注意硬脊膜外覆盖脂肪移植物可避免脑脊液漏或假性硬脊膜膨出。（b）矢状位增强的 T1 MRI 加权影像显示瘤结节切除后囊肿塌陷。（c）轴位增强的 T1 MRI 加权影像显示瘤结节切除后囊肿塌陷。注意硬脊膜外覆盖脂肪移植物可避免脑脊液漏或假性硬脊膜膨出。（d）轴位 T2 加权影像显示瘤结节切除后囊肿塌陷

表 14.1　脊髓血管母细胞的类型及其首选入路

类型	细节	手术入路
髓内背侧型	最常见；表面覆盖了一层软脊膜，需从中线切开脊髓；位置接近脊髓背根入髓区	后路中线脊髓切开术
髓内腹侧型	罕见；因为手术切除难度大预后欠佳	前方入路或前外侧入路
外生型	表面可见肿瘤，可直接切除；无须行脊髓中线切开	后方入路
硬脊膜髓外型	无须直接接触脊髓组织；可直接切除肿瘤	后方入路
硬脊膜外型	常发自于脊神经	后方入路

用于血管上皮生长因子A并阻断其血管生成的单克隆抗体。有个案报道了1例无法手术切除的脊髓血管网状细胞瘤患者使用了贝伐单抗后，肿瘤显著缩小。沙利度胺在某些无法手术切除的血管网状细胞瘤中也被证实有效，但是辅助化疗对血管网状细胞瘤的治疗仍存在争议。

14.9　放射治疗

目前，已有对不能切除的脊髓血管网状细胞瘤进行放射治疗的报道，但是报道显示放射治疗和不良的预后相关，如放射性坏死，而且通常无法根本解决症状性空洞。

14.10　术前栓塞

一些文献报道了采用术前栓塞来减少肿瘤血供的案例，但是通常这并不能完全处理肿瘤的血供，往往需要进行超选择插管，这样可能会将正常的脊髓组织置于危险之中，而且对于全切肿瘤来说也不是必需的。因此多数进行手术切除的患者并没有采用术前栓塞，在我们看来一般也不需要。

14.11　预后

在1912年Schultze首先描述了第1例脊髓血管网状细胞瘤的手术切除。直到20世纪60年代和70年代显微外科和影像的进步之前，脊髓肿瘤手术的神经功能致残率仍很糟糕。我们将文献上能获得的关于脊髓血管网状细胞瘤手术切除预后的数据进行了整理，如表14.2所示。

14.11.1　神经功能预后

已经证实肿瘤的位置和大小会影响预后，肿瘤大部分位于腹侧及腹外侧和更差的预后相关。文献使用McCormick功能状态评分（表14.3）对脊髓肿瘤手术的神经功能预后进行评分。

这个评分虽然没有经过验证，但是已经被普遍用于脊髓肿瘤和血管网状细胞瘤的研究中。几项研究已经显示，术前神经功能状态有助于预测血管网状细胞瘤切除术后患者的神经功能状态。如果采取良好的技术且肿瘤的情况较为有利（如位置、大小、血供和肿瘤与脊髓的平面等），则肿瘤的显微切除可以取得满意的预后。多数患者术后神经功能稳定，但小部分患者在围手术期出现神经功能恶化，最后可随着时间得到改善。永久性的神经功能恶化并不常见，这通常和肿瘤较大且没有位于脊髓背侧有关。表14.2描述了截至2017年10月，我们能获得的英文文献所记录的所有病例的预后情况。

14.11.2　肿瘤复发

肿瘤复发可能是源于新发肿瘤的生长，不完全切除或者合并VHL综合征和散发型血管网状细胞瘤的新生肿瘤生长。年轻、发病时间短、多发中枢系统肿瘤以及VHL综合征等因素和肿瘤复发率增高有关。据报道散发型血管网状细胞瘤手术切除术后的复发率为6%~7%，通常发生于术后多年以后，说明这类患者持续的长期随访很有必要。VHL综合征相关的血管网状细胞瘤被分为3种不同的生长类型：间断型、线性型或指数型，对应的肿瘤生长率分别为$4mm^3/a$，$24mm^3/a$和$79mm^3/a$。此外，发生于脊髓和马尾部的血管网状细胞瘤比发生于中枢神经系统其他部位的肿瘤生长率更低（分别为$0.3mm^3/a$和$0mm^3/a$），男性的生长率则比女性要高。

（洪景芳译，蔡　铮校）

表 14.2　脊髓血管母细胞瘤（散发和 VHL）疗效研究的文献综述

作者 国家 研究类型	患者（N）	治疗	预后	随访	发现
Browne TR(1975) 美国 回顾性研究和文献综述	N＝85 男＝42 女＝38 VHL：36(33%) 男＝n/a 女＝n/a	80例 手术71例，7例获影像学随访，只有2例行放射治疗	无明确记录	无明确记录	不完全切除后症状仍然存在，但完全切除后症状几乎都消失了。如果手术切除不完全，即使残余肿瘤行放射治疗且囊肿消失，症状最终也将复发
Guidetti B(1979) 意大利 回顾性研究	N＝6 男＝3 女＝3 VHL：0 男＝n/a 女＝n/a	6例患者均行手术	1例患者术中心脏骤停，24h后死亡。5例患者（83%）神经功能改善并回归工作	平均28.5个月（2个月 ~11年）	和不完全切除及保守治疗的患者相比，完全切除的患者神经功能恢复良好。如果能在肿瘤的即刻和寻找到合适的平面，就可能做到完全切除
Pluta RM（2003）美国 回顾性研究	N＝8 男＝6 女＝2 VHL：n/a 男＝n/a 女＝n/a	9例患者行腹侧肿瘤切除；其中5例行后方入路（椎板切除术和脊髓背侧切开术4例，后外侧入路1例）其余3例采取前方入路（椎体次全切除和融合术）	术后即刻行前方入路的患者行走功能不受影响；但行后方入路患者因为活动无力（4例）和本体感觉丧失（3例）其行走功能差。术后6月行走功能的差并仍然明显存在	前方入路平均时间为28±9.2个月，后方入路平均时间为79.6±38.6个月	对于选择性病例而言，脊髓空洞不应影响切除腹侧血管母细胞瘤的入路选择，前方入路优于后方和后外侧入路长期结果要明显优于后方和后外侧入路
Lee DK（2003）韩国 回顾性研究	N＝14 男＝11 女＝3 VHL：n/a 男＝n/a 女＝n/a	手术14例，其中11例行术前造影，4例行术前栓塞	4例术前栓塞患者术中出血，故能全切肿瘤；4例不能全切的患者中有3例术后功能预后加重。在最后一次随访时，8例患者改善，4例稳定，3例变差。所有全切肿瘤的患者功能均得到改善	平均47个月	全切预后会更好。术前栓塞可以有效减少术中出血，有助于术中全切并改善预后
Lonser RR（2003）美国 回顾性研究	N＝44 VHL：44（100%）男＝26 女＝18	44例合并 VHL 的患者共经历了55次手术，切除了86个脊髓血管母细胞瘤	84%的患者最后的临床评估和术前一致，7%的患者改善，9%的患者变差	平均44个月	手术可改善 McCormick 评分，但病变位于腹侧或腹外侧及病变大于500mm³和较差的预后相关。切除肿瘤会影响预后，切除肿瘤会导致有的空洞消失，因此术中没有必要进入空洞，也强烈反对如此做法
Lonser RR（2005）美国 描述手术技巧	大于190余例手术（大多数患者为 VHL 患者）	大于190例手术采取显微外科技术进行切除	n/a	n/a	和其他的脊髓肿瘤不同的是血管母细胞瘤是良性肿瘤并能被整块切除。诱导时应用激素，使用的技巧包括：后方入路，超声定位肿瘤位置，发现精确的分离平面，无须进入肿瘤相邻的空洞
Biondi A（2005）法国 回顾性研究	N＝4 男＝2 女＝2 VHL：1 男＝n/a 女＝n/a	4例下脊髓血管母细胞瘤患者，手术切除前均行术前栓塞	栓塞术未引起永久性并发症，1例马尾血管母细胞瘤患者栓塞后功能轻度变差，但于手术切除前恢复。所有病例均全切肿瘤。术后1年随访时，2例神经功能缺失完全恢复，另2例也显著改善	平均3.5年	术前栓塞确保术中出血少并方便肿瘤切除。因此是一种有利于手术切除的有利步骤

续表

作者 国家 研究类型	患者（N）	治疗	预后	随访	发现
Sharma BS(2007) 印度 回顾性研究	N = 22 男 =13 女 =9 VHL：3 男 = n/a 女 = n/a	22 例行手术切除	术后 20 例患者（91%）神经功能缺失 改善或者稳定	平均 4.6 年	即使术前有严重的神经功能缺失，显微外科切除 仍然是治疗的选择
Na JH (2007) 韩国 回顾性研究	N = 9 男 =4 女 =5 VHL：5 男 = n/a 女 = n/a	9 例均行手术切除	术后所有患者神经功能缺失改善或者 稳定，没有并发症发生	平均 22.4 个月	所有脊髓血管母细胞瘤病例行显微外科完全切除 后均获得良好的预后，术后肿瘤伴有的空洞自发 消失
Na JH (2007) 韩国 回顾性研究	N = 9 男 =4 女 =5 VHL：5 男 = n/a 女 = n/a	9 例均行手术切除	术后 6 个月随访时所有患者神经功能 均稳定，但有 3 例（33%）最后随访 时改善至 1 级，其余分级和术前一致， 未发生术后并发症或术后神经功能变差	平均 22.4 个月	后方入路安全有效。手术后原有的水肿和空洞会 自发消失。出于诊断和家族病史和多发型血管母 细胞瘤患者，VHL 突变分析是有用的
Bostrom A（2008） 德国 回顾性研究	N = 23 男 = n/a 女 = n/a VHL：8（35%） 男 = n/a 女 = n/a	23 例行手术切除	术后 18 例患者神经功能稳定，5 例改 善，1 例肿瘤复发（尽管患者术后神经 功能改善），1 例出现脑脊液漏	6 个月	DSA 强制用于术前的病情评估，使用双极电凝闭 塞供血动脉再整体切除肿瘤很重要。VHL 患者影 像学进展或症状进展提示应进行手术切除，但对 于散发型血管母细胞瘤患者，影像学进展很少作 为手术指征
Shin DA（2009） 韩国 回顾性研究	N = 20 男 =12 女 =8 VHL：2 （10%） 男 = n/a 女 = n/a	20 例患者，24 次手术	18（90%）例患者术后神经功能稳定 或者改善；2 例患者进展到更高级别； 5 例复发，其中 3 例再次手术，1 例行 放射治疗，1 例观察	平均 5.6 年	伴有囊性者术前活动无力和感觉异常更为常见。 86% 的患者肿瘤切除术后脊髓空洞缩小。整块切 除是基本的手术原则，如肿瘤界限分明将有助于 整块切除
Mandigo CE(2009) 美国 回顾性研究	N = 15 男 =7 女 =8 VHL：4 男 = n/a 女 = n/a	15 例患者，17 次手术，切除了 18 个血管母细胞瘤	1 例患者术后神经功能变差 1 级；1 例 改善 1 级；其他患者神经功能稳定	平均 35 个月	妊娠期会加重肿瘤症状。显微外科整块切除是所 有病例的治疗选择。这项技术 1 个世纪以来逐渐 完善，更重要的是尽可能减少了出血，使得出血更少， 神经功能的损害

续表

作者 国家 研究类型	患者（N）	治疗	预后	随访	发现
Clark A.J（2010） 美国 回顾性研究	N=20 男=n/a 女=n/a VHL：11（55%） 男=n/a 女=n/a	20例患者进行了手术，5例患者术中在神经监测下临时夹闭了供血动脉	20例患者中，5例改善，13例稳定，2例变差。5例术中临时夹闭动脉患者，2例改善，3例稳定。这5例患者平均的McCormick功能评分为2级，术后平均改善为1级。其余患者术后功能评分没有改善，仍为2级	平均19周	神经监测下临时夹闭供血动脉是一种快速、安全的方法，有助于手术在困难病例时辨别肿瘤的正常供血动脉
Mehta GU（2010） 美国 回顾性研究	N=108 男=57 女=51 VHL：108（100%） 男=57 女=51	108例患者，156次手术，切除了218个血管母细胞瘤	6个月随访时，149例次（96%）手术患者神经功能稳定或改善，7例次（4%）变差。在第2、5、10和15年随访时神经功能保持稳定的患者比例分别为93%、86%、78%和78%	平均7年±5年	肿瘤位于腹侧或完全位于脊髓内会增加术后神经功能变差的风险。症状进展，而不是单纯提示VHL患者，这是单纯进行手术，这是保持大多数患者术后神经功能稳定的策略
Kim TY（2012） 韩国 回顾性研究	N=12 男=9 女=3 VHL：12（100%） 男=9 女=3	12例患者共24个脊髓血管母细胞瘤，分为3个治疗组：组1（13个肿瘤），初诊时无症状，随后行系列影像学观察；组2（4个肿瘤），初诊时为无症状，随后进行手术切除；组3（7个肿瘤），初诊时有症状，均进行手术切除	7个肿瘤诊断时有症状，17个肿瘤没有症状。在这17个肿瘤中，9个（53%）有症状被手术切除，5个无症状患者为McCormick 1级，术后保持稳定。在有症状的患者中，3例（25%）神经功能状态下降1分，1例（8%）从1级变差为4级	平均49.3个月	VHL患者合并较大的肿瘤和扩大的空洞会增加术后神经功能缺失的风险。有些患者不能恢复。而对于较大肿瘤患者的预后，术前肿瘤本身体积的影响，因此较大肿瘤的无症状患者其手术预后可能会更好
Harati A（2012） 芬兰 回顾性研究	N=17 男=10 女=7 VHL：11 男=n/a 女=n/a	17例患者，20次显微外科手术	所有患者在长期随访中未出现神经功能下降。在合并VHL患者中，5例术前即有感觉运动损害，术后症状改善，1例术前四肢瘫患者术后无法完全恢复，术后无改善	平均57个月	合并VHL的无症状患者受益于早期切除肿瘤，除非肿瘤体积大于55mm³
Park C.H（2012） 韩国 回顾性研究	N=16 男=12 女=4 VHL：4 男=n/a 女=n/a	16例患者，30次手术；其中10例行术前造影，3例行术前栓塞	10例肿瘤全切，6例次全切。术后18.7%患者改善，56.3%稳定，25%变差。83%术后McCormick 1级患者术后神经功能稳定，75%术前McCormick 1级患者获得肿瘤全切	平均90个月	肿瘤包膜很脆弱，所以必须术前造影明确供血动脉以避免术中出血及部分切除。而且在电凝引流静脉前必须解剖分离出供血动脉。术前神经损害轻微感及精细显微外科技术和良好的预后相关。术后功能预后和肿瘤大小、位置、切除范围、复发、病变进展及重复手术的次数等因素无关。而且非侵袭性的手术入路是保护合并VHL病的脊髓血管母细胞瘤患者神经功能的最佳策略

续表

作者 国家 研究类型	患者（N）	治疗	预后	随访	发现
Deng X（2014）中国 回顾性研究	N＝92 男＝59 女＝33 VHL：32 34.8% 男＝n/a 女＝n/a	92例患者，102次手术，切除了116个血管母细胞瘤。13例行DSA造影，15例行CT三维血管造影	109个肿瘤（94.0%）全切，7个肿瘤次全切。38例（41.3%）患者功能预后改善，40例（43.5%）患者稳定，14例（15.2%）患者变差	平均50个月	肿瘤全切会获得更好的预后。次全切是不良预后的危险因素。和脊髓DSA相比，三维CTA是一种前景良好的技术，无创，操作时间更短，X线暴露剂量更低且造影剂更少，所以并发症更少，可高精确度显示肿瘤的供血动脉
Sun H.I（2014）土耳其 回顾性研究	N＝14 男＝8 女＝6 VHL：0 男＝n/a 女＝n/a	14例胸段血管母细胞瘤，23年间进行了15次手术	15次手术中，8次（53.3%）手术后症状改善，5次（33.3%）术后稳定，2次术（13.3%）后变差。所有病例均1例于15年后复发	平均4年	散发型脊髓血管母细胞瘤稍高于合并VHL病患者，其常被认为是独立的病变，通常位于上脊髓。依靠显微外科手术可获得良好的手术预后，无须术前或术后辅助治疗，远期预后良好，仅有极少数病例复发
Joaquim AF（2015）美国 回顾性研究	N＝16 男＝10 女＝6 VHL：7 男＝n/a 女＝n/a	16例患者，17次手术	所有病例均全切肿瘤；4例患者术后即刻某些神经功能变差，但在六个月随访时，1例仍然保持较差，2例改善，其余患者（81%）稳定	平均48个月	神经电生理监测的使用以及避免骚扰肿瘤边界外正常脊髓组织的精细外科技术，几乎可以保证术后不会发生神经功能损害。手术通常可以维持患者术前的神经功能状态。
Liu A（2016）美国 回顾性研究	N＝21 男＝14 女＝7 VHL：0 男＝n/a 女＝n/a	21例胸髓内血管母细胞瘤患者，23次手术	所有病例通过一次手术全切肿瘤，没有术中并发症发生。但5例术后有发生并发症，12例（57%）患者术后出现长期的功能障碍，2例患者复发需要再次手术	平均12个月	通过手术可成功全切肿瘤，有效改善神经功能，复发较为罕见
Pan J（2016）美国 回顾性研究	N＝28 男＝14 女＝14 VHL：14（50%）男＝n/a 女＝n/a	28例患者，48个肿瘤，行射波刀放射治疗	19例患者34个肿瘤获得影像学随访；32个肿瘤影像学表现出现缩小征象或维持稳定，1年、3年、5年的精确控制率分部为96.1%、92.3%和92.3%，13例患者16个肿瘤随访期获得临床评估，10例患者13个（81.2%）肿瘤病状改善。没有患者发生放疗并发症	平均54.3个月	对于并发VHL的脊髓血管母细胞瘤和散发型脊髓血管母细胞瘤，立体定向放射采用治疗最佳安全方案可以获得良好的肿瘤局部控制和症状控制。立体定向放射外科具有最佳的局部肿瘤控制率，低分险的副作用和并发症，可用于治疗手术切除存在高风险的脊髓病变

续表

作者 国家 研究类型	患者（N）	治疗	预后	随访	发现
Das JM（2017） 印度 回顾性研究	N＝14 男＝6 女＝8 VHL：7（50%） 男＝3 女＝4	14 例患者，18 次手术	术后 8 例患者出现神经功能变差（5 例恢复）；5 年时 11 例（79%）患者神经功能良好。	平均 5 年	脊髓血管母细胞瘤的显微外科切除可能会导致术后神经功能变差，但显微外科完全切除肿瘤 5 年随访预后良好
Siller S（2017） 德国 回顾性研究	N＝24 男＝12 女＝12 VHL：10 男＝n/a 女＝n/a	24 例患者 27 个脊髓血管母细胞瘤，26 次手术联合术中神经电生理监测	长期随访评估显示 88.2% 的患者，并且根据 McCormick 脊髓评分稳定或改善，Odom 的标准，88.2% 的患者总体预后稳定或改善。ECOG 状态 1 级以下的患者中，88.2% 的患者长期的综合情况更为良好	平均 7 ± 4 年	显微外科手术联合术中神经电生理监测可确保患者获得良好的长期预后。术中神经电生理监测未见病理改变和术后良好的感觉运动功能障碍有关，且预示更好的预后。伴有 VHL 是长期预后较差的风险因素

CTA：计算机断层扫描血管造影；DSA：数字减影血管造影；ECOG：东部合作肿瘤组；IONM：术中神经生理监测；n/a：不明；TAO：暂时性动脉闭塞；VHL：Von Hippel-Lindau

表 14.3 McCormick 功能状态评分

分级	
I	神经功能完整，可能有轻微感觉障碍，步态正常
II	轻度的运动和感觉障碍，患者生活可自理
III	中度的感觉和运动障碍，功能受限，部分依赖外来帮助
IV	重度的运动和感觉障碍，功能受限，完全依赖外来帮助
V	截瘫或四肢瘫

参考文献

[1] Sun HI, Ozduman K, Usseli MI, Ozgen S, Pamir MN. Sporadic spinal hemangioblastomas can be effectively treated by microsurgery alone. World Neurosurg. 2014;82(5):836–847. https://doi. org/10.1016/j.wneu.2014.05.024.

[2] Chang SD, Meisel JA, Hancock SL, Martin DP, McManus M, Adler JR Jr. Treatment of hemangioblastomas in von Hippel-Lindau disease with linear accelerator-based radiosurgery. Neurosurgery. 1998;43(1):28–34. discussion 34-25.

[3] Joaquim AF, Ghizoni E, dos Santos MJ, Valadares MG, da Silva FS, Tedeschi H. Intramedullary hemangioblastomas: surgical results in 16 patients. Neurosurg Focus. 2015;39(2):E18. https:// doi.org/10.3171/2015.5.FOCUS15171.

[4] Neumann HP, Eggert HR, Weigel K, Friedburg H, Wiestler OD, Schollmeyer P. Hemangioblastomas of the central nervous system. A 10-year study with special reference to von Hippel-Lindau syndrome. J Neurosurg. 1989;70(1):24–30. https://doi. org/10.3171/jns.1989.70.1.0024.

[5] Murota T, Symon L. Surgical management of hemangioblastoma of the spinal cord: a report of 18 cases. Neurosurgery. 1989;25(5):699–707. discussion 708.

[6] Arnautović K, Arnautović A (2009) Extramedullary intradural spinal tumors: a review of modern diagnostic and treatment options and a report of a series. Bosnian journal of basic medical sciences/Udruzenje basicnih mediciniskih znanosti = Association of Basic Medical Sciences 9 Suppl 1:40-45.

[7] Arnautović KI, Kovacevic M. CSF-related complications after Intradural spinal tumor surgery: utility of an autologous fat graft. Med Arch. 2016;70(6):460–465. https://doi.org/10.5455/ medarh.2016.70.460-465. Table 14.3 McCormick functional status scale Grade Description I Neurologically intact, may have minimal dysesthesia, normal gait II Mild motor or sensory deficit, patient maintains functional independence III Moderate deficit, limitation of function, independent with external aid IV Severe motor or sensory deficit, limited function, dependent V Paraplegia or quadriplegia, even with flickering movement.

[8] Garces-Ambrossi GL, McGirt MJ, Mehta VA, Sciubba DM, Witham TF, Bydon A, Wolinksy JP, Jallo GI, Gokaslan ZL. Factors associated with progression-free survival and long-term neurological outcome after resection of intramedullary spinal cord tumors: analysis of 101 consecutive cases. J Neurosurg Spine. 2009;11(5):591–599. https://doi.org/10.3171/2009.4.SP INE08159.

[9] Liu A, Jain A, Sankey EW, Jallo GI, Bettegowda C. Sporadic intramedullary hemangioblastoma of the spine: a single institutional review of 21 cases. Neurol Res. 2016;38(3):205–9. https://doi.org/10.1179/1743132815Y.0000000097.

[10] Mehta GU, Asthagiri AR, Bakhtian KD, Auh S, Oldfield EH, Lonser RR. Functional outcome after resection of spinal cord hemangioblastomas associated with von Hippel-Lindau disease. J Neurosurg Spine. 2010;12(3):233–242. https://doi. org/10.3171/2009.10.SPINE09592.

[11] Mandigo CE, Ogden AT, Angevine PD, McCormick PC. Operative management of spinal hemangioblastoma. Neurosurgery. 2009;65(6):1166–1177. https://doi. org/10.1227/01. NEU.0000359306.74674.C4.

[12] Kanno H, Yamamoto I, Nishikawa R, Matsutani M, Wakabayashi T, Yoshida J, Shitara N, Yamasaki I, Shuin T, Clinical VHLRGiJ (2009) Spinal cord hemangioblastomas in von Hippel-Lindau disease. Spinal Cord 47 (6):447–452. https:// doi.org/10.1038/sc.2008.151.

[13] Roonprapunt C, Silvera VM, Setton A, Freed D, Epstein FJ, Jallo GI. Surgical management of isolated hemangioblastomas of the spinal cord. Neurosurgery. 2001;49(2):321–327. discussion 327-328.

[14] Takai K, Taniguchi M, Takahashi H, Usui M, Saito N. Comparative analysis of spinal hemangioblastomas in sporadic disease and Von Hippel-Lindau syndrome. Neurol Med Chir. 2010;50(7):560–567.

[15] Lonser RR, Glenn GM, Walther M, Chew EY, Libutti SK, Linehan WM, Oldfield EH. von Hippel-Lindau disease. Lancet. 2003;361(9374):2059–2067. https://doi.org/10.1016/S0140-6736(03)13643-4.

[16] Lonser RR, Wait SD, Butman JA, Vortmeyer AO, Walther MM, Governale LS, Oldfield EH. Surgical management of lumbosacral nerve root hemangioblastomas in von Hippel-Lindau syndrome. J Neurosurg. 2003;99(1 Suppl):64–69.

[17] Lonser RR, Weil RJ, Wanebo JE, Devroom HL, Oldfield EH. Surgical management of spinal cord hemangioblastomas in patients with von Hippel-Lindau disease. J Neurosurg. 2003;98(1):106–16. https://doi.org/10.3171/jns.2003.98.1.0106.

[18] Van Velthoven V, Reinacher PC, Klisch J, Neumann HP, Glasker S. Treatment of intramedullary hemangioblastomas, with special attention to von Hippel-Lindau disease. Neurosurgery. 2003;53(6):1306–1313. discussion 1313-1304.

[19] Vortmeyer AO, Gnarra JR, Emmert-Buck MR, Katz D, Linehan WM, Oldfield EH, Zhuang Z. von Hippel-Lindau gene deletion detected in the stromal cell component of a cerebellar hemangioblastoma associated with von Hippel-Lindau disease. Hum Pathol. 1997;28(5):540–543.

[20] Shultze F. Further contribution to diagnosis and surgical treatment of tumors of the spinal cord and the spinal cord. Deusch Med. 1912;38:1676–9.

[21] Wang C, Zhang J, Liu A, Sun B. Surgical management of medullary hemangioblastoma. Report of 47 cases. Surg Neurol. 2001;56(4):218–226. discussion 226-217.

[22] Berkman RA, Merrill MJ, Reinhold WC, Monacci WT, Saxena A, Clark WC, Robertson JT, Ali IU, Oldfield EH. Expression of the vascular permeability factor/vascular endothelial growth factor gene in central nervous system neoplasms. J Clin Invest. 1993;91(1):153–159. https://doi.org/10.1172/JCI116165.

[23] Lonser RR, Oldfield EH. Microsurgical resection of spinal cord hemangioblastomas. Neurosurgery. 2005;57(4 Suppl):372–376. discussion 372-376

[24] Miller DJ, McCutcheon IE. Hemangioblastomas and other uncommon intramedullary tumors. J Neuro-Oncol. 2000;47(3):253–70.

[25] Butman JA, Linehan WM, Lonser RR. Neurologic manifestations of von Hippel-Lindau disease. JAMA. 2008;300(11):1334–1342. https://doi.org/10.1001/jama.300.11.1334.

[26] Catapano D, Muscarella LA, Guarnieri V, Zelante L, D'Angelo VA, D'Agruma L. Hemangioblastomas of central nervous system: molecular genetic analysis and clinical management. Neurosurgery. 2005;56(6):1215–21. discussion 1221.

[27] Latif F, Tory K, Gnarra J, Yao M, Duh FM, Orcutt ML, Stackhouse T, Kuzmin I, Modi W, Geil L, et al. Identification of the von Hippel-Lindau disease tumor suppressor gene. Science. 1993;260(5112):1317–1320.

[28] Krieg M, Marti HH, Plate KH. Coexpression of erythropoietin and vascular endothelial growth factor in nervous system tumors associated with von Hippel-Lindau tumor suppressor gene loss of function. Blood. 1998;92(9):3388–3393.

[29] Conway JE, Chou D, Clatterbuck RE, Brem H, Long DM, Rigamonti D. Hemangioblastomas of the central nervous system in von Hippel-Lindau syndrome and sporadic disease. Neurosurgery. 2001;48(1):55–62. discussion 62-53.

[30] Das JM, Kesavapisharady K, Sadasivam S, Nair SN. Microsurgical treatment of sporadic and von Hippel-Lindau disease associated spinal Hemangioblastomas: a single-institution experience. Asian Spine J. 2017;11(4):548–555. https://doi.org/10.4184/asj.2017.11.4.548.

[31] Park CH, Lee CH, Hyun SJ, Jahng TA, Kim HJ, Kim KJ. Surgical outcome of spinal cord hemangioblastomas. J Korean Neurosurg Soc. 2012;52(3):221–227. https://doi.org/10.3340/jkns.2012.52.3.221.

[32] Yang S, Yang X, Hong G. Surgical treatment of one hundred seventy-four intramedullary spinal cord tumors. Spine. 2009;34(24):2705–2710. https://doi.org/10.1097/BRS.0b013e3181b43484.

[33] Na JH, Kim HS, Eoh W, Kim JH, Kim JS, Kim ES. Spinal cord hemangioblastoma : diagnosis and clinical outcome after surgical treatment. J Korean Neurosurg Soc. 2007;42(6):436–440. https://doi.org/10.3340/jkns.2007.42.6.436.

[34] Oppenlander ME, Spetzler RF. Advances in spinal hemangioblastoma surgery. World Neurosurg. 2010;74(1):116–117. https://doi.org/10.1016/j.wneu.2010.04.018.

[35] Pluta RM, Iuliano B, DeVroom HL, Nguyen T, Oldfield EH. Comparison of anterior and posterior surgical approaches in the treatment of ventral spinal hemangioblastomas in patients with von Hippel-Lindau disease. J Neurosurg. 2003;98(1):117–124. https://doi.org/10.3171/jns.2003.98.1.0117.

[36] Hsu W, Bettegowda C, Jallo GI. Intramedullary spinal cord tumor surgery: can we do it without intraoperative neurophysiological monitoring? Child's Nerv Syst. 2010;26(2):241–245. https://doi.org/10.1007/s00381-009-1022-4.

[37] Clark AJ, Lu DC, Richardson RM, Tihan T, Parsa AT, Chou D, Barbaro NM, Kunwar S, Weinstein PR, Lawton MT, Berger MS, McDermott MW. Surgical technique of temporary arterial occlusion in the operative management of spinal hemangioblastomas. World Neurosurg. 2010;74(1):200–205. https://doi.org/10.1016/j.wneu.2010.03.016.

[38] Cushing HBP (1928) Tumors arising from the blood vessels of the brain: Angiomatous malformations and Hemangioblastomas. Springfield.

[39] Delisle MF, Valimohamed F, Money D, Douglas MJ. Central nervous system complications of von Hippel-Lindau disease and pregnancy; perinatal considerations: case report and literature review. J Matern Fetal Med. 2000;9(4):242–247. https://doi. org/10.1002/1520-6661(200007/08)9:4<242::AID-MFM11>3.0.CO;2-5.

[40] Kurne A, Bakar B, Arsava EM, Tan E. Pregnancy associated quadriparesis in a patient with Von-Hippel Lindau disease. J Neurol. 2003;250(2):234–235.

[41] Ogasawara KK, Ogasawara EM, Hirata G. Pregnancy complicated by von Hippel-Lindau disease. Obstet Gynecol. 1995;85(5 Pt 2):829–831.

[42] Ortega-Martinez M, Cabezudo JM, Fernandez-Portales I, Pineda-Palomo M, Rodriguez-Sanchez JA, Bernal-Garcia LM. Multiple filum terminale hemangioblastomas symptomatic during pregnancy. Case report Journal of neurosurgery Spine. 2007;7(2):254–258. https://doi. org/10.3171/SPI-07/08/254.

[43] Omar AI. Bevacizumab for the treatment of surgically unresectable

cervical cord hemangioblastoma: a case report. J Med Case Rep. 2012;6:238. https://doi.org/10.1186/1752-1947-6-238.

[44] Capitanio JF, Mazza E, Motta M, Mortini P, Reni M. Mechanisms, indications and results of salvage systemic therapy for sporadic and von Hippel-Lindau related hemangioblasto mas of the central nervous system. Crit Rev Oncol Hematol. 2013;86(1):69–84. https://doi. org/10.1016/j.critrevonc.2012.10.001.

[45] Sardi I, Sanzo M, Giordano F, Buccoliero AM, Mussa F, Arico M, Genitori L. Monotherapy with thalidomide for treatment of spinal cord hemangioblastomas in a patient with von Hippel-Lindau disease. Pediatr Blood Cancer. 2009;53(3):464–467. https://doi.org/10.1002/pbc.22065.

[46] Patrice SJ, Sneed PK, Flickinger JC, Shrieve DC, Pollock BE, Alexander E 3rd, Larson DA, Kondziolka DS, Gutin PH, Wara WM, McDermott MW, Lunsford LD, Loeffler JS. Radiosurgery for hemangioblastoma: results of a multiinstitutional experience. Int J Radiat Oncol Biol Phys. 1996;35(3):493–499.

[47] Cornelius JF, Saint-Maurice JP, Bresson D, George B, Houdart E. Hemorrhage after particle embolization of hemangioblastomas: comparison of outcomes in spinal and cerebellar lesions. J Neurosurg. 2007;106(6):994–998. https://doi.org/10.3171/jns.2007.106.6.994.

[48] Rodesch G, Gaillard S, Loiseau H, Brotchi J. Embolization of intradural vascular spinal cord tumors : report of five cases and review of the literature. Neuroradiology. 2008;50(2):145–151. https://doi.org/10.1007/s00234-007-0308-z.

[49] Shin DA, Kim SH, Kim KN, Shin HC, Yoon DH. Surgical management of spinal cord haemangioblastoma. Acta Neurochir. 2008;150(3):215–220.; discussion 220. https://doi.org/10.1007/s00701-008-1396-6.

[50] Browne TR, Adams RD, Roberson GH. Hemangioblastoma of the spinal cord. Review and report of five cases. Arch Neurol. 1976;33(6):435–441.

[51] Cristante L, Herrmann HD. Surgical management of intramedullary hemangioblastoma of the spinal cord. Acta Neurochir. 1999;141(4):333–339. discussion 339-340.

[52] Guidetti B, Fortuna A. Surgical treatment of intramedullary hemangioblastoma of the spinal cord. Report of six cases. J Neurosurg. 1967;27(6):530–540. https://doi.org/10.3171/jns.1967.27.6.0530.

[53] Kuharic M, Jankovic D, Splavski B, Boop FA, Arnautović KI. Hemangioblastomas of the posterior cranial fossa in adults: demographics, clinical, morphologic, pathologic, surgical features, and outcomes. a systematic review. World Neurosurg. 2018;110:e1049–e1062.

[54] McCormick PC, Torres R, Post KD, Stein BM. Intramedullary ependymoma of the spinal cord. J Neurosurg. 1990;72(4):523–532. https://doi.org/10.3171/jns.1990.72.4.0523.

[55] Niemela M, Lemeta S, Summanen P, Bohling T, Sainio M, Kere J, Poussa K, Sankila R, Haapasalo H, Kaariainen H, Pukkala E, Jaaskelainen J. Long-term prognosis of haemangioblastoma of the CNS: impact of von Hippel-Lindau disease. Acta Neurochir. 1999;141(11):1147–1156.

[56] Lonser RR, Butman JA, Huntoon K, Asthagiri AR, Wu T, Bakhtian KD, Chew EY, Zhuang Z, Linehan WM, Oldfield EH. Prospective natural history study of central nervous system hemangioblastomas in von Hippel-Lindau disease. J Neurosurg. 2014;120(5):1055–1062. https://doi.org/10.3171/2014.1.JNS131431.

[57] Pojskić M, Arnautović KI. Microsurgical resection of medulla oblongata hemangioblastoma: 2-dimensional operative video. Oper Neurosurg. 2018;15(5):E64–E65.

[58] Pojskić M, Arnautović KI. Microsurgical resection of spinal cord hemangioblastoma: 2-dimensional operative video. Oper Neurosurg. 2018. https://doi.org/10.1093/ons/opy123.

黏液乳头状室管膜瘤

15

Ibrahim Omerhodžić, Mirza Pojskić, Kenan I. Arnautović

15.1 简介

1932年，Kernohan首次将黏液乳头状室管膜瘤（MPEs）定义为室管膜瘤的一种特殊亚型。这种肿瘤占所有脊髓肿瘤的1%~5%，发病率为0~0.08例/10万人每年。美国人群中发病率为1例/100万人每年。50%的室管膜瘤位于脊髓，在脊髓室管膜瘤中，50%为MPEs。髓外室管膜瘤起源于终丝上的室管膜细胞，多生长在脊髓圆锥和马尾神经区域。组织学上绝大多数为黏液乳头型。MPEs是一种缓慢生长的肿瘤，好发于30~50岁成人，占所有脊髓圆锥部肿瘤的90%。MPEs起源于脊髓圆锥及马尾处的终丝，被归类为WHO Ⅰ级肿瘤。肿瘤主体一般位于脊髓圆锥以下的腰椎管内，其中1/3的肿瘤可扩展至胸段脊髓，1/5的肿瘤可扩展至骶段。

手术完全切除肿瘤是MPEs患者的推荐治疗方案，肿瘤次全切除的患者通常要接受放射治疗。尽管大多数MPEs组织学良性并且生长缓慢，但仍有一部分MPEs可以表现出侵袭性行为。据报道，1/3的MPEs患者因出现肿瘤局部复发、远隔脊髓转移或是脑转移而导致治疗失败。MPEs在完全切除或次全切除后出现局部复发和侵袭性生长是其具有侵袭性行为的一种表现。侵袭性行为的另一个表现是MPEs在术后出现的脊髓局部或是远隔脊髓及颅内的继发性种植（或称作转移）。据报道，MPEs在儿童中更具有侵袭性，局部复发率达64%，相比之下成人仅为32%。本章我们主要讨论成人MPEs，儿童MPEs在第16章讨论。

15.2 组织病理学和分子生物学

大部分情况下，MPEs完全位于包膜内，色泽可为淡红至微紫，呈腊肠状。MPEs的显微形态学特点为立方形或长梭形肿瘤细胞围绕着纤维血管核呈乳头状排列，纤维血管核中包含玻璃样变的血管以及丰富的细胞外黏液基质。

有假说认为MPEs中存在着尚未被识别的固有分子差异以及遗传表型。这可能代表了一系列不同级别的MPEs，其中可能包括了在儿童中早期发病的最具侵袭性的肿瘤以及一些生长缓慢而症状隐秘直到成人期才发病的惰性肿瘤。同样可以推测在年龄较小的儿童人群中，同类型的肿瘤细胞可能具有更高的分裂倾向。MPEs存在多种分子标记物。MPEs的组织学及分子研究中的标记物有酪氨酸受体激酶cMET和HOXB13基因。在脑恶性肿瘤中，cMET活化能够促进肿瘤细胞的增殖、迁移及侵袭行为，并抑制细胞死亡，因此在更具侵袭性的MPEs中cMET可能发挥了作用。HOXB13则被认为是MPEs的一个分子标记。HOXB13对MPEs具有较高的特异性，而HOXA9对WHO Ⅱ级室管膜瘤具有较高特异性。在儿童及成人MPEs患者中，HOXB13的表达情况相当。由于MPEs表现为良性生物学行为，因此细胞增殖指标MIB-1在MPEs中低表达。在颅内MPEs中，表皮生长因子受体（EGFR）蛋白表达提示患者临床预后较差，在所有复发的肿瘤中均可见EGFR表达，而在未复发的肿瘤中则不表达。基质金属蛋白酶（MMP）是一类锌依赖性内肽酶家族，能够降解细胞外基质蛋白进而促进细胞转移。侵袭性巨核细胞-红细胞祖细胞中血小板衍生生长因子受体A（PDGFRα）、MMP2以及MMP14呈过表达，可能作为新的诊断及治疗靶点。蛋白质免疫印迹证实在MPEs中缺氧诱导因子1-α（HIF-1α）、己糖激酶2（HK2）、丙酮酸脱氢酶激酶1（PDK1）、磷酸化丙酮酸脱氢酶（PDH）-E1A蛋白表达增加，提示MPEs也可能通过Warburg效应来驱动。

15.3　分类

我们曾提出一个MPEs的新分类方法。该分类基于肿瘤的部位及肿瘤切除程度的相关性（表15.1）。需要特别注意的是，因为肿瘤的生物学行为、侵袭性以及复发率与多种因素有关，所以这个分类更倾向于解剖学分类而不是外科学分类。这些都会在本章节中介绍。图15.1~图15.5介绍了由通讯作者（KIA）手术切除的不同MPEs病例，图15.6以及15.7介绍了由低年资作者手术的MPEs病例。图15.8为我

们最早的MPEs分类示意图。

15.4　症状

MPEs一般病程较长。从首发症状出现至确诊的时间在46个月至8年。MPEs的发病年龄及症状持续时间与生长在脊髓下方终丝部位的其他硬膜下肿瘤相比并无明显差异。最常见的首发症状是非特异性后背疼痛。背部疼痛、下肢无力以及感觉障碍经常同时出现。虽然高达50%的患者存在膀胱功能障碍，但仅有10%的患者出现步态异常、性功能或是括约肌功能障碍。

症状快速恶化提示可能存在瘤内出血，少数患者可因脊髓蛛网膜下腔出血而出现脑积水。脊髓圆锥以及终丝的病变位于脊柱活动度较大的节段，牵拉力作用可能导致肿瘤表面的血管破裂，这是肿瘤

表 15.1 黏液乳头状室管膜瘤（MPEs）的分类

Type I A	MPEs 仅累及终丝（罕见的髓外硬膜下病变）。容易达到 GTR（完全切除）
Type I B	髓外 MPEs 累及一根腰神经根以及终丝。相比 Type I A 型达到 GTR 更困难
Type II	髓内累及脊髓圆锥和终丝，可达到 GTR
Type III	髓内累及低位脊髓、脊髓圆锥和终丝（上腰髓增粗）
Type IV A	髓内累及低位脊髓以及圆锥并包含有实性和囊性成分，没有积水或是脊髓空洞的征象
Type IV B	累及整个脊髓圆锥，腰髓膨大并存在囊腔，上部脊髓出现积水和（或）空洞表现。肿瘤生长缓慢，可行 GTR 或 STR 切除。出现原发 / 继发种植提示肿瘤更具有侵袭性
Type V A	肿瘤位于脊髓腰段之外，但仍在硬膜内（颈 / 胸段脊髓）
Type V B	肿瘤位于椎管外（骶尾椎、纵隔、颅内 MPEs）

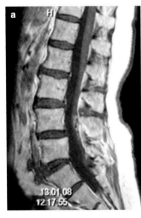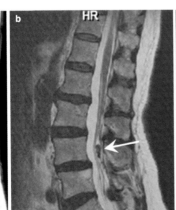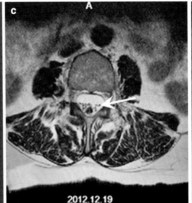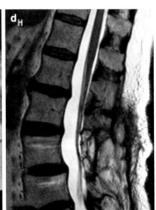

图 15.1　1 例 72 岁女性患者的腰椎影像，患者存在下腰部及双侧腿部疼痛以及既往肿瘤病史。术前腰椎 MRI，患者由通讯作者（KIA）进行手术。（a）增强矢状位 T1 加权 MRI 显示位于 L4（箭头）的髓外硬膜下肿瘤（黏液乳头状室管膜瘤），肿瘤局限于终丝，与神经根无粘连（I A 型）。（b）腰椎 T2 加权矢状位 MRI；（c）腰椎 T2 加权轴位 MRI。（d）术后腰椎 T2 加权矢状位 MRI 显示肿瘤完全切除

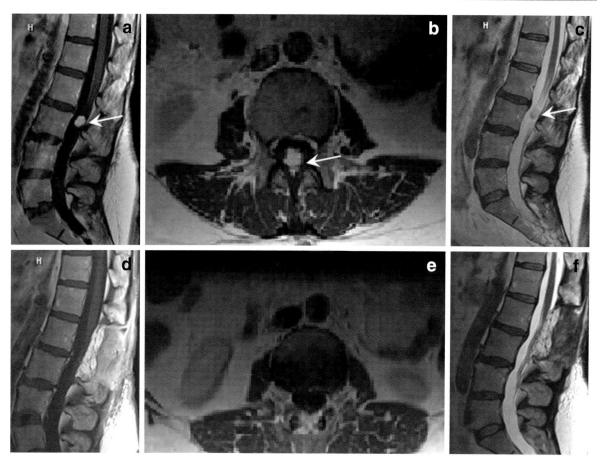

图 15.2 1 例 56 岁女性患者的影像。该患者症状为腰痛，腿部麻木及刺痛感，并存在排便困难。术前腰椎 MRI（患者由 KIA 手术）。（a）T1 加权矢状位增强 MRI 显示在 L3 水平（箭头）包膜完整的强化肿瘤，肿瘤未侵犯终丝和马尾神经根（ⅠA 型）。（b）T1 加权轴位腰椎增强 MRI。（c）T2 加权矢状位腰椎 MRI。术后腰椎 MRI 显示肿瘤完全切除。（d）T1 加权矢状位增强 MRI。（e）T1 加权轴位增强 MRI。（f）T2 加权矢状位 MRI。该患者完全恢复，神经功能完好

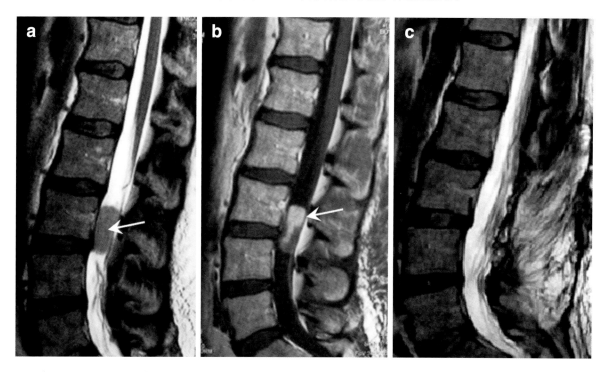

图 15.3 1 例 47 岁女性患者影像。患者存在下肢轻瘫，大便失禁，感觉平面在 L2 水平（KIA）。（a）术前腰椎 T2 加权矢状位 MRI 显示 L3 节段（箭头）的黏液乳头状室管膜瘤（ⅠB 型）。（b）术前 T1 加权矢状位腰椎增强 MRI。术中完全切除肿瘤，患者完全恢复，神经功能完好。（c）术后腰椎 T2 加权 MRI 显示肿瘤完全切除

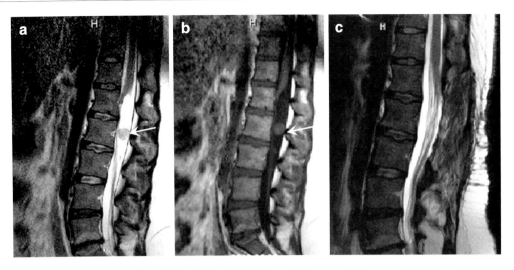

图15.4 1例35岁患者的影像。患者主诉剧烈的下腰痛以及尿潴留（患者由 KIA 手术）。（a）术前 T2 加权矢状位腰椎 MRI。（b）T1 加权矢状位腰椎增强 MRI 显示 L2 节段的 MPEs，肿瘤含有较大囊性部分，累及马尾并且腰髓肿胀，同时存在脊髓积水（Ⅳ B 型）。（c）术后 T2 加权矢状位腰椎 MRI 显示肿瘤完全切除，囊腔引流彻底，脊髓积水缓解。患者尿潴留症状完全缓解，无神经功能障碍

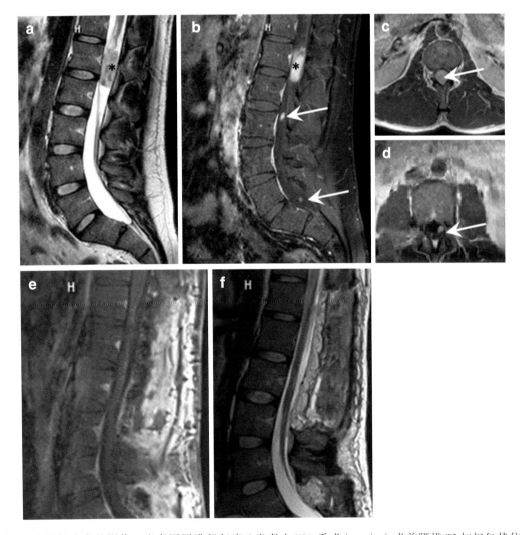

图15.5 1例33岁男性患者的影像。患者因尿潴留起病（患者由 KIA 手术）。（a）术前腰椎 T2 加权矢状位 MRI 显示在 L1~L2 节段的大 MPEs（*），肿瘤累及脊髓、圆锥以及终丝。（b）腰椎 T1 加权矢状位增强 MRI 显示另 2 个病变（箭头），分别位于 L3 和 S1（Ⅳ B 型）。（c）T1 加权轴位增强图像显示肿瘤位于 L1 水平（箭头）。（d）T1 加权轴位增强图像显示肿瘤位于 L3 水平（箭头）。术后 MRI 显示 3 枚肿瘤均被完全切除。（e）T2 加权矢状位 MRI。（f）T1 加权矢状位增强 MRI。患者尿潴留症状完全改善，进一步检查未提示有继发性种植的情况

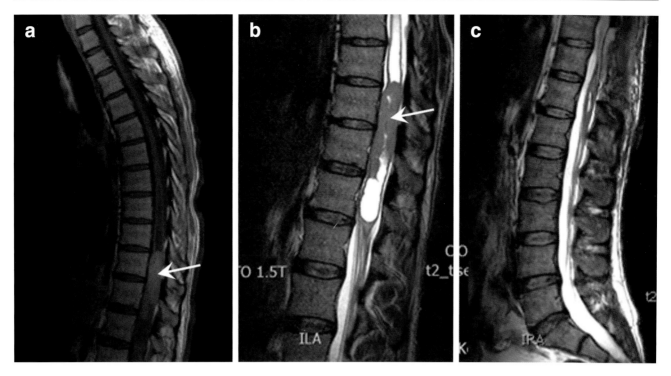

图 15.6　1 例 45 岁女性患者的影像。患者表现为下肢轻瘫以及尿潴留（患者由 IO 进行手术）。术前脊柱 MRI：（a）T1 加权矢状位增强 MRI 显示 T10~L1 水平的囊性的对比增强肿瘤（箭头）。（b）在 T2 加权矢状位 MRI 上清晰可见瘤内囊变以及脊髓空洞（Ⅳ B 型）。（c）术后脊柱矢状位 T2 加权 MRI 显示肿瘤完全切除，脊髓空洞缓解

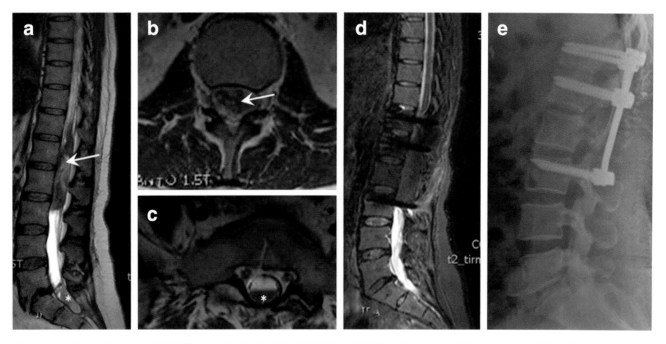

图 15.7　1 例 43 岁女性患者的影像。患者急性出现的下肢轻瘫和尿潴留（患者由 IO 手术）。（a）腰椎 T2 加权矢状位 MRI 显示 L1~L3（箭头）节段瘤内出血，S1 节段存在硬膜下血肿（*）（Ⅳ A 型）。（b）腰椎 T2 加权轴位 MRI 显示肿瘤（箭头）。（c）腰椎 T2 加权轴位 MRI 显示 S1 的硬膜下血肿（*）。完整切除肿瘤病同时清除血肿。由于椎板切除超过 3 个阶段，采取额外的脊柱固定措施。（d）肿瘤切除及血肿清除术后腰椎 T2 加权矢状位显示肿瘤完全切除，无血肿残留。（e）术后腰椎矢状位 X 线显示胸腰段过渡区的 T12~L3 固定结构

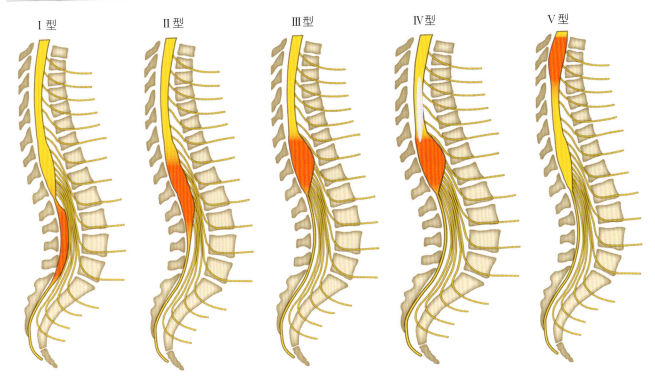

图 15.8　黏液乳头状室管膜瘤分型的示意图

出血的原因之一。同时肿瘤中结缔组织缺乏且小血管富集的组织学特征可能是肿瘤出现出血的另一个原因。

15.5　影像

在增强MRI中，MPEs与其他室管膜瘤一样，呈现明显强化。肿瘤可为均质强化，或因瘤内囊变和出血而呈斑片状强化。蛋白性黏液基质使MPEs在T1加权上也可表现为高信号，这是MPEs在影像上不同于其他室管膜瘤的地方。随着MRI分辨率的进一步提高，哪怕是极小的软脊膜种植病灶亦可被发现。从肿瘤头尾两端向外扩张的囊腔以及脊髓水肿或空洞并不少见。未局限于包膜内的肿瘤在MRI上表现为不均质强化的情况比均质强化的情况多见。CT检查有助于显示侵蚀性骨质改变，可以表现为非特异性的椎管扩大，或是椎体呈扇形改变，或是神经孔扩大，最终出现骨质破坏。

15.6　肿瘤的罕见发生部位

黏液乳头状室管膜瘤可以在异位出现，如生长在骶骨或骶骨前等可能存在室管膜细胞的部位。

这些异位肿瘤的预后较差，神经外组织的转移率更高。目前黏液乳头状室管膜瘤不仅有出现在骶尾部、颅内以及软组织中的相关描述，还有肿瘤转移至神经外组织如肺、胸膜、肝脏、胸腔或腹腔淋巴结的报道。病例组研究显示，与典型的MPEs相比，硬膜外室管膜瘤的局部复发率更高（骶骨前肿瘤复发率在60%，骶骨背侧肿瘤复发率约25%），如出现局部复发，死亡率可高达50%，如果肿瘤出现转移，则5年死亡率可达100%。巨大的骶骨MPEs需采取手术切除及脊柱骨盆融合重建，并在术后给予放射治疗。腰骶段硬膜下室管膜瘤可以播散至整个中枢神经系统，但是极少转移至中枢神经之外，反之硬膜外室管膜瘤则极少在中枢神经系统内播散，但存在显著的全身转移风险。

15.7　手术技巧

腰骶部室管膜瘤血供丰富并可能缺乏包膜，因此肿瘤可以完全包裹马尾神经根，从而使手术切除变得十分困难。肿瘤可能与神经根及脊髓紧密粘连甚至浸润其内，因此这些肿瘤的手术并发症要明显高于其他髓外病变。

要达到MPEs全切除并获得神经功能改善，显微外科技术以及脊髓生理监测是必不可少的。沿着肿瘤界面分离以及在术中神经电生理监测（IONM）的基础上，应始终将GTR作为手术目标。如果肿瘤完全在包膜内，则可安全地切除肿瘤。然而随着肿瘤的生长，肿瘤可能突破包膜并黏附到马尾神经上，这会使得完全切除肿瘤变得更加困难，并且术后可能出现新的功能障碍。在不破坏肿瘤包膜的情况下完整切除肿瘤称作沿边界完整切除，剪断肿瘤头尾端的终丝即可完成，这种方法可使肿瘤达到治愈。尽管如此，要达到沿边界完整切除的技术难度较大，受肿瘤大小、形状以及与马尾或脊髓的解剖关系等因素影响。

我们在手术视频中说明了MPEs的手术切除详细步骤（视频15.1）。患者的体位需要满足两点要求：首先需要提供最佳的工作角度，其次需要保证术区位于心脏水平之上并尽可能保持静脉血流通畅，后者是减少术中失血的关键（脊髓肿瘤手术时俯卧位摆放的技术细节，参考第12章，脊髓星形细胞瘤）。作为完全俯卧位的替代方案，一些作者推荐采用跪位或"祷告"位。

手臂用软垫支撑，头部可以中立位摆放或是转向一侧，保证压力平均分布于面部，同时小心闭合眼睑。在切除这些病变的过程中，应常规应用术中神经生理监测运动诱发电位（MEPs）、感觉诱发电位（SSEPs）及自由描记肌电图（EMG），这些对于分辨终丝是至关重要的。术中C臂机透视是确定病变头尾端长度的好办法，腰段和颈段的病变采用侧方透视，胸段病变则采用前后位透视。

我们常规在患者仰卧时从脐旁取好脂肪瓣，用于封闭椎板切除术后"无效腔"并预防脑脊液漏。皮肤切开后进入皮下脂肪层，手术开路全程采用电凝精细止血，避免渗血遮挡术野。根据病变的头尾径长度确定手术暴露范围。我们采用半椎板切除术处理较小的病变，较大的病变（如>3cm）或是需要多节段减压的情况则采用全椎板切除术。椎板切除术通过高速金刚钻及Kerrison咬骨钳完成。切除3个以上节段的椎板，特别在位于胸腰交界区时，需要在切除肿瘤后行脊柱融合术。对于其他部位，累及3个以上节段时可以采用椎板成形术。

在开放硬膜之前可以通过超声确定肿瘤的准确范围。硬膜沿中线分离后悬吊于周围肌肉组织。用显微剪刀或显微手术刀切开蛛网膜，从脊髓后侧及外侧表面小心游离并保持蛛网膜完整以备手术结束时闭合。用钛夹将蛛网膜固定在硬膜上。

肿瘤通常位于包膜内，呈腊肠状、边界清楚、色淡灰，向外侧推移马尾神经。先推移肿瘤头端以便看见起源于终丝的肿瘤附着部位。终丝通常因表面横纹状软脊膜而呈现独特的白色，马尾神经根则呈黄色。显微解剖出肿瘤近端及远端处附着的终丝，同时将周围神经根游离以备肿瘤切除。游离肿瘤的外侧缘并处理其粘连。

我们推荐先横断近端终丝，以避免向上的牵拉。在电凝并离断终丝之前，我们采用神经探针刺激它以确定没有将神经根与终丝混淆。切除MPEs的关键步骤是离断终丝，这是肿瘤的起源。在这个步骤中，术中神经生理监测发挥了关键的作用。标准采用的方式是经颅电刺激及直接神经根刺激。两种方式均要对肌肉运动诱发电位（mMEPs）进行记录，这种诱发电位通过经颅电刺激（TES）或是直接刺激手术暴露区域的神经根而产生。球海绵体肌反射（BCR）是第三种术中神经监测（IONM）手段，用于监测骶部感觉神经根以及神经回路。另外术中应常规使用自由描记肌电图监测下肢肌肉、肛门外括约肌（EAS）以及尿道外括约肌（EUS），从而监测膀胱和肛门括约肌功能。直接脊髓刺激可用于排除手术中识别的终丝或其他粘连结构具有运动功能，记录TES-mMEPs则用于监测低位脊髓的骶运动神经根及神经回路的完整性。术者可通过直接神经根刺激识别并标定重要的神经组织结构。采用200μV电压脉冲、单极和（或）双极探头进行刺激，如某一结构的电压阈值超过在术野中刺激神经根的电压阈值的3倍时，则可以离断该结构。在离断终丝或是粘连后，可采用TES-MEPs刺激再次评估关键神经组织的反应。在一项研究中显示刺激终丝时，EMG反应的平均电阈值为37.1V（范围为15~100V）。相比之下，直接刺激腹侧神经根的阈值最低，平均为1.46V（范围为0.1~7V）。

接下来可以电凝并离断已游离的近端终丝。轻柔牵起已离断的终丝残端，将肿瘤背侧、外侧及腹侧边缘移出瘤床。在离断终丝后，肿瘤可以与周围神经结构分离并完全移出。提起近端终丝及剩余肿瘤以分离肿瘤腹侧的神经根，垫入棉片隔离残余肿瘤及神经根。需要游离肿瘤头端，这样可以循肿瘤腹侧面自头端向尾端探查来识别脊髓圆锥的精确位置。轻柔地将肿瘤翻转并移出瘤床。小心分离松解神经根与肿瘤表面的粘连。骶尾部细小神经根的保护对降低术后排尿功能障碍的发生率十分重要。最后，在将肿瘤与周围神经组织完全松解后，即可在圆锥远端横断终丝从而达到肿瘤完全切除（如GTR）。再次强调，需要特别小心避免损伤肿瘤包膜以及可能出现的肿瘤细胞播散。

对于浸润性MPEs，手术的第一步是采用显微剪刀或者双极（大多情况下不进行任何电凝操作）缩小肿瘤。在某些情况下，可能很难在不损伤肿瘤包膜的情况下进行肿瘤切除。在累及3个以上脊椎节段的MPEs中，许多肿瘤包膜存在破损，提示这些肿瘤在长期的生长过程中最终穿透了包膜。为避免在肿瘤减压过程中可能出现的任何播散情况，在切除开始前，在肿瘤周围需要放置棉片保护。精细镊、显微剪刀或是通过显微剪刀或显微手术刀进行锐性分离可在肿瘤和正常脊髓组织间创造分离平面。一旦包膜内肿瘤组织移除，即需要识别终丝，电凝并离断。

肿瘤切除后，采用温盐水冲洗蛛网膜下腔。止血后，软脊膜采用7-0 Prolene缝线缝合（如可行），采用双极电凝使蛛网膜边缘贴合。硬膜采用4-0 Nurolon缝线缝合，并使用预先采集的脂肪瓣移植物以预防脑脊液漏。

15.8 切除程度

显微手术技术的应用使肿瘤切除程度获得了明显的提高。文献中报道的全切率为40%~78.9%。表15.2提供了评估脊髓MPEs患者相关研究的文献回顾。在Klekamp报道的病例组中，GTR达到77.7%，其余的达到次全切除，其中大部分是包膜不完整的MPEs。全切率相对较低有两个可能的解释：MPEs存在黏液样变性的组织学特征，肿瘤细胞和血管间积聚的黏液基质使GTR变得困难；肿瘤可能包裹马尾神经根，对缠绕在一起的肿瘤及神经组织进行操作可能导致不可逆的神经功能并发症，在这种情况下，激进地切除肿瘤可能并非最优选择。与手术相关的一些并发症包括术后脑脊液漏、切口感染、囊肿或脊髓空洞形成、Franklin评分下降、脊髓栓系、截瘫、肺栓塞、脊柱后凸及脊柱侧凸。

15.9 肿瘤复发

成人肿瘤复发通常发生在初次切除部位，而在儿童人群中，以肿瘤播散的形式复发更为多见。肿瘤切除程度及年龄是与肿瘤复发相关的主要因素。因此除非预见到GTR后可能出现神经功能障碍，手术中应尽可能做到完全切除肿瘤。年轻患者的复发时间较短。病史较长以及神经根浸润是另外的肿瘤复发独立因素。

MPEs术中肿瘤包膜破坏与肿瘤复发高度相关。首个MPEs病例组研究报道肿瘤整块切除后复发率为10%，分块全切后复发率为34%，部分切除后复发率为41%。在Klekamp报道的1组包含34例MPEs患者的研究中，术后1年、10年以及20年的总体复发率分别为6.6%、19.0%以及37.0%。其中包膜不完整的MPEs，1年、10年以及20年的总体复发率分别为15.6%、32.5%以及66.2%，包膜完整的肿瘤复发率则明显较低，10年及20年的复发率同为9.1%。

无论患者是否接受辅助治疗，接受GTR的MPE患者总体复发率为15.5%，相比之下，接受STR的患者为32.6%（$P<0.001$），并且年轻患者复发率更高。另一项研究则报道了相反的结论（首次复发后采用放疗作为挽救治疗可延长第二次复发的时间——接受放疗组第二次复发时间为9.6年，未接受放疗组1.1年）。

晚期复发可以出现在手术后数十年，目前报道的最晚的临床复发时间在手术后42年。即使肿瘤复发，脊髓MPEs仍有较为理想的预后。没有肿瘤种植证据的复发MPEs可考虑再次手术治疗，而如果存在原位或远隔转移，或是难治性病例（2~3次复发病例），则需要考虑进行术后放疗和化疗。为了防止肿瘤播散或复发，推荐对于肿瘤不完全切除的患者进行全脑脊髓放疗。虽然一些研究证实术后进行辅助放疗对延长患者的无复发生存期并无帮助，但其他研究显示对于接受GTR或是STR的患者，辅助放疗可以带来更好的预后。

15.10 原发（转移）以及继发（术后）种植

"种植""转移"以及"肿瘤播散"是可以互

表 15.2　评价脊髓室管膜瘤（MPEs）的主要（近期）文献综述

作者 年份 研究类型 单位（数量）时间段	患者（数量及年龄）	治疗	预后	随访	研究结果
Chan 等, 1984 回顾性研究 单中心 1919—1981	N=7	5例单纯手术，2例手术+放疗	2例患者长期存活（3年以及7年），2例接受STR联合放疗的患者分别存活1年及17年	3~17 年	MPE 在儿童中并不少见，但预后良好。在手术以及放疗后，所有 MPE 患者需要长期随访观察肿瘤是否复发
Sonneland 等, 1985 回顾性研究 单中心 1924—1983	N=77 男49例 女28例 平均36.4岁（范围6~82岁）	所有患者均接受手术	GTR 后复发率为 10%，分块切除（34%），STR（41%）后复发率为 19%	GTR 后生存期较长（19年），STR 后生存期14年	对于肿瘤无法完全移除的患者，放疗可有特别的获益
Ross 等, 1993 回顾性研究 单中心	N=77	6例包膜完整肿瘤获得完全切除，4例获得STR，12例接受术后放疗	12例患者情况良好且无疾病进展，2例患者在手术和放疗后出现复发	平均随访 80 个月	MPEs 患者应无限期随访，因为即使采用了激进的治疗方案，仍存在迟发性复发可能
Celli 等, 1993	N=28 男17例 女11例 中位年龄38岁（范围13~64岁）	20例（71%）接受GTR	8例病情改善；7例无变化；11例病情恶化；7例患者死亡，其中5例死因与肿瘤有关	平均随访 18 年	对预后（复发风险）存在积极影响的因素：临床病史>1年，肿瘤局限于终丝以及完全切除肿瘤。术后放疗对预后并无明显作用，肿瘤生长为主要的预后因子
Akyurek 等, 2006	N=35 中位年龄35岁（范围14~63岁）男：女=2.5：1	21例（60%）接受GTR 13例（37%）接受STR 1例（3%）仅接受活检 22例（63%）接受辅助放疗	整组患者的10年总体生存期及局部复发率分别为97%、62%以及72%。接受单纯GTR的11例患者中，5例（45%）肿瘤复发。总共12例（34%）患者出现肿瘤复发	中位随访时间10.7 年	采用手术联合辅助放疗治疗的MPEs患者，辅长生存时间乐观。无论切除程度如何，术后放疗可明显地降低肿瘤进展率。肿瘤复发仅出现在脑脊髓中，主要在原位出现
Pica 等, 2009 回顾性研究 多中心	N=85 男50例 女35例 平均年龄45.5岁（范围14~88岁）	38例（45%）接受手术 47例（55%）接受术后放疗	单独手术组5年PFS为50.4%，手术+放疗组5年PFS为74.8%	中位随访时间60个月（范围0.2~316.6个月）	年龄<36岁，诊断时无神经系统症状，肿瘤大小≥25mm，术后高剂量放疗是延长的预测变量
Kucia 等, 2011 回顾性研究 单中心 1983—2006	N=34 男14例 女20例 平均年龄45.5岁（范围14~88岁）	27例患者（80%）仅接受GTR，7例（20%）接受STR联合放疗	总体复发率为9%（3/34）	N/A	MPEs 的手术治疗是在保留最大化功能尽可能的切除肿瘤。在STR病例中，术后放疗可以改善预后。如果在治疗过程中神经功能保存完好，由于病变为惰性，较好的功能可以保持多年

续表

作者 年份 研究类型 单位(数量) 时间段	患者(数量及年龄)	治疗	预后	随访	研究结果
Al-Habib 等, 2011 回顾性研究 单中心 1972—2005	N=15 男 7 例 女 8 例 (年龄范围 18~71 岁)	4/7 例未累及圆锥的病例达到 GTR, 10 例累及圆锥的肿瘤仅 1 例获得全切	GTR 患者无一例出现复发, 所有患者在长期随访下存活	术后中位随访时间 56 个月	MRI 在检测圆锥和 MPEs 肿瘤间的直接解剖联系时十分敏感 (100%), 特异性适中 (67%)
Agbahiwe 等, 2013 回顾性研究 单中心 1984—2010	N=16 平均年龄 16.8 岁 (范围 12~21 岁)	所有患者接受手术 (GTR 或 STR), 50% 术后接受放疗	单独手术组 5 年及 10 年局部控制率分别为 62.5% 及 30%, 手术联合放疗组的 5 年及 10 年局部控制率为 100%	中位随访 7.2 年 (范围 0.75~26.4 年)	50% 接受单独手术的患者出现局部复发
Tsai 等, 2014 回顾性研究 单中心 1968—2007	N=51 平均年龄 35 岁 (范围 8~63 岁)	22 例患者 (39%) 接受单独手术, 30 例 (59%) 接受手术联合放疗, 1 例 (2%) 仅接受放疗	10 年生存期, 无进展生存期及局部控制率分别为 93%、63% 以及 67%, 19 名患者 (37%) 出现复发, 大多为局部复发 (79%)	中位随访 11 年 (范围 0.2~37 年)	切除 MPEs 术后性放疗与 PFS 以及局部控制率的改善有关
Kukreja 等, 2015 系统评价 多中心	N=337	N/A	GTR 组患者有更好的 PFS 和 OS。年龄较大的患者 (>35 岁) 有更好的预后	N/A	总体来说, 手术联合放疗并未改善 PFS, 然而辅助放疗能使年龄 ≤ 35 岁的患者获益
Weber 等, 2015 回顾性研究 11 个单位	N=183 男 108 例 女 75 例 (范围 19~51 岁)	97 例 (53%) 接受手术不予放疗, 86 例 (47%) 通过手术和 (或) 放疗治疗	大约 1/3 患者治疗失败	中位随访时间 83.9 个月	复发模式主要为局部复发。年轻者和那些初始治疗未采用辅助放疗或未达到 GTR 的患者更可能出现肿瘤复发 / 进展
Abdulaziz 等, 2015 回顾性综述 2 个单位 1990—2013	N=58 男 31 例 女 27 例 平均年龄 40.8 岁 (范围 7~68 岁)	27 例接受 En bloc 切除 (46.5%), 20 例 (34.5%) GTR, 11 例 (18.9%) STR	12 例患者 (20%) 在 GTR 或 STR 后接受辅助放疗, 总体复发率为 13.8% (N=8), 5 年 PFS 为 81%	中位随访时间为 51.5 个月 (范围 12~243 个月)	包膜受损和 MPEs 切除后复发显著相关。对包膜受损患者采用辅助放疗表现出改善 PFS 的趋势。
Khalatbari 等, 2016 回顾性研究 单中心 2003—2010	整体: 22 例 男 14 例 女 8 例 (范围 11~66)	22 例患者接受手术 (14 例成人, 8 例儿童)	N/A	N/A	En bloc 切除或是分块切除后放疗与良好的预后 (无肿瘤复发) 有关

续表

作者 年份 研究类型 单位（数量）时间段	患者（数量及年龄）	治疗	预后	随访	研究结果
Chen 等, 2016	N=27 男13例 女14例 中位年龄32岁（范围7~57岁）	18例（66.7%）达到GTR，9例（33.3%）获得STR	MPE复发率为4/27（14.8%），中位复发时间26.5个月（范围17~83个月）；接受GTR的患者复发率较低（11.1%：22.2%），但无统计学差异	中位随访时间49.8个月（范围13~122个月）	切除程度和年龄是与肿瘤复发相关的主要因素。PDGFRα、MMP2以及MMP14可能是诊断及治疗的新靶标，EGFR可作为MPE预后改善的预测因子
Bagley 等, 2009	N=52 男34例 女18例 平均年龄31.8岁	44例患者接受手术（40例成人，12例儿童）	儿童患者有较高的局部控制率和肿瘤播散可能（64%：32%），疾病复发的中位时间为88个月，整组患者在11.5年后的OS为94%	平均随访时间为6.1年（范围0.6~33年）	肿瘤可以获得极佳的预后，但是需采用激进的手术策略。辅助放疗、化疗没有明显的增益。
Klekamp 等, 2015	N=42 男25例 女17例 平均年龄（38±14）岁（范围11~73岁）	34例患者接受36次手术，共切除39枚肿瘤，27次手术切除新发肿瘤，其余75%接受复发肿瘤的切除	28次（77.7%）手术达到GTR，其余的达到STR，6次切除包膜不完整的手术，术后采用放疗，6例中5例同时存在蛛网膜下腔种植	平均随访时间10年（127±100）个月	尽管它们的部位多比较棘手并且通常体积较大，但在经验丰富的术者的治疗下，手术并发症发生率低，术后临床功能改善的机会大，并且对于包膜完整的肿瘤全切除后复发率极低。术后放疗的作用仍存在争议。对完整切除的肿瘤接受不完全切除的患者和（或）肿瘤蛛网膜下腔播散的患者参考患者采用放疗
Chao 等, 2011	N=37 男15例 女22例 中位年龄33岁	25例（67.6%）采用GTR，9例采用放疗	16例（43.2%）出现复发，中位复发时间为7.7年，平均生存时间为12年	N/A	在肿瘤首次复发后，放疗可以改善疾病进展时间，而在首次复发前则无此作用。采用更不激进的手术以保护功能并且推迟放疗至肿瘤复发时是一种合理的方案。可通过延迟激进手术所带来的术后遗憾或放疗副作用的发生，使患者的生存质量最大化。
Kraetzig 等, 2018	N=19 男9例 女10例 中位年龄32岁（范围9~58岁）	78.9%例达到GTR，其中20%接受辅助放疗。在21.2%例STR的患者中，75%接受术后放疗	26.3%的患者有肿瘤进展。57.9%存在远隔转移，其中有36.4%出现在肿瘤初诊时。在转移性肿瘤诊断后，72.7%并未出现肿瘤进展或是临床症状。78.9%的患者总体生存率100%并且有极佳的神经功能预后	中位随访36个月（范围12~240个月）	因为大多数转移病灶保持无症状并且长期不进展，所以对于没有临床表现的远隔MPEs转移灶，密切的临床以及MRI随访即已足够。如果转移病灶引起临床症状，则推荐采取手术或是放疗作为挽救治疗
Sakai 等, 2009	N=20	14例GTR，3例分块GTR，3例STR	5例包膜不完整肿瘤患者术后出现神经功能恶化，其中在GTR2例，STR3例。2例患者术后膀胱功能障碍得仍无改善，其他肿瘤未出现肿瘤复发或进展	随访2~12年（中位72.9个月）	对于包膜不完整的室管膜瘤，将肿瘤与周围神经组织分离或剥离操作可能导致神经性损伤。不均匀增强的室管膜瘤不仅需要谨慎评估和治疗，同时对于浸润且黏附周围组织的肿瘤，次全切除术或是放疗给予肿瘤亦不容易复发

续表

作者 年份 研究类型 单位(数量) 时间段	患者(数量及年龄)	治疗	预后	随访	研究结果
Nakamura等, 2009	N=25 男5例 女3例 平均年龄33岁(范围14~58岁)	15名患者接受完全切除+放疗(6例En bloc切除, 9例分块切除), 1例完全切除, 4例STR+全神经轴放疗, 6例在局部单独放疗后部分切除	在1例完全切除没有放疗的患者, 术后2年出现局部复发; 6例在放疗后部分切除的患者因出现脑脊液播散而死亡; 2例患者接受STR+神经轴放疗; 2例患者出现复发	平均术后随访时间10.4年	初次手术中是否存在手术边界以及术后放疗范围及剂量是预后的关键决定因素。在手术前或手术中, 一旦肿瘤包膜受损, 肿瘤即可能出现CSF播散。因此早期诊断可能是恶性, 考虑到肿瘤可能是恶性, 需要采用包括放疗在内的治疗方案
Balasubramaniam等, 2016	N=44 男35例 女9例 平均年龄(30.95±12.78)岁	完全切除率89%	随访中, 大多数患者的背痛以及运动无力症状改善, 括约肌症状仅25%的患者改善; 2例患者出现复发	随访(22.23±11.32)个月	在肿瘤完全切除患者中, 与复发和功能预后相关的长期预后极佳
Wang等, 2014	N=19 男11例 女8例 中位年龄33岁(范围14~72岁)	9例接受GTR, 10例接受STR, 5例患者在接受STR后接受放疗	较高的肿瘤复发率与较低的局部控制率有关, 反之亦然。所有的9例GTR患者未出现复发, 局部控制率100%; 在STR后进行放疗的患者中相比单纯STR患者有更高的局部控制率	142个月	相比单纯STR, 肿瘤完全切除(GTR)或是STR后联合放疗更可能避免肿瘤复发

相交换使用的术语，用于描述许多中枢神经系统肿瘤可能出现的一种现象。尽管MPEs被归类为WHO Ⅰ级肿瘤，但是在部分切除或是完全切除后出现的肿瘤复发已有较多资料证实。

目前对儿童MPEs的原发种植已有较好的认识，尽管MPEs在成人中要远比在儿童中常见，目前对成人MPEs的原发种植仍认识不足。仅有少量MPEs在术前出现脑脊髓中多个部位原发转移的病例报道。近期的两项研究显示在初诊时存在肿瘤转移的患者比例在以成人为主的队列中为36.4%，在儿童队列中为50%。

腰骶部MPEs手术后出现的继发种植（转移）最早在20世纪50年代已有详细报道。继发种植在肿瘤次全切除的患者中并不少见。当MPEs出现转移时，它倾向于向CNS的头端播散，大多影响胸段和颈段脊髓，然后出现颅内种植。在播散或是转移的病例中，MPEs仍保留其良性的组织学特征。初次手术切除的程度与肿瘤播散显著相关，肿瘤残留的患者更可能出现肿瘤播散，在手术中损伤肿瘤包膜也可能会导致肿瘤CSF种植及播散。但也有极其罕见的双发MPEs的报道，由于两枚肿瘤都位于MPEs的典型起源部位，因此不能直接考虑是肿瘤播散的情况。

在儿童原发种植病例中，GTR后需给予放疗、辅助化疗或是两者联合。由于肿瘤为蛛网膜下腔播散，因此局部放疗以腰髓为靶区，射线朝向中胸段水平乃至应用于全脑脊髓。一般认为化疗的效果欠佳，仅保留用于对放疗抵抗的肿瘤患者。肿瘤原发种植的成人患者在手术完全切除肿瘤后，是否该采取辅助治疗仍未确定，可能是由于MPE原发种植并不是一个公认的现象。目前可以考虑在肿瘤GTR后仅采用脑脊髓MRI观察随访，或是在肿瘤GTR或STR后采用"预防性"放疗及化疗。

近来研究显示多达1/3的MPEs患者在诊断时存在远隔转移，远隔转移的患者在术后3年的随访时间内，近73%的患者未出现临床症状或疾病进展。对于没有临床表现的MPEs远隔转移患者，一些作者主张进行仔细的临床检查。由于大多数转移灶可能长期不出现症状且不进展，因此MRI随访足矣。如果转移灶引起临床症状，推荐采用手术切除或是放疗作为补救治疗。

15.11　辅助治疗

当分块切除肿瘤时，由于包膜出现破损，为了防止肿瘤局部复发和脑脊液播散，推荐采用全脑脊髓放疗。对于接受次全切除或是活检的患者，一般采用高剂量辅助放疗（≥50.4Gy）。

2006年，Akyurek等发现无论切除程度如何，辅助放疗都可以显著降低肿瘤的进展率。进一步研究显示，接受手术联合术后放疗的患者5年无进展生存率相比单独接受手术的患者明显改善（74.8%：50.4%）。放疗使患者的10年无进展生存率从小于40%增长至70%。同时儿童MPEs的研究也证实了放疗与PFS的量效关系，研究提示立体定向放射外科联合辅助放疗与单纯GTR相比，疾病控制方面的预后更佳。同时接受剂量大于50Gy放疗的患者和接受更低剂量放疗的患者相比，5年的局部控制率明显改善。

然而在MPEs治疗中，辅助放疗的角色仍然存在争议。一项Meta分析发现在比较单纯接受GTR和GTR后联合放疗的患者时，放疗并不显著改善患者预后。

虽然建议把化疗作为预防肿瘤复发的一种治疗方案，但目前仍未确定其治疗MPEs的有效性。有一项病例报道描述了1例复发MPEs合并播散性转移的病例，患者在多次手术后采用放疗联合替莫唑胺治疗而获益。伊马替尼是二线化疗方案，多激酶抑制剂索拉非尼作为三线方案治疗转移性MPEs也已有相关报道。

15.12　预后

我们将MPEs患者的预后分为外科（神经功能）预后以及生存期。在近期的一项分析中，纳入了SEER数据库中超过700例的MPEs患者，发现手术切除、放疗（总体生存期的不良预后因素，可能由于选择性偏移）、年龄<30岁以及白种人（多因素分析中显示与总体生存期缩短有关）是显著的预后因子。尽管MPEs的体积多较大且生长部位棘手，但在经验丰富的术者的治疗下，术后并发症的发生率低，临床功能改善的可能性大，包膜完整的肿瘤被完全切除后复发率极低。长期预后取决于肿瘤切除

的程度以及是否存在肿瘤包膜，较大的肿瘤多因确诊较晚而突破包膜生长。术前功能状态以及肿瘤切除的程度是影响术后预后的重要因素。以疼痛为主要表现的患者相比以神经功能缺陷为表现的患者有更好的预后。诊断时存在排尿困难提示预后相对较差，术后永久性并发症的发生率为8%~15%。

研究报道显示MPEs的10年总体生存率为92.4%，10年无进展生存率（PFS）为61.2%。年龄（<36岁：≥36岁），治疗方式（单独手术：手术+放疗）以及手术切除程度是影响肿瘤局部控制以及无进展生存期的预后因子。然而仍有报道在多达1/3的患者中出现治疗失败，包括局部复发、远隔脊髓或是脑内病灶的出现。肿瘤治疗失败的主要模式为局部复发，多达1/5的患者在局部复发的同时伴有脊髓其他部位或是脑内的播散灶。

接受GTR的患者，治疗失败的风险降低。大多数研究显示，GTR与PFS关系密切，其他一些研究则提出GTR需要联合高剂量放疗才可以延长PFS。对于预后（复发风险）有积极作用的因子包括：临床病史>1年、肿瘤局限于终丝以及肿瘤完全切除。肿瘤包膜不完整的患者，术后给予放疗有助于延长无复发间期。

15.13　随访

如果MPEs完全切除，术后应密切随访；如果肿瘤包膜破坏或是仅达到STR，可以采用全脑脊髓放疗以避免肿瘤沿CSF播散。神经外科医生需要了解MPEs可能会出现原发性种植以及脱落转移，应该考虑将全脑脊髓影像检查作为术前检查及术后随访监测中的一部分。在诊断、肿瘤切除前或是肿瘤复发时，可以考虑行诊断性腰穿以评估是否存在肿瘤播散。对于MPEs患者，需要进行长期乃至终生的MRI随访。

（黄瑾翔 译，孙　伟 校）

参考文献

[1] JW K. Primary tumors of the spinal cord and intradural filum terminale. In: W P (ed) Cytology and cellular pathology of the nervous system, vol 3. Paul B Hoeber, New York, 1932; pp 993–1025.

[2] Rawlings CE, Giangaspero F, Burger PC, Bullard DE. Ependymomas: a clinicopathologic study. Surg Neurol. 1988;29(4):271–281.

[3] Akyurek S, Chang EL, Yu TK, Little D, Allen PK, McCutcheon I, Mahajan A, Maor MH, Woo SY. Spinal myxopapillary ependymoma outcomes in patients treated with surgery and radiotherapy at M.D. Anderson Cancer center. J Neuro-Oncol. 2006;80(2):177–183. https://doi. org/10.1007/s11060-006-9169-2.

[4] Bates JE, Choi G, Milano MT. Myxopapillary ependymoma: a SEER analysis of epidemiology and outcomes. J Neuro-Oncol. 2016;129(2):251–258. https://doi.org/10.1007/s11060-016-2167-0.

[5] Arnautović K, Arnautović A. Extramedullary intradural spinal tumors: a review of modern diagnostic and treatment options and a report of a series. Bosn J Basic Med Sci. 2009;9(Suppl 1):40–45.

[6] Samii JKM. Surgery of spinal tumors. Berlin: Springer; 2007. https://doi. org/10.1007/978-3-540-44715-3.

[7] Klekamp J. Spinal ependymomas. Part 2: Ependymomas of the filum terminale. Neurosurg Focus. 2015;39(2):E7. https://doi. org/10.3171/2015.5.FOCUS15151.

[8] Schiffer D, Chiò A, Giordana MT, Migheli A, Palma L, Pollo B, Soffietti R, Tribolo A. Histologic prognostic factors in ependymoma. Childs Nerv Syst. 1991;7(4):177–182.

[9] Sonneland PR, Scheithauer BW, Onofrio BM. Myxopapillary ependymoma. A clinicopathologic and immunocytochemical study of 77 cases. Cancer. 1985;56(4):883–893.

[10] Celli P, Cervoni L, Cantore G. Ependymoma of the filum terminale: treatment and prognostic factors in a series of 28 cases. Acta Neurochir. 1993;124(2–4):99–103.

[11] Khan NR, Vanlandingham M, O'Brien T, Boop FA, Arnautović K. Primary seeding of Myxopapillary Ependymoma: different disease in adult population? Case report and review of literature. World Neurosurg 99:812.e821-812.e826. 2017; https://doi. org/10.1016/j. wneu.2016.12.022.

[12] Fassett DR, Pingree J, Kestle JR. The high incidence of tumor dissemination in myxopapillary ependymoma in pediatric patients. Report of five cases and review of the literature. J Neurosurg. 2005;102(1 Suppl):59–64. https://doi.org/10.3171/ped.2005.102.1.0059.

[13] Weber DC, Wang Y, Miller R, Villà S, Zaucha R, Pica A, Poortmans P, Anacak Y, Ozygit G, Baumert B, Haller G, Preusser M, Li J. Long-term outcome of patients with spinal myxopapillary ependymoma: treatment results from the MD Anderson Cancer Center and institutions from the rare Cancer network. Neuro-Oncology. 2015;17(4):588–595. https://doi. org/10.1093/neuonc/nou293.

[14] Bagley CA, Wilson S, Kothbauer KF, Bookland MJ, Epstein F, Jallo GI. Long term outcomes following surgical resection of myxopapillary ependymomas. Neurosurg Rev. 2009;32(3):321–334.; discussion 334. https://doi.org/10.1007/s10143-009-0190-8.

[15] Chan HS, Becker LE, Hoffman HJ, Humphreys RP, Hendrick EB, Fitz CR, Chuang SH. Myxopapillary ependymoma of

the filum terminale and cauda equina in childhood: report of seven cases and review of the literature. Neurosurgery. 1984;14(2):204–210.

[16] Chen X, Li C, Che X, Chen H, Liu Z. Spinal myxopapillary ependymomas: a retrospective clinical and immunohistochemical study. Acta Neurochir. 2016;158(1):101–107. https://doi. org/10.1007/s00701-015-2637-8.

[17] Gu S, Gu W, Shou J, Xiong J, Liu X, Sun B, Yang D, Xie R. The molecular feature of HOX gene family in the intramedullary spinal tumors. Spine (Phila Pa 1976). 2017;42(5):291–297. https://doi.org/10.1097/BRS.0000000000000889.

[18] Mendrzyk F, Korshunov A, Benner A, Toedt G, Pfister S, Radlwimmer B, Lichter P. Identification of gains on 1q and epidermal growth factor receptor overexpression as independent prognostic markers in intracranial ependymoma. Clin Cancer Res. 2006;12(7 Pt 1):2070–2079. https://doi.org/10.1158/1078-0432.CCR-05-2363.

[19] Verma A, Zhou H, Chin S, Bruggers C, Kestle J, Khatua S. EGFR as a predictor of relapse in myxopapillary ependymoma. Pediatr Blood Cancer. 2012;59(4):746–748. https://doi. org/10.1002/pbc.24054.

[20] Mack SC, Agnihotri S, Bertrand KC, Wang X, Shih DJ, Witt H, Hill N, Zayne K, Barszczyk M, Ramaswamy V, Remke M, Thompson Y, Ryzhova M, Massimi L, Grajkowska W, Lach B, Gupta N, Weiss WA, Guha A, Hawkins C, Croul S, Rutka JT, Pfister SM, Korshunov A, Pekmezci M, Tihan T, Philips JJ, Jabado N, Zadeh G, Taylor MD. Spinal Myxopapillary Ependymomas demonstrate a Warburg phenotype. Clin Cancer Res. 2015;21(16):3750–3758. https://doi.org/10.1158/1078-0432.CCR-14-2650.

[21] Rivierez M, Oueslati S, Philippon J, Pradat P, Foncin JF, Muckensturm B, Dorwling-Carter D, Cornu P. Ependymoma of the intradural filum terminale in adults. 20 cases. Neurochirurgie. 1990;36(2):96–107.

[22] Kraetzig T, McLaughlin L, Bilsky MH, Laufer I. Metastases of spinal myxopapillary ependymoma: unique characteristics and clinical management. J Neurosurg Spine. 2018;28(2):201–8. https://doi.org/10.3171/2017.5.SPINE161164.

[23] Lonjon M, Von Langsdorf D, Lefloch S, Rahbi M, Rasendrarijao D, Michiels JF, Paquis P, Grellier P. Factors influencing recurrence and role of radiotherapy in filum terminale ependymomas. 14 cases and review of the literature. Neurochirurgie. 2001;47(4):423–429.

[24] Balasubramaniam S, Tyagi DK, Desai KI, Dighe MP. Outcome analysis in cases of spinal Conus cauda Ependymoma. J Clin Diagn Res. 2016;10(9):PC12–16. https://doi.org/10.7860/JCDR/2016/22736.8458.

[25] Morimoto D, Isu T, Kim K, Isobe M, Takahashi T, Ishida Y, Takei H, Morita A. Surgical treatment for posttraumatic hemorrhage inside a filum terminale myxopapillary ependymoma: a case report and literature review. Eur Spine J.

2016;25(Suppl 1):239–244. https://doi. org/10.1007/s00586-016-4521-5.

[26] Terao T, Kato N, Ishii T, Hatano K, Takeishi H, Kakizaki S, Tani S, Murayama Y. Spontaneous hemorrhage of a spinal Ependymoma in the filum Terminale presenting with acute cauda Equina syndrome: case report. NMC Case Rep J. 2016;3(3):91–95. https://doi.org/10.2176/nmccrj.cr.2015-0295.

[27] Abul-Kasim K, Thurnher MM, McKeever P, Sundgren PC. Intradural spinal tumors: current classification and MRI features. Neuroradiology. 2008;50(4):301–314. https://doi.org/10.1007/s00234-007-0345-7.

[28] Sakai Y, Matsuyama Y, Katayama Y, Imagama S, Ito Z, Wakao N, Kanemura T, Yoshida G, Sato K, Ando T, Nakamura H, Kato F, Yukawa Y, Ito K, Ishiguro N. Spinal myxopapillary ependymoma: neurological deterioration in patients treated with surgery. Spine (Phila Pa 1976). 2009;34(15):1619–1624. https://doi.org/10.1097/BRS.0b013e3181a983d8.

[29] Shors SM, Jones TA, Jhaveri MD, Huckman MS. Best cases from the AFIP: myxopapillary ependymoma of the sacrum. Radiographics. 2006;26(Suppl 1):S111–S116. https://doi.org/10.1148/rg.26si065020.

[30] Anderson MS. Myxopapillary ependymomas presenting in the soft tissue over the sacrococcygeal region. Cancer. 1966;19(4):585–590.

[31] Quraishi NA, Wolinsky JP, Bydon A, Witham T, Gokaslan ZL. Giant destructive myxopapillary ependymomas of the sacrum. J Neurosurg Spine. 2010;12(2):154–159. https://doi.org/10.3171/2009.9.SPINE08968.

[32] Hayashi T, Haba R, Kushida Y, Kadota K, Katsuki N, Bando K, Shibuya S, Matsunaga T. Cytopathologic characteristics and differential diagnostic considerations of osteolytic myxopapillary ependymoma. Diagn Cytopathol. 2014;42(9):778–783. https://doi.org/10.1002/dc.23033.

[33] Wang M, Wang H, Zhou Y, Zhan R, Wan S. Myxopapillary ependymoma in the third ventricle area and sacral canal: dropped or retrograde metastasis? Neurol Med Chir (Tokyo). 2013;53(4):237–241.

[34] Graf M, Blaeker H, Otto HF. Extraneural metastasizing ependymoma of the spinal cord. Pathol Oncol Res. 1999;5(1):56–60.

[35] Fassett DR, Schmidt MH. Lumbosacral ependymomas: a review of the management of intradural and extradural tumors. Neurosurg Focus. 2003;15(5):E13.

[36] Cervoni L, Celli P, Cantore G, Fortuna A. Intradural tumors of the cauda equina: a single institution review of clinical characteristics. Clin Neurol Neurosurg. 1995;97(1):8–12.

[37] Parsa AT, Fiore AJ, McCormick PC, Bruce JN. Genetic basis of intramedullary spinal cord tumors and therapeutic implications. J Neuro-Oncol. 2000;47(3):239–251.

[38] Asazuma T, Toyama Y, Suzuki N, Fujimura Y, Hirabayashi K. Ependymomas of the spinal cord and cauda equina: an

analysis of 26 cases and a review of the literature. Spinal Cord. 1999;37(11):753–9.

[39] Nakamura M, Ishii K, Watanabe K, Tsuji T, Matsumoto M, Toyama Y, Chiba K. Long-term surgical outcomes for myxopapillary ependymomas of the cauda equina. Spine (Phila Pa 1976). 2009;34(21):E756–60. https://doi.org/10.1097/BRS.0b013e3181b34d16.

[40] Lehecka M, Laakso A, Hernesniemi J (2011) Helsinki microneurosurgery basics and tricks. Aesculap AG | D-NE11002.

[41] McCormick PC. Microsurgical enbloc resection of myxopapillary cauda equina ependymoma. Neurosurg Focus 37 Suppl 2:Video 7. 2014; https://doi.org/10.3171/2014.V3.FOCUS14272.

[42] Hoving EW, Haitsma E, Oude Ophuis CM, Journée HL. The value of intraoperative neurophysiological monitoring in tethered cord surgery. Childs Nerv Syst. 2011;27(9):1445–1452. https://doi.org/10.1007/s00381-011-1471-4. I. Omerhodžić et al

[43] Krassioukov AV, Sarjeant R, Arkia H, Fehlings MG. Multimodality intraoperative monitoring during complex lumbosacral procedures: indications, techniques, and long-term follow-up review of 61 consecutive cases. J Neurosurg Spine. 2004;1(3):243–253. https://doi.org/10.3171/spi.2004.1.3.0243.

[44] Quiñones-Hinojosa A, Gadkary CA, Gulati M, von Koch CS, Lyon R, Weinstein PR, Yingling CD. Neurophysiological monitoring for safe surgical tethered cord syndrome release in adults. Surg Neurol. 2004;62(2):127–133.; discussion 133-125. https://doi.org/10.1016/j. surneu.2003.11.025.

[45] Arnautović KI, Kovacevic M. CSF-related complications after Intradural spinal tumor surgery: utility of an autologous fat graft. Med Arch. 2016;70(6):460–465. https://doi.org/10.5455/medarh.2016.70.460-465.

[46] Chang UK, Choe WJ, Chung SK, Chung CK, Kim HJ. Surgical outcome and prognostic factors of spinal intramedullary ependymomas in adults. J Neuro-Oncol. 2002;57(2):133–139.

[47] Lee SH, Chung CK, Kim CH, Yoon SH, Hyun SJ, Kim KJ, Kim ES, Eoh W, Kim HJ. Long-term outcomes of surgical resection with or without adjuvant radiation therapy for treatment of spinal ependymoma: a retrospective multicenter study by the Korea spinal oncology research group. Neuro-Oncology. 2013;15(7):921–929. https://doi.org/10.1093/neuonc/not038.

[48] Ross DA, McKeever PE, Sandler HM, Muraszko KM. Myxopapillary ependymoma. Results of nucleolar organizing region staining. Cancer. 1993;71(10):3114–3118.

[49] Pica A, Miller R, Villà S, Kadish SP, Anacak Y, Abusaris H, Ozyigit G, Baumert BG, Zaucha R, Haller G, Weber DC. The results of surgery, with or without radiotherapy, for primary spinal myxopapillary ependymoma: a retrospective study from the rare cancer network. Int J Radiat Oncol Biol Phys. 2009;74(4):1114–1120. https://doi.org/10.1016/j.ijrobp.2008.09.034.

[50] Kucia EJ, Maughan PH, Kakarla UK, Bambakidis NC, Spetzler RF. Surgical technique and outcomes in the treatment of spinal cord ependymomas: part II: myxopapillary ependymoma. Neurosurgery 68 (1 Suppl Operative):90-94.; discussion 94. 2011; https://doi.org/10.1227/NEU.0b013e3181fdf912.

[51] Al-Habib A, Al-Radi OO, Shannon P, Al-Ahmadi H, Petrenko Y, Fehlings MG. Myxopapillary ependymoma: correlation of clinical and imaging features with surgical resectability in a series with long-term follow-up. Spinal Cord. 2011;49(10):1073–1078. https://doi.org/10.1038/sc.2011.67.

[52] Agbahiwe HC, Wharam M, Batra S, Cohen K, Terezakis SA. Management of pediatric myxopapillary ependymoma: the role of adjuvant radiation. Int J Radiat Oncol Biol Phys. 2013;85(2):421–427. https://doi.org/10.1016/j.ijrobp.2012.05.001.

[53] Tsai CJ, Wang Y, Allen PK, Mahajan A, McCutcheon IE, Rao G, Rhines LD, Tatsui CE, Armstrong TS, Maor MH, Chang EL, Brown PD, Li J. Outcomes after surgery and radiotherapy for spinal myxopapillary ependymoma: update of the MD Anderson Cancer Center experience. Neurosurgery. 2014;75(3):205–214.; discussion 213-204. https://doi.org/10.1227/NEU.0000000000000408.

[54] Kukreja S, Ambekar S, Sin AH, Nanda A. Cumulative survival analysis of patients with spinal myxopapillary ependymomas in the first 2 decades of life. J Neurosurg Pediatr. 2014;13(4):400–7. https://doi.org/10.3171/2014.1.PEDS13532.

[55] Kukreja S, Ambekar S, Sharma M, Sin AH, Nanda A. Outcome predictors in the management of spinal myxopapillary ependymoma: an integrative survival analysis. World Neurosurg. 2015;83(5):852–859. https://doi.org/10.1016/j.wneu.2014.08.006.

[56] Abdulaziz M, Mallory GW, Bydon M, De la Garza RR, Ellis JA, Laack NN, Marsh WR, Krauss WE, Jallo G, Gokaslan ZL, Clarke MJ. Outcomes following myxopapillary ependymoma resection: the importance of capsule integrity. Neurosurg Focus. 2015;39(2):E8. https://doi.org/10.3171/2015.5.FOCUS15164.

[57] Khalatbari MR, Hamidi M, Moharamzad Y, Shobeiri E. Primary multifocal myxopapillary ependymoma of the filum terminale. J Neurosurg Sci. 2016;60(1):424–429.

[58] Chao ST, Kobayashi T, Benzel E, Reddy CA, Stevens GH, Prayson RA, Kalfas I, Schlenk R, Krishnaney A, Steinmetz MP, Bingaman W, Hahn J, Suh JH. The role of adjuvant radiation therapy in the treatment of spinal myxopapillary ependymomas. J Neurosurg Spine. 2011;14(1):59–64. https://doi.org/10.3171/2010.9.SPINE09920.

[59] Wang H, Zhang S, Rehman SK, Zhang Z, Li W, Makki MS, Zhou X. Clinicopathological features of myxopapillary ependymoma. J Clin Neurosci. 2014;21(4):569–573. https://doi.org/10.1016/j.jocn.2013.05.028.

[60] Feldman WB, Clark AJ, Safaee M, Ames CP, Parsa AT. Tumor control after surgery for spinal myxopapillary ependymomas:

distinct outcomes in adults versus children: a systematic review. J Neurosurg Spine. 2013;19(4):471–476. https://doi.org/10.3171/2013.6.SPINE12927.

[61] Celli P, Cervoni L, Salvati M, Cantore G. Recurrence from filum terminale ependymoma 42 years after 'total' removal and radiotherapy. J Neuro-Oncol. 1997;34(2):153–156.

[62] Schild SE, Nisi K, Scheithauer BW, Wong WW, Lyons MK, Schomberg PJ, Shaw EG. The results of radiotherapy for ependymomas: the Mayo Clinic experience. Int J Radiat Oncol Biol Phys. 1998;42(5):953–958.

[63] Arnautović KI, Al-Mefty O. Surgical seeding of chordomas. Neurosurg Focus. 2001;10(3):E7.

[64] De Falco R, Scarano E, Di Celmo D, Civetta F, Guarnieri L. Concomitant localization of a myxopapillary ependymoma at the middle thoracic part of the spinal cord and at the distal part of the filum terminale. Case report. J Neurosurg Sci. 2008;52(3):87–91.

[65] Woesler B, Moskopp D, Kuchelmeister K, Schul C, Wassmann H. Intracranial metastasis of a spinal myxopapillary ependymoma. A case report. Neurosurg Rev. 1998;21(1):62–65.

[66] Bandopadhayay P, Silvera VM, Ciarlini PD, Malkin H, Bi WL, Bergthold G, Faisal AM, Ullrich NJ, Marcus K, Scott RM, Beroukhim R, Manley PE, Chi SN, Ligon KL, Goumnerova LC, Kieran MW. Myxopapillary ependymomas in children: imaging, treatment and outcomes. J Neuro-Oncol. 2016;126(1):165–174. https://doi.org/10.1007/s11060-015-1955-2.

[67] Al-Hussaini M, Herron B. Metastasizing myxopapillary ependymoma. Histopathology. 2005;46(4):469–470. https://doi.org/10.1111/j.1365-2559.2004.02009.x.

[68] Bardales RH, Porter MC, Sawyer JR, Mrak RE, Stanley MW. Metastatic myxopapillary ependymoma: report of a case with fine-needle aspiration findings. Diagn Cytopathol. 1994;10(1):47–53.

[69] Plans G, Brell M, Cabiol J, Villà S, Torres A, Acebes JJ. Intracranial retrograde dissemination in filum terminale myxopapillary ependymomas. Acta Neurochir. 2006;148(3):343–346.; discussion 346. https://doi.org/10.1007/s00701-005-0693-1.

[70] Andoh H, Kawaguchi Y, Seki S, Asanuma Y, Fukuoka J, Ishizawa S, Kimura T. Multi-focal Myxopapillary Ependymoma in the lumbar and sacral regions requiring Cranio-spinal radiation therapy: a case report. Asian Spine J. 2011;5(1):68–72. https://doi.org/10.4184/asj.2011.5.1.68.

[71] Rezai AR, Woo HH, Lee M, Cohen H, Zagzag D, Epstein FJ. Disseminated ependymomas of the central nervous system. J Neurosurg. 1996;85(4):618–624. https://doi.org/10.3171/jns.1996.85.4.0618.

[72] Yener U, Güdük M, Ekşi M, Aytar MH, Sav A, Özgen S (2016) Concomitant double tumors of Myxopapillary Ependymoma presented at cauda Equina-filum Terminale in adult patient. Korean J Spine 13(1):33–36. https://doi.org/10.14245/kjs.2016.13.1.33.

[73] Al-Halabi H, Montes JL, Atkinson J, Farmer JP, Freeman CR. Adjuvant radiotherapy in the treatment of pediatric myxopapillary ependymomas. Pediatr Blood Cancer. 2010;55(4):639–643. https://doi.org/10.1002/pbc.22614.

[74] Fujiwara Y, Manabe H, Izumi B, Shima T, Adachi N. Remarkable efficacy of temozolomide for relapsed spinal myxopapillary ependymoma with multiple recurrence and cerebrospinal dissemination: a case report and literature review. Eur Spine J. 2017;27:421–425. https://doi. org/10.1007/s00586-017-5413-z.

[75] Fegerl G, Marosi C. Stabilization of metastatic myxopapillary ependymoma with sorafenib. Rare Tumors. 2012;4(3):134–137. https://doi.org/10.4081/rt.2012.e42.

[76] Schweitzer JS, Batzdorf U. Ependymoma of the cauda equina region: diagnosis, treatment, and outcome in 15 patients. Neurosurgery. 1992;30(2):202–207. I. Omerhodžić et al.

儿童脊髓髓内肿瘤：诊断和治疗

16

Jaafar Basma, Jimmy Ming-Jung Chuang, Frederick

16.1 简介

脊髓髓内肿瘤比较罕见，只占中枢神经系统肿瘤的4%~6%。在美国，每年新诊断的儿童髓内肿瘤只有150例左右。儿童髓内肿瘤占所有椎管内肿瘤的35%左右，而在成人这一比例降低至20%。神经胶质来源肿瘤，如星形细胞瘤、室管膜瘤和神经节细胞胶质瘤等，占儿童髓内肿瘤的80%以上，在组织学上大多属于低级别肿瘤，而高级别肿瘤约占儿童髓内肿瘤的10%。其他病理类型包括发育性肿瘤，如脂肪瘤、畸胎瘤、皮样囊肿和表皮样囊肿等。

大多数儿童髓内肿瘤进展缓慢，临床表现取决于病变位置。病变可以是局灶性的，也可能涉及从颈髓到脊髓圆锥的全部脊髓。至少50%的髓内肿瘤发生于颈段和颈胸段，就诊时常累及平均5.4个椎体节段。在实体肿瘤的头端和（或）尾端常有囊性成分，实体肿瘤也可以发生瘤内囊性变。而髓外或硬膜外的肿瘤很少扩展到数个节段，并且囊性成分少见。

外科手术适用于所有新诊断的儿童髓内肿瘤。如果肿瘤是局灶性和病理学良性的，则手术目的是获得组织学诊断并尽可能多地切除肿瘤以防止神经功能减退。神经影像学、显微手术技术、手术设备和术中神经生理学的发展促进了更大程度的肿瘤切除并同时保留了神经功能。虽然目前回顾性研究支持更积极的肿瘤切除能延长生存期和改善生活质量，但是尽管实施了充分的切除，的确还是会出现复发的情况。如果肿瘤病理级别高并且呈浸润性生长，手术通常仅需活检。后续给予辅助治疗，包括化疗和放疗，虽然疗效有限，但仍有一定的作用。是否需要辅助治疗取决于肿瘤病理类型、肿瘤位置

以及能否获得全切。

16.2 流行病学

儿童髓内肿瘤的发病率低于1‰，男性比例略高。儿童髓内肿瘤可发生于整个神经轴中，最常见于颈段和颈胸段。在成人中，硬膜下肿瘤（主要是髓外肿瘤）发病率上升，并主要位于腰椎。星形细胞瘤是儿童人群中最常见的髓内肿瘤。在10岁以下的儿童中，大约90%的髓内肿瘤是星形细胞瘤（并且多为良性）。这个百分比在青少年时期下降到60%左右，而室管膜瘤的比例增加。在成人中，室管膜瘤是髓内肿瘤最常见的类型。脊髓血管网状细胞瘤很罕见，并可能与Von Hippel-Lindau（VHL）疾病有关。表16.1显示了两种最常见的儿童髓内肿瘤（室管膜瘤和星形细胞瘤）的不同特征。表16.2比较了儿童和成人髓内肿瘤的特征。

神经纤维瘤病1型（NF1）和神经纤维瘤病2型（NF2）均与中枢神经系统肿瘤相关。NF1患者更可能患有髓内星形细胞瘤。NF2更常合并神经鞘瘤和脑（脊）膜瘤，但也与髓内室管膜瘤有关。大约70%不符合神经纤维瘤病诊断标准的髓内室管膜瘤具有NF2基因突变。除NF1外，儿童髓内星形细胞瘤还可以与遗传性综合征伴发，如Li-Fraumeni综合征、Turcot综合征、结节性硬化症（TSC）和Maffucci Ollier病。

16.3 临床表现

大多数儿童髓内肿瘤良性且进展缓慢。由于其隐匿的临床表现，做出临床诊断有一定难度。从出现初次症状到接受手术，儿童髓内肿瘤病史中位持

表 16.1　儿童髓内星形细胞瘤和室管膜瘤特征

	星形细胞瘤	室管膜瘤
发病率	年幼儿童	年长儿童
髓内位置	偏心	中心
节段	颈胸段脊髓	颈髓和终丝
MRI	边界不清 不均匀强化	更清晰的边界 均匀强化 含铁血黄素沉积症
合并神经纤维瘤病	NF1	NF2
分级	10% 恶性	大多数良性
肿瘤 / 脊髓界面	界限不清	常有清晰的界面
术后神经功能	改善较少	改善明显
循证治疗	切除（class ⅡB）和放疗（class ⅡA）；化疗（class ⅡB）	切除（class Ⅰ）和放疗（class ⅡA）；化疗（class ⅡB）
预后	较差	较好

表 16.2　成人和儿童髓内肿瘤特征

	成人髓内肿瘤	儿童髓内肿瘤
发病率	850~1700 例 / a	约 150 例 / a
占所有脊髓肿瘤比例	<20%	35%
最常见病理类型	室管膜瘤	星形细胞瘤
位置	大多数在颈胸段，腰段增多	大多数在颈胸段
长期预后	较好	较差

续时间为9.2个月（1.6~27个月）。恶性肿瘤常进展很快，而且症状隐蔽。临床症状取决于解剖位置。局部疼痛是最常见的早期症状。其他症状包括步态异常、感觉异常、斜颈、脊柱后凸突畸形和括约肌功能障碍（少见）。

髓外肿瘤往往倾向于出现神经根痛，而髓内肿瘤更常见的是由瘤周水肿引起的感觉异常性疼痛。幼儿往往无法清晰表达他们的症状，例如他们常自诉腹痛而无法准确定位疼痛的位置。有些儿童常在轻微外伤后主诉不相称的症状，但是这种疼痛在休息后没有缓解，而且可能发生在夜间，甚至从睡眠中醒来。对于儿童，应该谨慎对待进行性加重的背部疼痛，尤其是当疼痛发生于夜间并且造成失眠时。

儿童可能出现运动障碍，例如笨拙、无力和频繁跌倒。婴儿可能表现为在学会走路后的活动退步。当肿瘤发生在颈部区域时，颈背部疼痛和斜颈是常见的早期症状。感觉障碍的主诉并不常见，通常限于一侧上肢。在疾病晚期可能出现感觉平面分离。进行性脊柱畸形如脊柱后凸畸形和肢体长短畸形也很常见。髓内肿瘤患儿中有36%术前有脊柱畸形。这种畸形可能会进展，特别是在肿瘤切除后，很可能是由于神经肌肉功能障碍、椎板切除和放射治疗的综合原因引起。应在患者整个儿童期和青春期进行随访，关注脊柱畸形的发展或加重。

髓内肿瘤患者发生脑积水并不罕见，偶尔也可能急性发生。Rifkinson-Mann 等报道，在单中心171例髓内肿瘤患者中，25例（14.6%）患有脑积水。症状和体征包括头痛和视盘水肿。脑积水在成人群体和恶性肿瘤患者中发生率更高。

在儿童髓内肿瘤症状出现和做出诊断之间经常存在时间上的滞后。只有高度怀疑、详细地询问病史和有针对性的神经系统检查才能更准确、更及时地做出诊断。

16.4　MRI检查

MRI是诊断髓内肿瘤最重要的影像工具。T1 MRI加权成像可以揭示肿瘤的范围和成分以及蛛网膜下腔的状态。T2 MRI加权成像更好地描绘了水肿和囊性成分。MRI增强扫描显示肿瘤的血供和同质性（图16.1）。增强模式的差异可以更倾向于某些病理类型，通常室管膜瘤比星形细胞瘤更容易摄取对比剂（表16.1）。尽管仅从成像特征不可能进行精确地鉴别诊断，但不同的病变往往具有不同的影像学特征。

室管膜瘤通常位于脊髓中央，具有对称的均匀强化和清晰的边界，而星形细胞瘤通常是偏心性的，呈不均匀强化且边界不清。髓内室管膜瘤可显示"帽子征"，这是由于含铁血黄素沉积在肿瘤边界上出现低信号区域。

非肿瘤性髓内病变也应在鉴别诊断中考虑，例如脱髓鞘病变或血管畸形。这些病变有时可以出现强化，但通常脊髓不会扩张，直径也没有扩大。

16.5 组织病理学和遗传生物学

16.5.1 星形细胞瘤

组织病理学　星形细胞瘤是儿童最常见的髓内肿瘤，肿瘤细胞起源于神经胶质细胞并浸润脊髓。按照世界卫生组织（WHO）2016年建立的新的分级标准分为以下亚型：Ⅰ级，毛细胞型星形细胞瘤和室管膜下巨细胞星形细胞瘤；Ⅱ级，弥漫性星形细胞瘤，多形性黄色星形细胞瘤；Ⅲ级，间变性星形细胞瘤；Ⅳ级，多形性胶质母细胞瘤和胶质肉瘤。

儿童髓内肿瘤中最常见的星形细胞瘤亚型是毛细胞型星形细胞瘤，更常见于胸椎区域并可能涉及全脊髓。毛细胞型星形细胞瘤可能合并大的囊变（图16.1）或软脊膜转移。

典型的组织学表现包括双相性肿瘤细胞，嗜酸性Rosenthal纤维和与微囊区交替排列的颗粒体，构成松散排列的星形胶质细胞样细胞。然而毛细胞型星形细胞瘤可以有多样的形态学特征，有的区域可类似于少突神经胶质瘤或高级别胶质瘤，这可能会给明确诊断带来挑战。

遗传生物学　因发病率低，髓内星形细胞瘤的遗传学研究报道有限。对毛细胞型星形细胞瘤的遗传分析已发现大量的染色体畸变，但尚未发现特异性的抑癌基因或致癌基因。然而颅内星形细胞瘤的基因研究为发现髓内肿瘤的候选基因奠定了基础。在细胞遗传学和芯片分析中检测到的最常见染色体畸变是出现了5号染色体和7号染色体的三体染色体或7q染色体增益。Pfister等报道了66例低级别星形胞瘤中有30例（45%）出现了7q34染色体BRAF基因拷贝增加。他们分析后得出结论：BRAF基因可能有所增加，随后BRAF在低级别星形细胞瘤中的MAPK通路激活过度表达。Jones等发现在66%的毛细胞型星形细胞瘤中7q34染色体片段部位存在串联重复，而这在高级别星形细胞瘤中未观察到。这种畸变导致框内融合基因掺入BRAF癌基因的激酶结构域。

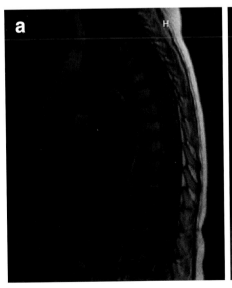
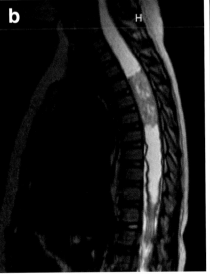
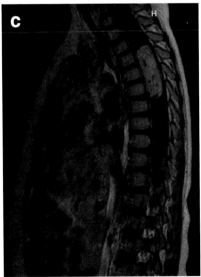

图16.1　1例3岁女童表现为进行性无力，背部疼痛和斜颈。MRI检查：矢状位T1（a）、T2（b）和增强T1（c）。T4~T6强化的髓内脊髓肿瘤，合并全脊髓空洞。T3~T7椎板成形术，采用脊髓背侧正中切开以切除肿瘤。最终的病理是Ⅰ级毛细胞型星形细胞瘤

此外多项研究中发现在低级别星形细胞瘤中存在典型的BRAF基因Val600Glu位点突变。除了BRAF，Horbinski等报道了肿瘤抑制基因细胞周期蛋白依赖性激酶抑制剂2A基因（CDKN2A，也称为p16）的缺失是毛细胞星形细胞瘤中最常见的突变。该研究还发现染色体9p21（包含CDKN2A）或10q23de（包括31.6%的磷酸酶和50%的张力蛋白同源基因）出现杂合缺失。由于其出现的高频率及特异性表现，使其可能成为潜在的治疗靶标和诊断标记物。

据报道，毛细胞型星形细胞瘤和髓内高级别星形细胞瘤与家族性NF1有关。NF1患者中出现神经纤维瘤蛋白基因突变（17q11.2）。毛细胞型星形细胞瘤合并NF1的患者中，NF1基因的杂合缺失占92%，而没有NF1的星形胶质细胞瘤患者中只有4%。

16.5.2　高级别星形细胞瘤

有关髓内高级别胶质瘤的研究数据表明该类肿瘤很少见，仅占所有病例的10%。患者表现为迅速恶化的临床症状，有时甚至出现类似转移瘤的症状和体征。在影像学上，除了软脊膜播散比例高之外，很难将恶性星形细胞瘤与低级别肿瘤区分开来。建议对临床进展迅速提示有恶性病变的儿童进行全面的术前全脑全脊髓MRI检查，具有高阳性率，并且可在外科手术之前提供有价值的信息。

高级别星形细胞瘤的预后极差，大多数患者在不到6个月内死于疾病进展。其中大部分患者会在复发时发生软脊膜转移，并对辅助放疗和化疗反应不敏感。没有证据支持积极的手术切除对髓内恶性肿瘤治疗有益。已经证实切除范围和存活时间之间没有相关性。建议进行冷冻切片分析以确定肿瘤是否为恶性。因此，高级别星形细胞瘤的切除通常是保守的，目的是通过脊髓切开术和囊肿切开引流进行姑息性减压。

大约68%的颅内星形细胞瘤出现异柠檬酸脱氢酶1（IDH1）和IDH2基因的突变，然而脊髓星形细胞瘤中IDH突变的发生率尚不完全清楚。Pollack等报道儿童脊髓星形细胞瘤的IDH突变率很低。Govindan等报道了6例脊髓胶质母细胞瘤，其中5例对肿瘤抑制蛋白53（TP53）具有免疫反应性。最近的研究也报道了胶质母细胞瘤中H3.3变异的重要性，这提示在颅内和脊髓高级别神经胶质瘤的发生、发展中出现了异常的脱氧核糖核酸（DNA）甲基化。

16.5.3　室管膜瘤

组织病理学　室管膜瘤是儿童第二常见、成人最常见的髓内肿瘤。肿瘤细胞被认为来自中央管的室管膜细胞，但最近的证据表明它们与经历恶性转化的放射状神经胶质干细胞具有相似的组织病理学。基于特异的组织学表现，根据2016年世界卫生组织WHO评级系统对室管膜瘤进行分类：Ⅰ级包括室管膜下瘤和黏液乳头状室管膜瘤；Ⅱ级包括细胞型室管膜瘤、乳头状室管膜瘤、透明细胞型室管膜瘤和伸长细胞型室管膜瘤，而间变性室管膜瘤是Ⅲ级。髓内Ⅱ级室管膜瘤常见于颈髓和胸髓，大多数髓内室管膜瘤生长缓慢并且表现出良性病理学特点。

在典型的组织学检查中，室管膜瘤不论其病理级别如何，都是富含细胞型肿瘤。Ⅱ级室管膜瘤通常周围界限很好，不会浸润相邻的脊髓组织。镜下检查结果包括"假菊形"团和围绕血管排列的细胞簇。

黏液乳头状室管膜瘤在儿童中较少见，更具侵袭性，容易发生远隔部位蛛网膜下腔播散。它们占脊髓室管膜瘤的50%，起源于终丝。黏液乳头状室管膜瘤的特征是立方形或细长的肿瘤细胞在间质核心周围以乳头状排列。在黏液乳头状室管膜瘤细胞和血管之间可以聚集丰富的黏蛋白。辅助放射治疗可改善术后局部病灶的控制，任何颅内或椎管内播撒都可能需要行全脑脊髓放射治疗。

遗传生物学　成人和儿童室管膜瘤似乎代表不同的临床类型。最近的研究认为它们来自截然不同的干细胞前体。此外新的证据也表明髓内室管膜瘤在遗传上完全不同于颅内室管膜瘤。Witt等研究了两个非重叠的组织学大体相似的室管膜瘤数据库，应用非负矩阵分解、分析。他们基于肿瘤位置鉴定出3个不同的肿瘤组：幕上室管膜瘤、后颅窝室管膜瘤和后颅窝–脊髓室管膜瘤。脊髓室管膜瘤与后颅窝室管膜瘤是不同的亚组，显示全染色体异常。

应用核糖核酸（RNA）表达分析，Korshunov等报道脊髓室管膜瘤中HOXB5（17q21.3）、PLA2G（1p35）、ITIH2（10p15）和CDKN2A（9q21）基因高表达。已经在散发的和NF2相关的脊髓室管膜瘤中发现了纯合子缺失、杂合子缺失和NF2基因突

变。NF2基因所在的22q染色体出现单体和变异，在髓内室管膜瘤中占30%和40%。在一项研究中，71%未达到神经纤维瘤病标准的髓内室管膜瘤患者具有NF2基因突变。

16.5.4　血管网状细胞瘤

髓内血管网状细胞瘤是一种罕见的良性肿瘤，可偶发或作为VHL疾病的一种表现。它们占所有髓内肿瘤的3%，是第三位常见的髓内肿瘤。肿瘤细胞被认为起源于脊髓内血管系统内的间质。肿瘤倾向于发生在脊髓的背侧，导致进行性感觉或本体感受障碍。由于肿瘤高度血管化，有较高的出血风险，导致急性临床症状。

约30%的髓内血管网状细胞瘤患者也患有VHL综合征。VHL综合征具有常染色体显性遗传模式，是由位于3p25~26的肿瘤抑制基因缺失所致。VHL基因突变会刺激血管内皮生长因子（VEGF）水平升高，刺激新生血管生长。与VHL综合征相关的病变包括中枢神经系统血管网状细胞瘤、胰腺囊肿、嗜铬细胞瘤、视网膜血管瘤、肾囊肿和附睾囊腺瘤等。

16.5.5　节细胞胶质瘤和其他脊髓肿瘤

髓内节细胞胶质瘤非常罕见，它们仅占儿童髓内肿瘤的1%。髓内节细胞胶质瘤患者的平均年龄为12岁（从8.5岁到31岁不等）。节细胞胶质瘤细胞起源于神经元（神经节细胞）和神经胶质细胞。肿瘤通常生长缓慢且良性。虽然它们的病理类型可在WHO Ⅰ级至Ⅲ级之间变化，但根据神经元和神经胶质相对分化程度的不同，多数为Ⅰ级。脊髓节细胞胶质瘤最常见的发病部位是颈髓，可能延伸自延髓。髓内神经节细胞胶质瘤平均长度为8个椎体，而髓内星形细胞瘤或室管膜瘤的平均长度为4个椎体。髓内神经节细胞胶质瘤甚至有15%的病例可能累及整个脊髓。

组织学上，神经节细胞胶质瘤由大的成簇神经元和新生神经胶质细胞组成。常见嗜酸性颗粒体和Rosenthal纤维。神经元对突触囊泡蛋白、神经丝蛋白、神经元特异性烯醇化酶和嗜铬粒蛋白A具有免疫阳性。

其他髓内肿瘤主要是混合瘤、转移瘤、淋巴瘤、黑色素瘤和神经细胞瘤，大约4%的髓内病变不是肿瘤性病变。脂肪瘤是最常见的发育性肿瘤，占所有髓内肿瘤的1%。

16.6　治疗原则

虽然大部分儿童髓内肿瘤具有良性病理学特征，但大多数会进展并最终导致进行性神经功能缺损。尽管辅助治疗（化疗和放射治疗）在其他肿瘤学领域取得了很大进展，但其在大多数儿童髓内肿瘤方面的控制率仍然很低。手术仍然是治疗的主要手段，目标是尽可能全切除。完全切除被证明可获得较高的总生存率和无进展生存率。对于昂贵而无效的长期辅助治疗，再次手术也是复发性残留肿瘤的可选办法。结果取决于肿瘤病理学（低级别或高级别）、患者年龄（年轻患者有更好的恢复）、术前神经功能和手术切除程度。

16.7　手术

儿童髓内肿瘤手术的目标是肿瘤全切除并保留最佳神经功能。影响手术成功与否的因素有几个，包括肿瘤浸润（浸润性星形细胞瘤很难达到全切）、肿瘤病理（与星形细胞瘤相比，室管膜瘤与周围脊髓具有更好的边界）、肿瘤分级（高级别星形细胞瘤有更大的复发风险）、术前神经功能状态（术前神经功能障碍患者术后改善的可能性较小）和肿瘤大小。

16.7.1　脊髓外阶段

在作者工作的医疗中心，患者通常采用俯卧位，膝关节和髋部弯曲。根据患者年龄的不同，可使用小型凝胶垫或用毛巾、床单制作的胸部垫卷。受力点仔细垫好，特别是儿童患者，包括脚踝、膝盖、臀部、髂嵴、腕部、肘部、肋骨和锁骨等部位。我们使用三点式Mayfield头架治疗颈椎和上胸椎肿瘤。大多数外科医生喜欢将患者置于头高位以最大化增加静脉引流，但应特别注意年轻患者，特别是那些脑脊液（CSF）流出道梗阻、脑积水和脑室引流的患者。对于有分流的患者，硬膜下手术（包括脊柱外科手术）可导致分流功能障碍。在这些情况下，我们建议使用轻度的头低脚高位，以避免脑脊液过度引流和颅内腔脑脊液压差的突然变化

（图16.2）。

C臂机用于肿瘤水平定位。切口向肿瘤的头端和尾端延伸，需要纵向完全暴露肿瘤。在沿中线切开后，进行骨膜下剥离以暴露椎板。在儿童人群中需要仔细谨慎的操作，轻轻触摸骨性标志，以避免插入硬膜囊。使用刮匙，将近端椎板的上缘和远端椎板的下缘从硬脊膜上分离；椎板切除以椎板咬骨钳开始。然后可以插入高速磨钻的钻头，通常用B-5钻头，以完成整个暴露区域的椎板切开。保留骨头，在硬脊膜闭合后，回植骨头进行椎板成形。术中超声检查可用于观察肿瘤并确保头端和尾端的暴露。用15号或11号刀片打开硬脊膜，使用钝性神经钩分离蛛网膜。使用6-0 Prolene缝线将硬膜与蛛网膜一起缝合。在硬膜外空间内放置长条状棉条，以保持手术区域干燥。

16.7.2 髓内阶段

手术接近肿瘤 应采用路径最短、最直接、最安全的入路接近肿瘤。在某些情况下，肿瘤扩张了脊髓背侧，透过软脊膜即可看见。在这类情况下，可以使用直接的经软脊膜途径，不需要明显的脊髓实质切开而到达肿瘤。然后通过将覆盖肿瘤的软膜组织切开，从头端和尾端显露肿瘤。如果肿瘤不可见，外科医生应研究术前影像并规划损伤性最小的脊髓实质切开入路以暴露肿瘤。后正中沟入路或脊髓后正中切开术，最常用于儿童脊髓肿瘤（主要是室管膜瘤和星形细胞瘤）。如果肿瘤偏侧方生长（较小的血管网状细胞瘤和血管畸形），通过后外

侧沟的背根入口区入路或侧方入路也可采用（图16.3）。

在后正中沟入路中，必须在脊髓切开之前确定后正中线。在脊髓后静脉下方常可见后正中沟，脊髓后静脉需要解剖和游离（图16.3、图16.4a）。较小的引流静脉可以仔细烧灼并分离，但较大的脊髓后静脉应尽可能保留。或者可以通过两侧后外侧沟的中点或两侧脊髓后动脉的中点识别后正中线（图16.3）。在脊髓切开后，在中线两侧垂直延伸的后正中沟中央静脉也有助于外科医生的定位，特别是在水肿的脊髓实质附近切除肿瘤时（图16.4c）。在初步的脊髓切开后，使用双极镊（6B）分离髓质组织，切口向头端和尾端延伸。必须注意保留供应脊髓后索的脊髓后动脉分支，以避免严重的术后感觉障碍综合征。

位于脊髓侧面和软脊膜下深部较小的肿瘤可通过后外侧沟或后根入口区入路。后外侧沟可在脊髓后动脉和脊神经后根之间识别。在后根入口区水平切开脊髓，进入Lissauer后外侧束，并最终到达脊髓灰质后角的背侧和中间部分胶质层。还可以在腹侧和背侧神经根之间的中间位置施行侧方脊髓切开术。要实现侧向入路，必须磨除小关节面和椎弓根，并切开齿状韧带以移动脊髓。侧方脊髓切开术在皮质脊髓侧束前方，脊髓小脑束的背侧和腹侧之间打开了一个平面（图16.3）。

确定肿瘤–实质界面和切除肿瘤 虽然这一步骤对最小化损伤周围正常组织前提下实现肿瘤全切除至关重要，但是肿瘤和脊髓之间的界面可能很难

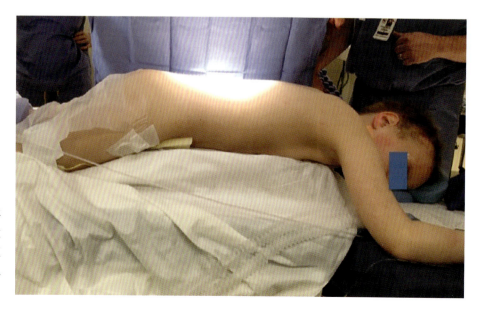

图16.2 1例9岁的孩子患有转移性间变性室管膜瘤，出现腰部复发的进展的病症。为避免脑室脑脊液流空，采用轻度的头低脚高位避免过度的脑脊液引流

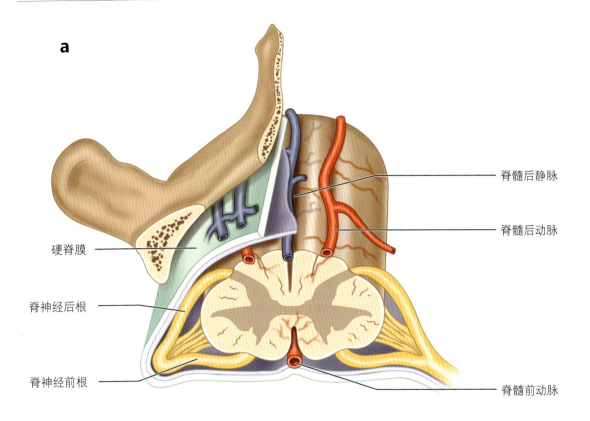

脊髓后静脉

脊髓后动脉

硬脊膜

脊神经后根

脊神经前根

脊髓前动脉

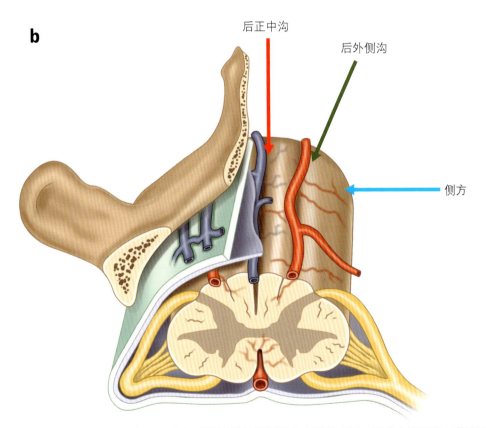

后正中沟

后外侧沟

侧方

图 16.3 脊髓的外科解剖示意图。（a）覆盖脊髓的蛛网膜在中线处变厚，形成中线隔膜。脊髓后静脉沿脊髓后正中沟走行。在困难的情况下，也可以通过两条脊髓后动脉中间估计中线位置。后外侧沟位于脊髓后动脉和脊神经后根之间。它包括后根入口区并覆盖 Lissauer 后外侧束，可进入灰质的后角。脊髓前动脉走行于前正中裂，发出较大的穿支供应脊髓。（b）位于软脊膜深处病变的入路包括后正中沟入路，后外侧沟入路（后根入口区）和外侧入路（前根和后根之间）

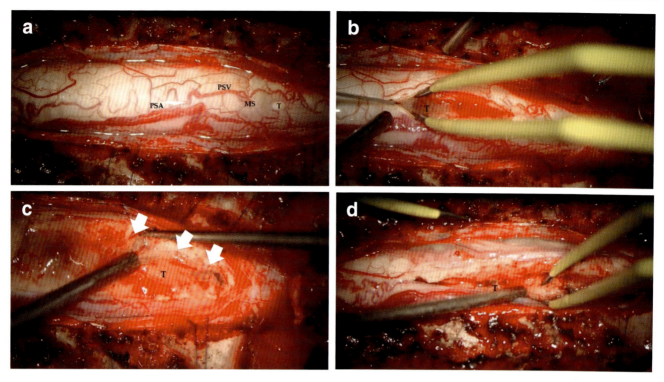

图16.4　术中显微镜照片显示髓内星形细胞瘤的显微外科切除。（a）在术野头端透过软膜可见肿瘤（T）。脊髓后静脉（PSV）走行于后正中沟（MS），而脊髓后动脉（PSA）在其外侧。（b）锐性分离后正中沟接近肿瘤（T）。（c）垂直走行的沟内血管（箭头）是确定正中面和肿瘤（T）背侧边缘的有用标志。（d）用较低功率的电凝仔细解剖肿瘤（T）的腹侧极，以避免损伤脊髓前部穿支血管，并使用术中监测

判断。在浸润性星形细胞瘤或高级别复发性肿瘤中，可能不存在这样的界面。术前纤维束成像可以帮助区分浸润的肿瘤和移位的白质束。外科医生应该利用所有可能的线索，包括肿瘤质地、颜色、血供、对吸引器和超声吸引器的反应、血管和肿瘤周围水肿、神经胶质增生和含铁血黄素沉积等。分离应该在肿瘤一侧的界面进行，以减少对正常脊髓的副损伤。轻微电凝肿瘤表面可以使瘤体萎缩，并与脊髓分离，这在血管网状细胞瘤中特别有帮助。应仔细识别、电凝、切断供血动脉，穿支血管需要保留，尤其是肿瘤腹侧有丰富的脊髓前动脉分支（图16.4d、图16.5）。如果肿瘤体积较小并且有良好的界面（如室管膜瘤），可以整块切除肿瘤，是应该避免对正常组织的过度牵拉。在较大和浸润性的肿瘤切除时，用吸引器或超声吸引器分块切除肿瘤可能更安全。分块切除应沿长轴缓慢进行，每次一薄层，不断判别肿瘤–脊髓界面，并电凝小的供血动脉。

病理学性质调整手术策略　早期明确肿瘤病理性质有助于指导必要的手术技术。仔细检查肿瘤的特征，最重要的是尽早送标本进行冰冻切片病理检查，可以改变手术过程。如果肿瘤显示出高级别和侵袭性特征（如坏死、频繁的有丝分裂、微血管增生、坏死和出血），则不应尝试手术治疗或积极切除，因为这不会对总生存率产生任何影响。在这些情况下，可通过进行脊髓切开术并除去肿瘤的囊性成分进行脊髓减压。

室管膜瘤与周围脊髓通常具有解剖面。沿着包膜并电凝小的供血动脉，肿瘤可以从正常的脊髓上剥离并切除。室管膜瘤常位于中央，并且在两极常有囊性变，这有助于在头端和尾端确定肿瘤边缘。在安全的前提下，应该尝试全切，因为这对长期无进展生存有直接影响。

另一方面，星形细胞瘤具有偏心和浸润生长的倾向，这使识别肿瘤/包膜界面和实现全切除更困难。这些肿瘤的切除策略是从内分块切除，直到难以区分肿瘤组织与正常组织。肿瘤一次深入切除一个平面，以避免突破周围实质。如果诱发电位出现异常，则可能是接近正常组织。

对于血管网状细胞瘤，肿瘤包膜周围可见小的供血动脉，可电凝和分离。主要的引流静脉，最常见于肿瘤的背侧，应保留至大多数供血动脉电凝完

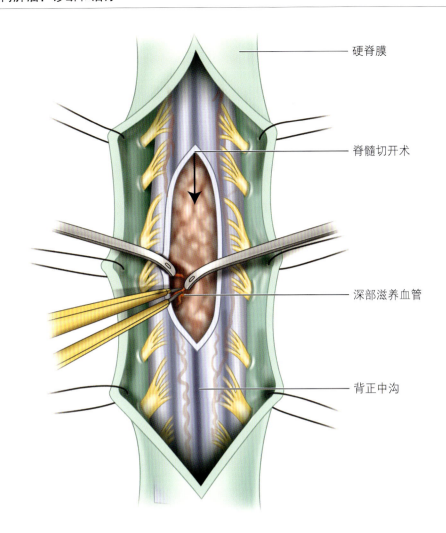

硬脊膜

脊髓切开术

深部滋养血管

背正中沟

图 16.5　通过正中脊髓切开术显微切除髓内肿瘤示意图。肿瘤两极必须达到足够显露。在有很好包膜界面的肿瘤中（最常见于室管膜瘤），一旦识别出与正常实质的界面，电凝深部的供血动脉，并沿肿瘤周围分离

为止。通过直接电凝可使肿瘤收缩，并在肿瘤和胶质增生的界面放置棉片，可使肿瘤与脊髓分离。浸泡凝血酶的吸收性明胶海绵可用于控制来源于肿瘤包膜的出血。术前脊髓血管造影和栓塞可用作术前辅助手段。研究表明脊髓血管造影和栓塞，有助于确定肿瘤位置和性质，以及供血动脉和血管供应的解剖结构。

封闭　在完成止血和冲洗后，可以用6.0可吸收缝合线（PDS）间断封闭蛛网膜。我们更喜欢用Gor-Tex缝合线关闭硬脊膜，因为可以获得更强的防水密封效果。纤维蛋白胶和Surgicel止血纱可应用于硬膜外。将椎板回位，并用2.0丝线、小钛板和螺钉重新连接到脊柱。虽然椎板成形术没有显示出降低脊柱畸形的风险，但它确实减少了术后脑脊液漏的发生。

16.7.3　特殊手术器械

　　显微外科切除脊髓肿瘤需要特殊的显微器械才能实施更安全、更有效的手术。更精细的显微解剖刀和小型可控吸引器，非常有助于解剖肿瘤周围的界面并避免脊髓的副损伤。通常应采用有精细尖端的小型双极电凝，设置较低的功率，以避免热传导到正常脊髓组织。Epstein首先描述了超声吸引装置在小儿脊髓肿瘤手术中的应用。该装置结合了吸引、高频振动和气化的功能。有趣的是，肿瘤细胞之间的连接比正常血管和神经松散，并且通常比正常组织更容易被超声吸引器的声能粉碎。

　　Nd：YAG激光手术刀也有报道用于切除硬膜下肿瘤。与非接触式激光束装置不同，激光手术刀的能量集中在蓝宝石尖端，只能将热量传递到与手术刀直接接触的组织。激光手术刀可以当作显微

器械，以实现相对无血的脊髓切开术。与超声波吸引器相比，激光手术刀向周围正常组织传递的热能较少，并且不会干扰同时记录的运动诱发电位（MEPs）。

手术前应检查显微镜，并且必须考虑显微镜的合适亮度、放大倍数和焦距。吲哚菁绿技术是识别和分析血管解剖结构的一种有益辅助手段。在难以估计后正中沟位置或在血管网状细胞瘤血管结构不能确定的情况下，使用吲哚菁绿技术很有价值。术中超声可用来帮助判断肿瘤的显露程度，以及显示肿瘤的囊性和实质性成分。在我们的经验中，还应尽可能在儿童颈段或上胸段髓内肿瘤中使用术中MRI。合适的体位和安全的计划至关重要。

16.7.4　术中监测

术中神经电生理监测已成为在大多数临床中心脊髓手术的标准程序。由于肿瘤经常位于脊髓实质，因此容易引起手术相关性脊髓损伤。这可能是由于牵拉、电凝、操作血管以及对正常脊髓组织造成的机械性损伤。术中监测可在麻醉后的患者中提供重要的反馈信息，提醒外科医生在必要时改变手术策略。有多种不同的模式可供选择，但其监测损伤的时机和解释都非常依赖于使用者。

体感诱发电位（SSEPs）检测感觉输入的中断（背柱）。由于其提供了多个信号的平均值，因此信号异常的出现迟于损伤的发生。经颅MEPs的设计是为了以更实时的方式跟踪运动通路中的信号传输。肌源性MEPs可通过放置在肢体远端肌肉（胫前肌、腓肠肌）的针状电极来记录。如果患者术前肌力在2级或以下，则可能难以获得肌源性MEPs。脊髓MEPs可通过放置在硬膜外的电极记录，该电极置于肿瘤头端和尾端，可以检测皮质脊髓束的活动。与肌源性反应（全或无）不同，其振幅与激活轴突的数量相关。脊髓电极也会记录D波，如果MEPs幅度下降但D波没有改变，可能提示损伤是一过性的，很可能恢复。

应始终认真对待神经生理变化并进行准确的解释。肌肉运动诱发电位的波形从多相到双相的变化表明运动回路的损伤。MEPs减少50%，通常预示着严重的、可能永久性的损伤。MEPs减少而D波保留，常预示可逆性的损伤。麻醉剂可能会干扰电生理的记录，因此应避免使用肌松剂，卤代类麻醉剂

和快速推注。术中必须与电生理技医生和麻醉医生进行清晰、实时的交流。

16.7.5　术后并发症

短暂性临床症状加重很常见，这可能与手术操作或血管损伤引起的脊髓副损伤有关。在后正中脊髓切开术后，患者可能出现短暂的脊髓后索功能障碍。胸髓是脊髓血供的分水岭，特别容易发生缺血。硬膜下肿瘤切除术后可能出现分流功能障碍。

脊髓空洞症可能在手术后加重，并引起进行性神经痛。一般认为肿瘤相关的脊髓空洞是继发于肿瘤的，肿瘤全切后空洞也会消失。通常没有必要在手术过程中引流囊液，然而建议密切影像学随访，因为难治性脊髓空洞症的患者可能需要囊液-蛛网膜下腔分流。

髓内肿瘤大范围手术显露后还有脊柱畸形的风险，特别是韧带松弛、肌肉力量不足的年轻患者，这些患者可能在术前已经有一定程度的脊柱侧凸或脊髓空洞症。这种风险也取决于病变节段（在颈椎区域较少），并因多次手术、胸腰椎交界处暴露和放疗等因素增加。虽然理论上提倡椎板成形术可以降低畸形的风险，但在一些已发表的临床研究中，无显著统计学意义。连续的影像学随访很有必要，尤其是高危患者，发现早期畸形并在需要时采取合适的融合来处理。畸形矫正的器械应该能兼容MRI，允许MRI检查以发现肿瘤复发或迟发性空洞形成。

16.8　辅助治疗

16.8.1　放射治疗

目前放疗主要用于高级别肿瘤和不能完全切除的肿瘤。在恶性星形细胞瘤的治疗中建议全神经轴放疗。对于低级别室管膜瘤和星形细胞瘤次全切除术后的辅助放疗仍有争议。一些中心主张术后放疗，也有些中心考虑到肿瘤复发后的再手术治疗而选择等待策略。争议的焦点在于放疗带来的益处有争议，而且要付出脊柱-畸形或迟发继发性肿瘤的代价。

推荐放射剂量为5000~5500cGY（低龄儿童减量），以180~200 cGY的分量递减。高级别肿瘤、发生转移或多灶性肿瘤应采用较大的放射范围，甚至

是全脑、全脊髓放疗。与成人良性黏液乳头状室管膜瘤不同，位于马尾的儿童室管膜瘤更具侵袭性，易于播散。因此需要有全面的检查、辅助放疗和更大的放射范围。

16.8.2 化疗

尽管目前的治疗方案可以推断出与颅内和成人脊髓室管膜瘤及星形细胞瘤治疗相关的数据，但尚无报道表明儿童人群能在化疗中获益。铂类和亚硝基脲类治疗可以考虑用来延迟辅助放疗。依托泊苷对复发性室管膜瘤的疗效值得商榷。靶向治疗在未来可能为治疗具有特定基因突变的肿瘤提供更多有价值的选择。

16.9　疾病控制

低级别肿瘤切除超过95%，可显著增加总体生存时间和无进展生存时间。虽然这在界限更清晰的室管膜瘤中更容易实现，但是残留的低级别星形细胞瘤的自然病史仍然缓慢，即使全切除，脊髓肿瘤仍可延迟复发。在残留和复发的情况下，辅助治疗获益甚少，且有潜在的副作用和更重的经济负担。我们建议在手术后对这些患者进行密切的临床和影像学随访，并考虑在明确病情恶化的情况下再次手术。根据资深作者的经验，再次手术是实现长期疾病控制的更经济和有效的手段。患者可以"与疾病共存"，并在最长的时间内保持最佳功能。

16.10　结论

儿童髓内肿瘤的治疗仍然是神经外科医生、儿科医生和儿童肿瘤医生的挑战。外科手术是大多数此类肿瘤的首选治疗方式。外科医生应熟悉最先进的显微外科技术、手术设备和术中监测技术，以实现最大范围、最安全的切除和最佳的功能保护。要根据不同的病理类型和患者个体，采取个性化的手术策略、辅助治疗方案和长期管理计划。

（潘　源译，孙　伟校）

参考文献

[1] Houten JK, Weiner HL. Pediatric intramedullary spinal cord tumors: special considerations. J Neuro-Oncol. 2000;47(3):225–30.

[2] Constantini S, Miller DC, Allen JC, Rorke LB, Freed D, Epstein FJ. Radical excision of intramedullary spinal cord tumors: surgical morbidity and long-term follow-up evaluation in 164 children and young adults. J Neurosurg. 2000;93(2 Suppl):183–193.

[3] Russell DS, Rubinstein LJ. Pathology of Tumours of the nervous system. 5th ed. London: Edward Arnold; 1989.

[4] Constantini S, Epstein FJ. Primary spinal cord tumors. In: Levin VA, editor. Cancer in the nervous system. New York: Churchill Livingstone; 1996. p. 127–128.

[5] Helseth A, Mork SJ (1989) Primary intraspinal neoplasms in Norway, 1955 to 1986. A population-based survey of 467 patients. J Neurosurg 71 (6):842–845. https://doi.org/10.3171/jns.1989.71.6.0842.

[6] Auguste KI, Gupta N. Pediatric intramedullary spinal cord tumors. Neurosurg Clin N Am. 2006;17(1):51–61. https://doi.org/10.1016/j.nec.2005.10.004.

[7] Chatterjee S, Chatterjee U. Intramedullary tumors in children. J Pediatr Neurosci. 2011;6(Suppl 1):S86–S90. https://doi.org/10.4103/1817-1745.85718.

[8] O'Sullivan C, Jenkin RD, Doherty MA, Hoffman HJ, Greenberg ML. Spinal cord tumors in children: long-term results of combined surgical and radiation treatment. J Neurosurg. 1994;81(4):507–12. https://doi.org/10.3171/jns.1994.81.4.0507.

[9] Epstein F. Spinal cord astrocytomas of childhood. Prog Exp Tumor Res. 1987;30:135–153.

[10] Jallo GI, Freed D, Epstein F. Intramedullary spinal cord tumors in children. Childs Nerv Syst. 2003;19(9):641–649. https://doi.org/10.1007/s00381-003-0820-3.

[11] Parsa AT, Lee J, Parney IF, Weinstein P, McCormick PC, Ames C. Spinal cord and intradural-extraparenchymal spinal tumors: current best care practices and strategies. J Neuro-Oncol. 2004;69(1–3):291–318.

[12] Chang UK, Choe WJ, Chung SK, Chung CK, Kim HJ. Surgical outcome and prognostic factors of spinal intramedullary ependymomas in adults. J Neuro-Oncol. 2002;57(2):133–139.

[13] Glasker S. Central nervous system manifestations in VHL: genetics, pathology and clinical phenotypic features. Familial Cancer. 2005;4(1):37–42. https://doi.org/10.1007/s10689-004-5347-6.

[14] Mulvihill JJ, Parry DM, Sherman JL, Pikus A, Kaiser-Kupfer MI, Eldridge R. NIH conference. Neurofibromatosis 1 (Recklinghausen disease) and neurofibromatosis 2 (bilateral acoustic neurofibromatosis). An update. Ann Intern Med. 1990;113(1):39–52.

[15] Dow G, Biggs N, Evans G, Gillespie J, Ramsden R, King A. Spinal tumors in neurofibromatosis type 2. Is emerging knowledge of genotype predictive of natural history? J Neurosurg Spine. 2005;2(5):574–579. https://doi.org/10.3171/

spi.2005.2.5.0574.

[16] Lee M, Rezai AR, Freed D, Epstein FJ. Intramedullary spinal cord tumors in neurofibromatosis. Neurosurgery. 1996;38(1):32–37.

[17] Birch BD, Johnson JP, Parsa A, Desai RD, Yoon JT, Lycette CA, Li YM, Bruce JN. Frequent type 2 neurofibromatosis gene transcript mutations in sporadic intramedullary spinal cord ependymomas. Neurosurgery. 1996;39(1):135–140.

[18] Frappaz D, Ricci AC, Kohler R, Bret P, Mottolese C. Diffuse brain stem tumor in an adolescent with multiple enchondromatosis (Ollier's disease). Childs Nerv Syst. 1999;15(5):222–225. https://doi.org/10.1007/s003810050377.

[19] Mellon CD, Carter JE, Owen DB. Ollier's disease and Maffucci's syndrome: distinct entities or a continuum. Case report: enchondromatosis complicated by an intracranial glioma. J Neurol. 1988;235(6):376–378.

[20] Ferrara P, Costa S, Rigante D, Mule A, D'Aleo C, Pulitano S, Belli P, Menchinelli P, Caldarelli M. Intramedullary epidermoid cyst presenting with abnormal urological manifestations. Spinal Cord. 2003;41(11):645–648. https://doi.org/10.1038/sj.sc.3101482.

[21] Fischer G, Brotchi J, Chignier G, Liard A, Zomosa C, Menei P, Hallacq P. Clinical Material. In: Fischer G, Brotchi J, editors. Intramedullary spinal cord tumors. Inc, New York: Thieme Medical Publishers; 1996. p. 10–21.

[22] Anderson FM, Carson MJ. Spinal cord tumors in children; a review of the subject and presentation of twenty-one cases. J Pediatr. 1953;43(2):190–207.

[23] Arseni C, Horvath L, Iliescu D. Intraspinal tumours in children. Psychiatr Neurol Neurochir. 1967;70(2):123–133.

[24] Yao K, Kothbauer KF, Bitan F, Constantini S, Epstein FJ, Jallo GI. Spinal deformity and intramedullary tumor surgery. Childs Nerv Syst. 2000;16:530.

[25] Rifkinson-Mann S, Wisoff JH, Epstein F. The association of hydrocephalus with intramedullary spinal cord tumors: a series of 25 patients. Neurosurgery. 1990;27(5):749–754. discussion 754.

[26] Bland LI, McDonald JV. Hydrocephalus following spinal cord schwannoma resection. Arch Neurol. 1992;49(8):882–885.

[27] Louis DN, Perry A, Reifenberger G, von Deimling A, Figarella-Branger D, Cavenee WK, Ohgaki H, Wiestler OD, Kleihues P, Ellison DW. The 2016 World Health Organization classification of tumors of the central nervous system: a summary. Acta Neuropathol. 2016;131(6):803–820. https://doi.org/10.1007/s00401-016-1545-1.

[28] Jones DT, Ichimura K, Liu L, Pearson DM, Plant K, Collins VP. Genomic analysis of pilocytic astrocytomas at 0.97 Mb resolution shows an increasing tendency toward chromosomal copy number change with age. J Neuropathol Exp Neurol. 2006;65(11):1049–1058. https://doi.org/10.1097/01.jnen.0000240465.33628.87.

[29] Zattara-Cannoni H, Gambarelli D, Lena G, Dufour H, Choux M, Grisoli F, Vagner-Capodano AM. Are juvenile pilocytic astrocytomas benign tumors? A cytogenetic study in 24 cases. Cancer Genet Cytogenet. 1998;104(2):157–160.

[30] Pfister S, Janzarik WG, Remke M, Ernst A, Werft W, Becker N, Toedt G, Wittmann A, Kratz C, Olbrich H, Ahmadi R, Thieme B, Joos S, Radlwimmer B, Kulozik A, Pietsch T, Herold-Mende C, Gnekow A, Reifenberger G, Korshunov A, Scheurlen W, Omran H, Lichter P. BRAF gene duplication constitutes a mechanism of MAPK pathway activation in low-grade astrocytomas. J Clin Invest. 2008;118(5):1739–1749. https://doi.org/10.1172/JCI33656.

[31] Jeuken JW, Wesseling P. MAPK pathway activation through BRAF gene fusion in pilocytic astrocytomas; a novel oncogenic fusion gene with diagnostic, prognostic, and therapeutic potential. J Pathol. 2010;222(4):324–328. https://doi.org/10.1002/path.2780.

[32] Jones DT, Kocialkowski S, Liu L, Pearson DM, Backlund LM, Ichimura K, Collins VP. Tandem duplication producing a novel oncogenic BRAF fusion gene defines the majority of pilocytic astrocytomas. Cancer Res. 2008;68(21):8673–8677. https://doi.org/10.1158/0008-5472.CAN-08-2097.

[33] Kim YH, Nonoguchi N, Paulus W, Brokinkel B, Keyvani K, Sure U, Wrede K, Mariani L, Giangaspero F, Tanaka Y, Nakazato Y, Vital A, Mittelbronn M, Perry A, Ohgaki H. Frequent BRAF gain in low-grade diffuse gliomas with 1p/19q loss. Brain Pathol. 2012;22(6):834–840. https://doi.org/10.1111/j.1750-3639.2012.00601.x.

[34] Horbinski C, Hamilton RL, Nikiforov Y, Pollack IF. Association of molecular alterations, including BRAF, with biology and outcome in pilocytic astrocytomas. Acta Neuropathol. 2010;119(5):641–649. https://doi.org/10.1007/s00401-009-0634-9.

[35] Kluwe L, Hagel C, Tatagiba M, Thomas S, Stavrou D, Ostertag H, von Deimling A, Mautner VF. Loss of NF1 alleles distinguish sporadic from NF1-associated pilocytic astrocytomas. J Neuropathol Exp Neurol. 2001;60(9):917–920.

[36] Allen JC, Aviner S, Yates AJ, Boyett JM, Cherlow JM, Turski PA, Epstein F, Finlay JL. Treatment of high-grade spinal cord astrocytoma of childhood with "8-in-1" chemotherapy and radiotherapy: a pilot study of CCG-945. Children's Cancer group. J Neurosurg. 1998;88(2):215–220. https://doi.org/10.3171/jns.1998.88.2.0215.

[37] Cohen AR, Wisoff JH, Allen JC, Epstein F. Malignant astrocytomas of the spinal cord. J Neurosurg. 1989;70(1):50–54. https://doi.org/10.3171/jns.1989.70.1.0050.

[38] Pollack IF, Hamilton RL, Sobol RW, Nikiforova MN, Lyons-Weiler MA, Laframboise WA, Burger PC, Brat DJ, Rosenblum MK, Holmes EJ, Zhou T, Jakacki RI, Children's Oncology G. IDH1 mutations are common in malignant gliomas arising in adolescents: a report from the Children's oncology group.

Childs Nerv Syst. 2011;27(1):87–94. https://doi.org/10.1007/s00381-010-1264-1.

[39] Govindan A, Chakraborti S, Mahadevan A, Chickabasavaiah YT, Santosh V, Shankar SK. Histopathologic and immunohistochemical profile of spinal glioblastoma: a study of six cases. Brain Tumor Pathol. 2011;28(4):297–303. https://doi.org/10.1007/s10014-011-0041-5.

[40] Schwartzentruber J, Korshunov A, Liu XY, Jones DT, Pfaff E, Jacob K, Sturm D, Fontebasso AM, Quang DA, Tonjes M, Hovestadt V, Albrecht S, Kool M, Nantel A, Konermann C, Lindroth A, Jager N, Rausch T, Ryzhova M, Korbel JO, Hielscher T, Hauser P, Garami M, Klekner A, Bognar L, Ebinger M, Schuhmann MU, Scheurlen W, Pekrun A, Fruhwald MC, Roggendorf W, Kramm C, Durken M, Atkinson J, Lepage P, Montpetit A, Zakrzewska M, Zakrzewski K, Liberski PP, Dong Z, Siegel P, Kulozik AE, Zapatka M, Guha A, Malkin D, Felsberg J, Reifenberger G, von Deimling A, Ichimura K, Collins VP, Witt H, Milde T, Witt O, Zhang C, Castelo-Branco P, Lichter P, Faury D, Tabori U, Plass C, Majewski J, Pfister SM, Jabado N. Driver mutations in histone H3.3 and chromatin remodelling genes in paediatric glioblastoma. Nature. 2012;482(7384):226–231. https://doi.org/10.1038/nature10833.

[41] Wu G, Broniscer A, TA ME, Lu C, Paugh BS, Becksfort J, Qu C, Ding L, Huether R, Parker M, Zhang J, Gajjar A, Dyer MA, Mullighan CG, Gilbertson RJ, Mardis ER, Wilson RK, Downing JR, Ellison DW, Zhang J, Baker SJ, St. Jude Children's Research Hospital-Washington University Pediatric Cancer Genome P. Somatic histone H3 alterations in pediatric diffuse intrinsic pontine gliomas and non-brainstem glioblastomas. Nat Genet. 2012;44(3):251–253. https://doi.org/10.1038/ng.1102.

[42] Johnson RA, Wright KD, Poppleton H, Mohankumar KM, Finkelstein D, Pounds SB, Rand V, Leary SE, White E, Eden C, Hogg T, Northcott P, Mack S, Neale G, Wang YD, Coyle B, Atkinson J, Dewire M, Kranenburg TA, Gillespie Y, Allen JC, Merchant T, Boop FA, Sanford RA, Gajjar A, Ellison DW, Taylor MD, Grundy RG, Gilbertson RJ. Cross-species genomics matches driver mutations and cell compartments to model ependymoma. Nature. 2010;466(7306):632–636. https://doi.org/10.1038/nature09173.

[43] Taylor MD, Poppleton H, Fuller C, Su X, Liu Y, Jensen P, Magdaleno S, Dalton J, Calabrese C, Board J, Macdonald T, Rutka J, Guha A, Gajjar A, Curran T, Gilbertson RJ. Radial glia cells are candidate stem cells of ependymoma. Cancer Cell. 2005;8(4):323–335. https://doi. org/10.1016/j.ccr.2005.09.001.

[44] Tobin MK, Geraghty JR, Engelhard HH, Linninger AA, Mehta AI. Intramedullary spinal cord tumors: a review of current and future treatment strategies. Neurosurg Focus. 2015;39(2):E14. https://doi.org/10.3171/2015.5.FOCUS15158.

[45] Pica A, Miller R, Villa S, Kadish SP, Anacak Y, Abusaris H, Ozyigit G, Baumert BG, Zaucha R, Haller G, Weber DC. The results of surgery, with or without radiotherapy, for primary spinal myxopapillary ependymoma: a retrospective study from the rare cancer network. Int J Radiat Oncol Biol Phys. 2009;74(4):1114–1120. https://doi.org/10.1016/j.ijrobp.2008.09.034.

[46] Merchant TE, Kiehna EN, Thompson SJ, Heideman R, Sanford RA, Kun LE. Pediatric low-grade and ependymal spinal cord tumors. Pediatr Neurosurg. 2000;32(1):30–36. https://doi.org/10.1159/000028894.

[47] Korshunov A, Neben K, Wrobel G, Tews B, Benner A, Hahn M, Golanov A, Lichter P. Gene expression patterns in ependymomas correlate with tumor location, grade, and patient age. Am J Pathol. 2003;163(5):1721–1727. https://doi.org/10.1016/S0002-9440(10)63530-4.

[48] Singh PK, Gutmann DH, Fuller CE, Newsham IF, Perry A. Differential involvement of protein 4.1 family members DAL-1 and NF2 in intracranial and intraspinal ependymomas. Mod Pathol. 2002;15(5):526–531. https://doi.org/10.1038/modpathol.3880558.

[49] Witt H, Mack SC, Ryzhova M, Bender S, Sill M, Isserlin R, Benner A, Hielscher T, Milde T, Remke M, Jones DT, Northcott PA, Garzia L, Bertrand KC, Wittmann A, Yao Y, Roberts SS, Massimi L, Van Meter T, Weiss WA, Gupta N, Grajkowska W, Lach B, Cho YJ, von Deimling A, Kulozik AE, Witt O, Bader GD, Hawkins CE, Tabori U, Guha A, Rutka JT, Lichter P, Korshunov A, Taylor MD, Pfister SM. Delineation of two clinically and molecularly distinct subgroups of posterior fossa ependymoma. Cancer Cell. 2011;20(2):143–157. https://doi.org/10.1016/j.ccr.2011.07.007.

[50] Scheil S, Bruderlein S, Eicker M, Herms J, Herold-Mende C, Steiner HH, Barth TF, Moller P. Low frequency of chromosomal imbalances in anaplastic ependymomas as detected by comparative genomic hybridization. Brain Pathol. 2001;11(2):133–143.

[51] Chamberlain MC, Tredway TL. Adult primary intradural spinal cord tumors: a review. Curr Neurol Neurosci Rep. 2011;11(3):320–328. https://doi.org/10.1007/s11910-011-0190-2.

[52] Kley N, Whaley J, Seizinger BR. Neurofibromatosis type 2 and von Hippel-Lindau disease: from gene cloning to function. Glia. 1995;15(3):297–307. https://doi.org/10.1002/glia.440150310.

[53] Glasker S, Bender BU, Apel TW, Natt E, van Velthoven V, Scheremet R, Zentner J, Neumann HP. The impact of molecular genetic analysis of the VHL gene in patients with haemangioblastomas of the central nervous system. J Neurol Neurosurg Psychiatry. 1999;67(6):758–762.

[54] Shuin T, Yamasaki I, Tamura K, Okuda H, Furihata M, Ashida S. Von Hippel-Lindau disease: molecular pathological basis, clinical criteria, genetic testing, clinical features of tumors and treatment. Jpn J Clin Oncol. 2006;36(6):337–343. https://doi.org/10.1093/jjco/hyl052.

[55] Kalyan-Raman UP, Olivero WC. Ganglioglioma: a correlative clinicopathological and radiological study of ten surgically treated

cases with follow-up. Neurosurgery. 1987;20(3):428–433.

[56] Becker AJ, Wiestler OD, Figarella-Branger D, Blumcke I. Ganglioglioma and gangliocytoma. In: Louis DN, Ohgaki H, Wiestler OD, Cavenee WK, editors. WHO classification of tumours of the central nervous system. Lyon: International Agency for Research on Cancer; 2007. p. 103–105.

[57] Patel U, Pinto RS, Miller DC, Handler MS, Rorke LB, Epstein FJ, Kricheff II. MR of spinal cord ganglioglioma. AJNR Am J Neuroradiol. 1998;19(5):879–887.

[58] Burger PC, Scheithauer BW. Tumors of the central nervous system, atlas of tumor pathology, vol. 7. Washington, DC: Armed Forces Institute of Pathology; 1994.

[59] Lee M, Epstein FJ, Rezai AR, Zagzag D. Nonneoplastic intramedullary spinal cord lesions mimicking tumors. Neurosurgery. 1998;43(4):788–794. discussion 794-785.

[60] Nadkarni TD, Rekate HL. Pediatric intramedullary spinal cord tumors. Critical review of the literature. Childs Nerv Syst. 1999;15(1):17–28.

[61] Garces-Ambrossi GL, McGirt MJ, Mehta VA, Sciubba DM, Witham TF, Bydon A, Wolinksy JP, Jallo GI, Gokaslan ZL. Factors associated with progression-free survival and long-term neurological outcome after resection of intramedullary spinal cord tumors: analysis of 101 consecutive cases. J Neurosurg Spine. 2009;11(5):591–599. https://doi.org/10.3171/2009.4.SPINE08159.

[62] Hsu W, Pradilla G, Constantini S, Jallo GI. Surgical considerations of spinal ependymomas in the pediatric population. Childs Nerv Syst. 2009;25(10):1253–1259. https://doi.org/10.1007/s00381-009-0882-y.

[63] Jallo GI, Kothbauer KF, Epstein FJ. Intrinsic spinal cord tumor resection. Neurosurgery. 2001;49(5):1124–1128.

[64] McGirt MJ, Chaichana KL, Atiba A, Attenello F, Woodworth GF, Jallo GI. Neurological outcome after resection of intramedullary spinal cord tumors in children. Childs Nerv Syst. 2008;24(1):93–97. https://doi.org/10.1007/s00381-007-0446-y.

[65] Yang I, Parsa AT. Intramedullary spinal cord tumors. In: Gupta N, Banerjee A, Haas-Kogan D, editors. Pediatric CNS tumors. Pediatric oncology. Berlin, Heidelberg: Springer; 2010. p. 187–204.

[66] Venable GT, Green CS, Smalley ZS, Bedford EC, Modica JS, Klimo P Jr. What is the risk of a shunt malfunction after elective intradural surgery? J Neurosurg Pediatr. 2015;16(6):642–647. https://doi.org/10.3171/2015.5.PEDS15130.

[67] Mitha AP, Turner JD, Spetzler RF. Surgical approaches to intramedullary cavernous malformations of the spinal cord. Neurosurgery 68 (2 Suppl Operative):317-324.; discussion 324. 2011; https://doi.org/10.1227/NEU.0b013e3182138d6c.

[68] Takami T, Naito K, Yamagata T, Ohata K. Surgical management of spinal intramedullary tumors: radical and safe strategy for benign tumors. Neurol Med Chir (Tokyo). 2015;55(4):317–327. https://doi.org/10.2176/nmc.ra.2014-0344.

[69] Takami T, Yamagata T, Ohata K. Posterolateral sulcus approach for spinal intramedullary tumor of lateral location: technical note. Neurol Med Chir (Tokyo). 2013;53(12):920–927.

[70] Lonser RR, Oldfield EH. Microsurgical resection of spinal cord hemangioblastomas. Neurosurgery. 2005;57(4 Suppl):372–376. discussion 372-376.

[71] Malis LI. Atraumatic bloodless removal of intramedullary hemangioblastomas of the spinal cord. J Neurosurg. 2002;97(1 Suppl):1–6.

[72] Epstein FJ, Farmer JP, Freed D. Adult intramedullary spinal cord ependymomas: the result of surgery in 38 patients. J Neurosurg. 1993;79(2):204–209. https://doi.org/10.3171/jns.1993.79.2.0204.

[73] Kucia EJ, Bambakidis NC, Chang SW, Spetzler RF. Surgical technique and outcomes in the treatment of spinal cord ependymomas, part 1: intramedullary ependymomas. Neurosurgery 68 (1 Suppl Operative):57-63.; discussion 63. 2011; https://doi.org/10.1227/NEU.0b013e318208f181.

[74] Yasargil MG, Antic J, Laciga R, de Preux J, Fideler RW, Boone SC. The microsurgical removal of intramedullary spinal hemangioblastomas. Report of twelve cases and a review of the literature. Surg Neurol. 1976;3:141–148.

[75] Roonprapunt C, Silvera VM, Setton A, Freed D, Epstein FJ, Jallo GI. Surgical management of isolated hemangioblastomas of the spinal cord. Neurosurgery. 2001;49(2):321–327. discussion 327-328.

[76] McGirt MJ, Garces-Ambrossi GL, Parker SL, Sciubba DM, Bydon A, Wolinksy JP, Gokaslan ZL, Jallo G, Witham TF. Short-term progressive spinal deformity following laminoplasty versus laminectomy for resection of intradural spinal tumors: analysis of 238 patients. Neurosurgery. 2010;66(5):1005–1012. https://doi.org/10.1227/01.NEU.0000367721.73220.C9.

[77] Epstein F, Epstein N. Surgical treatment of spinal cord astrocytomas of childhood. A series of 19 patients. J Neurosurg. 1982;57(5):685–689. https://doi.org/10.3171/jns.1982.57.5.0685.

[78] Jallo GI. CUSA EXcel ultrasonic aspiration system. Neurosurgery. 2001;48(3):695–697.

[79] Jallo GI, Kothbauer KF, Epstein FJ. Contact laser microsurgery. Childs Nerv Syst. 2002;18(6–7):333–336. https://doi.org/10.1007/s00381-002-0600-5.

[80] Liu JK. Laser-assisted microsurgical resection of thoracic intramedullary spinal cord ependymoma. Neurosurg Focus. 2012;33(Suppl 1):1. https://doi.org/10.3171/2012.V2.FOCUS12142.

[81] Albright AL. Intraoperative spinal cord monitoring for intramedullary surgery: an essential adjunct? Pediatr Neurosurg. 1998;29(2):112. https://doi.org/10.1159/000028701.

[82] Morota N, Deletis V, Constantini S, Kofler M, Cohen H, Epstein FJ. The role of motor evoked potentials during surgery for intramedullary spinal cord tumors. Neurosurgery. 1997;41(6):1327–1336.

[83] Kothbauer KF, Deletis V, Epstein FJ. Motor-evoked potential monitoring for intramedullary spinal cord tumor surgery: correlation of clinical and neurophysiological data in a series of 100 consecutive procedures. Neurosurg Focus. 1998;4(5):e1.

[84] Sciubba DM, Chaichana KL, Woodworth GF, McGirt MJ, Gokaslan ZL, Jallo GI. Factors associated with cervical instability requiring fusion after cervical laminectomy for intradural tumor resection. J Neurosurg Spine. 2008;8(5):413–419. https://doi.org/10.3171/SPI/2008/8/5/413.

[85] Isaacson SR. Radiation therapy and the management of intramedullary spinal cord tumors. J Neuro-Oncol. 2000;47(3):231–238.

[86] Hanbali F, Fourney DR, Marmor E, Suki D, Rhines LD, Weinberg JS, McCutcheon IE, Suk I, Gokaslan ZL. Spinal cord ependymoma: radical surgical resection and outcome. Neurosurgery. 2002;51(5):1162–1172. discussion 1172-1164.

脊髓室管膜瘤

17

Tom Kosztowski, Jared S. Fridley, Ziya L. Gokaslan

17.1 简介

脊髓肿瘤占所有原发性中枢神经系统（CNS）肿瘤的5%~10%。脊髓肿瘤通常分为3类：（1）硬膜外；（2）硬膜下-髓外（脊髓外）；（3）硬膜下-髓内（脊髓内）。约40%的原发性脊髓肿瘤位于髓内。成人髓内肿瘤中，室管膜瘤最常见，比例为60%，而儿童比例为30%

17.2 流行病学

在美国，每年有1000~2000名成年人被诊断为脊髓或颅内室管膜瘤。每年约有230例新发的脊髓室管膜瘤病例。尽管脊髓室管膜瘤可能发生在任何年龄段，但最常见于20~40岁的成年人。男女患病率相仿。在成人中，发生在椎管内的室管膜瘤占所有中枢神经系统室管膜瘤的75%。发生在椎管内髓内的室管膜瘤占所有中枢神经系统室管膜瘤的34.5%。超过65%的脊髓室管膜瘤（SCE）发生在颈段（图17.1）。超过90%的SCEs是"良性的"，即病理级别为WHO Ⅰ级和Ⅱ级。约50%的SCE跨越3个或更多的椎体水平。

17.3 临床表现

脊髓室管膜瘤患者通常会出现非特异性症状，这些症状在确诊前会存在数年。肿瘤内出血这样的罕见情况会导致急性神经功能障碍。患者可能出现的常见症状包括背痛、感觉缺失、感觉异常、无力、痉挛和步态不稳。位于颈椎髓内的患者，肿瘤累及皮质脊髓束和背侧柱，可出现上肢和（或）下肢功能障碍。相比之下，位于腰椎的黏液乳头状室管膜瘤患者可出现大小便失禁和根性腰腿痛（图17.2）。如果肿瘤长到一定程度引起明显的占位效应，则可能导致非对称性无力和麻木。

17.4 病理学

室管膜瘤是由脑室、脑憩室和脊髓中央管室管膜细胞癌变引起。室管膜瘤有两种截然不同的类型：黏液乳头状室管膜瘤占所有脊髓室管膜瘤的一半，它起源于终丝，发生在脊髓圆锥（图17.2）；另外一种组织学亚型是位于脊髓髓内经典的细胞型室管膜瘤，细胞型室管膜瘤占所有脊髓室管膜瘤的50%，它们通常位于颈髓或胸髓。

脊髓室管膜瘤90%以上为良性病变。与星形细胞瘤不同，它们生长缓慢并且倾向于压迫邻近的脊髓实质而非浸润。尽管不浸润脊髓，但是这些肿瘤并不总是存在包膜。然而肿瘤与脊髓之间常常存在清晰的界面。

在肉眼观察中，室管膜瘤通常具有平滑的灰红色光亮表面，明显不同于周围的脊髓组织。可以看到血管穿过这些肿瘤的表面，这在星形细胞瘤中不会发生。世界卫生组织（WHO）病理分型将室管膜瘤分为不同的亚型。黏液乳头状室管膜瘤（MPEs）和室管膜下室管膜瘤为WHO Ⅰ级，在组织学表现上侵袭性最低。WHO Ⅱ级室管膜瘤包括经典型、细胞型、透明细胞型、乳头型和伸长细胞型，它们都具有相似的生物学行为且缺乏间变性特征。间变性室管膜瘤为WHO Ⅲ级，为最具侵袭性的类型。室管膜母细胞瘤（WHO Ⅳ级）不应归为室管膜瘤的亚型。它们是一种不同组织学类型的肿瘤，应该归类于原始神经外胚层肿瘤。

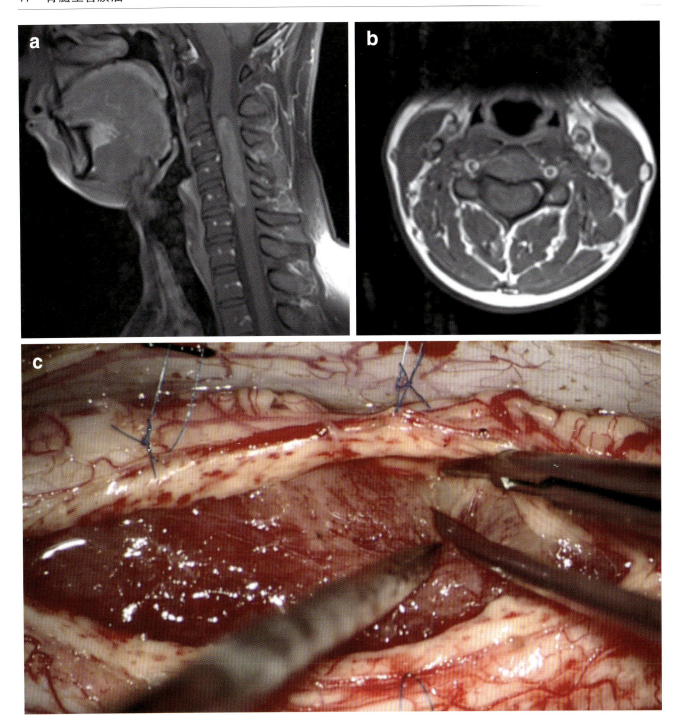

图17.1　颈髓室管膜瘤：（a、b）T1加权增强MRI提示颈髓室管膜瘤。（c）采用后正中脊髓切开显露肿瘤，肿瘤有清楚的界面，沿界面从脊髓分离，获得全部切除

　　WHO Ⅰ级室管膜瘤包括室管膜下室管膜瘤和黏液乳头状室管膜瘤。室管膜下室管膜瘤在脊髓中非常罕见，其显著特征是肿瘤倾向于偏离脊髓中央管生长，而其他亚型通常生长于脊髓中心。在镜下观，室管膜下室管膜瘤在致密的纤维背景上显示出微囊间隙和成簇的细胞。相反，黏液乳头状室管膜瘤在组织学上表现出结构松散的细胞，其间充满大量黏蛋白，而且常可见明显的透明血管。

　　WHO Ⅱ级室管膜瘤是最常见的脊髓室管膜瘤，占脊髓内室管膜瘤的55%~75%。它们通常位于髓内，约58%伴随囊性变。室管膜瘤特征性组织学特点为"假菊形"团的出现，发生在80%的患者。"假菊形"团由围绕血管的细胞簇构成，细胞突起指向中心血管。大约10%的脊髓室管膜瘤病理

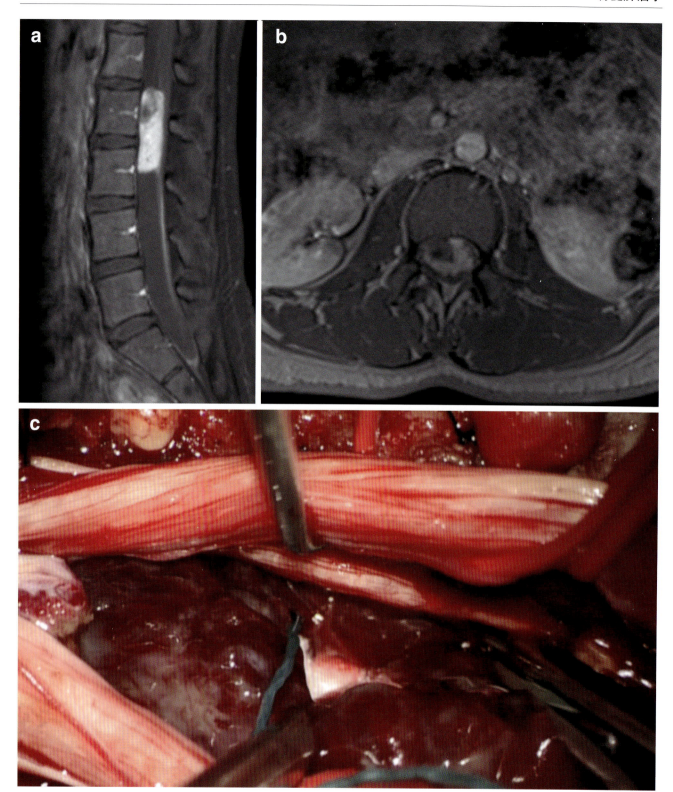

图17.2 1例52岁男性腰椎区的黏液乳头状室管膜瘤，表现为尿失禁和腿部麻木。（a、b）T1加权增强MRI图像提示黏液乳头状室管膜瘤。（c）保留神经根情况下切除肿瘤

中可见"真性"或室管膜"菊形"团样结构。"真菊形"团对室管膜瘤更具特异性，由围绕并形成突起指向中央空腔的细胞构成。室管膜瘤通常不会侵入邻近区域组织，并且肿瘤的边缘通常在肉眼和镜下都有很好的界面。除了经典型室管膜瘤外，还有其他几种类型WHO Ⅱ级室管膜瘤包括：（1）细胞型；（2）透明细胞型；（3）乳头型；（4）伸长细胞型。细胞型室管膜瘤的特征在于细胞数量多、细

胞核-质比率高。"菊形"团少见，缺乏有丝分裂、细胞多形性和与WHO Ⅲ级病变相关的微血管增生。透明细胞型室管膜瘤是罕见的且具有核周环和"假菊形"团样结构。乳头型室管膜瘤亚型表现为肿瘤细胞围绕纤维血管核心排列。伸长细胞型室管膜瘤是最少见的WHO Ⅱ级亚型，在染色时存在类似于毛细胞型星形细胞瘤的长梭形细胞。

WHO Ⅲ级间变性室管膜瘤，是室管膜瘤亚型中最罕见的。它们的组织学特征是有丝分裂比例很高、细胞核呈多形性改变和内皮细胞增殖。此外与Ⅱ级室管膜瘤不同，它们倾向于浸润周围的神经组织。这使得全切的可能性大大降低。

17.5　分子遗传学

脊髓室管膜瘤经常表现出22q染色体的片段缺失，但没有在该区域发现特定的抑癌基因持续改变。有些神经纤维瘤病患者会伴发脊髓室管膜瘤。虽然在22q染色体中发现了merlin（NF2）基因突变，但尚未发现其与脊髓室管膜瘤的发病机制有关。MPE患者中表现出室管膜瘤所有亚型中最大数量的遗传异常。MPE患者中7号染色通常受到影响。具有调节p53介导的细胞生长功能的MDM2基因通常在SCE中异常扩增和过度表达。p53的改变并不常见，然而Ⅱ~Ⅲ级室管膜瘤中的p53表达似乎比Ⅰ级室管膜瘤更高，尽管数据无法显示统计学意义。

17.6　诊断

MRI检查是诊断脑和脊髓室管膜瘤的最主要检查方式。MRI检查可以发现髓内肿瘤导致的脊髓局部膨胀。脊髓直径正常可能为脱髓鞘等非肿瘤性病变。对于脊髓室管膜瘤，T1 MRI加权成像呈现稍低信号，T2 MRI加权成像呈稍高信号。增强MRI呈不均匀增强。脊髓室管膜瘤也可伴有脊髓空洞、出血或囊性变。事实上大约60%的脊髓室管膜瘤伴有头端和（或）尾端脊髓空洞。

黏液乳头状室管膜瘤以其位于脊髓圆锥周围为特征。在MRI成像上，它们在T1和T2序列上均表现为异质性，细胞成分为等信号，黏液和出血区域为高信号。

间变性室管膜瘤在T1 MRI加权成像上呈现低信号，在T2 MRI加权成像上呈现等信号或高信号，增强扫描呈现不均匀强化。间变型室管膜瘤难以与浸润性星形细胞瘤鉴别。鉴于其恶性特性，有必要对整个中枢神经进行MRI检查。

CT在这类脊髓肿瘤中的诊断价值有限。CT可以捕捉到室管膜瘤中偶然发生的钙化。CT检查和CT脊髓造影仅在患者无法进行MRI检查时作为替代检查手段。PET检查偶尔才使用，由于细胞生长缓慢和细胞密度低，室管膜瘤在PET上呈现低代谢。

如果怀疑脊髓室管膜瘤在脑脊液中有播散，脑脊液（CSF）细胞学是一项有用的检查。据报道脑脊液播散发生在3%~12%的颅内室管膜瘤中，最常见于间变性室管膜瘤。脑脊液细胞学检查对于间变性室管膜瘤患者或没有完全切除的室管膜瘤患者最有帮助。脑脊液细胞学检查中肿瘤细胞阳性将影响脑-脊髓放疗剂量。

17.7　治疗方式

17.7.1　手术治疗

在保证安全的前提下，手术切除是边界清楚的脊髓室管膜瘤的最佳治疗方法。如果肿瘤能够获得全切除，患者的疗效和预后一般很好，且复发风险较低。室管膜瘤全切率为84%~93%。能够获得这样高的全切率主要是因为脊髓室管膜瘤很少浸润性生长，且通常具有明显的边界。影响脊髓室管膜切除程度的因素包括：肿瘤大小、肿瘤部位、包膜及脊髓空洞的存在、组织学类型。

一些回顾性研究分析了经手术切除的脊髓室管膜病例后发现，肿瘤切除程度与患者无进展生存期（PFS）之间存在相关性。然而由于脊髓室管膜瘤非常罕见，因此缺乏足够的数据来证明这些患者的无进展生存期和总生存期（OS）之间存在必然联系。

尽管肿瘤获得全切的WHO Ⅱ级室管膜瘤患者复发率明显低于次全切除患者，但并非所有患者都能从肿瘤全切除中获益。对于黏液乳头状室管膜瘤（WHO Ⅰ级）患者，获得全切与次全切除术患者之间的复发率似乎没有存在显著差异。对于间变性室管膜瘤（WHO Ⅲ级），肿瘤全切患者复发率似乎低于次全切患者，但研究的样本量太小而无法显示统计学差异。

单纯的显微手术切除即可在保持神经功能的同时，实现肿瘤的长期控制甚至治愈。如前所述，虽然室管膜瘤并不总是有完整包膜，但是因为其通常不会侵入脊髓实质生长，因此仍然经常能寻得肿瘤和脊髓之间的界面。确定肿瘤和脊髓之间的界面是手术最关键的步骤。具有明显包膜或与脊髓实质之间有明确界面与术后较少的神经功能障碍相关。这可能是因为它们更容易与正常脊髓组织分离，从而降低脊髓结构受损的风险。在脊髓室管膜瘤中，通常需要进行后正中切开脊髓，切口应超过肿瘤头端和尾端以充分显露肿瘤界面。伴有脊髓空洞可能有利于肿瘤切除并增加全切率。

在影响术后神经功能的因素方面，术前神经功能状态是最重要的预测指标。因此对于术前神经功能变差时间较长的患者，即使进行了成功的手术切除，几乎没有显著的神经功能改善。而且术前已经有严重神经功能障碍的患者，术后神经功能障碍加重的概率亦随之增加。

即使细致入微地切除肿瘤没有损伤到正常脊髓，脊髓室管膜瘤手术后出现神经功能障碍仍然很常见。术前患者的神经功能状态是决定预后的重要影响因素。术前具有正常或良好神经功能的患者出现术后神经功能障碍的概率明显低于术前有神经功能障碍的患者。此外当并发症出现时，他们也更有可能得到改善。

经后正中脊髓切开暴露肿瘤后，因脊髓背柱某些传导束功能障碍引起的躯体感觉缺失并不少见。这也可能是由于脊髓背柱遭到牵拉或轻微损伤造成暂时性脊髓水肿所致。此外脊髓血管损伤也会导致神经功能缺失。例如当肿瘤位于胸椎时，由于胸椎椎管空间相对狭窄和血供有限，肿瘤切除后患者更容易出现神经功能缺损。大多数患者的感觉障碍通常在几个月后消失。一些术者使用神经电生理监测来地降低术后并发症。运动诱发电位监测可能预防术中操作时对运动传导束的损伤。但是感觉诱发电位能否影响或预测神经功能预后尚未得到肯定。鉴于这是一种罕见的病理学现象，目前尚没有大型随机试验来确定术中电生理理监测是否显著改善手术结果。

黏液乳头状室管膜瘤大多发生在脊髓圆锥区域，常累及马尾及终丝。虽然这类肿瘤缺乏恶性组织学特征，但其术后复发率高于WHO Ⅱ级脊髓室管

膜瘤。黏液乳头状室管膜瘤总切除率较低的部分原因可能是因为肿瘤包裹神经根或马尾神经，为了保护神经功能难以全切肿瘤。黏液乳头状室管膜瘤患者术后复发率为15%~33%。然而死亡率仍然维持在较低水平，5年总生存率为85%~100%。由于位于脊髓圆锥区域，黏液乳头状室管膜瘤术后出现二便失禁的概率最高。由于缺乏证据能表明MPEs患者能从全切中获益，因此外科医生需要斟酌面对可能的术后神经损伤的风险，最大程度切除肿瘤是否值得。一些作者推测术中保持MPEs包膜的完整对预防复发至关重要。

手术后的后续治疗在很大程度上取决于肿瘤残余程度，这一点可以通过MRI检查评估。如果有明显的肿瘤残余，应考虑再次手术，因为全切可显著改善这类患者的生存时间。

17.7.2　放疗

对于有肿瘤残余且不适合再次手术的患者，可给予限制场强放疗。大多数肿瘤复发是局部、原位复发。因此如果由于解剖关系或肿瘤位置无法达到全切，则可给予辅助放疗，因为一些研究表明辅助放疗可以延缓肿瘤进展。标准方案是累积剂量为54Gy的分次外照射疗法。这已被证明有助于局部肿瘤控制。对于局部肿瘤且无播散的患者，是否给予全脑、全脊髓放疗存在争议。如果存在肿瘤播散，则应全脑、全脊髓放疗。

对于健康状况差有手术禁忌或无法手术患者，也可考虑立体定向放射外科手术。立体定向放射外科手术的优势在于它可以减少肿瘤负荷，同时减少普放射线暴露及治疗带来的相关的并发症。将放疗作为脊髓室管膜瘤的辅助治疗手段一直存在争议，因此有必要进一步研究评估辅助放疗是否有助于预防肿瘤局部复发。

还有其他带来希望的放射疗法。Amsbaugh等报道了用质子束治疗脊髓室管膜瘤患者，获得100%PFS和20个月OS。与立体定向放射外科手术一样，质子束疗法使用较少的辐射并且可能具有类似的益处。

17.7.3　化疗

目前没有明确证据表明化疗对脊髓室管膜瘤起作用。有很少一部分研究认为，如果手术切除和放

射治疗均失败，可以考虑将化疗作为肿瘤复发的补救疗法。只有1项关于脊髓室管膜瘤化疗的前瞻性研究，由Chamberlain等完成。在这项研究中，有10例复发低级别脊髓室管膜瘤患者口服依托泊苷化疗。这些患者在手术和放疗后复发，其中4例在之前的化疗也无效。用依托泊苷辅助化疗后，3例患者有进展，2例患者有部分反应，5例患者肿瘤稳定。患者平均PFS为15个月（2.5~45个月），平均OS为17.5个月（3~45个月）。在该Ⅰ期试验中，该组患者具有良好的耐药性。

17.8 结论

室管膜瘤是一种发生在脑和脊髓的罕见肿瘤。对于脊髓室管膜瘤，它们既可以发生于脊髓髓内，又可以以黏液乳头状室管膜瘤这种不同的亚型发生在终丝。由于大多数脊髓室管膜瘤的侵袭性和浸润性较低，因此非常适合手术切除。虽然关于辅助治疗的数据较少，但放疗也是治疗有肿瘤播散或次全切除患者的有力辅助治疗方法。

（孙　伟译，蔡　铮校）

参考文献

[1] Chamberlain MC. Ependymomas. Curr Neurol Neurosci Rep. 2003;3(3):193–199.

[2] Celano E, Salehani A, Malcolm JG, Reinertsen E, Hadjipanayis CG. Spinal cord ependymoma: a review of the literature and case series of ten patients. J Neuro-Oncol. 2016;128(3):377–386. https://doi.org/10.1007/s11060-016-2135-8.

[3] Schwartz TH, McCormick PC. Intramedullary ependymomas: clinical presentation, surgical treatment strategies and prognosis. J Neuro-Oncol. 2000;47(3):211–218.

[4] Mork SJ, Loken AC. Ependymoma: a follow-up study of 101 cases. Cancer. 1977;40(2):907–915.

[5] Helseth A, Mork SJ (1989) Primary intraspinal neoplasms in Norway, 1955 to 1986. A population-based survey of 467 patients. J Neurosurg 71 (6):842–845. https://doi.org/10.3171/jns.1989.71.6.0842.

[6] McCormick PC, Torres R, Post KD, Stein BM. Intramedullary ependymoma of the spinal cord. J Neurosurg. 1990;72(4):523–532. https://doi.org/10.3171/jns.1990.72.4.0523.

[7] Epstein FJ, Farmer JP, Freed D. Adult intramedullary spinal cord ependymomas: the result of surgery in 38 patients. J Neurosurg. 1993;79(2):204–209. https://doi.org/10.3171/jns.1993.79.2.0204.

[8] Hoshimaru M, Koyama T, Hashimoto N, Kikuchi H. Results of microsurgical treatment for intramedullary spinal cord ependymomas: analysis of 36 cases. Neurosurgery. 1999;44(2):264–269.

[9] Cooper PR. Outcome after operative treatment of intramedullary spinal cord tumors in adults: intermediate and long-term results in 51 patients. Neurosurgery. 1989;25(6):855–859.

[10] Marks JE, Adler SJ. A comparative study of ependymomas by site of origin. Int J Radiat Oncol Biol Phys. 1982;8(1):37–43.

[11] Yamada CY, Whitman GJ, Chew FS. Myxopapillary ependymoma of the filum terminale. AJR Am J Roentgenol. 1997;168(2):366. https://doi.org/10.2214/ajr.168.2.9016208.

[12] Grill J, Le Deley MC, Gambarelli D, Raquin MA, Couanet D, Pierre-Kahn A, Habrand JL, Doz F, Frappaz D, Gentet JC, Edan C, Chastagner P, Kalifa C, French Society of Pediatric O. Postoperative chemotherapy without irradiation for ependymoma in children under 5 years of age: a multicenter trial of the French Society of Pediatric Oncology. J Clin Oncol. 2001;19(5):1288–1296. https://doi.org/10.1200/JCO.2001.19.5.1288.

[13] Comi AM, Backstrom JW, Burger PC, Duffner PK. Clinical and neuroradiologic findings in infants with intracranial ependymomas. Pediatric oncology group. Pediatr Neurol. 1998;18(1):23–29.

[14] Figarella-Branger D, Civatte M, Bouvier-Labit C, Gouvernet J, Gambarelli D, Gentet JC, Lena G, Choux M, Pellissier JF. Prognostic factors in intracranial ependymomas in children. J Neurosurg. 2000;93(4):605–613. https://doi.org/10.3171/jns.2000.93.4.0605.

[15] Engelhard HH, Villano JL, Porter KR, Stewart AK, Barua M, Barker FG, Newton HB. Clinical presentation, histology, and treatment in 430 patients with primary tumors of the spinal cord, spinal meninges, or cauda equina. J Neurosurg Spine. 2010;13(1):67–77. https://doi.org/10.3171/2010.3.SPINE09430.

[16] Klekamp J. Spinal ependymomas. Part 1: intramedullary ependymomas. Neurosurg Focus. 2015;39(2):E6. https://doi.org/10.3171/2015.5.FOCUS15161.

[17] Raghunathan A, Wani K, Armstrong TS, Vera-Bolanos E, Fouladi M, Gilbertson R, Gajjar A, Goldman S, Lehman NL, Metellus P, Mikkelsen T, Necesito-Reyes MJ, Omuro A, Packer RJ, Partap S, Pollack IF, Prados MD, Robins HI, Soffietti R, Wu J, Miller CR, Gilbert MR, Aldape KD, Collaborative Ependymoma Research N. Histological predictors of outcome in ependymoma are dependent on anatomic site within the central nervous system. Brain Pathol. 2013;23(5):584–594. https://doi.org/10.1111/bpa.12050.

[18] Oh MC, Ivan ME, Sun MZ, Kaur G, Safaee M, Kim JM, Sayegh ET, Aranda D, Parsa AT. Adjuvant radiotherapy delays recurrence following subtotal resection of spinal cord ependymomas. Neuro-Oncology. 2013;15(2):208–215. https://doi.org/10.1093/neuonc/nos286.

[19] Birch BD, Johnson JP, Parsa A, Desai RD, Yoon JT, Lycette CA, Li YM, Bruce JN. Frequent type 2 neurofibromatosis gene transcript mutations in sporadic intramedullary spinal cord ependymomas. Neurosurgery. 1996;39(1):135–140.

[20] Rajaram V, Gutmann DH, Prasad SK, Mansur DB, Perry A. Alterations of protein 4.1 family members in ependymomas: a study of 84 cases. Mod Pathol. 2005;18(7):991–997. https://doi.org/10.1038/modpathol.3800390.

[21] Santi M, Quezado M, Ronchetti R, Rushing EJ. Analysis of chromosome 7 in adult and pediatric ependymomas using chromogenic in situ hybridization. J Neuro-Oncol. 2005;72(1):25–28. https://doi.org/10.1007/s11060-004-3117-9.

[22] Suzuki SO, Iwaki T. Amplification and overexpression of mdm2 gene in ependymomas. Mod Pathol. 2000;13(5):548–553. https://doi.org/10.1038/modpathol.3880095.

[23] Manasa LP, Uppin MS, Sundaram C. Correlation of p53 and KI-67 expression with grade and subtype of ependymoma. Indian J Pathol Microbiol. 2012;55(3):308–313. https://doi.org/10.4103/0377-4929.101735.

[24] Kahan H, Sklar EM, Post MJ, Bruce JH. MR characteristics of histopathologic subtypes of spinal ependymoma. AJNR Am J Neuroradiol. 1996;17(1):143–150.

[25] Wagle WA, Jaufman B, Mincy JE. Intradural extramedullary ependymoma: MR-pathologic correlation. J Comput Assist Tomogr. 1988;12(4):705–707. T. Kosztowski et al.

[26] Koeller KK, Rosenblum RS, Morrison AL. Neoplasms of the spinal cord and filum terminale: radiologic-pathologic correlation. Radiographics. 2000;20(6):1721–1749. https://doi.org/10.1148/radiographics.20.6.g00nv151721.

[27] Mineura K, Shioya H, Kowada M, Ogawa T, Hatazawa J, Uemura K. Subependymoma of the SEPstum pellucidum: characterization by PET. J Neuro-Oncol. 1997;32(2):143–147.

[28] Paulino AC, Wen BC, Buatti JM, Hussey DH, Zhen WK, Mayr NA, Menezes AH. Intracranial ependymomas: an analysis of prognostic factors and patterns of failure. Am J Clin Oncol. 2002;25(2):117–122.

[29] Klekamp J. Spinal ependymomas. Part 2: Ependymomas of the filum terminale. Neurosurg Focus. 2015;39(2):E7. https://doi.org/10.3171/2015.5.FOCUS15151.

[30] Hanbali F, Fourney DR, Marmor E, Suki D, Rhines LD, Weinberg JS, McCutcheon IE, Suk I, Gokaslan ZL. Spinal cord ependymoma: radical surgical resection and outcome. Neurosurgery. 2002;51(5):1162–1172. discussion 1172-1164.

[31] Jeibmann A, Egensperger R, Kuchelmeister K, SEPsehrnia A, Stolke D, Bruns B, Wassmann H, Ebel H, Paulus W, Hasselblatt M. Extent of surgical resection but not myxopapillary versus classical histopathological subtype affects prognosis in lumbo-sacral ependymomas. Histopathology. 2009;54(2):260–262. https://doi.org/10.1111/j.1365-2559.2008.03204.x.

[32] Ohata K, Takami T, Gotou T, El-Bahy K, Morino M, Maeda M, Inoue Y, Hakuba A. Surgical outcome of intramedullary spinal cord ependymoma. Acta Neurochir. 1999;141(4):341–346. discussion 346-347.

[33] Karikari IO, Nimjee SM, Hodges TR, Cutrell E, Hughes BD, Powers CJ, Mehta AI, Hardin C, Bagley CA, Isaacs RE, Haglund MM, Friedman AH. Impact of tumor histology on resectability and neurological outcome in primary intramedullary spinal cord tumors: a single-center experience with 102 patients. Neurosurgery. 2015;76(Suppl 1):S4–S13; discussion S13. https://doi.org/10.1227/01.neu.0000462073.71915.12.

[34] Joaquim AF, Santos MJ, Tedeschi H. Surgical management of intramedullary spinal ependymomas. Arq Neuropsiquiatr. 2009;67(2A):284–289.

[35] Nagasawa DT, Smith ZA, Cremer N, Fong C, Lu DC, Yang I. Complications associated with the treatment for spinal ependymomas. Neurosurg Focus. 2011;31(4):E13. https://doi.org/10.3 171/2011.7.FOCUS11158.

[36] Oh MC, Kim JM, Kaur G, Safaee M, Sun MZ, Singh A, Aranda D, Molinaro AM, Parsa AT. Prognosis by tumor location in adults with spinal ependymomas. J Neurosurg Spine. 2013;18(3):226–235. https://doi.org/10.3171/2012.12.SPINE12591.

[37] Chang UK, Choe WJ, Chung SK, Chung CK, Kim HJ. Surgical outcome and prognostic factors of spinal intramedullary ependymomas in adults. J Neuro-Oncol. 2002;57(2):133–139.

[38] Oh MC, Tarapore PE, Kim JM, Sun MZ, Safaee M, Kaur G, Aranda DM, Parsa AT. Spinal ependymomas: benefits of extent of resection for different histological grades. J Clin Neurosci. 2013;20(10):1390–1397. https://doi.org/10.1016/j.jocn.2012.12.010.

[39] Lee SH, Chung CK, Kim CH, Yoon SH, Hyun SJ, Kim KJ, Kim ES, Eoh W, Kim HJ. Long-term outcomes of surgical resection with or without adjuvant radiation therapy for treatment of spinal ependymoma: a retrospective multicenter study by the Korea spinal oncology research group. Neuro-Oncology. 2013;15(7):921–929. https://doi.org/10.1093/neuonc/not038.

[40] Nakamura M, Tsuji O, Fujiyoshi K, Hosogane N, Watanabe K, Tsuji T, Ishii K, Toyama Y, Chiba K, Matsumoto M. Long-term surgical outcomes of spinal meningiomas. Spine. 2012;37(10):E617–E623. https://doi.org/10.1097/BRS.0b013e31824167f1.

[41] Nakamura M, Ishii K, Watanabe K, Tsuji T, Takaishi H, Matsumoto M, Toyama Y, Chiba K. Surgical treatment of intramedullary spinal cord tumors: prognosis and complications. Spinal Cord. 2008;46(4):282–286. https://doi.org/10.1038/sj.sc.3102130.

[42] Kaner T, Sasani M, Oktenoglu T, Solmaz B, Sarloglu AC, Ozer AF. Clinical analysis of 21 cases of spinal cord ependymoma: positive clinical results of gross total resection. J Korean Neurosurg Soc. 2010;47(2):102–106. https://doi.org/10.3340/jkns.2010.47.2.102.

[43] Peker S, Ozgen S, Ozek MM, Pamir MN. Surgical treatment of intramedullary spinal cord ependymomas: can outcome be predicted by tumor parameters? J Spinal Disord Tech. 2004;17(6):516–521.

[44] Bostrom A, von Lehe M, Hartmann W, Pietsch T, Feuss M, Bostrom JP, Schramm J, Simon M. Surgery for spinal cord ependymomas: outcome and prognostic factors. Neurosurgery. 2011;68(2):302–308.; discussion 309. https://doi.org/10.1227/NEU.0b013e3182004c1e.

[45] Bagley CA, Wilson S, Kothbauer KF, Bookland MJ, Epstein F, Jallo GI. Long term outcomes following surgical resection of myxopapillary ependymomas. Neurosurg Rev. 2009;32(3):321–334.; discussion 334. https://doi.org/10.1007/s10143-009-0190-8.

[46] Halvorsen CM, Kolstad F, Hald J, Johannesen TB, Krossnes BK, Langmoen IA, Lied B, Ronning P, Skaar S, Spetalen S, Helseth E. Long-term outcome after resection of intraspinal ependymomas: report of 86 consecutive cases. Neurosurgery. 2010;67(6):1622–1631.; discussion 1631. https://doi.org/10.1227/NEU.0b013e3181f96d41.

[47] Nakamura M, Ishii K, Watanabe K, Tsuji T, Matsumoto M, Toyama Y, Chiba K. Long-term surgical outcomes for myxopapillary ependymomas of the cauda equina. Spine. 2009;34(21):E756–E760. https://doi.org/10.1097/BRS.0b013e3181b34d16.

[48] Abdulaziz M, Mallory GW, Bydon M, De la Garza RR, Ellis JA, Laack NN, Marsh WR, Krauss WE, Jallo G, Gokaslan ZL, Clarke MJ. Outcomes following myxopapillary ependymoma resection: the importance of capsule integrity. Neurosurg Focus. 2015;39(2):E8. https://doi.org/10.3171/2015.5.FOCUS15164.

[49] Healey EA, Barnes PD, Kupsky WJ, Scott RM, Sallan SE, Black PM, Tarbell NJ. The prognostic significance of postoperative residual tumor in ependymoma. Neurosurgery. 1991;28(5):666–71. discussion 671-662.

[50] Clover LL, Hazuka MB, Kinzie JJ. Spinal cord ependymomas treated with surgery and radiation therapy. A review of 11 cases. Am J Clin Oncol. 1993;16(4):350–353.

[51] Isaacson SR. Radiation therapy and the management of intramedullary spinal cord tumors. J Neuro-Oncol. 2000;47(3):231–238.

[52] Ryu SI, Kim DH, Chang SD. Stereotactic radiosurgery for hemangiomas and ependymomas of the spinal cord. Neurosurg Focus. 2003;15(5):E10.

[53] Amsbaugh MJ, Grosshans DR, McAleer MF, Zhu R, Wages C, Crawford CN, Palmer M, De Gracia B, Woo S, Mahajan A. Proton therapy for spinal ependymomas: planning, acute toxicities, and preliminary outcomes. Int J Radiat Oncol Biol Phys. 2012;83(5):1419–1424. https://doi.org/10.1016/j.ijrobp.2011.10.034.

[54] Chamberlain MC. Etoposide for recurrent spinal cord ependymoma. Neurology. 2002;58(8):1310–1311.

[55] Chamberlain MC. Salvage chemotherapy for recurrent spinal cord ependymona. Cancer. 2002;95(5):997–1002. https://doi.org/10.1002/cncr.10826. T. Kosztowski et al.

恶性脊髓髓内肿瘤

18

NirShimony, Sara Hartnett, Brooks Osburn, Mari Groves, George I. Jallo

18.1 简介

与颅内肿瘤相比，脊髓肿瘤非常罕见，占所有中枢神经系统（CNS）病变的10%以下。脊髓髓内肿瘤（IMSCTs）占成人所有脊髓肿瘤的20%~30%，占儿童脊髓肿瘤的4%~10%。最常见的IMSCTs是神经胶质瘤。在成人中，最常见的病理类型是室管膜瘤，其次是星形细胞瘤，分别占脊髓髓内肿瘤的60%和30%。儿童的发病率与此相反，星形细胞瘤最常见（60%），其次是室管膜瘤（30%），而胚胎性肿瘤，如先前世界卫生组织（WHO）分类所描述的原始神经外胚层肿瘤占4%。同时在儿童中也观察到与年龄相关的发病规律。2岁以下的儿童更常见神经母细胞瘤、畸胎瘤或皮样肿瘤。2~5岁的儿童常见星形细胞瘤、节细胞胶质瘤和表皮样肿瘤。6~10岁的儿童常见混合的肿瘤类型。在大于10岁儿童的髓内肿瘤中，星形细胞瘤占多数。星形细胞瘤占大于10岁患者髓内肿瘤的约90%，占青少年患者髓内肿瘤的60%。到大约30岁时，室管膜瘤变得比星形细胞瘤稍微常见，并在中年节段成为主要类型。在60岁以后，星形细胞瘤和室管膜瘤的发病率相当。其他脊髓髓内肿瘤包括神经节胶质瘤、脂肪瘤、室管膜下瘤、血管网状细胞瘤、皮样囊肿、畸胎瘤、中枢神经细胞瘤、少突神经胶质瘤，在极少数情况下还可发生髓内转移肿瘤。这些肿瘤中男性患者稍多。神经纤维瘤病1型（NF1）患儿有发生髓内星形细胞瘤的倾向。而神经纤维瘤病2型（NF2）的儿童中，也存在发生髓内室管膜瘤的额外倾向。在本章中，主要关注最常见的恶性脊髓肿瘤、星形细胞瘤和室管膜瘤，以及它们的鉴别诊断、特征、管理和疾病进程。

据报道，恶性脊髓肿瘤仅占所有脊髓肿瘤的一小部分。成人恶性脊髓肿瘤的发病率为0.22~0.24/10万人/年。然而大多数流行病学报告中除了髓内肿瘤外，还纳入了脊膜瘤、神经鞘瘤和神经纤维瘤的数据，因此真正的发病率难以确定。

低级别胶质瘤的恶性转化已见报道，约有一半的成人复发性胶质瘤发生恶性转化。初次病理级别高、不完全切除、年龄大于45岁以及曾经接受过放疗是恶性转化风险增加的相关因素。与成年人相比，儿童低级别胶质瘤的恶性转化非常罕见。案例报道提供了一些例子，然而大多数患者在病理进展前曾接受过放疗或化疗，这可能会混淆真实的病理进展。成人和儿童肿瘤组织学差异的特异性分子标记物可能是由于肿瘤在成熟的和尚在发育的神经系统中发展不同所导致。

与胶质瘤相关的分子标记物，如异柠檬酸脱氢酶（IDH）1和2基因突变与颅内胶质瘤相关的讨论由来已久，但对于脊髓肿瘤，相关数据仍相当匮乏。BRAF突变也被广泛研究，尤其是在脑肿瘤，BRAF可以通过突变或与另一个基因融合而激活。最常见的突变体是BRAF-V600E，其导致BRAF组成性活化，见于50%~60%的多形性黄色星形细胞瘤，小于10%的毛细胞星形细胞瘤（特别是小脑外毛细胞性星形细胞瘤），20%~75%的神经节胶质细胞瘤和50%的间变性神经节胶质细胞瘤。BRAF-V600E也见于大多数室管膜下巨细胞星形细胞瘤。毛细胞星形细胞瘤中80%的肿瘤中KIAA1549基因和BRAF基因之间存在框内融合，因此BRAF通过7q34处BRAF基因座的复制而激活。脊髓星形细胞瘤有类似的BRAF突变特征；这些发现不仅有诊断价值，也有利用BRAF-MEK抑制剂治疗的价值。组蛋白突变H3F3AK27M，其在脑中线部位肿瘤和脑干肿瘤以及高级别胶质瘤中表达，进一步通过这个突变将肿瘤分类，也表现出与颅内病变相似的特征，高级别肿瘤更容易出现突变，并且预示预后更差。这种突变对于指示手术所采取的态度和切除程度是很重要的，这种手术需通过术中感觉和运动通路神经电生理监测进行辅助。根据H3F3AK27M突变状态而预测自然病程，这种方法有助于减少术后神经功能缺损。

基因改变和分子亚型的发现，有助于成人和儿童髓内肿瘤患者治疗及管理方案的调整。神经肿瘤学中分子生物学新时代与神经监测和外科技术的进步相结合，为这些患者创造了更美好的未来。

18.2 临床表现

应进行全面的病史了解和体格检查，以明确脊髓肿瘤的行为和临床后果。IMSCTs最常见于颈段和胸段脊髓，引起相关的临床症状。胸段、腰骶段、圆锥和终丝病变较少见。

IMSCTs的症状持续时间和特点变化很大。通常情况下，IMSCTs生长迟缓，与之相对应的是缓慢的进行性的临床症状进展，因此诊断经常出现延误。疼痛是最常见的症状，通常伴有背部或颈部中线部位疼痛，偶尔也会因神经根受压而引起根性疼痛。还可以表现为与内源性类固醇产生的昼夜变化相关的夜间疼痛。在儿童中，背部疼痛（尤其是夜间痛）应引起临床医生的关注，因为这是年轻人的一种不常见的症状。症状可从疼痛发展到运动无力、步态障碍、斜颈和脊柱后凸侧弯。如果孩子在发育阶段出现延迟，如学步延迟或经常跌倒，这些笨拙的表现可能是早期发现的运动障碍。以往报道的脊髓肿瘤病程为8.1~17个月。髓内肿瘤具有膨胀性生长的特点，可以影响其附近的任何脊髓束和结构。例如由于皮质脊髓束或下运动神经元受累引起的肌无力。感觉障碍包括麻木、感觉异常，可在后角和脊髓丘脑束受损时出现，尽管儿童不太可能注意到或主诉这些感觉障碍。长传导束受损可能导致步态共济失调和肢体僵硬。此外晚期出现的症状包括肠和膀胱功能障碍，这通常提示疾病状态更为严重。而括约肌功能障碍则很少报道。McCormick分类量表和Karnofsky行为量表均可用于判断患者术前功能状态。体格检查时可能发现运动性轻瘫和感觉障碍，

长传导束体征还包括Hoffman征阳性或Babinski征阳性以及腱反射亢进。脊柱侧凸是另一种可能出现的症状，并可最终指向IMSCTs的诊断；这种症状可能是由于椎旁肌肉组织的神经支配受损所致。多达1/3的儿童可能会以脊柱侧凸作为最初的表现。任何患有进行性脊柱侧凸的儿童或青少年都应彻底检查，并行MRI检查，以便排除脊髓肿瘤。鉴于儿童髓内肿瘤症状和体征的多种多样，所有参与儿童保健的医护人员都必须保持警惕，对于存在特异性或非特异性的神经疾病相关主诉，或是体检存在客观阳性体征的儿童，应确定其可靠的发病原因。即使是无法解释的腹痛或新诊断的病因不明的脑积水，也可能是IMSCTs导致。因此应该降低这些患者使用诊断性影像学检查的门槛。通常与低级别或良性肿瘤相比，恶性肿瘤就诊前症状出现时间要短很多。

18.3 影像诊断

IMSCTs的首选诊断方式是MRI。X线或CT检查不是必需的。在儿童中，任何通过X线或CT检查发现的快速进展病变或非典型脊柱侧凸，都应通过MRI进一步检查，以评估是否存在脊髓肿瘤。髓内肿瘤表现为脊髓内的膨胀性生长病变。不同类型的髓内肿瘤在脊髓内有不同的位置：星形细胞瘤往往偏心生长，累及脊髓白质，而室管膜瘤则起自中央管。

星形细胞瘤在T1 MRI加权呈等信号或低信号，在T2 MRI加权呈高信号或等信号。增强模式多变，通常被描述为不均匀增强（图18.1、图18.2）。高达30%的星形细胞瘤不增强。在某些病例，在病变内部或紧邻头尾端可出现囊变，也可出现脊髓空洞症。周围脊髓的T2 MRI加权信号改变提示肿瘤相关的水肿。星形细胞瘤有时呈外生性生长，一部分肿瘤可延伸到髓外硬膜下。如上所述，星形细胞瘤在影像学上没有清晰的边界。大约40%的病例存在瘤周水肿。大约20%的病例存在瘤内囊变，15%的病例存在瘤周囊变。与室管膜瘤不同，出血少见（图18.3）。

室管膜瘤是界限清晰、细长圆柱形的肿块，引起脊髓中央管对称性扩张。肿瘤和周围的脊髓之间通常有明确的边界。室管膜瘤的典型表现为T1 MRI上等信号至低信号，在T2 MRI呈不同程度的高信

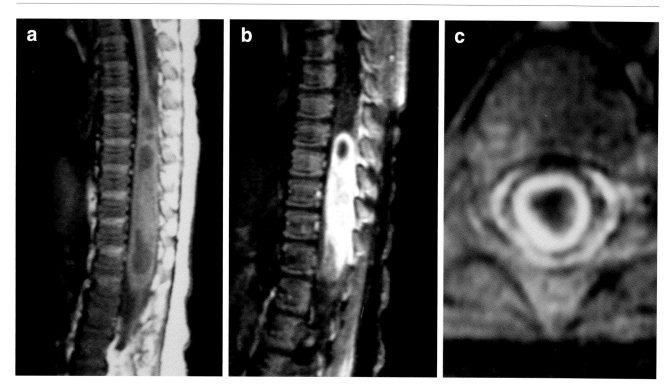

图 18.1　胸段间变性星形细胞瘤。胸椎 MRI 矢状位（a、b）和轴位（c）显示不均匀强化的肿瘤，其中有环形强化区域。许多病变为斑片状强化

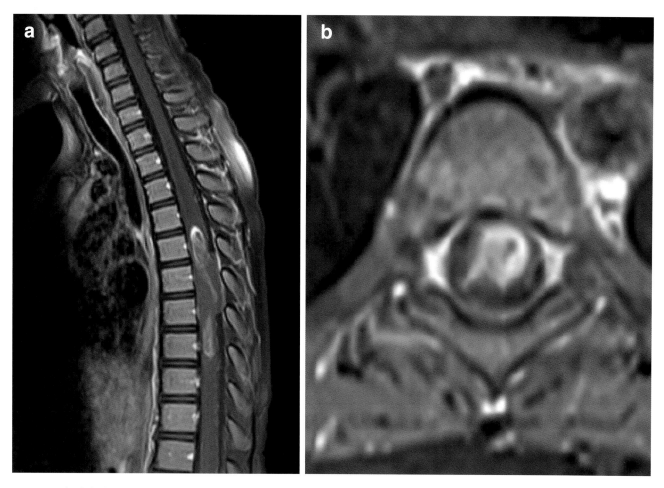

图 18.2　脊髓胶质母细胞瘤。胸椎 MRI 矢状位（a）和轴位（b）显示脊髓胶质母细胞瘤，不均匀增强，脊髓水肿，邻近的脊髓空洞

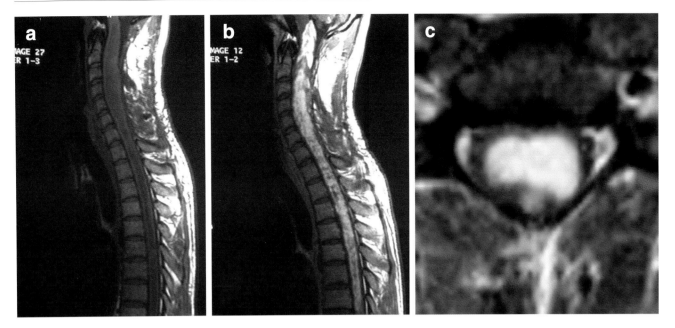

图 18.3　全脊髓间变性星形细胞瘤。全脊髓肿瘤的颈胸段，矢状位（a、b）和轴位 T1（c）可见增强前后变化

号。常见出血和含铁血黄素，表现为MRI上的不均匀信号。囊变是室管膜瘤的典型表现，之前报道显示50%的脊髓室管膜瘤有囊变。有3种不同类型的囊变：瘤内囊变、头端或尾端囊变，以及中央管反应性扩张（脊髓空洞症）。瘤内囊变被认为是由于肿瘤内的变性、坏死和液化而产生，内容物混杂，如蛋白、陈旧性出血和坏死的肿瘤组织。这种不均质成分导致MRI上的信号多变，并不总是呈现预期的T1 MRI加权等低信号以及T2 MRI加权高信号。与瘤内囊变相比，头端或尾端的囊变很少强化，多含有血性或黄色液体，而不是肿瘤细胞。在大约20%的病例中，可以识别"帽征"，即沿着肿瘤边界的低信号边缘。这个征象是肿瘤两极的含铁血黄素在T2加权图像上表现为极低信号的结果（图18.4）。室管膜瘤通常均匀强化。

室管膜瘤和星形细胞瘤占脊髓肿瘤的90%以上，二者的治疗策略不同［室管膜瘤治疗目标是全切除（GTR），而不需要进一步的辅助治疗；星形细胞瘤的全切除很少，常需要辅助治疗］。因此在可能的情况下，在手术前区分这两种类型的肿瘤是最有意义的。区分星形细胞瘤和室管膜瘤的一些影像学特征包括它们在脊髓内的位置（星形细胞瘤是偏心的，而室管膜瘤更为中心）、出血（在室管膜瘤中更常见）、含铁血黄素沉积（室管膜瘤更常见）、增强类型（室管膜瘤表现为均匀增强，而星

形细胞瘤为斑片状）以及囊肿的存在（室管膜瘤更常见）。除了这些特征之外，习惯上认为室管膜瘤比星形细胞瘤具有更明显的边界，因为肿瘤推挤而不是浸润邻近的神经组织，然而也有研究发现这种差异并不显著。

近年来人们越来越关注使用先进的影像技术来评估和处理脊髓肿瘤。感兴趣区域（ROI）等MRI参数可以置于特定的柱，并且可以获得表观弥散系数（ADC）、各向异性分数（FA）、轴向弥散系数（AD）和径向弥散系数（RD）的数值进行定量分析。所有这些特征，以及DTI（弥散张量成像）和DTT（弥散张量纤维束成像）的新应用，有助于更好地认识脊髓肿瘤并促进治疗模式的进展。中枢神经系统病灶内FA 和ADC的定量变化之间的关系很复杂（含水量改变导致病变内的水分子运动限制减少，因此通常FA值降低，ADC 值升高）；虽然多个研究支持这种关联，但也有研究并未发现这种显著相关性，因此需要进一步研究。

18.4　病理学、组织学、遗传学和分子亚型

如前所述，最常见的髓内肿瘤类型是星形细胞瘤和室管膜瘤。脊髓星形细胞瘤在组织学、大体特征和自然病史方面表现各异。WHO Ⅰ级和Ⅱ级星形

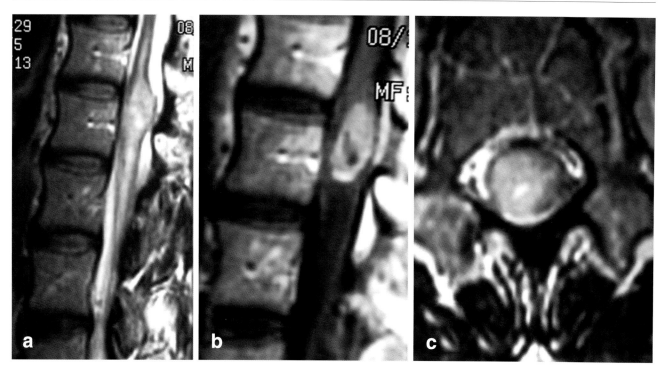

图 18.4　间变性室管膜瘤。胸椎 MRI 矢状位（a、b）和轴位（c）显示位置相对中央的病变、明显强化并且邻近存在空洞

细胞瘤分别称为毛细胞型星形细胞瘤和弥漫性星形细胞瘤。恶性星形细胞瘤（WHO Ⅲ 级和Ⅳ级），如间变型星形细胞瘤和胶质母细胞瘤，占髓内星形细胞瘤的10%~20%（图18.5）。这些病变的特征是临床进展快，脑脊液（CSF）肿瘤播散率高，以及无论干预如何存活率差。重要的是，脊髓胶质母细胞瘤的软脑膜播散比颅内肿瘤更常见。CSF播散不一定缩短生存期，而脑积水的发展确实影响生存期。儿童胶质母细胞瘤与成人胶质母细胞瘤的不同之处在于肿瘤特征，如分子生物学和遗传特征。

脊髓星形细胞瘤通常具有浸润性特征，没有明确的界面与正常神经结构分开，这使得完全切除具有挑战性。因此浸润性星形细胞瘤的手术目标是获得组织诊断，缩小肿瘤体积和保留神经功能。最常见的髓内星形细胞瘤亚型为弥漫性星形细胞瘤，分类为WHO Ⅱ级，而恶性星形细胞瘤较少见，分别占成人和儿童髓内星形细胞瘤的20%和10%。

一些遗传和分子变异与星形细胞瘤的发展有关，包括p53突变、增殖活性改变（Ki-67）、1p/19q染色体缺失和表皮生长因子受体（EGFR）扩增。分子亚型分析的新时代拓宽了我们对中枢神经系统肿瘤的认识。目前正在进行进一步的研究，以评估特定标记物与无进展生存期、神经系统预后

和总体死亡率之间的关联。研究显示脊髓弥漫性胶质瘤中存在几种已确定的遗传改变，例如p53、p16、ATRX和PTEN突变。这些是颅内神经胶质瘤中公认的突变。然而脊髓弥漫性胶质瘤与IDH1/IDH2突变无关，即使在低级别胶质瘤中也是如此。颅内神经胶质瘤很少表现出IDH突变、p53突变和1p19q共缺失同时不存在的情况。相比之下，脊髓弥漫性胶质瘤通常存在p53突变而没有IDH1/2突变。有趣的是，IDH1 突变在其他中线结构中也很少见，如脑干和丘脑。在儿童中，血小板衍生生长因子受体（PDGFR）、19q和22q杂合性缺失以及p53在髓内高级别胶质瘤中过表达。胶质母细胞瘤的脱氧核糖核酸（DNA）甲基化增加了替莫唑胺化疗的使用，然而这种肿瘤标记物的预后价值仍不明确。

分析我们的少量脊髓星形细胞瘤数据发现，BRAF-KIAA1549易位是 Ⅰ 级星细胞瘤最常见的发现。此外这些WHO Ⅰ级星形细胞瘤还有NF2、NTRK1、NTRK3、PDGFRA和TP53的突变。WHO Ⅱ级星形细胞瘤存在MAPK-ERK或PI3K通路的改变，包括BRAF-KIAA1549易位和BRAF扩增。WHO Ⅲ级和Ⅳ级高级别胶质瘤存在组蛋白H3F3AK27M突变，在80%以上的恶性脊髓胶质瘤中出现。这种突变在儿童人群中更为突出，其特征是染色体修饰因

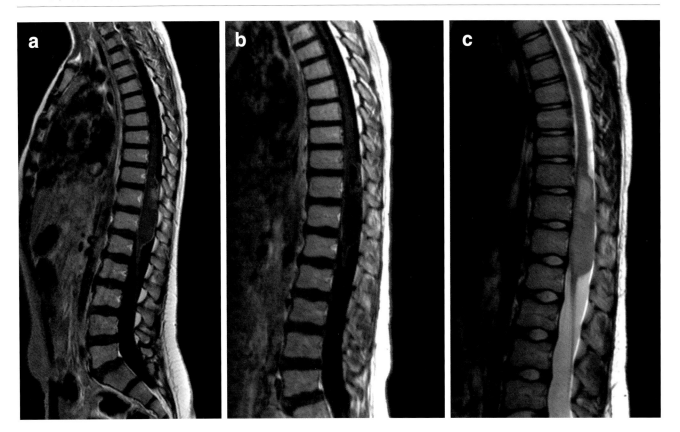

图 18.5 脊髓胶质母细胞瘤。胸腰椎胶质母细胞瘤的不同矢状面，显示非均匀增强（a），瘤内坏死区（b），T2 上呈高信号（c）

子 H3 的点突变，无论 WHO 的亚型如何，通常与不良的临床结果相关。

室管膜瘤起源于中央管内衬的室管膜细胞。既往鉴定 4 种室管膜瘤亚型：细胞型、乳头型、透明细胞型和伸长细胞型。随着 2016 年 WHO 指南的修订，决定删除细胞型亚型。脊髓室管膜瘤通常为 WHO Ⅱ级。室管膜下瘤（WHO Ⅰ级）和间变性室管膜瘤（WHO Ⅲ级）也有发现，而黏液乳头状室管膜瘤（WHO Ⅰ级）通常单独考虑，它们多发生于腰大池，影响脊髓圆锥和终丝。室管膜瘤通常边界清晰，因此全切除更容易实现。

室管膜瘤细分为乳头型、透明细胞型和伸长细胞型。具有 RELA 融合型的室管膜瘤是一种新的亚型。该亚型占儿童幕上室管膜瘤的大部分。间变性室管膜瘤仍然是最高级别的肿瘤，预后最差。然而近年来，人们越来越认识到脊髓室管膜瘤、幕上和幕下室管膜瘤，虽然都称为室管膜瘤，实际上是具有不同生物学行为的不同肿瘤。遗传差异可能是造成这种差异的原因。脊髓室管膜瘤与 NF2 和 Merlin（由 NF2 基因编码的蛋白质）的表达缺失有关，而颅内室管膜瘤与 EPB41L3 和 HIC1 有关。黏液乳头状

室管膜瘤与颅内室管膜瘤以及其他脊髓室管膜瘤之间存在分子差异，被认为是一个不同的类型，也被归类为 WHO Ⅰ级。以前的研究显示 NEFL、HOXB5、PLA2G5、和 ITIH2 等基因的高表达。更好地了解脊髓室管膜瘤的遗传学和生物学行为将改进对患者的治疗与管理模式。

18.5 恶性脊髓肿瘤和脑积水关系

脊髓肿瘤与脑积水之间的关联是众所周知的（图 18.6、图 18.7）。大约 1% 的脊髓肿瘤患者在初次就诊时有不同程度的脑积水。虽然星形细胞瘤和室管膜瘤是发生脑积水最常见的脊髓肿瘤，但几乎所有类型的脊髓病变都可能出现颅内压升高的表现。

有多种尝试来解释这种相关性，但尚未找到真正的发病机制。先前的解释包括肿瘤的蛋白渗出，导致脑膜的炎症反应。肿瘤性脑膜浸润伴转移性蛛网膜炎是另一种可能的解释（图 18.7）。这种现象的病理生理机制可能与多种因素有关，如 CSF 黏滞性增加，尽管动物模型显示蛋白含量高引起的 CSF 黏滞性升高并不总是引起颅内压升高和（或）脑室

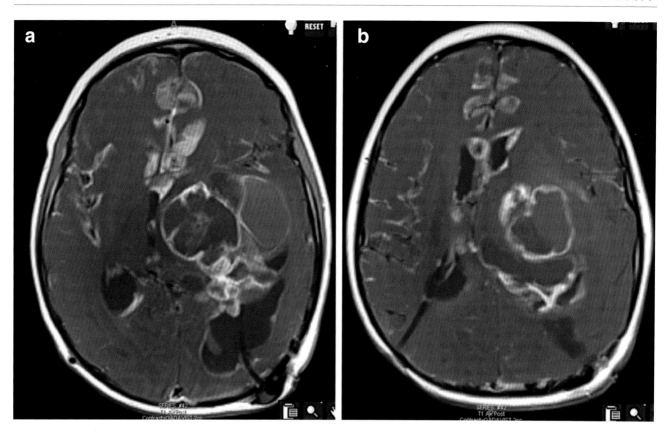

图 18.6 胶质母细胞瘤播散。增强轴位 T1 MRI，显示广泛的多灶性疾病，最终导致脑积水，并需要积极对囊肿（a）和脑室系统（b）进行引流。广泛的病灶播散到其余中枢神经系统

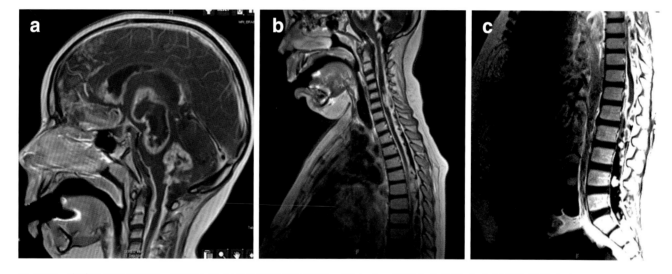

图 18.7 胶质母细胞瘤播散。不同的 T1 矢状位增强 MRI 影像，脑（a）、颈椎和上胸椎（b）以及胸腰椎（c）

扩大。慢性炎症、血脑屏障破坏或肿瘤出血导致的脑脊液内纤维蛋白原升高是另一种可能的解释。流体动力学理论认为，良性髓内肿瘤患者的脑积水可能继发于因肿瘤阻塞脊髓蛛网膜下腔导致的脊髓顺应性降低。这种阻塞降低CSF总顺应性，从而提高流动的总阻力。其他可能的病理生理学解释是前文

提到的CSF通路阻塞和肿瘤性蛛网膜炎。

在已知存在脊髓病变的患者中，或是就诊期间存在活动性脑积水体征的患者以及神经损害的症状和体征不能通过脑积水解释的患者中，出现颅内压升高的体征和症状进展时，医生应考虑到可能存在脑积水并进行紧急处理。

18.6 手术干预

文献记录Victor Horsley在1887年首次成功切除了硬膜下脊髓肿瘤。1907年，Anton von Eiselsberg在奥地利实施了一例髓内肿瘤切除术。然而直到1911年Charles Elsberg才首次描述了一个分两阶段进行的髓内肿瘤切除术。手术的第一阶段包括脊髓切开术，然后在约1周后返回手术室行第二阶段手术，切除从脊髓切开部位挤出的脊髓肿瘤。此后一段时间，神经外科医生开始主张根治性切除髓内肿瘤。然而更积极手术后出现了更高发生率的神经功能损害，神经外科医生又采用了更为保守的活检、硬膜重建和放射治疗。在现代，显微技术、先进的影像学技术和术中神经电生理学监测使神经外科医生能够在并发症可接受的前提下，完全切除髓内肿瘤，并改善长期生存率。与颅内同类型的肿瘤一样，推荐的手术切除程度是"最大限度地安全切除"。

在某些临床上无症状、偶然发现的病变，例如外伤后发现的病变，连续监测和观察等待可能是一种选择。然而对于症状性的或进行性增大的病变考虑IMSCTs时，外科手术是主要的治疗方法。手术的目标是获得诊断，并通过最大限度地肿瘤切除，在不引起新的和永久性的神经功能损害的情况下，对脊髓进行减压。数个研究组报道了手术切除低级别髓内肿瘤的经验。在经验丰富的术者治疗下，GTR可以在相当一部分IMSCTs中实现。脊髓室管膜瘤周围通常有明显的界面，利于整体切除。另一方面，星形细胞瘤的浸润性特征，肿瘤边缘与正常结构边界模糊，完整切除更具挑战性。术中监测的使用有助于外科医生进行最大限度的安全切除。

对于脊髓高级别胶质瘤（间变性星形细胞瘤和胶质母细胞瘤），由于其浸润的特性、缺乏清晰的界面以及无论如何治疗干预，患者总体预后不良，因此以前的研究主张有限切除高级别胶质瘤。然而这些研究中大多数未能将间变性星形细胞瘤与胶质母细胞瘤分开。最近的研究表明根治性切除对间变星形细胞瘤有更好的效果。

对于儿童脊髓星形细胞瘤，手术患者的效果优于未手术或仅活检的患者。在控制肿瘤大小、分级和扩展范围的情况下，手术可改善预后。手术被证明是提高生存率的主要方法，对脊髓星形细胞瘤患者应早期手术。对于脊髓胶质母细胞瘤和间变性星形细胞瘤，这些髓内肿瘤既往采用活检、硬脊膜成形术和放射治疗。最近更激进的治疗方法，包括脊髓切除术和肿瘤全切除的研究正逐步开展。一些研究发现原发性恶性脊髓肿瘤全切后，患者的死亡率有所改善。然而也有研究发现这类患者在肿瘤全切后并未受益。激进切除恶性髓内星形细胞瘤能做到保留神经功能，但是当医生尝试全切除这种生物学上浸润性的肿瘤时，术后可能出现运动功能损害。如前所述，与胶质母细胞瘤相比，间变性星形细胞瘤的患者从根治性切除中获益更多。胶质母细胞瘤的根治性切除与既往活检和辅助治疗的治疗方案相比未见显著差异。目前标记物（如H3K27M）可能比单独的组织学更有价值。由于即使辅助治疗也未显示出显著的益处，因此对恶性脊髓星形细胞瘤，根治性安全切除仍是主要方法。因此在为恶性脊髓肿瘤选择最合适的治疗方案时，应对采取全切及更保守的治疗选择可能出现的相关并发症进行仔细的比较考虑。

18.7 手术技术

IMSCTs最常见的位置是颈椎和颈胸椎，因此手术多采用3点头架固定头部。术中神经电生理监测可为外科医生提供脊髓长束功能的实时反馈。这通常由体感诱发电位（SSEPs）、运动诱发电位（MEPs）和硬膜外D波电位组成，可提示手术部位以下节段的皮质脊髓束功能。如果需要提供足够的灌注并防止脊髓的缺血性损伤，可在血管活性药物使用下，使平均动脉压始终保持在70mmHg以上。在儿童人群中，平均动脉压阈值主要根据儿童年龄和手术前的血压水平来确定。患者俯卧位，所有骨突出位置垫胶垫，以防止术中压疮。颈部和上胸部病变的患者手臂通常置于身体两侧，中段胸椎至腰椎病变的患者手臂置于头部（类似于"超人"位）。肩部需妥善放置以防止臂丛神经受压，避免神经损害。

神经电生理监测在手术和肿瘤切除程度方面发挥重要作用。有研究表明，电生理监测对于髓内肿瘤手术的运动功能预后具有预测作用。术中运动诱发电位可直接监测皮质脊髓束。经颅运动皮层的刺激可诱发运动电位。运动诱发电位可通过短串高频电刺激引出。用肢体肌肉的针电极记录反应。运动电位的表现为存在或不存在，存在提示完整的运动控制能力，不存在提示运动功能暂时缺失。单个电脉冲导致快速传导轴突的激活，可通过硬膜外置于肿瘤尾侧的电极记录。这种记录的电位是D波，反映功能性快速传导皮质脊髓纤维的相对数量。当与运动诱发电位一起评估时，经颅刺激运动皮层可诱发肌源性或肢体电位以及运动电位。肌源性运动诱发电位表现是存在或消失（全或无），而硬膜外D波波幅是病变以下节段有功能的皮质脊髓束单元数量的实时反馈。在提示可能出现的神经功能缺损时，分级电位可作为阈值形式；当与运动诱发电位一起评估时，分级电位可以明确神经功能缺失是暂时性还是永久性。通常D波达到幅度减少50%的阈值，可认为是应停止继续切除肿瘤的阈值，因为任何运动诱发电位的进一步下降都可能导致永久性的功能缺损。只要D波幅度保持在50%以上，患者清醒后即使可能有暂时性运动功能缺损，这种缺损也很有可能得到改善。

在手术开始时，正中皮肤切口和标准骨膜下剥离以暴露术区椎板。可以进行椎板切除术或椎板成形术以显露硬膜囊。应注意不要破坏关节突关节，否则会导致医源性脊柱不稳定和远期畸形。骨性暴露应超过病变上界和下界，以便为肿瘤切除留出足够的空间，防止脊髓牵拉和推挤。采用椎板成形术，在肿瘤切除后重新固定后部骨性成分，可降低儿童患者术后需要采用融合治疗的脊柱畸形的发生率，具有一定积极作用。此外还可在各年龄组中观察到脑脊液漏发生率的下降趋势。去除椎板后，术中超声可以经硬膜进一步定位肿瘤。骨性范围需要足够大以暴露肿瘤的实质成分，头端和尾端的囊不需要完全显露。随后放置硬膜外电极用于D波监测。

沿中线切开硬脊膜，两侧缝线悬吊。如果此时运动诱发电位或体感诱发电位发生变化，应减轻张力，以确认是否牵拉脊髓张力过大。硬膜外腔周围放置脑棉有助于吸除来自硬膜外腔的血液，防止血液进入硬膜下腔。一旦肿瘤上、下界的硬膜打开，要探查脊髓并观察存在的异常，例如旋转、局灶隆起膨出或脊髓表面变色。使用手术显微镜对髓内肿瘤切除至关重要。如果肿瘤存在偏心生长，考虑进行脊髓切开的部位是必要的。应特别注意在后正中

沟和后外侧沟内向内延伸的表面静脉，这有助于手术医生在脊髓存在旋转或异常时定位中线。后正中沟是最常见的入路点，但后外侧沟入路更接近肿瘤时应该采用后外侧沟入路。

脊髓切开后，在对脊髓后索进行牵拉操作时可能导致体感诱发电位消失。脊髓应切开足够长度以能显露肿瘤的两极。然而没必要总将脊髓切开超过肿瘤两极，这会造成不必要的重要神经组织切除。脊髓切开范围应足够大，以便能不过度牵拉脊髓就能处理肿瘤，防止脊髓损伤。肿瘤通常位于脊髓表面下几毫米处。一旦接触到肿瘤，首先使用小取瘤钳获取一小块样本，用于冰冻切片病理检查，以尽量确保获得确定的诊断。此后，可以进行其余的肿瘤切除。髓内肿瘤在外观上有差异，例如质地和颜色，这有助于区分肿瘤类型。星形细胞瘤或节神经胶质瘤具有灰黄色外观。在这些肿瘤类型中不存在肿瘤和正常脊髓之间的真正平面，因此外科医生不应该试图确认肿瘤和脊髓的界面，额外的操作可能对周围的脊髓造成损伤。室管膜瘤通常是灰红色。这些肿瘤与周围的脊髓组织分界较好，可以找到一个安全的界面进行解剖。在这两种情况下，建议不要首先尝试从正常脊髓上解剖肿瘤，而是内部减压，然后尝试从正常脊髓上分离肿瘤（室管膜瘤比星形细胞瘤或节细胞胶质瘤更适合）。然而在肿瘤大小允许的情况下，一些作者提倡对室管膜瘤进行整块切除。双极电凝应该尽量限制，热损伤会损害周围的正常神经结构，导致神经电生理监测出现变化，而提示功能缺损。从周围组织上轻柔地进行肿瘤操作和分离可实现有效的肿瘤切除。在整个手术过程中牵拉应该是动态的（不断变化），操作区域牵拉，而其他区域释放张力，以恢复脊髓血供。相同类型的髓内肿瘤，在儿童中合并脊髓空洞的比例比成人低，虽然在饱含液体空间存在的情况下，减压后可获得额外的空间以进行肿瘤切除。轻柔吸引和解剖可以有效地去除肿瘤，但是对于质地较硬的病变部位，可能需要超声抽吸装置或接触式激光探头进行肿瘤切除。Cavitron 超声吸引器（CUSA）使用高频声波使肿瘤碎片化，并从尖端抽吸。微型吸头允许在最低限度减少对临近脊髓影响的情况下进行肿瘤切除。Nd：YAG接触式激光系统有一个手柄和各种接触探针，可用于脊髓切开和解剖胶质-肿瘤界面。

肿瘤切除完成后，应彻底止血，可使用各种止血材料，必要时可使用低功率双极电凝。硬脊膜应以水密方式缝合，以减少术后脑脊液漏的可能性。在硬脊膜闭合后使用纤维蛋白黏合剂可以增加额外的保护作用。我们建议硬脊膜完成闭合后再去除硬膜外D波监测电极。如果采用椎板成形术，通过迷你连接片再固定椎板时应特别注意避免对硬膜囊的压迫，因此我们更倾向于在固定骨质时留出足够的硬膜外空间，以防术后骨质对脊髓的压迫。肌肉筋膜应水密闭合，表层结构优选逐层缝合。

在某些情况下可以实现肿瘤全切除，但在其他情况下，无法在不导致严重功能障碍前提下完成全切。因此无论是否存在残余肿瘤，外科医生的判断对于确定何时停止肿瘤切除至关重要。

18.8 手术预后

肿瘤的位置、类型和大小可影响手术结果。多个节段的肿瘤需要更广泛的脊髓切开，这可能破坏脊髓后索。由于其他IMSCTs的发病率较低，临床预后的报告很少。一般而言，任何IMSCTs的根治性切除都与长期生存相关。迄今为止，评估全切除对无进展生存期的影响的研究结果参差不齐，需要进一步扩大样本并延长随访时间进一步明确。术中神经监测的使用使外科医生更积极地进行手术；然而术后急性短暂性的功能减退并不少见。多达1/3的患者在术后住院期间会出现神经功能恶化的情况。然而25%~41%的恶化患者在手术后6个月内至少会恢复到术前状态。手术后的良好预后取决于患者的术前功能状态、整体肿瘤负荷、肿瘤与正常结构之间是否存在手术界面以及最终的病理。从切除到复发的平均时间为3个月，但手术后1年仍可见神经功能改善。无进展生存期和10年及20年的长期生存率与肿瘤切除程度有关。

多种因素影响恶性脊髓肿瘤的存活。对于恶性脊髓星形细胞瘤（间变性星形细胞瘤和胶质母细胞瘤），一些现有数据混合了两种组织学类型，并且尚未纳入近年来对分子亚型的理解（例如H3 K27M）。在大多数研究中，年龄、肿瘤位置、性别和切除程度会影响预后。总之间变性星形细胞瘤存活率增加与组织学、年龄（成年）、性别（男）和接受根治性切除相关。对于儿童患者，诊断时年龄较小以及手术时间较短生存率较高。

髓内高级别星形细胞瘤的切除是一种挑战。在一些报道中，根治性切除星形细胞瘤与较高的并发症发生率相关。星形细胞瘤部分切除后5年内临床复发率高达50%。总体而言低级别和高级别星形细胞瘤获得全切的比率分别为41%~55%和9%~17%。对于儿童髓内星形细胞瘤，尽管采取激进治疗，预后仍很差。高级别星形细胞瘤（间变性星形细胞瘤和胶质母细胞瘤）预后尤其不良，中位生存期约6个月，而患有更常见的低级别肿瘤的患者可能存活超过6年。与间变性星形细胞瘤患者相比，胶质母细胞瘤的死亡率更高。文献描述间变性星形细胞瘤患者的生存期为6~72个月，胶质母细胞瘤患者为6~10个月。过去一些研究主张最小限度的手术干预，并主张活检和放射治疗；然而如前所述，最近的研究表明，切除范围是生存率的重要预测因素，尤其是间变性星形细胞瘤。

对于脊髓室管膜瘤，既往研究中描述了生存期和无进展生存期，但其中大多数把黏液乳头状室管膜瘤（WHO I级）分析在内。WHO I级室管膜瘤的生物学和肿瘤行为完全不同，因此可以显著影响生存参数的结果。影响脊髓室管膜瘤生存期的相关因素包括组织学分级、切除程度和增殖指数（Ki-67）。低Ki-67与低WHO分级被证实可以预测更好的无进展生存期。一些研究中显示全切除可显著改善脊髓室管膜瘤患者的生存期。室管膜瘤的切除对外科医生提出了不同的挑战，因为室管膜瘤的复发率主要取决于肿瘤的切除程度。最近文献引用室管膜瘤的全切除率为90%~93%。组织学和切除程度被认为是脊髓室管膜瘤术后最重要的预后因素。不同的研究指出，与GTR相比，STR的复发率更高（高达40%）。脊髓室管膜瘤的切除程度较高与更长的生存期有关，GTR后10年生存率为90%，而STR术后10年生存率仅为80%。肿瘤大小（在一些研究中>10cm）和位置（胸椎比颈椎和腰椎更差）等因素是脊髓室管膜瘤未能达到GTR的危险因素。

据报道髓内肿瘤切除病例中有16%~100%术后出现进行性脊柱畸形。病因可能是由于椎旁肌肉去神经支配而引起的神经肌肉功能障碍而导致的脊柱支持的缺乏。病因也可能是由于椎板切除后脊柱后张力带的丧失导致生物力学不稳定，难以维持矢状位稳定性，在多椎板切除术后以及骨骼不成熟的儿童中尤其容易发生。髓内肿瘤术后脊柱畸形的影响因素包括年龄较小（部分研究中为小于13岁，部分研究中为小于7岁）、术前脊柱后凸畸形、大于2个节段的椎板切除、术后放疗、涉及颈胸交界和存在脊髓空洞。

与椎板成形术相比，椎板切除术是导致术后畸形的一个因素，然而预后结果不一。即使有上述风险因素，也不建议在首次手术时进行器械融合，因为患者需要连续的影像学评估肿瘤是否复发，而金属会有影响。目前建议采用影像学进行密切随访，包括对有风险患者进行更频繁的影像检查以评估术后畸形；即使诊断为术后畸形，部分病例使用外部支架足以解决。

18.9　辅助治疗

对儿童IMSCTs的积极外科干预取得了很好的结果，患儿的死亡率降低且生活质量良好。新的神经功能缺损通常是暂时的，少有患者术后功能减退超过一个功能等级。虽然显微手术可能实现GTR，但微观细胞浸润仍需要不断监测。这些细胞残余可能在很长一段时间内都不进展。因此髓内肿瘤切除后恢复的患者，仍需要在手术后（有时无限期）随访多年。如果复发，应考虑再次手术或化疗，对于出现症状的患者则更为紧迫。放疗对于不适合手术的病变，或不耐受化疗的患者，以及快速进展的恶性病变可能会起到有益的作用。放疗和化疗保留用于复发肿瘤、高级别肿瘤、浸润性肿瘤或有手术禁忌的患者。有研究者报道在不能全切的患者中，采用活检或部分切除，后续进行放疗的治疗方案。有一个研究报道，在低级别和高级别星形细胞瘤接受完全或次全切除术后或是肿瘤复发后，采用放疗可改善患者的无进展生存期。对于儿童胶质母细胞瘤患者，最近发表的一篇文章显示完全切除进行辅助放疗，相比次全切除后辅助放疗，有更高的生存率。既往研究显示，对整个脊柱进行40Gy的放疗（其他研究提倡在极端情况下使用更高剂量），患者的生存期从4.5个月增加到22.7个月。然而有其他研究仅发现了统计学趋势，而未发现放疗和生存预后之间的显著相关性。已发现接受放疗与未放疗患者的生存获益为15个月和5个月。如果与儿童亚组区分分析，这种趋势在成年患者中尤为显著。在比较恶性脊髓肿瘤放疗与未放疗的研究中，最大的问题是未放疗组的肿瘤通常较小。因此放疗与未放疗患者之间的比较没有统计学意义。我们知道，在考虑所有现有数据时，儿童和成人恶性脊髓胶质瘤之间存在生物学差异，但仍建议对两个年龄组都进行放疗。

放疗在髓内室管膜瘤或星形细胞瘤中已经使用多年，特别是在次全切除后，常规分次，剂量为45~50Gy。由于放射性脊髓病、胃肠道或生育能力受损以及控制肿瘤作用的不确定，放疗的使用受到制约。室管膜瘤次全切后常辅助放疗，而全切除后放疗仍有争议。一些研究中质疑放疗对脊髓室管膜瘤的有效性，这些研究未发现放疗对肿瘤进展或复发有显著影响。有些研究甚至发现放疗对次全切除术后存活率有负面影响。儿童髓内肿瘤放疗的争议还来源于其毒性作用，包括生长迟缓、继发性恶性肿瘤、放射性脊髓病、血管病变、脊柱生长受损、正常脊髓组织改变，以及需要融合的脊柱畸形（特别是在需要进一步干预的时候）。有两种方式可能增加放疗后治疗的实际困难：第一，放射性坏死或改变很难与肿瘤进展区分；第二，放疗后组织倾向于瘢痕化，使得疑似复发的二次探查手术或切除手术充满危险和挑战。25%的继发性肿瘤风险也与放射治疗有关，尤其是儿童。近年来放射外科手术作为一种治疗方式越来越受到关注。一些研究显示出良好的结果，最近一项关于髓内肿瘤立体定向放射外科的文献综述得出结论，该技术在特定病例中是安全有效的。脊髓的毒性和放射性脊髓病风险，必须与患者交代，邻近器官治疗相关毒性高达25%。由于所有这些原因，放疗仅保留作为髓内肿瘤治疗的最后手段，特别是在儿童人群中。首选治疗方案（特别是室管膜瘤）是在可能的情况下反复采用手术切除，只有在无法切除时才使用放疗。

传统上只在切除和辅助放疗禁忌或不成功时才使用化疗。由于大分子无法穿透血脊髓屏障并提供治疗效果，同时又要控制全身毒性，因此选择更加有限。另外脑脊液搏动扩散了化疗的效果，进一步限制了剂量效力。脊髓室管膜瘤和大部分星形细胞瘤的化疗方案主要来源于同类型颅内肿瘤治疗的相关数据。然而近年来随着对分子亚型的日益了解，我们知道脊髓室管膜瘤不同于幕上室管膜瘤，脊髓高级别胶质瘤也是如此。髓内星形细胞瘤的最常见的化疗包括烷化剂（例如替莫唑胺）和血管内皮生长因子（VEGF）抑制剂（例如贝伐珠单抗），也是颅内间变性星形细胞瘤和胶质母细胞瘤的治疗方案。自Stupp等进行随机试验证明替莫唑胺联合放疗取得有益效果以来，替莫唑胺辅助治疗已成为胶质母细胞瘤患者的标准治疗方法，也作为脊髓胶质母细胞瘤的辅助治疗手段。剂量通常参考颅内方案确定，治疗6周。在啮齿动物脊髓髓内胶质瘤模型中使用贝伐单抗联合替莫唑胺，替莫唑胺的疗效增加。一项小规模队列研究在替莫唑胺治疗失败后，使用贝伐珠单抗进行挽救治疗，结果显示6例患者中的5例获得稳定或部分反应。

化疗在儿童IMSCTs中的作用尚不明确，因为没有进行随机对照试验来评估其在这一特定患者群体中的疗效。多种化疗和放疗方法用于脊髓胶质母细胞瘤，以试图在这个不幸的患者群体中实现生存率的小幅提高。替莫唑胺，一种DNA烷化剂，被多个研究证实具有潜在治疗价值。替莫唑胺目前是颅内星形细胞瘤标准治疗方案的一部分，因此转而应用于IMSCTs。而对于儿童胶质母细胞瘤患者的化疗药物的寻找，尚未取得令人信服的结果。如上所述，替莫唑胺和放疗同步以及辅助替莫唑胺化疗已被证明可为成人脊髓胶质母细胞瘤患者带来一些获益，但在儿童中并未出现这样的结果，这可以通过最近的研究结果来解释，脊髓胶质母细胞瘤在儿童和成人之间不同（如幕上胶质母细胞瘤），尽管它们具有相同的名称。之前研究中显示的差异之一是O（6）-甲基鸟嘌呤-DNA甲基转移酶（MGMT）过表达，这与生存率呈负相关。非MGMT依赖的替莫唑胺耐药通路也有报道。在最近的一项研究中，Cohen等采用替莫唑胺进行同步放化疗，而后进行替莫唑胺辅助化疗的方法治疗90例高级别胶质瘤患儿，结果与先前发表的儿童癌症研究（CCG-945）的结果类似。研究显示，成人高级别胶质瘤采用贝伐珠单抗可有额外获益，而儿童高级别脊髓胶质瘤获益不明显。同样的情况也发生在使用伊立替康的研究中，虽然成人高级别胶质瘤可有显著反应，但在儿童中没有类似的显著反应。虽然结果不太乐观，但目前的方案仍然建议对儿童脊髓胶质母细胞瘤采用手术联合包含化疗剂在内的多模态辅助治疗，放疗可在术后直接进行，或是在初次治疗失败后进行。儿童脊髓间变性星形细胞瘤数据较少，因此一些外科医生会提倡GTR后密切随访，也有人主张不管切

除程度如何，立即采取辅助治疗。

总体而言，对于不断生长或症状性髓内肿瘤的治疗方法应该是显微外科手术，最大限度地安全切除肿瘤。如果实现了令人满意的切除，某些病例可以定期随访；虽然对于恶性星形细胞瘤，大多数情况下辅助治疗是必要的。在侵袭性较小的肿瘤中，较小的术后残留可以定期影像学复查。对于较大的复发灶，可能需要二次手术，对于不能手术的病例，宜采用辅助治疗（首选化疗作为一线干预）。对于恶性星形细胞瘤，考虑到肿瘤的浸润性，通常需要术后辅助治疗。对于高级别室管膜瘤，在辅助治疗前可考虑手术及重复手术。对于室管膜瘤，如果达到全切除，则不需要进行辅助治疗。

（潘　源 译，黄瑾翔 校）

参考文献

[1] Wong AP, Dahdaleh NS, Fessler RG, Melkonian SC, Lin Y, Smith ZA, Lam SK. Risk factors and long-term survival in adult patients with primary malignant spinal cord astrocytomas. J Neuro-Oncol. 2013;115(3):493–503. https://doi.org/10.1007/s11060-013-1251-y.

[2] Wilson PE, Oleszek JL, Clayton GH. Pediatric spinal cord tumors and masses. J Spinal Cord Med. 2007;30(Suppl 1):S15–S20.

[3] Townsend N, Handler M, Fleitz J, Foreman N. Intramedullary spinal cord astrocytomas in children. Pediatr Blood Cancer. 2004;43(6):629–32. https://doi.org/10.1002/pbc.20082.

[4] Rumana CS, Valadka AB. Radiation therapy and malignant degeneration of benign supratentorial gangliogliomas. Neurosurgery. 1998;42(5):1038–1043.

[5] Broniscer A, Baker SJ, West AN, Fraser MM, Proko E, Kocak M, Dalton J, Zambetti GP, Ellison DW, Kun LE, Gajjar A, Gilbertson RJ, Fuller CE. Clinical and molecular characteristics of malignant transformation of low-grade glioma in children. J Clin Oncol. 2007;25(6):682–689. https://doi.org/10.1200/JCO.2006.06.8213.

[6] Winograd E, Pencovich N, Yalon M, Soffer D, Beni-Adani L, Constantini S. Malignant transformation in pediatric spinal intramedullary tumors: case-based update. Childs Nerv Syst. 2012;28(10):1679–1686. https://doi.org/10.1007/s00381-012-1851-4.

[7] Yan H, Parsons DW, Jin G, McLendon R, Rasheed BA, Yuan W, Kos I, Batinic-Haberle I, Jones S, Riggins GJ, Friedman H, Friedman A, Reardon D, Herndon J, Kinzler KW, Velculescu VE, Vogelstein B, Bigner DD. IDH1 and IDH2 mutations in gliomas. N Engl J Med. 2009;360(8):765–773. https://doi.org/10.1056/NEJMoa0808710.

[8] Takai K, Tanaka S, Sota T, Mukasa A, Komori T, Taniguchi

M. Spinal Cord Astrocytoma with Isocitrate Dehydrogenase 1 Gene Mutation. World Neurosurg 108:991.e913-991.e916. 2017; https://doi.org/10.1016/j.wneu.2017.08.142.

[9] Schindler G, Capper D, Meyer J, Janzarik W, Omran H, Herold-Mende C, Schmieder K, Wesseling P, Mawrin C, Hasselblatt M, Louis DN, Korshunov A, Pfister S, Hartmann C, Paulus W, Reifenberger G, von Deimling A. Analysis of BRAF V600E mutation in 1,320 nervous system tumors reveals high mutation frequencies in pleomorphic xanthoastrocytoma, ganglioglioma and extra-cerebellar pilocytic astrocytoma. Acta Neuropathol. 2011;121(3):397–405. https://doi.org/10.1007/s00401-011-0802-6.

[10] Lee D, Cho YH, Kang SY, Yoon N, Sung CO, Suh YL. BRAF V600E mutations are frequent in dysembryoplastic neuroepithelial tumors and subependymal giant cell astrocytomas. J Surg Oncol. 2015;111(3):359–364. https://doi.org/10.1002/jso.23822.

[11] Bar EE, Lin A, Tihan T, Burger PC, Eberhart CG. Frequent gains at chromosome 7q34 involving BRAF in pilocytic astrocytoma. J Neuropathol Exp Neurol. 2008;67(9):878–887. https://doi.org/10.1097/NEN.0b013e3181845622.

[12] Jacob K, Albrecht S, Sollier C, Faury D, Sader E, Montpetit A, Serre D, Hauser P, Garami M, Bognar L, Hanzely Z, Montes JL, Atkinson J, Farmer JP, Bouffet E, Hawkins C, Tabori U, Jabado N. Duplication of 7q34 is specific to juvenile pilocytic astrocytomas and a hallmark of cerebellar and optic pathway tumours. Br J Cancer. 2009;101(4):722–733. https://doi.org/10.1038/sj.bjc.6605179.

[13] Pfister S, Janzarik WG, Remke M, Ernst A, Werft W, Becker N, Toedt G, Wittmann A, Kratz C, Olbrich H, Ahmadi R, Thieme B, Joos S, Radlwimmer B, Kulozik A, Pietsch T, Herold-Mende C, Gnekow A, Reifenberger G, Korshunov A, Scheurlen W, Omran H, Lichter P. BRAF gene duplication constitutes a mechanism of MAPK pathway activation in low-grade astrocytomas. J Clin Invest. 2008;118(5):1739–1749. https://doi.org/10.1172/JCI33656.

[14] Karsy M, Guan J, Cohen AL, Jensen RL, Colman H. New Molecular Considerations for Glioma: IDH, ATRX, BRAF, TERT, H3 K27M. Curr Neurol Neurosci Rep. 2017;17(2):19. https://doi.org/10.1007/s11910-017-0722-5.

[15] Shankar GM, Lelic N, Gill CM, Thorner AR, Van Hummelen P, Wisoff JH, Loeffler JS, Brastianos PK, Shin JH, Borges LF, Butler WE, Zagzag D, Brody RI, Duhaime AC, Taylor MD, Hawkins CE, Louis DN, Cahill DP, Curry WT, Meyerson M. BRAF alteration status and the histone H3F3A gene K27M mutation segregate spinal cord astrocytoma histology. Acta Neuropathol. 2016;131(1):147–150. https://doi.org/10.1007/s00401-015-1492-2.

[16] Shankar GM, Francis JM, Rinne ML, Ramkissoon SH, Huang FW, Venteicher AS, Akama-Garren EH, Kang YJ, Lelic N, Kim JC, Brown LE, Charbonneau SK, Golby AJ, Sekhar Pedamallu

C, Hoang MP, Sullivan RJ, Cherniack AD, Garraway LA, Stemmer-Rachamimov A, Reardon DA, Wen PY, Brastianos PK, Curry WT, Barker FG, Hahn WC, Nahed BV, Ligon KL, Louis DN, Cahill DP, Meyerson M. Rapid Intraoperative Molecular Characterization of Glioma. JAMA Oncol. 2015;1(5):662–667. https://doi.org/10.1001/jamaoncol.2015.0917.

[17] Segal D, Lidar Z, Corn A, Constantini S. Delay in diagnosis of primary intradural spinal cord tumors. Surg Neurol Int. 2012;3:52. https://doi.org/10.4103/2152-7806.96075.

[18] Grimm S, Chamberlain MC. Adult primary spinal cord tumors. Expert Rev Neurother. 2009;9(10):1487–1495. https://doi.org/10.1586/ern.09.101.

[19] McCormick PC, Torres R, Post KD, Stein BM. Intramedullary ependymoma of the spinal cord. J Neurosurg. 1990;72(4):523–32. https://doi.org/10.3171/jns.1990.72.4.0523.

[20] Jallo GI, Freed D, Epstein F. Intramedullary spinal cord tumors in children. Childs Nerv Syst. 2003;19(9):641–649. https://doi.org/10.1007/s00381-003-0820-3.

[21] Wilne S, Walker D. Spine and spinal cord tumours in children: a diagnostic and therapeutic challenge to healthcare systems. Arch Dis Child Educ Pract Ed. 2010;95(2):47–54. https://doi.org/10.1136/adc.2008.143214.

[22] Seo HS, Kim JH, Lee DH, Lee YH, Suh SI, Kim SY, Na DG. Nonenhancing intramedullary astrocytomas and other MR imaging features: a retrospective study and systematic review. AJNR Am J Neuroradiol. 2010;31(3):498–503. https://doi.org/10.3174/ajnr.A1864.

[23] Goy AM, Pinto RS, Raghavendra BN, Epstein FJ, Kricheff II. Intramedullary spinal cord tumors: MR imaging, with emphasis on associated cysts. Radiology. 1986;161(2):381–386. https://doi.org/10.1148/radiology.161.2.3763905.

[24] Kahan H, Sklar EM, Post MJ, Bruce JH. MR characteristics of histopathologic subtypes of spinal ependymoma. AJNR Am J Neuroradiol. 1996;17(1):143–150.

[25] Kobayashi K, Imagama S, Kato F, Kanemura T, Sato K, Kamiya M, Ando K, Ito K, Tsushima M, Matsumoto A, Morozumi M, Tanaka S, Machino M, Nishida Y, Ishiguro N. MRI characteristics of spinal ependymoma in WHO grade II: a review of 59 cases. Spine (Phila Pa 1976). 2017; https://doi.org/10.1097/BRS.0000000000002496.

[26] Koeller KK, Rosenblum RS, Morrison AL. Neoplasms of the spinal cord and filum terminale: radiologic-pathologic correlation. Radiographics. 2000;20(6):1721–1749. https://doi.org/10.1148/radiographics.20.6.g00nv151721.

[27] Sun B, Wang C, Wang J, Liu A. MRI features of intramedullary spinal cord ependymomas. J Neuroimaging. 2003;13(4):346–351.

[28] Do-Dai DD, Brooks MK, Goldkamp A, Erbay S, Bhadelia RA. Magnetic resonance imaging of intramedullary spinal cord lesions: a pictorial review. Curr Probl Diagn Radiol. 2010;39(4):160–185. https://doi.org/10.1067/

j.cpradiol.2009.05.004.

[29] Fine MJ, Kricheff II, Freed D, Epstein FJ. Spinal cord ependymomas: MR imaging features. Radiology. 1995;197(3):655–8. https://doi.org/10.1148/radiology.197.3.7480734.

[30] Kim DH, Kim JH, Choi SH, Sohn CH, Yun TJ, Kim CH, Chang KH. Differentiation between intramedullary spinal ependymoma and astrocytoma: comparative MRI analysis. Clin Radiol. 2014;69(1):29–35. https://doi.org/10.1016/j.crad.2013.07.017.

[31] Zhao M, Shi B, Chen T, Zhang Y, Geng T, Qiao L, Zhang M, He L, Zuo H, Wang G. Axial MR diffusion tensor imaging and tractography in clinical diagnosed and pathology confirmed cervical spinal cord astrocytoma. J Neurol Sci. 2017;375:43–51. https://doi.org/10.1016/j.jns.2017.01.044.

[32] Liu X, Germin BI, Ekholm S. A case of cervical spinal cord glioblastoma diagnosed with MR diffusion tensor and perfusion imaging. J Neuroimaging. 2011;21(3):292–296. https://doi.org/10.1111/j.1552-6569.2009.00459.x.

[33] Louis DN, Perry A, Reifenberger G, von Deimling A, Figarella-Branger D, Cavenee WK, Ohgaki H, Wiestler OD, Kleihues P, Ellison DW. The 2016 World Health Organization Classification of Tumors of the Central Nervous System: a summary. Acta Neuropathol. 2016;131(6):803–820. https://doi.org/10.1007/s00401-016-1545-1.

[34] Nagaishi M, Nobusawa S, Yokoo H, Sugiura Y, Tsuda K, Tanaka Y, Suzuki K, Hyodo A. Genetic mutations in high grade gliomas of the adult spinal cord. Brain Tumor Pathol. 2016;33(4):267–269. https://doi.org/10.1007/s10014-016-0263-7.

[35] Xiao R, Abdullah KG, Miller JA, Lubelski D, Steinmetz MP, Shin JH, Krishnaney AA, Mroz TE, Benzel EC. Molecular and clinical prognostic factors for favorable outcome following surgical resection of adult intramedullary spinal cord astrocytomas. Clin Neurol Neurosurg. 2016;144:82–87. https://doi.org/10.1016/j.clineuro.2016.03.009.

[36] Ellezam B, Theeler BJ, Walbert T, Mammoser AG, Horbinski C, Kleinschmidt-DeMasters BK, Perry A, Puduvalli V, Fuller GN, Bruner JM, Aldape KD. Low rate of R132H IDH1 mutation in infratentorial and spinal cord grade II and III diffuse gliomas. Acta Neuropathol. 2012;124(3):449–451. https://doi.org/10.1007/s00401-012-1011-7.

[37] Zhang L, Chen LH, Wan H, Yang R, Wang Z, Feng J, Yang S, Jones S, Wang S, Zhou W, Zhu H, Killela PJ, Zhang J, Wu Z, Li G, Hao S, Wang Y, Webb JB, Friedman HS, Friedman AH, McLendon RE, He Y, Reitman ZJ, Bigner DD, Yan H. Exome sequencing identifies somatic gain-of-function PPM1D mutations in brainstem gliomas. Nat Genet. 2014;46(7):726–730. https://doi.org/10.1038/ng.2995.

[38] Konar SK, Bir SC, Maiti TK, Nanda A. A systematic review of overall survival in pediatric primary glioblastoma multiforme

[39] Vettermann FJ, Neumann JE, Suchorska B, Bartenstein P, Giese A, Dorostkar MM, Albert NL, Schüller U. K27M midline gliomas display malignant progression by imaging and histology. Neuropathol Appl Neurobiol. 2017;43(5):458–462. https://doi.org/10.1111/nan.12371.

[40] Chiang JC, Ellison DW. Molecular pathology of paediatric central nervous system tumours. J Pathol. 2017;241(2):159–172. https://doi.org/10.1002/path.4813.

[41] Pajtler KW, Mack SC, Ramaswamy V, Smith CA, Witt H, Smith A, Hansford JR, von Hoff K, Wright KD, Hwang E, Frappaz D, Kanemura Y, Massimino M, Faure-Conter C, Modena P, Tabori U, Warren KE, Holland EC, Ichimura K, Giangaspero F, Castel D, von Deimling A, Kool M, Dirks PB, Grundy RG, Foreman NK, Gajjar A, Korshunov A, Finlay J, Gilbertson RJ, Ellison DW, Aldape KD, Merchant TE, Bouffet E, Pfister SM, Taylor MD. The current consensus on the clinical management of intracranial ependymoma and its distinct molecular variants. Acta Neuropathol. 2017;133(1):5–12. https://doi.org/10.1007/s00401-016-1643-0.

[42] Hübner JM, Kool M, Pfister SM, Pajtler KW (2018) Epidemiology, molecular classification and WHO grading of ependymoma. J Neurosurg Sci 62 (1):46-50. https://doi.org/10.23736/S0390-5616.17.04152-2.

[43] Lee CH, Chung CK, Kim CH. Genetic differences on intracranial versus spinal cord ependymal tumors: a meta-analysis of genetic researches. Eur Spine J. 2016;25(12):3942–3951. https://doi.org/10.1007/s00586-016-4745-4.

[44] Barton VN, Donson AM, Kleinschmidt-DeMasters BK, Birks DK, Handler MH, Foreman NK. Unique molecular characteristics of pediatric myxopapillary ependymoma. Brain Pathol. 2010;20(3):560–570. https://doi.org/10.1111/j.1750-3639.2009.00333.x.

[45] Mirone G, Cinalli G, Spennato P, Ruggiero C, Aliberti F. Hydrocephalus and spinal cord tumors: a review. Childs Nerv Syst. 2011;27(10):1741–1749. https://doi.org/10.1007/s00381-011-1543-5.

[46] Rifkinson-Mann S, Wisoff JH, Epstein F. The association of hydrocephalus with intramedullary spinal cord tumors: a series of 25 patients. Neurosurgery. 1990;27(5):749–754. discussion 754.

[47] Gardner WJ, Spitler DK, Whitten C. Increased intracranial pressure caused by increased protein content in the cerebrospinal fluid; an explanation of papilledema in certain cases of small intracranial and intraspinal tumors, and in the Guillain-Barre syndrome. N Engl J Med. 1954;250(22):932–936. https://doi.org/10.1056/NEJM195406032502202.

[48] Maksymowicz W, Czosnyka M, Koszewski W, Szymanska A, Traczewski W. The role of cerebrospinal compensatory parameters in the estimation of functioning of implanted

shunt system in patients with communicating hydrocephalus (preliminary report). Acta Neurochir. 1989;101(3–4):112–116.

[49] Morandi X, Amlashi SF, Riffaud L. A dynamic theory for hydrocephalus revealing benign intraspinal tumours: tumoural obstruction of the spinal subarachnoid space reduces total CSF compartment compliance. Med Hypotheses. 2006;67(1):79–81. https://doi.org/10.1016/j. mehy.2006.01.005.

[50] Raksin PB, Alperin N, Sivaramakrishnan A, Surapaneni S, Lichtor T. Noninvasive intracranial compliance and pressure based on dynamic magnetic resonance imaging of blood flow and cerebrospinal fluid flow: review of principles, implementation, and other noninvasive approaches. Neurosurg Focus. 2003;14(4):e4.

[51] Ciappetta P, Salvati M, Capoccia G, Artico M, Raco A, Fortuna A. Spinal glioblastomas: report of seven cases and review of the literature. Neurosurgery. 1991;28(2):302–306.

[52] Hernández-Durán S, Bregy A, Shah AH, Hanft S, Komotar RJ, Manzano GR. Primary spinal cord glioblastoma multiforme treated with temozolomide. J Clin Neurosci. 2015;22(12):1877–1882. https://doi.org/10.1016/j.jocn.2015.04.017.

[53] Jallo GI. CUSA EXcel ultrasonic aspiration system. Neurosurgery. 2001;48(3):695–7.

[54] McGirt MJ, Goldstein IM, Chaichana KL, Tobias ME, Kothbauer KF, Jallo GI. Extent of surgical resection of malignant astrocytomas of the spinal cord: outcome analysis of 35 patients. Neurosurgery. 2008;63(1):55–60.; discussion 60-51. https://doi.org/10.1227/01. NEU.0000335070.37943.09.

[55] Luksik AS, Garzon-Muvdi T, Yang W, Huang J, Jallo GI. Pediatric spinal cord astrocytomas: a retrospective study of 348 patients from the SEER database. J Neurosurg Pediatr. 2017;19(6):711–9. https://doi.org/10.3171/2017.1.PEDS16528.

[56] Liu A, Sankey EW, Bettegowda C, Burger PC, Jallo GI, Groves ML. Poor prognosis despite aggressive treatment in adults with intramedullary spinal cord glioblastoma. J Clin Neurosci. 2015;22(10):1628–1631. https://doi.org/10.1016/j.jocn.2015.05.008.

[57] Jallo GI, Kothbauer KF, Epstein FJ. Intrinsic spinal cord tumor resection. Neurosurgery. 2001;49(5):1124–1128.

[58] McCormick PC, Stein BM. Intramedullary tumors in adults. Neurosurg Clin N Am. 1990;1(3):609–630.

[59] Raco A, Esposito V, Lenzi J, Piccirilli M, Delfini R, Cantore G. Long-term follow-up of intramedullary spinal cord tumors: a series of 202 cases. Neurosurgery. 2005;56(5):972–981. discussion 972-981.

[60] Garcés-Ambrossi GL, McGirt MJ, Mehta VA, Sciubba DM, Witham TF, Bydon A, Wolinksy JP, Jallo GI, Gokaslan ZL. Factors associated with progression-free survival and long-term neurological outcome after resection of intramedullary spinal cord tumors: analysis of 101 consecutive cases. J Neurosurg Spine. 2009;11(5):591–599. https://doi.org/10.3171/2009.4.SPINE08159.

[61] Sandler HM, Papadopoulos SM, Thornton AF, Ross DA. Spinal cord astrocytomas: results of therapy. Neurosurgery. 1992;30(4):490–493.

[62] Kothbauer K, Deletis V, Epstein FJ. Intraoperative spinal cord monitoring for intramedullary surgery: an essential adjunct. Pediatr Neurosurg. 1997;26(5):247–254. https://doi.org/10.1159/000121199.

[63] Kukreja S, Ambekar S, Sharma M, Sin AH, Nanda A. Outcome predictors in the management of spinal myxopapillary ependymoma: an integrative survival analysis. World Neurosurg. 2015;83(5):852–859. https://doi.org/10.1016/j.wneu.2014.08.006.

[64] McGirt MJ, Chaichana KL, Atiba A, Bydon A, Witham TF, Yao KC, Jallo GI. Incidence of spinal deformity after resection of intramedullary spinal cord tumors in children who underwent laminectomy compared with laminoplasty. J Neurosurg Pediatr. 2008;1(1):57–62. https://doi.org/10.3171/PED-08/01/057.

[65] McGirt MJ, Garcés-Ambrossi GL, Parker SL, Sciubba DM, Bydon A, Wolinksy JP, Gokaslan ZL, Jallo G, Witham TF. Short-term progressive spinal deformity following laminoplasty versus laminectomy for resection of intradural spinal tumors: analysis of 238 patients. Neurosurgery. 2010;66(5):1005–1012. https://doi.org/10.1227/01.NEU.0000367721.73220.C9.

[66] Klekamp J. Spinal ependymomas. Part 1: Intramedullary ependymomas. Neurosurg Focus. 2015;39(2):E6. https://doi.org/10.3171/2015.5.FOCUS15161.

[67] Samii M, Klekamp J. Surgical results of 100 intramedullary tumors in relation to accompanying syringomyelia. Neurosurgery. 1994;35(5):865–873. discussion 873.

[68] Jallo GI, Freed D, Epstein FJ. Spinal cord gangliogliomas: a review of 56 patients. J Neuro-Oncol. 2004;68(1):71–7.

[69] Minehan KJ, Brown PD, Scheithauer BW, Krauss WE, Wright MP. Prognosis and treatment of spinal cord astrocytoma. Int J Radiat Oncol Biol Phys. 2009;73(3):727–733. https://doi.org/10.1016/j.ijrobp.2008.04.060.

[70] Samartzis D, Gillis CC, Shih P, O'Toole JE, Fessler RG. Intramedullary Spinal Cord Tumors: Part II-Management Options and Outcomes. Global Spine J. 2016;6(2):176–185. https://doi.org/10.1055/s-0035-1550086.

[71] Ahmed R, Menezes AH, Awe OO, Torner JC. Long-term disease and neurological outcomes in patients with pediatric intramedullary spinal cord tumors. J Neurosurg Pediatr. 2014;13(6):600–612. https://doi.org/10.3171/2014.1.PEDS13316.

[72] Adams H, Avendaño J, Raza SM, Gokaslan ZL, Jallo GI, Quiñones-Hinojosa A. Prognostic factors and survival in primary malignant astrocytomas of the spinal cord: a population-based analysis from 1973 to 2007. Spine (Phila Pa 1976). 2012;37(12):E727–E735. https://doi.org/10.1097/BRS.0b013e31824584c0.

[73] Ottenhausen M, Ntoulias G, Bodhinayake I, Ruppert FH,

Schreiber S, Förschler A, Boockvar JA, Jödicke A. Intradural spinal tumors in adults-update on management and outcome. Neurosurg Rev. 2018; https://doi.org/10.1007/s10143-018-0957-x.

[74] Nakamura M, Ishii K, Watanabe K, Tsuji T, Takaishi H, Matsumoto M, Toyama Y, Chiba K. Surgical treatment of intramedullary spinal cord tumors: prognosis and complications. Spinal Cord. 2008;46(4):282–286. https://doi.org/10.1038/sj.sc.3102130.

[75] Beyer S, von Bueren AO, Klautke G, Guckenberger M, Kortmann RD, Pietschmann S, Müller K. A Systematic Review on the Characteristics, Treatments and Outcomes of the Patients with Primary Spinal Glioblastomas or Gliosarcomas Reported in Literature until March 2015. PLoS One. 2016;11(2):e0148312. https://doi.org/10.1371/journal.pone.0148312.

[76] Wostrack M, Ringel F, Eicker SO, Jägersberg M, Schaller K, Kerschbaumer J, Thomé C, Shiban E, Stoffel M, Friedrich B, Kehl V, Vajkoczy P, Meyer B, Onken J. Spinal ependymoma in adults: a multicenter investigation of surgical outcome and progression-free survival. J Neurosurg Spine. 2018:1–9. https://doi.org/10.3171/2017.9.SPINE17494.

[77] Vijayakumar S, Estes M, Hardy RW, Rosenbloom SA, Thomas FJ. Ependymoma of the spinal cord and cauda equina: a review. Cleve Clin J Med. 1988;55(2):163–170.

[78] Lee SH, Chung CK, Kim CH, Yoon SH, Hyun SJ, Kim KJ, Kim ES, Eoh W, Kim HJ. Long-term outcomes of surgical resection with or without adjuvant radiation therapy for treatment of spinal ependymoma: a retrospective multicenter study by the Korea Spinal Oncology Research Group. Neuro-Oncology. 2013;15(7):921–929. https://doi.org/10.1093/neuonc/not038.

[79] Safaee M, Oh MC, Mummaneni PV, Weinstein PR, Ames CP, Chou D, Berger MS, Parsa AT, Gupta N. Surgical outcomes in spinal cord ependymomas and the importance of extent of resection in children and young adults. J Neurosurg Pediatr. 2014;13(4):393–399. https://doi.org/10.3171/2013.12.PEDS13383.

[80] Tarapore PE, Modera P, Naujokas A, Oh MC, Amin B, Tihan T, Parsa AT, Ames CP, Chou D, Mummaneni PV, Weinstein PR. Pathology of spinal ependymomas: an institutional experience over 25 years in 134 patients. Neurosurgery. 2013;73(2):247–255.; discussion 255. https://doi.org/10.1227/01.neu.0000430764.02973.78.

[81] Boström A, Kanther NC, Grote A, Boström J. Management and outcome in adult intramedullary spinal cord tumours: a 20-year single institution experience. BMC Res Notes. 2014;7:908. https://doi.org/10.1186/1756-0500-7-908.

[82] Li TY, Chu JS, Xu YL, Yang J, Wang J, Huang YH, Kwan AL, Wang GH. Surgical strategies and outcomes of spinal ependymomas of different lengths: analysis of 210 patients: clinical article. J Neurosurg Spine. 2014;21(2):249–259. https://doi.org/10.3171/2014.3.SPINE13481.

[83] Hersh DS, Iyer RR, Garzon-Muvdi T, Liu A, Jallo GI, Groves ML. Instrumented fusion for spinal deformity after laminectomy or laminoplasty for resection of intramedullary spinal cord tumors in pediatric patients. Neurosurg Focus. 2017;43(4):E12. https://doi.org/10.3171/2017.7.FOCUS17329.

[84] Yao KC, McGirt MJ, Chaichana KL, Constantini S, Jallo GI. Risk factors for progressive spinal deformity following resection of intramedullary spinal cord tumors in children: an analysis of 161 consecutive cases. J Neurosurg. 2007;107(6 Suppl):463–468. https://doi.org/10.3171/PED-07/12/463.

[85] Ahmed R, Menezes AH, Awe OO, Mahaney KB, Torner JC, Weinstein SL. Long-term incidence and risk factors for development of spinal deformity following resection of pediatric intramedullary spinal cord tumors. J Neurosurg Pediatr. 2014;13(6):613–621. https://doi.org/10.3171/2014.1.PEDS13317.

[86] Schneider C, Hidalgo ET, Schmitt-Mechelke T, Kothbauer KF. Quality of life after surgical treatment of primary intramedullary spinal cord tumors in children. J Neurosurg Pediatr. 2014;13(2):170–177. https://doi.org/10.3171/2013.11.PEDS13346.

[87] Constantini S, Miller DC, Allen JC, Rorke LB, Freed D, Epstein FJ. Radical excision of intramedullary spinal cord tumors: surgical morbidity and long-term follow-up evaluation in 164 children and young adults. J Neurosurg. 2000;93(2 Suppl):183–193.

[88] Tobin MK, Geraghty JR, Engelhard HH, Linninger AA, Mehta AI. Intramedullary spinal cord tumors: a review of current and future treatment strategies. Neurosurg Focus. 2015;39(2):E14. https://doi.org/10.3171/2015.5.FOCUS15158.

[89] O'Sullivan C, Jenkin RD, Doherty MA, Hoffman HJ, Greenberg ML. Spinal cord tumors in children: long-term results of combined surgical and radiation treatment. J Neurosurg. 1994;81(4):507–512. https://doi.org/10.3171/jns.1994.81.4.0507.

[90] Minehan KJ, Shaw EG, Scheithauer BW, Davis DL, Onofrio BM. Spinal cord astrocytoma: pathological and treatment considerations. J Neurosurg. 1995;83(4):590–595. https://doi.org/10.3171/jns.1995.83.4.0590.

[91] Guss ZD, Moningi S, Jallo GI, Cohen KJ, Wharam MD, Terezakis SA. Management of pediatric spinal cord astrocytomas: outcomes with adjuvant radiation. Int J Radiat Oncol Biol Phys. 2013;85(5):1307–1311. https://doi.org/10.1016/j.ijrobp.2012.11.022.

[92] Lober R, Sharma S, Bell B, Free A, Figueroa R, Sheils CW, Lee M, Cowell J. Pediatric primary intramedullary spinal cord glioblastoma. Rare Tumors. 2010;2(3):e48. https://doi.org/10.4081/rt.2010.e48.

[93] Isaacson SR. Radiation therapy and the management of intramedullary spinal cord tumors. J Neuro-Oncol. 2000;47(3):231–238.

[94] Lin Y, Smith ZA, Wong AP, Melkonian S, Harris DA, Lam S. Predictors of survival in patients with spinal ependymoma. Neurol Res. 2015;37(7):650–655. https://doi.org/10.1179/17431328 15Y.0000000041.

[95] Sgouros S, Malluci CL, Jackowski A. Spinal ependymomas--the value of postoperative radiotherapy for residual disease control. Br J Neurosurg. 1996;10(6):559–566.

[96] Bennett EE, Berriochoa C, Habboub G, Brigeman S, Chao ST, Angelov L. Rapid and complete radiological resolution of an intradural cervical cord lung cancer metastasis treated with spinal stereotactic radiosurgery: case report. Neurosurg Focus. 2017;42(1):E10. https://doi. org/10.3171/2016.9.FOCUS16254.

[97] Marchetti M, De Martin E, Milanesi I, Fariselli L. Intradural extramedullary benign spinal lesions radiosurgery. Medium- to long-term results from a single institution experience. Acta Neurochir. 2013;155(7):1215–1222. https://doi.org/10.1007/s00701-013-1756-3.

[98] Hernández-Durán S, Hanft S, Komotar RJ, Manzano GR. The role of stereotactic radiosurgery in the treatment of intramedullary spinal cord neoplasms: a systematic literature review. Neurosurg Rev. 2016;39(2):175–183.; discussion 183. https://doi.org/10.1007/s10143-015-0654-y.

[99] Sharma M, Bennett EE, Rahmathulla G, Chao ST, Koech HK, Gregory SN, Emch T, Magnelli A, Meola A, Suh JH, Angelov L. Impact of cervicothoracic region stereotactic spine radiosurgery on adjacent organs at risk. Neurosurg Focus. 2017;42(1):E14. https://doi. org/10.3171/2016.10.FOCUS16364.

[100] Juthani RG, Bilsky MH, Vogelbaum MA. Current Management and Treatment Modalities for Intramedullary Spinal Cord Tumors. Curr Treat Options in Oncol. 2015;16(8):39. https://doi. org/10.1007/s11864-015-0358-0.

[101] Stupp R, Hegi ME, Mason WP, van den Bent MJ, Taphoorn MJ, Janzer RC, Ludwin SK, Allgeier A, Fisher B, Belanger K, Hau P, Brandes AA, Gijtenbeek J, Marosi C, Vecht CJ, Mokhtari K, Wesseling P, Villa S, Eisenhauer E, Gorlia T, Weller M, Lacombe D, Cairncross JG, Mirimanoff RO, Groups EOfRaToCBTaRO, Group NCIoCCT. Effects of radiotherapy with concomitant and adjuvant temozolomide versus radiotherapy alone on survival in glioblastoma in a randomised phase III study: 5-year analysis of the EORTC-NCIC trial. Lancet Oncol. 2009;10(5):459–466. https://doi.org/10.1016/S1470-2045(09)70025-7.

[102] Tseng HM, Kuo LT, Lien HC, Liu KL, Liu MT, Huang CY. Prolonged survival of a patient with cervical intramedullary glioblastoma multiforme treated with total resection, radiation therapy, and temozolomide. Anti-Cancer Drugs. 2010;21(10):963–967. https://doi.org/10.1097/CAD.0b013e32833f2a09.

[103] Kim WH, Yoon SH, Kim CY, Kim KJ, Lee MM, Choe G, Kim IA, Kim JH, Kim YJ, Kim HJ. Temozolomide for malignant primary spinal cord glioma: an experience of six cases and a literature review. J Neuro-Oncol. 2011;101(2):247–254. https://doi.org/10.1007/s11060-010-0249-y.

[104] Morais N, Mascarenhas L, Soares-Fernandes JP, Silva A, Magalhães Z, Costa JA. Primary spinal glioblastoma: A case report and review of the literature. Oncol Lett. 2013;5(3):992–996. https://doi.org/10.3892/ol.2012.1076.

[105] Gwak SJ, An SS, Yang MS, Joe E, Kim DH, Yoon DH, Kim KN, Ha Y. Effect of combined bevacizumab and temozolomide treatment on intramedullary spinal cord tumor. Spine (Phila Pa 1976). 2014;39(2):E65–E73. https://doi.org/10.1097/BRS.0000000000000070.

[106] Chamberlain MC, Johnston SK. Recurrent spinal cord glioblastoma: salvage therapy with bevacizumab. J Neuro-Oncol. 2011;102(3):427–432. https://doi.org/10.1007/s11060-010-0330-6.

[107] Gottardo NG, Gajjar A. Chemotherapy for malignant brain tumors of childhood. J Child Neurol. 2008;23(10):1149–1159. https://doi.org/10.1177/0883073808321765.

[108] Reddy AT, Wellons JC. Pediatric high-grade gliomas. Cancer J. 2003;9(2):107–12.

[109] Sposto R, Ertel IJ, Jenkin RD, Boesel CP, Venes JL, Ortega JA, Evans AE, Wara W, Hammond D. The effectiveness of chemotherapy for treatment of high grade astrocytoma in children: results of a randomized trial. A report from the Childrens Cancer Study Group. J Neuro-Oncol. 1989;7(2):165–177.

[110] Strik HM, Effenberger O, Schäfer O, Risch U, Wickboldt J, Meyermann R. A case of spinal glioblastoma multiforme: immunohistochemical study and review of the literature. J Neuro-Oncol. 2000;50(3):239–243.

[111] Cohen KJ, Pollack IF, Zhou T, Buxton A, Holmes EJ, Burger PC, Brat DJ, Rosenblum MK, Hamilton RL, Lavey RS, Heideman RL. Temozolomide in the treatment of high-grade gliomas in children: a report from the Children's Oncology Group. Neuro-Oncology. 2011;13(3):317–323. https://doi.org/10.1093/neuonc/noq191.

[112] Gaspar N, Marshall L, Perryman L, Bax DA, Little SE, Viana-Pereira M, Sharp SY, Vassal G, Pearson AD, Reis RM, Hargrave D, Workman P, Jones C. MGMT-independent temozolomide resistance in pediatric glioblastoma cells associated with a PI3-kinase-mediated HOX/stem cell gene signature. Cancer Res. 2010;70(22):9243–9252. https://doi.org/10.1158/0008-5472.CAN-10-1250.

[113] Parekh C, Jubran R, Erdreich-Epstein A, Panigrahy A, Bluml S, Finlay J, Dhall G. Treatment of children with recurrent high grade gliomas with a bevacizumab containing regimen. J Neuro-Oncol. 2011;103(3):673–680. https://doi.org/10.1007/s11060-010-0444-x.

[114] Vredenburgh JJ, Desjardins A, Herndon JE, Dowell JM, Reardon DA, Quinn JA, Rich JN, Sathornsumetee S, Gururangan S, Wagner M, Bigner DD, Friedman AH, Friedman HS. Phase II trial of bevacizumab and irinotecan in recurrent

malignant glioma. Clin Cancer Res. 2007;13(4):1253–1259. https://doi.org/10.1158/1078-0432.CCR-06-2309.

[115] Narayana A, Kunnakkat S, Chacko-Mathew J, Gardner S, Karajannis M, Raza S, Wisoff J, Weiner H, Harter D, Allen J. Bevacizumab in recurrent high-grade pediatric gliomas. Neuro-Oncology. 2010;12(9):985–990. https://doi.org/10.1093/neuonc/noq033.

[116] Perkins SM, Rubin JB, Leonard JR, Smyth MD, El Naqa I, Michalski JM, Simpson JR, Limbrick DL, Park TS, Mansur DB. Glioblastoma in children: a single-institution experience. Int J Radiat Oncol Biol Phys. 2011;80(4):1117–1121. https://doi.org/10.1016/j. ijrobp.2010.03.013. N. Shimony et al.

髓外硬膜下和髓内转移瘤

19

Alan Siu, Michael LaBagnara, Kenan I. Arnautović, Jason A. Weaver

19.1 简介

硬膜下脊髓转移性疾病是一种罕见的情况，占所有脊柱转移瘤的6%。髓内转移更为罕见，约占所有脊柱转移瘤的2%。相比于脊髓转移，更常见的脊柱转移部位是椎体，病变导致硬膜外压迫，但这超出了本章的描述范围。无论如何，脊柱转移瘤的治疗都比较复杂，必须综合考虑患者的主诉、整体临床状态（肿瘤负荷和Karnofsky评分）、影像学表现和预期生存。干预的敏度和强度很大程度上取决于神经功能缺损的严重程度。

目前的管理策略是应用多学科方式，以制订更精细的治疗方案来最优化患者的治疗效果。总体来说，目前已有大量关于转移性脊柱疾病处理的精细临床研究发表，并已构建了治疗模型。本章主要对硬膜下脊柱转移瘤的管理策略进行全面的回顾并提供推荐治疗方案。

19.2 流行病学

癌症存活率的提高增加了脊柱转移的患病率，约有高达40%的癌症患者存在脊柱转移。在大约300 000例肿瘤骨转移患者中，60%以上存在脊柱受累。由此看来，脊柱是骨转移最常见的部位。脊柱转移瘤的发生率约为10%，其中10%最终发生脊髓压迫。

超过95%的脊柱转移瘤位于硬膜外的椎体，其中超过50%的病例累及超过一个节段。髓外硬膜下及髓内转移瘤不常见，仅分别占5%~6%和0.5%~2%。最常见的脊柱转移瘤原发灶来源是肺（31%）、乳腺（24%）、其他（13%）、胃肠道

（9%）、前列腺（8%）、淋巴瘤（6%）、黑色素瘤（4%）和肾（1%）。硬膜下和髓内转移罕见，以至于难以确切描述其流行病学，仅部分研究发现最常见的转移来源是肺，但也可来自乳腺、前列腺、或肾细胞，或来自淋巴瘤和黑色素瘤。根据原发病灶的来源，这些肿瘤可以导致成骨细胞或破骨细胞的活性增加，因而产生成骨性病变，溶骨性病变或混合性病变等不同表型。

最常见的肿瘤转移至脊柱的方式是动脉性转移，这也是骨髓受侵犯发生率较高的原因。通过Batson丛的静脉播散也被认为是一种传播途径，还可见毗邻器官播散。最常见的受累区域是胸椎（70%），其次是腰椎（20%）和颈椎（10%）。在椎体内，约60%的转移灶位于前部，剩下的30%影响椎弓根或椎板。

存在髓内转移提示预后不良，存活时间估计不到1个月。脊柱转移发病率的增加使我们必须对患者的体征和症状保持高度敏感，如漏诊脊髓压迫情况可能导致毁灭性后果。

19.3 临床表现及评估

脊髓硬膜下转移灶常引起脊髓压迫或血管功能不全，继而导致神经根及脊髓病症状的出现。与骨转移不同，脊髓转移灶所引起的疼痛多是根性疼痛，而骨转移的疼痛常由于骨性不稳定所导致。髓内肿瘤也可引起单侧运动和感觉症状，例如Brown-Sequard综合征。一部分患者会出现快速进展性神经功能恶化，需要紧急诊断并处理。术前的临床状态对于确定治疗方案至关重要，因此必须非常详细地进行初始临床评估。需要考量全面的病史，其中包括系统症状的持续时间，系统性肿瘤病史和治疗以

及整体生活质量。接下来还必须进行详细的神经系统检查，重点是运动和感觉功能、腱反射和病理反射以及直肠括约肌张力。

整体临床状态对于确定治疗计划至关重要，因为患有转移性疾病的患者预期寿命较短，不宜采用侵袭性大、耗时较长的干预措施，这些措施反而会伤害患者并降低生活质量。评估临床状态的经典方法是Karnofsky评分（KPS），对治疗预后有较好的预测价值。总的来说，大量评分系统的研究证据表明，KPS小于40分预示着预后不良。所有这些评分系统都必须考虑到疾病的总体负担。对于脊柱转移，外科手术干预的目的是达到局部控制、保存神经功能、维持脊柱稳定性和预期寿命，在整体治疗中必须考虑KPS。在考虑预后不良的患者中，应采用微创手术，如椎体后凸成形术、椎体成形术或药物保守治疗。

19.4 影像学特征

如患者存在新发神经根或脊髓病症状，需考虑到脊髓受累，接下来需要进行影像检查。影像检查的目的是确定病灶是否存在及其位置，并基于神经压迫和骨破坏程度确定病变对整体稳定性的损伤程度。从这个角度上看，CT和MRI检查能提供最多有用的信息。这两种检查可为已存在的脊髓压迫和病理性骨折提供最大的广度和深度信息。其他一些辅助检查，如骨扫描和PET扫描，可以提供整体肿瘤负荷的详细信息。静态X线影像受限于其低分辨率和较差的软组织细节。相比之下，屈曲位和伸展位的动态X线影像有助于发现其他不稳定区域，从而协助手术计划的制订。

由于对骨髓的亲和性，转移常见于椎体及后部结构。大多数肿瘤为溶骨性病变，但也可见成骨性病变，因此各影像检查方法结合可以最大程度提供病变信息。最近的一项Meta分析回顾了多模态成像在骨转移诊断和治疗方面的优势。

19.4.1 核素显像和PET扫描

PET扫描是脊柱转移性病变的传统检查项目。该成像灵敏度高达95%。PET扫描主要检测代谢活动，在仅有骨髓受累时，哪怕骨受累极小，也可提供诊断帮助。另外全身成像可以进一步反映整体疾病负

担。然而与MRI相比，其空间分辨率相对受限。可以应用各种示踪剂，如18F-FDG、11C-胆碱、18F-胆碱和MIBG。最佳示踪剂根据原发肿瘤不同而不同，这目前也是一个值得深入研究的领域。肿瘤特异性示踪剂也在开发中，目前正在进行初步研究。

19.4.2 CT检查

CT检查有助于显示骨骼受累如皮质破坏，确定病变边界并反映肿瘤钙化情况。肿瘤也可表现为溶骨性或急变性病变。综合这些特征可以缩小鉴别诊断范围，因为某些特征对于特定病变是特征性的。与传统的放射线成像相比，CT成像具有更大程度的空间和时间分辨率，已成为了解骨骼解剖的主要手段。

椎体受累的程度对于评估不稳定的风险很重要。CT检查有助于确定是否存在压缩性骨折、骨小梁变薄、椎弓根硬化、骨皮质破坏和多节段受累，这些情况都会增加病理性不稳定的风险。

19.4.3 MRI检查

增强MRI是最能提供有效信息的影像检查方法，它可以提供关于病变位置以及周围软组织（脊柱旁区域）受累的详尽信息。在检测脊柱恶性肿瘤时，增强MRI的敏感性和特异性高达90%以上。病变可进一步划分为硬膜外、硬膜下或髓内，也可以看出脊髓和神经根受影响的程度。在仅存在骨髓浸润的情况下，MRI也是最敏感的检测方式之一。在骨骼破坏没有达到50%以上时，其他检测方式无法发现异常，这时可以采用MRI进行早期诊断。就此而言，当怀疑转移性病变时，对整个脊柱进行MRI检查是重要的，因为同时存在多处病变很常见。转移性病变通常在T1序列上呈低信号，在T2序列上呈高信号，并且存在不同程度的增强。弥散加权成像（DWI）也可用于区分骨质疏松性骨折引起的病理改变。梯度回波序列可以观察肿瘤对骨骼的影响。

19.5 治疗计划

治疗计划基于"首要、无损伤"的理念。患者的初始评估必须考虑患者当前的功能状态、系统肿瘤负担、总体健康/并发症和患者偏好。由于情况复杂，需要采用多学科方法来制订理想的治疗策略。

一些研究强调考虑关键因素并提供了一些算法来帮助分层治疗。需要注意的是，这些评分系统适用于整个脊柱转移瘤的人群，其中近95%的患者存在椎体受累。考虑到这点，将这些评分用于仅存在硬膜下及髓内转移的病例，适用性可能有限，但是仍可以从这些评分系统中获得一些参考。

最常见的预后评分是"LMNOP"，它考虑了病变的位置、机械稳定性、神经系统风险、肿瘤学参数和首选治疗。脊柱的机械稳定性对于维持神经功能是至关重要的，脊柱的不稳定会导致疼痛增加和残疾。目前已经提出了几种评分系统，最常用的系统是脊柱不稳定性肿瘤评分（SINS）。SINS描述了可能导致脊柱不稳定的6个项目：位置、疼痛、骨病变、脊柱序列的影像学资料、椎体压缩骨折和脊柱后部受累。SINS的分值超过13分表示不稳定，7~12分表示可能不稳定。在某种肿瘤或是不同肿瘤之间，SINS在组内及组间观察均具有较高的可靠性，这是其优势。神经系统风险主要通过神经系统检查，进一步神经损害的可能性以及脊髓压迫的影像表现来确定。不幸的是，目前没有针对硬膜下病变的分级系统。Bilsky等开发了一种用于评价硬膜外脊髓压迫程度的评分系统。肿瘤学参数主要考虑肿瘤类型及其对放疗的敏感性。对放疗敏感的肿瘤可以推荐选择微创的治疗方法如立体定向放射外科。首选治疗方法是基于临床检查和影像学检查结果，多学科综合后制定的。

还有其他一些用于脊柱转移瘤生存评估的量表，各个量表之间的区别在于所看重的因素不同。最近的一项旨在明确脊柱转移性疾病相关预后因素的Meta分析中，发现了17种不良预后预测因素，这些因素被分为肿瘤特异性和非特异性因素，从而产生了一个肿瘤特异性评分系统。

19.6   治疗/干预

手术和放射治疗是脊髓转移瘤的主要治疗方法，经常联合使用以改善预后。在Patchell等的随机临床试验中明确指出直接手术减压联合放疗是治疗转移性病变脊髓压迫的最优治疗方式。

19.6.1   手术

脊柱转移的手术目的是确定诊断，解除神经结构压迫，防止神经功能进一步下降。在硬膜下病变中，术前MRI对于明确手术目标至关重要。如前所述，MRI可以帮助确定病变相对于硬膜的位置以及是否存在髓内浸润。从临床和影像学角度来评估神经受累程度，可以确定病变的可切除性程度以及术中的肿瘤特征（肿瘤质地和肿瘤边界是否存在）。理想的情况是沿清晰的手术边界整块切除肿瘤，但这可能导致显著的神经系统并发症。对于髓内转移瘤，清晰的手术界面可以使整块切除更加容易。当肿瘤无法整块切除时，可以进行次全切除减压，然后进行辅助放射治疗。

在没有骨质受累的硬膜下或髓内转移性病变中，不必考虑脊柱稳定性。优先考虑的是在尽可能安全的情况下最大限度切除肿瘤。术中神经生理监测可以为此提供帮助。硬膜下和髓内病变治疗的首要目标是肿瘤完全切除。但如前所述，这些肿瘤通常较难达到完全切除，这时需要辅助放射治疗来进一步控制肿瘤。髓外硬膜下和髓内转移的病例极少，但仍建议手术治疗，对维持神经功能仍有益处。

19.6.2   放疗

放射治疗提供了一种微创的控制肿瘤手段，可用作首选治疗或作为术后的辅助手段。是否选择放射治疗很大程度上取决于前一节中所描述的影响因素，即神经受累，整体功能状态和全身肿瘤负担。不幸的是，关于硬膜下和髓内转移瘤进行放射治疗的精确数据较少。即使这样，多数病例报道仍主张对脊髓髓内肿瘤患者采用放射治疗，因为其总体预后较差。传统的外照射放疗（EBRT）是脊柱骨转移瘤最常见的放疗方式，由每日低剂量辐射组成，单次或每日剂量范围为8~30Gy。有数据表明，大剂量少分割放射可以降低再治疗的可能性，提高局部控制率。然而这种模式最大的缺点是45~50Gy照射所产生的脊髓毒性作用。

立体定向脊柱放射外科（SSRS）和脊柱放射治疗（SRT）已成为脊柱转移性病变治疗的可行替代方案，通过更高的精确度，从而能给予极高的照射剂量并降低局部组织的毒性作用。SSRS的剂量单次给予，而SRT则分2~5次给予。研究显示骨转移瘤的2年控制率高达90%。一些研究显示SRS可用于治疗硬膜下病变。虽然没有关于髓内转移病变的研究，但从理论上讲，SSRS的生物有效剂量是EBRT的3

倍，是其优势。同时SSRS还可以诱发更高的脱氧核糖核酸（DNA）损伤率，从而提高传统放射不敏感肿瘤的控制率。通过对肿瘤的轮廓勾勒以改进放疗计划，使对邻近组织即脊髓的辐射最小化，这项功能提高了放疗的精确度。这需要对神经解剖学的全面理解，并可能需要通过瘤减压或切除手术来勾画病变轮廓。因此执行SSRS和SRT需要一个由肿瘤内科医生、放射肿瘤学家、物理学家和神经外科医生组成的多学科团队。Shin等之前描述了SRS治疗硬膜下和髓内转移瘤中的安全性。SSRS和SRT与EBRT的比较需要进一步的研究。

19.7　多模态治疗算法

目前缺乏临床数据来推荐用于硬膜下和髓内病变的确定治疗框架。然而可以从来自脊柱骨转移瘤的临床数据和算法中获得若干见解。神经功能受累程度及减退的急性程度，全身肿瘤负担和整体表现是采取激进干预措施的重要考虑因素。病变部位及神经结构的受累程度将决定手术的作用，放射治疗在作为首选治疗或是后续治疗时的时长。肿瘤组织学也起着重要作用，因为某些转移灶更具放射敏感性，并且可采用新免疫疗法来改善预后。

手术后放疗的联合治疗方式已被证实可以改善脊柱转移瘤的预后。对于硬膜下病变，推荐完全切除后，对残余肿瘤采取辅助放射治疗。这也可以应用于髓内病变，但是对功能状态较差的患者，应谨慎进行外科手术。

19.8　随访和进一步干预

患有硬膜下和髓内病变的患者可能需要康复治疗，这可以显著改善患者的功能。无须使用支具，但如果存在骨质受累时，支具可以缓解一部分症状。使用普瑞巴林或加巴喷丁可以改善神经根病理性症状，肌肉松弛剂有助于控制疼痛。影像随访应在3周后进行，此后至少每6个月进行1次，但具体需由多学科治疗团队来制订。

19.9　结论

硬膜下和髓内转移瘤的治疗是复杂的，需要多学科团队来制订多模态治疗方案。重要的考虑因素如患者的功能表现状态、全身肿瘤负荷、肿瘤位置、肿瘤类型和患者偏好，对于制订治疗计划至关重要。手术和放射治疗是主要的治疗方法，然而此类的临床研究很少。需要更严格的研究来确定这些治疗的结果。

19.10　病例插图

19.10.1　病例1

WY是一名54岁的女性，有乳腺癌转移病史，之前曾成功切除右小脑的一枚巨大转移灶。3个月后，她因急性出现的左侧偏瘫而就诊。颈椎MRI（图19.1、图19.2）显示多灶性硬膜下转移：其中一枚髓外硬膜下病变位于C2~C3。患者接受了多节段椎板切除术并切除了髓外病变。术后，她的肌力随着康复而提高。随访时MRI显示腰椎出现转移，决定采用放置Ommaya囊后进行脑室内/鞘内化疗的治疗方案。她接受了10个分割共3000cGy的辅助全脑放射治疗，对后颅窝和上颈椎采用低场强照射，13个分割共3900cGy。随着她的全身性疾病进展，她于诊断脊髓转移9个月后去世。

19.10.2　病例2

BW是一名69岁男性，患有非小细胞肺癌，之前接受过手术切除、放疗和化疗，因左侧偏瘫和C4~C5水平的髓内脊髓转移就诊。病灶已切除，计划在术后行放射治疗（图19.3）。

19.10.3　病例3

KS是一名55岁的女性，有肾细胞癌病史，已知肺部转移。她接受了免疫治疗后全身性疾病缓解。她最近出现右腿无力，几周后进展为肠和膀胱功能障碍。行MRI检查发现脊髓圆锥髓内病变（图19.4）。神经轴其他部位没有发现病变。

患者接受多节段椎板切除术，术中辅以电生理监测，最终切除该病灶，病理学与肾细胞癌一致。术后她的下肢功能有所改善，目前正在康复中。她未来的治疗方案是行辅助立体定向放射治疗。

（暴向阳译，黄瑾翔校）

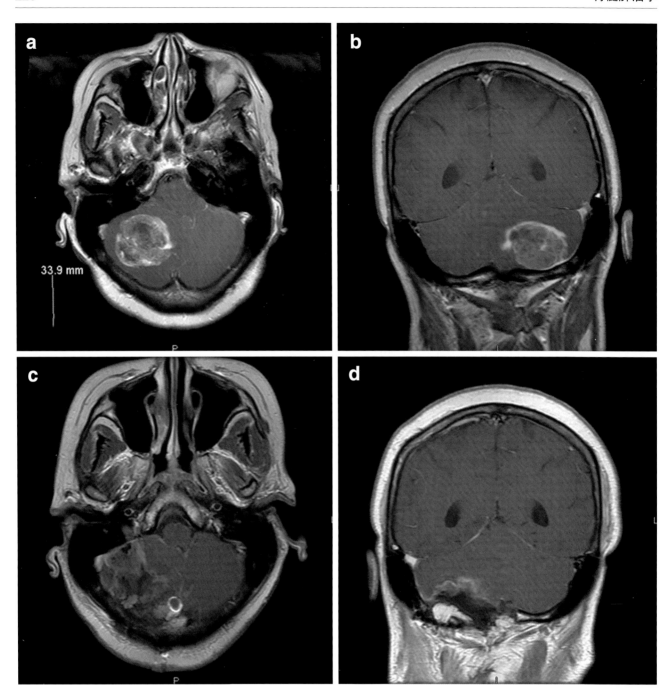

图 19.1　乳腺癌转移。脑 MRI，T1 MRI 加权增强的轴位（a）和冠状位（b）图像显示右侧小脑巨大转移灶。术后 T1 MRI 加权增强的轴位（c）和冠状位（d）MRI 显示肿瘤切除

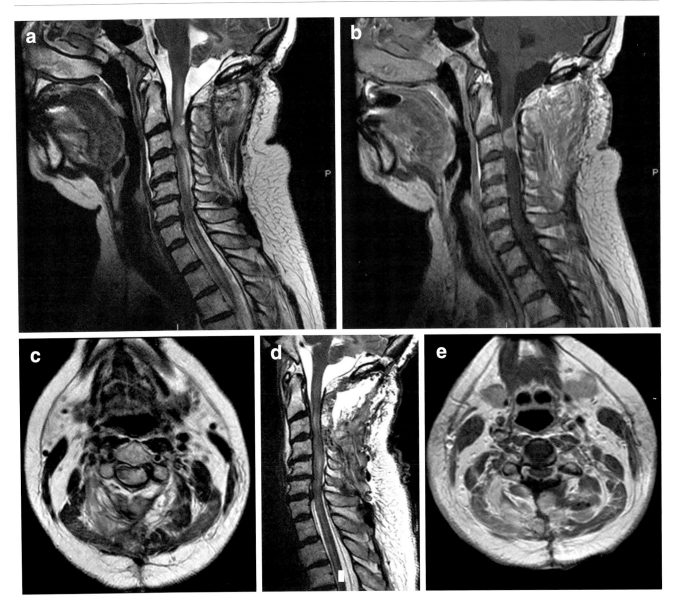

图 19.2　小脑转移灶切除后 2.5 个月的颈椎 MRI。（a）矢状位 T2 加权 MRI。（b）矢状位 T1 MRI 加权增强。（c）轴位 T1 加权增强 MRI 显示 C3 的髓外硬膜下肿瘤。（d）矢状位 T2 加权 MRI。（e）T2 加权 MRI 显示肿瘤切除

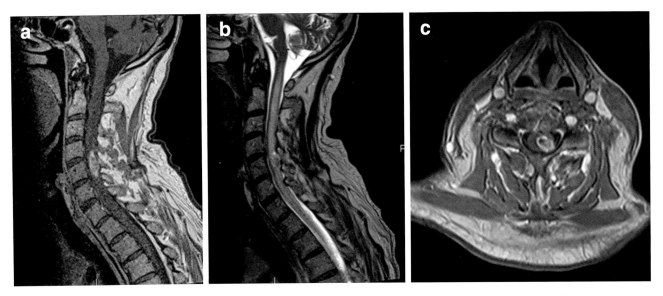

图 19.3　非小细胞肺癌髓内转移。（a）术前矢状位颈椎 T1 加权增强图像显示 C4~C5 肿瘤。（b）术前矢状位 T2 加权 MRI 显示相同的肿瘤和相邻的脊髓水肿。（c）增强后，轴位 T1 加权 MRI 显示左侧髓内肿瘤

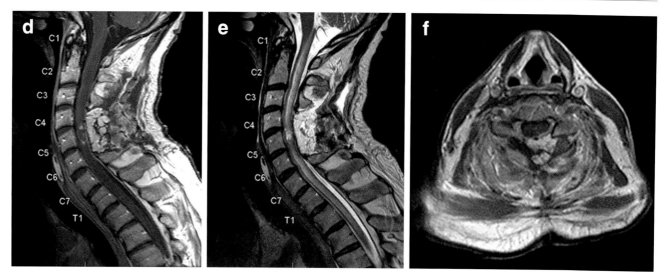

图 19.3（续） （d）增强后，矢状位，T1 加权 MRI 显示肿瘤切除（注意硬膜背侧的脂肪瓣，用以避免脑脊液漏或假性脑膜膨出）。（e）术后 T2 加权 MRI 显示肿瘤切除和硬膜背侧的脂肪瓣。（f）术后，T1 加权增强 MRI 显示肿瘤切除和脂肪瓣

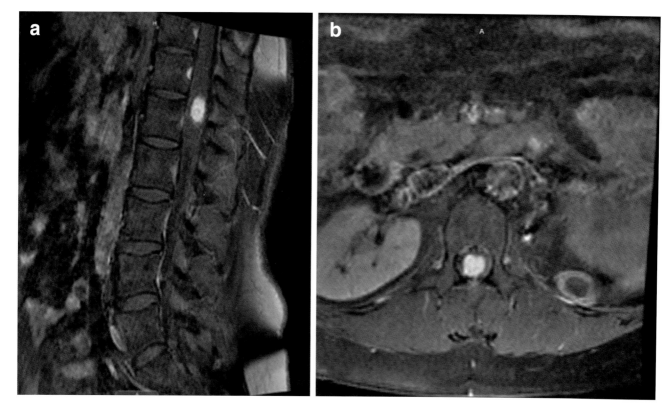

图 19.4　肾细胞癌转移。腰椎 MRI 的 T1 增强矢状位（a）和轴位（b）切面上显示 1 枚强化的脊髓圆锥病变

参考文献

[1] Constans JP, de Divitiis E, Donzelli R, Spaziante R, Meder JF, Haye C. Spinal metastases with neurological manifestations. Review of 600 cases. J Neurosurg. 1983;59(1):111–118. https://doi. org/10.3171/jns.1983.59.1.0111.

[2] Costigan DA, Winkelman MD. Intramedullary spinal cord metastasis. A clinicopathological study of 13 cases. J Neurosurg. 1985;62(2):227–233. https://doi.org/10.3171/jns.1985.62.2.0227.

[3] Bartels RH, Feuth T, van der Maazen R, Verbeek AL, Kappelle AC, Andre Grotenhuis J, Leer JW. Development of a model with which to predict the life expectancy of patients with spinal epidural metastasis. Cancer. 2007;110(9):2042–2049. https://doi. org/10.1002/cncr.23002.

[4] Tokuhashi Y, Matsuzaki H, Oda H, Oshima M, Ryu J. A revised scoring system for preoperative evaluation of metastatic spine tumor prognosis. Spine (Phila Pa 1976). 2005;30(19):2186–2191.

[5] Tomita K, Kawahara N, Kobayashi T, Yoshida A, Murakami H,

Akamaru T. Surgical strategy for spinal metastases. Spine (Phila Pa 1976). 2001;26(3):298–306.

[6] van der Linden YM, Dijkstra SP, Vonk EJ, Marijnen CA, Leer JW, Dutch Bone Metastasis Study G. Prediction of survival in patients with metastases in the spinal column: results based on a randomized trial of radiotherapy. Cancer. 2005;103(2):320–328. https://doi.org/10.1002/cncr.20756.

[7] Wong DA, Fornasier VL, MacNab I. Spinal metastases: the obvious, the occult, and the impostors. Spine (Phila Pa 1976). 1990;15(1):1–4.

[8] Hernandez RK, Adhia A, Wade SW, O'Connor E, Arellano J, Francis K, Alvrtsyan H, Million RP, Liede A. Prevalence of bone metastases and bone-targeting agent use among solid tumor patients in the United States. Clin Epidemiol. 2015;7:335–345. https://doi.org/10.2147/CLEP. S85496.

[9] Li S, Peng Y, Weinhandl ED, Blaes AH, Cetin K, Chia VM, Stryker S, Pinzone JJ, Acquavella JF, Arneson TJ. Estimated number of prevalent cases of metastatic bone disease in the US adult population. Clin Epidemiol. 2012;4:87–93. https://doi.org/10.2147/CLEP.S28339.

[10] Perrin RG, Laxton AW. Metastatic spine disease: epidemiology, pathophysiology, and evaluation of patients. Neurosurg Clin N Am. 2004;15(4):365–373. https://doi.org/10.1016/j.nec.2004.04.018.

[11] Connolly ES Jr, Winfree CJ, McCormick PC, Cruz M, Stein BM. Intramedullary spinal cord metastasis: report of three cases and review of the literature. Surg Neurol. 1996;46(4):329–337. discussion 337-328.

[12] Halvorson KG, Sevcik MA, Ghilardi JR, Rosol TJ, Mantyh PW. Similarities and differences in tumor growth, skeletal remodeling and pain in an osteolytic and osteoblastic model of bone cancer. Clin J Pain. 2006;22(7):587–600. https://doi.org/10.1097/01.ajp.0000210902.67849.e6.

[13] Stranjalis G, Torrens MJ. Successful removal of intramedullary spinal cord metastasis: case report. Br J Neurosurg. 1993;7(2):193–195.

[14] Dunne JW, Harper CG, Pamphlett R. Intramedullary spinal cord metastases: a clinical and pathological study of nine cases. Q J Med. 1986;61(235):1003–1020.

[15] Schiff D, O'Neill BP. Intramedullary spinal cord metastases: clinical features and treatment outcome. Neurology. 1996;47(4):906–912.

[16] Grem JL, Burgess J, Trump DL. Clinical features and natural history of intramedullary spinal cord metastasis. Cancer. 1985;56(9):2305–2314.

[17] Jellinger K, Kothbauer P, Sunder-Plassmann E, Weiss R. Intramedullary spinal cord metastases. J Neurol. 1979;220(1):31–41.

[18] Bollen L, van der Linden YM, Pondaag W, Fiocco M, Pattynama BP, Marijnen CA, Nelissen RG, Peul WC, Dijkstra PD. Prognostic factors associated with survival in patients with symptomatic spinal bone metastases: a retrospective cohort study of 1,043 patients. Neuro-Oncology. 2014;16(7):991–998. https://doi.org/10.1093/neuonc/not318.

[19] Switlyk MD, Kongsgaard U, Skjeldal S, Hald JK, Hole KH, Knutstad K, Zaikova O. Prognostic factors in patients with symptomatic spinal metastases and normal neurological function. Clin Oncol (R Coll Radiol). 2015;27(4):213–221. https://doi.org/10.1016/j.clon.2015.01.002.

[20] Chao ST, Koyfman SA, Woody N, Angelov L, Soeder SL, Reddy CA, Rybicki LA, Djemil T, Suh JH. Recursive partitioning analysis index is predictive for overall survival in patients undergoing spine stereotactic body radiation therapy for spinal metastases. Int J Radiat Oncol Biol Phys. 2012;82(5):1738–1743. https://doi.org/10.1016/j.ijrobp.2011.02.019.

[21] Lutz S, Berk L, Chang E, Chow E, Hahn C, Hoskin P, Howell D, Konski A, Kachnic L, Lo S, Sahgal A, Silverman L, von Gunten C, Mendel E, Vassil A, Bruner DW, Hartsell W, American Society for Radiation O. Palliative radiotherapy for bone metastases: an ASTRO evidence-based guideline. Int J Radiat Oncol Biol Phys. 2011;79(4):965–976. https://doi.org/10.1016/j.ijrobp.2010.11.026.

[22] Rades D, Lange M, Veninga T, Stalpers LJ, Bajrovic A, Adamietz IA, Rudat V, Schild SE. Final results of a prospective study comparing the local control of short-course and long-course radiotherapy for metastatic spinal cord compression. Int J Radiat Oncol Biol Phys. 2011;79(2):524–530. https://doi.org/10.1016/j.ijrobp.2009.10.073.

[23] Bauer HC, Wedin R. Survival after surgery for spinal and extremity metastases. Prognostication in 241 patients. Acta Orthop Scand. 1995;66(2):143–146. A. Siu et al.

[24] Heindel W, Gubitz R, Vieth V, Weckesser M, Schober O, Schafers M. The diagnostic imaging of bone metastases. Dtsch Arztebl Int. 2014;111(44):741–747. https://doi.org/10.3238/arztebl.2014.0741.

[25] Huysse W, Lecouvet F, Castellucci P, Ost P, Lambrecht V, Artigas C, Denis ML, Man K, Delrue L, Jans L, Bruycker A, Vos F, Meerleer G, Decaestecker K, Fonteyne V, Lambert B. Prospective comparison of F-18 choline PET/CT scan versus axial MRI for detecting bone metastasis in biochemically relapsed prostate Cancer patients. Diagnostics (Basel). 2017;7(4) https://doi.org/10.3390/diagnostics7040056.

[26] Lin CY, Chen YW, Chang CC, Yang WC, Huang CJ, Hou MF. Bone metastasis versus bone marrow metastasis? Integration of diagnosis by (18)F-fluorodeoxyglucose positron emission/computed tomography in advanced malignancy with super bone scan: two case reports and literature review. Kaohsiung J Med Sci. 2013;29(4):229–233. https://doi.org/10.1016/j.kjms.2012.08.038.

[27] Pandit-Taskar N, O'Donoghue JA, Durack JC, Lyashchenko SK, Cheal SM, Beylergil V, Lefkowitz RA, Carrasquillo JA,

Martinez DF, Fung AM, Solomon SB, Gonen M, Heller G, Loda M, Nanus DM, Tagawa ST, Feldman JL, Osborne JR, Lewis JS, Reuter VE, Weber WA, Bander NH, Scher HI, Larson SM, Morris MJ. A phase I/II study for analytic validation of 89Zr-J591 ImmunoPET as a molecular imaging agent for metastatic prostate Cancer. Clin Cancer Res. 2015;21(23):5277–5285. https://doi.org/10.1158/1078-0432.CCR-15-0552.

[28] Adams JE. Quantitative computed tomography. Eur J Radiol. 2009;71(3):415–424. https://doi. org/10.1016/j.ejrad.2009.04.074.

[29] Imai K. Vertebral fracture risk and alendronate effects on osteoporosis assessed by a computed tomography-based nonlinear finite element method. J Bone Miner Metab. 2011;29(6):645–651. https://doi.org/10.1007/s00774-011-0281-9.

[30] Moore KR. Radiology of metastatic spine cancer. Neurosurg Clin N Am. 2004;15(4):381–389. https://doi.org/10.1016/j.nec.2004.04.002.

[31] Andreula C, Murrone M. Metastatic disease of the spine. Eur Radiol. 2005;15(3):627–632. https://doi.org/10.1007/s00330-004-2627-3.

[32] Nobauer I, Uffmann M. Differential diagnosis of focal and diffuse neoplastic diseases of bone marrow in MRI. Eur J Radiol. 2005;55(1):2–32. https://doi.org/10.1016/j.ejrad.2005.01.015.

[33] Van Goethem JW, van den Hauwe L, Ozsarlak O, De Schepper AM, Parizel PM. Spinal tumors. Eur J Radiol. 2004;50(2):159–176. https://doi.org/10.1016/j.ejrad.2003.10.021.

[34] Baur A, Stabler A, Bruning R, Bartl R, Krodel A, Reiser M, Deimling M. Diffusion-weighted MR imaging of bone marrow: differentiation of benign versus pathologic compression fractures. Radiology. 1998;207(2):349–356. https://doi.org/10.1148/radiology.207.2.9577479.

[35] Spuentrup E, Buecker A, Adam G, van Vaals JJ, Guenther RW. Diffusion-weighted MR imaging for differentiation of benign fracture edema and tumor infiltration of the vertebral body. AJR Am J Roentgenol. 2001;176(2):351–358. https://doi.org/10.2214/ajr.176.2.1760351.

[36] Spratt DE, Beeler WH, de Moraes FY, Rhines LD, Gemmete JJ, Chaudhary N, Shultz DB, Smith SR, Berlin A, Dahele M, Slotman BJ, Younge KC, Bilsky M, Park P, Szerlip NJ. An integrated multidisciplinary algorithm for the management of spinal metastases: an international spine oncology consortium report. Lancet Oncol. 2017;18(12):e720–e730. https://doi.org/10.1016/S1470-2045(17)30612-5.

[37] Paton GR, Frangou E, Fourney DR. Contemporary treatment strategy for spinal metastasis: the "LMNOP" system. Can J Neurol Sci. 2011;38(3):396–403.

[38] Arana E, Kovacs FM, Royuela A, Asenjo B, Perez-Ramirez U, Zamora J, Spanish Back Pain Research Network Task Force for the Improvement of Inter-Disciplinary Management of Spinal M. Spine instability neoplastic score: agreement across different medical and surgical specialties. Spine J. 2016;16(5):591–599. https://doi.org/10.1016/j.spinee.2015.10.006.

[39] Campos M, Urrutia J, Zamora T, Roman J, Canessa V, Borghero Y, Palma A, Molina M. The spine instability neoplastic score: an independent reliability and reproducibility analysis. Spine J. 2014;14(8):1466–1469. https://doi.org/10.1016/j.spinee.2013.08.044.

[40] Versteeg AL, Verlaan JJ, Sahgal A, Mendel E, Quraishi NA, Fourney DR, Fisher CG. The spinal instability neoplastic score: impact on oncologic decision-making. Spine (Phila Pa 1976). 2016;41(Suppl 20):S231–S237. https://doi.org/10.1097/BRS.0000000000001822.

[41] Fourney DR, Frangou EM, Ryken TC, Dipaola CP, Shaffrey CI, Berven SH, Bilsky MH, Harrop JS, Fehlings MG, Boriani S, Chou D, Schmidt MH, Polly DW, Biagini R, Burch S, Dekutoski MB, Ganju A, Gerszten PC, Gokaslan ZL, Groff MW, Liebsch NJ, Mendel E, Okuno SH, Patel S, Rhines LD, Rose PS, Sciubba DM, Sundaresan N, Tomita K, Varga PP, Vialle LR, Vrionis FD, Yamada Y, Fisher CG. Spinal instability neoplastic score: an analysis of reliability and validity from the spine oncology study group. J Clin Oncol. 2011;29(22):3072–3077. https://doi. org/10.1200/JCO.2010.34.3897.

[42] Bilsky MH, Laufer I, Fourney DR, Groff M, Schmidt MH, Varga PP, Vrionis FD, Yamada Y, Gerszten PC, Kuklo TR. Reliability analysis of the epidural spinal cord compression scale. J Neurosurg Spine. 2010;13(3):324–328. https://doi.org/10.3171/2010.3.SPINE09459.

[43] Luksanapruksa P, Buchowski JM, Hotchkiss W, Tongsai S, Wilartratsami S, Chotivichit A. Prognostic factors in patients with spinal metastasis: a systematic review and meta-analysis. Spine J. 2017;17(5):689–708. https://doi.org/10.1016/j.spinee.2016.12.003.

[44] Moussazadeh N, Laufer I, Yamada Y, Bilsky MH. SEPsaration surgery for spinal metastases: effect of spinal radiosurgery on surgical treatment goals. Cancer Control. 2014;21(2):168–174. https://doi.org/10.1177/107327481402100210.

[45] Patchell RA, Tibbs PA, Regine WF, Payne R, Saris S, Kryscio RJ, Mohiuddin M, Young B. Direct decompressive surgical resection in the treatment of spinal cord compression caused by metastatic cancer: a randomised trial. Lancet. 2005;366(9486):643–648. https://doi. org/10.1016/S0140-6736(05)66954-1.

[46] Findlay JM, Bernstein M, Vanderlinden RG, Resch L. Microsurgical resection of solitary intramedullary spinal cord metastases. Neurosurgery. 1987;21(6):911–915.

[47] Chow TS, McCutcheon IE. The surgical treatment of metastatic spinal tumors within the intradural extramedullary compartment. J Neurosurg. 1996;85(2):225–230. https://doi.org/10.3171/jns.1996.85.2.0225.

[48] Strickland BA, McCutcheon IE, Chakrabarti I, Rhines LD, Weinberg JS. The surgical treatment of metastatic

spine tumors within the intramedullary compartment. J Neurosurg Spine. 2018;28(1):79–87. https://doi.org/10.3171/2017.5.SPINE161161.

[49] Edelson RN, Deck MD, Posner JB. Intramedullary spinal cord metastases. Clinical and radiographic findings in nine cases. Neurology. 1972;22(12):1222–1231.

[50] Winkelman MD, Adelstein DJ, Karlins NL. Intramedullary spinal cord metastasis. Diagnostic and therapeutic considerations. Arch Neurol. 1987;44(5):526–531.

[51] Guckenberger M, Goebel J, Wilbert J, Baier K, Richter A, Sweeney RA, Bratengeier K, Flentje M. Clinical outcome of dose-escalated image-guided radiotherapy for spinal metastases. Int J Radiat Oncol Biol Phys. 2009;75(3):828–835. https://doi.org/10.1016/j.ijrobp.2008.11.017.

[52] Howell DD, James JL, Hartsell WF, Suntharalingam M, Machtay M, Suh JH, Demas WF, Sandler HM, Kachnic LA, Berk LB. Single-fraction radiotherapy versus multifraction radiotherapy for palliation of painful vertebral bone metastases-equivalent efficacy, less toxicity, more convenient: a subset analysis of radiation therapy oncology group trial 97-14. Cancer. 2013;119(4):888–96. https://doi.org/10.1002/cncr.27616.

[53] Gerszten PC, Burton SA, Ozhasoglu C, Welch WC. Radiosurgery for spinal metastases: clinical experience in 500 cases from a single institution. Spine (Phila Pa 1976). 2007;32(2):193–199. https://doi.org/10.1097/01.brs.0000251863.76595.a2.

[54] Yamada Y, Bilsky MH, Lovelock DM, Venkatraman ES, Toner S, Johnson J, Zatcky J, Zelefsky MJ, Fuks Z. High-dose, single-fraction image-guided intensity-modulated radiotherapy for metastatic spinal lesions. Int J Radiat Oncol Biol Phys. 2008;71(2):484–490. https://doi.org/10.1016/j.ijrobp.2007.11.046.

[55] Zelefsky MJ, Greco C, Motzer R, Magsanoc JM, Pei X, Lovelock M, Mechalakos J, Zatcky J, Fuks Z, Yamada Y. Tumor control outcomes after hypofractionated and single-dose stereotactic image-guided intensity-modulated radiotherapy for extracranial metastases from renal cell carcinoma. Int J Radiat Oncol Biol Phys. 2012;82(5):1744–1748. https://doi.org/10.1016/j.ijrobp.2011.02.040.

[56] Azad TD, Esparza R, Chaudhary N, Chang SD. Stereotactic radiosurgery for metastasis to the craniovertebral junction preserves spine stability and offers symptomatic relief. J Neurosurg Spine. 2015;24:1–7. https://doi.org/10.3171/2015.6.SPINE15190.

[57] Monserrate A, Zussman B, Ozpinar A, Niranjan A, Flickinger JC, Gerszten PC. Stereotactic radiosurgery for intradural spine tumors using cone-beam CT image guidance. Neurosurg Focus. 2017;42(1):E11. https://doi.org/10.3171/2016.9.FOCUS16356.

[58] Pan J, Ho AL, D'Astous M, Sussman ES, Thompson PA, Tayag AT, Pangilinan L, Soltys SG, Gibbs IC, Chang SD. Image-guided stereotactic radiosurgery for treatment of spinal hemangioblastoma. Neurosurg Focus. 2017;42(1):E12. https://doi.org/10.3171/2016.10.FOCUS16361.

[59] Chang EL, Shiu AS, Mendel E, Mathews LA, Mahajan A, Allen PK, Weinberg JS, Brown BW, Wang XS, Woo SY, Cleeland C, Maor MH, Rhines LD. Phase I/II study of stereotactic body radiotherapy for spinal metastasis and its pattern of failure. J Neurosurg Spine. 2007;7(2):151–160. https://doi.org/10.3171/SPI-07/08/151.

[60] Chang JH, Shin JH, Yamada YJ, Mesfin A, Fehlings MG, Rhines LD, Sahgal A. Stereotactic body radiotherapy for spinal metastases: what are the risks and how do we minimize them? Spine (Phila Pa 1976). 2016;41(Suppl 20):S238–S245. https://doi.org/10.1097/BRS.0000000000001823.

[61] Hall WA, Stapleford LJ, Hadjipanayis CG, Curran WJ, Crocker I, Shu HK. Stereotactic body radiosurgery for spinal metastatic disease: an evidence-based review. Int J Surg Oncol. 2011;2011:979214–9. https://doi.org/10.1155/2011/979214.

[62] Joaquim AF, Ghizoni E, Tedeschi H, Pereira EB, Giacomini LA. Stereotactic radiosurgery for spinal metastases: a literature review. Einstein (Sao Paulo). 2013;11(2):247–255.

[63] Yamada Y, Katsoulakis E, Laufer I, Lovelock M, Barzilai O, McLaughlin LA, Zhang Z, Schmitt AM, Higginson DS, Lis E, Zelefsky MJ, Mechalakos J, Bilsky MH. The impact of histology and delivered dose on local control of spinal metastases treated with stereotactic radiosurgery. Neurosurg Focus. 2017;42(1):E6. https://doi.org/10.3171/2016.9.FOCUS16369.

[64] Shin DA, Huh R, Chung SS, Rock J, Ryu S. Stereotactic spine radiosurgery for intradural and intramedullary metastasis. Neurosurg Focus. 2009;27(6):E10. https://doi.org/10.3171/2009.9.FOCUS09194.

[65] Rosenberg SA, Yang JC, Sherry RM, Kammula US, Hughes MS, Phan GQ, Citrin DE, Restifo NP, Robbins PF, Wunderlich JR, Morton KE, Laurencot CM, Steinberg SM, White DE, Dudley ME. Durable complete responses in heavily pretreated patients with metastatic melanoma using T-cell transfer immunotherapy. Clin Cancer Res. 2011;17(13):4550–4557. https://doi.org/10.1158/1078-0432.CCR-11-0116.

[66] Topalian SL, Sznol M, McDermott DF, Kluger HM, Carvajal RD, Sharfman WH, Brahmer JR, Lawrence DP, Atkins MB, Powderly JD, Leming PD, Lipson EJ, Puzanov I, Smith DC, Taube JM, Wigginton JM, Kollia GD, Gupta A, Pardoll DM, Sosman JA, Hodi FS. Survival, durable tumor remission, and long-term safety in patients with advanced melanoma receiving nivolumab. J Clin Oncol. 2014;32(10):1020–1030. https://doi.org/10.1200/JCO.2013.53.0105.

[67] Raj VS, Lofton L. Rehabilitation and treatment of spinal cord tumors. J Spinal Cord Med. 2013;36(1):4–11. https://doi.org/10.1179/2045772312Y.0000000015.

[68] Pojskic M, Arnautović KI. Microsurgical resection of lung carcinoma spinal cord metastasis. Oper Neurosurg (Hagerstown). 2018 [Accepted].

骶椎肿瘤

20

David B. Choi, Sanjay Konakondla, Sean M. Barber, Jared S. Fridley, Ziya L. Gokaslan

20.1 简介

骶椎的肿瘤很少见，仅占所有脊柱肿瘤的7%。它们可以大致分为2类：原发性或转移性。原发性骶骨肿瘤可根据起源进一步分为3类：先天性、神经源性或骨源性。最常见的原发性骶骨肿瘤是脊索瘤，最常见的骶骨肿瘤来自转移。

识别原发性骶骨肿瘤与转移性骶骨肿瘤之间的区别非常重要，因为它可能对后续的治疗方案和跨学科讨论产生重大影响。例如原发性骶骨肿瘤应考虑先进行手术活检，然后再指导下一步的治疗计划。相反在患有已知原发病变并伴有骶骨广泛肿瘤转移的患者一般不考虑活检，手术切除或包括放疗、化疗的姑息治疗更为合适。

骶骨肿瘤临床症状和肿瘤类型多样，局部的解剖结构复杂，对手术有很大的挑战。骶骨的解剖学是独特的，因为它与邻近的神经血管结构，骨质结构和关节以及腹膜后器官密切相关，这需要在开始治疗之前进行多学科的评估。

20.2 先天性/新生儿骶骨肿瘤

新生儿骶椎先天性肿瘤定义为在怀孕期间或出生后前几个月内检测到的肿瘤。新生儿先天性肿瘤可以为畸胎瘤、皮样囊肿或错构瘤。虽然脊索瘤通常确诊较晚，但由于其细胞起源和组织学，仍将其归类于先天性肿瘤。对于新生儿先天性肿瘤，诊断主要基于产前和新生儿期常规就诊以及各种影像学的检查方式。治疗方式、疗效和预后取决于肿瘤类型、位置、大小、诊断时患者的年龄以及相关的先天性异常。

20.2.1 骶尾部畸胎瘤

骶尾部畸胎瘤是最常见的新生儿先天性肿瘤。这种相对罕见的肿瘤的发病率尚不清楚，文献报道的发病率为1/40 000~1/23 000，且女性较男性高发（4：1）。这些肿瘤起源于尾骨的基部，可以是良性或恶性。畸胎瘤组织涉及所有3个生殖细胞层（外胚层、中胚层和内胚层），并且可以包含皮肤、牙齿、呼吸道或胃肠黏膜以及神经系统组织。它们可以分为4种类型：Ⅰ型肿瘤于几乎完全外露；Ⅱ型肿瘤外露同时向骨盆生长；Ⅲ型肿瘤主要位于腹内，也存在部分外露；Ⅳ型肿瘤均位于体内不外露。

通过常规产前检查和先进的产前超声技术，通常胎儿还在子宫内即可对这些肿瘤做出诊断。当超声检查不足以诊断时，产前MRI检查在进一步确定肿瘤范围和边界方面有更好的效果。出生后，如果是Ⅰ~Ⅲ型病变，可以在尾骨和肛门之间的皮肤下看到肿块。出生后出现尿潴留或排便不足的症状时应考虑影像学检查。

由于骶尾部畸胎瘤所处的位置和相对较大的体积，它们对邻近的腹腔内器官发育和随后的新生儿整体发育有显著的影响。诸如肿瘤出血，动静脉分流和高心输出量等问题可导致心力衰竭、胎儿水肿和早产。巨大的宫内肿瘤单因肿瘤，可导致不能阴道分娩。由于心力衰竭或肿瘤出血，此病的围生期胎儿死亡率为13%~16%。由于这些问题，即使在产前诊断出来，与在出生后诊断相比，并发症发生率和死亡率仍然很高。

一旦确诊为稳定妊娠，需要进行密切、频繁的产前检查，并进行连续超声监测。大的肿瘤或高危妊娠可能需要早期行剖宫产或行子宫内或分娩后手术切除肿瘤。根据肿瘤范围，切除术应包括尾骨和

232

骶骨。重建后腹膜对预防后期的疝气至关重要。一项肿瘤切除术后5年随访的研究，其中94%的患者（117/124例新生儿）获得随访，结果显示手术切除后的长期预后较好。虽然在儿童期间这些患者的尿失禁、感染和便秘问题与长期随访的对照组相比有所增加。由于肿瘤存在复发和恶变的潜在可能，尽管没有特别确定的结论，仍需要对患者进行长期随访。

20.2.2 脊索瘤

脊索瘤是骶椎最常见的原发性肿瘤。这些肿瘤很少出现在40岁以下的患者中，男性的患病率是女性的2倍。它们来自脊索残余细胞，最常见于斜坡或骶骨，是胚胎中脊索的末端。脊索瘤生长缓慢但局部具有侵袭性。患者出现局部机械性、钝痛或神经系统后遗症，包括肠和膀胱功能障碍。大的骶骨脊索瘤可以压迫腹部内脏，从而导致便秘、尿潴留和内脏疼痛。

先进的骶骨成像技术可以用来诊断肿瘤和观察肿瘤的特征。MRI检查是首选，可以帮助临床医生评估肿瘤大小、肿瘤成分和软组织侵犯的范围。脊索瘤通常在T1 MRI为等信号，T2 MRI为高信号。增强MRI扫描时肿瘤不均匀强化（图20.1）。CT检查可以通过骶骨皮质的重塑、变薄和神经孔扩大来证明骨质破坏，一些脊索瘤也可能有钙化。

手术活检往往可以明确病理诊断并指导进一步治疗。如果推测病变主要来自直肠，则应进行内窥镜检查和可疑病变的活检。应避免经直肠活检以免将肿瘤细胞带入未受累的组织。对于剩余的病变，现在可以进行CT引导下活检，并且活检通道保持在随后的切除范围内。

脊索瘤有几种组织学类型，一般脊索瘤含有丰富的黏液样基质，细胞质具有"泡状"的物理形态。其他类型的脊索瘤包括软骨样和去分化类型。在分子水平上，脊索瘤过表达转录因子T，其产生Brachyury蛋白。脊索瘤肿瘤细胞的核一般位于中心，主要由软组织组成，通常无血管。

治疗选择是整块手术切除，切除时边缘要宽，以减少局部复发的风险（图20.2）。根据切除的程度，患者可以达到平均长达84个月的无病期。瘤内切除+立体定向放疗的效果欠佳，术后5年的疾病控制率低于50%。辅助治疗包括用于次全切除后的放射和质子束治疗，可以延缓肿瘤的进展。没有 I 类证据支持化疗的作用。

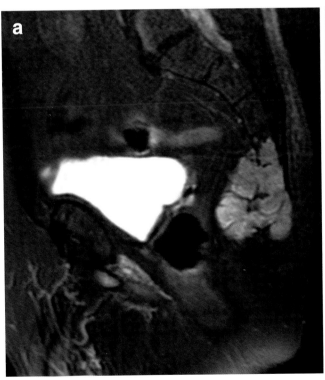 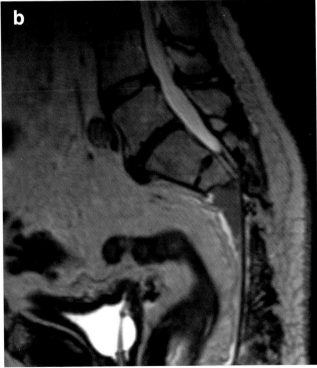

图20.1 （a）MRI 骨盆脂肪抑制矢状序列，显示 T2 高信号的骶骨末端脊索瘤。（b）MRI T2 图像显示采用从骶骨中部切断从而整块切除脊索瘤

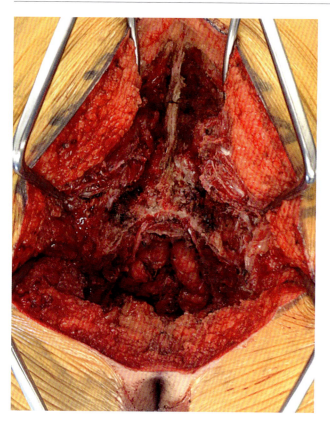

图 20.2　术中照片显示通过低位骶截骨术整块切除骶骨脊索瘤。直肠和直肠周围脂肪在切除腔的前缘可见

20.3　神经源性骶骨肿瘤

骶骨的原发性神经源性肿瘤起源于周围神经系统的细胞成分，包括神经元（神经节细胞瘤）、施旺细胞（神经鞘瘤和神经纤维瘤）和室管膜细胞（黏液乳头型室管膜瘤）。虽然这些肿瘤通常是良性的并且表现出惰性生长模式，但它们偶尔会发生恶性分化。许多病例需选择完全手术切除进行治疗。

20.3.1　黏液乳头型室管膜室瘤

这种缓慢生长的肿瘤来源于室管膜细胞。黏液乳头型室管膜瘤是尾椎中最常见的室管膜瘤。这些肿瘤在成人中更常见。黏液乳头型室管膜瘤可以来自圆锥、马尾和终丝。由于存在胚胎来源的细胞残余，它们也可能在骶前空间或骶骨背侧皮下组织中生长。由于其生长缓慢，肿瘤生长到足以引起神经缺陷的大小可能需要2~3年。这些患者可能出现下背部疼痛，坐骨神经分布的神经根病变，或早期马尾综合征表现，从而进行影像学检查。腰骶脊柱的CT

检查可以显示椎管扩张。当怀疑有黏液乳头型室管膜瘤时，增强MRI是首选检查方式。MRI通常在圆锥水平或下方可以发现T1等信号，T2高信号的硬膜下占位，增强MRI后肿瘤不均匀强化。

黏液乳头型室管膜瘤的主要治疗方法是后路手术切除。建议肿瘤全切以降低局部复发的风险。理想情况下，通过游离终丝并将在肿瘤上方和下方将其离断即可实现。应该注意的是首先断开肿瘤上方的终丝，因为断开下面的终丝会导致剩余的终丝和肿瘤向头部回缩，离开手术区域。损伤肿瘤囊壁可导致脑脊液播散，肿瘤可能在脊柱远端复发。对于肿瘤切除不全，复发或不能切除的肿瘤患者，辅助放疗是一种治疗方法。完全手术切除黏液乳头状室管膜瘤后，预后非常好，因为它们被认为是世界卫生组织（WHO）Ⅰ级肿瘤，完全或部分切除术后存活率超过10年。

20.3.2　神经节细胞瘤

神经节细胞瘤是一种罕见的、生长缓慢的肿瘤，起源于周围神经系统中的交感神经节细胞。这些肿瘤也可发生在纵隔和胸腔，以及腹膜后，交感神经神经节和肾上腺。只有10%的神经节细胞瘤发生在脊柱。患者通常年龄在30岁以下，男性和女性的发病率相同。

神经节细胞瘤由施万细胞和神经轴突组成的基质以及其中分化良好的神经节细胞所组成。这些肿瘤可能与神经纤维瘤病1型（NF1）有关。NF1相关的神经节细胞瘤可能表现为硬膜下侵袭。

总的来说由于椎旁扩张和通过神经孔的脊柱内延伸，神经节细胞瘤可能呈现哑铃形状。CT检查可以显示有或没有钙化的界限，明确的等密度到低密度的椎旁占位。MRI在T1加权序列上显示出均匀的低信号，T2加权序列显示不均匀高信号，增强形式多变。

治疗方法是完全手术切除，由于其良性、非侵袭性表现，长期预后良好，然而目前尚未有大样本的前瞻性长期预后的报道。

20.3.3　神经鞘瘤和神经纤维瘤

神经鞘瘤和神经纤维瘤均被归类为神经鞘肿瘤，占25%的硬膜下肿瘤。发病高峰年龄为30~60岁，没有性别偏向。免疫组织化学上，它们似乎来自施万细胞。然而神经纤维瘤的不同形态表明还包含其他细胞，如成纤维细胞和神经周围细胞。

　　神经鞘瘤是良性肿瘤，很少通过前骶神经孔扩张到骶前区域。在所有神经鞘瘤中，多达5%发生在骶骨和骶前区域，总体而言神经鞘瘤占所有脊柱肿瘤的25%。它们生长缓慢，在患者因神经或内脏器官移位而出现症状之前可达到相当的大小。腰骶部疼痛是最常见的症状，伴有腱反射减少和下肢感觉减退。神经鞘瘤通常是包膜完整的实性肿瘤，可与邻近组织分离。

　　神经纤维瘤包含纤维组织以及神经纤维。它们很难与所累及的神经分离出来，因为肿瘤可导致神经的梭形或丛状扩大。神经鞘瘤和神经纤维瘤通常来自神经背根，但神经纤维瘤也可发生在神经前根中。

　　对于神经鞘瘤，CT可显示低密度肿块，伴或不伴区域性骨重塑，增强后明显强化。神经鞘瘤，MRI上表现为T1等信号，T2不均匀高信号及增强后明显强化（图20.3）。神经纤维瘤增强MRI时不均匀强化。

　　良性神经鞘瘤的治疗选择是完全手术切除，可以极大降低复发率。根据肿瘤的大小和位置，完全或部分椎板切除或小关节切除的后路手术通常可以满足肿瘤的整体安全切除。神经纤维瘤由于存在神经根损伤的风险，可能无法进行完全切除术。瘤内切除可导致50%以上的复发率，因此鼓励进行扩大整块切除术。大约2.5%的神经鞘瘤是恶性的，其中一半肿瘤与神经纤维瘤病有关。一旦诊断为恶性，总体生存期通常不超过1年。

20.4　骨性骶骨肿瘤

　　骨性骶骨肿瘤是由骶骨的骨或软骨起源的原发性肿瘤。这些肿瘤可能是良性或恶性的，并且在确定干预之前先通过临床症状、影像学和（或）组织学特征进行诊断是必要的，以指导治疗。治疗包括单独的药物治疗、放化疗或手术切除，术前可行栓塞或辅助化疗。

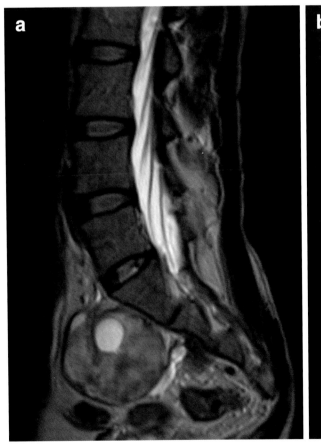
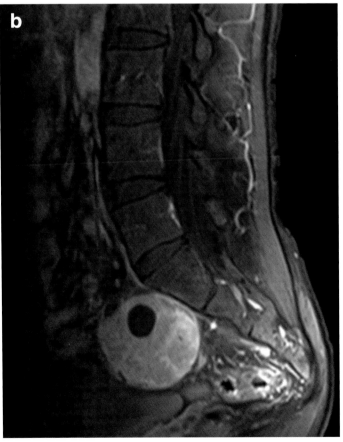

图20.3　1例44岁男性的影像，存在增大的骶前肿块。（a）矢状位T2 MRI显示T2等高信号、异质性骶前肿块，部分囊变。（b）注射造影剂后的T1表现出显著强化的肿块。CT引导下的活检结果提示巨大神经鞘瘤或是恶性外周神经鞘瘤

20.4.1 骨样骨瘤和成骨细胞瘤

骨样骨瘤和成骨细胞瘤是长骨和脊柱中发生的孤立性成骨细胞瘤。这两类肿瘤具有相同的临床和组织学特征，发生的过程也相同，主要区别在于成骨细胞瘤（>1.5cm）比骨样骨瘤（<2cm）更大，并且具有更强的成骨能力和更多的血供。这两种病变最常见于10~30岁的男性。这些病变最常发生在脊柱的后部结构中，但在骶骨中，它们最常见于骶骨体内。

骨样骨瘤发病率是成骨细胞瘤的4倍。它们最常见于中轴骨，尤其是长骨的骨干或干骺端。只有10%的骨样骨瘤发生在脊柱（最常见的是颈椎），在骶骨中仅发现2%的脊柱骨样骨瘤。而成骨细胞瘤在移动的脊柱和骶骨内常见（>35%的病例），但也可见于长骨、颅面骨和手足。

骨样骨瘤和成骨细胞瘤都最常出现局部疼痛。骨样骨瘤通常表现为夜间疼痛加重，非甾体类抗炎药（NSAIDs）缓解，而成骨细胞瘤通常表现为钝痛，进行性加重，夜间不会恶化，NSAIDs治疗不佳。对于成骨细胞瘤，当脊柱内存在病变时，也可见局部肿胀和压痛，以及神经症状和局部畸形。

在骨样骨瘤和成骨细胞瘤中，最初可以采用普通X线片检查，也可以选择CT检查。CT检查通常显示由硬化骨包围着透光的瘤巢。成骨细胞瘤（>1.5cm）比骨样骨瘤更大，形状不规则，周围有反应性骨形成的薄壳和更多的骨皮质膨胀，伴或不伴骨化/钙化。骨显像对于检测骨样骨瘤和成骨细胞瘤都非常敏感，因为两者的瘤巢都表现出强摄取，但这种增加的摄取并不特异于其中一种病变，因此通常无法帮助鉴别诊断。MRI在这些实体肿瘤的检查中的应用也存在争议，因为表现通常是非特异性的，可能导致混淆、误诊或过度估计肿瘤大小。

在组织学上，骨样骨瘤和成骨细胞瘤均由包含成骨细胞内衬小梁及纤维血管基质组成的中央瘤巢，周围由硬化骨环绕。在成骨细胞瘤中，瘤巢中呈现较松散的骨质结构和更丰富的血管以及反应性巨细胞和更大的成骨细胞。

与骨样骨瘤相关的疼痛的一线治疗是NSAIDs。然而如果镇痛药物难以控制，可以使用整块切除术，病灶内刮除术或经皮射频消融术。骨样骨瘤不具有局部侵袭性，也不会恶变。事实上，随着时间的推移，许多骨样骨瘤会自发消退。局部广泛性切除后，骨样骨瘤的复发率为4.5%。

成骨细胞瘤虽然在组织学上是良性的，但可能表现出局部侵袭行为，因此推荐手术治疗。对于侵袭性较低的成骨细胞瘤，可以进行病灶内刮除，但由于复发率高，整块切除术是首选的治疗选择。

20.4.2 动脉瘤性骨囊肿

动脉瘤性骨囊肿是良性溶骨性骨肿瘤，其特征在于由分隔隔开的不同大小的充满血液的腔。这些病变多由于创伤和局部血流动力学紊乱所引起，在儿童和青少年中最常见（65%~99%），它们也可能来源于静脉阻塞或与肿瘤相关的动静脉瘘（例如巨细胞瘤、成骨细胞瘤或骨肉瘤）。

动脉瘤性骨囊肿通常存在于长骨的干骺端（例如股骨或胫骨）中，脊柱占12%~30%，这其中只有20%累及骶骨。脊柱动脉瘤性骨囊肿几乎都是起源于后部结构或骶骨，但经常延伸至椎体。

与其他良性骨性脊柱病变一样，患者常出现局部疼痛，伴或不伴可触及的肿块，尽管是骶骨受累，也可见根性症状或肠和膀胱功能障碍。

X线片和CT影像显示边界清楚，膨胀性溶骨病变，具有薄层硬化骨边缘。MRI显示，通常可以在囊腔内看到液平面，对应不同时期的血性成分，但这种影像表现不是特征性的，也可以在其他肿瘤（例如巨细胞瘤和毛细血管扩张性骨肉瘤）中看到。增强MRI显示在囊腔的间隔内可以看到不均匀强化。

完整手术切除是动脉瘤性骨囊肿的首选治疗方法，但有时骶骨受累时由于周围的神经血管很难完整切除肿瘤，有些病例行栓塞、刮除和骨移植可能会减少并发症。手术治疗后的复发率差异很大，文献报道为12%~59%不等。

20.4.3 巨细胞瘤

巨细胞瘤是原发良性、溶骨性骨肿瘤，存在局部侵袭性（偶见转移），其特征是单核细胞增殖，伴有零散的巨噬细胞和破骨细胞样巨细胞。巨细胞瘤最常见于长骨关节附近，但也可能发生在脊柱和骶骨中，占所有原发脊柱肿瘤的4%~8%，女性比男性多发，常发病于10~40岁。

最常见的症状是夜间腰痛。伴有神经压迫的病理性骨折不多见。可能会发生肺转移，出现这种情况时死亡率为25%。

脊柱和骶骨的巨细胞瘤最常见于椎体，但可延伸到后部结构或硬膜外。MRI检查显示为等低信号，增强扫描后肿瘤显示不均匀强化。CT影像可表现为虫蚀、不规则和侵蚀性病变，有时肿瘤可以扩大骨的轮廓。当发现病变时，应该行CT引导的活检来辅助诊断。

组织学上，巨细胞瘤由规则分布的基质和多核巨细胞组成，类似于破骨细胞。也可能表现坏死，出血和含铁血黄素沉积物。可以在肿瘤中检测到核因子κ-B配体的受体激活物（RANKL）。

治疗方法是完整手术切除，术前可行选择性动脉栓塞。考虑到这些肿瘤往往在诊断前就已经累及重要的神经血管结构，栓塞联合放疗和次全切除术已也是一种提倡的治疗选择。地诺单抗是一种单克隆抗体和RANKL抑制剂，有时被用作新辅助疗法，可在治疗前缩小肿瘤。它也可用于难以切除或复发的肿瘤。对于具有地诺单抗治疗禁忌的患者，可采用放射治疗作为补救治疗。

20.4.4 软骨肿瘤：软骨瘤和软骨肉瘤

软骨瘤仅占所有原发性骨肿瘤的5%，很少见于脊柱，更常见于手部和足部的骨骼。软骨瘤可根据其来源分为起源于皮质的骨膜软骨瘤和起源于髓腔软骨瘤。男性多见，常发病于20~50岁。软骨瘤通常是单发的，但软骨瘤病综合征如Ollier病或Maffucci综合征可能在儿童时期就出现多发软骨瘤。大多数软骨瘤都是偶然发现的，患者可能会出现可触及的肿块和局灶性压痛。脊柱软骨瘤患者的神经系统症状可隐匿性发病，因为这些生长缓慢的肿瘤会向外生长并影响附近的神经结构。

影像学特点包括低衰减，侵蚀性病变，边界清楚，扇形的边缘伴或不伴点状钙化，CT影像显示可以看到神经椎间孔扩大或局部畸形。在MRI上，软骨瘤通常是T1低信号和T2高信号。虽然软骨瘤在增强MRI扫描时也可以表现出不同程度的强化，但这种强化往往在软骨肉瘤中更常见。

虽然软骨瘤是良性肿瘤，但它们也可以向肉瘤分化。治疗方法是手术切除，以确诊和预防恶变。完全手术切除后的复发率约为10%。

软骨肉瘤是恶性程度不等的软骨肿瘤，常见于

成人的长骨和骨盆内。它们可能是原发的，也可能是软骨瘤或其他良性软骨肿瘤转化生成的。软骨肉瘤占所有原发性脊柱肿瘤的7%~12%，占所有原发性恶性脊柱肿瘤的25%。其中大多数发生在移动脊柱（特别是胸椎）。骶骨软骨肉瘤很少见。男性患病的概率是女性的2倍，典型的年龄为30~70岁。往往惰性生长，最常见的症状是局部疼痛，50%的病例存在神经功能缺损。

在免疫组织化学检查中，软骨肉瘤由具有细胞性间质的软骨基质组成。存在多种亚型，包括中央型、外周型、间充质型、透明细胞型和去分化型。WHO软骨肉瘤的分级为Ⅰ~Ⅳ级，总体预后与分级密切相关。Ⅰ级软骨肉瘤10年生存率为90%，而高级别（Ⅲ~Ⅳ）软骨肉瘤为30%~40%。绝大多数软骨肉瘤（80%~90%）是WHO Ⅰ级，一般难以在组织学上与良性软骨瘤区分，但在近距离组织学观察中，低级别软骨肉瘤中可见周围组织侵犯，骨皮质穿透和黏液样基质伴或不伴细胞成分及有丝分裂的增加。高级别肿瘤，通常可见细胞质成分增多，有丝分裂活跃和转移（70%）。

影像学表现在软骨肉瘤的不同分型和不同WHO分级间存在差异。X线片和CT影像显示不均匀强化的溶骨性病变，病灶内存在钙化（"环形"和"弧形"或"爆米花"钙化）并且骨内膜呈扇形改变。在高级别的病变中，还可以看到虫蚀样外观以及皮质重塑和骨膜反应。在MRI上，软骨肉瘤表现为不均匀强化，T1等低信号和T2高信号。它们还经常表现出与病灶内钙化相关的散在T2低信号和梯度回声或易感性加权的"晕染"伪影。在低级别软骨肉瘤与良性软骨瘤/内生软骨瘤鉴别时，也可以使用骨闪烁扫描，因为前者摄取增加的情况多见。

治疗方式是广泛的整块切除，既减少了局部复发的机会，也确保更长的无病生存期。即使是肿瘤对手术切缘有极小的污染，预后也会变差。即使达到完全切除，局部复发依旧高达20%。软骨肉瘤对放疗和化疗相对抵抗，但高剂量放疗可能会减缓肿瘤进展，并已用于治疗复发肿瘤或姑息治疗。采取激进地切除方式，软骨肉瘤患者的平均存活时间为6年。

20.4.5 骨肉瘤

骨肉瘤是最常见的原发性恶性骨肿瘤，最常见于长骨和骨盆的干骺端区域，很少见于脊柱

（3%~5%的病例）。骨肉瘤仅占原发性骶骨肿瘤的4%，其中许多继发于Paget病的退化。与四肢骨肉瘤（在儿童和青少年中更常见）相反，活动性脊柱和骶骨的骨肉瘤往往发病于30~40岁，男性和女性的发病率相同。

中轴线的背痛是最常见的症状，其次是神经功能缺损。在病程的后期可见肠和膀胱功能障碍。确定诊断时，大约28%的患者存在转移。

CT影像和X线片可能表现为单纯溶解性、混合性或主要为成骨性的病变，伴有相关的软组织肿块，骨虫蚀样外观，侵袭性骨膜反应和肿瘤基质内的骨化/钙化。MRI可用于局部分期和制订手术计划，显示为T1等信号和T2高信号软组织影伴肿瘤周围水肿，同时存在T1和T2低信号的散在钙化灶和软组织增强。

骨肉瘤的组织学特征是在高级别梭形细胞肿瘤中存在骨小梁或骨性基质，因为肿瘤细胞为成骨细胞向分化并且能够在无须软骨的情况下成骨。细胞多形性、有丝分裂、血管侵犯和坏死也很常见。

骨肉瘤的治疗方法是新辅助化疗，然后进行广泛的局部手术切除。尽管采用侵袭性治疗，患者预后仍差，特别是对于活动性脊柱和骶骨的骨肉瘤，但术前化疗可以延长生存期。即使在充分切除后，骶骨骨肉瘤患者的平均存活期也只有10个月。

20.4.6　尤文氏肉瘤

尤文氏肉瘤是一种起源于神经细胞前体的肿瘤，是儿童脊柱中最常见的非淋巴组织增生性原发性恶性肿瘤。最常见于股骨，3%~10%的尤文氏肉瘤会累及脊柱。并且这种累及往往是由于转移而来。尤文氏肉瘤常发病于青少年时期，男性发病率是女人的2倍，骶骨是最常见的脊柱受影响部位。

患者通常会出现局部背痛和神经功能缺损，肠和膀胱功能障碍少见。一些患者也可能出现发热和血沉或C-反应蛋白升高，这可能会给诊断带来混淆。

CT和X线片表现各异，表现为伴或不伴椎旁软组织和硬膜外受累的溶骨性、硬化性或混合性病变。软组织钙化并不常见。MRI表现通常是非特异性的，但包括T1等低信号和不均匀的T2高信号，不均匀显著强化。

这些肿瘤外观上呈灰白色，伴有出血和坏死。

免疫组织化学检查表现为均匀细胞核的小圆形蓝细胞。在分子水平上，该肿瘤的特征是位于22号染色体上的EWS基因与ETS转录因子之间的相互易位。

尤文氏肉瘤的治疗方法是全身化疗，5年生存率从20世纪80年代的10%提高到目前的70%。手术切除可改善局部控制，但可能无法改善总体生存率，并且仅适用于初次治疗后肿瘤残留的病例。与其他肉瘤相比，尤文氏肉瘤对放疗相对敏感，放疗的效果取决于肿瘤的位置和大小。尽管治疗取得了进展，但5年生存率仅为33%。

20.5　转移性骶骨肿瘤

骶椎转移瘤是最常见的影响骶椎的肿瘤，常来自血源性转移。它们可来源于乳腺、肺、前列腺、肾和胃肠道。这些肿瘤可以更快速地进展并局部侵袭，引起局灶性背痛或神经功能缺损。骨盆内脏肿瘤也可局部扩散到骶前空间。CT和MRI可以显示大的、高度浸润性肿块，其成像特征类似于原发肿瘤。不幸的是，在影像学检查发现骶骨转移时，其他器官和脊柱其他区域的累及率已经高达60%。鉴于此，这些患者已经无须进行活检以获得组织诊断。

放疗一直是骶骨转移的首选治疗方法，但由于原发性肿瘤治疗的进步使得患者生存期延长，难治性疾病的患者数量有所增加。放疗对这些患者的作用主要是姑息性的，但也存在风险，如放射性直肠炎和肠炎。患者群的改变也促使学者进一步探索将姑息性手术作为一种治疗选择，以达到神经结构减压或重建和稳定脊柱的目的。

（暴向阳 译，黄瑾翔 校）

参考文献

[1] Feldenzer JA, McGauley JL, McGillicuddy JE. Sacral and presacral tumors: problems in diagnosis and management. Neurosurgery. 1989;25(6):884–891.

[2] Hambraeus M, Arnbjornsson E, Borjesson A, Salvesen K, Hagander L. Sacrococcygeal teratoma: a population-based study of incidence and prenatal prognostic factors. J Pediatr Surg. 2016;51(3):481–485. https://doi.org/10.1016/j.jpedsurg.2015.09.007.

[3] Gokaslan Z, Hsu W. Surgical resection of sacral tumors. In: Quinones-Hinojosa A, editor. Schmidek and sweet operative

neurosurgical techniques. Philadelphia: Elsevier; 2012.

[4] Altman RP, Randolph JG, Lilly JR. Sacrococcygeal teratoma: American Academy of Pediatrics surgical section Survey-1973. J Pediatr Surg. 1974;9(3):389–398.

[5] Kremer ME, Wellens LM, Derikx JP, van Baren R, Heij HA, Wijnen MH, Wijnen RM, van der Zee DC, van Heurn LW. Hemorrhage is the most common cause of neonatal mortality in patients with sacrococcygeal teratoma. J Pediatr Surg. 2016;51(11):1826–1829. https://doi. org/10.1016/j.jpedsurg.2016.07.005.

[6] Rescorla FJ, Sawin RS, Coran AG, Dillon PW, Azizkhan RG. Long-term outcome for infants and children with sacrococcygeal teratoma: a report from the Childrens Cancer group. J Pediatr Surg. 1998;33(2):171–176.

[7] Hambraeus M, Hagander L, Stenstrom P, Arnbjornsson E, Borjesson A. Long-term outcome of Sacrococcygeal Teratoma: a controlled cohort study of urinary tract and bowel dysfunction and predictors of poor outcome. J Pediatr. 2018;198:131–136.e2. https://doi.org/10.1016/j. jpeds.2018.02.031.

[8] Fourney DR, Gokaslan ZL. Current management of sacral chordoma. Neurosurg Focus. 2003;15(2):E9.

[9] Sui J, Zadnik PL, Groves ML, Gokaslan ZL. Chordoma. In: Vialle LR, editor. AO spine masters series volume 2: primary spinal tumors. New York: Thieme; 2015.

[10] Helbig D. Subcutaneous sacral ependymoma--a histopathological challenge. J Cutan Pathol. 2016;43(1):71–74. https://doi.org/10.1111/cup.12590.

[11] Shaw EG, Evans RG, Scheithauer BW, Ilstrup DM, Earle JD. Postoperative radiotherapy of intracranial ependymoma in pediatric and adult patients. Int J Radiat Oncol Biol Phys. 1987;13(10):1457–1462.

[12] Sonneland PR, Scheithauer BW, Onofrio BM. Myxopapillary ependymoma. A clinicopathologic and immunocytochemical study of 77 cases. Cancer. 1985;56(4):883–893.

[13] Quraishi NA, Wolinsky JP, Bydon A, Witham T, Gokaslan ZL. Giant destructive myxopapillary ependymomas of the sacrum. J Neurosurg Spine. 2010;12(2):154–159. https://doi.org/10.31 71/2009.9.SPINE08968.

[14] Louis DN, Ohgaki H, Wiestler OD, Cavenee WK, Burger PC, Jouvet A, Scheithauer BW, Kleihues P. The 2007 WHO classification of tumours of the central nervous system. Acta Neuropathol. 2007;114(2):97–109. https://doi.org/10.1007/s00401-007-0243-4.

[15] Sobowale O, Ibrahim I, du Plessis D, Herwadkar A, Tzerakis N. Dumbbell ganglioneuroma mimicking lumbar neurofibroma: a case report and review of the literature. Br J Neurosurg. 2013;27(4):521–523. https://doi.org/10.3109/02688697.2013.77 1142.

[16] Levy DI, Bucci MN, Weatherbee L, Chandler WF. Intradural extramedullary ganglioneuroma: case report and review of the literature. Surg Neurol. 1992;37(3):216–218.

[17] Miyakoshi N, Hongo M, Kasukawa Y, Misawa A, Shimada Y. Bilateral and symmetric C1-C2 dumbbell ganglioneuromas associated with neurofibromatosis type 1 causing severe spinal cord compression. Spine J. 2010;10(4):e11–e15. https://doi. org/10.1016/j.spinee.2010.01.023.

[18] Bacci C, Sestini R, Ammannati F, Bianchini E, Palladino T, Carella M, Melchionda S, Zelante L, Papi L. Multiple spinal ganglioneuromas in a patient harboring a pathogenic NF1 mutation. Clin Genet. 2010;77(3):293–297. https://doi. org/10.1111/j.1399-0004.2009.01292.x.

[19] Ogden AT, Schwartz TH, McCormick PC. Spinal cord tumors in adults. In: Winn HR, editor. Youmans neurological surgery. Philadelphia: Elsevier; 2011. D. B. Choi et al

[20] Alfieri A, Campello M, Broger M, Vitale M, Schwarz A. Low-back pain as the presenting sign in a patient with a giant, sacral cellular schwannoma: 10-year follow-up. J Neurosurg Spine. 2011;14(2):167–171. https://doi.org/10.3171/2010.10. SPINE1015.

[21] Turk PS, Peters N, Libbey NP, Wanebo HJ. Diagnosis and management of giant intrasacral schwannoma. Cancer. 1992;70(11):2650–2657.

[22] Muramatsu K, Ihara K, Kato Y, Yoshida Y, Taguchi T. Intrasacral schwannoma: clinical presentation, diagnosis and management. Br J Neurosurg. 2008;22(6):790–792. https://doi. org/10.1080/02688690802108798.

[23] Abernathey CD, Onofrio BM, Scheithauer B, Pairolero PC, Shives TC. Surgical management of giant sacral schwannomas. J Neurosurg. 1986;65(3):286–295. https://doi.org/10.3171/ jns.1986.65.3.0286.

[24] SEPspala MT, Haltia MJ, Sankila RJ, Jaaskelainen JE, Heiskanen O. Long-term outcome after removal of spinal neurofibroma. J Neurosurg. 1995;82(4):572–577. https://doi. org/10.3171/jns.1995.82.4.0572.

[25] Llauger J, Palmer J, Amores S, Bague S, Camins A. Primary tumors of the sacrum: diagnostic imaging. AJR Am J Roentgenol. 2000;174(2):417–424. https://doi.org/10.2214/ ajr.174.2.1740417.

[26] Atesok KI, Alman BA, Schemitsch EH, Peyser A, Mankin H. Osteoid osteoma and osteoblastoma. J Am Acad Orthop Surg. 2011;19(11):678–689.

[27] Nadeau M, Dipaola C. Spinal osteoid osteoma and osteoblastoma. In: Vialle LR, editor. AO spine masters series volume 2: primary spinal tumors. New York: Thieme; 2015.

[28] Lee EH, Shafi M, Hui JH. Osteoid osteoma: a current review. J Pediatr Orthop. 2006;26(5):695–700. https://doi.org/10.1097/01. bpo.0000233807.80046.7c.

[29] Lundeen MA, Herring JA. Osteoid-osteoma of the spine: sclerosis in two levels. A case report. J Bone Joint Surg Am. 1980;62(3):476–478.

[30] Lucas DR, Unni KK, McLeod RA, O'Connor MI, Sim FH. Osteoblastoma: clinicopathologic study of 306 cases. Hum

Pathol. 1994;25(2):117–134.

[31] Manaster BJ, Graham T. Imaging of sacral tumors. Neurosurg Focus. 2003;15(2):E2.

[32] Brastianos P, Gokaslan Z, McCarthy EF. Aneurysmal bone cysts of the sacrum: a report of ten cases and review of the literature. Iowa Orthop J. 2009;29:74–78.

[33] Boriani S, Bandiera S, Ghermandi R. Aneurysmal bone cyst and giant cell tumor. In: Vialle LR, editor. AO spine masters series volume 2: primary spinal tumors. New York: Thieme; 2015.

[34] Luther N, Bilsky MH, Hartl R. Giant cell tumor of the spine. Neurosurg Clin N Am. 2008;19(1):49–55. https://doi. org/10.1016/j.nec.2007.09.009.

[35] Domovitov SV, Chandhanayingyong C, Boland PJ, McKeown DG, Healey JH. Conservative surgery in the treatment of giant cell tumor of the sacrum: 35 years' experience. J Neurosurg Spine. 2015;24:1–13. https://doi. org/10.3171/2015.4.SPINE13215.

[36] McLoughlin GS, Sciubba DM, Wolinsky JP. Chondroma/chondrosarcoma of the spine. Neurosurg Clin N Am. 2008;19(1):57–63. https://doi.org/10.1016/j.nec.2007.09.007.

[37] York JE, Berk RH, Fuller GN, Rao JS, Abi-Said D, Wildrick DM, Gokaslan ZL. Chondrosarcoma of the spine: 1954 to 1997. J Neurosurg. 1999;90(1 Suppl):73–78.

[38] Normand AN, Ballo MT, Yasko AW. Palliative radiation therapy for advanced chondrosarcoma. Proc Conn Tiss Oncol Soc. 2006;12:745.

[39] Schoenfeld AJ, Hornicek FJ, Pedlow FX, Kobayashi W, Raskin KA, Springfield D, Delaney TF, Nielsen GP, Mankin HJ, Schwab JH. Chondrosarcoma of the mobile spine: a review of 21 cases treated at a single center. Spine (Phila Pa 1976). 2012;37(2):119–126. https://doi. org/10.1097/BRS.0b013e31823d2143.

[40] Nishizawa K, Mori K, Saruhashi Y, Takahashi S, Matsusue Y. Long-term clinical outcome of sacral chondrosarcoma treated by total en bloc sacrectomy and reconstruction of lumbosacral and pelvic ring using intraoperative extracorporeal irradiated autologous tumor-bearing sacrum: a case report with 10 years follow-up. Spine J. 2014;14(5):e1–e8. https://doi. org/10.1016/j.spinee.2013.10.057.

[41] Sciubba DM, Petteys RJ, Garces-Ambrossi GL, Noggle JC, McGirt MJ, Wolinsky JP, Witham TF, Gokaslan ZL. Diagnosis and management of sacral tumors. J Neurosurg Spine. 2009;10(3):244–256. https://doi.org/10.3171/2008.12. SPINE08382.

[42] Sciubba DM, Okuno SH, Dekutoski MB, Gokaslan ZL. Ewing and osteogenic sarcoma: evidence for multidisciplinary management. Spine (Phila Pa 1976). 2009;34(22 Suppl):S58–S68. https://doi.org/10.1097/BRS.0b013e3181ba6436.

[43] Ozaki T, Flege S, Liljenqvist U, Hillmann A, Delling G, Salzer-Kuntschik M, Jurgens H, Kotz R, Winkelmann W, Bielack SS. Osteosarcoma of the spine: experience of the cooperative osteosarcoma study group. Cancer. 2002;94(4):1069–77.

[44] Kelley SP, Ashford RU, Rao AS, Dickson RA. Primary bone tumours of the spine: a 42-year survey from the Leeds regional bone tumour registry. Eur Spine J. 2007;16(3):405–409. https://doi.org/10.1007/s00586-006-0188-7.

[45] Schoenfeld AJ, Hornicek FJ, Pedlow FX, Kobayashi W, Garcia RT, Delaney TF, Springfield D, Mankin HJ, Schwab JH. Osteosarcoma of the spine: experience in 26 patients treated at the Massachusetts General Hospital. Spine J. 2010;10(8):708–714. https://doi.org/10.1016/j. spinee.2010.05.017.

[46] Ju DG, Zadnik PL, Sciubba DM. Osteogenic sarcoma and Ewing's sarcoma of the spine. In: Vialle LR, editor. AO spine masters series volume 2: primary spinal tumors. New York: Thieme; 2015.

[47] Link MP, Goorin AM, Miser AW, Green AA, Pratt CB, Belasco JB, Pritchard J, Malpas JS, Baker AR, Kirkpatrick JA, et al. The effect of adjuvant chemotherapy on relapse-free survival in patients with osteosarcoma of the extremity. N Engl J Med. 1986;314(25):1600–1606. https://doi.org/10.1056/NEJM198606193142502.

[48] Shives TC, Dahlin DC, Sim FH, Pritchard DJ, Earle JD. Osteosarcoma of the spine. J Bone Joint Surg Am. 1986;68(5):660–668.

[49] Evans RG, Nesbit ME, Gehan EA, Garnsey LA, Burgert O Jr, Vietti TJ, Cangir A, Tefft M, Thomas P, Askin FB, et al. Multimodal therapy for the management of localized Ewing's sarcoma of pelvic and sacral bones: a report from the second intergroup study. J Clin Oncol. 1991;9(7):1173–1180. https://doi.org/10.1200/JCO.1991.9.7.1173.

[50] Grier HE, Krailo MD, Tarbell NJ, Link MP, Fryer CJ, Pritchard DJ, Gebhardt MC, Dickman PS, Perlman EJ, Meyers PA, Donaldson SS, Moore S, Rausen AR, Vietti TJ, Miser JS. Addition of ifosfamide and etoposide to standard chemotherapy for Ewing's sarcoma and primitive neuroectodermal tumor of bone. N Engl J Med. 2003;348(8):694–701. https://doi.org/10.1056/NEJMoa020890.

[51] Ozdemir MH, Gurkan I, Yildiz Y, Yilmaz C, Saglik Y. Surgical treatment of malignant tumours of the sacrum. Eur J Surg Oncol. 1999;25(1):44–49. https://doi.org/10.1053/ejso.1998.0598.

[52] Payer M. Neurological manifestation of sacral tumors. Neurosurg Focus. 2003;15(2):1–6. https://doi.org/10.3171/foc.2003.15.2.1.

[53] Zhang HY, Thongtrangan I, Balabhadra RS, Murovic JA, Kim DH. Surgical techniques for total sacrectomy and spinopelvic reconstruction. Neurosurg Focus. 2003;15(2):E5.

[54] Du Z, Guo W, Yang R, Tang X, Ji T, Li D. What is the value of surgical intervention for sacral metastases? PLoS One. 2016;11(12):e0168313. https://doi.org/10.1371/journal.pone.0168313.

[55] Gilinsky NH, Burns DG, Barbezat GO, Levin W, Myers

HS, Marks IN. The natural history of radiation-induced proctosigmoiditis: an analysis of 88 patients. Q J Med. 1983;52(205):40–53.

[56] Maas JM. Intestinal changes secondary to irradiation of pelvic malignancies. Am J Obstet Gynecol. 1948;56(2):249–259.

[57] O'Brien PC, Franklin CI, Dear KB, Hamilton CC, Poulsen M, JoSEPsh DJ, Spry N, Denham JW. A phase III double-blind randomised study of rectal sucralfate suspension in the prevention of acute radiation proctitis. Radiother Oncol. 1997;45(2):117–123. D. B. Choi et al.

罕见脊髓肿瘤

21

Nir Shimony, Brooks Osburn, Sara Hartnett, Mari Groves, George I. Jallo

21.1　简介和流行病学

　　从以往的统计来看，脊髓肿瘤约占所有原发性中枢神经系统（CNS）肿瘤的15%，而脊髓髓内肿瘤（IMSCTs）它们仅占所有CNS肿瘤的2%~4%。常见的髓内病变包括星形细胞瘤和室管膜瘤，本书其他章节对此进行了详细描述。星形细胞瘤是儿童中最常见的IMSCTs，室管膜瘤次之，而在成人中，室管膜瘤更常见。儿童中较不常见的IMSCTs是血管网状细胞瘤和脊髓转移瘤，但在成年人中更为常见。

　　极其罕见的病变，如淋巴瘤、原始神经外胚层肿瘤（PNET）、脂肪瘤、肠源性囊肿、副神经节瘤、神经节细胞瘤和少突神经胶质瘤等，在成人或小儿的文献中均有记载，本章将对此进行详细阐述（图21.1）。脊髓血管网状细胞瘤、脊髓转移瘤和脊髓海绵状血管瘤在本书的其他地方有详尽的描述。

21.2　临床表现

　　IMSCTs的症状根据病变的类型和患者的年龄而有所不同，然而这些症状通常在数周或数月内逐渐进展。大多数IMSCTs的成人患者最初主诉背部或颈部疼痛。其他症状和体征包括单侧或双侧无力、麻木、感觉异常、肠道/膀胱功能障碍、神经根病和步态功能障碍。当这些病变出现在儿童时，可表现为无力、进行性脊柱侧凸、笨拙或其他无法描述的症状。可以在体格检查中发现上运动神经元症状如Babinski征、阵挛或Hoffman征。必须根据临床检查和症状表现将脱髓鞘疾病与IMSCTs区分开来。这种区分可能很困难，因为脱髓鞘疾病的症状表现通常是症状复发和间歇性改善缓解过程的交替。这类症状可见于伴有囊性成分的脊髓肿瘤。IMSCTs中约1%的患者可出现脑积水。可能是由于脑脊液（CSF）中蛋白质增加或肿瘤导致的局灶性梗阻影响了CSF的吸收。

21.3　评估/诊断

　　评估应首先进行全面的体格检查，重点是识别上运动神经元体征，以及指示神经受累节段的临床体征。体格检查完成后，诊断"金标准"是MRI检查。钆通常用于评估造影剂的摄取。通过病变的MRI特征常可推测组织学诊断，因为每种疾病都具有特定的影像表现（图21.1）。因为病变通常呈现典型的高信号，所以T2加权成像是观察脊髓增大的首选序列。原发性髓内脊髓淋巴瘤即为这种模式，在T2加权中呈高信号。通常情况下，这些病变定性不明，多灶性生长且不伴脊髓空洞。T1等信号，增强呈均匀强化。在有记录PNET病例中，肿瘤通常位于腰椎，T1呈等低信号，T2呈混杂高信号。病变对对比剂的摄取程度不一。这些肿瘤通常会延伸到神经孔中并可能累及椎体。髓内脂肪瘤在T1和T2加权成像时呈高信号，在脂肪饱和图像上呈现饱和状态。脊髓脂肪瘤常作为单一实体发生，罕有多发的非相邻型脂肪瘤。肠源性囊肿通常在T2上呈高信号，在T1上呈低信号，增强不强化。然而有多个病例报告显示这些病变可以表现出其他信号特征。囊肿通常位于脊髓腹侧的髓外硬膜下，罕见情况下可以浸润髓内。室管膜下瘤在MRI上具有不同的表现。病变是典型的实性异质性肿块，但也可有囊性成分。T1加权增强显示沿囊肿壁的强化。室管膜下瘤类似于室管膜瘤，因为它们在T1上呈低-等信

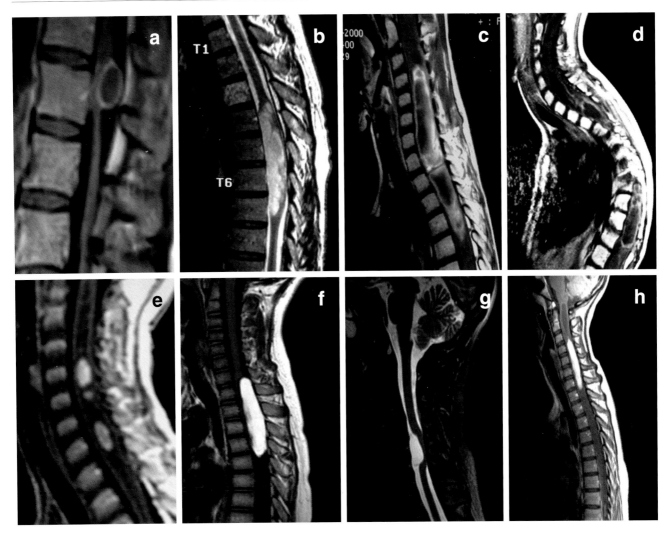

图 21.1 罕见的脊髓肿瘤。本章讨论的一些不同脊髓肿瘤的不同矢状面影像：（a）脊髓畸胎瘤。（b）脊髓室管膜下瘤。（c）脊髓神经节胶质细胞瘤。（d）由全脊髓神经节胶质细胞瘤引起的严重脊柱侧凸。（e）脊髓少突神经胶质瘤。（f）脊髓脂肪瘤。（g）肠源性囊肿。（h）神经细胞瘤

号，T2成像时呈高信号。

神经节胶质细胞瘤可出现在颈椎和胸椎区域，延伸多个节段，T1信号混杂，呈不均匀增强。T2高信号，脊髓增大并偏向一侧而没有瘤周水肿是这些病变的特征。

当无法获得MRI时，CT脊髓造影可用于评估成人的神经轴。除非无法获得MRI，否则不应将CT用于评估儿科肿瘤，因为有辐射暴露。

21.4 手术注意事项和技术

手术干预是治疗的主要方法，特别是那些有症状病变的患者。症状的出现可能是由于肿瘤本身侵犯神经结构（如皮质脊髓束），或是因占位效应影响了脊髓血供而引起的脊髓缺血、空洞、脊柱骨畸形（例如脊柱侧凸）和脊髓栓系相关综合征所致。对于无症状的患者，可以进行密切影像监测，但对于较大的肿瘤，或是存在脊髓空洞或脊髓水肿和缺血迹象时要仔细评估。手术的切除程度取决于组织学诊断和组织肿瘤间的手术界面。对于非浸润侵袭性病变，推荐进行完全切除，并且通常都可以实现。对于浸润性病变，如原发性脊髓淋巴瘤，激进切除肿瘤相比部分切除对患者损害更大。对于浸润性病变患者的神经系统功能的保留对未来生活质量关系最大。

得益于术中神经监测技术的进步，外科医生在手术切除方面取得了积极的进展。监测IMSCTss是目前治疗的"金标准"。通常使用体感诱发电位（SSEP）和运动诱发电位（MEPs）以及肌电图（EMG）监测。为颈椎和胸部病变放置硬膜外导

联以监测D波活动——皮质脊髓束的完整性。病灶远端的D波振幅减少50%与术后无力的风险增加有关。当出现MEPs下降时，外科医生应该停止这个部位的操作，尝试在另一个肿瘤/脊髓界面进行分离。当MEPs减少时，必须考虑将平均动脉压目标提高到大于70~85mmHg（取决于患者年龄），并将此作为脊髓病变手术的常规。如果信号没有改善，外科医生必须决定手术操作是否继续。

术中监测导联放置完毕后，将患者取俯卧位于凝胶辊上，如果进行颈椎和上胸椎手术，用三点Mayfield头架固定。颈部屈曲成军姿位，使颈髓成直线，麻醉监测有无气道受累情况。在下巴和胸骨之间应留有2指宽，这应在手术中特别注意以防止气管导管扭结和气道受损。应注意确保手臂和受压位置用软垫垫好并且腋窝得到适当支撑，从而防止臂丛神经损伤。如有需要，可在手术部位准备并覆盖前借助透视标记手术部位。

皮下组织注射局部麻醉剂肾上腺素，用于局部疼痛控制和协助止血。沿中线切开皮肤，使用单极电凝沿骨膜下进行解剖。应细致地进行骨膜下剥离以便不破坏沿椎板的小关节囊并确保止血。可以采用骨刀或电钻在病变上下一个水平钻孔来进行椎板切除术或椎板切开术。一旦暴露硬膜，可用超声进行辅助IMSCTss定位。使用11或15号刀片的手术刀以垂直方向切开硬膜。将4-0 Nurolon缝线沿着硬膜切缘缝扎以牵开硬膜。由于脊髓通过齿状韧带固定于硬膜上，应注意监测仪的变化，以根据需要减轻硬膜牵引。在计划脊髓切开术时，应考虑肿瘤最靠近脊髓软膜表面的位置。中线脊髓切开术通常在后正中沟进行，但也可以沿后外侧沟或外侧沟进行。使用Rhoton剥离子和镀金刀进行钝性解剖以找到肿瘤界面。在较大的病变中，建议使用吸引或超声吸引器进行病变内部减压。这可以释放张力，甚至可以用来帮助创造界面。应将病理送冷冻检测，因为这影响到某些病变是否要采取激进的切除方案。一旦切除完成，使用凝血酶类药物和双极电凝进行止血。双极电凝的使用应非常小心，因为热效应可造成破坏性损伤。硬脑膜主要用Nurolon或Prolene缝合线修复。在椎板成形术中使用微型板连接椎板，注意在骨和硬膜之间留出额外的空间以适应任何可能的术后脊髓肿胀。逐步完成肌肉、筋膜和皮下组织的防渗闭合。一些医生嘱患者卧床休息24h，以减轻胸部和腰部病变切除术后患者的硬膜闭合压力。在术后第一个24~36h进行MRI平扫或增强MRI检查。

21.5 病因

21.5.1 神经节胶质细胞瘤

导读 神经节胶质细胞瘤是一种起源于神经元和神经胶质的罕见肿瘤，通常是良性的，但肿瘤中神经胶质成分可能出现恶性转化。它们仅占所有原发性中枢神经系统肿瘤的0.5%。神经节胶质细胞瘤是一种罕见的、生长缓慢的原发性中枢神经系统肿瘤，最常见于颞叶，通常导致癫痫发作。脊髓神经节胶质细胞瘤非常罕见，报道的病例少于70例，多数发生在儿童或年轻人中。只有约3%位于脊髓内，占所有脊髓肿瘤的1.1%。间变性神经节胶质细胞瘤（AGGs）在神经节胶质细胞瘤中占比可达5%，并且往往出现在35岁左右的成年人中。它们非常罕见，其临床过程知之甚少，因此它们的治疗标准尚未确立。AGGs可能是由低级别肿瘤（多见于儿童）恶性转化而成，也可是原发性AGG肿瘤，后者极为罕见。世界卫生组织（WHO）将AGG定为Ⅲ级，其组织学表现出间变性特征，如有丝分裂活跃、非典型细胞和坏死。虽然它们可以出现在CNS的任何部位，但出现在脊髓非常罕见。当脊髓中出现神经节胶质细胞瘤时，肿瘤通常位于颈椎区域，并且由于其生长缓慢的性质，与其他IMSCTs相比，诊断时肿瘤体积通常较大。

临床表现 神经节胶质细胞瘤出现的年龄段广泛，新生儿到老年人均可发病，但大多数病例发生在儿童或年轻人中。没有性别、种族或民族差异。除了与脊髓病变位置相关的其他神经功能缺损外，患者通常伴有进行性脊髓病症状。症状持续时间从1个月到5年不等。由于生长缓慢的特征，导致神经功能缺陷隐匿性进展，所以肿瘤多较晚发现。

影像学检查与诊断 仅基于影像几乎不可能将神经节胶质细胞瘤与其他更常见的髓内肿瘤如星形细胞瘤或室管膜瘤区分开来，因为它们都具有相似的特征（图21.2）。

病理 组织学上，神经节胶质细胞瘤由肿瘤性胶质细胞和神经节细胞组成，这些细胞排列杂乱无章，形状不规则，呈非浸润性。有时区分神经节胶质细胞瘤与包裹神经元的浸润性胶质瘤存在挑

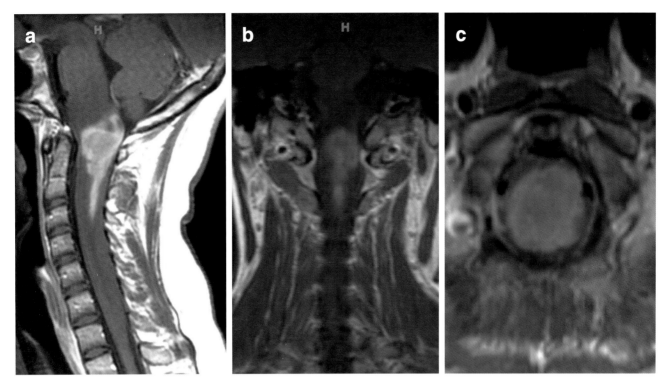

图 21.2　颅颈交界神经节胶质细胞瘤，T1 增强的矢状位（a）、冠状位（b）和轴位（c）

战。在区分神经节胶质细胞瘤与常见的神经胶质肿瘤时，病理科医生需要寻找异常簇集的瘤性神经节细胞。发现双核和畸形的神经元有助于直接考虑神经节胶质细胞瘤的诊断。常见特征包括神经元成分中包裹的纤维血管基质，血管周围淋巴细胞浸润，小点状钙化灶，以及突触素、神经元特异性烯醇化酶和嗜铬粒蛋白A的免疫染色阳性。更具侵袭性的肿瘤通常出现Ki-67和p53标记指数的升高。

神经节胶质细胞瘤通常是良性的WHO Ⅰ级肿瘤；胶质成分中存在间变性改变提示WHO Ⅲ级肿瘤（间变性神经节胶质细胞瘤），而神经节胶质细胞瘤没有WHO Ⅱ级。近年来，关于分子亚型的数据越来越多，特别是关于BRAF突变。BRAF是丝裂原活化蛋白激酶（MAPK）途径的细胞内丝氨酸/苏氨酸激酶组分。Ras蛋白激活BRAF，下游促进细胞生长、存活及分化。常见的突变是BRAF v600E，可增加致癌性。几乎1/3（有些报道高达60%）神经节胶质细胞瘤有这种突变，但尚未发现携带BRAF突变的脊髓神经节胶质细胞瘤的真实患病率。神经节胶质细胞瘤和毛细胞型星形细胞瘤相似，存在KIAA1549融合。H3 K27M（H3.3 K27M）也可在神经节胶质细胞瘤通常是AGGs中出现，会使肿瘤更具侵袭性。

手术治疗　最好的治疗方法是全切除术。次全切除后的最佳治疗方案尚未确定。根据文献中关于脊髓神经节胶质细胞瘤的少量文章，完全切除后的5年和10年生存率分别为89%和83%。目前已经认识到术后预后与术前神经系统状态以及可达到完成切除的能力密切相关。

辅助治疗　除了WHO Ⅲ级间变性神经节胶质细胞瘤外，通常认为放疗和化疗在神经节胶质细胞瘤中没有治疗优势。一些医生反对放射治疗和化疗，因为它们增加了肿瘤恶变的机会。大多数人会同意对于肿瘤切除不全或复发肿瘤（无法切除）的患者，以及肿瘤组织学显示间变性特征或少突神经胶质样细胞的患者进行辅助放疗。对于部分切除后出现进展的低级别脊髓神经节胶质细胞瘤，一些学者建议采用辅助化疗。已经开始研究BRAF抑制剂在具有突变或融合的脊髓肿瘤中的作用。神经节胶质细胞瘤成人预后不良的因素包括诊断时年龄较大、男性和恶性组织学特征。

21.5.2　副神经节瘤

导读　副神经节瘤占所有肿瘤的0.3%。近80%的副神经节瘤在颈静脉球、颈动脉体内部或附近发展。副神经节瘤起源于神经内分泌系统的副神经节细胞，可以是原发性脊柱病变或来自腹膜后的转移灶。于1948年报道了第一例转移到脊柱的副神经节瘤。文献中仅有30例脊柱转移性副神经节瘤的报道。由于中枢神经系统中是否存在副神经节细胞仍不确定，因此这些肿瘤的起源尚不清楚。以前的文献认为脊柱副神经节瘤可能来源于脊髓胸段侧角的交感神经元。脊柱副神经节瘤被认为是交感神经型，而颈动脉和颈静脉体的副神经节瘤属于副交感神经型。

临床表现　患者通常年龄为40~50岁，男性稍多。副神经节瘤很少见于儿童。疼痛是最常见的症状，通常呈进展性，起病隐匿。也有报道出现神经系统症状，包括脊髓和神经根受压导致的放射性疼痛和肢体无力。尽管它们是神经内分泌起源，但这些肿瘤很少具有激素分泌功能。然而也有一些具有功能性激素分泌活性的副神经节瘤，可诱发围手术期生命体征不稳定。

影像学检查与诊断　MRI是首选的影像检查方法，病变在T1上呈等信号或低信号，并在T2上显示高信号或等信号。副神经节瘤会出现增强。由于肿瘤血管中的高速血流，可见流空效应。由于它们富血管化且存在流空效应，在T2图像上呈"椒盐"外观。肿瘤通常呈不规则的长椭圆形。转移性病变可能累及脊柱椎体；相比之下，原发性脊柱副神经节瘤通常不影响骨性结构。当在腰椎中发现副神经节瘤时，它们通常位于髓外硬膜下。

病理　最经典的副神经节瘤是嗜铬细胞瘤，存在于肾上腺并分泌儿茶酚胺，导致不稳定的血压。脊柱副神经节瘤的细胞质中存在含有儿茶酚胺的颗粒，但极少存在神经内分泌活性。尿及血中的儿茶酚胺和香草扁桃酸水平通常在正常范围。"Zellballen"模式——巢状或簇状的细胞群，细胞小梁位于隔开细胞群的薄层结缔组织基质内是主要的组织学特征。主要细胞类型是主细胞，呈圆形，细胞质呈嗜酸性，细胞核大且圆。嗜铬粒蛋白、突触素和神经元特异性烯醇化酶在副神经节瘤中染色阳性。肿瘤的胶质纤维酸性蛋白染色阴性，这有助于与室管膜瘤相鉴别。

手术治疗　手术切除是副神经节瘤的一线治疗方法。对于转移性肿瘤，需先切除腹膜后和（或）腹腔的原发性肿瘤，除非神经系统症状要求必须紧急切除脊柱肿瘤。手术的目标是肿瘤完全切除。有报道在胸段肿瘤中进行术前栓塞，有助于最大限度

地较少手术失血和术后的并发症的发生。

辅助治疗　虽然放射治疗的作用尚未完全清楚，但建议在达到次全切除后（并且无法进行重复手术时）进行辅助放射治疗。传统放疗可达到90%~100%的控制率，是无症状颅内副神经节瘤患者的一线治疗方案，因此也可将其用于脊柱病变。已有将化疗用于副神经节瘤的病例报告，治疗效果不一。已有使用奥曲肽联合环磷酰胺、长春新碱和达卡巴嗪治疗转移性副神经节瘤成功的案例，然而也有许多化疗失败的报道。

21.5.3　神经管原肠囊肿

导读　神经管原肠囊肿是一种良性的先天性病变，由于胚胎脊索板和内胚层之间的分隔出现异常，导致原始内胚层细胞混入脊索，因而产生病变。移位的消化细胞形成肿瘤囊壁。

神经管原肠囊肿占脊髓肿瘤的0.3%~1.3%。它们于1934年由PuuSEPsp首次描述，在1943年引入神经管原肠囊肿这一术语之前，曾被称为肠源囊肿、内胚层囊肿、胃肠源性囊肿、胃细胞瘤、肠瘤和原肠囊肿等。伴随的病变包括骨、软组织和内脏异常。它们主要存在于胸髓，其次是颈髓、颈、胸髓、脊髓、圆锥。最常见位于髓外硬膜下。髓内神经管原肠囊肿占所有脊柱神经管原肠囊肿的比例小于5%。

临床表现　神经管原肠囊肿通常出现在30岁之前（范围从21天至68岁），以男性为主（男：女为22：16）。神经管原肠囊肿通常生长缓慢，并伴有进行性脊髓病。患者也会出现神经系统症状，其中包括无力、感觉改变、括约肌功能障碍和疼痛等。囊肿可能会周期性破裂，使黏蛋白进入蛛网膜下腔，或是囊壁的活性黏蛋白分泌和再吸收平衡存在波动，这些都能导致间歇性症状。因此有假说认为，间歇性症状有助于定性神经管原肠囊肿。已有在婴儿中因囊肿破入蛛网膜下腔而导致脑膜炎的病例报道。

影像学检查与诊断　MRI是首选的诊断性影像学检查。神经管原肠囊肿通常表现为T1低信号、T2高信号、不增强的囊性病变（图21.3）。也有病例报道可出现囊壁强化。根据囊肿液中蛋白质的含量，其在T1和T2上可呈等信号或高信号。神经管原肠囊肿最常见于颈椎和胸椎，腰椎或脊髓圆锥处不

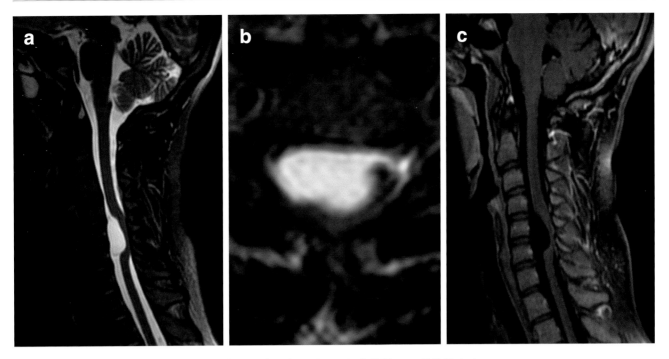

图 21.3　神经管原肠囊肿（罕见病变），倾向于表现为 T2（a、b）高信号，T1 低信号（c）

常见。它们通常位于脊髓的腹侧，可被误诊为囊性肿瘤，如囊性脊膜瘤或星形细胞瘤。

病理　囊肿由一层肠道型或呼吸道型的假复层立方形或柱状上皮细胞构成，细胞具有分泌黏蛋白的能力。免疫组织化学染色显示细胞角蛋白及上皮膜抗原阳性。胶质纤维酸性蛋白和S-100蛋白染色阴性。室管膜囊肿的胶质纤维酸性蛋白（GFAP）和S-100染色阳性。神经管原肠囊肿可根据组织学特征进行分类。A型囊肿是简单的假复层、立方形或柱状上皮，在基底膜上有或没有纤毛。B型囊肿包含黏液腺、浆液腺、平滑肌、脂肪、软骨、骨、弹性纤维、淋巴组织或神经节。C型囊肿还会包含室管膜或神经胶质组织。

手术治疗　手术切除是治疗这些良性病变的主要方式。由于神经管原肠囊肿通常位于椎管内腹侧，有报道通过前路手术切除，但前路手术常需要更广泛的手术操作并通常需要行融合术，而后路手术则更为直接。囊肿引起的脊髓移位配合根据需要离断齿状韧带，外科医生常可以找到手术通道。手术方法包括囊肿穿刺和抽吸，切除并采用囊肿造袋术或囊肿-蛛网膜下腔分流。

文献报道位于髓外的囊肿完全切除率为71%～75%。当囊肿-脊髓界面不清或是黏附于周围神经组织以及囊肿位于髓内的情况下，仅能采取次全切

除。次全切除后囊肿可能复发。据报道，髓外硬膜下囊肿的复发率为0~37%，髓内囊肿的复发率为20%~25%。在其他脊髓肿瘤的治疗中已描述了椎板切除术和椎板成形术技术。由于囊肿可能会重塑椎体，导致骨质变薄，因此囊肿切除后可能需要行手术固定和融合。囊肿-蛛网膜下腔分流已被用于治疗室管膜囊肿，但由于神经管原肠囊肿含有黏液物质并可能对神经组织造成刺激，因此该术式是否能用于治疗神经管原肠囊肿仍存在争议。

辅助治疗　目前放疗未被用于室管膜囊肿的首次治疗。未显示放射治疗可降低室管膜囊肿的复发风险。

21.5.4　原发性脊髓少突神经胶质瘤

导续　原发性脊髓少突神经胶质瘤（PSOs）是罕见的肿瘤，占所有髓内脊柱肿瘤的2%以下。文献中对这一疾病的描述不足70例。

在极少数情况下，PSOs可以弥漫分布，甚至到达整个脊髓的范围，导致颅内压增高相关症状。一般治疗方法是手术联合辅助治疗。

临床表现　PSOs在成年人中更常见，且男女比例相当——迄今为止的文献表明发病没有明显的性别倾向。PSOs没有独特的症状，它们的起病症状与其他髓内肿瘤相同。患者通常首先出现感觉缺陷

和背痛的症状，而后出现运动缺陷和括约肌功能障碍。有一些少突神经胶质瘤累及全脊髓的报道，首发症状为颅内压增高。在就诊时，少突神经胶质瘤往往较大。在绝大多数PSOs的病例中，肿瘤长度在1~5个节段，某些病例中肿瘤占据>10个连续节段。报道最多的解剖位置在胸椎。

影像学检查与诊断　MRI平扫及增强是诊断和制订手术计划的"金标准"。当肿瘤导致骨骼变形时，需要进行CT检查。少突神经胶质瘤T2上呈高信号并且存在对比增强。通常在T1加权图像中可见异质性等低信号病变，在T2加权图像中可见病变呈高信号（图21.4）。增强MRI可以是轻度和非均质性的斑点状增强，由于腔内出血灶和含铁血黄素沉积，可在增强中见到低信号区域。然而在一些病变中，增强可以更加明显。囊性成分或囊性坏死区是不常见的特征，当它们出现时，提示高级别PSOs。

由于肿瘤可能种植到脊髓和大脑的其他部位，因此应进行脑和全脊柱MRI检查。

病理　肿瘤通常具有较高的细胞密度，具有特征性的"油煎蛋样"细胞，这些细胞拥有圆形细胞核和透明的嗜碱性细胞质，免疫组织化学染色为GFAP阳性。PSOs通常为实性肿瘤，肉眼见外观可呈黄灰色、灰粉色或较少见的淡红色。钙化相当常

见，平均发生率为30%。PSOs的显微镜下典型特征是由富含染色体肿瘤细胞组成，肿瘤细胞含有小球形核以及有丝分裂像，具体取决于肿瘤的分化程度。免疫组织化学分析显示，PSOs中GFAP染色阴性或轻度阳性，因为少突胶质细胞不含细胞质中间丝。在2016年WHO新分类概述了少突神经胶质瘤的新诊断参数：荧光原位杂交中观察到1p和19p缺失。少突神经胶质瘤和间变性少突神经胶质瘤的诊断需要证明异柠檬酸脱氢酶（IDH）基因家族突变和1p及19q联合整臂缺失（1p／19q共缺失）共同存在。WHO分类还认识到在小儿人群中，组织学上与少突神经胶质瘤相似的儿童肿瘤通常不会出现IDH基因家族突变和1p／19q共缺失。但在分子水平上更好地理解这些肿瘤之前，它们仍将归于非特异性少突神经胶质瘤范畴。与其他儿童中枢神经系统肿瘤类似，小儿脊柱少突神经胶质瘤是一种不同于成人脊柱少突神经胶质瘤的肿瘤。由于小儿人群中脊髓少突神经胶质瘤和间变性少突神经胶质瘤的病例数量极少（在儿童癌症研究组临床试验CCG-945中仅描述了4例间变性少突神经胶质瘤），需要对所有病例进行更广泛的分子研究，以便制订正确合适的治疗方法，其中包括一些文献中提到在儿童脊髓少突神经胶质瘤中发现的Ras有丝分裂活化蛋白激酶（Ras-

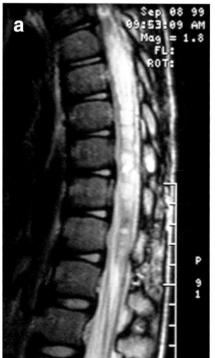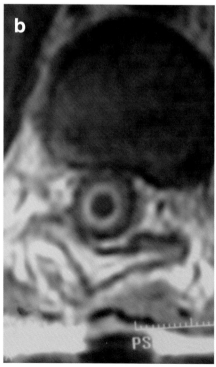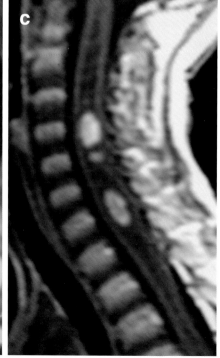

图21.4　全脊髓少突神经胶质瘤。T2（a）及增强后T1（b、c），全脊髓少突神经胶质瘤伴广泛脊髓空洞

MAPK）通路。

手术治疗 手术切除是主要的治疗手段，外科医生应尽可能追求完全切除。但由于PSOs常浸润性生长，一般难以找到清晰的手术界面，大多数病例可能无法完全切除。应像所有髓内肿瘤切除术一样，在术中采用神经生理学监测来协助达到最大安全切除。

辅助治疗 有报道对复发的病例采用了术后化疗和放疗。是否进行术后化疗和（或）放疗仍存在争议，目前一致认为，术后放疗应限于成人或年龄较大的青少年的高级别肿瘤患者，病变仅获得次全切除，剂量不超过50Gy。化疗配合或不配合放疗都是有希望的。尽管进行了所有这些治疗，PSOs患者的平均生存期仅为28.6个月。

21.5.5 神经细胞瘤

导读 神经细胞瘤通常位于幕上脑室系统，是原发性中枢神经系统肿瘤。它们往往主要出现在年轻人的侧脑室和第三脑室中，占全世界所有颅内肿瘤的0.1%~0.5%。脑室外神经细胞瘤（EVNs）是比神经细胞瘤更罕见的肿瘤，在2007年被首次引入WHO分类。EVNs很少位于脊髓，英语文献中仅有24例报道。

临床表现 发病年龄为6~67岁；然而脊髓神经细胞瘤的病例数量太少，无法就发病的年龄或性别倾向做出任何结论。与其他髓内肿瘤相似，这些肿瘤更可能位于颈髓或胸髓。

与其他脊髓肿瘤一样，脊髓神经细胞瘤所引起的症状与其在脊髓中的位置、对脊髓的占位效应以及脊髓水肿有关。由于神经细胞瘤生长缓慢，症状可持续数月或数年。

影像学检查与诊断 MRI影像特征多变，有时无法将脊髓神经细胞瘤与其他髓内肿瘤明确区分开来（图21.5）。该肿瘤的特征与室管膜瘤和少突神经胶质瘤非常相似，因此仅通过MRI（例如空洞帽状覆盖肿瘤的两极）难以确定诊断。因此有必要通过组织病理学和免疫组织化学特征来确诊脊髓神经细胞瘤。

原发性脊髓神经细胞瘤的基本MRI特征是T1等/低信号和T2等/高信号。钆增强后肿瘤不均匀强化。

病理 神经细胞瘤由神经元分化的小圆细胞组成。中枢神经细胞瘤在组织学上符合WHO Ⅱ级，MIB-1标记指数<2%。当肿瘤在组织学上显示出非典型性、有丝分裂增多、血管增殖和（或）坏死并且MIB-1指数> 2%时，它们定义为"非典型神经细胞瘤"。尽管在不同的文献中均有提及，非典型神

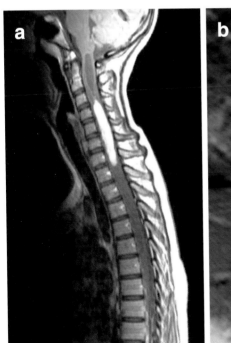
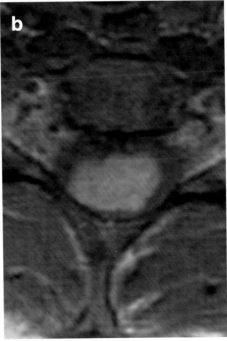
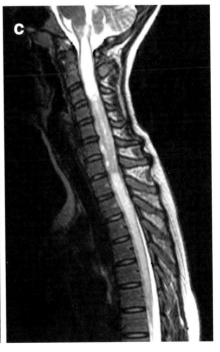

图21.5 颈髓神经细胞瘤。脑室外神经细胞瘤的不同视角。肿瘤导致位于其上下方的广泛的脊髓空洞，倾向于T1（a、b）高信号，T2 等信号（c）

经细胞瘤这个描述仍未纳入2016年WHO脑肿瘤新分类。

神经细胞瘤细胞具有轻度嗜酸性胞质，清晰的核周晕，类似于少突神经胶质瘤。对于非典型神经细胞瘤，常见的组织学发现包括纤细的神经纤维样基质、毛细血管大小的分支状血管、点状钙化灶（1/3的病例）和血管周围的"假菊"形团。由于影像和组织病理学都不能帮助区分脊髓神经细胞瘤和看起来与其类似的肿瘤（即少突神经胶质瘤或室管膜瘤），因此免疫组化是鉴别诊断的必要手段。神经细胞瘤的突触素（SYN）免疫染色阳性，这被认为是诊断神经细胞瘤最可靠的免疫标记物。微管相关蛋白-2（MAP-2）是神经细胞瘤的另一个相对特异的标记物。NeuN和抗HU抗体也有助于诊断，大多数病例的核染阳性。

手术治疗   脊髓神经细胞瘤的治疗选择是实现完全切除。然而对文献的回顾表明，仅不到80%的病例达到了完全切除，因此有人会主张采用放射治疗作为辅助治疗。肿瘤复发率与组织学异型性和高MIB-1标记指数密切相关。就目前而言，预测肿瘤进展或复发的两个主要因素是肿瘤切除程度和组织学分型（是否存在异型性和MIB-1的水平）。最近的一篇文章回顾了EVNs，分析了其流行病学、临床和影像学发现、发病部位、治疗和预后，最后得出因肿瘤非常罕见，因此流行病学无法确定的结论。与中枢神经细胞瘤相比，脊髓神经细胞瘤的预后较差。

辅助治疗   在次全切除后使用辅助治疗仍存在争议。没有足够的病例来提供可靠的数据，继而无法描述完整的治疗方案。即使在脑室内中枢神经细胞瘤中有治疗作用的化疗也未用于脊髓神经细胞瘤。在次全切除或部分切除术后是否使用放疗仍未完全确定，已有资料显示出矛盾的结果。

21.5.6　室管膜下瘤

导读   室管膜下瘤（WHO Ⅰ级）在脊髓中很少发生，仅占所有有症状病例的2%。脊髓室管膜下瘤（SCSEs）是一种良性、非侵袭性、生长缓慢的WHO Ⅰ级脊髓肿瘤。SCSEs首次报道于1954年，此后共报道了72例SCSEs。与其名称一样，它具有一些类似于室管膜瘤的特征，但其临床病程和预后却有所不同。肿瘤往往生长缓慢，在次全切除的病例中复发率相对较低。由室管膜下瘤和室管膜瘤（WHO Ⅱ级）组成的混合肿瘤约占中枢神经系统所有部位出现的症状性室管膜下瘤病例的15%。

临床表现   与其他髓内病变一样，体征和症状取决于肿瘤部位，脊髓水肿和对脊髓的占位效应。髓内室管膜下瘤通常发生在颈部和颈胸部区域。患者通常首先表现为背痛或感觉障碍。

影像学检查与诊断   SCSEs最常见于颈髓，其次是胸髓和腰髓。由于SCSEs的常见MRI表现为T1等低信号，T2高信号，这些特征与脊髓室管膜瘤无明显差异，因此很难区分SCSEs与室管膜瘤（图21.6）。然而SCSEs倾向于位于偏心位置，病变强化相对较差以及相对较多的肿瘤内囊变和钙化，这些与脊髓室管膜瘤存在差异。

病理   室管膜下瘤的组织病理学尚未明确揭示。目前认为颅内室管膜下瘤来源于室管膜下神经胶质前体细胞，这是一种具有分化成室管膜细胞或星形胶质细胞能力的双向潜能细胞。对于SCSEs，一些文献报道了软膜下的脊髓白质前体细胞可能是其组织发生来源，这也为SCSEs大部分位于脊髓周边及其外生性生长提供了更好的解释。肉眼观察下，室管膜下瘤的偏心位提示它们可能来源于被认为是脑室周残留基质层的室管膜下细胞板。其他组织学特征包括稀疏的细胞密度，在致密的纤维基质的背景上可见簇集的细胞核和微囊形成，以及血管周"假菊"形团偶尔可见，通常不显眼。免疫组化中SCSEs与室管膜瘤不同的是，上皮膜抗原的表达量较低，可能是由于其极少含室管膜"菊"形团，另外GFAP和S-100的表达量也不高。

手术   SCSEs的推荐治疗方法尚未确定。一些研究人员主张达到完全切除以获得良好的临床预后。由于文献显示在这些病例中很难实现完全切除（以前文献报道的完全切除率为73.9%，主要是由于肿瘤呈浸润性，导致肿瘤和脊髓间的解剖平面不良）。因此其他作者已经表明，当完全切除不可行时，次全切除或部分切除足以获得良好的临床预后。

辅助治疗   除手术外，SCSEs没有其他治疗的先例。这是因为肿瘤行为极度惰性，即使次全切除后也是如此。因此没有关于化疗或放射疗法用于脊髓室管膜下瘤的数据。对于颅内室管膜下瘤，较多资料建议在次全切除或部分切除后采用放射治

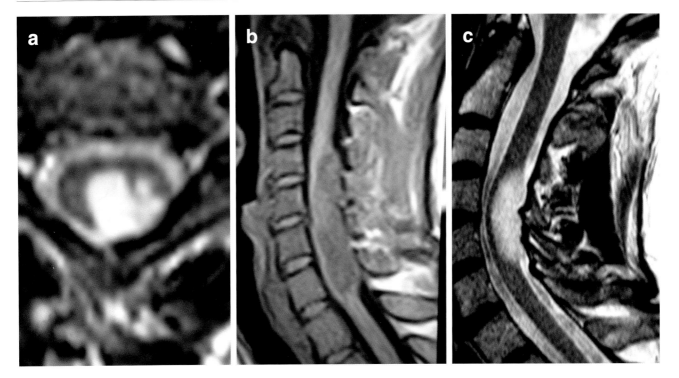

图 21.6　颈髓室管膜下瘤。这种髓内病变倾向于位于偏心位（a），T1 序列中的等信号（b）和 T2 加权图像中高信号（c）

疗，但放疗与更长生存期并无显著相关性。就目前而言，脊髓室管膜下瘤是否该采用辅助治疗仍未确定。

21.5.7　脊髓生殖细胞瘤

导读　原发性髓内生殖细胞肿瘤非常罕见。因此目前没有确定的治疗范例。生殖细胞肿瘤占所有中枢神经系统肿瘤的 1%，在日本（3%）和东亚地区（12.5%）更常见。肿瘤更常见的解剖位置是松果体或鞍上区域，较少位于脑中线结构上。生殖细胞肿瘤种植引起的脊柱转移灶在以往的文献中已有较多报道，然而生殖细胞肿瘤作为原发肿瘤发生于脊髓的情况极为罕见。

原发性脊髓生殖细胞瘤（SCGs）非常罕见。文献中发表的案例不到 50 例。大多数原发性 SCGs 病例为日本年轻患者和中国成年患者。脊髓中的生殖细胞瘤可以是髓内病变（大部分病例），但在极少数情况下也可以是完全髓外病变。合胞滋养层巨细胞（STGCs）的存在具有最强的预后预测价值，这与较高的复发率及因此导致的并发症发生率和死亡率增高有关。

临床表现　原发性脊髓生殖细胞瘤存在于年轻人中，通常在 10~30 岁出现。发病没有性别倾向（以往的研究显示男性稍占优势，在之后的综述中未见）。症状持续时间长短不一，1~57 个月不等。与其他脊髓肿瘤一样，脊髓生殖细胞瘤的位置决定了症状和表现，背部疼痛及运动和感觉缺陷是最常见的疾病症状和体征。最典型的位置是胸髓，其次是脊髓过渡区：胸腰段和颈胸段。

影像学检查与诊断　SCGs 没有特异的影像特征，因此与其他脊髓病变如室管膜瘤、星形细胞瘤等难以区分。

大多数病灶在 T1 加权像上呈等低信号，在 T2 加权像上呈等高信号，并显示出一定程度的强化。可以发现瘤内和瘤周存在囊变。即使在少数描述 SCGs 的病例中，也有广泛的影像学特征，包括无强化的病变。因此诊断并将 SCGs 与其他脊髓病变区分开来的唯一方法是通过活检和组织学分析。至于其他像在颅内生殖细胞肿瘤患者中所做的辅助检查，如脑脊液和血清生物标记物［甲胎蛋白（AFP）、β–人绒毛膜促性腺激素（B–HCG）］可以作为诊断的重要辅助手段，特别是在生殖细胞瘤的情况下（AFP：阴性；B–HCG：轻度升高）。然而在极少数情况下，SCG 可以出现 AFP 升高。

病理　STGCs 的病理和组织学特征与颅内生殖细胞瘤相同，当组织病理提示 STGCs 时表示肿瘤更具侵袭性并且预后更差。

手术治疗　原发性脊髓生殖细胞瘤具有与颅内生殖细胞瘤相同的放疗敏感性。因此通过组织标本确诊后，可以采用放射疗法进行治疗。关于SCGs的已知文献表明绝大多数生殖细胞瘤与周围组织没有良好的界面。因此即使在电生理监测下，要在不损害正常结构的情况下实现完全切除对神经外科医生来说仍是一项挑战。在这种情况下，结合已知的肿瘤对放疗敏感性，因此推荐采取活检和冷冻切片检测。文献显示仅23%的病例达到完全切除，52%的病例进行了次全切除，25%的病例仅进行了活检。我们认为外科医生要牢记所有这些特点，如果在手术过程中冷冻切片提示生殖细胞瘤，应该仔细地进行肿瘤减压，缓解张力和占位效应，并尽可能减少肿瘤负荷，以便进行行术后辅助治疗。

辅助治疗　生殖细胞瘤对放射治疗反应性高，文献报道的所有患者（除一例外）均接受了某种形式的放疗。考虑到周围是脊髓组织，因此文献中描述的大多数患者仅接受脊髓局部照射。文献还表明，局部肿瘤床照射对于不是STCG且B-HCG水平较低的患者已经足够。

化疗在脊髓生殖细胞瘤中的作用尚未确定。颅内生殖细胞肿瘤对化疗高度敏感，特别是对铂和烷化剂。对CNS生殖细胞瘤有效的常见化疗药包括顺铂、博莱霉素、长春碱和依托泊苷。在54.5%的病例中，将化疗作为治疗的一部分，卡铂和依托泊苷是最常用的方案，因为生殖细胞瘤对这些药物敏感。

据文献报道，SCGs的复发率低于10%，但当STGC为阳性时，SCGs的复发率上升至50%。一些研究人员主张对高复发风险患者（STGC阳性）采用限制容积放疗联合全身化疗。为了减少内分泌和神经认知方面的副作用，应将全脑脊髓放疗作为复发患者治疗的最后手段。

21.6　脊髓发育性肿瘤

发育性肿瘤是生长缓慢的群体，包括皮样囊肿、表皮样囊肿和畸胎瘤。它们通常是良性的，但如果切除不全或是组织学及生物学提示为更具侵袭性的肿瘤时（如间变性畸胎瘤），可以出现复发。治疗方法是手术切除，目标是达到完全切除，辅助

治疗保留用于不适合再次切除的复发肿瘤或更具侵袭性的肿瘤。

21.6.1　脊髓畸胎瘤

导读　畸胎瘤是生殖细胞肿瘤，包括所有3个胚层：内胚层、中胚层和外胚层。畸胎瘤极为罕见，仅占所有中枢神经系统肿瘤的0.1%，除骶尾区外，畸胎瘤占所有脊柱内肿瘤的不到0.5%。CNS中的原发性颅内畸胎瘤常出现在松果体区和鞍上区。而影响脊柱区域，特别是脊髓的畸胎瘤是非常罕见的。基于组织学分化程度，脊柱畸胎瘤可以是成熟的、未成熟的和恶性的。文献中报道的大多数髓内畸胎瘤发生在成人。

临床表现　脊髓畸胎瘤（SCTs）在成人中非常罕见，当它们出现时，通常在20~40岁。SCTs多位于胸段和胸腰段。病例报道显示，髓内畸胎瘤主要见于胸髓及腰髓，只有少数报道了颈髓内脊髓畸胎瘤。对于成人，两性之间的诊断时间存在显著差异，从症状持续时间看，男性的诊断时间较早，而女性多在较长时间后才被诊断。实际症状取决于病变在脊髓中的位置和范围，以及脊髓水肿和占位效应。

影像学检查与诊断　采取的首选方式是MRI、CT检查作为辅助检查来评估骨畸形（图21.7）。在近期一项成人胸腰段畸胎瘤的回顾性研究中，37.5%的病例存在某种与病变相关的先天性异常，如异常椎体融合、先天性脊柱裂、先天性脊柱侧凸和脊髓纵裂畸形。提示畸胎瘤的MRI特征（除解剖位置外）是因组织不均质而表现出来的T1和T2加权图像上混杂不均匀信号（多变性代表了不同的组织类型）。这些MRI表现以及前面提到的骨畸形，大大增加了髓内畸胎瘤的疑似程度。

血清和脑脊液中的肿瘤标记物有助于诊断，并在一定程度上有助于随访。资料证实肿瘤标记物可出现轻度升高，例如脊髓畸胎瘤患者的血清B-HCG，术后B-HCG水平可降至正常范围，提示脊柱畸胎瘤患者的B-HCG水平可因肿瘤分泌成分而轻度升高。

这些方法都不能在术前明确诊断髓内畸胎瘤，因此组织学检查仍然是诊断"金标准"。

病理　如上所述，组织病理学检查是明确诊断的"金标准"。畸胎瘤的经典定义即包含全部3个胚

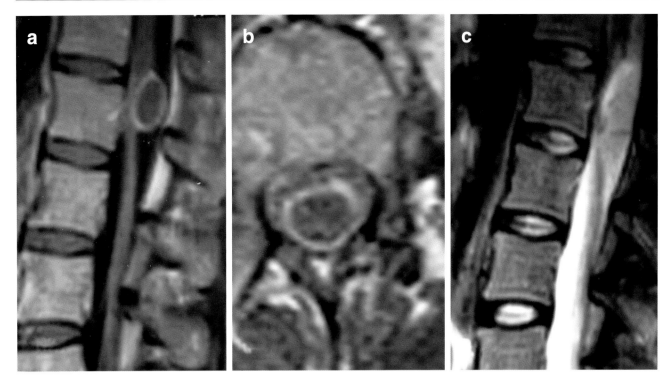

图 21.7　脊髓畸胎瘤。不同序列——钆增强后 T1（a、b）；T2 加权图像（c）描述脊髓畸胎瘤

层。如果仅观察到1~2层，则不能完全排除畸胎瘤的诊断，因为有时会发生某一胚层过度生长的情况。畸胎瘤是由所有3个原始胚层构成的病变。脊髓中出现畸胎瘤的确切机制尚不清楚。然而有两种理论可以解释这种现象：生殖细胞错位理论和胚胎发育异常理论。错位理论的主张者认为，畸胎瘤起源于卵黄囊原始生殖细胞的无序迁移和错位，典型的错位是指原始生殖细胞从软黄囊移行到中线位置，并不是真正的肿瘤性病变。胚胎发育异常理论的倡导者认为畸胎瘤是由于在发育异常环境中原条或尾部细胞团中的多能细胞分化失调所致。

手术　主要治疗仍是切除肿瘤，缓解占位效应。手术的目标是在可能的情况下进行完全切除。根据以往完全切除数据，仅有1例报道术后10年肿瘤复发。然而一项文献回顾表明，仅一半的病例可以避免复发，取决于实际的组织学和肿瘤特征，然后需要进行辅助治疗。一些残留部分肿瘤但脊髓占位效应完全缓解的患者，其症状和体征均缓解，并且组织学无恶性特征表现，这些患者可以采取密切随访。纵观不同类型的畸胎瘤，即使是部分切除，成熟型畸胎瘤在长期随访期间也表现出良性的术后过程。复发最常见于未成熟或恶性畸胎瘤，复发率约为10%（这些数据包括所有脊柱畸胎瘤，而不仅仅

是髓内）。

手术前存在B-HCG升高的病例可将B-HCG作为监测肿瘤复发的肿瘤标记物，但其效用尚待研究。

辅助治疗　当畸胎瘤具有恶性组织学特征时，即使术后影像确定达到了完全切除，仍推荐采用辅助放疗以预防复发。当肿瘤为组织学良性时，初次手术后应避免放疗。而对于复发或进展性肿瘤且既往组织学为良性的病例，放疗的有效性仍存疑，最好在考虑放疗前先选择手术治疗。在某些病例中，可以考虑化疗，与前文提到的其他生殖细胞肿瘤一样，采用基于顺铂的化疗方案。

21.6.2　脊髓皮样囊肿和表皮样囊肿

导读　髓内皮样囊肿和表皮样囊肿非常罕见。有一些关于髓内皮样囊肿的文献，但几乎没有表皮样囊肿相关的文献。然而两者的管理是相似的，因此读者可以以相同的方式考虑皮样囊肿和表皮样囊肿的管理。脊髓表皮样囊肿是相对罕见的病变，占所有脊柱内肿瘤的0.6%~1.1%。绝大多数脊柱内表皮样囊肿位于髓外硬膜下。髓内表皮样囊肿非常罕见，大多数病例与真皮窦有关或是肿瘤存在髓外扩展。

髓内皮样囊肿是罕见的良性脊柱病变，在小儿

人群中，占所有原发性硬膜下肿瘤的5%~7%。皮样囊肿通常与真皮窦相关，半数病例可见。皮样囊肿最常见的位置是腰椎和脊髓圆锥区域。

临床表现　皮样囊肿和表皮样囊肿的症状和其他脊髓病变类似，主要与病变部位以及伴随的占位效应和脊髓水肿有关。由于囊肿破入脊髓或是真皮窦相关感染，从而导致的反复发作性脑膜炎或罕见的髓内脓肿而呈急性病程的情况并不常见。皮样囊肿因破裂或感染而呈急性发病表现的在危险中仅有一些单独的报道。在儿童中，真皮窦是最常见的髓内脓肿来源，由其引起的髓内脓肿占45%。相比之下，真皮窦仅是24%成人髓内脓肿的病因。

由于感染相关的病变（例如真皮窦引起反复发作性脑膜炎或硬膜下和髓内脓肿）的存在，真皮窦相关的皮样囊肿多在10岁内出现。当与真皮窦无关时，大多数患者因皮样囊肿对神经组织的占位效应所引起腰痛或神经根病变而就诊。其他重要的症状表现是化学性脑膜炎、脑积水和囊肿破裂后出现的其他并发症。

影像学检查与诊断　两种疾病都可以选择MRI用于诊断，并且需要仔细检查背部皮肤，观察是否存在提示真皮窦的皮肤异常。髓内表皮样囊肿的影像学表现多变，由于其内部的脂质和蛋白质的构成差异可能显示出不同的信号。在MRI上，T1加权图像上的不均匀低信号和T2加权图像上的高信号都是特征性的，但是不同病例之间以及同一囊肿的不同部分之间存在信号强度差异也不罕见。这些病变通常边界清楚，没有瘤周水肿，注射钆后仅有周边轻微增强。然而由于这些病变边缘的反复炎症所导致的神经胶质增生，有时很难确定其边界或是能看到病变和脊髓之间的界面。

对于皮样囊肿，如不存在感染，可以通过T1和T2加权图像中的脂肪缺乏增强和不均匀强度的信号特征来识别。如果存在髓内脓肿，将会出现环形强化的髓内占位伴T2上呈现的脊髓水肿。在存在真皮窦的情况下，在T2上可以看到脓肿和皮肤相连的管道。

病理　皮样肿瘤是外胚层和中胚层来源，并且分化较好。表皮样肿瘤来自外胚层，包含由复层上皮组成的内层和纤维囊。两类型之间的区别有些模糊。总的来说，表皮样肿瘤起源于外胚层，并且包含内层复层上皮和纤维囊。皮样肿瘤由外胚层和中胚层成分有序构成。囊壁由表皮、真皮和皮肤附属物（皮脂腺和毛囊）组成，囊内通常包含角蛋白、胆固醇结晶和毛发。关于这两种病变产生的胚胎学理论仍有争议。无论是否同时存在皮样或表皮样囊肿，真皮窦是由于表面外胚层与神经管分离失败而形成的。早在19世纪，人们就认为皮样囊肿和表皮样囊肿是因神经管闭合缺陷而形成的，这种神经管闭合缺陷发生在妊娠的第3~5周。表皮样和皮样囊肿既可以是先天性的，也可以是获得性的，最有可能来自全能的外胚层内成分，这些成分可以产生囊肿内的所有表皮及真皮成分。表皮样囊肿，特别是髓内表皮样囊肿（通常是先天性），常与脊柱裂、真皮窦、脊髓脊膜膨出、脊髓纵裂和肠源性囊肿等发育异常有关。在显微镜下，表皮样囊肿由薄层纤维外衬复层或扁平状上皮细胞构成，其内充满柔软的片状、珍珠样物质，这些物质由透明角质颗粒、上皮细胞的残留或框架、死亡细胞碎片和部分脂肪组成。囊肿通常不含任何液体成分，然而当退化的鳞状细胞坏死后，反应性炎性细胞可将游离脂肪酸和胆固醇带入囊内。此外与皮样囊肿相比，表皮样囊肿很少会转变为脓肿，几乎不可能发生，且几乎总是与真皮窦相关。当它出现时，通常都可以找到真皮窦。

皮样囊肿好发于腰骶部和脊髓圆锥，这时因为尾部神经孔在神经管形成过程中最晚闭合，并且脊髓圆锥是在次级神经胚形成期由尾部的细胞团形成。对于表皮样囊肿，最常见的位置是胸椎。

手术　手术切除是首选的治疗方式。对于表皮样囊肿，根治性切除囊肿应是手术的目标。然而大多数表皮样囊肿患者很少能达到完全切除，继而存在较高的肿瘤复发率。通常进行囊肿内减压较容易。然而由于囊壁黏附于周围的脊髓实质，因此切除囊壁可能存在较高导致神经功能缺损的风险。

对于皮样囊肿，如果存在髓内脓肿，大多数文献支持在条件可行时早期切除脓肿、窦道和皮样囊肿囊壁。阻碍髓内皮样囊肿完全切除的主要因素是囊肿壁与周围神经结构的紧密粘连。应切除囊壁以防止复发。然而特别在髓内感染的情况下，切除囊壁可能非常困难，并且可能最终导致永久性功能缺陷。

辅助治疗　手术切除，如果需要可再次切除，这是治疗的主要原则。采用如放疗这样的辅助治疗证据不足且存在争议。

21.6.3 脊髓脂肪瘤

导读 脊柱脂肪瘤通常是髓外病变，通常在腰骶椎出现并合有脊柱闭合不全。真正的髓内脊髓脂肪瘤是罕见的，占所有脊髓病变的不到1%。由于这些肿瘤位于髓内，在手术干预、减压及切除后，患者可能仅出现部分恢复，需要密切随访，有时可能需要进一步手术干预。

对于腰骶脂肪瘤，Pang等描述了两种类型。背侧脂肪瘤在腰椎管背面存在脂肪瘤-脊髓界面，并且远端的圆锥和骶神经根功能完整。过渡性脂肪瘤会累及椎体，因为它会向腹侧生长，通常被描述为不对称性。这些类型的脂肪瘤形成是神经胚发育缺陷的一部分表现，这种缺陷使间充质细胞进入神经沟并接触室管膜细胞。尽管真正的髓内脊髓脂肪瘤很少见，但它们通常与脊柱闭合不全有关。有一种假说是间充质细胞在神经管发育过程中出现错位，并在神经管闭合之前迁移到发育中的神经管内，随后发展成脂肪瘤。另一种理论表明脂肪细胞可由发生为脊髓细胞的细胞所产生。在神经嵴细胞的引导下，间充质细胞形成脊髓血管。然而如果神经嵴细胞有缺陷，它们不能抑制间充质细胞发育成其他细胞类型，如脂肪细胞。与脊柱关闭不全相关的脂肪瘤实际上被认为是错构瘤，而与脊柱关闭不全无关的脂肪瘤才被认为是真性肿瘤。在文献中，髓内脊髓脂肪瘤以单个患者临床表现及治疗的散在病例报道呈现。一个病例组显示在8年的时间里一个机构治疗了6例患者。另一个病例组显示在12年的时间里共治疗了14例患者。两组均描述了进行手术切除以保存神经功能的必要性。

临床表现 髓内脂肪瘤可以发生在婴儿期早期或成人（10~30岁）时。由于产伤所导致的脊髓损伤可使儿童和婴儿出现"松软婴儿综合征"。成人患者通常表现为惰性病程、神经功能缺陷、呈缓慢进展。其症状表现为麻木、无力、疼痛、肌肉萎缩或脊髓病。当正常代谢性脂肪细胞中的脂质沉积时，脂肪细胞出现增大，导致神经功能缺陷出现恶化。脊髓髓内脂肪瘤通常存在于胸椎，其次是颈胸段，较少单独位于颈段脊髓。

影像学检查与诊断 MRI仍然是诊断髓内脂肪瘤最敏感的影像检查。脂肪在T1上是高信号，在T2上是低信号，并且在对比增强上没有强化（图21.8）。可以采用抑制脂肪序列以帮助区分脂肪与血液或钙化，这两种情况在T1抑脂序列上仍保持高信号。

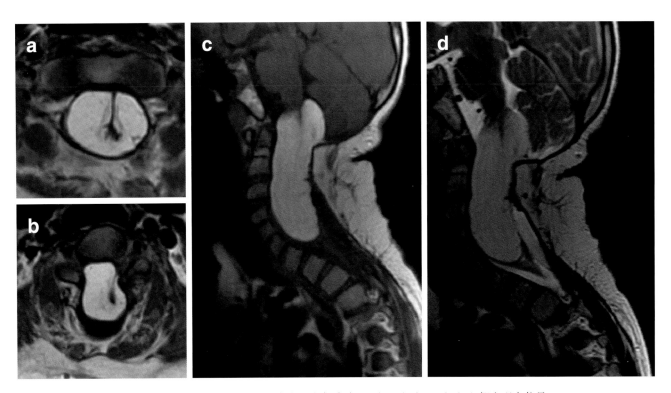

图 21.8 颈髓脂肪瘤。真正的髓内脂肪瘤是罕见的病变。它们多在T1（a~c）和T2（d）上都出现高信号

病理　髓内脂肪瘤在病理上与硬膜外脂肪瘤相似，它们都由成熟的脂肪细胞组成，没有非典型细胞的特征。细胞在纤维结缔组织中生长。其他细胞如肌肉、骨骼和神经组织，也可能在脂肪瘤中发现。

手术　脊髓脂肪瘤的管理方案应根据每个患者的情况制订。通常当偶然发现脂肪瘤时，采用观察方式。脂肪瘤可以长期观察直至出现神经功能恶化。当患者出现神经系统症状时，由于手术切除肿瘤存在引起神经功能进一步下降的风险，因此可以考虑通过次全切除进行脊髓减压。由于脂肪细胞具有"黏性"的特点，肿瘤通常黏附在周围神经组织上。因为脂肪瘤的无回声特点，因此可以采用术中超声勾勒出病变的范围。术中也可以应用激光，因为激光会使脂肪细胞因含水量高而汽化。建议术中进行神经电生理监测以达到最大限度的安全切除。

椎管内脂肪瘤在生长期间会代替正常组织，而不是像其他肿瘤过程那样压迫正常组织。由于功能性通路的减少，手术切除后出现永久性神经损伤的可能性较大。因此值得注意的是，虽然前期观察是一个有效的选择，但建议当出现提示肿瘤生长的早期症状或体征时进行手术减压，以免后期脊髓的损伤无法逆转。

如果由于脂肪细胞的异常增生导致症状再次发生，这时可能需要考虑对残余肿瘤进行再次手术治疗。另外由于残腔存在粘连的可能性，因此可能发生脊髓栓系，并且在肿瘤移除之前，脊髓的肿胀也可以导致脊髓在硬膜腔内的活动都下降。

辅助治疗　目前没有研究提倡对脊髓髓内脂肪瘤进行辅助治疗。髓内脂肪瘤生长缓慢，因此不是放射或化疗的良好靶标。

21.6.4　全脊髓髓内肿瘤

导读　本节介绍一种可能在不同疾病下出现的病理现象，而非介绍特定肿瘤。1927年，Cushing首次报道了1例全脊髓肿瘤。组织学显示为室管膜瘤。纵向广泛占据颈椎、胸椎和腰椎的肿瘤的发生率非常低（<1%的髓内病变），因此关于如何管理的文献研究很少。对全脊髓髓内肿瘤公认的定义是针对包含大部分脊髓的病变。可以接受的是，应该根据其他髓内肿瘤的治疗方案建立全脊髓髓内肿瘤的管理方法。

临床表现　临床症状可以与任何其他髓内肿瘤一样。然而在某些情况下，神经系统状态的失代偿可以影响脊髓的多个区域，导致弥漫性功能缺陷。由于在大多数情况下，导致全脊髓肿瘤的病变是低级别肿瘤，患者通常就诊较晚，因此肿瘤较大且广泛生长。

影像学检查与诊断　与其他髓内肿瘤一样，主要检查工具是MRI。组织学相同情况下，影像特征与非全脊髓肿瘤相似。如内容物蛋白质含量高，在全脊髓肿瘤中的大范围的囊肿在T2像上无法与实性肿瘤相鉴别（图21.9）。然而注射钆后，这些囊肿不会增强。

病理　根据关于该主题的少量文献，多种肿瘤可以表现为全脊髓肿瘤，包括不同类型的星形细胞瘤和室管膜瘤。大多数低级别肿瘤的病例都表现出相对较好的生物学行为。

手术　目前还没有足够的文献来提供循证学处理方法，但大多数在脊柱外科手术方面有丰富经验的出版物都主张对这些病变进行积极的手术切除。早期治疗对于预防症状的进一步发展和改善神经功能仍然是必要的。然而外科医生在采取广泛切除以治疗全脊髓肿瘤时，还面临着额外的挑战。其中一些挑战与潜在的外科医生疲劳有关，因此要求采用多阶段手术。在存在广泛性肿瘤（通常超过15个脊柱椎体节段）并且患者躯体庞大的情况下，主张分阶段手术。分阶段处理的优点是每次关注于较小的病变，这将减少麻醉时间，获得更完全的切除。外科医生的疲劳也应该被考虑在内，因为目标是实现完全切除的同时保留功能。长时间手术可能会妨碍实现这一目标。此类手术通常需要进行颈椎手术和胸椎手术。这些患者的随访需要特别注意脊柱畸形和由于初次手术广泛开放骨窗所引起的脊柱不稳。这相当于增加了全脊髓肿瘤患者并发症的发生来源。

辅助治疗　如前所述，对于全脊髓肿瘤没有明确的治疗范例。无论肿瘤的大小如何，大多数肿瘤科医生都会根据实际病理情况对患者进行治疗。以往的文献描述了新辅助放疗的使用，但没有明显益处。更成熟的做法是在完全切除无法实现时使用辅助放疗。这些建议部分基于这些年来作为病例组研究发表的专家经验，但它主要基于同组织病理的非全脊髓肿瘤的治疗范例。因此如果达到完全切除，大多数专家会建议在无须辅助治疗的情况下进行密

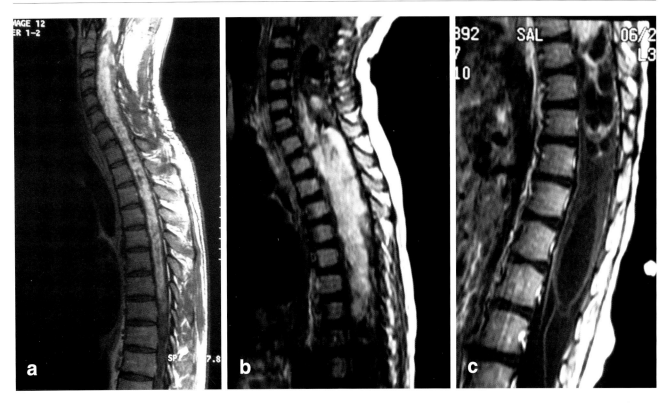

图 21.9 全脊髓髓内肿瘤。巨大肿瘤占据大部分脊髓空间，可以具有不同的组织学类型：（a）星形细胞瘤。（b、c）神经节胶质细胞瘤。肿瘤可能存在巨大的囊肿，在常规 T2 加权成像中很难区分，但在注射钆后 T1 不会增强

切随访。如果是部分切除并且病理良性（例如毛细胞型星形细胞瘤），大多数专家会建议继续随访，无须辅助治疗，如症状再次出现时行二次手术减压。化疗的作用，如替莫唑胺，也是不确定的，并且主要在非常年幼的儿童中进行测试，以推迟放射治疗或更激进的切除术。

（暴向阳 译，黄瑾翔 校）

参考文献

[1] Kopelson G, Linggood RM, Kleinman GM, Doucette J, Wang CC. Management of intramedullary spinal cord tumors. Radiology. 1980;135(2):473–479. https://doi.org/10.1148/radiology.135.2.7367644.

[2] Abul-Kasim K, Thurnher MM, McKeever P, Sundgren PC. Intradural spinal tumors: current classification and MRI features. Neuroradiology. 2008;50(4):301–314. https://doi.org/10.1007/s00234-007-0345-7.

[3] Jallo GI, Freed D, Epstein F. Intramedullary spinal cord tumors in children. Childs Nerv Syst. 2003;19(9):641–649. https://doi.org/10.1007/s00381-003-0820-3.

[4] Mirone G, Cinalli G, Spennato P, Ruggiero C, Aliberti F. Hydrocephalus and spinal cord tumors: a review. Childs Nerv Syst. 2011;27(10):1741–1749. https://doi.org/10.1007/s00381-011-1543-5.

[5] Arima H, Hasegawa T, Togawa D, Yamato Y, Kobayashi S, Yasuda T, Matsuyama Y. Feasibility of a novel diagnostic chart of intramedullary spinal cord tumors in magnetic resonance imaging. Spinal Cord. 2014;52(10):769–773. https://doi.org/10.1038/sc.2014.127.

[6] Nakamizo T, Inoue H, Udaka F, Oda M, Kawai M, Uemura K, Takahashi M, Nishinaka K, Sawada H, Kameyama M, Koyama T. Magnetic resonance imaging of primary spinal intramedullary lymphoma. J Neuroimaging. 2002;12(2):183–186.

[7] Flanagan EP, O'Neill BP, Porter AB, Lanzino G, Haberman TM, Keegan BM. Primary intramedullary spinal cord lymphoma. Neurology. 2011;77(8):784–791. https://doi.org/10.1212/WNL.0b013e31822b00b9.

[8] Duan XH, Ban XH, Liu B, Zhong XM, Guo RM, Zhang F, Liang BL, Shen J. Intraspinal primitive neuroectodermal tumor: imaging findings in six cases. Eur J Radiol. 2011;80(2):426–431. https://doi.org/10.1016/j.ejrad.2010.06.005.

[9] Shen SH, Lirng JF, Chang FC, Lee JY, Luo CB, Chen SS, Teng MM, Chang CY. Magnetic resonance imaging appearance of intradural spinal lipoma. Zhonghua Yi Xue Za Zhi (Taipei). 2001;64(6):364–368.

[10] Patwardhan V, Patanakar T, Patkar D, Armao D, Mukherji SK. MR imaging findings of intramedullary lipomas. AJR Am J

Roentgenol. 2000;174(6):1792–1793. https://doi.org/10.2214/ajr.174.6.1741792.

[11] Kimura H, Nagatomi A, Ochi M, Kurisu K. Intracranial neurenteric cyst with recurrence and extensive craniospinal dissemination. Acta Neurochir (Wien). 2006;148(3):347–352.; discussion 352. https://doi.org/10.1007/s00701-005-0714-0.

[12] Muzumdar D, Bhatt Y, Sheth J. Intramedullary cervical neurenteric cyst mimicking an abscess. Pediatr Neurosurg. 2008;44(1):55–61. https://doi.org/10.1159/000110664.

[13] Menezes AH, Traynelis VC. Spinal neurenteric cysts in the magnetic resonance imaging era. Neurosurgery. 2006;58(1):97–105. discussion 197-105

[14] Hoeffel C, Boukobza M, Polivka M, Lot G, Guichard JP, Lafitte F, Reizine D, Merland JJ. MR manifestations of subependymomas. AJNR Am J Neuroradiol. 1995;16(10):2121–2129.

[15] Patel U, Pinto RS, Miller DC, Handler MS, Rorke LB, Epstein FJ, Kricheff II. MR of spinal cord ganglioglioma. AJNR Am J Neuroradiol. 1998;19(5):879–887.

[16] Epstein FJ, Farmer JP, Freed D. Adult intramedullary spinal cord ependymomas: the result of surgery in 38 patients. J Neurosurg. 1993;79(2):204–209. https://doi.org/10.3171/jns.1993.79.2.0204.

[17] Morota N, Deletis V, Constantini S, Kofler M, Cohen H, Epstein FJ. The role of motor evoked potentials during surgery for intramedullary spinal cord tumors. Neurosurgery. 1997;41(6):1327–1336.

[18] Tobin MK, Geraghty JR, Engelhard HH, Linninger AA, Mehta AI. Intramedullary spinal cord tumors: a review of current and future treatment strategies. Neurosurg Focus. 2015;39(2):E14. https://doi.org/10.3171/2015.5.FOCUS15158.

[19] Hirose T, Scheithauer BW, Lopes MB, Gerber HA, Altermatt HJ, VandenBerg SR. Ganglioglioma: an ultrastructural and immunohistochemical study. Cancer. 1997;79(5):989–1003.

[20] Khajavi K, Comair YG, Prayson RA, Wyllie E, Palmer J, Estes ML, Hahn JF. Childhood ganglioglioma and medically intractable epilepsy. A clinicopathological study of 15 patients and a review of the literature. Pediatr Neurosurg. 1995;22(4):181–188. https://doi. org/10.1159/000120899.

[21] Hamburger C, Büttner A, Weis S. Ganglioglioma of the spinal cord: report of two rare cases and review of the literature. Neurosurgery. 1997;41(6):1410–1415. discussion 1415-1416.

[22] Park CK, Chung CK, Choe GY, Wang KC, Cho BK, Kim HJ. Intramedullary spinal cord ganglioglioma: a report of five cases. Acta Neurochir (Wien). 2000;142(5):547–552.

[23] Hall WA, Yunis EJ, Albright AL. Anaplastic ganglioglioma in an infant: case report and review of the literature. Neurosurgery. 1986;19(6):1016–1020.

[24] Wolf HK, Müller MB, Spänle M, Zentner J, Schramm J, Wiestler OD. Ganglioglioma: a detailed histopathological and immunohistochemical analysis of 61 cases. Acta Neuropathol. 1994;88(2):166–173.

[25] Blümcke I, Wiestler OD. Gangliogliomas: an intriguing tumor entity associated with focal epilepsies. J Neuropathol Exp Neurol. 2002;61(7):575–584.

[26] Kuten J, Kaidar-Person O, Vlodavsky E, Postovsky S, Billan S, Kuten A, Bortnyak-Abdah R. Anaplastic ganglioglioma in the spinal cord: case report and literature review. Pediatr Neurosurg. 2012;48(4):245–248. https://doi.org/10.1159/000348556.

[27] Lang FF, Epstein FJ, Ransohoff J, Allen JC, Wisoff J, Abbott IR, Miller DC. Central nervous system gangliogliomas. Part 2: Clinical outcome. J Neurosurg. 1993;79(6):867–873. https://doi.org/10.3171/jns.1993.79.6.0867.

[28] Satyarthee GD, Mehta VS, Vaishya S. Ganglioglioma of the spinal cord: report of two cases and review of literature. J Clin Neurosci. 2004;11(2):199–203.

[29] Oppenheimer DC, Johnson MD, Judkins AR. Ganglioglioma of the Spinal Cord. J Clin Imaging Sci. 2015;5:53. https://doi.org/10.4103/2156-7514.166355.

[30] Louis DN, Perry A, Reifenberger G, von Deimling A, Figarella-Branger D, Cavenee WK, Ohgaki H, Wiestler OD, Kleihues P, Ellison DW. The 2016 World Health Organization Classification of Tumors of the Central Nervous System: a summary. Acta Neuropathol. 2016;131(6):803–820. https://doi.org/10.1007/s00401-016-1545-1.

[31] Horbinski C. To BRAF or not to BRAF: is that even a question anymore? J Neuropathol Exp Neurol. 2013;72(1):2–7. https://doi.org/10.1097/NEN.0b013e318279f3db.

[32] Wang JL, Hong CS, Otero J, Puduvalli VK, Elder JB. Genetic Characterization of a Multifocal Ganglioglioma Originating Within the Spinal Cord. World Neurosurg 96:608.e601-608.e604. 2016; https://doi.org/10.1016/j.wneu.2016.09.063.

[33] Dougherty MJ, Santi M, Brose MS, Ma C, Resnick AC, Sievert AJ, Storm PB, Biegel JA. Activating mutations in BRAF characterize a spectrum of pediatric low-grade gliomas. Neuro Oncol. 2010;12(7):621–630. https://doi.org/10.1093/neuonc/noq007.

[34] Schindler G, Capper D, Meyer J, Janzarik W, Omran H, Herold-Mende C, Schmieder K, Wesseling P, Mawrin C, Hasselblatt M, Louis DN, Korshunov A, Pfister S, Hartmann C, Paulus W, Reifenberger G, von Deimling A. Analysis of BRAF V600E mutation in 1,320 nervous system tumors reveals high mutation frequencies in pleomorphic xanthoastrocytoma, ganglioglioma and extra-cerebellar pilocytic astrocytoma. Acta Neuropathol. 2011;121(3):397–405. https://doi.org/10.1007/s00401-011-0802-6.

[35] Johnson JH, Hariharan S, Berman J, Sutton LN, Rorke LB, Molloy P, Phillips PC. Clinical outcome of pediatric gangliogliomas: ninety-nine cases over 20 years. Pediatr Neurosurg. 1997;27(4):203–207. https://doi.org/10.1159/000121252.

[36] Otsubo H, Hoffman HJ, Humphreys RP, Hendrick EB, Drake

JM, Hwang PA, Becker LE, Chuang SH. Detection and management of gangliogliomas in children. Surg Neurol. 1992;38(5):371–378.

[37] Haddad SF, Moore SA, Menezes AH, VanGilder JC. Ganglioglioma: 13 years of experience. Neurosurgery. 1992;31(2):171–178.

[38] Kalyan-Raman UP, Olivero WC. Ganglioglioma: a correlative clinicopathological and radiological study of ten surgically treated cases with follow-up. Neurosurgery. 1987;20(3):428–433.

[39] Johannsson JH, Rekate HL, Roessmann U. Gangliogliomas: pathological and clinical correlation. J Neurosurg. 1981;54(1):58–63. https://doi.org/10.3171/jns.1981.54.1.0058.

[40] Lv G, Lu L, Dai Z. Paragangliomas of the Spine. Turk Neurosurg. 2017;27(3):401–407. https://doi.org/10.5137/1019-5149.JTN.16276-15.1.

[41] Sundgren P, Annertz M, Englund E, Strömblad LG, Holtås S. Paragangliomas of the spinal canal. Neuroradiology. 1999;41(10):788–794.

[42] Mishra T, Goel NA, Goel AH. Primary paraganglioma of the spine: A clinicopathological study of eight cases. J Craniovertebr Junction Spine. 2014;5(1):20–24. https://doi.org/10.4103/0974-8237.135211.

[43] Böker DK, Wassmann H, Solymosi L. Paragangliomas of the spinal canal. Surg Neurol. 1983;19(5):461–468.

[44] Toyota B, Barr HW, Ramsay D. Hemodynamic activity associated with a paraganglioma of the cauda equina. Case report. J Neurosurg. 1993;79(3):451–455. https://doi.org/10.3171/jns.1993.79.3.0451.

[45] Kwan RB, Erasmus AM, Hunn AW, Dubey A, Waites P, Jessup PJ, Burgess JR, Beasley A. Pre-operative embolisation of metastatic paraganglioma of the thoracic spine. J Clin Neurosci. 2010;17(3):394–6. https://doi.org/10.1016/j.jocn.2009.05.030.

[46] Kalani MA, Chang SD, Vu B. Paraganglioma of the Filum Terminale: Case Report, Pathology and Review of the Literature. Cureus. 2015;7(10):e354. https://doi.org/10.7759/cureus.354.

[47] Choi DY, Lee HJ, Shin MH, Kim JT. Solitary cervical neurenteric cyst in an adolescent patient. J Korean Neurosurg Soc. 2015;57(2):135–139. https://doi.org/10.3340/jkns.2015.57.2.135.

[48] Yang T, Wu L, Fang J, Yang C, Deng X, Xu Y. Clinical presentation and surgical outcomes of intramedullary neurenteric cysts. J Neurosurg Spine. 2015;23(1):99–110. https://doi.org/10.3171/2014.11.SPINE14352.

[49] Diaz-Aguilar D, Niu T, Terterov S, Scharnweber R, Tucker A, Woodard J, Brara H, Merna C, Shah H, Wang S, Rahman S. Neurenteric cyst of the conus medullaris. Surg Neurol Int. 2018;9:33. https://doi.org/10.4103/sni.sni_315_17.

[50] Takahashi S, Morikawa S, Saruhashi Y, Matsusue Y, Kawakami M. Percutaneous transthoracic fenestration of an intramedullary neurenteric cyst in the thoracic spine with intraoperative magnetic resonance image navigation and thoracoscopy. J Neurosurg Spine. 2008;9(5):488–492. https://doi.org/10.3171/SPI.2008.9.11.488.

[51] Kwok DM, Jeffreys RV. Intramedullary enterogenous cyst of the spinal cord. Case report. J Neurosurg. 1982;56(2):270–274. https://doi.org/10.3171/jns.1982.56.2.0270.

[52] Riviérez M, Buisson G, Kujas M, Ridarch A, Mignon E, Jouannelle A, René-Corail P. Intramedullary neurenteric cyst without any associated malformation. One case evaluated by RMI and electron microscopic study. Acta Neurochir (Wien). 1997;139(9):887–90.

[53] Silvernail WI, Brown RB. Intramedullary enterogenous cyst. Case report. J Neurosurg. 1972;36(2):235–238. https://doi.org/10.3171/jns.1972.36.2.0235.

[54] Gomber S, Das DK, Rath B, Chadha V, Kapoor R, Saini L. Burkitt type lymphoma presenting as rapidly progressive proptosis. Indian Pediatr. 1989;26(3):296–300.

[55] Hasturk AE, Gokce EC, Elbir C, Gel G, Canbay S. A very rare spinal cord tumor primary spinal oligodendroglioma: A review of sixty cases in the literature. J Craniovertebr Junction Spine. 2017;8(3):253–262. https://doi.org/10.4103/jcvjs.JCVJS_1_17.

[56] Fountas KN, Karampelas I, Nikolakakos LG, Troup EC, Robinson JS. Primary spinal cord oligodendroglioma: case report and review of the literature. Childs Nerv Syst. 2005;21(2):171–175. https://doi.org/10.1007/s00381-004-0973-8.

[57] Tobias ME, McGirt MJ, Chaichana KL, Goldstein IM, Kothbauer KF, Epstein F, Jallo GI. Surgical management of long intramedullary spinal cord tumors. Childs Nerv Syst. 2008;24(2):219–23. https://doi.org/10.1007/s00381-007-0405-7.

[58] Fortuna A, Celli P, Palma L. Oligodendrogliomas of the spinal cord. Acta Neurochir (Wien). 1980;52(3-4):305–329.

[59] Cruz REH, De Roxas RC, Sales-Callangan CCA, Jamora RDG. Holocord oligodendroglioma with intracranial extension in a young adult: a case report and review of literature. CNS oncology. 2018;7(1):1–5. https://doi.org/10.2217/cns-2017-0012.

[60] Ushida T, Sonobe H, Mizobuchi H, Toda M, Tani T, Yamamoto H. Oligodendroglioma of the "widespread" type in the spinal cord. Childs Nerv Syst. 1998;14(12):751–5. https://doi.org/10.1007/s003810050310.

[61] Nam DH, Cho BK, Kim YM, Chi JG, Wang KC. Intramedullary anaplastic oligodendroglioma in a child. Childs Nerv Syst. 1998;14(3):127–130. https://doi.org/10.1007/s003810050194.

[62] Bruzek AK, Zureick AH, McKeever PE, Garton HJL, Robertson PL, Mody R, Koschmann CJ. Molecular characterization reveals NF1 deletions and FGFR1-activating mutations in a pediatric spinal oligodendroglioma. Pediatric blood & cancer. 2017;64(6):e26346. https://doi.org/10.1002/pbc.26346.

[63] Gilmer-Hill HS, Ellis WG, Imbesi SG, Boggan JE. Spinal oligodendroglioma with gliomatosis in a child. Case report. J Neurosurg. 2000;92(1 Suppl):109–113.

[64] Wang KC, Chi JG, Cho BK. Oligodendroglioma in childhood. Journal of Korean medical science. 1993;8(2):110–116. https://doi.org/10.3346/jkms.1993.8.2.110.

[65] Sharma S, Sarkar C, Gaikwad S, Suri A, Sharma MC. Primary neurocytoma of the spinal cord: a case report and review of literature. Journal of neuro-oncology. 2005;74(1):47–52. https://doi.org/10.1007/s11060-004-3348-9.

[66] Louis DN, Ohgaki H, Wiestler OD, Cavenee WK, Burger PC, Jouvet A, Scheithauer BW, Kleihues P. The 2007 WHO classification of tumours of the central nervous system. Acta Neuropathol. 2007;114(2):97–109. https://doi.org/10.1007/s00401-007-0243-4.

[67] Li Z, Gao J, Wang T, Kong X, Guan J, Li Y. Intramedullary central neurocytoma of the thoracic spinal cord: A case report and literature review. Molecular and clinical oncology. 2018;8(4):544–548. https://doi.org/10.3892/mco.2018.1570.

[68] Tatter SB, Borges LF, Louis DN. Central neurocytomas of the cervical spinal cord. Report of two cases. J Neurosurg. 1994;81(2):288–93. https://doi.org/10.3171/jns.1994.81.2.0288.

[69] Ahmad Z, Din NU, Memon A, Tariq MU, Idrees R, Hasan S. Central, Extraventricular and Atypical Neurocytomas: a Clinicopathologic Study of 35 Cases from Pakistan Plus a Detailed Review of the Published Literature. Asian Pacific journal of cancer prevention : APJCP. 2016;17(3):1565–1570.

[70] Dodds D, Nonis J, Mehta M, Rampling R. Central neurocytoma: a clinical study of response to chemotherapy. Journal of neuro-oncology. 1997;34(3):279–283.

[71] Xu L, Ouyang Z, Wang J, Liu Z, Fang J, Du J, He Y, Li G. A clinicopathologic study of extraventricular neurocytoma. Journal of neuro-oncology. 2017;132(1):75–82. https://doi.org/10.1007/s11060-016-2336-1.

[72] Gultekin SH, Dalmau J, Graus Y, Posner JB, Rosenblum MK. Anti-Hu immunolabeling as an index of neuronal differentiation in human brain tumors: a study of 112 central neuroepithelial neoplasms. Am J Surg Pathol. 1998;22(2):195–200.

[73] Soylemezoglu F, Onder S, Tezel GG, Berker M. Neuronal nuclear antigen (NeuN): a new tool in the diagnosis of central neurocytoma. Pathol Res Pract. 2003;199(7):463–468. https://doi.org/10.1078/0344-0338-00446.

[74] Sweiss FB, Lee M, Sherman JH. Extraventricular neurocytomas. Neurosurg Clin N Am. 2015;26(1):99–104. https://doi.org/10.1016/j.nec.2014.09.004.

[75] Brandes AA, Amista P, Gardiman M, Volpin L, Danieli D, Guglielmi B, Carollo C, Pinna G, Turazzi S, Monfardini S. Chemotherapy in patients with recurrent and progressive central neurocytoma. Cancer. 2000;88(1):169–174.

[76] Martin AJ, Sharr MM, Teddy PJ, Gardner BP, Robinson SF. Neurocytoma of the thoracic spinal cord. Acta Neurochir (Wien).

2002;144(8):823–8. https://doi.org/10.1007/s00701-002-0980-z.

[77] Stapleton SR, David KM, Harkness WF, Harding BN (1997) Central neurocytoma of the cervical spinal cord. Journal of neurology, neurosurgery, and psychiatry 63 (1):119.

[78] Iwasaki M, Hida K, Aoyama T, Houkin K. Thoracolumbar intramedullary subependymoma with multiple cystic formation: a case report and review. European spine journal : official publication of the European Spine Society, the European Spinal Deformity Society, and the European Section of the Cervical Spine Research Society 22 Suppl 3:S317-320. 2013; https://doi.org/10.1007/s00586-012-2357-1.

[79] Yuh WT, Chung CK, Park SH, Kim KJ, Lee SH, Kim KT. Spinal Cord Subependymoma Surgery : A Multi-Institutional Experience. J Korean Neurosurg Soc. 2018;61(2):233–242. https://doi.org/10.3340/jkns.2017.0405.001.

[80] Rushing EJ, Cooper PB, Quezado M, Begnami M, Crespo A, Smirniotopoulos JG, Ecklund J, Olsen C, Santi M. Subependymoma revisited: clinicopathological evaluation of 83 cases. Journal of neuro-oncology. 2007;85(3):297–305. https://doi.org/10.1007/s11060-007-9411-6.

[81] Bi Z, Ren X, Zhang J, Jia W. Clinical, radiological, and pathological features in 43 cases of intracranial subependymoma. J Neurosurg. 2015;122(1):49–60. https://doi.org/10.3171/2014 .9.jns14155.

[82] Krishnan SS, Panigrahi M, Pendyala S, Rao SI, Varma DR. Cervical Subependymoma: A rare case report with possible histogenesis. Journal of neurosciences in rural practice. 2012;3(3):366–369. https://doi.org/10.4103/0976-3147.102630.

[83] Matsumoto K, Nakagaki H. Intramedullary subependymoma occupying the right half of the thoracic spinal cord--case report. Neurologia medico-chirurgica. 2002;42(8):349–353.

[84] Orakcioglu B, Schramm P, Kohlhof P, Aschoff A, Unterberg A, Halatsch ME. Characteristics of thoracolumbar intramedullary subependymomas. J Neurosurg Spine. 2009;10(1):54–59. https://doi.org/10.3171/2008.10.spi08311.

[85] Kremer P, Zoubaa S, Schramm P. Intramedullary subependymoma of the lower spinal cord. British journal of neurosurgery. 2004;18(5):548–551.

[86] Jallo GI, Zagzag D, Epstein F. Intramedullary subependymoma of the spinal cord. Neurosurgery. 1996;38(2):251–257.

[87] Wu L, Yang T, Deng X, Yang C, Zhao L, Fang J, Wang G, Yang J, Xu Y. Surgical outcomes in spinal cord subependymomas: an institutional experience. Journal of neuro-oncology. 2014;116(1):99–106. https://doi.org/10.1007/s11060-013-1256-6.

[88] Jang WY, Lee JK, Lee JH, Kim JH, Kim SH, Lee KH, Lee MC. Intramedullary subependymoma of the thoracic spinal cord. J Clin Neurosci. 2009;16(6):851–853. https://doi.org/10.1016/j.jocn.2008.09.008.

[89] Borg M. Germ cell tumours of the central nervous system in children-controversies in radiotherapy. Med Pediatr Oncol. 2003;40(6):367–374. https://doi.org/10.1002/mpo.10285.

[90] Hanakita S, Takenobu A, Kambe A, Watanabe T, Shin M, Teraoka A. Intramedullary recurrence of germinoma in the spinal cord 15 years after complete remission of a pineal lesion. J Neurosurg Spine. 2012;16(5):513–515. https://doi.org/10.3171/2012.2.spine11499.

[91] Ogawa K, Yoshii Y, Shikama N, Nakamura K, Uno T, Onishi H, Itami J, Shioyama Y, Iraha S, Hyodo A, Toita T, Kakinohana Y, Tamaki W, Ito H, Murayama S. Spinal recurrence from intracranial germinoma: risk factors and treatment outcome for spinal recurrence. Int J Radiat Oncol Biol Phys. 2008;72(5):1347–1354. https://doi.org/10.1016/j.ijrobp.2008.03.055.

[92] Loya JJ, Jung H, Temmins C, Cho N, Singh H. Primary spinal germ cell tumors: a case analysis and review of treatment paradigms. Case reports in medicine. 2013;2013:798358–6. https://doi.org/10.1155/2013/798358.

[93] Nikitovic M, Grujicic D, Skender Gazibara M, Stanic D, Bokun J, Saric M. Intramedullary Spinal Cord Germinoma: A Case Report and Review of Literature. World Neurosurg. 2016;95:392–398. https://doi.org/10.1016/j.wneu.2016.08.039.

[94] Lu NH, Chen CY, Chou JM, Kuo TH, Yeh CH. MR imaging of primary spinal germinoma: a case report and review of the literature. J Neuroimaging. 2009;19(1):92–96. https://doi.org/10.1111/j.1552-6569.2007.00214.x.

[95] Chute DJ, Burton EC, Klement IA, Frazee JG, Vinters HV. Primary intramedullary spinal cord germinoma: case report. Journal of neuro-oncology. 2003;63(1):69–73.

[96] Matsuyama Y, Nagasaka T, Mimatsu K, Inoue K, Mii K, Iwata H. Intramedullary spinal cord germinoma. Spine. 1995;20(21):2338–2340.

[97] Watanabe A, Horikoshi T, Naganuma H, Satoh E, Nukui H. Intramedullary spinal cord germinoma expresses the protooncogene c-kit. Acta Neurochir (Wien). 2005;147(3):303–308.;discussion 308. https://doi.org/10.1007/s00701-004-0450-x.

[98] Hanafusa K, Shibuya H, Abe M, Yamaura K, Suzuki S. Intramedullary spinal cord germinoma. Case report and review of the literature. RoFo : Fortschritte auf dem Gebiete der Rontgenstrahlen und der Nuklearmedizin. 1993;159(2):203–204. https://doi.org/10.1055/s-2008-1032749.

[99] Wu L, Yang T, Deng X, Yang C, Fang J, Xu Y. Treatment strategies and long-term outcomes for primary intramedullary spinal germinomas: an institutional experience. Journal of neuro-oncology. 2015;121(3):541–548. https://doi.org/10.1007/s11060-014-1662-4.

[100] Yamagata T, Takami T, Tsuyuguchi N, Goto T, Wakasa K, Ohata K. Primary intramedullary spinal cord germinoma: diagnostic challenge and treatment strategy. Neurologia medico-chirurgica. 2009;49(3):128–133.

[101] Sawamura Y, Kato T, Ikeda J, Murata J, Tada M, Shirato H. Teratomas of the central nervous system: treatment considerations based on 34 cases. J Neurosurg. 1998;89(5):728–737. https://doi.org/10.3171/jns.1998.89.5.0728.

[102] Liu Z, Lv X, Wang W, An J, Duan F, Feng X, Chen X, Ouyang B, Li S, Singh S, Qiu S. Imaging characteristics of primary intracranial teratoma. Acta radiologica (Stockholm, Sweden : 1987). 2014;55(7):874–881. https://doi.org/10.1177/0284185113507824.

[103] Turan N, Halani SH, Baum GR, Neill SG, Hadjipanayis CG. Adult Intramedullary Teratoma of the Spinal Cord: A Case Report and Review of Literature. World Neurosurg 87:661.e623-630. 2016; https://doi.org/10.1016/j.wneu.2015.10.053.

[104] Arai Y, Takahashi M, Takeda K, Shitoto K. Adult-onset intradural spinal teratoma in the lumbar spine: A case report. Journal of orthopaedic surgery (Hong Kong). 2000;8(2):69–74. https://doi.org/10.1177/230949900000800213.

[105] Jian W, Ying W, Chao Y. Intramedullary spinal teratoma of the conus medullaris: report of two cases. Acta Neurochir (Wien). 2010;152(3):553–554. https://doi.org/10.1007/s00701-009-0466-3.

[106] Makary R, Wolfson D, Dasilva V, Mohammadi A, Shuja S. Intramedullary mature teratoma of the cervical spinal cord at C1-2 associated with occult spinal dysraphism in an adult. Case report and review of the literature. J Neurosurg Spine. 2007;6(6):579–584. https://doi.org/10.3171/spi.2007.6.6.12.

[107] Moon HJ, Shin BK, Kim JH, Kwon TH, Chung HS, Park YK. Adult cervical intramedullary teratoma: first reported immature case. J Neurosurg Spine. 2010;13(2):283–287. https://doi.org/10.3171/2010.3.spine09461.

[108] Monajati A, Spitzer RM, Wiley JL, Heggeness L. MR imaging of a spinal teratoma. Journal of computer assisted tomography. 1986;10(2):307–310.

[109] Allsopp G, Sgouros S, Barber P, Walsh AR. Spinal teratoma: is there a place for adjuvant treatment? Two cases and a review of the literature. British journal of neurosurgery. 2000;14(5):482–488.

[110] Nonomura Y, Miyamoto K, Wada E, Hosoe H, Nishimoto H, Ogura H, Shimizu K. Intramedullary teratoma of the spine: report of two adult cases. Spinal Cord. 2002;40(1):40–43. https://doi.org/10.1038/sj.sc.3101247.

[111] Koen JL, McLendon RE, George TM. Intradural spinal teratoma: evidence for a dysembryogenic origin. Report of four cases. J Neurosurg. 1998;89(5):844–851. https://doi.org/10.3171/jns.1998.89.5.0844.

[112] Park SC, Kim KJ, Wang KC, Choe G, Kim HJ. Spinal epidural teratoma: review of spinal teratoma with consideration on the pathogenesis: case report. Neurosurgery. 2010;67(6):E1818–E1825. https://doi.org/10.1227/NEU.0b013e3181f846ca.

[113] Isik N, Balak N, Silav G, Elmaci I. Pediatric intramedullary teratomas. Neuropediatrics. 2008;39(4):196–199. https://doi.org/10.1055/s-0028-1112116.

[114] Roux A, Mercier C, Larbrisseau A, Dube LJ, Dupuis C, Del Carpio R. Intramedullary epidermoid cysts of the spinal cord. Case report. J Neurosurg. 1992;76(3):528–533. https://doi.org/10.3171/jns.1992.76.3.0528.

[115] Cataltepe O, Berker M, Akalan N. A giant intramedullary spinal epidermoid cyst of the cervicothoracic region. Pediatr Neurosurg. 2004;40(3):120–123. https://doi.org/10.1159/000079853.

[116] Tekkok IH, Palaoglu S, Erbengi A, Onol B. Intramedullary epidermoid cyst of the cervical spinal cord associated with an extraspinal neuroenteric cyst: case report. Neurosurgery. 1992;31(1):121–125.

[117] Chandra PS, Manjari T, Devi BI, Chandramouli BA, Srikanth SG, Shankar SK. Intramedullary spinal epidermoid cyst. Neurology India. 2000;48(1):75–77.

[118] Falavigna A, Righesso O, Teles AR. Concomitant dermoid cysts of conus medullaris and cauda equina. Arquivos de neuro-psiquiatria. 2009;67(2a):293–296.

[119] Vadivelu S, Desai SK, Illner A, Luerssen TG, Jea A. Infected lumbar dermoid cyst mimicking intramedullary spinal cord tumor: Observations and outcomes. Journal of pediatric neurosciences. 2014;9(1):21–26. https://doi.org/10.4103/1817-1745.131475.

[120] Guidetti B, Gagliardi FM. Epidermoid and dermoid cysts. Clinical evaluation and late surgical results. J Neurosurg. 1977;47(1):12–18. https://doi.org/10.3171/jns.1977.47.1.0012.

[121] Girishan S, Rajshekhar V. Rapid-onset paraparesis and quadriparesis in patients with intramedullary spinal dermoid cysts: report of 10 cases. Journal of neurosurgery Pediatrics. 2016;17(1):86–93. https://doi.org/10.3171/2015.5.peds1537.

[122] Chan CT, Gold WL. Intramedullary abscess of the spinal cord in the antibiotic era: clinical features, microbial etiologies, trends in pathogenesis, and outcomes. Clinical infectious diseases : an official publication of the Infectious Diseases Society of America. 1998;27(3):619–626.

[123] Simon JK, Lazareff JA, Diament MJ, Kennedy WA. Intramedullary abscess of the spinal cord in children: a case report and review of the literature. The Pediatric infectious disease journal. 2003;22(2):186–192. https://doi.org/10.1097/01.inf.0000048910.19136.49.

[124] Morandi X, Mercier P, Fournier HD, Brassier G. Dermal sinus and intramedullary spinal cord abscess. Report of two cases and review of the literature. Childs Nerv Syst. 1999;15(4):202–206. discussion 207-208

[125] Cha JG, Paik SH, Park JS, Park SJ, Kim DH, Lee HK. Ruptured spinal dermoid cyst with disseminated intracranial fat droplets. The British journal of radiology. 2006;79(938):167–9. https://doi.org/10.1259/bjr/17232685.

[126] Tufan K, Cekinmez M, Sener L, Erdogan B. Infected lumbar dermoid cyst presenting with tetraparesis secondary to holocord central lesion. Journal of child neurology. 2008;23(8):934–937. https://doi.org/10.1177/0883073808314961.

[127] Shah JR, Joshi V, Patkar D. Dorsal dermal sinus with intramedullary abscess formation. Australasian radiology. 2007;51(Suppl):B205–B209. https://doi.org/10.1111/j.1440-1673.2007.01836.x.

[128] Wilson PE, Oleszek JL, Clayton GH. Pediatric spinal cord tumors and masses. J Spinal Cord Med. 2007;30(Suppl 1):S15–S20.

[129] Patel MR, Tse V. Diagnosis and staging of brain tumors. Seminars in roentgenology. 2004;39(3):347–60.

[130] Suocheng G, Yazhou X. A review on five cases of intramedullary dermoid cyst. Childs Nerv Syst. 2014;30(4):659–664. https://doi.org/10.1007/s00381-013-2281-7.

[131] Houx L, Brochard S, Peudenier S, Dam Hieu P, Remy-Neris O. Recovery after tetraplegia caused by dermal sinus infection: intramedullary abscess and tetraparesis. Pediatric neurology. 2011;44(3):229–232. https://doi.org/10.1016/j.pediatrneurol.2010.10.017.

[132] Stevens WW, Schlesinger ED. Intramedullary epidermoid tumors of the thoracic spinal cord. Report of two cases. J Neurosurg. 1968;29(3):296–299. https://doi.org/10.3171/jns.1968.29.3.0296.

[133] Zavanone M, Guerra P, Rampini PM, Crotti F, Vaccari U. A cervico-dorsal intramedullary epidermoid cyst. Case report and review of the literature. Journal of neurosurgical sciences. 1991;35(2):111–115.

[134] Biliciler B, Vatansever M, Fuat Erten S, Sarac K, Colak A. A huge intramedullary epidermoid cyst: mimicking cauda equina ependymoma. Diagnostic failure of myelography and myelo-CT. Journal of neurosurgical sciences. 1996;40(2):149–152.

[135] Martinez-Lage JF, Esteban JA, Poza M, Casas C. Congenital dermal sinus associated with an abscessed intramedullary epidermoid cyst in a child: case report and review of the literature. Childs Nerv Syst. 1995;11(5):301–305.

[136] Bristow RG, Laperriere NJ, Tator C, Milosevic M, Wong CS. Post-operative radiotherapy for recurrent dermoid cysts of the spine: a report of 3 cases. Journal of neuro-oncology. 1997;33(3):251–256.

[137] CARAM PC, CARTON CA, SCARCELLA G. Intradural lipomas of the spinal cord; with particular emphasis on the intramedullary lipomas. J Neurosurg. 1957;14(1):28–42. https://doi.org/10.3171/jns.1957.14.1.0028.

[138] Pang D, Zovickian J, Wong ST, Hou YJ, Moes GS. Surgical treatment of complex spinal cord lipomas. Childs Nerv Syst. 2013;29(9):1485–1513. https://doi.org/10.1007/s00381-013-2187-4.

[139] Meher SK, Tripathy LN, Jain H, Basu S. Nondysraphic cervicomedullary intramedullary lipoma. J Craniovertebr Junction Spine. 2017;8(3):271–274. https://doi.org/10.4103/jcvjs.JCVJS_130_16.

[140] Lee M, Rezai AR, Abbott R, Coelho DH, Epstein FJ. Intramedullary spinal cord lipomas. J Neurosurg. 1995;82(3):394–400. https://doi.org/10.3171/jns.1995.82.3.0394.

[141] Bhatoe HS, Singh P, Chaturvedi A, Sahai K, Dutta V, Sahoo PK (2005) Nondysraphic intramedullary spinal cord lipomas: a review. Neurosurg Focus 18 (2):Ecp1.

[142] Ahmed O, Zhang S, Thakur JD, Nanda A. Nondysraphic Intramedullary Cervical Cord Lipoma with Exophytic Component: Case Report. Journal of neurological surgery reports. 2015;76(1):e87–e90. https://doi.org/10.1055/s-0035-1547367.

[143] Grimm S, Chamberlain MC. Adult primary spinal cord tumors. Expert Rev Neurother. 2009;9(10):1487–1495. https://doi.org/10.1586/ern.09.101.

[144] Houten JK, Weiner HL. Pediatric intramedullary spinal cord tumors: special considerations. Journal of neuro-oncology. 2000;47(3):225–230. N. Shimony et al

[145] Traul DE, Shaffrey ME, Schiff D. Part I: spinal-cord neoplasms-intradural neoplasms. Lancet Oncol. 2007;8(1):35–45. https://doi.org/10.1016/S1470-2045(06)71009-9.

[146] Epstein F, Epstein N. Surgical management of holocord intramedullary spinal cord astrocytomas in children. J Neurosurg. 1981;54(6):829–832. https://doi.org/10.3171/jns.1981.54.6.0829.

[147] Pagni CA, Canavero S, Gaidolfi E. Intramedullary "holocord" oligodendroglioma: case report. Acta Neurochir (Wien). 1991;113(1-2):96–9.

[148] Vles JS, Grubben CP, van Ooy A, Weil EH. Holocord astrocytomas in childhood. Clinical neurology and neurosurgery. 1990;92(4):361–364.

[149] Chacko AG, Chandy MJ. Favorable outcome after radical excision of a 'Holocord' astrocytoma. Clinical neurology and neurosurgery. 2000;102(4):240–242.

[150] Benzel EC, Mirfarkhraee M, Hadden T, Fowler M. Holocord astrocytoma: a two-staged operative approach. Spine. 1987;12(8):746–749.

[151] Schittenhelm J, Ebner FH, Tatagiba M, Wolff M, Nagele T, Meyermann R, Mittelbronn M. Holocord pilocytic astrocytoma--case report and review of the literature. Clinical neurology and neurosurgery. 2009;111(2):203–207. https://doi.org/10.1016/j.clineuro.2008.09.014.

脊髓哑铃型肿瘤

22

Mirza Pojskić, Kenan I. Arnautović

22.1 定义

"哑铃型肿瘤"一词最初是由Heuer于1929年提出的，用来描述在生长过程中遇到解剖屏障（如硬脑膜、椎间孔或其他骨性结构）时形成沙漏形的脊髓肿瘤。椎管内脊髓肿瘤和以累及到椎旁的脊髓肿瘤，根据肿瘤位置可分为4种类型：髓内型、髓外硬膜下型、硬膜外型和哑铃型。哑铃型肿瘤可根据结构和肿瘤位置等其他细节差异进一步分为不同的类型。如今"哑铃型肿瘤"不再单指肿瘤呈沙漏形状，而是作为一个独立的概念术语，用以说明连接并包含两个或多个独立区域的肿瘤，如位于硬膜下或硬膜外间隙，或位于椎管外的肿瘤。

神经鞘瘤和脊膜瘤是两种最常见的髓外硬膜下肿瘤。90%的脊髓哑铃型肿瘤是神经鞘瘤，高达33%的神经鞘瘤呈哑铃状。多发性神经鞘瘤更多地表现为神经纤维瘤病2型的临床表现。脊髓哑铃型肿瘤除去神经鞘瘤和神经纤维瘤外还包括其他28种不同的病理类型：血管瘤、脊膜瘤、恶性周围神经鞘瘤、源自胸腔内神经源性成分的神经源性椎旁肿瘤、神经母细胞瘤、神经节神经母细胞瘤、神经节细胞瘤、血管网状细胞瘤、脂肪肉瘤、成脂细胞瘤、血管瘤病、血管脂肪瘤、横纹肌肉瘤、脊椎骨外脊索瘤（SEC）、间充质软骨肉瘤、软组织软骨瘤、骨软骨瘤、恶性血管球瘤、恶性孤立纤维瘤、浆细胞瘤、转移瘤、尤文肉瘤、非典型畸胎样横纹肌样瘤、淋巴瘤、淋巴管瘤、脊膜黑色素细胞瘤、小细胞恶性肿瘤、外周原始神经外胚层肿瘤（PNET）。此外恶性哑铃型肿瘤在儿童患者中占64%，在成人患者中占2.8%。

22.2 流行病学

在一组脊髓肿瘤大型病例研究中发现，哑铃型肿瘤的发生率为6%~24%。尤其好发于颈椎区域，发生率高达44%。

22.3 分类

第一个关于哑铃型肿瘤分类的方法——Eden分类法，作为该种肿瘤的分类的"金标准"几十年来沿用至今。1958年，由于当时既没有CT检查，也没有MRI技术，Eden根据哑铃型肿瘤的横断面结构提出了4种分类（图22.1）。这是一种基于形态学上的分类，而非外科学分类，并且认为Ⅰ型、Ⅱ型和Ⅲ型肿瘤可以通过后路手术行肿瘤切除，Eden Ⅳ型肿瘤则适合用前路手术。对于Ⅱ型和Ⅲ型肿瘤（即肿瘤的椎管外部分压迫并推移椎动脉并向前生长延伸至椎动脉外侧），可考虑采用前后联合入路。一组对118例患者的病例统计发现，Ⅲ型肿瘤是最常见的类型，占比达53%，其次是Ⅱ型（33%）、Ⅰ型（9%）和Ⅳ型（5%）。

除Eden分类法外，脊髓哑铃型肿瘤还有另外7种分类方法。Liu等在2017年引入了哑铃型肿瘤的解剖学分类概念。肿瘤的最大横切面被分为4个区域，每个区域需要采用不同的手术方式。Toyama等根据CT和MRI检查对Eden分类法进行了修改。除了轴向形态外，Toyama等根据每个肿瘤所涉及的椎间孔和横孔的数量，对哑铃型肿瘤进行了基于影像学的解剖三维分类，该分类法更有利于进行术前手术规划。Hiramatsu依据水平方向和头尾端的生长方式，对颈椎哑铃型肿瘤进行了特别的亚分类。Jiang等在

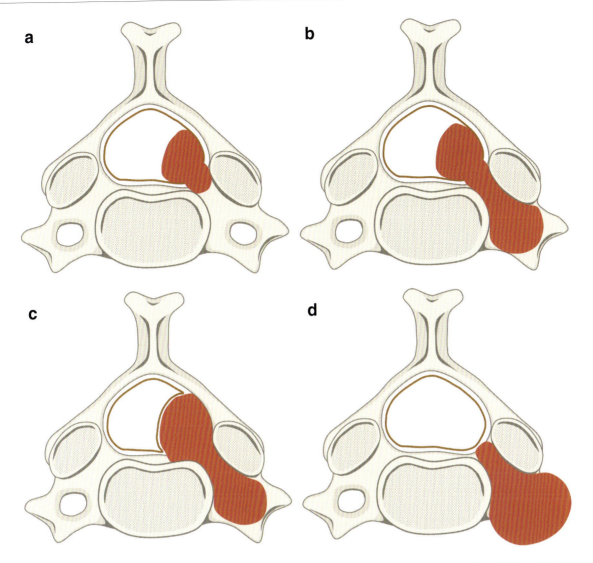

图 22.1 椎管哑铃型肿瘤的 Eden 分类：（a）Ⅰ型：硬膜下和硬膜外。（b）Ⅱ型：硬膜下、硬膜外和椎旁。（c）Ⅲ型：硬膜外和椎旁。（d）Ⅳ型：椎间孔和椎旁

2009年制定了被称为北京大学第三医院（PUTH）颈椎哑铃型肿瘤的解剖分类法，区分了侵蚀性或压缩性骨质变化。这一分类包括了位于脊髓前部的脊髓内病变，以及按类别进行的标准化手术方式。Sridhar等提出了一种仅限于巨大的哑铃型脊髓神经鞘瘤的5型分类系统，Park等和Kotil等对这种分类方法进行了修改。

22.4 鉴别诊断

22.4.1 症状

脊髓哑铃型肿瘤的临床表现取决于肿瘤的大小和位置。无论其病理基础如何，大多数脊髓哑铃型肿瘤患者表现出相似的临床症状。非神经根性疼痛是最常见的症状，其次是感觉障碍和步态不稳、神经根性疼痛、运动无力、行走困难以及直肠和膀胱功能障碍。随访发现非神经根性疼痛可以长期、持续存在，而神经根性疼痛往往在手术后完全消失。胸椎椎间孔外巨大哑铃型肿瘤（如巨大神经鞘瘤）可压迫肺部和重要血管结构，巨大腰骶部肿瘤可压迫腹腔及内脏结构，导致排尿困难和便秘。此外位于马尾部的肿瘤侵蚀椎骨，导致脊柱不稳和疼痛。血管源性病变可出现类似脊髓蛛网膜下腔出血的临床表现或导致进行性脊髓神经功能缺损。患者有已知的原发性肿瘤病史可提示有转移瘤存在。在儿童患者中，应考虑罕见的儿童肿瘤，如神经母细胞瘤、神经节神经瘤、非典型横纹肌肉瘤、尤文肉瘤或淋巴瘤。多发神经鞘瘤可提示神经纤维瘤病2型

的存在。儿童患者的哑铃型肿瘤相比成人恶性比率更高。

22.4.2　影像学表现

尽管在某些病例中，术前MRI提示肿瘤可能位于硬膜下或者硬膜外，超过一半的哑铃型肿瘤完全局限于硬膜外间隙。此外需要考虑各种可能导致椎间孔扩大的异常病变，包括肿瘤性病变，如良性或恶性周围神经鞘肿瘤（PNSTs）、孤立性骨浆细胞瘤（SBP）、软骨样脊索瘤、肺上沟肿瘤和转移瘤；非肿瘤性病变，如感染性病灶（肺结核、包虫囊肿）、动脉瘤样骨囊肿（ABC）、滑膜囊肿、外伤性假性囊肿、蛛网膜囊肿或椎动脉曲张。

通常很难区分哑铃型神经鞘瘤、脊膜瘤或血管源性病变。MRI成像缺乏明确的特征性区别，神经源性肿瘤和血管源性肿瘤在T1相均呈中低信号，在T2相中均为高信号，增强MRI扫描呈现规律性增强。一般情况下，当髓外硬膜下肿瘤在T2加权上显示高信号或无硬膜尾征的强化时，应考虑诊断神经鞘瘤；否则诊断脊膜瘤的可能性更大。脊膜瘤的诊断依据包括T1加权MRI增强扫描显示强化的硬脑膜尾征和CT检查中的钙化征。对于神经鞘瘤，常见的影像学表现包括T2加权MRI成像时肿瘤的液体信号强度、T1加权增强扫描时肿瘤边缘增强表现和CT检查时骨窗呈"扇贝征"。脊膜瘤的一个特征是在T1轴位图像上看到所谓的"银杏叶征"：脊髓被肿瘤推到椎管一侧形成"叶"状，而伸展的齿状韧带形成"叶茎"（变现为非增强的"条纹"）。在较大的肿瘤中，可以观察到囊性变和坏死区。颅内神经鞘瘤更容易合并脊髓神经鞘瘤，这也是我们建议在手术前对头部和整个脊柱进行MRI检查的原因之一。

血管病变在鉴别诊断时尤为重要，因为它们可能伴有出血。在计划手术时考虑血管瘤也非常重要。当椎间孔没有高度扩张，且肿瘤中的叶状神经根没有增强时，应将海绵状血管瘤纳入脊髓哑铃型肿瘤的鉴别诊断。最能提示血管网状细胞瘤的是在T2加权MRI上出现血管流空影。

利用哑铃型肿瘤评分系统可以在MRI上区分良恶性病变。大于5cm或随访时体积增大的肿瘤，边界不清晰伴周围水肿，形状呈不规则分叶状和出现溶骨性骨破坏可能提示恶性病变，这对于手术方案的决策和把握活检的适应证很重要。椎旁肌肉束浸润常提示淋巴瘤的可能，淋巴瘤的诊断对治疗选择具有决定性作用，因为淋巴瘤对化疗和放射都非常敏感。

我们建议对怀疑有骨质破坏的所有病例进行CT检查。根据一个或多个椎间孔的扩大和骨质侵蚀程度可以判断脊柱的不稳定性，并决定手术切除后是否需要行内固定术。骨质破坏可由大型良性肿瘤压迫效应引起，也可由侵袭性恶性肿瘤引起。在大多数情况下，随着椎间孔的扩大，骨性变化仅仅变现为单纯的压缩。然而在某些特殊情况下，肿瘤会侵蚀椎体、小关节甚至椎板。有时肿瘤会在骨头上形成小而深的瘤巢。在这两种情况下，必须进行根治性骨病变切除，否则可能导致肿瘤复发。术前应进行标准的X线检查，包括前后位（AP）、侧位、弯曲和伸展位，这首先将有助于术前的手术定位，其次功能位X线片可用于评估脊柱的稳定性，尤其是颈椎。

22.5　椎管内哑铃型肿瘤的病理类型

22.5.1　神经鞘瘤和神经纤维瘤

大约90%的神经鞘瘤是孤立的和散发的。4%发生在神经纤维瘤病2型患者，另外5%是多发的，与神经纤维瘤病2型无关。绝大多数脊髓神经鞘瘤是由背根神经发展而来，且位于硬膜下。哑铃型神经鞘瘤是一组独立的脊髓肿瘤，其特征是同时累及硬膜下和硬膜外腔并占据椎间孔，多见于颈椎。巨大神经鞘瘤的椎管外部分通常使椎间孔扩大，成为哑铃型肿瘤。手术应根据每个病例进行个体化实施（图22.2~图22.5展示了本章作者KIA对2例颈椎哑铃型神经鞘瘤进行的手术。颈部哑铃神经鞘瘤手术切除的细节见手术视频部分）。位于硬膜下的脊髓神经鞘肿瘤可通过标准后路切除术或单侧改良入路进行手术切除，如部分小关节切除术或采用齿状韧带切除术的脊髓旋转技术。对于一些特殊病例，采取前方入路，沿硬膜或神经周围边界的界面（尤其是源自C1或C2水平）进行硬膜外哑铃型肿瘤的暴露，是在完成肿瘤彻底和安全切除的关键。

脊髓硬膜外神经鞘瘤是哑铃型神经鞘瘤的一种独特的病理实体，可以通过临床影像学特征与其他在椎管内神经鞘肿瘤区分开来，包括较大的肿瘤体积，椎体侵蚀破坏，且很少起源于神经根。神经鞘

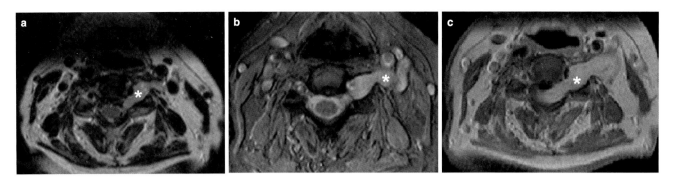

图 22.2 84 岁女性患有左侧神经痛和四肢轻瘫的影像学表现。诊断为左侧 C3/C4 哑铃状肿瘤（＊）。3 年随访期间肿瘤呈进行性生长。（a）最初 T2 加权轴位 MRI 显示左侧 C3/C4 颈椎椎间孔内均匀高信号哑铃型病变。（b）随访 1 年的颈椎 T2 加权轴位 MRI 显示椎管外肿瘤呈进行性生长。由于患者临床表现稳定，所以没有手术。（c）随访 3 年后的颈椎增强 MRI T1 轴位表现为哑铃样强化，椎管内肿瘤持续生长，脊髓压迫和脊髓病进行性加重。此时患者的四肢瘫痪也较前加重

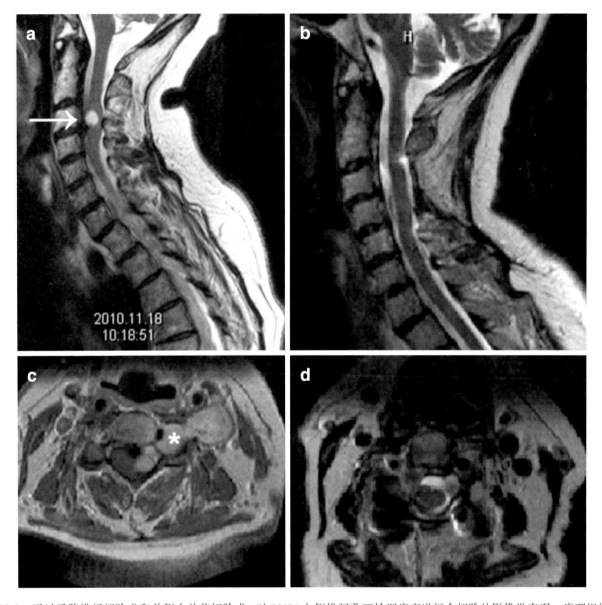

图 22.3 通过后路椎板切除术和单侧小关节切除术，对 C3/C4 左侧椎间孔哑铃型病变进行全切除的影像学表现。病理组织学诊断证实是 WHO Ⅰ级神经鞘瘤，该患者用侧块螺钉对 C2~C5 进行额外的固定。（a）术前颈椎矢状位 T2 加权 MRI 显示 C3/C4 椎管内均匀高信号髓外肿瘤（箭头）。（b）术后颈椎矢状位 T2 加权 MRI 显示肿瘤完全切除，无脊髓病变征象。（c）术前 C3/C4 水平的轴位 T1 加权增强 MRI 显示神经鞘瘤椎管内和椎管外扩张，信号均匀增强（＊）。（d）术后 C3/C4 水平的轴位 T2 加权 MRI 显示无肿瘤残留迹象

瘤往往好发于胸椎和腰椎区域，神经纤维瘤通常与神经纤维瘤病1型相关，并倾向于发生在颈椎区域。在哑铃型神经纤维瘤的病例中，大多数神经纤维被包裹在肿瘤组织内。在不牺牲神经根的情况下通常很难完整切除肿瘤，因此积极的手术可能导致严重的神经功能缺损。与其他类型的肿瘤相比，神经纤维瘤与较高的复发率和较低的全切除率相关，特别是在神经纤维瘤病1型或2型患者中。

22.5.2　脊膜瘤

　　脊膜瘤占脊髓哑铃型肿瘤的5%，是鉴别诊断的重要部分。哑铃型脊膜瘤可能起源于神经根出口的蛛网膜绒毛。它们大多位于硬脊膜内，但偶尔会呈哑铃形向椎管外延伸。脊膜瘤向椎管外延伸可能通过椎间孔生长，但通常仅占很小的比例。由于椎管内肿瘤生长的空间很小，因此该位置的脊膜瘤很容易顺着硬脊膜生长，然后扩散至硬脊膜外或椎管外

间隙。哑铃型脊膜瘤最常见的部位似乎是胸椎，有几例报道称采用后肋和胸腔镜联合切除术或另加开胸术切除了胸椎哑铃型脊膜瘤。此外颈椎哑铃型脊膜瘤的病例也有报道（图22.6显示了1例由KIA手术治疗的颈椎哑铃型脊膜瘤病例）。

22.5.3　血管性病变

　　毛细血管瘤是一种良性血管畸形，最常见于年轻患者全身的皮肤或软组织。它们的组织学特征是毛细血管结节，内衬扁平的内皮细胞，并且经常自发退化。文献中描述了40多例脊髓硬膜下毛细血管瘤。单纯硬膜外伴脊髓压迫的病例也已有报道，同时伴有硬膜下和硬膜外生长的海绵状血管瘤也有过报道。大多数硬膜外海绵状血管瘤是由椎体血管瘤延伸至椎管，仅发生在硬膜外的病变仅占脊髓血管瘤的1%~2%。这些肿瘤通常影响椎体并延伸至硬膜外腔，罕见于胸段。血管瘤的典型CT表现为分叶

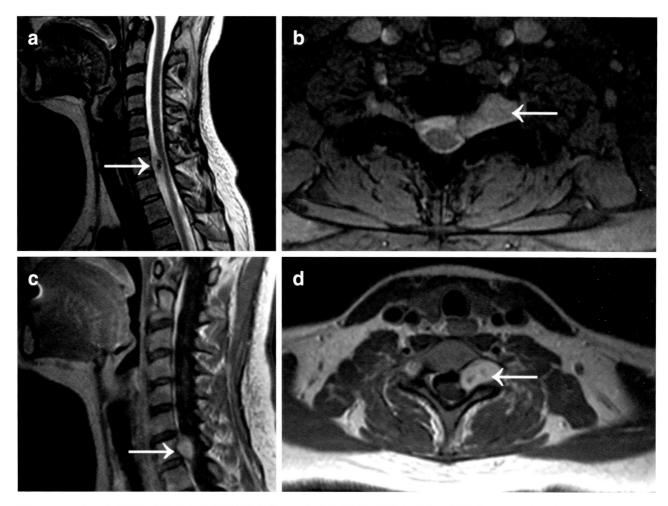

图22.4　1例33岁左臂麻木无力患者的影像学表现。（a）术前颈椎矢状位和（b）颈椎轴位 MRI T2 加权表现为高信号哑铃型肿瘤，（c）矢状位和（d）轴位 T1 加权增强 MRI 提示 C7/T1 左侧颈髓哑铃型肿瘤（箭头）均匀强化

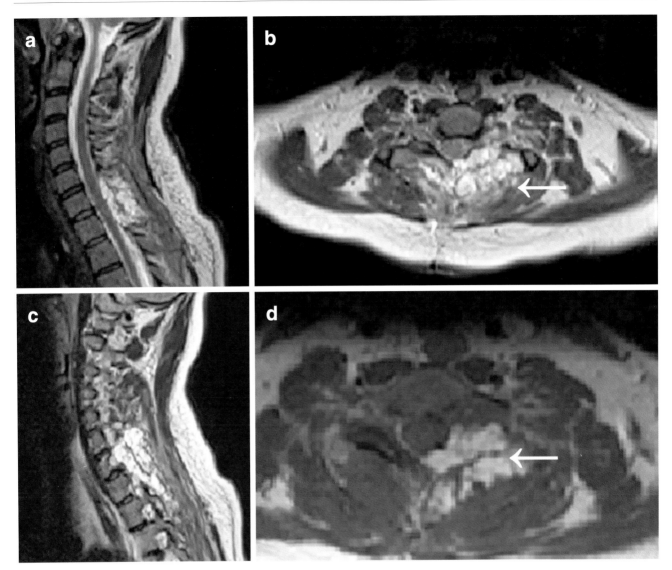

图 22.5 单侧小切口后路肿瘤全切术后的影像学表现。病理诊断为 WHO Ⅰ级神经鞘瘤。（a）术后颈椎矢状位和（b）轴位 T2 加权成像，（c）矢状位和（d）轴位 T1 加权成像显示肿瘤完全切除。无须额外的内固定术。箭头所示为腹壁脂肪移植物用于硬膜缝合以防止脑脊液漏

状、造影剂不均匀增强、多个环状钙化、肿瘤延伸至椎管时椎间孔保持完整，然而并非总是能观察到以上这些表现。在 MRI 成像上，神经源性肿瘤和血管瘤在 T1 图像上均表现为等信号或低信号，在 T2 图像上表现为均匀高信号。它们通常表现为进展性脊髓病，因此早期治疗可预防永久性神经功能缺损。血管内栓塞术最近被用来治疗血管瘤，成功地减少了手术中的失血。然而这种治疗有发生脊髓梗死的风险。

手术全切除是这类病变的首选治疗方法。胸椎入路有如下几种：后路、后路开胸入路、胸腔镜入路和后路联合胸腔镜入路。一些作者建议在后路手术前开胸，因为这样可以结扎相关动脉防止出血。

术中出血的处理和充分的止血是这些病变成功手术的关键。哑铃型血管瘤手术切除的细节在本手稿网络版的手术视频部分有描述（图22.7和图22.8展示了我们的手术视频中描述的胸椎哑铃型血管瘤的病例，患者接受了由资深术者KIA进行的分次椎管内切除术，最后在胸腔镜下切除了胸腔内部分肿瘤）

位于硬膜外的血管网状细胞瘤占所有脊髓血管网状细胞瘤的8%~12%。它们在VonHippel-Lindau病患者中更为常见。有几个病例报告描述了这些病变，并建议通过侧方入路处理供血动脉后再切除颈椎血管网状细胞瘤。血管网状细胞瘤在马尾部也可表现为蛛网膜下腔出血。为避免失血过多，当怀疑血管网状细胞瘤时，应考虑术前栓塞或血管造影以

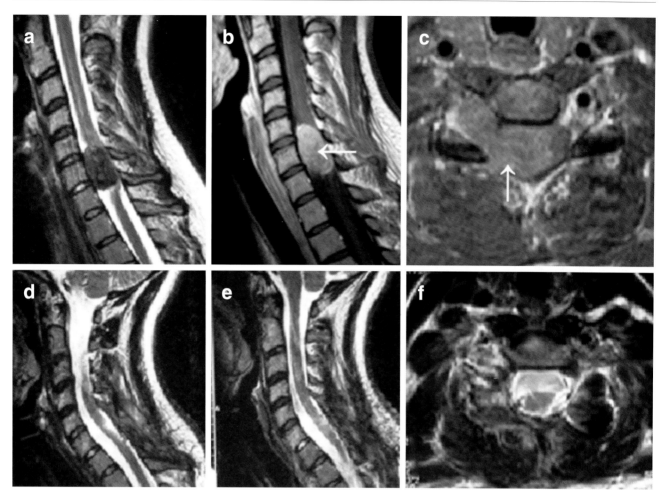

图 22.6　24 岁女性，四肢瘫痪、T1 平面以下感觉丧失、不能行走、间歇性尿失禁的影像学表现。（a）术前颈椎矢状位 MRI T2 加权显示髓外硬膜下肿瘤。（b）矢状位 T1 加权序列增强后病灶均匀强化。（c）颈椎轴位 MRI T1 加权增强后显示肿瘤呈哑铃状（箭头）。经后路 C6/C7 椎板切除、单侧小关节切除后肿瘤获得全切除，病理组织学诊断为脊膜瘤。对 C6/C7 段进行了额外的固定。颈椎术后矢状位（d、e）和轴位（f）T2 加权成像显示脊膜瘤完全切除，患者完全康复

确定主要供血动脉的位置。为了防止手术过程中大出血，需要对供血动脉和血流方向进行早期识别，并进行包膜外切除。

22.5.4　向椎管内扩张的椎旁神经源性肿瘤

由于椎旁间隙富含神经源性组织，因此起源于此的原发性神经源性肿瘤是最常见的肿瘤类型，占后纵隔原发性肿瘤的90%，腹膜后间隙肿瘤的63%，颈部肿瘤的10%。2岁以下患者最常见的病理类型是来源于肾上腺或腹膜后副神经节交感组织的神经母细胞瘤，而成人最常见的病理类型是腹膜后间隙或后纵隔的神经鞘瘤。神经源性肿瘤，尤其是脊柱旁沟的神经母细胞瘤和硬膜外神经鞘瘤，更易于通过椎间孔扩散到椎管内（形成哑铃型肿瘤），此时直接或间接的压迫脊髓可能引起脊髓病。神经

节神经瘤是一种罕见的、分化良好的、良性且生长缓慢的肿瘤，通常起源于交感神经节细胞。在极少数情况下，它们可以通过椎间孔呈哑铃状生长。这些肿瘤大多是腹膜后肿瘤，在儿童和年轻人中更为常见。在CT上，这些肿瘤在骶骨前呈点状钙化，有时伴有广泛的骶骨溶骨性破坏。

22.6　恶性脊髓哑铃型肿瘤

22.6.1　转移瘤

软脊膜转移瘤的鉴别诊断包括排除多种恶性和良性疾病，如先天性和退行性病变、感染性和自身免疫性疾病以及神经鞘瘤。转移瘤和神经鞘瘤的放射学区别主要根据神经影像学特征，特别是病灶的数量、大小和生长方式。可能由于重力的缘故，转

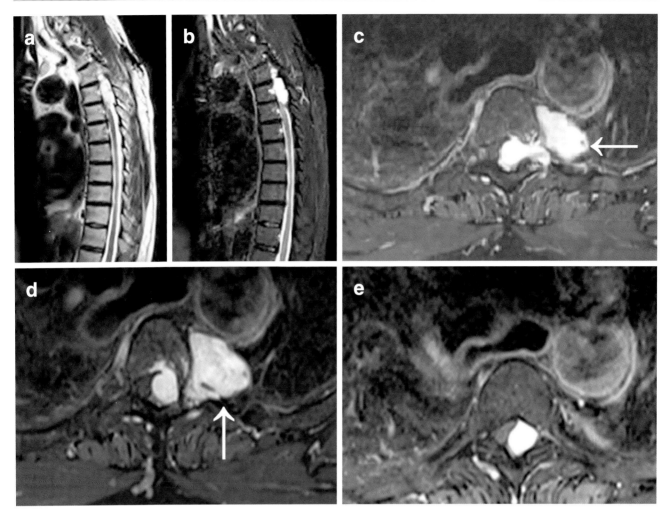

图 22.7　1 例 78 岁胸椎进行性截瘫和共济失调患者的影像学表现。（a）T2 加权矢状序列显示 T3~T5 高信号椎管内肿瘤。（b）T1 增强加权矢状序列显示肿瘤均匀增强。（c~e）T1 增强加权轴位序列显示哑铃型肿瘤在椎管内延伸并伴有脊髓向右移位，经 T4 椎间孔生长至左侧胸腔。注意观察肿块的分叶状轮廓，这可能是诊断血管瘤的线索（箭头）

移瘤通常在脊柱下部结构（如马尾）出现多个小结节，而神经鞘瘤在椎间孔中表现为单个病灶，可能在任何节段出现。软脊膜转移瘤的临床表现取决于肿瘤位置和生长模式，通常导致的症状包括脑脊液（CSF）流动中断引起的恶心和头痛，以及后期压迫脊髓引起的脊髓病症状。在乳腺癌软脑膜转移瘤患者中，目前治疗的总体生存期平均仍局限在6个月以内。外科治疗结合传统或新的辅助治疗可以改善神经功能并减轻疼痛。

22.6.2　恶性周围神经鞘膜肿瘤（MPNSTs）

　　MPNSTs占所有软组织肉瘤的3%~10%，通常位于躯干、四肢、头部和颈部，然而还是有一些罕见的脊柱病例。MPNSTs具有高转移潜能，如果肿瘤可以切除，手术切除是首选治疗方法；然而目前还没

有有效的全身治疗方法。这些病变的外科治疗根据 Enneking标准分为适合Enneking标准（沿肿瘤边缘的整块切除术）或不适合Enneking标准（分块或瘤内切除），但是多中心研究显示两组的复发率和生存率相似。难以手术切除或转移性MPNSTs的预后非常差，特别是在脊柱区域，相关死亡率高达80%；较大的病变也更有可能提示较高的恶性程度。辅助光子束治疗可以对肿瘤局部较好的控制，而碳离子放射治疗不仅能更好的控制局部，而且增加了总生存期和无进展生存期。

　　非骨性起源的脊髓脊索瘤（Spinal Extraosseous Chordoma，SEC）极为罕见，通常位于颈部硬膜外。与骨性起源的脊索瘤相比，SECs的侵袭性较小，复发率和转移率较低，预后更好。

　　间充质软骨肉瘤是一种罕见来源于骨或软组织

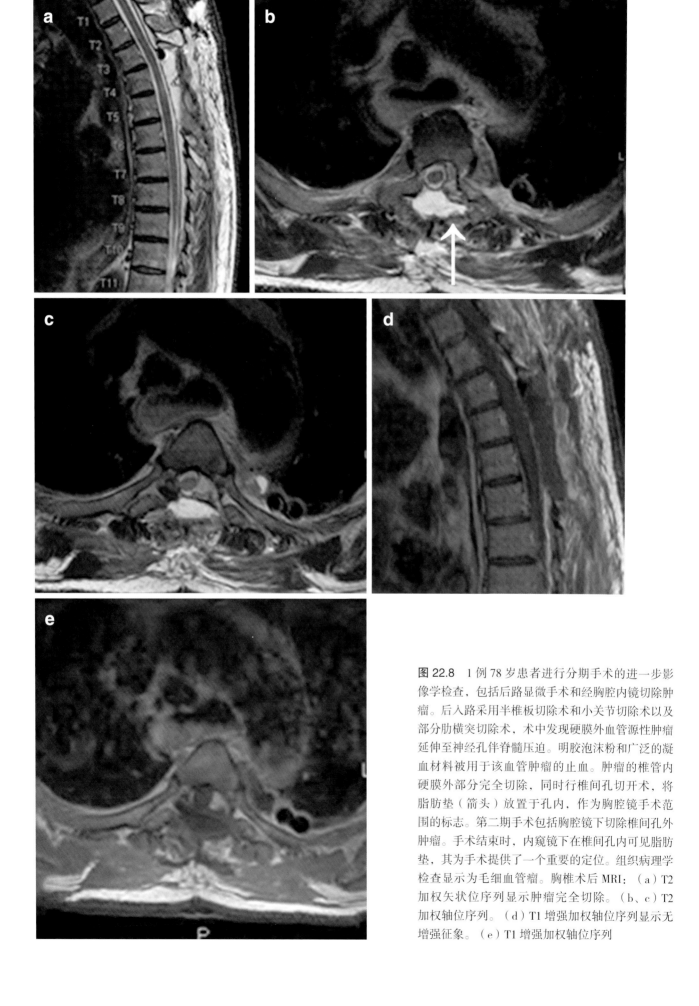

图 22.8 1 例 78 岁患者进行分期手术的进一步影像学检查，包括后路显微手术和经胸腔内镜切除肿瘤。后入路采用半椎板切除术和小关节切除术以及部分肋横突切除术，术中发现硬膜外血管源性肿瘤延伸至神经孔伴脊髓压迫。明胶泡沫粉和广泛的凝血材料被用于该血管瘤的止血。肿瘤的椎管内硬膜外部分完全切除，同时行椎间孔切开术，将脂肪垫（箭头）放置于孔内，作为胸腔镜手术范围的标志。第二期手术包括胸腔镜下切除椎间孔外肿瘤。手术结束时，内窥镜下在椎间孔内可见脂肪垫，其为手术提供了一个重要的定位。组织病理学检查显示为毛细血管瘤。胸椎术后 MRI：（a）T2 加权矢状位序列显示肿瘤完全切除。（b、c）T2 加权轴位序列。（d）T1 增强加权轴位序列显示无增强征象。（e）T1 增强加权轴位序列

的恶性肿瘤。肿瘤中可见钙化，可能影响或反映肿瘤的生长和疾病的进展。由于复发的可能性，全切除术后应进行辅助放疗并密切随访。

黏液样脂肪肉瘤（MLS）是一种通常位于四肢的软组织肉瘤。1/3的患者会发生远处转移，并且有一些报道显示为哑铃型脊髓病变。治疗包括手术切除和辅助化疗。

22.7　外科技术

这类肿瘤的最佳手术方式取决于肿瘤的位置和大小。完全或部分位于椎管内的肿瘤可通过后中线入路实施。在文献报道的一项大型病例系列研究中，仅采用后路手术切除了多达80%的哑铃型肿瘤（主要是神经鞘瘤）。当采用后入路时，应尽一切努力通过同一入路最大限度地切除椎旁肿瘤。在采用前方入路的病例中，手术应该由专攻特定区域入路的外科医生进行，如头颈外科、胸外科和普通外科医生。

在颈椎，后正中入路是椎管内病变的标准常规入路。McCormick（1996）描述了一种后正中入路，包括部分椎板切除术和完全单侧小关节切除术。其他手术方式还包括前后联合入路、前路椎体切除术、侧路斜行椎体切除术、广泛的后外侧入路包括全侧块切除和椎板切除术与前外侧经椎弓根入路。椎动脉（VA）的位置在颈部哑铃型肿瘤切除术中是很重要的。当VA被肿瘤包裹时，后路手术风险较高；在这些情况下前路手术可能更为合适。

McCormick还描述了一种改良的外侧腔外入路，用于切除胸椎和腰椎的哑铃型椎旁肿瘤。对于胸椎，有几种手术方法可供选择包括：联合后路显微外科手术切除椎管内肿瘤，然后在胸腔镜下切除胸腔内肿瘤、单纯后路手术入路、单后外侧入路、后入路与开行联合手术、经后外侧开胸和扩大椎间孔一步切除术、经锁骨入路切除颈胸交界区肿瘤、扩大的外侧腔外入路和单独胸腔镜入路。

腰椎哑铃型肿瘤切除的后入路包括：后外侧经椎间孔入路、经椎管旁入路、后路椎板成形术、后路半椎板切除+小关节切除+内固定术、后路双重入路、微创式入路并行内固定术或无内固定术（即使用管状牵开器）。巨大的腰椎神经鞘瘤侵蚀椎体并扩展到腹膜后间隙，需要分两个阶段进行手术，一期行后路减压和部分肿瘤切除并行脊神经后根切断术，然后由血管外科医生通过腹膜后入路进行整块切除。

只要不存在血管或神经损伤的风险，应尽可能进行全切，因为次全切切除术后会增加复发的风险。根据术中神经监测的提示，当血管损伤或神经功能缺损的风险很高时，通常会进行次全切除。切除神经源性哑铃型肿瘤时，应始终尝试保留受累神经根。在大量文献中，已经有86%~100%的患者实现了肿瘤的完全切除。

当肿瘤在多个脊柱水平上发生侵袭时，如恶性肿瘤、神经纤维瘤、椎管内硬膜外肿瘤和多方向侵袭性肿瘤，切除肿瘤后脊柱的应力结构发生减弱时，应考虑使用人工材料进行脊柱重建。颈椎更容易发生术后不稳定。胸椎小关节切除术伴肋横突切除术可能需要行额外的内固定术。如果双侧椎板切除术在两个以上的水平进行，或超过一半的腰椎椎体受到肿瘤的破坏，可以考虑进行重建。

22.8　并发症

与非哑铃型脊髓神经鞘瘤相比，哑铃型病变术后更易发生脑脊液漏、假性脊膜膨出和伤口感染。常见并发症包括：手术部位感染，脑脊液漏，使用复合入路时颈部、胸部和腹部周围结构的损伤（颈动脉、食管、喉返神经、乳糜胸、气胸、结肠穿孔、输尿管损伤），腹膜后血肿，主动脉和髂动脉损伤，脊髓水肿，腰膨大动脉损伤引起脊髓缺血，假性脊膜膨出，以及血管损伤引起的大出血。并发症的发生率随着切除肿瘤体积的增加而增加。

如何处理硬膜下-硬膜外肿瘤（Eden Ⅰ型和Ⅱ型）的硬膜缺损是哑铃型脊髓肿瘤手术中的一个重要问题。在硬脑膜缺损处缝合自体筋膜，然后应用几层硬脑膜移植物和纤维蛋白胶是一种比较好的方法。"单独硬脊膜切开法"是另一种硬脑膜切开和闭合术，用于预防哑铃型肿瘤术后脑脊液渗漏。使用单独的硬脊膜切口可以充分显示肿瘤的硬膜内和硬膜外成分。首先，硬脊膜切口沿着硬脊膜囊打开，以充分显示肿瘤的硬膜下部分；然后，沿着神经根行第二个切口，以切除硬膜外部分。在硬膜下病变的病例中，硬脊膜需严密缝合；然而在这些病例中，硬脊膜通常是薄而脆弱的。在用针线缝合时，硬脊膜会在针孔附近撕裂，导致脑脊液渗漏。可以使用非穿透性血管夹代替针和线来闭合硬膜切口。在脊柱手术中，预防脑脊液漏的第三种方法是在硬膜缝上腹部脂肪移植物。肿瘤切除后，可能很难或不可能实现硬膜水密性封闭。在硬脊膜闭合术中应用脂肪移植和纤维蛋白胶可以减少脑脊液漏的风险。

（张风林 译，蔡　铮 校）

参考文献

[1] Heuer GJ. The so-called hour-glass tumors of the spine. Arch Surg. 1929;vol 18:935.

[2] Eden K. The dumb-bell tumors of the spine. Br J Surg. 1941;28:549–570.

[3] Love JG, Dodge HW. Dumbbell (hourglass) neurofibromas affecting the spinal cord. Surg Gynecol Obstet. 1952;94(2):161–172.

[4] McCormick PC. Surgical management of dumbbell and paraspinal tumors of the thoracic and lumbar spine. Neurosurgery. 1996;38(1):67–74. discussion 74-65.

[5] Asazuma T, Toyama Y, Maruiwa H, Fujimura Y, Hirabayashi K. Surgical strategy for cervical dumbbell tumors based on a three-dimensional classification. Spine (Phila Pa 1976). 2004;29(1):E10–E14. https://doi.org/10.1097/01.BRS.0000103662.13689.76.

[6] Ozawa H, Kokubun S, Aizawa T, Hoshikawa T, Kawahara C. Spinal dumbbell tumors: an analysis of a series of 118 cases. J Neurosurg Spine. 2007;7(6):587–593. https://doi.org/10.3171/SPI-07/12/587.

[7] Hirano K, Imagama S, Sato K, Kato F, Yukawa Y, Yoshihara H, Kamiya M, Deguchi M, Kanemura T, Matsubara Y, Inoh H, Kawakami N, Takatsu T, Ito Z, Wakao N, Ando K, Tauchi R, Muramoto A, Matsuyama Y, Ishiguro N. Primary spinal cord tumors: review of 678 surgically treated patients in Japan. A multicenter study. Eur Spine J. 2012;21(10):2019–2026. https://doi.org/10.1007/s00586-012-2345-5.

[8] Conti P, Pansini G, Mouchaty H, Capuano C, Conti R. Spinal neurinomas: retrospective analysis and long-term outcome of 179 consecutively operated cases and review of the literature. Surg Neurol. 2004;61(1):34–43. discussion 44.

[9] Baldvinsdóttir B, Erlingsdóttir G, Kjartansson Ó, Ólafsson IH. Extramedullary cavernous hemangioma with Intradural and extradural growth and clinical symptoms of Brown-Séquard syndrome: case report and review of the literature. World Neurosurg 98:881.e885-881.e888. 2017; https://doi.org/10.1016/j.wneu.2016.11.026.

[10] Doyle PM, Abou-Zeid A, Du Plessis D, Herwadkar A, Gnanalingham KK. Dumbbell-shaped intrathoracic-extradural haemangioma of the thoracic spine. Br J Neurosurg. 2008;22(2):299–300. https://doi.org/10.1080/02688690701678610.

[11] Suzuki A, Nakamura H, Konishi S, Yamano Y. Dumbbell-shaped meningioma with cystic degeneration in the thoracic spine: a case report. Spine (Phila Pa 1976). 2002;27(7):E193–E196.

[12] Matsumoto Y, Endo M, Harimaya K, Hayashida M, Doi T, Iwamoto Y. Malignant peripheral nerve sheath tumors presenting as spinal dumbbell tumors: clinical outcomes and characteristic imaging features. Eur Spine J. 2015;24(10):2119–2125. https://doi.org/10.1007/s00586-014-3467-8.

[13] Barrenechea IJ, Fukumoto R, Lesser JB, Ewing DR, Connery CP, Perin NI. Endoscopic resection of thoracic paravertebral and dumbbell tumors. Neurosurgery. 2006;59(6):1195–1201.; discussion 1201-1192. https://doi.org/10.1227/01.NEU.0000245617.39850.C9.

[14] Hussein HA, Goda HA. Paravertebral neurogenic tumors with intraspinal extension: preoperative evaluation and surgical approach. J Egypt Natl Canc Inst. 2009;21(1):12–22.

[15] Arapis C, Gossot D, Debrosse D, Arper L, Mazel C, Grunenwald D. Thoracoscopic removal of neurogenic mediastinal tumors: technical aspects. Surg Endosc. 2004;18(9):1380–1383. https://doi.org/10.1007/s00464-003-9329-9.

[16] Barrey C, Kalamarides M, Polivka M, George B. Cervical dumbbell intra-extradural Hemangioblastoma: Total removal through the lateral approach: technical case report. Neurosurgery. 2005;56(3):E625. https://doi.org/10.1227/01.NEU.0000154134.83900.05.

[17] Kaneuchi Y, Hakozaki M, Yamada H, Tajino T, Watanabe K, Otani K, Hojo H, Hasegawa T, Konno S. Primary dumbbell-shaped epidural myxoid liposarcoma of the thoracic spine: a case report and review of the literature. Oncol Lett. 2016;11(2):1421–1424. https://doi.org/10.3892/ol.2016.4089.

[18] Peter S, Matevž S, Borut P. Spinal dumbbell lipoblastoma: a case-based update. Childs Nerv Syst. 2016;32(11):2069–2073. https://doi.org/10.1007/s00381-016-3184-1.

[19] Tang EK, Chu PT, Goan YG, Hsieh PP, Lin JC. Dumbbell-mimicked mediastinal Angiomatosis. Ann Thorac Surg. 2016;102(6):e555–e556. https://doi.org/10.1016/j.athoracsur.2016.05.051.

[20] Gámez García P, de Pablo GA, Salas Antón C, Santolaya Cohen R, Madrigal Royo L, Varela De Ugarte A. Mediastinal dumbbell angiolipoma. Arch Bronconeumol. 2002;38(11):545–546.

[21] Yang J, Yang X, Miao W, Jia Q, Wan W, Meng T, Wu Z, Cai X, Song D, Xiao J. Spine extra-osseous chordoma mimicking neurogenic tumors: report of three cases and review of the literatures. World J Surg Oncol. 2016;14(1):206. https://doi.org/10.1186/s12957-016-0951-0.

[22] Chen S, Wang Y, Su G, Chen B, Lin D. Primary intraspinal dumbbell-shaped mesenchymal chondrosarcoma with massive

calcifications: a case report and review of the literature. World J Surg Oncol. 2016;14(1):203. https://doi.org/10.1186/s12957-016-0963-9.

[23] Thien A, Teo CH, Lim CC, Karandikar A, Dinesh SK. Soft tissue chondroma mimicking "dumbbell" neurogenic tumour: a rare cause of lumbar radiculopathy. J Clin Neurosci. 2014;21(6):1073–1074. https://doi.org/10.1016/j.jocn.2013.09.011.

[24] Lee JH, Oh SH, Cho PG, Han EM, Hong JB (2017) Solitary Osteochondroma presenting as a dumbbell tumor compressing the cervical spinal cord. Korean J spine 14 (3):99-102. https://doi.org/10.14245/kjs.2017.14.3.99.

[25] Nagata K, Hashizume H, Yamada H, Yoshida M. Long-term survival case of malignant glomus tumor mimicking "dumbbell-shaped" neurogenic tumor. Eur Spine J. 2017;26(Suppl 1):42–46. https://doi.org/10.1007/s00586-016-4703-1. M. Pojskić and K. I. Arnautović.

[26] Nagano A, Ohno T, Nishimoto Y, Oshima K, Shimizu K. Malignant solitary fibrous tumor of the lumbar spinal root mimicking schwannoma: a case report. Spine J. 2014;14(1):e17–e20. https://doi.org/10.1016/j.spinee.2013.07.463.

[27] Matsumoto Y, Harimaya K, Kawaguchi K, Hayashida M, Okada S, Doi T, Iwamoto Y. Dumbbell scoring system: a new method for the differential diagnosis of malignant and benign spinal dumbbell tumors. Spine (Phila Pa 1976). 2016;41(20):E1230–E1236. https://doi. org/10.1097/BRS.0000000000001582.

[28] Boese CK, Lechler P, Bredow J, Al Muhaisen N, Eysel P, Koy T. Atypical presentation of a cervical breast-cancer metastasis mimicking a dumbbell-shaped neurinoma. Int J Surg Case Rep. 2014;5(10):689–93. https://doi.org/10.1016/j.ijscr.2014.06.019.

[29] Uehara S, Oue T, Yoneda A, Hashii Y, Ohta H, Fukuzawa M. Dumbbell-shaped Ewing's sarcoma family of tumor of thoracic spine in a child. Pediatr Surg Int. 2008;24(8):953–955. https://doi.org/10.1007/s00383-008-2183-z.

[30] Hong S, Ogiwara H. Dumbbell-shaped atypical teratoid rhabdoid tumor in the cervical spine mimicking schwannoma. Childs Nerv Syst. 2017;34:27–28. https://doi.org/10.1007/s00381-017-3603-y.

[31] Gezen F, Akay KM, Tayfun C, Günhan O, Bedük A, Seber N. Dumbbell lymphoma of the cervical spine in a child. Case report J Neurosurg Sci. 1998;42(4):239–244.

[32] Saito T, Terada K, Tsuchiya K, Oda Y, Tsuneyoshi M, Iwamoto Y. Lymphangioma presenting as a dumbbell tumor in the epidural space of the lumbar spine. Spine (Phila Pa 1976). 1999;24(1):74–76.

[33] Yang C, Fang J, Li G, Jia W, Liu H, Qi W, Xu Y. Spinal meningeal melanocytomas: clinical manifestations, radiological and pathological characteristics, and surgical outcomes. J Neuro-Oncol. 2016;127(2):279–286. https://doi.org/10.1007/s11060-015-2006-8.

[34] Liu T, Liu H, Zhang JN, Zhu T. Surgical strategy for spinal dumbbell tumors: a new classification and surgical outcomes. Spine (Phila Pa 1976). 2017;42(12):E748–E754. https://doi.org/10.1097/BRS.0000000000001945.

[35] Khmou M, Malihy A, Lamalmi N, Rouas L, Alhamany Z. Peripheral primitive neuroectodermal tumors of the spine: a case report and review of the literature. BMC Res Notes. 2016;9(1):438. https://doi.org/10.1186/s13104-016-2246-5.

[36] Wu YL, Chang CY, Hsu SS, Yip CM, Liao WC, Chen JY, Liu SH, Chen CH. Intraspinal tumors: analysis of 184 patients treated surgically. J Chin Med Assoc. 2014;77(12):626–629. https://doi.org/10.1016/j.jcma.2014.08.002.

[37] Klekamp J, Samii M. Surgery of spinal nerve sheath tumors with special reference to neurofibromatosis. Neurosurgery. 1998;42(2):279–289. discussion 289-290.

[38] Iwasaki Y, Hida K, Koyanagi I, Yoshimoto T, Abe H. Anterior approach for dumbbell type cervical neurinoma. Neurol Med Chir (Tokyo). 1999;39(12):835–839. discussion 839-840.

[39] Toyama Y, Fujimura Y, Takahata T. Clinical analysis of 83 cases of the dumbbell tumors in the spine: morphological classification and surgical management. J Jpn Med Soc Paraplegia. 1992;5:86–87.

[40] Hiramatsu K, Watabe T, Goto S. Clinical analysis of cervical dumb-bell tumors. Rinsho Sekeigeka. 1989;24:153–60.

[41] Jiang L, Lv Y, Liu XG, Ma QJ, Wei F, Dang GT, Liu ZJ. Results of surgical treatment of cervical dumbbell tumors: surgical approach and development of an anatomic classification system. Spine (Phila Pa 1976). 2009;34(12):1307–1314. https://doi.org/10.1097/BRS.0b013e3181a27a32.

[42] Sridhar K, Ramamurthi R, Vasudevan MC, Ramamurthi B. Giant invasive spinal schwannomas: definition and surgical management. J Neurosurg. 2001;94(2 Suppl):210–215.

[43] Park SC, Chung SK, Choe G, Kim HJ. Spinal intraosseous schwannoma : a case report and review. J Korean Neurosurg Soc. 2009;46(4):403–408. https://doi.org/10.3340/jkns.2009.46.4.403.

[44] Kotil K. An extremely giant lumbar schwannoma: new classification (kotil) and mini-open microsurgical resection. Asian Spine J. 2014;8(4):506–511. https://doi.org/10.4184/asj.2014.8.4.506.

[45] Safaee M, Parsa AT, Barbaro NM, Chou D, Mummaneni PV, Weinstein PR, Tihan T, Ames CP. Association of tumor location, extent of resection, and neurofibromatosis status with clinical outcomes for 221 spinal nerve sheath tumors. Neurosurg Focus. 2015;39(2):E5. https://doi.org/10.3171/2015.5.FOCUS15183.

[46] Sowash M, Barzilai O, Kahn S, McLaughlin L, Boland P, Bilsky MH, Laufer I. Clinical outcomes following resection of giant spinal schwannomas: a case series of 32 patients. J Neurosurg Spine. 2017;26(4):494–500. https://doi.org/10.3171/2016.9.SPINE16778.

[47] Ogose A, Hotta T, Sato S, Takano R, Higuchi T. Presacral schwannoma with purely cystic form. Spine (Phila Pa 1976).

2001;26(16):1817–9.

[48] Panero Perez I, Eiriz Fernandez C, Lagares Gomez-Abascal A, Toldos Gónzalez O, Panero López A, Paredes Sansinenea I. Intradural-extramedullary capillary hemangioma with acute bleeding, case report and literature review. World Neurosurg. 2017;108:988.e7–e988.e14. https://doi.org/10.1016/j.wneu.2017.08.030.

[49] Nishimura Y, Hara M, Natsume A, Takemoto M, Fukuyama R, Wakabayashi T. Intra-extradural dumbbell-shaped hemangioblastoma manifesting as subarachnoid hemorrhage in the cauda equina. Neurol Med Chir (Tokyo). 2012;52(9):659–665.

[50] Lot G, George B. Cervical neuromas with extradural components: surgical management in a series of 57 patients. Neurosurgery. 1997;41(4):813–20. discussion 820-812.

[51] Isoda H, Takahashi M, Mochizuki T, Ramsey RG, Masui T, Takehara Y, Kaneko M, Ito T, Miyazaki Y, Kawai H. MRI of dumbbell-shaped spinal tumors. J Comput Assist Tomogr. 1996;20(4):573–582.

[52] Kivrak AS, Koc O, Emlik D, Kiresi D, Odev K, Kalkan E. Differential diagnosis of dumbbell lesions associated with spinal neural foraminal widening: imaging features. Eur J Radiol. 2009;71(1):29–41. https://doi.org/10.1016/j.ejrad.2008.03.020.

[53] Kang JS, Lillehei KO, Kleinschmidt-Demasters BK. Proximal nerve root capillary hemangioma presenting as a lung mass with bandlike chest pain: case report and review of literature. Surg Neurol. 2006;65(6):584–589.; discussion 589. https://doi.org/10.1016/j.surneu.2005.07.070.

[54] De Verdelhan O, Haegelen C, Carsin-Nicol B, Riffaud L, Amlashi SF, Brassier G, Carsin M, Morandi X. MR imaging features of spinal schwannomas and meningiomas. J Neuroradiol. 2005;32(1):42–49.

[55] Liu WC, Choi G, Lee SH, Han H, Lee JY, Jeon YH, Park HS, Park JY, Paeng SS. Radiological findings of spinal schwannomas and meningiomas: focus on discrimination of two disease entities. Eur Radiol. 2009;19(11):2707–2715. https://doi.org/10.1007/s00330-009-1466-7.

[56] Yamaguchi S, Takeda M, Takahashi T, Yamahata H, Mitsuhara T, Niiro T, Hanakita J, Hida K, Arita K, Kurisu K. Ginkgo leaf sign: a highly predictive imaging feature of spinal meningioma. J Neurosurg Spine. 2015;23:1–5. https://doi.org/10.3171/2015.3.SPINE1598.

[57] Onen MR, Simsek M, Naderi S. Alternatives to surgical approach for giant spinal schwannomas. Neurosciences (Riyadh). 2016;21(1):30–36.

[58] Yunoki M, Suzuki K, Uneda A, Yoshino K. A case of dumbbell-shaped epidural cavernous angioma in the lumbar spine. Surg Neurol Int. 2015;6(Suppl 10):S309–S312. https://doi.org/10.4103/2152-7806.159378.

[59] Wu L, Yang T, Deng X, Xu Y. Intra-extradural dumbbell-shaped hemangioblastoma of the cauda equina mimicking schwannoma. Neurol India. 2013;61(3):338–339. https://doi.

org/10.4103/0028-3886.115103.

[60] Meola A, Perrini P, Montemurro N, di Russo P, Tiezzi G. Primary dumbbell-shaped lymphoma of the thoracic spine: a case report. Case Rep Neurol Med. 2012;2012:647682–647684. https://doi.org/10.1155/2012/647682.

[61] Antinheimo J, Sankila R, Carpén O, Pukkala E, Sainio M, Jääskeläinen J. Population-based analysis of sporadic and type 2 neurofibromatosis-associated meningiomas and schwannomas. Neurology. 2000;54(1):71–76.

[62] Iacopino DG, Giugno A, Gulì C, Basile L, Graziano F, Maugeri R. Surgical nuances on the treatment of giant dumbbell cervical spine schwannomas: description of a challenging case and review of the literature. Spinal Cord Ser Cases. 2016;2:15042. https://doi.org/10.1038/scsandc.2015.42.

[63] Abe J, Takami T, Naito K, Yamagata T, Arima H, Ohata K. Surgical management of solitary nerve sheath tumors of the cervical spine: a retrospective case analysis based on tumor location and extension. Neurol Med Chir (Tokyo). 2014;54(11):924–929.

[64] Cherqui A, Kim DH, Kim SH, Park HK, Kline DG. Surgical approaches to paraspinal nerve sheath tumors. Neurosurg Focus. 2007;22(6):E9.

[65] McCormick PC. Surgical management of dumbbell tumors of the cervical spine. Neurosurgery. 1996;38(2):294–300.

[66] Levy WJ, Latchaw J, Hahn JF, Sawhny B, Bay J, Dohn DF. Spinal neurofibromas: a report of 66 cases and a comparison with meningiomas. Neurosurgery. 1986;18(3):331–334.

[67] Buchfelder M, Nomikos P, Paulus W, Rupprecht H. Spinal-thoracic dumbbell meningioma: a case report. Spine (Phila Pa 1976). 2001;26(13):1500–4.

[68] Hakuba A, Komiyama M, Tsujimoto T, Ahn MS, Nishimura S, Ohta T, Kitano H. Transuncodiscal approach to dumbbell tumors of the cervical spinal canal. J Neurosurg. 1984;61(6):1100–1106. https://doi.org/10.3171/jns.1984.61.6.1100.

[69] Chen JC, Tseng SH, Chen Y, Tzeng JE, Lin SM. Cervical dumbbell meningioma and thoracic dumbbell schwannoma in a patient with neurofibromatosis. Clin Neurol Neurosurg. 2005;107(3):253–257. https://doi.org/10.1016/j.clineuro.2004.06.012.

[70] Matsumoto S, Hasuo K, Uchino A, Mizushima A, Furukawa T, Matsuura Y, Fukui M, Masuda K. MRI of intradural-extramedullary spinal neurinomas and meningiomas. Clin Imaging. 1993;17(1):46–52.

[71] Ozaki M, Nakamura M, Tsuji O, Iwanami A, Toyama Y, Chiba K, Matsumoto M. A rare case of dumbbell meningioma of the upper cervical spinal cord. J Orthop Sci. 2013;18(6):1042–1045. https://doi.org/10.1007/s00776-012-0252-6.

[72] Nowak DA, Widenka DC. Spinal intradural capillary haemangioma: a review. Eur Spine J. 2001;10(6):464–472.

[73] Jeong WJ, Choi I, Seong HY, Roh SW. Thoracic extradural cavernous hemangioma mimicking a dumbbell-shaped tumor.

J Korean Neurosurg Soc. 2015;58(1):72–75. https://doi.org/10.3340/jkns.2015.58.1.72.

[74] Shin JH, Lee HK, Rhim SC, Park SH, Choi CG, Suh DC. Spinal epidural cavernous hemangioma: MR findings. J Comput Assist Tomogr. 2001;25(2):257–261.

[75] Zevgaridis D, Büttner A, Weis S, Hamburger C, Reulen HJ. Spinal epidural cavernous hemangiomas. Report of three cases and review of the literature. J Neurosurg. 1998;88(5):903–908. https://doi.org/10.3171/jns.1998.88.5.0903.

[76] Saringer W, Nöbauer I, Haberler C, Ungersböck K. Extraforaminal, thoracic, epidural cavernous haemangioma: case report with analysis of magnetic resonance imaging characteristics and review of the literature. Acta Neurochir. 2001;143(12):1293–1297. https://doi.org/10.1007/s007010100028.

[77] McAdams HP, Rosado-De-Christenson ML, Moran CA. Mediastinal hemangioma: radiographic and CT features in 14 patients. Radiology. 1994;193(2):399–402. https://doi.org/10.1148/radiology.193.2.7972751.

[78] Lee SY, Lee JH, Hur GY, Kim JH, In KH, Kang KH, Yoo SH, Shim JJ. Successful removal of a slowly growing mediastinal cavernous haemangioma after vascular embolization. Respirology. 2006;11(4):493–495. https://doi.org/10.1111/j.1440-1843.2006.00877.x.

[79] Maeda S, Takahashi S, Koike K, Sato M. Preferred surgical approach for dumbbell-shaped tumors in the posterior mediastinum. Ann Thorac Cardiovasc Surg. 2011;17(4):394–396.

[80] Reeder LB. Neurogenic tumors of the mediastinum. Semin Thorac Cardiovasc Surg. 2000;12(4):261–267.

[81] Shadmehr MB, Gaissert HA, Wain JC, Moncure AC, Grillo HC, Borges LF, Mathisen DJ. The surgical approach to "dumbbell tumors" of the mediastinum. Ann Thorac Surg. 2003;76(5):1650–1654.

[82] Celli P, Trillò G, Ferrante L. Spinal extradural schwannoma. J Neurosurg Spine. 2005;2(4):447–456. https://doi.org/10.3171/spi.2005.2.4.0447.

[83] Ghosh PS, D'Netto MA, Tekautz TM, Ghosh D. Congenital 'dumbbell' neuroblastoma presenting as paraplegia. J Paediatr child health 47 (12):920, 930. 2011; https://doi. org/10.1111/j.1440-1754.2011.02389-1.x.

[84] Taşdemiroglu E, Ayan I, Kebudi R. Extracranial neuroblastomas and neurological complications. Childs Nerv Syst. 1998;14(12):713–718.

[85] Hayat J, Ahmed R, Alizai S, Awan MU. Giant ganglioneuroma of the posterior mediastinum. Interact Cardiovasc Thorac Surg. 2011;13(3):344–345. https://doi.org/10.1510/icvts.2011.267393.

[86] Mounasamy V, Thacker MM, Humble S, Azouz ME, Pitcher JD, Scully SP, Temple HT, Eismont F. Ganglioneuromas of the sacrum-a report of two cases with radiologic-pathologic correlation. Skelet Radiol. 2006;35(2):117–121. https://doi.

org/10.1007/s00256-005-0028-6.

[87] Abdi S, Adams CI, Foweraker KL, O'Connor A. Metastatic spinal cord syndromes: imaging appearances and treatment planning. Clin Radiol. 2005;60(6):637–647. https://doi.org/10.1016/j.crad.2004.10.011.

[88] Scott BJ, Kesari S. Leptomeningeal metastases in breast cancer. Am J Cancer Res. 2013;3(2):117–126.

[89] Ducatman BS, Scheithauer BW, Piepgras DG, Reiman HM, Ilstrup DM. Malignant peripheral nerve sheath tumors. A clinicopathologic study of 120 cases. Cancer. 1986;57(10):2006–2021.

[90] Chou D, Bilsky MH, Luzzati A, Fisher CG, Gokaslan ZL, Rhines LD, Dekutoski MB, Fehlings MG, Ghag R, Varga P, Boriani S, Germscheid NM, Reynolds JJ, AOSpine Knowledge Forum Tumor (2017) Malignant peripheral nerve sheath tumors of the spine: results of surgical management from a multicenter study. J Neurosurg Spine 26 (3):291–298. https://doi.org/10.3171/2016.8.SPINE151548.

[91] Enneking WF, Spanier SS, Goodman MA. A system for the surgical staging of musculoskeletal sarcoma. Clin Orthop Relat Res. 1980;153:106–120.

[92] Lang N, Liu XG, Yuan HS. Malignant peripheral nerve sheath tumor in spine: imaging manifestations. Clin Imaging. 2012;36(3):209–215. https://doi.org/10.1016/j.clinimag.2011.08.015.

[93] Endo M, Kobayashi C, Setsu N, Takahashi Y, Kohashi K, Yamamoto H, Tamiya S, Matsuda S, Iwamoto Y, Tsuneyoshi M, Oda Y. Prognostic significance of p14ARF, p15INK4b, and p16INK4a inactivation in malignant peripheral nerve sheath tumors. Clin Cancer Res. 2011;17(11):3771–3782. https://doi.org/10.1158/1078-0432.CCR-10-2393.

[94] Matsumoto K, Imai R, Kamada T, Maruyama K, Tsuji H, Tsujii H, Shioyama Y, Honda H, Isu K, Sarcomas WGfBaST (2013) Impact of carbon ion radiotherapy for primary spinal sarcoma. Cancer 119 (19):3496–3503. https://doi.org/10.1002/cncr.28177.

[95] Kirollos R, Koutsoubelis G, Ross S, Al Sarraj S. An unusual case of spinal metastasis from a liposarcoma. Eur J Surg Oncol. 1996;22(3):303–305.

[96] George B, Lot G. Surgical treatment of dumbbell neurinomas of the cervical spine. Crit Rev Neurosurg. 1999;9(3):156–160.

[97] Zhao B, Xu J. Extensive posterolateral exposure and total removal of the giant extraforaminal dumbbell tumors of cervical spine: surgical technique in a series of 16 patients. Spine J. 2009;9(10):822–829. https://doi.org/10.1016/j.spinee.2009.06.023.

[98] Tomii M, Itoh Y, Numazawa S, Watanabe K. Surgical consideration of cervical dumbbell tumors. Acta Neurochir. 2013;155(10):1907–1910. https://doi.org/10.1007/s00701-013-1787-9.

[99] Vallières E, Findlay JM, Fraser RE. Combined microneurosurgical and thoracoscopic removal of neurogenic

dumbbell tumors. Ann Thorac Surg. 1995;59(2):469–472.

[100] Okada D, Koizumi K, Haraguchi S, Hirata T, Hirai K, Mikami I, Fukushima M, Kawamoto M, Tanaka S. A case of dumbbell tumor of the superior mediastinum removed by combined thoracoscopic surgery. J Nippon Med Sch. 2002;69(1):58–61.

[101] Canbay S, Hasturk AE, Basmaci M, Erten F, Harman F. Management of Thoracal and Lumbar Schwannomas Using a unilateral approach without instability: an analysis of 15 cases. Asian Spine J. 2012;6(1):43–49. https://doi.org/10.4184/asj.2012.6.1.43.

[102] Payer M, Radovanovic I, Jost G. Resection of thoracic dumbbell neurinomas: single postero-lateral approach or combined posterior and transthoracic approach? J Clin Neurosci. 2006;13(6):690–693. https://doi.org/10.1016/j.jocn.2005.09.010.

[103] Yüksel M, Pamir N, Ozer F, Batirel HF, Ercan S. The principles of surgical management in dumbbell tumors. Eur J Cardiothorac Surg. 1996;10(7):569–573.

[104] Rzyman W, Skokowski J, Wilimski R, Kurowski K, Stempniewicz M. One step removal of dumb-bell tumors by postero-lateral thoracotomy and extended foraminectomy. Eur J Cardiothorac Surg. 2004;25(4):509–514. https://doi.org/10.1016/j.ejcts.2003.12.022.

[105] Kubo T, Nakamura H, Yamano Y. Transclavicular approach for a large dumbbell tumor in the cervicothoracic junction. J Spinal Disord. 2001;14(1):79–83.

[106] Ghostine S, Vaynman S, Schoeb JS, Cambron H, King WA, Samudrala S, Johnson JP. Image-guided thoracoscopic resection of thoracic dumbbell nerve sheath tumors. Neurosurgery. 2012;70(2):461–467.; discussion 468. https://doi.org/10.1227/NEU.0b013e318235ba96.

[107] Singh DK, Singh N, Rastogi M, Husain M. The transparaspinal approach: a novel technique for one-step removal of dumb-bell-shaped spinal tumors. J Craniovertebr Junction Spine. 2011;2(2):96–98. https://doi.org/10.4103/0974-8237.100072.

[108] Ngerageza JG, Ito K, Aoyama T, Murata T, Horiuchi T, Hongo K. Posterior Laminoplastic Laminotomy combined with a Paraspinal Transmuscular approach for removing a lumbar dumbbell-shaped schwannoma: a technical note. Neurol Med Chir (Tokyo). 2015;55(9):756–760. https://doi.org/10.2176/nmc.tn.2014-0441.

[109] Vergara P. A novel less invasive technique for the excision of large Intradural and extradural dumbbell lumbar schwannomas: the "dual approach". World Neurosurg. 2016;95:171–176. https://doi.org/10.1016/j.wneu.2016.07.103.

[110] Lu DC, Dhall SS, Mummaneni PV. Mini-open removal of extradural foraminal tumors of the lumbar spine. J Neurosurg Spine. 2009;10(1):46–50. https://doi.org/10.3171/2008.10.SPI08377.

[111] Nzokou A, Weil AG, Shedid D. Minimally invasive removal of thoracic and lumbar spinal tumors using a nonexpandable tubular retractor. J Neurosurg Spine. 2013;19(6):708–715. https://doi.org/10.3171/2013.9.SPINE121061.

[112] D'Andrea G, Sessa G, Picotti V, Raco A. One-step posterior and anterior combined approach for L5 retroperitoneal schwannoma eroding a lumbar vertebra. Case Rep Surg. 2016;2016:1876765–1876767. https://doi.org/10.1155/2016/1876765.

[113] Sohn S, Chung CK, Park SH, Kim ES, Kim KJ, Kim CH. The fate of spinal schwannomas following subtotal resection: a retrospective multicenter study by the Korea spinal oncology research group. J Neuro-Oncol. 2013;114(3):345–351. https://doi.org/10.1007/s11060-013-1190-7.

[114] Safaee MM, Lyon R, Barbaro NM, Chou D, Mummaneni PV, Weinstein PR, Chin CT, Tihan T, Ames CP. Neurological outcomes and surgical complications in 221 spinal nerve sheath tumors. J Neurosurg Spine. 2017;26(1):103–111. https://doi.org/10.3171/2016.5.SP INE15974.

[115] Ando K, Imagama S, Wakao N, Hirano K, Tauchi R, Muramoto A, Matsui H, Matsumoto T, Matsuyama Y, Ishiguro N. Single-stage removal of thoracic dumbbell tumors from a posterior approach only with costotransversectomy. Yonsei Med J. 2012;53(3):611–617. https://doi. org/10.3349/ymj.2012.53.3.611.

[116] Montemurro N, Cocciaro A, Meola A, Lutzemberger L, Vannozzi R. Hydrocephalus following bilateral dumbbell-shaped c2 spinal neurofibromas resection and postoperative cervical pseudomeningocele in a patient with neurofibromatosis type 1: a case report. Evid Based Spine Care J. 2014;5(2):136–138. https://doi.org/10.1055/s-0034-1387805.

[117] Ito K, Aoyama T, Nakamura T, Hanaoka Y, Horiuchi T, Hongo K. Novel dural incision and closure procedure for preventing postoperative cerebrospinal fluid leakage during the surgical removal of dumbbell-shaped spinal tumors: technical note. J Neurosurg Spine. 2016;25(5):620–625. https://doi.org/10.3171/2016.3.SPINE151538.

[118] Arnautović KI, Kovacevic M. CSF-related complications after Intradural spinal tumor surgery: utility of an autologous fat graft. Med Arch. 2016;70(6):460–465. https://doi.org/10.5455/medarh.2016.70.460-465.

脊髓肿瘤切除后的融合固定

23

Michael A. Galgano, Jared S. Fridley, Ziya L. Gokaslan

23.1 简介

在讨论脊柱生物力学时，对于硬膜下脊髓肿瘤切除术后同时进行器械融合固定术的适应证不是一个常规提及的话题。虽然有大量的证据表明儿童人群脊柱后方张力带在椎板切除术后难以修复或维持，但在成人群体中缺乏类似的证据。根据多个回顾性研究分析，在3个节段以上或脊柱交界区进行椎板切除、单侧椎体小关节切除大于50%或双侧椎体小关节切除、C2椎板切除、既往存在脊柱畸形（如颈椎后凸畸形）、初次手术1年以后的进行性脊柱畸形、患者为年轻成人人群［（33±4.2）岁］，是脊髓肿瘤切除术后同时进行脊柱融合固定的一般指征。

大多数脊髓肿瘤可通过后路手术切除。传统的后路需要切开背部筋膜，分离椎旁肌肉组织，并在脊柱后柱骨质形成一个骨窗，以最终达到切除硬膜下肿瘤的目的。后柱结构的破坏，特别是后柱韧带系统的破坏，可能会对脊柱在术后维持矢状位生物力学稳定性方面产生不利的影响，这可能导致患者出现与脊柱畸形或稳定性丢失相关的严重症状。脊柱后柱相邻的骨性元件由韧带连接，包括棘上韧带、棘间韧带和黄韧带，分开来看每个韧带系统都相对较弱。然而当这些韧带构成一个从颈段到骶骨的完整脊柱韧带系统发挥作用时，就构成了一个长的力臂进而在后方形成一个功能强大的脊柱后方张力带。小关节囊的韧带力臂较短，但是存在时力量也较大，因此在完整状态下可提供强健的稳定作用。研究还表明椎板切除的宽度与术后医源性脊柱不稳定性之间存在直接关系，这可能是由广泛的椎板切除会造成小关节破坏所导致的。

23.2 脊髓肿瘤切除和脊柱生物力学稳定性

相比而言，颈椎往往比胸椎和腰椎更容易发生术后不稳，可能是由于颈椎活动度更大的缘故。已有研究表明儿童人群在脊髓肿瘤手术椎板切除后后尤其容易发生脊柱后凸畸形。在儿童人群中，研究认为，后方韧带复合体、相邻水平关节面黏弹性不足，以及椎体骨化未完全成熟，可能是儿童椎板切除术后形成后凸畸形的原因。也有学者推测，脊髓前角损伤后肌肉去神经支配可能导致椎旁肌无力从而形成后凸畸形。还有研究认为，术后放疗可能在脊柱后凸畸形中发挥作用。

Ahmed及其同事对年龄小于21岁患有脊髓髓内肿瘤的患者术后脊柱不稳定的影响因素进行了单因素和多因素分析。他们发现，术前脊柱后凸畸形（$P=0.0032$）、椎板切除/椎板成形超过4个节段（$P=0.05$）与术后矢状位畸形的发展密切相关，需要进行器械融合固定。Knafo及其同事对63例患者进行了类似的研究，结果显示，患者年龄≤30岁（21.9°：13.7°，$P=0.04$）、椎板切除≥4个节段（19.3°：12.1°，$P=0.04$）、椎板切除位于颈胸椎交界处或胸腰椎交界处（20.8°：12.4°，$P=0.02$）术后容易发生矢状位畸形。多因素分析显示，只有年龄（$P=0.01$）和椎板切除节段的数量（$P=0.014$）是术后矢状位畸形的独立且显著的危险因素。Hersh及其同事随访了连续66例行颈椎和胸椎髓内脊髓肿瘤切除术的儿科患者。无论是进行椎板切除术还是椎板成形术，患者的术后畸形率相似，最终需要进行脊柱融合。然而Raab及其同事提倡在儿童人群中切除脊髓肿瘤时采用椎板切开成形术。他们的病例研究表明，通过保留脊柱后部元件的正常结构，这类患病人群术后脊柱畸形的发生率降低（27.1%：历史平均值46%）。McGirt及其同事检查了58例脊髓肿瘤患者脊柱矢状位片。14例术前脊柱侧凸或脊柱曲度消失的患者中有5例（36%）出现术后进行性脊柱畸形，而44例术前矢状面和冠状面曲度正常的患者中只有6例（13%）（P=0.06）出现畸形。患者年龄小于13岁发生术后进展性脊柱畸形的概率超过3倍（P=0.05）。跨越颅颈交界处（C1/C2）和颈胸交界处（C7/T1）的减压手术使进展性脊柱畸形的风险增加4倍（P=0.04）。椎管减压椎板切除的数量、翻修手术、放射治疗、单纯C1/C2或C7/T1减压，及其他研究变量与进展性脊柱后畸形无关。作者认为，对于具有上述一个或多个特征的患者，应密切随访监测其术后可能发生进行性脊柱畸形。

在成人中，要重视对术前颈椎正侧位X线片的详细检查。如果术前颈椎侧位X片显示有后突畸形的情况，提示外科医生单独的椎板切除而不进行器械固定可能会加重术后后凸畸形。

为了最安全地切除高位颈椎硬膜下肿瘤，可能需要损伤枕颈关节。关于枕颈关节可以牺牲多少而不需进行枕颈融合存在争论。一些作者认为，切除50%的枕-颈关节不会导致颈椎术后不稳，而切除75%则会影响枕颈关节伸展和轴向旋转的稳定性，且具有显著的统计学差异。另有作者认为切除≥50%的关节就会导致颈椎不稳。接受部分枕踝切除术而未进行补充融合的患者应在术前指导其术后如果出现临床枕部-颈椎不稳定，则可能需要在手术的基础上进行额外融合固定术。

Katsumi及其同事指出，颈椎手术如果需要损伤C2后柱，包括半棘肌和椎板，就可能导致术后不稳而需要融合固定。例如切除C2/C3腹侧脊膜瘤时切除C2椎板，需要进行C1~C3融合固定。

硬膜下肿瘤长期压迫导致的骨质重塑可能是考虑实施器械融合固定的另一个指征。随着时间的推移，椎弓根会逐渐吸收变薄（图23.1），更容易因轻微的创伤而骨折（图23.2）。Bruzek及其同事描述了一个颈椎髓内和髓外肠源性囊肿导致相应椎体吸收变薄的病例。为了切除囊肿，必须切除后方元件，再加上变薄的椎体，迫使外科医生进行器械融合固定。

切除哑铃型神经鞘瘤是否需要器械固定长期

以来是一个有争论的话题。虽然大部分神经鞘瘤被严格归于硬膜下肿瘤，但有些肿瘤会通过神经孔向硬膜外生长（图23.3~图23.6）。这就引出一个问题，即为了最大限度地切除肿瘤，去除阻挡在肿瘤表面上的所有骨质和关节的必要性究竟有多大。一些作者提出采用"双入路"的方法切除哑铃型神经鞘瘤，即通过两个独立的手术入路来显露并切除肿瘤，这样就不需要融合固定。这种特殊的方法保留了峡部和关节突关节。Ahmad及其同事关注了48例

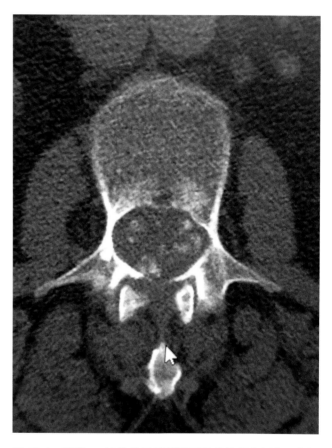

图23.1 腰椎CT轴位片显示硬膜下肿瘤伴部分钙化，伴椎弓根吸收变薄

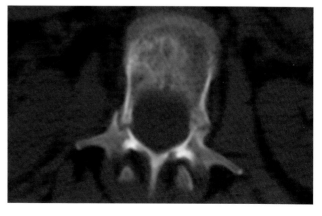

图23.2 腰椎CT轴位片显示双侧椎弓根骨折

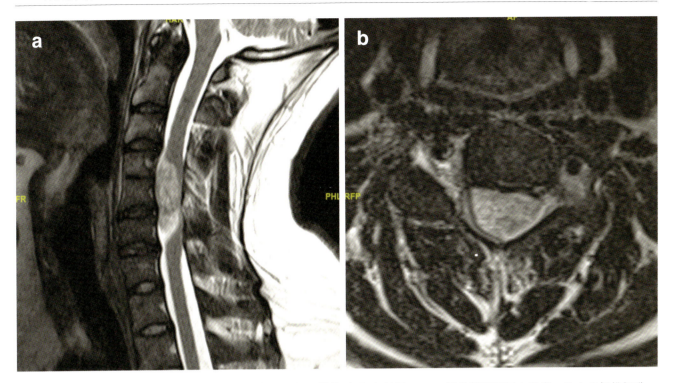

图 23.3　颈椎 MRI：颈椎 MRI 术前 T2 相矢状位片（a）和轴位片（b）显示 C4~C6 髓外硬膜下巨大肿瘤，凸入左侧椎间孔，为神经鞘瘤

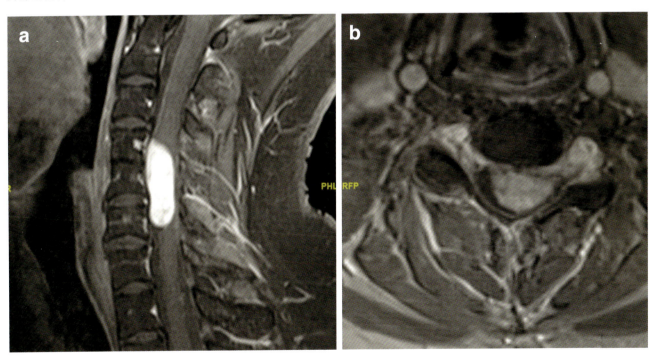

图 23.4　颈椎 MRI：颈椎增强 MRI 术前 T1 相矢状位（a）和轴位（b）显示 C4~C6 椎管内巨大肿瘤，肿瘤明显强化，凸入 C5 左侧椎间孔，为神经鞘瘤

脊髓神经鞘瘤手术患者。其中7例需要切除部分小关节，经过3年的随访，没有出现需要进行融合固定来维持稳定的情况。他们研究发现，术前就有脊柱畸形或不稳、伴有神经纤维瘤病1型史、去除了全部小关节以及肿瘤为恶性神经鞘膜瘤等情况下，外科医生倾向于对这类患者进行器械固定来维持脊柱稳定。他们还发现，小关节复合体去除1/3，甚1/2后似乎仍有良好的耐受性，在随访中没有发现脊柱失稳的情况。有限元模型研究显示，模拟L4/L5和L5/S1水平双侧关节全部切除会显著增加伸展和轴向旋转

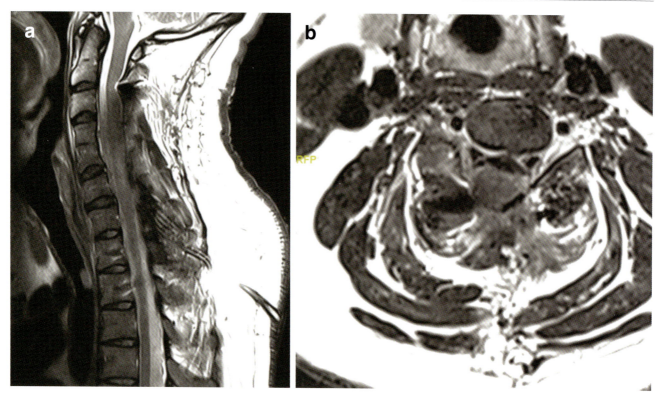

图 23.5   颈椎 MRI：颈椎 MRI 术前 T2 相矢状位（a）和轴位（b）片显示肿瘤全部切除

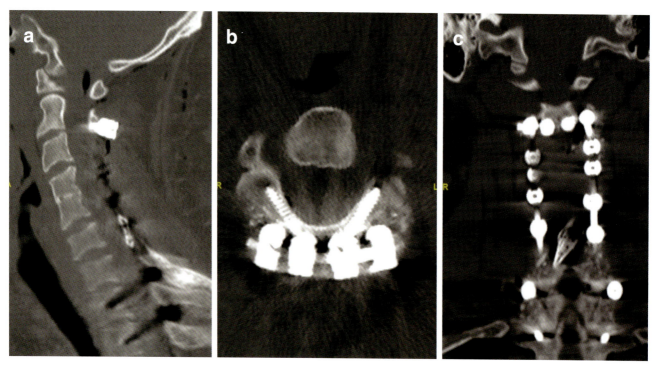

图 23.6   术后颈椎 CT 检查显示肿瘤切除和 C2~T2 内固定器械。矢状位（a）、水平位（b）和冠状位（c）显示骨质切除和金属植入物

时的不稳定性，但不影响屈曲时的稳定性。

胸椎后方经肋骨连接到胸骨，因此胸椎被公认为脊柱最稳定的区域。然而这可能并不适用于下胸椎，因为下胸椎肋骨末端游离，缺乏前方胸骨关节

而有"浮动"。为了充分显露并切除胸椎硬膜下－硬膜外哑铃型肿瘤，进行更广泛的骨/关节切除，下胸椎是否比上、中胸椎更加需要积极的器械固定来维持稳定存在疑问。一项基于尸体标本的生物力学研

究表明，后路固定可以增加下胸椎脊柱的稳定性，但是会降低下胸椎整体活动度，对活动范围的影响程度大于有完整肋骨的上、中胸椎。尽管缺乏真正的肋骨，下胸椎在减压术后屈曲/伸展运动和侧方弯曲运动与上胸椎未见明显差异，但是在减压后下胸椎的轴向旋转活动度将增大。

值得注意的是，在切除脊髓硬膜下肿瘤期间对脊柱进行器械固定并非没有额外的风险。骨性畸形愈合和植入物移位是与固定相关的两个潜在并发症。切除硬膜下肿瘤后，大多数神经外科医生需要常规进行MRI检查来评估是否复发。脊柱固定植入物会在MRI上产生伪影，这可能对应用影像学评估肿瘤残留或复发带来困难。

23.3　术后脊柱畸形的手术治疗

虽然更多地讨论如何治疗术后畸形超出了本章的范围，但需要强调一些主要原则。动态的X线检查是评估脊柱后凸畸形最重要的方法之一。X线检查通常会提供关于脊柱后凸畸形活动度的重要信息。反过来，这可以帮助外科医生确定治疗计划。症状性僵硬性脊柱畸形可能需要进行截骨手术，以及视情况进行前方和（或）后方韧带松解。脊柱后凸畸形可以单独通过后路固定来维持后方张力带。应该记住，在切除了椎板的翻修手术中，由于原始解剖结构破坏及中线标志消失，更容易引起意外的硬脊膜损伤。

23.4　未来趋势

神经外科医生一直尝试尽可能多地保留脊柱的自然完整性。虽然一些病例确实需要器械固定，但软组织/骨保护技术在脊柱外科医生中越来越受欢迎。原来一些需要传统器械固定的传统手术病例，现在采用关节保护技术就可以实现。保留肌肉和小关节的椎板切除来维持颈椎生理曲度的方法已经被一些作者提倡。如果硬膜下肿瘤将脊髓推挤移位到一侧，则也可能不需要传统的椎板切除术。单侧微创入路可以成功切除一些特殊类型的肿瘤。内窥镜也已拓展应用于一些硬膜下肿瘤切除的病例。还有采用小切口椎板间入路和棘突间入路的方法。一些作者认为，无论肿瘤的在矢状位的位置如何，直径为16mm以内的腰椎神经鞘瘤的都可以通过MIS方法进行有效的治疗，包括通过扩大椎间孔入路。尽管用微创技术切除脊髓肿瘤越来越受欢迎，但外科医生在应用微创分离技术的时候应该确保不以牺牲手术切除的安全性和肿瘤治疗结果为代价。

（孙　伟译，丁学华校）

参考文献

[1] Hersh DS, Iyer RR, Garzon-Muvdi T, Liu A, Jallo GI, Groves ML. Instrumented fusion for spinal deformity after laminectomy or laminoplasty for resection of intramedullary spinal cord tumors in pediatric patients. Neurosurg Focus. 2017;43(4):E12. https://doi.org/10.3171/2017. 7.FOCUS17329.

[2] Avila MJ, Walter CM, Skoch J, Abbasifard S, Patel AS, Sattarov K, Baaj AA. Fusion after intradural spine tumor resection in adults: a review of evidence and practices. Clin Neurol Neurosurg. 2015;138:169–173. https://doi.org/10.1016/j.clineuro.2015.08.020.

[3] Benzel EC. The essentials of spine biomechanics for the general neurosurgeon. Clin Neurosurg. 2003;50:86–177.

[4] Raynor RB, Pugh J, Shapiro I. Cervical facetectomy and its effect on spine strength. J Neurosurg. 1985;63(2):278–282. https://doi.org/10.3171/jns.1985.63.2.0278.

[5] Allen BL Jr, Ferguson RL. The Galveston experience with L-rod instrumentation for adolescent idiopathic scoliosis. Clin Orthop Relat Res. 1988;229:59–69.

[6] Babashahi A, Taheri M (2016) Kyphotic deformity after laminectomy surgery for a gunshot wound to the spine: a case report. J Spine Surg 2(1):64-68. https://doi.org/10.21037/jss.2016.01.02.

[7] Fassett DR, Clark R, Brockmeyer DL, Schmidt MH. Cervical spine deformity associated with resection of spinal cord tumors. Neurosurg Focus. 2006;20(2):E2.

[8] Yasuoka S, Peterson HA, Laws ER Jr, MacCarty CS. Pathogenesis and prophylaxis of postlaminectomy deformity of the spine after multiple level laminectomy: difference between children and adults. Neurosurgery. 1981;9(2):145–152.

[9] Ahmed R, Menezes AH, Awe OO, Mahaney KB, Torner JC, Weinstein SL. Long-term incidence and risk factors for development of spinal deformity following resection of pediatric intramedullary spinal cord tumors. J Neurosurg Pediatr. 2014;13(6):613–621. https://doi.org/10.3171/2014.1.PEDS13317.

[10] Knafo S, Court C, Parker F. Predicting sagittal deformity after surgery for intramedullary tumors. J Neurosurg Spine. 2014;21(3):342–347. https://doi.org/10.3171/2014.5.SPINE13886.

[11] Raab P, Juergen K, Gloger H, Soerensen N, Wild A. Spinal deformity after multilevel osteoplastic laminotomy. Int Orthop.

2008;32(3):355–359. https://doi.org/10.1007/s00264-007-0325-x.

[12] McGirt MJ, Chaichana KL, Attenello F, Witham T, Bydon A, Yao KC, Jallo GI. Spinal deformity after resection of cervical intramedullary spinal cord tumors in children. Childs Nerv Syst. 2008;24(6):735–739. https://doi.org/10.1007/s00381-007-0513-4.

[13] Kshettry VR, Healy AT, Colbrunn R, Beckler DT, Benzel EC, Recinos PF. Biomechanical evaluation of the craniovertebral junction after unilateral joint-sparing condylectomy: implications for the far lateral approach revisited. J Neurosurg. 2017;127(4):829–836. https://doi.org/10.3171/2016.7.JNS16293.

[14] Shin H, Barrenechea IJ, Lesser J, Sen C, Perin NI. Occipitocervical fusion after resection of craniovertebral junction tumors. J Neurosurg Spine. 2006;4(2):137–144. https://doi.org/10.3171/spi.2006.4.2.137. M. A. Galgano et al.

[15] Katsumi Y, Honma T, Nakamura T. Analysis of cervical instability resulting from laminectomies for removal of spinal cord tumor. Spine (Phila Pa 1976). 1989;14(11):1171–1176.

[16] Ghasem A, Gjolaj JP, Greif DN, Green BA. Excision of a centrally based ventral intradural extramedullary tumor of the cervical spine through a direct posterior approach. Spinal Cord Ser Cases. 2017;3:17092. https://doi.org/10.1038/s41394-017-0017-8.

[17] Bruzek AK, Kucia EJ, Oppenlander ME. Intramedullary and extramedullary cervical Neurenteric cyst requiring fixation and fusion. World Neurosurg 95:621 e627-621 e612. 2016; https://doi.org/10.1016/j.wneu.2016.08.003.

[18] Vergara P. A novel less invasive technique for the excision of large Intradural and extradural dumbbell lumbar schwannomas: the "dual approach". World Neurosurg. 2016;95:171–176. https://doi.org/10.1016/j.wneu.2016.07.103.

[19] Ahmad FU, Frenkel MB, Levi AD. Spinal stability after resection of nerve sheath tumors. J Neurosurg Sci. 2017;61(4):355–364. https://doi.org/10.23736/S0390-5616.16.03462-7.

[20] Guan Y, Yoganandan N, Pintar FA, Maiman DJ. Effects of total facetectomy on the stability of lumbosacral spine. Biomed Sci Instrum. 2007;43:81–85.

[21] Lubelski D, Healy AT, Mageswaran P, Benzel EC, Mroz TE. Biomechanics of the lower thoracic spine after decompression and fusion: a cadaveric analysis. Spine J. 2014;14(9):2216–2223. https://doi.org/10.1016/j.spinee.2014.03.026.

[22] Tumialan LM, Theodore N, Narayanan M, Marciano FF, Nakaji P. Anatomic basis for minimally invasive resection of Intradural extramedullary lesions in thoracic spine. World Neurosurg. 2018;109:e770–7. https://doi.org/10.1016/j.wneu.2017.10.078.

[23] Nori S, Shiraishi T, Aoyama R, Ninomiya K, Yamane J, Kitamura K, Ueda S. Musclepreserving selective laminectomy maintained the compensatory mechanism of cervical lordosis after surgery. Spine (Phila Pa 1976). 2017; https://doi.org/10.1097/BRS.0000000000002359.

[24] Turel MK, D'Souza WP, Rajshekhar V. Hemilaminectomy approach for intradural extramedullary spinal tumors: an analysis of 164 patients. Neurosurg Focus. 2015;39(2):E9. https://doi.org/10.3171/2015.5.FOCUS15170.

[25] Canbay S, Hasturk AE, Basmaci M, Erten F, Harman F. Management of Thoracal and Lumbar Schwannomas Using a unilateral approach without instability: an analysis of 15 cases. Asian Spine J. 2012;6(1):43–49. https://doi.org/10.4184/asj.2012.6.1.43.

[26] Yeo DK, Im SB, Park KW, Shin DS, Kim BT, Shin WH. Profiles of spinal cord tumors removed through a unilateral Hemilaminectomy. J Korean Neurosurg Soc. 2011;50(3):195–200. https://doi.org/10.3340/jkns.2011.50.3.195.

[27] Pompili A, Caroli F, Cattani F, Crecco M, Giovannetti M, Raus L, Telera S, Vidiri A, Occhipinti E. Unilateral limited laminectomy as the approach of choice for the removal of thoracolumbar neurofibromas. Spine (Phila Pa 1976). 2004;29(15):1698–1702.

[28] Pompili A, Caroli F, Crispo F, Giovannetti M, Raus L, Vidiri A, Telera S. Unilateral laminectomy approach for the removal of spinal Meningiomas and schwannomas: impact on pain, spinal stability, and neurologic results. World Neurosurg. 2016;85:282–91. https://doi.org/10.1016/j.wneu.2015.09.099.

[29] Parihar VS, Yadav N, Yadav YR, Ratre S, Bajaj J, Kher Y. Endoscopic Management of Spinal Intradural Extramedullary Tumors. J Neurol Surg A Cent Eur Neurosurg. 2017;78(3):219–26. https://doi.org/10.1055/s-0036-1594014.

[30] Chern JJ, Gordon AS, Naftel RP, Tubbs RS, Oakes WJ, Wellons JC 3rd. Intradural spinal endoscopy in children. J Neurosurg Pediatr. 2011;8(1):107–111. https://doi.org/10.3171/2011.4.PEDS10533.

[31] Mende KC, Kratzig T, Mohme M, Westphal M, Eicker SO. Keyhole approaches to intradural pathologies. Neurosurg Focus. 2017;43(2):E5. https://doi.org/10.3171/2017.5.FOCUS17198.

[32] Zhu YJ, Ying GY, Chen AQ, Wang LL, Yu DF, Zhu LL, Ren YC, Wang C, Wu PC, Yao Y, Shen F, Zhang JM. Minimally invasive removal of lumbar intradural extramedullary lesions using the interlaminar approach. Neurosurg Focus. 2015;39(2):E10. https://doi.org/10.3171/2015.5.FOCUS15182.

[33] Lu DC, Dhall SS, Mummaneni PV. The transspinous mini-open approach for resection of intradural spinal neoplasms: cadaveric feasibility study and report of 3 clinical cases. World Neurosurg. 2010;74(1):195–199. https://doi.org/10.1016/j.wneu.2010.05.003.

[34] Lee SE, Jahng TA, Kim HJ. Different surgical approaches for spinal schwannoma: a single Surgeon's experience with 49 consecutive cases. World Neurosurg. 2015;84(6):1894–1902. https://doi.org/10.1016/j.wneu.2015.08.027.

残留、复发和恶性脊髓肿瘤的放射外科与放射治疗

24

Jason Weaver

24.1 简介

    放射治疗已成为治疗残余和复发性脊髓髓内肿瘤的可行选择。尽管由于原发性脊髓肿瘤的发病率较低，关于放射治疗在原发性脊髓肿瘤中作用的文献有限，但可以从残留和复发的转移性脊髓肿瘤的放疗文献中获取一些证据并进行推测。在这些病例中，放疗在疼痛管理、预防病理性骨折和预防神经功能减退中起着至关重要的作用。放疗计划和实施确实需要一个多学科团队来综合制订，要考虑到转移性肿瘤的复杂性，以改善预后并最大限度地降低并发症的发生率。

    手术是干预肿瘤的主要手段，放射治疗是辅助治疗手段，尤其是残余肿瘤和复发肿瘤。最严格的临床研究已经用于脊柱转移瘤的治疗，其中的一些理念可以扩展到脊髓肿瘤，放射治疗的目标是控制肿瘤生长、缓解症状。Patchell等明确了放疗作为脊柱转移瘤术后的辅助治疗手段。几十年来，多种放疗模式应用于脊柱转移瘤，并且已经在大量临床研究基础上产生了严格的方案。现代的放疗策略整合了最新的技术和方案，为转移瘤提供了更好的方案，但是仍需要更多的原理和证据支持。由于靠近脊髓，残留和复发肿瘤的处理仍具有挑战性。因此剂量和靶区的选择是至关重要的。

    本章将重点介绍放疗在残余和复发性脊髓肿瘤处理中的作用。一些观点和策略是从脊柱转移瘤的放射策略中推断出来的。

24.2 流行病学

    髓内肿瘤是组织学上各异的罕见肿瘤，占所有原发性中枢神经系统肿瘤的4%~10%，占所有椎管内肿瘤的10%~35%。由于肿瘤具有异质性且发病率低，很难进行大规模的临床研究。尽管如此，还是有一些回顾性研究提供了髓内肿瘤的流行病学信息。无进展生存期和长期预后取决于患者年龄、肿瘤位置、组织病理学、切除程度和术前的功能状态。

    高达90％的髓内肿瘤是神经胶质瘤，其中约70％是室管膜瘤，其余为星形细胞瘤。室管膜瘤按照世界卫生组织（WHO）分级分为 I ~ III级，亚型包括室管膜瘤、室管膜下室管膜瘤和黏液乳头状室管膜瘤。髓内室管膜瘤在中年男性中最常见。室管膜瘤的组织病理学和切除范围是与预后相关的最重要因素。然而一些研究表明组织学分级与侵袭性无关。次全切除的复发率高达40％，10年生存率80％。胸椎室管膜瘤也与较差的预后相关。组织病理学是最重要的预后因素，通过WHO分级可预测术中有无手术界面。与室管膜瘤相比，脊髓星形细胞瘤获得全切的可能性要小得多，5年复发率高达50％。脊髓星形细胞瘤的外科手术的困难在于肿瘤具有侵袭性，增加了神经功能障碍的风险。术中监测技术的进步极大地促进了更积极的切除，同时降低了并发症。通过最近的监测、流行病学和生存结果（SEER）数据库的分析显示，中位生存期为13个月，5年生存率为18.7％。辅助放射治疗可以发挥重要作用。

    除神经胶质瘤外，第二常见的髓内肿瘤是血管网状细胞瘤，占所有髓内肿瘤的8％，部分与Von Hippel-Lindau综合征有关。其他肿瘤包括节细胞胶质瘤、神经细胞瘤、淋巴瘤和转移瘤，其总共占所有髓内肿瘤的比例约为5％。

24.3 临床表现

临床表现主要取决于肿瘤的位置，与转移性肿瘤相似。背部疼痛在卧位时最明显，其次是神经根症状。神经根症状可表现为感觉迟钝或运动无力。双侧感觉或运动症状而无颅内受累及脊髓病表现，与脊髓其他病变的表现相似。另外脊髓内肿瘤的非对称性定位，可以不同程度地影响各条脊髓传导束。脊髓丘脑束受压可以改变疼痛和温度觉纤维，而皮质脊髓束受累可导致上运动神经元损伤。脊髓后索受累会减弱粗感觉。颈椎和上胸椎的肿瘤可能会影响呼吸功能，而骶尾部肿瘤会影响肠/膀胱功能。如果肿瘤延伸到脑干，颅神经、呼吸、循环和整体意识也会受到影响。

高达15%脊髓肿瘤患者可出现脑积水，继发于脑脊液流出道梗阻或重吸收减少。首发症状可急可缓，自然病程往往是渐进性加重的，建议手术以获得良好效果。然而，还有一些患者，除了疼痛外没有出现症状，手术效果欠佳。症状发作和持续时间的风险因素是年龄、相关的退行性脊柱疾病和内科并发症。因此，与转移性肿瘤一样，早期诊断和及时干预可提高生存率。

已经有许多评分系统帮助描述相关的功能缺损。常见的分级系统是McCormick分级，范围从Ⅰ级（神经学上无局灶症状）到Ⅳ级（严重的神经损害，生活不能独立）。

24.4 放射治疗类型

射线可通过3种方式传递到脊髓及其邻近区域：常规外照射放射治疗（EBRT）、立体定向放射外科（SRS）和立体定向放射治疗（SBRT）。理论上，每种方式都可以作为主要治疗方法，或作为术后辅助治疗手段。Patchell等首次确认放疗在脊柱转移瘤中发挥作用。放疗的目标是控制肿瘤、预防神经系统后遗症和减轻疼痛。每种方式都有优点同时具有一定的局限性。SRS和SBRT已成为治疗脊柱病变的有效方式，新技术的整合改善了预后，减少了并发症。3种治疗方式之间还需要更严格的比较研究。

脊髓肿瘤的治疗策略主要来源于脊柱转移瘤的经验。在本节中，我们描述了与脊柱转移瘤治疗相关的每种模式，以强调每种治疗模式的逻辑和局限性。

24.4.1 传统外照射治疗（EBRT）

传统的外照射治疗由两个治疗光束组成，可提供高达30Gy剂量，可分次多至10次。外照射一直是脊髓肿瘤患者姑息性放疗的标准治疗，主要指征是疼痛控制。分次治疗可以将总剂量增加到30Gy，分10次，最多14天，可达同等效果。最近美国放射肿瘤学会推荐用于脊柱骨转移瘤时，每次8Gy。在该剂量下，1年时高达70%的患者可达到疼痛缓解，40%可获得局部肿瘤控制。然而外照射的疗效有限，完全和部分反应率分别20%和60%。肿瘤类型是外照射控制肿瘤疗效的主要影响因素，某些肿瘤对放射线不敏感。最大的缺点是治疗区域大（肿瘤周围约5cm的边缘），不能保护脊髓。因此肿瘤的辐射剂量不精确，导致脊柱转移的局部控制不良。常采用较低的辐射剂量（如1次8Gy），随着症状的进展，约20%患者最终需要第二次剂量。外照射的整体有效性与肿瘤组织学及射线敏感性有关，因靠近关键结构还与剂量限制有关。因此放疗抵抗的转移性肿瘤的长期控制很差。

24.4.2 立体定向放射外科（SRS）和立体定向放射治疗（SBRT）

SRS和SBRT已成为治疗脊柱转移瘤的有效方式。治疗计划在图像引导基础上实施，以最大限度地减少对局部组织，特别是脊髓的毒性。以更高的准确度进行极高剂量的照射，并且可以规划脊髓轮廓。随着精确度的提高，与EBRT相比，理论上可提供3倍生物有效剂量的优势，可诱导更高的脱氧核糖核酸（DNA）损伤率，这对放疗抵抗的肿瘤特别有益。对于脊柱转移瘤，SRS也可用于代替手术，这取决于患者的神经功能状态、与脊髓的接近程度和肿瘤类型。在这种情况下，SRS提供的靶向治疗可使得并发症最小化，并具有良好的局部肿瘤和疼痛控制率。在术后应用中，SRS还可以提高局部控制率。

与EBRT相比，立体定向放射治疗的实施更为复杂。患者必须固定在坚硬的外框架中以确保立体定向的准确性，这对脊柱疼痛患者有难度。最常见的方式是适型调强放射治疗（IMRT），从各个角度会聚在靶点上的多个放射束组成，以减少对周围组织的副损伤。动态弧也可以与IMRT集成以提供容积旋转调强（VMAT），通过增加辐射整合度和射线的均匀性来改善安全性。IMRT和VMAT模式大大提高了分次治疗的适应性和耐久性。SRS以1~2次实施，而SBRT以2~5次实施。针对骨转移性肿瘤的研究显示，骨转移性肿瘤的2年控制率高达90%。Harel等最近发表了脊柱SRS的经验，其控制率高达97%。其他几项研究也报道了脊柱转移的良好结果，且副作用很小。Gerszten等在表现为进行性神经功能下降的患者中也获得了84%的临床改善。SBRT治疗脊柱肿瘤的可行性，在复发性肿瘤患者中也得到验证。

SRS和SBRT的复杂性需要对神经解剖有一个彻底的了解，或可能需要减压或分离手术来显露肿瘤病灶。因此SSRS和SBRT需要一个由肿瘤内科专家、肿瘤放射学家、物理学家和神经外科医生组成的多学科团队。

24.5　治疗策略

与脊柱转移瘤患者相似，原发性脊髓肿瘤患者的治疗方案可能很复杂，需要多学科的治疗策略。在肿瘤残留和复发时，情况可能更复杂。患者必须接受彻底的检查，以确定症状的时间和严重程度。使用MRI检查来确定病变范围。有了这些原始信息，患者可以通过临床表现状态和神经功能风险的影像学检查结果来分层。目前还没有一个包括神经功能状态、影像学检查结果、组织病理学的原发性脊髓肿瘤的综合评分系统。然而已经有许多脊柱转移疾病的预后评分用以辅助确定理想的治疗方案。最常见的评分系统是"LMNOP"系统，它代表肿瘤的位置、力学稳定性、神经学风险、肿瘤参数和首选治疗。另一个评分是"NOMS"，它代表神经学、肿瘤学、力学和全身评估。这些评分系统在一定程度上可以用来对比手术与放射治疗的作用。

放疗的作用是控制疼痛，防止肿瘤进展或骨不稳定导致的神经功能减退。放射治疗是多方面的，但是在原发性脊柱肿瘤中，它常用作外科手术切除的辅助手段。与外科手术相比，放射治疗在理论上确实具有优势，更有安全性，并且传统上推荐用于外科手术有巨大风险的患者。在这方面，放射治疗

可以很容易地整合进入治疗计划。Patchell等巩固了其作为脊柱转移瘤手术减压的有效辅助手段。

放射治疗的成功很大程度上取决于肿瘤组织学和放射特有变量（模式、剂量）。放射最适合缓解疼痛。鉴于此，放射治疗可用于姑息治疗。需要考虑肿瘤生物学/组织学和辐射传递方式以获得更强的肿瘤反应。某些肿瘤比其他肿瘤更具放射敏感性，这是一个重要的区别，可推测治疗结果。此外放射治疗的方式非常重要，这在转移性脊柱肿瘤中已被证实。放疗抵抗的肿瘤对传统的EBRT反应较差，而对SRS和SBRT的生物学反应更好，并发症更少。在肿瘤残余和复发时，SRS或SBRT可能是比EBRT更好的选择，可以获得最佳的生物有效剂量。

放射治疗的最大缺点是获得治疗反应所需的时间较长，可能需要数月。因此具有脊髓受压影像学证据、神经状况急性下降的患者应强烈考虑进行手术减压，除非肿瘤对放射线非常敏感（如淋巴瘤或多发性骨髓瘤）。另一个考虑因素是患者的脊柱力学不稳定风险。如果骨折或脊髓受压的风险迫在眉睫，那么手术减压和固定可能是有利的，以防止在放疗起效之前发生灾难性的神经损害。

最终，将放射治疗纳入治疗计划的决定取决于患者的预期寿命。对于肿瘤残余和复发，放射治疗可以很容易地进行，但必须与可能的神经损害、预期寿命和生活质量等患者特定因素进行权衡。复发性脊髓肿瘤的放射治疗可以增加脊髓损伤的风险，但可以通过SBRT将其降至最低。

24.6　结果

脊髓肿瘤的治疗因其接近重要神经结构而变得复杂。在尝试手术切除后，放射治疗是一种可行的治疗选择。目前还没有评估放射治疗作为主要治疗方式的研究。因此手术仍然是髓内肿瘤的首选。放疗作为脊柱转移瘤手术后的辅助治疗已经得到确认。在Patchell等的一项随机研究中，与单纯放疗相比，手术减压结合术后放疗，有显著较大比例的患者（84%：57%）能够获得改善和维持行走状态。

EBRT是第一种用于涉及脊髓肿瘤治疗的放射模式。有几项研究已经评估了其作为主要治疗，或与各种手术方式相结合，在脊柱转移瘤脊髓受压中的疗效。只采取EBRT治疗，平均仅44%的患者获得

功能改善，而高达36%的患者最终出现神经功能恶化。EBRT的局限性在于辐射范围大、靶向性差；剂量可能相当有限，而且某些肿瘤可能对射线不敏感。EBRT通常用于姑息治疗，几项研究表明疼痛完全控制率和局部控制率较低。这可能是由于复发肿瘤因放射性脊髓炎风险升高，而采取了较低的耐受剂量有关。Isaacson等发表了一项Meta分析，几项脊髓室管膜瘤和星形细胞瘤EBRT的研究中，放射剂量受限于放射性脊髓病的风险、胃肠和生育问题，仅达到有限的控制率和总体生存率改善。因此EBRT对髓内肿瘤的作用有限。

脊柱SRS和SBRT是替代传统EBRT的新兴方法。这些治疗模式是图像引导的，可以提供更高的生物有效剂量（BED），同时限制邻近正常组织的剂量而改善细胞毒性。另外IMRT模式也拓展了其治疗范围。这些模式最初用于脊柱转移瘤，作为对EBRT抵抗的残留和复发性肿瘤的治疗。Gerszten等回顾了他们使用SRS治疗脊柱转移瘤的经验，发现各种肿瘤类型的长期疼痛改善率和影像学控制率分别高达96%和100%。最近的研究评估了它作为脊髓肿瘤术后辅助治疗和肿瘤辅助治疗的有效性。回顾性研究的本质特征造成了这些研究的局限，其中包括人群异质性、治疗方案不统一（如次数和剂量）和结果的度量指标，如疼痛控制。1年局部控制率高达90%，疼痛完全控制。SRS的5年疗效显示良好的持续控制。SBRT的复发再治疗，总体上也是有效的。并发症发生率低，0.2%的神经损害风险和9%的压缩性骨折发生率。进一步确定SRS和SBRT在脊柱转移瘤中作用的临床试验也正在进行。

SRS也被证明是治疗肿瘤残留和原发脊髓肿瘤复发的一种安全的方法，短期内进展率较低。在脊髓硬膜下肿瘤的治疗中未观察到对脊髓的毒性。最近的一项Meta分析回顾了总体安全性，并确定了其在髓内肿瘤控制方面的有效性，总体上具有良好的临床和影像学结果。这项研究涵盖了广泛的病理类型，局部控制率总体高达82%，放射毒性发生率低为4%。Monserrate等报道了使用锥形CT（CBCT）引导下的SRS，可作为硬膜下肿瘤患者安全和准确的选择。

SRS治疗复发和残留的室管膜瘤是可行和安全的。Lobón等发表了对32例儿童患者复发性脊髓室管膜瘤进行再照射的20年经验，发现中位无进展生

存和总生存期的分别为1.2年和3.5年。在第一次放射治疗后进展的患者中，15例患者在第二次放射治疗后获得了更长的无进展生存。在一项回顾性研究中，Oh等明确了辅助放疗在延缓脊髓室管膜瘤次全切除后复发的作用。他们报道了47例次全切除后接受辅助放射治疗的患者，发现与未接受放射治疗的患者相比，无进展生存时间显著延长，其风险比为2.26。相反其他研究表明，对于脊髓室管膜瘤大部分切除的患者，放射治疗并无益处。因此肿瘤残余或复发的二次手术应与放疗进行权衡。此外这些研究受到随访时间短和回顾性观察偏倚的限制，更大更严格的临床研究是有必要的。

SRS也被应用于脊髓血管网状细胞瘤的治疗，疗效良好，并且耐受性良好。这些病变可以多发，高达30%的患者被诊断患有Von Hippel-Lindau（VHL）疾病，因此必须进行更彻底的临床-影像学检查。Pan等回顾了他们SRS治疗脊髓性血管网状细胞瘤的经验，包括28例患者的46例肿瘤。5年的局部控制率为92.3%，与颅内血管网状细胞瘤的控制率相当。VHL患者有81%获得症状改善。本研究未发现并发症。最近的两项Meta分析表明，长期结果良好的高达96%。关于VHL患者脊髓血管网状细胞瘤的SRS时机确实存在一些争议。Chang等发表了他们对血管网状细胞瘤SRS的经验，其中一小部分患者早期接受SRS作为主要治疗，控制率良好。然而针对这个问题的Meta分析没有找到足够的证据支持这种治疗，并强调需要进行前瞻性的汇总分析。

24.7   结论

放射治疗是治疗复发和残留的髓内肿瘤的可行选择，但手术切除仍是发病时的主要治疗方式。EBRT是传统的治疗模式，但SRS已成为一种非常有前景的疗法，具有良好的控制率和极小的毒性。放射治疗在治疗残留和复发脊髓肿瘤中的作用仍需进一步研究。

24.8   病例展示

CS是一名31岁的男性，自诉痉挛、大小便功能障碍以及腿部无力。增强MRI显示L3~S2的膨胀性硬膜下肿物（图24.1）。他接受了多个椎板切除，切

除了这个肿物，手术过程顺利。5年前的最终病理学诊断是WHO Ⅰ级黏液乳头状室管膜瘤。在常规连续的MRI随访中，发现L5/S1左侧硬膜下一个小的肿瘤在随访期内生长（图24.2）。鉴于进展，他接受了传统的外照射，分16次，总共40Gy，肿瘤区域追加700cGy（图24.3）。

通过连续的MRI随访显示在随后的7年肿瘤维持影像学稳定，直到7年后出现变化（图24.4）。在对各种选择方案进行了广泛的讨论后，患者选择手术切除。手术耐受性很好，到目前为止6个月没有复发（图24.5）。

（潘　源译，孙　伟校）

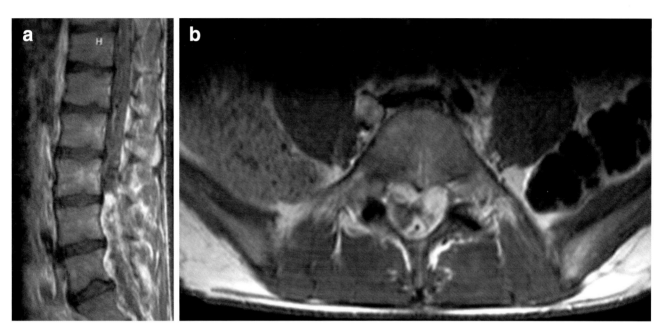

图 24.1　31 岁男性矢状位（a）和轴位（b）MRI 显示 L3~S2 的硬膜下膨胀性的肿瘤

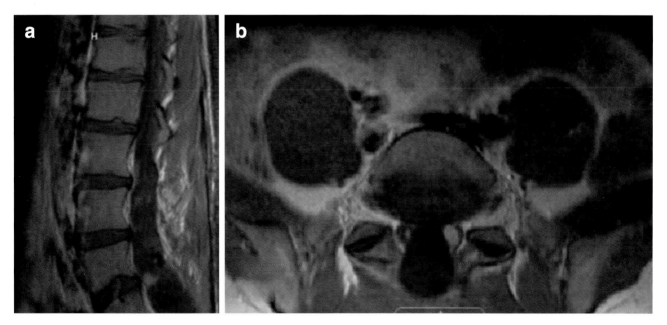

图 24.2　矢状位（a）和轴位（b）MRI 显示 L5/S1 左侧硬膜下小的肿瘤生长

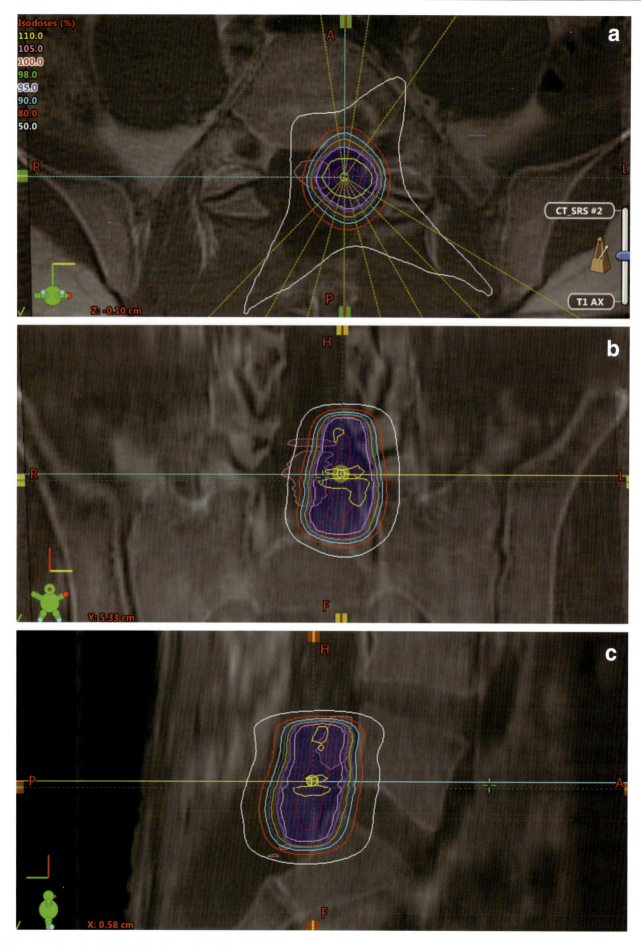

图 24.3 （a~c）常规外照射，分 16 次，总共 40Gy，肿瘤区域追加 700cGy

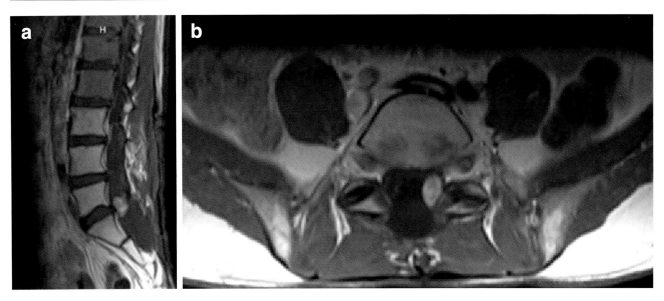

图 24.4   矢状位（a）和轴位（b）MRI 显示放射治疗后 7 年，肿瘤出现进展

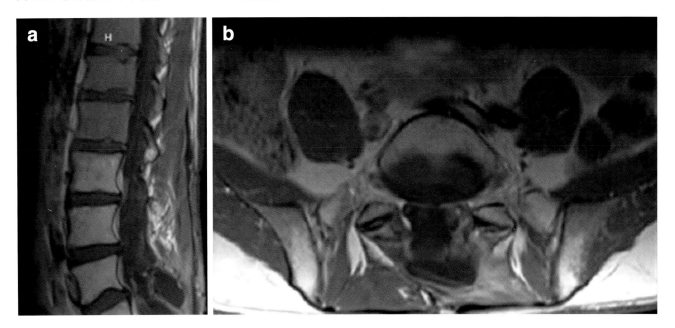

图 24.5   矢状位（a）和轴位（b）MRI 显示二次手术 6 个月后随访无复发

参考文献

[1] Young RF, Post EM, King GA. Treatment of spinal epidural metastases. Randomized prospective comparison of laminectomy and radiotherapy. J Neurosurg. 1980;53(6):741–748. https://doi.org/10.3171/jns.1980.53.6.0741.

[2] Marshall LF, Langfitt TW. Combined therapy for metastatic extradural tumors of the spine. Cancer. 1977;40(5):2067–2070.

[3] Khan FR, Glicksman AS, Chu FC, Nickson JJ. Treatment by radiotherapy of spinal cord compression due to extradural metastases. Radiology. 1967;89(3):495–500. https://doi.org/10.1148/89.3.495.

[4] Gerszten PC, Welch WC (2000) Current surgical management of metastatic spinal disease. Oncology 14 (7):1013-1024; discussion 1024, 1029-1030.

[5] Patchell RA, Tibbs PA, Regine WF, Payne R, Saris S, Kryscio RJ, Mohiuddin M, Young B. Direct decompressive surgical resection in the treatment of spinal cord compression caused by metastatic cancer: a randomised trial. Lancet. 2005;366(9486):643–648. https://doi. org/10.1016/S0140-6736(05)66954-1.

[6] Bauer HC, Wedin R. Survival after surgery for spinal and extremity metastases. Prognostication in 241 patients. Acta Orthop Scand. 1995;66(2):143–146.

[7] van der Linden YM, Dijkstra SP, Vonk EJ, Marijnen CA, Leer JW, Dutch Bone Metastasis Study G. Prediction of survival in patients with metastases in the spinal column: results based on a

randomized trial of radiotherapy. Cancer. 2005;103(2):320–328. https://doi.org/10.1002/cncr.20756.

[8] Tomita K, Kawahara N, Kobayashi T, Yoshida A, Murakami H, Akamaru T. Surgical strategy for spinal metastases. Spine. 2001;26(3):298–306.

[9] Tokuhashi Y, Matsuzaki H, Oda H, Oshima M, Ryu J. A revised scoring system for preoperative evaluation of metastatic spine tumor prognosis. Spine. 2005;30(19):2186–2191.

[10] Manzano G, Green BA, Vanni S, Levi AD. Contemporary management of adult intramedullary spinal tumors-pathology and neurological outcomes related to surgical resection. Spinal Cord. 2008;46(8):540–546. https://doi.org/10.1038/sc.2008.51.

[11] Raco A, Esposito V, Lenzi J, Piccirilli M, Delfini R, Cantore G. Long-term follow-up of intramedullary spinal cord tumors: a series of 202 cases. Neurosurgery. 2005;56(5):972–81. discussion 972-981.

[12] Harrop JS, Ganju A, Groff M, Bilsky M. Primary intramedullary tumors of the spinal cord. Spine. 2009;34(22 Suppl):S69–S77. https://doi.org/10.1097/BRS.0b013e3181b95c6f.

[13] Samuel N, Tetreault L, Santaguida C, Nater A, Moayeri N, Massicotte EM, Fehlings MG. Clinical and pathological outcomes after resection of intramedullary spinal cord tumors: a single-institution case series. Neurosurg Focus. 2016;41(2):E8. https://doi.org/10.3171/201 6.5.FOCUS16147.

[14] Parsa AT, Chi JH, Acosta FL Jr, Ames CP, McCormick PC. Intramedullary spinal cord tumors: molecular insights and surgical innovation. Clin Neurosurg. 2005;52:76–84.

[15] Lee SH, Chung CK, Kim CH, Yoon SH, Hyun SJ, Kim KJ, Kim ES, Eoh W, Kim HJ. Long-term outcomes of surgical resection with or without adjuvant radiation therapy for treatment of spinal ependymoma: a retrospective multicenter study by the Korea Spinal Oncology Research Group. Neuro-Oncology. 2013;15(7):921–929. https://doi.org/10.1093/neuonc/not038.

[16] Safaee M, Oh MC, Mummaneni PV, Weinstein PR, Ames CP, Chou D, Berger MS, Parsa AT, Gupta N. Surgical outcomes in spinal cord ependymomas and the importance of extent of resection in children and young adults. J Neurosurg Pediatr. 2014;13(4):393–399. https://doi. org/10.3171/2013.12. PEDS13383.

[17] Tarapore PE, Modera P, Naujokas A, Oh MC, Amin B, Tihan T, Parsa AT, Ames CP, Chou D, Mummaneni PV, Weinstein PR. Pathology of spinal ependymomas: an institutional experience over 25 years in 134 patients. Neurosurgery. 2013;73(2):247–255.; discussion 255. https://doi.org/10.1227/01. neu.0000430764.02973.78.

[18] Klekamp J. Spinal ependymomas. Part 1: Intramedullary ependymomas. Neurosurg Focus. 2015;39(2):E6. https://doi. org/10.3171/2015.5.FOCUS15161.

[19] Bostrom A, Kanther NC, Grote A, Bostrom J. Management and outcome in adult intramedullary spinal cord tumours: a 20-year single institution experience. BMC Res Notes. 2014;7:908.

https://doi.org/10.1186/1756-0500-7-908.

[20] Fakhreddine MH, Mahajan A, Penas-Prado M, Weinberg J, McCutcheon IE, Puduvalli V, Brown PD. Treatment, prognostic factors, and outcomes in spinal cord astrocytomas. Neuro-Oncology. 2013;15(4):406–412. https://doi.org/10.1093/neuonc/nos309.

[21] Minehan KJ, Shaw EG, Scheithauer BW, Davis DL, Onofrio BM. Spinal cord astrocytoma: pathological and treatment considerations. J Neurosurg. 1995;83(4):590–595. https://doi.org/10.3171/jns.1995.83.4.0590.

[22] Karikari IO, Nimjee SM, Hodges TR, Cutrell E, Hughes BD, Powers CJ, Mehta AI, Hardin C, Bagley CA, Isaacs RE, Haglund MM, Friedman AH. Impact of tumor histology on resectability and neurological outcome in primary intramedullary spinal cord tumors: a single-center experience with 102 patients. Neurosurgery 76 Suppl 1:S4-S13; discussion S13. 2015; https://doi.org/10.1227/01. neu.0000462073.71915.12. J. Weaver.

[23] Samartzis D, Gillis CC, Shih P, O'Toole JE, Fessler RG. Intramedullary spinal cord tumors: part II—management options and outcomes. Global Spine J. 2016;6(2):176–185. https://doi. org/10.1055/s-0035-1550086.

[24] Adams H, Avendano J, Raza SM, Gokaslan ZL, Jallo GI, Quinones-Hinojosa A. Prognostic factors and survival in primary malignant astrocytomas of the spinal cord: a population-based analysis from 1973 to 2007. Spine. 2012;37(12):E727–E735. https://doi.org/10.1097/BRS.0b013e31824584c0.

[25] Epstein FJ, Farmer JP, Freed D. Adult intramedullary astrocytomas of the spinal cord. J Neurosurg. 1992;77(3):355–359. https://doi.org/10.3171/jns.1992.77.3.0355.

[26] Tovar Martin MI, Lopez Ramirez E, Saura Rojas E, Arregui Castillo G, Zurita Herrera M. Spinal cord astrocytoma: multidisciplinary experience. Clin Transl Oncol. 2011;13(3):185–188.

[27] Lonser RR, Weil RJ, Wanebo JE, Devroom HL, Oldfield EH. Surgical management of spinal cord hemangioblastomas in patients with von Hippel-Lindau disease. J Neurosurg. 2003;98(1):106–116. https://doi.org/10.3171/jns.2003.98.1.0106.

[28] Richard S, Campello C, Taillandier L, Parker F, Resche F. Haemangioblastoma of the central nervous system in von Hippel-Lindau disease. French VHL Study Group. J Intern Med. 1998;243(6):547–553.

[29] Rifkinson-Mann S, Wisoff JH, Epstein F. The association of hydrocephalus with intramedullary spinal cord tumors: a series of 25 patients. Neurosurgery. 1990;27(5):749–754. discussion 754.

[30] Cinalli G, Sainte-Rose C, Lellouch-Tubiana A, Sebag G, Renier D, Pierre-Kahn A. Hydrocephalus associated with intramedullary low-grade glioma. Illustrative cases and review of the literature. J Neurosurg. 1995;83(3):480–485. https://doi.

org/10.3171/jns.1995.83.3.0480.

[31] Mirone G, Cinalli G, Spennato P, Ruggiero C, Aliberti F. Hydrocephalus and spinal cord tumors: a review. Childs Nerv Syst. 2011;27(10):1741–1749. https://doi.org/10.1007/s00381-011-1543-5.

[32] Samii M, Klekamp J. Surgical results of 100 intramedullary tumors in relation to accompanying syringomyelia. Neurosurgery. 1994;35(5):865–73. discussion 873.

[33] Malis LI. Intramedullary spinal cord tumors. Clin Neurosurg. 1978;25:512–539.

[34] Ferrante L, Mastronardi L, Celli P, Lunardi P, Acqui M, Fortuna A. Intramedullary spinal cord ependymomas--a study of 45 cases with long-term follow-up. Acta Neurochir. 1992;119(1–4):74–79.

[35] Aghakhani N, David P, Parker F, Lacroix C, Benoudiba F, Tadie M. Intramedullary spinal ependymomas: analysis of a consecutive series of 82 adult cases with particular attention to patients with no preoperative neurological deficit. Neurosurgery. 2008;62(6):1279–1285.; discussion 1285-1276. https://doi.org/10.1227/01.neu.0000333299.26566.15.

[36] Coleman MP, Forman D, Bryant H, Butler J, Rachet B, Maringe C, Nur U, Tracey E, Coory M, Hatcher J, McGahan CE, Turner D, Marrett L, Gjerstorff ML, Johannesen TB, Adolfsson J, Lambe M, Lawrence G, Meechan D, Morris EJ, Middleton R, Steward J, Richards MA, Group IMW. Cancer survival in Australia, Canada, Denmark, Norway, Sweden, and the UK, 1995-2007 (the International Cancer Benchmarking Partnership): an analysis of population-based cancer registry data. Lancet. 2011;377(9760):127–138. https://doi.org/10.1016/S0140-6736(10)62231-3.

[37] Quaresma M, Coleman MP, Rachet B. 40-year trends in an index of survival for all cancers combined and survival adjusted for age and sex for each cancer in England and Wales, 1971-2011: a population-based study. Lancet. 2015;385(9974):1206–1218. https://doi.org/10.1016/S0140-6736(14)61396-9.

[38] Klekamp J, Samii M. Introduction of a score system for the clinical evaluation of patients with spinal processes. Acta Neurochir. 1993;123(3–4):221–223.

[39] McCormick PC, Torres R, Post KD, Stein BM. Intramedullary ependymoma of the spinal cord. J Neurosurg. 1990;72(4):523–532. https://doi.org/10.3171/jns.1990.72.4.0523.

[40] Hall WA, Stapleford LJ, Hadjipanayis CG, Curran WJ, Crocker I, Shu HK. Stereotactic body radiosurgery for spinal metastatic disease: an evidence-based review. Int J Surg Oncol. 2011;2011:979214–979219. https://doi.org/10.1155/2011/979214.

[41] Gerszten PC, Burton SA, Ozhasoglu C, Welch WC. Radiosurgery for spinal metastases: clinical experience in 500 cases from a single institution. Spine. 2007;32(2):193–9. https://doi.org/10.1097/01.brs.0000251863.76595.a2.

[42] Sung DI, Chang CH, Harisiadis L. Cerebellar hemangioblastomas. Cancer. 1982;49(3):553–555.

[43] Smalley SR, Schomberg PJ, Earle JD, Laws ER Jr, Scheithauer BW, O'Fallon JR. Radiotherapeutic considerations in the treatment of hemangioblastomas of the central nervous system. Int J Radiat Oncol Biol Phys. 1990;18(5):1165–1171.

[44] Hartsell WF, Scott CB, Bruner DW, Scarantino CW, Ivker RA, Roach M 3rd, Suh JH, Demas WF, Movsas B, Petersen IA, Konski AA, Cleeland CS, Janjan NA, Desilvio M. Randomized trial of short- versus long-course radiotherapy for palliation of painful bone metastases. J Natl Cancer Inst. 2005;97(11):798–804. https://doi.org/10.1093/jnci/dji139.

[45] Howell DD, James JL, Hartsell WF, Suntharalingam M, Machtay M, Suh JH, Demas WF, Sandler HM, Kachnic LA, Berk LB. Single-fraction radiotherapy versus multifraction radiotherapy for palliation of painful vertebral bone metastases-equivalent efficacy, less toxicity, more convenient: a subset analysis of Radiation Therapy Oncology Group trial 97-14. Cancer. 2013;119(4):888–896. https://doi.org/10.1002/cncr.27616.

[46] Lutz S, Balboni T, Jones J, Lo S, Petit J, Rich SE, Wong R, Hahn C. Palliative radiation therapy for bone metastases: Update of an ASTRO evidence-based guideline. Pract Radiat Oncol. 2017;7(1):4–12. https://doi.org/10.1016/j.prro.2016.08.001.

[47] Maranzano E, Bellavita R, Rossi R, De Angelis V, Frattegiani A, Bagnoli R, Mignogna M, Beneventi S, Lupattelli M, Ponticelli P, Biti GP, Latini P. Short-course versus split-course radiotherapy in metastatic spinal cord compression: results of a phase III, randomized, multicenter trial. J Clin Oncol. 2005;23(15):3358–3365. https://doi.org/10.1200/JCO.2005.08.193.

[48] Katagiri H, Takahashi M, Inagaki J, Kobayashi H, Sugiura H, Yamamura S, Iwata H. Clinical results of nonsurgical treatment for spinal metastases. Int J Radiat Oncol Biol Phys. 1998;42(5):1127–1132.

[49] Chow E, Zeng L, Salvo N, Dennis K, Tsao M, Lutz S. Update on the systematic review of palliative radiotherapy trials for bone metastases. Clin Oncol. 2012;24(2):112–124. https://doi.org/10.1016/j.clon.2011.11.004.

[50] Chow E, Harris K, Fan G, Tsao M, Sze WM. Palliative radiotherapy trials for bone metastases: a systematic review. J Clin Oncol. 2007;25(11):1423–1436. https://doi.org/10.1200/JCO.2006.09.5281.

[51] Ryu SI, Chang SD, Kim DH, Murphy MJ, Le QT, Martin DP, Adler JR Jr. Image-guided hypo-fractionated stereotactic radiosurgery to spinal lesions. Neurosurgery. 2001;49(4):838–846.

[52] Loblaw DA, Laperriere NJ. Emergency treatment of malignant extradural spinal cord compression: an evidence-based guideline. J Clin Oncol. 1998;16(4):1613–1624. https://doi.org/10.1200/JCO.1998.16.4.1613.

[53] Faul CM, Flickinger JC. The use of radiation in the management of spinal metastases. J Neuro-Oncol. 1995;23(2):149–161.

[54] Myrehaug S, Sahgal A, Hayashi M, Levivier M, Ma L, Martinez R, Paddick I, Regis J, Ryu S, Slotman B, De Salles A. Reirradiation spine stereotactic body radiation therapy for spinal metastases: systematic review. J Neurosurg Spine. 2017;27(4):428–435. https://doi.org/10.3171/2017.2.SPINE16976.

[55] De Amorim BK, Delaney T. Chordomas and chondrosarcomas-The role of radiation therapy. J Surg Oncol. 2016;114(5):564–569. https://doi.org/10.1002/jso.24368.

[56] Amini A, Altoos B, Bourlon MT, Bedrick E, Bhatia S, Kessler ER, Flaig TW, Fisher CM, Kavanagh BD, Lam ET, Karam SD. Local control rates of metastatic renal cell carcinoma (RCC) to the bone using stereotactic body radiation therapy: Is RCC truly radioresistant? Pract Radiat Oncol. 2015;5(6):e589–e596. https://doi.org/10.1016/j.prro.2015.05.004.

[57] Gerszten PC, Welch WC. Cyberknife radiosurgery for metastatic spine tumors. Neurosurg Clin N Am. 2004;15(4):491–501. https://doi.org/10.1016/j.nec.2004.04.013.

[58] Gerszten PC, Burton SA, Welch WC, Brufsky AM, Lembersky BC, Ozhasoglu C, Vogel WJ. Single-fraction radiosurgery for the treatment of spinal breast metastases. Cancer. 2005;104(10):2244–2254. https://doi.org/10.1002/cncr.21467.

[59] Gerszten PC, Burton SA, Ozhasoglu C, Vogel WJ, Welch WC, Baar J, Friedland DM. Stereotactic radiosurgery for spinal metastases from renal cell carcinoma. J Neurosurg Spine. 2005;3(4):288–295. https://doi.org/10.3171/spi.2005.3.4.0288.

[60] Bilsky MH, Yamada Y, Yenice KM, Lovelock M, Hunt M, Gutin PH, Leibel SA. Intensity-modulated stereotactic radiotherapy of paraspinal tumors: a preliminary report. Neurosurgery. 2004;54(4):823–830. discussion 830-821.

[61] Benzil DL, Saboori M, Mogilner AY, Rocchio R, Moorthy CR. Safety and efficacy of stereotactic radiosurgery for tumors of the spine. J Neurosurg. 2004;101(Suppl 3):413–418. https://doi.org/10.3171/jns.2004.101.supplement3.0413.

[62] Yamada Y, Katsoulakis E, Laufer I, Lovelock M, Barzilai O, McLaughlin LA, Zhang Z, Schmitt AM, Higginson DS, Lis E, Zelefsky MJ, Mechalakos J, Bilsky MH. The impact of histology and delivered dose on local control of spinal metastases treated with stereotactic radiosurgery. Neurosurg Focus. 2017;42(1):E6. https://doi.org/10.3171/2016.9.FOCUS16369.

[63] Joaquim AF, Ghizoni E, Tedeschi H, Pereira EB, Giacomini LA. Stereotactic radiosurgery for spinal metastases: a literature review. Einstein. 2013;11(2):247–255.

[64] Chang JH, Shin JH, Yamada YJ, Mesfin A, Fehlings MG, Rhines LD, Sahgal A. Stereotactic Body Radiotherapy for Spinal Metastases: What are the Risks and How Do We Minimize Them? Spine. 2016;41(Suppl 20):S238–S245. https://doi.org/10.1097/BRS.0000000000001823.

[65] Chang EL, Shiu AS, Mendel E, Mathews LA, Mahajan A, Allen PK, Weinberg JS, Brown BW, Wang XS, Woo SY, Cleeland C, Maor MH, Rhines LD. Phase I/II study of stereotactic body radiotherapy for spinal metastasis and its pattern of failure. J Neurosurg Spine. 2007;7(2):151–160. https://doi.org/10.3171/SPI-07/08/151.

[66] Laufer I, Iorgulescu JB, Chapman T, Lis E, Shi W, Zhang Z, Cox BW, Yamada Y, Bilsky MH. Local disease control for spinal metastases following "SEPsaration surgery" and adjuvant hypofractionated or high-dose single-fraction stereotactic radiosurgery: outcome analysis in 186 patients. J Neurosurg Spine. 2013;18(3):207–214. https://doi.org/10.3171/2012.11.SPINE12111.

[67] Harel R, Emch T, Chao S, Elson P, Krishnaney A, Djemil T, Suh J, Angelov L. Quantitative Evaluation of Local Control and Wound Healing Following Surgery and Stereotactic Spine Radiosurgery for Spine Tumors. World Neurosurg. 2016;87:48–54. https://doi.org/10.1016/j.wneu.2015.10.075.

[68] Harel R, Pfeffer R, Levin D, Shekel E, Epstein D, Tsvang L, Ben Ayun M, Alezra D, Zach L. Spine radiosurgery: lessons learned from the first 100 treatment sessions. Neurosurg Focus. 2017;42(1):E3. https://doi.org/10.3171/2016.9.FOCUS16332.

[69] Zach L, Tsvang L, Alezra D, Ben Ayun M, Harel R. Volumetric Modulated Arc Therapy for Spine Radiosurgery: Superior Treatment Planning and Delivery Compared to Static Beam Intensity Modulated Radiotherapy. Biomed Res Int. 2016;2016:6805979–6. https://doi.org/10.1155/2016/6805979.

[70] Lovelock DM, Zhang Z, Jackson A, Keam J, Bekelman J, Bilsky M, Lis E, Yamada Y. Correlation of local failure with measures of dose insufficiency in the high-dose single-fraction treatment of bony metastases. Int J Radiat Oncol Biol Phys. 2010;77(4):1282–1287. https://doi.org/10.1016/j.ijrobp.2009.10.003.

[71] Damast S, Wright J, Bilsky M, Hsu M, Zhang Z, Lovelock M, Cox B, Zatcky J, Yamada Y. Impact of dose on local failure rates after image-guided reirradiation of recurrent paraspinal metastases. Int J Radiat Oncol Biol Phys. 2011;81(3):819–826. https://doi.org/10.1016/j.ijrobp.2010.06.013.

[72] Zelefsky MJ, Greco C, Motzer R, Magsanoc JM, Pei X, Lovelock M, Mechalakos J, Zatcky J, Fuks Z, Yamada Y. Tumor control outcomes after hypofractionated and single-dose stereotactic image-guided intensity-modulated radiotherapy for extracranial metastases from renal cell carcinoma. Int J Radiat Oncol Biol Phys. 2012;82(5):1744–1748. https://doi.org/10.1016/j.ijrobp.2011.02.040.

[73] Yamada Y, Bilsky MH, Lovelock DM, Venkatraman ES, Toner S, Johnson J, Zatcky J, Zelefsky MJ, Fuks Z. High-dose, single-fraction image-guided intensity-modulated radiotherapy for metastatic spinal lesions. Int J Radiat Oncol Biol Phys. 2008;71(2):484–490. https://doi.org/10.1016/j.ijrobp.2007.11.046.

[74] Gerszten PC, Ozhasoglu C, Burton SA, Vogel WJ, Atkins BA, Kalnicki S, Welch WC. CyberKnife frameless stereotactic

radiosurgery for spinal lesions: clinical experience in 125 cases. Neurosurgery. 2004;55(1):89–98. discussion 98-89.

[75] Gerszten PC, Ozhasoglu C, Burton SA, Welch WC, Vogel WJ, Atkins BA, Kalnicki S. CyberKnife frameless single-fraction stereotactic radiosurgery for tumors of the sacrum. Neurosurg Focus. 2003;15(2):E7.

[76] Milker-Zabel S, Zabel A, Thilmann C, Schlegel W, Wannenmacher M, Debus J. Clinical results of retreatment of vertebral bone metastases by stereotactic conformal radiotherapy and intensity-modulated radiotherapy. Int J Radiat Oncol Biol Phys. 2003;55(1):162–167.

[77] Hamilton AJ, Lulu BA, Fosmire H, Stea B, Cassady JR. Preliminary clinical experience with linear accelerator-based spinal stereotactic radiosurgery. Neurosurgery. 1995;36(2):311–319.

[78] Paton GR, Frangou E, Fourney DR. Contemporary treatment strategy for spinal metastasis: the "LMNOP" system. Canad J Neurol Sci. 2011;38(3):396–403.

[79] Laufer I, Rubin DG, Lis E, Cox BW, Stubblefield MD, Yamada Y, Bilsky MH. The NOMS framework: approach to the treatment of spinal metastatic tumors. Oncologist. 2013;18(6):744–751. https://doi.org/10.1634/theoncologist.2012-0293.

[80] Spratt DE, Beeler WH, de Moraes FY, Rhines LD, Gemmete JJ, Chaudhary N, Shultz DB, Smith SR, Berlin A, Dahele M, Slotman BJ, Younge KC, Bilsky M, Park P, Szerlip NJ. An integrated multidisciplinary algorithm for the management of spinal metastases: an International Spine Oncology Consortium report. Lancet Oncol. 2017;18(12):e720–e730. https://doi.org/10.1016/S1470-2045(17)30612-5.

[81] Rades D, Abrahm JL. The role of radiotherapy for metastatic epidural spinal cord compression. Nat Rev Clin Oncol. 2010;7(10):590–598. https://doi.org/10.1038/nrclinonc.2010.137.

[82] Wong DA, Fornasier VL, MacNab I. Spinal metastases: the obvious, the occult, and the impostors. Spine. 1990;15(1):1–4.

[83] Thibault I, Chang EL, Sheehan J, Ahluwalia MS, Guckenberger M, Sohn MJ, Ryu S, Foote M, Lo SS, Muacevic A, Soltys SG, Chao S, Gerszten P, Lis E, Yu E, Bilsky M, Fisher C, Schiff D, Fehlings MG, Ma L, Chang S, Chow E, Parelukar WR, Vogelbaum MA, Sahgal A. Response assessment after stereotactic body radiotherapy for spinal metastasis: a report from the SPIne response assessment in Neuro-Oncology (SPINO) group. Lancet Oncol. 2015;16(16):e595–e603. https://doi.org/10.1016/S1470-2045(15)00166-7.

[84] Sciubba DM, Petteys RJ, Dekutoski MB, Fisher CG, Fehlings MG, Ondra SL, Rhines LD, Gokaslan ZL. Diagnosis and management of metastatic spine disease. A review. J Neurosurg Spine. 2010;13(1):94–108. https://doi.org/10.3171/2010.3.SPINE09202.

[85] Klekamp J, McCarty E, Spengler DM. Results of elective lumbar discectomy for patients involved in the workers' compensation system. J Spinal Disord. 1998;11(4):277–282.

[86] Huisman M, van den Bosch MA, Wijlemans JW, van Vulpen M, van der Linden YM, Verkooijen HM. Effectiveness of reirradiation for painful bone metastases: a systematic review and meta-analysis. Int J Radiat Oncol Biol Phys. 2012;84(1):8–14. https://doi.org/10.1016/j.ijrobp.2011.10.080.

[87] van der Linden YM, Lok JJ, Steenland E, Martijn H, van Houwelingen H, Marijnen CA, Leer JW, Dutch Bone Metastasis Study Group. Single fraction radiotherapy is efficacious: a further analysis of the Dutch Bone Metastasis Study controlling for the influence of retreatment. Int J Radiat Oncol Biol Phys. 2004;59(2):528–537. https://doi.org/10.1016/j.ijrobp.2003.10.006.

[88] Foro Arnalot P, Fontanals AV, Galceran JC, Lynd F, Latiesas XS, de Dios NR, Castillejo AR, Bassols ML, Galan JL, Conejo IM, Lopez MA. Randomized clinical trial with two palliative radiotherapy regimens in painful bone metastases: 30 Gy in 10 fractions compared with 8 Gy in single fraction. Radiother Oncol. 2008;89(2):150–155. https://doi.org/10.1016/j.radonc.2008.05.018.

[89] Isaacson SR. Radiation therapy and the management of intramedullary spinal cord tumors. J Neuro-Oncol. 2000;47(3):231–238. J. Weaver.

[90] Sahgal A, Roberge D, Schellenberg D, Purdie TG, Swaminath A, Pantarotto J, Filion E, Gabos Z, Butler J, Letourneau D, Masucci GL, Mulroy L, Bezjak A, Dawson LA, Parliament M, The Canadian Association of Radiation Oncology-Stereotactic Body Radiotherapy Task Force. The Canadian Association of Radiation Oncology scope of practice guidelines for lung, liver and spine stereotactic body radiotherapy. Clin Oncol. 2012;24(9):629–639. https://doi.org/10.1016/j.clon.2012.04.006.

[91] Trovo M, Minatel E, Durofil E, Polesel J, Avanzo M, Baresic T, Bearz A, Del Conte A, Franchin G, Gobitti C, Rumeileh IA, Trovo MG. Stereotactic body radiation therapy for re-irradiation of persistent or recurrent non-small cell lung cancer. Int J Radiat Oncol Biol Phys. 2014;88(5):1114–1119. https://doi.org/10.1016/j.ijrobp.2014.01.012.

[92] Sahgal A, Ames C, Chou D, Ma L, Huang K, Xu W, Chin C, Weinberg V, Chuang C, Weinstein P, Larson DA. Stereotactic body radiotherapy is effective salvage therapy for patients with prior radiation of spinal metastases. Int J Radiat Oncol Biol Phys. 2009;74(3):723–731. https://doi.org/10.1016/j.ijrobp.2008.09.020.

[93] Thibault I, Campbell M, Tseng CL, Atenafu EG, Letourneau D, Yu E, Cho BC, Lee YK, Fehlings MG, Sahgal A. Salvage Stereotactic Body Radiotherapy (SBRT) Following In-Field Failure of Initial SBRT for Spinal Metastases. Int J Radiat Oncol Biol Phys. 2015;93(2):353–360. https://doi.org/10.1016/j.ijrobp.2015.03.029.

[94] Nelson JW, Yoo DS, Sampson JH, Isaacs RE, Larrier NA,

Marks LB, Yin FF, Wu QJ, Wang Z, Kirkpatrick JP. Stereotactic body radiotherapy for lesions of the spine and paraspinal regions. Int J Radiat Oncol Biol Phys. 2009;73(5):1369–1375. https://doi.org/10.1016/j. ijrobp.2008.06.1949.

[95] Park HJ, Kim HJ, Won JH, Lee SC, Chang AR. Stereotactic Body Radiotherapy (SBRT) for Spinal Metastases: Who Will Benefit the Most from SBRT? Technol Cancer Res Treat. 2015;14(2):159–167. https://doi.org/10.7785/tcrt.2012.500411.

[96] Husain ZA, Sahgal A, De Salles A, Funaro M, Glover J, Hayashi M, Hiraoka M, Levivier M, Ma L, Martinez-Alvarez R, Paddick JI, Regis J, Slotman BJ, Ryu S. Stereotactic body radiotherapy for de novo spinal metastases: systematic review. J Neurosurg Spine. 2017;27(3):295–302. https://doi.org/10.3171/2017.1.SPINE16684.

[97] Moussazadeh N, Lis E, Katsoulakis E, Kahn S, Svoboda M, Distefano NM, McLaughlin L, Bilsky MH, Yamada Y, Laufer I. Five-Year Outcomes of High-Dose Single-Fraction Spinal Stereotactic Radiosurgery. Int J Radiat Oncol Biol Phys. 2015;93(2):361–367. https://doi. org/10.1016/j.ijrobp.2015.05.035.

[98] Chang UK, Cho WI, Kim MS, Cho CK, Lee DH, Rhee CH. Local tumor control after retreatment of spinal metastasis using stereotactic body radiotherapy; comparison with initial treatment group. Acta Oncol. 2012;51(5):589–595. https://doi.org/10.3109/02841 86X.2012.666637.

[99] Chow E, van der Linden YM, Roos D, Hartsell WF, Hoskin P, Wu JS, Brundage MD, Nabid A, Tissing-Tan CJ, Oei B, Babington S, Demas WF, Wilson CF, Meyer RM, Chen BE, Wong RK. Single versus multiple fractions of repeat radiation for painful bone metastases: a randomised, controlled, non-inferiority trial. Lancet Oncol. 2014;15(2):164–171. https://doi.org/10.1016/S1470-2045(13)70556-4.

[100] Ryu S, Pugh SL, Gerszten PC, Yin FF, Timmerman RD, Hitchcock YJ, Movsas B, Kanner AA, Berk LB, Followill DS, Kachnic LA. RTOG 0631 phase 2/3 study of image guided stereotactic radiosurgery for localized (1-3) spine metastases: phase 2 results. Pract Radiat Oncol. 2014;4(2):76–81. https://doi.org/10.1016/j.prro.2013.05.001.

[101] Suppli MH, Af Rosenschold PM, Pappot H, Dahl B, Morgen SS, Vogelius IR, Engelholm SA. Stereotactic radiosurgery versus decompressive surgery followed by postoperative radiotherapy for metastatic spinal cord compression (STEREOCORD): Study protocol of a randomized non-inferiority trial. J Radiosurg SBRT. 2016;4(1):S1–S9.

[102] Gerszten PC, Burton SA, Ozhasoglu C, McCue KJ, Quinn AE. Radiosurgery for benign intradural spinal tumors. Neurosurgery. 2008;62(4):887–895.; discussion 895-886. https://doi.org/10.1227/01.neu.0000318174.28461.fc.

[103] Shin DA, Huh R, Chung SS, Rock J, Ryu S. Stereotactic spine radiosurgery for intradural and intramedullary metastasis. Neurosurg Focus. 2009;27(6):E10. https://doi.

org/10.3171/2009.9.FOCUS09194.

[104] Monserrate A, Zussman B, Ozpinar A, Niranjan A, Flickinger JC, Gerszten PC. Stereotactic radiosurgery for intradural spine tumors using cone-beam CT image guidance. Neurosurg Focus. 2017;42(1):E11. https://doi.org/10.3171/2016.9.FOCUS16356.

[105] Hernandez-Duran S, Hanft S, Komotar RJ, Manzano GR. The role of stereotactic radiosurgery in the treatment of intramedullary spinal cord neoplasms: a systematic literature review. Neurosurg Rev. 2016;39(2):175–183.; discussion 183. https://doi.org/10.1007/s10143-015-0654-y.

[106] Ryu SI, Kim DH, Chang SD. Stereotactic radiosurgery for hemangiomas and ependymomas of the spinal cord. Neurosurg Focus. 2003;15(5):E10.

[107] Lobon MJ, Bautista F, Riet F, Dhermain F, Canale S, Dufour C, Blauwblomme T, Zerah M, Beccaria K, Saint-Rose C, Puget S, Carrie C, Lartigau E, Bondiau PY, Valteau-Couanet D, Grill J, Bolle S. Re-irradiation of recurrent pediatric ependymoma: modalities and outcomes: a twenty-year survey. Springerplus. 2016;5(1):879. https://doi.org/10.1186/s40064-016-2562-1.

[108] Oh MC, Ivan ME, Sun MZ, Kaur G, Safaee M, Kim JM, Sayegh ET, Aranda D, Parsa AT. Adjuvant radiotherapy delays recurrence following subtotal resection of spinal cord ependymomas. Neuro-Oncology. 2013;15(2):208–215. https://doi.org/10.1093/neuonc/nos286.

[109] Sgouros S, Malluci CL, Jackowski A. Spinal ependymomas--the value of postoperative radiotherapy for residual disease control. Br J Neurosurg. 1996;10(6):559–566.

[110] Pan J, Ho AL, D'Astous M, Sussman ES, Thompson PA, Tayag AT, Pangilinan L, Soltys SG, Gibbs IC, Chang SD. Image-guided stereotactic radiosurgery for treatment of spinal hemangioblastoma. Neurosurg Focus. 2017;42(1):E12. https://doi.org/10.3171/2016.10. FOCUS16361.

[111] Simone CB 2nd, Lonser RR, Ondos J, Oldfield EH, Camphausen K, Simone NL. Infratentorial craniospinal irradiation for von Hippel-Lindau: a retrospective study supporting a new treatment for patients with CNS hemangioblastomas. Neuro-Oncology. 2011;13(9):1030–1036. https://doi.org/10.1093/neuonc/nor085.

[112] Selch MT, Tenn S, Agazaryan N, Lee SP, Gorgulho A, De Salles AA. Image-guided linear accelerator-based spinal radiosurgery for hemangioblastoma. Surg Neurol Int. 2012;3:73. https://doi.org/10.4103/2152-7806.98386.

[113] Daly ME, Choi CY, Gibbs IC, Adler JR Jr, Chang SD, Lieberson RE, Soltys SG. Tolerance of the spinal cord to stereotactic radiosurgery: insights from hemangioblastomas. Int J Radiat Oncol Biol Phys. 2011;80(1):213–220. https://doi.org/10.1016/j.ijrobp.2010.01.040.

[114] Asthagiri AR, Mehta GU, Zach L, Li X, Butman JA, Camphausen KA, Lonser RR. Prospective evaluation of radiosurgery for hemangioblastomas in von Hippel-Lindau disease. Neuro-Oncology. 2010;12(1):80–86. https://doi.

org/10.1093/neuonc/nop018.

[115] Neumann HP, Berger DP, Sigmund G, Blum U, Schmidt D, Parmer RJ, Volk B, Kirste G. Pheochromocytomas, multiple endocrine neoplasia type 2, and von Hippel-Lindau disease. N Engl J Med. 1993;329(21):1531–1538. https://doi.org/10.1056/NEJM199311183292103.

[116] Pan J, Jabarkheel R, Huang Y, Ho A, Chang SD. Stereotactic radiosurgery for central nervous system hemangioblastoma: systematic review and meta-analysis. J Neuro-Oncol. 2018;137(1):11–22. https://doi.org/10.1007/s11060-017-2697-0.

[117] Bridges KJ, Jaboin JJ, Kubicky CD, Than KD. Stereotactic radiosurgery versus surgical resection for spinal hemangioblastoma: A systematic review. Clin Neurol Neurosurg. 2017;154:59–66. https://doi.org/10.1016/j.clineuro.2017.01.012. J. Weaver.

脊髓肿瘤治疗中的并发症及手术预防策略 **25**

Marko Kovacevic, Bruno Splavski, Kenan I.Arnautović

25.1　简介

髓外或髓内脊髓硬膜下肿瘤（SCTs）经常会由于狭小的空间（脊髓硬脊膜囊或椎管）而对神经结构产生浸润和（或）压迫，进而在早期产生神经压迫症状和体征。只要可能，手术的目的是对肿瘤尽可能进行全切除，以缓解症状、保持或改善神经功能，同时避免肿瘤复发和再次手术。然而某些恶性或侵袭性肿瘤很难获得根治性切除，也可能不会延长生存期。Yasargil等在他们的经典著作中报道了使用显微外科技术成功地根治性切除髓内肿瘤，取得了良好的效果。从那时起，还有许多其他关于脊髓肿瘤的研究报道了令人满意的疗效。

手术疗效主要取决于肿瘤的组织学、分子生物学特征、遗传学基础、肿瘤的大小和位置、术前神经系统体征、外科手术技术和术后护理。术前严重神经功能缺损的患者术后可能无法恢复功能，甚至可能恶化。短期神经功能缺损患者术后功能改善更常见。上胸椎病变手术相关并发症发生率最高，术后功能恢复不理想，可能是由于解剖学上狭窄的椎管和脊髓以及这一区域相对较差的"代偿性"血供所致。而在脊髓神经鞘肿瘤手术中，颈部和腰骶部肿瘤的手术并发症比胸部病变更常见。

术中影像和神经导航有利于精确定位病变、减少脊髓暴露并保持正常脊柱功能。这些方法在硬脊膜切开前有助于优化骨窗暴露范围，也可根据需要进行调整以减少并发症的发生率，如脑脊液（CSF）漏或意外的神经组织损伤。

为避免术后神经系统并发症和感染，必须使用精细的显微外科技术。尽管如此，一些患者术后仍自诉感觉异常，如手术操作和脊髓后柱解剖导致的

术后感觉障碍。感觉障碍可能会持续很长时间，但通常会在术后几个月改善。持续的感觉障碍的会影响术后患者的早期康复，很多医疗措施不起作用。后遗症可能会长期降低患者的生活质量。为了避免这种情况，患者应在整个手术过程中接受神经生理监测。SCT术后的神经功能缺损也可能由于神经根损伤或撕脱、功能性神经根切除或手术操作引起神经胶质瘢痕形成（图25.1）。

Kalakoti等分析了低容量和高容量的医疗中心成人硬膜下脊髓良性肿瘤切除术后的手术危险因素和术后并发症。研究表明，对于在高容量医疗中心接受手术的患者发生最不利结局的风险降低。住院患者术后风险包括死亡率（0.3%）、切口并发症

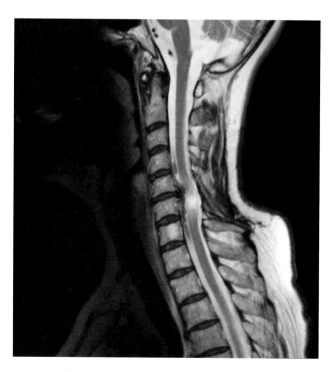

图25.1　术后T2 MRI矢状位加权显示脊柱形态进行性退行性改变、C5/C6椎间盘突出、脊髓扭曲，硬膜下髓内肿瘤切除后MRI信号改变，术后2年再行2节段椎板切除术

（1.2%）、心脏并发症（0.6%）、深静脉血栓形成（1.4%）、肺动脉栓塞（2.1%）和神经并发症，包括硬脑膜撕裂（2.4%）。

Fisahn等分析了脊髓肿瘤手术的再入院率、再手术率和并发症发生率，强调了即使在经验丰富的专业中心，它仍然与发病率有关。在分析国家外科质量改善计划（NSQIP）注册中心时，Karhad等报道10.2%的脊髓肿瘤手术患者在30天内再次入院，5.3%的患者需再次手术，14.4%的患者出现严重并发症。最常见的并发症是手术部位感染（3.6%）、全身感染（2.9%）和静脉血栓栓塞（VTE）（4.5%）。不良事件的最强预测因子是有并发症、术前使用类固醇药物和美国麻醉医师学会（ASA）较高分级。Weber等报道，每例患有脑脊液（CSF）相关术后并发症的患者平均住院费用增加了50%。此外这些并发症可能导致其他的并发症，形成恶性循环，严重者甚至危及生命。在本章中，我们将讨论不同的手术并发症及其预防和治疗。

25.2 脑脊液播散、种植和转移

SCT可以通过CSF途径传播，并沿神经轴转移，但发生率较低（图25.2）。这在恶性和侵袭性更强的SCT中很常见，如Ⅲ级和Ⅳ级星形细胞瘤和硬膜

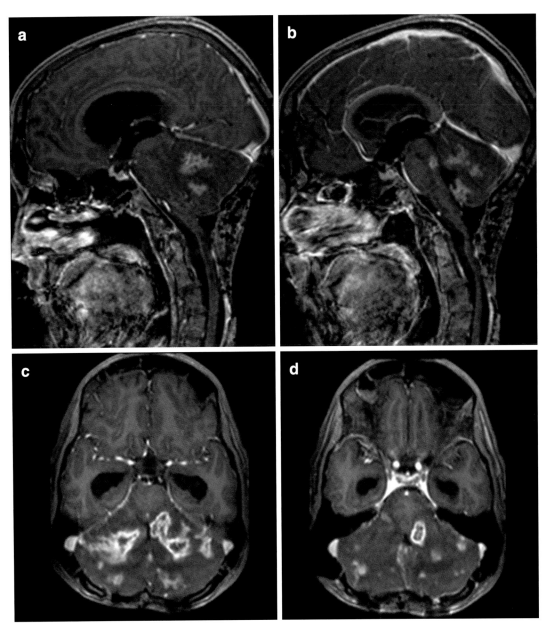

图25.2 术后T1 MRI加权增强MRI。（a、b）矢状位和（c、d）轴位显示多层"玫瑰花"样增强信号，是儿童原发性脊髓髓内胚胎性肿瘤术后 2 年弥漫性小脑转移（原PNET）

下脊索瘤，在黏液乳头状室管膜瘤和脊膜瘤中也有报道。黏液乳头状室管膜瘤的手术后或继发播散是相对少见，通常发生在次全切除术后，儿童较成人多见，表现为原位复发同时伴有播散性病灶。目前在成人和儿童人群中已有关于黏液乳头状室管膜瘤原位播散的报道。Arnatovic和Al-Mefty报道了1例颈椎脊索瘤通过手术发生播散，肿瘤细胞沿手术路径播散植入颈部肌肉和皮下组织。Ito等报道了1例椎管内脊膜瘤，由非典型恶变为间变性脊膜瘤，并伴有远处血源性转移。在随访期间，如果出现意外或无法解释的神经功能恶化，应进行仔细的术后MRI平扫和增强检查，以进行评估和监测。

这些并发症可由手术操作或部分切除引起，并需要进行额外的手术、放疗或化疗。然而由于特定的放射剂量会损伤脊髓，因此脊髓肿瘤次全切除后的放射治疗可能会使未来的手术复杂化。此外它还可以造成脊柱畸形，并产生继发性恶性肿瘤。放射外科的介入有望减少这些担忧。立体定向放射外科治疗良性肿瘤已显示出低并发症发生率的良好前景很低，但需要进一步的研究以确定椎管内硬膜下脊髓肿瘤立体定向放射外科治疗的适应证和预后情况。

25.3 脊柱畸形

脊柱畸形是一种可能的椎管内硬膜下肿瘤手术早期或晚期术后并发症（图25.3）。对此类肿瘤的适当治疗可能需要广泛的椎板切开，这可能导致脊柱不稳定，需要进一步的手术治疗，包括脊柱内固定和融合。术前脊柱退行性改变的进展和（或）随访期间新出现的发展可能是由于切除SCT时不够充分或过度的椎板减压引起（图25.1、图25.3）。因此仔细的术前计划、MRI扫描分析、矢状面冠状面和轴向CT重建（包括骨窗和前后、侧、动态、弯曲和伸展X线）对于计划椎板切除的范围和类型以及决定是否同时进行器械融合非常重要。

Papagelopoulos等研究发现，有28%的儿童和年轻患者因椎管内肿瘤而接受了腰椎或胸腰段多段椎板切除术，术后发现脊柱畸形和不稳。许多作者在椎管内硬膜下肿瘤切除术后行椎板成形术来作为预防脊柱畸形的策略。1989年，Chiou等报道单侧入路对于椎管内肿瘤，尤其是脊髓旁良性肿瘤手术能够

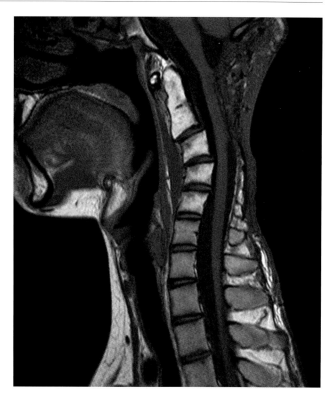

图 25.3　术后 T1 MRI 加权矢状面显示 1 例 16 岁患者上颈椎多节段椎板切除术后脊柱后凸畸形

显著减少术后并发症。采用单侧入路能够保护部分肌肉韧带附着以及后部骨性元件，以达到保护脊柱稳定性的目的。

侵入性较小的方法或微创手术（MIS）最近在脊髓硬膜下肿瘤的手术中得到了广泛应用。MIS技术显示出在保持脊髓硬脑膜下肿瘤的治疗效果和安全性的同时，术后并发症未见增加。一些作者报道术后并发症发生率有所降低，住院费用也显著降低。Parihar等报道了1项对18例进行椎管内髓外硬膜下肿瘤内镜治疗患者的短期随访研究。虽然这是一个技术上要求很高的手术，但对这种病理的肿瘤行内镜治疗是有效和安全的。脊髓硬膜下肿瘤微创手术的优点可能包括手术失血减少、住院时间缩短和术后疼痛减少；缺点包括手术时间过长、手术暴露减少、手术通道狭窄和实施者需掌握全新的知识，但这使关闭硬脑膜的难度降低。然而迄今为止，MIS方法尚未在SCT手术中得到广泛普及。

25.4　麻醉相关并发症

为获得最佳的手术效果，有必要对术前和围手术期麻醉进行优化管理。应评估任何潜在的健康

问题和术前危险因素，并应对可能出现的任何并发症。对于预期可能失血的手术，应始终预留一定的血液剂量用于输血（麻醉剂的选择将在本书的其他章节中讨论）。

25.5　手术体位并发症

椎管手术患者的体位正确非常重要。与手术体位相关的并发症是罕见的，因此在文献中往往几乎没有报道。通过仔细的手术计划，细致的摆放体位，使用预防策略来避免并发症，可以将这些并发症的风险降到最低。

25.5.1　压力损伤

褥疮性溃疡，或压疮，是由于手术过程中体位不当并且长时间的压迫造成的局部皮肤和深部组织的损伤。俯卧位会对前额、下颌、肩膀、胸部、骨盆、膝盖和脚踝产生压迫。持续数小时的压迫可导致组织缺血和坏死。尽管手术时间过长可能是最大的危险因素，而导致溃疡发生的其他危险因素还包括高龄、肥胖、糖尿病和类固醇药物的使用。在摆放体位过程中，应注意适当的衬垫，以保护骨突起和关节（例如面部区域、肘部、髂前上棘、膝盖和脚踝）。外生殖器必须没有压力或由导尿管引起的牵引力。

尽管大腿前筋膜室和胫骨前筋膜室综合征都有报道，椎管内手术后筋膜室综合征还是罕见的。有人报道了2例腰椎手术后大腿前室综合征。这2例患者都很肥胖，骨突出予垫衬保护后固定于Jackson脊柱手术床，但是大腿和髂嵴垫被调换以增加腰椎前凸。术后患者诉股四头肌无力、大腿疼痛僵硬。在1个病例中，患者的症状得到改善，术后的MRI显示局部肌肉坏死。在另一个病例中，患者有严重的疼痛和大腿肿胀。因此在术后第2天进行筋膜切开术。尽管如此患者仍然出现了横纹肌溶解症和急性肾损伤。

25.5.2　血流动力学并发症

椎管肿瘤手术中的俯卧位会严重影响患者的循环系统。如果腹部在手术过程中没有解除压迫，会限制下腔静脉的血流，从而导致硬膜外静脉肿胀。因此椎管内的血瘀会在手术区域引起大量出血，

从而加大手术难度，显著延长手术时间并增加失血量。直立性低血压和俯卧位心功能下降有发生低血容量血症的风险，再加上失血过多，可加重多器官系统的低灌注，导致急性肾衰竭。在俯卧位手术期间，应该使用适当的框架和支撑物在手术台上进行适当的体位摆放，尽量避免腹部压迫和腹内压升高。尽管很少见，但通过适当固定的压力点（如颈动脉/颈静脉、股动脉）加压也可以避免在保持外科手术体位期间周围动静脉受压后出现并发症。

25.5.3　眼科并发症

脊柱手术后围手术期视力丧失的发生率为0.02%~0.2%，与俯卧位以及并发症（如糖尿病和凝血障碍）等因素有关。引起围手术期视力丧失的多种原因已经得到阐明，包括直接压迫、前后缺血性视神经病变、视网膜中央动脉或静脉阻塞、皮质盲、急性闭角型青光眼和黑蒙病。

缺血性视神经病变是围手术期视力丧失的最常见原因。危险因素包括贫血、糖尿病、肥胖、性别（男）、Wilson俯卧位框架的使用、微血管病变、手术时间延长、麻醉时间延长、头低脚高的Trendelenburg体位导致的眼眶静脉压升高、术中低血压以及大量失血。患者通常在从全身麻醉中醒来时会注意到视觉模糊或立即失明，这可能导致完全失明而没有有效的治疗方法。

视网膜中央动脉阻塞（头枕综合征）是脊柱俯卧位手术后围手术期视力丧失的第二大原因。可能的病因包括血栓栓塞或眼球直接压迫导致的眼内压升高，这会造成视网膜的低灌注。患者通常有单侧眶周瘀斑和视力丧失，这是不可逆的并且没有有效的治疗方法。眼底镜检查可以发现黄斑上的樱桃红点。

皮质盲是枕叶视觉皮层灌注减少的结果。病因包括血栓栓塞、低血压或心脏骤停。患者症状通常不明显。眼底检查一般是正常的，但视野检查提示视野缺失。单侧皮质盲与对侧同向偏盲一起出现，双侧皮质盲可能导致完全的外周视力丧失。在最初的缺血性损伤后，症状通常在没有治疗的情况下得到改善，但很少能完全恢复。

急性闭角型青光眼可由易感患者采取俯卧位引起。2010年，Singer和Salim报道了1例患者脊柱手术后出现双侧急性闭角型青光眼，伴有眼痛和恶心。

可选的治疗方法是激光虹膜切开术。

黑朦是指视力永久性或暂时性（一过性黑蒙）丧失，无明显眼部损伤。病因可能为眼动脉血栓形成或栓塞性卒中。结膜下出血是一种俯卧位脊柱手术中少见的无症状并发症，一般无须治疗。

25.5.4　预防眼科并发症

预防或减少眼科并发症的策略是采取适当的体位、避免眼球压迫、中位头或轻微的抬头体位、反向Trendelenburg体位并使用防止腹部压迫的框架。眼眶静脉压或眼内压降低可减少围手术期视力丧失的风险，避免术中长时间低血压和减少麻醉时间也有帮助。对于患有肥胖和并发症的高危患者，如糖尿病、血管疾病、贫血，或预期会有大量失血和长时间手术的患者，应格外小心谨慎。必须润滑角膜（眼药膏）和适当的闭合眼睛，以避免直接角膜损伤。使用贴合式的护目镜保护眼睛可能有助于最大限度地减少眼科并发症。

25.5.5　神经系统并发症

由于不适当的俯卧位，可能发生臂丛神经损伤、急性颈髓病或脊髓梗死等神经系统并发症。

臂丛损伤　臂丛神经受到牵引损伤的风险增加。术后臂丛损伤和其他周围神经损伤被认为是脊柱手术中由于体位不当而引起的常见并发症。神经失用症或轴索断裂是最常见的损伤类型。可有部分改善，但几乎不能完全恢复。低血容量、低体温、糖尿病和其他不利条件会增加神经损伤的风险。

2010年，Uribe等报道回顾了517例脊柱俯卧位手术后患者中有17例出现臂丛神经损伤。手臂过度外展、手臂伸展和外旋、颈部旋转和侧屈以及肩托的应用会增加受伤的风险。术中有15例患者使用了电生理监测（SSEP和MEPs）来判断损伤情况，并用于预防进一步的损伤。其余2例术后出现短暂上肢无力的患者在术后数周内症状消失且均未发现损伤的电生理学证据。

脊髓损伤　虽然是一种罕见的并发症，但脊髓损伤可能发生在脊柱手术中。它更容易发生在患有严重椎管狭窄或退行性不稳的颈椎疾病的患者中，并且在老年人群中更常见。建议对所有可能患有疑似颈椎退行性疾病的患者进行颈椎X线检查。在插管过程中以及在患者摆放体位过程中要注意并小心

摆放颈部。这种损伤可能是由于气管内插管时颈部伸展或者不适当的俯卧位、麻醉时肌肉放松以及手术中的粗暴操作共同造成的。

脊髓梗死　俯卧位患者极少出现脊髓梗死，但在手术过程中发生严重的低血压，尤其是在患者低血容量时可能会出现梗死。这类损伤常发生在脊髓硬膜下肿瘤手术中，手术操作会损伤脊髓血供。精细的外科手术技术对于保护脊髓血供和避免对神经组织的机械损伤至关重要。

有人报道了1例罕见的脊髓肿瘤手术后神经功能恶化的病例，原因是椎管硬膜下张力性积气。良性脊髓髓外肿瘤切除数年后出现脊髓空洞症，也可能导致晚期神经功能恶化。

25.5.6　其他周围神经病变

一些罕见但重要的围手术期并发症可导致患者严重残疾和功能丧失。2009年，Welch等报道了10年期间单个机构围手术期周围神经损伤的发生率为0.03%~0.1%。围手术期最常见的周围神经损伤是尺神经损伤，发生率达0.5%，主要是50~75岁的男性。7例患者中有3例遗留永久性神经损害。损害常发生在手术后几天内，症状包括握力下降、不适和麻木。

与合并运动和感觉障碍的患者相比，单纯感觉障碍的患者常有更好的机会完全康复。由于手部固有肌肉萎缩，永久性损伤会导致爪状畸形。肘部过度弯曲或直接压迫肘管内神经（或尺侧动脉和静脉），或患者的手臂在手术中意外从臂板上脱落，均可能引起受伤，导致灌注减少和缺血。

Cho等报道，直接压迫所致的股外侧皮肤神经病变或感觉异常，在俯卧位脊柱手术后发生率高达24%。压迫通常是由于骨盆靠垫放置在髂前上棘附近而引起。风险随着手术时间的延长而增加，同时与腰椎神经根损伤引起的神经退行性变也有关。术后患者抱怨大腿感觉异常，通常这种情况在几个月内有可能完全缓解。

25.5.7　术中神经生理监测

术中监测的方式包括体感诱发电位（SSEP）和运动诱发电位。SSEP监测是用来检测周围神经传导异常，显示周围神经应激状态或可能发生损伤。监测可以指导在全身麻醉手术过程中为了保护周围神

经免受损伤而进行体位调整。脊柱手术期间与体位相关的上肢SSEPs显著变化的发生率为1.8%~15%。

25.5.8 气道和血管并发症

脊柱手术中一些罕见的气道和血管并发症与俯卧位有关。患者处于俯卧位时，应考虑使用防舌咬保护装置。Miura等报道了1例严重舌肿胀引起的脊柱手术患者术后气道阻塞。Orpen等报道2例双侧股骨头缺血性坏死，1例腰椎手术后单侧股骨头缺血性坏死。术前放射线照片上如果看到早期骨关节炎的迹象将增加患者对缺血性损伤的易感性。腹股沟区的动脉压迫，加上静脉回流减少和低血压，与股骨头缺血性坏死有关。

25.6 切口并发症

局部手术部位并发症是脊柱手术后并发症的重要部分。皮肤缝合中断或切口不愈合可导致切口裂开、皮下积液或血肿形成、切口感染（浅表或深部伤口脓肿）。导致切口愈合并发症的危险因素包括缝线张力过大、血液供应不足、糖尿病、类固醇治疗、营养不良、放射治疗和免疫抑制治疗。所有的切口并发症都会导致切口缺陷和外观不良。

皮下积液和血肿是手术部位切口内大量积液或血液。血肿形成原因包括手术止血不充分、术前凝血功能未被确认、术前大量使用抗凝剂或者对深静脉血栓的预防性治疗。它们会导致皮肤裂开并诱发切口感染，由于缺乏对病原菌的皮肤屏障，细菌会进入切口的深层。临床症状通常在术后几天出现。切口内的血肿可能是无症状的，或表现为肿胀、疼痛或渗出。它们的存在增加了切口的压力，压迫周围的血管，导致切口缺血和可能的组织坏死。血肿也可因自由基诱导细胞毒性机制而引起坏死。如果发生感染，可能会出现局部红斑、切口硬结、发热和白细胞增多。术后数天发生的晚期血肿通常是由于感染导致的手术部位血管受损所致。超声、CT和MRI可进行额外的诊断评估，以验证病变的范围，这在可能的脑脊液漏和假性脊膜膨出形成的情况下尤为重要。有时可能很难治疗这些并发症，因为其中包括细针抽吸，通常需要重复进行，存在将外源性感染带入切口的风险。在许多情况下，建议进行外科手术探查。为防止积液和血肿的形成，必须采用精细的外科技术并严格控制出血。由于液体会聚集在手术产生的"死角"中，因此减少或消除这些潜在间隙非常重要。可以使用缝线来减少"死角"的形成，并可以留置引流管进行引流，术后严密监测，以便切口层更容易闭合，人体天然纤维蛋白胶可以连接切口各层，更好地促进切口愈合。

切口裂开是沿着手术切口的切口闭合部分局部或完全破坏。这是一种严重的并发症，可能导致局部感染、切口开放，以及反复裂开的可能性。处理方法包括镇痛、液体复苏、预防性使用抗生素、在全麻下对切口边缘进行早期切开和重新缝合，或对切口进行无菌敷料更换和感染切口清创。预防方法是通过适当地切开、避免物理压力、充足的营养、控制糖尿病和某些药物（如皮质类固醇）来减轻伤口边缘的压力。无菌带可用于加固缝合线。

切口感染是脊柱手术后较常见的并发症。这些并发症显著增加住院时间和住院费用。最常见的形式是术后第1周发生的浅表切口感染，表现为局部疼痛、发红、轻微分泌物或脓液排出。应根据抗菌谱对切口进行细菌培养取样，以进行适当的抗生素治疗。应定期进行切口清创和清洗，经常更换无菌敷料，使组织颗粒化。切口在几周内通过二次缝合愈合。不建议过早或延迟闭合受感染的切口，因为它与感染复发和切口裂开有关。

蜂窝织炎和脓肿通常在术后的头几周内出现，但即使在出院后也可能发生。主要表现是发热和局部红肿，以及由于压力和感染引起的疼痛。蜂窝织炎可用抗生素治疗。脓肿是脓液、细菌和组织碎屑的集合，除使用抗生素外，还应行手术切开和引流。浅表脓肿可自行引流，有时需要去除缝线并探查切口，深部脓肿需要外科再探查，以检查深层组织的完整性和感染源。切口需开放等待二次愈合。深部慢性脓肿可形成瘘管的切口窦道，需要手术再次探查。

为了尽量降低切口感染的风险，需要术前识别和治疗所有远离手术部位的感染，以及推迟择期手术直到感染完全治愈。避免术前高血糖，优化血糖水平。手术前一晚，患者需要用消毒肥皂沐浴。术前应注意适当的无菌操作和手术部位的准备。尤为重要的是要坚持人们普遍接受的精细、最小限度的组织解剖和适当的切口闭合手术原则。

建议使用抗生素预防切口感染，因为脊髓硬膜下手术后感染的后果可能很严重。所选择的抗生素应能有效对抗手术过程中可能遇到的病原体，具有良好的组织渗透性并且比较经济。一般在手术切口前30~60min静脉注射抗生素。给药时间非常重要，因为抗生素浓度应在手术期间和术后几个小时内达到治疗水平。通常情况下，术后需继续使用抗生物制剂。

在过去的几十年中，抗菌药物耐药性的发生率不断上升，由于目前新抗生素治疗的发展速度不够，将抗生素病原体耐药性降到最低非常重要。避免不必要的抗生素使用和提高抗生素的有效性同样至关重要。为了减少与手术部位感染相关的频率、发病率和费用，必须采取预防措施和有效治疗方法。

25.7　其他感染性并发症

25.7.1　脑膜炎

脑膜炎是神经外科患者发病和死亡最重要的原因，也是脊柱手术后的严重并发症并可能危及生命。据报道，术后脑膜炎发病率为0.4%~7%。在McClelland等的研究中，492例脊柱外科手术病例术后脑膜炎的发病率为0.4%。最常见的致病微生物是金黄色葡萄球菌。硬膜下肿瘤患者由于硬脊膜开放而导致术后脑脊液漏出，脑膜炎的发生率较高。脊柱外科手术后，硬脊膜撕裂加上脑脊液漏都会增加罹患脑膜炎的机会。其他危险因素包括糖尿病、酗酒、免疫系统受损和免疫抑制治疗中。如果怀疑是脑膜炎，应取脑脊液样本进行革兰氏染色和微生物培养。应根据经验或革兰染色结果的敏感性给予单一抗生素或者多种联用进行治疗。药物必须具备良好的脑脊液渗透性特点。与抗菌治疗相结合，皮质醇药物可以减少蛛网膜下腔的炎症，改善细菌性脑膜炎的治疗效果。脑膜炎有时很难治疗，如果没有适当的预防，它可能会成为一种严重的并发症，显著增加住院时间和医疗费用，特别是在多重耐药感染的病例中。

25.7.2　尿路感染

医院尿路感染是所有医院获得性感染中最常见的。有导尿管的患者、老年患者以及糖尿病和肥胖等并发症患者发生院内尿路感染的风险很大。几乎80%的医院获得性尿路感染与导尿管有关。脊髓肿瘤患者或脊髓损伤患者因保留和长期使用导管而增加尿路感染的风险。致病微生物通常来源于患者自身的内源性肠道菌群。最常见的是大肠杆菌，尽管其他细菌或真菌也可能是感染的原因。预防措施包括使用无菌技术插入无菌导管。医院内的病原体比单纯的尿路感染具有更高的耐药性。只有在尿液样本微生物分析后，才应使用针对性抗生素治疗尿路感染。

25.7.3　肺炎

术后肺炎是医院获得性或气管插管后呼吸机相关的疾病。它是仅次于尿路感染的第二常见院内感染，也是感染导致死亡的主要原因。肺炎通常是细菌性的，大多数感染是由革兰氏阴性需氧菌引起的，如铜绿假单胞菌、肺炎克雷伯杆菌、肠杆菌属、沙雷氏菌和不动杆菌属。然而，耐甲氧西林金黄色葡萄球菌（MRSA）是主要的革兰氏阳性病原体。预防策略包括非药物性和药物性两种。有效预防术后肺炎的主要策略包括良好的术后护理、感染控制和院内感染率的监测。

25.8　硬脊膜下肿瘤手术后脑脊液相关并发症

硬脊膜下脊髓肿瘤手术后脑脊液相关并发症少有报道，但发生率仍然很高，有报道显示发生率为5%~18%。脑脊液漏是硬脊膜开放后可能发生的常见并发症，偶然发生在硬膜下肿瘤手术中，可能导致严重的后遗症甚至死亡。它可以是无症状的或导致低颅压，并伴有持续性头痛、恶心和呕吐。神经性疼痛和神经功能缺损可由硬脊膜开口处神经疝出引起。局部可出现创面肿胀或经皮肤切口流出脑脊液，表现为伤口覆盖纱布或床单有脑脊液渗漏，中心有红点，周围有晕环。因此脑膜炎、假性脊膜膨出和瘘管形成的风险很高。

MRI仍然是诊断脑脊液漏及其并发症的"金标准"（图25.4）。如果怀疑脑脊液漏，可以通过对β-2转铁蛋白（脑脊液的一种特殊蛋白质标记物）的分析来进一步确认。

治疗这些并发症是一个非常棘手的问题，通常需要延长术后卧床休息时间、进行外科手术再探查、放置腰椎引流管以及长时间使用抗生素。尽管

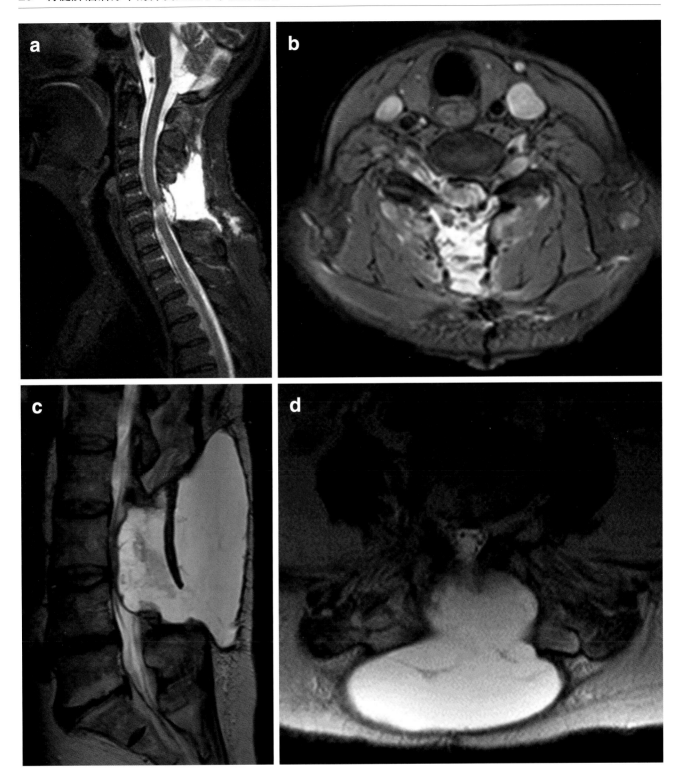

图 25.4　术后 T2 MRI 加权矢状位和轴位显示颈椎（a、b）和腰椎（c、d）硬膜下肿瘤术后脑脊液漏入背部组织，巨大的假性脊膜膨出和瘘管形成压迫椎管

Mayfield和Black建议使用脂肪移植物来预防脊柱手术中的脑脊液并发症，但是这一做法还没有得到常规应用。然而一些作者已经前瞻性地采用了术中自体脂肪移植术进行硬膜闭合。Arnautovi报道了一组连续40例脊柱硬脊膜下肿瘤患者的手术治疗，术后

使用该技术后没有发生与脑脊液相关的并发症。

最近的两项研究评估了聚乙二醇密封剂在降低硬膜下脊柱外科手术后CSF相关并发症发生率方面的功效。Goodwin等报道称，在他们的研究中5%的患者发生脑脊液漏，1%的患者发生脑膜炎。同样

Wright等比较了使用聚乙二醇密封剂与传统硬脊膜封闭术的结果。在密封剂治疗组中，需要再次手术的CSF漏相关的并发症发生率为7%，而在标准硬脑膜封闭术组为13%。除此之外，每一组都有4%的假性脊膜膨出形成率，无须再次手术。

CSF相关并发症对有基础疾病的老年患者的预后影响更大。这些患者可能无法忍受治疗CSF相关术后并发症所需的长时间卧床休息。Sacko等也报道了越来越多的老年硬膜下脊髓肿瘤（ISTs）患者需要手术治疗。前面提到的并发症也可能影响原本成功的手术和康复过程。

25.8.1　预防策略

肿瘤切除后，应该尽可能首先闭合硬脊膜。有时可能需要应用硬脊膜补片（自体筋膜、胸-背筋膜补片移植或人工硬膜替代补片）来封闭硬膜（图25.5）。

必须进行精细的闭合，特别是对于反复手术或先前接受过放疗的患者。手术后建议卧床休息24~48h，以尽量减少脑脊液对硬脊膜闭合处的压力。在此期间需要预防血栓，之后应开始逐渐运动和进行物理治疗。怀疑有脑脊液漏时应该及时处理，需要进行切口修整以防止进一步的并发症。

25.8.2　自体脂肪移植硬脊膜闭合术

如果硬脊膜切口位于中线，水密缝合后，则需在30cm H_2O压力下实施Valsalva动作5~10s，以确保硬脊膜完全闭合。如果缝合线中有任何部位漏出脑脊液，则需再加一根缝合线，并将一块脂肪组织切下固定于缝线内，然后将其拉紧。这样就加强了硬脊膜的闭合。

如果硬脊膜切口为"T"形（适用于哑铃型、硬膜内/硬膜外或椎间孔内肿瘤），或"Y"形（适用于骶管/椎间孔内肿瘤），则硬脊膜中线及其周围脊髓神经根上的"T"形或"Y"形延伸以5-0 Prolene缝线连续缝合。然后将多块脂肪组织一起缝合到硬脊膜上，以实现水密缝合。缝合完成后，在整个硬脊膜上放置1层6~8mm厚的脂肪组织，以消除椎板切除或椎骨关节面切除后留下的无效腔。脂肪组织很好地起到了填充物的作用。脂肪移植还会在硬脊膜缝线上产生轻微的压力，减少脑脊液渗漏和假性脊膜膨出的可能性。换言之，移植物可防止形成低压空间，避免脑脊液漏或形成假性脊膜膨出。最后将纤维蛋白胶涂在移植物上以结束手术。

脊髓硬脊膜在背部中线处最厚，侧面变薄，特别是沿着脊髓神经根的硬脊膜袖套。因此在肿瘤切除后采用硬脊膜中线缝合，实现水密闭合，然后采用Valsalva试验验证。当脑脊液充分补充，且患者通过生理性脑脊液压力试验，术后患者活动后也仍然有可能发生缝合线变弱或脑脊液漏。而脑脊液仍可能渗入椎板切除术后形成的低压无效腔，导致假性脊膜膨出或脑脊液漏。用自体脂肪加强硬脑膜缝合线是有效的，尤其是在Valsalva试验发现脑脊液渗漏的情况下。此外脂肪移植物会清除椎板切除和肌肉剥离造成的无效腔，并对硬脑膜缝合线产生轻微的压力。随访1年后，脊柱MRI扫描通常显示自体脂肪完全吸收，不会形成任何瘢痕。

在某些情况下，可能无法实现水密的硬脊膜封闭。这些患者特别容易发生脑脊液渗漏，因此可以

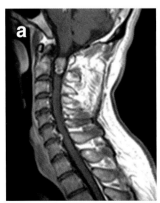
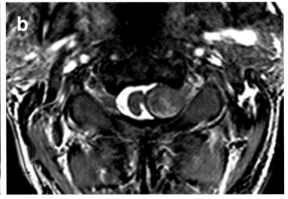
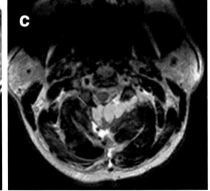

图25.5　（a）增强后矢状位T1加权MRI显示增强的C1/C2髓外硬膜下神经鞘瘤。（b）轴位T2加权MRI显示左侧肿瘤累及C1/C2椎间孔并压迫脊髓。（c）术后轴位T2加权MRI显示肿瘤根治性切除。注意脂肪移植物覆盖硬脊膜背侧加强了硬脊膜闭合

明显受益于自体脂肪移植的概念。举例说明如下：

· 骶骨部位的硬膜下椎管肿瘤。

· 头颈交界处硬膜下肿瘤，需要"Y"形硬膜切口和补片移植。

· 当肿瘤侵入硬脊膜（如脊膜瘤）并需要硬脑膜切除以实现根治性切除和随后的硬脊膜修补时。

· 如果病变是一个哑铃型髓外硬膜下肿瘤，延伸至椎间孔及其他部位。

脂肪移植物总是收集于左侧腹壁，以防止在将来进行阑尾切除或其他右侧腹部手术时可能出现的影响（图25.6）。即使在BMI较低的患者中，腹壁区域也有大量脂肪沉积。手术没有增加大量的时间或费用，也没有感染、血肿或美容问题等并发症。此外自体脂肪不存在过敏反应或传染病的风险。单独的皮肤切口有利于去除组织，而不应从主要手术区域切口的皮下组织中获取脂肪。这种方法可以防止在主要手术区域形成额外的组织袋，这些组织袋可能有利于假性脊膜膨出或血肿形成，并危及切口愈合。

自体脂肪移植的应用确保了硬脊膜的不透水性，并消除了手术暴露、肌肉解剖和骨切除过程中产生的无效腔。这项技术似乎可以显著减少（即使不能完全消除）IST患者术后与CSF相关的并发症，而不增加任何重要的手术时间、费用或并发症。

25.9　深静脉血栓和肺栓塞

脊柱手术被归类为深静脉血栓形成（DVT）的中度风险因素，这是发病的主要原因，但可以通过预防血栓来避免。就SCT手术而言，在血栓栓塞事件的风险与因椎管内术后出血造成永久性神经损伤的风险之间取得平衡，可能存在一个两难的选择。Yamasaki等发现腰椎手术患者的DVT总发生率为32.3%，但其发生率取决于手术的侵袭性。在这些患者中，15.8%接受了抗凝治疗，未见肺栓塞（PE）或硬膜外血肿。术后3周的随访静脉超声显示，86.7%的患者DVT消退。

Dhillon等对6869例脊柱手术患者进行回顾性分析发现，椎管硬膜外血肿的风险较低，接受药物预防和未接受药物预防患者之间没有差别。作者得出结论，对于术后1~3天发生血栓栓塞并发症的高危患者，抗凝治疗是安全的。Fawi等报道了2181例择期脊柱手术患者的回顾性研究，其中围手术期的治疗方案包括机械抗栓塞长袜、充分的补液和术后早期活动，可有效减少血栓栓塞并发症的发生。据报道，低分子肝素（LMWH）在发生血栓栓塞事件的高风险患者中是安全的。

Mosenthal等发表了28篇有关脊柱外科血栓预防的系统评价和Meta分析。他们发现由于研究较少，脊柱外科手术后血栓栓塞并发症的发生率无法很好地统计。无论采取何种预防措施，DVT和PE的发生率都相对较低。作者的结论是，血栓预防在脊柱外科手术中的作用尚未确定。他们还是建议使用药物预防，因为他们在6%的病例中发现了相对较高的致命性PE发生率。

血栓栓塞事件的成功管理取决于术前风险评估，包括预防性治疗和早期诊断，以避免发生PE和其他并发症。

25.10　制动和卧床相关并发症

长期卧床休息、运动减少或者不活动，不可避免地会导致并发症，这往往是预防容易而治疗难。硬膜下和脊髓肿瘤手术后由于疾病或康复需要卧床休息、瘫痪、失去知觉和脊椎制动可能使原发疾病复杂化，并成为一个更大的问题。老年患者、神经功能缺损患者和并发症不同的患者发生这些并发症的风险更大。

25.10.1　心血管并发症

心血管并发症包括心率加快、心脏储备减少、

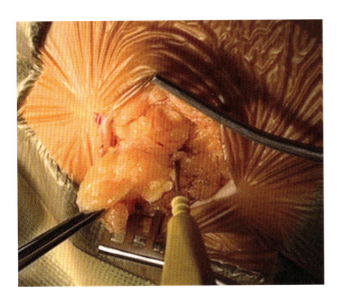

图25.6　获取左腹壁脂肪

直立性低血压、VTE和心肌梗死。

25.10.2　肌肉骨骼并发症

肌肉无力、萎缩以及肌肉力量和耐力的丧失通常是由长时间的制动引起的。在制动几周内，几乎一半的正常肌肉力量丧失，这将影响患者坐起或早期康复。遗憾的是，这些患者的康复速度很慢。

25.10.3　关节挛缩

挛缩是由于固定不动而导致的关节固定畸形，常见于瘫痪患者。卧位不合适会导致关节畸形，尤其是下肢。挛缩可能导致疼痛、体位受限、使洗浴和床边活动变得复杂、增加压疮的风险并延长住院时间。挛缩的治疗基于预防，目的是进行主动或被动的范围运动（ROM）锻炼，定期改变固定关节的位置并使用适当的夹板。对于已形成的挛缩，采用被动运动和肢体末端拉伸30s。对挛缩或收缩关节进行积极治疗的禁忌证包括骨折、骨质疏松症、急性关节炎、韧带不稳定和不敏感区域。

25.10.4　骨质疏松症

失用性骨质疏松症是长期不运动造成的骨质流失。它会导致脊椎骨折，导致脊柱后凸和慢性背痛。

25.10.5　压疮

压疮或褥疮溃疡是骨性突起部位长时间受到大于毛细血管压力的外部压力，从而局部区域细胞坏死。这些并发症最常见于脊髓损伤患者和老年患者。肥胖和昏迷的患者患压疮的风险很大。仰卧位的患者通常会在骶骨和脚跟处形成疮面，而坐位患者则是在坐骨结节处。在侧卧的患者中，臀部和脚踝会出现压疮。与压疮相关的最常见问题是需氧和厌氧细菌引起的感染。深层组织和骨感染可导致窦形成、骨膜炎和骨髓炎。溃疡渗出液可能导致每日大量水分和蛋白质流失。压疮的预防取决于每隔几个小时让患者变换体位来缓解压力。精心的皮肤护理对预防压疮至关重要。影响愈合的因素包括坏死性溃疡、组织缺氧、营养不良、感染和切口护理不当。治疗的基础是通过减轻局部压力来恢复溃疡组织的血液供应。必须通过手术去除所有坏死组织。可用现成的伤口敷料改善肉芽形成，使切口更好愈合。手术有时适用于深压疮（3级和4级）和直径较大的溃疡。目前的外科手术方法包括切除溃疡并用皮肤或肌皮瓣覆盖缺损。

25.11　结论

SCT手术治疗中最严重的并发症是血栓栓塞和脑膜炎等感染。因此预防措施是每一位神经外科医生处理此类问题的首要关注点，其目标是改善处理结果。在考虑避免并发症的手术策略时，脑脊液漏是一个重要的话题，但是通过执行细致有效的手术方案，可以很容易地防止脑脊液漏。

最好的手术策略是预防，包括仔细的术前、围术期和术后计划，以及对所有手术并发症的预测和预防。如果发生并发症，应尽早发现和治疗。最高标准的护理和神经外科医生每天对患者进行床旁查房至关重要。

（张凤林 译，蔡　铮 校）

参考文献

[1] McCormick PC, Stein BM. Intramedullary tumors in adults. Neurosurg Clin N Am. 1990;1(3):609–630.

[2] Solero CL, Fornari M, Giombini S, Lasio G, Oliveri G, Cimino C, Pluchino F. Spinal meningiomas: review of 174 operated cases. Neurosurgery. 1989;25(2):153–160.

[3] Yasargil MG, Tranmer BI, Adamson TE, Roth P. Unilateral partial hemi-laminectomy for the removal of extra- and intramedullary tumours and AVMs. Adv Tech Stand Neurosurg. 1991;18:113–132.

[4] Arnautović A, Arnautović KI. Extramedullary intradural spinal tumors. Contemp Neurosurg. 2014;36(5):1–8.

[5] Arnautović K, Arnautović A (2009) Extramedullary intradural spinal tumors: a review of modern diagnostic and treatment options and a report of a series. Bosn J basic med Sci 9 Suppl 1:40-45. https://doi.org/10.17305/bjbms.2009.2755.

[6] el-Mahdy W, Kane PJ, Powell MP, Crockard HA. Spinal intradural tumours: part I—Extramedullary. Br J Neurosurg. 1999;13(6):550–557.

[7] Hanbali F, Fourney DR, Marmor E, Suki D, Rhines LD, Weinberg JS, McCutcheon IE, Suk I, Gokaslan ZL. Spinal cord ependymoma: radical surgical resection and outcome. Neurosurgery. 2002;51(5):1162–1172. discussion 1172-1164.

[8] Kim CH, Chung CK. Surgical outcome of a posterior approach for large ventral intradural extramedullary spinal cord tumors. Spine (Phila Pa 1976). 2011;36(8):E531–E537. https://doi.org/10.1097/BRS.0b013e3181dc8426.

[9] Klekamp J, Samii M. Surgery of spinal nerve sheath tumors

with special reference to neurofibromatosis. Neurosurgery. 1998;42(2):279–89. discussion 289-290.

[10] Klekamp J, Samii M. Surgical results for spinal meningiomas. Surg Neurol. 1999;52(6):552–562.

[11] Lu DC, Chou D, Mummaneni PV. A comparison of mini-open and open approaches for resection of thoracolumbar intradural spinal tumors. J Neurosurg Spine. 2011;14(6):758–764. https://doi.org/10.3171/2011.1.SPINE09860.

[12] Mehta AI, Adogwa O, Karikari IO, Thompson P, Verla T, Null UT, Friedman AH, Cheng JS, Bagley CA, Isaacs RE. Anatomical location dictating major surgical complications for intradural extramedullary spinal tumors: a 10-year single-institutional experience. J Neurosurg Spine. 2013;19(6):701–707. https://doi.org/10.3171/2013.9.SPINE12913.

[13] Nanda A, Kukreja S, Ambekar S, Bollam P, Sin AH. Surgical strategies in the Management of Spinal Nerve Sheath Tumors. World Neurosurg. 2015;83(6):886–899. https://doi.org/10.1016/j.wneu.2015.01.020.

[14] Ozawa H, Kokubun S, Aizawa T, Hoshikawa T, Kawahara C. Spinal dumbbell tumors: an analysis of a series of 118 cases. J Neurosurg Spine. 2007;7(6):587–593. https://doi.org/10.3171/SPI-07/12/587.

[15] Parsa AT, Lee J, Parney IF, Weinstein P, McCormick PC, Ames C. Spinal cord and intradural-extraparenchymal spinal tumors: current best care practices and strategies. J Neuro-Oncol. 2004;69(1–3):291–318.

[16] Sacko O, Haegelen C, Mendes V, Brenner A, Sesay M, Brauge D, Lagarrigue J, Loiseau H, Roux FE. Spinal meningioma surgery in elderly patients with paraplegia or severe paraparesis: a multicenter study. Neurosurgery. 2009;64(3):503–509.; discussion 509-510. https://doi.org/10.1227/01.NEU.0000338427.44471.1D.

[17] Safaee MM, Lyon R, Barbaro NM, Chou D, Mummaneni PV, Weinstein PR, Chin CT, Tihan T, Ames CP. Neurological outcomes and surgical complications in 221 spinal nerve sheath tumors. J Neurosurg Spine. 2017;26(1):103–111. https://doi.org/10.3171/2016.5.SPINE15974.

[18] Safavi-Abbasi S, Senoglu M, Theodore N, Workman RK, Gharabaghi A, Feiz-Erfan I, Spetzler RF, Sonntag VK. Microsurgical management of spinal schwannomas: evaluation of 128 cases. J Neurosurg Spine. 2008;9(1):40–47. https://doi.org/10.3171/SPI/2008/9/7/040.

[19] Shirzadi A, Drazin D, Gates M, Shirzadi N, Bannykh S, Fan X, Hunt L, Baron EM, King WA, Kim TT, Johnson JP. Surgical management of primary spinal hemangiopericytomas: an institutional case series and review of the literature. Eur Spine J. 2013;22(Suppl 3):S450–S459. https://doi.org/10.1007/s00586-012-2626-z.

[20] Tarantino R, Donnarumma P, Nigro L, Rullo M, Santoro A, Delfini R. Surgery of intradural extramedullary tumors: retrospective analysis of 107 cases. Neurosurgery.

2014;75(5):509–514.; discussion 514. https://doi.org/10.1227/NEU.0000000000000513.

[21] Traul DE, Shaffrey ME, Schiff D. Part I: spinal-cord neoplasms-intradural neoplasms. Lancet Oncol. 2007;8(1):35–45. https://doi.org/10.1016/S1470-2045(06)71009-9.

[22] Karsy M, Guan J, Sivakumar W, Neil JA, Schmidt MH, Mahan MA. The genetic basis of intradural spinal tumors and its impact on clinical treatment. Neurosurg Focus. 2015;39(2):E3. https://doi.org/10.3171/2015.5.FOCUS15143.

[23] Zadnik PL, Gokaslan ZL, Burger PC, Bettegowda C. Spinal cord tumours: advances in genetics and their implications for treatment. Nat Rev Neurol. 2013;9(5):257–266. https://doi.org/10.1038/nrneurol.2013.48.

[24] Kalakoti P, Missios S, Menger R, Kukreja S, Konar S, Nanda A. Association of risk factors with unfavorable outcomes after resection of adult benign intradural spine tumors and the effect of hospital volume on outcomes: an analysis of 18, 297 patients across 774 US hospitals using the National Inpatient Sample (2002-2011). Neurosurg Focus. 2015;39(2):E4. https://doi.org/10.3171/2015.5.FOCUS15157.

[25] Fisahn C, Sanders FH, Moisi M, Page J, Oakes PC, Wingerson M, Dettori J, Tubbs RS, Chamiraju P, Nora P, Newell D, Delashaw J, Oskouian RJ, Chapman JR. Descriptive analysis of unplanned readmission and reoperation rates after intradural spinal tumor resection. J Clin Neurosci. 2017;38:32–36. https://doi.org/10.1016/j.jocn.2016.12.013.

[26] Karhade AV, Vasudeva VS, Dasenbrock HH, Lu Y, Gormley WB, Groff MW, Chi JH, Smith TR. Thirty-day readmission and reoperation after surgery for spinal tumors: a National Surgical Quality Improvement Program analysis. Neurosurg Focus. 2016;41(2):E5. https://doi.org/10.3171/2016.5.FOCUS16168.

[27] Weber C, Piek J, Gunawan D. Health care costs of incidental durotomies and postoperative cerebrospinal fluid leaks after elective spinal surgery. Eur Spine J. 2015;24(9):2065–2068. https://doi.org/10.1007/s00586-014-3504-7.

[28] Arnautović KI, Al-Mefty O. Surgical seeding of chordomas. J Neurosurg. 2001;95(5):798–803. https://doi.org/10.3171/jns.2001.95.5.0798.

[29] Ito K, Imagama S, Ando K, Kobayashi K, Shido Y, Go Y, Arima H, Kanbara S, Hirose T, Matsuyama Y, Nishida Y, Ishiguro N (2017) Intraspinal meningioma with malignant transformation and distant metastasis. Nagoya J med Sci 79 (1):97-102. https://doi.org/10.18999/nagjms.79.1.97.

[30] Khan NR, Vanlandingham M, O'Brien T, Boop FA, Arnautović K. Primary seeding of Myxopapillary Ependymoma: different disease in adult population? Case report and review of literature. World Neurosurg 99:812 e821-812 e826. 2017; https://doi.org/10.1016/j. wneu.2016.12.022.

[31] Linstadt DE, Wara WM, Leibel SA, Gutin PH, Wilson CB, Sheline GE. Postoperative radiotherapy of primary spinal cord tumors. Int J Radiat Oncol Biol Phys. 1989;16(6):1397–1403.

[32] O'Sullivan C, Jenkin RD, Doherty MA, Hoffman HJ, Greenberg ML. Spinal cord tumors in children: long-term results of combined surgical and radiation treatment. J Neurosurg. 1994;81(4):507–512. https://doi.org/10.3171/jns.1994.81.4.0507.

[33] Purvis TE, Goodwin CR, Lubelski D, Laufer I, Sciubba DM. Review of stereotactic radiosurgery for intradural spine tumors. CNS Oncol. 2017;6(2):131–138. https://doi.org/10.2217/cns-2016-0039.

[34] Avila MJ, Walter CM, Skoch J, Abbasifard S, Patel AS, Sattarov K, Baaj AA. Fusion after intradural spine tumor resection in adults: a review of evidence and practices. Clin Neurol Neurosurg. 2015;138:169–173. https://doi.org/10.1016/j.clineuro.2015.08.020.

[35] Papagelopoulos PJ, Peterson HA, Ebersold MJ, Emmanuel PR, Choudhury SN, Quast LM. Spinal column deformity and instability after lumbar or thoracolumbar laminectomy for intraspinal tumors in children and young adults. Spine (Phila Pa 1976). 1997;22(4):442–451.

[36] Montano N, Trevisi G, Cioni B, Lucantoni C, Della Pepa GM, Meglio M, Papacci F. The role of laminoplasty in preventing spinal deformity in adult patients submitted to resection of an intradural spinal tumor. Case series and literature review Clin Neurol Neurosurg. 2014;125:69–74. https://doi.org/10.1016/j.clineuro.2014.07.024.

[37] Chiou SM, Eggert HR, Laborde G, Seeger W. Microsurgical unilateral approaches for spinal tumour surgery: eight years' experience in 256 primary operated patients. Acta Neurochir. 1989;100(3–4):127–133.

[38] Pompili A, Caroli F, Crispo F, Giovannetti M, Raus L, Vidiri A, Telera S. Unilateral laminectomy approach for the removal of spinal Meningiomas and Schwannomas: impact on pain, spinal stability, and neurologic results. World Neurosurg. 2016;85:282–291. https://doi. org/10.1016/j.wneu.2015.09.099.

[39] Afathi M, Peltier E, Adetchessi T, Graillon T, Dufour H, Fuentes S. Minimally invasive transmuscular approach for the treatment of benign intradural extramedullary spinal cord tumours: technical note and results. Neurochirurgie. 2015;61(5):333–338. https://doi.org/10.1016/j. neuchi.2015.05.001.

[40] Fontes RB, Wewel JT, O'Toole JE. Perioperative cost analysis of minimally invasive vs. open resection of Intradural Extramedullary spinal cord tumors. Neurosurgery. 2016;78(4):531–539. https://doi.org/10.1227/NEU.0000000000001079.

[41] Mende KC, Kratzig T, Mohme M, Westphal M, Eicker SO. Keyhole approaches to intradural pathologies. Neurosurg Focus. 2017;43(2):E5. https://doi.org/10.3171/2017.5.FOCUS17198.

[42] Tan LA, Takagi I, Straus D, O'Toole JE. Management of intended durotomy in minimally invasive intradural spine surgery: clinical article. J Neurosurg Spine. 2014;21(2):279–285. https://doi.org/10.3171/2014.3.SPINE13719.

[43] Parihar VS, Yadav N, Yadav YR, Ratre S, Bajaj J, Kher Y. Endoscopic Management of Spinal Intradural Extramedullary Tumors. J Neurol Surg A Cent Eur Neurosurg. 2017;78(3):219–226. https://doi.org/10.1055/s-0036-1594014.

[44] Ahmad FU, Madhavan K, Trombly R, Levi AD. Anterior thigh compartment syndrome and local myonecrosis after posterior spine surgery on a Jackson table. World Neurosurg 78 (5):553 e555-558. 2012; https://doi.org/10.1016/j.wneu.2012.03.027.

[45] Epstein NE. Perioperative visual loss following prone spinal surgery: a review. Surg Neurol Int. 2016;7(Suppl 13):S347–S360. https://doi.org/10.4103/2152-7806.182550.

[46] Singer MS, Salim S. Bilateral acute angle-closure glaucoma as a complication of facedown spine surgery. Spine J. 2010;10(9):e7–9. https://doi.org/10.1016/j.spinee.2010.07.006.

[47] Uribe JS, Kolla J, Omar H, Dakwar E, Abel N, Mangar D, Camporesi E. Brachial plexus injury following spinal surgery. J Neurosurg Spine. 2010;13(4):552–558. https://doi.org/10.3171/2010. 4.SPINE09682.

[48] Singh J, Kharosekar H, Velho V. Post-operative intradural tension pneumorrhachis. Neurol India. 2013;61(6):664–665. https://doi.org/10.4103/0028-3886.125284.

[49] Cusick JF, Bernardi R. Syringomyelia after removal of benign spinal extramedullary neoplasms. Spine (Phila Pa 1976). 1995;20(11):1289–1293. discussion 1293-1284.

[50] Welch MB, Brummett CM, Welch TD, Tremper KK, Shanks AM, Guglani P, Mashour GA. Perioperative peripheral nerve injuries: a retrospective study of 380,680 cases during a 10-year period at a single institution. Anesthesiology. 2009;111(3):490–497. https://doi. org/10.1097/ALN.0b013e3181af61cb.

[51] Cho KT, Lee HJ. Prone position-related meralgia paresthetica after lumbar spinal surgery : a case report and review of the literature. J Korean Neurosurg Soc. 2008;44(6):392–395. https://doi.org/10.3340/jkns.2008.44.6.392.

[52] Kamel IR, Drum ET, Koch SA, Whitten JA, Gaughan JP, Barnette RE, Wendling WW. The use of somatosensory evoked potentials to determine the relationship between patient positioning and impending upper extremity nerve injury during spine surgery: a retrospective analysis. Anesth Analg. 2006;102(5):1538–1542. https://doi.org/10.1213/01.ane.0000198666.11523.d6.

[53] Miura Y, Mimatsu K, Iwata H. Massive tongue swelling as a complication after spinal surgery. J Spinal Disord. 1996;9(4):339–341.

[54] Orpen N, Walker G, Fairlie N, Coghill S, Birch N. Avascular necrosis of the femoral head after surgery for lumbar spinal stenosis. Spine (Phila Pa 1976). 2003;28(18):E364–E367. https://doi. org/10.1097/01.BRS.0000084645.42595.F3.

[55] Jenkinson MD, Simpson C, Nicholas RS, Miles J, Findlay GF, Pigott TJ. Outcome predictors and complications in the management of intradural spinal tumours. Eur Spine J. 2006;15(2):203–210. https://doi.org/10.1007/s00586-005-

0902-x.

[56] McClelland S 3rd, Hall WA. Postoperative central nervous system infection: incidence and associated factors in 2111 neurosurgical procedures. Clin Infect Dis. 2007;45(1):55–59. https://doi.org/10.1086/518580.

[57] Sharma MS, Vohra A, Thomas P, Kapil A, Suri A, Chandra PS, Kale SS, Mahapatra AK, Sharma BS. Effect of risk-stratified, protocol-based perioperative chemoprophylaxis on nosocomial infection rates in a series of 31 927 consecutive neurosurgical procedures (1994-2006). Neurosurgery. 2009;64(6):1123–1130.; discussion 1130-1121. https://doi.org/10.1227/01.NEU.0000345645.51847.61.

[58] Black P. Cerebrospinal fluid leaks following spinal or posterior fossa surgery: use of fat grafts for prevention and repair. Neurosurg Focus. 2000;9(1):e4.

[59] Mayfield FH. Autologous fat transplants for the protection and repair of the spinal dura. Clin Neurosurg. 1980;27:349–61.

[60] Arnautović KI, Kovacevic M. CSF-related complications after Intradural spinal tumor surgery: utility of an autologous fat graft. Med Arch. 2016;70(6):460–465. https://doi.org/10.5455/medarh.2016.70.460-465.

[61] Goodwin CR, Recinos PF, Zhou X, Yang JX, Jallo GI. Evaluation of complication rates of pediatric spinal procedures in which a polyethylene glycol sealant was used. J Neurosurg Pediatr. 2014;13(3):315–318. https://doi.org/10.3171/2013.12.PEDS13456.

[62] Wright NM, Park J, Tew JM, Kim KD, Shaffrey ME, Cheng J, Choudhri H, Krishnaney AA, Graham RS, Mendel E, Simmons N. Spinal sealant system provides better intraoperative watertight closure than standard of care during spinal surgery: a prospective, multicenter, randomized controlled study. Spine (Phila Pa 1976). 2015;40(8):505–513. https://doi.org/10.1097/BRS.0000000000000810.

[63] Yamasaki K, Hoshino M, Omori K, Igarashi H, Tsuruta T, Miyakata H, Nemoto Y, Matsuzaki H, Iriuchishima T. Prevalence and risk factors of deep vein thrombosis in patients undergoing lumbar spine surgery. J Orthop Sci. 2017;22(6):1021–1025. https://doi.org/10.1016/j.jos.2017.07.010.

[64] Dhillon ES, Khanna R, Cloney M, Roberts H, Cybulski GR, Koski TR, Smith ZA, Dahdaleh NS. Timing and risks of chemoprophylaxis after spinal surgery: a single-center experience with 6869 consecutive patients. J Neurosurg Spine. 2017;27(6):681–693. https://doi.org/10.3171/2017.3.SPINE161076.

[65] Fawi HMT, Saba K, Cunningham A, Masud S, Lewis M, Hossain M, Chopra I, Ahuja S. Venous thromboembolism in adult elective spinal surgery: a tertiary Centre review of 2181 patients. Bone Joint J. 2017;99-B(9):1204–1209. https://doi.org/10.1302/0301-620X.99B9.BJJ-2016-1193.R2.

[66] Mosenthal WP, Landy DC, Boyajian HH, Idowu OA, Shi LL, Ramos E, Lee MJ. Thromboprophylaxis in spinal surgery. Spine (Phila Pa 1976). 2017;43:E474–E481. https://doi.org/10.1097/BRS.0000000000002379.

原发硬膜下脊髓肿瘤的康复治疗

26

Philippines Cabahug, Alba Azola, R. Samuel Mayer

26.1 简介

原发性硬膜下肿瘤及对其进行治疗所引起的脊髓损伤（SCI）构成了复杂的医学和社会心理挑战。一般来说，它会导致破坏性功能丧失及终身并发症。脊髓肿瘤患者的康复需要早期考虑患者预后、潜在损害、活动限制和参与限制并进行咨询。肿瘤组织病理是手术切除后神经系统预后的最重要预测因素，因为它可以预测肿瘤的可治愈性和复发率。成功的康复必须以患者为中心，以目标为导向，包括患者和跨学科团队的积极参与。适时地关注康复治疗有利于在患教过程中向患者告知期望值并完成从急性护理到家庭护理转变。参与康复计划可以改善脊髓肿瘤患者的功能、情绪、生活质量和生存率。

在本章中，我们将利用世界卫生组织（WHO）国际功能分类（ICF）来概括脊髓肿瘤对生存质量的影响。表26.1描述了ICF中的4个主要定义。

26.2 疾病：原发性脊髓硬膜下肿瘤

原发性脊髓肿瘤是相对罕见的病变，占所有中枢神经系统肿瘤的2%~4%，在因肿瘤实体所导致的脊髓损伤中，原发性脊髓肿瘤约占15%，剩余85%为继发性肿瘤（转移性病变）所导致。根据世界卫生组织病理分类（表26.2），大多数脊髓原发性肿瘤被归为低级别，中位发病年龄为41岁，范围为18~47岁。硬膜下肿瘤最常见的症状包括疼痛（72%）、运动无力（55%）、感觉丧失（39%）和括约肌功能障碍（15%）。脊膜瘤是最常见的组织学类型，占所有硬膜下肿瘤的29%，其次是神经鞘瘤（24%）和室管膜瘤（23%）。原发性脊髓硬膜下肿瘤分为髓内和髓外。

26.2.1 髓内肿瘤

90%髓内肿瘤为星形细胞瘤和室管膜瘤。诊断时可存在疼痛、无力和感觉异常。由肿瘤相关性脊髓空洞导致的脊髓空洞综合征，疼痛/温度觉丧失和运动功能障碍也可出现。诊断方法是脊柱MRI检查，其特征包括局灶性或全脊髓扩张，脊髓空洞，T2加权MRI和液体衰减反转恢复（FLAIR）图像上高信号和T1低信号。

室管膜瘤多见于成年人，分为两种病理类型：细胞型（经典型）和黏液乳头型。细胞型室管膜瘤（WHO II 级和 III 级）起源于椎管内，发生于颈椎和胸椎水平，而黏液乳头型（WHO I 级）起源于终丝，因此仅见于脊髓圆锥。它们约占原发性脊髓肿瘤的

表 26.1 世界卫生组织国际功能分类

定义
疾病：导致症状或体征的病理状态
损伤：身体功能或结构上的问题，如身体部位或器官系统的严重异常或缺失
活动限制：个体在执行日常生活活动时可能遇到的困难
参与限制：个人在参与生活中可能遇到的问题

表 26.2　2016 年世界卫生组织脊髓肿瘤分级系统总结

分类	组织学	特定类型	级别
神经上皮肿瘤	星形细胞瘤（胶质瘤）	毛细胞型星形细胞瘤	I
		多形性黄色星形细胞瘤	II
		纤维型星形细胞瘤	II
		间变性星形细胞瘤	III
		多形性胶质母细胞瘤	IV
	少突胶质瘤	少突胶质瘤	II
		间变性少突胶质瘤	III
	室管膜细胞肿瘤	室管膜瘤	II
		黏液乳头状室管膜瘤	I
		室管膜下瘤	I
	混合性胶质瘤	混合性少突星形细胞瘤	II
		间变性少突星形细胞瘤	III
	神经元和混合性神经元/胶质瘤	神经节细胞瘤	I
		节细胞胶质瘤	I / II
		间变性节细胞胶质瘤	III
		婴儿促纤维增生型节细胞胶质瘤	I
		胚胎发育不良型神经上皮瘤	I
		副神经节瘤	I
周围神经肿瘤		神经鞘瘤	I
		神经纤维瘤	I
		周围神经恶性肿瘤	II / IV
血液系统肿瘤		原发型恶性淋巴瘤	
脑膜瘤		脑膜瘤	I
		非典型脑膜瘤	II
		间变性脑膜瘤	III
		血管母细胞瘤	I

23%，其中男性发病率最高，为每年 0.21/100 000。除了很少出现的间变性室管膜瘤（WHO III 级），这些肿瘤大多数为良性且为惰性病程。手术切除是最有效的治疗方法，即使有残留肿瘤，也可获得 90%~100% 的局部控制率。外放射治疗，剂量为 45~54Gy，适用于局部部分性切除的 WHO II 级和 III 级肿瘤。化疗仅限于那些不能接受手术和放疗的患者，或那些先前治疗失败的患者。使用的化疗药物包括依托泊苷和铂类；替莫唑胺似乎无效。I 级室管膜瘤的 5 年生存率约为 100%，II 级约为 98%，III 级约为 64%。

脊髓第二常见的髓内肿瘤是星形胶质瘤，其中 75% 是低级别纤维型星形胶质细胞瘤（WHO II 级），5 年生存率大于 70%。其余的 25% 星形细胞瘤包括存活率低的间变性（WHO III 级和 IV 级）和预后良好的毛细胞型（WHO I 级）。组织学上，这些肿瘤倾向于浸润邻近组织，不适合整块手术切除。当 MRI 无法鉴别室管膜瘤时，常用活检进行组织诊断。放射治疗推荐用于组织学级别高、仅采取活检的肿瘤或有疾病进展迹象的患者。对于初次放射治疗后复发的肿瘤，如果可以使用组织穿透性强的方案（如射波刀、托姆刀），可建议再次放射治疗。目前还没有发现化疗在治疗脊髓星形细胞瘤中具有良好疗效，仅作为手术和放疗后肿瘤进展时的治疗手段。烷化剂如替莫唑胺用于颅内肿瘤治疗的数据较多，脊髓内肿瘤治疗的数据有限。

髓内血管网状细胞瘤是第三常见的肿瘤，占髓内肿瘤的2%~8%。10%~30%的血管网状细胞瘤与Von Hippel-Lindau（VHL）综合征的诊断相关，并表现为复发性或多发性肿瘤。髓内血管网状细胞瘤在男性中更为常见，多发病于30~40岁。单发病变和VHL相关病变的病理组织学特征是相同的。髓内血管网状细胞瘤在脊髓背侧形成，患者常有本体感觉异常，蛛网膜下腔出血或髓内出血少见。血管网状细胞瘤在MRI上可与其他髓内肿瘤相鉴别，表现为富血管均匀强化的结节，伴有瘤周水肿和空洞。手术切除是血管网状细胞瘤的主要治疗方法，边界清楚的可以完全切除。然而血管丰富的肿瘤术中容易出血，只能做到次全切除。考虑到出现并发症的风险较高，一般不采取栓塞。

立体定向放射外科正在成为一种有效的治疗方法，80%以上的症状能得到控制，对于VHL综合征和复发性血管网状细胞瘤的患者可以考虑使用。

其他罕见的脊髓髓内肿瘤包括神经节神经胶质瘤、少突胶质瘤、副神经节瘤、黑色素细胞瘤、脂肪瘤和淋巴瘤。这些肿瘤的表现与周围肿瘤相似，其治疗方式依据组织病理分级、基线神经功能状态以及是否存在囊性成分为指导。

26.2.2 髓外硬膜内肿瘤

脊髓髓外硬膜下肿瘤以神经鞘肿瘤（神经鞘瘤、神经纤维瘤）和脑膜瘤为主，占硬膜下肿瘤的53%。神经鞘瘤是一种良性肿瘤（WHO I级），起源于背根神经节，多见于成人，常与神经纤维瘤病2型（NF2）的诊断有关。患有NF2的年轻人常出现多发性神经鞘瘤，恶性转化的风险更高。最初可能无症状的，只是偶然在影像学中发现，其典型的首发临床表现是疼痛和触摸时的感觉异常。建议对有症状的患者进行手术切除，对手术条件差的患者进行立体定向放射外科治疗。无症状性神经鞘瘤可以进行临床和影像学随访。

神经纤维瘤起源于周围感觉神经，它们倾向于包裹神经而不是像神经鞘瘤那样推移神经。NF1患者可出现脊髓多发神经纤维瘤，随着年龄的增长数量增加，恶性转化的发生率较高。建议MRI常规监测肿瘤生长速度，因为它可能提示肿瘤恶性转化。

对于有症状的患者或肿瘤生长迅速的患者，推荐手术切除，化疗或放疗的作用有限。

脑膜瘤是起源于蛛网膜帽细胞的肿瘤，约占硬膜下脊髓肿瘤的25%，绝大多数（95%）是良性的。脊膜瘤主要影响女性（80%），80%位于胸椎。2%的病例在诊断时存在多个肿瘤，通常与NF2患者相关。最近的一项研究表明，无论是脊髓压迫程度，肿瘤占据椎管的比例，还是手术后的残余压迫，都不应被用来判断脊膜瘤切除术后的预后。这意味着即使术前脊髓受到严重压迫，但可能手术效果良好。

26.3 损害

26.3.1 运动和感觉缺陷

脊髓肿瘤患者的运动和感觉缺陷与病变部位神经通路的破坏程度相关。在量化运动和感觉损伤程度方面应用最广泛的工具是美国脊髓损伤协会损伤量表（AIS）。它系统地评估了脊髓损伤的范围和严重程度，有助于确定康复需求和预期功能结果。总的来说，原发性脊髓肿瘤手术前的神经功能缺损多为轻到中度的，并且术后多保持原状。这些典型的良性肿瘤的生长缓慢，起病隐匿，但也可以观察到脊髓空洞快速形成并扩张。其中一个例外是星形细胞瘤；由于肿瘤存在浸润性，手术切除后神经功能恶化的风险较高。组织病理是原发性脊髓肿瘤切除后神经功能预后的强预测因子，相比之下，肿瘤的位置不能预测预后。显微外科技术和术中神经监测的发展降低了这些肿瘤的术中并发症发生率。

26.3.2 痉挛

上运动神经元损伤的一个典型表现是痉挛，肌张力增加呈速度依赖性升高，由于α运动神经元的抑制性和兴奋性输入不平衡所导致。痉挛会引起疼痛，影响保健和功能。症状可能是全身性的，影响病变水平以下的肌肉，或局限于特定肌群。轻度痉挛可以通过运动范围控制、进行伸展运动或采用夹板疗法来处理。局部严重痉挛可采用注射肉毒毒素或苯酚对痉挛肌肉进行化学去神经治疗。对于全身性痉挛，口服药物，包括巴氯芬、丹特罗林、苯二氮䓬类和替扎尼定是一线药物。这些药物的副作用包括头晕、困倦、虚弱、视物模糊、口干。如患者为难治性痉挛或对口服药物的不良反应难以耐受，可考虑鞘内使用巴氯芬。

26.3.3 疼痛

疼痛是原发性椎管肿瘤最常见的症状之一，见于52%~80%的患者，在神经鞘瘤和室管膜瘤中发生率较高。疼痛可表现为背痛、神经根痛或中枢痛。中枢性触物疼痛综合征，多出现在损伤水平及以下的感觉障碍平面内。其病因可能是脊髓丘脑束受损而后柱功能尚保留。这种综合征的特点是难以控制，大多数患者无法从现有的治疗中获得明显的疼痛缓解。需要采取多学科方法。认知行为疗法可以帮助患者控制症状。合适的运动和体位也有帮助。阿米替林、加巴喷丁和普瑞巴林是研究最多的药物，对脊髓损伤相关疼痛的治疗效果已得到证实。普瑞巴林是唯一一种获得美国食品和药品监督管理局（FDA）批准的药物。

26.3.4 神经源性肠道功能障碍

神经源性膀胱和肠功能障碍常见于脊髓肿瘤。其临床表现和处理方式取决于支配关键结构的上下运动神经元的损伤程度和受累程度。上运动神经元肠功能障碍表现为因排空不足而导致的便秘和阻塞、无法活动和使用阿片类疼痛药物会加重症状。定时排便计划可以预防大便失禁、腹部不适和疼痛，提高生存质量和日常活动参与。肠道治疗方案应包括大便软化剂、促动力药、栓剂和刺激直肠结肠反射。该方案应至少每2天执行1次，并安排在饭后30min，此时有良好的胃肠反射。脊髓圆锥以下的损伤导致肠道无反射；这些患者有更高的失禁风险，并可从口服大便成形剂和每日人工排便中获益。患者可能有足够的能力自行实施肠道规划；在其他一些病例中，需要在患者从康复病房出院之前给护理人员进行培训。

26.3.5 神经源性膀胱

神经源性膀胱功能障碍的表现是多种多样的，包括尿失禁、尿急、尿频、尿潴留和频繁的尿路感染。神经源性膀胱管理的目标是确保日常能控制小便，足够的膀胱排空以维持较低的逼尿肌压力，避免膀胱拉伸损伤，防止膀胱内高压对上尿路的损害，以及预防尿路感染和减少肾脏损伤。脊髓圆锥以

上方的损伤影响了上运动神经元（UMNs），导致痉挛性膀胱无法储存尿液。在这些病例中，抗胆碱能药物（如氧丁酸和托特罗定）可以用来促进逼尿肌的放松，改善尿储存。上运动神经元损伤也可能导致括约肌痉挛，建议口服α受体阻滞剂（坦洛新）以放松括约肌。许多UMN病变患者也会有逼尿肌-括约肌协同失调。膀胱和尿道括约肌同时收缩。在这些情况下，可能需要α受体阻滞剂联合抗胆碱能药物。骶部排尿中枢受伤的患者会出现巨大的无反射膀胱，并伴有痉挛性括约肌，导致膀胱过度充盈，无法排空。这个问题的处理包括间断导尿、α受体阻滞剂和胆碱能药物，如氯贝胆碱。有关神经源性膀胱管理的更多细节，请参见Samson等报道。

26.3.6 性功能障碍

与膀胱和肠功能相似，脊髓损伤（SCI）的性功能障碍表现取决于上、下运动神经元的受累程度。男性损伤T11水平以上的运动神经元时，可出现反射性勃起。心因性勃起需要完整的腹下神经丛，起源于T11~L2水平。下运动神经元（LMNS）损伤的男性通常没有反射性勃起，但是根据远端受损的严重程度，有些患者可能会存在心因性勃起。射精能力受脊髓损伤的影响更为深远，大多数脊髓完全损伤的男性在性交过程中不能射精。用于生育目的的增强技术，如电射精、前列腺按摩或阴茎振动刺激，能使T10以上病变的患者中86%出现射精。脊髓损伤患者的性功能常受心理因素的影响。例如感觉不吸引人、缺乏自信、难以找到伴侣，这些因素也起到了一定的作用。在女性中，性行为易受到生理因素的负面影响，如丧失感觉、难以达到性高潮、神经源性膀胱或肠道以及体位难以独立。脊髓的急性损伤可能导致闭经，但大多数妇女月经在6~12个月后恢复，生育能力不受影响。

26.3.7 皮肤完整性

脊髓损伤患者由于感觉缺陷、活动能力下降、分解代谢状态以及肠和膀胱失禁，极有可能发生压力性溃疡。溃疡最常见于骶骨（43%）、足跟（19%）、坐骨（15%），它们很难治疗，可能导致严重的医疗并发症，如骨髓炎和败血症。损伤机制包括持续超过上毛细血管的压力（>2h）而导致

的局部软组织缺血以及剪切力引起的表皮机械性损伤。预防溃疡的形成在这一人群中极其重要，应强调间歇性减压、频繁的皮肤检查和适当的营养。

26.3.8　自主神经功能障碍

高于T8椎体水平的脊髓损伤有出现自主神经系统失调的危险，包括直立性低血压、体温波动和自主神经反射障碍。这种失调的机制是中枢交感神经下行传出的中断。当患者直立超过60°时会出现直立性低血压，由于对静脉阻力增加缺乏正常的代偿性交感神经反应，因此导致血压持续下降。这些患者通常自诉头晕目眩、恶心，检查时可有心动过速、血压下降。保守治疗包括恢复体位、弹力袜、腹部绑带、增加液体摄入和采用运动绑带包裹双下肢。抗胆碱能或α-阻滞剂药物，以及替扎尼定可能有助于改善姿势性低血压。药物选择包括盐片、毒扁豆碱、α肾上腺素能激动剂（米多君）和盐皮质激素（氟氢可的松）。重要的是，需要认识到这些治疗只是暂时的，因为随着脊柱姿势反射的好转，姿势性低血压会缓解。

自主神经反射障碍是一种由交感神经放电导致大量不协调反射所引起的综合征。其特征是血压突然升高，比基线水平高20~40mmHg，这是由于伤害性刺激低于神经损害水平所致。通常伴有心动过缓。常被忽略的是，这种情况会导致脑卒中、心肌梗死和猝死。自主神经反射障碍的触发因素是一种损伤性刺激，通常是膀胱扩张，脊髓交感神经反射性输出增加导致局部血管收缩，从而引起血压升高。对血压升高的反应是迷走神经放电引起心动过缓，以及对脊髓交感放电的中枢性抑制输入。然而由于脊髓离断，后者无法传导，从而出现持续性高血压。自主神经反射失调的症状和体征包括头痛、出汗、脸红、血压升高、毛发竖立和瞳孔收缩。处理的第一步是让患者坐直，松开衣服，然后识别并去除有害刺激物。去除刺激物可以缓解症状；如果来源不确定，并且血压持续升高，则需要药物治疗。可以急性应用硝基药剂，一旦去除刺激就可以停药。图26.1给出了一个管理方案。

图 26.1　自主神经反射障碍的处理程序

26.3.9 心理社会影响

脊髓功能受损导致明显的身体残疾和继发性医疗问题，不仅影响患者的生活质量，而且影响所有相关家庭和护理人员的生活质量。这些患者容易罹患抑郁症、焦虑症、创伤后应激障碍，自杀的风险很高。情感和功能方面的社会支持能使患者获得更好的生存质量和更高的幸福感。早期康复过程中，当患者学习应对新的损伤时，应该特别注意患者的心理因素。对于预后较差的患者，需要对治疗目标和详细计划进行深入的讨论。

26.4 活动限制

表26.3描述了每一个肌节水平脊髓完全损伤后患者能够完成的活动。需要注意的是，这些信息是基于完全性阶段损伤，而大多数脊髓肿瘤导致的是不完全损伤。另一方面，这些是年轻健康患者的最佳功能水平，脊髓肿瘤患者可能年龄较大、虚弱或存在影响最佳功能的并发症。

利用器械可以改善一些活动限制。这些可以包括辅具（助行器或拐杖）、支架、轮椅和外骨骼机器人。

26.5 参与限制

虽然《联合国残疾人权利公约》或《美国残疾人法》等法律在减少环境和社会障碍方面取得了很大进展，但许多障碍仍然存在。例如大多数法律规定公共设施中需提供轮椅无障碍进入，而没有规定私人住房需提供无障碍进入。

就业仍然是一个挑战。虽然脊髓肿瘤的具体数据并不清楚，但我们有残疾人的总体数据。在美国，2016年，20%的残疾人参加了劳动，相比之下，脊髓损伤患者中68.5%的健全个体，仅13%在受伤1年后就业。

26.6 康复课程

脊髓肿瘤后的康复过程常需多级护理。最常见

表 26.3 各脊柱水平的功能、限制和功能辅助的建议

运动状态	预期功能结果 [a]	建议设备
	C1~C3	
肢体无力模式：上肢、躯干、LE 完全瘫痪；依赖呼吸机的部分运动：颈部屈曲、伸展、旋转	依赖于个人护理和日常生活活动、床上活动、减压 由于膈肌麻痹需要呼吸机 头 / 下巴控制轮椅 能够用辅助技术控制环境的各个方面	两个呼吸器（床边、便携式）、吸引器、发电机、备用电池 软垫躺卧淋浴 / 便椅 可以摆放头低脚高位的全电动病床、专用床垫 带吊索的动力或机械提升传送板 电动倾斜轮椅环境控制单元
肢体无力模式：上肢、躯干、下肢瘫痪；咳嗽无力耐力与呼吸保留（肋间麻痹） 可能完成的运动：颈部屈曲、伸展、旋转，肩胛骨抬高，吸气	C4 依赖于个人护理和日常生活活动、床上活动、减压 不需要呼吸机呼吸 头 / 下巴控制轮椅 能够用辅助技术控制环境的各个方面	如果不能通气：见上文 软垫躺卧淋浴 / 便椅 可以摆放头低脚高位的全电动病床、专用床垫 带吊索的动力或机械提升传送板 口控制电动倾斜和 / 或倾斜轮椅、高科技电脑接入 环境控制室单元 陪护操作单元
肢体无力模式：无肘伸、旋前，无腕、手运动；躯干，下肢完全瘫痪。可能完成的运动：肩屈，伸，外展、肘屈、旋后，肩胛内收、外展	C5 可以在帮助下完成个人护理和日常生活活动， 能用辅助设备完成一些任务，如进食，在帮助下能在床上活动及换床 可以操作手动轮椅或手动轮椅在室内平面上操作电动轮椅	软垫躺卧淋浴 / 便椅 可摆放头低脚高位的全电动病床、专用床垫 带吊索的动力或机械提升传送板 长对掌夹板、螺旋夹板、通用袖口、带手柄的器具、日常生夹板（洗手手套、剃须刀架）、协助穿衣（裤兜、袜子助手、长鞋角）、鹅颈镜 翻页、书写、按按钮所需的适合装置 电动倾斜或倾斜轮椅环境控制单元 改进型带电梯机动车

续表

运动状态	预期功能结果 [a]	建议设备
	C6	
肢体无力模式：手腕不能弯曲、肘部伸展、手部运动、躯干麻痹。可能的移动：肩胛关节前伸、水平的内收，前臂旋后，腕关节伸长	独立使用辅助设备和夹板，辅助肠道管理设备，进行个人护理和 ADLs（自行导尿管理） 通过肌腱固定实现功能性抓持 利用可移动床进行独立转运 在通讯设备和器械帮助下独立 在支持性护理下独立生活	带开口便桶或淋浴便桶椅、转接板或机械升降器的软垫浴缸长凳 全电动病床或标准大床 电动轮椅与手动轮椅 适应装置：通用袖口、肌腱固定夹板、托手夹板、适应器具、组合手柄、护板；敷料：纽扣钩、鞋垫、长鞋角；手持淋浴器、键盘用书写夹板、按键、翻页
	C7~C8	
肢体无力模式：下肢、躯干瘫痪；有限的抓握放松和灵巧性。可能的运动：肘部伸展；尺骨/手腕伸展；手腕弯曲；手指弯曲和伸展；拇指弯曲/伸展/外展	独立的个人护理和日常生活活动，床上活动和转移；使用手可获得更大的功能，可能需要用于通信的合适设备 能够在车辆改装的情况下驾驶，能够独立生活	软垫浴缸长凳、带开口便桶或淋浴便桶椅、转接板全电动病床或特大标准床 手部功能无须夹板（根据需要加上条纹） 吃饭、穿衣、洗澡所需的合适装置（如鹅颈镜、手持式淋浴器） 手动轮椅，站立架 改装车辆
	T1~T9	
肢体无力模式：下肢、躯干麻痹。可能的运动：上肢完全活动，受限的上躯干稳定性。肋间神经二次支配耐力增强	独立的个人护理、日常生活活动。由于缺乏躯干稳定性，可能需要辅助设备 独立生活	转运板 手动轮椅 立架 手动控制驾驶装置
	T10~L1	
肢体无力模式：双下肢无力。可能运动：躯干稳定性好	独立的呼吸功能、个人护理和日常生活能力，独立的沟通、交通和家政 能独自站立 在帮助下可以进行功能性的步行活动。 独立生活	手动轮椅 立架 前臂拐杖或助行器 KAFO
	L2~S5	
肢体无力模式：下肢部分瘫痪。可能运动：良好的躯干稳定性。部分至完全控制下肢	独立的呼吸功能、个人护理和日常生活能力，独立的沟通、交通和家政 能独自站立 在帮助下可以进行功能性的步行活动 独立生活	手动轮椅 立架 前臂拐杖或助行器 使用下肢矫形器（如 KAFO、AFO 或助行器）行走 使用手控装置驾驶

a：个人护理和日常生活能力（ADL）包括膀胱和肠道管理、饮食、穿衣、梳洗和洗澡。ADL：（Activity of Daily Living）日常生活活动能力，AFO：（ankle, foot orthosis）踝、足矫形器，KAFO：（Knee, Ankle,Foot Orthosis）膝、踝、足矫形器，LE：（Lower Extremity）下肢，UE：（Upper Extremity）上肢

的情况是，患者在术后第1天开始接受物理和专业治疗。早期活动可预防继发性并发症，缩短住院时间。

2015年，New等提出了一个治疗继发于肿瘤的脊髓功能障碍（SCD）的治疗方案。方案以患者的神经病学、肿瘤学、内科学、疼痛和支持状况（NOMPS标准）为基础。对于肿瘤所致SCD的住院患者，这个标准对于决定是否将患者收入脊柱康复单元是重要的，并可作为实践方案制订的依据，指导这一人群康复管理。神经病学涉及AIS水平，肿瘤学涉及肿瘤分级，内科学涉及影响康复的并发症，疼痛涉及优化症状管理，支持涉及家人和朋友，他们的存在与否会影响出院计划选择。

大多数患者需要进一步康复才能重返社区。由于术后医疗护理复杂，通常应在医院急症康复中心或独立康复医院进行。在这种护理水平下，患者每天接受内科治疗和护理，以及至少每天3h的物理和专业治疗。这些地方通常在治疗脊髓疾病方面有很高的经验。根据损伤程度的不同，住院时间会有很大的不同。通常情况下，患者住院时间为1~6周。一些护理和医疗需求较少的患者，或者不能忍受集中治疗的患者，可以在专业护理机构中进行管理。一旦住院治疗完成，患者通常会有几个月的门诊或家

庭治疗。

康复结果

有许多研究探讨肿瘤所致SCD患者的康复效果。值得注意的是，大多数研究并没有区分脊髓转移性肿瘤和原发性肿瘤。

功能独立性测量（Functional Independence Measure，FIM）是最常用的残疾和结果测量。它用于跟踪患者在康复后功能的变化。它是一个综合性测量，由18个项目组成，涉及2个基本领域（13项运动和5项认知任务），评估6个功能领域（自我护理、括约肌控制、活动、移动、交流和社会认知）。

肿瘤引起的SCD患者在入院和出院之间表现出显著的功能改善（或FIM改变）。然而与外伤性脊髓损伤患者相比，FIM变化较低。脊髓肿瘤患者入院和出院时的FIM较低。FIM效率（每周FIM变化）在继发于肿瘤的SCD患者与创伤性SCI患者之间是类似的。与外伤性脊髓损伤患者相比，脊髓肿瘤患者的住院时间更短，出院回社区的比率相似。

与非创伤性脊髓功能障碍的其他原因（如横贯性脊髓炎、感染、血管病等）相比，脊髓肿瘤患者的FIM效率和FIM收益（总FIM和运动项分数）较低。住院康复时间无显著性差异。非创伤性SCD的生存率也较高。这两个群体的出院率是类似的。

疼痛的存在对康复过程有负面影响。疼痛患者往往住院时间较长，FIM运动效率较低，出院时FIM运动评分较低。因此不能因为疼痛而不让患者参与康复计划，但更重要的是，处理疼痛应成为康复目标的一部分。

关于脊髓肿瘤患者在住院康复治疗后的生存率有不同的报道。中位生存期为3~30个月。一项研究表明，原发性肿瘤患者的中位生存率明显高于转移性肿瘤患者（9.5个月：2.8个月）。

有证据表明，患者出院后可以维持或有更进一步功能性获益。75%~80%的患者在出院后保持自理和行动能力。在一项研究中，73%的患者在出院后实现了独立功能。

（张风林 译，黄瑾翔 校）

参考文献

[1] Karikari IO, Nimjee SM, Hodges TR, Cutrell E, Hughes BD, Powers CJ, Mehta AI, Hardin C, Bagley CA, Isaacs RE, Haglund MM, Friedman AH. Impact of tumor histology on resectability and neurological outcome in primary intramedullary spinal cord tumors: a single-center experience with 102 patients. Neurosurgery 76 Suppl 1:S4-13; discussion S13. 2015; https://doi.org/10.1227/01.neu.0000462073.71915.12.

[2] Raj VS, Lofton L. Rehabilitation and treatment of spinal cord tumors. J Spinal Cord Med. 2013;36(1):4–11. https://doi.org/10.1179/2045772312Y.0000000015.

[3] Stein BM, McCormick PC. Intramedullary neoplasms and vascular malformations. Clin Neurosurg. 1992;39:361–387.

[4] McKinley W. Rehabilitation of patients with spinal cord dysfunction in the cancer setting. In: Stubblefield M, O'Dell M, editors. Cancer rehabilitation principles and practice. New York: Demos Medical Publishing; 2009. p. 533–550.

[5] Campello C, Le Floch A, Parker F. Neuroepithelial intramedullary spinal cord tumors in adults: study of 70 cases. Paper presented at the American Academy of Neurology annual meeting. WA: Seattle; 2009.

[6] Schellinger KA, Propp JM, Villano JL, McCarthy BJ. Descriptive epidemiology of primary spinal cord tumors. J Neuro-Oncol. 2008;87(2):173–9. https://doi.org/10.1007/s11060-007-9507-z.

[7] Mechtler LL, Nandigam K. Spinal cord tumors: new views and future directions. Neurol Clin. 2013;31(1):241–268. https://doi.org/10.1016/j.ncl.2012.09.011.

[8] Milano MT, Johnson MD, Sul J, Mohile NA, Korones DN, Okunieff P, Walter KA. Primary spinal cord glioma: a surveillance, epidemiology, and end results database study. J Neuro-Oncol. 2010;98(1):83–92. https://doi.org/10.1007/s11060-009-0054-7.

[9] Raco A, Esposito V, Lenzi J, Piccirilli M, Delfini R, Cantore G. Long-term follow-up of intramedullary spinal cord tumors: a series of 202 cases. Neurosurgery. 2005;56(5):972–981. discussion 972-981

[10] Tobin MK, Geraghty JR, Engelhard HH, Linninger AA, Mehta AI. Intramedullary spinal cord tumors: a review of current and future treatment strategies. Neurosurg Focus. 2015;39(2):E14. https://doi.org/10.3171/2015.5.FOCUS15158.

[11] Lonser RR, Weil RJ, Wanebo JE, Devroom HL, Oldfield EH. Surgical management of spinal cord hemangioblastomas in patients with von Hippel-Lindau disease. J Neurosurg. 2003;98(1):106–116. https://doi.org/10.3171/jns.2003.98.1.0106.

[12] Lee DK, Choe WJ, Chung CK, Kim HJ. Spinal cord hemangioblastoma: surgical strategy and clinical outcome. J Neuro-Oncol. 2003;61(1):27–34.

[13] Pan J, Jabarkheel R, Huang Y, Ho A, Chang SD. Stereotactic radiosurgery for central nervous system hemangioblastoma: systematic review and meta-analysis. J Neuro-Oncol. 2018;137(1):11–22. https://doi.org/10.1007/s11060-017-2697-0.

[14] Gerszten PC, Burton SA, Ozhasoglu C, McCue KJ, Quinn AE.

Radiosurgery for benign intradural spinal tumors. Neurosurgery. 2008;62(4):887–895.; discussion 895-886. https://doi.org/10.1227/01.neu.0000318174.28461.fc.

[15] Abul-Kasim K, Thurnher MM, McKeever P, Sundgren PC. Intradural spinal tumors: current classification and MRI features. Neuroradiology. 2008;50(4):301–314. https://doi.org/10.1007/s00234-007-0345-7.

[16] Davies S, Gregson B, Mitchell P. Spinal meningioma: relationship between degree of cord compression and outcome. Br J Neurosurg. 2017;31(2):209–211. https://doi.org/10.1080/0268 8697.2016.1206180.

[17] Adams MM, Hicks AL. Spasticity after spinal cord injury. Spinal Cord. 2005;43(10):577–586. https://doi.org/10.1038/sj.sc.3101757.

[18] Engelhard HH, Villano JL, Porter KR, Stewart AK, Barua M, Barker FG, Newton HB. Clinical presentation, histology, and treatment in 430 patients with primary tumors of the spinal cord, spinal meninges, or cauda equina. J Neurosurg Spine. 2010;13(1):67–77. https://doi.org/10.31 71/2010.3.SPINE09430.

[19] Hagen EM, Rekand T. Management of Neuropathic Pain Associated with spinal cord injury. Pain Ther. 2015;4(1):51–65. https://doi.org/10.1007/s40122-015-0033-y.

[20] Benevento BT, Sipski ML. Neurogenic bladder, neurogenic bowel, and sexual dysfunction in people with spinal cord injury. Phys Ther. 2002;82(6):601–612.

[21] Samson G, Cardenas DD. Neurogenic bladder in spinal cord injury. Phys Med Rehabil Clin N Am. 2007;18(2):255–74., vi. https://doi.org/10.1016/j.pmr.2007.03.005.

[22] Brackett NL, Lynne CM, Ibrahim E, Ohl DA, Sonksen J. Treatment of infertility in men with spinal cord injury. Nat Rev Urol. 2010;7(3):162–172. https://doi.org/10.1038/nrurol.2010.7.

[23] Kreuter M, Taft C, Siosteen A, Biering-Sorensen F. Women's sexual functioning and sex life after spinal cord injury. Spinal Cord. 2011;49(1):154–160. https://doi.org/10.1038/sc.2010.51.

[24] Verschueren JH, Post MW, de Groot S, van der Woude LH, van Asbeck FW, Rol M. Occurrence and predictors of pressure ulcers during primary in-patient spinal cord injury rehabilitation. Spinal Cord. 2011;49(1):106–112. https://doi.org/10.1038/sc.2010.66.

[25] Krassioukov A, Warburton DE, Teasell R, Eng JJ, Spinal Cord Injury Rehabilitation Evidence Research T. A systematic review of the management of autonomic dysreflexia after spinal cord injury. Arch Phys Med Rehabil. 2009;90(4):682–695. https://doi.org/10.1016/j. apmr.2008.10.017.

[26] Post MW, van Leeuwen CM. Psychosocial issues in spinal cord injury: a review. Spinal Cord. 2012;50(5):382–389. https://doi.org/10.1038/sc.2011.182.

[27] National SCI Statistical Center (2017) Spinal cord injury facts and figures at a glance. National Spinal Cord Injury Statistical Center, University of Alabama. https://www.nscisc.uab.edu/PublicDocuments/fact_figures_docs/Facts%202013.pdf. Accessed July 5 2018.

[28] New PW, Marshall R, Stubblefield MD, Scivoletto G. Rehabilitation of people with spinal cord damage due to tumor: literature review, international survey and practical recommendations for optimizing their rehabilitation. J Spinal Cord Med. 2017;40(2):213–221. https://doi.org/10.1080/10790268.2016.1173321.

[29] McKinley WO, Conti-Wyneken AR, Vokac CW, Cifu DX. Rehabilitative functional outcome of patients with neoplastic spinal cord compressions. Arch Phys Med Rehabil. 1996;77(9):892–895.

[30] McKinley WO, Huang ME, Brunsvold KT. Neoplastic versus traumatic spinal cord injury: an outcome comparison after inpatient rehabilitation. Arch Phys Med Rehabil. 1999;80(10):1253–1257.

[31] McKinley WO, Huang ME, Tewksbury MA. Neoplastic vs. traumatic spinal cord injury: an inpatient rehabilitation comparison. Am J Phys Med Rehabil. 2000;79(2):138–144.

[32] Scivoletto G, Lapenna LM, Di Donna V, Laurenza L, Sterzi S, Foti C, Molinari M. Neoplastic myelopathies and traumatic spinal cord lesions: an Italian comparison of functional and neurological outcomes. Spinal Cord. 2011;49(7):799–805. https://doi.org/10.1038/sc.2011.6.

[33] Fortin CD, Voth J, Jaglal SB, Craven BC. Inpatient rehabilitation outcomes in patients with malignant spinal cord compression compared to other non-traumatic spinal cord injury: a population based study. J Spinal Cord Med. 2015;38(6):754–764. https://doi.org/10.1179/2045772 314Y.0000000278.

[34] Tan M, New PW. Retrospective study of rehabilitation outcomes following spinal cord injury due to tumour. Spinal Cord. 2012;50(2):127–131. https://doi.org/10.1038/sc.2011.103.

[35] Fattal C, Fabbro M, Gelis A, Bauchet L. Metastatic paraplegia and vital prognosis: perspectives and limitations for rehabilitation care. Part 1. Arch Phys Med Rehabil. 2011;92(1):125–133. https://doi.org/10.1016/j.apmr.2010.09.017. P. Cabahug et al.

[36] Parsch D, Mikut R, Abel R. Postacute management of patients with spinal cord injury due to metastatic tumour disease: survival and efficacy of rehabilitation. Spinal Cord. 2003;41(4):205–210. https://doi.org/10.1038/sj.sc.3101426.

[37] Tan M, New P. Survival after rehabilitation for spinal cord injury due to tumor: a 12-year retrospective study. J Neuro-Oncol. 2011;104(1):233–238. https://doi.org/10.1007/s11060-010-0464-6.

[38] Murray PK. Functional outcome and survival in spinal cord injury secondary to neoplasia. Cancer. 1985;55(1):197–201.